Peter Koller

UKRAINE

Vorwort

Die erste Auflage dieses Reiseführers sollte eigentlich im Frühjahr 2014 erscheinen, damals noch mit einem dreiköpfigen Autorenteam, neben dem aktuellen Autor *Peter Koller* bestehend aus dem Politikwissenschaftler *Björn Jungius* und dem Osteuropaexperten *Martin Kopetschke,* die beide maßgeblich an der Entstehung dieses Buches beteiligt waren, jedoch aus zeitlichen, beruflichen und persönlichen Gründen ihre Mitarbeit daran einstellen mussten.

Im November 2013 hatten alle Texte das Endlektorat passiert, wir warteten noch auf die Fertigstellung der letzten Stadtpläne durch die Kartografie, als die **ersten Demonstrationen in Kiew** begannen. Damals ahnten wir noch nicht, zu welch einer Massenbewegung sich diese Studentenproteste entwickeln sollten und was für dramatische Konsequenzen der **„Euromaidan“** für das Land haben würde, dass mitten in Europa plötzlich Krieg herrschen würde.

Vor dem Hintergrund dieser Ereignisse wurde die **Veröffentlichung dieses Reiseführers** zu unserem Bedauern **verschoben,** obwohl wir der Meinung waren, dass Reisen in die Ukraine (von den besetzten Teilen des Donbas und der Krim abgesehen) unbedenklich sind (95 % des Landes waren und sind vom Krieg nicht betroffen und völlig sicher). Der Leser hält mit dieser erneut von uns überarbeiteten Ausgabe also quasi die 2. Auflage des Reiseführers in Händen.

Die **Ereignisse ab dem Spätherbst 2013** rückten die Ukraine – auch in Deutschland – in den Mittelpunkt des öffentlichen Interesses. Plötzlich hatte fast jeder eine Meinung zu den Ereignissen in einem Land, das bislang auf der Weltkarte der Deutschen praktisch nicht existierte. Auf einmal wimmelte es nur so von selbst ernannten Ukraineexperten, die sich – ohne die Sprache des Landes zu sprechen und ohne jemals vor Ort gewesen zu sein – bemüßigt fühlten, den Deutschen den ukrainischen „Bürgerkrieg" und *Putins* „legitime" Interessen in der Ukraine erklären zu müssen, was in Deutschland mitunter eine höchst verzerrte Wahrnehmung der Situation in der Ukraine nach sich zog. Nicht zuletzt aus diesem Grund fällt **dieses Buch insgesamt politischer und im Einzelfall auch wertender** aus, als man es von herkömmlichen Reiseführern gewohnt ist. Dabei werden auch heiße Eisen nicht ausgeklammert: die unverändert grassierende Korruption und das Versagen der neuen Eliten im Land, der Banderakult im Westen des Landes, eine – vorsichtig ausgedrückt – unkonventionelle Geschichtspolitik, die höchst umstrittene Sprachpolitik und das weltweit aktuelle Thema des Rechtsextremismus.

Gerade unter den derzeitigen Gegebenheiten ist eine **Reise in die Ukraine in höchstem Maße interessant und lehrreich.** Nicht oft hat man die Gelegenheit, ein Land zu erleben, das sich neu erfindet und in einem spannenden Prozess des Umbruchs befindet. Denn eines ist klar: Die Ukraine im Jahr 2019 ist mit der des Jahres 2013 nicht mehr vergleichbar, sie ist ein anderes Land geworden.

ukr19-001 pk

Der Canyon von Buky

Viele positive Entwicklungen sind hautnah spür- und erlebbar: Die Städte sind sauberer und ordentlicher geworden, die Infrastruktur verbessert sich zusehends, und überall im Land begegnet man selbstbewussten Menschen, politischen Initiativen und NGOs, die begonnen haben, die Entwicklung des Landes in die eigenen Hände zu nehmen und nicht mehr auf den Zar aus Moskau oder Kiew zu warten; ein dezidiert pro-europäisches Bewusstsein ist vielerorts zu spüren.

Antikorruptionskämpfer prangern die **Mängel im Land** an, unerschrockene Journalisten decken Skandale auf, bringen sie an die Öffentlichkeit und treiben so die Regierung, die kaum weniger korrupt als die vorherigen ist, vor sich her; es konnten bereits bemerkenswerte Erfolge erzielt werden.

An die 1,5 Mio. **Binnenflüchtlinge** von der Krim und aus den Kriegsgebieten im Donbas konnten mit Hilfe ehrenamtlicher Helfer in die Gesellschaft integriert werden, eine Leistung, die alles andere als selbstverständlich ist – man denke nur an Deutschland und andere Länder in Europa.

Auch wenn die Ukraine infolge der Krimannexion einer ihrer wichtigsten Touristenattraktionen beraubt ist, **bietet das Land** nach wie vor **unglaublich viel:** Lemberg, die Karpaten, Kiew und Odessa sind mittlerweile auch international ein Begriff, aber es gibt noch weit mehr: naturbelassene Landschaften, Flüsse und Seen, Granitfelsen und südukrainische Steppe, den gewaltigen Strom des Dnipro, urige Dörfer mit Holzhäusern, deren einziger Straßenverkehr aus Ziegen, Gänsen und Truthähnen besteht. Zeugnisse einer jahrhundertealten jüdischen Kultur, malerische, historisch bedeutende Städte wie Poltava, Chernihiv oder Novhorod Siverskyi, spektakuläre Burgen und Wehrklöster und – ganz gegenwärtig – eine lebhafte Clubszene in Städten wie Kharkiv. Egal ob Bildungsreisender, Naturliebhaber oder Szenegänger – das Land bietet ungeahnte und höchst überraschende Möglichkeiten.

Abseits des touristischen Mainstreams haben sich Reisen in die Ukraine bis heute einen Hauch von Abenteuer bewahrt, denn dem großen touristischen Potenzial entspricht vielerorts in keinster Weise die touristische Infrastruktur. Einiges an **Improvisationsvermögen** ist also erforderlich, Grundkenntnisse der ukrainischen oder russischen Sprache – oder mindestens der kyrillischen Schrift – sind äußerst hilfreich. Dafür wird man gerade auf dem Land auf viel Offenheit, herzliche Menschen und ehrliche Gastfreundschaft treffen. Scheuen Sie sich nicht, Einladungen anzunehmen. Machen Sie sich ein Bild von den Lebensverhältnissen vor Ort. Unterstützen Sie vor allem auch die Ansätze zu einem regionalen und grünen Tourismus.

⊡ Rosa schimmernder Salzsee am Syvash

Dieser Reiseführer ist das Ergebnis einer **intensiven Vor-Ort-Recherche.** Die Autoren legten viele tausend Kilometer per Bahn, Bus und Mietwagen zurück und lernten bei dieser Gelegenheit auch die hohe Kunst des Reifenwechsels und den tieferen Sinn der allgegenwärtigen Institution „Shynomontazh“ (Reifenservice) kennen. Neben der Beschreibung architektonischer und landschaftlicher Sehenswürdigkeiten gibt es reichlich Tipps für Übernachtungen, vor allem im mittleren und unteren Preissegment. Kneipen und kulturelle Veranstaltungen werden beschrieben, und einen breiten Raum nimmt die Fortbewegung mit öffentlichen Verkehrsmitteln ein. Nicht zuletzt werden die politischen und kulturellen Entwicklungen im Lande kritisch und sachkundig kommentiert.

So lädt dieses Buch zu individuellen Erkundungen in einem Land ein, das bislang vielerorts unentdeckt geblieben ist: *Laskavo prosymo do Ukrainy* – Herzlich willkommen in der Ukraine!

Peter Koller

Zu Sprache und Schrift

Dieser Reiseführer orientiert sich überwiegend an der **ukrainischen Sprache.** Lediglich bei der Beschreibung einiger Regionen des Ostens und Südens werden die russischen Bezeichnungen verwendet, da die ukrainische Sprache dort kaum bis gar nicht gesprochen wird. Ortsnamen und wichtige Eigennamen werden immer auch in der **kyrillischen Schrift** aufgeführt. Als Transkriptionsart wurde das „National System for Romanizing Ukrainian“ gewählt. Lediglich Eigennamen, für die sich im Deutschen eine andere Schreibweise eingebürgert hat (z. B. Tschernobyl statt Chornobyl, Lemberg statt Lviv oder Gorbatschow statt Gorbachev), wurden in der allgemein bekannten Schreibweise angegeben. Die gewählte Transkriptionsart entspricht nicht der bei Osteuropahistorikern und Slawisten üblichen wissenschaftlichen Transliteration. So würde man z. B. in der wissenschaftlichen Transliteration den Buchstaben „ц“ als „c“ schreiben, während hier die Buchstabenkombination „ts“ gewählt wird. Nichtsdestotrotz ist die hier gewählte Transkriptionsart inzwischen internationaler Standard und wird z. B. von Google Maps, aber auch im Land selbst verwendet.

ukr19-028 pk

Inhalt

4 Galizien und die Bukowina 214

5 Die Karpaten 310

6 Das östliche Podolien 358

7 Die Südukraine 422

ukr14-192 pk

Exzellenten Honig gibt's auf allen Märkten

Unterkunftspreise

einfaches Hotel, renoviert:
DZ 300–900 UAH (wobei die Preise im Osten zumeist höher liegen als im Westen sowie in Kiew und anderen großen Städten oft weit darüber hinaus)

einfaches Hotel, nicht renoviert:
DZ 100–300 UAH

Privatquartier, sehr einfach:
50–100 UAH pro Person

Genaue Preisangaben finden sich bei den praktischen Tipps zu den Städten, Stichwort „Unterkunft".

Hinweis

Die **Internet- und E-Mail-Adressen** in diesem Buch können – bedingt durch den Zeilenumbruch – so getrennt werden, dass ein Trennstrich erscheint, der nicht zur Adresse gehören muss! Es sei darauf hingewiesen, dass viele Websites nur auf Ukrainisch und Russisch abgefasst sind – sie werden trotzdem angegeben, da sie mitunter nützliche Infos (z.B. Pläne, Links, Mailadressen, Bilder) enthalten, die sich auch ohne entsprechende Sprachkenntnisse erschließen.

Exkurse

Abkürzungen

Bul. Bulvar (Boulevard)
Pl. Ploschad (Platz)
Prosp. Prospekt (repräsentative Straße)
Ul. Ulitsa (russ.: Straße)
Vul. Vulytsia (ukr.: Straße)

Karten

Hinweise zur Benutzung

Nicht verpassen!
Die **touristischen Highlights** in den Buchkapiteln sind **gelb hinterlegt.**

MEIN TIPP: steht für **spezielle Empfehlungen und Tipps** des Autors nach persönlichem Geschmack.

4 Die **Ziffern** in den farbigen Kästchen bei den **praktischen Informationen zu den Orten** verweisen auf den jeweiligen Legendeneintrag im entsprechenden Stadtplan.

Updates nach Redaktionsschluss: Auf der Produktseite dieses Reiseführers im Internetshop des Verlages finden sich zusätzliche Informationen und wichtige Änderungen.

Die Regionen im Überblick

1 Kiew | 30

Wen Gegensätze und historische Brüche faszinieren, der kommt in Kiew voll auf seine Kosten. **1500 Jahre Geschichte** haben sich in die Straßen der Hauptstadt eingeschrieben, mit all ihren architektonischen Zeugnissen und Widersprüchlichkeiten. Meisterwerke mittelalterlicher Sakralarchitektur, herrschaftliche Jugendstilvillen, spektakulärer Stalinklassizismus, triste Plattenbauwüsten und ukrainische Postmoderne – Kiews urbane Kulisse ist alles andere als aus einem Guss. Bemerkenswerte Museen und Kunstprojekte, eine lebendige Kneipen-, Club- und Restaurantszene und eine inzwischen **gute touristische Infrastruktur,** die auch Budgettouristen angenehme Unterkünfte bietet, machen die osteuropäische Metropole zu einem Reiseziel, das sich vor anderen Hauptstädten des Kontinents definitiv nicht verstecken muss.

2 Zentral- und Nordukraine | 88

Die Region zwischen Kiew, Cherkasy, Chernihiv und Poltava ist das **Herzland der Ukraine.** Einst befand sich hier, beiderseits des Dnipro, das Machtzentrum der mächtigen Kiewer Rus, des ersten ostslawischen Reiches. Später wurde das Gebiet zu einem Epizentrum der ukrainischen Kosakenbewegung. Die wichtigsten Namen der ukrainischen Geschichte sind untrennbar mit der Region verbunden: Die großen Kosakenführer *Bohdan Khmelnytskyi* und *Ivan Mazepa* kämpften hier für die Unabhängigkeit, der bekannteste ukrainische Schriftsteller, *Taras Shevchenko,* wurde hier geboren und bestattet. Von der glorreichen Vergangenheit zeugen zahlreiche Kirchen und Klöster und die beiden städtebaulichen Perlen der Region, das mittelalterliche **Chernihiv** (S. 122) und das von Zar *Alexander* nach seinem Gusto

gestaltete **Poltava** (S. 150). Die Region mit ihren beschaulichen Landschaften und dem gewaltigen Dnipro ist auch ein interessantes Gebiet für grünen Tourismus abseits des Mainstreams.

3 Wolhynien und Polissia | 168

Das alte Fürstentum Wolhynien und das Waldland, die Polissia, sind geprägt von **altem Kulturland** mit kleinen Städten, Burgen und Klöstern auf der einen und riesigen **menschenleeren Waldgebieten** mit kristallklaren Seen auf der anderen Seite. Styr, Sluch und Horyn sind die wichtigsten Flüsse, allesamt Nebenflüsse des Prypiat, dessen legendäre Sumpfgebiete die ukrainische Nordgrenze bilden. Der Westliche Bug, zugleich Grenzfluss zur Republik Polen, markiert die Westgrenze der Region. Für die Erforschung dieser Gegend ist einiges an **Pioniergeist** erforderlich, denn außerhalb der Großstädte gibt es bisher nur

wenig touristische Infrastruktur. Den Besucher erwarten somit viel authentisches Dorfleben und traumhaft schöne naturbelassene Landschaften, die damals wie heute von leuchtend blauen Holzkirchen geprägt werden, während die Städte den jahrhundertelangen polnischen Einfluss deutlich erkennen lassen.

4 Galizien und die Bukowina | 214

Im wohl mitteleuropäischsten Gebiet des Landes blickt man wirtschaftlich und politisch nach Westen. Es herrscht ein ausgeprägter ukrainischer Patriotismus. Die städtischen Zentren **Lemberg** (S. 218), **Ivano Frankivsk** (S. 253), **Ternopil** (S. 291) und **Czernowitz** (S. 272), in denen die einstige Zugehörigkeit zur Habsburger Monarchie noch gut erkennbar ist, präsentieren sich mit schön restaurierten historischen Innenstädten. Interessierte können sich auf eine faszinierende Suche nach Spuren der alten Multikulturalität begeben, die im 2. Weltkrieg unterging. Liebliche Hügelketten, das tief eingeschnittene Dnister-Tal, die westlichen Teile der Podolischen Platte und das nördliche Karpatenvorland sind die prägenden geografischen Komponenten. Eine sukzessiv entstehende und sich allmählich verbessernde touristische Infrastruktur bietet vor allem für „Ukraineanfänger" einen guten Einstieg ins Land.

5 Die Karpaten | 310

Nur ein kleiner Teil des – nach den Alpen – prägenden Gebirges Europas gehört zur Ukraine. Den Besucher erwarten grüne, **bis zu 2000 m hohe Berge** mit baumlosen Almwiesen im Gipfelbereich, urige Dörfer mit bunten Holzhäusern und die wohl größte Zahl an Holzkirchen im Land. Mehrtägige Bergwanderungen, Urlaub auf dem Bauernhof oder Raftingtouren sind nur einige der Möglichkeiten, die sich dem Urlauber bieten. Eine aus dem Alpenraum bekannte touristische Übererschließung gibt es nicht: Hier lebt man teils noch wie vor Jahrhunderten, die Kultur der Hutsulen mit ihren Traditionen, der Musik und ihrer überlieferten Volkskunst blieb auch jenseits des Folkloristischen erhalten. Gleichwohl ist vielerorts eine gelungene touristische Infrastruktur entstanden. Auch für einen **Urlaub mit Kindern** bieten die Karpaten ungeahnte Möglichkeiten.

6 Das östliche Podolien | 358

Der Osten der Podolischen Platte mit ihren flachwelligen Hügellandschaften umfasst den größten Teil der Oblaste Khmelnytskyi und Vinnytsia. Die prägenden Flüsse sind der Dnister und der Pivdennyi Buh, die sich mit spektakulären felsigen Tälern – ideal für Freunde des Klettersports – präsentieren. Mit der **Festung von Kamianets-Podilskyi** (S. 361) ist hier eine der schönsten Burganlagen Europas zu finden. Daneben blieben unvergleichliche **Zeugnisse des Ostjudentums** in der Region erhalten. Unzählige jüdische Friedhöfe, Synagogen und (renovierungsbedürftige) Schtetl erinnern an eine vernichtete Kultur. Die touristische Infrastruktur außerhalb der Städte weist noch Mängel auf, aber dank lokaler Initiativen entstehen hier und da Perlen des grünen Tourismus, wie etwa das reizvolle **Busha** (S. 393).

7 Die Südukraine | 422

Bis Ende des 18. Jh. war die Südukraine das „wilde Feld“: weite, unerschlossene Steppe, spärlich besiedelt von den Kosaken und Streifgebiet nomadischer Steppenvölker. Dies änderte sich, als *Katharina die Große* beschloss, die Gegend als **„Neurussland“** zu kolonisieren und ins Zarenreich zu integrieren. Zahlreiche bedeutende Städte wurden aus dem Nichts gestampft und entstanden als klassizistische Planstädte inmitten des Niemandslandes: Yekaterinoslav (heute Dnipro), Aleksandrovsk (Zaporizhzhia) und die Schwarzmeerhäfen Odessa, Kherson und Mykolaiv. Bis heute dominiert in der Region die russische Sprache. Das touristische Highlight ist fraglos **Odessa** (S. 425), aber auch die anderen Städte sind interessant und sehenswert. Das Gebiet ist auch ein fantastisches Reiseziel für Naturbegeisterte: Vor allem das Donau- und Dniprodelta und Askaniya-Nova, das größte Steppengebiet Europas, bieten eine Flora und Fauna, die europaweit ihresgleichen sucht.

8 Die Ostukraine | 532

Die einstige Industrieregion Nr. 1 des Sowjetreiches, der **Donbas, ist seit 2014 Kriegsgebiet.** Zwei urbane Zentren der Region, die Städte Donetsk und Luhansk, sind Teil der sogenannten Volksrepubliken DNR und LNR und derzeit nicht bereisbar. Bleibt **Kharkiv** (S. 536), das mit großflächig erhaltener Altbausubstanz und dem alternativen Flair einer international geprägten Universitätsstadt überrascht. Auf dem Land wird man barocke Kleinstadtgemütlichkeit vergeblich suchen. Die waldlose Steppe ist vom **Bergbau** zerfressen – ein Muss für Freunde des Industrietourismus. Eine Insel gelebter Traditionen ist das **Felsenkloster von Sviatohirsk** (S. 553), und auch ein Besuch der surreal anmutenden **Felsformationen der „Steinernen Gräber“** (S. 571) inmitten der Asowsteppe sollte bei einem Abstecher in den Osten nicht fehlen. Für einen Badeurlaub bieten sich die weiten, weißen Sandstrände des **Asowschen Meeres** (S. 566) an. Auch ein Abstecher in die einstmals sowjetisch geprägte Hafen- und Industriestadt **Mariupol** (S. 566) ist, trotz eines Reisehinweises der Auswärtigen Amtes, nach Meinung der Autoren zu empfehlen: Große Teile der Donetsker Alternativszene haben sich seit 2014 hier angesiedelt und sorgen für neuen Schwung.

9 Die Krim | 578

Seit dem 18. März 2014 ist die Krim von Russland besetzt und de facto dem russischen Staat angegliedert. Auch wenn diese Annexion international nicht anerkannt ist, ändert das nichts daran, dass die Krim derzeit legal, d. h. unter Wahrung ukrainischer und internationaler bzw. völkerrechtlicher Vorschriften, nicht bereisbar ist. Daher verzichten wir in diesem Reiseführer auf die Beschreibung der touristischen Infrastruktur und Sehenswürdigkeiten der Halbinsel und beschränken uns auf Geschichte, Geografie und die aktuelle politische Lage.

Drei Reiserouten (Vorschläge)

Tour 1 (1 Woche): Städtereise durch die Ukraine

Diese Rundreise lässt sich hervorragend mit der Bahn bewältigen und führt den Reisenden in die wichtigsten Großstädte des Landes und offenbart dessen Vielgestaltigkeit und Heterogenität.

Jede Reise durch die Ukraine sollte in der **Hauptstadt Kiew** mit seiner 1500-jährigen Geschichte, weltberühmten Kunstwerken, grünen Parks, Sandstränden am Dnipro und dem Monumentalismus der Sowjetzeit beginnen. Es locken weltberühmte Museen, der Maidan Nezalezhnosti, das Epizentrum der Maidanrevolution von 2014, und das sich gerade neu erfindende Nachtleben der Stadt.

Von dort führt die Reise in das pittoreske, durch und durch mitteleuropäisch geprägte **Lemberg (Lviv).** Mittelalterliche Gassen, Wiener Kaffeehäuser und Kirchen aller Glaubensrichtungen machen den Besuch der Stadt zu einem großartigen Erlebnis, das bei keiner Reise durch das Land fehlen darf. Moderne Tageszüge bringen den Besucher in etwa fünf Stunden von Kiew dorthin.

Ganz anders präsentiert sich das mediterrane **Odessa,** das man ab Lemberg am besten per Nachtzug ansteuert. Die Hafenstadt ist erst gut 200 Jahre alt, besticht aber durch großflächig erhaltene Altbausubstanz, prächtige Bauten aus dem 19. Jh. und herrliche Strände für die sommerliche Abkühlung. Odessa lässt seine Prägung als Kolonialstadt der russischen Zaren am Schwarzen Meer gut erkennen. Von hier geht es mit dem Nachtzug Richtung Nordosten.

ukr19-004 pk

Kharkiv galt lange Zeit – zu Unrecht – als das Schmuddelkind unter den ukrainischen Großstädten. Als international geprägte, weltoffene Studentenstadt widerstand die Stadt – obgleich zu 100 % russischsprachig – *Putins* Versuchen, seine „russische Welt" Anfang 2014 bis hierher auszudehnen. Den Besucher erwarten wahre Schätze des Jugendstils und des sowjetischen Konstruktivismus, gewaltige Kirchenbauten, die größte Synagoge des Landes und ein pulsierendes Nachtleben, das landesweit seinesgleichen sucht.

Von Kharkiv sind es nur 90 Minuten mit dem IC+ in das reizvolle **Poltava** mit seiner restaurierten historischen Innenstadt. Hier lässt sich das historische Schicksal des Landes erahnen: Anfang des 18. Jh. erfuhr hier die mit dem ukrainischen Kosakenführer verbündete schwedische Armee ihre finale vernichtende Niederlage gegen das zaristische Russland im großen nordischen Krieg um die Vorherrschaft im Ostseeraum. Damit festigte sich auch die Herrschaft Russlands über die Ukraine, die erst 1991 mit der Unabhängigkeit des Landes beendet werden konnte. Der Kampf um Unabhängigkeit und Selbstbestimmung dauert bis heute an.

Eine dreistündige Zugfahrt führt den Besucher wieder zurück in die **Hauptstadt.**

⌃ Prachtvolles Odessa

Tour 2 (2 Wochen): Der Westen der Ukraine

Auch diese Reise lässt sich gut mit öffentlichen Verkehrsmitteln bewältigen, gelegentlich muss aber auf Linienbusse zurückgegriffen werden.

Die oben genannten Großstädte **Kiew** und **Lemberg** sind natürlich auch bei dieser Reise mit inbegriffen und dienen quasi als Grundlage dieser Reise.

Von Kiew steuert man am besten per Bahn die Oblasthauptstadt **Rivne** an, die sich als Standort für Ausflüge in die pittoresken Kleinstädte **Ostroh, Dubno, Kremenets** und in das **Kloster Pochaiv** anbietet. In allen genannten Städten gibt es hervorragende Übernachtungsmöglichkeiten.

Wer es abgeschiedener mag, sollte das nordöstlich von Rivne gelegene wildromantische **Tal des Sluch** ansteuern: ein großartiges Wander- und Kanugebiet im Schatten von Granitfelsen und bunten Holzhäusern. Bahnfans sei eine Fahrt mit einer von altertümlichen Dieselloks gezogenen Schmalspurbahn vorbei an glasklaren Seen in die Einsamkeit der riesigen **Wälder der Polissia** empfohlen.

Das historische **Lutsk,** malerisch in einer Schleife des Styr gelegen, mit seiner wehrhaften Burganlage, seinen kleinstädtisch wirkenden Gassen und zahllosen Kirchen lohnt eine Übernachtung. Von dort bietet sich ein Besuch des **Nationalparks Shatsker Seen** an. Vor allem in dem Örtchen Svitiaz existiert eine bemerkenswert gute touristische Infrastruktur. Alle anderen Seen der Region lassen sich von hier aus per Fahrrad oder Kanu erkunden. Nur 150 km sind es von Lutsk nach Lemberg.

Ab Lemberg lohnt die nur wenige Kilometer nördlich gelegene Perle der Renaissancezeit, die Planstadt **Zhovkva,** einen Tagesausflug. Neben dem restaurierten Marktplatz gibt es hier eine Vielzahl von Kirchen, eine Synagoge und ein wehrhaft wirkendes Schloss zu besichtigen. Der

ukr19-003 pk

Besuch des nahe gelegenen **Klosters Krekhiv** am Rande eines kleinen Höhenzuges lässt sich gut mit einem Ausflug nach Zhovkva verbinden. Die Fahrt von und nach Lemberg erfolgt mit Kleinbussen, die nahe dem Hotel Lviv abfahren.

Mindestens ebenso reizvoll ist ein Ausflug von Lemberg nach **Drohobych** – Galizien aus dem Bilderbuch und das Kurstädtchen **Truskavets,** in dessen Sanatorien und Kurhotels sich entspannte Tage verbringen lassen. Nur ein Steinwurf entfernt liegt die Felsenburg Tustan.

Eine gemächliche Zugfahrt führt den Besucher in das Herz der Karpaten, nach **Vorokhta.** Herrliche bunte Holzhäuser, mehrere Eisenbahnviadukte, zwei Holzkirchen und die Nähe zum höchsten Berg des Landes machen den idyllischen Ort zu einem der schönsten Ziele in den Karpaten. Man leihe sich ein Mountainbike aus und erkunde die nähere Umgebung, oder man fahre damit zum Fuß der **Hoverla,** die von hier aus in zwei bis drei Stunden besteigbar ist.

Über Verkhovyna und Kosiv lässt sich per Linienbus die k.u.k. Perle **Czernowitz** erreichen. Der im Zweiten Weltkrieg nicht zerstörte Ort stellt bis heute eine perfekte Kulisse einstiger habsburgischer Multikulturalität dar. Die jüdische Bevölkerung der Stadt stellte hier einen Großteil der Einwohner und brachte es in höchste Ämter bis hin zum Bürgermeister. Man sprach selbstverständlich deutsch, während auf der anderen Flussseite die verarmten chassidischen Juden vom Land lebten. Inzwischen erfindet sich die kleine ukrainische Provinzmetropole neu und bietet einen überraschenden Reichtum an Kultur und Gastronomie.

Mit einem kurzen Zwischenstopp in **Khotyn** mit seiner malerischen, oberhalb des Dnister gelegenen Burganlage erreicht man per Bus die historische Festungsstadt **Kamianets-Podilskyi.** Ein felsiger Canyon umschließt die Altstadt, die seit einiger Zeit restauriert wird; die gegenüberliegende Flussseite wird von einer vieltürmigen Burganlage beherrscht.

Von Kamianets-Podilskyi lässt sich wieder die **Hauptstadt** der Ukraine per Bahn erreichen. Oder man fährt vom 100 km nördlich gelegenen Khmelnytskyi per Bahn weiter nach Odessa.

Auf dem Marktplatz in Lemberg

Tour 3 (2 Wochen): Der Südosten der Ukraine

Von Kiew lässt sich die Schwarzmeerperle Odessa problemlos per Bahn erreichen. Wer als Reisemittel den Bus wählt, sollte es sich nicht nehmen lassen, das reizvolle **Uman,** auf halber Strecke gelegen, zu besuchen. Hier befindet sich der wohl schönste Landschaftspark des Landes, von polnischen Magnaten im 18. Jh. angelegt. Zugleich ist die Stadt seit einigen Jahren wieder jüdisches Pilgerzentrum für die Anhänger des legendären Wunderrabbi *Nachman,* der hier begraben liegt.

Von **Odessa** lässt sich ein Ausflug per Bus oder Bahn zu der oberhalb des Dnisterlimans gelegenen mittelalterlichen **Festung Akkerman** in Bilhorod Dnistrovskyi einfach bewältigen. Der Tag kann ausklingen mit einem Besuch der Weinkellerei im nahen **Shabo,** wo eine großartige Einkehrmöglichkeit gegenüber der Kellerei in höchstem Maße zu empfehlen ist.

Von Odessa sind es noch einmal 140 km in den äußersten Süden des Landes, wo sich das bereits zum Donaudelta zählende Städtchen **Vylkove** entlang der zahlreichen Flussarme und Kanäle erstreckt und die ortsansässige Bevölkerung, zumeist orthodoxe Altgläubige, damals wie heute mit altertümlichen Holzkähnen unterwegs ist.

Wunderbare **Steppengebiete** bietet der Süden des Landes, die am besten von **Mykolaiv** oder **Kherson** per Bus oder per Mietwagen angesteuert werden.

Nahe **Pervomaisk** finden sich im felsigen **Tal des Pivdennyi Buh** wunderbare Möglichkeiten für Kanu- und Raftingtouren. Der unmittelbar an die besetzte Krim angrenzende, rosa schimmernde salzhaltige **Syvashsee** bietet herrliche Bademöglichkeiten, und auch Kuranwendungen können in Anspruch genommen werden.

ukr19-034 pk

Gnus und Zebras inmitten des ukrainischen Nirgendwo lassen sich nahe **Askaniya-Nova** erleben, wo man Exkursionen in die Einsamkeit der Steppe buchen kann.

Einen ganz eigentümlichen Reiz vermittelt das **Reservat Kamiani Mohyli,** bereits nahe der südostukrainischen Hafenstadt Mariupol gelegen. Die hügelige Steppe wird hier von Granitfelsen überragt, die einen fast glauben machen, sich im mittleren Westen der USA zu befinden.

Wer erleben will, wie eine Stadt im Schatten des Krieges sich gerade aufs Positivste neu erfindet, sollte nach **Mariupol** fahren. Die politische Situation vor Ort ist allerdings angesichts der Nähe zum Kriegsgebiet des Donbas genauestens im Auge zu behalten.

Einen Dreiklang aus Kosakenromantik, zaristischer Kolonialarchitektur und sowjetischem Monumentalismus bietet die Industriestadt **Zaporizhzhia,** von Mariupol gut per Bus zu erreichen. Von dort steuert man am besten per Bahn Kharkiv oder Poltava an.

In Mariupol besteigt man einen der vielen Busse in Richtung des ukrainischen Nordostens, um über Kharkiv das idyllische **Novhorod Siverskyi** zu erreichen: Hier ist der Charakter einer traditionsreichen Handelsstadt am Hochufer der Desna bis heute gut erkennbar. Kirchen, Klöster, unzählige Holzhäuser und die historischen Handelsreihen prägen das nur 20.000 Einwohner zählende Städtchen.

Chernihiv gilt als das Herz der Kiewer Rus. Hier haben sich zahlreiche mittelalterliche Kirchen und Klöster erhalten, die sich wie eine Perlenkette über das Desna-Hochufer erstrecken.

Von der Stadt sind es nur noch 150 km zurück nach **Kiew.**

⌃ Zebras und Gnu bei Askaniya-Nova

Anfang Juni: Odessa Classics Hochkultur, umsonst und draußen am Schwarzen Meer

19. Januar: Malanka (v.a. in der Westukraine)

8./9. Mai: Feiern und Paraden zum Tag des Kriegsendes; Brückentage zwischen 1. und 9. Mai, erste touristische Hochsaison

Orthodoxes Weihnachtsfest am 6. Januar

Juni: beste Reisezeit

JAN | FEB | MÄR | APR | MAI | JUN

Januar/Februar: Skisaison in den Karpaten

Mai bis August: Stadt- und Straßenfeste

April: Schneeschmelze, Matsch und Schlamm

Mitte Mai bis Mitte Jun Lviv Klezmerfestival, Konzerte in der ganzen Stadt

Anfang September: Literaturfestival Meridian Czernowitz

nfang Juli: estival Taras ulba in Dubno, ockmusik im chatten der urg

Ende August: Kulturfestival Sorochynskyi Yarmarok, wie schon zu Zeiten von Nikolai Gogol

Letzter Samstag im November: Holodomor-Gedenktag, landesweit brennen Kerzen im Gedenken an Stalins millionenfachen Hungermord

September: touristische Nachsaison gute Reisezeit, Pilzesammeln in den Karpaten

li/August: touristische ochsaison – volle Strände, usgebuchte Züge, hohe Preise

Goldener Oktober

Weihnachtsmärkte

JUL | AUG | SEP | OKT | NOV | DEZ

24. August: Nationalfeiertag Konzerte und Straßenfeste

Katholisches Weihnachtsfest am 25.12.

Anfang bzw. Mitte August: Mariupol-Stadtfest und Koktebel Jazz Festival in Chornomorsk

7. Juli: Ivana Kupala, populäres Fest, das auf heidnische Traditionen zurückgeht

September: Melonenernte in der Südukraine – überall im Land sind frische Melonen erhältlich, Verkauf vom Lastwagen

Top 5: Kirchen und Klöster

ukr19-047 pk

Höhlenkloster in Kiew | 55

Seit Jahrhunderten bildet das größte Kloster der Ukraine ein Zentrum der weltweiten Orthodoxie. Verwunschene Höhlen, barocke Kirchen und goldene Kuppeln und die majestätische Lage oberhalb des Dnipro machen das Kloster zu einem Inbegriff sakraler Architektur der Ostkirche.

ukr19-048 pk

Sophienkathedrale in Kiew | 45

Mitten im Zentrum der Stadt reicht diese Kirche bis in die romanische Zeit zurück, auch wenn die barocken Zwiebelkuppeln zunächst etwas anderes vermuten lassen. Im Innern hingegen hat sich der romanische Charakter mit seinen Wandfresken und Mosaiken wunderbar erhalten.

ukr19-049 pk

Lavra Pochaiv | 300

In einzigartiger Weise wird das sanfte Hügelland von Galizien hier durch die fast schon süddeutsch anmutenden Rokkokoformen des Klosters Pochaiv geprägt. Bis heute ist es eines der wichtigsten Pilgerzentren des Landes und in den Händen des Moskauer Patriarchats.

ukr19-050 pk

Maria-Himmelfahrts-Kloster in Sviatohirsk | 553

Im äußersten Norden des Donbas überrascht das teilweise in einen Kreidefelsen gebaute Kloster mit seiner sich herrlich in die reizvolle Mittelgebirgslandschaft einfügenden harmonischen Architektur. Ein weit verzweigtes Gangsystem kann im Kerzenschein besichtigt werden und führt durch mystische Kapellen auf die höchste Spitze des Felsens.

ukr19-051 pk

Die Kirchen und Klöster von Chernihiv | 122

In der nordukrainischen Provinzmetropole reiht sich eine Kirche und ein Kloster ans andere, während im Tal wie eh und je romantische Holzhäuschen die Stadt fast dörflich erscheinen lassen. Einzigartige Schätze von Romanik bis Barock sind zu bewundern, und auch hier kann man in mittelalterliche Höhlensysteme vordringen.

Top 5: Die Ukraine für Aktivurlauber und Naturliebhaber

Besteigung der Hoverla und Wanderung über die Chorna Hora | 351, 353

Die Besteigung des höchsten Berges ist von Vorokhta aus problemlos an einem Tag zu bewerkstelligen. Wer die entlegeneren Teile des Kammes der Chorna Hora bewältigen möchte, sollte ein Zelt und reichlich Proviant dabeihaben.

ukr19-053 pk

Rafting auf dem Dnister | 266

Der Fluss Dnister bildet auf einer Strecke von rund 250 km ein tief eingeschnittenes Tal zwischen roten Sandsteinfelsen und idyllischen Dörfern und Burgen. Einen Teil davon kann man per Kanu durchqueren; Touranbieter machen diesen Ausflug möglich.

ukr19-052 pk

Das Tal des Sluch bei Rivne | 185

Abseits der touristischen Standardrouten hat sich hier die sprichwörtliche ukrainische Dorfidylle erhalten. Granitfelsen, bunte Holzhäuser, Holzkirchen, romantische Burgruinen machen die Gegend zu einem herrlichen Wandergebiet. Die Unterkünfte vor Ort sind einfach und urig.

ukr19-054 pk

Höhlen in Podolien | 289

Kaum bekannt: In der flachwelligen Hochfläche von Podillia befinden sich einige der gewaltigsten Höhlensysteme Europas. Die Kristallhöhle ist als Schauhöhle zu besichtigen, alle anderen nur mithilfe örtlicher Touranbieter in Führungen und Expeditionen. Alle verfügen sie über weiß bis rosa schimmernde Kristallformationen, einige der Höhlen führen auch Wasser.

ukr19-055 pk

Das Tal des Pivdennyi Buh bei Pervomaisk | 473

Hier, wo der Pivdennyi Buh auf dem Weg von der podolischen Hochfläche in Richtung Schwarzes Meer einen Granitrücken durchbricht, hat sich das wohl beliebteste Ziel von Raftingtouristen im Land etabliert. Zwischen den bis zu dreißig Meter hohen Felsen herrscht eine unglaubliche Strömung.

ukr19-056 pk

ukr19-057 pk

ukr19-058 pk

ukr19-059 pk

ukr19-060 pk

ukr19-061 pk

Top 5: Auf den Spuren des Ostjudentums

Czernowitz | 272

Kaum eine europäische Stadt hat die Kulisse einer jüdisch geprägten k.u.k. Metropole besser bewahrt als Czernowitz. Die Synagoge in der Unterstadt ist noch gut zu erkennen, der große jüdische Friedhof gilt als einer der schönsten Europas, während im Ortsteil Sahora im Norden der Stadt die einstige chassidische Stettlatmosphäre noch spürbar ist.

Medzhybish | 377

Durch den Holocaust verwandelte sich das einstmals blühende Landstädtchen im Schatten seiner romantischen Burgruine in ein kleines Dorf von wenigen hundert Einwohnern, bis nach der Unabhängigkeit der Ukraine die jüdische Tradition des Ortes wiederbelebt wurde. Hier liegt der Wunderrabbi *Ba'al Shem Tov* begraben.

Bratslav und Uman | 398, 405

Bratslav, die Wirkungsstätte von Rabbi *Nachman*, beherbergt einen der schönsten jüdischen Friedhöfe, landschaftlich wunderbar oberhalb des felsigen Tales des Pivdennyi Buh gelegen. Der Rabbi liegt im 100 km östlich gelegenen Uman begraben.

Sharhorod | 381

Das provinziell wirkende Städtchen südlich von Vinnytsia beherbergt eines der letzten nahezu original erhaltenen Schtetl, wie sie über Jahrhunderte die Region prägten. Kleine Häuschen mit hölzernen Balkonen und Veranden prägen das historische Ortsbild, in dessen Mitte sich eine der ältesten Synagogen des Landes aus dem 16. Jh. befindet.

Dnipro | 520

Im südukrainischen Dnipro steht nagelneu und marmorglänzend das riesige Menorah-Zentrum mit einer sanierten historischen Synagoge, koscheren Cafés und Festsälen. Ein gutes Museum informiert über die Geschichte der ukrainischen Juden.

Top 5: Nightlife

Kiew: Blues Bar und Club Closer | 79, 80

In einem leer stehenden Fabrikgebäude nahe des Stadtzentrums ist ein Hauch vom Berlin der 1990er Jahre zu spüren. Hier finden Konzerte, Technopartys, Jazzveranstaltungen und Ausstellungen statt.

ukr19-062 pk

Lemberg: Dzyga und Kimnata 35 | 235

Inmitten der Altstadt residiert die Künstlergruppe Dzyga, die hier eine Galerie, ein Restaurant und einen Jazzclub betreibt. Jeden Abend gibt es Live-Musik, meistens natürlich Jazz.

ukr19-063 pk

Odessa: Club Vykhod | 449

In einem nicht ganz leicht zu findenden Kellerclub finden mehrmals pro Woche Konzerte und sonstige kulturelle Veranstaltungen statt. Die Atmosphäre ist wunderbar alternativ, wie man sie so im Land selten findet.

ukr19-064 pk

Unterwegs in Kharkiv | 549

Die heimliche Hauptstadt der ukrainischen Clubkultur macht einem die Entscheidung nicht leicht: Pintagon, Akuna Matata, Club Moskvich, Zhivot – alles großartige Locations und für jeden Geschmack ist etwas dabei.

ukr19-065 pk

Kneipentour durch Ternopil | 293, 294

Die Kneipentour durch die entspannte Provinzhauptstadt sollte am Ausschank der örtlichen Brauerei Opilia, direkt am Ufer des Stausees gelegen, beginnen. Einfach, aber urig! Von dort ist es nicht weit zum Restaurant Shynok, ebenfalls nahe dem See, in dem regelmäßig Live-Musik zu hören ist. Wer es edler und weniger alternativ bevorzugt, ist im Club Maxim mit diversen Cocktailbars und DJs gut aufgehoben. Vorreiter der komplett neu entstandenen Kneipenszene in der Stadt war die Club-Kneipe Bar Koza unmittelbar im Zentrum. Zwischen roten Ziegelwänden herrscht hier eine Atmosphäre, wie man sie eher in Berlin vermuten würde. Direkt daneben liegt die hippe Bar Faine Misto.

ukr19-066 pk

ukr14-002.pk

1 Kiew

Kyiv, Київ

- 1340 km südwestlich von Berlin, im Norden der Ukraine, am Dnipro, Hauptstadt der Ukraine
- Einwohner: 2,84 Mio. (offiziell)

Die ukrainische Hauptstadt Kyiv ist alles zugleich: Schatzkammer kulturhistorischer Kostbarkeiten und riesige Plattenbauwüste. Spielwiese der Ultrareichen, aber auch Hochburg alternativer Lebensstile. Stadt grüner Hügel und eine wild wachsende Metropole. Tausendjährige Mönchszellen, sowjetischer Monumentalismus und neueste ukrainische Gedenkarchitektur sind mitunter nur einen Steinwurf voneinander entfernt.

‹ Das einstige Herz der Kiewer Rus: die Sophienkathedrale

NICHT VERPASSEN!

Kreshchatyk/ Unabhängigkeitsplatz:
Stalinklassizismus und politische Vibes in Kiews Zentrum | 40

Sophienkathedrale:
wo das Herz der Rus schlug | 45

Andreassteig:
Künstler und Galerien in Kiews atmosphärischster Straße | 50

Podil:
alternatives Leben im Szeneviertel | 52

Höhlenkloster Lavra:
mumifizierte Heilige und goldene Kuppeln im bedeutendsten orthodoxen Kloster der Welt | 55

Kiews Museen:
vielfältig, lehrreich, toll | 65

Diese Tipps sind gelb hinterlegt.

Blick auf das Szeneviertel Podil

ukr19-012 pk

HAUPTSTADT UND ZENTRUM DER UKRAINE

Seit Beginn des wirtschaftlichen Aufschwungs vor einem guten Jahrzehnt hat Kiew ein Wirbel stürmischer Bewegung erfasst. Die Einwohnerzahl explodiert. Laufend entstehen schicke Lokale, glamouröse Einkaufshallen und grandiose Kunstprojekte. Ebenso schnell werden neue Schlafstädte hochgezogen, weicht die historische Bausubstanz der Innenstadt kommerziellen Interessen und Spekulationsobjekten. Aus dem Tempo der Veränderung und ihrer inneren Zerrissenheit gewinnt die Stadt eine gewaltige Energie – und eine ungeheure Faszination, die durch die fortdauernde Suche nach einer urbanen Identität als ukrainische Hauptstadt noch verstärkt wird.

Während der Zeit des Maidan schlug in Kiew das Herz der Revolution, wehten hier womöglich mehr EU-Fahnen als in sämtlichen 28 EU-Staaten zusammen. Seitdem erfindet sich die Stadt neu, wird mehr und mehr zum Ziel internationaler Backpacker, während allenthalben trendige Bars und Clubs entstehen, die man ansonsten eher in Berlin oder Tel Aviv vermuten würde.

Geschichte

Kiew wird gerne als **„Mutter aller russischen Städte“** bezeichnet – eine umstrittene These, die allzu oft im Dienste russischer Imperialinteressen missbraucht wird, um vermeintlich historisch legitimierte Ansprüche zu rechtfertigen. Als **Hauptstadt der Kiewer Rus,** einem der großen mittelalterlichen Reiche, war die Stadt über Jahrhunderte die Wiege der ostslawischen Zivilisation. Kiews großer Aufschwung begann ab dem Jahr 882. Der sagenumwobene *Oleg* aus Velikyi Novgorod hatte die Stadt soeben erobert und mit der Vereinigung der Novgoroder und Kiewer Gebiete die Grundlage für die weitere Entwicklung des Reiches geschaffen. Die **strategisch hervorragende Lage am Dnipro,** an der legendären Handelsroute von den Warägern (Wikingern) zum Schwarzen Meer, begünstigte Kiews rasanten Aufstieg.

Für die Entwicklung zur mächtigen Metropole war vor allem die immer engere politische und kulturelle **Beziehung zum großen Vorbild Konstantinopel** entscheidend. 989 ehelichte der Kiewer Großfürst *Volodymyr* gar die Schwester des byzantinischen Kaisers. Zu diesem feierlichen Anlass konvertierte der Trunkenbold, Polygamist und Götzenanbeter zum orthodoxen Christentum, und Kiews Einwohner wurden im Dnipro getauft. Die **„Taufe im Dnipro“** gilt als die Geburtsstunde der Russisch-Orthodoxen Kirche und Meilenstein in der weiteren Entwicklung der Rus.

Unter *Volodymyrs* Sohn **Yaroslav dem Weisen** (1019–1056) erlebte Kiew seine Blüte. Die Stadt wurde Mittelpunkt eines riesigen Reiches, das sich von Przemyśl (heute Ostpolen) im Westen bis Nyshnyi Novhorod im Osten, vom Ladogasee im Norden bis in die dem Schwarzen Meer vorgelagerten Steppengebiete erstreckte. *Yaroslav* glänzte durch kluge Heiratsdiplomatie und errang große militärische Erfolge. Er erließ die erste Gesetzessammlung der Rus und schuf die erste ostslawische Bibliothek. Architektonisches Zeugnis aus dieser Zeit der Größe ist die Sophienkathedrale. Auch die Gründung des Lavra-Höhlenklosters fällt in *Yaroslavs* Zeit. Nach seinem Tod begann der allmähliche Niedergang. Innerer Streit und andauernde Überfälle nomadischer Reitervölker schwächten die Rus. Das Ende kam 1240: Die **Mongolen** erstürmten Kiew nach langer Belagerung. Die meisten Einwohner wurden ermordet, die herrschaftliche Oberstadt dem Erdboden gleichgemacht. Kiews Entwicklung stagnierte danach für Jahrhunderte. Gut 200 Jahre gehörte die Stadt zum Großfürstentum Litauen, nach dessen Vereinigung mit der polnischen Adelsrepublik 1569 für weitere 100 Jahre zur **Rzeczpospolita.** Kiew wuchs zwar wieder – auf etwa 10.000 bis 20.000 Einwohner zu Beginn des 17. Jh., darunter viele Polen und Juden, die es nun in die Stadt zog –, doch war politische Peripherie geworden, eine Provinzstadt, abhängig von den neuen Zentren Vilnius und Warschau. Auch der orthodoxe Glaube geriet in der katholischen Rzeczpospolita in die Defensive.

Erst in der ersten Hälfte des 17. Jh. stieg die Bedeutung der Stadt wieder. Mit dem Aufstieg der **Dnipro-Kosaken** wuchs der Widerstand gegen die Polonisierung. In Kiew etablierte sich eine neue orthodoxe Eilte. 1615 wurde die Kiewer Bruderschaft gegründet, 1632 im Höhlenkloster das orthodoxe Kollegium durch den großen Archimandriten *Petro Mohyla.* Die orthodox-ostslawische Kultur erlebte eine Renaissance. Als 1648 der große Kosakenaufstand gegen die Adelsrepublik ausbrach, ritt der zunächst siegreiche Kosakenhetman *Khmelnytskyi* triumphal in Kiew ein. Nach jahrelangen Kämpfen unterstellten sich die Kosaken 1654 schließlich dem

[>] Blick auf das Feofania-Kloster

russischen Zaren. Kiew geriet erneut unter fremde Herrschaft. Über 300 Jahre verblieb die Stadt – und die nun **„Kleinrussland"** genannte linksufrige Ukraine – in Abhängigkeit von Moskau.

Im 18. Jh. wurde Kiew als Verwaltungszentrum eines der neu geschaffenen Gouvernements administrativ ins Zarenreich integriert. Die **Russifizierung** wurde im 19. Jh. intensiviert, die Mohyla-Akademie geschlossen, an ihrer Stelle die russische Universität eröffnet. Zugleich erlebte Kiew – bei aller politischen Repression – während der **Industrialisierung** einen ungeheuerlichen Boom. Fabriken, Banken und Börse entstanden, ebenso zahlreiche Theater und prächtige Wohnhäuser. Vor allem der Zuckerexport florierte, die hochherrschaftlichen Villen zahlreicher Zuckerfabrikanten stehen bis heute. Auch die **Infrastruktur** wurde modernisiert: Die Kettenbrücke (1853) war die erste ständige Brücke über den Dnipro. 1892 fuhr in Kiew gar die erste Straßenbahn des Zarenreiches. Kiew war nun unbestritten die dritte Metropole des Imperiums. Und wuchs rasant: von 250.000 Menschen um 1900 auf 500.000 am Vorabend des 1. Weltkriegs! In dieser unvergleichlichen Boomzeit wirkten herausragende Köpfe der ukrainischen und russischen Moderne in der Stadt: der Architekt *Vladyslav Horodetskyi* (1863–1930), der Ingenieur *Vladimir Shukhov* (1853–1939) oder der Schriftsteller *Mikhail Bulgakov* (1891–1940), um nur drei zu nennen.

ukr14-010 pk

Klima Kiew

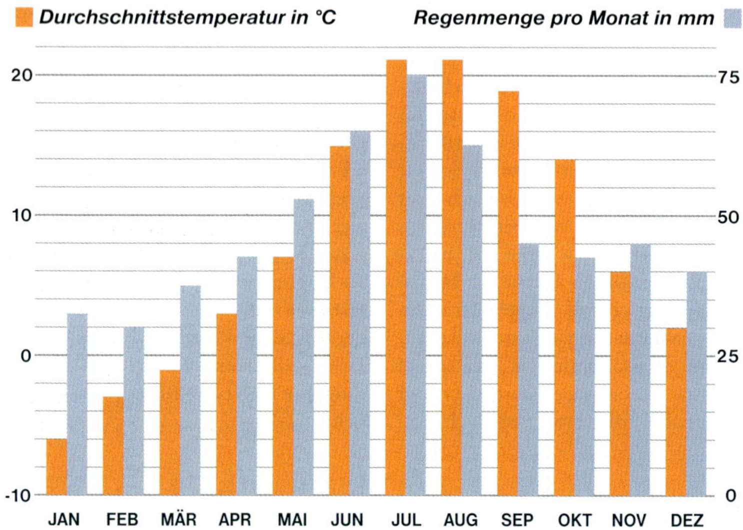

Oktoberrevolution und Bürgerkrieg hinterließen auch in Kiew ihre zerstörerische Spur. Bolschewisten, Weißgardisten, ukrainische Nationalisten, dazu deutsche und polnische Einheiten kämpften in und um die Stadt. Erst 1921 sicherten die Bolschewisten ihre Herrschaft über Kiew, das aber erst 1934 Hauptstadt der Ukrainischen SSR wurde – zuvor war es Kharkiv, wo die Unterstützung für die Roten stärker war als im bürgerlichen Kiew. Im August 1941, kurz nach dem Überfall auf die UdSSR, wurde Kiew als erste große sowjetische Stadt von der Wehrmacht eingenommen. Eine traumatische **Besatzungszeit** von unvorstellbarer Grausamkeit folgte. Allein in Babyn Yar wurden mindestens 100.000 Menschen ermordet. Als die Rote Armee Kiew im November 1943 befreite, war die bedeutende jüdische Gemeinde nahezu ausgelöscht. Schätzungen zufolge überlebte nahezu jeder zweite Kiewer die Besatzungszeit nicht.

In der **Nachkriegszeit** etablierte sich Kiew erneut als die „dritte Stadt" des Sowjetimperiums. Der völlig zerstörte Khreshchatyk, Kiews Prachtstraße, wurde wieder aufgebaut, in den 1970ern große Schlafstädte auf der Ostseite des Dnipro hochgezogen. Das entscheidende Ereignis war aber fraglos der Reaktorunfall im nur 100 km entfernten **Tschernobyl** im April 1986. Nur durch ein meteorologisches Wunder entging Kiew der totalen Verstrahlung. Erst nach über einer Woche wurden die Kiewer von dem Vorfall informiert. Selbst die traditionelle Parade zum 1. Mai fand auf dem Khreshchatyk statt, als sei nichts vorgefallen. Für die Entwicklung der ukrainischen Unabhängigkeitsbewegung war die Tschernobyl-Katastrophe ein wesentlicher Impuls.

Seit 1991 ist Kiew Hauptstadt der unabhängigen Ukraine. Nach einem Jahrzehnt der Stagnation verlieh ein starker ökonomischer Aufschwung der Stadt seit der Jahrtausendwende neue Dynamik und Impulse. Auch politisch kamen die Dinge ins Rollen: 2004 wurde Kiew zum Zentrum der **Orangenen Revolution** – die Zeltstadt auf dem Unabhängigkeitsplatz machte weltweit Schlagzeilen. Als einer der Austragungsorte der **Fußball-Europameisterschaft** 2012 stand Kiew dann für einige Wochen im Fokus der europäischen Öffentlichkeit – der Zauber der „orangenen" Tage war aber damals schon verflogen. Schon eineinhalb Jahre später geriet die Stadt wieder in den Blickpunkt des öffentlichen Interesses weltweit: Im Spätherbst 2013 nahm hier die **Maidanrevolution** ihren Anfang, die den ungeliebten Präsidenten *Yanukovych* ins Exil nach Russland trieb – die Stadt ist seitdem eine andere geworden. Bürgermeister von Kiew ist seit 2015 der einstige Boxweltmeister *Vitali Klitschko.*

Orientierung

Kiew wirkt wegen seiner Größe zunächst etwas unüberschaubar. Der Dnipro teilt die Stadt in **eine westliche und eine östliche Hälfte** – die historische Altstadt und alle Sehenswürdigkeiten befinden sich auf der westlichen Flussseite. Die Ostseite ist eine riesige, nach dem 2. Weltkrieg hochgezogene Schlafstadt, in die sich kaum ein Tourist verirrt. Beschränkt man sich auf das historische Zentrum, fällt die Orientierung dann schnell ziemlich leicht. Die Westseite Kiews lässt sich grob unterteilen in die Viertel Podil, die Obere Stadt und den südöstlichen Teil mit den Vierteln Lipky,

ukr14-199 pk

☒ Pl. Kontraktova im Stadtteil Podil

Kiew Zentrum
0 300 m
©Reise Know-How Ukraine5b 1/19
Nationales Geschichtsmuseum, Ruine der Desyatynna-Kirche
Andreaskirche
Vul. Desyatynna
Funikular
Volodymyrskyi uzviv
Vul. Naberezhno-Khreschatytska Naberezhne Sh.
Trukhaniv-Insel
Parkovyi mist
Dnipro
Außenministerium
Denkmal für Großfürstin Olga
Michaelskloster
Volodymyr-Denkmal
Вул. Велика Житомирська
Vul. Zhytomyrska
Vul. Tryokhsvyatytel'ska
Vul. Mykhailivska
Khmelnitskyi-Denkmal
Bogen der Völkerfreundschaft
Khreshchatyi-Park
Sophienkathedrale
Vul. Striletska
Yaroslaviv Val
Kongresszentrum/ Ukrainisches Haus
Philharmonie
Puppentheater
Europäischer Platz
Хрещатик
al. Petrivska
Parkova Dor.
Паркова дор.
Unabhängigkeitplatz, Unabhängigkeitssäule
Maidan Nezalezhnosti
Площадь Независимости
Mykhaila-Hrushev'koho
Lobanovskyi-Stadion
ehem. Kenase
Ярославів Вал
вул. Володимирська
Hauptpost
Vul. Nebesnoi Sotni
Nationales Kunstmuseum
Marienpalast
Goldenes Tor
Prorizna
Khreshchatyk
Verkhovna Rada / Parlamentsgebäude
Михайла Грушевського
Oper und Ballett-Theater
(ehem. Institutska)
Vul. Bohdana Khmelnitskoho
Богдана Хмельницького
Vul. Bankova
Ivan Franko
Vul. Lyuteranska
Museum für Geschichte
Haus der Chimären
Volodymyr-Kathedrale
Lesya Ukrainka
Präsidentenpalast
Holodomor-Gedenkstätte, Mystetskyi Arsenal
Bul. T.-Shevchenka
бул. Тараса Шевченка
Shevchenko-Museum
Taras Shevchenko Universität
Russisches Kunstmuseum
Vul. Pushkinska
Vul. Shovkovycha
Hauptbahnhof
Pinchuk Art Center
L.-Tolstoho
Льва Толстого
Khanenko-Kunstmuseum
Vul. Rohnidynska
Vul. Tarasivska
Volodymyrs'ka
Haupt-Synagoge
Vul. Mechnykova
Velyka Vasilkivska
Bul. Lessa Ukrainka
Vul. Rustaveli
Saksahanskoho
Сaксаганського
Vul. Antonovycha
Vul. Zhylianska
вул. Жилянська
Olympiastadion
Nikolauskathedrale
1 2 3 4 5 6 7 8 9 10 11 12 13 14 15 16 17 18 19 20 21 22 23 24 26 27 28 29

Übernachtung
3 Hyatt Regency Hotel
5 TIU Khreshchatik Hostel
6 Kozatskyi
14 Ukraina
39 Hotelschiff
43 Dream House Hostel
44 Andriivskyi Mansard

Essen und Trinken
1 Chacha Bar
7 Restaurant Qirim
8 Pizza Veterano
10 Bulochna Yaroslava
11 Kaffa
21 Puzata Khata
27 Pervak
28 Faina Familiya
29 Puzata Khata
30 Restaurant Taki Da
34 Living Room
35 Kaffa
37 Akadamya Trapezna
38 Puzata Khata
40 Faina Familiya
41 Tzimes
42 Café Druzi

Nachtleben
2 Blues Bar
3 Bar on 8
4 Irish Pub O'Briens
12 Urban Space 500
16 Kupidon
17 Bochka
19 Bochka
20 Barmen Diktat
23 Pro Rock Pub
26 Alchemist Bar
31 Closer

Einkaufen/Sonstiges
13 Globus
15 Buchhandlung Ye
18 Kaufhaus TsUM
22 Bessarabskyi Rynok
24 Metrograd
32 Fahrradladen/-verleih Veloplaneta
33 Zhytnyi Rynok
36 Vinyla

Klov und Pechersk. Podil liegt nördlich, in der Niederung direkt am Dnipro. Es ist Kiews altes Hafen- und Händlerviertel, dessen Herz zwischen Kontraktova- und Poshtova-Platz schlägt, beide erreichbar über die gleichnamigen Metrostationen.

Mit der herrschaftlichen **Oberen Stadt** ist Podil verbunden durch den Andreassteig. Zentrale Achse der Oberstadt ist die **Volodymyrska,** die in Nord-Süd-Richtung über den Sophienplatz direkt zum Andreassteig führt. Wichtigste Metrostation in der alten Oberstadt ist die Haltestelle Zoloti Vorota an der Volodymyrska.

Parallel zur Volodymyrska verläuft der **Khreshchatyk,** Kiews Glanzstraße. Er grenzt die alte Oberstadt von den südlicher in der Kurve des Dnipro gelegenen Stadtteilen Lipky, Klov und Pechersk ab und erstreckt sich in einer Senke vom Europäischen Platz (im Norden) über den weltberühmten Unabhängigkeitsplatz bis zum Bessarabischen Platz (im Süden). Entlang des Khreshchatyk liegen die Metrostationen Maidan Nezaleshnosti und Khreshchatyk.

Wesentlich weiter südöstlich und per Fuß kaum erreichbar liegt der Stadtteil **Pechersk,** der sich historisch um das Lavra-Höhlenkloster entwickelte. Er ist am besten über die Metrostation Arsenalna zu erreichen.

Wer gut zu Fuß ist, kann alle Sehenswürdigkeiten in Podil und der Oberstadt in verschiedenen Rundgängen problemlos erkunden. Ansonsten gelangt man mit der **hervorragenden, in den 1960er Jahren errichteten Metro** schnell zum gewünschten Ort (Streckenplan und Infos siehe S. 83/84).

Sehenswertes

Stadtzentrum

Unabhängigkeitsplatz und Khreshchatyk

Майдан Незалежності, Хрещатик

Der Unabhängigkeitsplatz ist Kiews größter Platz und der zentrale Treffpunkt der Stadt. Der **Maidan Nezalezhnosti** ist quicklebendig, verkehrsumtost

ukr14-001 pk

und hat oft genug eine politisch aufgeladene Atmosphäre. Eine politische Sternstunde erlebte er während der Orangenen Revolution im Winter 2004, als hier über Wochen hinweg bei eisigen Temperaturen die große Zeltstadt der friedlich gegen die Wahlfälschung demonstrierenden Menschen aufgeschlagen war. Neun Jahre später, ab dem November 2013, war der Platz das Epizentrum der **Maidanrevolution,** hier standen die Zelte der Protestierenden, von Barrikaden umgeben entstand mitten in der Stadt ein Mikrokosmos, wie ihn die Geschichte nur selten gesehen hat. Hier fanden die sonntäglichen Volksversammlungen mit bis zu einer halben Million Teilnehmern statt. In der nahe gelegenen Hrushevskyi-Straße brannten ab Mitte Januar die Barrikaden, dort wurden zwischen dem 18. und 20. Feb-

☑ Auf dem Khreshchatyk

ruar 2014 rund 80 friedliche, unbewaffnete Demonstranten aus dem Hinterhalt erschossen.

Der Platz wird von **Kiews Hauptstraße,** dem **Khreshchatyk,** durchschnitten und in eine Nord- und Südseite geteilt. Im Norden reckt sich die weiß-goldene **Unabhängigkeitssäule** in die Höhe. Auf ihr thront eine bronzene Dame namens „Ruhm der Ukraine" – postsowjetischer Kitsch aus dem Jahr 2001, errichtet zum 10. Jahrestag der Unabhängigkeit. Selben Datums ist die blau abgetönte Glasfront der größtenteils unterirdisch unter dem Platz gelegenen Einkaufspassage „Globus" direkt dahinter. Viele Kiewer klagen, dass diese Bauten den einstigen Charme des Platzes nachhaltig gemindert hätten, denn die zum Hotel Ukraina ansteigende Rasenfläche ist seitdem verschwunden, ebenso viele der überaus zahlreichen Springbrunnen auf dem eigentlichen Platz.

Unverändert sehenswert bleibt aber die den Platz rahmende neoklassizistische Sowjetarchitektur aus der unmittelbaren Nachkriegszeit. Besonders prächtig ist das **Hauptpostamt** an der Ecke Khreshchatyk (Nr. 20). Am Postgebäude erinnern **Graffiti aus den Tagen der Orangenen Revolution,** museal konserviert unter Plexiglas, an die glorreichsten Stunden der ukrainischen Demokratiebewegung. Wer genau hinschaut, wird auch ein Porträt des damaligen Hoffnungsträgers *Yushchenko* entdecken.

Die Ostseite des Platzes wird begrenzt vom einstigen **Gewerkschaftsgebäude,** erbaut im Stil des sowjetischen Brutalismus und zu Zeiten des Maidan eines der Hauptquartiere der Revolutionäre. Bei dem versuchten Sturm das Maidan am 18./19. Februar 2014 brannte das Gebäude völlig aus. Fast fünf Jahre stand es als unansehnliche Ruine da, mittlerweile wurde es renoviert und sieht etwas gefälliger aus als vor 2014.

Vom Maidan führt die **Vul. Nebesnoi Sotni,** die bis 2015 den Namen Vul. Institutska trug, leicht ansteigend nach Süden. Hier erinnern seit dem Winter 2014 zahlreiche Gedenknischen an die Todesopfer des Massakers vom 20. Februar 2014, bekannt als **„Himmlische Hundertschaft" (Nebesna Sotnia).** Die Straße passiert das Hotel Ukraina und erreicht eine kleine **Grünanlage,** in der sich reichlich Andenken finden: Helme, Schutzschilde, Kränze, Fotos der Toten. Auch eine hölzerne Kapelle wurde errichtet. Hier – so der Plan – soll das Museum der Revolution entstehen. Der international ausgeschriebene Wettbewerb für das Museumsgebäude wurde übrigens vom Architekturbüro Kleihues aus Berlin gewonnen (www.baunetz-architekten.de/kleihues-kleihues/31527/ news/ 5445326). Wann jedoch mit dem Bau begonnen wird, steht in den Sternen.

Der imposante **Khreshchatyk-Boulevard,** seit Mitte des 19. Jh. Kiews Hauptstraße, erstreckt sich entlang einer Nord-Süd-Achse über 1,2 km vom **Europäischen Platz** zum **Bessarabischen Platz.** Seine heutige Gestalt – die einer monumentalen Prachtstraße im Stil des stalinistischen Neoklassizismus – erhielt er während des Wiederaufbaus nach dem 2. Weltkrieg. Zuvor war hier nahezu jedes Haus zerstört worden. Rotarmisten hatten die Häuser entlang des Khreshchatyk vermint und die Minen nach dem Einmarsch der Wehrmacht am 24. September 1941 per Fernzündung zur Explosion gebracht. Ein Inferno mit Hunderten toten deutschen Soldaten und zerstörten Häusern war die Folge, auch viele Zivilisten starben. Den Deutschen diente die gewaltige Explosionsserie am Khreshchatyk als willkommener Vorwand zum Massenmord an den jüdischen Bewohnern der Stadt – Zehntausende Juden wurden wenige Tage später als „Vergeltung“ für diesen Vorfall in der Schlucht von Babyn Yar ermordet.

Ein besonders markantes Gebäude ist das 18 **Kaufhaus TsUM** (Plan S. 38): Der Bau aus den 1930er Jahren mit seiner Fassade im Stil des Konstruktivismus erinnert ein wenig an US-amerikanische Hochhäuser und liegt etwa auf halber Strecke zwischen Maidan und Bessarabischem Platz. Nachdem das Kaufhaus in den letzten Jahren ein trauriges Dasein gefristet hatte, wurde es in den vergangenen Jahren von dem Oligarchen *Akhmetov* renoviert und beherbergt nun diverse Edelboutiken und ein wirklich tolles Aussichtscafé auf dem Dach mit wunderbarem Blick auf den Kreshchatyk.

Der schönste Abschnitt des Khreshchatyk ist sicher der zwischen Unabhängigkeitsplatz und Bessarabischem Markt, wo auch die einzigen historischen Bauten der Straße erhalten blieben. Am Wochenende und an Feiertagen ist diese Strecke für den Verkehr gesperrt, und die promenierenden Kiewer nehmen den enormen Boulevard für sich in Beschlag. Am Beginn des Khreshchatyk, oberhalb des Europäischen Platzes, liegt der **Khreshchatyi-Park,** der einen großartigen Panoramablick über die Stadt bietet. Die beste Aussichtsplattform ist dort, wo sich der **Bogen der Völkerfreundschaft** spannt, eines der durchaus bemerkenswerten Denkmäler aus der Sowjetzeit. Der riesige Stahlregenbogen von 1983 erinnert an die Vereinigung der Ukraine und Russland. Weit unterhalb erblickt man die **Fußgängerbrücke über den Dnipro zur Trukhaniv-Insel,** einem beliebten Ausflugs- und Erholungsziel. Am Fuße des Parks liegt der Eingang zum **Stadion** des berühmtesten Kiewer Fußballklubs: **Dynamo.** Das 1934 errichtete Stadion trägt den Namen **Valeryi Lobanovskyis,** zu Ehren der ukrainischen Trainerlegende. *Lobanovskyi* gilt als Vater der Viererkette und setzte als erster Trainer überhaupt Computer zur Anlage umfangreicher Spielerdatenbanken ein. Er formte Dynamo in den 1970er Jahren zur vorübergehend besten europäischen Klubmannschaft. Der rußgeschwärzte, säulengeschmückte Eingang zum Stadion geriet ab Januar 2014 zur Kulisse für TV-Bilder brennender Barrikaden entlang der Vul. Hrushevskoho, wo sich Demonstranten und Polizeiketten gegenüberstanden. Das nur wenige hundert Meter südlich gelegene Regierungsviertel befand sich bis zuletzt in den Händen der Regierung. Ein **Wandgemälde** an der Ecke neben dem Hotel Dnipro, das ein Mädchen geschmückt mit blau-gelben Bändern zeigt, das durch ein Fernglas die europäischen Sterne erblickt (siehe Bild auf S. 80), drückt die damalige Stimmung im Land wohl mit am besten aus.

Die innerstädtische Parkzone

Entlang der Abbruchkante von der Oberstadt zum Dnipro – das Gelände fällt hier 60–80 Meter steil ab – wurden auf einer Länge von mehreren Kilometern Parks angelegt, die sich mit kurzen Unterbrechungen vom Michaelskloster über den Bogen der Völkerfreundschaft

ukr14-003 pk

bis zum Höhlenkloster erstrecken. Der Parkgürtel ist **Kiews grüne Lunge** und ideales Revier für Flaneure. Etwas nördlich unterhalb des Freundschaftsbogens steht das gewaltige **Volodymyr-Denkmal** von 1853, eine Hommage an Großfürst *Volodymyr den Großen* – auch von hier bietet sich ein grandioser Blick auf den Dnipro. Südlich des Bogens stehen zwei alte Wassertürme aus dem 19. Jh., und eine malerische Metallbrücke von 1904 überspannt eine tief eingeschnittene Schlucht. Noch etwas weiter südlich liegt das **Regierungsviertel mit Parlamentsgebäude** und dem wundervollen barocken Marienpalast aus dem 18. Jh., der der Präsidialverwaltung untersteht. Wenig südlich symbolisieren zwei unübertroffen hässliche, marmorverkleidete Luxuswohntürme nahe der Arsenalna Pl. die immer noch ungebrochene Macht der Oligarchen.

Haus der Chimären

Будинок із химерами

■ Vul. Bankova 10, 100 UAH

Das berühmteste Bauwerk des exzentrischen Architekten *Vladislav Horodetskyi* (1863–1930) war bis vor Kurzem nur von außen zu bestaunen, mittlerweile jedoch werden Führungen angeboten. Die **prachtvollen Innenräume** lohnen unbedingt eine Besichtigung. Hierzu kontaktiert man am besten das Museum der Stadt Kiew, Vul. Bohdana Khmelnytskoho 7, Tel. 044-520 28 26, www.kyivhistorymuseum.org. Doch auch ohne Besuch des Inneren kann man eine vergnügliche Weile damit verbringen, die Tiere und Fabelwesen zu studieren, die das Dach bevölkern und sich die Fassade hinabschlängeln. Das 1901/02 als Wohnhaus des Architekten errichtete Gebäude ist das **herausragende Beispiel Kiewer Jugendstilarchitektur** und ein avantgardistisches Meisterwerk des „Kiewer Gaudí“. Genial an einen Hang gebaut, ist von der Straßenseite aus gar nicht zu erkennen, dass das Haus insgesamt sechs Stockwerke hat. *Horodetskyi* verließ seine Mutterstadt nach der Machtübernahme der Bolschewisten 1920 in Richtung Warschau (seine Eltern waren polnisch), er verstarb in Teheran. Wer sich für seine Architektur interessiert, sollte auch das von ihm erbaute Museum der Bildenden Kunst (1898) in der Hrushevskovo 6 und die ehemals römisch-katholische Nikolauskirche, gebaut 1899–1909, in der Velyka Vasylkyvska 77 besuchen. Die Kirche wird heute als Konzertsaal genutzt (www.organhall.kiev.ua.). Auch die ehemalige Kenase, Yaroslaviv Val 7, errichtet von 1898–1902, ist ein Werk des Meisters. Dort befindet sich heute ein Theater (www.actorhall.com.ua).

Das Haus der Chimären diente übrigens nach dem 2. Weltkrieg die meiste Zeit als Poliklinik für die Parteielite, später fanden hier Regierungsempfänge statt. Schräg gegenüber befindet sich der **Präsidentenpalast,** ein monumentales Gebäude im Stil der Stalinzeit. Großbürgerliche Fassaden vom Ende des 19. Jh. finden sich in den stillen Straßen des Viertels zwischen dem Haus der Chimären und dem Khreshchatyk. Unmittelbar unterhalb lädt der Ivan-Franko-Platz mit einem historischen Springbrunnen zu einer beschaulichen Rast ein. Leider ist die große Freitreppe vom Platz zum Präsidentenpalast derzeit nicht begehbar.

☒ Blick vom Glockenturm der Sophienkathedrale, im Hintergrund das Michaelskloster

Alte Oberstadt

Верхнє місто

Kiews Oberstadt war das **Machtzentrum der Rus.** In seiner Blüte, zur Zeit *Yaroslavs,* war die gesamte obere Stadtanlage von mächtigen Befestigungsanlagen gesichert. Einen guten Eindruck von der Größe der alten Stadt bekommt man, wenn man sich auf einem Stadtplan den **Verlauf der ehemaligen Stadtmauern** vergegenwärtigt oder, besser noch, diese entlang der heute existierenden Straßenzüge abläuft. Die alten Befestigungen verliefen im Norden vom Lvivska Pl. entlang der heutigen Velyka Zhytomyrska zum Michaelsplatz, im Westen vom Lvivska Pl. in südliche Richtung den Yaroslaviv Val entlang bis zum Goldenen Tor, im Osten vom Michaelsplatz südlich entlang der Mykhailivska zum Unabhängkeitsplatz und im Süden schließlich vom Maidan in etwa die Malopidvalna entlang wieder zum Goldenen Tor. Im Zentrum der mittelalterlichen Stadtanlage lag die alle anderen Bauwerke im Reich weit an Bedeutung überstrahlende Sophienkathedrale.

Sophienkathedrale

Софійський собор

■ Pl. Sofiyvska, täglich 10–18 Uhr, Mi 10–17 Uhr, Do geschlossen, 100 UAH, Glockenturm 20 UAH

Nirgendwo werden **Glanz und Größe des mittelalterlichen Kiew** so unmittelbar erfahrbar wie im Inneren der Sophienkathedrale, Kiews ältester erhaltener Kirche. Die grandiosen Mosaiken und Wandmalereien haben in großen

Teilen ein ganzes Jahrtausend unzerstört überdauert.

Geschichte der Kathedrale

Der Kathedralenbau wurde **1037** auf Geheiß *Yaroslavs des Weisen* begonnen. Im Jahr zuvor hatte *Yaroslav* die Petschenegen vernichtend geschlagen, ein Reitervolk, das die Rus jahrhundertelang terrorisiert hatte. Kiew befand sich auf dem Höhepunkt seiner Macht. Die neue Kathedrale sollte *das* Symbol für die Größe des Reiches werden und wurde als sein spirituelles, politisches und kulturelles Zentrum konzipiert. Sie bekam **grandiose Ausmaße:** Der Innenraum misst 42 Meter in der Länge und 55 Meter in der Breite, die Zentralkuppel ist 29 Meter hoch. Das architektonische Vorbild kam aus Konstantinopel: die Hagia Sofia. Nach den schweren Beschädigungen durch die Mongolen und der anschließenden Periode des Verfalls waren es zwei großer Kiewer Bürger, dich sich um Erhalt und Wiederaufbau der Kathedrale verdient machten: *Petro Mohyla* und *Ivan Mazepa. Mohyla* ließ 1634 ein Männerkloster auf dem Gelände errichten, das sich zu dem die Kathedrale heute umgebenden barocken Gebäudekomplex entwickelte. Unter *Mohyla* begann auch der äußere **Um- und Aufbau** der Kathedrale **im ukrainischen Barockstil,** wobei sorgfältig darauf geachtet wurde, dass der byzantinische Kern der Kathedrale erhalten blieb. Der Grundentwurf der fünfschiffigen Kreuzkuppelkirche mit fünf Apsiden und 13 Kuppeln blieb dadurch bis heute unverändert. Anfang des 18. Jh. waren die Umbauarbeiten weitestgehend abgeschlossen. Aus dieser Zeit stammt der **prächtige barocke Glockenturm,** der heute das äußere Erscheinungsbild des Kathedralenkomplexes entscheidend prägt. Nach der Machtübernahme der Bolschewisten sollte die Kathedrale in den 1920er Jahren abgerissen werden. Dieser Plan wurde glücklicherweise aufgegeben, die Kathedrale allerdings 1934 konfisziert und in ein Religionsmuseum umgewandelt. Hierher gelangten zur musealen Verwahrung auch einige Kostbarkeiten aus dem in Sichtweite gelegenen Michaelskloster, das der Zerstörung nicht entging. Seit 1990 gehört die Sophienkathedrale zum UNESCO-Weltkulturerbe. Trotz Begehrlichkeiten sämtlicher orthodoxer Strömungen finden in der Kathedrale bis heute **keine Gottesdienste** statt.

Sehenswertes in der Kathedrale

Die größten Kostbarkeiten der Kathedrale sind ihre **Mosaiken und Wandmalereien.** Im Original erhalten sind ca. 260 m² Mosaiken und 3000 m² Fresken. Ihre thematische Anordnung und Komposition folgt der strengen dekorativen Ordnung byzantinischer Sakralkunst. Die heiligsten Figuren sind den Kuppeln, Gewölbedecken und Apsiden vorbehalten, die symbolisch die Sphäre des Himmels repräsentieren. Außer in ihrer religiösen Bedeutung nehmen die Darstellungen dabei auch in ihrer bildlichen Größe zu. Das **berühmteste Mosaik** ist das sechs Meter hohe Bildnis der betenden Gottesmutter an der „unzerstörbaren Wand“ in der Altarapsis – diese soll als einzige den Mongolensturm 1240 überstanden haben. Die **Maria orans** ist ein typisch byzantinisches Motiv. Maria, dargestellt ohne das göttliche Kind, betet in aufrecht stehender Haltung mit ausgebreiteten Armen. Auch das zweite Monumentalmosaik in der Zentralkuppel der Kathedrale ist für die byzantinische Ikonografie charakteristisch. Es zeigt **Christus Pantokrator** (Pantokrator bedeutet Weltenherrscher): Christus, der den Betrachter direkt ansieht, segnet diesen mit der rechten Hand, in der linken hält er die Evangelien.

Zu Zeiten der Rus wurden in der Kathedrale die Großfürsten gekrönt und bestattet. Der weiße **Marmorsarkophag Yaroslavs** blieb erhalten, die Grabmäler anderer Kiewer Großfürsten und nahezu aller Metropoliten sind verschollen. Im 2. Stock der Kathedrale finden sich einige **herrliche Mosaiken aus dem Michaelskloster,** darunter die berühmte „Eucharistie".

Sophienplatz

Софійська площа

Auf dem Vorplatz der Kathedrale steht ein interessantes **Denkmal** für den Anführer des Kosakenaufstandes von 1648, **Bohdan Khmelnytskyi.** Er sitzt zu Pferde, sein Hetmanstab weist bedeutungsschwer Richtung Moskau. *Mikhail Mikeshin,* einer der Lieblingsskulpteure der *Romanovs,* schuf das Denkmal 1888. Der Khmelnytskyi ist eines seiner wenigen Werke, das die Sowjetzeit überlebte. Der romantische Patriotismus seiner Arbeiten missfiel den Bolschewisten, nicht aber das Reiterstandbild des kosakischen Sozialrevolutionärs.

Goldenes Tor

Золоті ворота,
Володимирська вулиця

Wie viele „historische" Bauwerke in Kiew, ist auch das Goldene Tor in der Vul. Volodymyrska eine **Rekonstruktion.** Interessanterweise wurde es bereits zu Sowjetzeiten wiederaufgebaut, 1982, anlässlich der offiziellen 1500-Jahr-Feier der Stadt. Das gewaltige Stadttor und die mit ihm verbundenen Befestigungsanlagen wurden einst unter Großfürst *Yaroslav* errichtet. Damals war das Tor der einzige Eingang zur Stadt. Trotz starker Beschädigung durch die Mongolen 1240 wurde es in den folgenden Jahrhunderten weiterhin als Stadttor genutzt – 1648 ritt hier der siegreiche *Khmelnitskyi* in Kiew ein. Nach der Schleifung der alten Befestigungsanlagen im 19. Jh. blieben die Überreste des Tores bis zu seinem Wiederaufbau inmitten einer kleinen Parkanlage, die umgeben ist von großartigen Bauten vom Ende des 19. Jh., erhalten. Im Goldenen Tor befindet sich das **Museum über die Geschichte der Kiewer Rus** (Di bis So 10–17 Uhr, 25 UAH). Ein Besuch lohnt, weil man die originalen Torfundamente zu sehen bekommt und das Tor hinaufsteigen kann. Oben warten eine schöne Aussicht und die kleine Torkirche.

Die nahe gelegene **Metrostation Zoloti Vorota** gilt übrigens als die schönste in Kiew.

Yaroslaviv Val

Ярославів вал

Vom Goldenen Tor bietet es sich an, den Yaroslaviv Val entlang zur Lvivska Pl. zu schlendern. Der Val ist die wohl schönste Straße, die einst entlang der alten Festungsanlage verlief. Hier gibt es einige wunderbare **Jugendstilfassaden** zu bewundern, allen voran die des Hauses Nr. 14 mit seinen attraktiven Karyatiden. Zu den sehenswertesten Gebäuden der Straße zählt natürlich auch der von *Horodetskyi* (siehe Haus der Chimären) im maurischen Stil errichtete Bau der ehemaligen Kenase (Nr. 7).

Michaelskloster

Михайлівський Золотоверхий монастир

■ **Täglich 8–20 Uhr, Eintritt frei**

Erst seit dem Jahr 2000 glänzen die goldenen Zwiebelkuppeln des Michaelsklosters wieder in der Sonne – nach vier Jahren aufwendiger und sorgfältiger **Rekonstruktion.** Das ursprüngliche Kloster fiel dem antireligiösen und „antinationalistischen" Furor und der unfassbaren Zerstörungswut der Sowjets zum Opfer. In den 1930ern Jahren wurde es zunächst in Teilen demontiert und anschließend gesprengt. Die Studie eines „Expertenkomitees" legitimierte dieses Vorgehen. Sie hatte ergeben, dass der überwiegende Teil des Klosters nicht aus dem Mittelalter, sondern aus der Zeit des ukrainischen Barock stamme – und somit historisch und künstlerisch wertlos sei. Das Erstellen derartiger Studien war ein übliches Vorgehen, mit dem unter *Stalin* die methodische Zerstörung religiöser Baudenkmäler gerechtfertigt wurde. *Stalin* schwebte vor, auf dem Klostergelände einen Regierungskomplex zu errichten. Realisiert wurde allein ein monumentales Bauwerk in direkter Nachbarschaft, in dem sich heute das **ukrainische Außenministerium** befindet.

☑ Das illuminierte Michaelskloster

ukr19-006 pk

Heute fungiert das Michaelskloster wieder als Kloster und untersteht dem Kiewer Patriarchat. Entsprechend offen unterstützte man auch die Maidanbewegung und bot den Demonstranten Schutz vor den prügelnden Polizeieinheiten des Yanukovych-Regimes. In der Kathedrale finden auch Gottesdienste statt. Zum Klosterkomplex gehören neben der Kathedrale u. a. der Glockenturm, das Wirtschaftstor und das Refektorium mit der **Trapezkirche von Johannes dem Täufer** – das einzige barocke Bauwerk, das der Zerstörung durch die Sowjets entging. Im Glockenturm befindet sich ein hervorragendes **Museum** (Di bis So 10–18 Uhr, 9 UAH), das einen Überblick über die wechselvolle Geschichte des Klosters gibt. Am Wirtschaftstor findet sich ein kleines **Denkmal für Mykola Makarenko** (1877–1938). Der Kunstprofessor hatte die Mitarbeit im Expertenkomitee verweigert und versucht, die Zerstörung des Klosters zu verhindern. Sogar *Stalin* persönlich hatte er deshalb telegrafiert. *Makarenko* wurde wegen „konterrevolutionärer Aktivitäten“ verurteilt, inhaftiert und später erschossen.

Einige der vor der Sprengung entfernten **mittelalterlichen Mosaiken** wurden in die Tretjakov-Galerie nach Moskau und in die Eremitage nach St. Petersburg geschafft, ein Teil verblieb in der Sophienkathedrale in Kiew, darunter die berühmte „Eucharistie“. Nach langwierigen Verhandlungen mit Russland wurden mittlerweile viele Mosaiken und Kunstobjekte wieder zurückgegeben.

Vor dem Kloster befindet sich ein kleines **Denkmal für die Opfer des Holodomor,** das hier bereits 1993 – drei Jahre bevor mit dem Wiederaufbau des Klosters begonnen wurde – errichtet wurde. Auf dem Klostervorplatz springt auch eine **Skulpturengruppe** aus blendend weißem Marmor ins Auge. Sie zeigt **Fürstin Olga,** eingerahmt von Kyril und Method und Apostel Andreas. *Olga* war Großfürstin Kiews Mitte des 10. Jh. und die erste aus der Riege der Kiewer Großfürsten, die sich christlich taufen ließ. Kein Wunder, dass den Sowjets dieses Denkmal ein ganz besonderer Dorn im Auge war – es wurde bereits 1919 zerstört. 1996, mit dem Beginn der Bauarbeiten am Kloster, wurde die Skulpturengruppe wieder errichtet.

Die Desyatynna-Kirche und was von ihr blieb

Десятинна церква

Vor dem Nationalen Geschichtsmuseum befand sich der **erste steinerne Sakralbau der Kiewer Rus,** die Desyatynna-Kirche. *Volodymyr der Große* ließ sie nach seiner Konversion zum Christentum 989 errichten. Die Kirche war ein monumentaler Bau im byzantinischen Stil, wegweisend für die weitere Sakralarchitektur des Reiches. Sie wurde 1240 während der Eroberung Kiews durch die Mongolen zerstört. In der ersten Hälfte des 19. Jh. entstand an Ort und Stelle der historischen Kirche ein für das 19. Jh. typischer fünfkuppeliger **Kirchenneubau,** errichtet in Anlehnung an den altrussischen Stil und während der Stalinzeit zerstört. Seitdem befindet sich an dieser Stelle eine **Grünanlage.** Nun möchte das Moskauer Patriarchat die ursprüngliche Kirche wieder aufbauen, eine Machtdemonstration. Kritiker halten dagegen, ein „Wiederaufbau“ sei unmöglich, da es keine exakten historischen Zeugnisse gebe, an denen sich ein solcher Aufbau orientieren könne. Zudem wird befürchtet, dass Bauarbeiten an der Desyatynna-Kirche fatale Folgen für die sensible Statik am benachbarten Andreashang haben könnten. Nachdem ab 2010 eine provisorische **Kapelle** – illegal und ohne Baugenehmigung – auf städtischem Grund entstand, ist man mittlerweile von den Rekonstruktionsplänen wieder abgekommen, es wurden sogar Forderungen laut, die Kapelle wieder abzureißen, womit man sich vermutlich wenig Freunde beim Moskauer Patriarchat machen dürfte.

Andreassteig

Андріївський узвіз

Seit mehr als einem Jahrtausend windet sich der Andreassteig in einem weiten U von den Hügeln der Oberstadt hinab ins tiefer, in der Dniproniederung, gelegene Podil. Der Steig gilt als die **Straße der Künstler,** oft das Kiewer „Montmatre" genannt. Außer Cafés, Theatern und einigen Museen befinden sich in den Häusern zahlreiche Ateliers und Galerien. Zur Fußball-Europameisterschaft 2012 wurde der Andreassteig einem umfassenden **Facelift** unterzogen. Viele meinen, die einstige Atmosphäre habe darunter gelitten. Das alte bucklige Kopfsteinpflaster ist jedenfalls verschwunden, und über die ästhetische Qualität der neu aufgestellten Straßenlaternen kann man geteilter Meinung sein. Auch die Künstler verschwinden nach und nach, stattdessen lockt der Steig die Reichen und Mächtigen: Die Grundstückspreise zählen zu den höchsten der Stadt. Zwar musste Oligarch *Akhmetov* sein Projekt, ein „Business Center" am Steig zu eröffnen, nach Protesten aufgeben, doch der Verlust an illegal abgerissenen historischen Bauten ist beträchtlich, egal wie die Lücke wieder gefüllt wird.

Gerade am Wochenende ist der Andreassteig ein **Touristenmagnet.** Zahllose Souvenirverkäufer haben dann ihre Stände aufgebaut. Kitschige Gemälde von Bierhumpen schwingenden Kosaken, orthodoxen Kirchen bei Sonnenuntergang und jede Menge fabrikneue Handwerkskunst bestimmen das Sortiment. Wer die alte, einst so besondere Atmosphäre des Andreassteigs erleben möchte, dem sei ein Spaziergang unter der Woche, besonders in den frühen Abendstunden, nahegelegt – wenn die Straßenhändler ihre Stände abgebaut, die Touristenscharen sich verzogen haben und die Straße noch einen Hauch ihrer alten Magie entfaltet.

Den Andreassteig hinab

Wie losgelöst von den Gesetzen der Schwerkraft, schwebt die filigrane **Andreaskirche** über dem Steig. Errichtet wurde das Meisterwerk des ukrainischen Barock 1754 nach Plänen des italienischen Architekten *Bartolomeo Rastrelli* (1700–1771), der sich durch zahlreiche Bauten in St. Petersburg (u. a. den Winterpalast) seinen großen Namen machte. Das Innere der Kirche besticht durch eine reiche, prunkvolle Ausstattung. Besonders hervorzuheben ist die meisterhafte, gleichfalls von *Rastrelli* entworfene Ikonostase. Leider gilt der Erhaltungszustand der Kirche als problematisch: Durch die Hanglage ist die Statik äußerst sensibel. In den letzten Jahren wurden umfassende Sicherungsarbeiten an Sockel und Fundament durchgeführt, nachdem festgestellt worden war, dass das Fundament begonnen hatte, sich zu verschieben, sodass es bereits zu Rissen im Marmorboden und Sprüngen in den Kirchenfenstern kam. Mittlerweile ist der Sockel für 20 UAH wieder komplett begehbar und bietet eine tolle Aussicht auf Podil. Die Innenrenovierung der Kirche soll frühestens 2020 abgeschlossen sein.

Zu einem Spaziergang am Steig gehört immer ein bisschen „gallery hopping". Gegenüber der Andreaskirche, im Souterrain des Hauses Nr. 36, kann man damit beginnen: Hier findet sich die **Galerie 36** (täglich 11–18 Uhr, Mo geschlossen). Das Haus dient seit 1982 Kiewer Künstlern als gemeinschaftliches Künstlerhaus, außer der Galerie finden sich im Haus die Studios zahlreicher Künstler. Das einzigartige Projekt ist von der Schließung bedroht, denn die Stadtverwaltung übt Druck auf die Künstler aus, sich nach einer anderen Immobilie umzusehen, damit das Haus privatisiert werden kann. Die zweite herausragende Galerie am Andreassteig ist die benachbarte **Triptych-Galerie** im Haus Nr. 34. Sie besteht seit 1988 und war die erste private Kunstgalerie Kiews – hier werden Werke zeitgenössischer ukrainischer Künstler gezeigt und verkauft. Einen Besuch lohnt auch die **Galerie Karas** im Haus Nr. 22a, www.karasgallery.com.

Hinter der Andreaskirche, im Haus Nr. 21(a), befindet sich ein interessantes **Museum für Ivan Kavaleridze** (Di bis So 11–18 Uhr, Tel. 044-425 0389). Der georgischstämmige *Kavaleridze* (1887–1978) gilt als „ukrainischer Michelangelo". Er war Kinoregisseur, Universalgenie und der vermutlich bedeutendste Bildhauer der Ukraine. Seine Werke, so sie erhalten sind, stehen in Städten überall im Land. Im Museum gibt es zahlreiche seiner Modelle, Skulpturen, Plastiken, Skizzen usw. zu sehen. Etwas weiter unterhalb liegt das neogotische **Schloss Löwenherz** von 1904, eines der außergewöhnlichsten Häuser am Steig, leider seit langem leer stehend. Direkt dahinter kann man eine Treppe zu einer Aufsichtsplattform hinaufsteigen und dabei auch die Rückfassade des Hauses in Augenschein nehmen.

ukr19-005 pk

[>] Die Andreaskirche,
ein Meisterwerk des ukrainischen Barock

Wer den Konflikt zwischen Kunst und Geld am Andreassteig ein bisschen besser verstehen möchte, unternehme einen Abstecher in die Straße **Vozdvizhenka** (www.vozdvizhenka.com.ua), die vor der Galerie Karas abzweigt. Wo bis vor einigen Jahren noch eine verwilderte Schlucht lag, in der sich die Überreste der historischen Vozdvizhenka (hier wurde *Bulgakov* geboren) verbargen, wurde in den letzten Jahren eine Luxussiedlung für Superreiche errichtet mit „Traumvillen" im historisierenden Stil und schrillem Farbanstrich. Benannt ist die Straße nach der Vozdvizhenka-Kirche aus dem frühen 19. Jh., die als eines der wenigen historischen Gebäude nahe des Nizhnyi Val noch erhalten ist. Wer möchte, kann sich Vozdvizhenka auch von oben anschauen: Nicht verpassen sollte man dann die steilen Treppen vor dem Haus Nr.20/6. Sie führen zur Spitze des **Kahlen Hügels,** der sich westlich des Andreassteiges erhebt. Von hier hat man eine fantastische Aussicht auf Podil und Teile der Oberstadt.

Im weiteren Verlauf wird das neue **Teatr na Podoli** passiert (www.theatreonpodol.com). Mit seinem schwarzen, metallverkleideten Bühnenturm und einer hellen, weitgehend fensterlosen Backsteinfassade und unverputzten Sichtbetonwänden im Inneren sprengt das Theater alle Maßstäbe der Straße und ist entsprechend umstritten. Dennoch gilt das Gebäude, errichtet vom Kharkover Architekturbüro Drozdov & Partners als eines der gelungensten und spektakulärsten modernen Bauwerke der unabhängigen Ukraine.

Weiter unten am Hang, im Haus Nr. 13, lebte der in Kiew geborene Schriftsteller **Mikhail Bulgakov** (1891–1940). Sein bekanntestes Werk, „Der Meister und Margarita", spielt zwar in Moskau, mit der „Weißen Garde" hat der Schriftsteller aber auch seiner Heimatstadt ein literarisches Denkmal gesetzt. Der autobiografische Roman spielt im „ukrainischen Schicksalsjahr" 1918, inmitten der Bürgerkriegswirren, als die Herrschaft über die Stadt nahezu täglich zwischen Deutschen, ukrainischen Nationalisten und Bolschewisten wechselte. Der Roman ist auch eine Auseinandersetzung mit dem ukrainischen Nationalismus, dem der russischsprachige *Bulgakov* kritisch gegenüberstand. Die Helden des Romans, die Familie *Turbin,* ließ *Bulgakov* in eben jenem Haus Nr. 13 wohnen. In diesem befindet sich heute das **Bulgakov-Museum** (Mo 12–18 Uhr, Di und Do bis So 10–18 Uhr, Mi geschlossen, Eintritt bis 17 Uhr, 20 UAH, am Wochenende wird um Anmeldung gebeten, Tel. 044-425 31 88, www.bulgakov.org.ua) – ein *Muss* für Bulgakov-Fans.

Am Ende des Andreassteigs, sozusagen schon auf ebener Erde, befindet sich das kleine, aber feine **Museum einer Straße** (Di bis So 12–18 Uhr, Mo geschlossen, 15 UAH, http://onestreet.kiev.ua) im Haus Nr. 2b, das die Geschichte des Uzviz und seiner Anwohner im Laufe der Jahrhunderte erzählt.

Podil

Поділ

Podil, wegen seiner Lage in der Niederung direkt am Dnipro auch **Unterstadt** genannt, ist Kiews historisches Hafen-, Händler- und Handwerkerviertel und eine der ältesten Ecken der Stadt. Gelegen außerhalb der Stadtmauern, bedroht durch Überflutungen und Plünderungen, lebte hier das einfache Volk, darunter viele Juden. Nach der völligen Zerstörung der Oberstadt durch die Mongolen war der Stadtteil jahrhundertelang das „eigentliche" Kiew. Von hier aus begann die Wiedergeburt der Stadt. Heute ist Podil vor allem **Kiews Szenebezirk Nummer 1;** hier liegen die berühmte Mohyla-Akademie, zahllose Restaurants, Kneipen und Clubs. Zum ganz besonderen Flair trägt auch die weitgehend geschlossen erhaltene Altbausubstanz bei. Wie in anderen Stadtvierteln, die plötzlich „trendy" werden, zeichnen sich auch in Podil Entwicklungen ab, die den Alteingesessenen nicht gerade gefallen: Alte Studentenkneipen schließen, und immer öfter parken schwarze Geländewagen vor sündhaft teuren VIP-Clubs.

Pl. Kontraktova

Контрактова площа

Der Andreassteig mündet (fast) direkt auf die Pl. Kontraktova. Auf dem „Platz der Verträge", schon Marktplatz zu Zeiten der Kiewer Rus, schlägt noch immer das **Herz des Viertels.** Noch bis vor wenigen Jahren zog in der Mitte des Platzes das **Hostynnyi Dvir** die Menschen an. Schon im frühen 19. Jh. konnten in dem Handels- und Messehaus Kaufleute aus nah und fern Läden anmieten und Waren feilbieten. Solche zaristischen „Shopping Malls" entstanden damals im ganzen russischen Imperium. Bis zum Sommer 2012 beherbergte das Gebäude u. a. ein Theater, viele kleine Cafés und eine Architektur-Bibliothek. Diese sind inzwischen verschwunden. Das herausragende Architekturdenkmal sollte zu einem modernen Einkaufszentrum umgebaut werden, wofür der Denkmalschutz für das großartige neoklassizistische Gebäude mit seinem wunderbaren Innenhof kurzerhand aufgehoben wurde, was zu heftigen Protesten führte (siehe „Land und Leute: Rechtsstaat"), den Baubeginn jedoch nicht verhindern konnte. Nach dem Maidan wurde das Haus zwar an die Stadt zurückgegeben, doch es ist nicht absehbar, ob und wann die entkernte Ruine, die sich hinter einem hohem Holzzaun versteckt, wieder in ihren Ursprungszustand zurückversetzt wird.

Gegenüber dem Hostynnyi Dvir an der Kostyantynivka steht die 1998 wieder aufgebaute **Pihoroshchi-Kirche.** Das Original stand hier seit dem 12. Jh., wurde aber 1935 unter *Stalin* abgerissen. Der Nachbau ist eine freie Interpretation, die den historischen Stil der Rus imitiert und den Ursprungszustand der Kirche vor den über die Jahrhunderte erfolgten Umbauten darstellen soll – mit der Kirche, die hier bis 1935 stand, hat er absolut nichts zu tun.

Mohyla-Akadamie

Києво-Могилянська академія

Die heutige „Nationale Universität Kiew-Mohyla" (www.ukma.edu.ua, Pl. Kontraktova 4) geht zurück auf die berühmte Akademie aus dem Jahr 1632. Der Archimandrit des Höhlenklosters, **Petro Mohlya,** einer der Geistestitanen der ukrainischen Geschichte, schuf damals eine höchst fortschrittliche orthodoxe Lehranstalt in Kiew. Stundenplan und Didaktik orientierte er an westlichen Modellen – Latein war auch Unterrichtssprache. Mit der Schaffung der Akademie leitete *Mohyla* eine Renaissance der orthodoxen Theologie und der ostslawischen Kultur in der polnisch-katholisch dominierten Rzeczpospolita ein. Nach seinem Tod wurde *Ivan Mazepa,* der in vielen Bereichen das Werk *Mohylas* fortsetzte, der große Förderer der Akademie. Im 17. und 18. Jh. wurde hier die gesamte **ukrainische Elite ausgebildet** – genau deshalb wurde sie 1817 vom Zaren geschlossen. Fortan nutzte eine Theologische Akademie die Gebäude, bis diese 1918 von den Bolschewisten dicht gemacht wurde. Erst 1992 wurde der akademische Lehrbetrieb wieder aufgenommen. Die Universität fand sich in den letzten ukrainischen Uni-Rankings stets unter den Top 3 des Landes. Ihre Lehrerschaft und die etwa 3000 Studenten sehen sich in der Tradition der alten Akademie – als fortschrittlich und westlich orientierte Schmiede der ukrainischen intellektuellen Elite. Die Mohyla-Akademie ist eine der wenigen Universitäten des Landes, an der keine Kurse in russischer Sprache angeboten werden. Bei den Revolutionen 2004 und 2013/14 spielte die Mohyla-Akademie eine herausragende Rolle.

Sehenswerte Sakralbauten in Podil

Auch in Podil gibt es einige sehenswerte Sakralbauten. Sie sind nicht vergleichbar mit den großartigen Bauten der Oberstadt, aber sie sagen viel aus über das spirituelle Leben des Viertels und seiner Bewohner. Das kleine **Florivskyi-Kloster,** Vul. Prytytsko-Mykilska 6/8, ist eine wunderbare Oase der Ruhe. Die aus dem 16. Jh. stammende Anlage dient noch heute als Frauenkloster, selbst zu Sowjetzeiten war sie nicht geschlossen. Viele der ursprünglich im ukrainischen Barockstil errichteten Gebäude wurden nach dem Feuer von 1811 im klassizistischen Stil wieder aufgebaut oder um klassizistische Elemente bereichert. Das Kloster kann besichtigt werden, Besucher sollten sich aber angemessen kleiden und verhalten. Eine bedeutende Kirche ist die **Kirche des St. Mykhola Prytyska** (Vul. Khoryva 5a). Das älteste erhaltene Gebäude Podils, das selbst den Großbrand 1811 überlebte, stammt aus dem 17. Jh. und beeindruckt im Inneren mit schönen Wandmalereien (die allerdings aus dem 19. Jh. stammen) und der vergoldeten Ikonostase. Auch die barocke, sich wunderbar in das gut erhaltene historische Umfeld einfügende **Pokrovska-Kirche** (Vul. Pokrovska) ist einen Abstecher wert. In Podil findet man zudem die **älteste Synagoge Kiews** (Vul. Shekavytska 29) aus dem Jahr 1894.

Pl. Postova/Furnikular

Поштова площа, фунікулер

Die lebendige Straße **Sahaidachnoho** (Вулиця Сагайдачного) verbindet den Kontraktova- mit dem Postova-Platz, dem direkt am Dnipro gelegenen Postplatz. Von hier führt Kiews eigenwilligstes und vergnüglichstes Verkehrsmittel, der **Furnikular** (Mo bis Fr 7–22 Uhr, Sa/So 8–23 Uhr, 1,50 UAH), eine Standseilbahn, hangauf direkt zum Michaelskloster und überwindet dabei einen Höhenunterschied von immerhin 75 Metern – die schnellste Verbindung zwischen Podil und der Oberstadt. Der Postplatz wird seit Ende der 1990er Jahre ebenfalls wieder von einer Kirche geprägt – einer Kopie der **Christi-Geburts-Kirche** aus dem Jahr 1814. Hier wurde *Taras Shevchenko* nach seinem Tod aufgebahrt, bevor er flussab zu seiner letzten Ruhestätte nach Kaniv transportiert wurde.

Pechersk

Печерськ

Höhlenkloster Lavra

Києво-Печерська лавра

■ Vul. Lavrska 21, Öffnungszeiten Obere Lavra 8–20 Uhr (April bis Sept.) und 9–18 Uhr (Okt. bis März), Untere Lavra Sonnenaufgang bis Sonnenuntergang, Höhlen 8.30–16.30 Uhr, täglich geöffnet; Eintritt Obere Lavra 30 UAH, Fotoerlaubnis 200 UAH, Glockenturm und Museen kosten extra, auch eine Gruppenführung wird angeboten (bis 15 Pers., auch in englischer Sprache), Untere Lavra inkl. Höhlen frei, http://en.kplavra.kiev.ua, eine Übersicht über die Ticketpreise findet sich unter http://kplavra.kiev.ua/ua/tickets_ua; für Gruppen werden auch Führungen durch die nicht öffentlich zugänglichen Teile der Höhlen angeboten, für die man allerdings etwas tiefer in die Tasche greifen muss (man achte auf Hinweise im Bereich der Unteren Lavra).

Eine Reise nach Kiew ohne Besuch des Höhlenklosters Pecherska Lavra wäre so wie eine Reise nach Rom ohne Besichtigung des Petersdoms – ein unvorstellbares Versäumnis. Das weitläufig auf einem Hügel über dem Dnipro gelegene **tausendjährige Klosterareal** mit seinen vielen golden bekuppelten Kirchen, zahllosen Museen und dem **faszinierend-befremdlichen Höhlenlabyrinth** gilt als **heiligste Stätte des orthodoxen Christentums.** Wie kein anderer Ort Kiews symbolisiert die Lavra das gewaltige spirituelle Erbe der Rus – das bis heute lebendig ist. Jedes Jahr strömen etwa eine halbe Million Pilger ins Kloster, um an den Särgen der Heiligen zu beten. Seit 1990 zählt das Höhlenkloster zum UNESCO-Weltkulturerbe.

Das Wort **„Lavra"** ist im orthodoxen Christentum eine Ehrenbezeichnung für ein Männerkloster von allerhöchster Bedeutung. In Russland und der Ukraine führen lediglich fünf russisch-orthodoxe Klöster diesen Ehrentitel – die Kiewer Lavra ist von allen das bedeutendste. Die Bezeichnung **„Pecherska"** (von *pechera,* dt.: Höhle) bezieht sich auf die Art und Weise, wie die ersten Mönche hier lebten. Sie gruben in den weichen Lössboden ein kilometerlanges Netzwerk unterirdischer Katakomben. Jeder Mönch besaß eine Höhle, in der er seine Zeit mit Gebet und Studium verbrachte. In diesen unterirdischen Höhlen wurden die Mönche auch bestattet. Durch die besondere atmosphärische Beschaffenheit des Ortes – eine äußerst geringe Luftfeuchtigkeit und kühle Temperaturen – wurden die Verstorbenen hier auf natürliche Weise mumifiziert, was wiederum als Beleg für die außerordentliche Heiligkeit der Verstorbenen galt.

Geschichte

Die Gründung des Höhlenklosters geht zurück ins Jahr **1051.** Der aus der Region Chernihiv stammende **Mönch Antoniy,** der lange im Athos-Kloster in Griechenland lebte, kehrte in die Rus zurück, um das orthodoxe Mönchtum zu verbreiten. In Kiew wählte sich der Einsiedler eine Höhle auf dem Gebiet der heutigen Lavra zur Meditation. Bald schlos-

Höhlenkloster Lavra

Legende

1 Berestove-Kirche
2 Allerheiligenkirche, Wirtschaftstor
3 Spitalkloster des heiligen Nikolaus
4 Museum für Theater-, Musik- und Filmkunst
5 Arsenal
6 Dreifaltigkeits-Torkirche
7 Mönchszellengebäude der Klosterältesten
8 Wirtschaftsgebäude
9 Nordturm
10 Mazepina-Turm
11 Museum des Buchs und der Buchdruckerkunst
12 Museum der historischen Schätze
13 Uspenskyj-Kathedrale
14 Tabernakel
15 Großer Glockenturm
16 Mikrominiaturenmuseum
17 Museum der dekarotiven Volkskunst
18 Refektorium
19 Refektoriumskirche
20 Aussichtsterrasse
21 Südturm
22 Südwestturm
23 Feodosij-Kirche
24 Nestor-Denkmal
25 Afghanistan-Gedenkstätte
26 Museum der Grenzsoldaten
27 Oberes Moskauer Tor
28 Kunstgalerie
29 Afghanistan-Kirche
30 Gedenkkreuz
31 Exkursionsbüro
32 Glockenturm der Nahen Höhlen
33 Kreuzerhöhungskirche
34 Eingang zu den Nahen Höhlen
35 Brunnenensemble
36 Metropolitenhaus
37 Glockenturm der Fernen Höhlen
38 Gottesmutter-Geburtskirche
39 Sankt Anna-Empfängniskirche, Eingang zu den Fernen Höhlen

E Eingang zur Obere Lavra mit Kassenhäuschen

sen sich ihm weitere Mönche an. Nach und nach entstand ein **komplexes unterirdisches Katakombensystem** mit Mönchszellen und Kapellen, das überirdisch um eine zunächst aus Holzgebäuden bestehende Klosteranlage mit Kirchen, Kapellen, Wirtschaftsgebäude und Gärten ergänzt wurde. Gegen Ende des 11. Jh. wurde die **Uspenskyi-Kathedrale** errichtet. Spätestens jetzt war das Kloster das Zentrum für das geistige und kulturelle Leben der Rus geworden. Es gab eine bedeutende Ikonenwerkstatt, und monumentale handschriftliche Chroniken wurden verfasst, u. a. die „Chronik der vergangenen Jahre" des Mönchs *Nestor* (oft **„Nestorchronik"** genannt), die älteste ostslawische Chronik und eine der wichtigsten Quellen zur Geschichte der Rus. Durch die Mongolen 1240 und 1480 zerstört, erlangte die Lavra unter Archimandrit *Petro Mohyla* im 17. Jh. ihre zweite Blüte: 1632 rief *Mohlya* hier das orthodoxe Kollegium ins Leben, den Vorläufer der späteren Mohyla-Akademie (s. o.). Das Höhlenkloster wurde zum Ausgangspunkt und Zentrum einer Renaissance der Orthodoxie in der katholisch dominierten polnischen Adelsrepublik.

Die heutige Anlage ist visuell vom **ukrainischen Barockstil** des 18. Jh. geprägt. Ältere Strukturen wurden durch die Mongolen (1240 und 1480), ein Erdbeben und zuletzt das Feuer von 1718 zerstört. Glücklicherweise schreckten die Sowjets vor einer großflächigen Zerstörung des Klosters zurück. Stattdessen funktionierten sie das Gelände 1926 in eine Museumsanlage um. 1988 wurde die Untere Lavra an die Ukrainische Orthodoxe Kirche (Moskauer Patriarchat) zurückgegeben. Heute leben dort etwa

100 Mönche. Die Obere Lavra gehört der Stadt Kiew. Auch das Kiewer Patriarchat bemühte sich erfolgreich um Zugriff auf die heilige Stätte. Gegen heftigen Widerstand des Moskauer Patriarchats wurde ihm 1998–2000 die wieder aufgebaute Uspenskyi-Kathedrale in der Oberen Lavra unterstellt.

Besuch des Lavra-Klosters

Das Höhlenkloster besteht aus zwei Teilen: der Oberen und der tiefer am Hang gelegenen Unteren Lavra mit den Katakomben. Die **Obere Lavra** nimmt ca. 60 % der Gesamtfläche des Klosters ein. Das Ticket für die Obere Lavra erhält man an den Kassenhäuschen in der Vul. Lavrska 21, direkt vor dem Haupteingang. Gruppenführungen bietet das Exkursionsbüro neben dem Eingang an. Der gesamte Klosterkomplex umfasst 28 Hektar, man sollte also für einen Besuch mindestens drei Stunden einplanen. Der Besuch unter der Woche hat den Vorteil, dass man dem mitunter ungeheuerlichen Besucheransturm an den Wochenenden entgeht. Das Gedränge in den Katakomben kann, gerade für klaustrophobisch Veranlagte, unangenehm werden. Wer sich für orthodoxe Gottesdienste interessiert, muss seinen Besuch auf den Samstagabend (ab 17 Uhr) oder Sonntagmorgen (ab 7 Uhr) legen. Wer plant, die Museen der Oberen Lavra zu besuchen, sollte Montag und Dienstag meiden – an diesen Tagen sind die interessantesten Sammlungen geschlossen.

Der Eintritt in die **Untere Lavra** ist frei. Der Besuch ist unabhängig von der Oberen Lavra möglich. Man gelangt dorthin, indem man der Vul. Lavrska, immer der Klostermauer entlang, ein Stück nach Süden folgt, bis ein steiler Weg nach links unten abzweigt, direkt in das Gelände der Unteren Lavra hinein.

Übrigens: Einer der besten Plätze in Kiew, um Fotos vom Kloster zu schießen ist die **Dnipro-Insel** gegenüber, auf der sich der Hydropark (gleichnamige Metrostation) befindet. Von dort hat man einen fantastischen Blick auf die unzähligen goldenen Kuppeln und Türme.

Man betritt die Obere Lavra durch die **Dreifaltigkeits-Torkirche.** Die Kirche zwischen den Klostermauern war Teil der ursprünglichen Befestigungsanlage und diente auch als Ausguck. Die heutige Kirche stammt aus dem 18. Jh. – ein Wiederaufbau des Originals aus dem frühen 12. Jh. Unbedingt hineingehen: Das Kircheninnere besticht durch künstlerisch herausragende Fresken, die von Meistern aus der Ikonenwerkstatt des Klosters gefertigt wurden. Sehr sehenswert ist zudem die vergoldete Ikonostase von 1734. Der Aufgang zur Kirche ist links vom Haupteingang.

Wichtigste Sehenswürdigkeit der Oberen Lavra ist die **Uspenskyi-Kathedrale** (dt.: Mariä-Entschlafens-Kathedrale). Sie ist die Hauptkirche der Lavra. Ihre Baugeschichte reicht ins 11. Jh. zurück, die heutige Kathedrale ist aber ein Wiederaufbau aus den Jahren 1998–2000. Der Vorgängerbau wurde 1941 zerstört. Nach heutigen Quellen war ein Attentat sowjetischer Partisanen dafür verantwortlich, zu Sowjetzeiten wurde der Deutschen Wehrmacht die Schuld an der Sprengung gegeben. Die Kathedrale kann nur während der Gottesdienste betreten werden.

Der gewaltige **Glockenturm** ist 96,5 Meter hoch. Über Jahrhunderte hinweg dominierte er die Kiewer „Skyline“. Errichtet wurde er 1731–44 von *Johann*

Gottfried Schädel (1680–1752), der aus der Nähe Hamburgs stammte. In Kiew war er auch für den Neubau des Glockenturms der Sophienkathedrale verantwortlich. Die Aussicht vom Großen Glockenturm ist grandios.

Die rechts hinter der Uspenskyi-Kathedrale gelegene **Refektoriumskirche** und das angrenzende **Refektorium** (der Speisesaal der Mönche) sind neueren Datums: Der Komplex wurde 1893–95 errichtet. Zu diesem Zeitpunkt lebten mehr als tausend Mönche im Kloster, was den Bedarf an einem derart großen Speisesaal erklärt. Die Refektoriumskirche hat die wohl schönste und „byzantinischste" aller in der Lavra zu findenden Kuppeln – die Hagia Sophia, das ewige Vorbild, lässt grüßen. Die wunderbaren Fresken im Kircheninnern und im Refektorium wurden Anfang des 20. Jh. gemalt. Sie haben einen modernistischen Einschlag, auch die zur Dekoration verwendeten Jugendstilmuster deuten auf das Entstehungsdatum hin.

In der Oberen Lavra gibt es eine Reihe von Museen. Das mit Abstand bedeutendste ist das **Museum der historischen Schätze** (Di bis So 10–16.45 Uhr) mit seiner weltweit herausragenden Sammlung skythischer Goldschmiedekunst. Berühmtestes Ausstellungsstück ist das 1,4 kg schwere Pektoral einer skythischen Königin aus dem 4. Jh. v. Chr. Es werden u. a. auch Kunstschätze aus

☐ Die Uspenskyi-Kathedrale, Hauptkirche der Lavra

ukr14-006 bj

der Zeit der Rus und zeremonielle jüdische Silberkunst gezeigt. Recht interessant ist auch das **Museum des Buchs und der Buchdruckerkunst** (10–18 Uhr, Di geschlossen) in der ehemaligen Klosterdruckerei. Gezeigt werden seltene Handschriften und Bücher, darunter die berühmte Ostroher Bibel. Wer sich für traditionelle ukrainische Volkskunst interessiert, kann einen Blick ins **Museum der dekorativen Volkskunst** (10–18 Uhr, Di geschlossen) werfen. Ausgestellt sind typische Objekte wie bemalte Eier, Stickereien, Trachten usw. Äußerst unterhaltsam ist das **Mikrominiaturenmuseum** (9.30–13.30 und 14.30–19 Uhr, Di geschlossen, www.microart.kiev.ua). Durch Mikroskope kann man hier die skurrilen Miniaturkunstwerke des *Mykola Sydristy* bestaunen: z. B. einen Floh mit goldenen Schuhen oder *Shevchenkos* „Kobzar" – mit zwölf Seiten auf 0,6 mm^2 inkl. Shevchenko-Porträt das kleinste Buch der Welt.

Der Standort der Museen auf dem Klostergelände ist ein Relikt aus der Sowjetzeit. Es gibt Überlegungen, die thematisch nicht unmittelbar mit der

Klostergeschichte zusammenhängenden Sammlungen andernorts unterzubringen. Ein solcher Umzug würde die beiden letztgenannten Museen betreffen, zum Zeitpunkt der Recherche war er aber noch im Planungsstadium.

Die Untere Lavra beherbergt die **Höhlen mit den Gräbern der Heiligen,** das wichtigste Ziel der orthodoxen Pilger. Fotografieren in den Katakomben ist streng verboten, ebenso die Benutzung von Taschenlampen. Kerzen zum Ausleuchten des Weges (es gibt in den Höhlen kein elektrisches Licht!) können am Eingang zu den Katakomben erworben werden. Für Touristen sind weite Bereiche des unterirdischen Labyrinths gesperrt, diese sind Geistlichen und Pilgern vorbehalten. Noch einmal der Hinweis: An Wochenenden kann es in den engen unterirdischen Gängen **unglaublich voll** werden – wer den Massen der Gläubigen entgehen möchte, dem sei unbedingt ein Besuch unter der Woche empfohlen! Bei einem Besuch der Höhlen ist auf **angemessene Kleidung** zu achten: Keine Shorts und Sandalen bei Männern, Frauen sollten auf Minirock und Stöckelschuhe verzichten und müssen ein Kopftuch tragen.

Ein Besuch der Höhlen ist eine unvergessliche Erfahrung: Viele Gläubige geraten beim Anblick der Heiligen in religiöse Ekstase, beten inbrünstig und küssen die gläsernen Särge, in denen die verhüllten Mumien liegen. Der Eingang zu den sog. **Nahen Höhlen** befindet sich direkt in der **Kreuzerhöhungskirche,** einer prachtvollen Kirche im ukrainischen Barockstil (errichtet 1700). Im Kircheninneren führen Treppen hinab in die Höhlen, die Glassärge mit den Heiligen finden sich in Nischen entlang des Ganges, darunter auch Klostergründer *Antoniy, Nestor* und der sagenumwobene *Ilya Moromez,* den angeblich Engel zum Sterben in die Lavra trugen. Der labyrinthartige Komplex enthält auch drei **unterirdische Kirchen,** die bis heute allmorgendlich von den Mönchen der Unteren Lavra zum Gottesdienst genutzt werden.

ukr19-007 pk

Lavra – goldene Kuppeln glänzen im Abendlicht

Von den Nahen Höhlen führt eine überdachte hölzerne Galerie zu einem noch tiefer gelegenen Kirchenensemble, bestehend aus **St.-Anna-Empfängniskirche** (mit dem Eingang zu den Fernen Höhlen), **Gottesmutter-Geburtskirche** und dem **Glockenturm der Fernen Höhlen.** Hier befindet sich auch das Haus des Metropoliten.

Mutter Heimat/ Museum des 2. Weltkrieges

Батьківщина-Мати/ Національний музей історії другий звітовий війни

Vul. Mazepa 24. www.warmuseum.kiev.ua

Höher als die Freiheitsstatue in Manhattan erhebt sich die **„Mutter Heimat"** über den Dnipro, eine der höchsten Statuen der Welt. Die gigantische Statue samt dem in ihrem Sockel untergebrachten Museum, damals noch **Museum des Großen Vaterländischen Krieges** (Di bis So 10–17 Uhr, 10 UAH), wurde am 9. Mai 1981, zum „Tag des Sieges" über NS-Deutschland, eingeweiht. Bei so viel Sowjet-Monumentalismus scheint es fast unvorstellbar, dass *Gorbatschow* nur vier Jahre später die Perestroika einleiten sollte. Übrigens darf der Begriff „Großer Vaterländischer Krieg" in der Ukraine seit 2016 nicht mehr verwendet werden, und auch die Jahreszahlen für den 2. Weltkrieg wurden mittlerweile angepasst: Es gilt 1939–1945 und nicht wie zu UdSSR-Zeiten 1941–1945.

Das Museum ist, zumal für deutsche Besucher, höchst eindrucksvoll. Es erzählt die **Geschichte des 2. Weltkriegs aus sowjetischer Perspektive.** Spektakuläre Dioramen erinnern an die Verteidigung Kiews und an die Rückeroberung der Stadt durch die Rote Armee im November 1943. Das Museum gibt einen guten Einblick in die **sowjetische Gedenk- und Erinnerungskultur** und in die museale Konstruktion des wichtigsten aller sowjetischen Mythen – dem des Großen Vaterländischen Krieges. Zum Museum führt eine **Allee der Helden** mit Skulpturen kämpfender Rotarmisten. Auf der Statue befindet sich in 36 Metern Höhe eine **Aussichtsplattform,** zu der man mittels eines im zweiten Stock des Museums befindlichen Fahrstuhls gelangt (50 UAH). Für Wagemutige bietet sich der Besuch des höchsten Punkts der Statue in 91 Metern Höhe an (300 UAH), wofür Schwindelfreiheit Voraussetzung und Platzangst hinderlich sind – zitternde Knie und eine grandiose Aussicht sind auf jeden Fall garantiert!

Vydobychchyi-Kloster

Видубицький монастир

Die hinreißende Klosteranlage unterhalb des Botanischen Gartens geht, wie die Lavra, aufs 11. Jh. zurück. Das Kloster besaß einst eine ähnlich herausragende religiöse und kulturelle Bedeutung. Anders als die Lavra ist es von Touristenströmen bislang aber weitgehend verschont geblieben, sodass man hier nicht nur herausragende Bauwerke der ukrainischen Sakralarchitektur, sondern auch eine tiefe meditative Ruhe vorfindet. Wichtigste erhaltene Bauten sind die **St.-Georg-Kirche** von 1701, mit ihrer reich dekorierten Fassade, ihrer eleganten Form und den fünf Kuppeln eines der Meisterwerke des ukrainischen Barock, und die ungewöhnliche, einkuppelige **Michaelskirche,** das älteste Gebäude des Klosterensembles. Sie datiert auf das Jahr 1070, im Inneren sind Wandinschriften aus dem 11. Jh. erhalten. Der älteste Teil der Kirche ist optisch erkennbar an den rotbraunen Ziegeln.

Seit 1998 fungiert das Kloster wieder als solches, und gegenwärtig bewirtschaftet eine kleine Mönchsgemeinde Gärten und Gelände. Man erreicht das Kloster am besten von den Metrostationen Druzhby Narodiv oder Vydobychchyi. Es empfiehlt sich, den Besuch des Klosters mit einem Besuch des **Nationalen Botanischen Gartens** (Vul. Tymyryasevska 1, 8.30–21 Uhr, Sept. bis April 8 Uhr bis Sonnenuntergang, 50 UAH, www.nbg.kiev.ua/en) zu verbinden, neben dem das Kloster liegt und durch den man zum Kloster hinabsteigen kann (siehe Plan auf der Website). Wer zu Fuß kommt: Die Tymyryasevska ist die Verlängerung der Vul. Bastionna, die von der Druzhba Narodiv abgeht.

Holodomor-Gedenkstätte

Меморіал пам'яті жертв голодоморів в Україні

■ Vul. Lavrska 3, Di bis So 10–18 Uhr, Führungen in deutscher Sprache stündlich von 10–14 Uhr, Sa 10–17 Uhr, Eintritt 20 UAH, Führung 100 UAH, http://memorialholodomor.org.ua

Seit der Unabhängigkeit entstanden in Kiew einige neue Denkmäler, deren identitätsstiftende Funktion unschwer erkennbar ist. An die herausragende Be-

☐ Winterstimmung am Andreassteig

ukr19-008 pk

deutung des 2008 eingeweihten Holodomor-Gedenkkomplexes reicht jedoch keines heran – sie lässt sich bereits an der Lage in direkter Nachbarschaft der Lavra ablesen. Die Gedenkstätte erinnert an die Millionen Ukrainer, die während der großen **Hungersnot 1932/33** ums Leben kamen. Der Holodomor (dt.: Hungertod) war zu Sowjetzeiten ein Tabuthema. Im Bewusstsein vieler Ukrainer blieb er als kollektives Trauma jedoch tief verankert. Für Ex-Präsident

Holodomor von *Björn Jungius*

Das Wort „Holodomor" steht für einen besonders schrecklichen Abschnitt der ukrainischen Geschichte. 1932/33 verhungerten in der Ukrainischen SR Millionen von Menschen. Schätzungen der Ukrainischen Akademie der Wissenschaften von 2008 gehen von etwa 3,5 Millionen (!) Toten aus. Die Hungersnot in der „Kornkammer Europas" war menschengemacht und hatte einen politischen Hintergrund. Ende der 1920er Jahre wollte **Stalin** seine Macht im gesamten Sowjetreich endgültig zementieren. Ein zentrales Ziel war die völlige **Kollektivierung der sowjetischen Landwirtschaft.** Die landbesitzenden Bauern, sog. „Kulaken", waren der natürliche Feind dieser Zwangskollektivierung. Die an wertvollen Böden reiche Ukraine, die sich kurz zuvor noch, oft wenig beachtet, an den Rändern des Zarenreiches befunden hatte, wurde – neben Kasachstan – zu einem Hauptziel der Terrorkampagne.

Die im Vergleich zu Nordrussland wohlhabenderen ukrainischen Bauern weigerten sich zum großen Teil, ihren angestammten Besitz in Gemeinschaftseigentum aufgehen zu lassen. Getreidevorräte wurden verborgen, teilweise wurden die Kollektivierungskommissionen mit Waffengewalt vertrieben. Diesen Widerstand wollte *Stalin* brechen. Sein Mittel war die gnadenlose **Zwangsbeschlagnahmung des Getreides,** begleitet von Massendeportationen und Erschießungen der „Kulaken" – als solcher galt bald jeder, der sich der Kollektivierung widersetzte.

Folge dieser radikalen, gewaltsamen Umstrukturierung der ukrainischen Landwirtschaft war 1932 ein dramatischer Rückgang der Getreideernte in der Sowjetukraine. Doch die staatlich festgesetzte **Abgabequote** blieb unverändert hoch und wurde weiterhin unerbittlich „eingetrieben". Dazu wurden besondere Kommandos eingesetzt, die während ihrer Razzien mit unvorstellbarer Brutalität vorgingen. Jeder Bauer, der die unrealistischen Quoten nicht erfüllen konnte, war als konterrevolutionärer Saboteur verdächtig. Den Bauern wurden nicht nur Getreidevorräte weggenommen, sondern auch Saatgut und Vieh sowie alle sonstigen vorhandenen Lebensmittel. Resultat: Die Menschen hatten nichts mehr zu essen. Im Winter 1932 begann das massenhafte Sterben. Im Januar 1933 ließ *Stalin* die ukrainischen Hungergebiete abriegeln, eine Flucht aus der „Todeszone" war unmöglich. Erst ab Mai 1933 gab es wieder staatliche Hilfe für die von der Hungerkatastrophe betroffenen Gebiete, die in weiten Teilen bereits völlig entvölkert waren.

Auch wenn sich die Kampagne ursprünglich nicht explizit gegen die Ukraine richtete, waren die Folgen hier am verheerendsten, und da Widerspruch und Widerstand zumeist aus dieser

Yushchenko – der die Nationalisierung der ukrainischen Geschichtsschreibung und die Gedenkpolitik zum Hauptthema seiner Präsidentschaft machte – war die Errichtung einer zentralen Holodomor-Gedenkstätte eine Herzenssache. Unabhängig von der Notwendigkeit, an diesen millionenfachen Mord zu erinnern, sind die Wahl des Ortes und die architektonische Realisierung der Gedenkstätte zumindest diskussionswürdig. Die Gedenkanlage besteht aus einer Reihe von Skulpturen und Gedenkalleen sowie einem kerzenähnlichen Gebäude, in dem sich eine fast schon sakrale **„Halle der Erinnerung"** befindet.

Region kamen, wurde die Kollektiverungskampagne gleichzeitig zu einer Abrechnung mit ukrainischen Eliten genutzt.

Seit 2006 gilt der Holodomor in der Ukraine offiziell als **Genozid** am ukrainischen Volk. Eine Reihe ausländischer Regierungen, darunter die der USA, haben sich dieser Deutung angeschlossen. Heftige Ablehnung kam von russischer Seite. Unter Historikern wird die Genozid-These kontrovers diskutiert. Befürworter argumentieren, *Stalin* habe den Hungertod gezielt zur Vernichtung der ukrainischen Nation eingesetzt. Kritiker halten dagegen, dass die Hungersnot Folge der Kollektivierungspolitik gewesen sei, die auch in anderen Teilen der Sowjetunion viele Opfer (wenn auch nicht in gleicher Höhe) gefordert habe. Auch sei *Stalin* kein Rassist gewesen, der die Ukrainer gezielt als Volk habe auslöschen wollen – er habe vielmehr eine soziale Klasse beseitigen wollen. Fest steht: *Stalin* wollte die Kollektivierung der Landwirtschaft um jeden Preis. Die Ukraine als Kornkammer der Sowjetunion war von dieser Politik besonders betroffen. Als *Stalin* bei den ukrainischen Bauern dann auf erbitterten Widerstand stieß, wurden die gezielte Wegnahme der Lebensmittel und der damit einhergehende Hungertod ganz bewusst eingesetzte Mittel seiner Politik.

Museen

Museum für Geschichte der Stadt Kiew

■ www.kyivhistorymuseum.org, Eintritt ab 45 UAH für eine Ausstellung, 130 UAH für alle Ausstellungen

Das Museum für Geschichte umfasst neben dem Hauptgebäude in der Vul. Bohdana Khmelnytskoho 7 diverse andere Museen an unterschiedlichen Standorten, darunter das Bulgakov-, das Hrushevskyi-, das Sholom-Alekhem-Museum und einige mehr.

Mystetskyi Arsenal

Мистецький Арсенал

■ Vul. Lavrska 10–12, http://artarsenal.in.ua

Das größte und spannendste Projekt zeitgenössischer ukrainischer Kunst! Das Gebäude des alten Zeughauses, ein riesiger Bau aus dem späten 18. Jh., wird mit einem **Galerien-, Ausstellungs- und Museenkomplex** zu neuem Leben erweckt. Allein die weitläufigen Gewölbehallen lohnen einen Besuch. Seit 2010 finden dort regelmäßig große Ereignisse statt, etwa die Kunstmesse Art Kyiv Contemporary. Für Informationen zu Ausstellungen und Projekten siehe auf der Website, Preise je nach Ausstellung 40–160 UAH.

Nationales Kunstmuseum

Національний Художній Музей

Vul. Hruhevskoho 6, Mi 10–18 Uhr, Fr 12–20 Uhr, Sa 11–19 Uhr, So 10–18 Uhr, Mo/Di geschlossen, 40 UAH, http://namu.kiev.ua/en

Wer sich für ukrainische Kunst interessiert, ist hier an der richtigen Adresse. Zu sehen gibt es Ikonen aus dem 12. bis 18. Jh., Meisterwerke der ukrainischen Volkskunst, einige Werke *Shevchenkos,* interessante Historienmalereien aus dem 19. Jh. und Werke der Kiewer Avantgarde des frühen 20. Jh. Das Museumsgebäude wurde vom berühmten Kiewer Architekten *Horodetskyi* im neoklassizistischen Stil errichtet.

Shevchenko-Museum

Музей тараса шевченка

Vul. Tarasa Shevchenka 12, Di bis So 10–18 Uhr, 35 UAH, http://museumshevchenko.org.ua

Das **beste Shevchenko-Museum der Ukraine** zählt über 800 Originalgemälde, Aquarelle, Tusche-Zeichnungen und Radierungen des Nationalhelden, darunter alle seine bekannten Werke. Zugleich gibt das Museum einen großartigen chronologischen Überblick über die

ukr19-009 pk

Entwicklung des Menschen und Künstlers *Shevchenko,* vom jungen Mann bis zur Zeit des Exils. Ausgezeichnete englischsprachige Einführungen zu den jeweiligen Ausstellungsräumen.

Pinchuk Art Center

■ Vul. Baseyna 2a, Di bis So 12–21 Uhr, Eintritt frei, http://pinchukartcentre.org/en

Seitdem der Multimilliardär *Pinchuk,* verheiratet mit der Tochter des Ex-Präsidenten *Kuchma,* 2006 aus der Politik ausstieg, konzentriert er sich auf Projekte philanthropischer Natur. Eines ist das Pinchuk Art Center. Man mag davon halten, was man will. Fest steht, dass der Eintritt frei ist. Und dass die absoluten **Topstars der zeitgenössischen Kunstszene** (*Damien Hirst, Andreas Gursky, Olafur Eliasson* etc.) nun in Kiew zu sehen sind.

Khanenko-Kunstmuseum

Музей Ханенків

■ Mi bis So 10.30–17.30 Uhr, letzter Mi eines Monats 10.30–14 Uhr, 60 UAH, www.khanenkomuseum.kiev.ua

Eines der bedeutendsten Kunstmuseen der Ukraine zeigt die Bestände des Sammlerehepaars *Bohdan* und *Varvara Khanenko.* Die **Sammlung der Alten Meister** (*Rubens, Brueghel d. Ä., Velazquez* etc.) ist eindrucksvoll. Dazu kommen antike Statuen und Meisterwerke asiatischer Kunst. Nicht verpassen sollte man die kleine Sammlung byzantinischer Ikonen aus dem 6./7. Jh. Das Museum befindet sich in der ehemaligen Villa der *Khanenkos.*

☐ Gedenken an die Maidan-Opfer

Russisches Kunstmuseum

Музей російського мистецтва

■ Terechenkivska 9, Fr bis Di 10–17 Uhr, Mi und Do geschlossen, 35 UAH, www.kmrm.com.ua/eng

Die größte Sammlung russischer Kunst außerhalb von Moskau und Petersburg. Highlights sind die **Ikonen** und einige **Meisterwerke** großer russischer Künstler des 19. Jh., darunter solche des Marinenmalers *Aivazosvskyi,* des Symbolisten *Vrubel,* des Kriegsmalers *Vereshchahyn* oder des Historienmalers *Vasnetsov.*

Tschernobyl-Museum

Національний музей Чорнобиль

■ Khoryvyi Provulok 1, Mo bis Fr 10–18 Uhr, Sa 10–17 Uhr, 20 UAH, http://chornobylmuseum.kiev.ua

Neben historischer Information und Dokumentation versucht das Museum dem **Schrecken des Atomunfalls** auch künstlerisch-emotional gerecht zu werden: So stehen Modelle des Reaktors, „Schutzkleidung" der Liquidatoren u. Ä. neben symbolgeladenen Kunstinstallationen und Fotos von Kindern, die aus der kontaminierten Zone evakuiert wurden. Man begreift, dass das menschgemachte Weltende durchaus im Bereich

Tschernobyl

von *Björn Jungius*

Zum Zeitpunkt der Katastrophe war Tschernobyl das modernste AKW der Sowjetunion. Ein GAU schien unvorstellbar. Wohl auch deshalb lief das fatale Experiment im Reaktor Nr. 4 am 25./26. April 1986, bei dem ein **totaler Stromausfall am Reaktor simuliert** werden sollte, völlig aus dem Ruder. Eigentlich hatte man nur routinemäßig testen wollen, ob beim vollständigen Zusammenbruch der Stromversorgung die Rotationsenergie der auslaufenden Turbinengeneratoren ausreichen würde, um das Kühlsystem des Reaktors für 40 Sekunden – der Zeit bis zum Anspringen der Notgeneratoren – mit Strom zu versorgen. Ohne hier auf technische Details einzugehen: **Die Lage geriet schließlich völlig außer Kontrolle.** Der Kühlwasserzufluss verringerte sich drastisch, die Temperatur im Reaktorinneren stieg extrem, die Reaktorleistung schoss unkontrolliert in die Höhe, und es kam zur Kernschmelze. Die Explosion des Reaktors erfolgte um 1.26 Uhr morgens. Die mehrere tausend Tonnen schwere Abdeckung des Reaktorkerns wurde weggesprengt, das Dach der Reaktorhalle zerfetzt, hoch radioaktive Materie Hunderte Meter hoch in die Atmosphäre geschleudert. Nach Schätzungen entsprach die frei gesetzte Strahlung etwa der von 400 Hiroshimas.

Für diesen noch nie da gewesenen Super-GAU gab es **keine Notfallpläne.** Die Feuerwehrleute, die sofort anrückten, um die vielen Brände zu löschen, trugen keine Schutzkleidung. Die meisten starben kurze Zeit später an der Strahlenkrankheit. Die Werksleitung verleugnete zunächst das Ausmaß der Katastrophe. Noch bis zum Abend des 26. April wurde behauptet, der Reaktor sei intakt. Die nur 3 km vom Unglücksort entfernte, 50.000 Einwohner zählende Stadt Prypyat – bis zur Katastrophe eine sowjetische Vorzeigestadt, in der die Familien der Ingenieure und Techniker des AKWs lebten – wurde erst am 27. April evakuiert. Einen ganzen Tag waren die Einwohner schutzlos der Strahlung ausgeliefert. Nach der Räumung Prypyats wurde die Evakuierungszone sukzessive ausgeweitet, aber erst am 4./5. Mai wurden die letzten Bewohner innerhalb einer 30 km großen Zone aus der völlig verstrahlten Gegend ausgefahren. Insgesamt waren 135.000 Menschen von der Evakuierung betroffen, sie verloren ihre Heimat für immer.

Um der Lage am Unglücksreaktor Herr zu werden, wurden nach dem GAU etwa 600.000 bis 800.000 sog. **Liquidatoren** eingesetzt. Versuche, Arbeiten von Robotern durchführen zu lassen, scheiterten. Wegen der hohen Strahlung versagte die Technik. Die Liquidatoren, zynisch „Bioroboter" genannt, mussten Brände löschen, die hoch verstrahlten Trümmer einsammeln, die Hubschrauber steuern, von denen Bor, Dolomit, Sand und Bleibarren auf den zerstörten Reaktor abgeworfen wurden. Bis November gelang es schließlich, einen Betonsarkopharg um den havarierten Reaktor zu errichten.

Folgen

Der Wind verteilte die **radioaktive Strahlung über ganz Europa.** Am schwersten getroffen wurde die Region um Prypyat, weite Teile des südöstlichen Belarus und ein Streifen russischen Gebiets entlang der belarussischen Grenze. Dort sind noch heute Sperrzonen eingerichtet, die für Zehntausende Jahre unbewohnbar sein werden. Etwa 23 % des belarussischen Staatsgebietes gelten als stark verstrahlt, in der Ukraine sind es 5 %. Ein dramatischer Anstieg von Schilddrüsenkrebs und anderen **Krebserkrankungen** bei den Liquidatoren und den Menschen aus den kontaminierten Gebieten ist belegt. Über die genaue Anzahl der **Todesopfer** und der Langzeitfolgen gibt es höchst widersprüchliche Angaben, vor allem deshalb, weil es nahezu unmöglich ist, einen direkten Zusammenhang zwischen Krebserkrankungen und der durch den GAU freigesetzten Strahlung nachzuweisen. Während die WHO von knapp 9000 Todesopfern ausgeht, nennt der russische Wissenschaftler *Aleksey Yablokov* eine Zahl, die weit über anderthalb Millionen liegt – vorgeburtliche Todesfälle mit eingerechnet. Eine genaue Opferzahl wird sich wohl nie ermitteln lassen. In der Ukraine ist die Atomenergie bis heute übrigens kein Gegenstand gesellschaftlicher Kontroversen – nach der Stilllegung des letzten Tschernobyler Reaktors im Jahr 2000 sind gegenwärtig vier Kernkraftwerke in Betrieb.

Tschernobyl für Touristen

Seit einigen Jahren haben ukrainische Reiseagenturen die evakuierte Zone als Touristenattraktion entdeckt. Für Preise um die 100 Euro werden **Bustouren in die Sperrzone** angeboten, die Geisterstadt Prypiat besucht (wahrlich ein Freilichtmuseum der Sowjetunion des Jahres 1986) und das obligatorische Foto vor dem zerstörten Reaktorblock geschossen. Auch viele Unterkünfte bieten derartige Touren an.

des Möglichen liegt, ja partiell bereits Wirklichkeit wurde – nicht zuletzt daran erinnern die 76 Ortsschilder mit den durchgestrichenen Namen jener Orte, die heute, für immer unbewohnbar, in der „Zone“ liegen.

Das Museum arbeitet mit einem Touranbieter zusammen, der **Exkursionen in die Sperrzone** anbietet, wo man u. a. den havarierten Reaktor und die evakuierte Geisterstadt Prypiat zu sehen bekommt. Für solch einen Tagesausflug, den es in neun Sprachen gibt, sind umgerechnet etwa 100 Euro zu bezahlen. Infos und Details unter www.chernobylwel.com.

Pyrohovo-Freilichtmuseum für Volksarchitektur

Національний музей народної архітектури та побуту України

■ **Täglich außer Mi, 50 UAH, http://pyrohiv.com.ua**

Das Freilichtmuseum von Pyrohovo am Südrand der Stadt ist ein reizvolles Ausflugsziel für einen sonnigen Tag. Auf einem Gelände von rund 150 Hektar wurden **Holzhäuser, Kirchen und Windmühlen** aus dem ganzen Land zusammengetragen und lassen – als einmaliges architektonisches Gesamtensemble – das Dorfleben längst vergangener Zeiten wieder lebendig werden. Der Clou: Die historischen Gebäude sind nach Regionen sortiert aufgebaut, sodass man auf seinem Spaziergang die ganze Ukraine bereist: ein traditionell zentralukrainisches Dorf mit Baudenkmälern aus eben dieser Region, ein podollisches Dorf, das Dorf der Polissia, ein Karpatendorf und sogar ein sowjetisches Dorf mit Bauten aus den 1950ern Jahren. Ins Auge fallen dabei die doch recht unterschiedlichen regionalen Baustile. Im Gelände finden sich zahlreiche Souvenirstände, mehrere rustikale Restaurants ermöglichen eine Stärkung. Viele der Häuser sind auch von innen zu besichtigen. Für einen Besuch des Geländes sollte man mindestens zwei bis drei Stunden einplanen.

Umgebung des Freilichtmuseums

Der Besuch des Freilichtmuseums lässt sich gut verbinden mit dem Besuch zweier Klöster in der näheren Umgebung: Etwa 3 km nordöstlich von Pyrohovo liegt romantisch an einer Kette von Weihern in einem bewaldeten Taleinschnitt das **Kytaivskyikloster.** In einem Hügel auf der anderen Seite der Weiher gibt es – wie in der Lavra – ein weit ver-

zweigtes System von Höhlen (Vul. Kytaivska 15).

Das zweite Kloster, das im altrussischen Stil um 1900 errichtete **Feofaniakloster,** liegt 2 km südlich des Freilichtmuseums in einem Waldgebiet oberhalb eines Weihers. Unterhalb des Klosters bezaubert ein herrlicher Park (www.panteleimon.in.ua).

Das Freilichtmuseum Pyrohovo

ukr14-008 pk

Verkehrsverbindungen

Das **Freilichtmuseum** erreicht man am besten per Bus ab der Metrohaltestelle Ipodrom mit der Linie 172 (direkt vor den Eingang) oder Trolleybus 11 oder Bus 156 (etwa 1 km Fußweg).

Das **Kloster Kytaiv** erreicht man mit Bus 20 oder 52 ab der Metrostation Lybidska. Ein Spaziergang vom Kloster über das Freilichtmuseum bis nach Feofaniya ist ebenfalls ein empfehlenswerter Ausflug.

Sakralbauten

Volodymyr-Kathedrale

Володимирський собор

Vul. Tarasa Shevchenka 20, täglich 6–19.30 Uhr, Gottesdienste täglich um 8 und 17 Uhr

Die **Mutterkirche der Ukrainischen Orthodoxen Kirche** (Kiewer Patriarchat), geweiht 1896, ist ein absoluter Hingucker. Die strahlend gelbe Außenfassade im neobyzantinischen Stil wird gekrönt von sieben blauen Kuppeln. Überwältigend das Innere: Die prächtige Ausgestaltung mit Mosaiken und Fresken nahm 14 Jahre in Anspruch. Die Wandmalereien führte eine Gruppe berühmter zeitgenössischer Künstler aus, darunter *Vyktor Vasnetsov* (1848–1926) und die Symbolisten *Mikhail Nesterov* (1862–1942) und *Mikhail Vrubel* (1856–1910). Von *Vasnetsov* stammen die gewaltigen Wandgemälde „Taufe Volodymyrs“ und „Taufe der Kiewer Bürger“.

Der Künstler griff mit diesen Monumentalmalereien den Grund des Kathedralenbaus auf – sie wurde errichtet zur Feier von 900 Jahren orthodoxem Christentum in Kiew. Berühmt ist die Kirche übrigens für ihren großartigen Chor – ein Besuch während des Gottesdienstes ist ein unvergessliches Erlebnis.

Die Volodymyr-Kathedrale

ukr14-009 bj

Kyrillkirche

Кирилівська церква

Vul. Oleny Telhy 12, täglich außer Fr

Die Kirche liegt in einem unwirtlichen Stadtbezirk auf einem Hügel, umgeben von verkehrsreichen Straßen und Plattenbauten. Doch sie lohnt einen Abstecher, denn sie ist – ihres heutigen barocken Aussehens zum Trotz – **eine der ältesten Kirchen Kiews.** Die Baugeschichte geht auf das 12. Jh. zurück. Im Inneren haben sich Fresken aus dieser Zeit erhalten, auch romanische Baudetail sind noch zu erkennen. Ein Besuch dieser Kirche kann gut verbunden werden mit einem Besuch von Babyn Yar. Die nächstgelegenen Metrostationen sind Dorohozhychy oder Petrivka, von dort sind es jeweils etwa 1,5 km zu Fuß.

Haupt-Synagoge

Синагога Бродського

Vul. Shota Rustaveli 13, Mo bis Do 9.15–18.30 Uhr, Fr 9.15–15 Uhr, So 11–17 Uhr, www.sinagoga.kiev.ua

Kiews größte Synagoge wird meist **Brodskyi-Synagoge** genannt, nach ihrem Finanzier, dem Zuckermagnat und Philanthrop *Lazar Brodskyi* (1848–1904). Errichtet wurde der eindrucksvolle Bau im maurischen Stil 1897/98. 1926 wurde die Synagoge von den Sowjets geschlossen und in der Folge für verschiedene Zwecke genutzt, u. a. als Puppentheater. Nach umfassender Restaurierung wird die Synagoge seit 2000 wieder für Gottesdienste genutzt. Sie ist auch Sitz der Jüdischen Gemeinde.

Babyn Yar

Бабин Яр

Während der deutschen Besatzung war die **Schlucht** von Babyn Yar **Schauplatz zahlloser Massenmorde.** Von September 1941 bis zur Befreiung Kiews im November 1943 wurden hier zwischen 100.000 und 150.000 Menschen erschossen: Juden, Roma und Sinti, aber auch Kriegsgefangene und ukrainische Zivilisten. In der Nähe der Schlucht wurde 1942 das **Konzentrationslager Syrez** errichtet, wo hauptsächlich Kriegsgefangene, Partisanen und Kommunisten interniert waren.

Die größte Mordaktion in Babyn Yar verübten deutsche SS-Einsatzgruppen – in engster Zusammenarbeit mit der Wehrmacht – bereits kurz nach der Einnahme Kiews am **29./30. September 1941.** Innerhalb von 36 Stunden wurden 33.771 Menschen erschossen. Die Opfer waren jüdische Zivilisten, überwiegend Alte, Frauen und Kinder – die meisten jungen Männer hatten als Rotarmisten die Stadt verlassen. Die Massenerschießung wurde offiziell als „Vergeltungsmaßnahme“ für die von der Roten Armee nach dem deutschen Einmarsch ausgelösten Sprengstoffexplosionen am Khreshchatyk bezeichnet, obgleich sie von langer Hand geplant war. Um die Opfer über ihre bevorstehende Ermordung im Unklaren zu lassen, war ihnen eine Umsiedlung vorgegaukelt worden. Die Ermordung in der Schlucht erfolgte „am Fließband“, aus nächster Nähe. Die Opfer mussten sich nackt ausziehen, die Schlucht hinabklettern und sich, Gesicht nach unten, auf den Boden legen. Sie wurden dann per Kopfschuss ermordet. Die Nachrückenden mussten sich auf die bereits Toten legen und wurden auf dieselbe Weise erschossen.

Vom Verlauf der ursprünglich etwa 2,5 km langen und bis zu 50 Meter tiefen Schlucht sieht man nur noch Andeutungen. Sie reichte ursprünglich von der Vul. Dorohoshytska über die Melnikova bis weit in den nördlich der Melnikova gelegenen Park hinein. Um die Verbrechen zu vertuschen, wurde die Schlucht von den Deutschen teilweise **gesprengt und zugeschüttet.** Nach dem Krieg, in den 1950er und 1960er Jahren, wurde das Gelände städtebaulich entwickelt, die Schlucht weiter eingeebnet, ein Park und Wohnkomplex angelegt.

Auf dem Gelände erinnern heute verschiedenste **Denkmäler** an das Geschehene, genannt seien nur die drei bedeutendsten. Ein monumentales Sowjetdenkmal von 1976 befindet sich südlich der Melnikova. Es erinnert an die ermordeten „Bürger der Stadt Kiew und Kriegsgefangenen“ – zu Sowjetzeiten wurde dem Leid der jüdischen Bevölkerung keine gesonderte Beachtung geschenkt. Erst 1991 konnte ein Denkmal für die jüdischen Opfer errichtet werden: Es hat die Form einer Menorah (siebenarmiger Leuchter) und befindet sich unweit des Ortes, an dem der Massenmord im September 1941 stattfand, im Park nördlich der Melnikova. Direkt vor dem Metroeingang Dorohozhychy steht seit 2001 das bewegende Denkmal für die ermordeten jüdischen Kinder. Leider spielte das Gedenken an den Holocaust bis vor Kurzem in der Ukraine außerhalb jüdischer Organisationen kaum eine Rolle. Das ändert sich: Ein **Museum** über das Massaker ist beschlossene Sache, man rechnet für 2021 mit dessen Fertigstellung.

Deutlich umstrittener ist ein **Gedenkstättenprojekt,** das u. a. von russischen Oligarchen finanziert werden soll. Vehement abgelehnt wird es vom Vorsitzenden der jüdischen Organisationen in der Ukraine, *Yosef Zissels* (in etwa vergleichbar mit dem Vorsitzenden des Zentralrats der Juden in Deutschland), der als Dissident mehrere Jahre seines Lebens in Gefängnissen der UdSSR zugebracht hat und entsprechend proukrainisch eingestellt ist. Zurecht besteht die Befürchtung, dass allzu bekannte sowjetische bzw. russische Narrative vom ukrainischen Nazikollaborateur in den Vordergrund gerückt werden.

Sonstiges

Wohl nur wenige Metropolen warten mit herrlichen Sandstränden und naturbelassenen Auwäldern auf.

Strände

Nur wenige Meter von der Poshtova Pl. führt eine Fußgängerbrücke auf die **Insel Trukhaniv.** Neben den frei zugänglichen Stränden gibt es hier Cafés und Kioske und auch einen Fahrradverleih. Die Wasserqualität des Dnipro ist zwar nicht die beste, aber die Kiewer lassen sich nicht abschrecken.

Etwas weiter den Dnipro flussabwärts, gegenüber dem Lavra-Kloster, lädt der **Hidropark** ebenfalls zur innerstädtischen Erholung ein. Erreichbar ist er ab der gleichnamigen Metrostation innerhalb weniger Minuten zu Fuß. Von hier bietet sich übrigens der beste Blick auf das Kloster.

Wälder

Kiew ist von riesigen Wäldern umgeben, die ein einzigartiges Naherholungsgebiet darstellen. Im Norden der Stadt liegt die Villenkolonie **Pushcha Vodytsia.** Hochherrschaftliche Villen mit holzgeschnitzten Balkonen, eine Holzkirche aus dem 19. Jh. sowie unzählige Seen inmitten des Waldes laden zu einem Besuch ein.

Zu erreichen ist das Gebiet mit der **Straßenbahnlinie 12** direkt ab dem Kontraktova-Platz. Die Fahrt mit dem klapprigen, altertümlichen Gefährt dauert recht lange, doch die letzten Kilometer führen romantisch mitten durch den Wald. Am Endpunkt der Straßenbahn befindet sich linker Hand eine großartige Einkehrmöglichkeit: Das gemütliche **Café Lito** (Sommer) lockt mit hervorragender Küche.

Privatresidenz Mezhyhiria
Межигір'я

Wer sich ein Bild davon machen möchte, wie ein Sonnenkönig im 17. Jh., Verzeihung, ein ukrainischer Präsident aus dem 21. Jh. lebte, sollte es nicht versäumen, *Yanukovychs* einstige Privatresidanz Mezhyhiria in **Novi Petrivtsi** etwa 30 km nördlich des Kiewer Stadtzentrums zu besuchen.

Das **riesige Gelände** liegt **am Hochufer des Dnipro** oberhalb des Stausees „Kiewer Meer“ und bietet einen fantastischen Blick auf die gewaltigen Wasserflächen. Der Name des Geländes – „Zwischen den Bergen“ – stammt von einem dort gelegenen ehemaligen Kloster, das zu Sowjetzeiten zerstört wurde und später in staatlichen Besitz überging. Über ein undurchsichtiges Netz von Tarnfirmen, das der angesehene Journalist *Serhiy Leshchenko* bereits 2010 in einer aufwendigen Recherche für die „Ukrainska Pravda" entwirren konnte, gelangte das Areal in den Privatbesitz von *Yanukovych,* und das zu einem lächerlich niedrigen Preis. Über Jahre hinweg wurde über sagenhafte, hier gehortete Reichtümer gemunkelt, bis es der Journalistin *Tetiana Chornovol,* ebenfalls für die UP tätig, gelang, einige Bilder mit versteckter Kamera aufzunehmen und der Öffentlichkeit zu präsentieren.

Das Gelände umfasst **140 Hektar** und ist von einem fünf Meter hohen Metallzaun umgeben. **Es beherbergt** eine Oldtimersammlung, einen Privatzoo, einen Golfplatz, ein aufwendig gestaltetes Bootshaus und die riesige **„Honka"**, ein **Holzblockhaus** im finnischen Stil. Darin finden sich Marmorfußböden, Kronleuchter, holzvertäfelte Wände, eine Privatkapelle, die sprichwörtliche goldene Toilette, ein Billardsalon und vieles mehr – alles **Prunk und Pomp,** der nur ein Motto kennt: Hauptsache teuer, Geschmack zweitrangig.

Gleich nach der Flucht von *Yanukovych* wurde das Gelände von Maidanaktivisten besetzt, gerade noch rechtzeitig, um eine Plünderung zu verhindern und um eilig entsorgte, ins Wasser geworfene Dokumente, die das ungeheure Ausmaß der Korruption und Selbstbereicherung dokumentieren, vor der Zerstörung zu retten. Bereits 2014 wurde das Gelände

Dachterrasse am Kreshchatyk

ukr19-010 pk

dem Staat zurückgegeben. Seitdem dient es als **Museum der Korruption** und ist öffentlich zugänglich.

■ **Infos:** Das Museum (http://mezhygirya.com.ua) ist täglich von 9 bis 19 Uhr geöffnet. Der Eintritt auf das Gelände beträgt 50 UAH, für Führungen in der Honka werden 450 UAH fällig. Anfahrt von der Metrostation Heroiv Dnipra, Marshrutky fahren in etwa 30 Min. nach Novi Petrivtsi. Am Maidan in Kiew stehen Touranbieter, die einen Transfer für ca. 100 UAH anbieten. Man kann aber auch komplette Touren mit Führung für umgerechnet ca. 35 Euro bei diversen örtlichen Touranbietern buchen.

Praktische Tipps

Informationen

■ Es gibt mehrere zentral gelegene **Infopavillons,** u. a. am Unabhängigkeitsplatz vor dem Gebäude mit der Hausnummer 19 oder an der Ecke Khreshchatyk/Bohdana Khmelnytskoho sowie zwei weitere am Pl. Mykhailivska und an der Sophienkathedrale. Es werden kostenlose Stadtführungen angeboten (http://freetours.kiev.ua), und es gibt jede Menge gutes englischsprachiges Infomaterial, Postkarten und Stadtpläne.

■ Der **Kyiv-Pass** wird für 24, 48 oder 72 Stunden ausgegeben, kostet umgerechnet 15, 25 oder 35 Euro und umfasst freie Fahrt mit der Metro, freien Eintritt in zahlreiche Museen (darunter Sophienkathedrale, Goldenes Tor und Museum des 2. Weltkriegs) und Discount-Preise für verschiedene Restaurants oder auch Touren in der Stadt. Online buchbar unter http://kyivpass.com. Alternativ kann der Pass auch an Verkaufsstellen erworben werden, die auf o.g. Website aufgeführt sind. Dies ist beispielsweise am Flughafen Boryspil, nicht jedoch am Hauptbahnhof möglich.

■ **Stadtführungen und Exkursionen** werden u. a. angeboten von Primetour (www.primetour.ua), mit Stadtrundgängen zu allen Sehenswürdigkeiten, literarischen Rundgängen und Rundgängen auf den Spuren jüdischen Lebens, von Mysterious Kiev (http://mysteriouskiev.com), mit Rundgängen auch zu eher unbekannten Sehenswürdigkeiten, oder von New Logic (www.newlogic.ua) und Tour2 Kiev (www.tour2kiev.com/en). Alle Anbieter führen auch Exkursionen nach Tschernobyl durch. Für das genaue Angebot und Preise besuche man die genannten Websites.

■ Charmante, lebendige Stadtführungen in englischer Sprache bietet die vor Energie und Tatkraft sprühende **Olga (Lyolya) Filimonva** an. Kontaktaufnahme am besten über ihre Facebook-Seite: www.facebook.com/WalksWithLyolya.

■ Aktuelle Veranstaltungen nennt das **Stadtmagazin „What's on Kiev"** (www.whatson-kiev.com), das in vielen Hotels und Kneipen auch in gedruckter Form ausliegt.

Unterkunft

In Kiew gibt es Hotels für jeden Geldbeutel und jeden Geschmack: vom absoluten Luxushotel bis zur nicht renovierten Absteige aus der Sowjetzeit. Es steht auch eine Reihe anderer Übernachtungsmöglichkeiten bereit, darunter zahllose Hostels. Für längere Aufenthalte ist u. U. auch das Anmieten einer Privatwohnung eine Option. Viele Unterkünfte können über die bekannten Hotelportale online begutachtet und gebucht werden. Außerdem gibt es im Kiewer Hauptbahnhof Bahnhofszimmer, gelegen im Pivdennyi Vokzal, also dem Neubau auf der südlichen Seite der Gleise.

Hotels

Die Auswahl beschränkt sich bewusst auf Hotels der mittleren und unteren Preisklasse.

Im Zentrum

6 Kozatskyi, Plan S. 38, Vul. Mikhailivska 1/3, Tel. 044-279 49 14 oder 044-279 03 41, www.kozatskiy.kiev.ua: Komplett renoviertes Hotel direkt am Maidan Nezalezhnosti, in einem der Zuckerbäckerstilhäuser. DZ mit separaten Betten ab 1900 UAH inkl. Frühstücksbüffet. Das Hotel verfügt über eine recht günstige Filiale in der Vul. Antonova 2/32, allerdings recht weit außerhalb des Zentrums, auf halbem Weg zum Flughafen Zhuliany, und leider auch ziemlich weit von der nächsten Metrostation entfernt. Das Preisniveau ist für Kiewer Verhältnisse allerdings wirklich niedrig: DZ ab 680 UAH.

14 Ukraina, Plan S. 38, Instytutska 4 (Vul. Nebesnoi Sotni), Tel. 044-278 28 04 oder 044-278 66 75, www.ukraine-hotel.kiev.ua: Das riesige Prestige-Hotel aus sowjetischer Zeit (ehemals Hotel Moskau) thront oberhalb des Maidan. Es hat 373 Zimmer mit recht unterschiedlicher Ausstattung, daher unbedingt die Website studieren. DZ ab 2000 UAH.

5 Lybid, Umschlagplan, Pl. Peremohy 1, Tel. 044-236 95 72 oder 044-236 60 23, https://lybid-hotel.phnr.com: Renoviertes Sowjet-Hochhaus mit ansprechenden Zimmern und günstiger Lage: Zum Goldenen Tor sind's zwei Metrostopps, zum Bahnhof eine. Die Preise variieren saisonal, die günstigeren Tarife gelten Ende April bis Mitte Mai sowie Juli bis Mitte September: DZ ab 1100 UAH.

39 Hotelschiff, Plan S. 39, Bohdan Khmelnytskyi, Vul. Naberezhna Kreshchatytska, Anlegestelle 5, www.bohdan-khmelnytsky.com.ua: Das Schiff liegt im Fluss vor Anker und ist eine zentral gelegene Alternative. DZ ab 800 UAH.

44 Andriivskyi Mansard, Plan S. 39, Minihotel im obersten Stock eines historisierenden Neubaus nahe dem Andreassteig: DZ ab 1400 UAH, geräumige Miniferienwohnung für vier Personen ab 2400 UAH, herrlicher Blick auf den Andreassteig und das Schloss von *Richard Löwenherz.*

Außerhalb des Zentrums

7 Salute, Umschlagplan, Vul. Ivan Mazepy 11b, Tel. 044-494 14 20 oder 044-280 61 30, www.salute.kiev.ua: Der architektonisch außergewöhnliche Sowjetbau, der schon eine Sehenswürdigkeit für sich ist, liegt in Pechersk, in Laufweite des Höhlenklosters. Die Zimmer haben Balkone mit einer mitunter wunderbaren Aussicht auf den Dnipro und das Kloster. DZ ab 1600 UAH.

9 Druzhba, Umschlagplan, Vul. Druzhby Narodiv 5, Tel. 044-528 84 42, www.druzhba-hotel.kiev.ua: DZ ab 900 UAH, renoviertes Sowjet-Hotel in unmittelbarer Nähe der Metrostation Lybidska.

10 Mir, Umschlagplan, Holosiyivskyi Prosp. 70, Tel. 044-520 26 09, www.hotelmir.kiev.ua: Auch das Mir ist keine Schönheit, aber die Zimmer sind sauber und bezahlbar, die Preise können allerdings schwanken. Das günstigste DZ gibt's ab 690 UAH, Frühstück kostet 120 UAH extra. Ein weiterer Pluspunkt: relativ nah zum zentralen Busbahnhof.

Hostels

In Kiew gibt es eine zunehmend unüberschaubare Zahl an Hostels. Meist handelt es sich um sehr kleine Unterkünfte, eingerichtet in einer umfunktionierten Wohnung und mit geringer Kapazität. Standard sind eine Waschmaschine, freier Internetzugang und eine Küche. Bettzeug wird in der Regel gestellt. Sehr oft sind die Interieurs liebevoll und stylish gestaltet. Die Besitzer sind häufig Expats, Polen oder andere Internationale, die in Kiew gestrandet sind. Da sich die Hostelszene sehr schnell verändert und weiterentwickelt, ist als gute Informationsquelle www.hostelworld.com zu empfehlen und natürlich auch ein Blick auf die gängigen Hotelportale.

Mein Tipp: **43 Dream House Hostel,** Plan S. 39, Andreassteig 2d, Tel. 044-580 21 69, direkt am unteren Ende des Andreassteigs: Das mittlerweile legendäre Hostel überzeugt nicht nur dank seiner fantastischen Lage, sondern auch durch freundliches Personal und stilvolle, saubere Zimmer. Neben den Dorms (mit 8, 6 und 4 Betten) gibt es auch Dreierzimmer und 5 DZ mit geteiltem und eigenem Bad (ab 800 UAH). Es gibt auch Schlafsäle nur für Frauen. Ein Bett im 8-Bett-Dorm kostet ab 350 UAH. An Wochenenden sind die Preise mitunter höher, sie variieren zudem saisonal, Frühstück kann man dazu buchen. Das Hostel liegt ruhig in einem Innenhof, zum Haus gehört das hippe Café Druzi.

5 **TIU Kreshchatik Hostel,** Plan S. 38, Kreschatyk 8b, Apt. 11: Toplage direkt am Khreshchatyk, aber im Hinterhaus und nicht ganz leicht zu finden. 1 DZ und 1 10-Bett-Dorm (Bett ab 160 UAH). Gut ausgestattete Küche, freier Kaffee und Tee, Internet, Waschmaschine etc. Freundliches Personal.

3 **Central Station Hostel,** Umschlagplan, Gogolivska 25, Apt. 11, Tel. 093-758 74 68, www.kievcentralstation.com: Umfunktionierte Wohnung mit angenehmer Atmosphäre. Man kann wählen zwischen einem Bett in einem 12-, 8- oder 4-Bett-Schlafsaal (180–350 UAH), aber auch DZ (650 UAH) sind erhältlich. Auch ein 6-Bett-Schlafsaal nur für Frauen steht zur Verfügung. Für Discount-Aktionen siehe Website. Fast jede Nacht werden Kneipentouren mit einem der Besitzer angeboten. Achtung: Altersbegrenzung 40 Jahre!

Essen und Trinken

Ukrainische Restaurants

■ **Puzata Khata,** Mo bis So 8–23 Uhr, www.puzatahata.com.ua/eng: Kette von SB-Restaurants mit guter ukrainischer Küche zu günstigen Preisen. Von *Varenyky* bis zum *Kotlet Kievsky* findet sich alles, was die ukrainische Küche an Leckereien zu bieten hat. In Kiew gibt es mehrere Filialen, an dieser Stelle seien drei genannt: 38 Kontraktova Ploscha 2/1 (Plan S. 39), 21 Kreshchatyk 15/4 (in der Passage; Plan S. 38), 29 Velyka Vasylkivska 40, Plan S. 38.

37 **Akadamya Trapezna,** Plan S. 39, Kontraktova 4, Mo bis Fr 9–22 Uhr, Sa/So 10–22 Uhr: Die rustikale Cafeteria der Mohyla-Akademie bietet gute und günstige ukrainische Standards – ideal, um ein bisschen vom Flair der berühmten Akademie aufzusaugen. Im Sommer kann man draußen sitzen.

27 **Pervak,** Plan S. 38, Vul. Rohnidynska 2, 11–24 Uhr, www.pervak.kiev.ua: Ukrainisches Themenrestaurant, das sich bemüht, Nostalgie zu evozieren, hier für das Kiew der vorletzten Jahrhundertwende. Das Essen ist etwas teurer, aber ausgezeichnet.

Internationale Küche

30 **Restaurant Taki Da,** Plan S. 39, Vul. Shchekavytska 29, http://taki-da.net: Koshere Gaststätte neben der Synagoge in Podil. Vorzügliche israelische Küche zu (nahezu) israelischen, also hohen Preisen. Großartige Grillspezialitäten vom offenen Grill und wunderbares Humus. Dazu kräftiger Wein aus Israel.

41 **Tzimes,** Plan S. 39, Podil, Sahaidachnoho/Ihorivska 10/5, 11–23 Uhr, www.cimes.com.ua: Gemütliches jüdisches Restaurant mit authentischen Gerichten: Als Appetizer gibt's gefüllten Fisch (56 UAH), gestopfte Hühnerhälse (72 UHA) oder frittiertes Kalbsgehirn mit Brokkoli (57 UAH). Als Hauptgericht sei das namensgebende *Tzimes* empfohlen: gedämpfte Karotten und süße Trockenfrüchte mit Kalbfleisch (109 UAH). Wer es vegetarisch mag, für den gibt's Humus, gefüllte Auberginen und Suppen.

■ **Faina Familiya,** 9–23 Uhr, http://finefamily.com.ua: Eine Kette exzellenter italienischer Restaurants. Angenehm schlichtes Interieur, freundliches Personal und sehr gute Küche. Im Zentrum in der 28 Vul. Vasylkivska 34 (Plan S. 38), in Podil in der 40 Sahaydachnoho 25 (Plan S. 39).

■ Liebhabern der georgischen Küche seien zwei zentral gelegene Restaurants empfohlen: 1 **Chacha Bar,** Plan S. 38, Vul. Zhytomyrska/Ecke Vul. Volodymyrska, riesiges Kellergewölbe, gelegentlich Live-Musik; 6 **Chachapuri,** Umschlagplan, Vul. Shevchenka 36a, http://chacha.kiev.ua.

7 **Restaurant Qirim** (krimtatarisch für Krim), Plan S. 38, Provulok T. Shevchenka 1: Direkt am Maidan befindet sich dieses krimtatarische Restaurant.

8 **Pizza Veterano,** Plan S. 38, Vul. Sofiivska 8, www.facebook.com/Pizza.Veterano: Seit Beginn des Krieges im Donbas gibt es zahlreiche traumatisierte Kriegsveteranen, die nur schwer ins Alltagsleben integrierbar sind. Genau dieser Aufgabe widmet sich das Projekt „Pizza Veterano". Hier arbeiten ausschließlich Soldaten, die von der Front zurückgekehrt sind. Die Ausstattung und vor allem Bilder im Restaurant haben es in sich und sind nichts für Leute mit schwachen Nerven oder pazifistischer Gesinnung. Dennoch ein unterstützenswertes Projekt, das einmal mehr zeigt, wie ein Land in einem aufgezwungenen Krieg mit der Situation umgeht.

Cafés

In Kiew gibt es (fast) an jeder Ecke eine Filiale einer modernen Café-Kette, wie Kofe-Khaus, Double Coffee, Coffee Time und dergleichen mehr, alles mehr oder minder von Starbucks inspiriert. Kaffee und Gebäck sind dort immer erstaunlich gut.

10 **Bulochna Yaroslavna,** Plan S. 38, Vul. Yaroslaviv Val 13, 9–22 Uhr: Für Nostalgiker des alten Kiew eine der zunehmend schwindenden authentischen Oasen. Den wahren Kiewer erkennt man daran, dass er in seine heiße Schokolade gemächlich Stück für Stück einer aufgerollten Zimtwecke tunkt. Selbstbedienung. Das Restaurant im Keller ist teuer.

■ **Kaffa,** 9 (Di bis Fr), 10 (Sa/So), 11 (Mo) bis 22.30 Uhr, www.kaffa.ua: Insbesondere in der Niederlassung in **35** Podil (Vul. Skovorody 5, Plan S. 39) kann man wunderbar draußen sitzen. Sehr guter Kaffee, heiße Schokolade und Kuchen plus relaxte Atmosphäre. Stammsitz ist in der **11** Tarasa Shevchenka 3, Plan S. 38.

42 Das **Café Druzi** (Plan S. 39) liegt in einem Innenhof am unteren Ende des Andreassteigs unmittelbar neben dem Dream House Hostel (s. o.).

34 **Living Room,** Vul. Spasska 6a, Plan S. 39: „Wohnzimmercafé" in unmittelbarer Nähe der Pl. Kontraktova.

Nachtleben (Plan S. 38, 39)

Mein Tipp: **16** **Kupidon,** Vul. Pushkinska 1–3/5, 10–23 Uhr: Kiews Intellektuellentreff Nr. 1 ist eine urige Kellerkneipe nur einen Steinwurf vom Khreshchatyk entfernt. Zum Bier unbedingt eine Portion Sukharyky bestellen. Auf dem Weg in den Nichtraucherraum bzw. zur Toilette passiert man einen Schaukasten, der die Erfolge der umstrittenen Frauengruppe „Femen" (www.femen.org) feiert, die, meist barbusig, unter weltweitem Medieninteresse gegen das Yanukovych-Regime protestierte.

4 **Irish Pub O'Briens,** Vul. Mikhailivska 17a, 8–2 Uhr, http://obriens.kiev.ua: Dank mehrerer Leinwände und Fernseher ein idealer Ort zum Fußballgucken. Der erste Irish Pub in der Hauptstadt ist auch bekannt für sein ausgezeichnetes Frühstück (8–12 Uhr).

20 **Barmen Diktat,** Khreshchatyk 44: Wo sich früher der legendäre Jazzclub Artclub 44 befand, hat jüngst diese Cocktailbar eröffnet. Großer Kellerraum mit roten Ziegelwänden. Lounge-Musik. Etwas gehobenere Preise.

17 **Bochka,** Khreshchatyk 19a, www.bochka.com.ua: Die geräumige, rustikale Kneipe ist eine Institution. Super Frühstück (ab 6 Uhr) und guter, günstiger Lunch. Abends regelmäßig Live-Konzerte, in erster Linie Grunge- und Rockbands, dann wird Eintritt verlangt. **19** Schwesterkneipe in der B. Khmelnitskoho 3b-1.

23 **Pro Rock Pub,** Vul. Pushkinska 32: Uriges Pub-Restaurant im Keller.

Mein Tipp: **2** **Blues Bar,** Vul. Mikhailivska 24a, nahe dem Michaelskloster: Wirklich tolle Kneipe im Kellergewölbe, regelmäßig Live-Musik, vor allem – wen wundert's – Blues.

3 **Bar on 8,** Alla Tarasova 5, www.kiev.regency.hyatt.com: Der modernistische Glasbau des **3** Hotels Hyatt Regency in unmittelbarer Nähe der Sophienkathedrale verfügt über eine Rooftop Bar mit wunderbarem Blick auf die Kathedrale, das Michaelskloster und den Maidan. Mitteleuropäisches Preisniveau und Kleiderordnung!

26 **Alchemist Bar,** Vul. Shota Rustaveli 12, Plan S. 38: Kneipe und Cocktailbar, oft Live-Musik.

2 **Barbara Bar/Atlas-Konzertsaal,** Umschlagplan, Vul. Sichovykh Striltsiv 37–41, www.atlas37.com: Hippe Location ein wenig westlich des Zentrums mit regelmäßiger Live-Musik und DJs. Cocktailbar und Rooftop Bar. Nicht das günstigste Etablissement, aber entspannte Atmosphäre und gute Küche.

31 **Closer,** Vul. Nyzhnoyurkivska, Plan S. 39: In-Adresse für Clubkultur, angesiedelt auf einem alten Fabrikgelände in den Hügeln oberhalb von Podil. Das Closer gilt als Mekka der elektronischen Musik, aber auch Live-Events (z. B. Jazz-Frühstück) finden statt. Ein Hauch vom Berlin der 1990er Jahre umweht das Areal.

12 **Urban Space 500,** Vul. Borysa Hrinchenko 9 (stille Seitenstraße, die den Maidan mit der Vul.

Prorizna verbindet, Plan S. 38), www.urbanspace-500.com.ua (in ähnlicher Form, nur kleiner, auch in Ivano-Frankivsk unter dem Namen Urban Space 100): Hier gibt es moderne Fusion-Küche, und über eine Art Genossenschaft, welche die Sponsoren gemeinsam bilden, werden gemeinnützige Projekte angestoßen und durch den Gastronomiebetrieb finanziert. Man darf gespannt auf die weitere Entwicklung sein.

ukr19-011 pk

Kultur

■ **Philharmonie,** Volodymyrsky Uzviz 2, Ticketverkauf 10–14 und 15–19 Uhr, www.filarmonia.com.ua/en: Das Haus am Europäischen Platz hat einen sehr guten Ruf – und wo auf der Welt könnte man besser *Tschaikowsky* hören? Das aktuelle Programm entnehme man der Website.

■ **Oper und Ballett-Theater,** Vul. Volodymyrska 50, www.opera.com.ua: Kiews prachtvolles Opernhaus ist ein architektonisches Juwel. Neben Opernaufführungen gibt es auch viele Ballettveranstaltungen. Die Preise sind sehr günstig (ab 30 UAH!) und die Aufführungen meist großartig. Die Vorstellungen beginnen immer um 19 Uhr.

■ **Theater:** Die beiden berühmtesten Theater der Stadt sind das **Ivan-Franko** (http://ft.org.ua) und das russische Drama-Theater **Lesya-Ukrainka** in der Vul. Bohdan Khmelnytskyi 5 (www.rusdram.com.ua). Das neue **Teatr na Podoli,** architektonisch interessant und hoch umstritten, liegt unmittelbar am Andreassteig und bietet ukrainisch- und russischsprachige Komödien sowie Musiktheater. Allein der große Saal lohnt einen Blick (www.theatreonpodol.com).

■ **Art Prychal** (zu deutsch etwa: Kunstanlegestelle), Kunstgalerie am Dnipro mit riesigen Räumlichkeiten in den Fundamenten der Uferstraße. Regelmäßig Kulturevents, Kunst- und Fotoausstellungen. Offizielle Adresse: Naberezhnia Kreshchatytska, Prychal (Anlegestelle) 2, https://artprichal.com.ua.

■ **Izoliatsiya,** Vul. Naberezhna Luhova 8, https://izolyatsia.org/en: Diese Kunstgalerie eröffnete 2010 in einem stillgelegten Werksgelände in Donetsk. Nach Beginn der russischen Besatzung 2014 zog die Galerie nach Kiew um und befindet sich nun in einem heruntergekommenen Industrieareal nordöstlich von Podil. Die Betreiber sind allesamt Binnenflüchtlinge. Dass die Situation im Donbas und das Schicksal der Flüchtlinge hier den Themenschwerpunkt bilden, versteht sich von selbst. Regelmäßige Foto- und wechselnde Ausstellungen, ferner Kunst- und Fotoworkshops. Es gibt ein Café.

Einkaufen

■ **Märkte:** Der historische 22 **Bessarabskyi Rynok,** Pl. Bessarabska, Plan S. 38, Di bis So 8–20 Uhr, Mo 8–17 Uhr, ist Kiews bekannteste Markthalle, benannt nach den Händlern aus Bessarabien, die hier einst ihre Waren feilboten. Obst und Gemüse sind perfekt arrangiert – ein beliebtes Fotomotiv. Uriger und weniger touristisch ist der 33 **Zhytnyi Rynok** in Podil, eine Markthalle nahe der Metrostation Kontraktova Ploscha, Plan S. 39. Hier gibt's frisches Obst, Fleischspezialitäten und mariniertes Gemüse von einzigartiger Qualität. Rechts vom Eingang ist ein kleines usbekisches Restaurant, in dem die Händler zu Mittag essen. Die Architektur der Halle lohnt einen Blick: Sie ist ein gelungenes Beispiel sowjetischer Architektur der 1970er Jahre mit einer gewaltigen Spannbetondecke und Reliefs.

1 **Buchmarkt von Petrivka,** Umschlagplan, Moskovsky Pros., 8–18 Uhr: Jede Menge Bücher und massenhaft Poster und Plakate vom kyrillischen Alphabet für Kinder bis zur gewaltigen, eine ganze Zimmerwand bedeckenden Weltkarte.

15 **Buchhandlung Ye,** Plan S. 38, Vul. Lysenska 3, 9–21 Uhr, http://book-ye.com.ua: Ausgezeichnete Buchhandlung mit großer Auswahl an fremdsprachigen Publikationen. Es gibt viele Zeitungen und Magazine, auch deutschsprachige. Die Adressen weiterer Filialen in Kiew und auch anderswo im Land finden sich auf der Website.

18 **TsUM,** Vul. Bohdana Khmelnitskoho 2/Ecke Khreshchatyk, Plan S. 38: Das architektonisch nicht uninteressante konstruktivistische Gebäude vom Ende der 1930er Jahre wurde von *Rinat Akhmetov* aufgekauft, völlig entkernt und zu einem Luxustempel mit allerlei Boutiquen im Stil der Galeries Lafayette umgebaut. Hier kauft ein, wer es sich leisten kann und dies auch öffentlich zeigen will. Für den Normalbürger ist vor allem das großartige Panoramarestaurant auf der Dachterrasse von Interesse. Wer es weniger luxuriös möchte, kann die neuen unterirdischen **Shopping Malls** unterhalb des Khreschhatyk – das 13 **Globus** und das 24 **Metrograd** – nutzen. Eingänge am Unabhängigkeitsplatz bzw. am Bessarabischen Markt (Plan S. 38).

■ **Roshen,** die Läden des Inhabers und Gründers *Petro Poroshenko* sprießen wie Pilze aus dem Boden. Es ist müßig, Adressen anzugeben, man findet sie an jeder Straßenecke. Hier gibt es auch die berühmte **„Kiewer Torte"** – die Schokoladen-Nuss-Torte ist eines der bekanntesten kulinarischen Erzeugnisse der Stadt. Erfunden wurde sie 1956 im Kiewer Süßwarenkombinat „Karl Marx" – bald war sie in der ganzen Sowjetunion angesagt. Besagte Produktionsstätte wurde von Roshen übernommen und weitergeführt, man bekommt hier also das Originalrezept. Ansonsten allerlei feine Süßigkeiten (gute Mitbringsel!).

■ Wer auf der Suche nach CDs und Vinyl mit ukrainischer Musik ist, kann hier sein Glück versuchen: 4 **Diskultura,** Vul. Hoholivska 27, Umschlagplan, www.diskultura.com; 8 **Fonoteka,** Vul. Antonovycha 172, Umschlagplan, Nähe Metro Lybidska; 36 **Vinyla,** in Podil, Vul. Skovorody 5a, Plan S. 39, http://vinyla.com.ua.

Erholung/Aktivitäten

■ **Hidropark,** www.gidropark.org.ua: Die Insel im Dnipro ist bequem mit der Metro erreichbar. Die Sandstrände sind populärer Sommeraufenthalt vieler erholungsbedürftiger Großstädter. Wer mal in den Dnipro springen möchte, hat hier die Gelegenheit. Von der Insel hat man auch einen grandiosen Ausblick auf das Höhlenkloster. Für das leibliche Wohl sorgen eine Vielzahl kleiner Kioske, die Eis, Schaschlik, Vodka und Bier verkaufen.

■ **Flussrundfahrten:** Der **Flusshafen** liegt direkt am Poshtova-Platz. In der Saison werden täglich Rundfahrten auf dem Dnipro angeboten, etwa zum Stausee „Kiewer Meer" (3½ Std., 120 UAH). Infos: www.rpea.com.ua.

■ **Fußball, Dynamo Kiew:** Über Meisterschaftsspiele und Eintrittspreise informiert die teils englischsprachige Website www.fcdynamo.kiev.ua.

■ **Fahrradverleih:** Radfahrer sind in Kiew Exoten. Während in der Innenstadt das Radfahren infolge rücksichtsloser Autofahrer nicht immer zur Freude gereicht, ist das Rad ein lohnendes Fortbewegungsmittel zur Erkundung außerhalb gelegener Bezirke oder der Dnipro-Inseln. In Podil, am Nyzhnyi Val., Plan S. 39, liegt der Fahrradladen 32 **Veloplaneta,** www.veloplaneta.com.ua. Auf den Dnipro-Inseln auf halber Strecke Richtung Troieshchyna gibt es einen weiteren Fahrradverleih, leider recht weit vom Zentrum enfernt. Ansonsten lohnt ein Blick auf die Website www.veliki.ua.

Seit Kurzem existiert nach dem Vorbild vieler westeuropäischer Städte ein **Bikeshare-System,** freilich noch stark ausbaufähig. Nähere Infos unter www.nextbike.ua/en.

Post und Internet

■ Die **Hauptpost** liegt unübersehbar am Khreshchatyk/Ecke Unabhängigkeitsplatz. Hier gibt es alles postalisch Notwendige sowie kleine Philatelie- und Postkartengeschäfte und 24 Std. Internetzugang. Der private Konkurrent **Nova Poshta** verfügt über unzählige Filialen in der Stadt (https://novaposhta.ua/en).

■ Internetzugang ist in Kiew überhaupt kein Problem. In Gaststätten und Hotels ist **WLAN** mittlerweile Standard. Teilweise sind auch offene Netze zu finden.

Verkehrsmittel

Bahn

Der **Hauptbahnhof** liegt an der Metrostation Vokzalna nur ein paar Stopps vom Khreshchatyk entfernt. Die Metrostation ist in Sichtweite des alten Hauptgebäudes, links, wenn man mit dem Rücken zum Bahnhofsgebäude steht. Es ist im Grunde überflüssig zu sagen, dass man von Kiew exzellente tägliche und nächtliche Verbindungen in alle bedeutenderen ukrainischen Städte hat, so nach Lemberg, Kharkiv, Odessa, Sevastopol usw. Für Details zu Verbindungen siehe die Seite der ukrainischen Bahn: www.uz.gov.ua/en. Da der Berlin-Kiew-Express nicht mehr fährt, gibt es leider keine internationale Direktverbindung mehr nach Deutschland.

Metro

Die U-Bahn öffnet um 5.30 Uhr und fährt bis kurz nach Mitternacht. Jetons für die **Zugangsschranken** bekommt man an den Automaten im Eingangsbereich oder direkt bei den dort befindlichen Kassenschaltern. Streckenplan auf S. 84.

☐ Der Andreassteig im Winter

ukr19-013 pk

Kiew Metro

Linie 1 (Sviatoshynsko-Brovarska)
Linie 2 (Kurenivsko-Chervonoarmiyska)
Linie 3 (Syretsko-Pecherska)
Linie 4 (Podilsko-Vyhurivska)
im Bau
1
Akademmistechko
Академмістечко
Zhytomyrska
Житомирська
Svlstoshyn
Святошин
Nyvky
Нивки
Beresteiska
Берестейська
Schullavsa
Шулявська
Politekhnichyi Instytut
Політехнічний інститут
Vokzalna
Вокзальна
Universytet
Університет
Teatralna
Театральна
2
Heroiv Dnipra
Героїв Дніпра
Minska
Мінська
Obolon
Оболонь
Petrivka
Петрівка
Tarasa Shevchenka
Тараса Шевченка
Kontraktova Ploscha
Контрактова площа
Ploscha Lva Tolstoho
Площа Льва Толстого
Olimpilska
Олімпійська
Palats Ukraina
Палац Україна
Lybidska
Либідська
Demiivska
Деміївська
Holosilvska
Голосіївська
Vasylkivska
Васильківська
Vystaykovyi Tsentr
Виставковий центр
Ipodrom
Іподром
Teremky
Теремки
2
3
Synioozerna
Vynohradar
Mostytska
Syrets
Сирець
Dorohozhychi
Дорогожичі
Lukianivska
Лук'янівська
Lvivska Brama
Львівська брама
Zoloti Vorota
Золоті ворота
Palats Sportu
Палац спорту
Podilska
Hlybochytska
Ploshcha
Peremohy
Solomianska Ploscha
Chokolivska
Aeroport
Kiltseva Doroha
4

4
Vulytsia Myloslavska
Vulytsia Tsvietaievoi
Vulytsia Saburova
Vulytsia Teodora Draizera
Vulytsia Kashtanova
Prospekt Vatutina
4
Bratyslavska
Sudnobudivna
Turkhaniv Ostriv
Raiduzhna
Horodnia
Bulvar Perova
Zatoka Desenka
Poshtova Ploscha
Поштова площа
Maidan Nezalezhnosti
Майдан незалежності
Arsenalna Арсенальна
Khreschatyk
Хрещатик
1
Lisova
Лісова
Chernihivska
Чернігівська
Darnytsia
Дарниця
Dnipro
Дніпро
Hidropark
Гідропарк
Livoberezhna
Лівобережна
Klovska
Кловська
Pecherska
Печерська
Druzhby Narodiv
Дружби народів
Vydubychi
Видубичі
Telychka
Теличка
Slavutych
Славутич
Osokorky
Осокорки
Pozniaky
Позняки
Kharkivska
Харківська
Vyrlytsia
Вирлиця
Boryspilska
Бориспільська
Chervony Khutir
Червоний хутір
3

Die pompösen **U-Bahnhöfe** und in ihnen oft endlose Rolltreppenfahrten sind schon eine Attraktion für sich. In den U-Bahn-Waggons und auf den Bahnsteigen sind **Metropläne** mit englischer Beschriftung angebracht, sodass Metrofahren auch für des Kyrillischen Unkundige keine besondere Herausforderung darstellt.

Brandneu seit November 2018 ist das Angebot einer **aufladbaren ÖPNV-Karte,** die für alle Verkehrsmittel gilt, also für Metro, Straßenbahnen und Busse. Pro Fahrt wird der jeweilige Ticketbetrag abgebucht. Die Karte ist an vielen Kiosken für 40 UAH erhältlich. Siehe unter http://a3.kyiv.ua/projects/transportpass.

Bus

Kiew hat viele Busbahnhöfe. Internationale Verbindungen fahren den **Zentralen Busbahnhof** (Moskovska Pl. 3, Tel. 044-525 57 74) an. Vom Zentralen Busbahnhof operieren auch die privaten Busunternehmen **Autoluks** (www.autolux.ua) und **Gunsel** (www.gunsel.com.ua), die z.B. Lemberg, Odessa und Kharkiv mit modernen Bussen zügig anfahren. Zum Bahnhof gelangt man, indem man zur Metro Lybidska fährt und von dort die Strecke zum Bahnhof entweder läuft oder mit den Trolleybussen Nr. 1, 2, 4, 12 oder 14 absolviert.

Für Reisen in nahe gelegene Städte sind **Marshrutky** meist die schnellste Option. Folgende Verbindungen sind sehr nützlich: Von der Metro Kharkivska fahren Marshrutky ca. alle 20 Min. nach Cherkasy, von der Metro Lisova und Chernihivska etwa alle 15 Min. nach Chernihiv. Gut ist auch die Verbindung nach Zhytomyr, hier fahren Marshrutky alle paar Minuten von der Metro Zhytomyrska.

Ansonsten bedienen die folgenden Busbahnhöfe jeweils die Himmelsrichtung, in der das gewünschte Ziel liegt: **Dachna** (Vul. Peremohy 142) deckt den Westen ab, **Polissya** (Pl. Shevchenka) den Norden, **Darnytsya** (Pr. Gagarina 1) den Osten und die Bahnhöfe **Vydubychyi** (Metro Vydubychyi) und **Podil** (Nizhnyi 15a) südliche Destinationen. Für längere Entfernung bietet es sich aber in der Regel an, den Zug zu nehmen.

Flugzeug

Kiew hat zwei Flughäfen. Nahezu alle **internationalen Verbindungen** gehen über **Kiew-Borispil** (http://kbp.aero/en/), der sich etwa 35 km östlich des Stadtzentrums befindet. Im deutschsprachigen Raum werden Berlin, München, Frankfurt, Düsseldorf, Wien, Zürich und Genf angeflogen. Von Borispil gibt es auch Inlandsflüge nach Dnipro, Kharkiv, Lemberg und Ivano-Frankivsk. Für genaue Informationen über den Flugplan siehe die sehr gute englischsprachige Website des Flughafens, die u. a. auch Auskunft über Ticketverkauf, Terminals, Banken/ATMs und das Flughafenhotel gibt. Im Allgemeinen ist der kleine, zur Fußball-EM 2012 erweiterte und aufgehübschte Flughafen sehr übersichtlich. Internationale Flüge werden von den Terminals B, D und F bedient. Zu Fuß dauert der Übergang zwischen den Terminals etwa eine Viertelstunde, ansonsten verbinden kostenfreie Shuttles die Terminals (alle 20 Min.).

Ende 2018 wurde die seit Langem geforderte **Bahnverbindung** vom Hauptbahnhof zum Flughafen eröffnet (Ticket 80 UAH). Häufiger fährt der **Skybus,** und zwar von Terminal B, D und F alle 15–20 Min. Die Fahrt führt über die Metrostation Kharkivska zum Hauptbahnhof (100 UAH), je nach Verkehr kann die Fahrt dauern, 1 Stunde sollte man auf jeden Fall einplanen. Vom Bahnhof fahren die Skybusse vom Pivdennyi Voksal (dem neuen Bahnhofsgebäude) ab. Der genaue Fahrplan ist der Website des Flughafens oder der von Skybus (www.skybus.kiev.ua/ de/index_de.html) zu entnehmen. Natür-

⊳ Weihnachtsmarkt am Sophienplatz

lich fahren auch massenhaft Taxis und Minibusse von den Terminals, Preis bei Taxis Verhandlungssache – sollten aber nicht mehr als 250 UAH kosten –, bei den Minibussen ähnlich wie der Skybus. Es macht Sinn, zu prüfen, wo genau in Kiew man seine Unterkunft hat, denn häufig ist ein Ausstieg an der Metro Kharkivska (und die Weiterfahrt mit selbiger) die schnellere Option, als sich mit dem Bus durch die Stadt zum Bahnhof kutschieren zu lassen.

Die meisten **Inlandsfüge** (und internationale Flüge der Wizzair) starten vom **Zhulyany Airport** (www.airport.kiev.ua/en) etwa 8 km südwestlich des Stadtzentrums. Der Flughafen hat nur zwei Terminals, das nagelneue Terminal A und das alte Terminal B mit den meisten Inlandsflügen. Alle weiteren Informationen über diesen Flughafen (Infrastruktur, An- und Abfahrt usw.) entnehme man der ebenfalls ganz ausgezeichneten Website.

ukr19-014 pk

2 Zentral- und Nordukraine

Das im Folgenden beschriebene Gebiet umfasst im Wesentlichen die Oblaste Kiew, Cherkasy, Poltava, Sumy und Chernihiv. Es ist das Herzland der Ukraine. Trotz der vielen historischen Brüche sind in der Region unzählige Baudenkmäler und alte Handelsstädte zu entdecken – verstreut in der Einsamkeit der osteuropäischen Weite.

ukr14-028 pk

[<] Windmühle bei Dykanka

Zentral- und Nordukraine

0 50 km

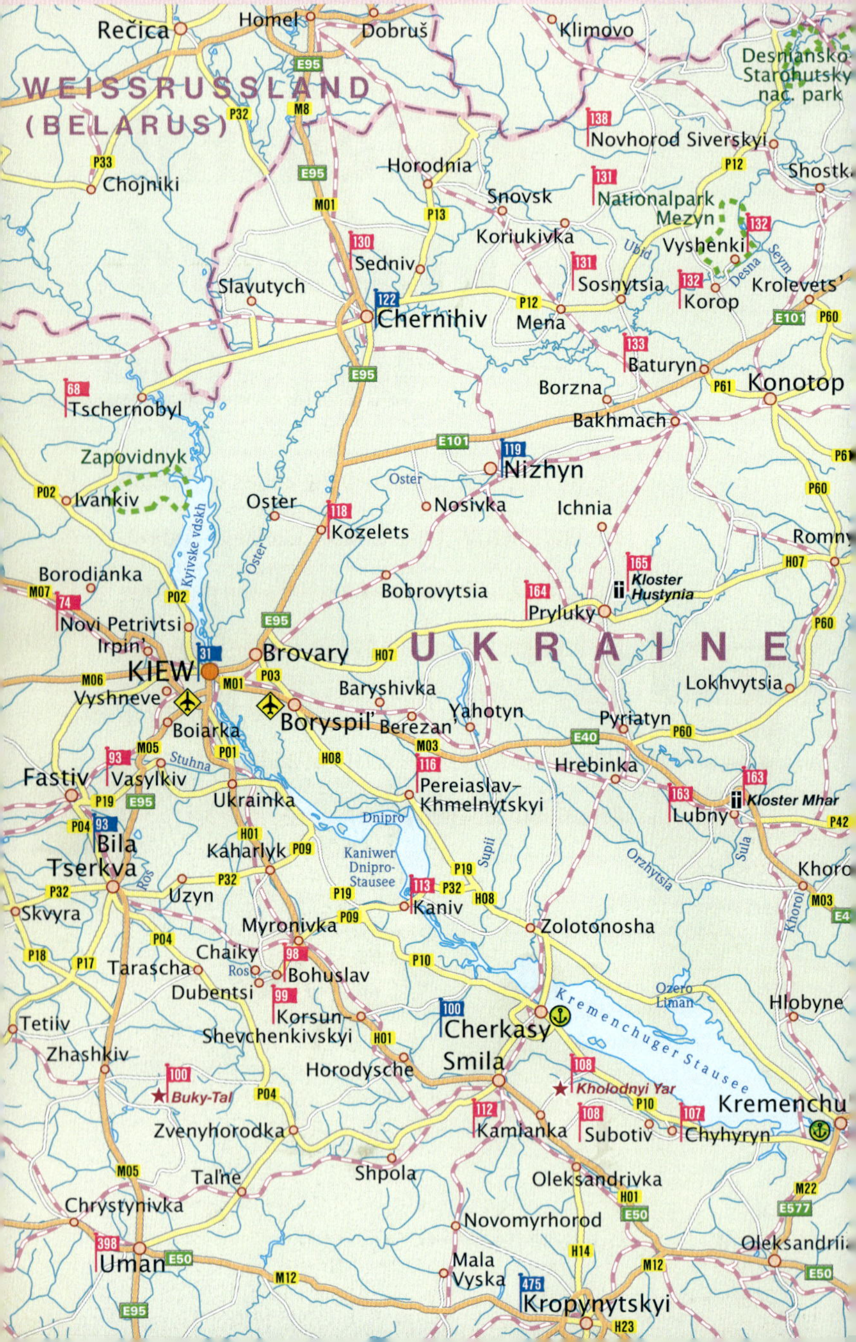

DAS HERZLAND DER UKRAINE

Im Zentrum der Ukraine, beiderseits des Dnipro, befand sich das Machtzentrum des ersten ostslawischen Staates, der Kiewer Rus. Hier rebellierten im 17. Jh. Kosaken gegen die Unterdrückung durch polnische Großgrundbesitzer, wurde der folgenschwere Vertrag von Pereiaslav geschlossen. Hier unterlag Mazepa im 18. Jh. an der Seite der Schweden im nordischen Krieg dem zaristischen Russland. Hier wurde Taras Shevchenko geboren, und dieser Region entstammt die ukrainische Hochsprache, die sich vom Lemberg-Ukrainisch stark unterscheidet. Nicht zuletzt forderte der Holodomor hier seine Opfer, und die deutsche Besatzung hinterließ einen verwüsteten Landstrich.

NICHT VERPASSEN!

- **Der Dnipro:** der ukrainische Schicksalsstrom | 92
- **Subotiv und Chyhyryn:** im Herzland der Kosaken | 107, 108
- **Kirchen und Klöster in Chernihiv:** sakrale Meisterwerke der Kiewer Rus | 122
- **Nationalpark Mezyn:** Kreidesteinbrüche und paläontologische Funde am Desnahochufer | 131
- **Poltava und seine Innenstadt:** St. Petersburg in Miniatur | 150
- **Idylle & Entspannung:** Kanufahren auf der Vorskla | 159

Diese Tipps sind gelb hinterlegt.

Trotz der vielen historischen Brüche sind in der Region **unzählige Naturschätze und Baudenkmäler** zu sehen: Der breite Strom des Dnipro, die sprichwörtliche osteuropäische Weite des Dnipro- und Desnatieflandes, die Granitfelsen des Dniprohochlandes, die riesigen Wälder der östlichen Polissia und die Hügel der Sloboda-Ukraine prägen die Landschaft. Jahrhundertealte Wehrklöster grüßen von den Hügeln, herrliche Barockkirchen und bunte Holzhäuser prägen die Dörfer und Kleinstädte, und das geschäftige Treiben der alten Handelsstädte ist immer noch vorstellbar. Sukzessive werden die historischen Bauwerke restauriert, die Stadtzentren saniert. Doch abseits der großen Städte herrscht immer noch eine kleinstädtische Provinzialität vor, die den Besuch der Region, fernab von allem internationalen Tourismus, zu einem kleinen Abenteuer macht.

Der Dnipro

Im Zentrum der Ukraine, Schicksalsstrom entlang wichtiger historischer Stätten des Landes

Der Dnipro – meist unter seinem russischen Namen **Dniepr** bekannt – ist der **längste Fluss der Ukraine** und der drittlängste Europas. Seine Gesamtlänge beträgt 2201 km, davon liegen 1095 km auf ukrainischem Gebiet. Historisch war der Fluss als Handelsweg und Grenzfluss von herausragender Bedeutung. An seinen Ufern entstand mit Kiew die bedeutendste Stadt, hinter seinen Stromschnellen verschanzten sich auf der Saporoger Sich die freien Kosaken, und an seinem Ufer fand der größte Dichter des Landes seine letzte Ruhestätte. Noch weitaus mehr als der Rhein für die Deutschen ist der Dnipro also Schicksalsfluss für die Ukrainer, zentral für die Identität des Landes.

Der Fluss entspringt auf den Valdai-Höhen in Russland und fließt über Smolensk und Mahilau Richtung Ukraine. Östlich von Chernihiv bildet er für einige Kilometer die ukrainisch-weißrussische Grenze. Durch den ersten der insgesamt sechs riesigen, zu Sowjetzeiten geschaffenen **Dnipro-Stauseen,** das Kiewer Meer, fließt er auf **Kiew** zu. Über dem Fluss liegt die Kiewer Oberstadt, das heutige Stadtzentrum. Im weiteren Verlauf fließt der Dnipro für etwa 40 km durch eine weite Flussniederung, bis er nahe dem Industrieort Ukrainka wieder hügeliges Land erreicht. Hier trifft die Dniprohochfläche wieder direkt auf den Fluss, und steile Lössklippen fallen senkrecht zum Fluss hin ab.

Der Fluss passiert sodann das historische **Pereiaslav-Khmelnytskyi** auf der linken sowie **Kaniv** auf der rechten Seite. In Kaniv thront das Grab *Shevchenkos* auf einem Hügel oberhalb und bietet, wie vom Dichter gewünscht, eine herrliche Aussicht auf den Fluss. Der fließt weiter, entlang der Großstadt **Cherkasy,** die ebenfalls auf eine lange Geschichte zurückblickt. Zwischen Cherkasy und der Industriestadt **Kremenchug** befindet sich mit dem Kremenchuger Stausee der dritte und gewaltigste der Dnipro-Stauseen: Die riesigen Wassermassen sind höchst eindrucksvoll. Nach Passieren der Millionenstadt **Dnipropetrovsk** ändert sich das Landschaftsbild, von nun an bestimmen Granitfelsen am Ufer das

Bild. Die wohl schönste Stelle des Dniprotales ist die Engstelle bei **Zaporizhzhia,** wo die riesige felsige Insel Khortytsia an Zeiten erinnert, als hier die Kosaken ihre Festung hatten. Ein weiterer riesiger Stausee schließt sich an, der Zaporizhzhia-Stausee, der als einziger der Stauseen bereits in den 1930er Jahren geschaffen wurde, und die Landschaft ändert sich abermals: Die Steppe beginnt, Wein und Melonen wachsen, und weiße Kalkfelsen begrenzen das Wasserreservoir. Mit **Kherson** wird eine weitere historische Stadt passiert, und unterhalb des Dniprodeltas mit seinen einzigartigen Feucht- und Vogelschutzgebieten fließt der Strom ins Schwarze Meer.

Leider gibt es seit einigen Jahren keinen Linienschiffverkehr mehr auf dem Fluss. Lediglich im Umkreis der großen Städte verkehren **Ausflugsdampfer.** Eine Alternative, um den Flusslauf auf seiner ganzen Länge kennenzulernen, sind **Flusskreuzfahrten,** für die man allerdings tief in die Tasche greifen muss.

Vasylkiv

Васильків

- **40 km südlich von Kiew am Fluss Stuhna, einstige Festung der Kiewer Rus und bedeutende Barockkirche**
- **Einwohner: 39.000**

Als einer der wenigen Orte westlich des Dnipro gelangte Vasylkiv bereits im 17. Jh. unter russische Herrschaft. Hauptsehenswürdigkeit ist die **St. Antonius und Theodosiuskathedrale** aus dem Jahr 1756, **eines der besten Beispiele ukrainischer Barockarchitektur.** Die von überall her sichtbare Kathedrale mit ihren fünf Kuppeln ist außergewöhnlich leicht und elegant. Wenige Meter nördlich der Kathedrale sind Erdwälle der einstigen Burganlage zu sehen. Südlich, in der Vul. Soborna, blieben einige historische Bauten aus dem 19. Jh. erhalten. Hier liegt auch der nette zentrale Platz der Stadt. Das sowjetische Stadtzentrum etwas weiter westlich ist alles andere als eine Augenweide.

Unterkunft

- Das kleine **Hotel Babai** am Ufer eines Sees ist nicht weit vom Stadtzentrum entfernt. Es wurde vor einigen Jahren neu erbaut und hat gemütliche Zimmer mit viel Holz. Zum Hotel gehören ein guter Bierpub und eine Sauna. DZ ab 350 UAH, Vul. Zarichnia 2, Tel. 044-221 81 54.

Verkehrsmittel

- Vasylkiv ist gut von Kiew aus mit **Bussen und Marshrutky** zu erreichen. Diese stehen nahe der Metrostation Lybidska bereit und fahren auch den Pivdennyi-Avtovokzal an. Der Bahnhof liegt recht weit vom Zentrum entfernt, sodass die Anreise per Bus die eindeutig bessere Variante ist.

Bila Tserkva

Біла Церква

- **90 km südlich von Kiew am Fluss Ros, Stadt der Kiewer Rus, später wichtiges Handelszentrum**
- **Einwohner: 196.000**

Die unerwartet **hübsche Stadt** liegt im Flusstal des Ros. Sie wurde 1032 gegründet und in der Folge oberhalb der Ros auf dem Burgberg eine weiße Kirche errichtet. Der ursprüngliche Bau ist zwar

Bila Tserkva Біла Церква

0 200 m ©Reise Know-How Ukraine07 1/19

verschwunden, doch der Kirche verdankt der Ort seinen Namen Bila Tserkva, was übersetzt „weiße Kirche" bedeutet. Viele klassizistische Bauten und ein bezaubernder Landschaftspark machen den Ort zu einem der interessantesten Tagesausflüge ab Kiew. Zudem laden die felsigen Ufer der Ros zu Spaziergängen und ein schöner Sandstrand zum Baden ein. Im 2. Weltkrieg kam es zu einigen Zerstörungen, der Wiederaufbau erfolgte jedoch mit viel Fingerspitzengefühl und kann als sehr gelungen bezeichnet werden.

Sehenswertes

Oleksandriivskyi-Park

■ Vul. 50-richia Peremohy 13, Tel. 04563-34 05 51, täglich außer Di

Bila Tserkva war auch in der Zarenzeit im Besitz der polnischen Familie *Branicki*. Die *Branickis* legten ab dem Ende des 18. Jh. den Oleksandriivskyi-Park an, neben dem Park von Uman **einer der schönsten Landschaftsparks des ganzen Landes.** Der Park wurde nach englischem Vorbild gestaltet und beherbergt auf einer Fläche von 297 Hektar Kolonadengebäude, Pavillons, alte Brücken und künstliche Ruinen. Von einem Hügel an der Südwestecke des Parks bietet sich ein guter Ausblick auf die Ros. Der Park ist mit Trolleybussen der Linien 1 und 4 erreichbar. Auch zahlreiche Marshrutky, die vom Zentrum nach Westen starten, fahren in die Nähe des Parks.

☐ Der alte Handelshof in Bila Tserkva

ukr14-014 pk

ukr14-013 pk

Im Zentrum

Das Stadtzentrum liegt nördlich der Ros. Hauptstraßen sind der Bulvar Oleksandrivskyi und seine östliche Fortsetzung, die Vul. Kniaza Volodymyra. Beiderseits der Straßen liegen Parks, sodass das Zentrum wenig urban wirkt. Nahe der Volodymyra steht die große klassizistische **Preobrazhenskyi-Kathedrale** aus dem Jahr 1839 mit dem typischen, griechisch anmutenden Säulenvorbau und runder Kuppel. Der Glockenturm wurde in der Sowjetzeit zerstört. Gleich daneben befindet sich die kleine, unauffällige Nikolaikirche, 1706 errichtet und später umgebaut.

Etwa 300 Meter westlich auf dem **Burgberg** (Zamkova Hora) liegt die Kirche, die der einst namensgebenden „weißen Kirche" – zumindest farblich – am nächsten kommt: die strahlend weiße katholische **Johannes-der-Täufer-Kirche,** ein eindrucksvoller klassizistischer Zentralbau. 2012/13, also noch zu Zeiten von *Yanukovych,* wurde nahe der vermuteten Stelle der ursprünglichen Kirche ein historisierender **pseudo-romanischer Neubau** im Stil der Kiewer-Rus-Kirchen errichtet. Der Besucher möge sich eine eigene Meinung von solchen Rekonstruktionen im ukrainischen Disneyland-Stil bilden.

Der Burgberg fällt steil zum Fluss hin ab und gibt einen weiten Blick auf das Rostal frei. Jenseits des Ros liegt das aus einstöckigen Häusern bestehende Viertel **Zarichia,** überragt von der Marienkirche aus der Mitte des 18. Jh. Zwischen einem Sandstrand und der Hauptstraße, etwas östlich des Burgberges, liegt versteckt der klassizistische **Winterpalast,** auch er mit der typischen Säulenfassade. Das weiß gestrichene Gebäude ist ein gutes Beispiel für die zaristische Architektur des 19. Jh.

Das alte Handelszentrum liegt an der Ploscha Torhova. Hier steht der **Hostynyi Dvir,** der alte Handelshof, errichtet in den Jahren 1809–1814. Das Gebäude hat einen quadratischen Grundriss und ist von einer komplett umlaufenden Arkadengalerie umgeben. Unter diesen Arkaden, die auch den Innenhof zieren, befanden sich früher die Marktläden. Wegen ihrer Arkadengänge werden diese charakteristischen zaristischen Marktgebäude oft auch als **Handelsreihen** (ukr.: Torhovy Riady) bezeichnet. In der heutigen Ukraine sind nur wenige dieser Bauwerke erhalten. Das Gebäude wurde vor wenigen Jahren vollständig restauriert und beherbergt nun überwiegend gastronomische Einrichtungen. Der Innenhof wird kulturell genutzt.

Heimatmuseum

Das Heimatmuseum überrascht durch reichhaltige Exponate zur **Regionalgeschichte.** Es liegt an der Pl. Soborna 4, in einem architektonisch nicht uninteressanten modernistischen Neubau aus den 1970er Jahren.

An der Ros in Bila Tserkva

Praktische Tipps

Unterkunft, Essen und Trinken

In Bila Tserkva gibt es eine recht gute Auswahl an Hotels für jeden Geldbeutel.

4 **Hotel Kiew,** Pl. Torhova 3, Tel. 04563-535 63: Stalinbau aus den 1950er Jahren am Marktplatz. Weitgehend unrenoviert, aber der Eingangsbereich und das Treppenhaus sind noch original erhalten. DZ ab 250 UAH.

8 **Hotel Sobornyi,** Pl. Soborna 1/1, www.hotel-sobornuy.com.ua: Luxuriöses Minihotel im obersten Stock eines neuen Einkaufszentrums am Schlossberg. DZ ab 800 UAH.

1 **Hotel Klark,** Vul. O. Honchara 1/42, http://klark.pp.ua: Etwas westlich des Zentrums, nicht weit vom Bahnhof, teilrenoviert. DZ ab 340 UAH.

7 **Hotel Lepsza Sadyba,** Vul. Shevchenka 7, http://lepszasaduba.04563.com.ua/page/gotel: Gutes neues Hotel, über internationale Buchungsportale buchbar. DZ ab 850 UAH.

2 **Hotel Hostynyi Dvir,** Vul. Pidvalna 10: Nicht weit vom Markt entfernt liegt dieses gemütliche Hotel mit acht Zimmern. DZ ab 450 UAH. Im selben Gebäude gibt es einen 2 **Irish Pub.**

9 9 **Gastrokomplex Traktir,** Bul. Oleksandrivskyi 50, www.traktir-bc.com.ua: Zwischen Schlossberg und Fluss gelegen, besteht aus kleinen Holzhütten und umfasst auch ein kleines Hotel mit rustikalen Zimmern. DZ ab 280 UAH. Auch die Kneipe ist empfehlenswert. Alles sehr nett und gemütlich.

6 Verschiedenste **Restaurants und Kneipen** gibt es unter den Arkaden der Torhovy Riady. Von der verrauchten Alkoholikerspelunke bis zu richtig netten Restaurants/Cafés wird hier ein breites Spektrum geboten.

■ Direkt neben dem Hotel Kiew am Marktplatz liegt das kleine, recht einfache und rustikal eingerichtete 3 **Café Dacha** mit überdachter Terrasse (Pl. Torhova 3). An der Südostecke des Platzes findet sich das kleine 5 **Art-Café Kvartira 36.**

Verkehrsmittel

■ Bila Tserkva ist aus Kiew gut mit dem **Bus** erreichbar. Ab dem Südflügel des Hauptbahnhofes fahren regelmäßig Busse direkt ins Zentrum von Bila Tserkva und enden dort an der Ecke Vul. Kniaza Volodymyra/Gagarina. Von dort fahren sie auch wieder zurück. Diese Busse halten auch nahe der Kiewer Metrostation Lybidska.

Die Busse ab Kiews zentralem Busbahnhof Richtung Odessa und Uman fahren auf der Autobahn an Bila Tserkva vorbei, halten aber nahe dem Stadtrand. Um von der Autobahn in die Stadt zu kommen, durchquert man eine Unterführung unter der westlichen Autobahnauffahrt. Dahinter stehen Marshrutky bereit, die ins Zentrum fahren.

■ Per **Bahn** ist eine Anreise theoretisch möglich, aber die Fahrt ist lang, und es muss meist in Fastiv oder Myronvika umgestiegen werden. Der Bahnhof selbst liegt 2 km westlich des Zentrums an der Vul. Honcharna.

Der Kessel von Korsun-Cherkasy

von *Björn Jungius*

Im Rahmen der Dnipro-Karpaten-Offensive gelang es Einheiten der Roten Armee Ende Januar 1944 deutsche Verbände am Dnipro zwischen Korsun und Cherkasy einzukesseln. In schwersten Kämpfen versuchte die Rote Armee die eingeschlossenen deutschen Truppen, etwa 58.000 Mann, darunter eine SS-Division, zu vernichten. Die Kesselschlacht hatte von Anfang an eine hohe propagandistische Bedeutung. So versprach ein sowjetischer General *Stalin* ein **„zweites Stalingrad"**. Alle Versuche von deutscher Seite, die sowjetischen Fronten von außen aufzubrechen, scheiterten. Eine Aufforderung zur Kapitulation lehnte der befehlshabende deutsche General ab. Am 15. Februar gelang den verbleibenden deutschen Einheiten schließlich der Ausbruch aus dem Kessel. Beide Seiten werteten die Schlacht als Erfolg. Die Zahlen über die Verluste sind widersprüchlich. Auf deutscher Seite fielen nach eigenen Angaben etwa 19.000 Mann, die Sowjets verloren über 24.000 Rotarmisten – über 40.000 Tote in etwas mehr als zwei Wochen.

Bohuslav

Богуслав

■ 50 km östlich von Bila Tserkva am Fluss Ros, historische Kleinstadt in felsiger Umgebung
■ Einwohner: 17.000

Wie die meisten Orte der Region ging Bohuslav aus einer befestigten Siedlung der Kiewer Rus hervor und wurde im 17./18. Jh. zu einem Zentrum der Kosakenbewegung. Der von sowjetischen Bausünden verschonte Ortskern liegt auf der nördlichen Seite des Flusses, der hier eine felsige Schlucht mit Stromschnellen und kleinen Wasserfällen bildet. Zu sehen sind einige historische Bauten aus dem 18./19. Jh., so die hübsche Dreifaltigkeitskirche von 1862 mit runder Chorkuppel. Die hügelige Umgebung des Städtchens ist mitunter recht malerisch, besonders um die Dörfer **Chaiky** und **Dubentsi** etwa 5 km westlich.

Unterkunft

■ **Hotel Bohuslavl,** Vul. Shevchenka 48, Tel. 04561-429 00: DZ ab 140 UAH, Miniapartment für 320 UAH.

■ Nahe Dubentsi liegt das **Hotel-Resort Honchari** in schöner Umgebung mit großzügigem Wellnessbereich: http://www.gonchari.com.ua, DZ ab 700 UAH.

■ In Dubentsi selbst gibt es das rustikal eingerichtete **Ferienhaus Maliovnytsia** für bis zu sechs Personen: Buchbar über die gängigen Hotelportale, ab 600 UAH pro Nacht.

Verkehrsmittel

■ Bohuslav liegt wenig südlich der **Bahnstrecke Fastiv – Bila Tserkva – Myronivka** mit vier bis sechs Zugpaaren täglich. Der nächste Bahnhof ist Karapyshy 2 mit guter **Busverbindung** in die Stadt. Der Busbahnhof liegt im südlichen Teil der Stadt, jenseits des Ros. Von Kiew sollte man vom Busbahnhof Vydobychi Richtung Mironivka fahren und dort umsteigen.

Korsun-Shevchenkivskyi

Корсунь-Шевченківський

■ **90 km südlich von Kiew, 70 km westlich von Cherkasy, am Ros, romantische Palastanlage, Schauplatz einer Kesselschlacht im 2. Weltkrieg**

■ **Einwohner: 19.000**

Ein interessanter Tagesausflug von Kiew oder Cherkasy ist das historische Städtchen Korsun am Fluss Ros. Während des Khmelnytskyi-Aufstands 1648 fand hier eine bedeutende Schlacht statt, in der Folge war Korsun wichtiger Stützpunkt der aufständischen Kosaken. Sehenswert ist heute vor allem das 1782 vom polnischen König *Stanisław II. Poniatwoski* (1732–1798) in Auftrag gegebene, wunderbare **Palastensemble,** umgeben von einem weitläufigen **Park.** Der Palast beherbergt das eindrucksvolle **Museum über die Kesselschlacht von Korsun-Cherkasy** (täglich 8.30–16.30 Uhr, Mai bis Aug. Pause zwischen 13 und 14 Uhr, sonst zwischen 12 und 13 Uhr, 25 UAH). In einem Nebengebäude befinden sich das Historische Museum (10 UAH) und eine Kunstgalerie (10 UAH). Der Park um den Palast wurde zwischen 1785 und 1789 geschaffen. 97 Hektar groß, zählt er zu den sehenswertesten romantischen Parkanlagen des Landes. Das vor dem Palast postierte Kriegsgerät (Panzer, Geschütze usw.) aus dem 2. Weltkrieg, Ausstellungsstücke des Museums, wirkt umso grotesker und surrealer. Der Park wird durchflossen von der Ros, in einer Schlucht rötlich schimmernder Granitfelsen. Wagemutige Jugendliche nutzen die felsige Schlucht mit ihren Wasserfällen zur sommerlichen Abkühlung.

Zum Palast gelangt man, wenn man von der Vul. Yaroslava Mudroho (ehem. Vul. Lenina), Korsuns Hauptstraße, östlich in die Vul. Shevchenka einbiegt und diese einen knappen Kilometer bis zum Ende durchläuft.

Unterkunft

■ **Hotel Vytryak,** Kyivske Shose 1, Tel. 04735-245 44: Der kleine, um eine Mühle herum errichtete Hotelkomplex ist eine gute Unterkunft. DZ mit WC/Dusche 450 UAH. Es gibt auch ein gemütliches Restaurant. Gelegen an der Straße Richtung Kiew, daher nur per Taxi oder Auto gut erreichbar.

■ **Hotel Kooperator,** Vul. Yaroslava Mudroho 25, Tel. 04735-249 10: Das kleine Hotel ist eine passable Option. Renoviertes DZ mit Dusche/WC 450 UAH.

Verkehrsmittel

■ **Bus:** Der Busbahnhof von Korsun liegt in der Vul. Yubileynaya 13 am westlichen Stadtrand. Von dort ist es zu Fuß südwärts gehend etwa 1 km zur Vul. Yaroslava Mudroho, der Hauptstraße Korsuns. Von der Busstation fahren den ganzen Tag über Busse nach Cherkasy (Bahnhof Nr. 1 und 2, 1½–2 Std.) und Kiew (Vydubychyi und Nr. 1, 2–3 Std.).

- **Bahn:** Der Bahnhof liegt nordöstlich, etwa 7 km außerhalb des Zentrums. Einige Fernzüge der Strecke Kiew – Dnipropetrovsk halten hier.

Buky

Буки

- **200 km südlich von Kiew im Tal des Hirskyi Tykych, Granitschlucht, interessant für Kletterer und Naturfreunde**
- **Einwohner: 2000**

Buky ist vor allem für Freunde des Klettersports und Liebhaber felsiger Flusslandschaften ein tolles Ausflugsziel. Hier, im Herzen des Dnipro-Hochlandes, bricht der Fluss Hirskyi Tykych durch einen Felsrücken aus Granitgestein und bildet auf etwa 2 km Länge eine **spektakuläre Canyonschlucht** mit senkrecht ins Wasser abbrechenden Felswänden von bis zu 30 Meter Höhe. Der Fluss hat zahlreiche Stromschnellen und Wasserfälle, sodass die Schlucht auch ein gutes Ausflugsziel für Wildwasserkajakfahrer ist. Lohnend ist ein **Spaziergang** auf der südlichen Flussseite; starten kann man an der Brücke am Nordostrand des Ortes oder aber nahe der Brücke am südwestlichen Ortsrand. Der Ausblick auf das Canyontal ist einmalig. Wanderwege allerdings gibt es nicht, doch die zahlreichen Trampelpfade sind gut begehbar. Sehenswürdigkeiten im Ort sucht man vergeblich. Mit dem Aufbau einer touristischen **Infrastruktur** wurde begonnen, derzeit existiert nur die kleine und sehr billige Turbaza Butskyi Kanion mit einfachen Holzhütten (Vul. Turystychna 3, http://buki.in.ua), zudem finden sich im Ort ein paar kleinere Lebensmittelläden. Zelten ist überall möglich. Im gesamten Bereich des Canyons finden sich **Kletterfelsen** mit abgesicherten Routen in festem Gestein. Kürzlich wurde mit der Renovierung der alten Wassermühle am nördlichen Ortsrand, am Eingang zur Schlucht, begonnen. Hier soll in absehbarer Zeit ein Hotel entstehen.

Verkehrsmittel

- Buky ist aus Kiew, Uman oder Cherkasy mit jeweils mehreren **Bussen** täglich gut erreichbar.

Cherkasy

Черкаси

- **180 km südöstlich von Kiew, am Krementchuger Stausee, Oblasthauptstadt, einstiges Kosakenzentrum**
- **Einwohner: 285.000**

Trotz seiner atemberaubenden Lage am gewaltigen Kremenchuger Dnipro-Stausee und der kilometerlangen Sandstrände ist Cherkasy kein wirkliches Touristenzentrum. Zu unattraktiv und provinziell ist die während des 2. Weltkriegs stark zerstörte Innenstadt. Die Strandstadt hat aber **einige Überraschungen** zu bieten. Neben einer Handvoll historischer Gebäude und interessanter Museen gibt es ein äußerst vitales Nachtleben. Cherkasy ist vor allem ein idealer Ausgangspunkt für Exkursionen in den mit historischen Orten reich gesegneten

Cherkaska-Oblast. Immerhin stammen die größten Helden der ukrainischen Geschichte aus der Region: *Bohdan Khmelnytskyi* und *Taras Shevchenko*. Für Naturliebhaber und Outdoorfreaks bieten der Dnipro und das landschaftlich reizvolle Umland die Möglichkeit zu spannenden Entdeckungstouren. Leider ist die diesbezügliche touristische Infrastruktur (noch) miserabel – eine Anreise mit eigenem Fahrrad oder Schlauchboot ist für eine entspannte Routenplanung von unschätzbarem Vorteil.

Geschichte

Cherkasy spielte während des Khmelnytskyi-Aufstandes als Stützpunkt für die Kosakenarmee eine zentrale Rolle. Nach 1793 nahm der Ort dann die typische Entwicklung eines **zaristischen Provinzzentrums.** 1944 tobte unweit der Stadt eine gewaltige Kesselschlacht (s. o.). Wegen der ausgedehnten Kiefernwälder am Dnipro war Cherkasy bereits im frühen 20. Jh. beliebter **Kurort** mit zahlreichen Sanatorien. Diese Tradition wurde nach dem 2. Weltkrieg aufrechterhalten. Ab 1954 Hauptstadt des neu geschaffenen Cherkaska-Oblasts, wurde Cherkasy gleichzeitig zum **Chemiestandort** ausgebaut, ein weiteres Beispiel für Willkür und Widersprüchlichkeit sowjetischer Planung. Am südlichen Stadtrand entstanden große staatliche Chemiefabriken. Dort wurden auch die in den Fabriken u. a. zwangsbeschäftigten Strafarbeiter angesiedelt. Noch heute kämpft Cherkasy – vergleichbar etwa

Blick auf die Stadt und den Dnipro

ukr19-015 pk

mit Bautzen – mit dem recht zweifelhaften Ruf aus dieser Zeit. Nach der Wirtschaftskrise der 1990er Jahre ist Cherkasy heute aber auf dem Weg zu einem erfreulichen Comeback.

Sehenswertes

Staudamm und Brücke

Die Fahrt über den 15 km langen Staudamm – per Bahn, Bus oder Auto – ist ein Erlebnis. Hier beginnt der riesige **Kremenchuger Stausee,** der die Energie für den Betrieb des Wasserkraftwerks nahe der Stadt Kremenchug flussabwärts liefert. Das Bauwerk ist Zeugnis der maßlosen Ambitionen und zerstörerischen Kraft sowjetischer Großprojekte. Von Cherkasy bis Kremenchug wurde der Dnipro auf einer Länge von 149 km gestaut. An der weitesten Stelle ist der Stausee 28 km breit! Während des Dammbaus 1959–61 wurden ganze Ortschaften geflutet, die Einwohner umgesiedelt. Die Regulierung der Fließgeschwindigkeit, die Veränderung des

Flussbetts und die Verbauung des Flusses hatten massive Folgen für das Ökosystem des Dnipro. Seit den 1960er Jahren ist z. B. der gewaltige Schwarzmeerhausen (besser bekannt als Beluga-Stör), bis dahin ein Allerweltsfisch, aus dem Fluss verschwunden.

Khreshchatyk

Cherkasys schönste Straße lädt ein zum entspannten Flanieren und zum Verweilen in einem der vielen Restaurants oder Cafés. Entlang des Khreshchatyk stehen interessante historische Gebäude aus dem 19. und frühen 20. Jh., etwa das neogotische **ehemalige Slovyanskyi-Hotel** (Dashkevycha 20/Ecke Khreshchatyk). Sehr sehenswert ist ein Jugendstil-Gebäude des Kiewer Architekten *Horodetskyi* (Khreshchatyk 251), heute Sitz einer Regionalzeitung und eines teuren italienischen Restaurants. Highlight ist das prächtige **Standesamt** (Kreuzung Khreshchatyk/Nebeznoi Sotni): Errichtet 1892 für einen schwerreichen Unternehmer, war es das luxuriöseste Herrenhaus im vorrevolutionären Cherkasy. Links daneben befindet sich ein Denkmal für den Dichter, Journalisten und Dissidenten **Vasyl Symonenko** (1935–1963): Er wurde von Geheimdienstleuten zu Tode geprügelt, nachdem er Begräbnisstätten von NKWD-Opfern gefunden und publik gemacht hatte.

Statue „Mutter Heimat"

Auf dem **„Hügel der Ehre"**, den gewaltigen Stausee überblickend, thront die Statue „Mutter Heimat" (Vul. Slavy). Anders als ihre größere Schwester in Kiew kommt sie nicht martialisch mit Schild und Schwert daher, sondern wirkt geradezu filigran. In der Hand hält sie eine Fackel mit der „Ewigen Flamme". Zu Sowjetzeiten mit Gas betrieben, erlosch sie nach 1989, um erst seit einigen Jahren wieder zu leuchten, nun als elektronische Illusion. Der Hügel ist Cherkasys populärstes Wahrzeichen und Hangout für Jugendliche, die hier Bierflaschen leeren – zu Sowjetzeiten undenkbar! Errichtet wurde er 1977, um der etwa 24.000 in der Kesselschlacht von Cherkasy gefallenen Rotarmisten zu gedenken. Bei den Bauarbeiten wurden wertvolle archäologische Relikte (hier befand sich einst ein altes Kosakenfort) rücksichtslos zerstört.

Kunstmuseum

■ Kreshchatyk 259, Di/Mi 10–17 Uhr, Do 11–18 Uhr, Fr bis So 10–17 Uhr, Mo und am letzten Fr eines jeden Monats geschlossen, http://museum.ck.ua

Das Museum birgt neben einer sonst belanglosen Sammlung auch einen kleinen Schatz: eine umfangreiche Kollektion der **Gemälde Danylo Narbuts** (1916–1998). Der Sohn des bekannten Grafikers *Heorhyi* – dieser illustrierte z.B. die ersten ukrainischen Briefmarken und Geldnoten – lebte lange Zeit in Cherkasy, wo er als Bühnenmaler beim Theater arbeitete. In seinen Gemälden werden Elemente ukrainischer Volksmalerei aufgenommen, verfremdet und weiter entwickelt. Nahezu alle Gemälde zeigen Motive aus der ukrainischen Geschichte, von der Kiewer Rus bis in die Sowjetunion. Der Triptychon „Gefluteter Ruhm" thematisiert z. B. die Flutung von Dörfern während des Baus des Kremenchuger Staudamms. Die Sammlung, zu der auch einige Werke von *Danylos* berühmtem Vater zählen, wird in einem neu renovierten Seitenflügel im Erdgeschoss links vom Eingang gezeigt. Es gibt umfangreiche englischsprachige Erklärungen zu den Bildern und zu Leben und Werk *Narbuts*.

Regionalmuseum

Vul. Slavy 1, 20 UAH, http://ckoblmuz.ck.ua

In dem **architektonisch interessanten Sowjetbau** aus den frühen 1980er Jahren (er gewann einst einen sowjetischen Architekturpreis) findet man auf drei Etagen historische Zeugnisse aus mehreren Jahrtausenden: vom Mammutskelett bis zu aktuellen politischen Wahlplakaten. Aus der Sowjetzeit stammen die umfangreiche Naturkundesammlung mit ausgestopften Tieren der Region und die historischen Abteilungen bis 1989. Sie wurden seitdem nur geringfügig aktualisiert. Vereinzelt englische Beschriftungen. Unter dem Museum befindet sich übrigens ein Atombunker.

Kathedrale St. Michael

Im Pershotravnevyi-Park, Vul. Smilianska

Seit 2002 steht der **größte orthodoxe Sakralbau der Ukraine** in Cherkasy – ein gewaltiger Bau im historisierenden byzantinischen Stil der Kiewer Rus. Die Zentralkuppel ist 72 Meter hoch, der noch unvollendete Glockenturm soll über 100 Meter hoch werden. Die Kathedrale bietet Platz für 12.000 Gläubige. Der hiesige Erzbischof des Moskauer Patriarchats ist sehr ambitioniert …

Yuvileinyi-Park, Bul. Shevchenka

Der auf einer Anhöhe gelegene Park unweit des Staudamms besitzt wohl eine der schönsten Dnipro-Promenaden der Ukraine. Toll ist die Aussicht von der **„Brücke der Liebe"**, die, einen Hügelabbruch überspannend, den höchsten Punkt des Parks markiert – ein Magnet für frisch Verheiratete. Darüber hinaus wird Entertainment für Groß und Klein geboten: Karussells, Schwanenboote, Hochseilpark, Luftgewehrschießen usw.

Dnipro-Strände

Cherkasy hat **herrliche Sandstrände.** Die saubersten Abschnitte sind die vom Damm bis zum 2 Bochka-Klub (Vul. Gagarina 1) und die städtische Strandanlage rechter Hand hinter der „Mutter Heimat" (Eintritt frei). Die schönsten Strände außerhalb Cherkasys sind flussaufwärts in der Umgebung von Sokirno zu finden, wo man sich auch in schlichten Holzhütten einquartieren kann.

Praktische Tipps

Unterkunft

7 **Dnipro,** Vul. Verkhnia Horova 13, Tel. 047-236 01 99, http://hoteldnipro.ck.ua: Cherkasys luxuriösestes Hotel, Baujahr 1989, liegt in der ruhigen Vul.

Verkhnia Horova (ehem. Vul. Frunze) im Zentrum. Pompöse Lobby und komplett renovierte Zimmer mit spektakulärem Blick auf den Dnipro. Günstigstes DZ ab 900 UAH – in diesem Fall werden Toilette und Bad mit dem Bewohner eines anderen Zimmers geteilt!

12 **Apelsin,** Vul. Verkhnia Horova 145, Tel. 047-237 74 61: Etwas kitschiges neues Hotel, sauber und mit allem Komfort. EZ ab 680 UAH, DZ ab 750 UAH. Interessant für Kleingruppen ist die Option, drei miteinander verbundene Zimmer mit vier Einzelbetten plus Ausklappsofa für 800 UAH zu buchen. Im Hotel befindet sich ein Restaurant. Das Hotel erreicht man am besten über den Bulvar Shevchenka und die Vul. M. Kalashnika.

8 **Optima Cherkasy,** Vul. Lazareva, https://reikartz.com/en/hotels/cherkasy: Renovierter Bau aus der Stalinzeit, das Hotel gehört zur Reikartz-Kette. Großzügige DZ ab 1100 UAH.

Mein Tipp: 1 **Ukraina,** Vul. Lisova 1: Das angenehme kleine Hotel wurde 2000 errichtet, in Nachbarschaft der alten Sanatorien etwas außerhalb des Zentrums. Saubere Zimmer, freundlicher Service. DZ ab 950 UAH inkl. Frühstück, es gibt immer wieder Aktionspreise. Einziger Nachteil: Das Stadtzentrum ist nicht in Laufweite, aber mit dem Trolleybus in 15 Minuten erreichbar.

13 **Pershyi Hostel,** das erste Hostel Cherkasys liegt weit vom Zentrum entfernt am westlichen Stadtrand in der Vul. 30 Richchia Peremohy 22: Ein Bett im Schlafsaal kostet ab 100 UAH.

Essen und Trinken

Auf dem Khreshchatyk und dem Shevchenko-Boulevard finden sich zahlreiche Pizzerien und Restaurants.

Mein Tipp: 6 **Bierstube,** Khreshchatyk 225, 11–5 Uhr: Extrem beliebt, sehr gutes Essen, super Atmosphäre. Gegründet von dem Deutschen *Eric Aigner,* der gegen Ende der 1990er Jahre damit begann, die ukrainische Kneipenszene aufzumischen und Maßstäbe setzte.

11 **Kovbasov,** Vul. Neb. Sotni 2: Neues Pub-Restaurant mit roten Ziegelwänden und entspannter Atmosphäre.

4 **Buba Khinkalna,** Bul. Shevchenka 171: Auch in Cherkasy brauchen die Freunde der georgischen Küche nicht zu hungern.

3 **Oskar,** Bul. Shevchenka: Pub-Restaurant, das sich relativ dunkel präsentiert, aber mit aufwendig gestaltetem Interieur.

10 **Varenychna,** Vul. Neb. Sotni 10, 11–23 Uhr: Spezialisiert auf die Leib- und Magenspeise der Region: Varenyky. Es gibt sie hier äußerst schmackhaft und preiswert in allen erdenklichen Variationen.

ukr19-069 pk

Am Stadtstrand von Cherkasy

9 Sladkarnica, Bul. Shevchenka 195, http://sladkarnica.ck.ua: Stilvolles Café mit großartiger Auswahl an Kuchen, Eiscocktails und fantastischem Espresso. Leider in den letzten Jahren deutlich teurer geworden.

Sonstiges

- **Philharmonie:** Das philharmonische Orchester zählt zu den drei besten des Landes und hat viele internationale Gastspiele, weshalb es oft nicht in der Stadt ist. Über Auftritte informieren Aushänge am Gebäude, Khreshchatyk 196.
- **Cherkasy Jazz Days:** Seit 1988 ist Cherkasys Shevchenko-Theater Austragungsort eines der renommiertesten Jazzfestivals der Ukraine. Es dauert 2–3 Tage und findet meist im Januar oder Februar statt. Bei Interesse hilft eine aktuelle Google-Recherche Details herauszufinden, eine Website gibt es leider nicht. Bul. Shevchenka 234.
- **Post:** Die staatliche Hauptpost liegt gegenüber vom Rathaus in der Baidy Vyshnevetskoho 34/Ecke Bulvar Shevchenka. Hier gibt es ein kleines Philateliegeschäft und 24 Std. Internetzugang. Auch die private Nova Poshta („Neue Post") hat zahlreiche Filialen in der Stadt.
- **Einkaufen:** Cherkasys Haupteinkaufsstraße ist der Bulvar Shevchenka mit zahlreichen Supermärkten, Drogerien, Banken und Apotheken. Das zentrale Kaufhaus liegt ein paar Blocks östlich vom Rathaus. Der große zentrale Markt beginnt an der Hoholya Ecke Smilyanska.

Verkehrsmittel

Bahn

Der Bahnhof von Cherkasy in der Vul. Lozheshnikova 1 (Tel. 047-263 87 87) liegt abseits der Hauptlinien und ist von eher geringer Bedeutung. Er wird u. a. 1x täglich vom **Nachtzug Kiew – Odessa** angefahren, wobei die Nachtverbindung nach Odessa wohl die interessanteste ist. Nach Kiew und in alle größeren und kleineren Städte fährt man schneller mit Bus oder Minibus. Wer mit dem Zug von Cherkasy weiterreisen möchte, sollte eine der regelmäßigen Verbindungen zum Shevchenko-Bahnhof im ca. 30 km entfernten Smila nehmen, von wo Züge in alle Richtungen fahren.

Bus

Cherkasy ist hervorragend per Bus erreichbar und verfügt über eine **Reihe von Busbahnhöfen.** Busbahnhof Nr. 1 (Tel. 047-263 44 33) liegt in der Smilyanska 166, die in südwestlicher Richtung aus der Stadt führt. Verbindungen u.a. nach Kiew, Kharkiv, Dnipropetrovsk, Uman und Kaniv. Näher am Zentrum, nämlich unweit des Bahnhofs in der Vul. Lozheshnikova 7 und gut zu Fuß erreichbar, liegt der Busbahnhof Nr. 2 (Tel. 047-263 89 37). Von hier fahren Busse eher die regionalen Ziele an, u. a. Kamianka (ca. alle 40 Min.), Kaniv (alle 30–40 Min.), Korsun und Uman (11x tägl.). Busbahnhof Nr. 3, Hoholya 259, ist der beste für Verbindungen nach Chyhyryn (ca. alle 40 Min.).

Minibus

Meist die **schnellste,** wenn auch nicht immer bequemste **Verbindung.** Ein sehr übersichtlicher Bahnhof für Minibusse ist in der Mytnytska/Ecke Bulvar Shevchenka. Verbindungen u. a. nach Kiew (halbstündlich von 4.30–21 Uhr), Kharkiv (über Poltava, 3x täglich), Kirovohrad und Dnipropetrovsk. Für letztere drei Ziele ist eine Reservierung sinnvoll: Tel. 047-232 12 28. Ein weiterer Minibusbahnhof ist an der Ecke Dashkevycha/Hoholya. Auch hier halbstündliche Verbindungen nach Kiew und u. a. nach Kaniv. Von Kiew starten die Busse nach Cherkasy nahe der Metrostation Kharkviska.

Flusshafen

2002 wurde der Schiffsverkehr nach Kiew eingestellt. 2012 wurde der Flusshafen renoviert; gegenwärtig werden kleine **Rundfahrten** zur Brücke angeboten. Gorkoho 1, Tel. 047-242 21 58, 247 82 69.

Chyhyryn, Subotiv und Kholodnyi Yar

■ 60 km südöstlich von Cherkasy, zentrale Ortschaften des großen Kosakenaufstands 1648; Bilderbuchlandschaft im „Kalten Tal"
■ Einwohner: 14.000/700

Das Städtchen Chyhyryn und das Dörflein Subotiv sind eine Art **nationaler Wallfahrtsort für geschichtsbewusste Ukrainer.** Hier lebte und wirkte der „Über-Kosak" und Nationalheld **Bohdan Khmelnytskyi.** In Subotiv befand sich sein Familiengut, dessen Verwüstung durch einen polnischen Adligen zum Fanal für den großen Kosakenaufstand wurde. Chyhyryn, seit Beginn des 16. Jh. Standort einer Kosakeneinheit, wurde während der Revolte gar vorübergehend Hauptstadt der von den Kosaken kontrollierten Gebiete und blieb bis ins frühe 18. Jh. eines der bedeutendsten Zentren der Kosakenbewegung. Die beiden Ortschaften liegen 10 km voneinander entfernt in ukrainischer Bilderbuchlandschaft und bieten mit ihrer bedeutenden Geschichte einen wirklich spannenden Tagesausflug.

Chyhyryn

Чигирин

Alle Sehenswürdigkeiten der Kleinstadt konzentrieren sich um den **Schlossberg** (Zamkova Hora) im Stadtzentrum. Der gesamte Komplex ist seit 1989 ein staatlich geschütztes historisch-kulturelles Denkmal und umfasst eine Fläche von gut 1250 Hektar.

Khmelnytskyi-Museum

■ Vul. Hrushevskoho 26, Di bis Do 8–17 Uhr, Fr 8–16 Uhr, Sa/So 9–15 Uhr, Mo geschlossen, 4 UAH

Das kleine, seit 1995 bestehende Museum wurde 2005 komplett modernisiert. Interessant ist es weniger wegen der gezeigten Exponate – z. B. historische Waffen und Kosakentrachten –, sondern vor allem, weil hier die **selektive Aufbereitung von Geschichte** für die ukrainische Nationsbildung sehr deutlich wird. Kein Wort findet sich über die während des Khmelnytskyi-Aufstandes an der jüdischen Bevölkerung verübten Massaker.

Ehemalige Khmelnytskyi-Residenz, Christus-Erlöser-Kirche

Während des Kosakenaufstandes war Chyhyryn von 1648–63 **Hauptstadt des Kosakenstaates.** Die aus dieser Zeit stammenden historischen Bauwerke am Hang des Schlossbergs – *Khmelnitskyis* Residenz, das Rathaus, die Christus-Erlöser-Kirche – überdauerten die Jahrhunderte nicht, wurden aber während *Yushchenkos* Präsidentschaft wieder aufgebaut. Diese **Nachbauten,** 2009 fertiggestellt, haben wenig mit der historischen Wirklichkeit zu tun. Nicht mal die geografische Lage stimmt mit den Vorgängerbauwerken überein. Oberhalb der rekonstruierten Residenz liegt die, ebenfalls wieder aufgebaute, kleine Christus-Erlöser-Kirche mit einem sehr hübschen hölzernen Altar, der von Schnitzmeistern aus den Karpaten gefertigt wurde. Der ganze Komplex kann besichtigt werden (ca. 25 UAH).

Schlossberg

Der markante Berg **Zamkova Hora,** auf dessen Gipfel einige für die Region untypische Sandsteinfelsen zu entdecken sind, überragt die ganze Gegend. Die **Bastion Doroshhenko** auf der Südostseite des Berges ist ein kompletter Neubau, nur einige Erdwälle auf der Westseite der Anlage sind original. Die ursprüngliche Festung wurde unter *Petro Doroshenko* (1627–98) errichtet. *Doroshenko* ist ebenfalls eine große Figur in der ukrainischen Geschichtsschreibung. Er setzte den Kampf für den unabhängigen Kosakenstaat in der zweiten Hälfte des 17. Jh. fort. Von der Festung hat man einen wunderbaren Blick auf das zu Füßen liegende Städtchen. Ebenfalls blendend ist die Aussicht vom Plateau mit dem gewaltigen **Khmelynytskyi-Denkmal,** das – unschwer erkennbar – aus der Sowjetzeit stammt.

Subotiv

Суботів

Das Dörfchen gilt als **möglicher Geburtsort Khmelnytskyis.** Hier lag der Gutshof der Familie. Die Fundamente des ehemaligen Gutshauses werden derzeit freigelegt, Teile der ehemaligen Befestigungsanlage wurden rekonstruiert. Das weitläufige befestigte Anwesen vermittelt einen guten Eindruck von der Anlage eines kosakischen Wehrbauernhofes zu *Khmelnytskis* Zeit.

▷ Bekannt vom 5-Hryvnia-Schein: die Illinska-Kirche in Subotiv

Illinska-Kirche

Die kleine, sehr hübsche Dorfkirche im ukrainischen Barockstil ist ein **nationales Symbol.** *Shevchenko* malte sie, sie ziert auch die Rückseite der 5-Hryvnya-Note. *Khmelnytskyi* persönlich ließ sie neben seinem Familiengut errichten. In der Kirche befindet sich auch sein Grab. Ob sein Leichnam tatsächlich in dem weißen Sarkophag liegt, ist aber unklar. 1664 eroberten die Polen Subotiv. Der Hass auf den Kosakenführer war so groß, dass *Khmelnytskyis* Leichnam wahrscheinlich exhumiert und geschändet wurde – einige ukrainische Historiker bestreiten aber, dass eine solche Schändung vorgefallen sei.

Kholodnyi Yar

Холодний яр

Das **„Kalte Tal“** ist eine bewaldete Hügellandschaft, die sich von Subotiv südwestwärts bis kurz vor Kamianka erstreckt. Während Chyhyryn und Subotiv im Zeichen der Kosakenbewegung stehen, erinnert hier alles an die Partisanenkämpfer im Bürgerkrieg der 1920er Jahre, als sich hier Hunderte von Soldaten verschanzt hatten und letztlich vergeblich gegen die Rote Armee kämpften. Legenden erzählen von riesigen Systemen unterirdischer Gänge, die allerdings – sofern es sie gegeben hat – verschüttet sind. Heute breitet sich hier eine **ukrainische Bilderbuchlandschaft** aus: welliges Hügelland, schöne Dörfer, ausgedehnte Wälder, ein kleines Kloster und die 1000-jährige Eiche nahe des Dörfchens Buda, um die ein wenig touristische Infrastruktur entstanden ist.

Unterkunft, Essen und Trinken

- Eine passable Übernachtungsmöglichkeit ist das **Hotel Chyhyryn** in der Vul. Hrushevskoho 29, Tel. 04730-25 84, www.chigirinzapovidnyk.org.ua (der Link zum Hotel findet sich im Menü links, unter „Туристична інфраструктура").
- Ein gutes Lokal mit traditionellen ukrainischen Gerichten ist das **Shynok Posolskyi** in Chyhyryn in der Vul. Hetmanska 18 (am Fluss, schräg gegenüber vom Khmelnytskyi-Museum).
- In Chyhyryn gibt es nahe dem Museum ein recht gemütliches **Café** sowie das neu errichtete **Hotel-Restaurant Hetmanska Korchma** (http://chigirin-travel.ck.ua).
- **Khutir Buda,** in Buda, www.hutirbuda.com: Rustikales Restaurant im Stil einer Köhlerhütte (Kolyba) und Übernachtungsmöglichkeit in einzeln stehenden Häuschen, DZ ab 600 UAH.

Verkehrsmittel

- **Chyhyryn** erreicht man am besten per Bus von Cherkasy aus. Der Busbahnhof liegt auf der nördlichen Flussseite in der Vul. Cherkaska 12 (Tel. 04730-254 49). Von da sind es nur ein paar hundert Meter über die Brücke zum Schlossberg. Es gibt reichlich Verbindungen nach Cherkasy (Busbahnhof Nr. 3), die Fahrt dauert 80 Min. Weitere Verbindungen u. a. nach Kiev, Uman und Korsun.
- **Subotiv** ist direkt ab Cherkasy erreichbar (Busbahnhof Nr. 3, 2x täglich, beste Option ist der Bus um 9.31 Uhr). Wer von Chyhyryn nach Subotiv weiterfahren möchte, erkundige sich gleich nach Ankunft vor Ort in der Busstation nach den besten Verbindungen und auch nach eventuell fahrenden Marshrutky. Die 10 km Entfernung lassen sich zur Not aber auch gut laufen.

ukr14-017 pk

Bohdan Khmelnytskyi und der große Kosakenaufstand von 1648

von *Björn Jungius*

Südlich von Cherkasy beginnt weites Steppengebiet. Hier, im „wilden Feld", dem schwer kontrollierbaren Grenzland der polnischen Adelsrepublik, entstand das ukrainische Kosakentum. Orthodoxe Bauern, die die Flucht in die Steppe der Arbeit für polnische Großgrundbesitzer vorzogen, besiedelten das weite Land etwa seit dem 14./15. Jh. Sie lebten als **Wehrbauern** und Steppenbeuter, die sich zum Selbstschutz vor Nomaden in **Reiterverbänden** zusammentaten. Ab Ende des 16. Jh. wurden Kosaken zunehmend in den Dienst der Adelsrepublik gestellt. Sie sollten das Grenzland vor Überfällen der Tataren sichern. Diese Kosaken wurden **Registerkosaken** genannt, waren zu Einheiten zusammengeschlossen und dem polnischen König unterstellt. Im Gegensatz zu den ungebundenen, „freien" Kosaken genossen sie besondere Privilegien. Dennoch blieb ihr Verhältnis zur Rzeczpospolita zwiespältig. Einerseits geriet ihr traditionelles Wehrbauerntum immer mehr in Gefahr, denn der Landbesitz im Grenzland konzentrierte sich zunehmend in den Händen der privilegierten polnischen oder polonisierten Großgrundbesitzer. Zum anderen übte die Adelsrepublik einen immer stärkeren Druck auf die orthodoxe Religion aus. Diese religiösen und sozialen Gegensätze gipfelten in den dramatischen Ereignissen des großen Kosakenaufstandes von 1648 unter Führung von *Bohdan Khmelnytskyi.*

Khmelnytskyi (1595–1657) lebte lange das typische Leben eines Registerkosaks. Als junger Mann trat er ins Kosakenheer ein, nahm an Feldzügen gegen Osmanen und Tataren teil und stieg zum Anführer des Chyhyryner Kosakenregiments auf. In Friedenszeiten bewirtschaftete er sein Gut in Subotiv. Sein großer Auftritt auf der historischen Bühne kam 1647. Ein polnischer Adeliger hatte Ansprüche auf sein Gut erhoben und Subotiv mehrfach überfallen und verwüstet, sodass *Khmelnytskyi* nach Chyhyryn übersiedeln musste. Unter den dortigen Kosaken gärte bereits die Unzufriedenheit. 1648 zogen *Khmelnytskyi* und seine Leute in die Sich. Sie wurden begeistert empfangen, *Khmelnytskyi* zum Hetman gewählt. Als der polnische König Forderungen nach einer Wiederherstellung traditioneller Kosakenrechte (u. a. Steuerfreiheit) und einer Stärkung der orthodoxen Kirche ablehnte, bliesen die Kosaken zum Angriff.

Unter *Khmelnytskyis* geschickter Führung errang das **Kosakenheer** beachtliche Erfolge. Die Revolte sprang auf die Bauernbevölkerung über, die vielerorts ihre polnischen Gutsherren und deren jüdische Verwalter ermordete. Ende 1648 ritt *Khmelnytskyi* triumphal in Kiew ein. Die orthodoxe Geistlichkeit und die Einwohner der Stadt feierten ihn als den großen **Befreier von der polnischen Unterdrückung.** Es gelang *Khmelnytskyi* vorübergehend fast die gesamte Zentralukraine unter seine Kontrolle zu bringen und wie einen unabhängigen Staat zu regieren. Doch die Kosaken waren nicht stark genug, um eine Abspaltung von der Adelsrepublik zu erreichen und einen souveränen Kosakenstaat zu etablieren. Nach jahrelangen Kämpfen mit polnischen Einheiten sah sich *Khmelnytskyi* 1654 gezwungen, ein **Bündnis mit dem russischen Zaren** einzugehen. Im Vertrag von Peraiaslav leisteten die Kosaken *Alexei* den Treueschwur. Es war kein Bündnis auf Augenhöhe. Zwar verpflichtete sich der Zar, die Kosaken militärisch zu unterstützen – doch ihr Einfluss wurde völlig marginalisiert. Der folgende **Polnisch-Russische Krieg** währte bis 1667. Sein Ausgang beendete alle Träume von einem unabhängigen Kosakenstaat. Die ukrainischen Gebiete wurden zwischen Polen und Russland aufgeteilt: Die Teile östlich des Dnipro fielen ans Zarenreich, die westlichen verblieben bei der Rzeczpospolita.

Die **Wahrnehmung Khmelnytskyis** in der ukrainischen, russischen (sowjetischen), polnischen und jüdischen Historiografie ist radikal verschieden. In der Ukraine gilt der Aufstand gegen die polnische Adelsrepublik als Geburtsstunde des ukrainischen Nationalbewusstseins. Er wird als ukrainischer Befreiungskrieg gedeutet, der eine unabhängige Ukraine zum Ziel hatte. In der Sowjetunion (und Russland) wurde *Khmelnytskyi* hingegen als Erneuerer der Union zwischen den ukrainischen und russischen Brüdervölkern geehrt, der entscheidend zur Wiederherstellung der seit der Kiewer Rus verlorenen Einheit des Russischen Reiches beigetragen habe – natürlich unter großrussischer Dominanz. Die Sowjets deuteten den Kosakenaufstand auch ideologisch als Kampf der Bauern gegen den (polnischen) Adel. So stammen viele der allgegenwärtigen Khmelnytskyi-Denkmäler aus sowjetischer Zeit. Ausnehmend negativ wird *Khmelnitskyi* in der polnischen und jüdischen Geschichtsschreibung gesehen. Für Polen ist er der Anführer eines extrem brutalen Aufstandes, der zur nachhaltigen Schwächung der Rzeczpospolita führte und letztlich ihren Untergang einleitete. Für die Juden schließlich ist *Khmelnytskyi* verantwortlich für eine der schrecklichsten Katastrophen ihrer Geschichte. Während des Aufstandes ermordeten Kosaken und ukrainische Bauern 18.000 bis 20.000 Juden – etwa die Hälfte der jüdischen Bevölkerung, die in den ukrainischen Gebieten der Rzeczpospolita lebte. Oft werden die Ereignisse als der erste an den Juden verübte Völkermord gedeutet. Dieses grausame Kapitel des Aufstandes wird von ukrainischer Seite meist völlig ignoriert. Wenn *Khmelnytskyi* von Ukrainern kritisch beurteilt wird, dann deshalb, weil sein Pakt mit dem Zaren als Verrat an der Ukraine und der Beginn der jahrhundertelangen russischen Dominanz gesehen wird.

ukr14-018 bj

Kamianka

Кам'янка

- **60 km südlich von Cherkasy, kulturhistorisch herausragender Ort**
- **Einwohner: ca. 13.000**

Das malerisch am Flüsschen Tiasmyn gelegene Dörflein Kamianka hat eine derart herausragende Bedeutung für die russisch-ukrainische Kulturgeschichte, dass es gerne als **„Weimar der Ukraine"** bezeichnet wird. In Kamianka wirkten unter anderem *Puschkin* und *Tschaikowsky*. Das Dorf war auch eines der wichtigsten Zentren der antizaristischen Dekabristenbewegung. Wer nun meint, ein kulturhistorisch derart bedeutsames Fleckchen würde über eine ansprechende touristische Infrastruktur verfügen, wird in Kamianka mit den bitteren ukrainischen Realitäten konfrontiert. Die Ortsmitte wurde in den letzten Jahren ein wenig herausgeputzt, doch außer den unten beschriebenen Sehenswürdigkeiten gibt es wenig zu sehen. So besucht man Kamianka am besten für 2–3 Stunden im Rahmen eines Tagesausflugs mit dem Bus von Cherkasy aus.

Dekabristen von *Björn Jungius*

Die Dekabristen waren die **erste revolutionäre Bewegung im zaristischen Russland.** Die Gruppe bestand hauptsächlich aus adligen Offizieren, die im Befreiungskrieg gegen *Napoleon* gekämpft hatten. Trotz der Feindschaft zu *Napoleon* unterstützten viele die Ideen der Französischen Revolution. Ihre Ziele waren die Einführung einer konstitutionellen Monarchie sowie die Abschaffung von Leibeigenschaft, Zensur und Polizeiwillkür.

Am 26. Dezember (daher der Name: russ.: *dekabr* = Dezember, Dekabristen: Teilnehmer des Dezemberaufstandes) **1825** revoltierten die dekabristischen Offiziere in Petersburg – die **Revolte** wurde jedoch schnell niedergeschlagen. Die wichtigsten Aufrührer wurden hingerichtet, Hunderte weitere nach Sibirien deportiert. In der Folge nahmen die Repressionen gegen liberale Denker weiter zu. Die Dekabristen blieben jedoch ein wichtiges Symbol für den antizaristischen Widerstand und ihr progressives Denken Ausgangspunkt für künftige reformerische Ideen.

Geschichte

Die besondere Geschichte der Künstlerkolonie beginnt in der ersten Hälfte des 19. Jh. Sie ist aufs Engste mit der Person **Vasylyi Davydovs** (1792–1855) verbunden. Der ehemalige Oberst der zaristischen Armee, ein höchst gebildeter Feingeist und überzeugter Dekabrist, machte Kamianka ab 1820 zum Treffpunkt der progressiven, antizaristischen Intelligenz. Auch *Puschkin* besuchte zwei Mal das Dörflein. Er hielt Kontakt zum Dekabristenbund um *Davydov* und schrieb in Kamianka unter anderem sein Poem „Der Gefangene im Kaukasus". Nach dem gescheiterten **Dekabristenaufstand** 1825 wurde *Davydov* zu 20 Jahren Zwangsarbeit in Sibirien verurteilt. Sein Sohn *Lev* (1837–96) übernahm die Verwaltung Kamiankas. 1860 heiratete er *Alexandra Tschaikowska* (1842–91), die Schwester des großen Komponisten. In der Folge besuchte *Tschaikowsky* seine Lieblingsschwester nahezu jeden Sommer – über seine erste in Kamianka genossene Sommerfrische schrieb er *Alexandra* später: „Nie zuvor verbrachte ich einen angenehmeren Sommer als diesen“. Er komponierte vor Ort u. a. die Oper „Eugen Onegin“.

Sehenswertes

Puschkin-und-Tschaikowsky-Museum

Vul. Heroiv Maidanu 42, Mo, Mi, Do, Sa und So 9–17 Uhr, Fr 9–16 Uhr, Di geschlossen, 20 UAH

In den Räumen des hübschen weißen Gutshauses (ehem. Landsitz der *Davydovs*) trafen sich die Dekabristen, verweilte *Puschkin* und entspannte sich *Tschaikowsky*. Perle des Museums ist das Familienpiano der *Davydovys*, auf dem *Tschaikowsky* komponierte. Interessant auch die kleine Sammlung sowjetischer Dekabristendevotionalien.

Historisches Museum

Vul. Dekabristiv 5, Mo, Mi, Do, Sa und So 9–17 Uhr, Fr 9–16 Uhr, Di geschlossen, 10 UAH

In dem Haus wohnte vorübergehend *Alexandra Tschaikowska/Davydova*. Es gibt einige archäologische und historische Ausstellungsstücke zu sehen.

Davydov-Park und Mühle der Dekabristen

Der Park war beliebter Treffpunkt der Dekabristen. Ein Spaziergang sollte unbedingt zur **Grotte der Dekabristen** führen – hier versammelten sich die revolutionären Denker zur Diskussion. Ein weiterer klandestiner Treffpunkt war die kleine Mühle am Tiasmyn direkt hinter der Brücke.

Puschkin-Felsen

Das **Flusstal des Tiasmyn** wurde von *Puschkin* sehr geschätzt. Ein größerer Felsblock im Flüsschen hatte es ihm angetan, zu dem er mit einem Boot übersetzte. Der Puschkin-Felsen befindet sich unweit des Busbahnhofs.

Praktische Tipps

- In Kamianka gibt es **kein Hotel und nur einige mäßig gemütliche Cafés.** Es empfiehlt sich, im Park zu picknicken. Alle Sehenswürdigkeiten sind vom Busbahnhof in wenigen Minuten bequem per Fuß erreichbar.
- **Verkehrsmittel:** Nach Kamianka gelangt man problemlos per Bus von Cherkasys Busbahnhof Nr. 2 (Dauer gute 1½ Std.). Der Busbahnhof liegt in der Vul. Gogolia 1 (Tel. 04730-254 49).

Kaniv

Канів

- **80 km nordwestlich von Cherkasy, 150 km südöstlich von Kiew, am Kaniwer Dnipro-Stausee, Grabstätte Taras Shevchenkos**
- **Einwohner: ca. 26.000**

Das kleine Kaniv ist in der ganzen Ukraine bekannt: Hier befindet sich die **Grabstätte des Nationaldichters Taras Shevchenko.** Wie sich der große Poet in

Taras Shevchenko (1814–1861)

von *Björn Jungius*

Shevchenkos **ungemein schöpferisches Leben** war abenteuerlich, tragisch und taugt fraglos als Stoff für einen Roman. Geboren wurde der Dichter im Dörflein Moryntsi, auf halber Strecke zwischen Uman und Cherkasy, in Leibeigenschaft. Mit elf Jahren Vollwaise, arbeitete er als Hirtenjunge und Knecht, bis ihn sein Eigentümer, Graf *Engelhardt,* als Kammerdiener aufnahm. Als *Engelhardt* nach Petersburg umzog, nahm er den Jungen mit und schickte ihn in die Lehre bei einem Maler – die entscheidende Wende in *Shevchenkos* Leben. Schnell wurden bekannte Künstler auf den außergewöhnlich begabten Jungen aufmerksam. Mit ihrer finanziellen Unterstützung konnte sich *Shevchenko* 1837 freikaufen – die beträchtliche Summe, die *Engelhardt* für seine Freiheit forderte, kam durch die Versteigerung eines Gemäldes des berühmten Malers *Karl Bryullov* (1799–1852) zustande.

Als freier Mann besuchte *Shevchenko* nun die Petersburger Akademie der Künste. Er begann sich neben der **Malerei** auch intensiv mit **Literatur** zu befassen. 1840 erschien sein Gedichtband „Kobzar", gleich eine literarische Sensation – und dies obwohl er auf Ukrainisch geschrieben war, das im Zarenreich als primitiver Bauerndialekt verspottet wurde. Die romantischen **Balladen des „Kobzar",** die wegen ihres subversiven Untertons nur zensiert erscheinen durften, thematisieren die Schönheit ukrainischer Landschaften und das harte Leben der Leibeigenen. Bis heute gilt der „Kobzar" als bedeutendstes Werk der ukrainischen Literatur.

Shevchenko bereiste in der Folge mehrfach die Ukraine, besuchte seine noch immer in Leibeigenschaft lebenden Geschwister und hielt, einem Ethnografen gleich, Zeugnisse der ukrainischen Kultur in seinen Reiseskizzen fest. Er verfasste weitere Dichtungen mit ukrainischen Themen, etwa das blutige Versepos „Die Haidamaken" (1841). Die Armut und Unfreiheit in seinem Geburtsland politisierten ihn weiter. 1846 trat er einer geheimen Bruderschaft bei, die sich für die Aufhebung der Leibeigenschaft und die kulturelle Gleichberechtigung aller slawischen Völker einsetzte. In satirischen Gedichten stichelte er gegen das zaristische Regime. Zunehmend geriet er ins **Visier der Geheimpolizei.** 1847 wurde er schließlich schrecklich bestraft. Man verurteilte ihn zur Existenz als Soldat und schickte ihn ins sog. militärische Exil in eine entlegene Region am Kaspischen Meer, wo er ab 1850 auf der Festung Novopetrovsk festgehalten wurde. Reisen in die Ukraine und jede künstlerische Tätigkeit waren ihm verboten. Dennoch schuf er im Geheimen eine Vielzahl von Zeichnungen, auch weitere Gedichte entstanden. 1857 kam *Shevchenko* frei. Er verlebte seine letzten Jahre in Petersburg unter strengster Polizeiüberwachung.

Die Bedeutung von *Shevchenkos* Werk für die ukrainische Sprache kann gar nicht hoch genug veranschlagt werden. Zugleich steht sein Leben in Unfreiheit und Verbannung symbolisch für das Schicksal der geteilten und unfreien Ukraine. Heute finden sich in jeder ukrainischen Stadt Denkmäler für den Dichter, jedes Schulkind kennt seine Verse auswendig, und es gibt wohl kaum ein Land in Europa, in dem der Nationaldichter so inbrünstig verehrt wird wie *Shevchenko* in seiner geliebten Ukraine.

seinem Gedicht „Testament“ (Zapovit) wünschte, überblickt sein auf einem Hügel gelegenes Grab den weiten, blauen Dnipro – eine hinreißende Aussicht. 365 steile Treppen führen hinauf zur Grabstätte auf dem **Taras-Hügel** (Tarasova Hora). Der gesamte Hügelkomplex ist eine weitläufige Parkanlage und nationale Gedenkstätte, hier lassen sich bequem ein paar Stunden mit Spazieren und Picknicken verbringen. Neben der von einer gewaltigen Statue gekrönten Shevchenko-Grabstätte befindet sich das unlängst aufwendig modernisierte **Shevchenko-Museum** (Di bis So 8.30–16 Uhr, Mo geschlossen, 25 UAH) – den Besuch des großartigen Shevchenko-Museums in Kiew ersetzen kann die hier gezeigte Ausstellung indes nicht. Zu Sowjetzeiten war der Shevchenko-Hügel öfter Schauplatz spektakulärer Protestaktionen ukrainischer Dissidenten. Der tragischste Fall ist die Selbstverbrennung von *Oleksa Hirnyk* 1978. *Hirnyk* verbrannte sich, um gegen die Unterdrückung der ukrainischen Sprache und Kultur zu demonstrieren. Er hatte zuvor 1000 handgeschriebene Flugblätter mit Shevchenko-Zitaten auf dem Hügel verteilt. Dem KGB gelang es, den Vorfall nahezu geheim zu halten – erst Anfang der 1990er Jahre wurde *Hirnyk* einer breiteren Öffentlichkeit bekannt. Der Shevchenko-Hügel liegt etwas außerhalb südöstlich des Zentrums am Dnipro.

Außer dem Shevchenko-Hügel bietet Kaniv nur wenige Sehenswürdigkeiten, allen voran die mächtige weiße **Uspenskyi-Kathedrale** im Zentrum (Vul. Kyivska 62), deren Baugeschichte bis ins Jahr 1144 zurückreicht. Das gleich in der Nähe gelegene, dem russischen Kinderbuchautor *Arkadiy Gaidar* (1904–1941), gewidmete Museum in der Vul. Kyivska 78 ist einen Blick wert.

Direkt südlich des Zentrums und des Tarasova Hora beginnt der 1923 geschaffene **Kaniv-Nationalpark,** eines der ältesten Naturschutzgebiete der Ukraine. Es umfasst auf einer Fläche von 2027 Hektar die sog. Kaniwer Berge, die von tiefen Schluchten durchzogen werden. Auch einige Dnipro-Inseln zählen dazu. Exkursionen in das Schutzgebiet sind illegal. Nur Biologiestudenten und Wissenschaftler haben Zutritt.

Unterkunft

Kaniv bietet sich nicht unbedingt für eine Übernachtung an – das Örtchen ist ziemlich heruntergekommen. Wer hier strandet, dem seien folgende Optionen empfohlen:

■ **Zamok Roda,** Vul. Vorovskoho 10, Tel. 098-677 72 92, 063-721 64 24, http://zamokroda.blogspot.com/p/blog-page_2346.html: Ein gelbes Schlösschen im Zentrum, Zimmer ab 750 UAH.

■ **Knyazha Hora,** Dniprovska 1, Tel. 095-283 38 33, www.knyazhahora.com.ua: Eine komfortable Option, aber ziemlich teuer. Gilt als beste Adresse der Stadt. DZ ab 950 UAH.

Verkehrsmittel

■ Kanivs **Busbahnhof** liegt unweit des Staudamms, am nördlichen Rand des Zentrums in der Vul. 206y Devyzyy 1 (Tel. 04736-322 13). Kaniv ist z. B. gut von Cherkasys Busstation Nr. 2 aus erreichbar (ca. 20 Busse täglich, die Fahrt dauert 2½ Std.). Auch von Kiews Vydubychyi-Station fahren halbstündlich Busse, die Fahrt dauert ebenfalls 2½ Std. Zum etwa 5 km flussab gelegenen Tarasova Hora gelangt man vom Busbahnhof aus am besten per Taxi (30–50 UAH).

Pereiaslav-Khmelnytskyi

Переяслав-Хмельницький

■ 95 km südöstlich von Kiew, „ukrainische Schicksalsstadt", heute Museumsstadt
■ Einwohner: 28.000

Schon zu Zeiten der Kiewer Rus besaß Pereiaslav einige Bedeutung als Festungsstadt und vorübergehender Metropolitensitz. Seine historisch bedeutendste Stunde schlug freilich, als hier **1654** der große **Rat der Kosaken** unter Führung *Khmelnytskyis* tagte. Hier schworen die Kosaken ihren folgenschweren Eid auf den russischen Zaren *Alexei I.* – als dessen Folge die ukrainischen Gebiete links des Dnipro für Jahrhunderte unter die Herrschaft des Russischen Reiches (bzw. später der Sowjetunion) fielen. Heute hat das Städtchen eine angenehm verschlafene Atmosphäre und ist besonders **für Museumsfreunde ein wahres El Dorado:** Ein Museum reiht sich ans nächste, um die 30 sollen es sein, vor allem rund um den Maidan Khmelnytskoho im Stadtzentrum. Als Ort mit bedeutendem historischen Erbe weist Pereiaslav auch einige wichtige architektonische Baudenkmäler auf.

Sehenswertes

Nähert man sich der Stadt vom Fluss her, erblickt man ein Stück Bilderbuchukraine. Türme und Kuppeln überragen die flache Landschaft und wecken Erwartungen. Auf halber Strecke zwischen dem Fluss und der Stadt liegt dann auch eine der größten Sehenswürdigkeiten: das Museum der Volksarchitektur.

Museum der Volksarchitektur

■ Mo bis So 10–17 Uhr, 25 UAH

Das bekannteste – und tollste – Museum in Pereiaslav ist fraglos dieses **Freiluftmuseum.** Auf dem weitläufigen Gelände stehen insgesamt 122 hierher verbrachte historische Windmühlen, Holzkirchen und Holzhäuser. In vielen der Häuschen sind kleine, meist sehr sehenswerte Einzelmuseen eingerichtet. Interessant sind z. B. das **Brotmuseum,** die **Ikonensammlung,** das **Museum des Kosmos,** untergebracht in einer alten Dorfkirche (!), die **alte Poststation** und das **Sholem-Alejchem-Haus** – der weltberühmte Pionier der jiddischen Literatur und Autor von „Tewje, der Milchmann" wurde 1859 als *Schalom Rabinowitsch* in Pereiaslav geboren. Ärgerlicherweise haben einige dieser Museen Schließtage, obgleich die Museumsanlage als solche geöffnet hat. Der Eintritt kostet meist noch einmal 10 UAH.

Christi-Himmelfahrtskirche mit Diorama-Museum der Schlacht am Dnipro

■ Vul. Skovorody 54, keine festen Öffnungszeiten

Die hübsche weiße Kirche und ihr Glockenturm sind bedeutende Beispiele für die Architektur des ukrainischen Barock in der zweiten Hälfte des 17. Jh. Die Kirche wird nicht mehr für Gottesdienste

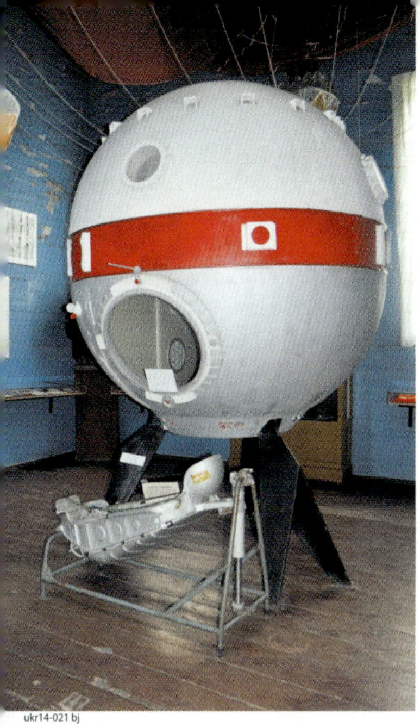

ukr14-021 bj

ukr14-020 bj

genutzt: In ihrem Inneren wurde zu Sowjetzeiten ein Museum eingerichtet, dass mit einem eindrucksvollen Diorama an die Schlacht um den Dnipro erinnert. Ein eigentümlicher Ort für ein solches Gedenken, das den quasi sakralen Stellenwert des Großen Vaterländischen Krieges in der Sowjetideologie nachdrücklich veranschaulicht. Leider sind die Öffnungszeiten variabel, mitunter steht man vor verschlossener Tür. Die Kirche liegt in Sichtweite des Maidan Khmelnytskoho.

Kirchen

Der älteste Sakralbau der Stadt, die **St.-Michaels-Kirche,** stammt aus dem Jahr 1664. Zu sehen sind hier, in der Vul. Kriposna 34, auch die Fundamente eines Klosters aus dem 11. Jh., das einst von den Tataren zerstört wurde. Weitere kleinere Kirchen stehen in den stillen, dörflich wirkenden Sträßchen im Ortszentrum. Prägend für das Stadtbild ist die mächtige, erst um 1900 erbaute **Uspenskyi-Kathedrale** mit ihren fünf Kuppeln und Türmen.

Praktische Tipps

Unterkunft

■ **Hotel Pectoral,** Vul. Bohdana Khmelnytskoho 55, Tel. 04567-553 31, www.pectoral-hotel.com.ua: Dieses Hotel mitten am zentralen Platz der Stadt ist wirklich toll! Die günstigsten DZ in dem wunderba-

⌃ Verschiedene Wege führen in den Himmel: Ausstellungsstücke im Museum des Kosmos in Pereiaslav-Khmelnytskyi

ren Zuckerbäckerbau gibt es bereits ab 250 UAH. Wer es ein bisschen komfortabler will, der nehme das renovierte DZ mit Dusche/WC für 450 UAH.

■ **Hotel Lubokrai,** am südwestlichen Stadtrand, direkt an der Umgehungsstraße nahe dem Fluss, http://lubokray.com.ua: Hotel mit westlichem Standard, DZ ab 600 UAH.

Essen und Trinken

Kleinere Cafés und Bars finden sich überall im Zentrum des Städtchens.

■ **Stara Hreblia,** Vul. Litopysna, direkt am Fluss Trubish am Südrand des Zentrums: Rustikales ukrainisches Restaurant mit großem Außenbereich.

■ **Smerekova Khata,** etwas außerhalb nahe dem Dnipro: Ebenfalls ukrainische Küche in rustikalem Interieur.

Verkehrsmittel

■ Der **Busbahnhof** liegt etwa 1,5 km südwestlich des Zentrums. Man folge einfach der Hauptstraße Vul. Khmelnytskoho in nördliche Richtung und ist in 10 Min. auf dem zentralen Khmelnytskyi-Platz. Zum Museum für Volksarchitektur, das südlich an der Trasse Richtung Cherkasy liegt, gelangt man schnell und einfach mit dem Taxi (ca. 50 UAH).

■ Pereiaslav eignet sich hervorragend für einen **Tagesausflug ab Kiew.** Dort fahren reichlich Busse im Abstand von etwa einer halben Stunde von der Metrostation Kharkivska (Dauer 1 Std.). Auch von Cherkasy aus ist die Kleinstadt problemlos per Marshrutka Richtung Kiew erreichbar.

Kozelets

Козелець

■ **100 km nordöstlich von Kiew am Fluss Oster, Stadt der Kiewer Rus, später wichtiges Kosakenzentrum, herrliche Barockkirche**

■ **Einwohner: 8000**

Das Örtchen am Ufer des Oster wird dominiert von der **großartigen Maria-Geburts-Kathedrale** aus dem Jahr 1744. Der strahlend weiße Bau fällt auf durch seine fünf grünen barocken Kuppeln und prächtige Stuckreliefs an der Außenwand. Das Innere beeindruckt durch die grandiose, den Hochaltären mitteleuropäischer Kirchen ähnelnde Ikonostase, die die gesamte Höhe des Kirchenraumes einnimmt. Das Meisterwerk ist mit Säulen und Schnitzereien im Rokokostil verziert und in goldenen und dunkelblauen Farbtönen gehalten. Neben der Kirche steht ein nicht minder monumentaler Glockenturm, der bestiegen werden kann. Ein sehenswerter Bau unweit der Kathedrale ist das **Gebäude des Kosakenregiments** aus dem 18. Jh. Da erhaltene zivile Gebäude aus dieser Zeit in diesem Teil der Ukraine selten sind, kommt dem Bau eine gewisse historische Bedeutung zu. Etwa 0,5 km südlich der Kathedrale steht eine kleine Barockkirche. Den zentralen Platz säumen die üblichen sowjetischen Zweckbauten. Der Rest des Ortes besteht aus kleinen Häusern in traditioneller Holzbauweise und unasphaltierten Straßen.

Weitere Sakralbauten aus dem 18. Jh. sind im 3 km nördlich gelegenen **Lemeshi** und im 3 km östlich gelegenen **Danivka** zu finden. Hier erinnert das St.-Georgskloster, das sich wunderbar in die idyllische Umgebung des Ostertales einfügt, an vergangene Zeiten.

Unterkunft, Essen und Trinken

- **Minihotel Kozelets,** im Zentrum, Vul. Sobornosti 44, Tel. 04646-213 47: Renoviert, mit einfachen Zimmern ab 350 UAH.
- **Kozak Vakul,** am nördlichen Ortsrand, unmittelbar an der Trasse Kiew – Chernihiv, http://vakula.in.ua: Großzügiger Motelkomplex mit riesigen DZ ab 1000 UAH.

Verkehrsmittel

- Kozelets liegt 2 km von der **Hauptstraße Kiew – Chernihiv/Moskau** entfernt. Auf dieser Straße herrscht reger Busverkehr. Die **Busse** verkehren von Kiew entweder ab dem zentralen Busbahnhof (Moskovska-Platz) oder dem Busbahnhof Darnytsia. Einige Busse fahren direkt in die Stadt. Ansonsten muss man eine halbe Stunde laufen. Auch aus Chernihiv ist Kozelets gut erreichbar. Der Busbahnhof liegt im Zentrum, nahe dem zentralen Platz.

Nizhyn

Ніжин

- **140 km nordöstlich von Kiew am Fluss Oster, wichtige Handelsstadt mit gut erhaltener historischer Bausubstanz**
- **Einwohner: 76.000**

Die traditionsreiche Handelsstadt Nizhyn ist nur wenigen Touristen bekannt, obgleich eine in weiten Teilen erhaltene Altstadt und zahlreiche Kirchen und Gebäude aus dem 18./19. Jh. das Stadtbild prägen. Gegen Ende des 17. Jh. siedelten sich zahlreiche **griechische Händler** in Nizhyn an, die hier besondere Privilegien eingeräumt bekamen. Bald gab es mehrere griechische Kirchen, und ein eigener Magistrat sorgte für eine gewisse Selbstverwaltung dieser Volksgruppe. Von da an wurde der Ort eines der wichtigsten Handelszentren des Landes. In der Zarenzeit wurde hier ein Gymnasium eröffnet, an dem 1821/22 ein gewisser *Nikolai Gogol* studierte. Auch weitere berühmte Persönlichkeiten sind mit der Stadt verbunden: Die spätere Ehefrau von *Pablo Picasso, Olga Khokhlova,* wurde hier 1891 geboren. Ab 1909 bereiste sie als Balletttänzerin zahlreiche europäische Länder und heiratete 1918 in Paris den berühmten spanischen Maler.

Sehenswertes

Stadtzentrum

Das historische Zentrum liegt östlich des von Bauten im Stalinklassizismus eingerahmten zentralen Pl. Ivana Franka, der bis vor wenigen Jahren Lenin-Platz hieß. An seiner Nordostecke zweigt die **Vul. Gogolia** ab, sie ist **Fußgängerzone** und macht einen derart gemütlichen Eindruck, dass sie fast schon Kurortatmosphäre verströmt. Die historische Bebauung der Straße ist gut erhalten. In ihrer Nähe liegt das bemerkenswerte alte Griechische Viertel: In einem kleinen Park stehen nebeneinander drei **griechische Kirchen.** Die jüngste, aber optisch dominierende ist die sehr harmonische klassizistische Allerheiligenkirche von 1782. Das **einstige griechische Rathaus** vom Ende des 18. Jh. vervollständigt das Ensemble. Etwas westlich liegt das Blagoveshenskyi-Kloster, das die Sowjetzeit mit schweren Schäden überlebte und seit einigen Jahren restauriert wird. Die südliche Seite der Straße öffnet sich nach einigen Metern zu einem Park, an dessen Ostseite die hübsche **Nikolai-Kirche** liegt. Der weiße Zentralbau aus dem 17. Jh. mit seinen fünf achteckigen, grün-goldenen Kuppeln ist ein gelungenes Werk des ukrainischen Barock.

Während sich die Gogolia ruhig und gemütlich zeigt, ist die nördlich einmündende **Vul. Moskovska** deutlich geschäftiger: Hier befindet sich der **zentrale Markt.** Ein Teil der alten Marktgebäude ist noch vorhanden. Im Inneren herrscht typisch osteuropäische Basaratmosphäre und das übliche Gedränge zwischen der Fleisch-, der Milch-, der Fischhalle und den zahlreichen improvisierten Ständen. Nizhyns Hauptattraktion ist freilich das klassizistische **Gebäude des einstigen Gymnasiums,** ein palastartiger Bau mit monumentalem Säulenvorbau im Park auf der Nordseite des Flusses. Heute beherbergt es eine Abteilung der Universität Chernihiv und ein Museum, das an die Nizhyner Zeit *Gogols* erinnert.

Museen

Postmuseum

■ **Vul. Poshtova 5, täglich 9–18 Uhr**

Interessantes Museum in einem Gebäude aus dem 18. Jh. Gezeigt werden Exponate der alten Poststation, etwa Stempel oder auch alte Schreibgeräte und Büroausstattung.

Museum der seltenen Bücher

■ **Vul. Gogolia 4, Mo bis Fr 8.30–17 Uhr, http://nigin-museum.do.am**

Wer an alten Büchern interessiert ist, kommt hier auf seine Kosten.

Praktische Tipps

Informationen

■ Eine sehr informative Website über die Stadt und ihre Sehenswürdigkeiten ist **https://nizhyn-travel.com.ua/en/home.**

Unterkunft

3 **Hotel Nizhyn,** Vul. Batiuka 1, Tel. 04631-237 04: In unmittelbarer Nähe des Pl. Ivana Franka, DZ ab 350 UAH.

5 **Hrebinky 5,** sehr zentral gelegen: Das Hotel heißt wie die Adresse, DZ ab 250 UAH.

■ **Bahnhofszimmer,** sehr günstig, aber im Grunde nur für Transitreisende zu empfehlen, da der Bahnhof weit außerhalb des Zentrums liegt.

Essen und Trinken

3 **Café Chaika,** Vul. Batiuka 1: Das recht nette Café ist im selben Gebäude untergebracht wie das Hotel Nizhyn (s. o.).

4 **Café Vitaminka,** Vul. Yavorskoho/Ecke Vul. Batiuka: Im Keller eines älteren Gebäudes, im Nebenraum gibt es einen kleinen Kinosaal, in dem u. a. Musikvideos laufen.

2 **Café Solo,** Vul. Gogolia 2a: Pizzeria mit Außenbereich.

Einkaufen

6 Der **Markt** wird an der Vul. Moskovska abgehalten und zieht sich über einen ganzen Block bis zum Oster-Fluss hin.

■ Ein kleiner 1 **Schreibwaren- und Souvenirladen** liegt am Pl. Ivana Franka, die meisten anderen Geschäfte befinden sich in der Vul. Gogolia und in der Vul. Moskovska.

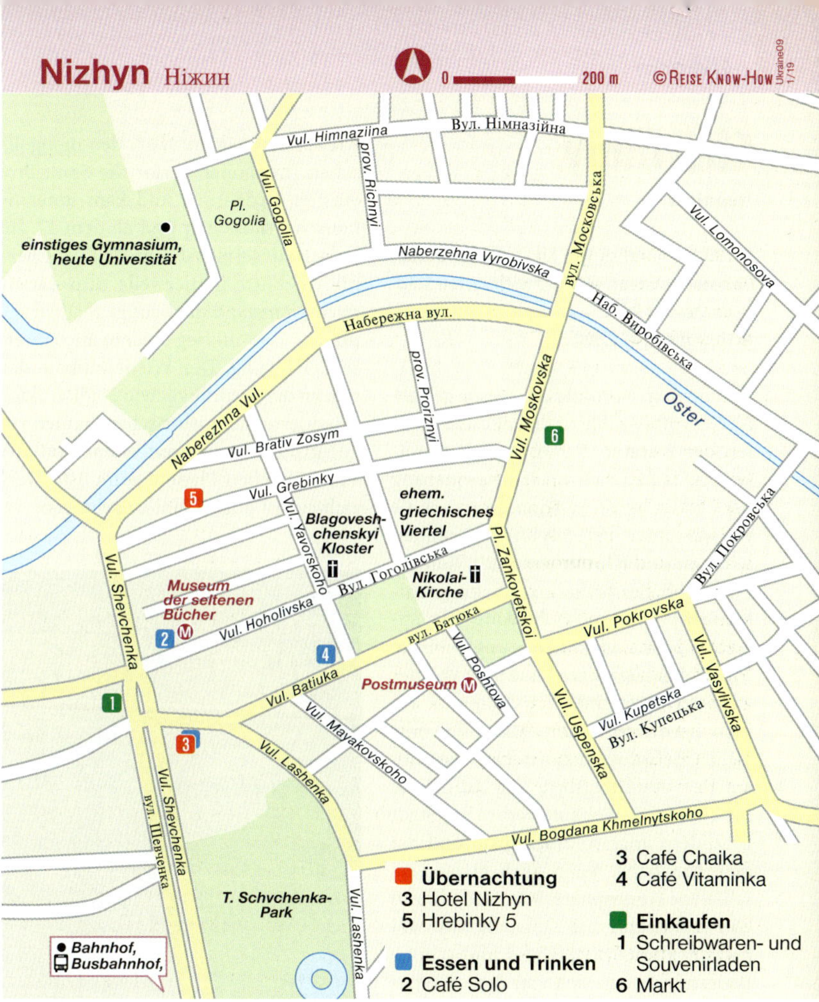

Verkehrsmittel

Nizhyn ist ein wichtiger Eisenbahnknotenpunkt an der **Strecke Kiew – Moskau.** Viele **Fernzüge** halten hier. Außerdem ist die Stadt gut per **Elektrychka** an Kiew angebunden. Darunter sind auch viele Express-Elektrychkas, die die Strecke in der gleichen Zeit zurücklegen wie ein Fernzug, jedoch deutlich billiger sind. Der **Bahnhof** liegt etwa 3 km südlich des Zentrums. Anbindung an die Stadt mit städtischen Bussen vom Bahnhofsvorplatz aus.

Chernihiv

Чернігів

- **180 km nördlich von Kiew, an der Desna, Oblasthauptstadt, eine der wichtigsten Städte der Kiewer Rus**
- **Einwohner: 300.000**

Das auf dem Nordufer der Desna gelegene Chernihiv zählt zu den ältesten Städten der Ukraine. Schon dem Bahnreisenden bieten sich nach Überquerung des Flusses herrliche Panoramen auf die wie an einer Perlenschnur liegenden **Kirchen und Klöster** der Stadt. Klar ist: Für Liebhaber orthodoxer Sakralarchitektur ist ein Besuch Chernihivs ein absolutes Muss. Es gibt eine unglaubliche Vielzahl einzigartiger Bauwerke von der Zeit der byzantinischen Romanik bis zum Barock zu sehen. Nicht umsonst steht Chernihivs historisches Zentrum auf der Vorschlagsliste zur Aufnahme ins UNESCO-Weltkulturerbe. Die Stadt ist zudem ungewöhnlich grün und hat eine friedliche, wenn auch etwas verschlafene Atmosphäre. Wer irgendwann von Architektur und Kunst die Nase voll hat, der findet nette Cafés und schöne Badestrände, um sich von den „Strapazen" des Kulturtourismus zu erholen.

Geschichte

Chernihiv, 907 erstmals urkundlich erwähnt, war neben Kiew die bedeutendste Stadt des Kiewer Reiches. Als Chernihiv 1024 Hauptstadt eines Teilfürstentums der Rus wurde, entstanden hier einzigartige Sakralbauten, die zu den **wichtigsten Architekturzeugnissen der Kiewer Rus** zählen. Nach den mongolischen Invasionen verlor die Stadt ihre einstige Bedeutung und kam unter litauische, Moskauer und ab dem 17. Jh. polnische Herrschaft. Im 19. Jh. – Chernihiv gehörte mittlerweile zum Zarenreich – entstand die heutige Stadtstruktur. Der 2. Weltkrieg brachte die teilweise Zerstörung. Der Wiederaufbau, der sich an der ursprünglichen Stadtstruktur orientierte, die historischen Bauten rekonstruierte und weitgehend auf die sonst üblichen Plattenbaumonster verzichtete, ist ungewöhnlich gelungen.

ukr14-022 pk

Sehenswertes

Da die Sehenswürdigkeiten zum Teil **recht weit voneinander entfernt** liegen, sollte mindestens ein Tag zur Besichtigung eingeplant werden.

Die alte Festung („Dytynets")

Das **einstige mittelalterliche Zentrum** Chernihivs ist heute ein großer grüner **Park** mit altem Baumbestand oberhalb der Desna. Hier finden sich einige der bedeutendsten Bauwerke des alten Chernihiv. Die fast tausendjährige strahlend weiße **Preobrazhenski-Kathedrale** gilt einigen als die älteste erhaltene Kirche des Landes. Sie stammt aus dem Jahr 1036 und wurde als romanische Fünfkuppelkirche errichtet. Reliefs an der Außenwand erinnern an die Gründungszeit. Im 18. Jh. wurde sie umgebaut und erhielt eine barocke Ikonostase. Im 19. Jh. entstanden die charakteris-

Die Katharinenkirche in Chernihiv

Chernihiv Чернигив

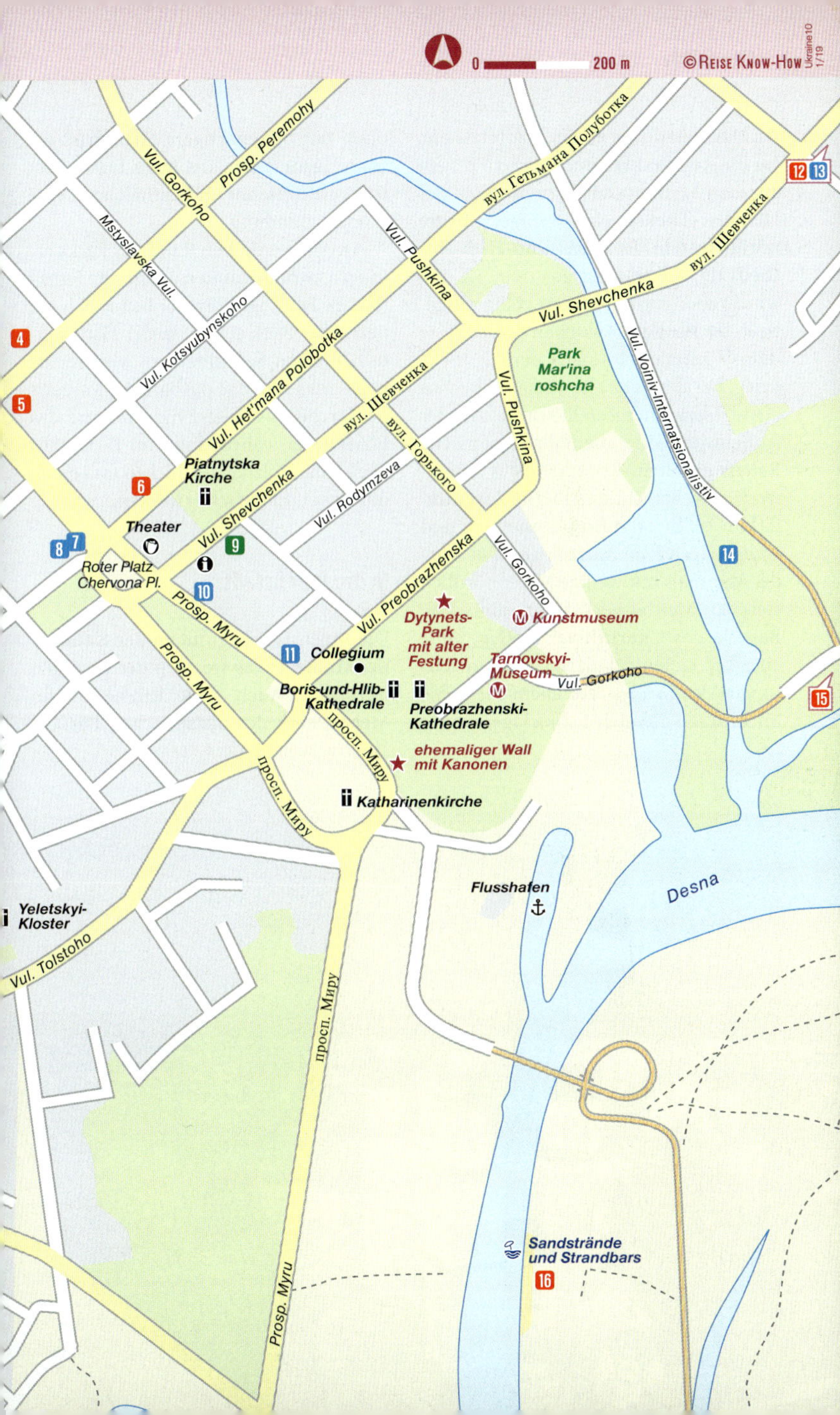

0
200 m
© Reise Know-How
Ukraine10 1/19
Prosp. Peremohy
Vul. Gorkoho
вул. Гетьмана Полуботка
Mstyslavska Vul.
Vul. Kotsyubynskoho
Vul. Pushkina
Vul. Shevchenka
вул. Шевченка
Park Mar'ina roshcha
Vul. Voiniv-Internatsionalistiv
Vul. Het'mana Polobotka
вул. Шевченка
вул. Горького
Vul. Pushkina
Vul. Rodymzeva
Piatnytska Kirche
Vul. Shevchenka
Theater
Roter Platz
Chervona Pl.
Prosp. Myru
Vul. Preobrazhenska
Vul. Gorkoho
Dytynets-Park mit alter Festung
Kunstmuseum
Collegium
Tarnovskyi-Museum
Vul. Gorkoho
Boris-und-Hlib-Kathedrale
Preobrazhenski-Kathedrale
Prosp. Myru
просп. Миру
ehemaliger Wall mit Kanonen
просп. Миру
Katharinenkirche
Flusshafen
Desna
Yeletskyi-Kloster
Vul. Tolstoho
просп. Миру
Sandstrände und Strandbars
Prosp. Myru
4
5
6
7
8
9
10
11
12
13
14
15
16

tischen Spitztürme an der Hauptfassade. Im Inneren sind Fragmente alter Fresken aus dem 11. Jh. zu sehen, so der Kopf der Heiligen Thekla. Nur wenige Schritte nördlich steht die **Boris-und-Hlib-Kathedrale.** Sie stammt aus dem 12. Jh., wurde aber zur Barockzeit völlig umgebaut. Ihr heutiges Aussehen verdankt sie dem Wiederaufbau nach dem 2. Weltkrieg, bei dem der alte romanische Zustand wieder hergestellt wurde. An der Außenwand sind ebenfalls romanische Reliefs erhalten. Bedeutendstes Kunstwerk ist das prächtige silberne **Zarentor,** das im 18. Jh. vom Kosakenhetman und Kunstmäzen *Ivan Mazepa* gestiftet wurde. Abermals nur wenige Meter nördlich steht ein Meisterwerk des ukrainischen Barock, das **Chernihiver Kolleg,** einst eine der ersten säkularen Lehreinrichtungen des Landes. Vor allem der hohe, im unteren Bereich achteckige, weiter oben mit blütenartigem Grundriss erbaute Turm springt ins Auge. Das Innere ist heute Museum und enthält auch eine Ikonensammlung.

Am südwestlichen Rand des Parks erinnern **zwölf Kanonen** an die alte Funktion als Festung. Von hier bietet sich ein herrlicher Blick auf die an der Hangkante liegenden Sakralbauten: Von rechts nach links sind das die barocke Katharinenkirche, das Yeletskyikloster und das Eliaskloster, während sich im Tal unzählige kleine Holzhäuser ducken und einen dörflichen Eindruck erwecken.

In der Innenstadt

Die Innenstadt beginnt an der **Katharinenkirche,** etwas westlich der einstigen Kernstadt. Auch diese Kirche ist ein Meisterwerk des ukrainischen Barock.

ukr14-023 pk

Sie stammt aus dem frühen 18. Jh. – mit ihren fünf glänzend goldenen Kuppeln ist das achteckige, sich pyramidenartig nach oben verjüngende Gebäude ein wahrer Blickfang. Von der Kirche führt der **Prospekt Myru** nordwärts. Teile der alten Straßenbebauung sind erhalten, die meisten Gebäude stammen aber aus der Nachkriegszeit. Sie fügen sich mit freundlichen Gelbtönen dennoch gut ins historische Bild ein. Der Prospekt durchschneidet den **Roten Platz,** eher eine große Straßenkreuzung als ein wirklicher Platz. An seiner Ostseite steht das Dramentheater, ein typisch säulengeschmückter Bau im Stalinklassizismus. Wenige Schritte östlich liegt in der Mitte eines Parks die **Piatnytska-Kirche** aus dem 12./13. Jh. Sie wurde aus rotem Backstein als letztes großes Bauwerk vor den Mongoleneinfällen errichtet. Das heute zu sehende Gotteshaus ist eine Rekonstruktion aus der Nachkriegszeit, als die Kriegsschäden genutzt wurden, den romanischen Originalzustand wieder herzustellen. Die Kirche ist ein schlanker Bau auf quadratischem Grundriss. Interessant ist der Übergang vom quadratischen Unterbau zu der runden Kuppel, der auf allen vier Seiten in Form mehrerer paralleler, immer kleiner werdender Rundbögen umgesetzt wurde.

‹ Das Elias-Kloster

Yeletskyi-Kloster

Das Kloster ist ein für diesen Teil der Ukraine typisches **Wehrkloster.** Die imposante weiße Hauptkirche wurde ab dem 12. Jh. errichtet. Aus dieser Zeit stammen die Außenfassade mit einem schönen romanischen Rundbogenfries und Teile der zentralen Kuppel. Im 17. Jh. wurde die Kirche im Barockstil umgebaut. Dabei erhielt die Zentralkuppel ihren barocken Helm mit seiner imposanten Dreifachzwiebelhaube sowie drei Nebenkuppeln, die ebenfalls barocke Turmabschlüsse bekamen. Im Inneren sind Fresken aus der Zeit der Kiewer Rus zu bestaunen. Der nebenstehende Glockenturm macht im Gegensatz zu den leicht wirkenden Turmhelmen der Kirche einen gedrungenen Eindruck. In einem nahe gelegenen Hinterhof wenige Meter nördlich des Klosters ist das **Schwarze Grab** (ukr.: Chorna Mohyla) zu sehen, ein Hügelgrab, von dem vermutet wird, dass es das Grab Fürst *Chornyis,* des Gründers von Chernihiv, ist.

Das Kloster liegt etwa 1 km westlich der Katharinenkirche am ansteigenden Hang der Desna. Es ist von weither sichtbar und kann nicht verfehlt werden.

Antoniushöhlen und Elias-Kloster

Die **Antoniushöhlen** zählen zu den interessantesten und mystischsten Bauten des alten Chernihiv. Sie wurden im 11. Jh. als weitläugiges Gangsystem in den weichen Lössboden gegraben. Der **Einsiedlermönch Antoniy,** der auch die Lavra in Kiew begründete, gilt als Schöpfer dieses Höhlensystems, in dem die ersten Mönche quasi eremitisch lebten. Die Höhlen beherbergen drei Gruftkirchen und ein weit verzweigtes Galeriesystem und können besichtigt werden. Der Eingang liegt in der kleinen **Elias-Kirche,** die im 12. Jh. über den Höhlen errichtet wurde. Die Höhlen sind der älteste Teil des **Elias-Klosters,** das sich etwa 300 Meter westlich der Höhlen auf einer Hügelkuppe befindet. In seiner heutigen Form geht das Kloster auf die Barockzeit zurück. Geprägt wird die Anlage von einer mächtigen Kathedrale mit unzähligen barocken Zwiebeln und Türmchen sowie dem mächtigen, mit Säulen und Pilastern gegliederten Torturm, der bestiegen werden kann.

Weitere Sehenswürdigkeiten

Der **Bahnhof** ist ein imposanter Bau der Stalinzeit, dessen Spitzturm über der Haupthalle die Sakralarchitektur der Kiewer Rus zitiert.

Das **Tarnovskyi-Museum** ist das regionalgeschichtliche Museum der Stadt, untergebracht in einem Gebäude aus der Zeit um 1900. Zu den Exponaten zählen u. a. alte Ansichten und Modelle der alten Stadt, Funde aus Vor- und Frühgeschichte, Wohnräume und historische Möbel. Vul. Gorkoho 4, geöffnet täglich außer Do.

Das **Kotsiubinskyi-Museum** widmet sich dem ukrainischen Schriftsteller *Mykhailo Kotsiubinskyi,* der in diesem Haus von 1898 bis 1913 lebte und auch mehrere seiner Werke verfasste. Einige der Räume sind noch genau wie damals eingerichtet. Vul. Kotsiubinskoho 5, täglich geöffnet.

Das **Kunstmuseum** liegt in der Vul. Gorkoho 6. Zur Sammlung gehören zahlreiche Gemälde aus dem 17. bis 19. Jh. aus ganz Europa, darunter mehrere Zeichnungen und Gemälde *Shevchenkos.* Geöffnet täglich außer Mo.

Praktische Tipps

Informationen

- Die **Touristeninformation** liegt in direkter Nähe der Piatnytska-Kirche in der Vul. Shevchenka 9, www.chernihivtourist.com.ua.
- Eine informative Seite zu den touristischen Sehenswürdigkeiten der gesamten Region ist **http://siver.org.ua.**

Unterkunft

Nahezu alle aufgeführten Hotels lassen sich über die allgemein bekannten Hotelportale buchen.

4 **Hotel Ukraina,** Prospekt Myru 33, Ecke Prospekt Peremohy, www.hotel-ukraina.com.ua: Großes, renoviertes Hotel im Stalinstil der 1950er Jahre im Zentrum. Es gilt als bestes Hotel der Stadt, das im Gegensatz zu den meisten anderen Hotels auch kein Problem mit der Warmwasserversorgung hat. Riesige DZ ab 580 UAH, EZ ab 470 UAH.

5 **Apart Hotel Parasolka,** Vul. Peremoha 87, sehr zentrale Lage: Der Stalinbau aus den 1950er Jahren präsentiert sich renoviert und rustikal eingerichtet. DZ ab 400 UAH.

15 **Hotel Zolotoi Bereg,** http://zolotoybereg08.com.ua: Schön im Grünen 20 Min. zu Fuß vom Zentrum entfernt. Der Komplex besteht aus vier einzeln stehenden Holzhütten mit jeweils einem DZ ab 500 UAH. Restaurant und Fahrradverleih.

16 **Hotel Sunrise** (ukr.: Гот. Санрайс), Vul. Naberezhna 31, Tel. 095-361 63 39, http://sunrize.com.ua: Das gepflegte Hotel auf der Südseite der Desna ist über die Fußgängerbrücke nahe des Flusshafens

in ca. 15 Min. zu Fuß erreichbar. Direkt vor dem Hotel lädt ein Sandstrand zum Baden ein.

■ Etwa 4 km östlich des Zentrums liegen in einer Grünanlage unweit der Desna nebeneinander drei Hotels. Sie sind mit den Marshrutky erreichbar, die am Roten Platz nach Osten in die Vul. Shevchenka einbiegen (Haltestelle Raionna Likarnia). Das edelste ist das 12 **Hotel Pridesnianskyi,** ein architektonisch interessanter Bau aus den frühen 1980er Jahren, einst verdienten Parteifunktionären vorbehalten. Große, geräumige Zimmer, DZ ab 660 UAH, Vul. Shevchenka 99a, www.chernigivhotel.com.ua. Sehr einfach ist das Gewerkschaftshotel 12 **Navchalno-metodychnyi Tsentr,** www.nmc.cn.ua, DZ ab 240 UAH. Ebenfalls in diesem Bereich befindet sich das 12 **Parkhotel,** Vul. Shevchenka 103a, DZ ab 900 UAH.

■ Auch einige Hostels gibt es in Chernihiv: Mitten im Zentrum, Vul. Polobotka 6, liegt 6 **Papa's Hostel,** modern ausgestattet und billig; das günstige 1 **Hostel Leo** in der Vul. Tolstoho 151 befindet sich beim Troistkyi-Kloster und damit recht weit vom Zentrum entfernt; nur wenige Meter daneben liegt das 2 **Hostel Hola!,** ein Holzblockhaus in der Vul. Tolstoho 147a und ebenfalls sehr billig.

■ **Bahnhofszimmer,** ab 100 UAH im Mehrbettzimmer, gelegen im Bahnhofsgebäude, unter dem Dach, der Eingang befindet sich auf der Nordseite des Gebäudes.

Essen und Trinken

Die meisten und interessantesten Lokale befinden sich am Prospekt Myru.

8 **Pub Senator,** Vul. Mahystratska 1: Direkt am Roten Platz, einfach nur nett!

11 **Café Abazhur,** Vul. Preobrazhenska 2/Ecke Prospekt Myru: Originell u. a. mit altem Spielzeug eingerichtetes, sehr empfehlenswertes Café.

10 **Pizza Chelentano,** Prospekt Myru 21: Die allgegenwärtige Pizzakette ist auch hier vertreten.

10 **Café Sharlotka,** Prospekt Myru 21: Kaffeehaus mit Korbstühlen auf dem Bürgersteig. Gute Kuchen- und Kaffeeauswahl.

14 **Kolyba,** Vul. Internatsionalystiv: Etwas außerhalb des Zentrums am kleinen Fluss Stryzhen gelegen, der hier in die Desna mündet. Rustikales Restaurant im Karpatenstil mit großem Freigelände.

17 **Kesh-Pub** (Cash-Pub), am Prospekt Myru 54: Recht urig, gelegentlich Live-Musik.

7 **Pub Falvarek,** sehr zentrale Lage am Prospekt Myru 20.

13 Am Fluss, nahe dem Hotel Pridesnianskyi, liegt das **Café Khata Rybalka.** Eine sehr primitive Sauna in einem alten Eisenbahnwaggon liegt daneben am Flussufer.

Einkaufen

3 Der **zentrale Markt** ist an der Vul. Kyrponosa, einer Parallelstraße des Prospekt Myru, Richtung Bahnhof.

9 Ein ansprechender **Buchladen,** der sich als ukrainisches **Kulturzentrum** versteht, liegt in der Vul. Shevchenka 9 nahe der Piatnytska-Kirche. Die Atmosphäre ist gastfreundlich und entspannt. Alles, was in der hiesigen Zivilgesellschaft Rang und Namen hat, geht ein und aus, so auch der Bürgerrechtler *Levko Lukianenko,* der über 15 Jahre in sowjetischen Gefängnissen verbrachte, Mitglied der sowjetischen Helsinkigruppe und einer der Verfasser der ukrainischen Unabhängigkeitserklärung war. 2018 verstarb er im hohen Alter von 89 Jahren.

Sonstiges

■ Auf der Südseite der Desna gibt es **Sandstrände und Strandbars,** zu denen man über eine Fußgängerbrücke unweit des Flusshafens gelangt. Weitere Strände finden sich nahe des Hotels Prydesnianskyi, etwas außerhalb des Zentrums, und beim Erholungskomplex Zolotoi Bereg in der Vul. Berehova.

■ Am Flusshafen starten im Sommer 2x bis 3x täglich **Ausflugsdampfer** auf der Desna, Fahrtzeit ca. 1 Std. Da aber praktisch die gesamte Strecke durch den Wald führt, ist sie nicht wirklich lohnend.

Verkehrsmittel

■ Der **Bahnhof** liegt 2 km westlich des Zentrums und etwa 1 km nordwestlich des Eliasklosters. Der Busbahnhof befindet sich direkt davor. Chernihiv liegt an der **Hauptstrecke Kiew – Gomel – Minsk,** die aber nur selten befahren wird. Im Nahverkehr ist die Stadt von Kiew aus mit zwei Zugpaaren täglich erreichbar (über Nizhyn). Weitere fünf Nahverkehrszüge gibt es von Nizhyn aus.

■ Per **Bus** ist die Anbindung besser, Verbindungen von Kiew (ab Darnytsia oder dem zentralen Busbahnhof) gibt es ständig. Eine Übersicht über die Busverbindungen ab Chernihiv bietet folgende Website: www.polissya.eu/2009/09/chernigiv-avtobus-marshrutki-chernigov_16.html. Auf den üblichen Busseiten der Ukraine ist Chernihiv leider nicht vertreten!

Sedniv

Седнів

■ **30 km nordöstlich von Chernihiv am Fluss Snov, Kosakenlandsitz in idyllischer Umgebung**

■ **Einwohner: 1300**

Sedniv am Westufer des Flusses Snov ist **eines der schönsten Dörfer der Chernihiver Region.** Das Dorf fügt sich einzigartig in die romantische Flusslandschaft und ist begehrtes Ziel von Landschaftsmalern – selbst Petersburger Kunststudenten reisen extra an, um das wunderbare Panorama auf Leinwand zu bannen.

Das historische Zentrum liegt östlich der Hauptstraße R21, die von Chernihiv in nördlicher Richtung zum ukrainisch-russisch-weißrussischen Dreiländereck führt. Auf einem von bunten Holzhäusern eingerahmten Platz steht hier die einfache, im dörflichen Barockstil um 1690 errichtete Auferstehungskirche mit nebenstehendem Glockenturm. Ein kleines Stück südwestlich liegt der **Landsitz des Kosakenführers Lyzohub,** dessen Familie hier vom Ende des 17. Jh. bis zur Oktoberrevolution ihre Residenz hatte. Das Ensemble besteht aus einem gedrungenen, burgähnlichen Bau aus dem 17. Jh. und dem neuen Palast im neobarocken Stil aus dem frühen 19. Jh. Die Gebäude sind umgeben von einem Park mit jahrhundertealten Bäumen, und ein Säulenpavillon bietet einen schönen Blick auf den Fluss. Heute wird die Anlage als Schule genutzt.

Nur wenige Meter nördlich der Auferstehungskirche ist mit der **Georgskirche** von 1715 ein **Meisterwerk ukrainischer Holzbaukunst** erhalten geblieben. Die Kirche, die neben der zentralen Kuppel eine ungewöhnliche Fassade mit zwei Zwillingstürmen aufweist, wurde vor wenigen Jahren restauriert.

Unterkunft, Essen und Trinken

■ Ein kleines Hotel ist der **Konnyi Dvir,** eine Art Reiterhof mit angeschlossener Pension. DZ ab 200 UAH. Kleines Restaurant. Viel Holz, viel rustikale Atmosphäre. Vul. Pekurivska 44, Tel. 095-839 89 76, www.koni.in.ua.

■ Auch zwei **Ferienhäuser in moderner Holzbauweise** gibt es im Ort. Vorreservierung unbedingt nötig! Haus 1: Kapazität sechs Personen, Haus 2: Kapazität acht Personen, beide ab 1700 UAH, www.bazi-otdiha.com.ua/company.php?id_company=2339.

Verkehrsmittel

- Von Chernihiv bestehen häufige **Busverbindungen** nach Sedniv, Fahrtrichtung Horodnia.

Sosnytsia

Сосниця

- **90 km östlich von Chernihiv am Fluss Ubid, ehem. Kosakenfestung**
- **Einwohner: 8000**

Das kleine Sosnytsia kann man auf der Durchreise von Chernihiv nach Novhorod-Siverskyi besuchen. Hauptsehenswürdigkeit ist das **Oleksandr-Dovzhenko-Museum** (geöffnet täglich außer Di) im einstigen Wohnhaus des berühmtesten ukrainischen Kinoregisseurs (1884–1956), der als einer der großen Pioniere des sowjetischen Films gilt. Sein Hauptwerk ist die sog. Ukraine-Trilogie mit den Filmen „Arsenal“ (1929), „Erde“ (1930) und „Iwan“ (1932). Das restaurierte Holzhaus mit Reetdach blieb innen wie außen original erhalten.

Im Städtchen ist neben bunten Holzhäusern das prächtige Gebäude des ehemaligen Landgerichts aus dem frühen 19. Jh. sehenswert, in dem sich heute eine Schule befindet. Die **Pokrovska-Kirche** ist bzw. war ein Beispiel für die Holzbaukunst der östlichen Polissia aus der Mitte des 19. Jh. – vor einigen Jahren nahezu völlig abgebrannt, wurde sie zwischenzeitlich in deutlich modernerer Holzbauweise faktisch neu errichtet.

Unterkunft

- **Hotel Ubid,** Vul. Chernihivska 19, Tel. 04655-214 71: Wenig einladendes Hotel aus sowjetischer Zeit im Zentrum. Renovierte DZ (mit Dusche + WC) für 300 UAH, nicht renovierte 4-Bett-Zimmer kosten 200 UAH.

Verkehrsmittel

- Von Chernihiv fahren ständig **Busse** nach Sosnytsia. Einige halten aber nur an der Umgehungsstraße, die am nördlichen Stadtrand verläuft.

Korop und der Nationalpark Mezyn

Короп, Мезинський національний природний парк

- **150 km nordöstlich von Chernihiv, an der Desna, landschaftliches Highlight mit paläontologischen Funden**
- **Einwohner: Dorf Mezyn 300, Korop 5500**

Während der größte Teil der Oblast Chernihiv vergleichsweise flach ist, entstand bei Mezyn im Laufe der Erdgeschichte ein interessanter **Kreiderücken** auf dem rechten Hochufer der Desna. Die Landschaft prägen Dörfer mit bunten Holzhäusern, sanfte Hügel und ein etwa 60 Meter hoher **Steilabbruch** am Ufer der Desna mit einem schönen Ausblick auf die Flussschleife. Hauptorte innerhalb des Nationalparks sind die Dörfer Sverdlovka, Radychiv und Mezyn. Entlang des Flusses, aber auch in Steinbrüchen nahe der Orte Hirky und Putivsk, sind neben Lössklippen auch einige weiße, weiche Kreidefelsen zu finden.

Korop

Korop, ca. 2 km links der Desna, umgeben von reizvoller Wald-, Wiesen- und Teichlandschaft, ist das **Tor zum Nationalpark.** Das provinzielle, aber gepflegte Städtchen besteht aus bunten Holzhäusern, nur vereinzelt stören Sowjetbauten die Harmonie. Einige Sakralbauten sind zu sehen, so die Uspenska-Kirche im Ortszentrum, ein unspektakulärer klassizistischer Bau. Südlich des Zentrums liegen die beiden ältesten Gebäude der Stadt: auf der östlichen Seite der Vul. Lenina die Voznezenska-Kirche aus der Mitte des 18. Jh. mit ihrer goldenen Kuppel und schräg gegenüber die Ruine der Elias-Kirche. Sie wurde als Wehrkirche um 1750 herum errichtet. Die Ruine ist offen zugänglich. Das Betreten ist nicht ganz ungefährlich, da dem Gebäude teilweise die Decken fehlen und auch Treppen unvermittelt abbrechen. Ein Wiederaufbau ist im Gange.

Vyshenki

Vyshenki liegt 15 km östlich von Korop in den ersten Ausläufern des Kreiderückens von Mezyn. Direkt am Ufer der Desna steht ein **Schloss des Feldmarschalls Pyotr Rumyantsev** (1725–96), einst größter zaristischer Kommandeur im ersten Türkisch-Russischen Krieg und Gouverneur Kleinrusslands unter *Katharina der Großen.* Der etwas renovierungbedürftige, weiß gestrichene dreiflügelige Bau wurde gegen Ende des 18. Jh. im romantischen Stil erbaut und erinnert an englische Herrenhäuser. Da sich im Inneren ein Kindersanatorium befindet, ist es möglich, einen Blick in die prachtvollen Säle mit ihren schönen Stuckdecken zu werfen. Einige hundert Meter östlich des Schlosses endet die Dorfstraße an der zweitürmigen Uspenska-Kirche (1782).

Das **Museum von Mezyn** zeigt paläontologischen Funde (z. B. riesige Zähne eines Mammuts) und Exponate zur Regionalgeschichte. Es liegt im Ortszentrum in einem netten alten Holzhaus (Tel. 04656-358 17).

Praktische Tipps

Informationen

- Die **Direktion des Nationalparks** von Mezyn befindet sich im Dorf Sverdlovka, Vul. Sverdlova 49a, Tel. 04656-358 13, http://mezinpark.com.ua.

Unterkunft

- **Hotel Kosmos,** in Korop, Vul. Poshtova 6, Tel. 04656-211 99: Einziges Hotel in der Region, renovierte Zimmer 260 UAH, nicht renovierte mit Etagentoilette 160 UAH.
- Der Nationalpark unterhält eine **einfache Unterkunft im Dorf Radychiv,** Vul. Hovora 2, Tel. 04656-362 48: ab 70 UAH pro Person im Mehrbettzimmer. Nähere Informationen und Reservierungen bei der Nationalparkverwaltung.
- In **Sverdlovka** gibt es zudem ein Privatquartier in einem Holzhaus 150 m vom Fluss entfernt. Ab 100 UAH, Miete des ganzen Hauses möglich. http://ruraltourism.com.ua/?a=viewfarm&id=537.

⊡ Beschaulichkeit in Korop

ukr14-024 pk

Essen und Trinken, Einkaufen

- Wirklich gemütliche Einkehrmöglichkeiten gibt es nicht, das **Café Sribnyi Hlobus** nahe dem Gebäude der Stadtverwaltung von Korop ist noch das netteste.
- Der **Markt** mit einer interessanten pagodenähnlichen Halle liegt am östlichen Ortsrand von Korop, unweit des Busbahnhofs.

Verkehrsmittel

- Korop ist aus Chernihiv per **Bus** gut erreichbar. Der Busbahnhof liegt am östlichen Ortsrand. Der nächste größere Bahnhof ist Konotop etwa 50 km südlich. Auch von dort ist Korop gut per Bus zu erreichen. Nach Vyshenky fahren nur zweimal täglich Busse ab Korop. Am besten fährt man mit irgendeinem beliebigen Bus Richtung Chernihiv bis zur Abzweigung und läuft dann ca. 4 km zu Fuß.

Auch der Park von Mezyn ist per Bus nur schlecht erreichbar. Relativ häufig verkehren Busse von Chernihiv nach Novhorod Siverskyi. Nahe Shabolasivka zweigt eine kleine Straße Richtung Sverdlovka und Mezyn ab. Von hier sind es noch etwa 20 km, die man im Grunde nur trampen oder mit dem Taxi zurücklegen kann. Es gibt lediglich einen Bus ab Chernihiv direkt nach Sverdlovka. Dieser fährt dort um 15.30 Uhr ab.

Baturyn

Батурин

- **130 km südöstlich von Chernihiv, 230 km nordöstlich von Kiew am Fluss Seym, kosakische Hetmanshauptstadt, seit Kurzem rekonstruiert**
- **Einwohner: 3000**

In der **alten Hetmanshauptstadt,** heute ein idyllisches Dorf, steht alles im Zeichen der Geschichte der ukrainischen Kosaken. In schöner Landschaft haben sich einige historische Bauten erhalten oder sind während der letzten Jahre rekonstruiert worden. Als die linksufrige Ukraine ans Zarenreich fiel, wurde Baturyn ab 1669 zur Hauptstadt der Kosakenhetmane im semi-autonomen, letztlich aber vom Zarenreich abhängigen Hetmanat.

Unter Hetman **Ivan Mazepa** blühte der Ort auf. Als sich *Mazepa* – zunächst ein Günstling Zar *Peters des Großen* – während des Großen Nordischen Krieges mit Schweden verbündete (siehe Poltava), ließ *Peter* aus Rache *Mazepas* Residenzstadt dem Erdboden gleichmachen. Am 2. November 1708 erstürmten die zaristischen Truppen Baturyn und metzelten 15.000 Menschen (inklusive Frauen und Kinder) nieder. Alle kosakischen Regierungsbauten wurden zerstört. 1750 wurde Baturyn erneut Hetmansresidenz. Rund 500 Meter südlich der alten Festung schuf der italienische Architekt *Rinaldi* von 1799 bis 1803 einen äußerst eindrucksvollen neuen Palast. Er war die nicht unbescheidene Residenz des letzten Kosakenhetmans *Kyrylo Razumovskyi* (1728–1803), dem es nie gelang, eine Unabhängigkeit von Moskau zu erreichen.

Sehenswertes

Razumovskyi-Palast

■ Vul. Naberezhna, Tel. 04635-486 51, täglich geöffnet

Der von Weitem sichtbare Palast liegt unweit des östlichen Ortsausgangs oberhalb des Seym. Der jüngst restaurierte klassizistische Bau hat die typische Säulenfassade und zwei Seitengebäude. Im Innern sind die historische Inneneinrichtung und Wandmalereien zu sehen.

ukr14-025 pk

Zitadelle

500 Meter nördlich des Palastes liegt die **alte Kosakenfestung.** Sie wurde 2005–08 rekonstruiert. Die eindrucksvolle Anlage, die von einem Graben umgeben ist, besteht aus einem etwa 15 Meter hohen Palisadenzaun mit zwei ebenfalls hölzernen Türmen. Im Inneren wurde auch eine Holzkirche im Stil des 18. Jh. neu erbaut. Das alte Residenzgebäude, ein Steingebäude mit barocken Giebeln, steht ebenfalls im Inneren der Burganlage. Zum Fluss hin ist die Anlage offen, und man hat eine schöne Sicht auf das Flusstal. Dem Wiederaufbau gingen mehrjährige archäologische Ausgrabungen voraus, die mit kanadischer Hilfe durchgeführt wurden (in Kanada gibt es die größte ukrainische Diaspora weltweit). Nicht weit von der Festung steht die schlichte Auferstehungskirche aus dem Jahr 1803.

Kochubei-Haus (Gerichtsgebäude)

■ Täglich geöffnet, Tel. 04635-482 43

In einem Park nahe des Razumovskyi-Palastes steht das einstige Gerichtsgebäude aus der Mitte des 18. Jh., heute ein **Museum.** Zu sehen sind die Ausstattung des Gerichts und Exponate über die recht drakonischen Strafmethoden in der damaligen Zeit.

◁ Neu aufgebaut: die Kosakenfestung in Baturyn

Präsident Yushchenko und die „nationale Idee" der Ukraine

„Mit der Unabhängigkeit 1991 ging ein jahrhundertelanger Traum der Ukrainer in Erfüllung." So jedenfalls erzählt es die geltende ukrainische Geschichtsschreibung. Was auf die Menschen im Westen des Landes sicher zutrifft, ist für die Regionen des Ostens und des Südens etwas differenzierter zu sehen. Zwar wurde der ukrainischen Unabhängigkeit im Referendum Ende 1991 auch im Osten mit überwältigender Mehrheit zugestimmt. Doch es entwickelten sich in der Folge **zwei Extrempositionen** im Land: Im Westen orientierte man sich eher in Richtung **Mitteleuropa,** im Osten und Süden eher Richtung **Russland.** Um diesen Gegensatz zu überwinden, musste ein Identifikationspunkt – auch als „nationale Idee" bezeichnet – geschaffen werden, mit dem eine wie auch immer zu charakterisierende „ukrainische Nation" sich einerseits von Russland abgrenzen, zugleich aber dem Nationalismus der Westukraine etwas entgegensetzen konnte.

Insbesondere für *Yushchenko* war die Nationbildung und die Entsowjetisierung der ukrainischen Geschichte der vielleicht zentrale Punkt seiner Präsidentschaft. Wie bei nationalen Projekten üblich, griff auch er auf einen Opfermythos zurück. Zugrundeliegende Prämisse war: Die Ukrainer sind ein **Volk ewiger Opfer,** das sich seinem Schicksal nicht kampflos hingegeben hat, dem aber von der Geschichte immer übel mitgespielt wurde, bis es endlich, nach Hunderten von Jahren, seine Unabhängigkeit erreichte. Exemplarisch herausgehoben wurden der Befreiungskampf von *Bohdan Khmelnytskyi* gegen die Polen (und die Kosaken allgemein), der gemeinsame Kampf von *Mazepa* mit den Schweden, die Gründung der ersten ukrainischen Republik nach dem 1. Weltkrieg unter Führung *Hrushevskyis,* die große Hungersnot zu *Stalins* Zeiten (Holodomor) und der Kampf der ukrainischen Partisanengruppe UPA um *Stepan Bandera* gegen die Deutschen und gegen *Stalin. Yushchenko* verstrickte sich freilich in zwei Problemen. Seine **uneingeschränkt positive Identifikation mit der eigenen Geschichte** ließ kaum eine kritische Auseinandersetzung mit der historischen Wirklichkeit zu. So war z. B. *Bohdan Khmelnytskyi* nicht nur ein heroischer

ukr14-205 pk

Kämpfer, sondern auch verantwortlich für schlimme Gewaltexzesse an Juden und Polen. Die erste ukrainische Republik scheiterte nach nur wenigen Wochen nicht zuletzt aufgrund eigener Fehler, und die Hungersnot traf die Ukraine zwar besonders grausam, trat aber auch in anderen Teilen der Sowjetunion auf. Von einem gezielten Genozid an der ukrainischen Bevölkerung zu sprechen, ist schwierig und kann zumindest hinterfragt werden (siehe Exkurs zum Thema). Mit der Glorifizierung *Banderas* und der UPA stieß *Yushchenko* seine Landsleute im Süden und Osten vor den Kopf. *Banderas* Nationalisten paktierten anfangs mit den deutschen Besatzern, waren an Pogromen beteiligt und betrieben zum Ende des Krieges eine Politik der ethnischen Säuberung mit Massenmorden an der polnischen Zivilbevölkerung. Wegen ihres anti-sowjetischen Kampfes nach 1945 werden *Bandera* und die UPA im Osten des Landes nach wie vor als „faschistische Banditen" gesehen. Viele nach 1945 aus der Ostukraine in den Westen versetzte russischprachige Lehrer, Rotarmisten und Parteiaktivisten wurden von der UPA gezielt ermordet, was dort bis heute unvergessen ist.

Dass *Yushchenko* gerade *Bandera* zum Helden der Ukraine erklärte, zeigt neben einer Menge Realitätsverlust das Dilemma einer „gemeinsamen nationalen Geschichte" in der Ukraine. Die persönlichen historischen Erfahrungen in den Regionen sind (zu) verschieden. Augenfälligstes Zeugnis von *Yushchenkos* Geschichtspolitik sind zahlreiche nett anzusehende rekonstruierte Kosakenfestungen wie in Baturyn. Für das tatsächliche Zusammenwachsen des Landes brauchte es erst die Aggression von außen, die seit 2014 durch Russland stattfindet. Seitdem ist das Entstehen einer politischen Nation, unabhängig von Geschichtsmythen, Sprache und Nationalismen, in greifbare Nähe gerückt.

Praktische Tipps

Informationen

- **www.baturin-capital.gov.ua**

Unterkunft

- **Hotels Fortetsia und VIP,** Vul. Butka 14, Tel. 04635-480 38: An der Durchgangsstraße mit DZ ab 260 UAH.
- **Minihotel Bereh,** Vul. Kornienka 4a, Tel. 067-558 55 45: Neu errichtete hölzerne Ferienbungalows nahe dem Fluss, etwa 300 m von der Zitadelle entfernt. Ab 350 UAH, die empfehlenswerteste Übernachtungsmöglichkeit.

Essen und Trinken

- **Café Staryi Baturyn,** nahe der Zitadelle, von außen wenig ansehnlich, innen recht nett. Billig.

Verkehrsmittel

- Baturyn liegt an der **Hauptstraße Kiew – Moskau** und ist per **Bus** problemlos erreichbar. Der alte Kern und die Kosakenfestung liegen nördlich der Straße. Sowohl von Kiew als auch von Chernihiv fahren reichlich Direktbusse.
- Der Bahnhof Konotop liegt etwa 30 km entfernt. Hier halten fast alle **Fernzüge der Verbindung Kiew – Moskau.** Aus Konotop ist Baturyn ebenfalls ohne Probleme per Bus zu erreichen.

Novhorod Siverskyi

Новгород-Сіверський

- **200 km nordöstlich von Chernihiv an der Desna, Fürstenstadt der Kiewer Rus, später wichtiges Handelszentrum**
- **Einwohner: 15.000**

Das kleine Novhorod-Siverskyi im ukrainischen Norden wurde im 10. Jh. gegründet und war zu Zeiten der Rus Sitz des bedeutenden sewerischen Fürstentums. Seinen Namen borgte der Ort vom heute in Russland gelegenen, großen Velikiy Novgorod, dessen mächtigem Adelsgeschlecht die größten der Kiewer Großfürsten entstammen. Ab dem 14. Jh. wurde der Ort Grenzstadt und wechselte mehrfach zwischen Polen und Russland. Unter *Mazepa* zur Festung ausgebaut, hielt es den Truppen *Peters des Großen* dennoch nicht stand und wurde ab dem 18. Jh. endgültig Teil des Zarenreichs. Im 19. Jh. war die Stadt ein gewichtiges Handelszentrum, woran die stolzen Handelshäuser mit ihren Arkadengängen erinnern. Heute wird Novhorod von kleinen Holzhäusern und Sakralbauten geprägt, die Sowjetzeit hat glücklicherweise kaum architektonische Spuren hinterlassen. Die **wirtschaftliche Schwäche der Region** ist aber im Städtchen deutlich sichtbar. Daran ändert auch der neue Bahnhof nichts, der 2004, anlässlich eines Gipfels von *Putin, Lukashenko* und *Kuchma,* der in der Region Novhorod geboren wurde, errichtet worden war.

Sehenswertes

Rund um den Marktplatz

Das Zentrum besteht aus den parallel zur Hangkante verlaufenden Straßen Hubernska (ehem. Karla Marksa) und Kniaza Ihora (ehem. Lenina). Am Südende der Hubernska bildet ein **Triumphbogen** aus dem späten 18. Jh. das südliche Eingangstor in die Altstadt. Die beiden Straßen treffen sich am zentralen Platz, wo ein Denkmal an Prinz *Ihor* (1150–1202), den berühmtesten Herrscher Novhorods erinnert, dessen heldenhafte Taten im Igorlied, einem der großen Epen der Rus, besungen werden. An der Westseite des Platzes stehen **alte Handelshäuser mit Arkadengängen,** die sich längs der einmündenden Vul. Bazarna erstrecken. Bis heute findet in und um die alten Handelsreihen der tägliche Markt statt. Die Arkadengänge beherbergen kleine Läden.

An der Nordseite des Platzes beginnt die Vul. Zamkova. Etwas rechts der Zamkova liegt die mächtige weiße **Uspenskyi-Kathedrale,** die älteste Kirche der Stadt. Die fünfkuppelige Kathedrale wurde ab 1671 erbaut und überrascht durch ihr ungewöhnliches Äußeres: Die große, runde, bereits stark an russische Sakralarchitektur erinnernde Mittelkuppel wird umgeben von vier achteckigen Türmen, die eher für die östliche Ukraine typisch sind.

[>] An der Desna bei Novhorod Siverskyi

Ehemalige Burg und Unterstadt

In nördlicher Richtung fällt die Zamkova kurz hinter der Kathedrale steil in Richtung Fluss ab. Etwa auf halber Höhe führt ein gepflasterter Fahrweg nach rechts oben in das Gelände der **einstigen Burganlage** aus dem 11./12. Jh. Obgleich keine Mauern mehr vorhanden sind, sind die Erdwälle, die eine ebene Fläche umgeben, noch gut erkennbar. Von den Wällen bietet sich ein schöner Blick auf die Uspenskyi-Kathedrale, den Fluss und die alten Viertel der Unterstadt. In nordwestlicher Richtung liegt die **Michaelskirche** auf einem kleinen Hügel, ein einfacher Bau mit nur einer zentralen Kuppel aus dem 18. Jh. Von der Kirche aus, die schon unweit der Desna liegt, kann wieder die Vul. Bazarna erreicht werden. Auf dem Weg zu den Marktgebäuden passiert man einen **Wasserturm** aus rotem Backstein. Genau hinschauen: Oberhalb des verschlossenen Einganges sind noch verblasste Bilder von *Lenin* und *Stalin* (!!) zu sehen.

An der Desna

Am Fluss gibt es einen **Sandstrand,** eine gastronomische Infrastruktur existiert aber nicht. Die weitläufigen **Feuchtwiesen** des Schwemmlands wecken Assoziationen an den Nationalpark Unteres Odertal. Vom Fluss hat man einen herrlichen Panoramablick auf die Stadt.

Preobrazhenskyi-Kloster

Die größte Sehenswürdigkeit Novhorods ist das Preobrazhenskyi-Kloster, ein für diesen Teil der Ukraine, aber auch für Russland, typisches **Wehrkloster.** Es

ukr14-026 pk

liegt 1 km südlich des Zentrums, ist restauriert und in sehr gepflegtem Zustand. Die Klosteranlage wurde zu Zeiten der Kiewer Rus gegründet, jedoch mehrfach zerstört, sodass keine mittelalterlichen Gebäude mehr vorhanden sind und heute der Barockstil visuell dominiert. Einige ausgegrabene Fundamente erinnern aber an die Erbauungszeit. Der heutige Komplex, der von einer hohen Wehrmauer umgeben ist und durch den Torturm des „heiligen Tores“ betreten wird, besteht aus Barockgebäuden, dem klassizistischen Bau der Preobrazhenskyi-Kathedrale von 1797 und der Peter-und-Pauls-Kirche aus dem späten 17. Jh. Das Interessanteste sind jedoch die **Wehrmauern** auf der flusszugewandten Seite. Die Wehrgänge sind hervorragend erhalten und können begangen werden. Zwei **Wehrtürme** befinden sich an den Ecken. Während der nördliche der beiden von einer Art Balkon aus einen schönen Blick auf die Ebene ermöglicht, kann der südliche bis in die höchste Spitze hinein über hölzerne Leitern bestiegen werden.

Praktische Tipps

Informationen

- Die Website der Stadt ist leider nicht sonderlich aktuell: **www.nsgrad.com.**

Unterkunft

- **Hotel Pasvirda,** Vul. Hubernska 3, Tel. 04658-212 25: Gegenüber den Handelsreihen in einem Gebäude aus der Zeit um 1900. Das Hotel wird seit geraumer Zeit historisierend, aber geschmacklos renoviert. Stuckimitate aus Styropor! Zimmer ab 250 UAH mit Etagendusche, bis 500 UAH renoviert und mit Dusche/WC.
- **Hotel Karavan,** Vul. Shevchenka 23, Tel. 04658-317 19: Neu gebautes Minihotel am Rand des Zentrums. DZ ab 250 UAH, Dusche im Zimmer, Toilette auf dem Flur.
- **Hotel Slovianskyi,** in der Nähe des Klosters: Das angeblich beste Hotel der Stadt ist ein vierstöckiger Monsterbau mit Plastikfassade, der Mitte der 1990er Jahre hingeklotzt wurde. Alle Zimmer sind modern und mit Dusche und WC ausgestattet. Im Hotel gibt es ein Restaurant. DZ ab 500 UAH.
- **Ferienhaus** am Ufer der Desna am östlichen Stadtrand weitab vom Zentrum, Vul. Malovnychna, http://www.riverest.com.ua/index.php/zelenyj-turizm, Tel. 066-229 15 91: Neu errichtet mit viel Holz und guter Ausstattung, ab 350 UAH.

Essen und Trinken

- Die Gastroszene ist bescheiden. Die Kneipe **Gubernskaya 8** ist eine Billardbar mit einfacher Küche in der Vul. Hubernska 8.
- **Restaurant Desna,** Pl. Kniaza Ihora, gegenüber den Handelsreihen: Hier hat sich an der Inneneinrichtung seit den 1970er Jahren nur wenig geändert, dafür sind die Küche gut und die Preise günstig geblieben.

Verkehrsmittel

- Die Anreise per **Bus** ist mehrmals am Tag von Chernihiv aus möglich. Der Busbahnhof liegt etwa 2 km westlich des Zentrums am Bahnhof. Viele Busse fahren aber ins Zentrum.
- Mit **Nahverkehrszügen** ab dem Abzweig Tereschenka an der Hauptstrecke nach Moskau ist Novhorod mit drei täglichen Zugpaaren erreichbar.

Floßfahrten auf der Desna und Ferienhäuser

■ Das Tourismusunternehmen **Severiane** bietet Floßfahrten auf der Desna für Gruppen ab 10 Personen an. Nur auf Vorbestellung! Ab 250 UAH pro Stunde, Tagestarife nach Absprache. Bei Mehrtagestouren wird es etwas billiger. Dieselbe Firma vermietet das oben bereits erwähnte Ferienhaus am Ufer der Desna sowie ein weiteres, etwas außerhalb gelegenes Haus im Dorf Kaman für bis zu sechs Personen (www.riverest.com.ua).

Hlukhiv

Глухів

■ **150 km nordwestlich von Sumy, Kosakenfestung aus dem 17. Jh.**
■ **Einwohner: 34.000**

Nähert man sich Hlukhiv aus nördlicher Richtung, erblickt man eine imposante turmreiche Silhouette. Nach der Zerstörung Baturyns wurde der Ort neue Hetmanshauptstadt von Zar *Peters* Gnaden. Im 19. Jh. avancierte die Gegend zu einem Zentrum der **Zuckerproduktion** und machte vor allem die Familie *Tereshchenko* reich, deren Schlösser und Landsitze auch an vielen anderen Orten des Landes (u. a. in der Gegend um Berdychiv, Oblast Zhytomyr) zu bewundern sind. Auch der heutige Bürgermeister des Städtchens trägt diesen Namen: Er kam nach dem Maidan aus dem Pariser Exil zurück in die alte Heimat und wurde 2015 in das höchste Amt der Stadt gewählt.

Hauptplatz ist heute der **Rudenka-Platz.** Hier steht die dreigliedrige **Nikolaikirche** aus dem späten 17. Jh. mit eleganten barocken Formen. Die bedeutendste Straße des Städtchens, die **Vul. Kievo-Moskovska,** liegt einen Block nördlich. Sie ist zum Teil Fußgängerzone, einige schöne Gebäude aus dem 19. Jh., darunter das einstige Haus der Stadtverwaltung, sind hier zu sehen. Der westliche Teil der Straße führt entlang wenig attraktiver Wohnblöcke zum imposanten, strahlend weißen **Kiewer Tor,** einem alten Eingangstor zur Festung. In seinem Umfeld stehen einige Holzhäuser, Erdwälle lassen die ehemalige Festung erahnen. Südlich des Rudenka-Platzes liegt die äußerst eindrucksvolle **Anastasia-Kathedrale** im neuromanisch-byzantinischen Stil vom Ende des 19. Jh. – eine Art weiß gestrichene Ausgabe der Kiewer Volodymyr-Kathedrale. Wenige Meter östlich steht die **Preobrazhenka-Kirche,** ein harmonischer, einfach gehaltener Bau im ukrainischen Barockstil aus dem 18. Jh. Etwas südwestlich dieser Kirchen befindet sich der einstige **Wasserturm,** in den 1920er Jahren in Stahlbetonbauweise errichtet. Er kann täglich bis 17 Uhr bestiegen werden. Der Aufstieg führt recht abenteuerlich über enge, rostige Metalltreppen durch das alte Wasserreservoir hindurch – oben angekommen bietet sich ein toller Ausblick.

Das **Heimatmuseum** liegt in der Vul. Tereschenka 42 in einem historischen Gebäude und öffnet täglich außer Mo (http://hlukhiv.com.ua/pp/museum).

Unterkunft

■ **Hotel Yevropa,** Vul. Tsiolkovskoho 4a, Tel. 099-440 44 40: 1 km östlich des historischen Zentrums, DZ ab 250 UAH.

■ **Erholungskomplex am See** (Kompleks vidpochynku nad ozerom), Pereulok Yevhena Onatskoho 2a, Tel. 05444-326 07: Ein wenig nördlich des Zentrums gelegen, ein Restaurant gehört dazu. DZ ab 300 UAH.

Essen und Trinken

■ **Stare Misto,** Vul. Kievo-Moskovska 55: Im Erdgeschoss eines Gebäudes aus der Sowjetzeit, innen ein wenig auf alt gemacht, hart an der Grenze zum Kitsch.

■ **Mister Coffee,** Vul. Spasska 1: Kleines Café mit leckerem Kaffee und Kuchen.

■ **Café Edelweiß,** Vul. Tereshenko 43, in unmittelbarer Nähe des Wasserturms.

■ **Restaurant Hetmanshchyna,** Vul. Spasska 2b, ebenfalls nahe dem Wasserturm.

Verkehrsmittel

■ Hlukhiv erreicht man am besten mit dem **Bus.** Die Stadt liegt nahe der **Hauptstraße Kiew – Moskau.** Somit sind Busverbindungen ab Kiew überhaupt kein Problem. Auch von Sumy aus ist die Stadt laufend zu erreichen. Der Busbahnhof befindet sich mitten in der Stadt an der Pl. Rudenka.

Putyvl

Путивль

■ **90 km nordwestlich von Sumy, am Fluss Seym, Stadt der Kiewer Rus mit mehreren Klöstern**

■ **Einwohner: 20.000**

Als eine der wenigen Städte der heutigen Ukraine geriet Putyvl bereits ab 1500 unter Moskauer Herrschaft und war fortan eine wichtige **Grenzstadt am Südwestrand des Russischen Reiches.** Die Sakralbauten des Ortes sind stark russisch beeinflusst und unterscheiden sich sehr von den sonst in der Ukraine üblichen. Zwei Kloster und die hübsche Lage oberhalb des Flusses machen die Stadt zu einem guten Ziel für Kurzausflüge von Sumy aus.

Sehenswertes

Movchanskyi-Kloster

Zum malerischen Movchanskyi-Kloster gelangt man über kleine, verkehrsarme Straßen östlich des Marktes in 15–20 Minuten. Auf dem Weg passiert man viel Altbausubstanz. Das Kloster selbst liegt direkt am Abhang und präsentiert sich mit Torturm und Wehrmauer. Es wurde ab dem frühen 17. Jh. errichtet. Die Sowjetzeit überstand es als Ruine, es wird aber seit der Unabhängigkeit sukzessive restauriert. Neben dem Torturm ist die **Muttergottes-Geburtskirche** von 1602 das bedeutendste Bauwerk der Anlage, mit Reliefs an der Außenwand und zwei Kuppeln.

Heilig-Geist-Kloster

Das Kloster aus dem 17. Jh. liegt am Nordrand des Städtchens in einem hübschen Viertel mit kleinen alten Häusern innerhalb eines Parks (Vul. Karla Marksa). Auch diese Anlage ist von einer Wehrmauer mit Torturm umgeben. Mehr noch als das Movchanskyi-Kloster zeigt es die **russischen Einflüsse** der Region: Die Klosterkirche ist – wie die Kirchen Mittelrusslands – geprägt von fünf runden Zwiebeltürmen, die das vergleichsweise flache Zeltdach überragen.

Im Zentrum

Putyvls Zentrum ist wenig sehenswert. Auf der Südseite der Kreuzung von Vul. Baumana und Vul. Kirova sind **Reste des alten Marktviertels** vorhanden. Die Nordseite prägt ein Konglomerat aus einem großen, leeren Platz und schlimmen Kaufhaus- und Verwaltungsgebäuden. Am Südwestrand des Zentrums nahe der Ruine eines Wasserturms zweigt eine Straße von der Vul. Kirova nach Süden an das Hochufer des Flusses ab. Hier hat man immerhin einen wunderbaren Blick auf den Fluss, den ansteigenden Hang mit Holzhäusern und das herrliche Movchanskyi-Kloster. Am Ufer gibt es einen kleinen **Sandstrand.** Auch für Kanufreunde bietet der Seym ein schönes Betätigungsfeld.

Praktische Tipps

Unterkunft

- **Hotel Monastyrska,** Vul. Sverdlova 2: Einziges Hotel Putyvls, älteres Gebäude nicht weit vom Zentrum, DZ ab 300 UAH.

Essen und Trinken

- **Hostynyi Dvir:** Das einzige halbwegs nette Restaurant liegt in der Vul. Sverdlova 36 im Zentrum im Keller eines kitschigen Neubaus. Interessant sind Fotos der Stadt aus vorsowjetischer Zeit.

Verkehrsmittel

- Der Bahnhof liegt 25 km entfernt in Buryn, trägt jedoch den Namen Putyvl. Er liegt an der **Hauptstrecke Konotop – Sumy** und ist mit **Fernzügen** recht gut erreichbar. Im Nahverkehr verkehren leider nur zwei Zugpaare täglich.
- Der Busbahnhof liegt in der Vul. Kirova 55. Insgesamt ist der **Busverkehr** eher mäßig: vier Buspaare der Strecke Hlukhiv – Sumy, eines aus Poltava.

Sumy

Суми

- **Im Nordosten der Ukraine, am Fluss Psel, Oblasthauptstadt, wichtige Neugründung aus dem 17. Jh.**
- **Einwohner: 270.000**

Sumy zählt nicht zu den touristischen Highlights des Landes, umso überraschter ist man beim Anblick der liebevoll sanierten, in weiten Teilen erhaltenen und angenehm verkehrsberuhigten **historischen Innenstadt.** Die Oblast Sumy bildet gemeinsam mit der südlich gelegenen Oblast Kharkiv die historische Region **Slobozhanschyna,** auch **Sloboda-Ukraine** genannt. Hier erschlossen ab Mitte des 17. Jh. ukrainische Siedler aus der Zentralukraine das von den Mongolen verwüstete und mehrere Jahrhunderte nahezu unbewohnte Gebiet, um sich ungestört von polnischen Großgrundbesitzern eine neue Existenz aufzubauen. Sumy selbst wurde 1652 gegründet, nachdem sich Siedler aus Bila Tserkva hier niederließen. Neben Kharkiv und Okhtyrka wurde Sumy zu einer der wichtigsten Städte der Sloboda-Ukraine. 1708 war die Stadt Stützpunkt der Truppen von *Peter dem Großen* im Kampf gegen die Schweden. Nach deren vernichtender Niederlage bekamen Sumys Bewohner wichtige Handelsprivilegien, in

deren Folge die Stadt erblühte. Das heutige Stadtbild stammt überwiegend aus der zweiten Hälfte des 19. Jh.

Sehenswertes

Pl. Pokrovska

Sumys **Hauptplatz** bekam erst unlängst seinen alten Namen zurück, bis dahin hieß er Roter Platz (Pl. Chervona). In seiner Mitte befindet sich ein schöner Park. Blickfang ist die herrliche, mit aufwendigen Holzschnitzereien versehene **Rotunde,** die **Altanka,** das Symbol Sumys und einziges Holzbauwerk, das den 2. Weltkrieg unbeschadet überlebte.

Am östlich angrenzenden Teatralna-Platz – zur Zeit *Breschnews* leider mit mehreren Wohnblöcken neu bebaut – ist lediglich das **Haus mit den Karyatiden**

(Vul. Kirova 2) sehenswert. Das prachtvolle Eckgebäude von 1905 war einst Sitz des Gerichts. Weibliche Stuckfiguren (sog. Karyatiden) an der Außenfassade scheinen die darüber liegenden Balkone zu stützen. Heute ist das Haus Sitz des Regionalmuseums. Die als schattige Allee angelegte **Vul. Petro-Pavlivska** führt vom Zentrum nach Süden. Hier stehen schöne Bauten aus dem 19. Jh., darunter die städtische **Philharmonie.** Die Straße führt zur Peter-und-Pauls-Kirche von 1851. Die grüne Lunge der Stadt ist der **Ivan-Kozhedub-Park,** der sich südlich des Zentrums über mehrere Kilometer entlang des Psel zieht. Auch einen Badestrand gibt es hier.

Vul. Soborna und Vul. Voskresenka

Beide Straßen sind **Fußgängerzonen** und von hübschen Fassaden gesäumt. Sehr sehenswert ist die hellblaue **Christi-Verklärungs-Kathedrale** von 1776. Die Vul. Soborna endet am Maidan Nezalezhnosti, in den 1970er Jahren mit Verwaltungsgebäuden und Kulturpalast neu angelegt. Auch der Betonklotz des heute leer stehenden Hotels Sumy entstand zu dieser Zeit. Dem Bau des Platzes musste ein gesamtes Altstadtviertel samt Kirche weichen. Heute ist der Platz selbst tagsüber wie ausgestorben.

Das älteste Gebäude der Stadt ist die ungewöhnliche **Voskrenska-Kirche** von 1702. Im ukrainischen Barockstil errichtet, erinnert sie mit ihrer dreiteiligen Struktur an eine überdimensionierte traditionelle Holzkirche der Region. Zeitweise fungierte das Gebäude auch als Wehrkirche. Der Glockenturm stammt aus dem späten 19. Jh.

Nördlich der Innenstadt

Nördlich der eigentlichen Innenstadt schließt sich ein locker bebautes Villenviertel an. Eine kleine römisch-katholische Kirche vom Beginn des 20. Jh. steht hier, außerdem der eindrucksvollste Sakralbau Sumys, die gewaltige, im neobarocken Stil mit großer Zentralkuppel, vier kleineren Seitenkuppeln und Glockenturm nach Vorbildern aus St. Petersburg errichtete **Troitska-Kirche.** Sie wurde ab 1901 erbaut und von einem durch die Zuckerproduktion reich gewordenen Magnaten gestiftet. In der Kirche finden landesweit bekannt Orgelkonzerte statt.

Praktische Tipps

Unterkunft

12 Hotel Psel, Pereulok Dachnyi 2/1, http://psyol.sumy.ua: Nahe dem Fluss, etwa 500 Meter nördlich des Zentrums gelegen. Moderner Hotelkomplex mit Swimmingpool im Hof. DZ ab 450 UAH.

7 Hotel Reikartz, Pokrovska-Platz/Ecke Vul. Soborna, https://reikartz.com/en/hotels/sumy: Das einstige Hotel Ukraina wurde 2012 von der Hotelkette Reikartz übernommen und bietet gute DZ ab 750 UAH.

2 Hotel Voskresenkyi, Pl. Nezalezhnosti 15: Das Hotel in der Nähe der Voskresenka-Kirche ist in einem Neubau der 1990er Jahre untergebracht. Der Standard ist gut, zum Hotel gehört auch ein großzügiger Wellnessbereich. DZ ab 660 UAH.

10 Pan Hotel, Pereulok Kuznechyi 1, südlich des Zentrums gelegen, http://hotel-pan.sumy.ua: DZ ab 600 UAH.

11 Hostel Sumy, Pereulok Kuznechyi 12: Das Hostel etwa 1 km südlich des Zentrums bietet Betten ab 200 UAH im Schlafsaal.

■ **Bahnhofszimmer,** wie fast überall findet sich die billigste Übernachtungsmöglichkeit im Bahnhof. Ab 100 UAH im Mehrbettzimmer. Der Bahnhof und sein Umfeld sind allerdings nicht gerade anheimelnd.

Essen und Trinken

3 **Sumka,** Vul. Voskresenska 32: Themenrestaurant nahe der Voskrenska-Kirche. Die Bereiche des Cafés sind unterschiedlich gestaltet, z. B. als Bauernstube oder großbürgerlicher Salon. Küche und Service sind gut, das Konzept irgendwie auch.

5 **Chaikoff,** Vul. Voskresenska 9: Nettes Café mit guter Kuchenauswahl.

6 **Restaurant Grand Viktoria,** Vul. Voskresenska 10: In einem großen Kellergewölbe und nicht ganz billig.

12 **Staryi Mlyn,** Pereulok Dachnyi 9a, etwas außerhalb der Altstadt nahe dem Fluss: Weitläufiger Komplex im Stil eines ukrainischen Dorfes, nett mit nachgebauter Mühle und Häusern mit Reetdächern. Die Preise sind nicht ohne.

4 **Aist Bar,** Vul. Soborna 29b: Kneipe und Cocktailbar in der Altstadt in einem gemütlichen Kellergewölbe.

8 **Pizzeria Vicenzo,** Pl. Pokrovska 2, http://sumypizza.com: Ansprechendes Kellerlokal.

Einkaufen

1 Der zentrale **Markt** befindet sich nur wenig westlich der historischen Innenstadt an der Vul. Persha naberezhna Riky Strilky.

9 Ein großes **Kaufhaus** gibt es am Pokrovska-Platz Ecke Vul. Kooperatyvna.

Holzkirche und Melonenverkauf in Lebedyn

Lebedyn

Лебедин

■ 50 km südwestlich von Sumy, nahe des Psel, Neugründung aus dem 17. Jh., später Handelszentrum
■ Einwohner: 28.000

Lebedyn wurde erst im 17. Jh. im Zuge der Wiederbesiedlung der Slobozhanschyna errichtet. Spektakuläre Architektur gibt es keine, aber die **Struktur einer traditionsreichen Handelsstadt** aus dem späten Zarenreich mit viel Altbausubstanz, Handelsreihen und mehreren Kirchen hat sich hier in geradezu idealtypischer Weise erhalten. Die **Handelsreihen** aus der Mitte des 19. Jh. liegen in der Mitte des Pl. Soborna. Sie sind zwar weniger prachtvoll als in Bila Tserkva oder Novhorod Siverskyi, aber das quadratische Gebäude mit Innenhof, rundherum von Arkadengängen umgeben, ist dennoch sehenswert. An der Südostecke des Marktes steht das alte Rathaus aus dem frühen 20. Jh. mit einfachen Jugendstilornamenten an der Fassade, heute das Feuerwehrhaus. Südwestlich des Platzes schließt ein Viertel mit gepflegten **Altbauten** an, das von einer mächtigen Backsteinkirche im neo-byzantinischen Stil aus dem Jahr 1890 überragt wird. Von der Pl. Soborna führt die Vul. Karla Marksa mit ihren restaurierten Fassaden aus dem 19. Jh. nach Nordwesten. Sie läuft auf die Voznesenska-Kirche zu, die stark von der altrussischen Bauweise inspiriert ist, mit Glockenturm und fünf runden Kuppeln. Von der Kirche, die aus der Mitte des 19. Jh. stammt, führt eine kleine Straße nach Norden. Folgt man ihrem gewun-

Verkehrsmittel

■ Als Oblasthauptstadt ist Sumy gut mit der **Bahn** erreichbar. Die **Nordstrecke Kiew – Kharkiv** führt über Sumy. Der Bahnhof liegt 1,5 km nördlich der Innenstadt am Ende des Prospekt Shevchenko.

■ Auch per **Bus** ist die Stadt hervorragend angebunden. Der Busbahnhof liegt in der Vul. Kutusova Ecke Vul. Baumana. Vom Zentrum gelangt man dorthin, indem man vom Pokrovska-Platz der Vul. Ilinska folgt, bis diese an besagter Kreuzung in die Kutusova übergeht.

denen Verlauf etwa 1,5 km, gelangt man zum ältesten Gebäude der Stadt, der **Voskresenska-Kirche** aus dem Jahr 1789, einer schönen dreikuppeligen Holzkirche, die unlängst restauriert wurde. Auch diese Kirche ist umgeben von kleinen Holzhäusern.

Unterkunft

- **Hotel Anna,** Vul. Shevchenka 9, Tel. 05445-385 57: Neues Minihotel im Stadtzentrum mit kleinem Café. DZ ab 300 UAH.

Einkaufen

- Der **Markt** liegt im Zentrum in den alten Handelsreihen.

Verkehrsmittel

- Lebedyn ist von Sumy per **Bus** gut erreichbar. Der Busbahnhof liegt ca. 300 Meter westlich der Pl. Soborna.

Trostianets

Тростянець

- **50 km südlich von Sumy, nahe des Psel, typische Neugründung der Sloboda-Ukraine aus dem 17. Jh.**
- **Einwohner: 21.000**

Trostianets liegt in hübscher Hügellandschaft an der Durchgangsstraße von Sumy nach Kharkiv. Der Ort wurde Ende des 17. Jh. von Kosaken aus dem gleichnamigen Ort der Region Vinnytsia gegründet, die nach der verheerenden Niederlage von Berestechko in den ukrainischen Osten fliehen mussten. Im 18. Jh. wurde Trostianets von *Peter dem Großen* an seinen Priester *Nadarzhynskyi* übergeben, dessen Nachkommen hier eine **Palastresidenz** errichteten. 1864 war *Peter Tschaikowsky* ein Jahr zu Gast. Kernstück des Palastensembles ist ein ovales Gebäude mit 100–150 Meter Durchmesser, das an eine Festungsanlage erinnert. Es umgibt einen großen Innenhof, der einst für Theatervorführungen und Pferdespektakel genutzt wurde. Der Palast kann täglich außer sonn- und feiertags besichtigt werden und beherbergt ein **Tschaikowskymuseum.** Angrenzend ist ein Palast aus dem späten 18. Jh. zu sehen. Nahebei liegt die Blahovishchenska-Kirche aus der Mitte des 19. Jh.

Unterkunft

- **Hotel Trostianets,** Vul. Blahovishchenska (ehem. Vul. Gorkoho) 30, Tel. 05458-668 80: Im Zentrum gegenüber dem Palastensemble. Teilweise renoviert und sehr billig mit DZ ab 200 UAH.

Verkehrsmittel

- Trostianets ist sehr gut per **Bahn** erreichbar Der Bahnhof Smorodyne liegt nördlich von Trostianets ca. 1 km von der Stadt entfernt an der **Hauptstrecke Sumy – Kharkiv.**
- Trostianets liegt an der Hauptverkehrsstraße Sumy – Kharkiv und ist den ganzen Tag über mit dem **Bus** zu erreichen. Der Busbahnhof befindet sich direkt in der Stadt.

Okhtyrka

Охтирка

- **75 km südlich von Sumy nahe der Vorskla, typische Neugründung der Sloboda-Ukraine aus dem 17. Jh.**
- **Einwohner: 49.000**

Einst war die unspektakuläre Kleinstadt Okhtyrka neben Kharkiv und Sumy die wichtigste Stadt der Sloboda-Ukraine und übertraf als Handelsplatz die beiden genannten Städte zeitweise sogar an Bedeutung. Heute sind im Zentrum einige alte Fassaden zu sehen. Hier steht auch der bedeutendste Sakralbau der Stadt, die türkis-weiße **Pokrovskakirche,** ein barocker dreiflügeliger Bau mit einem zentralen und zwei kleineren Seitentürmen aus dem Jahr 1753. Die Kirche ist frisch renoviert und prägt das Stadtbild nachhaltig, der direkt angrenzende Industriekomplex und ein neben der Kirche liegendes Stadion schmälern aber den harmonischen Eindruck. Die äußerst bemerkenswerte **Michaelskirche** (1884) am nördlichen Stadtausgang ist optisch ein völliger Gegenentwurf zur Pokrovska-Kirche, denn der imposante rote Backsteinbau im romantischen Stil hat verspielte silberne Kuppeln und Türmchen.

4 km westlich der Stadt, auf einem Hügel oberhalb des reizvollen Tales der Vorskla, liegen die Reste des **Dreifaltigkeitsklosters,** das während der Sowjetzeit zerstört wurde; nur der Glockenturm blieb intakt. Seit einigen Jahren wird das Kloster wieder zu seinem ursprünglichen Zweck genutzt und sukzessive wieder aufgebaut. Nähere Informationen über das Kloster (auch in englischer Sprache) finden sich unter www.ahtyr.org.

Unterkunft

- **Hotel Naftovyk,** Vul. Pushkina 5, Tel. 05446-249 05: Relativ neuer Hotelkomplex in der Nähe der Pokrovska-Kirche, DZ ab 400 UAH.
- **Wellnessresort Bumerivka,** Sumka Oblast, Okhtyrskyi Raion, S. Bumerivka, Vul. Shevchenka 1a, www.buymerovka.com.ua: Etwa 5 km westlich von Okhtyrka liegt dieses Resort mit Unterkünften in Hotelgebäuden und luxuriösen Holzbungalows. Westlicher Standard und westliche Preise: DZ ab 350 UAH, nach oben offen.

Verkehrsmittel

- Der nächste größere Bahnhof liegt im 10 km entfernten Krykivka. Per **Bus** ist Okhtyrka gut erreichbar, da die **Hauptstraße Sumy – Kharkiv** am östlichen Stadtrand verläuft und die Straße Sumy – Poltava sogar mitten durch die Stadt führt. In alle drei Städte gibt es ständige Verbindungen. Der Busbahnhof ist an der Vul. Mehznynskoho 6a, ein wenig östlich des Zentrums.

Dykanka

Диканька

- **30 km nördlich von Poltava, nahe der Vorskla, Landsitz, bekannt geworden durch Werke Gogols**
- **Einwohner: 8000**

Das idyllische Dorf liegt auf einem Höhenzug nahe der Vorskla, die etwa 3 km östlich von Dykanka in einer markanten Geländestufe zum Fluss hin abfällt. Dykanka geht zurück auf den Landsitz der einflussreichen **Kosakenfamilie Kuchubey.** Besonders *Vasyl Kuchubey* (1640–1708) spielte zu *Mazepas* Zeit eine wichtige Rolle. Gekränkt wegen einer Liebelei seiner jungen Tochter mit dem alten *Mazepa,* warnte er Zar *Peter den Großen* mehrfach über *Mazepas* Absichten, sich mit den Schweden zu verbünden – *Peter* glaubte ihm indes nicht. Er informierte stattdessen *Mazepa* über *Kuchubeys* Spitzelei, woraufhin dieser ihn „beseitigen" ließ. In die Weltliteratur ging der Ort dank *Nikolai Gogols* Erzählband „Abende auf dem Weiler bei Dikanka" ein.

Während der Oktoberrevolution wurde der Palast der *Kuchubeys* zerstört, sodass der Ort heute eines seiner wichtigsten Bauwerke beraubt ist. Lediglich ein rosafarbener **Triumphbogen,** der bereits von der Hauptstraße aus zu sehen ist, erinnert an den Palast. Von hier führt eine 2 km lange Allee aus mächtigen alten Bäumen zu einer **Mausoleumskapelle** im klassizistischen Stil. Sie ist schön renoviert und ein beliebter Hintergrund für Hochzeitsfotos. Eine nahe gelegene hölzerne Windmühle trägt zum romantischen Flair bei. Im Zentrum Dykankas steht die hübsche **Dreifaltigkeitskirche** im Rokokostil. Mit der Errichtung des Zentralbaus wurde 1780 begonnen.

Das neu errichtete **Freilichtmuseum Khutor Blys Dykanky** mit reetgedeckten Dorfhäusern liegt im Weiler **Prony.** Der Name entstammt einer Erzählung *Gogols.* Adresse: Khutor Prony. Auf dem Gelände befindet sich das gleichnamige Restaurant in einem romantischen Reetdachhaus.

Das **Regionalgeschichtliche Museum** in der Vul. Lenina 68 im Ortszentrum von Dykanka hat täglich außer Mo geöffnet.

Unterkunft

■ Derzeit gibt es kein Hotel, sondern nur ein **Privatquartier:** Tel. 05351-974 34, nähere Infos unter http://ruraltourism.com.ua/?a=oblast&id=53, https://zatishnaoselya.blogspot.de.

Essen und Trinken

Dykanka ist in der Region Poltava ein beliebtes Ausflugsziel. Daher gibt es ein gutes Angebot an Restaurants, darunter:

■ **Kochubeivska Sadyba,** das Ausflugslokal liegt in der Nähe des Triumphbogens in einem erhaltenen Nebengebäude des zerstörten Palastes. Etwas gehobenere Preise, dafür mit sehr ansprechendem Interieur.

■ **Restaurant Dykanka,** Vul. Dzerzhinskoho 5a: Das recht große Restaurant wurde im typischen Stil der 1980er Jahre errichtet und liegt mitten im Ortszentrum.

Verkehrsmittel

■ Die **Hauptstraße Poltava – Sumy** führt direkt an Dykanka vorbei; es herrscht reger **Busverkehr.** Von der Straße ins Zentrum sind es etwa 2 km. Zudem fahren **Marshrutky** aus Poltava direkt ins Zentrum des Ortes.

Poltava

Полтава

■ **130 km westlich von Kharkiv, 330 km östlich von Kiew, Oblasthauptstadt, Schauplatz einer der zentralen Schlachten der russischen bzw. ukrainischen Geschichte**

■ **Einwohner: 297.000**

Das viele Grün und eine **nahezu vollständig erhaltene Altstadt** – für die das große St. Petersburg Modell stand – machen Poltava zu einer der schönsten Städte der Ukraine. Das strahlende Weiß der klassizistischen Bauwerke wechselt mit dem lichten Grün der Platanen und Kastanien und bildet eine wunderbare Kulisse für Flaneure. Auch historisch Interessierte kommen in Poltava voll auf ihre Kosten: Unweit der Stadt wurde eine der bedeutendsten und folgenreichsten Schlachten der europäischen Geschichte geschlagen – die **Schlacht von Poltava.**

⊡ Poltava – das Kreuzerhöhungskloster

Geschichte

Die Geburtsstunde der heutigen Stadt schlug am **27. Juni 1709.** An diesem Tag traf unweit des bis dahin eher belanglosen Städtchens, das vor allem wegen seiner Festung von Bedeutung war, die russische Armee unter *Peter dem Großen* auf eine schwedisch-ukrainische Allianz unter Führung *Karls XII.* und *Ivan Mazepas.* Die Russen errangen einen triumphalen Sieg. Die Schlacht markierte den **Wendepunkt des Großen Nordischen Krieges** (1700–21), der erbitterten Auseinandersetzung zwischen Schweden und Russland um die Vorherrschaft im Ostseeraum. Die fatale Niederlage leitete Schwedens Untergang als europäische Großmacht ein und war zugleich der Beginn des russischen Aufstiegs zu einem der mächtigsten Staaten des Kontinents. Die historische Bedeutung dieses Sieges blieb den Russen stets bewusst (und ist es bis heute). Anlässlich des 100. Jahrestages der Schlacht, 1809, wurde Poltava zu Ehren des großen Triumphes urbanistisch umgestaltet – und verwandelte sich in ein mit Schlachtendenkmälern vollgestelltes Klein-St. Petersburg mitten in der ukrainischen Provinz. Für die Ukrainer war die verlorene Schlacht bei Poltava ein bitterer Rückschlag im Kampf um die staatliche Unabhängigkeit. *Ivan Mazepa* hatte mit einer Kosakenarmee das schwedische Heer unterstützt, in der Hoffnung, eine russische Niederlage würde eine unabhängige Ukraine ermöglichen. *Karl* hatte *Mazepa* Unterstützung für dieses Vorhaben zugesichert. Das genaue Gegenteil trat ein – für die kommenden knapp 300 Jahre nach der Schlacht blieb die Ukraine unter russischer Vorherrschaft. Interessanterweise entwickelte sich gerade Poltava zu einem herausragenden **Zentrum der ukrainischen Kulturgeschichte.** Berühmt ist die Stadt ganz besonders für ihr unvergleichlich reiches literarisches Erbe. Mit *Ivan Kotlyarevsky,* dem „Vater" der ukrainischen Literatur, und *Nikolai*

ukr19-019 pk

Poltava Полтава

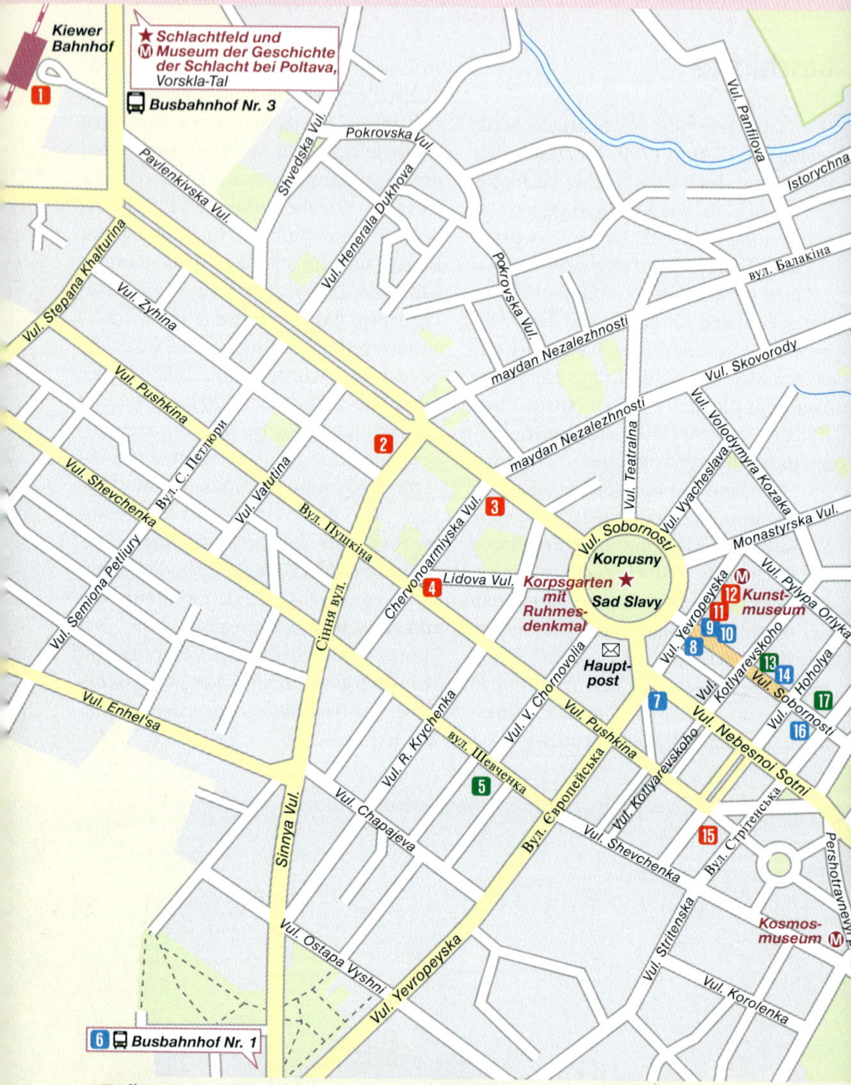

Übernachtung

1 Bahnhofszimmer
2 Hotel Kiew
3 Hotel Ukraina
4 Sofa Hostel
11 Dream House
12 Reikartz Gallery
15 Hotel Palazzo
20 Hotel Turyst

Essen und Trinken

6 Brauerei Poltavpyvo
7 Botanik
8 Miasnyi Dvoryk
9 Bier Lodga
10 Augustin
14 Poltavske Pyvo
16 Muza Bar
18 Stoh Dorih
19 Khutorok

Einkaufen/Sonstiges

5 Markthalle
13 Kaufhaus TsUM
17 Korovaj

Ivan Mazepa (1644–1709)

von *Björn Jungius*

Ivan Mazepa ist eine der großen Persönlichkeiten der ukrainischen Geschichte. Der adelige, umfassend gebildete und im diplomatischen Dienst geschulte Kosakenhetman war zum einen ein großer **Mäzen.** Sein Kunstverstand und nicht zuletzt seine großzügige finanzielle Unterstützung trugen entscheidend zur Blüte der ukrainischen Sakralarchitektur Ende des 17. Jh. bei. Bekannter ist *Mazepa* freilich für die Rolle, die er während des Großen Nordischen Krieges spielte. Noch zu Kriegsbeginn 1700 war *Mazepa* einer der engsten Vertrauten des jungen Zaren *Peter I.* Doch der äußerst verlustreiche Einsatz seiner Kosakeneinheiten in der Frühphase des Krieges – die noch dazu, ein Novum, außerhalb ukrainischer Gebiete kämpfen mussten – und die Rekrutierung von Kosaken für den Bau der neuen russischen Hauptstadt St. Petersburg (bei den Bauarbeiten im Sumpf starben die Kosaken wie die Fliegen), ließen bei *Mazepa* tiefe Zweifel an der Vorteilhaftigkeit seiner **Allianz mit Moskau** entstehen. Als die schwedische Armee unter *Karl XII.* 1708 das Gebiet der heutigen Ukraine erreichte, entschloss sich *Mazepa* die Seiten zu wechseln. Der schwedische König *Karl XII.* hatte ihm zuvor seine Unterstützung für ein unabhängiges ukrainisches Hetmanat zugesichert.

Für *Peter* kam *Mazepas* **Seitenwechsel** völlig unerwartet, und er war zutiefst schockiert ob dieses „Verrats". Umgehend ließ er seine Einheiten in *Mazepas* Residenzstadt Baturyn einrücken, die dort alles dem Erdboden gleichmachten. Bei dieser „Vergeltungsmaßnahme" wurden gleich auch die 15.000 Einwohner Baturyns massakriert. Im selben Jahr belegte die orthodoxe Kirche *Mazepa* mit einem Anathema, sein Bildnis wurde in Moskau öffentlich gehängt. Die verheerende **Niederlage der schwedisch-ukrainischen Allianz bei Poltava** 1709 bedeutete nicht nur das Ende der Träume von einer unabhängigen Ukraine. Auch *Mazepas* persönliches Ende war nah. Der Hetman floh gebrochenen Herzens ins osmanische Bender (heute Moldawien), wo er kurz darauf verstarb.

Bis heute gilt *Mazepa* in der russischen Geschichtsschreibung als die Verkörperung des heimtückischen Verräters schlechthin. Wie sehr diese **Verteufelung** nachwirkt, zeigt sich daran, dass *Mazepa* selbst in der unabhängigen Ukraine noch eine kontroverse Figur ist, und dies, obgleich sich die Yushchenko-Administration mit Nachdruck für die Rehabilitierung seines Namens einsetzte. 2010 musste in Kiew der Teil der Mazepa-Straße, der am Kiewer Höhlenkloster vorbeiführt, auf Druck des Moskauer Patriarchats wieder umbenannt werden. Seit 2009 wartete ein fertiges Mazepa-Denkmal darauf, endlich in Poltava aufgestellt zu werden – jedoch war der Widerstand in der Stadtverwaltung und in Teilen der Bevölkerung so groß, dass der Plan erst 2016, also lange nach Ende des Euromaidans, realisiert werden konnte. Heute steht die Statue auf dem Maidan Soborny im Zentrum von Poltava.

Gogol stammen zwei der Titanen der ukrainischen Literatur aus der Stadt bzw. der Region.

Sehenswertes

Korpsgarten (Korpusny Sad Slavy) und Vul. Sobornosti

Der schön begrünte Korpsgarten ist das **Herz Poltavas.** Der kreisförmige Platz und die ihn umgebenden acht weißen klassizistischen Verwaltungsgebäude (darunter die Post und das Haus des Stadtrats, heute ein Kino) sind dem berühmten Palastplatz in Petersburg nachempfunden. Die Platzmitte ziert das auffällige **Ruhmesdenkmal** – der mit einem Adler gekrönte Obelisk wurde 1809, anlässlich des hundertjährigen Jubiläums der Schlacht bei Poltava, aufgestellt. Vom Korpsgarten gehen, streng geometrisch angeordnet, strahlenförmig acht Straßen ab. Eine davon ist Poltavas schönste und berühmteste, die **Vul. Sobornosti** (ehem. Vul. Zhovtneva). Ihr südöstlich vom Platz abzweigender Teil ist **Fußgängerzone** – hier beginnt Poltavas angenehmster und interessantester Spaziergang. Entlang der Sobornosti gibt es zahllose Kneipen und Shoppinggelegenheiten, und sie führt, immer wieder unterbrochen von lauschigen kleinen Parkanlagen, direkt zu vielen der bekanntesten Sehenswürdigkeiten Poltavas. Der erste wichtige Sakralbau an dieser Straße ist die **Erlöserkirche** (Vul. Sobornosti 10). Errichtet 1705, ist sie die älteste erhaltene Kirche der Stadt – und eine der ganz wenigen, die die Sowjetherrschaft unbeschadet überlebten. Hier betete *Peter der Große* nach der erfolgreichen Schlacht. 1845 wurde die durch *Peters* Präsenz geadelte Kirche mit einem Steingebäude überbaut und um einen Glockenturm ergänzt. In ihrer Sichtweite befindet sich ein ungewöhnliches **Denkmal für Zar Peter I.** Es steht angeblich an der Stelle, an der sich einst das Haus des Kommandeurs der Poltaver Festung befand. Hier erholte sich *Peter* am Tag nach der Schlacht bei einem guten Essen. Das Denkmal stammt aus dem Jahr 1847 und besteht aus einem Granitsockel, auf dem Schwert, Schild, Helm und Lorbeer ruhen.

Die Sobornosti endet am **Kathedralenplatz** (Maidan Soborny), der seinen Namen natürlich wegen der prachtvollen **Mariä-Entschlafens-Kathedrale** trägt, deren strahlendes Weiß und goldene Kuppeln die besondere Atmosphäre des Ortes prägen. Kaum zu glauben, aber die Kathedrale ist ein Neubau aus den 2000er Jahren. Der ursprüngliche Bau wurde 1934 von den Sowjets zerstört, nachdem das wertvolle Interieur katalogisiert und auf verschiedene Museen verteilt worden war. Einzig der vierstöckige Glockenturm, ein architektonisches Meisterwerk des frühen 19. Jh., blieb erhalten. Der Wiederaufbau ist übrigens keine exakte Kopie des Originals. Im weitgehend leeren Innern der Kathedrale merkt man, dass hier gerade erst begonnen wurde, eine geistige und architektonische Leerstelle wieder zum Leben zu erwecken. Die Kathedrale untersteht dem Kiewer Patriarchat. Von hier aus wurde ab 2014 aktive Hilfe für die Soldaten an der Front im Donbas organisiert. Zeitweise dienten Teile der Kirche als Lager für Ausrüstungsgegenstände der Freiwilligen. Seit 2016 steht auf dem Maidan Soborny eine Bronzestatue von *Ivan Mazepa*, die bereits zu Zeiten von *Yushchenko*, im Jahr 2009, aufgestellt werden sollte, was jedoch am Widerstand der damaligen prorussischen Stadtverwaltung scheiterte (s.a. Exkurs).

Etwas hinter der Kathedrale befindet sich einer der schönsten und bekanntesten Plätze Poltavas: ein Aussichtsplateau, das mit der **Weißen Rotunde** im klassischen griechischen Stil geschmückt ist. Der Blick über das Tal hinüber zum **Kreuzerhöhungskloster** ist großartig. Die Weiße Rotunde wurde ursprünglich 1909 anlässlich des 200sten Jahrestages der Schlacht von Poltava errichtet. Im 2. Weltkrieg zerstört, wurde sie 1954 mit neuem Namen und leicht veränderter Botschaft neu gebaut: als Rotunde zur Feier der russisch-ukrainischen Völkerfreundschaft anlässlich des 300. Jahrestages des Vertrags von Pereiaslav.

Kreuzerhöhungskloster (Khrestovozdvyzhensky Monastyr)

Das auf der höchsten Erhebung der Stadt gelegene Kloster ist eines der bedeutendsten der Ukraine und beherbergt den wertvollsten Sakralbau der Stadt: die **Kreuzerhöhungskathedrale** (geweiht 1756) mit ihrem riesigen, 45 Meter hohen Glockenturm (errichtet 1786) im ukrainischen Barockstil, der stark an den Glockenturm der Kiewer

Die Weiße Rotunde

ukr14-030 bj

Sofia erinnert. Neben dem Michaelskloster in Kiew ist die Kathedrale übrigens der einzige Sakralbau der Ukraine mit **sieben Kuppeln** – normalerweise sind es fünf. Nach der Schließung des Klosters und der Ermordung bzw. Verbannung der Mönche durch die Sowjets 1923 wurde die Klosteranlage zweckentfremdet. Sie diente u. a. als Eisenbahnerclub, Waisenhaus und Obdachlosenheim. Seit 1991 ist sie ein Frauenkloster.

Das Kloster liegt etwa 3 km außerhalb des Stadtzentrums, eine Busverbindung gibt es nicht. Man erreicht es per Taxi oder zu Fuß – immer der Vul. Monastyrska folgen. Das Gelände schließt um 20 Uhr.

Museen

Museum der Geschichte der Schlacht bei Poltava

■ Shvedska Mohyla 32, Mi, Do, So 9–17 Uhr, Fr 9–16 Uhr, Mo/Di siehe Info auf der Website, 20 UAH, www.battle-poltava.org/eng

In dem höchst interessanten Museum finden sich originale Karten, Waffen, Uniformen (darunter diejenige *Peters*), Porträts der Protagonisten und andere Artefakte der grauenhaften Schlacht. Es gibt auch ein interessantes Modell und ausführliche Einführungstexte in englischer Sprache. Das Museum liegt direkt auf dem weitläufigen **Gelände des ehemaligen Schlachtfeldes,** das auch begangen werden kann. Binnen sieben Stunden wurden hier etwa 8500 Menschen hingemetzelt, darunter über 6900 schwedische Soldaten (nicht von ungefähr heißt die Straße, die hinaus zum Museum führt, „Straße des schwedischen Grabes"). Die Redewendung „Wie ein Schwede in Poltava" wird im Russischen bis heute für einen völlig hilflosen Menschen benutzt. Auf dem ehemaligen Schlachtfeld sind Massengräber, Mahnmale und Denkmäler sowie die Standorte der teils rekonstruierten Redouten (kleine Erdfestungen mit Wällen und Gräben) zu besichtigen, und man kann die unwirkliche Atmosphäre des Ortes auf sich wirken lassen. Gegenüber dem Museumsgebäude steht die bemerkenswerte **Kirche des Heiligen Sampsoniy,** geweiht 1856. Das Schlachtfeld liegt einige Kilometer nördlich des eigentlichen Stadtzentrums, am einfachsten ist daher die Anreise per Taxi. Zurück kann man dann in den – leeren! – Bus einsteigen, der vom Museum ins Zentrum fährt.

Heimatmuseum

■ Vul. Konstitutsii 2, Mo 10–17 Uhr, Di und Do bis So 9–17 Uhr, Mi geschlossen, 5 UAH, www.pkm.poltava.ua/eng

Poltavas größtes Museum ist das Heimatmuseum. Ein solches findet sich in jeder ukrainischen Stadt – lebendiges Zeugnis des zaristischen (und später sowjetischen) Verständnisses von Museumspädagogik. Wie in allen Museen dieses Typs gibt es auch hier eine, mitunter sehr liebevolle und lebendige, **Zeitreise durch die Lokalgeschichte,** vermittelt durch archäologische Relikte, Tausende verschiedener Gebrauchsgegenstände, Informationen über Geografie, Flora und Fauna der Region etc. Unbedingt sehenswert ist aber vor allem das Gebäude selbst: ein fantastisches, reich ornamentiertes Jugendstilgebäude von 1892. Das grandiose Innere – mit seinen bemalten Keramikfliesen und floralen Wandmalereien – ist allein das (kleine) Eintrittsgeld wert.

Direkt gegenüber vom Heimatmuseum befindet sich ein äußerst ungewöhnliches **Shevchenko-Denkmal,** ein kubistisches Werk des „ukrainischen Michelangelo" *Ivan Kavaleridze* (1887–1978) von 1926.

Kosmosmuseum

Pershtravnevyi Prosp. 16, Mo bis Fr 9–16 Uhr, 20 UAH, http://pspace.pe.hu

Gewiss von Interesse für Leute, die sich für die Geschichte der sowjetischen Raumfahrt interessieren.

Kotlyarevskyi-Museum

Soborny Maidan 3, http://ipkotlyarevsky.narod.ru

Das Museumshaus mit dem wundervollen Garten ist ein liebevoller Nachbau von *Ivan Kotlyarevskyis* einstigem Wohnhaus – man orientierte sich an einer Zeichnung *Shevchenkos. Kotlyarevsky* (1769–1838) gilt als **Vater der ukrainischen Literatur.** Sein **Gedicht „Eneida"** (ukr.: Енеїда) aus dem Jahr 1798 ist das erste literarische Werk, das in modernem Ukrainisch verfasst und veröffentlicht wurde. Der Text ist eine freche Parodie der „Aeneis" *Vergils.* Der Held *Enei* ist ein Zaporoger Kosak, dessen Heimstadt – die Sich – soeben zerstört wurde.

Praktische Tipps

Unterkunft

12 **Reikartz Gallery,** Vul. Yevropeyska 7, https://reikartz.com/en/hotels/gallery-poltava: Das feine, kleine Hotel neben dem Kunstmuseum wurde 1999 eröffnet und ist eine der elegantesten Adressen der Stadt. Zu den Annehmlichkeiten zählen – neben der Toplage und den komfortablen Zimmern – ein gutes Restaurant, bewachtes Parken und eine Sauna. DZ ab 1400 UAH. Vor geraumer Zeit übernahm die Reikartz-Gruppe das Hotel.

15 **Hotel Palazzo,** Vul. Gogolya 33, Tel. 0532-61 12 05, www.palazzo.com.ua: Sehr guter Service und saubere Zimmer, DZ ab 1400 UAH.

2 **Hotel Kiew,** Vul. Sinna 2/49: Das Hotel aus den 1970er Jahren liegt sehr zentral und zählt zu den günstigsten der Stadt. Die Zimmer wurden unlängst renoviert, sind sauber und haben Dusche, Bad und Air Condition. Das Frühstück ist reichhaltig und schmackhaft. Freundliches Personal, wenn auch nicht auf den ersten Blick. DZ ab 800 UAH.

3 **Hotel Ukraina,** Vul. Sobornosti 41a, Tel. 0532-22 43 43: Super zentrale Lage, günstige Preise. Die Zimmer sind renoviert und haben Bad, Dusche und Air Condition. Der Hoteleingang ist etwas schwierig zu finden: Man folge der Sobornosti bis zur Nr. 43 und biege dann links ein in die Chervonoarmiiska, ein paar Schritt weiter kommt ein Wegweiser zum Hotel. DZ ab 850 UAH.

20 **Hotel Turyst,** Vul. Myru 12, www.tourist-poltava.com. ua: An der Vorskla unweit des Südlichen Bahnhofs gelegen. DZ ab 550 UAH.

11 **Dream House,** Vul. Yevropeyska 5, mitten im Zentrum: Filiale des legendären und großartigen Hostels in Kiew, der Name spricht für sich. Ab 180 UAH im Schlafsaal.

4 **Sofa Hostel,** Vul. Lidova 12, eine Seitenstraße des Korpusnyi Sad: Sauber, modern, gemütlich, in einem älteren Gebäude. Ab 120 UAH.

1 **Bahnhofszimmer,** im Kiewer Bahnhof, wenige Zimmer, aber schön renoviert. DZ ab 240 UAH.

Essen und Trinken

Im Zentrum wird man nicht lange nach einer Gelegenheit zum Essen suchen müssen. Es gibt auch hier die üblichen verdächtigen Kettenrestaurants (Pizza Chelentano, Dim Kofe usw.), gerade auf der Sobornosti haben sich aber einige alte Institutionen gehalten und einige gute neue Kneipen aufgemacht. Die lokale Spezialität sind **Halushky,** eine Art Gnocchi – wie ernst es die Poltaver mit ihrem Leibgericht meinen, beweisen ein Halushky-Denkmal unweit der Weißen Rotunde und der Umstand, dass jährlich ein Halushky-Festival stattfindet. Poltava ist auch eine Bierstadt. Die bekannteste Brauerei ist 6 **Poltavpyvo** (www.poltavpivo.com) in der Vul. Yevrpopeyska 160, leider recht weit außerhalb des Zentrums (mit Brauereiausschank).

19 **Khutorok,** Vul. Neb. Sotni 118, in der Nähe des Südbahnhofes, 11–23 Uhr: Befragt nach dem Ort mit den besten Halushky der Stadt, schickten die Köchinnen des Restaurants Botanik uns hierher – ihr Entschluss war einstimmig.

7 **Botanik,** Vul. Neb. Sotni 2: Von der abscheulich „modernen" Fassade sollte man sich nicht abschrecken lassen: In dem sehr populären SB-Restaurant gibt es zwar keine Halushky, aber sehr gute und günstige ukrainische Küche.

14 **Poltavske Pyvo,** Vul. Sobornosti 26: Bierausschank mit kleinem Biergarten hinter dem TsUM. Die ersten Gäste genehmigen sich schon um 8 Uhr morgens einen Frühschoppen. Im winzigen Schankraum werden Fußballspiele übertragen.

MEIN TIPP: 10 **Augustin,** Vul. Sobornosti 32: Restaurant und schöne Bierkneipe mit leckerem Selbstgebrautem.

18 **Sto Dorih,** Vul. Pylypa Orlyka 18, 10–22 Uhr: Sowohl Kellerkneipe mit Biergarten als auch – im Nebenhaus – angenehmes Café. Man kann wunderbar draußen sitzen! Wochenends Live-Musik.

9 **Bier Lodga,** Vul. Sobornosti 34, 10–23 Uhr: Am Anfang der Fußgängerpassage findet sich diese gute Kellerkneipe. Im Sommer kann man draußen sitzen. Die Speisekarte ist bebildert und ziemlich bratwurstlastig.

8 **Miasnyi Dvoryk,** Vul. Zhovtneva 29/15, 10–23 Uhr: Geräumige Kneipe mit vielen Fernsehern, das Interieur erinnert entfernt an einen Irish Pub.

16 **Muza Bar,** Vul. Sobornosti 20: Hippe Cocktailbar mit DJ und regelmäßiger Live-Musik.

Einkaufen

5 Der **zentrale Markt** (Markthalle) befindet sich drei Blocks südwestlich des Korpusny-Parks, einfach der Vul. Chornovolia folgen – es lohnt sich.

17 **Korovaj,** Zhovtneva 20, 10–19 Uhr: Folgt man den Kellertreppen abwärts, erwartet einen ein kleiner Tresen, hinter dem sich Süß- und Salzgebäck stapelt. Verkauft wird nach Gewicht.

13 Das **Kaufhaus TsUM** liegt in der Fußgängerzone der Sobornosti (Nr. 28/13).

Sonstiges

- **Stadtführungen und Exkursionen: Poltava Travel,** www.poltavatravel.com.
- **Post:** Die Hauptpost ist in einer der klassizistischen Bauten am südlichen Ende des Korpusny-Parks untergebracht.
- **Kanuclub:** Das **Vorskla-Tal** ist ein wunderschönes Ziel für Kanutouristen. Reizvoll ist vor allem der Bereich nördlich der Stadt, in der Gegend von Dykanka. Einen Kanuclub, der auch Kanus vermietet und Transfers organisiert, gibt es am Ufer der Vorskla am Südbahnhof. Man frage nach *Volodymyr Mykhailovych,* Tel. 0532-52 29 24.

Verkehrsmittel

Poltava liegt an der **Haupttrasse Kiew – Kharkiv.** Die Oblast-Hauptstadt ist problemlos mit Bus oder Bahn erreichbar.

Nikolai Gogol (1809–1852)

von *Björn Jungius*

Von *Dostojewski* ist der Satz überliefert: „Wir kommen alle aus *Gogols* Mantel". Besser lässt sich *Gogols* **gewaltiger Einfluss auf die russische Literatur** nicht in Worte fassen. Seine Meisternovellen „Die Nase" (1836) und „Der Mantel" (1842) sowie der unvollendete Roman „Die toten Seelen" (1842) sind absolute Klassiker, nicht nur der russischen, sondern der Weltliteratur.

Geboren wurde der unerreichte Meister des Absurden 1809 in Velyki Sorochyntsi, einem Dörflein ca. 80 km von Poltava entfernt. Obwohl *Gogol* auf Russisch schrieb, spiegelt sich seine ukrainische Herkunft in vielfältiger Weise in seinem Werk. Etwa in der Wahl bestimmter Themen und geografischer Settings, z. B. in „Abende auf dem Weiler bei Dikanka" (1831/32), einer fantastisch verfremdeten Darstellung des dörflichen Lebens in seiner Herkunftsregion, prallvoll mit Motiven, die der ukrainischen Folklore entnommen sind. Oder in dem blutrünstigen Kosakendrama „Taras Bulba" (1835), das einen Aufstand der Zaporoger Kosaken gegen Polen zum Thema hat. Nicht zuletzt zeigt sich *Gogols* **ukrainischer Hintergrund** auch in den vielen Ukrainizismen, die durch sein Russisch schimmern. *Gogol* war ganz selbstverständlich zweisprachig. Sein Vater, ein Feierabendliterat, dessen Werk leider verschollen ist, schrieb auf Ukrainisch.

Gogols Leben und Sterben steht in Seltsamkeit und Tragik dem seiner literarischen Figuren in nichts nach. Ihm wird absonderliche Hässlichkeit nachgesagt, sein Charakter scheint ein brisanter Mix aus grenzenlosem Ehrgeiz, Selbsthass und Verfolgungswahn gewesen zu sein. Sein erster literarischer Versuch, ein Poem namens „Hans Küchelgarten" (1828), war ein katastrophales Fiasko. Das von ihm auf eigene Kosten gedruckte und verbreitete Werk wurde von der Kritik mit hämischem Spott bedacht. *Gogol* kaufte daraufhin alle Küchelgartens, derer er habhaft werden konnte, auf und verbrannte sie. Erst einige Jahre später, auch dank der Freundschaft und Unterstützung *Puschkins,* gelang ihm der Durchbruch, und er wurde ein gefeierter Literat. Dennoch blieb er anfällig für religiösen Wahn und Selbstbestrafung. Er geriet in die Fänge eines gruseligen Predigers, der ihm einschärfte, dass alle Literatur des Teufels sei. Von solcherlei Einflüsterung aus der Bahn geworfen, verbrannte *Gogol* den zweiten Teil seiner Toten Seelen. Und fastete sich kurz darauf zu Tode.

Kaum weniger absurd als das Leben des Genies erscheint der heftige **Streit zwischen ukrainischen und russischen Nationalisten,** ob *Gogol* nun Ukrainer oder Russe sei. Erst unlängst kochten die Gemüter an einer russischen Verfilmung des Taras Bulba wieder hoch. Der Kosakenführer wird hier, zum Entsetzen ukrainischer Nationalisten, als russischer Oberpatriot dargestellt. Was beide Seite nicht beachten: *Gogol* ist das beste Beispiel dafür, dass ein Mensch nicht auf eine exklusive Identität festgelegt werden kann. Ganz zu schweigen davon, dass *Gogols* große Kunst universale menschliche Erfahrungen verarbeitet, die alle beengenden nationalen Grenzen leicht und locker überschreiten.

Bus

Poltava hat **mehrere Busbahnhöfe.** Vom Bahnhof Nr. 1 werden die entfernter gelegenen Ziele angefahren: So gibt es u. a. viele tägliche Verbindungen nach Kharkiv (2½–3 Std.) oder Dnipro (3–4 Std.); auch die beste Option für Fahrten nach Myrhorod. Der Bahnhof liegt in der Velykotrynivska 7 etwa 6 km südwestlich des Zentrums, das man mit Trolleybussen der Linien 6, 7 und 8 erreicht. Der Bahnhof Nr. 3 in der Zinkivska 6 wickelt den Verkehr in die kleineren Orte der Region ab, etwa nach Dykanka (ca. stündlich). Er ist vom Zentrum auch zu Fuß erreichbar, die Zilinivka zweigt nördlich vom westlichen Ende der Sobornosti ab.

Bahn

Die beste Verbindung nach Kiew und Kharkiv bieten die **Expresszüge,** die vom **Kiewer Bahnhof** (Vul. Kondratenko 12) abfahren. Diese brauchen 4 Std. nach Kiew und 3½ Std. nach Kharkiv. Der Bahnhof liegt schräg gegenüber des Busbahnhofs Nr. 3 auf der anderen Straßenseite der Zinkivska, am Ende der von dieser abzweigenden Kondratenko.

Der **Südliche Bahnhof** (Pivdennyi Voksal) ist der zweite wichtige Bahnhof mit Verbindungen Richtung Schwarzes Meer. Er liegt am Ploshcha Slavy 1 auf der östlichen Seite der Vorskla, etwa 3 km vom Stadtzentrum.

Trolleybus Nr. 1 verbindet beide Bahnhöfe miteinander und ist auch von beiden der schnellste Weg ins Zentrum.

In der Umgebung

Velyki Sorochintsi

Великі Сорочинці

Das idyllische Dorf, Geburtsort *Nikolai Gogols,* hat eine herrliche Barockkirche und ist vor allem durch das **Festival Sorochyntsi Yarmarok** bekannt (http://yarmarok.in.ua/en). Das größte Festival der Ukraine dauert vier Tage; es reicht zurück bis in die Zarenzeit und steht ganz im Zeichen ukrainischer Kultur. Handwerker präsentieren ihre Arbeiten, Theatergruppen spielen ukrainische Stücke. Alle Infos (inkl. ausführlicher Anreiseinfos) entnehme man der äußerst detaillierten Website. Das Dorf liegt etwa 50 km nordwestlich von Poltava in Richtung Myrhorod. In unmittelbarer Nähe des Vorskla-Flusses gibt es mit dem rustikalen Restaurant Khutir Gogolia eine tolle Einkehrmöglichkeit in einem Reetdachhaus.

Myrhorod

Миргород

- **90 km westlich von Poltava am Fluss Khorol, einer der wichtigsten Kurorte des Landes**
- **Einwohner: 40.000**

Myrhorod ist **einer der berühmtesten Kurorte des Landes,** bedingt durch das gute, leicht schwefelhaltige Mineralwasser, das für Kuranwendungen genutzt und, in Flaschen abgefüllt, im gesamten ehemaligen Sowjetreich verkauft wird. Vor der eher zufälligen Entdeckung des Wassers im Jahr 1912 war Myrhorod ein unbedeutendes Provinzstädtchen, das im 16. und 17. Jh. ein Kosakenregiment beherbergte. In mehreren Texten *Gogols* wird der Ort als idyllische und romantische Siedlung beschrieben.

Die Hauptstraße ist die **Vul. Gogolia,** die die Stadt schnurgerade von Süd nach Nord durchzieht und im Zentrum den Khorol überquert. Wenige Meter südlich der Brücke liegt der großzügig angelegte **Kurpark.** Sein Eingang markiert eine

Säulenkolonade mit der Aufschrift: „Myrhorodskyi Kurort." In dem sehr gepflegten Park finden sich zahlreiche Sanatorien, ein Sandstrand am Flussufer, die Uspenskyi-Kathedrale von 1887, das Kurhaus sowie die **Trinkhalle,** die man zu den besten Bauten der Sowjetarchitektur zählen kann. Das Innere der fast sakral wirkenden Halle mit ihrem unregelmäßigen Spitzdach ist getaucht in ein warmes Licht, das durch bunte, in Rot- und Orangetönen gehaltene großflächige Buntglasfenster in den Raum einfällt. Es gibt mehrere Wasserhähne, durch die unterschiedlich temperiertes Wasser abgefüllt werden kann. Becher sind für wenige UAH am Eingang erhältlich. Die durch den Saal schlendernden Kurgäste verwenden aber meist aufwendig gestaltete Porzellanschnabeltassen, mit deren Hilfe sie hier ihre Trinkkuren durchführen. Zumindest so lange, bis in den Abendstunden am Schaschlikgrill zu anderen Getränken übergegangen wird ... Die hölzerne Trinkhalle vom Beginn des 20. Jh., die auf den Flaschen des Myrhoroder Mineralwassers abgebildet ist, wird man aber vergebens suchen. Sie brannte vor mehreren Jahrzehnten ab und wurde nicht wieder aufgebaut.

Unterkunft

- **Hotel Myrhorod,** Vul. Gogolia 102, in der Nähe des Kurparks in einem renovierten Plattenbau, www.hotelmirgorod.narod.ru: Sehr guter Standard, DZ ab 380 UAH. Fahrradverleih im Haus.
- **Hotel Otte,** nicht ganz billiges Wellnesshotel am Fluss: DZ ab 1400 UAH, buchbar über die bekannten Hotelportale.
- **Villa Scandic,** Vul. Rubena 16: Modernes Ferienhaus für bis zu sechs Personen, ab 1000 UAH pro Nacht, ebenfalls über die internationalen Hotelportale zu buchen.
- **Zimmervermittlung,** www.mirdom.com.ua: Am Eingang des Kurparks bieten mehrere Zimmervermittlungen ihre Dienste an. Es gibt Privatzimmer, Wohnungen oder ganze Häuser zu mieten – und das zu gar nicht so hohen Preisen.
- **Bahnhofszimmer,** wieder einmal die günstigste Möglichkeit zu übernachten. Die Zimmer sind aber recht heruntergekommen und weit vom Zentrum entfernt. Ab 70 UAH.
- Die alten **Sowjet-Sanatorien** sind allesamt nicht sehr einladend und ohne Putivka (Kurschein) auch gar nicht so billig.

Essen und Trinken

- **Bar Assol,** ein neben dem Fluss „ankerndes" Schiff mit netter Bar im Inneren und Freiluftcafé außerhalb. Genau dort, wo die Vul. Gogolia den Fluss überquert.
- **Grand Pizza,** Vul. Gogolia 116: Brauchbare Pizzeria in der Nähe des Kurparks.
- **Café Feniks,** Vul. Gogolia 114. Nettes Café mit großer Terrasse im Obergeschoss.

Wellness

- Die **Trinkhalle** ist täglich geöffnet: Das Wasser ist kostenlos, Plastikbecher werden im Eingangsbereich verkauft. Im Kurpark gibt es ein **Strandbad** am Fluss mit herrlichem Sandstrand. Alle anderen Wellnesseinrichtungen liegen innerhalb der Sanatorien und sind nur für Kurgäste zugänglich.

Verkehrsmittel

- Myrhorod liegt an der **Bahnstrecke Kiew – Poltava – Kharkiv** und ist entsprechend gut per Bahn erreichbar. Täglich mehrere Verbindungen im Nah- und Fernverkehr.
- Per **Bus** besteht dauernd Anschluss von und nach Poltava. Der Busbahnhof liegt nur wenige Meter nördlich des Kurparks in der Vul. Voskresenska.

[>] Die Trinkhalle in Myrhorod ist einen Besuch wert

Lubny und Kloster Mhar

Лубни, Мгарський монастир

- **135 km westlich von Poltava am Fluss Sula, Kleinstadt nahe des Barockklosters Mhar**
- **Einwohner: 48.000**

Lubny ist ein Provinzstädtchen am Ostrand der Dniproniederung, oberhalb des Flusses Sula, das sich vor allem als Ausgangspunkt für die Besichtigung des nahe gelegenen Klosters Mhar anbietet. In Lubny selbst erinnert nur wenig an die historische Stadt. Fast alle Kirchen wurden zur Sowjetzeit beseitigt, verblieben ist einzig eine kleine Kirche aus dem frühen 19. Jh. am Ostrand des Zentrums. Ansonsten sind in Lubny einige Bauten aus dem 19. Jh., darunter recht eindrucksvolle Verwaltungs- und Schulgebäude, ein Wasserturm und einige ruhige baumbestandene Straßenzüge erhalten geblieben. Malerisch ist der Khorolskyi Spusk, der die Hangkante zwischen dem Zentrum und dem etwa 50 Meter tiefer gelegenen Fluss überwindet, die hier eine markante Geländestufe bildet.

Das äußerst pittoreske **Barockkloster Mhar** liegt auf einem Hügel etwa 3 km nördlich der Stadt in herrlicher Umgebung. Es wurde ab 1624 errichtet. Die Anlage ist von einer Wehrmauer umgeben und wird geprägt von einem monumentalen Glockenturm und einer eindrucksvollen Fünf-Kuppelkirche. In ihrem Inneren fällt die in kräftigen Rottönen gehaltene **Ikonostase** ins Auge. Sie überstand die Sowjetzeit mit schwersten Schäden und wird inzwischen rekonstruiert. Viele der vergoldeten Holzschnitzereien sind bereits wieder hergestellt. Etwa 0,5 km nördlich des Hauptklosters befindet sich ein ehemaliges Einsiedlerkloster mit einer eigentümlichen, auf einem Hügel errichteten Kirche im Stil des 19. Jh.

Unterkunft

- **Hotel Lubny,** Volodymyrskyi Maidan 20, Tel. 05361-732 20: Renovierter Plattenbau im Zentrum. DZ ab 350 UAH.

ukr19-070 pk

Einkaufen

■ Der **Markt** liegt am Westrand der Innenstadt.

Verkehrsmittel

■ Lubny liegt an der **Bahnstrecke Kiew – Poltava,** aber nur wenige Fernzüge halten hier. Im Nahverkehr ist es etwas besser, aber es muss von Kiew aus in Hrebynka umgestiegen werden. Der Bahnhof liegt im westlichen Teil der Stadt, etwa 500 Meter östlich des Busbahnhofes.

■ Per **Bus** ist die Anbindung besser, da die Stadt nahe der **Hauptstraße Kiew – Poltava** liegt und ständig von Bussen bedient wird. Der Busbahnhof liegt am westlichen Stadtrand.

Ab Lubny gibt es keine direkten Busse zum Kloster. Die Umgehungsstraße, auf der die meisten Busse entlangfahren, führt in etwa 2 km Entfernung am Kloster vorbei, sodass man sich an der Abzweigung absetzen lassen kann. Das Kloster ist ausgeschildert. Der Fußweg von der Innenstadt zum Kloster beträgt etwa 4 km.

Pryluky

Прилуки

■ **140 km östlich von Kiew, am Ostrand des Dniprobeckens, historische Stadt mit zahlreichen Kirchen**

■ **Einwohner: 58.000**

Pryluky eignet sich gut als Standquartier für Ausflüge in die hügelige Umgebung, in der einige sehenswerte Parks, Paläste und vor allem das großartige Kloster Hustynia zu finden sind. Im Zentrum der Stadt, nahe der Hauptsraße Vul. Kyivska, die den Ort von Ost nach West durchquert, finden sich hinter einem Park vier Kirchen. Von der Kyivska aus gut sichtbar ist die **Maria-Geburts-Kathedrale** (1806–15), ein Zentralbau mit Mittelkuppel und Säulenportikus. Nur wenige Schritte rechts davon liegt die **Begegnungskirche,** erbaut 1889 in einem ungewöhnlichen byzantinischen Stil, der Anklänge der Moderne erkennen lässt. Bis vor wenigen Jahren beherbergte das Gebäude ein Museum, nun dient es wieder als Kirche. Die ältesten Bauten der Stadt sind die turmartige **Nikolaikirche** von 1720 und die **Preobrazhenski-Kathedrale** mit fünf eleganten Kuppeln, 1705–1720 direkt daneben errichtet. Ein historisch bedeutsames, wenn auch unscheinbares Gebäude aus dem frühen 18. Jh. ist das einstige Arse-

ukr14-032 pk

nal der kosakischen Festungsanlage. Das Stadtzentrum wurde in den letzten Jahren völlig neu gestaltet und wirkt gepflegt und einladend.

Eine herrliche, monumentale **Holzkirche** aus dem späten 19. Jh. befindet sich in der Vul. Petropavlivska etwas östlich des Zentrums. Auch ein Theatergebäude aus dem späten 19. Jh. ist südlich der Kyivska, in der Vul. Pereiaslavska 28, zu entdecken. Ansonsten dominieren das Stadtbild zweistöckige Bauten aus dem 19./20. Jh., viele davon aus der Sowjetzeit. Die meisten fügen sich aber recht gut ins Stadtbild ein.

Kloster Hustynia

Густинський монастир

Das Kloster liegt etwa 7 km nordöstlich von Pryluky, umgeben von Weihern, Wiesen und alten Bäumen. Es geht zurück auf das Jahr 1600 und **zählt zu den schönsten Barockklöstern** des Landes. Umgeben von einer turmbewehrten Befestigungsmauer mit zentralem Torturm, stehen im Inneren der Anlage drei

Hauptsache bunt – das Kloster Hustynia

Kirchen und die historischen Klostergebäude. Hauptkirche ist die fünfkuppelige Dreifaltigkeitskirche, die in den letzten Jahren innen neu ausgemalt wurde. Am Nordostrand des Geländes steht die auffällig rosa gestrichene, ebenfalls fünfkuppelige St.-Peter-und-Pauls-Kirche. Etwas weniger auffällig ist die einstöckige Auferstehungskirche mit kleiner Kuppel. Unbedingt sollte man das Gelände durch ein kleines Tor nach Norden hin verlassen, da man von dort aus den wohl besten Blick auf den Klosterkomplex hat. Die angrenzende naturbelassene Teichlandschaft mit verwunschenen Pfaden und hölzernen Stegen ist ebenfalls einen Spaziergang wert.

Praktische Tipps

Informationen

■ Eine brauchbare Website über die Stadt und die Umgebung ist **http://www.tury.net.ua.**

Unterkunft

■ **Hotel Pryluky,** Vul. Vokzalna 2, Tel. 04637-331 52: Das Gebäude im Zentrum stammt aus der Sowjetzeit, ist aber renoviert. DZ ab 300 UAH.
■ **Hotel Oleksandriia,** Vul. 1-ho Travnia 48, www.tury.net.ua/alexandria/hotel.html: In Bahnhofsnähe, ebenfalls renoviert. DZ ab 350 UAH.

Essen und Trinken, Einkaufen

■ Das gastronomische Angebot ist übersichtlich. Restaurants gibt es in den genannten Hotels. Sehr gut, aber etwas kitschig ist das **Restaurant Eneida,** Vul. Kyivska 202.
■ Das **Restaurant Khrushchevka** liegt zentral nahe dem Markt und dem Kirchenkomplex in der Vul. Soborna 10, http://hruschevka.com.ua. Die Wände sind mit allerlei sowjetischem Kitsch „geschmückt", es werden Live-Musik und Karaokeveranstaltungen geboten.
■ Der große **Zentralmarkt** liegt im Zentrum etwas westlich der erwähnten Kirchen.

Verkehrsmittel

■ Pryluky liegt an einer **Bahnstrecke,** die nur wenig befahren wird. Der Bahnhof befindet sich am Ende der Vul. Vokzalna etwa 1,5 km südlich des Stadtzentrums.
■ Der Busbahnhof ist nicht allzu weit vom Bahnhof entfernt (Vul. Pyriatynska 2). Ständige **Busverbindungen** bestehen von und nach Kiew-Darnytsia. Auch von Chernihiv aus ist Pryluky recht gut angebunden.

Das Kloster Hustynia ist per Bus nicht zu erreichen. Selbst von der Umgehungsstraße aus muss man 4 km laufen.

Schlösser und Parks im Nordosten von Pryluky

Alle drei unten besprochenen Orte sind mit dem Bus von Chernihiv etwa zweimal täglich zu erreichen. Die nahe gelegenen Städte Ichnia und Parafiivka sind besser angebunden. Es empfiehlt sich ein Blick auf die Website www.polissya.eu/2009/09/chernigiv-avtobus-marshrutki-chernigov_16.html. Nähere **Informationen** über die Parks und Schlösser der Region unter www.siver.org.ua und über die Privatpensionen unter http://rural-tourism.com.ua/?a=oblast&id=74.

Sokyrintsy
Сокиринці

Etwa 40 km östlich von Pryluky, nahe der Hauptstraße in Richtung Romny, liegt dieses **Parkensemble,** das ab 1770 im Auftrag des Kosakenführers *Galagan* errichtet wurde, der das Gelände von *Peter dem Großen* als Auszeichnung für seinen Kampf in der Schlacht von Poltava erhielt. Das Ensemble, das neben dem etwas renovierungsbedürftigen Hauptgebäude im Empirestil einen großen, leicht verwilderten Landschaftspark und eine Rotunde umfasst, macht einen etwas morbiden, aber umso romantischeren Eindruck.

Trostianets
Тростянець

Der Park von Trostianets 50 km nordöstlich von Pryluky wurde **nach dem Vorbild des Landschaftsparks der Familie Rothschild in Ferrier nahe Paris** errichtet. Das französische Original beeindruckte den Besitzer von Trostianets, Hetman *Skoropadskyi,* bei einer Reise durch Frankreich dermaßen, dass er beschloss, diesen Park nachzubauen. Dies geschah ab 1830 mit Hilfe des elsässischen Architekten *Karl Schlinger.* Mehrere künstliche Hügel wurden aufgeschüttet, um eine Berglandschaft zu imitieren. Auch mehrere Teiche wurden angelegt. Der Park hat einen hinreißenden alten Baumbestand. Architektonische Zeugnisse sind jedoch nur wenige erhalten.

Unterkunft
■ **Privatpension U Vasilii,** Tel. 04633-247 91, http://ruraltourism.com.ua/?a=viewfarm&id=333

Kachanivka
Качанівка

Der **Palast** von Kachanivka liegt nur wenige Kilometer von Trostianets entfernt. Er wurde – wie der Palast von Sokyrintsy – ab 1770 im Empirestil errichtet und ähnelt diesem stark. Auftraggeber war Generalfeldmarschall *Rumyantsev.* Unter dem Besitz der Familie *Tarnavskyi* wurde Kachanivka zu einem wichtigen Anlaufpunkt für Kulturschaffende im Zarenreich. So gab es u. a. Besuche von *Shevchenko, Gogol, Glinka* und *Repin.* Der Erhaltungszustand von Kachanivka ist deutlich besser als der von Sokyrintsy. Vom Palast führt eine Allee durch den Park und bildet eine schöne Blickbeziehung mit der Georgskirche am anderen Ende des Parks. Ferner finden sich Obelisken und Pavillons im Parkgelände.

Unterkunft
■ Das **Hotel Kachanivka** liegt auf dem Gelände des Parks in einem alten Nebengebäude des Schlosses. DZ ab 250 UAH, Tel. 04633-241 25.

ukr14-042 pk

3 Die Polissia und Wolhynien

Die (westliche) Polissia und Wolhynien umfassen die Oblaste Zhytomyr, Rivne und Volyn. Es ist eine Region der Gegensätze: riesige, flache, nahezu menschenleere Waldgebiete im Norden und altes Kulturland zwischen Flussläufen und sanften Hügeln im Süden. Es ist das Land der blauen Holzkirchen und der gelben und grünen Dorfhäuser, das Land jüdischer Synagogen und katholischer Barockkirchen.

[<] In Korets

Polissia und Wolhynien

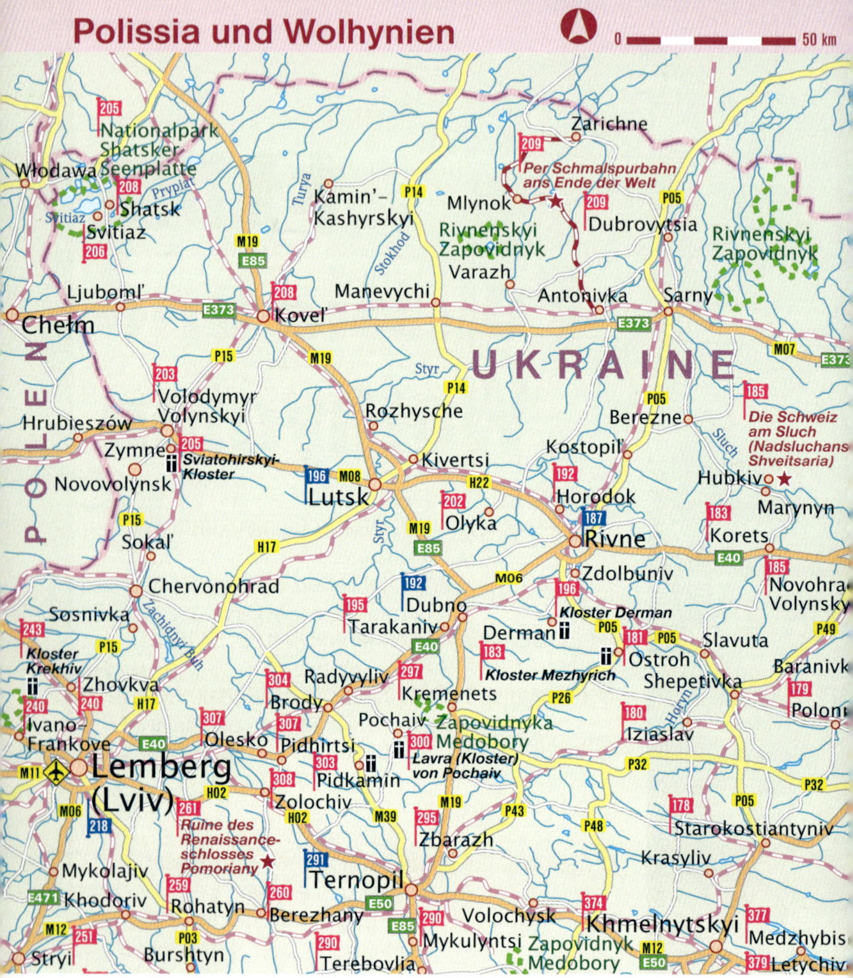

WÄLDER, SEEN, HOLZHÄUSER

Die jahrhundertelange Zugehörigkeit der Polissia und Wolhyniens zu Polen ist unverkennbar: Immer wieder sind alte Adelspaläste, umgeben von Parks und alten Bäumen, zu sehen und zeigen, wer hier lange Zeit das Sagen hatte. Die polissische Schmalspurbahn tuckert durch die einsamen Wälder. Die legendenumrankten Felsformationen des Steinernen Dorfes laden zu Entde-

ckungen und die Schweiz am Sluch – fast schon skandinavisch anmutend – zu ausgedehnten Wanderungen ein. Nicht zuletzt befindet sich im Nordwesten der Region die größte natürliche Seenplatte des Landes. Mit Lutsk liegt eine der schönsten historischen Städte der Ukraine in dieser Region, und selbst das kriegszerstörte Zhytomyr hat einen ganz eigentümlichen Reiz bewahrt.

Zhytomyr

Житомир

- **130 km westlich von Kiew am Teteriv, ehemals polnisch und jüdisch geprägte Handelsstadt in schöner Umgebung**
- **Einwohner: 275.000**

Trotz starker Zerstörung im letzten Krieg hat Zhytomyr eine **entspannte Atmosphäre,** nette Straßenzüge mit sanierten Fassaden und eine große Zahl an Sakralbauten. Hinzu kommt die **äußerst attraktive Lage** in wald- und wasserreicher Umgebung, dort, wo die Flüsse Teteriv und Kamianka auf dem Weg in die flache, waldreiche Polissia einen Granitrücken durchbrechen.

Zhytomyr war jahrhundertelang eine **stark polnisch und jüdisch geprägte Stadt.** Auch als die Stadt im Zuge der polnischen Teilungen Ende des 18. Jh. ans Zarenreich fiel und Hauptstadt der

NICHT VERPASSEN!

- **Denyshi:** Klettern am Teteriv-Fluss | 176
- **Die Schweiz am Schluch:** skandinavisch anmutend | 185
- **Mittelalterliches Lutsk:** Zeugnisse einstiger Multikulturalität | 196
- **Shatsker Seenplatte:** Baden, Radfahren und Vögel beobachten | 205
- **Fahrt ans Ende der Welt:** unterwegs mit der Schmalspurbahn | 209

Diese Tipps sind gelb hinterlegt.

Region Wolynien wurde, blieb der polnische Bevölkerungsanteil mit 30 % sehr hoch. Der jüdische Anteil war sogar noch größer, er betrug fast 50 %. In der Stalinzeit konstituierte sich westlich der Stadt eine autonome polnische Sowjetrepublik, deren „Hauptstadt" das Dorf Dovbysh (damals Marchlewsk) östlich von Baranivka war. Bis heute gibt es in der Region eine starke polnische Minderheit. Im 2. Weltkrieg wurden weite Teile Zhytomyrs zerstört. Beim **Wiederaufbau** wurde aber die auf alten Handelswegen basierende Stadtstruktur aus dem 19. Jh. weitgehend beibehalten. So ist das heutige Stadtbild ein kontrastreicher Mix aus großen sowjetischen Zweckbauten und stillen alten Gassen.

Sehenswertes

Das Stadtzentrum

Zentrum der Stadt ist der – trotz seines Namens – geradezu idealtypisch sowjetische **Kathedralenplatz** (Soborna Ploshcha) mit dem **Dramatheater,** einem Bau aus den 1980er Jahren, einem mächtigen Verwaltungsgebäude mit stalinklassizistischer Säulenfassade und drei- bis vierstöckigen Wohnblöcken aus den 1950er Jahren. Westlich, an der **Vul. Kafedralna,** liegt der älteste Stadtteil, der **Burgberg** (Zamkova Hora). Einst stand hier eine mittlelalterliche Burganlage. Heute ist das prägende Gebäude die sehr polnische römisch-katholische **Sophienkatedrale** mit markanter Zweiturmfassade und etwas abseits stehendem Glockenturm. Die Ausstattung aus den Jahren 1743–46 blieb im Original erhalten. Entlang der Kafedralna stößt man rechter Hand auf Reste des **alten Handelsviertels,** das seit einigen Jahren im historisierenden Stil rekonstruiert wird, wobei die einstige Gebäudehöhe aber weit übertroffen wird. Linksseitig liegt ein Park, die Straße läuft auf das **alte Rathaus** von 1789 zu. Schräg gegenüber steht die **Kreuzerhöhungskirche** aus dem späten 19. Jh. mit Glockenturm und fünf Kuppeln. In den Richtung Kamianka abfallenden Gassen hinter der Kirche kann man einige der für das alte Zhytomyr typischen einstöckigen Häuser entdecken.

Nördlich der Sophienkathedrale liegt der **Siegesplatz** (Ploshcha Peremohy) mit der **Heilig-Geist-Kathedrale** im russisch-byzantinischen Stil von 1864. An der vom Kathedralenplatz nach Osten führenden **Vul. Kyivska,** Zhytomyrs Hauptgeschäftsstraße, finden sich große Kaufhäuser, Kinos und viele Kneipen und Cafés. An der Kyivska liegen auch zwei interessante Sakralbauten: die **römisch-katholische Seminarkirche** von 1842 mit einem markanten Zeltdachturm und die orthodoxe **St. Michaelskirche** mit leuchtend blauer Kuppel aus dem Jahr 1856. Nördlich der Michaelskirche zweigt die **Fußgängerzone der Vul. Mykhalivska** ab. Die schönste Straße der Stadt präsentiert sich mit vielen renovierten Fassaden aus dem 19. Jh.

An der Kreuzung Vul. Mykhalivska/ Velyka Berdychivska liegt der großzügig gestaltete **Maidan Rad** (Platz der Räte). Eines der reizvollsten architektonischen Ensembles der Stadt befindet sich etwa 0,5 km südlich davon: das **Philharmoniegebäude** aus der Mitte des 19. Jh. sowie der direkt daneben liegende, aus rotem Backstein gemauerte **Wasserturm** von 1892 mit unkonventioneller Zwiebelkuppel, umgeben von kleinen, weiß gekalkten Gebäuden.

Am Teteriv

Der **Staryi Bulvar,** eine verkehrsarme Straße mit Villen aus dem 19. Jh., führt vorbei an einer sehenswerten kaskadenartigen Brunnenanlage zum Teteriv, der hier in rund 50 Meter Höhe von einer **Hängebrücke** überquert wird. An den Felshängen liegen säulengeschmückte Pavillons, im Tal sind noch viele einstöckige Häuschen zu entdecken. Auf der anderen Flussseite beginnt naturbelassene Wald- und Wiesenlandschaft – ideal zum Picknicken. Am Flussufer gibt es auch einen Bootsverleih.

Folgt man vor der Brücke dem Teteriv flussaufwärts in nordwestlicher Richtung, erblickt man in etwa 0,5 km Entfernung auf einer Anhöhe ein Denkmal mit einer großen schwarzen Säule: das **Denkmal des unbekannten Soldaten** mit ewiger Flamme. Direkt dahinter fällt der Abhang senkrecht zum Fluss ab. Hier haben sich im Laufe der Erdgeschichte Granitfelsen von rund 30 Meter Höhe gebildet. Der Blick vom oberen

Rand der Felsen auf das bewaldete, unbebaute Flusstal ist die romantischste Aussicht der Stadt. Folgt man vom Denkmal der Hauptverkehrsstraße nach Osten zurück Richtung Innenstadt, wird nach wenigen Metern die Kamianka überquert. Hügelanwärts gelangt man in 10–15 Minuten wieder zur Ploshcha Soborna.

Ein Spaziergang entlang des **Malerufers** auf der westlichen Seite des Flüsschens eröffnet ebenfalls schöne Stadtansichten – die Straße trägt ihren Namen zu Recht. Nach etwa 1 km kommt eine weitere Brücke, von der die Vul. Troianivska wieder ostwärts in die Innenstadt führt. Man beachte auf halber Höhe linker Hand die **Entschlafenskirche** aus dem frühen 19. Jh., die in einem Altbauviertel liegt. Ebenfalls am Flussufer befindet sich die alte **Brauerei** aus dem 19. Jh., ein sehenswertes Zeugnis der Industriearchitektur.

Weitere Sehenswürdigkeiten

In der Vul. Mala Berdychivska stand bis vor wenigen Jahren die alte Synagoge, ein baufälliger, lange Zeit ungenutzter Bau aus dem späten 19. Jh. 2014 wurde sie abgerissen und mit dem Bau eines neuen **chassidisch-jüdischen Zentrums** begonnen, der im Herbst 2018 schon weit fortgeschritten war. Das Zentrum wird neben einer neuen Synagoge und einer Mikwe auch Läden und koschere Restaurants beinhalten. In den Neubaukomplex integriert ist eine Kopie der alten Fassade. So traurig der Verlust des alten Gebäudes auch sein mag, die Renaissance jüdischen Lebens stimmt durchaus optimistisch.

Die **lutherische Kirche** der Wolhyniendeutschen vom Beginn des 20. Jh. steht in der Vul. Kotsiubynskoho.

Der **Korbutivskyi Hydropark,** ein gepflegter Sandstrand mit Bootsverleih und tollem Strandcafé, liegt am äußersten westlichen Stadtrand, einfach zu erreichen mit öffentlichen Verkehrsmitteln: Nahezu alle Busse, die vom Soborna-Platz nach Nordwesten in das Tal der Kamianka abbiegen, fahren dorthin. Der Hydropark liegt direkt am westlichen Ortsausgang, linker Hand hinter einem Parkplatz.

Berühmt ist Zhytomyr für sein außergewöhnliches **Kosmosmuseum,** untergebracht in einem 1983 eigens errichte-

ten Gebäude. Es umfasst auf über 600 m^2 eine Ausstellung namens „Weltraumtechnik für Frieden und Fortschritt". Zu sehen sind u. a. eine Sojus-Rakete und Satelliten. Vul. Dmytrivska 5, geöffnet: täglich außer Mo, Eintritt: 20 UAH, http://cosmosmuseum. info.

Der führende sowjetische Raketeningenieur **Serhij Korolev** (1907–66), der u. a. an der Konstruktion des Sputnik beteiligt war, wurde in Zhytomyr geboren. Sein **Geburtshaus** in der Vul. I. Franka 18 ist heute ein kleines Museum; geöffnet: täglich außer Mo.

Der Burgberg mit der Kreuzerhöhungskirche

Praktische Tipps

Unterkunft

4 **Hotel Ukraina,** Vul. Kyivska 3, Tel. 0412-47 29 99: Teilrenoviertes Hotel im Zentrum in einem Sowjet-Hochhaus. Vor allem von den oberen Stockwerken toller Ausblick. Sehr schöne Halb-Luks-Zimmer ab 400 UAH.

10 **Hotel Haiky,** Novyi Bulvar 6, www.gayki.zt.ua: Sehr nettes, neu erbautes Hotel am Novyi Bulvar, einer verkehrsberuhigten Straße im Zentrum. Geräumige DZ 750 UAH.

1 Auch in Zhytomyr gibt es ein **Hotel der Reikartz-Kette,** Zamkova Hora, https://reikartz.com/en/hotels/zhitomir, DZ ab 610 UAH inkl. Frühstücksbüfett.

ukr14-033 pk

13 **Hostel Sophiya,** Vul. Peremohy 53, in einem Neubaublock gelegen: Ab 5 Euro im Schlafsaal.

11 **Hotel Hermes,** Pl. Vyzvoleniya 8a, etwa 2 km nördlich des Zentrums: Neu erbautes Hotel mit Zimmern ab 350 UAH.

■ **Bahnhofszimmer,** ab 100 UAH, Dusche kostet extra. Im 1. Stock des Bahnhofsgebäudes.

Essen und Trinken

Auch wenn die Kneipenszene mit anderen westukrainischen Städten nicht ganz mithalten kann, gibt es doch einige passable Optionen.

9 **Kofein,** Vul. Velyka Berdychivska 6: Café und Cocktailbar in einem älteren Gebäude.

12 **Lemberger Chocolaterie,** www.chocolate.lviv.ua: Die Filialie ist an der Pl. Peremoha. Guter Kaffee, leckere Torten und viel Schokolade, dazu nostalgische Atmosphäre mit Fotos aus dem alten Lemberg.

3 **Chas poiizdy,** Pl. Pereomohy 3: Eine gute Adresse für den schnellen Hunger, ein Selbstbedienungsrestaurant mit ukrainischen Standards wie Tausende andere im Land.

2 **Hausbrauerei Henrikh Schulz,** http://schulz.ua/gljitomir: Kellerlokal am Sobornyi Madan. Eigenes Bier von guter Qualität. Relativ laute und nicht immer gute Live-Musik oder Karaokeabende.

8 **Restaurant Buba,** Vul. Kyivska 10: Georgische Küche in sehr gemütlichem Ambiente.

5 **Pub Plesentvil** (Pleasantville), Vul. Kyivska 13, etwas zurückversetzt in einem Innenhof.

14 **Favor,** Chudnivske Shose 7: Restaurant mit großem Außenbereich am westlichen Stadtrand, gleich am Teteriv am Eingang des Hydroparks. Badestrände unmittelbar in der Nähe.

▷ Granitfelsen am Teteriv bei Denyshi

Einkaufen

■ Die wichtigsten **Kaufhäuser** liegen in der Vul. Kyivska, **kleinere Läden** auch in der Fußgängerzone Vul. Mykhailivska.

7 Ein guter **Buchladen** ist **Svit Knyh** in der Vul. Kyivska 17. Stadtpläne und Reiseführer.

Verkehrsmittel

Bahn

Der Bahnhof liegt etwa 3 km östlich der Innenstadt. Leider liegt Zhytomyr an keiner Hauptstrecke, sodass der **Zugverkehr eher spärlich** ist. Die nächsten Knotenbahnhöfe sind Korosten im Norden und Berdychiv im Süden.

Bus

Per Bus ist Zhytomyr **von Kiew** aus ständig zu erreichen. Die Busse fahren in Kiew am zentralen Busbahnhof am Moskovska-Platz ab. Der Busbahnhof von Zhytomyr befindet sich beim Bahnhof auf der Nordseite der Vul. Kyivska. Von hier kommt man problemlos in alle Himmelsrichtungen. Gute Busverbindungen nach **Korosten und Berdychiv.** Mit Bussen sind auch **Denyshi und Chudniv** (Fahrtrichtung Khmelnytskyi) gut zu erreichen.

Stadtverkehr

Es verkehren **Busse, Trolleybusse** und eine **Straßenbahn** mit einem relativ kleinen Netz.

In der Umgebung

Denyshi und Tryhiria

Дениші und Тригір'я

Etwa 20 km westlich von Zhytomyr liegen beiderseits des Teteriv die kleinen Orte Tryhiria und Denyshi. **Denyshi** ist für seine romantischen **Granitfelsen** am nördlichen Flussufer bekannt, die als Klettergarten überregional bedeutend sind. Die Felsen, 25 Meter hoch, sind hervorragend mit Felshaken abgesichert und umfassen alle Schwierigkeitsgrade. Unterhalb der Felsen befindet sich ein wilder Zeltplatz, es herrscht romantische Lagerfeueratmosphäre. Etwa 200 Meter von den Felsen entfernt ist der Teteriv aufgestaut und kann an der Staumauer überquert werden.

Rund 1 km von der Staumauer flussaufwärts befindet sich auf einer großen Lichtung auf der Südseite des Flusses das Dorf **Tryhiria** mit dem direkt am Abhang gelegenen **Preobrazhenski-Kloster** (Спасо-Преображенський монастир). Die Klostergeschichte reicht ins Jahr 1583 zurück. Die heutigen Gebäude stammen allerdings aus dem späten 18. Jh., die Preobrazhenska-Kirche sogar erst aus dem Jahr 1839. Die Innenausstattung im byzantinischen Stil sowie die Fresken sind erhalten geblieben und geben dem Kircheninneren eine beeindruckende feierliche Atmosphäre.

Unterkunft

■ Übernachten kann man im gegenüber dem Kloster gelegenen **Sanatorium Denyshi,** das auch an herkömmliche Touristen vermietet. Preis pro Platz: ab 200 UAH, www.denyshi.com.ua. Auf dem Sanatoriumsgelände gibt es einige Läden und Einkehrmöglichkeiten. Vor allem die Zimmer in Flussrichtung haben einen tollen Blick auf Kloster und Stausee. Das Sanatorium ist ausgeschildert.

ukr14-034 pk

Verkehrsmittel

- **Denyshi** liegt an der Hauptstraße Zhytomyr – Khmelnytskyi und ist ständig per Bus vom zentralen Busbahnhof in Zhytomyr erreichbar.
- **Tryhiria** liegt etwa 4 km von der Hauptstraße entfernt auf der anderen Flussseite. Dorthin fahren nur drei Busse pro Tag, und zwar vom Busbahnhof Zhytomyr 2, Vul. Khlibna 14.

Chudniv

Чуднів

50 km westlich von Zhytomyr am Teteriv liegt Chudniv. Die Innenstadt des Kleinstädtchens ist uninteressant. Wunderschön jedoch ist das **Flusstal mit Granitfelsen,** einer orthodoxen Kirche aus dem späten 18. Jh. und einer Wassermühle vom Ende des 19. Jh., die südlich der Durchgangsstraße einen Stausee bildet. Eine hervorragende Einkehrmöglichkeit ist das Restaurant Solomenna Hora auf einem Hügel auf der Westseite des Flusses, direkt oberhalb der Hauptstraße und von weither sichtbar. Innen ist es zwar nicht sonderlich gemütlich, die Küche aber ist ausgezeichnet. Im Sommer kann man draußen sitzen und den herrlichen Blick auf das Flusstal genießen.

Starokostiantyniv

Старокостянтинів

- **50 km nördlich von Khmelnytskyi, ehemalige Residenzstadt polnischer Adeliger mit malerischer Burganlage**
- **Einwohner: 35.000**

Die **Burganlage** des kleinen Städtchens am Sluch geht zurück auf die Ostrozhskyi-Familie und wurde 1561–71 errichtet. Erhalten sind das Eingangstor und die Dreieinigkeitskirche, die noch spätgotische Formen erkennen lässt, aber von einem barocken Dachreiter mit Zwiebelhaube bekrönt wird. Das Hauptgebäude besticht durch seinen malerischen Turm mit dekorativen Zinnen – Architektur, wie man sie sonst eher in Polen findet. Der Bau wird seit geraumer Zeit rekonstruiert. Von der Burg hat man einen tollen Ausblick auf die andere Flussseite, der hier eher ein großer See ist. Etwa 0,5 km westlich der Burg steht die Ruine eines mächtigen Wehrturmes aus dem 16. Jh., der an die Ruine der gleich alten Kreuzerhöhungskirche angebaut wurde. Turm und Ruine sind frei zugänglich und Teil eines neu errichteten Klosterkomplexes. Auf dem Gelände wurde vor einigen Jahren eine neue Kirche errichtet. Die Umgebung der Burg und der Kirchenruine besteht aus kleinen Dorfhäusern, das Stadtzentrum stammt aus der Sowjetzeit.

Unterkunft

- **Hotel SN,** Prov. 9. Bereznia 2/2, Tel. 03854-335 53, http://sn-hotel.net.ua: Kleines Hotel mit guter Ausstattung am Ende einer kleinen Gasse, gut ausgeschildert. DZ ab 350 UAH, im Haus gibt es einen kleinen Wellnessbereich.

■ **Hotel Sluch,** Vul. Ostrozhskoho 10, unmittelbar im Zentrum, Tel. 03854-324 32: Frisch renoviert mit Zimmern ab 200 UAH.

Essen und Trinken, Einkaufen

■ **Rund um den Busbahnhof** befinden sich einige Geschäfte und ein kleiner Markt. In dieser Gegend sind auch einige Cafés zu finden.

■ Richtig nett ist die **Pizzeria Mandaryn** in der Vul. Ostrozhskoho.

Verkehrsmittel

■ Der **Busbahnhof** ist mitten in der Stadt. Gute Verbindungen in alle Richtungen.

In der Umgebung

Das beschauliche Dörflein **Zamchyky (Самчики)** liegt 20 km östlich von Starokostiantyniv am Sluch. Wie in vielen anderen Orten der Region ist auch hier der Fluss zu einem malerischen See aufgestaut. An seinem Ufer liegt ein wunderschöner **Palast,** erbaut gegen Ende des 18. Jh. und umgeben von einem Landschaftspark. Neben dem Hauptgebäude im frühklassizistischen Stil blieben der chinesische Pavillon, diverse Nebengebäude sowie das Haupttor erhalten. Auf dem Gelände halten sich tagsüber Parkwächter auf, die das Schloss auf Nachfrage für wenige UAH aufsperren. Das Innere beeindruckt mit prachtvollen Sälen. Vor allem das von oben bis unten mit Wandfresken ausgemalte japanische Kabinett – mit Darstellungen von Samurais, Drachen und weiteren fernöstlichen Motiven aus der zweiten Hälfte des 19. Jh. – ist ein echtes Kleinod. Das Ortsbild selbst wird von der Dorfkirche mit daneben liegendem Wehrturm aus dem Jahr 1772 dominiert.

Der Ort liegt nahe der Durchgangsstraße und ist per Bus problemlos erreichbar. Die verbleibenden 500 Meter von der Trasse zum Schloss geht man zu Fuß.

Polonne

Полонне

■ **100 km nordöstlich von Khmelnytskyi an der Khomora, einstige Residenzstadt mit prächtiger Kirche**

■ **Einwohner: 21.000**

Polonne liegt im Tal der Khomora, die hier eine große Schleife bildet. Hier endet die flache Polissia, und die ersten sanften Hügel steigen nach Süden hin allmählich zur podolischen Platte an. Die Stadt kam Anfang des 17. Jh. in den Besitz der Familie *Ostrozhskyi,* welche die **monumentale römisch-katholische Kirche** mit ihrer imposanten barocken Zweiturmfassade errichten ließ. Die restaurierte Kirche ist ein Schmuckstück der gesamten Region. Später gelangte die Stadt in den Besitz der *Lubomierskis,* welche die vorhandene Burganlage verstärkten. Dennoch wurde sie während der Kosakenkriege im 17. Jh. zerstört, nur einige Wälle sind noch sichtbar. Wie die meisten Städte der Region war Polonne als jüdisches Zentrum von Bedeutung, ein **großer jüdischer Friedhof** erinnert an dieses Erbe. Rund um die katholische Kirche ist die historische, dörflich wirkende Struktur erhalten geblieben. Das heutige Zentrum liegt nördlich davon und bietet nichts Sehenswertes.

Unterkunft

■ **Hotel Astoria,** Tel. 098-055 97 96: Hotel mit sechs Zimmern im Zentrum (ab 150 UAH). Es liegt auf einem Hügel kurz vor der Brücke über die Khomora, bei Fahrtrichtung Westen links der Straße. Oft ausgebucht. Im selben Gebäude befindet sich eine Diskothek.

- **Hotel Polissia,** Vul. Lesi Ukrainki 97, Tel. 03843-322 00: Weitgehend unrenoviert, Schlafplatz ab 100 UAH.

Verkehrsmittel

- Polonne liegt an der **Bahnlinie Zdolbuniv – Berdychiv** und wird auch von Fernverkehrszügen angefahren. Auch per Nahverkehrszug aus Shepetivka oder Berdychiv ist Polonne erreichbar.
- Per **Bus** ist die Stadt am besten von Khmelnytskyi und von Starokostiantyniv zu erreichen. Einige Busse pro Tag gibt es auch von Zhytomyr.

Iziaslav

Ізяслав

- **100 km nördlich von Khmelnytskyi am Horyn, historische Residenzstadt beiderseits eines großen Sees**
- **Einwohner: 17.000**

Iziaslavs Stadtbild wird bestimmt vom Stausee des Horyn, an dessen Ufern die historischen Bauten der Stadt liegen. Markant ist das ehemalige **Bernhardinerkloster** auf einem Hügel auf der linken Flussseite, eine bis heute wehrhaft wirkende Anlage aus dem 17. Jh. Die Kirche weist herrliche steinerne Reliefs an der Außenwand auf. Leider sind Kirche und Kloster nicht zu besichtigen – sie dienen als Gefängnis!

Ebenfalls auf der linken Flussseite steht die **Ruine der einstigen römisch-katholischen Kirche,** die während der Sowjetzeit verfiel. Sie ist frei zugänglich und die Struktur der dreischiffigen Hallenkirche noch gut erkennbar. Dächer und Fenster fehlen, und so bleibt zu hoffen, dass der Verfall gestoppt wird, bevor es zu spät ist. Gut erhalten ist die **orthodoxe Kirche,** auch sie am linken Ufer.

Ein kleines Stück südlich des Zentrums, auf der rechten Seite des Sees, liegt die **katholische Kirche St. Josef.** Das Bauwerk von 1750 mit reizvoller Barockfassade und zwei Zwiebeltürmen ist in recht gutem Zustand, wie auch das angrenzende Klostergebäude. Gegenüber der Kirche liegt die **Ruine eines barocken Palastes.** Seine einstige Schönheit ist noch zu erahnen, aber Dach und Fenster fehlen, sodass der Verfall ungehindert fortschreitet. Durchquert man das Palastgelände bis an den Abhang des Flusses, hat man einen schönen Blick auf den See, das Bernhardinerkloster, die Burganlage und die Ruine der katholischen Kirche.

Das **Stadtzentrum** selbst, das auf der rechten Seite des Sees liegt, bietet wenig. Würden die historischen Gebäude wieder aufgebaut werden, könnte das Städtchen ein echtes Kleinod sein.

Unterkunft

- **Hotel Zaslav,** Vul. Mykytiuka 25, http://zaslav.com.ua: Relativ neu und eines der besseren Hotels der Region. DZ ab 400 UAH. Zum Hotel gehört ein Restaurant. Leider etwas außerhalb südlich des Zentrums gelegen.
- **Hotel Yavir,** Vul. Nezalezhnosti 18, Tel. 03852-412 33: Das alte städtische Hotel, bislang nicht renoviert und wenig einladend, dafür sehr günstig mit Doppelzimmern ab 70 UAH.

Essen und Trinken

Im Stadtzentrum befinden sich eine **Pizzeria** mit großem überdachtem Außenbereich und ein bescheidenes **Café-Restaurant.**

Verkehrsmittel

■ Per **Bus** ist Iziaslav sehr gut von Khmelnytskyi und Starokostyniv zu erreichen. Etwa sechs tägliche Busse gibt es auch von Rivne (über Ostroh). Auch von der nahe gelegenen Atomarbeiterstadt Netishyn, die an der Hauptstraße Rive– Khmelnytskyi liegt, ist Iziaslav per Bus gut erreichbar. Der Busbahnhof ist in der Vul. Onyshyka.

Ostroh

Острог

■ **50 km südöstlich von Rivne an der Vilia, Stammsitz der Familie Ostrozhskyi mit Burganlage**
■ **Einwohner: 15.000**

Ostroh wurde im Jahr 1100 erstmals erwähnt und war über Jahrhunderte Sitz des Herrscherhauses der *Ostrozhskyis,* in deren Besitz sich fast das ganze Umland befand. Die **Ostrozhskyis** errichteten die heute noch teils vorhandene Burg und die Stadtbefestigungsanlagen. Berühmt war Ostroh für seine 1596 gegründete **Akademie,** die über viele Jahre eine der herausragenden Bildungsstätten der Region war. Hier befand sich eine der wichtigsten Druckereien der Region. Die **Ostroher Bibel** von 1581, heute im Museum der Kiewer Lavra zu sehen, ist vom historischen Wert her durchaus vergleichbar mit der Gutenberg-Bibel: Es war die erste vollständig in Altkirchenslawisch gedruckte Bibel. Im 17. Jh. wurde die Akademie geschlossen und 1994 wieder zum Leben erweckt. Vor einigen Jahren wurde mit einem gewaltigen Neubau im historisierenden Stil und mit hohem Turm begonnen; derzeit ruhen die Arbeiten. Die Akademie hat den Status einer staatlichen Universität (www.oa.edu.ua). Zur Sowjetzeit wurde leider im Stadtzentrum viel gebaut – einige wenig gelungene mehrstöckige Wohnblöcke sind das Resultat. Schöne historische Bausubstanz mit einstöckigen Häuschen hat sich in der Vul. Belmazh erhalten.

Sehenswertes

Ostrohs Hauptsehenswürdigkeit ist die **Burganlage** auf einem Hügel oberhalb der Vilia. Erhalten sind der Steinerne und der Runde Turm. Auf dem Burggelände steht die **Epiphaniakathedrale.** Ihre Baugeschichte reicht bis in die Zeit der Gotik, die Kathedrale wurde aber im 19. Jh. im russischen Stil mit fünf goldenen Kuppeln umgebaut. Das **Burgmuseum** ist im steinernen Turm untergebracht und zeigt Exponate zur Geschichte der Burg, der Familie *Ostrozhskyi* sowie interessante Modelle zerstörter Kirchen und des alten Ostroh; geöffnet: täglich außer Mo. Der fantastische Blick von der gegenüberliegenden Seite der Vilia auf die Burg und ihre Kirche zählt zu den schönsten der Region, wenn nicht sogar des ganzen Landes.

Die **katholische Auferstehungskirche** aus dem 15. bis 19. Jh. mit klassizistischem Säulenvorbau findet sich außerhalb des Burggeländes in nördlicher Richtung. Von den alten Stadtbefestigungsanlagen sind noch zwei Türme zu sehen: Der **Lutsker Turm** aus dem 15. Jh. steht unweit des Stadtzentrums und beherbergt das **Museum des Buchdrucks** (geöffnet: täglich außer Mo). Der **Tatarenturm** am östlichen Rand des Zentrums ist dagegen eine Ruine. Südlich des Zentrums liegt die **Synagoge** aus

ukr14-035 pk

dem 17. Jh. Noch vor wenigen Jahren präsentierte sich das Gebäude mit seiner majestätischen Säulenhalle in beklagenswertem Zustand. Inzwischen wurde die Synagoge der jüdischen Gemeinde zurückgegeben, und der Wiederaufbau ist in vollem Gange.

Praktische Tipps

Unterkunft

- **Hotel Maestro,** http://maestro.ostroh.com.ua/rooms: Angenehmes Minihotel auf dem Prospekt Nezalezhnosti 17. Zum Hotel gehört eine Pizzeria. Geräumige, moderne DZ ab 260 UAH.

Herbststimmung in Korets

- **Obukhovskyi Turkompleks,** Vul. Yavorytskoho 20, Tel. 03654-22 83 35: In einer ruhigen Seitenstraße nahe der ehemaligen Synagoge liegt diese kleine Hotelanlage mit sehr gemütlichem Café und Wellnessbereich mit Sauna. DZ ab 260 UAH.
- **Motel Berkut,** Tel. 0362-28 64 69: Schön im Grünen am Ufer eines großen Sees gelegenes Hotel ca. 15 km nördlich von Ostroh nahe des Dorfes Verkhiv. DZ 250 UAH, außerdem ein kleines Ferienhaus für 400 UAH. Auch ein sehr nettes Café gehört dazu.

Verkehrsmittel

- Der Bahnhof liegt 15 km nördlich der Stadt. Hier halten einige **Fernzüge.** Die meisten fahren jedoch durch und halten in Zdolbuniv oder Shepetivka. Vom Bahnhof gibt es regelmäßige Busverbindungen in die Stadt.
- Ostroh liegt an der **Straße Rivne – Khmenytskyi** und ist den ganzen Tag über per **Bus** erreichbar. Der Busbahnhof liegt am nördlichen Stadtrand. Auch in Richtung Kremenets fahren Direktbusse.

In der Umgebung

Kloster Mezhyrich

Межиріч

Das Kloster Mezhyrich liegt 3 km westlich von Ostroh am Südufer der Vilia, die hier einen See bildet. Zu Fuß erreicht man es von Ostroh bei gemütlichem Gehtempo in etwa 45 Minuten. Das Kloster wurde von Graf *Ostrozhskyi* im 15. Jh. als Wehrkloster errichtet. Gut erhalten sind die Umfassunsgsmauer mit Torturm und zwei Wehrtürmen mit Renaissancedekor. Auch das Hauptgebäude, in das die **Dreieinigkeits-Klosterkirche** integriert ist, gibt sich wehrhaft mit Rundtürmen auf allen vier Seiten. Die Kirche lässt die gotischen Formen teils noch erahnen, wurde aber im 19. Jh., als das Kloster vom römisch-katholischen Franziskanerkloster zu einem orthodoxen Kloster wurde, im russischen Stil umgebaut und erhielt eine Bekrönung aus vier blauen und goldenen Kuppeln. Sie erinnert ein wenig an die Burgkirche von Ostroh. Das Innere ist vollständig ausgemalt. Besonders sehenswert ist eine Ikone aus dem 14. Jh., die Graf *Ostrozhskyi* vom Patriarchen von Konstantinopel geschenkt bekam, als Dank für seine Anstrengungen, die Orthodoxie in der damaligen polnischen Republik aufrechtzuerhalten.

Mezhyrich, heute ein Dorf voll bunter Holzhäuser, war in der frühen Neuzeit eine wichtige Stadt, die nicht nur befestigt war, sondern auch das Magdeburger Recht besaß. Wer mit dem Rad oder dem Auto unterwegs ist, kann über Kamianka und Pluzhne durch schöne Dörfer und herrliche Hügellandschaften die Stadt Iziaslav erreichen.

Korets

Корець

- **60 km östlich von Rivne am Korchyk, historische Stadt mit Burg und zahlreichen Kirchen innerhalb felsiger Flusslandschaft**
- **Einwohner: 7000**

Korets Highlight ist das etwa 300 Meter östlich des Zentrums gelegene **Dreifaltigkeits-Kloster.** Es geht auf das späte Mittelalter zurück, wurde aber nach der Zerstörung durch die Mongolen in der frühen Neuzeit als römisch-katholisches Kloster im Barockstil neu erbaut und weist eine typisch barocke Struktur mit Torturm, Klostergebäude und Hauptkirche auf. Auch die Kirche zeigt die Bauform einer barocken Basilika. Das Kloster wurde im 19. Jh., nach dem Anschluss ans Zarenreich, im russisch-orthodoxen Stil umgestaltet und erhielt neue Dächer und Türme.

Westlich des zentralen Platzes führt eine kleine Straße nach Süden in einem Bogen zur **Burgruine.** Torturm, Umfassungsmauern und Reste des Hauptgebäudes blieben erhalten. Die steinerne Bogenbrücke über den Graben wurde in den letzten Jahren rekonstruiert. Unter dem Burghof gibt es weitläufige Kellergewölbe. **Achtung:** Richtung Fluss bricht das Burggelände ohne Absperrung oder Geländer steil ab! Von hier bietet sich ein herrlicher Blick auf das felsige Flusstal, mehrere Holzkirchen aus dem 19. Jh. und die frisch renovierte katholische St. Antoniuskirche.

Sehr schön ist ein **Spaziergang durch das Tal,** da sich ständig neue Blicke und Perspektiven auf die Burg, die Felsen und die Kirchen bieten. Das westlich gelegene dörfliche Viertel lohnt ebenfalls einen Abstecher – neben zwei Holzkirchen aus dem 19. Jh. sind dort zahlreiche malerische Holzhäuser zu sehen.

Infrastruktur/Verkehrsmittel

■ Korets liegt 2 km nördlich der Straße von Rivne nach Kiew. Da es keine touristische Infrastruktur im Ort gibt, eignet er sich nur als **Zwischenstation oder Tagesausflug von Rivne** aus. Wer dennoch hier bleiben möchte, muss zelten. Dies ist auf den Wiesen im Tal des Korchyk oder im Hof der Burgruine problemlos möglich.

■ Der Busbahnhof befindet sich im Westteil der Stadt, etwa 10 Min. zu Fuß vom Zentrum. **Busse** aus Rivne verkehren etwa alle 20 Min. Hier enden die Busse aus Rivne, die weiter Richtung Novohrad fahrenden Busse durchqueren auch das Zentrum.

■ Im Zentrum gibt es ein kleines **Restaurant,** rechter Hand (Blickrichtung Osten) an einen baufälligen Wohnblock angebaut. Eine nette kleine **Pizzeria** mit schönem Außenbereich findet sich auf halbem Weg vom Busbahnhof zum Zentrum auf der rechten Straßenseite.

Lessia Ukrainka (1871–1913)

Im ganzen Land sind Straßen und Plätze nach ihr benannt: *Lessia Ukrainka,* die **als Nationaldichterin bis heute tief verehrt** wird. Geboren 1871 unter dem Namen *Larissa Petrivna Kosach* in Novohrad Volynskyi, entstammte sie einer großbürgerlichen, hochgebildeten Familie. Vielsprachig erzogen – sie sprach sieben Fremdsprachen, darunter Französisch, Englisch und Deutsch –, begann sie bereits im Alter von 13 Jahren eigene romantische Gedichte in ukrainischer Sprache zu verfassen. Da die ukrainische Sprache im späten Zarenreich verboten war, wurden ihre ersten Gedichte in Lemberg veröffentlicht – in der K.u.K. Monarchie herrschte eine wesentlich liberalere Sprachpolitik als in Russland. Von Anfang an publizierte *Kosach* unter dem Pseudonym *Lessia Ukrainka.* Ihr bekanntestes Werk, das **mystische Drama „Waldlied" (Lisova Pisnia),** schrieb sie 1911, zwei Jahre vor ihrem frühen Tod. Neben ihrer literarischen Tätigkeit arbeitete sie als Übersetzerin und Zeichnerin. Darüber hinaus war sie **politisch tätig,** stand in aktiver Opposition zum repressiven System des Zarenreiches, setzte sich für Frauenrechte ein und pflegte Kontakte zu marxistischen Kreisen. 1902 übersetzte sie das „Kommunistische Manifest" ins Ukrainische. Auf Grund dieser Tatsache war sie auch zu Sowjetzeiten „akzeptiert". Eine schwere Erkrankung – sie litt an Knochentuberkulose – begleitete sie nahezu ihr gesamtes Leben. Auch zahlreiche Kuraufenthalte im In- und Ausland brachten keine Heilung. 1913 starb sie, nur 42-jährig, während einer Kur in Georgien. Der Nachwelt hinterließ sie schwere, romantische Lyrik, die immer wieder durchsetzt ist mit volkstümlichen Motiven ihres Heimatlandes. Heute erinnern unzählige Denkmäler im ganzen Land an sie, die Universität Lutsk trägt ihren Namen, und sollten Sie einmal in einem Restaurant namens „Lisova Pisnia" Ihr Abendessen zu sich nehmen, wissen Sie nun, woher der Name stammt.

Novohrad Volynskyi

Новоград-Волинський

■ 90 km östlich von Rivne, 90 km westlich von Zhytomyr, am Sluch, sowjetisch geprägte Geburtsstadt von Lessia Ukrainka in felsiger Umgebung
■ Einwohner: 56.000

Freunden ukrainischer Literatur ist Novohrad Volynskyi als Geburtsort einer gewissen *Larissa Kosach* ein Begriff. Später als **Lessia Ukrainka** bekannt, zählt sie heute zu den großen ukrainischen Nationaldichtern. Im Wohnhaus der Familie ist ein Museum eingerichtet, das im Stil des späten 19. Jh. möblierte Räume und Originaltexte und Zeichnungen von *Lessia Ukrainka* zeigt (Vul. Sobornosti 94, geöffnet: täglich außer So/Mo).

Im Ort gibt es keine nennenswerte Altbausubstanz. Dennoch ist die im sowjetischen Stil der 1950er Jahre errichtete **Hauptstraße Vul. Shevchenka** nicht uninteressant, da hier gelungene Beispiele des typischen Stalinbarock zu sehen sind, so das Postgebäude und das alte Kino mit Säulen und Kuppel. Die Shevchenka läuft auf den Kulturpalast zu, einen interessanten Bau der 1950er Jahre, innen mit Buntglasfenstern im Stil des sozialistischen Realismus. Hinter dem Palast, an dessen Stelle sich bis in die 1930er Jahre eine monumentale Kirche befand, liegt ein **Park** mit bescheidenen Fundamenten einer ehemaligen Burg. Die Mauer auf der Nordseite ist unschwer als (schlechte) Rekonstruktion erkennbar. Hinter dem Park fallen senkrechte Felswände zum Sluch hin ab.

Unterkunft

■ Das einzige Hotel im Zentrum ist das **Hotel Leon** unweit des Lessia-Ukrainka-Museums: DZ ab 350 UAH, Vul. Sobornosti 49, http://leon-hotel.at.ua.

Essen und Trinken

■ **In der Vul. Shevchenka** gibt es einige Restaurants und Cafés, aber nichts Spektakuläres.

Verkehrsmittel

■ Der Bahnhof liegt am äußersten westlichen Stadtrand, etwa 4 km vom Zentrum entfernt. Hier halten viele **Fernzüge der Strecke Zdolbuniv – Korosten** sowie alle Nahverkehrszüge.
■ Der **Busbahnhof** liegt etwa 2 km westlich des Zentrums an der Straße Richtung Rivne. Gute und häufige Verbindungen in alle Richtungen.

Die Schweiz am Sluch

Надслучанська Швейцарія

■ 80 km nordöstlich von Rivne am Sluch, touristisch unerschlossenes Flusstal mit herrlichen Felslandschaften
■ Einwohner: Marynyn 900, Hubkiv 800

Auch unter Ukrainern wenig bekannt ist die „Schweiz am Sluch" (ukr.: **Nadsluchanska Shveitsaria**). Traumhaft schöne Flusslandschaften mit Sandbänken, Felsen und bunten Holzhäusern machen das Gebiet zu einem der malerischsten Ausflugsziele der Region Rivne. Zwischen den Dörfern Ustia und Sosnove bricht der Sluch, von Novohrad kommend, durch einen ca. 50 Meter hohen Rücken aus kristallinem Gestein, bevor er das flache Land der Polissia erreicht. Hauptorte sind die beiden Dörfer **Hub-**

kiv (Губків) auf der Nordseite und **Marynyn** (Маринин)auf der Südseite des Sluch. In Hubkiv gibt es eine Holzkirche aus dem 19. Jh. und eine Burgruine. Sie befindet sich weit sichtbar auf einem Felsen oberhalb des Flusses. Auf dem einige hundert Meter flussaufwärts gelegenen, steil zum Fluss hin abfallenden Glockenberg ist ein mehrere hundert Jahre altes kosakisches Steinkreuz zu bewundern. Zwischen Hubkiv und Sosnove liegen beiderseits des Flusses die **Falkenberge** (Sokolni Hory), die vor allem auf der Südseite mit senkrechten Felswänden zum Fluss hin abfallen. Auch in Marynyn steht eine Holzkirche, errichtet in traditionell ukrainischer Bauart mit drei Kuppeln, ferner die Wall- und Grabenanlagen einer mittelalterlichen Befestigungsanlage direkt oberhalb des Flusses.

Wanderung

Ein Wanderweg mit herrlichem Ausblick auf den Fluss und die zahlreichen Felsen verbindet Hubkiv mit dem 4 km östlich von Marynyn gelegenen **Bilchaky.** Der Weg verläuft auf der Nordseite des Flusses. Der westliche Teil des Weges führt am Fluss entlang, aber in Höhe von Marynyn muss man das nun unpassierbare Tal verlassen und die letzten 4 km nach Bilchaky auf einer nördlich des Flusses verlaufenden Sandstraße zurücklegen. Leider gibt es weder in Hubkiv noch in Marynyn eine Brücke. Lediglich in Sosnove, Bilchaky und in Ustia besteht die Möglichkeit, den Fluss zu überqueren.

Das Sluch-Tal bei Hubkiv

ukr14-036 pk

Aussichtspunkt: Einen großartigen Blick auf Hubkiv bieten die senkrecht abfallenden Felsen der Falkenberge (Sokolni Hory) auf der linken Flussseite. Von Marynyn aus kommend orientiert man sich an dem allerersten, rechts der Straße stehenden weißen Wohnhaus, hinter dem eine nicht asphaltierte Straße nach rechts abzweigt, der man etwa 500 Meter folgt.

Praktische Tipps

Unterkunft

- In Marynyn gibt es mehrere **Privatvermieter,** die Gästezimmer mit einfachem Standard anbieten, siehe http://rivne.travel/en.
- Ein uriges hölzernes **Ferienhaus** mit extra Saunagebäude für sechs Personen liegt nahe Bilchaky, auf der Südseite des Flusses, von der Brücke aus einem Hohlweg 500 Meter nach oben folgend. Tel. 067-380 88 09, Serhii Lutsyk.
- Auf halber Strecke zwischen der Hauptstraße Rivne – Novohrad und Sosnove liegt die **Erholungsbaza Voronukha** im Dorf Schekychyn. Hier gibt es schlichte Holzhütten für drei bis acht Personen, Preis pro Hütte je nach Größe und Ausstattung 150–800 UAH, http://voronuxa.at.ua. Der Komplex liegt unweit eines Sees, eine Sauna befindet sich auf dem Gelände.

Sonstiges

- **Einkaufen:** In allen Orten gibt es bescheidene Einkaufsmöglichkeiten und ein kleines Café.
- **Aktivtourismus:** Die Kiewer Firma terraincognita (http://terraincognita.info) bietet **Kanutouren** auf dem Sluch zu fairen Preisen an. Voranmeldung dringend erforderlich. Regionale Anbieter vor Ort gibt es derzeit nicht. Auf dem Südufer des Flusses gibt es **Kletterfelsen** mit abgesicherten Routen in festem Gestein.

Verkehrsmittel

- Hubkiv und Marynyn sind etwa dreimal pro Tag von Rivne direkt per **Bus** erreichbar. Richtig gut sind die Verbindungen ins etwas westlich gelegene Sosnove. Falls von dort aus kein Bus weiterfährt, ist Hubkiv in etwa 30 Min. zu Fuß zu erreichen. Die Bushaltestellen befinden sich in den Ortszentren.

Rivne

Рівне

- **300 km westlich von Kiew, ehemaliges Zentrum des Ostjudentums, heute sowjetisch geprägte Industriestadt, Oblasthauptstadt**
- **Einwohner: 250.000**

Rivne liegt in der relativ hügeligen Umgebung eines Kreiderückens. Die Stadt ist untrennbar verbunden mit der **Geschichte des Ostjudentums.** Noch 1939 waren rund 70 % der Bewohner jüdisch, die restlichen 30 % verteilten sich auf Ukrainer und Polen. Im 2. Weltkrieg war Rivne 1941–44 Hauptstadt des Reichskommissariats Ukraine und somit Sitz der deutschen Besatzungsverwaltung. Im Krieg wurde die Stadt völlig zerstört. Nach 1945 weitgehend sowjetisch wiederaufgebaut, zählt Rivne zu den weniger interessanten Orten der Region. Nichtsdestotrotz herrscht eine **entspannte Atmosphäre,** und es gibt einige überraschend gute Cafés und Kneipen. So eignet sich Rivne durchaus als Stützpunkt für Ausflüge in die Umgebung.

Rivne Рівне

Übernachtung
- 2 Bahnhofszimmer
- 6 Hotel Ukraina
- 7 Hotel Myr
- 8 Rivne Hostel
- 11 Hotel Turyst

Essen und Trinken
- 1 Pub Stadio
- 5 Marmelade
- 10 Riven

Nachtleben
- 4 Pub Bochka
- 5 Bar Bet
- 9 Blues and Jazz

Einkaufen
- 3 Buchladen

Sehenswertes

Im Zentrum, umgeben von einigen Altbauten, steht die **Auferstehungskathedrale** aus dem späten 19. Jh., ein großzügiger Bau mit fünf Kuppeln, der den angrenzenden Maidan Nezalezhnosti dominiert. Unter der Hauptkirche befindet sich eine Unterkirche. An die jüdische Geschichte der Stadt erinnert nur wenig; lediglich die Gebäude zweier **Synagogen** in der Vul. Shkilna Nr. 4 und Nr. 33 blieben unzerstört, ansonsten findet sich so gut wie keine historische Bausubstanz des jüdischen Rivne mehr.

Die einstige **katholische Kirche St. Anton** liegt am Westrand des Zentrums, wo die Vul. Soborna die Ustia überquert. Sie beherbergt heute die Philharmonie und das Haus der Orgelmusik. Die neogotische Kirche ist renoviert, jedoch ohne die einstigen Turmspitzen. Das älteste erhaltene Gebäude der Stadt ist die **hölzerne Entschlafenskirche** von 1756, die sich am nördlichen Ende der Vul. Shevchenka in einem alten Holzhausviertel befindet.

Ein sehenswertes Zeugnis historischer Industriearchitektur ist das **Brauereigebäude** auf der westlichen Flussseite in der Vul. Kopernika 9. Die Brauerei ist bis heute in Betrieb und produziert hervorragende Biere.

Museen

Historisches Museum

Vul. Drahomanova 19, http://oblmus.ucoz.ua

Das Museum ist im ehemaligen Gymnasium untergebracht, das während des 2. Weltkriegs als Sitz der deutschen Besatzungsverwaltung diente. **Erich Koch** (1896–1986), Nationalsozialist der ersten Stunde, war hier von 1941 bis 1944 als Reichskommissar der Ukraine tätig. Neben *Adolf Eichmann* war er einer der Hauptverantwortlichen für die Judenvernichtung in Polen und der Ukraine. Im Winter 1944 verweigerte er die Übergabe des eingeschlossenen Königsberg an die Rote Armee, setzte sich selbst aber feige über die Ostsee nach Norddeutschland ab. Erst 1949 wurde der frühere „Reichsredner" in der Nähe von Hamburg erkannt (er agitierte bei einem Treffen von Heimatvertriebenen) und an Polen ausgeliefert, wo er zunächst zum Tode verurteilt wurde und 1986 im hohen Alter von 90 Jahren im Gefängnis von Barczewo starb. Für die Kriegsverbrechen in der Ukraine musste er sich nie verantworten. Der Bunker von *Erich Koch*, der sich unter dem Gebäude befand, kann besichtigt werden.

Bernsteinmuseum

Vul. Semiona Petliury 17, geöffnet: täglich außer Mo und Mi.

Die Gegend nördlich von Rivne beherbergt das einzige Bernsteinvorkommen der Ukraine. Das Museum liegt in einem wunderschönen Jugendstilgebäude – der Besuch lohnt sich schon des Gebäudes wegen.

Zu erwähnen ist freilich, dass der **Bernsteinabbau** in der Region häufig alles andere als legal abläuft. Geschützt von paramilitärischen Einheiten fluten Hundertschaften von Schatzsuchern ganze Wälder und hinterlassen so regelrechte **Mondlandschaften.** Die Wälder rund um das nahe Städtchen Klesiv gelten aus diesem Grund mittlerweile als ökologisches Notstandsgebiet. Die Umweltschützer der Region – teilweise übrigens Maidanaktivisten – sind bislang machtlos, da korrupte Behörden und ebensolche Gerichte prächtig an den illegalen Machenschaften verdienen.

Eine schockierende **TV-Reportage** in deutscher Sprache ist unter diesem Link zu finden: http://www.faz.net/aktuell/gesellschaft/ukraine-das-millionengeschaeft-der-bernsteinmafia-14305657.html.

Praktische Tipps

Unterkunft

7 **Hotel Myr,** Vul. Mitskevycha 32, http://mir-hotel.com: Renoviertes Sowjet-Hotel im Zentrum, DZ ab 590 UAH.

11 **Hotel Turyst,** Vul. Kyivska 36, etwa 3 km östlich des Zentrums: Renoviertes Hotel in einem Hochhaus nahe des Busbahnhofs. DZ ab 500 UAH.

6 Hotel Ukraina, Vul. Soborna 112, www.hotel-ukraine.rv.ua: Das beste Hotel der Stadt liegt im Zentrum in einem sanierten Stalinbau der 1950er Jahre. DZ ab 850 UAH. Im Keller ist ein gediegener Irish Pub untergebracht.

8 Rivne Hostel, Vul. Soborna 19/21, 5 Euro im Schlafsaal, sauber und modern, mit kleiner Küche.

2 Bahnhofszimmer, im obersten Stock des recht grauen Gebäudes nördlich des Bahnhofs, in dem sich auch die Post befindet. Der Eingang ist auf der Seite der Bahngleise. Preis: 60 UAH im Mehrbettzimmer, Dusche kostet extra.

Essen und Trinken, Nachtleben

5 Marmelade, Vul. Peresopnytska 10: Das moderne Restaurant mit Cocktailbar liegt im 1. Stock

Das Magdeburger Recht

Im Zentrum von Rivne gibt es einen kleinen Platz mit dem Namen „Platz des Magdeburger Rechts". Da dieser Begriff auch sonst im Zusammenhang mit der Geschichte der historischen Städte der Ukraine ständig auftaucht, macht es Sinn, sich damit ein wenig näher auseinanderzusetzen. Um es gleich vorweg zu sagen: Die Städte mit Magdeburger Recht (M.R.) waren weder deutsche noch deutsch besiedelte Städte. Vielmehr war das M.R. eine seit dem späten Mittelalter in ganz Mitteleuropa verbreitete **Rechtsform, die den Städten Privilegien einräumte,** wodurch der Handel erleichtert und in vielen Bereichen Rechtssicherheit geschaffen wurde, durch die die Städte zu Reichtum und Wohlstand kamen. Unter anderem wurden folgende Punkte geregelt: das Marktrecht, verbunden mit dem Privileg, von den Händlern Steuern zu erheben; Schaffung einer verbindlichen Ordnung für zivil- und strafrechtliche Angelegenheiten; Vergabe des Schankrechtes; Schaffung einer schnellen Gerichtsbarkeit für durchreisende Händler. Für die Bürger der Städte brachte das M.R. zudem **zahlreiche Freiheiten,** sodass es alsbald sehr begehrt war.

Die Rechtsform des M.R. ging gegen Ende des 12. Jh. aus dem sog. **Sachsenspiegel** hervor und kam erstmals in der Stadt Magdeburg zur Anwendung. In der Folge verbreitete es sich zunächst im mitteldeutschen Bereich und wurde später zur **wichtigsten Rechtsform für die Städte in Polen.** Da ein großer Teil der heutigen Ukraine ab dem 14. Jh. zu Polen gehörte, galt es auch für viele Städte, die in diesem Reiseführer beschrieben werden. Dabei war das Recht nicht statisch, sondern konnte je nach lokalen Gegebenheiten an die spezifische Situation der jeweiligen Stadt angepasst werden. Wie weit verbreitet diese Rechtsform war, zeigt ein Blick auf die Landkarte: Kiew, das weißrussische Vitebsk oder zeitweise Poltava waren nach dem M.R. verfasst. Eine mitteleuropäische Prägung war also bis weit in die Zentralukraine feststellbar.

Das M.R. galt **nur für die christliche Bevölkerung,** nicht jedoch für Juden. Da es aber im M.R. auch Passagen gab, die das Zusammenleben der beiden großen Religionsgemeinschaften regelten, hatte es letztlich auch für die zahlreichen vor Ort lebenden Juden gewisse Vorteile. Erst Mitte des 19. Jh., also zu einer Zeit, als weite Teile der Ukraine bereits zum russischen Zarenreich gehörten, wurde das Magdeburger Recht durch ein eigenes russisches Recht ersetzt.

eines fantasievollen Neubaus an der Pl. Teatralna. Nicht ganz billig, aber gute Küche.

1 **Pub Stadio,** Vul. Soborna 205, http://stadio.com.ua: Gelegentlich Live-Musik.

10 **Riven,** Vul. 16-ho Lipnia 61: Brauereiausschank der „Rivnenska Pyvzavod" im Keller eines älteren Gebäudes. Einfach und rustikal eingerichtet. Richtig gemütlich und auch angenehm billig. Der Eingang befindet sich an der Vul. Drahomanova.

4 **Pub Bochka** (Fass): Vul. S. Petliury 5, sehr zentral in der Nähe des Theaters gelegen: Kellerkneipe mit kleinem Biergarten.

5 **Bar Bet,** Vul. Sahaidachnoho 1: Im urigen Kellergewölbe eines älteren Gebäudes unweit des Theaters. Recht spartanisch eingerichtet, aber billig und gut.

9 **Blues and Jazz,** Vul. 16-ho Lipnia 7: Guter Jazzclub nahe der Kathedrale, regelmäßig Live-Musik.

Sonstiges

■ **Einkaufen:** Einen guten 3 **Buchladen** gibt es in der Vul. Soborna 57 schräg gegenüber dem Theater. Der **Markt** nimmt ein ganzes Viertel zwischen dem Prospekt Myru und der Vul. Soborna ein.

Verkehrsmittel

Bahn

Der Bahnhof liegt am Westrand des Zentrums und ist von dort aus zu Fuß erreichbar. Er ist auch gut mit Bussen und Trolleybussen angebunden. Rivne liegt an der **Hauptstrecke Kovel – Zdolbuniv – Kiew** mit einigen Fernzügen pro Tag. Auch Lviv ist mehrmals täglich erreichbar. Der eigentliche Knotenbahnhof ist jedoch **Zdolbuniv,** etwa 20 km südlich der Stadt, an der Hauptstrecke Lviv – Kiew. Zdolbuniv ist sowohl vom Bahnhof als auch vom Stadtzentrum aus ständig per Bus erreichbar. Nahverkehrszüge gibt es nur wenige.

Bus

Es gibt zwei Busbahnhöfe, der größere ist der **zentrale Busbahnhof** in der Vul. Kyivska 40 etwa 3 km östlich des Zentrums. Praktisch alle Busse, die vom Zentrum ostwärts fahren, fahren an diesem Busbahnhof vorbei. Von hier gibt es Verbindungen in Richtung Osten, Süden und Westen. Der Bus-

☐ Das Fort Dubno bei Tarakaniv liegt nicht weit von Rivne entfernt

ukr19-018 pk

bahnhof ist relativ groß und etwas unübersichtlich, sodass es sich empfiehlt, immer rechtzeitig an Ort und Stelle zu sein. Für Fahrten Richtung Norden ist der **Busbahnhof Chaika,** Vul. Gagarina 16b, zu nutzen, d. h. vor allem für Busse in Richtung Sarny, Dubrovytsia und Zarichne.

In der Umgebung

Horodok

Городок

Das Dörflein liegt ca. 2 km nördlich der Trasse Rivne – Lutsk reizvoll im Rivner Kreidegebiet. Sein Herzstück ist ein **herrliches, auf einer Insel innerhalb eines naturbelassenen Weihers gelegenes Kloster.** Es geht zurück auf das 17. Jh. Sehenswert ist vor allem die Hauptkirche St. Michael (Mitte des 18. Jh.) mit Barockausstattung unter einer mächtigen Kuppel. In den letzten Jahren wurde das Kloster stark erweitert und eine neue, im historisierenden Stil errichtete Kathedrale und ein hoher Torturm hinzugefügt. Mehrere Kreidesteinbrüche befinden sich in der Umgebung.

Horodok liegt **15 km westlich von Rivne.** Alle 20–30 Minuten fahren Busse von Rivne nach Horodok. Die Bushaltestelle befindet sich etwa 200 Meter südlich des Klosters. Reger Busverkehr herrscht zudem auf der Hauptstraße Rivne – Lutsk. Wer aus Richtung Lutsk kommt, sollte an der Abzweigung nach Horodok aussteigen und entweder laufen oder auf den nächsten Bus aus Rivne warten. Der Fußweg zum Kloster beträgt etwa 20 Minuten.

Dubno

Дубно

- **50 km südwestlich von Rivne, historische Handelsstadt mit Burg und jüdischem Schtetl**
- **Einwohner: 38.000**

Zahlreiche Kirchen und die großartige Burg machen Dubno nahe der Grenze zur Oblast Ternopil zu einer der sehenswertesten Städte der Region. Die kleine Altstadt berherbergt **viele historische Gebäude,** und auch das einstige Schtetl ist in seiner Struktur noch sehr gut zu erkennen. Man sollte sich ruhig einen halben Tag Zeit nehmen, um den Ort näher zu erkunden. Gegründet um 1100, war auch Dubno einst im Besitz der *Ostrozhskyis.* Sie erbauten im 16. Jh. die heutige Burganlage und hielten in der Stadt Märkte ab.

Sehenswertes

Burg Dubno

Ohne viel verraten zu wollen: Die Burg Dubno spielt in *Gogols* Kosakennovelle „Taras Bulba" eine ganz zentrale Rolle! Sie liegt schräg gegenüber dem Marktplatz, **umgeben von einem tiefen Graben und gemauerten Bastionen.** Im Inneren der Anlage liegt ein kleiner Hof, auf drei Seiten mit schlossartigen Bauten. In den Gebäuden selbst ist nur wenig Historisches erhalten geblieben. Bemerkenswert ist vor allem das Torgebäude. Auch die Bastionen sind zugänglich, aber nur schwach beleuchtet. Vor allem von der nördlichen Bastion hat man einen schönen Blick auf den Flusslauf der

Ikva. Burggelände und Bastionen können täglich für wenig Geld besichtigt werden. Das Burgmuseum ist täglich geöffnet, an der Kasse gibt es auch **Infos zum Ort allgemein.**

Das Zentrum

Mittelpunkt ist der **Alte Marktplatz** (Maidan Nezalezhnosti), eingerahmt von Bauten aus dem 19. Jh. Zu Sowjetzeiten zum Kulturhaus umgebaut, ist das alte Handelshaus aus dem frühen 19. Jh. noch gut als solches erkennbar. Die einstige Hauptstraße der Stadt war die heute verkehrsberuhigte **Vul. Kyrila i Mefodia.** Sie führt von Süd nach Nord durch die Altstadt und berührt das alte Handelshaus, die katholische Pfarrkirche von 1832 und die Synagoge aus dem 16. Jh.

Folgt man im Zentrum der **Vul. Halytskoho** nach Westen, gelangt man zur renovierten orthodoxen Eliaskathedrale von 1905. Im weiteren Straßenverlauf fällt die einstige **Bernhardiner-Kirche** von 1629 mit ihrem gedrungenen Turm mit blauer Kuppel ins Auge. Von der einstigen Innenausstattung ist nichts erhalten. Direkt südlich an die Kirche angrenzend liegt das **Lutsker Tor** von 1623. Etwa 0,5 km südlich, der Vul. Ivana Franka folgend, steht am Ende eines dörflichen Viertels ein weiteres bedeutendes Bauwerk: die **hölzerne Transfigurationskirche,** erbaut Mitte des 17. Jh.

Burg Dubno

ukr14-038 pk

Das jüdische Viertel

Die Synagoge steht heute leer und ist verschlossen. **Rund um die Synagoge** ist das alte jüdische Viertel noch gut zu erahnen. Kleine Häuschen in Gassen mit Kopfsteinpflaster lassen die alte Atmosphäre noch ein wenig spüren. Dass das Viertel vor allem von Handel geprägt war und hier reges Leben herrschte, ist aber kaum noch vorstellbar. Lediglich die Straßennamen – Vul. Kontorska und Vul. Stara (Kontorstraße und Alte Straße) – erinnern daran.

Außerhalb der Altstadt

Folgt man der Vul. Shevchenka am Schloss nach Norden, erreicht man nach ca. 1 km, kurz vor dem Stadtrand, das einstige **Karmeliterkloster** aus dem 16. Jh. mit einer sehenswerten Säulenfassade. Ein Beispiel für sowjetische Denkmalskunst befindet sich wenige Meter weiter in Form eines in der Luft hängenden Flugzeugs.

Praktische Tipps

Unterkunft

1 **Hotel Dubno,** Vul. Halytskoho 9, Tel. 03656-410 86: Das einstige städtische Hotel wurde vor einigen Jahren renoviert und ist sehr billig und sauber. DZ ab 250 UAH.

4 **Hotel Edem,** Vul. Stara 2, Tel. 03656-425 50, http://edem.in.ua/hotel: Relativ neues Hotel in Burgnähe, DZ ab 250 UAH.

5 **Hotel Antik House,** nahe dem Eingang zur Burg liegt dieses stilvolle, aber nicht ganz billige

Hotel in einem älteren Gebäude: Sehr geschmackvoll, teilweise mit antiken Möbeln eingerichtet, DZ ab 500 UAH. Zum Hotel gehört ein 5 Restaurant.

Essen und Trinken

■ **Restaurants** gibt es in den Hotels, sonst ist das Angebot nicht üppig. Ein hervorragender **Bäcker** mit kleinem 3 **Café** ist in der Vul. Kyrila i Mefodia nahe der Einmündung der Vul. Svobody.

MEIN TIPP: 2 **Bar Alt,** Vul. Svobody 5: Uriger Pub, viel Holz, lockere Stimmung, regelmäßig Live-Musik von lokalen Bands.

Festival

■ **Taras Bulba Festival:** Seit 1991 findet in Dubno alljährlich im Juli dieses internationale Rockfestival in einem Stadion nahe des Busbahnhofs statt. Infos: www.tarasbulba-fest.kiev.ua.

Verkehrsmittel

■ Der **Bahnhof** liegt etwa 4 km südlich des Zentrums und ist mit dem städtischen Nahverkehr erreichbar. Regelmäßige Verbindungen nach Lemberg und Zolbuniv, Rivne und Kiew.

■ Der **Busbahnhof** liegt nicht weit vom Zentrum an der Vul. Halytskoho. Gute Verbindungen in alle Richtungen.

In der Umgebung

Tarakaniv
Тараканів

Am südlichen Rand des Dorfes Tarakaniv, etwa 5 km außerhalb von Dubno, liegt das **Fort Dubno,** eine Grenzfestung aus dem späten 19. Jh., deren Besuch vor allem für militärhistorisch Interessierte spannend sein dürfte. Das Fort wurde 50 km entfernt von der einstigen russisch-österreichischen Grenze nahe der Bahnlinie errichtet. Auf Befehl von Zar *Alexander* wurde ab 1870 unter Regie des baltendeutschen Festungsingenieurs *Eduard Totleben* (1818–84), der auch die Festung Kerch auf der Krim erbaute, mit den Bauarbeiten begonnen. Im Gegensatz zu den monumentalen Zitadellen der Vaubanzeit, die vor allem in Frankreich zu finden sind, waren die Befestigungsanlagen des späten 19. Jh. von außen kaum sichtbar. Fast alle Anlagen befanden sich unter der Erde oder hinter tiefen Gräben versteckt, so auch Fort Dubno. Es wurde in Form eines unregelmäßigen Vierecks in einen nach Norden hin ansteigenden Hügel gebaut. Die Anlage ist umgeben von einem breiten gemauerten Graben, von dem an zwei Stellen steile unterirdische Fahrstraßen (Poternen) in gemauerten Gewölben in das Innere des Forts führen. Oben angekommen, wird die enge Festungsstraße erreicht, die beiderseits von **Kasemattengalerien** eingefasst ist. Der innere Block des Forts diente als Kaserne, der äußere, mit einer mächtigen Erdschüttung versehene Wall der Verteidigung. Die weit verzweigten Kasemattengalerien sind noch erhalten. Ihre Ausgänge und Geschützstände wurden kurz vor dem 1. Weltkrieg mit Beton verstärkt.

Die Anlage ist frei zugänglich. Hält man sich an die Hauptwege, die beiden Poternen und die Festungsstraße, ist eine Besichtigung gefahrlos möglich. Wer in die mehrstöckigen, weit verzweigten Kasemattengalerien vordringen möchte, sollte eine Taschenlampe und eine Begleitperson mitbringen und äußerste Vorsicht walten lassen – es tun sich unvermittelt ungesicherte Abgründe zu tiefer gelegenen Teilen der Festung sowie ein tiefe Brunnenanlage auf.

Das Fort liegt etwa 1 km **östlich der Durchgangsstraße Rivne – Lemberg** am südlichen Ausgang von Tarakaniv. Alle Busse von Rivne oder Dubno nach Lemberg fahren durch Tarakaniv. Auch mit dem städtischen Nahverkehr von Dubno ist Tarakaniv erreichbar.

Kloster Derman

Auf halber Strecke zwischen Dubno und Ostroh gelegen, befindet sich im gleichnamigen Dorf in herrlicher waldreicher, hügeliger Umgebung ein schönes altes Wehrkloster mit hohem Torturm und schöner Kirche. Nett für **Radtouren** in der Umgebung.

Lutsk

Луцьк

- **100 km östlich der polnischen Grenze, historische Stadt mit sehenswerter Altstadt und Burg, Oblasthauptstadt**
- **Einwohner: 213.000**

Die **Hauptstadt der Oblast Volyn (Wolhynien)** liegt malerisch in einer Schleife das Flusses Styr. Dank seiner wundervollen Lage – der die Stadt vermutlich ihren Namen verdankt, denn „Luka" bedeutet auf Altslawisch Flussschleife – und seiner von sowjetischen Bausünden weitgehend verschonten mittelalterlichen Altstadt ist Lutsk **eine der schönsten ukrainischen Städte.** Wahrzeichen ist die monumentale Burganlage. Das gemütliche Flair und das viele Grün – insbesondere entlang des Flusses – laden ein zum Verweilen für ein bis zwei Tage.

Geschichte

Die wechselvolle Stadtgeschichte spiegelt die Geschichte der ganzen Region. Über Jahrhunderte war Lutsk Hauptstadt des Fürstentums Wolhynien. Nach dem Niedergang der Rus fiel die Stadt an Litauen. Die Litauer schufen die heutige Burganlage, die strategisch genial auf einem Hügel über der Flussschleife thront. Mit der Verlegung des katholischen Bischofssitzes nach Lutsk wuchs die Bedeutung der Stadt immens. Zur Besiedlung wurden nun auch **Juden und Armenier** angeworben. Nach der Lubliner Union kam Wolhynien unter direkte polnische Kontrolle. Im Zuge der Kirchenunion von Brest konvertierten Stadt und Region zum griechischen Katholizismus. Lutsk wuchs auf 50.000 Einwohner, eine Großstadt für die damalige Zeit. Doch während der Kosakenaufstände im 17. Jh. wurde die Stadt niedergebrannt, eine Katastrophe, von der sie sich nicht erholte. Im Zuge der polnischen Teilungen wurde Wolhynien vom Zarenreich annektiert. Oblast-Hauptstadt wurde nun Zhytomyr und Lutsk endgültig Provinzstadt. Im Laufe des 19. Jh. wurde Lutsk **stark russifiziert.** Nach dem 1. Weltkrieg fiel das westliche Wolhynien – die heutigen Oblaste Volyn und Rivne – ans wiederentstandene Polen. Die Bevölkerungsstruktur von Lutsk war damals typisch für eine Stadt dieser Region: Von den 39.000 Einwohnern 1939 waren fast die Hälfte Juden, in der Stadt gab es 39 Synagogen. Ukrainer stellten lediglich 25 % der Bevölkerung. Seit einigen Jahren ist die Stadt als kulturelles, wirtschaftliches und touristisches Zentrum der Region im Aufwind und zu einer **attraktiven Großstadt** mit mitteleuropäischem Flair geworden.

Sehenswertes

Im Zentrum

Mittelpunkt des modernen Lutsk ist der **Teatralnyi Maidan.** In seiner Mitte erinnert eine Bronzestatue an die ukrainische Nationaldichterin *Lessia Ukrainka,* die Ende des 19. Jh. einige Jahre in der Stadt lebte. Die in einem Innenhof gelegene, aber vom Platz aus dennoch gut sichtbare barocke **Dreifaltigkeitskathedrale** aus dem 18. Jh. ist Lutsks zentrale orthodoxe Kirche. Auffällig sind die monumentale Fassade mit kuppelbekröntem Mittelturm und die große Hauptkuppel. Vom Maidan nach Osten zweigt der **Prospekt Voli** ab, mit einer Bebauung im Stalinstil der 1950er Jahre, ein gepflegter Boulevard mit breiten Bürgersteigen und den meisten Geschäften und Kaufhäusern der Stadt. Auch die Lessia-Ukrainka-Universität hat hier ihren Sitz. Ihr gegenüber beginnt der Stadtpark, der bis an den Styr reicht. Vom Maidan nach Süden führt die **Vul. Lessia Ukrainka,** eine Fußgängerzone. Hier beginnt das alte Lutsk; es sind einige historische Bauten neben vielen neueren Gebäuden aus der Zwischenkriegszeit zu sehen. An der Straße liegt auch das **Trinitarierkloster,** ein eher unauffälliger Bau des 18. Jh. am Rande eines kleinen, begrünten Platzes.

Die Altstadt

Am **Platz Bratskyj Mist** (Bruderbrücke) beginnt der mittelalterliche Stadtkern. Der Name des Platzes erinnert an den einstigen Verlauf des Styr, der die neuzeitliche Stadterweiterung rund um die Vul. Lessia Ukrainka von der mittelalterlichen Altstadt trennte. Er wurde überbaut und ist nicht mehr sichtbar. Der Platz selbst wurde leider in der Sowjetzeit mit Zweckbauten neu bebaut, sodass man die kleine, überaus reizvolle, kürzlich renovierte **Kreuzerhöhungskirche** der Lutsker Bruderschaft aus dem 17. Jh. erst auf den zweiten Blick bemerkt. Derartige Bruderschaften, religiöse Organisationen orthodoxer Bewohner, gab es im 16. und 17. Jh. in vielen ukrainischen Städten.

Die komplett unter **Denkmalschutz** stehende Altstadt liegt östlich und südlich des Platzes. Dominiert werden die Altstadtgassen von der zweitürmigen **Peter-und-Pauls-Kathedrale.** Sie geht auf ein Jesuitenkloster von 1610 zurück, wurde aber gegen Ende des 18. Jh. vollständig umgebaut. Die gesamte Lutsker Altstadt durchzieht übrigens ein labyrinthartiges Netz mehrstöckiger Kellergewölbe, die im Rahmen von Führungen besichtigt werden können (s. u.).

Im Verlauf der Vul. Kafedralna passiert man die ehemals **evangelisch-lutherische Kirche der Wolhyniendeutschen,** ein neugotischer Bau von 1907 mit spitzem Turm, heute von der Baptistengemeinde genutzt. Die Wolhyniendeutschen kamen im Laufe des 19. Jh. in die Region und siedelten sich dort an, ohne – wie etwa die Wolgadeutschen – besondere Privilegien zu genießen. Ein beachtlicher Teil waren pfälzische Mennoniten. Zu Beginn des 1. Weltkriegs lebten rund **250.000 deutsche Siedler** in der Region. Mit dem 1. Weltkrieg begann ihre Umsiedlung in die alte Heimat. Die Verbliebenen wurden nach dem 2. Weltkrieg nach Sibirien verbannt und siedelten später nach Deutschland aus, sodass heute keine nennenswerte deutsche Minderheit mehr in Wolhynien existiert.

Geht man an der Kreuzung von Vul. Kafedralna und Vul. Halytskoho nach rechts, gelangt man schnell zur auffällig gelb gestrichenen **Prokrovska-Kirche** aus dem 19. Jh. Hält man sich an besagter Kreuzung nach links, erreicht man nach etwa 100 Meter die **alte Synagoge** aus dem 17. Jh. Das massive Gebäude mit gedrungenem Turm wurde Anfang der 1980er Jahre saniert, wirkt aber heruntergekommen und wird nicht mehr für Gottesdienste genutzt. Heute gibt es nur noch eine kleine jüdische Gemeinde von ca. 200 Mitgliedern in Lutsk.

Liubart-Schloss

Folgt man an der Kathedrale der Vul. Kafedralna nach Osten, erreicht man das Liubart-Schloss, erbaut im 14. Jh. von der gleichnamigen litauischen Adelsfamilie. Während der Nazibesatzung 1941 fanden auf dem Schlossgelände Massenerschießungen jüdischer Bewohner statt. Seit 1977 wird das Schloss restauriert. **Eher eine Burg,** hat es einen Durchmesser von rund 100 Meter und wird von drei gewaltigen Türmen mit markanten Zinnen geprägt. Von den mächtigen Ringmauern mit ihren mehrgeschossigen Wehrgängen hat man einen schönen Ausblick. Das Gelände selbst ist nur we-

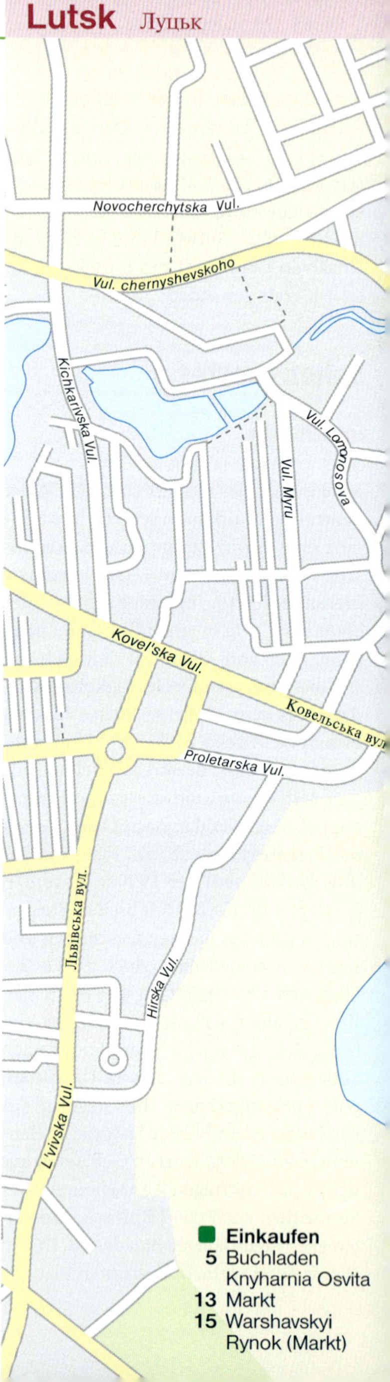

0
300 m
© Reise Know-How
Ukraine17
1/19
Bahnhof,
Busbahnhof
15
Strilets'ka Vul.
Vul. Kotlyarevskoho
Prosp.
P. Grushevsko
Vul. Yarovytsya
Prosp. Peremohy
Naberezhna Vul.
Styr
Chernytska Vul.
Zarichna Vul.
Vul. Chernyshevkoho
Набережна вул.
Vul. Ivana Franka
NEUSTADT
Vinnychenka
Vul. Yaroshchuka
Ikonen-
museum
Vul. Shevchenka
Vul. Shevchenka
Vul. Bandery
Teatralnyi
Maidan
просп. Волі
Theater
Lessia-
Ukrainka-
Universität
Vul. Shopena
Prosp. Voli
Dreifaltigkeits-
kathedrale
Vul. Kryvyi Val
Vul. B. Khmelnytskoho
Vul. Lessia Ukrainka
Naberezhna Vul.
Vul. Hlushets'
Vul. S. Levchan
Kovel'ska Vul.
Bratskyj
Mist
Trinitarier-
kloster
Kreuzerhöhungskirche
Vul. Halytskoho
ALTSTADT
Apothekenmuseum
Vul. Drahomanova
Liubart-Schloss
mit Museum
Prokrovska
Vul. Kafedralna
ehem. Kirche der
Wolhyniendeutschen
Eingang
Unterirdisches
Lutsk
Peter-und-
Pauls-Kathedrale
Styr
Alte
Synagoge
Hnidavska Vul.
Übernachtung
1 Hotel Ukraina
4 Hotel Luchesk
9 Hostel Sofa
10 Hotel Zvitiaz
11 Hostel Druzi
Essen und Trinken
2 Pizzeria Felichita
3 Obolon
6 Liokh u Svata
7 Zoloti Dukat
8 Kava Klub
12 Kukhol
14 Korona Vitovta

nig bebaut. Innerhalb und in den Türmen gibt es eine sehenswerte Ausstellung zur Geschichte des Buchdrucks und eine Glockenausstellung. Die Aussichtsplattformen der Türme sind nicht öffentlich zugänglich.

Am Fluss

Kurz hinter der Synagoge überquert die Straße den **Styr.** Hier endet die Stadt, und eine Wiesen- und Sumpflandschaft schließt sich an. Schön ist ein Spaziergang entlang des weitgehend naturbelassenen Ufers: Ständig wechselnde Perspektiven der Stadtsilhouette und die zahlreichen sich im Wasser spiegelnden Türme bieten tolle Fotomotive.

Unterirdisches Lutsk

Unter der mittelalterlichen Stadt befindet sich ein ausgedehntes **Labyrinth von Kellern und unterirdischen Gängen.** Der Eingang liegt nahe der Peter-und-Pauls-Kathedrale. Das Labyrinth kann nur mit Führung besichtigt werden und ist nichts für Leute mit Platzangst. Die Führungen werden für Gruppen ab fünf Personen angeboten. Für Einzelpersonen ist es schwierig, eine Führung zu bekommen, und seitens des zuständigen Mitarbeiters ist wenig Flexibilität zu erkennen – auch in Lutsk ist sowjetisches Denken noch nicht ganz ausgestorben. Geöffnet ist das Labyrinth nur am Wochenende. Feste Uhrzeiten für die Führungen gibt es nicht; am besten, man fragt nach und meldet sich vorher an (Tel. 0332-24 09 85).

[>] Das Liubart-Schloss ist eher eine Burg

Museen

Das **Schlossmuseum** sollte man sich nicht entgehen lassen. Vul. Kafedralna 1a, täglich geöffnet.

Das wolhynische **Ikonenmuseum** (Muzei volynskoi Ikoni) ist unbedingt einen Besuch wert. In Lutsk befand sich im 13./14. Jh. eine bedeutende Ikonenwerkstatt, und einige der mittelalterlichen Ikonen sind hier zu sehen. Vul. Yaroshchuka 5, täglich geöffnet.

Apothekenmuseum: Vul. Drahomanova 11, in der Altstadt, täglich geöffnet.

Praktische Tipps

Informationen

- Eine echte Touristeninformation gibt es nicht. Eine Alternative bietet der regionale **Touristenclub Volyntourist,** der auch das Hotel Zvitiaz betreibt: Volynturyst, Vul. Hrushevskogo 33, gegenüber dem Bahnhof, Tel. 770 343, 303 02, geöffnet Mo bis Sa 10–19 Uhr.
- **www.lutsk.ua** (ukrainisch und englisch)
Touristische und praktische Infos zur Stadt.
- **http://v.lutsk.ua** (ukrainisch)
Mit interaktivem Stadtplan, Schwerpunkt Freizeit und Gastronomie.

Unterkunft

1 **Hotel Ukraina,** Vul. Slovatskogo 2, http://hotel-lutsk.com: Frisch renoviert, freundlich und einladend. Preise ab 240 UAH pro Person im DZ.

10 **Hotel Zvitiaz,** Vul. Naberezhna 4, http://shotel. lutsk.ua: Vielstöckiger Bau aus den 1970er Jahren am Westrand der City. Sozialistischer „Charme" ist garantiert, aber ab etwa 300 UAH pro Person recht günstig.

4 **Hotel Luchesk,** Vul. Vidrodzennia 24, Tel. 0332-78 88 00: Etwas außerhalb des Zentrums, am Stadtausgang Richtung Rivne. Hochhaus aus der Sowjetzeit. Ab 150 UAH für das DZ.

Zwei einfache und sehr günstige Unterkünfte sind das 9 **Hostel Sofa** (Vul. B. Khmelnytskoho 27) und das 11 **Hostel Druzi** (Vul. L. Ukrainka 9), beide mit Zimmern ab 8 Euro.

Freunden des **wilden Zeltens** bietet das südliche, naturbelassene Ufer des Styr beste Möglichkeiten, freilich auf eigene Verantwortung. Einen offiziellen Zeltplatz sowie eine Jugendherberge gibt es in Lutsk nicht.

Essen und Trinken

Die meisten Cafés und Restaurants verteilen sich auf die Vul. L. Ukrainka und den Prospekt Voli.

8 **Kava Klub,** Kryvyj Val 24a: Modernes Café in einer Seitenstraße der Vul. L. Ukrainky.

3 **Obolon,** Vul. Kopernika 8, im Hinterhof, zwischen dem Prospekt und der Vul. Kopernika, www.morepiva.com: Regelmäßig Discos, Konzerte und weitere Kulturveranstaltungen.

14 **Korona Vitovta,** Vul. Plytnytsia 1: Edleres Restaurant mit schönem Freigelände unweit der Burg.

2 **Pizzeria Felichita,** Prospekt Voli 11: Speisen in angenehmem Ambiente.

12 **Kukhol,** Vul. L. Ukrainka 24. Kellerpub.

7 **Zoloti Dukat,** Vul. Krylova 11a. Café.

6 **Liokh u Svata,** Kellerkneipe, Art Café.

ukr19-016 pk

Einkaufen

- Wichtigste **Einkaufsstraßen** sind die Vul. L. Ukrainky und der Prospekt Voli.
- Souvenirs, Bücher, Reiseführer und Landkarten gibt es an der Kasse der Burg und im 5 **Buchladen Knyharnia Osvita** am Prospekt Svobody gegenüber der Uni.
- Frische Lebensmittel erhält man auf dem **zentralen** 13 **Markt** nördlich der Burg. Ein weiterer Markt, der 15 **Warshavskyi Rynok,** ist in der Nähe des zentralen Busbahnhofs in der Vul. Kravchuka. Hier gibt es auch reichlich Auswahl an CDs und billiger Importware sowie Trödel aller Art.

Sonstiges

- **Post und Telefon:** Das Hauptgebäude der Ukrtelekom liegt am Kryvyi Val 28. Eine weitere Filiale gibt es im Zentrum am Prospekt Voli 14. Die Hauptpost befindet sich im selben Gebäude wie die Telekom am Kryvyi Val 28.

Verkehrsmittel

Bahn

Der Bahnhof liegt etwa 2 km nördlich des Zentrums am Ende des Prospekt Prezydenta Hrushevskoho. Er ist vom Zentrum gut mit städtischen Bussen erreichbar. Da Lutsk an keiner Hauptstrecke liegt, ist der **Zugverkehr eher bescheiden.** Es gibt aber drei tägliche Direktverbindungen aus Kiew. Der nächste Knotenbahnhof ist das 15 km östlich gelegene **Kivertsy.** Ein weiterer bedeutender Eisenbahnknotenpunkt ist **Kovel,** das 70 km entfernt liegt. Im Regionalverkehr bestehen Verbindungen mit Kovel und Zdolbuniv. Auch Lemberg wird direkt angefahren, allerdings nur selten, sodass es ratsamer ist, einen Umweg über Zdolboniv in Kauf zu nehmen und dort umzusteigen oder direkt auf den Bus auszuweichen.

Bus

Der zentrale Busbahnhof in der Vul. Koniakina 39 nahe des Bahnhofs auf der stadtabgewandten Seite der Gleise ist gut an den öffentlichen Nahverkehr der Stadt angebunden. Vor allem **Richtung Kovel** und weiter **zur Shatsker Seenplatte** bestehen hervorragende Verbindungen mehrmals pro Stunde. Einen weiteren Busbahnhof gibt es an der Ausfallstraße Richtung Süden: Busbahnhof Nr. 2, Vul. Lvivska 148.

Olyka

Олика

- **40 km östlich von Lutsk, Residenzort mit Schloss und gewaltiger Kirche**
- **Einwohner: 3000**

Das Örtchen war im 16. Jh. Zentrum des Calvinismus in Wolhynien – bevor die katholische Kirche auch hier ihre Vormachtstellung herstellte. In Olyka hatten die Grafen *von Radziwiłł,* eines der bedeutendsten polnisch-litauischen Adelsgeschlechter, ihren Hauptsitz. Ihr altes **Palastensemble** ist ein Vierflügelbau mit großem Innenhof. Verteidigungsbastionen befinden sich an den vier Ecken. Heute beherbergt der Palast ein Krankenhaus. Schräg gegenüber entstand im 17. Jh. die **Dreifaltigkeitskirche,** die im Auftrag der *Radziwiłłs* von italienischen Meistern nach dem Vorbild der Kirche Il Gesu in Rom errichtet wurde. Die Fassade mit eindrucksvollen Reliefs ist arg renovierungsbedürftig. Die kleine katholische Gemeinde, die seit einigen Jahren wieder aktiv ist, hat mit der Sanierung begonnen. Ein Großteil der einstigen Ausstattung ist übrigens in der Kunstgalerie von Lemberg zu sehen. Einige Meter südlich der Kirche steht eine kleine einschiffige Renaissancekapelle. Sehenswert sind zudem eine orthodoxe **Holzkirche** aus dem 19. Jh., eine steinerne **Kuppelkirche** im nordöstlichen Teil des Ortes und ein **Stadttor** aus der Renaissancezeit. Den besonderen Charme des Örtchens machen sonst die alten Kopfsteingassen und Holzhäuser aus.

Praktische Tipps

- Außer einigen kleinen Läden gibt es **kaum Einkaufsmöglichkeiten, Gastronomie und Unterkünfte** sind ebenfalls Fehlanzeige.
- Erreichbar ist der Ort mit dem **Bus** von Lutsk aus, jedoch nur mit wenigen Bussen pro Tag. Besser ist die Anbindung von Kivertsi aus. Die Bushaltestelle befindet sich an einem Platz nahe dem Palast. In Kivertsi befindet sich auch der Knotenbahnhof der Region Lutsk. Man kann auch – von Lutsk oder Rivne kommend – in Derno, das direkt an der Durchgangsstraße liegt, aussteigen und auf den nächsten Bus warten, oder man trampt die 9 km.

Volodymyr Volynskyi

Володимир-Волинський

- **20 km östlich der polnischen Grenze, ehemalige Grenzstadt der Kiewer Rus, einstiger Bischofssitz**
- **Einwohner: 38.000**

Einst war die an wichtigen Handelsstraßen gelegene Stadt eine **bedeutende Grenzfestung** am Westrand des Kiewer Reiches. 1170 wurde Volodymyr zum Bischofssitz, nachdem wenige Jahre zuvor die mächtige Entschlafenskathedrale fertigstellt worden war. Wie alle Städte der Region kam Volodymyr 1136 unter polnische Oberhoheit. Das Stadtzentrum wurde später im Barockstil umgestaltet, wovon noch mehrere Kirchen zeugen. Ende des 19. Jh. verbrachte der berühmte russische Komponist **Igor Stravinsky** immer wieder mehrere Monate im nahe gelegenen Ustyluh, dem heutigen Grenzort zu Polen. Mehrere seiner Werke entstanden hier. Es gefiel ihm hier so gut, dass er 1906 ein Landhaus bauen ließ, in dem er zeitweise lebte. Im 2. Weltkrieg errichteten die Nazis am Westrand der Stadt ein **KZ,** in dem über 50.000 Menschen den Tod fanden; eine große Skulptur an der Stelle des Lagers erinnert daran. Gegen Ende des 2. Weltkriegs wurde Volodymyr fast völlig zerstört.

Sehenswertes

Entschlafenskathedrale und alte Festung

Die **mittelalterliche Kathedrale,** die auf das 12. Jh. zurückgeht, ist ein Zentralbau mit Mittelkuppel und drei Apsiden. Sie wurde mehrfach umgebaut, präsentiert sich aber nach einer Restaurierung zu Anfang des 20. Jh. wieder im mittelalterlichen, romanisch-byzantinischen Stil mit türkisem Farbanstrich und goldener Kuppel. Das Innere ist prächtig ausgemalt. Bei der Restaurierung kam auch der imposante Glockenturm im neuromanischen Stil hinzu. Die Kathedrale liegt südlich des Zentrums und ist von Parkanlagen umgeben.

Etwas östlich befindet sich in einem Park ein weiterer äußerst interessanter Sakralbau: die kleine, rotundenartige **Basiliuskirche** vom Ende des 12. Jh., die mit ihren kleinen Fenstern und dicken Mauern einen ausgesprochen wehrhaften Charakter hat. Das weiße Gebäude hat eine hübsche silberne Zwiebelkuppel und einen Dachreiter mit gleichfalls silberner Zwiebelkuppel im typisch russischen Stil.

Die etwa zehn Meter hohen Erdwälle der **mittelalterlichen Festung** liegen nördlich der Kirche in der Nähe des Busbahnhofs. Bis heute ist diese Festung nicht vollständig archäologisch erforscht, es dürfte unter der Erde noch so manche Überraschung warten. Im Inneren der Festung ist das einstige Gefängnis erhalten, das derzeit saniert wird. Es soll einmal ein Museum beherbergen.

Das heutige Zentrum

Das Zentrum ca. 300 Meter nördlich der alten Festung ist vom **Stil der 1950er Jahre** geprägt. Glücklicherweise überlebten die historischen Kirchen den Wiederaufbau der Stadt unzerstört: Die **Jesuitenkirche** von 1731 und die **Joachim-und-Annenkirche** liegen im verkehrsberuhigten Stadtzentrum und dominieren dieses mit schönen barocken Zweiturmfassaden. Etwas nördlich vom Zentrum blieb auch die ehemals lutherische **Kirche der Wolhyniendeutschen** erhalten.

Das **Historische Museum** der Stadt ist in der Vul. Ivana Franka 6 und täglich außer Sa und Mo geöffnet.

Praktische Tipps

Unterkunft

■ **Hotel Volyn,** Vul. Kniazia Vasylko 1: Mitten im Zentrum in einem Sowjetbau, vollständig renoviert. DZ ab 320 UAH.

ukr14-039 pk

Essen und Trinken

■ **Slovianska Khata,** Vul. Lutska 2: Das nette kleine Restaurant befindet sich in einem gemütlichen hölzernen Blockhaus nahe dem Busbahnhof unterhalb der Burgwälle. Großes Freigelände.

■ **Restaurant Mayak,** Vul. Poshtova 2, der Eingang liegt aber an der Vul. Ustylutska, die vom Zentrum Richtung Grenze führt: Sympathisches Restaurant mit viel Holz und einem schönen Innenhof, etwa 300 Meter westlich des Busbahnhofs.

Verkehrsmittel

■ Der Bahnhof liegt östlich der Innenstadt, **nur wenige Nahverkehrszüge** pro Tag passieren ihn.

■ Der Busbahnhof liegt im Zentrum nahe der **Durchgangsstraße Lutsk – polnische Grenze.** Die **Busverbindung** nach Lutsk ist hervorragend. Auch Lviv ist mehrmals pro Tag erreichbar. Nach Polen gibt es zwei Verbindungen täglich, eine um die Mittagszeit, die andere in den Abendstunden.

In der Umgebung

Das Sviatohirskyi-Kloster von Zymne
Зимне

Von der Basiliuskirche ausgehend führt ein Spaziergang von etwa 5 km Länge zum Heiligenberg-Kloster bei Zymne. Das auf einem Hügel gelegene Kloster wurde **1073 als Höhlenkloster gegründet.** Im 15. Jh. wurde es erweitert und eine burgähnliche Wehrmauer mit mehreren Türmen errichtet. Aus dieser Zeit stammen auch die Hauptkirche, die Entschlafenskathedrale und eine kleine Kirche im Innenhof. In polnischer Zeit wurde das Kloster in ein römisch-katholisches Kloster umgewandelt. Als die Region ans Zarenreich fiel, kam das Kloster zur Orthodoxen Kirche und wurde im 19. Jh. im russischen Stil umgebaut. In dieser Zeit erhielt die weiße Hauptkirche ihre fünf goldenen Kuppeln, und auch der Torturm bekam einen neuen Turmhelm. Gerade auch wegen der erwähnten Umbauten ist das Kloster sehr sehenswert, zumal es sich äußerst harmonisch in seine natürliche Umgebung einfügt. Zum Kloster gelangt man mit dem Bus der Linie 10, der aber nicht allzu häufig fährt.

Nationalpark Shatsker Seenplatte
Національний природний парк Шацькі озера

■ **Im Dreiländereck Polen – Ukraine – Belarus, Seenplatte mit 23 kleineren und größeren Seen, der See Svitiaz ist der zweitgrößte See des Landes**

■ **Einwohner: 17.000 im gesamten Landkreis, 22,5 Einwohner pro km²**

Natürliche Seen sind in der Ukraine Mangelware und beschränken sich auf das Donaugebiet nahe der rumänischen und moldawischen Grenze, auf kleinere Bergseen in den Karpaten und auf die Seen der Polissia in den Regionen Lutsk und Rivne. Zu Letzteren zählt die Shatsker Seenplatte. Die Shatsker Seen gehen

☒ Kristallklares Wasser zeichnet die Shatsker Seen aus

auf die letzte Eiszeit zurück und fallen durch ihr **kristallklares Wasser** auf, wie man es in Deutschland allenfalls von den Voralpenseen oder dem Brandenburger Stechlinsee kennt.

In der Region Shatsk gibt es **23 größere und kleinere Seen.** Gemeinsam bilden sie den Nationalpark Shatsker Seenplatte, der 1983 gegründet wurde. Die Nationalparkverwaltung befindet sich im Ort Svitiaz. Größter See der Region ist der Sviatiazsee mit gut 9 km Länge und einer Tiefe von über 50 Meter. Ähnlich wie die masurischen Seen, sind die Gewässer der Region Shatsk durch kleine Wasserläufe und Kanäle miteinander verbunden, sodass mehrtägige Kanutouren von See zu See möglich sind. Empfehlenswert ist auch die Erkundung der Region per Fahrrad. Mehrere Fahrradverleihe in Svitiaz bieten hierzu die Möglichkeit. Vor Ort sind gute Landkarten im Maßstab 1:50.000 erhältlich, sodass die Orientierung kein allzu großes Problem darstellen dürfte.

Svitiaz

Світязь

Am Südrand des größten der Shatsker Seen ist im gleichnamigen Ort Svitiaz eine **touristische Infrastruktur** entstanden. Der Ort eignet sich also gut für einen mehrtägigen Aufenthalt, um von hier aus die nähere Umgebung zu erkunden. Es gibt mehrere brauchbare Cafés und Restaurants, auf dem Markt werden frische und geräucherte Fische – insbe-

Fisch, Fisch, Fisch

ukr14-051 pk

sondere Aale – angeboten. Zahlreiche Sandstrände sorgen für Bademöglichkeiten, es gibt Ruder- und Tretbootverleihe. Historische Sehenswürdigkeiten sind eine Steinkirche aus dem 18. Jh., vor allem aber zahlreiche bunte Holzhäuser im alten Zentrum östlich der Touristenzone.

Praktische Tipps

Achtung: Banken oder Geldautomaten gibt es in Svitiaz nicht, wohl aber in Shatsk (s. u.).

Unterkunft

Nichts leichter, als eine Übernachtungsmöglichkeit in Svitiaz zu finden. Nahezu jedes Haus bietet Gästezimmer an, oft allerdings nur mit Außentoilette und häufig ohne Dusche. Für ein solches Quartier sollte man mit etwa 100 UAH rechnen. Oft wird einem hier deftige Hausmannskost angeboten, ein-, zwei- oder dreiundzwanzig (…) Gläser Wodka sind im Service nicht selten mit inbegriffen.

- Eine sehr einfache Unterkunft ist die Erholungsbaza **Kutochok Rybalky** mit bunten Holzhütten, Außentoiletten und spartanischen Sanitäranlagen. Dafür gibt's (unvermeidbar) gesellige Abende. Preis pro Hütte (2 Personen) 100 UAH. Die Baza liegt direkt an der Uferstraße des Sees etwa 200 Meter östlich des neuen Hotels Le Mark und ist von der Straße aus gut zu sehen. Tel. 067-943 35 61 *(Serhij)*.
- Einen **Zeltplatz** gibt es am Westrand des Ortes, nett unter Bäumen am Seeufer, aber auch sehr primitiv. Preis pro Zelt 10 UAH.
- Empfehlenswert ist die **Baza Tuhan Dvir** etwa 0,5 km vom See entfernt. Leider nur saisonal geöffnet und ebenfalls sehr schlicht. Die Quartiere sind in Holzhütten untergebracht. Die Toiletten liegen im Hof, aber es gibt warme Duschen, eine kleine Kneipe und einen Fahrradverleih. Vul. Veresneva 6, Tel. 095-812 30 68 und 063-457 85 53, www.tugandvir.com.
- **Smerekova Khata,** Holzblockhaus mit 4 tollen Ferienwohnungen mit Küche, Schlafzimmer und Wohnzimmer, Kapazität pro Wohnung: 4 Personen. Preis: in der Hochsaison 1100 UAH, außerhalb der Saison deutlich günstiger, http://lisovyk.com.
- **Hotel Le Mark,** Vul. Naberezhna 111d, Tel. 096-952 70 98: Neu gebautes Hotel mit SB-Restaurant und großer Terrasse. DZ ab 450 UAH.
- **Kotedzh** (Cottage) **Svitiaz,** Vul. Modoizhna 3, www.svitiaz.net: Zimmer in einem Holzblockhaus nicht weit vom See, DZ ab 400 UAH.
- Etwas gehobeneren Ansprüchen genügt der **Hotelkomplex Feniks,** Ur. Hriada, www.svityaz.net, DZ ab 440 UAH.
- **Weitere Unterkünfte** finden sich online auf http://svitiaz.lutsk.ua.

Essen und Trinken, Einkaufen

- Entlang der Uferstraße gibt es mehrere kleinere **Cafés** – nichts Besonderes und eher improvisiert. Hier wird auch ein kleiner **Markt** abgehalten, auf dem Souvenirs und Lebensmittel verkauft werden. Und natürlich Trockenfisch in allen Variationen – gewiss nicht jedermanns Sache. Den geräucherten Aal sollte man aber probieren.

Aktivtourismus

- **Fahrradverleih** an der Baza Tuhan Dvir (s. o.) sowie an der Seeuferstraße 0,5 km östlich des Hotels Le Mark, Tel. 097-988 31 86.
- **Ruder- und Tretbootverleih** überall am Seeufer. Falls niemand anzutreffen ist, steht meist eine Handynummer angeschrieben.
- Eine hervorragende **Website** zum Aktivtourismus in der Shatsker Region ist www.ozera.com.ua. Hier gibt es Angebote für geführte Radtouren, ein- und mehrtägige Kanutouren sowie Unterkunftsempfehlungen.

Verkehrsmittel

- Svitiaz ist alle 20–30 Min. vom zentralen Busbahnhof in Lutsk zu erreichen. Auf dem Weg hält der **Bus** auch in Kovel und Liuboml.

Shatsk
Шацьк

Der Ort Shatsk bietet keine größeren Sehenswürdigkeiten, ist aber zum **Einkaufen** ein wichtiger Anlaufpunkt in der Region.

Praktische Tipps

Unterkunft

- Das **Shatskotel** liegt im Zentrum an der Vul. 50-richchia Peremohy 45, DZ ab 400 UAH. Eine stilvolle Pizzeria befindet sich im Haus.
- Daneben liegt das **Hotel Vodohrai,** Vul. 50-richchia Peremohy 39b, www.shatsk.info/vodograi.html: DZ 300 UAH.

Essen und Trinken, Nachtleben

- Neben der Pizzeria im Shatskotel ist die rustikale **Kneipe Zaiizhdzhyi Dvir** in der Vul. 50-richchia Peremohy erwähnenswert.
- Eine **Disco** mit Karaokebar ist das **Sinatra** in der Vul. 50-richchia Peremohy 37.

Einkaufen

- **Lebensmittelgeschäfte, Apotheken, Banken** sowie der **Markt** liegen entlang der Vul. 50-richchia Peremohy sowie in deren Seitenstraßen.

Verkehrsmittel

- Der Busbahnhof von Shatsk liegt am nördlichen Ortsausgang, aber alle **Busse** fahren durch das Zentrum, sodass man auch dort zusteigen kann.

Weitere Seen in der Region

Abseits des touristischen Hotspots Svitiaz herrschen nach wie vor Ruhe und Einsamkeit. Die meisten anderen Seen, besonders die nördlich von Sviatiaz gelegenen Seen **Pisochne, Peremut, Luky, Ostrivianske Ozerno und Pulemetske,** sind weniger erschlossen, weitgehend naturbelassen und vor allem für Ornithologen und Botaniker ein wahres Paradies. Eine malerische Holzkirche direkt am Ufer des Ostrivianske Ozerno ist in Ostrivia zu finden. Die Dörfer der Region zieren viele bunte Holzhäuser.

Kovel
Ковель

- **70 km östlich der polnischen Grenze, 70 km westlich von Lutsk, Bahnknotenpunkt**
- **Einwohner: 68.000**

Der Bahnknotenpunkt Kovel ist für viele Reisende der erste Kontakt mit der Ukraine. Der heutige Bahnhof ist ein monumentaler Stalinbau, der nicht minder monumentale Bau aus der Zarenzeit wurde im 2. Weltkrieg zerstört. Kovel selbst ist allenfalls als **Transitstation** von Interesse. Neben dem Bahnhof befindet sich ein großer Markt. Der Busbahnhof liegt an der Südostecke des Bahnhofsvorplatzes. Von dort sind sowohl Lutsk als auch die Shatsker Seen den ganzen Tag über im Abstand von 20–30 Minuten erreichbar.

Unterkunft, Essen und Trinken

- Die **Bahnhofszimmer** sind für rund 80 UAH pro Person zu haben, jedoch ohne Dusche und Warmwasser.
- Besser ist das **Hotel Nashe Misto** in Bahnhofshähe, Vul. Zalisnychna 3, http://nashemisto.net: DZ 260–360 UAH.
- Einfache **Cafés** gibt es im Bahnhof und im Zentrum etwa 500 Meter südlich des Bahnhofs.

Per Schmalspurbahn ans Ende der Welt

- **Startbahnhof Antonivka (Антонівка) etwa 100 km nördlich von Rivne nahe Sarny, Zielbahnhof Zarichne (Зарічне) 5 km südlich der Grenze zu Weißrussland am Styr**
- **Einzigartiges technisches Denkmal der Eisenbahngeschichte, das bis heute im Regelverkehr betrieben wird**
- **Einwohner: Zarichanskyi Raion, 24 pro km²**

Um das Jahr 1900 entstanden sowohl in der K.u.K. Monarchie als auch im Zarenreich zahlreiche Schmalspurbahnen, die in erster Linie der **Forstwirtschaft,** aber auch dem **Personenverkehr** dienen sollten. Auf dem Gebiet der Ukraine sind noch vier solcher Bahnen erhalten, auf drei Linien findet regelmäßiger Personenverkehr statt: von Vinohradiv nach Irshava (Transkarpaten), von Rudnytsia über Haivoron nach Holovanivsk (Gebiete Vinnytsia und Kirovohrad) sowie von Antonivka nach Zarichne im Gebiet Rivne.

Die Bahnstrecke **von Antonivka nach Zarichne** ist mit 103 km die längste und von der Infrastruktur her beste. Mit einer Durchschnittsgeschwindigkeit von rund **40 km/h** zählen die Züge auf dieser Strecke sogar zu den schnelleren des ukrainischen Nahverkehrs. Die Wagen werden von altertümlichen **Dieselloks** der Baureihe TU2, die auf das Jahr 1959 zurückgeht, gezogen. Die Waggons sind über offene Plattformen miteinander verbunden – die Fahrt bei offenen Türen bietet tolle Fotomotive.

Inzwischen wurde die Einzigartigkeit der Bahnstrecke erkannt und seitens der Oblastverwaltung von Rivne begonnen, die Bahn unter dem Namen **„Poliskyi Tramvai“ (Поліський трамвай)** touristisch zu vermarkten. Daher ist die Strecke seit einiger Zeit Ziel von Rucksacktouristen aus dem ganzen Land und wird zunehmend auch von internationalen Eisenbahnfreunden angesteuert. Eine touristische Infrastruktur, wie sie beispielsweise rund um die rumänische Wassertalbahn entstanden ist, sollte man jedoch nicht erwarten. Eine Stilllegung der Bahn konnte also bislang verhindert werden – obwohl die ukrainische Staatsbahn bereits mehrere Versuche dazu unternommen hat. Widerstand aus der Region, aber auch von internationalen Eisenbahnfreunden aus Deutschland und Österreich war die Folge.

Streckenverlauf und Sehenswertes unterwegs

Die Bahnstrecke, um das Jahr 1906 herum errichtet, verbindet in einem großen Bogen die Orte Antonivka, Volodymyrets, Bile, Mlynok, Ostrivsk und Zarichne. Einen guten Ausgangspunkt für die Bahnfahrt bildet das gepflegte Städtchen **Dubrovytsia** etwa 30 km nördlich von Sarny am Ufer des Horyn. Im Ortszentrum stehen eine zweitürmige römisch-katholische Barockkirche, eine steinerne orthodoxe Kirche aus dem 19. Jh. und eine leuchtend blaue orthodoxe Holzkirche aus derselben Zeit. Unterhalb der Barockkirche bietet sich ein wunderschöner Blick von der anderen Seite des Horyn, der hier von einer leicht schwankenden Holzbrücke überquert wird. Dubrovytsia ist hervorragend von Rivne aus per Bus zu erreichen – die Stadt liegt an der Strecke nach Zarichne und bietet mit dem Hotel Druzhba eine ganz brauchbare Unterkunft.

An der Bahnstrecke selbst ist vor allem die **hölzerne Styr-Brücke bei Mlynok** bemerkenswert und ein beliebtes Motiv für Eisenbahnfotografen. Eine kuriose, mechanisch betriebene Seilfähre nahe Mlynok stellt die einzige Flussquerung für größere Fahrzeuge in diesem Bereich dar. Im weiteren Verlauf gibt es nahe Ostrivsk einige natürliche **Seen** mit kristallklarem Wasser. Diese Seen sind touristisch in keinster Weise erschlossen. Im Zielort **Zarichne,** bereits nahe der weißrussischen Grenze, stehen Einkaufsmöglichkeiten, Cafés und ein sehr einfaches Hotel zur Verfügung.

Die Landschaft entlang der Bahnstrecke ist völlig flach und von riesigen dichten Wäldern bedeckt. Die Dörfer ermöglichen aufgrund der abgeschiedenen Lage eine **Zeitreise in eine in Deutschland längst vergangene Epoche.** Die meisten alten Dorfhäuser sind in traditioneller Holzbauweise errichtet und verfügen über keine Kanalisation. Wasser holt man sich aus dem Brunnen, als Toilette dient ein Donnerbalken hinter dem Haus. Wichtigster Raum ist die Küche, in der ein wuchtiger Steinofen steht, der fast die Hälfte des Raums einnimmt. Überall stehen riesige Einmachgläser mit eingelegten Früchten, Pilzen und Marmelade. Den Hausmacherspeck, das Fleisch und die Wurst aus eigener Herstellung sollte jeder, der die Gelegenheit dazu hat, kosten. Brot wird selbst gebacken, und für die richtige „Umdrehungs-

ukr14-040 pk

zahl" sorgt selbst gebrannter Schnaps (Horilka), der von fast allen Bewohnern mehr oder minder legal hergestellt wird. Jedes Haus verfügt über eine kleine Landwirtschaft – eine archaische Subsistenzlandwirtschaft, wie sie in Westeuropa schon vor gut 50 Jahren ausgestorben ist: Kühe, Schweine und Ziegen, Gänse, Hühner und Truthähne sind überall zu finden. Im kleinen Garten werden auf engstem Raum Kartoffeln, Rüben, Tomaten und Kürbisse angebaut. Für Mobilität sorgen neben der Bahn Pferdefuhrwerke, die auch in der Landwirtschaft eingesetzt werden.

Unterwegs mit der Schmalspurbahn

Praktische Tipps

Informationen

- **http://www.polissia.com/poliskyi_tramvay.html**
- **http://www.polissya.eu/2009/07/antonivka-zarichne-vuzkokolijka.html**

Verkehrsmittel

- **Fahrplan: www.railway.lviv.ua**
- **Antonivka liegt an der Hauptstrecke Kovel – Sarny – Korosten,** die im Personenverkehr aber nur selten befahren wird, da die Gegend praktisch menschenleer ist. Ansonsten verkehren lediglich einige Nahverkehrszüge auf der Strecke, die zudem nicht sonderlich gut auf die Abfahrtszeiten der Schmalspurbahn abgestimmt sind. Will man die gesamte Strecke befahren, so bleibt im Moment eigentlich nur die Möglichkeit, ein sehr frühes Taxi aus Sarny nach Antonivka zu nehmen, oder das Besteigen eines Nahverkehrszuges um 3.30 Uhr in Ko-

ukr14-041 pk

vel, um rechtzeitig zur Abfahrt des Zuges in Antonivka zu sein.

- **Abfahrtszeiten der Schmalspurbahn:** Derzeit gibt es zwei Zugpaare auf der Strecke, wobei nur eines davon die gesamte Strecke abfährt; ab Antonivka 6.40 Uhr, an Zarichne 10.45 Uhr, ab Zarichne 12.25 Uhr, an Antonivka 16.30 Uhr; die Züge fahren täglich außer donnerstags.
- **Zarichne** ist auch von Rivne direkt per **Bus** zu erreichen. Diese fahren etwa einmal pro Stunde über Sarny und Dubrovytsia und brauchen ca. 4 Std. Um Zeit zu sparen, ist es u. U. sinnvoll, nur eine Strecke per Bahn zurückzulegen und die andere Strecke mit dem Bus zu fahren. Kovel ist mit öffentlichen Verkehrsmitteln praktisch nicht erreichbar. Dasselbe gilt für die meisten Dörfer an der Strecke, für die die Bahn die einzige Verbindung zur Außenwelt darstellt. Letztlich verdankt die Bahn diesem Umstand die Tatsache, dass sie noch nicht stillgelegt wurde.

Unterkunft

- Aufgrund der frühen Abfahrtszeit ab Antonivka ist eine Übernachtung in **Sarny (Сарни)** zu empfehlen. Das **Hotel Sluch** liegt im Zentrum, wenige Minuten zu Fuß vom Bahnhof aus: Vul. 17-ho Veresnia, Tel. 03655-324 75. Es ist teilrenoviert. Nicht renovierte Zimmer ab 200 UAH, renovierte Zimmer ab 300 UAH. Eine gute Kneipe liegt daneben. Um von Sarny pünktlich zur Abfahrtszeit nach Antonivka zu gelangen, muss ein Taxi genommen werden.
- Eine weitere Übernachtungsmöglichkeit gibt es in **Varazh** (bis vor wenigen Jahren hieß die Stadt Kusnetsovsk) unweit von Volodymyrets. Die Stadt ist ein Kuriosum, denn sie wurde als Plattenbaustadt für das nahe gelegene Atomkraftwerk Rivne in den 1970er Jahren völlig neu erbaut. Fährt man durch die riesigen Wälder und die malerischen Dörfer mit ihren bunten Holzhäusern, könnte man in der Tat denken, hier sei vor 40 Jahren ein UFO gelandet, so unwirklich wirkt die Szenerie. Die ganze Stadt ist voll von Werbetafeln („Atom – unsere Energie – unsere Zukunft" oder „Atom: Sicherheit, Zukunft, Perspektive") und macht einen wohlhabenden Eindruck. Die Plattenbauten sind einigermaßen saniert, das Zentrum dominiert ein gewaltiger Kulturpalast. Hier steht das **Hotel Varazh,** ein Hochhaus direkt gegenüber vom Kulturpalast; es gehört übrigens zum Atomkraftwerk. DZ ab 270 UAH, Tel. 03636-229 04.
- Das **Hotel Druzhba** liegt im Zentrum von Dubrovytsia, Vul. 1000-richchia Dubrovytsi 2, Tel. 03658-202 44. DZ ab 250 UAH. Das Hotel wird sukzessive renoviert.

Essen und Trinken

- Gastronomie gibt es in der Region praktisch keine, oder sie ist, wie in Zarichne, von so schlechter Qualität, dass man dort nicht essen gehen möchte. Wohltuende Ausnahme ist die **Pizzeria Kukushka** gleich am zentralen Platz von Volodymyrets, eine Art Themenkneipe rund um die Schmalspurbahn, wo es neben italienischer Kost auch regionale Spezialitäten von bemerkenswerter Qualität gibt. Ein halbwegs gemütliches **Café** findet sich im Busbahnhof von Zarichne, das kleine **Café-Restaurant Yunist** in Dubrovytsia liegt auf der Südseite des großen, grünen Stadtplatzes. Es empfiehlt sich dennoch, vorher einzukaufen und unterwegs oder während der Fahrt zu **picknicken.** Kleinere Lebensmittelläden gibt es fast in jedem Dorf.

ukr19-017 pk

Olevsk

Олевськ

- **180 km nordwestlich von Zhytomyr, 50 km südlich der weißrussischen Grenze, historische Stadt mit bedeutender Renaissancekirche**
- **Einwohner: 10.000**

Olevsk liegt 10 km nördlich der Hauptstraße von Kovel nach Kiew in einem dichten Waldgebiet. Das Städtchen hat sich bis heute einen gewissen Charme bewahrt und überdies ein kleines architektonisches Juwel zu bieten: die **Nikolaikirche** von 1596. Die älteste original erhaltene Kirche der Region Zhytomyr ist ein eleganter Bau mit großer, grüner Hauptkuppel, die von vier kleinen Türmchen umgeben ist. Das Innere ist komplett ausgemalt und wirkt düster, aber ausgesprochen feierlich. Die Kirche liegt am Soborna-Platz. Der Fluss Ubort durchquert die Stadt und präsentiert sich recht naturbelassen mit einigen kleineren Felsen. Auch in Olevsk gibt es unzählige bunte Holzhäuser. Der zentrale Platz des Städtchens wurde in sowjetischer Zeit neu bebaut, die Architektur kann durchaus als gelungen bezeichnet werden.

Unterkunft

- Das **Hotel Edem** liegt im Zentrum in einer Seitenstraße, Vul. Heroiv Afgantsiv 6, Tel. 098-871 77 63: Es ist renoviert und hat ein günstiges Restaurant mit guter Küche. DZ 200 UAH.

Essen und Trinken, Einkaufen

- Das **Café Stare Misto** ist in einem pavillonartigen Neubau an der Ostseite des zentralen Platzes untergebracht. Im Keller des Gebäudes befindet sich eine **Disco.** Der **Markt** liegt in der Nähe des Bahnhofs.

Verkehrsmittel

- Olevsk liegt an der **Bahnstrecke Sarny – Korosten** und wird mit Nahverkehrszügen angefahren. Der Bahnhof befindet sich im Zentrum auf der Nordseite des Ubort und ist ein sehenswerter Bau aus dem späten 19. Jh.
- Per **Bus** ist Olevsk von Zhytomyr mit etwa 10 Bussen pro Tag und von Novohrad mit etwa 5 Bussen täglich zu erreichen. Der Busbahnhof liegt gleich beim Bahnhof.

In der Umgebung

Etwa 30 km nordöstlich von Olevsk liegt in einem Waldgebiet das sog. **Steinerne Dorf (Kaminne Selo).** Hier, 2 km östlich des Dorfes Rudnia Samyslovytska, stehen auf einem Gebiet von 15 Hektar unzählige moosbewachsene **Findlinge aus Granitgestein** mit einer Höhe von bis zu sechs Meter. Mit einiger Fantasie sind tatsächlich Häuser und Gebäudegruppen erkennbar. Die Szenerie ist recht surreal, Legenden über die Versteinerung des einstigen Dorfes sind im Umlauf. Vor allem aber ist das Steinerne Dorf ein sehr empfehlenswertes Wandergebiet, das zusammen mit den urigen Dörfern der Umgebung einen guten Drehort für den Film „Blair Witch Project“ abgegeben hätte.

Verwunschen – das Steinerne Dorf bei Olevsk

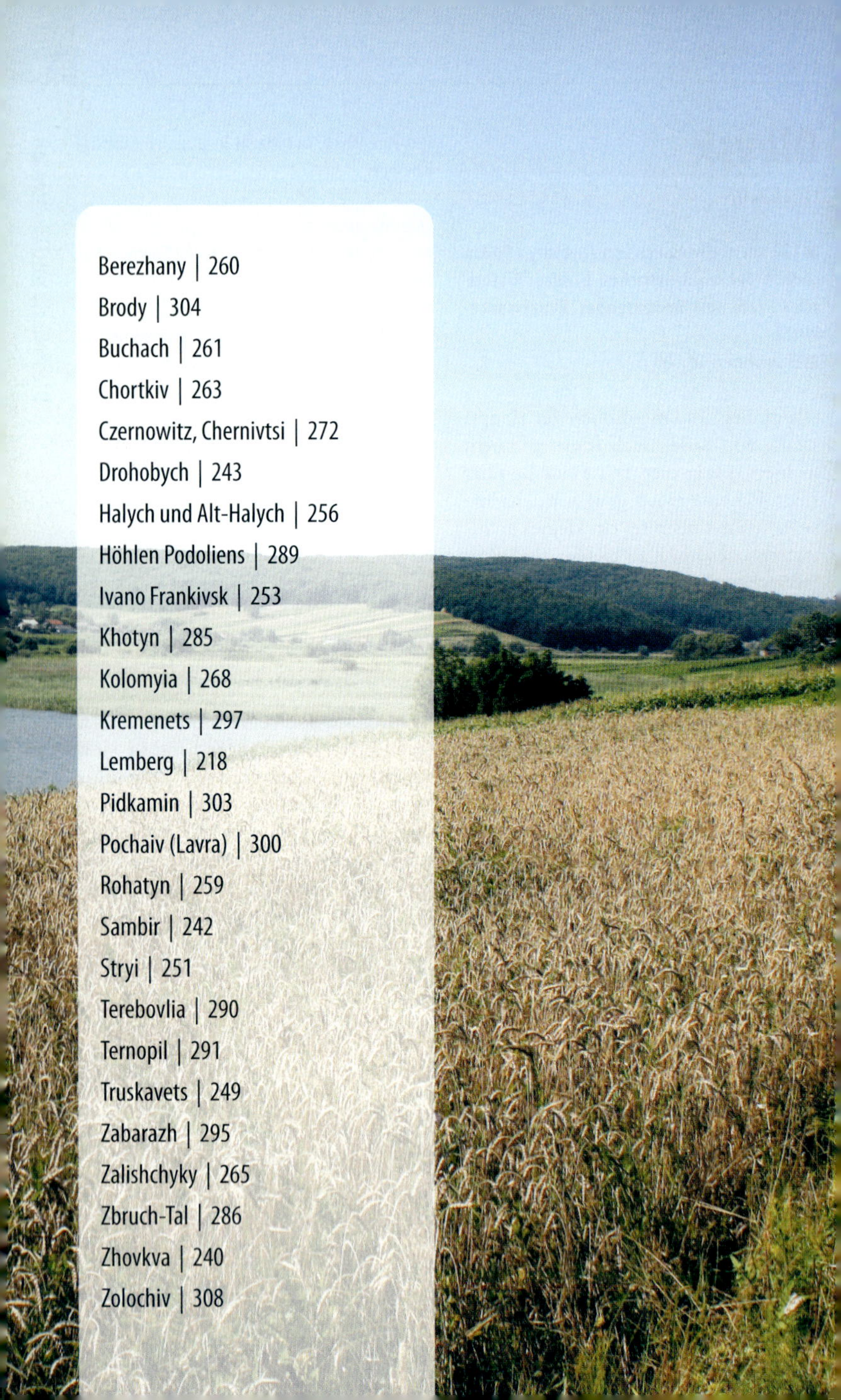

ukr14-062 pk

4 Galizien und die Bukowina

Wie in kaum einer anderen Region haben sich in Galizien auf engstem Raum historische Kleinstädte, Burgen und Schlösser erhalten. Allenthalben werden die historischen Zentren saniert – anders als im Osten des Landes hat man hier die Bedeutung des Tourismus längst erkannt. Neben dem Juwel Lemberg gibt es viele weitere interessante Städte, schöne Hügellandschaften, das herrliche Tal des Dnister und das verträumte Karpatenvorland zu entdecken.

< Landschaft bei Ternopil

Galizien und die Bukowina

POLNISCHE & ÖSTERREICHISCHE SPUREN IN DER MITTE EUROPAS

Galizien und die Bukowina waren zu keiner Zeit ihrer Geschichte Teil des Russischen Reiches. Unübersehbar ist hier der jahrhundertelange polnische Einfluss, aber auch der des Habsburger Reiches, zu dem die Region mehr als 100

Jahre gehörte. Gerade die k.u.k.-Periode war eine Blütezeit für die Region, und zahlreiche Städte erhielten in dieser Zeit ihre unverkennbar mitteleuropäischen Strukturen: Verdichtete Altstadtbebauung mit quadratischem Marktplatz und monumentalem Rathausgebäude prägt die Innenstädte und bietet ostukrainischen Touristen die Möglichkeit, hier problemlos und preisgünstig ein Stück städtebauliches Europa zu erleben. Die alten habsburgischen Prachtbauten, Bahnhöfe und Verwaltungsgebäude, sind damals wie heute in leuchtendem Gelb gestrichen.

Die landschaftlichen und urbanen Schönheiten können jedoch nicht darüber hinwegtäuschen, dass der ukrainische Westen zu den **wirtschaftlich schwächsten Regionen der Ukraine** zählt. Industrie gibt es hier kaum, viele Westukrainer arbeiten in der EU. Das Ergebnis ist eine große Zahl neu errichteter Wohnhäuser und eine vergleichsweise hohe Zahl an Kleinunternehmen. Hier spricht man ukrainisch, blickt zumeist nach Westen und hofft auf einen Beitritt zur gelobten EU. Der **ukrainische Nationalstolz** blüht in allen Facetten, *Stepan Bandera* gilt als Nationalheld, und die multiethnische, polnisch-jüdische Vergangenheit, die über Jahrhunderte das Leben und die Kultur der

NICHT VERPASSEN!

- **Lemberg, ein absolutes Muss:** Galiziens großartige Hauptstadt | 218
- **Drohobych und Brody:** Heimatorte großer Literaten | 243, 304
- **Czernowitz, das kleine Wien am Prut:** wo Menschen und Bücher lebten | 272
- **Burg Khotyn und die Dnister-Schlucht:** die perfekte Ritterfilmkulisse | 285
- **Die Höhlen Podoliens:** Labyrinthe aus Kristall | 289
- **Die Lavra von Pochaiv:** orthodoxe Mystik & barockes Kleinod | 300

Diese Tipps sind gelb hinterlegt.

Städte prägte, wird nahezu geleugnet. Kaum überraschend, dass der umstrittene Direktor des neu gegründeten Instituts für nationales Gedenken, *Volodymyr Viatrovych* aus Lemberg, versucht, der Geschichtsschreibung einen deutlich nationalistisch-westukrainischen Stempel aufzudrücken. Andererseits hat man gerade auch im Westen des Landes erkannt, dass eine allzu sehr zelebrierte westukrainische Regionalidentität der russischen Propaganda von der gespaltenen Ukraine in die Hände spielt; so hat die vor dem Maidan durchaus zu beobachtende Ablehnung alles Ostukrainischen – wohl auch als Reaktion auf die Politik *Yanukoychs* – einer realistischeren Einschätzung Platz gemacht, wonach das Land nur geeint überleben kann.

Lemberg

ukr: Lviv, Львів

- **75 km östlich der polnisch-ukrainischen Grenze, Zentrum der Westukraine mit einzigartiger Altstadt**
- **Einwohner: 756.000**

Lemberg, die galizische Metropole, ist das **architektonische Juwel unter den ukrainischen Städten.** Verwunschen, verwinkelt und geheimnisvoll, atmet die historische Altstadt, seit 1998 **Weltkulturerbe der UNESCO,** den Geist eines alten Europa – eines Europa der italienischen Renaissance-Architekten, Habsburger Kaffeehausliteraten, polnischen Professoren, des jüdischen Bürgertums und der ukrainischen Dichter. Für die allermeiste Zeit seiner Geschichte war Lemberg polnisch. Doch ist Lemberg heute die ukrainischste aller ukrainischen Städte, und die meisten Lemberger sehen sich gerne als Protagonisten einer anderen, westlich-europäisch geprägten Ukraine und als klares Gegengewicht zur „russischen Welt".

Zu Sowjetzeiten lag Lemberg in der westlichsten Peripherie des Riesenreiches, und der Stadt haftete stets etwas Verrufenes an, sie war immer irgendwie „Untergrund". Vor allem die **progressive Musik- und Künstlerszene** Lembergs trug stark subversive Züge. Als durch und durch ukrainischsprachige Metropole und Zentrum des ukrainischen Nationalismus widersetzte sich die Stadt – trotz aller sowjetischer Infiltration – dem sprachlichen, kulturellen und gesellschaftlichen Vereinheitlichungsdiktat der Sowjetunion sehr hartnäckig. Dieses Erbe trug dazu bei, Lemberg zu einem Zentrum der ukrainischen Unabhängigkeitsbewegung 1991 werden zu lassen. Eine Überbetonung des „Ukrainischen" bei gleichzeitiger Verleugnung der einstigen Multikulturalität der Region ist die unangenehme Kehrseite dieser Haltung.

Die Jahrzehnte der bewussten Vernachlässigung und des Verfalls, unter denen Lemberg zu Sowjetzeiten zu leiden hatte, sind heute noch teilweise im Stadtbild sichtbar. Noch ist Lemberg keine kitschig aufgehübschte, rundum renovierte „Puppenstube", und vor allem in den Hinterhöfen und vergessenen Winkeln der Stadt ist die historische Bausubstanz verwittert und teils am Verfallen. Dennoch trägt diese absolute **bauliche Unverfälschtheit** zu einer un-

[>] Auf dem Lychakivske-Friedhof

glaublichen atmosphärischen Authentizität bei, die sich in dieser Form vermutlich nicht mehr lange erleben lässt. Für Ukrainebesucher ist Lemberg auf jeden Fall Pflicht – niemand, der das Land bereist, sollte diese Stadt verpassen.

Geschichte

Lembergs Geschichte bedarf einer umfangreicheren Erläuterung – nur so lassen sich die heutige Stadt und ihre Bedeutung nicht nur für die Ukrainer und die heutige Ukraine, sondern auch für das heutige Polen und das, fast nur noch in der Erinnerung existierende, galizische Judentum verstehen.

Lembergs Geburtsstunde schlug 1256, als **Danylo Halytskyi** (1201–64), Fürst von Galizien-Wolhynien, auf dem heutigen Schlossberg eine Festung errichten ließ. Kiew war unlängst von den Mongolen verwüstet worden (1240), und die Rus zerfiel in verschiedene regionale Fürstentümer. Eines davon war **Galizien-Wolhynien,** dass *Danylo* zum bedeutendsten Nachfolgereich der Rus formte. Er knüpfte ein weites Beziehungsnetz zu mitteleuropäischen Herrscherhäusern und tat viel für die Entwicklung seiner Ländereien, indem er deutsche, jüdische und armenische Händler und Handwerker ins Land rief, die sehr zur Blüte der galizischen Städte beitrugen. Bei der Suche nach Bündnispartnern gegen die Mongolen ersuchte *Danylo* auch um Unterstützung bei Papst *Innozenz IV.*, dessen Gesandte ihn zwar zum König krönten, den er aber vergebens für einen anti-mongolischen Kreuzzug zu gewinnen suchte. Sein

ukr14-046 pk

Sohn *Lev* (1228–1301) führte Galizien-Wolhynien zu seiner größten Blüte. Während *Levs* Herrschaft wurde Lemberg – von seinem Vater übrigens nach ihm benannt – **Hauptstadt des Königreiches.** Ab Mitte des 14. Jh. aber verglühte der Stern Galizien-Wolhyniens. Die Region wurde nach heftigen Kriegen aufgeteilt: Galizien fiel 1349 an Polen, Wolhynien an Litauen. Als Hauptstadt der Woiewodschaft Ruthenien sollte Lemberg nun für über **400 Jahre polnisch** bleiben. **Lwów,** wie Lemberg auf Polnisch heißt, entwickelte sich in dieser Zeit zu einer reichen, selbstbewussten Stadt mit wunderbarer Renaissance- und Barockarchitektur, die 1661 zudem eine Universität erhielt – die älteste ununterbrochen bestehende Universität auf heutigem ukrainischen Gebiet.

1772 fiel die Stadt ans **Habsburger Reich** und verblieb dort bis zum Ende des 1. Weltkriegs. Lemberg wuchs immens und behielt zugleich seine ganz **überwiegend polnische und jüdische Prägung.** Für das geteilte Polen besaß Lemberg als kulturelles und intellektuelles Zentrum überragende Bedeutung. Nirgends sonst – außer im ebenfalls habsburgischen Krakau – gab es eine polnischsprachige Universität. Im Jahr 1827 wurde das berühmte **Ossolineum** gegründet, ein nationales polnisches Volksbildungsinstitut. Lemberg war auch Sitz der Polnischen Historischen Gesellschaft. Um 1900 waren die Hälfte der gut 160.000 Einwohner Polen, über ein Viertel Juden und nur knapp 20 % Ukrainer. Lemberg wurde dennoch Zentrum der gegen Mitte des 19. Jh. entstehenden **ukrainischen Nationalbewegung.** 1868 gründete sich hier die Prosvita (Aufklärung), eine Organisation mit dem Ziel, Nationalbewusstsein und Bildung unter den galizischen Ukrainern zu fördern. Diese stellten außerhalb der Städte überall in Ostgalizien die Bevölkerungsmehrheit. 1890 gründeten *Ivan Franko* (1856–1916), der große ukrainische Dichter, und andere Aktivisten in Lemberg die erste moderne ukrainische Partei, die eine recht radikale sozialistische Ausrichtung hatte. Die Rufe nach Unabhängigkeit und einem eigenen ukrainischen Staat wurden immer lauter.

Fast wäre dieser Wirklichkeit geworden. Mit dem **Zusammenbruch des Habsburger Reiches** wurde Lemberg am 1. November 1918 von ukrainischen Milizen besetzt, die die **Unabhängigkeit der Westukrainischen Volksrepublik** proklamierten. In der Stadt formierte sich sofort polnischer Widerstand, die jüdische Stadtbevölkerung verhielt sich neutral. Bereits am 22. November 1918 mussten sich die ukrainischen Einheiten aus Lemberg zurückziehen, es folgten Ausschreitungen, in denen mehrere hundert ukrainische und jüdische Zivilisten von marodierenden polnischen Milizionären ermordet wurden. Mitte 1919 hatte die **polnische Armee** auch die Kontrolle über die restlichen von den Ukrainern beanspruchten Gebiete erlangt, der Versuch ukrainischer Eigenstaatlichkeit war gescheitert. Im wieder auf der Landkarte entstandenen Polen behielt Lemberg seine überragende Rolle als Zentrum der polnischen Intelligenz und Kultur. Zur letzten Generation der großen in Lemberg geborenen polnischen Geister zählen z. B. *Zbigniew Herbert* (1924–98), *Stanisław Lem* (1921–2006) und *Jacek Kuroń* (1934–2004). Die bestehenden nationalen Konflikte schwelten aber weiter – eine Reaktion war 1927 die Gründung der **Organisation Ukrainischer Nationalisten (OUN),** die mit terroristischen Methoden für einen unabhängigen ukrainischen Staat kämpfte.

Nach dem Hitler-Stalin-Pakt und der Zerschlagung Polens fiel Lemberg an die Sowjetunion. In der Folge wurde äußerst brutal gegen die Intelligenz und das Bürgertum der Stadt vorgegangen. Kurz vor dem **Einmarsch der Wehrmacht** am 30. Juni 1941 ließ der NKWD Tausende politische Gefangene – ukrainische Aktivisten, aber auch jüdische und polnische „Feinde der Sowjetunion" – in der Stadt ermorden. Für die einmarschierende Wehrmacht war der Massenmord willkommener Anlass, einen Pogrom gegen die Lemberger Juden zu provozieren, denen Kollaboration mit den Sowjets vorgeworfen wurde. Milizionäre der OUN organisierten den Pogrom. Ukrainische Verbände waren zuvor gemeinsam mit der Wehrmacht in der Stadt einmarschiert. Als die OUN – zum Unwillen *Hitlers* – die ukrainische Unabhängigkeit proklamierte, war es mit der Zusammenarbeit zwischen der OUN und Nazi-Deutschland vorbei, die Nazis rekrutierten aber weiterhin eifrig ukrainische Komplizen für den Judenmord.

Die etwa 160.000 Lemberger **Juden,** die vor der deutschen Besatzung in der Stadt lebten, wurden fast alle ermordet, die meisten im nur 75 km entfernten **Vernichtungslager Bełżec.** Nach der Eroberung Lembergs durch die Rote Armee und im Zuge des polnisch-sowjetischen Bevölkerungsaustausches verlor die Stadt auch ihre polnische Bevölkerung. Diese wurde ins westverschobene Polen „umgesiedelt", der größte Teil nach Schlesien, wo in der dortigen Hauptstadt Breslau bis heute Lemberger Traditionen weiterleben. Gleichzeitig kamen viele aus Polen „ausgesiedelte" Ukrainer in die Stadt. Wohl in keiner ukrainischen Stadt wurde die ursprüngliche **Bevölkerungsstruktur** durch den 2. Weltkrieg vergleichbar radikal verändert wie in Lemberg.

Sehenswertes

Marktplatz/Pl. Rynok

Lembergs hinreißender Marktplatz ist das **Herz der Stadt.** Das grandiose Ensemble der drei- bis vierstöckigen Bürgerhäuser reicht bis ins 16. Jh. zurück, als der Rynok nach dem großen Feuer von 1527 neu errichtet wurde. Jedes der 44 Häuser ist sehenswert, ganz besonders aber das **Kornyakthaus (Nr. 6)** und das **Schwarze Haus (Nr. 4).** *Kornyakt* war ein äußerst wohlhabender Weinhändler, der herrliche Innenhof seines Hauses wird allgemein **„Italienischer Hof"** genannt, weil er sich unverkennbar an venezianischen Vorbildern orientiert. Der Zutritt zum Hof kostet 2 UAH. Im Sommer kann man hier wunderbar Kaffee trinken. Die schwarze Renaissance-Fassade der Nr. 4 mit den strahlend weißen Reliefs von Maria, dem Heiligen Martin zu Pferde und dem Heiligen Stanislaw Kostka ist wohl die eindrucksvollste Hausfassade Lembergs. Auf die beiden genannten Häuser und die Häuser **Nr. 2** und **Nr. 24** verteilt sich das **Lemberger Geschichtsmuseum** (Eintritt pro Haus 25 UAH, geöffnet: jeweils Do bis Di 10–17 Uhr, http://lhm.lviv.ua/eng). Sehr lohnenswert ist besonders der Besuch des Kornyakt-Hauses, in dem man das

Lemberg/Lviv Львів

Übernachtung
3 Hotel Reikartz Medievale
5 Dream Hostel
7 Hotel Vienna
8 Old City Hostel
21 Hotel Lviv
26 Comfort Hostel
29 Hotel Dnister
30 Hotel Kryva Lypa
31 Misterhostel
32 Hotel George
33 Hotel Danylo Inn

Essen und Trinken
1 Delikateka
2 Dzyga, Artcafé Kimnata 35
4 Hasova Liampa
6 Lviv Beer Theatre Pravda
10 Green
12 Kryivka
13 Italianskyi Dvoryk
14 Pid synoiu flashkoiu
16 Café Masokh
18 Dim Lehenda
24 Praha
27 Puzata Khata
36 Kabinet
37 Kumpel
41 Kupol

Nachtleben
11 Korzo Pub
17 Edison Pub
19 Khmilnyi Dim
22 Livyi Bereh
25 Jazzclub L.V. Café
38 Bierlin Pub
39 Club Kult
42 Picasso, Metro Club

0
200 m
© Reise Know-How
Ukraine19 1/19
Einkaufen
9 Buchladen
15 Chocolaterie Lviv
20 Krakivskyi Rynok
23 Flohmarkt
28 Pryvokzalnyi Rynok
34 Buchladen
35 Halytskyi Rynok
Ghetto-Denkmal
Busbahnhof Nr. 2
useum des talitarismus
Vul. Pid Dubom
Vul. Tatarska
Vul. Zamkova
Schlosspark
Schloss-berg
Vul. Panteleymona Kulisha
Vul. Vyacheslava Chornovola
Vul. Zamarstynivska
Vul. Bohdana Khmel'nytskoho
Vul. Knyazya Leva
ayera Balabana
21
вул. Вячеслава Чорновола
Vul. Zamkova
Maksyma Kryvonosa
Vul. Ivana Honty
Opernhaus
22
Armenische Kathedrale
Krakivs'ka Vul.
National-museum
23
Virmen'ska Vul.
Vul. Pidvalna
Vul. Volodymyra Vynnychenka
Vul. Lysenka
Vul. Nalyvaika
Teatral'na Vul.
Marktplatz/ Pl. Rynok
Dominikaner-kirche
Rathaus
Ruska Vul.
Vul. Prosvity
Volodymyra Korolenka
Vul. Akademika Hnatyuka
24
Shevchenko-Denkmal
Universitäts-gebäude
25
Prosp. Svobody
Ethnografisches Museum
26
27
Beryndy Vul.
Lateinische Kathedrale
Halytska Vul.
Vul. Serb'ska
Vul. Valova
30
36
Vul. Sichovykh Strilts'iv
Ausschnitt
Vul. Lychakivska
Ploshcha Mitskevycha
Mickiewicz-Denkmal
33
Halytska Pl.
34
St.-Andreas-Kirche
37
Museum der Volksarchitektur
Lychakivskyi-Friedhof
31
32
35
Vul. Knyazya Romana
Vul. Pekarska
Potocki-Palast, Gemäldegalerie
Vul. Ivana Franka
Haupt-post
Vul. Kopernyka
Gemälde-galerie
38
Vul.
39
Philharmonie
Prosp. Shevchenka
Vul. Chaikovskoho
Vul. Stefanyka
41
Vul. Levytskoho
Vul. Zelena
Vul. Drahomanova
Vul. Ivana Franka
42

fantastische Interieur – Parkett, Stuck, Marmorkamin usw. – und eine Sammlung von Möbeln und Gemälden aus dem 16. bis 19. Jh. bestaunen kann. Recht interessant ist auch die Ausstellung über die Geschichte der ukrainischen Diaspora im Haus Nr. 4. Im Vergleich mit der Pracht der alten Bürgerhäuser fällt das **Rathaus** in der Mitte des Platzes, ein architektonisch bescheidener Bau aus der Mitte des 19. Jh., ziemlich aus dem Rahmen. Hineingehen sollte man dennoch: Auf dem 65 Meter hohen Rathausturm befindet sich eine Aussichtsplattform – die Chance, Lemberg von oben zu sehen, sollte man sich nicht entgehen lassen (20 UAH, 9–18 Uhr).

Prospekt Svobody

Der **Freiheitsboulevard,** Lembergs von Gründerzeitbauten gesäumte Prachtstraße, ist das eigentliche Zentrum der Stadt. Die Parkanlage in der Mitte des Prospekts ist stets voller Leben: Hier wird Schach gespielt, promeniert, werden Souvenirs verkauft, fotografieren sich Hochzeitspaare, und oft genug werden politische Reden gehalten und Flugblätter verteilt – bevorzugt vor dem mächtigen **Shevchenko-Denkmal,** 1992 aufgestellt und ein Geschenk der großen ukrainischen Diaspora Argentiniens an die Stadt Lemberg. Die eigentümliche, zwölf Meter hohe Stele neben dem Denkmal ist geschmückt mit volkstümlichen religiösen Reliefs und soll die Welle der „nationalen Wiedergeburt" des ukrainischen Volkes symbolisieren.

Blick vom Rathausturm

ukr14-043 pk

Am nördlichen Ende des Prospekts prangt das prächtige **Opernhaus,** Prosp. Svobody 28, http://opera.lviv.ua/en, eines der architektonisch herausragendsten Gebäude der Stadt. Die Oper ist das Meisterstück des polnischen Architekten *Zygmunt Gorgolewski* (1845–1903) und vereint Elemente der Renaissance und des Barock. *Gorgolewski* lernte sein Handwerk übrigens in Berlin, u. a. reichte er dort einen Entwurf für den Bau des Berliner Reichtags ein. Die heftige Kritik an seiner 1900 fertiggestellten Oper – sie sei zu prunkvoll, zu überladen – und anfängliche Probleme mit der Statik des Gebäudes sollen *Gorgolewski* in den Selbstmord getrieben haben. Benannt ist die Oper nach der Sopranistin *Solomiya Krushelnytska* (1872–1952), eine der größten Stimmen aller Zeiten. Das Opernhaus ist für wenige UAH täglich zu besichtigen.

Im Süden geht der Prospekt in den **Mickiewicz-Platz** (Ploshcha Mitskevycha) über: Hier steht das große **Denkmal für den polnischen Nationaldichter Adam Mickiewicz (1798–1855).** Bemerkenswerterweise hat das 1904 errichtete Denkmal die historischen Verwerfungen des 20. Jh. unbeschadet überstanden – heute ist es eine der Top-Foto-Locations für polnische Touristen.

Pidvalna-Straße

Der Ring um die historische Altstadt schließt im Osten mit der **Pidvalna** (Wallstraße) ab. Ursprünglich befanden sich hier umfangreiche Befestigungsanlagen. Verblieben ist das **Arsenal** (Nr. 5). Das heutige Bauwerk geht auf das 18. Jh. zurück und diente auch als Gefängnis – hier wurden 1768–70 die aufständischen Haidamaken interniert. Auf dem Vorplatz des Arsenals ist stets ein kleiner Büchermarkt, auch Philatelisten versammeln sich hier gerne zum Tausch und Verkauf. Der weiter nördlich in der Parkanlage gelegene massive **Pulverturm** (Nr. 4) war ebenfalls Teil des ehemaligen Verteidigungssystems. Er wurde 1554–56 errichtet und hat die Zeitläufte unzerstört überdauert.

Sakralbauten im Altstadtring

Für Freunde sakraler Architektur ist Lemberg ein El Dorado: Die (einstige) **konfessionelle Vielfalt** der Stadt und die prächtige Architektur verschiedenster Epochen ließen eine Vielzahl höchst interessanter und eindrucksvoller Bauwerke entstehen, mit deren Besichtigung man sich tagelang beschäftigen könnte. Nachfolgend nur eine kleine Auswahl der bedeutendsten Sakralbauten. Wem das nicht reicht – es gibt noch etwa 100 weitere sakrale Bauwerke, die darauf warten, auf eigene Faust entdeckt und erkundet zu werden.

Boim-Kapelle

■ Pl. Katedralna 1, 10–17 Uhr, Mo geschlossen, 25 UAH

Die wundersame kleine Boim-Kapelle ist eines der kunsthistorisch herausragenden Bauwerke der Stadt und ein **einzigartiges Beispiel für die Architektur der Spätrenaissance.** Sie steht im Schatten der Lateinischen Kathedrale und wird daher leicht übersehen. Errichtet wurde sie 1609–15 als Grabkapelle der Familie *Boim.* Ihr Stifter, der aus Ungarn stammende *György Boim*, war seines Zeichens einer der angesehensten Lemberger Bürger – der reiche Weinhändler saß im Stadtrat und war auch Sekretär des polnischen Königs. An der Ostfassade der Kapelle findet sich sein Porträt, ebenso das seiner Frau. Überwältigend ist die vollständig mit prächtigen, schwarz gedunkelten Sandsteinreliefs und Skulpturen geschmückte Westfassade. Zu sehen ist u. a. eine Darstellung der Passionsgeschichte. Auch das Innere der Kapelle ist geradezu schwindelerregend prunkvoll in seiner Ausstattung. Ungewöhnlich ist die Darstellung des Christus auf der Kuppel: In nachdenklicher Pose, den Kopf aufgestützt, sitzt er unter dem Kreuz und reflektiert seinen Schmerz. „Oh ihr alle, die ihr das Leben durchwandert, haltet inne und schauet, ob es ein Leid gibt, das dem meinen gleicht", lautet die dazugehörige Inschrift.

Armenische Kathedrale

■ Virmenska 7, 8.30–20.30 Uhr

Mitte des 16. Jh. lebten ca. 2500 Armenier in der Stadt, was etwa einem Zehntel der Stadtbevölkerung entsprach. Als Kaufleute und Handwerker – vor allem als Goldschmiede und Schneider – brachten es viele zu großem Ansehen. Die Virmenska-Straße war das Herz des armenischen Viertels, die prächtigen Bürgerhäuser zeugen vom Geschmack und Wohlstand ihrer Besitzer. In der Virmenska liegt auch die wunderbare Armenische Kathedrale. Ihr Bau geht auf das späte 14. Jh. zurück und vollzog sich in mehreren Etappen, sodass das gegenwärtige Ensemble ein **Gesamtkunstwerk verschiedener Epochen und Baustile** ist. Das ursprüngliche Bauwerk fiel, wie die gesamte Lemberger Altstadt, dem großen Feuer von 1527 zum Opfer. Die älteste erhaltene Struktur ist der südliche Teil der Arkadengalerie aus dem 15. Jh. – sie umgab einst das gesamte Gebäude. Das Innere der Kathedrale wurde Anfang des 20. Jh. umfassend modernisiert: Die ungewöhnlichen, vom Jugendstil beeinflussten Wandmalereien – darunter „Das letzte Abendmahl", die „Hinrichtung Johannes des Täufers" und das „Begräbnis des Heiligen Odilo" – stammen vom polnischen Künstler *Jan Rosen* (1891–1982) und wurden auf Bitte des letzten armenisch-katholischen Lemberger Erzbischofs in den Jahren 1927–29 angefertigt. Auch die Mosaiken in der Kuppel stammen aus dieser Zeit, sie sind Arbeiten *Józef Mehoffers* (1869–1946). Im südlichen Hof, an der Virmenska, befindet sich der mit Grabplatten gepflasterte einstige **Friedhof.** Auf den Grabsteinen sind neben armenischen Inschriften auch polnische und lateinische zu erkennen. Hier befindet sich auch eine reich ornamentierte hölzerne Kapelle aus dem 18. Jh. Die Besichtigung der Kathedrale kostet nur wenige UAH Eintrittsgebühr, die auch – für orthodoxe Kirchen ungewöhnlich – eine Fotoerlaubnis beinhaltet.

Lateinische Kathedrale

■ Pl. Katedralna 1

Die Lateinische Kathedrale ist die größte römisch-katholische Kirche der Stadt. Das ursprüngliche, 1370 bis 1405 errichtete, einst gotische Bauwerk fiel ebenfalls dem Feuer von 1527 zum Opfer. Die heutige Kathedrale besticht durch eine **reiche barocke Innenausstattung.** Berühmt ist sie vor allem für die Renaissance-Grabkapelle der Familie *Kampian* (auch die Außenfassade beachten!) und die Fenster im Presbyterium, Arbeiten von *Józef Mehoffer, Jan Matejko* und anderen großen polnischen Künstlern, die 1892–98 installiert wurden.

Dominikanerkirche

Pl. Museina 1

Die prächtige Barockkirche wurde 1764 geweiht. Einst gehörte sie dem Dominikanerorden, heute ist sie im Besitz der Griechisch-Katholischen Kirche. Zu Sowjetzeiten wurde hier ein Museum des Atheismus eingerichtet, dessen umfangreiche, 50.000 Exponate zählende Sammlung heute im **Museum der Religionsgeschichte** (Di bis So 10–18 Uhr, 5 UAH) zu besichtigen ist. Zu sehen ist u. a. eine großartige Ikonensammlung. Der Eingang zum Museum befindet sich links vom Eingang zur Kirche.

St.-Andreas-Kirche (früheres Bernhardinerkloster)

Pl. Soborna 3a

Der südlich des Rynok gelegene Klosterkomplex befand sich einst außerhalb der Stadtmauern und verfügte über seine eigenen Befestigungsanlagen – entlang der Pidvalna sind diese noch in Teilen sichtbar. Die heutige Griechisch-Katholische Andreaskirche wurde 1630 geweiht, ihr Inneres hat eine reiche Barockausstattung und **wunderbare Fresken** aus dem 17. Jh., die das gesamte Tonnengewölbe des Hauptschiffes zieren.

Auf dem Marktplatz

ukr14-044 pk

Maria-Entschlafenskirche/Kornyakt-Turm

Ruska 7, Eingang Pidvalna 9

Der Bau der wichtigsten Orthodoxen Kirche der Stadt wurde Mitte des 16. Jh. von der Orthodoxen Bruderschaft finanziert, die auch eine Schule und Druckerei in Lemberg betrieb. Die Bruderschaft vertrat die religiösen, wirtschaftlichen und politischen Interessen der in der Stadt lebenden orthodoxen Bevölkerung. Die heutige Kirche wurde Ende des 16., Anfang des 17. Jh. im Renaissance-Stil errichtet. Der **65 Meter hohe** und über 400 Jahre alte **Glockenturm** ist eines der bekanntesten Wahrzeichen Lembergs – sein Bau wurde von dem reichen Weinhändler *Kornyakt* (1517–1603) finanziert und 1578 fertiggestellt.

Goldene Rosen-Synagoge

Staroyevreiska/Fedorova 27 (im Hof)

Nach ihrer **Zerstörung durch die Nazis** ist von Lembergs ältester Synagoge – der Bau wurde 1582 vollendet und war über Jahrhunderte das religiöse Herz der jüdischen Gemeinde – fast nichts erhalten geblieben. Zu sehen sind lediglich ein Fragment der ehemaligen Nordwand und Überreste des Fundaments. Im Jahr 2011 geriet der denkmalgeschützte Erinnerungsort weltweit in die Schlagzeilen wegen eines Hotelbaus in direkter Nachbarschaft. Fälschlicherweise wurde kolportiert, dass direkt auf dem ehemaligen Synagogengelände Bauarbeiten stattfinden würden und der Stadtverwaltung implizit Antisemitismus unterstellt. Allerdings wurden bei den Bauarbeiten für das Hotel (auf der gegenüberliegenden Straßenseite) u. a. eine Mikve und eine ehemalige Schlachterei freigelegt. Der Vorplatz der Synagogenruine wurde ab 2016 zu einer international weithin gelobten Gedenkstätte für die ermordeten Lemberger Juden umgestaltet.

Sakralbau außerhalb des Altstadtrings

St.-Georgs-Kathedrale

Svyatoho Yuria 5

Die einstige Mutterkirche der Griechisch-Katholischen Kirche, ein fröhlich-gelbes Rokokobauwerk aus der Mitte des 18. Jh., thront auf dem Hügel des Heiligen Yura (Georg). Das Innere der Kathedrale ist im Stil des Spätbarock gestaltet und beherbergt als kostbarsten Schatz die **wundertätige Ikone der Gottesmutter** (im Seitenschiff links vom Hauptaltar). Mehrfach soll sie Tränen vergossen haben, um die Stadtbevölkerung vor bevorstehenden Angriffen zu warnen. Zum Kathedralenensemble gehören auch der Metropolitenpalast, eine kleine Parkanlage und ein Glockenturm, der die älteste Glocke der Ukraine beherbergt – sie stammt aus dem Jahr 1341. Ihren Status als Griechisch-Katholische Mutterkirche büßte die St.-Georgs-Kathedrale mit dem Umzug des Metropoliten nach Kiew im August 2005 ein – ein durchaus kontroverser Schritt, denn viele Unierte sehen Lemberg als wahre Mutterstadt der Griechisch-Katholischen Kirche in der Ukraine an.

Rokoko vom Feinsten: die St.-Georgs-Kathedrale

Schlossberg

Die mit 413 Meter höchste Erhebung der Stadt ist der **Ort, an dem alles begann:** Hier befand sich die von *Danylo* errichtete Festungsanlage, auf die das heutige Lemberg zurückgeht. Die Aussicht ist fantastisch, und so ist es nicht verwunderlich, dass der Schlossberg beliebter Treffpunkt von Jugendlichen und Hochzeitsgesellschaften ist. Bescheidene Mauerreste unterhalb des Aussichtspunktes erinnern an den historischen Bau.

Ghetto-Denkmal

Die **Nazis** errichteten das Lemberger Ghetto, euphemistisch-zynisch „jüdischer Wohnbezirk" genannt, im Nordteil der Stadt, westlich und nordwestlich des Schlossbergs. Es war eines der größten von den Nazis eingerichteten Ghettos überhaupt. Mit der Ermordung seiner Einwohner im nahe gelegenen Vernichtungslager Bełżec wurde bereits Mitte März 1942 begonnen („Aktion Reinhard"). **Von den etwa 150.000 Lemberger Juden überlebte kaum einer den Holocaust.** Der Denkmalkomplex für die Ghettoopfer liegt auf dem ehemaligen Ghettogelände an der Vul. Viacheslava Chornovola nördlich der Bahnlinie (s. a. „Museum des Totalitarismus").

Lychakivskyi-Friedhof

■ Mechnykova 33

Dieser Friedhof wird mit Bezug auf den berühmten Pariser Friedhof oft der „Lemberger Père Lachaise" genannt. Es

ukr14-045 pk

gibt kaum einen anderen Ort, an dem **Lembergs multikulturelle und multikonfessionelle Vergangenheit** ähnlich eindrucksvoll erfahrbar wird. Bis zur Sowjetzeit war der Ende des 18. Jh. gegründete Friedhof den geistigen Größen, Politikern, hohen Militärs und Angehörigen der oberen Schichten als Beerdigungsgrund vorbehalten, und bis dahin entstanden zahllose aufwendig gestaltete Mausoleen und eindrucksvolle Grabstätten. **Viele berühmte Lemberger Bürger** fanden hier ihre letzte Ruhe, so der ukrainische Dichter *Ivan Franko,* die ukrainische Opernsängerin *Solomiya Krushelnytska,* die polnische Schriftstellerin *Gabriela Zapolska,* der Architekt der Lemberger Oper, *Zygmunt Gorgolweski,* oder der jung verstorbene polnische Maler *Artur Groettger.* Grabinschriften finden sich in polnischer, ukrainischer, russischer, deutscher, armenischer und lateinischer Sprache. Bestattet sind hier auch **polnische Freiheitskämpfer** des 19. Jh. und Opfer der zahllosen Konflikte des 20. Jh. – u. a. die „Lemberger Adler", jene polnischen Kinder und Jugendlichen, die 1918 in der Stadt gegen die ukrainischen Truppen kämpften. Ihre Grabanlage wurde 2005 nach langen Restaurierungsarbeiten wiedereröffnet, nachdem sie zu Sowjetzeiten dem Erdboden gleichgemacht worden war.

Museen

Gemäldegalerie

■ Stefanyka 3 und Kopernika 15, Di bis Sa 11–17 Uhr, So 12–16 Uhr, je 10 UAH, http:// lvivgallery.org/ukr/index.html

Lembergs sehr umfangreiche und – trotz Fehlens der ganz großen Namen – interessante Gemäldesammlung verteilt sich auf **zwei Gebäude.** Die europäischen Meister des 14. bis 17. Jh. sind im Potocki-Palast in der Kopernika zu sehen, die Werke ab dem 19. Jh. im Hauptgebäude auf der Stefanyka. Zum ersten Sammlungsteil zählen viele Werke aus dem Umfeld der flämischen und niederländischen Schulen, darunter ein absolutes Meisterwerk des lothringischen Barockmalers *Georges de la Tour* (1593–1642), „Die Steuerzahlung". Im Gebäude auf der Stefanyka findet sich eine Vielzahl polnischer Meister, u. a. Gemälde des berühmten Historienmalers *Jan Matejko* (1838–93) und des hoch talentierten, jung verstorbenen Lemberger Lokalmatadors *Artur Grottger* (1837–67).

Nationalmuseum

■ Prospekt Svobody 20, Di bis So 10–18 Uhr, 17 UAH

Umfangreiche Sammlung ukrainischer Kunst, die **Sammlung sakraler Kunst** aus dem 12. bis 18. Jh. ist die größte der Ukraine, für Ikonenfans ein Muss.

Ethnografisches Museum

■ Prospekt Svobody 15, Di bis So 11–17 Uhr

Im eindrucksvollen Gebäude der ehemaligen Galizischen Sparkasse aus den 1920er Jahren gelegen, gibt das Museum eine gründliche und umfangreiche Einführung in die regionale ukrainische **Volkskunst** aus verschiedenen Jahrhunderten. Berühmt ist das Museum vor allem für seine großartige Sammlung an Trachten und den so typischen ukrainischen Stickereien.

Apothekenmuseum

Drukarska 2, 10–17 Uhr

Das Haus, das das Museum beherbergt, liegt am Marktplatz und dient **seit 1735** ununterbrochen als Apotheke. Dementsprechend gleicht bereits der Eintritt in den Verkaufsraum einem Museumsbesuch – anders kann eine Apotheke vor einigen hundert Jahren kaum ausgesehen haben! Das Museum selbst zeigt Waagen, Pillenpressen, Bücher und ein alchemistisches Labor. Da die Ausstellung in zahlreichen Räumen des historischen Hauses untergebracht ist, erhält man als interessanten Bonus noch einen **Rundgang** durch das Haus. Berühmt ist die Apotheke übrigens für ein selbst gebrautes Allround-Heilmittel namens „Zalizne Vyno" (Eisenwein) – es ist im Verkaufsraum erhältlich.

Bier- und Brauereimuseum

Kleparivska 18, www.lvivske.com, umfassend renoviert wurde das Museum Ende 2018 neu eröffnet

Anlässlich des 290sten Jubiläums von Lembergs **Lvivske-Brauerei** – der ältesten Brauerei der Ukraine – wurde dieses nette Museum eröffnet, dessen Brauutensilien, Bierflaschen und Bierkrugsammlung das Herz eines jeden Bierfreundes höher schlagen lassen dürfte. Toll ist die atmosphärische Verköstigungshalle, wo man sich von den geschmacklichen Vorzügen des Lviske gleich selbst überzeugen kann.

Arsenal

Pidvalna 5, Do bis Di 10–17.30 Uhr

Interessant für Fans historischer Waffen: Zu sehen sind Schwerter, diverse Feuerwaffen und sonstige Artefakte – all das also, was die Jahrhunderte so an Tötungsinstrumenten in die Stadt schwemmten …

Museum der Volksarchitektur

Chernecha Hora 1, Di bis So 10 Uhr bis Einbruch der Dunkelheit

Das für die Ukraine so typische **Freiluftmuseen** ist eine riesige Parkanlage, in die originale Holzkirchen, Windmühlen und alte Bauerngehöfte aus diversen ukrainischen Regionen (Galizien, Bukowina, Podillia, Polissya sowie aus Boiken- und Hutsulendörfen) gebracht worden sind. Wirklich einen Besuch wert!

Museum des Totalitarismus

Vul. Chornovolia 45, http://territoryterror.org.ua/en

Dieses jüngst nahe dem Bahnhof Pidzamche errichtete Museum widmet sich sowohl dem Terror der **Nazizeit** – es befindet sich innerhalb des einstigen jüdischen Ghettos – als auch den Verbre-

Stepan Bandera (1909–1959)

Keiner polarisiert das Land mehr als Stepan Bandera: In der Westukraine als Freiheitskämpfer hoch verehrt, gilt er im Süden und Osten – wie schon zu Sowjetzeiten – als schäbiger Mörder und Nazischerge. Wie kommt das?

Bandera ist eine Person mit explizit westukrainischer Biografie. Als nach dem 1. Weltkrieg das Habsburger Reich auseinanderbrach und Ostgalizien Teil Polens wurde, war die Hoffnung vieler galizischer Ukrainer auf einen ukrainischen Staat unerfüllt geblieben. Auch die hier lebenden Polen strebten die Unabhängigkeit an, und polnische Einheiten zerschlugen die 1918 proklamierte Westukrainische Volksrepublik in kürzester Zeit. So wurde auch *Bandera* **polnischer Staatsbürger wider Willen.** Er zählte zu jenen radikalen Nationalisten, für die als Antwort auf die teils minderheitenfeindliche polnische Politik nur Gewalt in Frage kam. Ab den 1930er Jahren verübte seine **Organisation Ukrainischer Nationalisten (OUN)** reihenweise terroristische Attentate und Sabotageakte. Die OUN wollte so die Abspaltung der überwiegend ukrainisch besiedelten Gebiete von Polen erreichen. *Bandera* selbst wurde 1934 wegen Beteiligung an der Ermordung des polnischen Innenministers zu lebenslanger Haft verurteilt. Der Prozess in Warschau – bei dem er im Gerichtssaal nur ukrainisch sprach und Antworten auf Polnisch verweigerte – machte ihn zur **Ikone der ukrainischen Nationalisten.**

Es waren die Deutschen, die ihn nach der Besetzung Polens 1939 aus dem Gefängnis holten. *Bandera* sollte ihnen bei der Invasion der Sowjetukraine zur Seite stehen. Inhaltliche Gemeinsamkeiten bestanden durchaus: **Antisemitismus** war (und ist) ein wesentliches Element des extremen ukrainischen Nationalismus. Und die Ukraine, die *Bandera* vorschwebte und die er mit deutscher Hilfe auf polnische und sowjetische Kosten zu erlangen hoffte, sollte ein nationalukrainischer **Führerstaat** faschistischer Prägung sein. Beim Überfall auf die Sowjetunion marschierten also auch zwei ukrainische Bataillone mit der Wehrmacht in Galizien ein. Nach der Einnahme Lembergs am 30. Juni 1941 waren es ukrainische Nationalisten, die das erste große Judenpogrom in der Stadt organisierten. Zugleich taten sie etwas, was *Hitler* gar nicht schmeckte: Sie proklamierten die unabhängige Ukraine. *Bandera* wurde sogleich **im KZ Sachsenhausen interniert,** wo ihn sich die Nazis wegen möglicher künftiger Nützlichkeit „warm hielten".

Als sich nach Stalingrad die deutsche Kriegsniederlage abzeichnete, begann ab Februar 1943 in der noch deutsch besetzten Westukraine eine **ukrainische Partisanenarmee,** die **UPA,** zu operieren. Ihr Führer, *Roman Shukhevych,* war ein enger Vertrauter *Banderas.* Ziel der UPA war es, den Boden für einen unabhängigen, „ethnisch reinen" ukrainischen Staat zu ebnen, der nach der deutschen Niederlage auf dem Territorium Galiziens und Wolhyniens entstehen sollte. Die UPA begann, Zehntausende Polen systematisch zu ermorden, Dorf um Dorf wurde „gesäubert", die Opfer waren meist Frauen und Kinder. Auch Tausende Ukrainer wurden Opfer der UPA – jeder, der den radikalen Nationalismus nicht teilte, galt als Verräter. Auch gegen die Deutschen wurden Anschläge verübt. Als die Rote Armee die Westukraine unter ihre Kontrolle gebracht hatte und die Hoffnung auf eine unabhängige Ukraine erneut im Nichts zu verlaufen schien, setzte die UPA ihren Partisanenkrieg fort – nun gegen die Sowjetunion. Auch auf polnischem Gebiet wurde gekämpft – die UPA wollte so die Zwangsaussiedlung der ukrainischstämmigen Bevölkerung aus Polen verhindern. Bis in die frühen 1950er Jahre leistete die UPA mörderischen Widerstand. Zehntausende ukrainische Nationalisten kamen dabei ums Leben, die UPA wiederum ermordete zahllose Rotarmisten, Lehrer, Parteifunktionäre und alle anderen, die für sie das Sowjetregime repräsentierten. Oft stammten die Ermordeten aus den östlichen oder südlichen Gebieten der Sowjetukraine. Die Erinnerung daran und die sowjetische Verteufelung *Banderas* prägen hier bis heute die Sicht auf seine Person.

Bandera selbst, noch immer die große Symbolfigur des ukrainischen Unabhängigkeitskampfes und nun der meistgesuchte Mann der Sowjetunion, blieb nach Kriegsende in Deutschland. In München wurde er **1959** von einem KGB-Agenten mit einer Blausäurepistole **ermordet** – einer der spektakulärsten Mordfälle der bundesdeutschen Geschichte.

In der Westukraine hat sich mittlerweile ein wahrer **Heldenkult um Bandera** entwickelt. Er ist hier das Symbol des ukrainischen Freiheitskampfes. Dass die ukrainischen Nationalisten ihren Anteil daran hatten, die jahrhundertelange jüdische und polnische Geschichte in der Westukraine gewaltsam zu beenden, wird ausgeblendet.

Nach dem Maidan 2013 wurde in Kiew das **Institut für nationales Gedenken** neu gegründet, Vorsitzender ist ein westukrainischer Nationalist, *Volodymyr Viatrovych*. Er ist Mitinitiator der hoch umstrittenen Dekommunisierungsgesetze, die etwa die Kritik an der UPA als nationale Befreiungsbewegung unter Strafe stellen. Der leider allzu sowjetisch anmutende Heldenkult ruft bei Historikern im In- und Ausland Kopfschütteln bis Entsetzen hervor. Gerade bei den westlichen Nachbarn der Ukraine, vor allem in Polen, wird der Bandera-Kult aufgrund der bislang nicht aufgearbeiteten Massaker an der polnischen Zivilbevölkerung gegen Ende des Zweiten Weltkriegs mit größtem Argwohn gesehen. Ein völlig unnötiger politischer Konflikt, war es doch gerade Polen, das über Jahre hinweg zu einem der größten Fürsprecher der EU-Annäherung der Ukraine zählte, seit einiger Zeit aber – aufgrund der staatlich verordneten ukrainischen Geschichtspolitik – deutlich auf Distanz geht.

Lembergs unvermeidliches, monumentales **Bandera-Denkmal** steht seit 2007 in der Vul. Bandery Richtung Bahnhof, vor der neogotischen, einst katholischen (heute unierten) Elisabeth-Kirche. Da mehrfach Anschläge auf das Denkmal verübt wurden, wird es bewacht.

chen der späten **Stalinzeit** nach 1945, als sich hier das Transitgefängnis Nr. 25 befand, in dem Gegner des Sowjetstaates unter schlimmsten Bedingungen interniert waren, bis sie in die Gulags im Ural oder im russischen Norden verfrachtet wurden. Das Transitgefängnis wurde 1955 aufgelöst.

Praktische Tipps

Informationen

- Die **Touristeninformation** an der Südwestecke des Rathauses entspricht internationalem Standard. Kompetentes, teils deutschsprachiges Personal. Infos online unter www.cultureandtourism.lviv.ua.
- Eine ausgezeichnete Website über Freizeitmöglichkeiten in der Stadt ist **http://v.lviv.ua.**
- Über kulturelle Veranstaltungen informiert das monatlich erscheinende **Stadtmagazin „Lviv Today".**
- Aus der Reihe **„In your pocket"** gibt es eine Ausgabe über Lemberg, die überall kostenlos erhältlich ist und regelmäßig neu aufgelegt wird. Infos: www.inyourpocket.com/ukraine/lviv.
- Die **Hauptpost** ist in der Vul. Slovatskoho 1.

Unterkunft

Hotels

21 **Hotel Lviv,** Prospekt Chornovolia 7, www.hotel-lviv.com.ua: Das alte Sowjethotel unweit der Oper wurde vor einigen Jahren renoviert und genügt nun internationalen Standards. Es gibt noch einige sehr billige, nicht renovierte Zimmer, sonst kosten DZ ab 820 UAH.

32 **Hotel George,** Pl. Mitskevycha 1, www.george-hotel.com.ua: Das stilvolle historische Hotel George (Жорж) zählt zu den schönsten Hotels der Stadt, vor allem das Foyer ist eine Pracht. DZ ab 600 UAH.

7 **Hotel Vienna,** www.wienhotel.com.ua: Hotel in einem historischen Gebäude am Prospekt Svobody 12. Etwas teurer, aber gut. DZ ab 450 UAH.

ukr14-047 pk

29 **Hotel Dnister,** Vul. Yana Mateika 6, https://dnister-hotel.phnr.com: Größeres renoviertes Gebäude aus der Sowjetzeit in Uninähe mit tollem Blick auf die Stadt. DZ ca. 60 Euro.

33 **Hotel Danylo Inn,** Vul. Halytska 20, buchbar über die bekannten Buchungsportale: Kleines Designhotel mit geräumigen Zimmern und gutem Standard. DZ um die 40 Euro, kein Frühstück.

30 **Hotel Kryva Lypa,** Kryva Lypa Passage 3a: Kleines, modernes und ruhig gelegenes Hotel nahe der Uni mit DZ ab 20 Euro.

MEIN TIPP: 3 **Hotel Reikartz Medievale,** Vul. Drukarska 9, nur wenige Schritte vom Marktplatz entfernt: Die hiesige Filiale der landesweit anzutreffenden Hotelkette hat moderne, großzügige Zimmer und einen Gastrobereich in urigen Gewölben.

Hostels

Seitdem Lemberg zunehmend Ziel internationaler Rucksacktouristen geworden ist, haben unzählige Hostels eröffnet. Alle verfügen über Mehrbettzimmer **ab 120 UAH pro Person,** Internetzugang, Küche, Waschmaschinen – kurz: über alles, was ein Backpacker braucht. Viele Hostels sind online über www.hostelworld.com buchbar.

31 **Misterhostel,** Vul. Bankivska 5: Nahe der Uni gelegenes Hostel mit großer Küche. Der Eingangs- und Rezeptionsbereich ist etwas speziell, aber alles ist sauber und die Lage ausgezeichnet.

■ Auch in der Altstadt gibt es unzählige Hostels, z. B. das 8 **Old City Hostel** an der Ecke des Prospekt Svobody. Maßstäbe setzt das 5 **Dream Hostel** nahe am Marktplatz (Vul. Krakivska 5), das alles hat, was ein modernes, hippes Hostel braucht: Küche, Lounge, geräumige Mehrbettzimmer.

26 **Comfort Hostel:** Wer von früheren Reisen das in jeder Beziehung großartige Kosmonaut Hostel vermisst – in denselben Räumlichkeiten ist jetzt das Comfort Hostel, und zwar nahezu unverändert.

◁ In der Kryivka

Essen und Trinken

Wie in kaum einer anderen ukrainischen Stadt hat sich in Lemberg eine **ausgezeichnete Restaurant- und Kneipenszene** entwickelt. Nach Jahrzehnten der Sowjetzeit und postsowjetischer Tristesse blickt man wieder stolz auf die Geschichte, vor allem auf die habsburgische Periode. So setzt man – als wolle man mit Wien konkurrieren – in erster Linie auf Kaffeehauskultur. Wunderbare Kaffeespezialitäten, in einer Qualität, nach der man in Deutschland meist vergeblich sucht, machen die Auswahl schwer. Daneben existieren unzählige richtig gute Restaurants, Kneipen und Pubs.

Restaurants und Cafés

27 **Puzata Khata,** Vul. Sichovykh Striltsiv 12: Filiale der allgegenwärtigen SB-Kette. Gute ukrainische Kost, unschlagbare Preise.

MEIN TIPP: 41 **Kupol,** Vul. Chaikovskoho 37, www.kupol.lviv. ua: Hervorragendes Restaurant etwas außerhalb der Altstadt in einer alten Villa. Nostalgische Inneneinrichtung, gute Küche, gehobenere Preise.

14 **Pid synoiu flashkoiu,** Vul. Ruska 4: Kleines, sehr atmosphärisches Café in einem Gewölberaum am Ende eines langen, dunklen Ganges im Hof eines altes Bürgerhauses. Nicht ausgeschildert, nur eine blaue Flasche über dem Eingang deutet darauf hin. Für die angebotenen Kaffeespezialitäten gibt es nur ein Wort: großartig. Kleine Speisekarte.

36 **Kabinet,** Vul. Vinnychenka 12, an der Ringstraße am östlichen Altstadtrand: Büchercafé in einem hellen Raum mit großen Fenstern, jüngst komplett renoviert. Zudem zwei urige Kellergewölberäume. Reichhaltige Speisekarte zu akzeptablen Preisen.

2 **Dzyga,** http://dzyga.com: Café und Kunstgalerie am Ende der Vul. Virmenska, Nr. 35. Unter alten Gewölben herrscht kreative Atmosphäre. Das Café wird betrieben von einer alternativen Künstlergruppe. Das 2 **Artcafé Kimnata 35,** in dem regelmäßige Jazzkonzerte und Filmabende stattfinden, liegt im selben Gebäude.

13 Italianskyi Dvoryk, Rynok 6: Freiluftcafé im herrlichen Italienischen Hof des Kornyakt-Hauses. Guter Kaffee und selbst gebackener Kuchen.

24 Praha, Vul. Hniatiuka 8: Großer Gastrokomplex mit Kaffeehaus, Restaurant und Pub. Wie der Name sagt: Man orientiert sich an tschechischen Vorbildern, was recht gut klappt.

37 Kumpel, Vul. Vynnychenka 6, www.kumpel-group.com: Gemütliche Hausbrauerei mit sehr gutem, in kupfernen Sudpfannen selbst gebrautem Bier. Gute Küche zu etwas gehobeneren Preisen.

1 Delikateka, Ecke Drukarska und Lesi Ukrainki: Hippes Café mit roten Ziegelwänden und elektronischer Loungemusik. Junges Publikum mit Laptops.

10 Green, Vul. Brativ Rohatyntsiv 5, www.green.lviv.ua: Explizit vegetarisches Restaurant.

Themenrestaurants/-kneipen

In Lemberg ist ein Imperium höchst populärer Themenrestaurants und -kneipen entstanden, die die Motive für ihre Innendekors in der Stadtgeschichte finden. Oft sind es urige Kneipen unter jahrhundertealten Balkendecken mit einem ausgeklügelten Design. Einige sind richtig toll (z. B. das „Legendenhaus"), andere – vorsichtig formuliert – gewöhnungsbedürftig. So das **16 Café Masokh,** wo man sich, sozusagen in Gedenken an den weltbekannten Sohn der Stadt, *Leopold von Sacher-Masoch* (nach seinem Namen bzw. seinem Roman „Venus im Pelz" wurde der Begriff Masochismus geprägt), von der Kellnerin auspeitschen lassen kann … Wieder andere spielen mit nationalistischen und antisemitischen Klischees (so die Kryivka und die Zolota Roza), was bereits das Simon-Wiesenthal-Center auf den Plan rief. So unterschiedlich die Kneipen erscheinen mögen: Sie alle gehören derselben Unternehmensgruppe an (www.fest.lviv.ua).

4 Hasova Liampa (Gaslampe), Vul. Virmenska 20, http://gasovalampa.lviv.ua: Das Restaurant geht durch ein ganzes Haus, vom Erdgeschoss bis zur tollen Dachterrasse, Fotografien und Dekor erinnern an den galizischen Erdölboom.

18 Dim Lehenda (Legendenhaus): Der „Gaslampe" sehr ähnlich, die Speisekarte reichhaltiger. An der Hausfassade treibt ein feuerspeiender Drache sein Unwesen, und auf der Dachterrasse hängt ein Trabbi in der Luft.

12 Kryivka, Pl. Rynok, www.kryjivka.com.ua: Den Partisanen am Eingang passiert man nur mit Losungswort: Auf „Slava Ukrainy" (Ruhm der Ukraine) antwortet man „Heroiam Slava" (Ruhm den Helden). Darauf gibt es einen Schnaps, und der Eintritt wird gestattet. Es ist davon auszugehen, dass die Parolen „Putin Huilo" (Putin Arschloch) oder „Krym Ukraina" ebenfalls den Einlass ermöglichen … Die Kellerkneipe dekorieren unzählige Bandera-Bilder, Waffen etc., die der angeblich so heroischen Partisanenvergangenheit der UPA huldigen. Russen sind offiziell nicht gern gesehen. Auch wenn das Konzept hart an der Grenze zur Geschmacklosigkeit ist (für manche auch deutlich darüber hinaus), soll das Ganze augenzwinkernd gemeint sein … Man bilde sich selbst ein Urteil!

6 Lviv Beer Theatre Pravda, Brauerei an der Nordwestecke des Marktplatzes: Hier werden einige recht spezielle Biermarken mit deutlichen politischen Anspielungen produziert, z.B. „Obama Hope" oder „Frau Ribbentrop" – gemeint ist *Angela Merkel,* und zwar mit Bezug auf den geheimen Molotov-Ribbentrop-Pakt, der 1939 die Aufteilung Polens zwischen Nazideutschland und der UdSSR regelte und hier quasi als Vorbild des Minsker Abkommens interpretiert wird. Darüber kann man streiten, aber dieser schwarze Humor gibt durchaus Auskunft über die Befindlichkeiten der Menschen in einem Land im Krieg.

> Café im Italienischen Hof des Kornyakt-Hauses

Nachtleben

19 **Khmilnyi Dim,** Vul. Kleparivska 18, www.robertdoms.lviv.ua: Bierkneipe in weit verzweigten Gewölben auf dem Gelände der Lvivske-Brauerei. Häufig Live-Musik, meist Blues oder Rock-Coverbands, etwas gehobenere Preise.

22 **Livyi Bereh,** Jazzclub unter dem Gebäude der Oper, Eingang nahe dem Haupteingang auf der rechten Gebäudeseite.

42 **Metro Club,** Vul. Zelena 14, www.metroclub.com.ua: Großraumdisco nahe der Innenstadt. Gespielt wird internationale Popmusik, Techno, Hip-Hop und R&B. Eintritt je nach Tag 50–100 UAH.

42 **Picasso,** am oberen Ende der Vul. Zelena (Nr. 88), www.picasso.lviv.ua/en: Etwas alternativer als das Metro. Gelegentlich Konzerte von Rock bis Jazz, außerdem Themendiscos, z. B. Latinoabende. Untergebracht in einem ehemaligen Theater aus den 1930er Jahren, sehr schönes Ambiente.

11 **Korzo Pub,** Vul. Brativ Rohatyntsiv 10: Mit Abstand der beste Irish Pub der Stadt, viel Holz, irisches Bier zu irischen Preisen, aber auch einheimische Biere zu normalen Preisen.

39 **Club Kult,** Vul. Chaikovskoho 7, www.kult.lviv.ua: Kellerclub unter der Philharmonie, fast täglich Live-Musik.

38 **Bierlin Pub,** Vul. Chaikovskoho 19: Nettes studentisches Ambiente – fast wie in Berlin.

17 **Edison Pub,** Vul. Valova 23: Sympathische kleine Kneipe inmitten der Altstadt mit darunterliegendem Kellergewölbe.

25 **Jazzclub L.V. Café,** im Durchgang von der Vul. Sichovykh Striltsiv in die Kryva Lypa Passage: Mehrmals die Woche Jazz live.

Einkaufen

■ Die wichtigste **Einkaufsstraße** ist der **Prospekt Svobody.** Nahe dem Opernhaus, Ecke Horodotska, befindet sich ein **Kaufhaus.**

23 Souvenirs und mehr oder minder kitschige Kunstgegenstände bekommt man auf dem **Flohmarkt** am Vicheva-Platz.

■ Gute **Lebensmittelmärkte** sind der 28 **Pryvokzalnyi Rynok** in der Nähe des Bahnhofs (Vul. Horodotska) und der 20 **Krakivskyi Rynok** (Vul.

ukr14-048 pk

Kleparivska) nördlich der Lvivske-Brauerei. Direkt im Zentrum liegt der 35 **Halytskyi Rynok** etwas unscheinbar an der Halytska Ploshcha.

■ **Buchläden** gibt es u. a. an der 9 Ecke Vul. Teatralna/Pl. Mitskevycha und am 34 Halytska-Platz Ecke Kniaza Romana.

15 Ein besonderes Mitbringsel sind die Produkte der **Chocolaterie Lviv.** Im Laden gibt es neben einer Schau-Chocolaterie auch ein gemütliches Café und ein unglaubliches Angebot an Pralinen und anderen Leckereien. Vul. Serbska 3, in der Nähe des Marktplatzes, www.chocolate.lviv.ua.

Aktivitäten

■ Das mittelgebirgsähnliche Waldgebiet östlich der Stadt bietet herrliche **Wandermöglichkeiten,** einen Badesee und einen Kletterfelsen. Anfahrt mit einem der vielen Busse Richtung Vynnyky, bis rechts der **Badesee Vynnykivske Ozero** ausgeschildert ist. Hier halten die Busse, und eine wenig befahrene Straße führt etwa 500 Meter zum künstlich angelegten See mit Sandstränden (Eintritt: 25 UAH). Der **Kletterfelsen Chortova Skelia** liegt an der Abbruchkante der Podolischen Hochfläche zur kleinen Polissia und ist ein etwa 15 Meter hoher Kalk-Sandsteinfelsen mit Felshaken. Zum Felsen gelangt man, wenn man von der Bushaltestelle den gelb markierten Weg steil nach oben nimmt, bis man den höchsten Punkt erreicht hat. In gerader Verlängerung von hier sind es dann noch etwa 0,5 km nach Norden.

■ **Fahrradverleih:** Siehe zur Thematik und den Möglichkeiten www.veliki.ua. Geplant ist die Einführung von City-Bikes, wie man sie schon in vielen westeuropäischen Städten vorfindet.

Verkehrsmittel

Bahn

Der Bahnhof liegt am westlichen Rand der Innenstadt und ist gut per Straßenbahn erreichbar. Das Gebäude mit seiner zentralen Kuppel ist ein echter Prachtbau im k.u.k. Stil (wenn auch innen teilweise sowjetisch umgestaltet). Es gibt **Verbindungen in alle Teile des Landes.** Mehrere Tages- und Nachtverbindungen bestehen nach Kiew, auch die zugänlichen Teile des Donbas und Kharkiv werden direkt angefahren. Für Touren in die Karpaten hält man sich am besten an Nahverkehrsverbindungen Richtung Mukachevo, auch Richtung Rivne fährt eine Expresselektrichka. Chernowitz ist – mit Ausnahme eines schnelleren Zugpaares – nur mit langsamen Zügen erreichbar. Die zentralen Karpaten um die Hoverla werden pro Tag einmal in den Nachmittagsstunden direkt angefahren. International sind Krakau, Budapest, Warschau, Wroclaw, Kosice, Wien und Moskau direkt erreichbar. Neu ist, dass alle modernen Intercity-Züge, die bislang in Lemberg endeten, weiterfahren in die polnische Grenzstadt Przemysl, wodurch Polen selbst von Kiew aus nur noch 6½ Stunden weit entfernt ist.

Die **Ticketkassen** sind in der Haupthalle, davon eine internationale Kasse. Im Obergeschoss, zugänglich von Gleis 1, befindet sich ein **Servis Tsentr** (Сервіс Центр). Eine gute Möglichkeit zum Fahrkartenerwerb ist auch die Kasse der UZ in der Innenstadt, Vul. Hnatiuka 20. Hier herrscht meist weniger Gedränge als am Bahnhof.

An das Service-Center im 1. Stock schließt sich das großzügige und günstige **Bahnhofshotel** an, im Falle von frühen Zugabfahrten durchaus eine überlegenswerte Alternative.

Der **Vorortbahnhof** befindet sich etwa 500 m südlich des Hauptbahnhofs, also ein Stück Richtung Innenstadt. Von hier fahren die Nahverkehrszüge Richtung Sambir/Sianky und Horodok/Mostyska.

Bus

Es gibt mehrere Busbahnhöfe in der Stadt, die leider alle recht weit auseinander liegen.

■ **Busbahnhof 1:** Am südlichen Stadtrand, Vul. Stryiska 109, liegt der **zentrale Busbahnhof** der Stadt. Hier halten die wichtigsten Transitbusse und alle internationalen Busse, inkl. die nach Polen. Er ist vom Bahnhof direkt per Stadtbus erreichbar.

■ **Busbahnhof 2:** Für Touren in Richtung Norden und Nordosten ist der Busbahnhof 2 von Bedeutung, Vul. Khmelnytskoho 225. Aus der Innenstadt benutzt man am besten die Straßenbahn, die vom Opernhaus in nördlicher Richtung fährt.

■ **Busbahnhöfe 3 und 4:** Beide liegen recht nah beieinander in der Vul. Petliury 3 bzw. in der Vul. Shyretska 36 und dienen vor allem dem Zubringerverkehr des großen Marktes nahe des Bahnhofs. Von hier fahren viele Busse in die Gebiete westlich von Lemberg.

■ **Busbahnhof 8:** Dieser Busbahnhof liegt am Bahnhof. Von hier fahren ebenfalls viele Busse Richtung polnische Grenze. Sie halten auch alle an der Vul. Horodotska gegenüber dem großen Markt.

Flugzeug

Der Flughafen liegt am westlichen Stadtrand und wurde im Zuge der EURO 2012 auf den neuesten Stand gebracht. Es bestehen u. a. internationale Flugverbindungen mit Wien, München, Dortmund, Warschau, Istanbul und einige mehr. Infos: **www.lvivairport.info.**

Stadtverkehr

Der Stadtverkehr besteht aus einem weithin undurchschaubaren System an **städtischen und privaten Minibussen.** Hier kann man im Grunde nur die Einheimischen fragen oder auf die Beschriftungen der Busse achten.

Straßenbahn

Nach der Komplettsanierung des Straßenbahnnetzes ist dieses **gut in Schuss.** Vor allem, um den Bahnhof und den Busbahnhof 2 zu erreichen, ist die Straßenbahn das beste Verkehrsmittel (Linien Nr. 1, 6 und 9). Um von der Innenstadt zum Bahnhof zu kommen, wählt man am besten die Haltestelle in der Vul. Doroshenka nahe dem Prospekt Svobody (Linien Nr. 1 und 9) oder die Haltestelle nahe dem Opernhaus (Nr. 6).

In der Umgebung

Horodok

Городок

Horodok, 35 km westlich von Lemberg, kam ab dem 15. Jh. durch **Salzhandel** zu großem Reichtum. Da der polnische König *Jagiełło,* glorreicher Sieger der Schlacht von Grunwald, hier 1434 verstarb, erhielt die Stadt den Namen Gródek Jagiełłonski. Der heutige Name ist die ukrainische Übersetzung des ersten Teils dieses Stadtnamens und bedeutet „Städtchen". Horodok hat eine typisch galizische Altstadt aus dem 19. Jh. mit mehreren Sakralbauten, Marktplatz und Rathaus. Sehenswert ist die alte **katholische Pfarrkirche** östlich des Marktes, ein turmloser Bau mit einem modernistischen, an gotische Formen erinnernden Treppengiebel aus den 1930er Jahren sowie einem Langhaus und Chor aus der Barockzeit. Nordwestlich des Marktes liegt das einstige **Franziskanerkloster.** Die von drei silbernen Kuppeln gekrönte **Maria-Verkündigungskirche,** die auf die Renaissancezeit zurückgeht, steht an einem kleinen Platz nördlich des Marktes. Unweit des Busbahnhofs findet sich eine hübsche dreikuppelige Holzkirche aus der Mitte des 18. Jh. Im Inneren sind Malereien aus dem 19. Jh. zu sehen. Auch die Lage an mehreren künstlichen Seen und die verkehrsberuhigte Innenstadt machen Horodok zu einem angenehmen Zwischenstopp auf dem Weg nach Lemberg.

Unterkunft

■ **Hotel Mriia,** etwa 1,5 km östlich des Zentrums, www.bedandbreakfast.eu/privatzimmer/horodok/mriya-hotel/1316513/: DZ ab 350 UAH.

Essen und Trinken, Einkaufen

■ In der Altstadt gibt es zahlreiche kleine **Cafés** sowie eine **Disco-Bar** an der Nordwestecke des Marktplatzes.

■ Der **Markt** liegt am Westrand der Altstadt.

Verkehrsmittel

■ Alle **Busse** von der Grenze nach Lemberg fahren durch Horodok. Der Busbahnhof liegt wenige Meter westlich der Altstadt, die Busse fahren im Halbstundentakt.

■ Per **Bahn** ist Horodok mit einigen Nahverkehrszügen aus Lemberg zu erreichen.

Ivano-Frankove und die Rostochia

Івано-Франкове, Розточчя

Das Dörfchen Ivano-Frankove liegt im malerischen Höhenzug der Rostochia, die auch **Nationalpark** ist. Er zieht sich als nordwestliche Fortsetzung der podolischen Platte über die Grenze bis nach Polen hinein, um in der Gegend von Zamość auszulaufen. Der Ort geht auf das frühe 17. Jh. zurück und war zu polnischer Zeit aufgrund einer Kette künstlicher Seen, die im 19. Jh. angelegt wurde, beliebter Ausflugsort der Lemberger. Im Ort blieb ein großer Teil der historischen Bebauung erhalten. Sehenswert ist vor allem die barocke **Dreifaltigkeitskirche** aus dem 18. Jh. Nahebei steht eine griechisch-katholische Kirche aus dem frühen 19. Jh. mit flacher goldener Kuppel.

Etwa 5 km östlich befinden sich die **Reste des Höhlenklosters von Stradch (Страдч)** auf einem felsigen Hügel südlich der Durchgangsstraße. Von der oberirdischen Bebauung kündet noch eine Kapelle aus dem 18. Jh. Über einen unterhalb der Kapelle gelegenen gemauerten Gewölberaum gelangt man in die Höhlengänge, ein 270 Meter langes, in den weichen Sandstein gegrabenes Gangsystem; in den Gangnischen befinden sich mystische Gebetsecken.

Unterkunft

■ **Hotel Skelia,** Vul. Lvivska 47, Tel. 0259-731 16: Neues Hotel im Zentrum des Ortes mit kleinem Café. DZ ab 250 UAH, aber nur wenig Plätze.

■ **Hotel Staryi Yaniv,** Vul. Lvivska 8, Tel. 067-310 18 85: Kitschiger Neubau im Zentrum, DZ ab 400 UAH.

Sonstiges

■ Nette **Cafés** gibt es in den Hotels Skelia und Staryi Yaniv, kleinere **Läden** im Zentrum.

■ Die **Verwaltung des Nationalparks Rostochia** liegt am nordwestlichen Ortsrand nahe dem See (mit kleinem Museum). Unterkünfte sind in Planung.

Verkehrsmittel

■ Ivano-Frankove liegt 25 km westlich von Lemberg. Die Hauptstraße von Lemberg zum Grenzübergang Krakovets führt durch den Ort. Regelmäßige **Busverbindungen** von Lemberg, Busbahnhof 4, Fahrtrichtung Yavoriv.

Zhovkva

Жовква

■ **35 km nordwestlich von Lemberg, Planstadt der Renaissancezeit mit wunderbarer Altstadt**

■ **Einwohner: 13.000**

Zhovkva gilt, wie das nordwestlich gelegene polnische Zamość, als eine am Reißbrett geplante **Idealstadt der Renaissance.** Bis heute ist das Städtchen eines der schönsten und am besten erhaltenen Galiziens. Nähert man sich dem Ort aus Lemberger Richtung, sieht man eine eindrucksvolle Silhouette aus Türmen und Kuppeln. Zusammen mit dem nahen **Kloster Krekhiv (Крехів)** eignet sich Zhovkva ideal für einen Tagesausflug von Lemberg, der mit öffentlichen Verkehrsmitteln gut zu bewerkstelligen ist. Seit 1991 wurden zahlreiche Baudenkmäler (teils mit finanzieller Unterstützung aus Polen) restauriert.

Sehenswertes

Zhovkva ist eine Neugründung, geschaffen 1603 von der Adelsfamilie der *Zólkiewkis*. Herz der Stadt ist der weite **Marktplatz,** eingerahmt von Bürgerhäusern mit Laubengängen. Das **Schloss,** das seit geraumer Zeit restauriert wird, liegt an seiner Südseite. Der viereckige Bau mit quadratischem Innenhof wurde von 1640 an errichtet. Der polnische König *Jan Sobieski* hielt sich hier des Öfteren auf. Beiderseits des Schlosses liegen die zwei jüngst rekonstruierten Stadttore, Reste der Stadtbefestigung aus dem 16. Jh. Das **Rathaus** am westlichen Rand des Platzes ist ein Neubau aus den 1930er Jahren, mit dekorativem Turm in der Mitte des Gebäudes, der sich gut in das historische Ensemble einfügt.

An der Nordwestseite des Marktes liegt die großartige, 1606 erbaute katholische **Stiftskirche St. Laurentius,** eine Kreuzkuppelkirche mit schöner Innenausstattung. Der Glockenturm steht leicht abseits neben der Kirche. Etwas nördlich des Marktplatzes liegt die unierte **Basilianer Klosterkirche,** ebenfalls von einer dekorativen Kuppel bekrönt. Ihre heutige Form entstand gegen Ende des 17. Jh. Vor einigen Jahren wurde hier eine als Verlagszentrum der Unierten Kirche bedeutsame Druckerei wieder zu Leben erweckt.

Die **einstige Synagoge** liegt am Nordrand der Altstadt unweit des Busbahnhofs. Sie wurde im polnischen Renaissancestil gegen Ende des 17. Jh. errichtet. Wesentliche Teile der dekorativen Außenfassade sind erhalten, die Innenausstattung ist dagegen zerstört. Die Renovierung hat begonnen.

In der stadtauswärts führenden Vul. Lvivska liegt die **barocke Dominikanerkirche** aus der Mitte des 18. Jh. mit eindrucksvoller Giebelfassade. Nahebei finden sich Reste der alten Stadtbefestigungsanlagen. Etwas weiter vom Zentrum entfernt, ebenfalls an der Vul. Lvivska, sind noch **zwei sehr alte Holzkirchen** zu bewundern. Die Dreifaltigkeitskirche mit ihren drei Kuppeln stammt aus dem Jahr 1720, die nur einkupplige Maria-Geburtskirche wurde bereits 1705 errichtet.

Praktische Tipps

- **Hotel Styl,** Vul. Hasyna 5, www.hotelstyl.com.ua: Freundliches Hotel wenige Meter östlich des Busbahnhofs. Günstige Preise: DZ ab 400 UAH.
- Auf dem Markt gibt es mehrere **Straßencafés.** Empfehlenswert ist das urige **Restaurant Na Pidsinniu** unter den Arkaden auf der Nordseite des Platzes.
- Kleinere **Läden** finden sich am Markt und in der Vul. Lvivska.
- Ständige **Busverbindungen** ab Lemberg gibt es vom Busbahnhof Nr. 2 aus. Der Busbahnhof von Zhovkva liegt nahe der Synagoge am Nordrand der Altstadt.

In der Umgebung

Kloster Krekhiv
Крехів

15 km westlich von Zhovkva, am Nordrand der Rostochia, liegt malerisch am Rand des bewaldeten Höhenzuges das Kloster Krekhiv. Es wurde 1618 als Kloster des Basilianerordens gegründet. Die ummauerte Anlage mit drei Wehrtürmen und einem freistehenden Glockenturm ist bis heute gut erhalten. Wichtigstes Bauwerk ist die **Nikolaikirche** aus dem 18. Jh. mit zentraler Kuppel. Nach der Unabhängigkeit wurde auf dem Klostergelände eine dreikuppelige Holzkirche neu errichtet. Sehr sehenswert ist ein **altes Einsiedlerkloster** in einem durchlöcherten Kalkfelsen etwa 0,5 km östlich des Klosters. Um dorthin zu gelangen, folge man den Ausschilderungen in Richtung Höhlen (Pechery). Der Weg führt vorbei an einer romantischen Quelle am Grund einer tiefen Schlucht.

- **Verkehrsmittel:** Busverbindungen ab Lemberg vom Busbahnhof Nr. 2.

Sambir
Самбір

- **50 km südwestlich von Lemberg am Oberlauf des Dnister, historische Kleinstadt mit gut erhaltener Altstadt**
- **Einwohner: 35.000**

Sambir ist ein guter Zwischenstopp auf dem Weg in die Karpaten. Am Ausgang des Gebirgszuges gelegen, lebte die Stadt jahrhundertelang vom Handel, u. a. mit Ungarn, das hinter dem Karpatenhauptkamm begann. Die **verkehrsberuhigte Altstadt** liegt auf einer Anhöhe oberhalb des Dnister in der weitgehend flachen Niederung des Karpatenvorlandes. Der Marktplatz präsentiert sich mit schönen historischen Fassaden. In seiner Mitte steht das neogotische Rathaus, an der Südostecke die **prachtvolle Pfarrkirche.** Die dreischiffige Basilika geht auf das 15. und 16. Jh. zurück und wird beherrscht von einem gedrungenen Turm mit barocker Haube. Die Barockausstattung im Innern ist nahezu vollständig erhalten, da die Kirche als eine der wenigen katholischen Kirchen auf ukrainischem Gebiet in der Sowjetzeit nicht geschlossen wurde.

Parallel zur Südseite des Marktes verläuft die enge Vul. Mitskevycha. Hier steht das **ehemalige Jesuitenkloster** mit seiner eindrucksvollen barocken Giebelfassade. Die Klosterkirche selbst verfügt über eine mächtige Fassade mit zwei niedrigen Türmen. Heute wird sie als Konzertsaal genutzt. Am Westende der Mitskevycha ist eine spätbarocke unierte Kirche zu sehen, die sich kaum von den römisch-katholischen Kirchen dieser Zeit unterscheidet. Sie steht am Rand eines kleinen Platzes und präsentiert sich frisch renoviert mit goldener Kuppel.

Unterkunft
- **Hotel Imperial,** Tel. 03236-204 65, direkt am Marktplatz, Nr. 4. Renoviert, DZ ab 350 UAH.
- **Motel Akvamaryn,** am westlichen Ortsausgang in der Vul. Peremyshlianska, Tel. 098-309 17 09: DZ ab 250 UAH.

Essen und Trinken, Einkaufen
- Im Zentrum finden sich reichlich **Cafés und Kneipen.**

■ Die meisten **Geschäfte** liegen südlich der Altstadt, wo sich das heutige Zentrum befindet.

Verkehrsmittel

■ Sehr gute **Busverbindungen** von Lemberg aus (Busbahnhof Nr. 1 und 8).

■ Per **Bahn** täglich einige Nahverkehrsverbindungen auf der **Strecke Lemberg – Sianky.** Bahnhof und Busbahnhof liegen nebeneinander, ca. 1,5 km östlich des Zentrums. Orientierungspunkt ist eine große, neu errichtete Kirche.

Drohobych

Дрогобич

■ 80 km südlich von Lemberg, nahe der ersten Karpatenhügel, ein Muss für Literaturfans, gut erhaltene Altstadt mit Holzkirchen
■ Einwohner: 77.000

Die Geburts- und Todesstadt des herausragenden polnisch-jüdischen Schriftstellers und Grafikers **Bruno Schulz** (1892–1942) ist für Fans seiner Literatur eine Art magischer Ort, stellvertretend für das mit dem 2. Weltkrieg völlig ausgelöschte alte Galizien schlechthin.

Drohobych verdankt seine Entwicklung den reichhaltigen **Salzvorkommen** in der Region. Das Salz wurde aus salzhaltigen Quellen gefördert. Lange Zeit war die Versorgung mit Süßwasser deshalb ein ernstes Problem, es musste über

☐ Holzkirche in Drohobych

ukr14-049 pk

Berthold Beitz – der Drohobycher Oskar Schindler

Während des 2. Weltkriegs wurde die Erdölförderung in Boryslav von *Berthold Beitz* (1913–2013), einem aus Vorpommern stammenden **Mitarbeiter der Shell AG,** übernommen. *Beitz* hatte bei der Ausübung seines Amtes weitgehend freie Hand. Diesen Umstand nutzte er – ähnlich wie der weitaus bekanntere *Oskar Schindler* in Krakau –, um ein eigenständiges **Lager für die jüdischen Erdölarbeiter** aufzubauen. Dieses Lager bewahrte mehrere tausend Juden vor dem sicheren Tod, denn es galt als eine kriegswichtige Produktionsstätte. Die Insassen des Lagers waren – durchaus bemerkenswert – nicht nur ortsansässige Juden, sondern auch solche, die *Beitz* persönlich aus den Deportationszügen herausgeholt hatte. Eine seiner Mitarbeiterinnen wurde im Übrigen später zu einer der Sekretärinnen von *Oskar Schindler.* Nach dem Krieg machte *Beitz* Karriere bei der **Krupp AG** in Essen.

Als einer der ersten Deutschen wurde er bereits 1973 von der Gedenkstätte Yad Vashem in Jerusalem als **„Gerechter unter den Völkern"** geehrt. *Beitz* galt als einzelgängerisch und schweigsam und hat sein Engagement im 2. Weltkrieg nie groß herausgestellt. Im Juli 2013 starb er 99-jährig in Essen. Als Vorsitzender der Alfred Krupp Stiftung, die u. a. das Greifswalder Ukrainicum finanziert, engagierte er sich bis ins hohe Alter für ukrainische Belange.

Wasserleitungen von weit her in die Stadt transportiert werden. Der Salzhandel sorgte indes für den erheblichen Reichtum der Stadt und zog zahlreiche Siedler an, darunter viele **Juden,** die das Leben in Drohobych über Jahrhunderte prägen sollten. Nach den Zerstörungen im 17. Jh. erfolgte der Wiederaufbau im Barockstil. Zur K.u.K.-Zeit entstanden zahlreiche Repräsentationsbauten.

Einen vorübergehenden Boom erlebte die Stadt durch die Entdeckung von Erdölvorkommen im Laufe des 19. Jh. Das **Erdöl** wurde mit großem Aufwand südlich der Stadt gefördert. Für die Ölarbeiter entstand eigens die Stadt **Boryslav,** die – glaubt man früheren Beschreibungen – an Tristesse kaum zu überbieten war. Bis heute gibt es dort zahlreiche Ölförderpumpen, die aber nur noch wenig des begehrten Rohstoffes zutage fördern. Eine Raffinerie zwischen Drohobych und Boryslav ist bis heute in Betrieb.

Im **2. Weltkrieg** wurden 15.000 jüdische Stadtbewohner allein aus Drohobych im Vernichtungslager Bełżec ermordet, die polnische Bevölkerung nach Kriegsende größtenteils vertrieben. *Bruno Schulz,* der wunderbare Schriftsteller und prominenteste jüdische Bürger der Stadt, wurde auf offener Straße von einem SS-Mann erschossen (siehe Exkurs). Diese Erschießung markiert in vielerlei Hinsicht das Ende jenes einzigartigen historisch-kulturellen Raumes, für den der Name Galizien steht.

Sehenswertes

Die historische Altstadt ist nicht sehr groß, aber ungewöhnlich gut erhalten. Ihr Mittelpunkt ist der **Markplatz,** in dessen Mitte sich das Rathaus mit seinem markanten Zwiebelturm aus den 1930er Jahren erhebt. Die historischen Fassaden sind auf zwei Seiten des Platzes vollständig erhalten, auf den beiden anderen Seiten durch – recht gelungene – Neubauten aus sowjetischer Zeit ersetzt. Wenige Schritte südwestlich des Rathauses steht der wichtigste gotische Sakralbau der Region, die **Maria-Himmelfahrtskirche** aus dem späten 15. Jh. Sie ist ein vergleichsweise schmuckloser, Backsteinbau ohne Turm in Form einer spätgotischen Hallenkirche. Im Innern ziehen vor allem die alten Gewölbe die Blicke auf sich, von der einstigen Ausstattung ist nur noch wenig zu sehen. Neben der Kirche steht ein mächtiger, ebenfalls aus rotem Backstein errichteter Wehrturm, der zugleich als Glockenturm dient. Dieser Turm war das einzige Verteidigungsbauwerk der ansonsten unbefestigten Stadt. An der Südwestecke des Marktes steht die turmlose **Dreifaltigkeitskirche,** ein schöner Barockbau aus dem 18. Jh., an die Kirche schließt sich das **alte Karmeliterkloster** an.

Östlich des Marktes beginnt das **alte Marktviertel.** Das nordöstlich der Maria-Himmelfahrtskirche gelegene Villenviertel aus österreichischer Zeit ist einen Abstecher wert, dies gilt vor allem für die Vul. Ivana Franka, zumal von dort aus die folgenden Sehenswürdigkeiten gut erreichbar sind.

Folgt man der Vul. Ivana Franka nach Nordwesten, macht diese nach etwa 300 Meter einen Rechtsknick. An dieser Stelle führt linker Hand eine kleinere Straße nach unten. An deren Ende liegt die **Kreuzerhöhungskirche** aus dem frühen 17. Jh. mit zwei Spitztürmen, die für die orthodoxe Architektur eher ungewöhnlich sind. Alle Dächer sind mit Holzschindeln gedeckt. Die Kirche befindet sich auf dem Gelände der Feuerwehr. Die Feuerwehrleute sind Touristen wohlgesonnen, das Betreten des Geländes ist kein Problem. Die Kirche ist meist verschlossen und kann nur im Rahmen von Führungen besichtigt werden.

Etwa 300 Meter südlich, einer verkehrsarmen Straße folgend, liegt etwa 100 Meter zurückversetzt auf der rechten Straßenseite die unglaublich eindrucksvolle **St. Georgskirche** aus dem späten 15. Jh. Sie wurde aus einem nahe gelegenen Dorf gegen Ende des 17. Jh. hierher transportiert und wieder aufgebaut. Die Kirche ist ein dreiteiliger verspielter Bau mit drei Zwiebelkuppeln. Mit dieser Bauform wurde die Kirche zum Prototyp für die gesamte sakrale galizische Holzarchitektur. Innen sind herrliche Malereien erhalten geblieben. Die Kirche ist **Teil des Historischen Museums,** das in der Vul. Ivana Franka 32 liegt (täglich außer Mi geöffnet). Hier kann man auch die Öffnungszeiten der Holzkirchen in Erfahrung bringen.

Holzkirchen

Die beiden Holzkirchen in Drohobych, westlich der Altstadt im Tal gelegen, zählen zu den **herausragenden Beispielen westukrainischer Sakralarchitektur.**

Jüdisches Drohobych

Das einstige jüdische Viertel lag östlich des Marktes, dort, wo sich heute ein großer Platz vor dem Hotel Tustan befindet – **keinerlei Spuren** der jüdischen Wohnbebauung der Stadt sind mehr zu sehen. Die prächtige **Choralsynagoge,** gegen Ende des 19. Jh. im neuromanischen Stil erbaut, wurde nach Jahren der Verwahrlosung restauriert und strahlt wieder im alten Glanz.

Praktische Tipps

Unterkunft

Unterkünfte in Drohobych sind eher rar gesät und bekommen in ukrainischen Reiseforen nicht die besten Bewertungen. Von daher kann es sinnvoll sein, sich **im nahe gelegenen Truskavets** eine Unterkunft zu suchen, denn dort ist die Auswahl unerschöpflich.

1 **Hotel Tustan,** Pl. Shevchenka 1, Tel. 03244-200 49: In Marktnähe in einem teilrenovierten 1980er-Jahre-Bau. DZ ab 250 UAH. Der einzige Vorteil dieses recht sowjetisch anmutenden Hotels ist die gute Lage mitten in der Stadt.
5 **Hotel Lymon,** Vul. Kozlovskoho 1, http://lemon.lviv.ua: Das neue Hotel liegt etwa 2 km außerhalb der Innenstadt an der Straße Richtung Truskavets. DZ ab 350 UAH.

Essen und Trinken, Einkaufen

■ Kleinere **Bars** gibt es rund um den Marktplatz. Gut ist das 4 **Pub Berimor** in der Vul. Pidvalna 11, einer Seitenstraße im Zentrum. Ebenfalls empfehlenswert ist das 3 **Podorozhnye Café (Travel Café)** in der Vul. Levytskoho.
2 Der riesige **Markt** wird zwischen dem historischen Marktplatz und dem Hotel Tustan (s. o.) abgehalten.

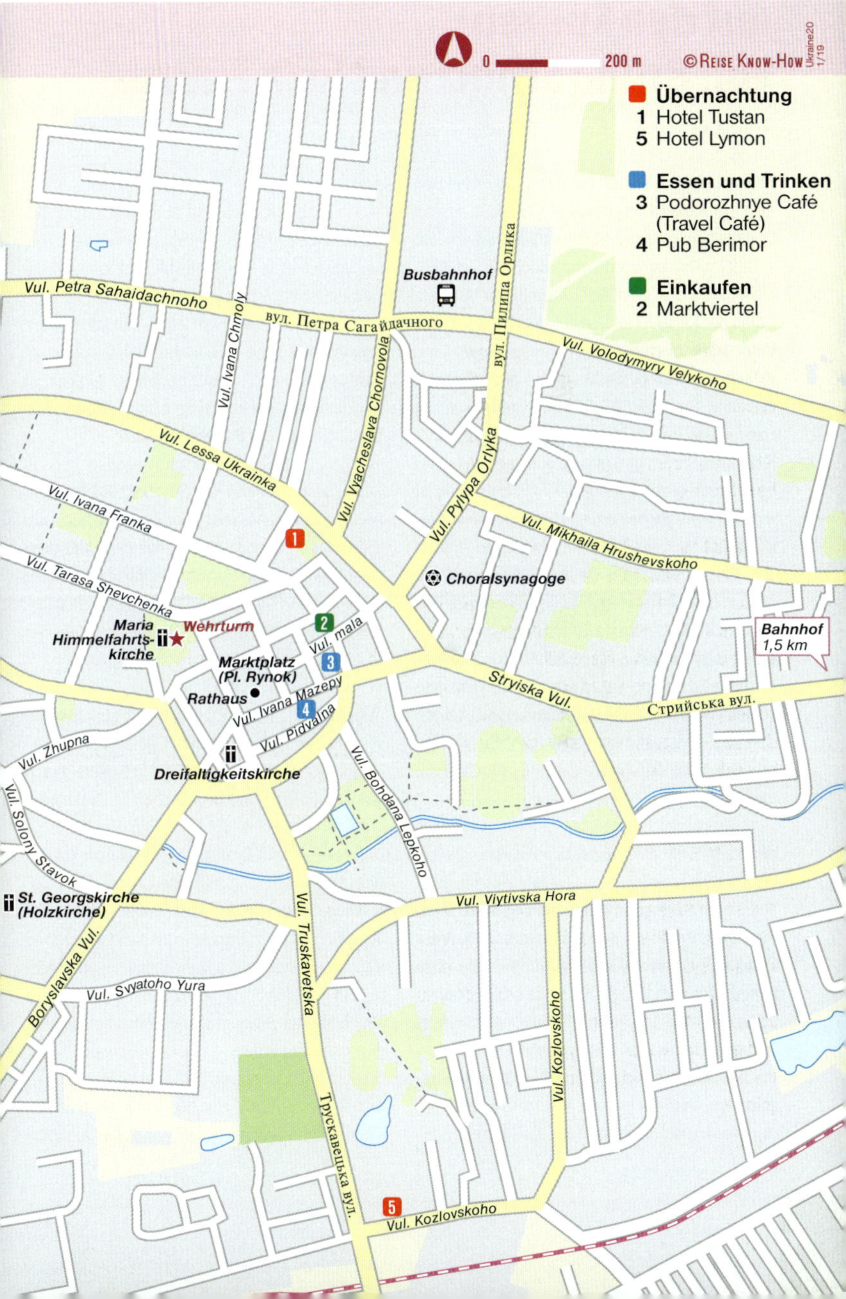
0 200 m
©Reise Know-How Ukraine20 1/19
Übernachtung
1 Hotel Tustan
5 Hotel Lymon
Essen und Trinken
3 Podorozhnye Café (Travel Café)
4 Pub Berimor
Einkaufen
2 Marktviertel
Busbahnhof
Vul. Petra Sahaidachnoho
вул. Петра Сагайдачного
вул. Пилипа Орлика
Vul. Volodymyry Velykoho
Vul. Ivana Chmoly
Vul. Vyacheslava Chornovola
Vul. Lessa Ukrainka
Vul. Pylypa Orlyka
Vul. Ivana Franka
Vul. Mikhaila Hrushevskoho
Vul. Tarasa Shevchenka
Choralsynagoge
Maria Himmelfahrts-kirche
Wehrturm
Vul. mala
Bahnhof 1,5 km
Marktplatz (Pl. Rynok)
Rathaus
Vul. Ivana Mazepy
Stryiska Vul.
Стрийська вул.
Vul. Zhupna
Vul. Pidvalna
Dreifaltigkeitskirche
Vul. Bohdana Lepkoho
Vul. Solony Stavok
St. Georgskirche (Holzkirche)
Vul. Viytivska Hora
Vul. Truskavetska
Boryslavska Vul.
Vul. Svyatoho Yura
Vul. Kozlovskoho
Трускавецька вул.
Vul. Kozlovskoho

Auf den Spuren von Bruno Schulz und Ivan Franko

Bruno Schulz ist einer der herausragenden polnischsprachigen Schriftsteller des 20. Jh. Er verbrachte sein gesamtes Leben in Drohobych, wo er 1892 geboren wurde und später als Zeichenlehrer tätig war. Sein Wohnhaus in der Vul. Drohobycha 12 steht bis heute. *Schulz'* zentrales Werk, **„Die Zimtläden"**, ist eine Sammlung autobiografisch eingefärbter, in sich geschlossener surrealer Prosastücke. Sie beschreiben in oft traumähnlichen Sequenzen das Leben in einer jüdischen Kaufmannsfamilie aus der Sicht eines heranwachsenden Jungen. Für Schulz-Fans ist es ein vergnügliches Unterfangen zu versuchen, die zahlreichen im Buch beschriebenen Straßen und Winkel der Stadt heute ausfindig zu machen (*Schulz* verzichtete auf Orts- und Straßennamen). Neben seiner schriftstellerischen Tätigkeit war Schulz ein äußerst talentierter Grafiker. Die beim Erscheinen recht skandalösen Grafiken seines Hauptwerks, des „Götzenbuchs", zeigen deformierte, zwerghafte Männlein, die sich demütig-lustvoll den für sie unerreichbaren, wundervollen Frauen unterwerfen.

Während der Nazizeit war *Schulz* Haussklave des SS-Mannes *Felix Landau*, auf dessen Befehl er das Kinderzimmer seiner Villa mit Motiven aus Grimms Märchen dekorieren musste. Diese Wandzeichnungen wurden in der sog. **Villa Landau** 2001 sensationell vom deutschen Dokumentarfilmer *Benjamin Geissler* wiederentdeckt. Polnische Konservatoren hatten bereits mit der schwierigen Rettung der **Fresken** begonnen, als diese von Mitarbeitern der Gedenkstätte Yad Vashem in einer höchst umstrittenen und vom ukrainischen Staat als illegal angeprangerten Nacht- und Nebelaktion aus der Wand ausgebrochen und in die israelische Gedenkstätte Yad Vashem gebracht wurden. Dieses Vorgehen sorgte für Kritik auch bei verbliebenen Drohobycher Juden. *Benjamin Geisslers* fantastischer Dokumentarfilm „Bilder finden" dokumentiert die Geschichte der *Schulz'schen* Wandmalereien – vom Entstehen, Verschwinden und Wiederentdecken bis zum kontroversen Entführen der Bilder nach Israel.

Schulz starb einen erschütternden Tod. Er wurde vom SS-Mann *Karl Günther* 1942 auf offener Straße erschossen. *Günther* wollte sich mit dieser Tat an *Landau* rächen, der zuvor *Günthers* jüdischen Zahnarzt ermordet hatte. Der Mord geschah an genau jenem Tag, an dem *Schulz* geplant hatte – die falschen Papiere bereits in der Tasche –, aus dem Ghetto von Drohobych nach Warschau zu fliehen. An der Stelle seines Todes, nahe der Vul. Ivana Franka, steht ein Gedenkstein in polnischer und ukrainischer Sprache. In Drohobych findet regelmäßig ein **Schulz-Festival** statt (Infos: www.brunoschulzfestival.org).

Der zweite große Schriftsteller, dessen Name untrennbar mit Drohobych verknüpft ist, ist **Ivan Franko**, einer der größten Köpfe der ukrainischen Geistesgeschichte. *Franko* wurde 1856 als Sohn des Dorfschmiedes im nahe gelegenen Nahuyevychi geboren. Seine Schulzeit verbrachte er in Drohobych, um bald danach in Lemberg ein Philologie-, Pädagogik- und Psychologiestudium zu beginnen. Als ukrainischsprachiger Dichter und Literaturkritiker hatte er entscheidende Bedeutung für die Entwicklung des Ukrainischen zu einer Schrift- und Literatursprache. Auch politisch war *Franko* sehr aktiv. Früh schloss er sich sozialistischen Studentenbünden an und war Mitherausgeber kritischer Publikationen. Fast zwangsläufig kam er in Konflikt mit den Habsburger Autoritäten, wurde mehrfach verhaftet und inhaftiert. *Franko* war auch Mitgründer der **Radikalen Partei,** der ersten ukrainischen Partei überhaupt. Diese hatte eine sozialistische Ausrichtung. Später brach er mit den Radikalen und gründete 1904, gemeinsam mit *Mykhailo Hrushevskyi* – der Schlüsselfigur der modernen ukrainischen Unabhängigkeitsbewegung – die **Nationaldemokratische Partei.** Schon 1906 wurde *Franko* die Ehrendoktorwürde der Universität Kharkiv verliehen. Er starb 1916 in Lemberg und liegt dort auf dem Lychakivke-Friedhof begraben.

Von den Sowjets als „politisch korrekt" angesehen, wurden *Franko* auch posthum zahlreiche Ehrungen zuteil. So trägt die Uni Lemberg heute seinen Namen. Auch das einstige Stanislawów wurde 1962 unbenannt in Ivano Frankivsk. Gleichermaßen das Städtchen Janiv westlich von Lemberg, das heute den Name Ivano-Frankove trägt. Auch in der heutigen Ukraine ist die allgegenwärtige Franko-Verehrung unübersehbar, und zahlreiche Denkmäler und nach ihm benannte Straßen sind im ganzen Land zu finden.

Verkehrsmittel

- Drohobych ist per **Bahn** auf der **Strecke Stryi – Sambir** erreichbar. Durch die Nähe zu Truskavets wird Drohobych auch von Fernzügen angefahren.
- Häufiger und schneller fährt man mit dem **Bus** nach Drohobych, Busse von Lemberg gehen ab vom Busbahnhof Nr. 1. Bahnhof und Busbahnhof liegen etwa 3 km östlich des Zentrums. Einen weiteren Busbahnhof für Fahrten in Richtung Sambir gibt es in Fußweite des Zentrums unweit der alten Synagoge in der Vul. Orlyka.

Truskavets

Трускавець

- **10 km südlich von Drohobych am Karpatenrand, Kurort mit berühmten Mineralwasserquellen**
- **Einwohner: 29.000**

Truskavets ist **einer der wichtigsten ukrainischen Kurorte.** Malerisch zwischen Hügeln des Karpatenaufstieges 10 km südlich von Drohobych gelegen, hat sich hier die eine oder andere Villa aus dem 19. Jh. erhalten – aber auch die Sowjetzeit unübersehbare Spuren hinterlassen. Der Stolz von Truskavets ist das **Mineralwasser Naftusia,** das mit Spuren von Erdöl für seine heilende Wirkung bekannt ist. Der Geschmack dieses Wassers ist … nun ja … Geschmackssache, aber es behauptet ja auch niemand, dass Medizin gut schmecken muss. Ein deutlich größerer Genuss als Naftusia, das in den beiden Trinkhallen von Truskavets abgefüllt werden kann, ist das **Mineralwasser Truskavetska,** das flaschenfertig im ganzen Land verkauft wird. Obgleich größere Sehenswürdigkeiten fehlen, ist der Ort ein geeigneter Zwischenstopp auf dem Weg in die Karpaten – zumal es eine große Zahl von Übernachtungsmöglichkeiten gibt.

Der große **Kurpark** ist der Ortsmittelpunkt; hier steht eine alte hölzerne Trinkhalle. Die neue Trinkhalle stammt aus der Nachkriegszeit. Der Park ist immer voller Leben, Reiseagenturen bieten günstige Bustouren in die Umgebung an. Eine weitere, runde Trinkhalle wurde in den 1970er Jahren am oberen, westlichen Ende des Parks errichtet. Vor allem in den Straßen Stepana Bandery, Shevchenka und Drohobytska stehen noch einige schöne Villen aus dem 19. Jh.

Das **Kurortmuseum** in einer herrlichen alten Villa am Kurpark (Pl. Sichevykh Striltsiv 14) ist täglich außer Sa geöffnet.

Praktische Tipps

Unterkunft

Es gibt unzählige **Sanatorien,** die dem Staat oder Betrieben gehören. Für ausländische Besucher sind sie nicht unbedingt von Interesse, da der Aufenthalt ohne subventionierte Putivka (siehe Exkurs „Tourismus in der Sowjetunion") recht teuer ist. Kuranwendungen können dazugebucht werden. Daneben gibt es einige Hotels, die teilweise in recht stilvollen Villen untergebracht sind. Nachfolgend eine kleine Auswahl:

- **Hotel Lisova Pisnia,** Vul. Shevchenka 38: Stilvolles kleines Hotel in einer alten Villa mit DZ ab 500 UAH.
- **Hotel Truskavets,** Vul. Drohobytska 7: Unübersehbarer Plattenbau etwas nördlich des Zentrums, DZ ab 600 UAH.
- **Villa Viktoriya,** Maidan Kobzariya 5: Stilvolle alte Villa aus k.u.k. Zeiten mit DZ ab 500 UAH.
- **Villa Mozart,** Maidan Kobzariya 13: Ebenfalls stilvolle alte Villa, DZ ab 1000 UAH.
- **Hotel Senator,** Vul. Boryslavska 10: Neu erbautes Hotel im Zentrum mit DZ ab 400 UAH, zur Wintersportsaison teurer.
- **Bahnhofszimmer** gibt es auch in Truskavets.
- Daneben finden sich noch unzählige weitere private Hotels im Ort sowie im angrenzenden Skhidnytsia. Infos unter www.karpaty.info.

Essen und Trinken

- In den ruhigen Straßen des Zentrums, nicht jedoch im Kurpark, finden sich einige Cafés bzw. Kneipen. Gut ist z. B. die **Bierbar Bochka** unmittelbar neben dem Hotel Senator in der Vul. Boryslavska.

Wellness

Die alte **Trinkhalle** liegt zentral im Kurpark, die neue am oberen Rand des Parks. Das **Kurmittelhaus** befindet sich in einem säulengeschmückten Bau am Beginn des Kurparks, Pl. Sichovykh Striltsiv. Viele Hotels haben eine **Sauna.** Scheuen Sie sich nicht, an der Rezeption danach zu fragen.

Sonstiges

Im Kurpark bieten unzählige Touristenagenturen **Ausflüge in die nähere Umgebung** an. Gefahren wird meist mit Kleinbussen, und ein „Ekskursovod" erzählt über Megaphon mehr oder minder unwichtige Dinge. Die Preise für Halbtagesausflüge liegen bei 150–300 UAH. Auch geführte **Bergwanderungen** werden angeboten, hier kann der Preis auch mal höher liegen. Besonders für den Besuch der Felsen von Urych (Tustan) ist die Buchung eines solchen Ausfluges nicht verkehrt, da es ansonsten nur sehr schlechte Verkehrsverbindungen dorthin gibt (siehe im Kapitel zu den Karpaten).

Verkehrsmittel

- Es gibt direkte **Zugverbindungen** aus allen Teilen des Landes über Lemberg nach Truskavets. Außerdem Nahverkehrszüge aus Lemberg über Drohobych. Der Bahnhof liegt am Nordrand des Zentrums.

■ **Busverbindungen** gibt es ab Stryi, Lemberg und Drohobych, dazu diverse Fernbusverbindungen aus dem ganzen Land. Der Busbahnhof liegt am äußersten nördlichen Stadtrand an der Ausfallstraße Richtung Drohobych.

Stryi

Стрий

■ **70 km südlich von Lviv, 20 km vom Karpatenaufstieg entfernt, lebhafte alte Handelsstadt mit gut erhaltener Altstadt**
■ **Einwohner: 70.000**

Aufgrund seiner wenig spektakulären Umgebung fahren die meisten Besucher auf dem Weg in die Karpaten an Stryi vorbei, dabei hat Stryi eine **schöne Altstadt.** Der rechteckige **Marktplatz** ist durchweg von alten Fassaden gesäumt. Östlich liegt das stimmungsvolle alte Marktviertel, eine gute Einkaufsmöglichkeit für Frischwaren. Nahe der Westecke des Platzes überragt die katholische Pfarrkirche mit ihrem spitzen Kirchturm die umliegenden Häuser. Sie stammt vom Ende des 15. und wurde im 19. Jh. im neogotischen Stil umgebaut. Einige Kapellen an der Außenwand zeigen noch Reliefs aus der Renaissancezeit. Am Südrand der Altstadt steht die Franziskanerkirche aus dem 18./19. Jh. Das jüdische Viertel lag einst wenige Meter westlich dieser Kirche. Von der alten Synagoge sind nur noch die Außenmauern und einige hebräische Inschriften zu sehen. Zwischen Altstadt und Bahnhof stehen **zahlreiche typische K.u.K.-Bauten:** repräsentative Gebäude entlang der Hauptstraße sowie kleinere und größere Villen in den stillen Seitenstraßen.

Unterkunft

■ **Hotel Star,** Vul. Marii Zankovetskoii 80a: Sehr zentral nahe dem Marktplatz gelegen mit DZ ab 500 UAH.

■ **Hotel Zoloto Karpat,** Vul. Kolesy 41b, www.hotel-zk.com.ua: Liegt recht zentral westlich der Innenstadt, ist aber nicht ganz billig: DZ ab 1100 UAH.

■ **Bahnhofszimmer,** auch in Stryi vorhanden!

Essen und Trinken, Einkaufen

In der Innenstadt gibt es reichlich Cafés und Restaurants, daher hier nur drei Empfehlungen:

■ **Pub Chicago,** Vul. Valova: Nicht weit vom Marktplatz liegt dieses Lokal. Eine Pizzeria und eine Sushi Bar befinden sich im selben Gebäude.

■ **Café Ameli,** Vul. Shevchenka Ecke Narodna.

■ **Chai,** Vul. Narodna 10: Kaffee- und Teehaus mit leckeren Torten.

■ Der **Markt** zieht sich durch ein ganzes Altstadtviertel und beginnt gleich an der Südostecke des Marktplatzes. Riesige Auswahl an Gemüse und Frischfleisch. Einfach nur toll!

Fahrradverleih

■ Einen **Fahrradladen** mit Verleih gibt es in der Vul. Liudkevycha 6/2, Tel. 067-670 25 32. Ab 100 UAH pro Tag.

Verkehrsmittel

■ **Bahn:** Auf der Hauptstrecke Lviv – Mukacheve – Budapest gibt es regelmäßige Verbindungen im Nah- und Fernverkehr ab Lemberg, Kiev und sogar ab Moskau. Von Lemberg fahren täglich drei Expresselektrichky, die die Strecke in nahezu derselben Zeit wie die Fernzüge zurücklegen, aber deutlich billiger sind. Der Bahnhof liegt am Nordrand des Zentrums, der Busbahnhof direkt daneben.

■ **Bus:** Busse fahren regelmäßig in alle Richtungen. Nicht ganz leicht ist die Felsenburg Tustan zu erreichen: Es gibt täglich einen Bus gegen 12 Uhr über Skole nach Pidhorodtsi. Von dort aus sind es etwa 5 km Fußweg zu den Felsen.

Ivano Frankivsk Івано Франківськ

© Reise Know-How 0 200 m Ukraine21 1/19

Übernachtung
- 2 Hotel Atrium
- 5 Pid Templom
- 9 Hotel Stanislaviv
- 12 Hotel Nadiia

Essen und Trinken
- 3 Pub Bochka
- 4 Lehenda
- 6 Pasage Gartenberg
- 7 Café Viden
- 8 Biblioteka
- 10 Pyvnyiklub 10
- 11 Urban Space 100

Einkaufen
- 1 Markt

In der Umgebung

Stryi ist ein guter Ausgangpunkt für den Besuch zweier spektakulärer Sandsteinfelsen am Nordrand der Karpaten: die **Höhlenstadt von Bubnysche** und die **Felsenburg von Tustan** nahe Urych. Die nähere Beschreibung erfolgt im Kapitel zu den Karpaten.

Ivano Frankivsk

Івано-Франківськ

■ **150 km südöstlich von Lemberg, 50 km nördlich der Karpaten, Oblast-Hauptstadt, gut erhaltene, schön sanierte Barockstadt**
■ **Einwohner: 224.000**

Ivano Frankivsks sehr **habsburgische Altstadt** wurde in den letzten Jahren vollständig saniert. Eine Fußgängerzone, farbenfrohe Plätze und grüne Parks prägen das Stadtbild. Die nach Lemberg zweite galizische Metropole muss sich vor der weltbekannten großen Schwester, in deren Schatten sie meist steht, nicht verstecken – quirlig und lebendig, mit einer sehr ansprechenden Kneipenszene gesegnet, lohnt hier eine Übernachtung durchaus. Die Kehrseite Ivano Frankvisker Lebendigkeit ist leider oft ein fürchterliches Verkehrschaos.

Geschichte

Die Geschichte der Stadt beginnt 1650, als der polnische Magnat *Andrzej Potocki* hier auf einer kleinen Anhöhe im nördlichen Karpatenvorland eine Festung errichten ließ, die er zu Ehren seines Sohnes **Stanisławów** taufte. Ab 1663 wurde die Stadt von Siedlern aus Armenien, orthodoxen Ukrainern sowie, unter der Ägide der Krakauer Akademie, auch von Polen besiedelt. Nach der Eroberung Kamianets-Podilskyis im Jahr 1672 übernahm die Festung Stanisławów einige Jahre die Verteidigung der Ostgrenze der Rzeczpospolita gegen die Osmanen. Die Stadt wurde von Steuern befreit, was ihre **Entwicklung zum regionalen Zentrum** begünstigte. Mit den polnischen Teilungen fiel die Stadt, nun **Stanislau** geheißen, ans Habsburger Reich. 1868 zerstörte ein Brand weite Teile der historischen Bebauung, sodass das heutige Stadtbild wesentlich vom K.u.K.-Stil des 19. Jh. geprägt wird. 1962 erfolgte zu Ehren *Ivan Frankos* die Umbenennung in Ivano Frankivsk, obwohl der Dichter keine besondere Verbindung zur Stadt hatte. In den letzten Jahren verschaffte eine aktive Künstlerszene um den Schriftsteller *Juryi Andrukhovych* der Stadt einen gewichtigen Platz im Kulturleben der heutigen Ukraine.

Sehenswertes

Rund um den Marktplatz

Der atmosphärische historische Marktplatz von Ivano Frankivsk verfügt über ein besonderes architektonisches Ensemble. Absoluter Blickfang ist das elegante sternförmige **Rathaus** auf der Platzmitte. In den frühen 1930er Jahren errichtet, ist es das einzige Rathaus im modernistischen Art-déco-Stil in der Ukraine. Sein Turm ist mit knapp 50 Meter Höhe zugleich der höchste Punkt der Stadt und kann für wenig Geld bestiegen werden. Das Rathaus beherbergt auch eine Touristeninformation und das Regionalgeschichtliche Museum.

Wenige Schritte westlich steht die mächtige, zweitürmige barocke **Christi-Auferstehungskirche** aus dem frühen 18. Jh. Die alte Jesuitenkirche wurde später von der Griechisch-Katholischen Kirche übernommen. Unmittelbar nördlich liegt ein zauberhafter kleiner Platz. Hier befindet sich die anmutige **Marien-**

stiftskirche mit ihrer harmonischen Barockfassade und Dachreitertürmchen. Sie wurde Ende des 17. Jh. erbaut und zählt zu den ältesten Bauten der Stadt. Heute ist hier das städtische **Kunstmuseum** beheimatet, das sakrale Kunst zeigt (täglich geöffnet außer Mo).

Etwas westlich sind einige bescheidene sanierte **Reste der alten Festung** zu sehen. Im Inneren befindet sich die Galerie „Bastion" mit Geschäften, Souvenirläden und einem Café.

Die Karpatskyi Tramvai

Ein schönes Ausflugsziel für Eisenbahnfreunde ist der Ort **Vyhoda** am Rand der Karpaten etwa 70 km westlich von Ivano Frankivsk. Dort beginnt das System der **Schmalspurbahnen,** das Ende des 19. Jh. zum Holztransport mit einer Spurweite von 75 cm angelegt worden ist. Seit einigen Jahren werden die Züge als „Karpatskyi Tramvai" touristisch vermarktet. Die Züge fahren Sa und So ab 10.30 Uhr nahe dem Bahnhof von Vyhoda ab. Ein Zug besteht aus drei, zum Teil offenen Wagen und einer altmodischen Diesellok. Von Vyhoda geht es etwa 25 km das Tal der Mysunka hinauf, wobei der Zug an diversen touristisch interessanten Punkten hält. Fahrpreis ca. 100 UAH. Da der Zug auch auf Bestellung fährt, sind weitere Verkehrstage möglich. Informationen unter http://greentrain.com.ua.

Von Vyhoda, das sonst keine weiteren Sehenswürdigkeiten bietet, ist eine Weiterfahrt über den Torunskyi Pereval ins Transkarpatengebiet Richtung Mizhhiria und Synevyr-See möglich.

An der Ostseite des Marktes steht die **armenische Kirche** mit zwei Türmen mit eigenartig geformten blauen Turmhelmen. Das hellblaue Gotteshaus aus dem 17. Jh. wurde nach dem großen Stadtbrand wieder neu aufgebaut. Ein Teil der einstigen Ausstattung befindet sich heute in Danzig. Die **Synagoge** nahe der armenischen Kirche wird seit 1990 wieder für Gottesdienste genutzt.

Vul. Nezalezhnosti

Auf der **Fußgängerzone** der Vul. Nezalezhnosti südlich des Marktplatzes prägen renovierte K.u.K-Bauten die Atmosphäre. Am westlichen Ende erweitert sie sich zum Platz Vichevyi Maidan. Hier befindet sich der sog. Eier-Brunnen, ein Springbrunnen neueren Datums, der begangen werden kann, ohne sich dabei zu durchnässen. Die nördliche Begrenzung des Maidan ist die **Pasage Gartenberg** (s. u.) aus dem Jahr 1908. Den Schreibfehler wohlwollend ignorierend, lohnt der Blick ins Innere. Unter dem historischen Glasdach gibt es ein Kaffeehaus in edlem Ambiente und einen Nachtclub.

Zwischen Altstadt und Bahnhof liegt ein Villenviertel aus dem 19. Jh. Der **Bahnhof** selbst ist ein typisches Beispiel für habsburgische Bahnhofsbauten aus dem 19. Jh. mit monumentaler Kuppel über dem Hauptflügel.

Praktische Tipps

Informationen

- Eine **Touristeninformation** gibt es im Gebäude des Rathauses.

Unterkunft

12 **Hotel Nadiia,** Vul. Nezalezhnosti 40: Das einstige Hotel Ukraina liegt in einem renovierten vielstöckigen Plattenbau am Ostrand des Zentrums. Sehr guter Standard, DZ ab 700 UAH.
2 **Hotel Atrium,** an der Nordwestecke des Marktplatzes: Neu erbautes, hervorragendes kleines Hotel mit DZ ab 650 UAH.
9 **Hotel Stanislaviv,** Vul. Chornovolia 7, www.stanislaviv.org.ua: Sympathisches Hotel nahe der Altstadt. DZ 650 UAH.
5 **Pid Templom,** Vul. Strachenykh 7, www.tempel.if.ua: Originelles Hotel unweit der Synagoge, Zielgruppe sind v. a. jüdische Gäste. DZ ab 900 UAH.
■ **Bahnhofszimmer,** im 1. Stock, links neben der Haupthalle des Bahnhofs, Zugang von der Straße.

Essen und Trinken

10 **Pyvnyiklub 10** (auch einfach *desiatka* genannt), Vul. Shashkevycha 4, www.beerclub10.if.ua: Weitläufiges Kellerlokal am Rand der Altstadt.

Insha Osvita

Im Zuge der Maidanbewegung entstanden im Land zahlreiche **NGOs, die sich mit Bildung und Geschichtspolitik befassen,** so auch die Organisation Insha Osvita (Die andere Bildung). Diese betreibt im ganzen Land hochspannende, innovative Projekte, wie z.B. die **Urban-Space-Restaurants** in Ivano Frankivsk und Kiew. Deren Konzept war und ist es, dank Spendern eine Genossenschaft bilden zu können, um dann durch das Restaurant gemeinnützige Projekte anzustoßen und zu finanzieren.

Viele der **Aktiven** bei Insha Osvita sind Binnenflüchtlinge von der Krim und den besetzten Gebieten des Donbas.

Weitere **Projekte** sind die Khata Maisternia in den Karpaten, das Kulturzentrum Promprylad in einer leer stehenden Fabrik in Ivano Frankivsk, in dem Konzerte und Festivals stattfinden, und das **„Live History Project"** (студії живої історії), bei dem versucht wird, Geschichte wieder sichtbar und somit erlebbar zu machen, wobei ein Ansatz verfolgt wird, der so gar nicht zur offiziellen staatlichen Geschichtspolitik passen will. Beispielsweise wurde der einstige jüdische Friedhof von Rivne wieder kenntlich gemacht, man beschäftigt sich anhand der verschwundenen Kleinstadt Czerwonogód nahe Zalishchyky mit der einstigen polnischen Besiedlung der Region, und die Zerstörung von Kunstwerken im Stil des Sozialistischen Realismus im Rahmen der Dekommunisierungsgesetze wird schärfstens kritisiert und dokumentiert.

Zudem arbeitet man eng mit der Start-up-Szene zusammen und jährlich findet die Konferenz **Ukraine-Lab** statt, auch mit dem Ziel einer internationalen Vernetzung.

Zu guter Letzt engagiert sich die Organisation in der **Förderung von Initiativen** zur Entwicklung im ländlichen Raum, um Projekte vor Ort zu fördern und voranzutreiben.

Wenn es also Beweise für eine sich zum Positiven verändernden Ukraine braucht – Insha Osvita ist einer davon.

■ **http://insha-osvita.org**

Mein Tipp: 8 **Biblioteka,** Vul. Sichovykh Striltsiv 10: Gute verwinkelte Bierkneipe im Keller.

7 **Café Viden,** Wiener Caféhaus am Maidan Nezalezhnosti. Gute Kaffee- und Kuchenauswahl, angenehme Hintergrundmusik.

4 **Lehenda,** im 5. Stock eines neu errichteten Glaspalastes an der Südostecke des Marktes gibt es ein schönes Panoramacafé mit Dachterrasse.

3 **Pub Bochka,** urige Kneipe in einem Kellergewölbe auf der Ostseite des Marktes.

6 **Pasage Gartenberg,** direkt am Maidan Nezalezhnosti, www.pasage-gartenberg.com: In der alten Passage aus österreichischer Zeit befindet sich nach vollständiger Renovierung ein großer Gastrokomplex mit Cafés und Nightclub. Edles Ambiente.

11 **Urban Space 100,** Vul. Hrushevskoho 19: Dieses Restaurant mit internationaler Fusionküche ist ein Projekt von „Insha Osvita" (siehe Exkurs). In dem Restaurant, das von oben bis unten mit Street Art ausgemalt ist, finden regelmäßig Diskussionsveranstaltungen, Konzerte und Lesungen statt, und auch ein Radiosender befindet sich in den Räumen.

Einkaufen

- Die Hauptgeschäftsstraße ist die **Fußgängerzone Vul. Nezalezhnosti.**

1 Der zentrale **Markt** liegt einen Block nördlich des Marktplatzes und erstreckt sich über eine riesige Fläche. Die riesige runde Markthalle ist ein sehenswerter Bau der sowjetischen Moderne.

Sauna

In einem **historischen Gebäude** in der Vul. Nyzova 5 ist eine öffentliche Sauna untergebracht, was es in der heutigen Ukraine nicht mehr allzu häufig gibt. Wie in alten Zeiten massiert man sich hier in einem feuchten Schwitzraum mit Birkenzweigen ein. Alles in allem für Mitteleuropäer etwas ungewohnt, aber durchaus zu empfehlen.

Verkehrsmittel

- Bahnhof und Busbahnhof liegen nebeneinander im Stadtzentrum. Als Oblast-Hauptstadt ist Ivano Frankivsk problemlos per **Bus und Bahn** zu erreichen. Mit Bussen hervorragende Verbindungen in die Karpaten, per Bahn (mit Ausnahme von Kolomyia) nur wenige.
- Ein weiterer Busbahnhof **(Busbahnhof 2)** liegt am nordwestlichen Stadtrand nahe der Vul. Halytska, kurz bevor diese übergeht in die Kaluske Shose. Man orientiere sich an einer großen, neu erbauten Kirche auf der linken Straßenseite. Im Gegensatz zum Busbahnhof nahe des Bahnhofs, wo eher kleinere Busse und Marshrutkas abfahren, verkehren hier die größeren **Überlandbusse.**

Halych und Alt-Halych (Krylos)

Галич und Давній Галич, Крилос

- **120 km südöstlich von Lemberg am Dnister, Stammsitz des Fürstentums Halych**
- **Einwohner: 6500**

Alt-Halych (Krylos/Shevchenkove)

Das **alte Halych,** die einstige Hauptstadt des galizischen Fürstentums, ist nicht identisch mit dem heutigen Halych am Ufer des Dnister, sondern befand sich 5 km südlich auf einer steil abfallenden Anhöhe am östlichen Talrand der Lukvytsia, dort, wo heute das Dorf Krylos liegt. Alt-Halych wurde ab 1144 zur Hauptstadt des Fürstentums. Der ukrainische Name Halychyna, also Galizien, bedeutet nichts anderes als „Halycher Land“. Mit der Zerstörung durch die Mongolen im 13. Jh. wurde der Sitz des Fürstentums zunächst nach Chełm (heute Polen), später nach Lemberg verlegt. Die Reste des alten Halych sind in mehreren Dörfern der Umgebung zu finden. Das bedeutendste architektonische Zeugnis ist sicher die **Panteleimonskirche** im etwa 3 km westlich von Halych gelegenen Shevchenkove. Sie ist **eine der wenigen erhaltenen romanischen Kirchen auf dem Gebiet der Ukraine.** Das Gebäude stammt aus dem 12. Jh. und weist bemerkenswerte Reliefs an den Außenwänden und schöne Rundbogenportale auf. In mehreren Renovierungen im Verlauf des 20. Jh. wurde ihr ursprünglicher Zustand wieder hergestellt. Die letzte Renovierung 1998 gab der Kirche ihre historische Kuppel wieder.

Auf einem Höhenzug oberhalb des steil zum Fluss hin abbrechenden Talrandes des Lukvytsia, oberhalb von Krylos, befand sich die einstige Burg der Fürsten von Halych. Von der Anlage ist aber kaum etwas erhalten. Wo seinerzeit die Burg thronte, wurde eine Kathedrale errichtet, die lange Zeit eine der wichtigsten orthodoxen Kirchen der Region war. Im Verlauf des 16. Jh. wurde sie zerstört und aus ihren Steinen sowohl die Burg des neuen Halych als auch die heute den Standort zierende malerische **Uspenskyikirche** erbaut. In der einstigen Bischofsresidenz aus dem 18. Jh, oberhalb der Kirche, befindet sich ein

ukr14-050 pk

Burg Halych

Museum über die Geschichte von Krylos. Die rekonstruierten Wehrmauern mit Wehrgang westlich der Kirche sehen zwar malerisch aus, sind aber reine Fiktion – ein weiteres Beispiel für den eher hilflosen Versuch von Ex-Präsident *Yushchenko,* dem Land ein historisches Bewusstsein zu verordnen. Wie auch immer man zu solchen Rekonstruktionen steht: Das ganze sieht immerhin nett aus, und der Blick auf das weite galizische (halycher!) Hügelland ist herrlich.

Halych

Das **heutige Halych** würde von Fürst *Danylo Halytskyi* am Ufer des Dnister neu gegründet. Historische Fassaden und die Christi-Geburtskirche von 1825 prägen das Zentrum. Das Städtchen wird überragt von den **Resten einer Burganlage** aus dem späten Mittelalter. Die Burg wurde 1676 von den Osmanen zerstört und verfiel. Seit einigen Jahren wird sie – bis vor Kurzem lediglich einige unspektakuläre Mauerreste – wieder aufgebaut. Der Turm und der angrenzende Wehrgang sind bereits fertig, die einstige Katharinenkapelle liegt noch in Trümmern. Südlich sind noch Wälle der alten Verteidigungsanlage zu sehen. Das Plateau nördlich der Burg bietet einen herrlichen Blick auf das Städtchen und den Dnister bis hin zur romanischen Panteleimonkirche von Shevchenkove.

Museen

Das **Museum der Karaimischen Kultur** am Marktplatz von Halych, Hausnummer 33, ist täglich geöffnet.

Das **Historische Museum Krylos** befindet sich neben der Uspenskyi-Kirche im alten Bischofspalast auf dem Burgberg (täglich geöffnet).

Freilichtmuseum Krylos: Auf einem Areal von 4,5 Hektar finden sich zahlreiche originale Bauernhäuser aus der Region, die hier wieder aufgebaut worden sind (geöffnet: Mo bis Fr).

Praktische Tipps

Informationen

- Die Verwaltung des neu geschaffenen **Nationalparks Halych** liegt etwa 1 km südlich der Stadt. Infos: www.halychpark.if.ua.
- Die Verwaltung des Zapovidniks **„Davnyi Halych"** (Das alte Halych) ist unmittelbar am Südrand des Zentrums zu finden, Vul. Ivana Franka 1, http://davniyhalych.com.ua.

Beide Büros bieten Führungen und Wanderungen durch die Umgebung an. Hier gibt es auch Informationen über die Öffnungszeiten der historischen Kirchen.

Unterkunft

- **Hotel Fortuna,** direkt am südlichen Ortsausgang, Tel. 03431-231 12: DZ 250 UAH.
- **Hotel Ekspres,** Vul. Lvivska 28, Tel. 03431-217 90: DZ 250 UAH.

Essen und Trinken

- In Halych gibt es nur sehr einfache **Café-Bars** in der Nähe des Marktes.
- Gut ist das in einem neu errichten Holzblockhaus gelegene **Restaurant Chumatskyi Shliakh** in Krylos, Vul. Halytska 1a.

Verkehrsmittel

- Halych ist sehr gut mit dem **Bus** ab Ivano Frankivsk zu erreichen. Am besten man steigt unmittelbar am südlichen Stadtrand aus, da die Busse auf der Umgehungsstraße weiterfahren.
- Per **Bahn** ist Halych mehrmals pro Tag mit Nah- und Fernzügen der Strecke Lemberg – Ivano Frankivsk erreichbar. Der Bahnhof liegt aber recht weit außerhalb auf der Nordseite des Dnister.

In der Umgebung

Etwa 10 km nördlich, etwas östlich der Hauptstraße Richtung Burshtyn, liegt die Kleinstadt **Bilshivtsi** mit herrlicher Barockkirche, Rathausgebäude und einem Palast aus dem 18. Jh. Alles etwas renovierungsbedürftig, aber für Interessierte durchaus einen Abstecher wert.

Rohatyn

Рогатин

- **80 km südöstlich von Lemberg, Landstadt mit historischen Kirchen**
- **Einwohner: 8000**

Rohatyn liegt auf halber Strecke zwischen Lemberg und Ivano Frankivsk in wunderschöner Hügellandschaft am Südwestrand der Podolischen Platte. Ursprüngliche Dörfer mit Holzkirchen sind hier allenthalben zu finden, in den Tälern liegen kleine Seen, und die Hügel bieten weite Blicke in alle Richtungen. Neben zwei historischen Steinkirchen aus dem 16. und 17. Jh. am Markplatz ist Rohatyn für die **Heiliggeistkirche** bekannt, die etwa 0,5 km von der Nordostecke des Marktes entfernt, einer kleinen Straße abwärts folgend, etwas versteckt inmitten eines Friedhofes steht. Die Holzkirche, eine der interessantesten der Region, stammt aus dem Jahr 1598 und ist eine der wenigen Holzkirchen im Renaissancestil. Anders als die meisten Kirchen der Region hat sie keine Kuppeln, sondern zwei Spitztürme.

Unterkunft

- **Motel Belveder,** Vul. Molodizhna 8, an der Straße Richtung Lemberg etwa 2,5 km außerhalb des Zentrums: Moderner Standard und Wellnessbereich, DZ ab 400 UAH.
- **Elit Tsentr,** Vul. Halytska 18: Etwas näher am Zentrum als das Vorgenannte mit DZ ab 350 UAH.
- Auf halber Strecke Richtung Burshtyn gibt es noch die **Sadyba Mryi** (deutsch: Traumresidenz), Vul. Halytska 145a, Konyushky: Schöne Zimmer mit viel Holz ab ca. 400 UAH.

Einkaufen

- Der **Markt** liegt wenige Schritte nördlich des historischen Marktplatzes.

Verkehrsmittel

- Rohatyn ist von Lemberg, Ternopil und Ivano Frankivsk gut per Bus erreichbar. Die **Busse** halten direkt am Marktplatz.
- Eine wenig befahrene **Bahnstrecke** verläuft ebenfalls durch Rohatyn. Einige Fernzüge der Linie Lviv – Ivano Frankivsk halten hier, ansonsten Nahverkehrszüge.

ezhany

Бережани

- **50 km westlich von Ternopil an der Zolota Lypa, historische Kleinstadt mit malerischem Stadtbild**
- **Einwohner: 18.000**

Eine reizvoll verschlafene galizische Kleinstadt ist Berezhany, das sich im Tal der Zolota Lypa ausbreitet. Berezhany war lange Zeit Privatstadt der polnischen Magnatenfamilie *Sieniawski,* die sie zu einer der modernsten Städte ihrer Zeit ausbauten. Die gut erhaltene Altstadt gruppiert sich um einen schönen Marktplatz mit der spätgotischen katholischen Mariageburtskirche als prägendem Bauwerk (erbaut 1600–20). Auf der anderen Flussseite thront die Ruine des Schlosses, das im 2. Weltkrieg zerstört wurde.

Das **Bernhardinerkloster** liegt auf einem Hügel nordwestlich der Altstadt und dient heute als Gefängnis. Die turmlose Kirche und die Klostergebäude sind von überall sichtbar. Die Kirche selbst wird – obgleich auf dem Gefängnisgelände gelegen – für Gottesdienste genutzt. Beim Aufstieg zur Kirche passiert man einen weiteren Gefängniskomplex rechts der Straße: Hohe Mauern, Wachtürme und chaotische Stacheldrahtzäune machen ein zutiefst abschreckenden Eindruck. Mehrfach hat amnesty international die Bedingungen des Strafvollzugs in der Ukraine als menschenunwürdig kritisiert. Das Beispiel Berezhany zeigt warum.

ukr14-052 pk

Auf der Ostseite der Zolota Lypa liegt, umgeben von einem Park, die **Ruine des Schlosses** der Familie *Sieniawski.* Bemerkenswert ist vor allem die Grabkapelle der *Sieniawskis* aus der Renaissancezeit mit zwei Kuppeln mit herrlichen Stuckdecken. Seit einigen Jahren wird das Schloss rekonstruiert. Dennoch werden viele Jahre vergehen, bis es seine alte Pracht wiedererlangt hat.

Das historische Rathausgebäude am Marktplatz beherbergt mehrere **Museen,** darunter das Büchermuseum, das Regionalgeschichtliche Museum und das Museum über die Unterdrückung während der Sowjetzeit (geöffnet: Di, Do, Sa).

Unterkunft

- In der Innenstadt gibt es keine Unterkunft. Das **Minihotel Edem** liegt am östlichen Ufer des Stausees der Zolota Lypa, Vul. Zamost 3. DZ ab 400 UAH.
- Das **Hotel Nadiia** steht in der Vul. Shevchenka 63 und bietet DZ ab 350 UAH.

Essen und Trinken, Einkaufen

- Einige kleinere, wenig spektakuläre **Café-Bars** gibt es rund um den Marktplatz.
- Der **Markt** liegt unmittelbar nördlich des Marktplatzes. Südlich des Platzes erstreckt sich eine kleine Fußgängerzone mit einigen Geschäften des täglichen Bedarfs.

Verkehrsmittel

- **Busverbindung** ab Lemberg und Ternopil. Der Busbahnhof befindet sich etwa 500 Meter östlich des Schlosses. Der Bahnhof liegt daneben, hat aber wenig Bedeutung.

◁ In Berezhany

In der Umgebung

Etwa **25 km südlich** von Berezhany überrascht das auf einem kleinen Höhenzug gelegene **Pidhaitsy (Підгайці),** das gerade mal 2500 Einwohner hat. Hier gibt es ein sehr habsburgisches Rathaus vom Beginn des 20. Jh. und eine steinerne, von drei flachen Kuppeln überragte Renaissancekirche von 1634 zu bewundern. Weniger gut erhalten sind die Synagoge aus dem 17. Jh. und die katholische Kirche am unteren Altstadtrand.

Etwa **20 km nördlich** von Berezhany befindet sich die **Ruine des Renaissanceschlosses Pomoriany.** Das großartige Gebäude mit zwei wehrhaft wirkenden Türmen und einer Arkadengalerie, die ein wenig an den Innenhof des Krakauer Wawels erinnert, steht seit Jahren leer. Nachdem ein Teil des Südostflügels 2016 eingestürzt ist, haben mittlerweile Sicherungsarbeiten begonnen.

Buchach

Бучач

- **80 km südwestlich von Ternopil an der Strypa, landschaftlich reizvoll gelegene Barockstadt**
- **Einwohner: 12.000**

Buchach, Geburtsort des berühmten Nazijägers *Simon Wiesenthal,* liegt malerisch in einem tief eingeschnittenen Tal beiderseits der Strypa. Das Örtchen zählt zu den schönsten Barockstädten Galiziens. Das **sehenswerte historische Zentrum** prägen herrliche Kirchen und Türme. Ab dem 18. Jh. war die Stadt Eigentum der *Potockis,* die hier einen ihrer

ukr19-020 pk

Wohnsitze hatten. Zur Sowjetzeit verfiel das Städtchen zusehends und erstickte lange förmlich im Verkehr. Die Wende kam gerade rechtzeitig: Durch die Sanierung wichtiger Gebäude, die Schließung von Baulücken, die Ausweisung einer kleinen Fußgängerzone und den Bau einer Umgehungsstraße hat Buchach nun wieder viel von seinem alten Flair zurückgewonnen.

Markantestes Gebäude ist das barocke **Rathaus,** das gegen 1750 mit einem hohen Turm auf relativ kleinem Grundriss errichtet wurde. Wunderschöne Stuckverzierungen prägen die Fassade und den Turm, der von einer geschwungenen Barockhaube bekrönt wird. Westlich des kleinen Marktplatzes liegt die **Maria-Himmelfahrtskirche** aus dem 18. Jh. mit schöner Barockfassade und Innenausstattung. Unmittelbar rechts neben der Kirche führt ein Fußweg steil nach oben zur Ruine der ehemaligen **Burg,** die aus heimischem roten Sandstein errichtet wurde. Es sind nur Reste der Umfassungsmauern zu sehen, aber den Blick auf die Altstadt sollte man nicht versäumen. Nahe der Maria-Himmelfahrtskirche führt auch eine Brücke über die Strypa. Auf der anderen Flussseite, auf halber Höhe des Hügels, liegt, weithin sichtbar, das einstige **Basilianerkloster** mit dazugehöriger Kreuzerhöhungskirche. Die Nikolaikirche von 1610 liegt nördlich oberhalb der Altstadt und ist zugleich das älteste Gebäude der Stadt.

Ruinen in Yazlovets

Unterkunft, Essen und Trinken

■ Der **Erholungskomplex Buchach** liegt in der Vul. Generala Shukhevycha 1 ein wenig östlich des Busbahnhofs ca. 1 km vom Zentrum entfernt, www.buchach.109.te.ua. DZ ab 300 UAH.

■ Einige kleinere **Café-Bars** befinden sich im Zentrum.

Verkehrsmittel

■ Buchach ist am besten per **Bus** zu erreichen. Gute Verbindungen aus Ternopil und Ivano Frankivsk. Der Busbahnhof liegt am Ostrand des Zentrums.

In der Umgebung

Sehr eindrucksvoll sind die **Felsen von Rukomysh** mit mehreren Karsthöhlen, die seit dem späten Mittelalter als Felsenkloster dienten, gelegen weitere 5 km die Strypa abwärts. Eine kleine Kapelle steht in der Nähe am Ufer des Flusses – die Landschaft ist einzigartig.

Yazlovets, Язловець

Wohl **eines der schönsten Dörfer der Region** ist Yazlovets, einst eine blühende Stadt mit Magdeburger Recht. Noch 1939 zählte der Ort 2500 Einwohner, davon nur rund 500 Ukrainer; die heutige Einwohnerzahl beträgt etwa 600. Die Ortschaft liegt in einem Talkessel und weist zahlreiche **historische Sehenswürdigkeiten** auf: Im Zentrum befinden sich eine armenische Kirche und – etwas erhöht auf einem Hügel – die Ruine einer katholischen Kirche aus der Renaissancezeit. Das Gebäude ist offen zugänglich, Teile der Wandmalereien und schöne steinerne Reliefs sind gut erkennbar. Auch der Turm kann mit etwas Vorsicht bestiegen werden. Eine weitere katholische Kirche, die einstige Friedhofskapelle vom Beginn des 20. Jh., steht am Ortsausgang Richtung Buchach und wird seit einiger Zeit renoviert, nachdem sie ebenfalls kurz vor dem Verfall stand.

Das eigentliche Highlight ist jedoch der **Komplex von altem und neuem Schloss** auf einem Hügel südlich des Ortes. Das alte Schloss, eine Ruine aus der Zeit der Renaissance, zeigt sich mit mächtigen Außenmauern, Gewölben und schönen Steinmetzarbeiten, das neue Schloss, ein Dreiflügelbau aus der Barockzeit, ist gut erhalten und dient als Kloster.

In der **Umgebung** finden sich schöne Wälder und Bachtäler mit roten Sandsteinfelsen.

■ Die **Turbaza nad Stypopyu** liegt im Strypatal etwa 5 km südwestlich von Yazlovets nahe dem Dorf Skomorokhy, www.nadstripoyu.com.ua: Großes Gelände mit einfachen Hotelzimmern, Restaurant und rustikal ausgestattetem Ferienhaus. DZ ab 350 UAH, Ferienhaus für 4 Personen ab 800 UAH.

■ Das neue **Restaurant Askold** unmittelbar im Zentrum lädt zur Stärkung ein.

Chortkiv

Чортків

■ **100 km südlich von Ternopil am Seret, typisch galizische Kleinstadt mit viel Flair**

■ **Einwohner: 24.000**

Das Städtchen, das sich über beide Ufer des Flusses erstreckt, hat rund um seinen Marktplatz einen Hauch des alten Galizien bewahrt. Einzigartig sind die **historischen Markthallen,** die den zum Fluss hin abfallenden Marktplatz in zwei Ebenen teilen. Diese städtebauliche Konstruktion ist eine ausgesprochene Seltenheit. Das Marktgebäude erstreckt sich über Eck mit einem dekorativen Uhrturm. Das auf hölzernen Säulen ruhende Gebäude wurde Anfang des 20. Jh. in Fachwerkbauweise errichtet und beherbergte zeitweise auch das Rathaus. Heute wird ein Teil des Gebäudes als Fleischhalle des städtischen Marktes genutzt, während sich im anderen Teil Cafés befinden. Zwischen der Kirche und den Markthallen zweigt südlich die Vul. Shevchenka ab, die teils Fußgängerzone ist und von hohen K.u.K.-Bauten gesäumt wird. Sie führt zum zentralen Platz der Stadt, an dem sich das heutige **Rathaus** befindet, erbaut in den 1930er Jahren unter deutlichem Einfluss der Bauhaus-Architektur. Am südlichen Rand der Altstadt (Vul. Shevchenka 33) steht die **Klaussynagoge** im orientalischen Stil, renovierungsbedürftig, aber immerhin erhalten. Eine weitere Synagoge aus dem Jahr 1772 befindet sich in der Vul. Gogolia 2. Etwas versteckt am Ende einer Seitengasse, der Vul. Tserkovna, steht eine historische **Holzkirche,** ein eher unscheinbares Gebäude von 1635 mit einem kleinen Dachreiter mit Zwiebelkuppel. Im Inneren blieb die **großartige Ikonostase** erhalten.

Auf der linken Seite des Seret liegen die **Reste der einstigen Burganlage,** die auf das Jahr 1610 zurückgeht. Zur K.u.K.-Zeit wurde der Bau als Gefängnis genutzt und verfiel später. Heute sind nur noch die Umfassungsmauern und

Historische Markthalle in Chortkiv

ukr14-053 pk

Reste der Bastionen erhalten. Folgt man der unasphaltierten, parallel zum Fluss nach Süden verlaufenden Straße hinter der Burg steil bergauf, erreicht man nach gut 0,5 km linker Hand eine Quelle. Kurz dahinter zweigt ein Weg spitzwinklig nach links ab. Von hier hat man einen herrlichen Blick auf die Stadt. In der Vul. Zaliznachna befindet sich **eine der ältesten Holzkirchen der Region** (aus dem 16. Jh.). Das Äußere mit seinem Schindeldach ist original erhalten, von der einstigen Innenausstattung ist jedoch nur wenig geblieben.

Unterkunft

- **Hotel Tania,** Vul. Shevchenka 24, Tel. 03552-227 55: Unrenovierter Plattenbau am zentralen Platz. Der äußere Eindruck ist schlimmer als der tatsächliche Zustand. DZ ab 250 UAH.
- Mitten in der Stadt bietet das neue, saubere und moderne **Hostel Zolota Nyva** eine günstige Übernachtungsmöglichkeit im Mehrbettzimmer (ab 4 Euro).
- Etwa 3 km westlich des Zentrums liegt der neu errichtete **Hotel- und Gastrokomplex Hetman.** DZ ab 350 UAH, die Zimmer sind aber nicht sonderlich gemütlich. Vul. Voloymyra Velykoho 1a, Tel. 03552-312 84.

Essen und Trinken

- In der alten Markthalle befindet sich das **Restaurant Lemkivska Svitlytsia.** Nicht teuer, aber etwas kitschig.
- Sehr beliebt ist das **SB-Restaurant Tarko,** etwas erhöht oberhalb des Zentrums gelegen, mit großem Freigelände und großzügigen Terassen.
- Richtig toll ist das **Art Café Pan Chortkovskyi** in der Vul. Shevchenka, das sich durch ein wahres Gewirr von Kellergewölben erstreckt. Im Sommer gibt es auch einen Außenbereich.
- Eine gute **Pizzeria** findet sich im Hotel Hetman (s. o.).

Verkehrsmittel

- Etwa 5 km östlich der Stadt verläuft die **Bahnlinie Ternopil – Zalishchyky – Czernowitz.** Einige wenige Fernzugverbindungen pro Tag, ansonsten Nahverkehr.
- Per **Bus** ist Chortiv hervorragend aus Richtung Ivano Frankivsk, Ternopil und Kamianets zu erreichen. Der Busbahnhof liegt etwas erhöht am östlichen Stadtrand. Von dort sind es etwa 2 km zu Fuß ins Zentrum.

Zalishchyky

Заліщики

- **150 km südlich von Ternopil am Dnister, schön gelegene einstige Kurstadt, heute recht heruntergekommen**
- **Einwohner: 9500**

Wohl kaum jemand käme heute auf die Idee, den **heruntergekommenen Ort** Zalishchyky als Erholungsort, geschweige denn als Kurort zu bezeichnen. Während der polnischen Zwischenkriegszeit war er aber genau das. Selbst Marschall *Pilsudski* soll sich dort regelmäßig als Erholungssuchender aufgehalten haben. Damals gab es am Fluss einen Strand mit Palmen, der gepflegte Park des ehemaligen Adelspalastes aus dem 19. Jh. war bekannt für seltene Baum- und Pflanzenarten, im Ort gab es Villen für Kurgäste aus dem In- und Ausland, und auf den Hängen wurde – für Polen ungewöhnlich – Wein angebaut. Den Ausbau zum Kurort verdankt der Ort seiner **einzigartigen geografischen Lage.** Während die Südseite des Tales hier nahezu senkrecht ansteigt, hat sich auf der Nordseite des Flusses eine riesige Schleife gebildet, innerhalb derer sich die Stadt

Am Dnistercanyon

Der **Dnister** ist mit 1352 km Länge der **zweitgrößte Fluss der Ukraine.** Er entspringt in den Karpaten unweit der polnischen Grenze. Nach Austritt aus dem Gebirge durchfließt er das weitgehend flache Karpatenvorland bis östlich von Halych nahe dem Ort Nyzhniv; das **Durchbruchstal durch die Podolische Platte** beginnt. Dieser Teil, der sich bis nach Moldawien in die Gegend von Chisinau hinein erstreckt, ist der sicherlich spektakulärste Teil des Tales. Dahinter beginnt das flachwellige Land der Schwarzmeersteppen.

Das Tal ist von gewaltigen Mäandern gekennzeichnet und ist bis zu 150 Meter tief eingeschnitten. Immer wieder bieten sich dem Besucher **spektakuläre Ausblicke** auf die Flussschleifen, und zahlreiche Felsen aus Kalk, Kreide oder rotem Sandstein sorgen für Überraschungen. Es lassen sich durchaus Analogien herstellen zu den Tälern von Rhein, Mosel oder Lahn, denen der Dnister landschaftlich kaum nachsteht.

Als Verkehrsweg hat der Dnister keinerlei Bedeutung. Auch für die Binnenschifffahrt wird das Tal derzeit nicht genutzt. Dies kommt daher, dass die Hochfläche von Podolien weitgehend flach oder allenfalls leicht hügelig ist und sich somit für Verkehrswege weitaus besser eignete als das ständig hochwasserbedrohte, mäandrierende Flusstal. Auch die Tatsache, dass der Fluss über mehrere Jahrhunderte die stark umkämpfte Grenze zwischen Polen und dem Osmanischen Reich bildete, sorgte dafür, dass das Flusstal nur gering erschlossen wurde.

ukr14-055 pk

Heute verläuft entlang des Flusses über weite Strecken die **ukrainisch-moldawische Grenze.** Das international nicht anerkannte, aber de facto selbstständige Gebiet **Transnistrien** (offiziell zu Moldawien gehörig) liegt ebenfalls auf der linken Seite des Flusses.

Es gibt nur an wenigen Stellen des dünn besiedelten Tales Straßen. Wanderungen und Radtouren entlang des Flusslaufes sind also schwierig bis unmöglich. Wachsender Beliebtheit erfreuen sich jedoch **Rafting** sowie **Kanu- oder Floßfahrten** auf dem Fluss, die von Reiseveranstaltern aus Kiew, Ternopil, Kamianets-Podilskyi und kleineren Lokalveranstaltern angeboten werden. So hat man die Möglichkeit, das Flusstal auf seiner ganzen Länge kennenzulernen. Voranmeldungen sind in jedem Fall erforderlich, und oft werden die Touren auch nur für Gruppen angeboten. Ansonsten ist die touristische Infrastruktur bislang eher mäßig. Hotels gibt es nur in den Städten, und der grüne Dorftourismus ist noch im Aufbau begriffen.

Mit **öffentlichen Verkehrsmitteln** (Busse) sind am besten die Orte Halych, Zalishchyky und Khotyn zu erreichen.

Der **Tourclub Ternopil** ist spezialisiert auf Aktivangebote in der gesamten Westukraine, darunter Höhlentouren und Floß- und Kajaktouren auf dem Dnister. Pro Tag muss mit 25–30 Euro gerechnet werden. Infos: www.tourclub.com.ua.

Terra incognita ist ein seriöser Veranstalter für Aktivtouren aus Kiew mit ähnlichen Preisen. Infos: www.terraincognita.info.

Zalishchyky ausbreitet. Oberhalb dieser Flussschleife steigen die Hänge sanft zur podolischen Hochfläche hin an, sodass die von Süden her einfallende Sonne das Tal aufheizen kann. Das hier herrschende **Klima** wird von Fachleuten als **subtropisch** charakterisiert. Heute ist ein Kurbetrieb leider noch nicht mal ansatzweise vorstellbar – Kurpark und Uferpromenade sind völlig verwildert, die ehemaligen Sandstrände allenfalls noch zu erahnen – und es ist fraglich, ob es jemals wieder dazu kommt, obwohl sich an der geografischen Lage des Ortes natürlich nichts geändert hat. So bleiben dem heutigen Besucher der Blick auf die Dnisterschleife vor der südlichen Flussseite und die Besichtigung der spärlichen historischen Baudenkmäler des Ortes. Das wohl bedeutsamste ist der **Palast der Adelsfamilie Bunicki** aus dem Jahr 1831. Er liegt nahe der Dnisterbrücke am südlichen Rand des Zentrums und wird heute als Krankenhaus genutzt.

Ein malerisches Barockbauwerk mit einem zierlichen Kirchturm ist die katholische **St. Stanislavkirche** aus dem 18. Jh. Sie liegt wenige Meter südlich des zentralen Platzes und ist von dort aus zu sehen. Die Innenausstattung blieb leider nicht erhalten. Zwischen dem Fluss und dem Zentrum finden sich noch einige stille Straßen und Gassen, die zumindest ansatzweise die alte Atmosphäre spüren lassen. Hier liegt auch die einstige Synagoge, die heute leer steht.

Der Blick von der südlichen Seite des Flusses auf die **Flussschleife von Zalishchyky** war vermutlich während der polnischen Zwischenkriegszeit weniger leicht möglich als heute, bildete der Fluss doch damals die Grenze zwischen Polen und Rumänien. Um besagten Ausblick genießen zu können, steigt man kurz nach dem Überqueren der Brücke über steile Trampelpfade nach links oben. Dort erreicht man das pittoreske Dorf **Kreshchatik.** Der Aussichtspunkt liegt am östlichen Rand des Dorfes. Etwa 1 km östlich von Kreshchatik befindet sich das **Johannes-der-Täufer-Kloster.** Es besteht aus einer Kirche auf der Hangkante und einem kleinen, etwa 60 Meter unterhalb gelegenen, hart an die Felsen gebauten Klosterkomplex. Hier stehen eine kleine Steinkirche mit gedrungenem Wehrturm und das von drei schindelgedeckten Zwiebeltürmchen geprägte Gebäude der Mönchszellen.

Unterkunft

- **Hotel Stari Zalischyky,** Vul. Makova 2, http://roksolanochka.at.ua: DZ ab 250 UAH, unweit des zentralen Platzes.
- Deutlich besseren Standard bietet das **Resort Mishyn City Hotel** etwa 4 km östlich des Zentrums im Ortsteil Dobriliany, Vul. Nationalnoho Vidrodzhenia 202, gelegen in einem Seitental des Dnister oberhalb eines kleinen Sees. DZ ab 500 UAH.

Essen und Trinken

- Einige recht bescheidene **Café-Bars** finden sich im Zentrum von Zalischyky.

Einkaufen

- Der **Markt** liegt nahe des Busbahnhofes.

Verkehrsmittel

- Der **Bahnhof** liegt im Zentrum. Einige wenige Fernzüge, ansonsten Nahverkehr aus Ternopil oder Kolomyia.
- Der **Busbahnhof** befindet sich etwas unterhalb des Bahnhofes am Nordrand des Zentrums. Es bestehen gute Busverbindungen aus Ternopil und Czernowitz.

In der Umgebung: Der Wasserfall von Chervonohorod

Червоногородський водоспад

Nahe dem Dorf **Nyrkiv,** 20 km nordwestlich von Zalishchyky, liegen in einem tiefen Talkessel des Flusses Dzhuryn die bescheidenen Reste des Palastes und der Kirche von Czerwonogród. Die eigentliche Attraktion des Ortes ist ein Wasserfall, der sich über **mehrere Kaskaden aus rotem Sandstein** ergießt. Er wurde im 19. Jh. **künstlich angelegt,** um den Dzhuryn, der bis dahin den Burgberg in einer weiten Flussschleife umrundete, umzuleiten und das Tal unterhalb des einstigen Palastes trockenzulegen. Vor allem im Sommer ist der Wasserfall ein begehrtes Ziel von Wasserratten aus dem ganzen Land – die natürliche Dusche ist ein Erlebnis, das man sich nicht entgehen lassen sollte. Heute wird die gesamte Anlage unter dem Namen „Chervonohorod" vermarktet. Mit der Geschichte des verschwundenen, polnisch besiedelten Ortes beschäftigt sich eines der Projekte von „Life History Project" von Insha Osvita (www.insha-osvita.org, s. a. Exkurs „Insha Osvita").

- In Nyrkiv gibt es eine **Privatpension** mit einfachem Standard: **Zadyba Viktoria,** Tel. 03554-411 81, ab 100 UAH, untergebracht in einem urigen podolischen Bauernhaus.
- In der Nähe des Wasserfalls gibt es eine offizielle Möglichkeit zu **zelten.** Eine sanitäre Infrastruktur ist nicht vorhanden.

☒ Baden am Wasserfall bei Chervonohorod

Kolomyia

Коломия

- **Am Oberlauf des Prut, 20 km vom Karpatenaufstieg entfernt, ethnografische Hauptstadt der Hutsulen**
- **Einwohner: 61.000**

Die sympathische, hübsche Kleinstadt Kolomyia ist das Zentrum des Karpatenvorlandes und guter Ausgangspunkt für Ausflüge ins Gebirge. Der noch junge, aus den Karpaten kommende Prut durchfließt das Städtchen südlich der Altstadt. In Kolomyia und in den angrenzenden Karpatenregionen lebt die **Volksgruppe der Hutsulen,** die ihre eigenständige Kultur bis heute bewahren konnte. Zu ihrem traditionellen Brauchtum gehört das Bemalen von Ostereiern mit kunstvollen Ornamenten – an den Osterhasen glauben sie aber nicht.

Sehenswertes

Kolomyias Zentrum beherbergt **viele liebevoll renovierte Häuser.** Am Marktplatz, bestehend aus zwei im rechten Winkel aufeinandertreffenden lang gestreckten Plätzen, steht das historische Rathaus im Neorenaissance-Stil. Ganz in seiner Nähe liegt die **Griechisch-katholische Kirche** von 1864, ebenfalls im Stil der Neorenaissance, mit einer flachen Kuppel und zwei niedrigen Türmen an der Hauptfassade. Östlich des Marktes findet sich die römisch-katholische **Josephatskirche.** Sie hat eine einfache, gelungen proportionierte Giebelfassade und einen kleinen Dachreiter und stammt aus dem 18. Jh. Am Westrand der Innenstadt, nahe des Busbahnhofs, steht eines der ältesten Bauwerke der Stadt: die **Holzkirche Maria Verkündigung** aus dem Jahr 1587. Das einkuppelige Gebäude ist mit Schindeln eingedeckt. Im Inneren sind schöne Malereien erhalten geblieben. Die Kirche gilt als eines der am besten erhaltenen Beispiele hutsulischer Holzarchitektur.

Museen

Ostereiermuseum

■ Pr. Chornovolia 43, geöffnet tägl. außer Mo

Kolomyias Ostereiermuseum ist **im ganzen Land berühmt.** Das erstaunliche Museum, das selbst die Form eines überdimensionierten bemalten Ostereies hat, widmet sich voll und ganz der ur-ukrainischen (und ur-hutsulischen) Tradition des Ostereierbemalens und zeigt Tausende Exemplare in allen Farben und Variationen. Auch wenn die Ausstellung Geschmackssache ist, die Architektur des Gebäudes ist definitiv großartig.

Museum für hutsulische Kultur

■ Teatralna 25, geöffnet täglich außer Mo

In der „Hutsulen-Hauptstadt" kann man sich durchaus ein bisschen näher mit der traditionellen Kunst dieser kleinen karpatischen Volksgruppe befassen. Zu sehen sind bestickte Trachten, Keramik, Holzwerkzeuge usw.

ukr19-021 pk

Kolomyia Коломия

Das **städtische Theater** liegt am Vichevyi Maidan 7, Infos online unter http://teatr.kolomyya.org.

Praktische Tipps

Unterkunft

12 **Hotel Lokomotyv,** Vul. Yavornytskoho 28, Tel. 03433-337 96: Das alte Eisenbahnhotel liegt in direkter Bahnhofsnähe zwischen Vul. Yavornytskoho und Vul. Stepana Bandery. DZ ab 300 UAH.

5 **City Hostel,** Vul. Chornovolia 26: Bett im Schlafsaal 140 UAH, DZ ab 300 UAH.

4 **Hotel Pyssanka,** in unmittelbarer Nähe des Ostereiermuseums: Das wohl beste Hotel der Stadt mit DZ ab 400 UAH.

11 **Hotel Samarianka,** Bulvar Lessa Ukrainka 35: Zimmer ab 350 UAH.

2 **Hotel Mahnoliya,** Vul. Teatralna 54a: Ruhig in einem Hinterhof gelegenes neues Hotel mit DZ für ca. 400 UAH.

■ **Bahnhofszimmer,** im Bahnhofsgebäude.

Essen und Trinken

1 **Pub Shtolnia,** Vul. Teatralna 35: Gemütliches, uriges Kellerlokal mit historischen Gewölben.

Übernachtung
2 Hotel Mahnoliya
4 Hotel Pyssanka
5 City Hostel
11 Hotel Samarianka
12 Hotel Lokomotyv

Essen und Trinken
1 Pub Shtolnia
3 Café Impreza
6 Dzem
7 Khvalena Khata
8 Fresh Café
10 Rockcafé Katryna

Einkaufen/Sonstiges
9 Markt

3 Café Impreza, Vul. Teatralna 40: Das Café mit Konditorei ist nett im historischen Kaffeehausstil eingerichtet.

10 Rockcafé Katryna, Bulvar Lessa Ukrainka 10, www.chvertka.org: Gelegentlich wird Live-Musik geboten.

6 Dzem, schönes Restaurant mit großzügigem Wintergarten direkt an der Fußgängerzone Vul. Chornovolia.

7 Khvalena Khata, Vul. Vahylevycha 5: Rustikal eingerichtetes SB-Restaurant zu günstigen Preisen.

8 Fresh Café, Vul. Hrushevskoho 8a: Schickes Café mit jungem Publikum.

Verkehrsmittel

■ Der Bahnhof liegt am nördlichen Rand der Innenstadt in einem historischen Gebäude der Habsburger Zeit. Der Fußweg in die Innenstadt beträgt etwa 30 Minuten. **Fern- und Nahverkehrszüge** Richtung Czernowitz und Ivano Frankivsk/Lviv. Zudem einige wenige Nahverkehrszüge in die Karpaten nach Yaremcha, Vorokhta und Rakhiv.

■ Der **Busbahnhof** liegt am Südwestrand der Innenstadt, am westlichen Ende der Vul. Hrushevskoho. Hier sind die Verkehrsverbindungen deutlich besser als mit der Bahn.

Czernowitz, Chernivtsi

Чернівці

- **550 km südöstlich von Kiew, 50 km nördlich der rumänischen Grenze, einst jüdisch geprägte, multinationale Kulturmetropole der k.u.k. Zeit**
- **Einwohner: 258.000**

Der Name **Bukowina** (zu Deutsch: Buchenland) klingt bis heute nach verträumten Dörfern, sanften Hügeln, Holzkirchen, Synagogen, nach *Paul Celan, Rose Ausländer,* Kaffeehäusern und Chassidismus. Czernowitz ist die Hauptstadt jenes Landstrichs, der wie kein zweiter romantisch-sentimentale Assoziationen an eine Zeit religiöser Toleranz, funktionierender Multikulturalität und eines bemerkenswerten literarischen Schaffens weckt. Diese Vergangenheit ist heute nur noch in Ansätzen zu erahnen. Die vollständig erhaltene wunderbare habsburgische Altstadt lädt zu spannenden Zeitreisen in eine längst vergangene Epoche ein.

Das heutige Czernowitz – zu 80 % ukrainisch besiedelt – tut sich bislang schwer, an die alten Traditionen anzuknüpfen. Vom einstigen Kulturleben und der Kaffeehausszene ist wenig übrig. Der jüdische Bevölkerungsanteil beträgt nur noch rund 0,5 %, auch die einst wichtige rumänische Gemeinde liegt nur noch bei 7 %. Immerhin: Einige – mitunter recht gemütliche – Cafés sind in den letzten Jahren entstanden, und weite Teile der Altstadt wurden saniert. Doch die Innenstadt ist vom Verkehr geplagt, und bis heute fehlt eine brauchbare Umgehungsstraße. So ist Chernivtsi letztlich eine ukrainische Provinzstadt und wirkt ein wenig wie eine Theaterkulisse aus einer vergangenen Zeit. Bleibt zu hoffen, dass es in Zukunft gelingt, dieser Kulisse wieder mehr Leben einzuhauchen.

Geschichte

Czernowitz wurde nach der habsburgischen Besetzung der Bukowina praktisch neu gegründet. Aus der dörflichen Siedlung am rechten Ufer des Prut wurde ab Ende des 18. Jh. eine durch und durch **habsburgisch geprägte Stadt.** Die besten Architekten ihrer Zeit wurden hierher geholt, und schon gegen Ende des 19. Jh. nannte man die Stadt aufgrund ihrer prachtvollen Architektur und des reichen Kulturlebens **„Klein-Wien“.** Zu dieser Zeit war ein Drittel der Bevölkerung jüdischer Herkunft, je etwa 15 % verteilten sich auf Deutsche, Ukrainer und Rumänen. Ferner lebten Polen, Armenier und weitere Nationalitäten in der Stadt. Amtssprache war bis 1918 Deutsch. Dies war auch die Sprache der aufgeklärten Czernowitzer **Juden,** die mit den auf der anderen Seite des Prut, im Stadtteil Sadhora, siedelnden orthodoxen Juden wenig zu tun hatten.

Ende des 19. Jh. wurde die Universität gegründet, es entstanden legendäre Kaffeehäuser, und zahlreiche Vereine waren in der Stadt aktiv. Die großen Religionsgemeinschaften (Juden, Katholiken, orthodoxe und griechisch-katholische Christen) lebten konfliktfrei nebeneinander. Um die Jahrhundertwende

▷ Die Kobylianska-Straße in Czernowitz

hatte Czernowitz mit seiner Straßenbahn, dem prächtigen Theater und einem Bahnanschluss ein großstädtisches Gepräge. Die Einwohnerzahl betrug um 1900 etwa 70.000.

Mit dem **Ende des 1. Weltkriegs** fiel die gesamte Bukowina an Rumänien. Mit der Aussicht auf diesen Landgewinn war das damalige Rumänien 1916 zum Kriegseintritt an der Seite der Entente-Mächte bewegt worden. In der Folge wurde die Stadt stark **rumänisiert,** doch blieb der rumänischsprachige Bevölkerungsanteil immer unter 30 %.

Den größten historischen Bruch brachten der **2. Weltkrieg** und der Holocaust. Im **Czernowitzer Ghetto** wurden 50.000 Juden aus der ganzen Bukowina zusammengepfercht. Dank der unermüdlichen Initiative des damaligen Bürgermeisters *Traian Popovici* (1892–1946) konnten knapp 20.000 Juden vor der Deportation nach Transnistrien bewahrt werden und überlebten den Holocaust. *Popovici* wird in Yad Vasehm als „Gerechter unter den Völkern“ geehrt, ist aber in Deutschland kaum bekannt.

Nach dem 2. Weltkrieg wurde die Bukowina aufgeteilt. Der größere südliche Teil verblieb bei Rumänien, der Norden wurde Teil der ukrainischen Sowjetrepublik. Czernowitz wurde stark **russifiziert** und zur sowjetischen Provinzstadt degradiert. Glücklicherweise blieb die historische Altstadt vollständig erhalten – die üblichen Plattenbaubezirke entstanden an der Peripherie der Stadt.

Sehenswertes

Vul. Holovna und Zentraler Platz

Die Vul. Holovna durchzieht die gesamte Stadt von Süd nach Nord auf einer Länge von mehreren Kilometern. In

ukr14-059 pk

Czernowitz Церновці

0 200 m ©Reise Know-How Ukraine23 1/19

Höhe der Pl. Soborna erreicht sie die Altstadt – ein großartiges Gesamtensemble Habsburger Architekturkunst. Umgeben von einem Park erhebt sich auf der Pl. Soborna die orthodoxe Hauptkirche der Stadt, die **Heiliggeist-Kathedrale** von 1844, erbaut im Neorenaissance-Stil. Die Holovna wird nun enger und führt, gesäumt von prachtvollen Bauten aus der ersten Hälfte des 19. Jh., zum **Zentralen Platz,** um den sich die repräsentativen Gebäude der Stadt gruppieren. Im Mittelpunkt steht der – architektonisch eher bescheidene – blaue Rathausbau mit seinem hohen Turm. Täglich um 12 Uhr bläst ein Trompeter vom Balkon die Melodie eines bukowinischen Volksliedes.

Gleich in der Nähe, deutlich prächtiger als das Rathaus, steht das Gebäude der **einstigen Staatsbank** mit einem interessanten schlanken Zwiebelturm. Der wahre Blickfang aber und eine der architektonischen Perlen der Stadt ist das Gebäude des **Kunstmuseums** an der Westseite des Platzes. Der wunderbare Jugendstilbau von 1901 beherbergte einst die Bukowiner Sparkasse. Das fantastische Mosaik an der Hauptfassade zeigt zwölf antike Göttinnen und Götter, welche die zwölf Provinzen des Habsburger Reiches repräsentieren.

Vom Zentralen Platz führt die Vul. Holovna weiter leicht abschüssig nach Norden. Hier steht die römisch-katholische **Kreuzerhöhungskirche** mit dekorativem Turm an der Hauptfassade. Unterhalb der Kirche ist ein abgerundetes Eckgebäude im Wiener Stil zu bewundern (Hausnummer 25). Die Vul. Holovna passiert weiter die neuromanisch-byzantinischen Paraskeva-Kirche und verläuft von nun an relativ steil abwärts in Richtung **Bahnhof.** Dieser liegt am tiefsten Punkt der Stadt und ist ein herrlicher Neorenaissance-Bau.

Theaterplatz

Nur einen Block westlich des Zentralen Platzes befindet sich der Theaterplatz. Die „gute Stube" der Stadt wird beherrscht vom Gebäude des **Olha-Kobylianska-Theaters.** Falls Besucher aus Mittelfranken das Bauwerk für eine optische Täuschung halten und kurz an ihrem Geisteszustand zweifeln sollten, so können sie beruhigt werden: Das Theater wurde in der Tat völlig baugleich von denselben Baumeistern, dem Architektenduo Fellner&Helmer, auch im fränkischen Fürth errichtet. Die Architekten, die übrigens auch Odessas Opernhaus schufen, hatten den Entwurf kurzerhand auch an die fränkische Stadt verkauft, als es zu Zahlungsverzögerungen durch die Stadt Czernowitz kam. Sowohl das Foyer als auch der Zuschauerraum sind originalgetreu erhalten geblieben.

Zu den äußerst interessanten Gebäuden am Theaterplatz zählen das **Rumänische Haus,** 1937 im rumänischen Bauhausstil errichtet, sowie das **Jüdische Haus** mit seiner prachtvollen Jugendstilfassade (Nr. 5). Diese Volkshäuser waren typisch für Czernowitz, jede in der Stadt vertretene Nationalität besaß ihr eigenes. Sie erfüllten kulturelle Zwecke. Im Jüdischen Haus, das heute als städtisches Kulturzentrum dient, befindet sich ein kleines Museum, das über die Geschichte des jüdischen Czernowitz informiert. Es ist täglich geöffnet, der Eintritt ist frei. Vor allem der prachtvolle historische Festsaal im 2. Stock lohnt einen Blick.

Wenig nördlich des Theaterplatzes, an der Ecke Vul. Universitetskoi und Zankovetskoi, befindet sich die einstige Hauptsynagoge der Stadt, mittlerweile ein Kino. Die Vul. Zankovetskoi führt direkt zum **Philharmonieplatz,** der in den letzten Jahren sehr schön angelegt wurde. Blickfang hier sind das herrliche Jugendstilgebäude des einstigen **Hotels Bristol** (heute Teil der Universität) und das Gebäude der Philharmonie.

Vul. Kobylianskoi

Die Vul. Kobylianskoi, die einstige Herrengasse, ist die – unlängst generalsanierte – **Hauptfußgängerzone** der Stadt. Sie zweigt vom Zentralen Platz ab. An den alten Fassaden ranken sich Weinreben empor, zahlreiche gemütliche Cafés laden zur Einkehr ein. Besonders sehenswert ist das Gebäude Nr. 22, das über einen wunderschönen Innenhof verfügt. Die Kobylianskoi passiert die Rückseite der Heiliggeist-Kathedrale, etwas weiter an der Straße stehen sich das **Polnische Haus** (Nr. 36) und das **Deutsche Haus** (Nr. 53) fast gegenüber. In der Vul. Kobylianskoi 51 befindet sich das 2013 gegründete **Paul Celan Literaturzentrum,** das sich (nicht nur) dem berühmten Poeten aus Czernowitz widmet (www.celanzentrum.com).

Universität

Die Czernowitzer Universität (www.chnu.edu.ua) ist das **Wahrzeichen der Stadt.** Die Uni logiert im einstigen Palast des orthodoxen Metropoliten der Bukowina und Dalmatiens; die beiden Habsburger Länder stellten einen gewichtigen orthodoxen Bevölkerungsanteil. Der **Palast** ist ein riesiger, visuell überwältigender, in sich geschlossener Komplex aus Kirche und Patriarchenresidenz, der ab 1864 komplett aus rotem Backstein und bunten Dachziegeln errichtet wurde. Der tschechische Architekt *Josef Hlávka* (1831–1908), zu seiner Zeit einer der produktivsten und populärsten Wiener Baumeister, mixte dabei maurische, jüdische, byzantinische und gotische Elemente. Um den gigantischen Bedarf an Backsteinen und Ziegeln zu decken, ließ *Hlávka* eigens drei Fabriken für deren

ukr14-057 pk

Produktion in Czernowitz errichten. Ein Muss ist die Besichtigung der Seminarkirche sowie der prächtigen Treppenhäuser und des Marmorsaals im einstigen Residenzgebäude. Die Czernowitzer Universität wurde zu Sowjetzeiten hierher verlegt. Seit 2011 steht das Gebäude als erst viertes Architekturdenkmal der Ukraine (neben der Kiewer Lavra und Sophienkathedrale und der Lemberger Altstadt) **auf der UNESCO-Liste des Weltkulturerbes.** Die Universität thront auf dem Bischofsberg am nordwestlichen Rand der Altstadt am oberen Ende der Vul. Universytetska. Seit einiger Zeit kostet die Besichtigung der Uni Eintritt, der unmittelbar am Haupttor zum Gelände erhoben wird. An der Uni hat die **NGO „Gedankendach"** ihren Sitz, die mit Unterstützung von DAAD und Goethe-Institut versucht, die alten literarischen Traditionen der Stadt wieder lebendig zu machen. „Gedankendach" ist Mitveranstalter des internationalen Literaturfestivals „Meridian Czernowitz" und verantwortlich für viel beachtete

Der Theaterplatz

ukr14-058 pk

Sommerschulen zum Thema „Literarisches Czernowitz“ (Infos unter www.gedankendach.org), zudem wurde ein großartiger Gedichtband von *Paul Celan* auf Deutsch mit ukrainischer Übersetzung herausgegeben.

Sakralbauten

Im Verlauf der Vul. Ruska sind einige interessante Sakralbauten zu sehen. Die **Nikolaikathedrale** wurde 1939 im typisch rumänischen Stil mit fünf blauen Kuppeln errichtet. Vor allem die seltsamen gedrehten Türme überraschen und brachten der Kirche den Spitznamen „Betrunkene Kirche“ ein. Etwas südlich der Vul. Ruska steht die **armenische Kirche** aus rotem Backstein, im neuromanischen Stil errichtet. In der Nähe liegt das älteste erhaltene Bauwerk der Stadt, eine turmlose **Holzkirche** aus dem Jahr 1607, ebenfalls dem hl. Nikolaus geweiht (Vul. Zahaidachnoho 89).

⌃ Der Metropolitenpalast beherbergt heute die Universität

Weitere Sehenswürdigkeiten in der Altstadt

In der malerischen, platzartigen **Vul. Turetska** finden sich Spuren der osmanischen Zeit. Archäologische Ausgrabungen zeugen vom ehemaligen **Türkischen Bad.** In dem unterhalb des Platzes liegenden Gassengewirr befand sich das **jüdische Viertel** der Stadt, in dem *Rose Ausländer* geboren wurde. Es sind noch die Gebäude zweier ehemaliger Synagogen zu erkennen. Die Häuser in diesem Ortsteil sind kleiner und einfacher als in der Oberstadt. An einigen Haustüren sind noch jüdische Symbole zu entdecken. Im 2. Weltkrieg befand sich hier das jüdische Ghetto, an das seit 2016 durch ein zentrales **Ghettomahnmal** an der Vul. Sahaidachnoho erinnert wird. Die Hauptstraße des einstigen jüdischen Viertels bekam im selben Jahr ihren angestammten Namen zurück: Vul. Synagogy. In jedem Fall lohnt es sich, einfach durch die Gassen zu streifen und einen Blick in die Treppenhäuser und Hinterhöfe zu werfen.

Der jüdische Friedhof

Der alte jüdische Friedhof liegt am Ostrand der Stadt in der Vul. Zelena, oberhalb des Prut. Mit etwa **50.000 Gräbern** zählt er zu den größten jüdischen Friedhöfen in Europa; zahlreiche bedeutende Rabbiner sind hier begraben. Im Gegensatz zu den meisten jüdischen Friedhöfen in Podolien, deren Grabmäler chassidisch geprägt sind, zeichnet sich der Friedhof von Czernowitz durch prächtige Grabmäler und Gruftkapellen aus, die zum Teil von berühmten Baumeistern errichtet wurden. Eine untypische Friedhofssynagoge erhebt sich am Eingang, ist derzeit aber wegen Renovierungsarbeiten geschlossen; es soll dort ein Holocaustmuseum eröffnet werden. Romantisch überwuchert, verwunschen und mit Grabsteinen in deutscher, rumänischer, jiddischer, polnischer, russischer und ukrainischer Sprache ausgestattet, legt dieser Ort ein Zeugnis über die reiche multikulturelle Geschichte der Stadt ab. Begraben sind hier u. a. der jiddische Dichter *Eliezer Steinbarg* (1880–1932) und der erste jüdische Bürgermeister der Stadt, *Eduard Reiss* (1850–1907). Es finden sich auch mehrere Massengräber, darunter das für die im 1. Weltkrieg gefallenen jüdischen Soldaten der Habsburger Armee. Der Friedhof ist jederzeit frei zugänglich. Vom höchsten Punkt bietet sich ein herrlicher Blick auf die turmreiche Stadtsilhouette.

Stadtviertel Sadhora
Садгора

Das Viertel Sadhora, oft auch Sadohora genannt, liegt etwa 5 km nördlich der Innenstadt **auf der Nordseite des Prut.** Es steht für den Gegensatz zwischen aufgeklärtem Judentum und **Chassidismus.** Während die jüdische Bevölkerung in der Stadt selbstverständlich deutsch sprach und sich dem Bildungsbürgertum zugehörig fühlte, lebten hier die **verarmten Juden vom Land.** Die Siedlung entstand ab dem späten 18. Jh. auf Geheiß des dänischstämmigen Barons *Peter von Gartenberg* (ukr.: Sadohora), der hier von 1770–74 eine private Münzstätte betrieb, die Soldmünzen für die zaristische Armee prägte. Die jüdische Besiedlung des Ortes begann vor allem ab 1850, als sich hier der Wunderrabi *Israel Friedman* niederließ, dem zahlreiche Chassiden folgten. Einst wurde die Siedlung auch **„Jerusalem am Prut“** genannt. Jiddisch war die allgemeine Umgangssprache. Der Tsaddikpalast des Wunderrabbi hat nur teilweise als Ruine überlebt. Die Synagoge selbst, ein Bau im orientalischen Stil aus rotem Backstein, wurde mittlerweile saniert, ist aber immer noch nicht öffentlich zugänglich; sie befindet sich in der Vul. Morisa Toreza am Rand des historischen Stadtkerns. Zu Sojwetzeiten befand sich auf dem Gelände übrigens eine Traktorenfabrik. Die Sanierung erfolgte mit Geld aus den USA, wo die Nachkommen und Anhänger der Familie *Friedman* heute leben. Ein chassidisches Pilgerzentrum ist geplant, sodass auf diese Weise wenigstens ein wenig des einstigen jüdischen Lebens in Sadhora wieder auferstehen dürfte.

Der **Kern von Sadhora** besteht überwiegend aus renovierten Steinhäusern aus der Mitte des 19. Jh., vereinzelt sind

Die Literaten von Czernowitz

Czernowitz war die Literaturhauptstadt von Österreich-Ungarn, die Stadt, von der *Paul Celan* sagte, hier lebten Bücher und Menschen. Von den zahllosen Czernowitzer Schriftstellern sind viele nur noch Literaturkennern ein Begriff, mindestens drei von ihnen aber bis heute auch einem größeren Personenkreis bekannt.

Paul Celan (1920–70), dessen tatsächlicher Name *Paul Antschel* lautete, war Sohn einer deutschsprachigen jüdischen Familie. Während der Nazibesatzung verlor er seine Eltern. Er selbst überlebte schwerst traumatisiert. 1945 wanderte er zunächst nach Bukarest aus, dann siedelte er sich in Paris an. Ab Ende der 1940er Jahre war er eng mit *Ingeborg Bachmann* befreundet. Sein berühmtestes Gedicht, die „Todesfuge", 1945 entstanden und 1952 veröffentlicht, setzte sich in nie gekannter sprachlicher Intensität mit dem Holocaust auseinander und gilt als eines der bedeutendsten lyrischen Werke deutscher Sprache. Weltberühmte Zitate wie „Der Tod ist ein Meister aus Deutschland" entstammen diesem Gedicht, dessen immer wiederkehrendes Motiv „Schwarze Milch der Frühe ..." sinnbildlich für den Massenmord der Nationalsozialisten an den europäischen Juden steht. Das Trauma der Kriegserlebnisse verfolgte *Celan* ein Leben lang. Immer wieder war er in psychiatrischer Behandlung. Er starb 1970 in Paris durch Selbstmord.

Rose Ausländer, geb. *Scherzer* (1901–88), enstammte einer orthodoxen jüdischen Familie aus Sadohora, die sich aber alsbald zum Freidenkertum bekannte. Mehrfach lebte sie in New York, kehrte aber 1939 nach Czernowitz zurück, um ihre Mutter zu pflegen. So durchlitt sie das Schicksal der meisten Czernowitzer Juden und kam zur Zeit der Nazibesatzung ins Ghetto, das sie überlebte. Später zog sie wieder nach New York, ab 1965 lebte sie dann in Düsseldorf. Hier schrieb sie 1965 ihren Gedichtband „Blinder Sommer", der ihren literarischen Durchbruch brachte. Ihre Gedichtbände erreichten hohe Auflagen – sie zählt zu den bedeutendsten Lyrikerinnen der deutschen Nachkriegsliteratur.

Die ukrainischsprachige Literatur der Bukowina wird durch **Olha Kobylianska** repräsentiert. Die Schriftstellerin wurde 1882 in Gura Humorului, in der heute rumänischen Südbukowina, geboren, zog später nach Czernowitz und engagierte sich u. a. als Frauenrechtlerin. Ihr literarischer Stil wird gerne mit dem von *Friedrich Nietzsche* verglichen und zeichnet sich aus durch auffallend lyrische Beschreibungen von Landschaften und Menschen. Das Theater von Czernowitz trägt heute ihren Namen.

auch noch hölzerne Schtettlhäuser mit ihren charakteristischen vorgezogenen Dächern erhalten. Gut zu erahnen ist die einstige Schtettlatmosphäre in der Vul. Halytskoho. Der einstige jüdische Friedhof, der sich völlig von dem sehr europäisch wirkenden jüdischen Friedhof auf der Stadtseite unterscheidet, befindet sich ein wenig nordwestlich der genannten Straße.

Viele **Busse** fahren vom Stadtzentrum direkt nach Sadhora und halten vor dem Einkaufszentrum Eney (mit gemütlichem Restaurant) unmittelbar am Rand des historischen Viertels. Ein kleiner **Markt** befindet sich an der Ecke von Vul. Peromohy und Vul. Halytskoho.

Museen

Kunstmuseum

■ **Am Zentralen Platz 10, http://hosted.sacura.net/museum, geöffnet: täglich außer Mo**

Allein um das Innere des großartigen Jugendstilbaus bewundern zu können, lohnt ein Besuch. Die Sammlung des Museums ist ebenfalls sehenswert.

Jüdisches Museum

■ **Theaterplatz 5, geöffnet: täglich, Eintritt frei, Spenden erwünscht**

Das kleine Museum, das von der jüdischen Gemeinde betrieben wird, befindet sich **im Jüdischen Haus.** Hier wurden Dokumente zusammengetragen, die an das alte jüdische Czernowitz erinnern. Der Leiter des Museums, *Mykola Kuzhnir,* spricht fließend deutsch und bietet kompetente Führungen durch das jüdische Czernowitz an – einfach an der Kasse fragen.

Freilichtmuseum

■ **Vul. Svitlovodska 2, geöffnet: täglich außer Mo**

Das Freilichtmuseum zeigt stroh- und schindelgedeckte Bauernhäuser aus der Bukowina, außerdem Windmühlen und einige Holzkirchen.

Praktische Tipps

Informationen, Stadtführungen

■ Die **Touristeninformation** befindet sich im Erdgeschoss des Rathausgebäudes.

■ Gute **Websites** sind www.czernowitz.de und http://chernivtsiguide.com/central.

■ Der Direktor des Jüdischen Museums (s. o.), **Mykola Kuzhnir,** veranstaltet auf Nachfrage kompetente Führungen durch das jüdische Czernowitz in deutscher Sprache.

■ Eine exzellente Kennerin ihrer Stadt ist **Svitlana Shkarvchuk,** die fließend deutsch spricht und Besuchern auch die stillen Winkel und Hinterhöfe der Stadt zeigt. Kontakt unter svitlana.czernowitz@gmail.com und Tel. 0951-65 38 97.

Unterkunft

14 **Palace Hotel,** Vul. Holovna 46: Das bis vor wenigen Jahren als Hotel Kyiv bekannte Haus ist allenfalls teilrenoviert und macht mit seinen endlosen, dunklen Gängen keinen übermäßig anheimelnden

Eindruck. Die Lage ist jedoch unschlagbar und die Preise sind sehr günstig: DZ ab 300 UAH.

20 **Hotel Bukovyna,** Vul. Holovna 141, http://bukovyna-hotel.com: Renoviertes Hotel aus der Sowjetzeit etwa 1,5 km südlich des Zentrums auf halbem Weg zum Busbahnhof. Reichhaltiges Frühstücksbüfett und Wellnessbereich. DZ ab 900 UAH. Auch Fahrradverleih.

2 **Bahnhofshotel,** Vul. Gagarina 38, Tel. 0372-59 24 70: Im Ostflügel des Hauptbahnhofs von Czernowitz gibt es ein renoviertes Bahnhofshotel. DZ ab 250 UAH.

4 **Hotel Magnat** (Vul. Tolstoho 16a, nahe des Philharmonieplatzes), 9 **Magnat Liuks** (Vul. Sheptytskoho 6, in der Nähe des Zentralen Platzes) und 18 **Central Magnat** (Vul. Kobylianska 36), http://magnat.cv.ua: Drei gute Hotels in der Altstadt, allesamt neu errichtet. DZ 600–1200 UAH.

■ Es gibt zahlreiche Hostels in der Stadt, die jeweils um die 5 Euro p.P. im Mehrbettzimmer kosten; hier seien zwei genannt: 3 **Skver Hostel,** Vul. Universitetska 58, sowie 15 **Like Hostel,** Vul. Eduarda Raysa 12/1.

Essen und Trinken

Mein Tipp: 5 **Naikrashcha Kaviarnia na Rozi, Universitetskoi ta Skovorody:** Das Café, das sich selbstbewusst als das beste auf den drei im Namen genannten Straßen bezeichnet, ist in der Tat eine Entdeckung! Sein Name kann beim besten Willen nicht widerlegt werden.

7 **Literaturcafé,** unmittelbar am Zentralen Platz: Kleines, gemütliches Café im 1. Stock des Buchladens in dem großartigen Jugendstilgebäude, das auch das städtische Kunstmuseum beherbergt.

6 **Koffein,** Vul. Gete 4 (Goethe): Kleines, modern eingerichtetes Café, sehr ansprechend.

16 **Dim Shokolady,** Vul. Kobylianskoi 22: Gemütliche Konditorei mit allen Arten an Kaffee & Kuchen.

17 **Videnska Kaviarnia** (Wiener Kaffeehaus), Vul. Kobylianskoi 49: Wie der Name schon sagt – preislich über dem Durchschnitt, kommt aber dem Habsburger Original durchaus nahe.

19 **Hopachok,** Vul. Heroiv Maidanu 38: Rustikales Restaurant mit herausragender huzulischer Küche, ein wenig südlich der Altstadt.

8 **Khinkali,** georgisches Restaurant im Keller des Rathausgebäudes, Eingang von der Vul. Ivana Franka aus: Das Ambiente ist verbesserungsfähig, doch die Küche ist hervorragend und preisgünstig.

11 **Koleso,** Restaurant im Hinterhof der Vul. Kobylianskoi 6: Rustikal eingerichtetes Gewölbe, regionale Spezialitäten.

10 **Pub Kvinto,** Vul. Kobylianskoi 3: Pub-Restaurant in einem Kellergewölbe, regelmäßig Live-Musik, aber nicht ganz billig.

13 **Pub 34,** Vul. Holovna 34: Weitläufiges Kellergewölbe mit rustikalen Holztischen, Live-Musik und Karaokeshows.

12 **Freedombar,** Vul. Ivana Franka 1–3: Amerikanisch inspirierte Kellerkneipe, im Hintergrund läuft Rock, gelegentlich Live-Musik. Hingewiesen sei auf das „Grüne Bier" (Зелене Пиво), das man probieren kann, besser aber bleiben lassen sollte …

Sonstiges

■ **Philharmonie:** Philharmonieplatz 10, http://filarmoniya.cv.ua.

■ **Olha-Kobylianska-Theater:** Allein schon aufgrund des schönen Innenbereichs lohnt der Besuch einer Theatervorführung. Informationen über das Programm direkt vor Ort oder in der Touristeninformation.

20 **Fahrradverleih:** Im Hotel Bukovyna (s. o.), Vul. Holovna 141.

1 **Kalynivskyj Rynok:** Auf dem riesigen und sehr stimmungsvollen **Markt** am Ufer des Prut bekommt man alles vom Stecknadelkopf bis zum Panzer, so sagt man in der Stadt. Die Händler reisen teilweise bis aus Zentralasien an. Minibusse fahren regelmäßig vom Stadtzentrum zum Marktgelände. Täglich 7–15 Uhr.

Festival, www.meridiancz.com: Das internationale Lyrikfestival „Meridian" wird seit 2010 gefeiert.

Verkehrsmittel

Flugzeug

Es gibt einen kleinen **Regionalflughafen,** von dem aus u. a. Kiew, Bergamo und Antalya angeflogen werden. Vul. Chkalova 30, http://airportchernivtsi.cv.ua/en.

Bahn

Der Bahnhof befindet sich im Zentrum, am Nordrand der Altstadt. Verbindungen nach Moskau, Lemberg, an die rumänische Grenze sowie **diverse Nah- und Fernzüge** innerhalb der Westukraine. Leider gibt es keine sinnvolle Bahnverbindung in Richtung von Kamianet.

Bus

Der Busbahnhof liegt 3 km südlich der Innenstadt in der Vul. Holovna 219 und ist mit allen Bussen, die von der Pl. Soborna aus Richtung Süden fahren, erreichbar. **Gute Verbindungen** ins gesamte Land sowie innerhalb der Region. Auch gute Verbindungen Richtung Kamianets Podilskyi und Khotyn.

Einige Regionalbusse vor allem in westlicher und nördlicher Richtung fahren nur vom Busbahnhof Nr. 3, Halytskyi Shliakh 4b, nahe dem Kalynivskyi Rynok.

☐ Blick auf Bila Krynytsia in der Umgebung von Czernowitz

ukr14-056 pk

Weiterreise nach Rumänien

Von Czernowitz bis an die rumänische Grenze sind es gut **50 km.** Dahinter breitet sich die rumänische Bukowina mit ihren weltbekannten Moldauklöstern aus. Mit der Einstellung der Kurswagenverbindungen Moskau – Bukarest – Varna gab es über mehrere Jahre keinerlei **Bahnverbindung** nach Rumänien. 2018 fuhr lediglich einmal pro Woche (freitags) ein Kurswagen von Kiew nach Bukarest. Ansonsten kann man mit Regionalzügen bis nach Vadul Siret fahren. Dort startet täglich um die Mittagszeit ein Zug über Suceava nach Bukarest und ein weiterer am späteren Nachmittag nach Suceava. Auch einige **Busse** fahren über die Grenze, die Abfahrt erfolgt gegen 5 Uhr, um 7.10 Uhr und um 16 Uhr am zentralen Busbahnhof.

Eine weitere Möglichkeit ist es, per **Marshrutka** bis kurz vor die Grenze bei Porubne zu fahren (Abfahrt alle paar Minuten). Von dort geht man zu Fuß bis an den Schlagbaum. Offiziell ist ein Grenzübertritt zu Fuß nicht möglich, es ist aber schon vorgekommen, dass die Grenzer eine Ausnahme machen. Sonst kann man versuchen, ein Auto zu finden, das einen über die Grenze mitnimmt, u. U. helfen einem die Grenzer dabei. Auch Taxifahrer, die wenig vertrauenerweckend sind, bieten Chauffeurdienste zur Grenze an – das ist jedoch eine absolute Notlösung, zumal deren Preise meist jenseits von Gut und Böse liegen.

In der Umgebung

Kloster Bila Krynytsia
Біла Криниця

50 km südlich der Stadt, nahe der rumänischen Grenze, ca. 12 km von Hlyboka entfernt, liegt auf einem Hügel weithin sichtbar das Kloster Bila Krynytsia. Es wurde Ende des 18. Jh. von den im zaristischen Russland verfolgten **Altgläubigen,** einer Abspaltung der Orthodoxen Kirche, gegründet. Blickfang sind eine kleine hölzerne Kirche und eine monumentale, im russischen Stil errichtete Steinkirche aus dem späten 19. Jh. Nur wenige Kilometer südlich von Bila Krynytsia liegt ein weiteres Altgläubigenkloster im rumänischen Climauti.

Es fahren nur zwei Busse täglich von Czernowitz nach Bila Krynytsia, sodass man einen solchen Ausflug gut planen sollte. Alternativ kann man mit einem der vielen Busse nach Hlyboka fahren und dort ein Taxi nehmen.

Hertsa
Герца

Kaum bekannt ist das **Gebiet südöstlich von Czernowitz** um das Städtchen Hertsa. Es ist die einzige Region in der Westukraine, die bis 1940 durchgehend zu Rumänien gehörte. Die frühere österreichisch-rumänische Grenze befand sich auf halber Strecke zwischen Czernowitz und Hertsa. Bis heute sprechen 90 % der hiesigen Bevölkerung **rumänisch,** und auch die Architektur der Kirchen unterscheidet sich völlig von der sonst üblichen Sakralarchitektur. Typische Beispiele hierfür sind die Kirchen von Hertsa, Velyka Buda und Bairaki. Auch die turmlosen Holzkirchen, wie man sie in Petrashivka oder Kupianske findet, sind typisch für die Region. In der Kreisstadt selbst stehen schöne Häuser im typisch rumänischen Villenstil des 19. Jh. Die Landschaft um Hertsa ist ein schönes, sanftes Hügelland. Hertsa ist von einem kleinen Busbahnhof am Ostrand von Czernowitz nahe der Umgehungsstraße zu erreichen.

Khotyn

Хотин

- **65 km nordöstlich von Czernowitz am Dnister, historische Grenzfestung mit eindrucksvoller Burganlage**
- **Einwohner: 10.000**

Khotyns Burg, unlängst in einer Umfrage zu einem der „Sieben Wunder der Ukraine" gewählt, ist eine der besterhaltenen Burgen des Landes. Sie liegt wunderschön **auf einem Felsabbruch oberhalb des Dnister.** Aufgrund dieser eindrucksvollen Lage ist sie ein außergewöhnlich **beliebter Drehort** – über 50 Spielfilme wurden hier gedreht, zuletzt diente sie als Kulisse für den Film „Taras Bulba".

Der Dnister durchfließt bei Khotyn **liebliches Hügelland** – keine tief eingeschnittene Canyonlandschaft wie oberhalb von Khotyn und auch in seinem weiteren Verlauf –, sodass sich die Stelle gut für Querungen eignete. Der von alters her bestehende Flussübergang wurde seit dem 10. Jh. von einer Burg gesichert. Ein gemauertes Bauwerk gab es seit dem 13. Jh., im 15. Jh. wurde es ausgebaut und verstärkt. Zu dieser Zeit wurde der Dnister zur südlichen Grenze der Rzeczpospolita. Die andere Flussseite kam zum Osmanischen Reich. Im 15. und 16. Jh. kam es hier **immer wieder** zu **Kämpfen** zwischen den beiden Mächten. Ihre glorreichste Stunde erlebte die Festung, als hier 1621 eine vereinte kosakisch-polnische Streitmacht das zahlenmäßig vielfach überlegene, 250.000 Mann starke osmanische Heer entscheidend schlug. Erst Anfang des 18. Jh. nahmen die Osmanen die Festung ein. Als die Bukowina im 18. Jh. ans Habsburger Reich kam, blieb Khotyn zunächst osmanisch, wurde aber nach dem Wiener Kongress gemeinsam mit dem heutigen Moldawien unter dem Namen **Bessarabien** ans Russische Reich angeschlossen.

Der relativ kleine mittelalterliche Kern der Burg liegt hart am Abhang zum Fluss hin, der senkrecht abfällt. Die Anlage gruppiert sich um einen **Hof mit Brunnen** und ist von **mehreren Türmen** umgeben. An historischen Räumen sind riesige Kellergewölbe und die Burgkapelle mit schönen gotischen Maßwerkfenstern erhalten. Die ganze Burg ist umgeben von Wallanlagen aus osmanischer Zeit. Die Bastionen, die Gräben und das Eingangstor sind recht gut erhalten. Vor allem von den Wällen hat man einen herrlichen Blick. Die Burg ist Mo bis Fr geöffnet.

Der **Ort Khotyn** selbst bietet kaum Sehenswürdigkeiten. Zum Teil besteht er aus kleinen, dörflichen Häusern. Das alte Zentrum etwa 0,5 km südlich der Burg ist nur noch ansatzweise zu erkennen. Das heutige Zentrum liegt ca. 2 km südlich der Burg entlang der Hauptstraße Kamianets-Podilskyi – Czernowitz. An Sehenswürdigkeiten ist hier nur die orthodoxe Maria-Schutz-Kirche von 1867 erwähnenswert.

In **Zhvanets,** auf der anderen Seite des Dnister, steht eine renovierte armenische Kirche aus dem 18. Jh., auch Reste alter Festungsanlagen oberhalb der Zbuchmündung sind zu sehen.

Unterkunft

- **Hotel Khotyn,** Vul. Olympiiska 68a, http://hotin.com.ua: Neues Gebäude im Zentrum an der Hauptstraße. DZ ab 300 UAH.

Einkaufen

■ Der **Markt** ist in der Nähe des Hotels Khotyn. Im Hotel gibt es auch einen **Supermarkt.**

Essen und Trinken

■ Im Zentrum gibt es einige bescheidene **Cafés** und eine **Pizzeria** im Hotel Khotyn.

Verkehrsmittel

■ Der Busbahnhof liegt am äußersten südlichen Stadtrand, etwa 20 km vom Zentrum entfernt, aber alle **Busse der Strecke Khmelnytskyi – Kamianets – Chernivstsi** durchqueren das Zentrum. Hervorragende Verbindungen in beide Richtungen.

Das Zbruch-Tal

■ **Flusslauf von Nord nach Süd, etwa 50 km östlich von Ternopil, historischer Grenzfluss, Länge: 244 km**

Der Zbruch ist heute die administrative Grenze zwischen den Oblasten Ternopil und Khmelnytskyi. Als **Grenzmarker** hat der Fluss eine jahrhundertealte Tradition. Seit dem Mittelalter endete hier der polnische Einflussbereich, das „Wilde Feld", das Übergangsgebiet zu den nomadisch besiedelten Schwarzmeersteppen begann. Wiederholt wurde der Zbruch offizielle Staatsgrenze. So nach 1672, als Kamianets an die Osmanen fiel, oder im Zuge der polnischen Teilungen, als Galizien zu Österreich kam. In der Zwischenkriegszeit verlief hier die Grenze zwischen Polen und der Sowjetunion. Angesichts der Geschichte als Grenzfluss wundert es nicht, dass der Zbruch und seine Umgebung **reich an Burgen und Festungen** sind. Das landschaftlich reizvolle Flusstal prägen bisweilen mächtige Felsen. Am besten erlebt man das Tal vom Fluss aus, per Kanu. Für eine Tour von Sataniv nach Okopy sollte man fünf bis sieben Tage einplanen.

Verkehrsmittel

Die Erreichbarkeit der kleineren Orte ist ein echtes **Problem** im Zbruch-Tal. Am besten angebunden sind noch die Orte Skala Podilska (von Ternopil, Ivano Frankivsk und Kamianets) und Sataniv (von Ternopil und Kamianets). Die Busbahnhöfe beider Orte befinden sich nahe der Ortszentren. Ansonsten ist ein eigenes Auto oder zumindest ein Fahrrad unverzichtbar, wenn man das Tal erkunden möchte.

Okopy

Окопи

Der Geburtsort von *Ba'al Shem Tov* liegt nur wenig westlich von Khotyn an der **Mündung vom Zbruch in den Dnister.** Im 17. Jh. wurde hier auf der westlichen Seite des Zbruch eine Festungsanlage errichtet – einige Wälle, zwei Tore sowie eine Kapelle, leider in relativ schlechtem Zustand, sind noch zu sehen. Der Blick von den Wällen auf Dnister und Zbruch ist fantastisch.

Kudryntsi

Кудринці

Auf der Westseite des Flusses überragt eine malerische Burgruine den Fluss. Weite Teile der Wälle sowie Reste der Bastionen sind noch erhalten. Auf der gegenüberliegenden Seite, ein wenig flussabwärts, befindet sich südlich des Ortes Zavallia in einem Steinbruch die **Atlantyda-Höhle,** die eine Länge von etwa 3 km aufweist. Wie in anderen Höhlen der Region auch, sind hier herrliche Kristalle zu sehen. Die Höhle kann unter Begleitung von Höhlenführern nach Voranmeldung besichtigt werden (Infos: http://atlantida-speleo.com.ua). Ebenfalls auf der östlichen Seite, ab Kudryntsi etwa 10 km flussabwärts, liegt die **Burgruine von Chornokozyntsi,** die auf die Mitte des 17. Jh. zurückgeht. Zu sehen sind nur noch wenige Mauerreste.

Skala Podilska

Скала-Подільська

Skala Podilska liegt an der Hauptstraße Ivano Frankivsk – Kamianets Podilskyi und ist somit leicht erreichbar. Auch hier bildet der Zbruch ein **malerisches felsiges Tal.** Oberhalb des Tales, auf der Westseite des Flusses, befindet sich der historische Ortskern, und eine Burgruine liegt auf einem nach zwei Seiten steil abfallenden Felsvorsprung. Lediglich vom Ort aus ist die Burg zugänglich. Hier sieht man noch einen trutzigen Wehrturm und die Ruine eines Palastes aus der Barockzeit. Im etwas renovierungsbedürftig wirkenden Ortskern stehen eine katholische und eine orthodoxe Kirche. Das katholische Gotteshaus ist unschwer als ehemalige Wehrkirche erkennbar.

Unterkunft

■ **Hotel SV,** Tel. 03541-512 01: Nettes kleines, relativ neu erbautes Hotel am östlichen Ortseingang. DZ ab 250 UAH.

■ **Hotel Trydeviate Tsarstvo,** Vul. Yurdyha 1, http://carstvo.at.ua: Recht komfortables Hotel mit DZ ab 500 UAH, allerdings spricht die kitschige Architektur nicht unbedingt das Stilempfinden des durchschnittlichen Westeuropäers an.

Borshchiv

Борщів

Borshchiv ist so etwas wie das **städtische Zentrum der Region.** Die City erstreckt sich über einen Hügelzug und ist weitgehend autofrei. An Sehenswürdigkeiten gibt es eine Barockkirche mit schönem Zwiebelturm und das großartige **Heimathaus** aus dem späten 19. Jh. Zudem eignet sich Borshchiv als guter Ausgangspunkt zur Besichtigung der Höhlen in der Region.

Unterkunft

■ **Hotel Zatyshok,** an der Umgehungsstraße, www.zatyshok.com: Der Neubau in Holzblockbauweise verfügt über DZ ab 200 UAH.

■ **Hotel Hostynyi Dvir,** im Zentrum der Stadt, Vul. Kondry 1, http://gostyn-dwir.com.ua: Renoviertes Hotels mit DZ ab 250 UAH.

Essen und Trinken

■ Der **Restaurantkomplex Edelwajs** befindet sich etwas versteckt im Zentrum der Stadt in der Vul. Pidvalna. Gute Küche, schöne Atmosphäre.

Sydoriv

Сидорів

Eine wenig bekannte und leider nur auf kleinen Straßen erreichbare Sehenswürdigkeit verbirgt sich in Sydoriv, etwa 5 km westlich des Zbruch. Auf einer Anhöhe oberhalb eines kleinen Flusstals hat sich eine **herrliche Burgruine** mit einem malerischen runden Eckturm erhalten, die Assoziationen an Burgen in England oder Irland weckt. Neben dem Turm sind Reste der Gewölbe, der Umfassungsmauern sowie das Eingangstor mit einem schönen steinernen Relief erhalten. Eine zweitürmige römisch-katholische, schwer renovierungsbedürftige Barockkirche steht auf dem gegenüberliegenden Hügel.

Husiatyn

Гусятин

Diese traditionsreiche Stadt liegt beiderseits des Flusses. Die einstige Altstadt lag in einer Flussschleife auf dessen Westseite; sie wurde zu Sowjetzeiten abgerissen. Heute stehen hier gesichtslose Wohnblöcke, zwischen denen die verbliebenen historischen Bauten wie verstreute Inseln innerhalb der Tristesse wirken. Erhalten blieb die **Synagoge** – Husiatyn war einst ein wichtiges Zentrum des Chassidismus. Das heutige Gebäude stammt aus dem 19. Jh., weist jedoch interessante Aspekte der Wehrarchitektur auf, sodass man es für wesentlich älter halten könnte. Ansonsten gibt es in Huiatyn zwei Sakralbauten: die **Onufry-Kirche** aus dem 16. Jh., renoviert, mit goldenen Kuppeln und altem Wehrturm. Von der polnischen Geschichte zeugt das **Bernhardinerkloster** von 1610, das schwer renovierungsbedürftig ist.

Unterkunft

■ **Hotel Elehans,** Vul. Shevchenka 15h: Zimmer ab 300 UAH, modernes Gebäude im Zentrum.

Sataniv

Сатанів

Sataniv auf der Ostseite des Zbruch macht einen vergleichsweise **angenehmen Eindruck.** Hauptsehenswürdigkeit ist das einstige Schloss, dessen Umfassungsmauern und Bastionen noch erhalten sind. Gegen Ende des 19. Jh. wurde hier eine Zuckerfabrik errichtet. Eines der ältesten Gebäude der Stadt ist die Synagoge, die nach einer umfassenden Sanierung im Jahr 2016 wieder in altem Glanz erstrahlt. Am Nordrand der Stadt liegt der gut erhaltene jüdische Friedhof. Etwa 4 km südlich von Sataniv befindet sich auf einem Hügel oberhalb des Flusses im Stadtteil Satanivska Slobidka ein Wehrkloster. Erhalten blieben ein Teil der Wehrmauer aus dem 17. Jh., der große Wehrturm, der heute als Glockenturm dient, das Eingangstor aus dem 18. Jh. sowie die Dreifaltigskeitskirche aus dem 16./17. Jh. Südlich des Klosters sprudeln im Tal einige heilkräftige **Schwefelquellen,** weshalb zu Sowjetzeiten in der Nähe ein Sanatoriumskomplex mit Kurpark und Trinkhalle entstanden ist. Um hierhin zu gelangen, folge man den Ausschilderungen „Satanivskyi Kurort".

Unterkunft

■ Im südlich des eigentlichen Ortes gelegenen Sanatoriumskomplex ist eigentlich nur ein Hotel empfehlenswert, das **Hotel-Sanatorium Perlyna Podillii,** http://perlyna.km.ua: DZ ab 250 UAH, sympathisch, neu errichtet, idyllische Lage am Fluss.

■ Einen mehr oder minder improvisierten **Campingplatz** gibt es etwa 1 km flussaufwärts nahe einer Schwefelquelle direkt am Fluss.

Die Höhlen Podoliens

Südlich von Borshchiv, 140 km südöstlich von Ternopil, 60 km südwestlich von Kamianets, labyrinthartige Gipshöhlen mit steinernen Kristallen von mehreren 100 km Länge

Während die Oberfläche des Gebietes zwischen Seret, Zbruch und Dnister allenfalls leicht hügelig und von einigen felsigen Schluchten durchzogen ist, warten unter der Erdoberfläche wahre Wunderwelten auf die Besucher dieser Region. Das Gebiet ist von einer durchschnittlich 20 Meter dicken Gipsschicht bedeckt. Da **Gipsgestein** leicht wasserlöslich und zudem nicht sonderlich hart ist, haben sich hier im Laufe der Erdgeschichte riesige Höhlenlabyrinthe gebildet. Diese ziehen sich entlang von sich kreuzenden Klüften und bilden Gangsysteme in einer Gesamtlänge von mehreren hundert Kilometern. Dies jedoch auf einer äußerst geringen Grundfläche, die teilweise nur wenige Quadratkilometer beträgt. Derzeit sind gut **40 Höhlen** mit einer Länge von jeweils mehr als 50 Meter bekannt, zwölf sind über 1000 Meter lang. Sinterbildungen, landläufig als Tropfsteine bezeichnet, finden sich in den Höhlen nur in geringem Maße. Spektakulär sind jedoch die herrlichen **Kristallbildungen** an Decken und Wänden, ihre Formen erinnern an Steinblumen oder Wassertropfen. Die Kristalle haben die unterschiedlichsten Farbtöne, von strahlend Weiß über Ocker bis zu einem satten Braun. Die meisten der Höhlen finden sich südlich von Borshchiv nahe der Ortschaften Korolivka, Kryvche und Strilkivtsi. Kryvche liegt an der Straße von Borshchiv nach Khotyn; einige lokale Busse fahren ab der Kreisstadt.

Die längste Höhle ist die **Optimistische Höhle (Печера оптимістична)**, deren Gesamtlänge derzeit mit 230 km angegeben wird – damit zählt sie zu den längsten Höhlen weltweit. Sie wurde erst relativ spät entdeckt, 1966, als Höhlenforscher aus Lemberg bei Grabungsarbeiten eher zufällig auf das Höhlensystem stießen. Die Höhle ist verschlossen und nicht beleuchtet und kann nur unter sachkundiger Anleitung besichtigt werden. Die zweitlängste Höhle der Region ist die **Seen-Höhle (Печера озерна)** mit einer Länge von etwa 130 km. Wie der Name andeutet, ist diese Höhle wasserführend und hat zahlreiche unterirdische Seen mit einer Tiefe von bis zu zwei Meter. Entdeckt wurde sie in den 40er Jahren des 20. Jh. Die **Mlynky-Höhle (Печера млинки)** liegt nahe Zalissia im Kreis Chortkiv und hat eine Länge von 36 km. Auch sie breitet sich labyrinthartig aus.

Die einzige für den Publikumsverkehr geöffnete Höhle ist die **Kristallhöhle (Кришталева печера)** nahe Kryvche. Sie ist bereits seit dem späten 18. Jh. bekannt. Durch die mit herrlichen, effektvoll beleuchteten Kristallen verzierte Höhle führt ein touristischer Rundgang von etwa 1,5 km. Die Höhle kann sowohl mit Führung als auch auf eigene Faust besichtigt werden. Ihre Gesamtlänge beträgt etwa 21 km, dabei wechseln sich enge Gänge mit meterhohen Sälen ab.

Der **Ort Kryvche (Кривче)** liegt beiderseits des Tales der Tsyhanka. Von Borshchiv kommend biegt man am Grund des Tales nach rechts ab und folgt einer nicht asphaltierten Straße, bis man nach etwa 1,5 km einen Parkplatz erreicht, an dem sich einige mehr oder minder improvisierte Souvenirstände befinden. Von hier führt ein Pfad etwa 500 Meter aufwärts zum Eingang der Höhle (mit Ticketkiosk). Die Höhle ist täglich von 10 bis 19 Uhr geöffnet, der Eintritt mit Führung kostet ca. 50 UAH pro Person, ohne Führung 25 UAH. Bei individueller Erkundung des Höhlenlabyrinths verliere man die roten Orientierungspfeile an den Wänden nicht aus den Augen! Infos unter www.centr-tur.te.ua/activity/tours/krushtaleva.

Terebovlia

Теребовля

- **35 km südlich von Ternopil nahe der Mündung von Hnizna und Seret, Kleinstadt mit historischer Bausubstanz**
- **Einwohner: 13.000**

Westlich des Zentrums teilt die Hnizna Terebovlia in zwei Hälften. In der westlichen lag das Schtetl. Nichts zeugt mehr davon. Dieser Teil der Stadt wird überragt von den Resten der einst mächtigen **Burganlage,** die auf *Kasimir den Großen* zurückgeht und sich 1675 erfolgreich gegen die Osmanen und Tataren verteidigen konnte. Heute sind nur noch einige zugewachsene Mauerreste und ein Rundturm erhalten. Dennoch lohnt der Aufstieg, da sich von den Mauern ein schöner Blick auf die Altstadt und die hügelige Umgebung bietet. Gegenüber dem Rathaus befindet sich, von einer hohen Wehrmauer umgeben, das einstige **Karmeliterkloster** von 1635. Die wuchtige Kirche hat zwei gedrungene Zwiebeltürme an der Hauptfassade, Ergebnis einer russifizierenden Rekonstruktion aus dem späten 19. Jh. Nach Jahren des Verfalls ist die Kirche inzwischen saniert.

Der wohl interessanteste Gebäudekomplex im Stadtbereich, das ehemalige **Wehrkloster von Pidhoriany (Підгорянський монастир),** liegt etwa 3 km außerhalb auf einer Anhöhe oberhalb des Seret, nahe der Mündung der Hnizna. Die Kirche aus dem 16./17. Jh. wurde kürzlich restauriert, die umgebenden Wehrtürme, hart am Abhang zum Fluss, sind noch Ruinen. Von hier bietet sich ein herrlicher Blick ins Seret-Tal. Um vom Stadtzentrum zum Kloster zu gelangen, lässt man den Aufstieg zur Burg rechts liegen und folgt der Straße aufwärts über mehrere Haarnadelkurven, bis man den Scheitelpunkt des Hügels erreicht hat. Hier zweigt ein gut ausgetretener Fußweg nach Süden ab, der nach etwa 1 km zum Kloster führt.

Praktische Tipps

- Derzeit gibt es **kein Hotel** in der Stadt, einige bescheidene **Café-Bars** laden zur Stärkung ein.
- Der **Markt** liegt etwa 100 Meter nördlich der zentralen Kreuzung.
- Der **Bahnhof** liegt im Stadtzentrum: einige Nahverkehrszüge aus Ternopil, sehr wenige Fernzüge.
- Terebovlia ist alle paar Minuten von Ternopil aus per **Bus** erreichbar. Der Busbahnhof liegt etwas nördlich der zentralen Kreuzung nahe dem Markt.

Umgebung: Mykulyntsi, Микулинці

Das Dorf etwa 19 km nördlich von Terebovlia ist Namensgeber für **eines der besseren Biere der Ukraine: Mykulyn,** hergestellt seit Hunderten von Jahren in einer historischen Braustätte (Infos unter http://brovar.org). Zur Brauerei gehört der Gastrokomplex Brovar Pub am südlichen Ortsausgang. Auch sonst gibt es im Ort einige kleine, aber feine Sehenswürdigkeiten: eine recht monumentale Barockkirche aus dem 18. Jh., einen Potockipalast aus derselben Zeit und eine Burgruine, von der allerdings nur die Umfassungsmauern und einige Kasematten erhalten sind. Im Ort ist zudem noch einiges an historischer Bausubstanz erhalten.

■ Eine kleine **Pizzeria** mit Biergarten befindet sich im Zentrum an der Vul. Hrushevskoho.

Ternopil

Тернопіль

■ **150 km südöstlich von Lemberg am Seret, historische Handelsstadt**
■ **Einwohner: 217.000**

Ternopil liegt sehr einladend beiderseits des Seret, der hier zu einem großen See aufgestaut wurde. Strandcafés, Uferpromenaden und Ausflugsboote sorgen für **angenehmes Urlaubsflair.** Die nahezu autofreie, farbenfrohe Innenstadt mit allerlei hübschen Gebäuden sowie schöne Cafés und Kneipen machen das atmosphärische Städtchen zu einem perfekten Ausgangspunkt für all jene, die das umliegende Galizien erkunden möchten.

Geschichte

Ternopil wurde Mitte des 16. Jh. im Auftrag König *Sigismunds* von Hetman *Tarnowski,* von dem sich der ursprüngliche polnische Name der Stadt, *Tarnopol,* ableitet, gegründet. Ab 1724 zog ein 14-tägiger **Getreidemarkt** alljährlich Händler aus ganz Europa an. 1772 wurde Ternopil habsburgisch. Starke Zerstörungen brachte der 2. Weltkrieg, doch Ternopil ist, anders als viele andere ukrainische Städte, ein Beispiel für einen durchaus gelungenen Wiederaufbau. In der Ukraine ist die Stadt übrigens allgemein bekannt als „Faine misto Ternopil“, also die tolle Stadt Ternopil, nach dem gleichnamigen Song der Lemberger Rock'n'Roll-Band „Braty Hadiukiny“ aus den 1990er Jahren.

Sehenswertes

Im Zentrum

Ternopils Mittelpunkt ist der **Teatralnyi Maidan,** ein großer, weitgehend autofreier Boulevard. Auffälligstes Bauwerk ist hier das **Shevchenko-Theater,** ein Monumentalbau im Stalinklassizismus. Aber auch die Bebauung aus dem späten 19. Jh. prägt die Straße. Bis in die 1950er Jahre führte der heutige Teatralnyi Maidan auf eine mächtige neugotische Kirche mit einem nahezu 100 Meter hohen Spitzturm zu. Obwohl im Krieg nur leicht beschädigt, wurde die Kirche abgerissen, um einem Kaufhausneubau Platz zu machen. Vom Hauptboulevard geht die **Vul. Sahaidochnoho** nach Westen ab, eine Fußgängerzone mit schönen alten Fassaden, die sich platzartig verbreitert und den Blick auf die sehr interessante **Dominikanerkirche** freigibt. Ihr markantes Merkmal sind zwei Türme mit ungewöhnlichen grünen Pyramidendächern aus dem späten 18. Jh.,

Übernachtung
1 Hotel Hostynyi Dvir
7 Bahnhofshotel
9 Hotel Ternopil
10 Hotel Halychchyna
13 Fainyi Hostel

Essen und Trinken
2 Restaurant Shynok
3 Club Maksim
4 Café Bomond
5 Bar Koza
6 Faine Misto
8 Maidan
11 Kovcheh

Einkaufen
12 Markt

eine reich verzierte Barockfassade und eine mächtige silberne Kuppel über dem Hauptschiff. Die **Vul. Valova** geht in südlicher Richtung von der Sahaidachnoho ab. Auch hier ist viel Altbausubstanz erhalten. Maler breiten ihre Bilder zum Verkauf aus, es gibt kleine Läden, Cafés und Restaurants. Das Südende der Valova führt durch einen Durchgang unter einem Stalinbau auf die Vul. Ruska. Gegenüber dem Durchgang liegt die **Christi-Geburts-Kirche** von 1602, ein wehrhafter grauer Natursteinbau mit drei grünen Kuppeln. Sie wurde in den 1930er Jahren restauriert und in ihren Originalzustand zurückversetzt.

Am See

Das **Schloss** stammt aus der Erbauungszeit der Stadt, nach Umbauten im 19. Jh. ist allerdings nur noch der dem See zugewandte Flügel erhalten. Am See finden sich schöne **Strandpromenaden,** ein sommerlicher Ausflugsdampfer, Sandstrände und eine kleine künstliche Insel. Das Ufer säumen nette Cafés und Strandbars. Folgt man dem Seeufer südwärts, erreicht man die unmittelbar am Wasser stehende **Kreuzerhöhungskirche,** ein unauffälliger einschiffiger Bau mit kleinem quadratischem Turm. Die Kirche selbst stammt aus dem späten 16. Jh., der Turm aus dem Jahr 1627.

Regionalgeschichtliches Museum

Das Museum liegt am Maidan Iskustv 3, wenig südlich der Vul. Ruska, in einem großen Bau der 1980er Jahre. Geöffnet: täglich außer Mo und Mi.

Praktische Tipps

Informationen

■ **Infomaterial und Stadtpläne** werden an vielen Stellen im Stadtzentrum verkauft. Eine Touristeninformation gibt es nicht.

Unterkunft

9 **Hotel Ternopil,** www.hotelternopil.com: Direkt am Ufer des Sees, ist das Hotel Ternopil mit Abstand das beste der Stadt. DZ ab 780 UAH.

10 **Hotel Halychchyna,** http://hotelhalychyna.com: Recht weit vom Zentrum, auf der anderen Seeseite gelegene sozialistische Bettenburg, mittlerweile aber renoviert. Schöner Blick auf den See und das Stadtzentrum dahinter. DZ ab 550 UAH.

1 **Hotel Hostynyi Dvir,** Vul. Horbachivskoho 1: Das sympathische Hotel liegt ca. 500 Meter nördlich des Zentrums in einer ruhigen Seitenstraße und verfügt über DZ ab 300 UAH.

7 **Bahnhofshotel,** das Bahnhofshotel liegt wenige Schritte südlich des Hauptgebäudes, hinter der Bar Tropic. Einfache Einzel- und Doppelzimmer: EZ ab 90 UAH, DZ ab 120 UAH.

13 **Fainyi Hostel,** Vul. Sheptytskoho 23b, im obersten Stockwerk eines Wohn- und Geschäftshauses: Klein, aber fein und sauber in unmittelbarer Nähe von Markt und Busbahnhof. Ein Bett im Schlafsaal kostet ca. 150 UAH.

Essen und Trinken

Ternopil hat ein **ungewöhnlich gutes Angebot** an Kneipen, Restaurants und Cafés.

Mein Tipp: **5** **Bar Koza,** www.koza.te.ua: Die nette Kneipe mit roten Backsteinwänden und alternativem Interieur könnte so auch in Berlin-Neukölln stehen. Regelmäßig Live-Musik.

2 **Restaurant Shynok,** Vul. Zamkova 10a: Restaurant mit stilvollem Interieur und kleinem Biergarten in Schlossnähe am Seeufer. Regelmäßig Live-Musik. Gehört organisatorisch zur Bar Koza.

3 **Club Maksim,** www.maxim.te.ua: Exklusiver Gastrokomplex neben dem Schloss. Mit Restaurant, Loungebar, Pub und Disco.

8 **Maidan,** Vul. Iosypa Slipoho: Rustikale Kellerkneipe im Zentrum.

6 **Faine Misto,** direkt neben der Koza Bar am Shevchenkoboulevard gelegene Großraumkneipe.

4 **Café Bomond,** Vul. Lystopadova 1: Café und Konditorei mit guter Kaffee- und Kuchenauswahl.

11 **Kovcheh,** Vul. Zhyvova 5: Das weitläufige Restaurant liegt im Seret-Park südlich der Vul. Ruska und wurde in Form eines Schiffes angelegt. Viel Holz und eine Hausbrauerei.

■ **Brauerei Opillia,** Nad Stavom, Vul. Biletska, etwa 1 km nördlich des Zentrums, direkt am See: Rustikale Holztische und auch sonst alles recht einfach, aber nicht unsympathisch.

Einkaufen

■ Die meisten **Läden und Kaufhäuser** befinden sich in der Vul. Ruska sowie am Bulvar Shevchenka.

12 Der **Markt** liegt neben dem Busbahnhof in der Vul. Zhyvova.

Verkehrsmittel

■ Per **Bahn** ist Ternopil mit zahlreichen Fern- und Nahverkehrszügen zu erreichen. Der Bahnhof liegt im Zentrum wenige Meter östlich der Altstadt.

■ Der **Busbahnhof** liegt südlich der Altstadt in der Vul. Zhyvova 7. Einen weiteren, kleineren Busbahnhof gibt es in der Vul. Bilhirska 1. Von hier fahren die Regionalbusse Richtung Norden.

▷ Schloss und See in Ternopil

▽ Ternopil – die Dominikanerkirche im Zentrum

ukr14-060 pk

Zabarazh

Збараж

■ 25 km nördlich von Ternopil, Residenzstadt polnischer Magnaten
■ Einwohner: 20.000

Im 15. Jh. wurde das Örtlein Zabarazh von der **polnischen Magnatenfamilie Zbaraski** übernommen. Nachdem das Residenzschloss 1589 bei einem Überfall zerstört worden war, wurde das neue Schloss von Zabarazh im 17. Jh. als Palast innerhalb einer weitläufigen Festungsanlage erbaut. 1649 konnte die Festung gegen den Ansturm der Kosaken unter *Bohdan Khmelnytskyi* verteidigt werden. Dieses Ereignis gab die Vorlage für den Roman „Mit Feuer und Schwert" von *Henryk Sienkiewycz.* Ende des 18. Jh. wurde es von den Russen angegriffen, kam aber danach wie der Rest der Region unter habsburgische Herrschaft. Die Grenze zum Zarenreich verlief aber nur wenig nördlich von Zabarazh.

Sehenswertes

Das Schloss

Das Schloss, typisch für die Residenzen der Magnatenfamilien am Ostrand von Polen, ist eine Palastanlage innerhalb bastionierter Festungswälle. Ähnliche Strukturen finden sich heute noch in Vyshnivets, Pidhirtsi, Zolochiv, Dubno oder Olyka. Der **Renaissancepalast** liegt innerhalb eines inneren Walles mit einem schönen, renovierten Torgebäude und **vier Eckbastionen,** die derzeit rekonstruiert werden. Dieser innere Wall ist umgeben von einem Graben, der einst mit Wasser gefüllt war. Um ihn lag eine recht ausgedehnte Festungsanlage,

ukr14-067 pk

deren Bastionen noch gut zu erkennen sind. Heute ist die äußere Festungsanlage ein öffentlicher **Park**, der jederzeit zugänglich ist. Die innere Festungsanlage ist ein **Museum** und beherbergt Ausstellungen zur Regionalgeschichte. Das Palastinnere selbst wurde vor Kurzem im historischen Stil mit prächtigen Wandfresken neu ausgemalt.

Das Schloss ist täglich geöffnet. Sowohl im Palast als auch in den Kasematten befinden sich Ausstellungsstücke zur Geschichte von Schloss und Region.

Die Altstadt

Auf der anderen Seite der Hnizna liegt die Altstadt, die von einer Anhöhe oberhalb des Flusses leicht ins Tal abfällt und insgesamt recht vernachlässigt wirkt. Einige misslungene vierstöckige Wohnblöcke aus den 1950er Jahren und katastrophale Straßenverhältnisse tun ihr Übriges. An historischer Bebauung sind allenfalls **drei Kirchen** erwähnenswert. Die spätbarocke Bernhardinerkirche mit ihrer Zweiturmfassade ist schwer renovierungsbedürftig. Eine kleinere Barockkirche steht unmittelbar daneben. Im oberen Teil der Altstadt steht noch eine griechisch-katholische Kuppelkirche. Einigermaßen nett ist der Blick vom Seeufer unterhalb der Festung auf die Altstadt mit ihren Kuppeln und Türmen. Da das Schloss ein echtes Highlight ist, bleibt zu hoffen, dass auch die Altstadt in näherer Zukunft restauriert wird.

Praktische Tipps

Unterkunft

- **Hotel Hetman,** Vul. Morozenko 4, Tel. 03550-246 36: Neu erbautes, sehr sympatisches Hotel in unmittelbarer Nähe der Festung. DZ ab 400 UAH.

Essen und Trinken

- **Restaurant Vytrebenky,** Pl. Ivana-Franka 38a: Recht rustikal in einem historisierenden Neubau in der Altstadt.
- **Burggaststätte Lehenda,** in den Kasematten der Festungsanlage: Historisches Ambiente.

Verkehrsmittel

- Per **Bus** ab Ternopil problemlos erreichbar. Viele der Busse fahren vom Busbahnhof Nr 2., Vul. Bilohirska 1.

Umgebung

Auf dem Weg Richtung Kremenets lohnt das Dorf **Vyzhnivets,** das von einem Barockschloss überragt wird, einen kurzen Stopp. Schön ist schon der Blick aus dem Tal des Horyn auf das Schloss und die knapp unterhalb liegende Kirche. Eine weitere kleine Holzkirche befindet sich im Ortszentrum. Die einstige katholische Kirche ist eine Ruine.

Kremenets

Кременець

- **70 km nördlich von Ternopil, Kleinstadt in reizvoller Lage mit vielen Kirchen und Burgruine**
- **Einwohner: 21.000**

Dank der reizvollen Lage, der alten Burganlage und jeder Menge Kirchen ist Kremenets eines der hübschesten Städtchen der Westukraine. Die Landschaft bildet hier eine scharfe, teils felsige **Abbruchkante** von etwa 150 Meter Höhe. Die Hochfläche der Podolischen Platte endet, die Niederung des kleinen Polissia beginnt, bevor die Landschaft in der Gegend von Dubno wieder ansteigt und den Kreiderücken von Rivne bildet. Diese Abbruchkante wird auch als Kremenets-Gebirge bezeichnet, das sich nach Westen über die Hügelkette der Voroniaky-Hory bis nach Lviv und über die Rostochia weiter nach Polen fortsetzt.

Geschichte

Zu polnischer Zeit war Kremenets ein bedeutendes Kulturzentrum mit Magdeburger Recht, das von einer besonderen **Multikulturalität** geprägt war. Das kleine Städtchen hat ein reiches kulturelles Erbe: 1809 wurde hier *Juliusz Slowacki* geboren, der neben *Adam Mickiezwicz* größte romantische Dichter Polens. Nach dem antizaristischen Novemberaufstand 1831 verließ er die Stadt für immer, widmete ihr aber zahlreiche literarische Erinnerungen. Ein weiterer berühmter Sohn der Stadt ist der weltbekannte Violinist *Issak Stern.*

1805 entstand das **Kremenetser Lyzeum** auf dem Gelände des Jesuitenklosters, eine bedeutende Bildungseinrichtung in Wolhynien. Die relative Autonomie des Lyzeums war dem Zaren aber ein Dorn im Auge, und die polnischen Aufstände boten willkommenen Anlass, es zu schließen. Die umfangreiche Bibliothek und weitere Ausstattungsstücke wurden zum Grundstock der Universität Kiew, die wenig später gegründet wurde. Nach 1918 wurde die Lehrtätigkeit erneut aufgenommen, um nach dem 2. Weltkrieg wieder stark eingeschränkt zu werden. Heute findet sich in Kremenets noch ein pädagogisches Institut.

Im 1. Weltkrieg gab es infolge starker Frontkämpfe einige Zerstörungen, die eigentliche Katastrophe brachte aber auch hier der **2. Weltkrieg.** Die jüdische Bevölkerung wurde in ein **Ghetto** gesperrt, das im September 1942 in Brand gesetzt wurde. Schon vorher waren 2500 Bürger der Stadt, darunter viele Lehrer des Lyzeums, erschossen worden. Die polnischen Einwohner wurden bis auf wenige hundert vertrieben, und so zählte die Stadt 1945 gerade noch 10.000 Einwohner.

Sehenswertes

Das historische Zentrum

Die gesamte Altstadt liegt im tief eingeschnitten Tal der Ikva. Das historische Zentrum gruppiert sich um die **ehemalige Jesuitenkirche** und das angrenzende **Basilianerkloster.** Die eindrucksvolle, gelb gestrichene Doppelturmfassade der Jesuitenkirche ist ein hervorragendes Beispiel für die spätbarocke Architektur in der Rzeczpospolita und weist deutliche italienische Einflüsse auf. Heute gehört die Kirche der Ukrainisch-Orthodoxen Kirche. Sie steht oberhalb einer – renovierungsbedürftigen – parkartigen Terrassenanlage. Unmittelbar angrenzend stehen die **Kremenetser Zwillinge,** zwei Wohnhäuser aus dem 18. Jh. Gegenüber der Jesuitenkirche liegen die **Nikolaikathedrale** und das einstige Franziskanerkloster aus dem 18. Jh. Ab 1831 wurde die Kirche der Russisch-Orthodoxen Kirche übergeben und im Inneren stark verändert und neu ausgemalt.

Jüdisches Kremenets

Das einzige erhaltene Gebäude des jüdischen Kremenets wird heute als Busbahnhof genutzt; einst war es die **Hauptsynagoge.** Unterhalb des Jesuitenklosters lag das Zentrum des jüdischen Shtetls. Hier erweitert sich die Vul. Shevchenka ein wenig und bildet einen kleinen Platz, der früher „Ul. Szeroka – Breite Straße" hieß, ein typischer Name für Marktstraßen im jüdisch geprägten Ostpolen. Heute ist der alte Platz nur noch ansatzweise zu erkennen. Der **alte jüdische Friedhof** liegt auf der östlichen Talseite etwa in Höhe des Bohoiavlenskyi-Klosters und ist leicht zu finden, da er sich, von Weitem sichtbar, hangaufwärts erstreckt.

Die Burg

Auf der Spitze eines kegelartigen Hügels, 150 Meter oberhalb des Zentrums, liegt die alte Burg. Erhalten blieben Umfassungsmauern und das Haupttor. Die Anlage geht auf das Mittelalter zurück, wurde im 16. Jh. völlig umgebaut und bereits in den Kosakenkriegen zerstört. Mit ih-

ukr14-060 pk

ren hellen Kalksteinmauern und dem rasenbepflanzten Innenhof erinnert sie an irische oder englische Ruinen. Die Besichtigung kostet einen geringen Eintritt. Hauptgrund für den recht beschwerlichen Aufstieg ist weniger die Burgruine selbst als die **herrliche Aussicht über Kremenets und die nördlich anschließende Ebene.** Um zur Burg zu gelangen, folgt man etwa 500 Meter südöstlich der Jesuitenkirche der Vul. Zamkova, die hier als Kopfsteinpflasterstraße nach links abzweigt. Nach zwei Haarnadelkurven ist die Weiterfahrt mit dem Auto nicht mehr möglich, und auf einem Pfad, der über einen Felsrücken steil nach oben führt, erreicht man den Burgberg.

Außerhalb der Altstadt

Das **Bohoiavlenskyi-Kloster** liegt ein wenig oberhalb der Vul. Shevchenka auf der linken Seite. Die turmlose Kirche wurde Mitte des 18. Jh. erbaut, seit der ersten Hälfte des 19. Jh. ist sie im Besitz der Orthodoxen Kirche. Schräg gegenüber steht die **Kreuzerhöhungs-Holzkirche** aus dem 19. Jh., ebenfalls im russischen Stil. Das Kirchlein präsentiert sich renoviert in leuchtenden Blautönen.

Piatnystke-Friedhof

Ein alter, verlassener polnischer Friedhof liegt schräg oberhalb des Bohoiavlenskyi-Klosters auf der westlichen Talseite. Vom Kloster führt ein Fußweg dorthin. Zunächst wird der aktuelle Friedhof passiert, der Weg verläuft dann weiter durch einen Kiefernwald aufwärts. Kurz vor der Hügelkuppe sind eine Kapelle sowie Grabsteine mit polnischen Inschriften zu erkennen. Folgt man dem Weg weiter bis ganz nach oben, hat man einen **wunderschönen Blick auf die Altstadt** mit den drei Kirchen und der Burg.

Julius-Slowacki-Museum

■ **Vul. Juliusha Slovatskoho 16**

Das Museum erinnert an den hier geborenen **polnischen Dichter.** Es befindet sich seit 2002 in dem Gebäude, in dem *Slowacki* einen Großteil seiner Kindheit verbrachte.

Praktische Tipps

Unterkunft

Aufgrund der vielen polnischen Touristen gibt es in Kremenets eine erfreulich große Anzahl preisgünstiger Hotels.

■ **Hotel Vika,** Vul. Shevchenka 53, Tel. 03546-238 83: Vom Busbahnhof etwa 1 km Richtung Zentrum. Relativ neuer Komplex, DZ ab 250 UAH.
■ **Hotel Stare Misto,** Vul. Shevchenka, Tel. 03546-222 29: Unterhalb des Burgbergs, ebenfalls neu errichtet. DZ ab 250 UAH.
■ **Hotel Kalyna,** Vul. Dubenska 175b, http://kalyna-hotel.com: Modernes Hotel am nördlichen Stadtrand mit DZ ab 340 UAH.

☐ Blick auf Kremenets

Essen und Trinken, Einkaufen

- Kleinere **Bars** finden sich im Stadtzentrum.
- Das **Café Bravo** liegt in unmittelbarer Nähe des Jesuitenklosters, quasi in die Klostermauer „eingebettet" (Vul. Shkilna 1), und ist eines der nettesten Lokale.
- Der **Markt** liegt gleich am Busbahnhof.

Verkehrsmittel

- Von Ternopil, aber auch von Rivne oder Dubno ist Kremenets gut per **Bus** erreichbar. Der Busbahnhof liegt etwa 2 km nördlich des historischen Zentrums in der Vul. Dubenska.

Die Lavra von Pochaiv

Почаївська лавра

- **25 km westlich von Kremenets, 120 km östlich von Lemberg, wichtigstes orthodoxes Kloster in der Westukraine**
- **Einwohner: 17.000**

Auf dem Weg von Kremenets nach Pochaiv verändert sich die Landschaft allmählich, und der schroffe Anstieg des Kremenets-Gebirges geht nach und nach über in ein sanftes Hügelland. In dieser lieblichen Landschaft liegt der **Klosterkomplex** der Lavra von Pochaiv weithin sichtbar auf einer Hügelkuppe. Die Lavra ist ein **einzigartiges Sakralbauwerk,** dessen Besichtigung wirklich niemand, der diese Gegend bereist, verpassen sollte. Gleich nach der Kiewer Lavra gilt das Pochaiver Kloster als heiligste Stätte der orthodoxen Kirche des Moskauer Patriarchats in der Ukraine. Obgleich oft von Pilgern bevölkert, ist es weitaus weniger touristisch als die Kiewer Lavra und die Atmosphäre viel intimer. Besucher müssen auf passende Kleidung achten, für Frauen heißt das Rock über Knielänge (oder ein entsprechend um die Hose gewickeltes Tuch) und Kopftuch, bei Männern sind Shorts und Sandalen ein absolutes Sakrileg.

Geschichte

Als orthodoxes Heiligtum bestand das Himmelfahrtskloster bereits im 13. Jh., als sich Mönche der Kiewer Lavra, die auf der Flucht vor den Mongolen hier strandeten, als **Eremiten in kleinen Höhlen** niederließen. Wie in Kiew kamen sukzessive die überirdischen Klostergebäude hinzu. **Zwei wundersame Ereignisse** trugen zum schnell steigenden Ruhm des Klosters bei: Maria soll hier erschienen sein und ihren Fußabdruck hinterlassen haben; aus diesem entsprang eine heilige Quelle. Die zweite heilige Reliquie, die die Pilger in Scharen nach Pochaiv zieht, ist eine wundertätige Marienikone. Sie wurde dem Kloster 1597 von einer lokalen Aristokratin überreicht, nachdem das Gebet zu dieser Ikone die Wunderheilung ihres Bruders bewirkte. Beide Reliquien sind in der Uspenkyi-Kathedrale zu bestaunen.

Im Laufe seiner Geschichte ging das Kloster an den unierten Basilianerorden über, der die **Uspenkyi-Kathedrale** im mitteleuropäischen Barockstil errichtete. In den 1830er Jahren wurde das Kloster wieder orthodox und erhielt vom Zaren den Ehrentitel Lavra. In der Folge wurde die Kathedrale neu ausgemalt, die einstige barocke Ausstattung blieb nur teilweise erhalten. Neu errichtet wurden die **Dreifaltigkeitskirche** im neuromanischen, an die Kirchen der Kiewer Rus erinnernden Stil und ein hoher Glockenturm. Zu Sowjetzeiten wurde das Kloster teilweise in ein Museum des Atheismus verwandelt, aber die Beschädigungen fielen insgesamt geringer aus als in der Kiewer Lavra.

Pochaiv wird von nationalistischen Westukrainern gerne als **„Stachel im Fleisch der Westukraine"** bezeichnet – die Anwesenheit des Moskauer Patriarchats, das sich gerne als Wahrer russischer Interessen, sprich des Kremls, hervortut, wird mit Argwohn beobachtet. Bei aller Kritik an der orthodoxen Amtskirche herrscht im Ort, der immer voll mit Pilgern aus dem gesamten ehemaligen Sowjetreich ist, eine **wunderbar spirituelle Atmosphäre.** Wenn zur Zeit der Hauptmesse die vielstimmigen orthodoxen Choralgesänge nach draußen übertragen werden und im ganzen Ort zu hören sind, wird es richtig mystisch.

Sehenswertes

Ins Kloster gelangt man durch ein klassizistisches Tor von 1835. Von hier erreicht man den ansteigenden Hof. Links liegt etwas erhöht die neuromanische **Dreifaltigkeitskirche,** die ein pseudoromanisches Portal mit Mosaiken und eine Kuppel zieren. Der Glockenturm in der Mitte des Hofes hat eine Höhe von 65 Meter unter einer goldenen Kuppel. Die Klostergebäude stammen vom Ende des 18. Jh., sie liegen nördlich der Kirchen und umschließen einen Innenhof, in dem sich ein tiefer Brunnen befindet.

Die **Uspenkyi-Kathedrale** ist zweifellos das schönste Bauwerk. Die herrliche Rokokofassade mit zwei sich nach oben verjüngenden Türmen dominiert die gesamte Klosteranlage und erinnert an das Kloster Melk in Österreich. Interessant ist die Lage auf einem podestartigen Sockelgebäude, das die perfekte Form des Baus gut zur Geltung bringt. Von der Kirchenterrasse bietet sich ein schöner Blick auf das umliegende Hügelland bis zum Kloster von Pidkamin. Im Inneren sind noch Teile der alten Altäre aus der Barockzeit in den Seitenschiffen zu sehen, die Kirche selbst wurde aber im Stil des 19. Jh. ausgemalt. Auch die Ikonostase stammt aus dem 19. Jh. Unter der Kirche befinden sich zwei Höhlenkirchen. Die wahren Highlights sind aber die **heilige Quelle** und die **wundertätige Marienikone.** Die Kirche ist immer voller Leben, liturgischer Gesänge und sich inbrünstig bekreuzigender Gläubiger.

Ansonsten ist Pochaiv weitgehend von dörflicher Bauweise geprägt. Etwa 2 km östlich des Klosters am Ende einer schnurgeraden Straße steht die **Maria-Geburtkirche** aus dem 18. Jh. 2,5 km weiter östlich ist die **Skite von Pochaiv** zu sehen, eine Art Einsiedlerkloster im Wald, das gegen 1900 erbaut wurde. Auch hier finden sich noch einige unterirdische Räume.

Praktische Tipps

Unterkunft

■ **Reikartz,** Vul. Losiatynska 4, www.reikartz.com/ru/hotels/pochaev: Das Hotel liegt unterhalb des Klosters in einem historisierenden Neubau. DZ ab 750 UAH.

- **Pochaivtur,** Tel. 097-296 88 65: Hostel in Einfachstbauweise in einem Hinterhof. Man achte auf das alte Kino mit Fassade im Stalinstil. Schlafplatz ab 120 UAH.
- **Premier Hotel Pochaiv,** unmittelbar gegenüber des Haupteingangs zum Kloster, Vul. Vozyednanniya 3: DZ ab 600 UAH.
- **Ferienhaus Svirneva Siti,** etwa 3,5 km vom Ort entfernt im Grünen: 2000 UAH für das ganze Haus mit einer Kapazität von fünf Personen (buchbar über die üblichen Buchungsportale).
- **Rodinna Hnizdo,** Vul. Stelmashchuka, recht zentral im Ort gelegen: Komplex aus mehreren luxuriösen hölzernen Ferienhäusern, jeweils Kapazität von sechs Personen, ab 2800 UAH.

Essen und Trinken

- In den **Hotels Pochaiv und Reikartz** gibt es gute Restaurants.
- Eine passable **Café-Bar** erwartet den Besucher nahe dem Haupteingang zum Kloster.

Verkehrsmittel

- Pochaiv ist aus Ternopil und Kremenets gut per **Bus** erreichbar. Der Busbahnhof liegt westlich unterhalb des Klosters.

ukr19-022 pk

Pidkamin

Підкамінь

- **25 km südlich von Brody, historisches Kloster in schöner Umgebung**
- **Einwohner: 2000**

Das **Wehrkloster** von Pidkamin ist ein Kleinod in wunderschöner Umgebung, nahe einem frei stehenden Sandsteinfelsen – *pid kamin* bedeutet „unter dem Fels". Das eindrucksvolle Kloster wird derzeit aufwendig restauriert, kann aber in Teilen besichtigt werden – eine bereits im jetzigen Zustand lohnende Angelegenheit.

Das heutige Bauwerk wurde nach der Zerstörung durch die Tataren im 17. Jh. als **Dominikanerkloster** neu errichtet. Es entstand als riesiges Festungskloster mit Bastionen und Wehrmauern. Der 2. Weltkrieg brachte das vorläufige Ende des Klosterbetriebs, Einrichtung und Teile der alten Ausstattung sind heute im polnischen Breslau zu finden. Die Sowjetzeit überstand das Kloster als Ruine, vor allem die Hauptkirche wurde in Mitleidenschaft gezogen. Das Klostergelände diente als psychiatrische Klinik. Seit der Unabhängigkeit untersteht das Kloster dem Griechisch-Unierten Studitenorden, der es peu à peu wieder aufbaut.

Im Innenhof gibt es eine große barocke **Basilika** mit hohem Turm mit durchbrochener Laterne. Der Wiederaufbau der Kirche geht langsam, aber stetig voran. Eines der Seitenschiffe ist mittlerweile wieder öffentlich zugänglich, der Rest nach wie vor Baustelle. Die Restaurierung der Klostergebäude, wie auch einer frei stehenden Kapelle im Hof, ist relativ weit fortgeschritten; eine **Unterkirche** im Keller, die den Mönchen als Raum für ihre Messen dient, erstrahlt bereits wieder im alten Glanz.

Pidkamins zweite Sehenswürdigkeit ist der etwa 300 Meter nördlich des Klosters gelegene, 17 Meter hohe **Sandsteinfelsen** auf einem baumlosen Hügel, der von alten **kosakischen Steinkreuzen** umrahmt wird. Der Fels kann vorsichtig mit Hilfe von Trittstufen bestiegen werden und bietet einen herrlichen Rundblick auf das umliegende Hügelland bis hin zum Kloster Pochaiv.

In und um Pidkamin gibt es einige kleinere Rundkapellen. Der hügelige Ort beherbergt eine schöne Quelle, mehrere interessante Ziehbrunnen und nette alte Häuschen. Die Ortsmitte liegt etwa 1 km westlich des Klosters.

Unterkunft, Essen und Trinken

- Offizielle Unterkünfte sucht man vergeblich, aber das Gebiet unterhalb des Felsens eignet sich gut zum **Zelten.**
- An der Hauptstraße liegt das kleine **Restaurant Chumatskyi Shliakh.**

Verkehrsmittel

- Per **Bus** ist Pidkamin den ganzen Tag über von Brody aus erreichbar. Der Busbahnhof liegt etwas versteckt hinter einer neu errichteten Kirche nahe der Hauptstraße.

☐ Diverse Kapellen und ein markanter Sandsteinfelsen prägen das Ortsbild von Pidkamin

Brody

Броди

■ 100 km östlich von Lemberg, einstige jüdische Stadt und Geburtsstadt von Joseph Roth
■ Einwohner: 23.000

Die Kleinstadt Brody ist vor allem als **Herkunftsort des deutsch-jüdischen Schriftstellers Joseph Roth** bekannt, der hier im Jahr 1916 sein Abitur ablegte und später in Lemberg und Wien studierte. Das Städtchen hat darüber hinaus ein **großes jüdisches Erbe.** So hatte Brody für die Entwicklung des Chassidismus eine große Bedeutung, da Wunderrabbi *Ba'al Shem Tov* lange Jahre hier lebte. Zu Beginn des 2. Weltkriegs waren 70 % der Bevölkerung Brodys jüdischen Glaubens. Was der Holocaust an schrecklichem Verlust für die Stadt bedeutete, ist unschwer vorstellbar. Der Charme des heutigen Brody leidet darunter, dass Teile der historischen Altstadt aus der Habsburger Zeit im 2. Weltkrieg zerstört wurden.

Sehenswertes

Zwischen Markt und Maidan Svobody

Der einstige Marktplatz, in dessen Mitte vor der Kriegszerstörung die arkadengeschmückten Handelsreihen standen, wurde nach dem Krieg neu bebaut. Heute findet sich hier die Stadtverwaltung, umgeben von langweiligen 1950er-Jahre-Bauten. Östlich beginnt der noch verbliebene Teil des alten Brody. Die autofreie **Vul. Zolota** verbindet Markt und Maidan Svobody. Viele alte Fassaden aus dem 19. Jh. sind erhalten. Zwischen den beiden Plätzen steht, etwas versteckt, eine kleine, bescheidene Kirche im Stil der Spätrenaissance. Der parkartige **Maidan Svobody** wird von einem Uhrturm in Fachwerkbauweise dominiert. Noch weiter östlich sind einige recht eindrucksvolle Administrativbauten aus der K.u.K.-Zeit zu sehen, auch das **Gymnasium, an dem Joseph Roth 1916 sein Abitur ablegte,** befindet sich hier.

Ruinen der Synagoge und Zitadelle

Westlich des Marktes ist wenig an historischer Bebauung erhalten, etwa die **Ruine der alten Synagoge** aus dem 18. Jh. einen Block südwestlich. Die erhaltene Außenfassade der Ostseite zieren eine schöne Bogenattika, Stuckreliefs und hebräische Inschriften; sie lassen erahnen, wie repräsentativ der Bau einst war. Nur wenige Meter vom Marktgelände entfernt gibt die **einstige Koniecpolski-Zitadelle** aus dem Jahr 1630 ebenfalls ein trauriges Bild ab. *Koniecpolski* bedeutet so viel wie „das Ende Polens" und war der Name eines Magnatengeschlechts aus dem 17. Jh. Die Festung wurde nach dem Vorbild italienischer Wehrbauten von *Guillaume de Beauplan* als fünfzackiger Stern mit Bastionen an jeder Ecke errichtet. Im Inneren ließ die Familie *Potocki* im 18. Jh. einen einfachen Palast im Rokokostil bauen. Zur Sowjetzeit war die Anlage im Besitz der Roten Armee, die das Ensemble völlig ramponiert hinterließ. Die kasemattierten Wälle der Festung sind teils erhalten, wenn auch in schlechtem Zustand, die Grünanlage im Inneren ist ungepflegt und der Palast schwer renovierungsbedürftig.

Der jüdische Friedhof

Der jüdische Friedhof liegt etwa 2 km **nördlich des Zentrums.** Hat man die Stadt verlassen, folgt man kurz vor dem Waldrand einem Feldweg nach links. Der Friedhof erstreckt sich über eine Fläche von etwa 500 x 200 Meter und lässt die Bedeutung der jüdischen Gemeinde von Brody noch erahnen. Die eng stehenden Grabsteine sind bis zu zwei Meter hoch – sie erwecken durchaus Assoziationen zum Stelenfeld des Berliner Holocaust-Mahnmals.

Regionalgeschichtliches Museum

Maidan Svobody 5

Der Besuch des Museums ist sehr zu empfehlen, die Beschriftung der Exponate erfolgt teils auf Deutsch. Gezeigt werden alte Bilder, ein Modell der alten Stadt, Zeitungen aus früheren Tagen. Auch die jüdische Geschichte der Stadt wird thematisiert. Schockierend ist eine Bleistiftzeichnung des Ghettos während des 2. Weltkriegs.

Praktische Tipps

Unterkunft

Hotel Evropa, Vul. Yurydyka 5, Tel. 03266-260 35: Gilt als das beste Hotel der Stadt, DZ ab 450 UAH. Wenig nördlich des Zentrums gelegen, es ist sehr gut ausgeschildert.

Brodys Umgebung – das Schloss in Pidhirtsi

ukr19-023 pk

Hotel Tsentralnyi, Vul. Zaliznychna 17, Tel. 03266-420 60: In einem älteren Gebäude, DZ ab 250 UAH. Innen erstaunlich stilvoll renoviert, aber nicht immer übermäßig sauber.

Hotel Filvarok, Vul. V. Filvarki 1h, Tel. 03266-414 40: Am Ostrand des Zentrums in einem Neubau. DZ ab 450 UAH, aber nur wenige Zimmer und daher oft ausgebucht.

Essen und Trinken, Einkaufen

Entlang der Vul. Zolota liegen viele kleine **Cafés.** An der Südostecke des Maidan Svobody lädt ein nettes Café in einem pavillonartigen Neubau zu einem Aufenthalt ein.

Der **Markt** liegt zwischen Marktplatz und Festungsanlage.

Joseph Roth (1894–1939)

Joseph Roth wurde am 2. September 1894 als deutschsprachiger Jude in Brody geboren. Er lernte seinen Vater nie kennen und **wuchs in bescheidenen Verhältnissen auf,** erhielt aber dennoch die Möglichkeit, Abitur zu machen. Bereits als Schüler verfasste er erste Gedichte. 1913 begann er an der Universität Lemberg ein Philosophie- und Germanistikstudium, zog jedoch ein Jahr später nach Wien.

Nach dem Ende des 1. Weltkriegs, den er in russischer Gefangenschaft überlebte, kehrte *Roth* nach Wien zurück und **begann sich in linksliberalen Kreisen politisch und publizistisch zu engagieren.** Ab 1920 lebte er zeitweise in Berlin und war Mitarbeiter bei der sozialdemokratischen Parteizeitung „Vorwärts". In den Folgejahren abwechselnd in Berlin, Wien und Paris zu Hause, schrieb er für verschiedene renommierte Zeitungen und verfasste die **Romane** „Das Spinnennetz", „Hotel Savoy" und „Flucht ohne Ende". Später war er als **Reisekorrespondent** in ganz Europa unterwegs und besuchte in diesem Rahmen auch die junge Sowjetunion. In der Folge änderten sich seine politischen Einstellungen nachhaltig, und er wendete sich eher dem konservativen Spektrum zu, blieb jedoch entschiedener Gegner der Nazis.

Seine Frau *Friederike* erkrankte nur wenige Jahre nach der Eheschließung 1928 an Schizophrenie und wurde in eine geschlossene Anstalt eingewiesen. Sie überlebte das Dritte Reich nicht.

1930 schrieb *Roth* seinen berühmtesten Roman, **„Hiob",** in dem er sich mit dem Leben im jüdischen Shtetl auseinandersetzte. 1932 erschien der **„Radetzkymarsch",** der allgemein als sein Meisterwerk gilt. Mit der Machtergreifung *Hitlers* emigrierte er nach Paris und konvertierte dort zum Katholizismus. *Roths* Bücher wurden 1933 von den Nazis verbrannt. Infolge seiner **Alkoholabhängigkeit** – vermutlich auch eine Folge des Verlusts seiner Frau – starb er 1939 in einem Pariser Armenhospital.

Joseph Roth gilt als hervorragender Feuilletonist und Romancier. Seine Bücher sind eindringliche **Zeitdokumente des Niedergangs** der österreichisch-ungarischen Donaumonarchie. Er schildert diese Zeit anhand von Romanfiguren auf der Suche nach ihrer Heimat, ihrer Orientierung und damit nach sich selbst.

Verkehrsmittel

- Brody liegt an der wichtigen **Bahnlinie Lemberg – Kiew.** Viele Fernzüge halten hier, ansonsten Nahverkehrszüge der Strecke **Lemberg – Zolbuniv.** Vom Bahnhof (und Busbahnhof daneben) ist es etwa 1 km zu Fuß ins Zentrum.
- Von Lemberg starten **Busse** ab dem Busbahnhof Nr. 2.

In der Umgebung

In der Umgebung von Brody gibt es **zwei Bauwerke von herausragender Bedeutung: die Schlösser von Pidhirtsi und Olesko.** An beiden Orten führt die Hauptstraße Lemberg – Rivne mit regem Busverkehr vorbei. Von der Straße läuft man etwa 1 km nach Olesko und etwa 2 km nach Pidhirtsy. Von Brody fahren auch Lokalbusse in beide Orte.

Pidhirtsi
Підгірці

Etwa 12 km westlich von Brody, am Abhang der Voroniaky-Hory, thront weithin sichtbar ein **monumentales Palastensemble aus dem 18. Jh.** Das an französische Barockschlösser erinnernde Bauwerk könnte genauso gut an der Loire stehen. Das Schloss gehörte der Koniecpolski-Familie. Derzeit wird das Gebäude saniert und ist für Besucher geschlossen. Die Anlage selbst ist aber bereits den Besuch wert: Das Hauptgebäude wird eingerahmt von zwei pagodenähnlichen Türmen mit sanft geschwungenen Spitzen. Das gesamte Schloss umgibt eine bastionierte Wallanlage. Der Innenhof kann besichtigt werden, nicht jedoch das Schloss selbst, was allerdings auch nicht so schlimm ist: Aufgrund von Kriegszerstörungen blieb kaum etwas von der historischen Ausstattung erhalten. Unterhalb befand sich eine barocke Gartenanlage, die noch ansatzweise erkennbar ist. Etwa 300 Meter südlich liegt die großartige **Josefskirche** aus der zweiten Hälfte des 18. Jh., ein schlanker Kuppelbau im Rokokostil, der innen von oben bis unten mit prächtigen Wandfresken ausgemalt ist.

Olesko
Олесько

5 km westlich von Pidhirtsi erhebt sich auf einem kleinen Hügel oberhalb der Ebene das **Schloss von Olesko,** ein wehrhaftes Renaissanceschloss aus dem 17. Jh., das sich um einen kleinen Innenhof gruppiert. Obgleich das Schloss im 1. Weltkrieg schwer in Mitleidenschaft gezogen wurde, sind einige Wehrgänge, der Torturm und das recht massive weiße Hauptgebäude gut erhalten. Im Inneren des Schlosses ist ein Teil der **Lemberger Kunstgalerie** untergebracht mit Ikonen aus dem 15./16. Jh. und Möbeln aus eben dieser Zeit. Auch die historischen Räume sind teils zu besichtigen. In den Schlosskellern sind schöne Gewölbe und eine alte Brunnenanlage zu sehen. Dort befindet sich auch eine stilvolle Gaststätte, die Bedienungen tragen historische Kostüme, im Hintergrund erklingt Musik aus dem Mittelalter und der Renaissance. Das Schloss ist täglich außer Mo geöffnet.

Direkt unterhalb des Burgbergs befindet sich das ehemalige **Kapuzinerkloster** mit einer unspektakulären, turmlosen Barockkirche. In dem ganz hübschen Dorf steht eine weitere Renaissancekirche mit einem Wehrturm unter einer unkonventionellen Zwiebelkuppel.

Einen **schönen Blick** auf den Ort und das Schloss hat man von einem Hügel am südlichen Ortsrand, auf dem sich auch der örtliche Friedhof befindet.

Zolochiv

Золочів

- **70 km östlich von Lemberg, Festungsstadt am einstigen Ostrand von Polen**
- **Einwohner: 24.000**

Ebenfalls am Fuße der Voroniaky-Berge liegt die Kleinstadt Zolochiv. Sie wurde im 15. Jh. gegründet und entwickelte sich in den folgenden Jahrhunderten zu einem **Zentrum armenischer Siedler und des Chassidismus.** Der mit Abstand wichtigste Gebäudekomplex ist die **Schlossfestung** aus dem 17. Jh. Sie überragt die Altstadt auf einem etwa 300 Meter südlich des Zentrums gelegenen kleinen Hügel. Das Schloss wurde unter König *Sobieski* errichtet, eine quadratische Anlage mit Erdwällen und Bastionen an allen Ecken. Zur Habsburger Zeit wurde es als Gefängnis genutzt. Diese traurige Tradition setzte sich bis ins 20. Jh. fort. Zu *Stalins* Zeiten wurden hier Tausende von „Volksfeinden" erschossen. Die barocke **Gartenanlage** im Innenhof, der Hauptpalast und der chinesische Pavillon auf der Südseite der Anlage wurden unlängst restauriert. So können sowohl der Palast, in dem sich eine Ausstellung über die Geschichte von Zolochiv und einige historische Räume befinden, als auch der Pavillon besichtigt werden – ein absolutes Muss! Das Schloss untersteht der Lemberger Kunstgalerie und ist täglich außer Mo geöffnet.

Unweit des Busbahnhofs, am Nordrand der Altstadt, liegt der einstige **Marktplatz,** leider in wenig anheimelndem Zustand. Von hier zweigt die **Fußgängerzone** Vul. Shashkevycha ab, in der – neben vielen 1950er-Jahre-Bauten – auch eine große Zahl historischer Häuser zu sehen ist. In einer Parallelstraße östlich steht die katholische **Kirche** aus dem 18. Jh. mit ihrer schönen Fassade aus Naturstein. Die Innenausstattung ist weitgehend original. Eine kleine **Kapelle** befindet sich in der ruhigeren, von rechts einmündenden Vul. Pushkina. Am Südrand der Altstadt ist zudem die griechisch-katholische **Auferstehungskirche** aus dem 17./18. Jh. mit Zentralkuppel sehenswert. Das alte Arsenalgebäude, ein Wehrbau aus dem 14. Jh., befindet sich in der Nähe, seine Restaurierung und der Umbau in ein Kloster sind nach jahrelanger Arbeit mittlerweile abgeschlossen.

Unterkunft

- **Hotel Hostynyi Dim,** Tel. 098-909 86 41: Sehr nettes kleines Hotel am Rand der Altstadt, ein gemütliches Café gehört mit dazu. DZ ab 250 UAH.
- **Hotel Ukraina,** Vul. Valova 4, Tel. 03265-421 42: Weitgehend unrenoviertes großes Hotel am Rand der Altstadt. Unrenovierte DZ ab 80 UAH, renoviert ab 250 UAH.

Essen und Trinken, Einkaufen

- Im Ravelin, vor dem Haupttor der Festung, ist eine sehr empfehlenswerte **Schlossgaststätte** anzutreffen.
- Das kleine **Café Maiak** liegt in einem neu errichteten Pavillon am Ende der Vul. Pushkina.

■ **Pizzeria Priama,** Vul. Valova 4a: Nett und stilvoll.

■ Brauchbar ist auch ein kleines **Café-Restaurant** mit schönem Außenbereich schräg gegenüber der Pizzeria; man achte auf die Aufschrift „Bar".

■ Der **Markt** liegt neben dem Busbahnhof am Pl. Vicheva.

Verkehrsmittel

■ Per **Bus** ist Zolochiv vom Busbahnhof 2 in Lemberg erreichbar. Der Busbahnhof von Zolochiv liegt direkt im Zentrum.

■ Zolochiv wird von den meisten **Zügen der Strecke Lemberg – Ternopil** angefahren. Der Bahnhof liegt aber recht weit außerhalb.

In der Umgebung

Im Hügelland zwischen Zolochiv, Rohatyn und Lemberg sind zahlreiche Burgen und Schlösser angesiedelt: Hervorzuheben sind die **Burgen von Svirzh** (40 km südöstlich von Lemberg) **und Stare Selo** (25 km südlich von Lemberg). Stare Selo ist Haltepunkt der Regionalzüge von Lemberg Richtung Halych.

Wunderschön in einem Tal, in einer Waldlichtung gelegen ist die **Lavra von Univ** etwa 5 km östlich von Peremyshliany. Die Hauptkirche mit ihrem kleinen gedrungenen Turm geht auf das Mittelalter zurück. Die Lavra untersteht der griechisch-katholischen Kirche.

☐ Schlossfestung Zolochiv

ukr14-065 pk

5 Die Karpaten

Die Karpaten sind seit der russischen Annexion der Krim die wichtigste touristische Region der Ukraine. Anders als in den Alpen ist die touristische Erschließung aber noch recht gering. So blieben einzigartige Naturlandschaften und ursprüngliche Dörfer bestehen, wie sie im Alpenraum kaum noch zu finden sind.

< Der Dovbush-Felsen bei Bubnyshche

GRÜNE HÜGEL UND WILDE SCHÖNHEIT

Die Karpaten erstrecken sich auf einer Länge von rund 1300 km in einem weiten, nach Westen hin offenen Bogen und bilden nach den Alpen das bestimmende Gebirge Mitteleuropas. Das Gebirge verteilt sich überwiegend auf die Länder Slowakei, Polen und Rumänien. Nur ein kleiner Teil liegt auf ukrainischem Gebiet. Er wird meist als Waldkarpaten bezeichnet, da er mit seinen sanften Kuppen und Almwiesen (Polonyny genannt) weniger schroff und alpin ist als andere Teile des Gebirges.

Die **höchsten Berge** liegen in der Hohen Tatra, einem schroffen Granitgebirge im Westen, das sich zu einem größeren Teil in der Slowakei, zu einem kleineren in

Polen befindet. Der höchste Gipfel hier ist die Gerlachovsky Stit mit gut 2600 Meter. Nicht minder schroff sind die rumänischen Südkarpaten mit dem Fagaraschkamm, der mit dem Moldoveanu eine Höhe von 2500 Meter erreicht. Die südwestlichen Teile der Karpaten sind ein Karstgebirge mit unzähligen Höhlen, das an der Donau nahtlos ins Balkangebirge übergeht. Die ukrainischen Karpaten bestehen überwiegend aus Sandstein. Ein kleinerer Teil ist vulkanischen Ursprungs. Die **Hoverla** ist mit 2062 Meter der höchste Berg des Landes. Der **Karpaten-Tourismus** konzentriert sich in der Hohen Tatra im Wesentlichen auf die Orte Zakopane (Polen), Strbske Pleso und Tatranska Lomnica (Slowakei), auf Slavske und die Gegend von Yaremche in der Ukraine und die Region von Sinaia und Predeal in Rumänien. Abseits davon sind echte Wildnis und eine Flora und Fauna zu finden, wie sie im übrigen Europa kaum noch existiert.

NICHT VERPASSEN!

- **Vorokhta:** Mountainbiken durch karpatische Bilderbuchlandschaft | 318
- **Thermalbäder bei Berehove:** ein Sprung ins heiße Wasser | 334
- **Riesen aus Sandstein:** die Felsen bei Urych und Bubnyshche | 346, 347
- **Aufstieg auf die Hoverla:** Wanderung auf das Dach der Ukraine | 353
- **Slavske und Bukovel:** Wintersport in ursprünglicher Karpatenlandschaft | 356, 357

Diese Tipps sind gelb hinterlegt.

Kulturgeschichtlich ist die von den Autoren vorgenommene geografische Zusammenfassung ein gewisses Wagnis. Historisch gehörten die galizischen Karpaten und die Transkarpaten nämlich zu völlig verschiedenen Territorien (Polen und Ungarn). Bis heute unterscheiden sich die Dörfer auf beiden Seiten des Karpatenkamms deutlich. Während im galizischen Teil Streusiedlungen mit offener Bebauung überwiegen, sind in den Transkarpaten dicht bebaute Straßendörfer mit geschlossenen Häuserfronten die Regel. Auch die **Sakralarchitektur** unterscheidet sich sichtbar. Nördlich des Kammes sind kreuzförmige Zentralbauten oder Dreikuppelanlagen zu finden, in den Transkarpaten dagegen dominiert die ostmitteleuropäische Bauweise. Hier ragen markante Zwiebeltürme aus der Westfassade der Kirchen, die in ihrer Architektur stark an Österreich oder Tschechien erinnern (ein großer Teil dieser Kirchenbauten stammt aus der Zeit *Maria Theresias*). Da es sich aber schließlich doch um *ein* Gebirge handelt, hat das geografische Zusammenfassen seine Berechtigung. Hinzu kommt, dass die ukrainischen Karpaten von jeher überwiegend von ukrainischstämmigen Hutsulen, Boiken oder Lemken besiedelt waren, denen es letztlich egal war, unter welchem König sie ihrem traditionsreichen Holzschnitzerhandwerk oder der Landwirtschaft nachgingen.

Vyzhnytsia

Вижниця

- **50 km südlich von Kolomyia, 75 km südwestlich von Czernowitz, Oblast Chernivtsi, wichtiges Zentrum des Chassidismus am Fuß der Karpaten mit viel historischer Bausubstanz**
- **Einwohner: 4200**

Jeder, der sich mit der Geschichte des Ostjudentums beschäftigt, wird früher oder später auf die **Chassiden-Dynastie der Wischnitzer** stoßen, die zahlreiche Rabbis hervorbrachte und ihre Abstammung direkt auf *Israel Ben Elieser* zurückführt. Vor dem 2. Weltkrieg waren etwa 90 % der Bevölkerung von Vyzhnytsia jüdischen Glaubens. Nur wenige überlebten den Holocaust. Diejenigen, die rechtzeitig fliehen konnten, siedelten sich in Israel und in den USA an und bilden heute neben den Satmarern (aus Sutu Mare in Rumänien) und den Lubavitchern (aus Lyubavichi, Russland) eine der einflussreichsten Gruppierungen unter den orthodoxen Juden im New Yorker Stadtteil Brooklyn. Wer mit offenen Augen durch die kleine Altstadt von Vyzhnytsia geht, findet hier und da noch die eine oder andere jüdische Spur.

Vyzhnytsia ist der beste Ausgangspunkt, um den südöstlichen Teil der ukrainischen Karpaten zu erkunden, da der Ort von Czernowitz per Bahn oder Bus gut erreichbar ist. Die etwas verschlafene Kleinstadt hat **viel historische Bausubstanz** bewahrt, die sich in relativ gutem Zustand befindet. Vyzhnytsia wurde um das Jahr 1500 erstmals urkundlich erwähnt – als Teil des Fürsten-

ukr14-068 pk

tums Moldau, dem der Ort mit kurzen Unterbrechungen bis zur Annexion der Bukowina durch die K.u.K. Monarchie im Jahr 1772 angehörte. Nach dem 1. Weltkrieg erfolgte der Anschluss an Rumänien, während das benachbarte Kuty zum südöstlichsten Punkt Polens wurde.

Der erste Eindruck der Stadt ist nicht der beste, denn die von Czernowitz entlang des Cheremosh verlaufende Hauptstraße führt durch ein heruntergekommenes Industriegebiet an der Innenstadt vorbei. Dennoch sollte man es nicht versäumen, der netten, weitgehend autofreien **Altstadt** einen Besuch abzustatten. Am großzügigen, rechteckigen Marktplatz ist die historische Bebauung noch gut erhalten. Die stillen Seitenstraßen mit kleinen Steinhäusern machen einen verträumten Eindruck. Etwas oberhalb des Zentrums liegen eine ukrainisch-orthodoxe Kirche aus dem 19. Jh. und eine Kirche aus der Zwischenkriegszeit, erbaut im rumänischen Stil. An jüdischen Spuren ist vor allem die alte **Synagoge,** etwas zurückversetzt an der Ostecke des Marktes, erwähnenswert. Der eindrucksvolle Bau stammt aus dem frühen 19. Jh. und beherbergt heute das städtische Kulturhaus. Leider ist nichts von der einstigen Innenausstattung erhalten geblieben. Das unmittelbar daneben stehende rote Gebäude mit einem geschwungenen Giebel diente früher als **Mikva,** also als jüdisches Ritualbad. Eine weitere Synagoge ist am Rand der Altstadt, nahe der Kreuzung von Vul. Shukhevycha und Sichovyhk Striltsiv, dort, wo es Richtung Berehomet stadtauswärts geht , zu sehen – ein ebenerdiges Gebäude mit hölzernem Säulenvorbau.

Unterkunft

Vor allem in der unmittelbaren Umgebung der Stadt sind in den letzten Jahren einige Tourismuskomplexe in Holzbauweise entstanden:

- **Komplex Kremenytsia,** etwa 2 km südlich des Ortes, www.kremenytsya.com: Die Anlage ist ausgeschildet, DZ ab 300 UAH.
- **Komplex Bohatyr,** Vul. Ivasiuka 20a, liegt recht zentral in der Nähe der ehemaligen Synagoge, www.karpaty.info: DZ ab 250 UAH.
- **Baza nad Cheremoshom,** Vul. Yaremchuka 4, etwa 1,5 km außerhalb, http://baza-cheremosh.com.ua: Ab 100 UAH pro Platz.

Essen und Trinken

- **Am Marktplatz** gibt es einige ganz brauchbare Café-Restaurants.

Verkehrsmittel

- **Bahn:** Vyzhnytsia ist Endpunkt einer Nebenstrecke, die in Czernowitz beginnt. Einige wenige Zugverbindungen täglich. Der Bahnhof liegt etwa 1 km nördlich des Zentrums.
- **Bus:** Per Bus ist die Anbindung ab Czernowitz hervorragend. Einige Busse fahren vom zentralen Busbahnhof, viele auch vom Busbahnhof Nr. 3. Der Busbahnhof von Vyzhnytsia liegt am Nordrand der Altstadt nahe der Durchgangsstraße. Von dort kommt man auch gut in Richtung Kosiv und weiter Richtung Verkhovyna.

☒ Im alten Vyzhnytsia

Kuty

Кути

- **50 km südlich von Kolomyia, Oblast Ivano Frankivsk, einstmals bedeutende armenische Handelsstadt**
- **Einwohner: 4100**

Kuty liegt direkt gegenüber von Vyzhnytsia, auf der linken, galizischen Seite des Cheremosh, aber im Gegensatz zu Vyzhnytsia nicht im Tal, sondern etwas erhöht am Hang. Der Ort war ab dem 18. Jh. Zentrum der armenischen Einwanderung, bis 1939 stellten **Armenier** 50 % der Einwohnerschaft. Im äußersten Südosten des damaligen Polen gelegen, war Kuty zur Zwischenkriegszeit ein bedeutender Kurort, wovon heute noch die eine oder andere Villa im Stadtzentrum zeugt. Über Kuty, das kurz darauf von der Sowjetunion annektiert wurde, floh die polnische Regierung im September 1939 nach Rumänien.

Heute sind noch einige Kopfsteinpflastergassen mit reichlich **Altbausubstanz** erhalten. Schön ist das alte Rathaus mit einem auffälligen Dachreiter als Turm am sehr ruhigen Marktplatz. Wenige Schritte entfernt stehen zwei kleine Kirchen: eine römisch-katholische mit barocker Giebelfassade und die einstige armenische Kirche mit einem spitzen Turm. Am äußersten nordwestlichen Rand des Städtchens befindet sich ein gut erhaltener jüdischer Friedhof.

Kuty und Vyzhnytsia sind beides gute Ausgangspunkte, um das malerische **Tal des Cheremosh (Черемош)** mit herrlichen Hängebrücken, unzähligen Holzkirchen und schmucken Dörfern zu erkunden. Ein markanter Sandsteinfelsen befindet sich gleich an der Hauptstraße, dort, wo die Putyla in den Cheremosh mündet.

Unterkunft

- **Hotel Hirskyi Kut,** Vul. Vyzhnytska 64, etwa 500 Meter nördlich des Zentrums, Tel. 067-372 14 51: DZ ab 300 UAH. Größerer Komplex mit Sauna und Holzhütten.

Verkehrsmittel

Es bestehen regelmäßige **Busverbindungen** ab Vyzhnytsia und Kosiv und weiter nach Kolomyia.

In der Umgebung: Kosiv

Kosiv, Hauptort des gleichnamigen Rajons (Bezirk), ist bekannt für seinen **Kunsthandwerkermarkt** mit Holzschnitzereien, Strickwaren und Fellen. Auch frische Lebensmittel aus der Region in einzigartiger Qualität werden gehandelt. Der Ort selbst bietet keinerlei Sehenswürdigkeiten. Von Kosiv ist die Weiterfahrt per Bus in Richtung Verkhovyna oder Kolomyia gut machbar.

Mein Tipp: Ein wunderbares Projekt von Insha Osvita (siehe entsprechenden Exkurs) ist die **Khata Maisternia** (Bildungshaus) nahe des Dorfes Babyn etwa 5 km südlich von Kosiv. In Eigenregie wurde hier, etwa 2 km außerhalb des Dorfes, ein altes Holzhaus restauriert und zu einer Berghütte mit ca. 30 Übernachtungsplätzen umgebaut. Gedacht ist die Hütte vor allem als Gruppenunterkunft für Seminare und Begegnungen aller Art. Wenn Platz ist, werden auch Einzelgäste und Wanderer aufgenommen. Vollpension ist möglich, aber es steht auch eine Selbstversorgerküche zur Verfügung. Kosten: um die 150 UAH p.P. In jedem Fall sollte vorher angefragt werden (http://khatamaysternya.com).

Die Hütte ist nicht ganz leicht und auch **nur zu Fuß erreichbar.** Um dorthin zu gelangen, nimmt man sich zunächst am besten ab Kosiv ein Taxi bis in die Ortsmitte von Babyn; dann geht es zu Fuß weiter. Etwa 300 Meter nach der Kirche befindet sich rechter Hand eine kleine Kapelle, von der eine steile nicht asphaltierte Straße halb rechts nach oben führt. Man orientiere sich an einem eigentümlichen, neu erbauten Haus mit zwei seltsamen, erkerähnlichen Spitztürmen. Durch einen Hohlweg erreicht man einen kleinen Bach, den es zu überqueren gilt; unmittelbar danach zweigt ein steiler Pfad nach links ab. An einigen einzeln stehenden Gehöften vorbei steigt man entlang einer Streuobstwiese steil bergan, bis man eine Waldecke erreicht; hier folgt man dem Pfad geradeaus durch ein kleines Waldstück – nach etwa 500 Metern ist die Hütte auf einer Waldlichtung erreicht (zu Fuß ab Babyn 20–30 Minuten).

Verkhovyna

Верховина

■ 100 km südwestlich von Kolomyia, Oblast Ivano Frankivsk, Bergort in den Karpaten
■ Einwohner: 5400

Verkhovyna ist ein **Gebirgsort am Schwarzen Cheremosh,** dessen Tal sich hier weitet. Wirkliche Sehenswürdigkeiten gibt es keine, außer den üblichen bunten Holzhäusern und einer Holzkirche aus dem 19. Jh. Viele der grauen Bauten aus der Sowjetzeit wurden in den letzten Jahren farbenfroh renoviert, sodass das Ortsbild sich sukzessive verbessert. Verkhovyna ist aber ein guter **Ausgangspunkt für Wanderungen** in das östliche Chornohoragebiet. Im Ort und in der näheren Umgebung gibt es zudem eine ganz brauchbare touristische Infrastruktur. Zahlreiche Privatpensionen und neu errichtete Hotels – viele davon in traditioneller Blockhausbauweise – ermöglichen auch längere Aufenthalte vor Ort.

Musikinstrumentenmuseum

■ **Vul. Ivana Franka 35,** das Museum ist in einem weißen, etwas oberhalb der Hauptstraße gelegenen Gebäude am Ende einer Sackgasse untergebracht. Öffnungszeiten auf Nachfrage, Tel. 03432-217 44. Eintritt: 20 UAH.

Holzschnitzer und Musikinstrumentenbauer haben eine lange Tradition in Verkhovyna. Auch heute ist die Region am Schwarzen Cheremosh bekannt für eine **lebendige Volksmusikszene.** Das private Musikinstrumentenmuseum hat schöne Exponate zu diesem seit Jahrhunderten existierenden Handwerk in seiner Sammlung. Der Gründer des Museums, *Roman Kumlyk,* war selbst Volksmusiker und konnte alle Instrumente spielen. Seit seinem Tod im Jahr 2015 führt seine Tochter *Nataliya,* eigentlich Ärztin im Ort, das Museum weiter und bietet unterhaltsame und lebendige Führungen an, bei der die Instrumente angespielt werden – allerdings nicht mit der Virtuosität ihres Vaters, was sich auch auf die Pflege der Exponate auswirkt: Die Instrumente sind häufig verstaubt und schlecht gestimmt. Pluspunkt ist, dass der Besucher auch alle Instrumente selbst ausprobieren darf. Einen kleinen

Skandal verursachte der Autor dieser Zeilen, als er eine völlig verstimmte Drehleier auf westeuropäische Stimmung änderte, um sie überhaupt spielbar zu machen und eine völlig verstörte *Nataliya* zurückließ, da die regional übliche Stimmung davon recht stark abweicht.

Praktische Tipps

Unterkunft

Die Zahl der Hotels und privaten Holzblockhäuser in Verkhovyna und Umgebung ist riesig! Es empfiehlt sich ein Blick auf www.karpaty.info. Hier nur eine kleine Auswahl. Alternativ kann man einfach im Ort fragen, wo es Gästezimmer gibt.

- **Pension Polonyna,** Holzblockhaus im Vorort Pushkar auf der Südseite des Flusses, http://karpaty-polonyna.com: DZ ab 400 UAH. Ferienhaus für sechs Personen ab 1200 UAH, während der Skisaison ab 3000 UAH.
- **Pensionat Verkhovyna,** Vul. Popovycha 9, www.verloc.if.net.ua: Riesiges Hotel aus der Sowjetzeit, architektonisch nicht ganz so schlimm wie üblich. DZ mit Vollpension ab 700 UAH.

Mein Tipp: Der **Komplex Hostynets** liegt zwischen Saitse und Kryvopillia auf der rechten Straßenseite und umfasst mehrere Blockhäuser und ein zentral gelegenes Restaurant. Sehr attraktive Anlage, DZ ab 400 UAH, Tel. 067-622 13 07.

- Mitten im Ortszentrum liegt das großzügige, moderne **Hotel Verkhovel** mit DZ ab 600 UAH.

Essen und Trinken

- Einige kleinere **Cafés** im Zentrum, ansonsten sollte man in den Hotels nachfragen.
- Recht urig präsentiert sich das in einem älteren, mit Holzschindeln verkleideten Häuschen untergebrachte **Café Pysanka** etwa 300 Meter östlich des Zentrums.
- Am Westrand des Ortes braut seit einigen Jahren die **Brauerei Verkhovyna** ihr eigenes Bier mit kleinem Ausschank – es schmeckt ganz brauchbar.

Verkehrsmittel

- Per **Bus** entweder von Kolomyia aus (über Kosiv) oder von Ivano Frankivsk (über Yaremche).

Sonstiges

Verkhovyna ist ein guter Ausgangspunkt für organisierte **Wildwasser-Raftingtouren auf dem Cheremosh.** Mehrere Anbieter organisieren diese Touren, z. B. Ture in Ivano Frankivsk (www.ture.ua) mit Preisen ab 700 UAH pro Tag inkl. Verpflegung. Arrangements für mehrere Tage sind ebenfalls möglich (drei Tage inkl. Übernachtung und Verpflegung kosten 2400 UAH). Die Angebote von Tourclub aus Ternopil sind vergleichbar (www.tourclub.com.ua).

Vorokhta

Ворохта

- **85 km südlich von Ivano Frankivsk, 25 km südlich von Yaremche, traditionsreicher Fremdenverkehrsort**
- **Einwohner: 4000**

Unter den Urlaubsorten der galizischen Karpaten ist Vorokhta einer der attraktivsten und zählt auch baulich zu den schönsten. Der Prut bildet hier auf einer Höhe von 850 Meter einen **weiten Talkessel,** in dem sich der Ort mit seinen unzähligen bunten Holzhäusern erstreckt, darunter viele Villen mit schönen Holzschnitzereien an der Außenfassade. Spektakulär sind auch die beiden Eisenbahnviadukte innerhalb des Ortes.

Der **Fremdenverkehr** blickt in Vorokhta auf eine über hundertjährige Ge-

ukr14-069 pk

schichte zurück, da der Ort durch die seit 1895 bestehende Eisenbahnlinie Kolomyia – Rakhiv – Sighetu Marmatiei verkehrsmäßig gut angebunden war. Neben Wanderern lockt Vorokhta auch mit **Skipisten und Sprungschanzen.** Der Ort setzt auch auf Fahrradtourismus – es gibt mehrere Mountainbikeverleihe. Wer also von Vorokhta aus die **Hoverla** erklimmen möchte, kann sich den langen Anmarsch bis an den Fuß des Berges ein wenig erleichtern und die 20 km bis zum Berghotel Zarosliak auf dem Rad zurücklegen.

Aus Vorokhta stammt übrigens die **Folkgruppe „Petrovychi"** um die noch recht jungen Brüder *Petro* (Cymbal) und *Vasyl Petrovych* (Hirtenflöte). Mit ihrer teilweise traditionell, teils aber auch leicht rockig arrangierten hutsulischen Volksmusik sind ihre Konzerte echte Highlights.

An architektonischen **Sehenswürdigkeiten** gibt es im Ort eine hutsulische Holzkirche aus dem 17. Jh. mit einer schindelgedeckten Zentralkuppel, wenig oberhalb der Straße am Ostrand des Ortes, und eine fünfkuppelige Holzkirche aus dem frühen 20. Jh., etwas näher am Ortszentrum.

Informationen

■ Eine kleine **Touristeninformation** gibt es unweit des Bahnhofs in einem hölzernen Pavillon: Vul. Halytskoho 16b.

Unterkunft

Es gibt eine riesige Zahl an Turbazas, kleinen Hotels und Privatquartieren, siehe dazu www.karpaty.info. Preise ab 100 UAH pro Person, für 250 UAH bekommt man schon was richtig Tolles! Zur Wintersportsaison kann es aber recht teuer werden.

⌃ Eisenbahnviadukt in Vorokhta

Komplex Kermanych, Vul. D. Halytskoho, http://kermanich.org.ua: Mehrere neue Holzblockhäuser am Südrand des Ortes, DZ ab 200 UAH.

Hotel Oberih, Vul. Hrushevskoho 15, http://oberig.net: DZ ab 100 UAH.

Pension Truten, Vul. Halytskoho 15, www.velokarpaty.com: DZ ab 300 UAH. Im Haus gibt es ein kleines Café-Restaurant, außerdem Fahrradverleih. Angeschlossen ist ein Hostel für (saisonabhängig) 70–120 UAH pro Bett im Schlafsaal.

Hotel Vorokhta, Vul. Halytskoho 155, www.vorohta.com.ua: DZ ab 1200 UAH. Günstige Wochenarrangements ab 4000 UAH inkl. Halbpension.

Cottage Lisovychok, Vul. Halytskoho 49, buchbar über die üblichen Buchungsportale: Urgemütliche, in einem Hinterhof im Ortszentrum gelegene Ferienwohnung für sechs bis acht Personen. Mindestbelegungsdauer drei bis fünf Nächte, ab ca. 1200 UAH pro Nacht.

Bahnhofszimmer: Sehr einfache Mehrbettzimmer gibt es im Bahnhofsgebäude.

Essen und Trinken

Im Zentrum befindet sich das **Restaurant Stara Vorokhta,** Vul. Halytskoho 66.

In Bahnhofsnähe liegt das **Restaurant Oksamyt.** Das ältere Gebäude hat interessante Holzschnitzereien an der Außenfassade.

Ebenfalls in der Vul. Halytskoho befindet sich das **Restaurant Hoverla,** untergebracht in einem schönen älteren Gebäude in Bahnhofsnähe, das jüngst renoviert und erweitert wurde.

Auch die **Pizzeria Zoloti Rih** (Goldene Ecke) befindet sich an der Vul. Halytskoho nahe des Bahnhofs.

Neben dem Hotel Oberih (s. o.) liegt ein hervorragendes **hutsulisches Restaurant** in Holzbauweise.

Einkaufen

Jede Menge kleinerer **Läden** sind in der Vul. Halytskoho zu finden.

Einen kleinen **Markt** gibt es am Bahnhof.

Fahrradverleih

Mehrere Verleiher mit Preisen ab 150 UAH pro Tag bieten im Zentrum der Ortes an der Vul. Halytskoho **Mountainbikes** an.

Verkehrsmittel

Es gibt einige wenige Verbindungen per **Bahn,** aber alle sind sehr langsam! Der Bahnhof liegt im Zentrum von Vorokhta. Es bestehen auch einige Direktverbindungen von und nach Kiew, Charkiv, Odessa und Lviv.

Busse fahren ständig vom Bahnhofsvorplatz in Ivano Frankivsk. Sie halten nahe dem Bahnhof.

Yaremche

Яремче

60 km südlich von Ivano Frankivsk, Oblast Ivano Frankivsk, traditionsreicher Fremdenverkehrsort

Einwohner: 8000

Yaremche (oft auch als Yaremcha bezeichnet) liegt am Oberlauf des Prut nahe dem Nordrand der Karpaten. Wie in Vorokhta hat auch hier der Tourismus eine lange Tradition. In der Ortsmitte blieben einige alte Villen und Hotels erhalten, und es herrscht eine **sehr entspannte Atmosphäre,** wie man sie auch aus tschechischen oder polnischen Gebirgsorten kennt. In südlicher Richtung geht Yaremche in die Dörfer Mykulychyn und Tatariv über, das wiederum mit Yablunytsia faktisch zusammengewachsen ist. Diese Ortschaften haben keine wirklichen Ortszentren, sondern sind Streusiedlungen mit bunten Holzhäusern, die sich über mehrere Kilometer die Straße entlang ziehen. Ein wenig westlich von Yablunytsia liegt das **Skire-**

sort Bukovel, das vor wenigen Jahren neu errichtet wurde (siehe „Wintersport in den Karpaten"), oberhalb von Yablunytsia der gleichnamige Pass (931 m), hinter dem bereits das Gebiet Zakarpattia, also die Transkarpaten, beginnt.

Yaremches Zentrum dominiert eine neu erbaute griechisch-katholische Kirche. Kleinere Holzkirchen liegen etwas erhöht am Hang nördlich des Bahnhofs und im Ortsteil Dora. Am Südrand des Ortes gibt es einen kleinen Wasserfall, etwa 1 km südlich davon ist der **Dovbush-Felsen** ein schönes Ziel für einen kurzen Spaziergang. Er ist nach einem Räuberhauptmann aus dem 18. Jh. benannt, der in den Karpaten als eine Art *Robin Hood* verehrt wird. Der Felsen befindet sich am Hang auf der rechten Seite des Prut-Tales und ist über gute Wanderwege zu erreichen. Im Grunde handelt es sich dabei um eine ganze Felsengruppe aus Sandstein, die idyllisch im Wald liegt und gerne besucht wird. Auch Klettern ist hier möglich.

Das **Ethnografische Museum** im Ortszentrum (Vul. Svobody 269) befasst sich mit der hutsulischen Volkskultur.

Informationen

- Das **Fremdenverkehrsamt Hutsulski Mandry** (Hutsulische Wanderungen) befindet sich in der Vul. Svoboda 264 ein wenig nördlich des Zentrums im Erdgeschoss eines mehrgeschossigen Gebäudes, www.facebook.com/gutsultravel. Neben den üblichen touristischen Dienstleistungen werden Ausflüge in die Umgebung, geführte Wanderungen und Raftingtouren auf dem Cheremosh angeboten. Vor dem Bahnhof stehen üblicherweise private Tourismusagenten, die ebenfalls Ausflüge und Wanderungen anbieten. Die Preise sind recht günstig.
- Eine gute Infoseite über den Ort und seine Umgebung ist **www.yaremcha.com.ua**.

Unterkunft

Auch in Yaremche ist das Angebot an Unterkünften riesig. Allein auf www.karpaty.info werden derzeit über 110 Unterkünfte aufgeführt. Achtung: Auch in Yaremche sind die Hotelpreise zur Wintersportsaison deutlich höher als im Rest des Jahres.

- **Hotel Prut,** Vul. Svobody 275, Tel. 03434-222 37: Altertümliches, aber renoviertes Hotel unmittelbar gegenüber dem Bahnhof. MIndestaufenthaltsdauer zwei Nächte, ab 400 UAH pro Nacht.
- **Hotel Yarson,** www.yarson.com.ua: Hotel im hutsulischen Stil am Südrand des Ortes nicht weit vom Wasserfall. DZ ab 600 UAH.
- **Hotel U Yaroslava,** Vul. Svobody 233, etwa 1 km nördlich des Bahnhofs: Schönes, neu errichtetes Holzgebäude, DZ ab 600 UAH.
- **Hostel Yaremche,** Vul. Svobody 264, in unmittelbarer Nähe des Bahnhofs: Ab 110 UAH im Mehrbettzimmer.
- **Bahnhofszimmer:** Einfache Mehrbettzimmer zu supergünstigen Preisen finden sich wie so oft im Bahnhofsgebäude.

Essen und Trinken

Entlang der Vul. Svobody gibt es unzählige Restaurants und Cafés. Hier eine kleine Auswahl:

- **Varenichna,** uriges Restaurant gegenüber dem Bahnhof in einem pavillonartigen älteren Rundbau.
- **Restaurant Turyst,** Vul. Svobody 270: Modern, gute Küche, große Terrasse und Disco.
- **Restaurant Hutsulchyna,** Vul. Dachna 2: Restaurant im hutsulischen Stil nahe dem Wasserfall.
- **U Yakova,** Vul. Svobody 275: Gemütliches Restaurant nahe dem Wasserfall.

Einkaufen

- In der Nähe des Wasserfalls (Vul. Svobody 325) findet täglich ein großer **Markt** mit regionaler Handwerkskunst statt.
- Einen weiteren **Souvenirmarkt** gibt es auf der Yablunytsia-Passhöhe.

Sonstiges

■ **Fahrradverleih: Velo-Tur,** Vul. Hrushevskoho 1a; **Sport – Turyzm – Rybalka,** Vul. Svobody 232, neben dem Busbahnhof.

Verkehrsmittel

■ Per **Bahn** ist Yaremche mit einigen Dirkektzügen ab Kiew, Charkiv und Odessa zu erreichen, die allerdings alle eine halbe Ewigkeit unterwegs sind. Außerdem fährt täglich ein Zugpaar ab Lviv, Abfahrt dort 15.45 Uhr, Ankunft in Yaremche gegen 21 Uhr. Ansonsten verkehren altmodische, überfüllte Nahverkehrszüge zwischen der Stadt und Kolomyia sowie Ivano Frankivsk.

■ **Busse** fahren alle paar Minuten vom Bahnhofsvorplatz in Ivano Frankivsk ab. Der Bahnhof liegt im Zentrum, der Busbahnhof etwa 1 km nördlich davon.

In der Umgebung

Das Karpatenvorland nördlich von Yaremche bietet einige schöne Ziele für Ausflüge. Am besten, man leiht sich hierfür in Yaremche ein Fahrrad.

Auf einem Hügel nahe Nadvirna befinden sich die immer noch recht eindrucksvollen Mauerreste der **Burg Pniv (Пнів)** mit schönem Blick ins Tal. Nicht versäumen sollte man einen Besuch des **Klosters Maniava (Манява).** In einem einsamen Tal gelegen, beeindruckt die harmonische, mauerbewehrte Anlage mit einer schönen Holzkirche, ein Wasserfall liegt nur wenige Kilometer entfernt. Von Yaremche nach Maniava sind es ca. 35 km.

Yasinia

Ясіня

■ **100 km südlich von Ivano Frankivsk, Oblast Zakarpattia, Bergort am Oberlauf der Tysa**
■ **Einwohner: 8000**

Yasinia ist – mit dem nahe gelegenen **Lazeshchyna (Лазещина) – einer der besten Ausgangspunkte für Wanderungen auf die Hoverla (Говерла).** Die grandiose Lage auf einer hügeligen Hochfläche am Oberlauf der Tysa zwischen den Kämmen von Sydovets und Chornohora ist kaum zu toppen. Mit einer Höhe von 900 Meter ü.N.N. zählt Yasinia zu den höchstgelegenen Orten der Ukraine. Im Jahr 1919 schrieb Yasinia kurzzeitig Geschichte, als es für wenige Wochen die Hauptstadt der Hutsulischen Republik war. Aufgrund des starken Verkehrs, verursacht durch die mitten durch den Ort führende Durchgangsstraße, fehlt Yasinia leider die entspannte Gemütlichkeit, wie man sie etwa in Vorokhta vorfindet. Die touristische Infrastruktur ist recht gut, aber bei Weitem nicht mit der von Yaremche zu vergleichen. Unweit von Yasinia liegt das **Skigebiet Drahobrat.**

Unterkunft

Einige Hotels verfügen über einen Fahrradverleih.

■ **Turbaza Edelweiss,** Vul. Borkaniuka 5, http://edelweiss.in.ua: Wohl die beste Adresse. Großes, zentrales Holzgebäude nahe des Flusses, DZ ab 300 UAH.

■ **Ferienhaus Trembita,** Tel. 096-216 00 07: Holzhaus zwischen Kvasy und Yasinia, im Haus befindet sich auch eine Sauna. Ab 150 UAH pro Person, Kapazität: acht Personen.

Essen und Trinken

Jede Menge Cafés und Restaurants finden sich in der Nähe des Busbahnhofs; ansonsten:

- **Café Heizobar,** Vul. Vyzvolennia 186: Urig!
- **Café Lion,** Vul. Ivana Franka 29: Recht rustikal eingerichtet.

Verkehrsmittel

- Sehr empfehlenswert ist eine Fahrt mit der **Bahn** von Yasinia über den Pass nach Vorokhta, da die Strecke den Talkessel von Lazeshchyna in einem weiten Bogen umrundet, bevor sie die Passhöhe erreicht. Aus dem Zug bieten sich herrliche Blicke auf den Ort und die nahe gelegenen Berge Petros und Hoverla. Leider verkehren die Züge nur selten. 2013 war es nur ein Zugpaar pro Tag.
- **Busverbindungen** gibt es ab Ivano Frankivsk sowie ab Uzhhorod und Rakhiv. Alle Busse halten im Zentrum.

Nationalpark Chorna Hora

Чорна Нора

- **Bergkamm zwischen Cheremosh und Tysa, höchster Bergkamm des Landes, Gipfel der Hoverla, Grenze zwischen Zakarpattia und Galizien, ehem. polnische Ostgrenze**

Der Kamm der Chorna Hora (Schwarzer Berg) ist der 25 km lange **Hauptkamm der ukrainischen Karpaten.** Hier erheben sich die höchsten Gipfel des Landes, darunter mehrere Berge von mehr als 2000 Meter Höhe, darunter die **Hoverla (Говерла),** mit 2062 Meter der höchste Berg der Ukraine. Obwohl es in den ukrainischen Karpaten keine hoch gelegenen Berghütten gibt und mehrtägige Wanderungen nur mit eigenem Zelt möglich sind, erfreut sich die Hoverla als Ausflugsziel von Jahr zu Jahr größerer Beliebtheit. Mittlerweile ist der Berg geradezu ein **nationales Symbol** geworden: Auf dem Gipfel weht neben dem großen Kreuz die ukrainische Fahne, und der ehemalige Präsident *Yushchenko* führte jedes Jahr am Nationalfeiertag eine öffentliche Wanderung bzw. eher eine Prozession auf den Gipfel der Hoverla an, was dem Berg eine zusätzliche Symbolkraft verlieh.

Auf dem Hoverla-Kamm verlief in der Zwischenkriegszeit die Grenze zwischen der Tschechoslowakischen Republik und der Republik Polen. Viele der alten Grenzsteine sind heute noch zu sehen. Der Gebirgskamm ist auf seiner gesamten Länge unbewaldet und von Almwiesen geprägt. In den tiefer gelegenen Wäldern leben noch **Wölfe, Bären und Luchse.** Keine Sorge: Übergriffe auf Menschen sind nicht bekannt, da es sich um extrem scheue Tiere handelt, die dem Menschen aus dem Weg gehen.

Eine **Höhenwanderung** ist nicht nur ein sportliches Vergnügen, sondern eröffnet auch herrliche Ausblicke in alle Himmelsrichtungen. Mehrere kleine Seen, die meisten davon mit einem Durchmesser von weniger als 100 Meter, sind zu sehen. Neben der Hoverla ist der Berg Pip Ivan am Südende der Bergkette ein lohnenswertes Ziel. Hier stehen die Reste einer alten Wetterstation, die zu tschechoslowakischer Zeit errichtet wurde. Da eine Wanderung über den Kamm der Chorna Hora durchgängig innerhalb des Nationalparks verläuft, ist sie kostenpflichtig. Jeder Besucher wird an den Eingängen des Nationalparks registriert, wo auch eine geringe Eintrittsgebühr zu zahlen ist. Die Tickets sollten unbedingt aufbewahrt werden, da Kontrollen unterwegs nicht ausgeschlossen sind. Eine Registrierung ist auch im Vorfeld in Rakhiv im Büro des Nationalparks in der Turbaza Tisa möglich.

Rakhiv

Рахів

- **An der Tysa nahe der rumänischen Grenze, lebendige Kleinstadt, angeblich der geografische Mittelpunkt Europas**
- **Einwohner: 15.000**

Nach einer Vermessung im Zuge des Eisenbahnbaus legten 1887 Habsburger Landvermesser den **geografischen Mittelpunkt Europas** fest – er befindet sich ca. 5 km südlich von Rakhiv. Da es aber unterschiedlichste Messmethoden gibt, die Grenze zwischen Europa und Asien nicht eindeutig definiert und zudem völlig unklar ist, wie mit den weit vom europäischen Festland entfernt liegenden Atlantikinseln – etwa Island oder den Kanarischen Inseln – verfahren werden soll, ist die Zahl der „europäischen Mittelpunkte“ recht hoch. Der Dokumentarfilm „Die Mitte“ des polnischen Filmemachers *Stanisław Mucha* widmet sich sehr humorvoll dieser Thematik. Ein großer Teil des Films spielt in Rakhiv und zeigt ungeheuer schrullige und liebenswerte Menschen, die so gar nicht dem Klischee eines Zentraleuropäers entsprechen. Neuere Vermessungen haben übrigens ergeben, dass der Mittelpunkt Europas in Litauen liegt. Nichtsdestotrotz wird der „Mittelpunkt Europas“ in Rakhiv nach Kräften vermarktet; das habsburgische Denkmal liegt nahe dem Dorf Dilove und ist nicht zu übersehen.

Ansonsten ist der recht lebendige Ort ein guter **Ausgangspunkt für Wanderungen** im Sydovets- und im Chorna-Hora-Gebiet. Architektonische Sehenswürdigkeiten gibt es – mit Ausnahme einer klassizistischen Kirche nahe der Brücke über die Tysa – keine.

Informationen

- Die **Touristeninformation** ist im 1. Stock des Hotels Yevropa untergebracht (s. u.).

Unterkunft

- **Hotel Yevropa,** Vul. Myru 42, www.hotel-europa.com.ua: Liegt ebenfalls mitten im Zentrum und ist renoviert. DZ ab 300 UAH.
- **Hotel Olenka,** Vul. Myru 48, www.hotel-olenka.uz.ua: DZ ab 550 UAH, neues Gebäude, recht edel, mit gutem Café und Restaurant.
- **Dreamhostel,** Vul. Karpatska 8a: Das Hostel befindet sich in einem auffälligen, grün gestrichenen Gebäude nahe dem Fluss und hat alles, was nötig ist. Ab 80 UAH im Mehrbettzimmer.

Essen und Trinken, Einkaufen

- Neben den Hotelrestaurants gibt es noch ein ganz nettes Café am Fluss nahe der zentralen Brücke, das **Café Zakura.** Das **Kolyba-Muzei,** ein rustikales Restaurant mit zahlreichen historischen Ausstellungsstücken, liegt an der Hauptstraße Rakhiv – Solotvyno nahe des Dorfes Dilove, neben dem Denkmal des geografischen Mittelpunktes.
- Der **Markt** liegt auf der linken Flussseite an der zentralen Brücke.

☒ Hängebrücke in Rakhiv

■ Im nahe gelegenen Kwasy braut die **Brauerei Tsypa** seit 2015 ungefiltertes Craft Beer. Ein Brauereiausschank gehört natürlich mit dazu. Vul. Tsentralna 163, https://tsypa.com.ua.

Verkehrsmittel

■ Rakhiv ist der derzeitige Endpunkt für den Schienenpersonenverkehr ab Ivano Frankivsk. Wenige Kilometer südlich von Rakhiv bildet die Tysa die Grenze zwischen der Ukraine und Rumänien. Da die **Bahnstrecke** durchgängig auf der linken, also rumänischen Seite verläuft, findet zwischen Rakhiv und Sigetu Marmatiei derzeit kein Personenverkehr statt. Die Zugverbindungen sind weitgehend identisch mit denen von Yaremche und Vorokhta.

■ Der Busbahnhof liegt unmittelbar neben dem Bahnhof. Per **Bus** ist Rakhiv aus Ivano Frankivsk, Czernowitz und Uzhhorod erreichbar.

Solotvyno

Солотвино

■ **An der Tysa gegenüber dem rumänischen Sighetu Marmatiei, vom Salzabbau geprägte Ortschaft, heute mit Kuranwendungen**

■ **Einwohner: 9000**

Wo sich das Tal der Tysa auf dem Weg aus den Karpaten in die panonische Tiefebene allmählich zu weiten beginnt, liegt der Ort Solotvyno. Vor allem als **Grenzübergang nach Rumänien** ist er von Bedeutung. Im Ort gibt es eine starke rumänische Minderheit, weshalb auch der rumänische Ortsname **Slatina** auf den Ortsschildern zu lesen ist. Viele der hier ansässigen Rumänen haben zwei Pässe und arbeiten in Spanien und Portugal. Das verdiente Geld wird vor allem in Form gigantischer, schlossarti-

ukr14-071 pk

ger Protzpaläste zur Schau gestellt, die die Durchgangsstraße von Solotvyno säumen. Letztlich ist Solotvyno aber reizlos, sodass eine Weiterfahrt nach Rakhiv oder in die wesentlich netteren Städte Khust, Vinohradiv oder Uzhhorod anzuraten ist.

Solotvyno war jahrhundertelang vom **Salzabbau** geprägt. Dieser fand einst in primitivem Tagebau statt: Salzbrocken wurden mit Hilfe von Tierhäuten aus kleinen Löchern herausbefördert und zu Würfeln geschlagen, um auf Flößen auf der Tysa nach Ungarn geschafft zu werden. Im 19. Jh. begann der Untertagebau. Zahlreiche Schachtanlagen mit Fördertürmen sind heute noch zu sehen, machen aber einen verwahrlosten Eindruck. Nur noch ein kleiner Teil der Salzbergwerke ist in Betrieb, der größte Teil des in der Ukraine geförderten Salzes kommt inzwischen aus Artemivsk in der Ostukraine. 1968 wurde in Solotvyno eine Spezialklinik für Asthmaerkrankungen eröffnet, die sich innerhalb der alten Schachtanlagen in 300 Meter Tiefe befand. Auch mehrere Salzseen befinden sich in Solotvyno, die für Kuranwendungen genutzt werden.

Unterkunft

An den Salzseen gibt es einige Unterkünfte für die Kurgäste. Wer beispielsweise auf einer Radtour in Solotvyno stecken bleibt, kann hier zur Not übernachten. Adressen auf www.karpaty.info.

Verkehrsmittel

- Solotvyno ist mit einem **Nachtzug** täglich direkt aus Lemberg erreichbar. Die Verbindung führt über Sianky und Uzhhorod. Außerdem gibt es ein relativ gutes Angebot an **Nahverkehrszügen** aus Richtung Mukacheve und Vynohradiv, die aber alle recht lange unterwegs sind. Der Bahnhof von Sighetu Marmatiei in Rumänien ist mit den Zügen der CFR gut erreichbar. Grenzüberschreitender Bahnverkehr findet derzeit nicht statt.
- Per **Bus** wird Solotvyno vor allem mit Transitbussen Richtung Rakhiv angefahren.

Weiterreise nach Rumänien

Die auf dem anderen Ufer der Tysa gelegene rumänische Stadt **Sighetu Marmatiei** hat eine wunderschöne barocke Altstadt, sodass ein Abstecher über die Grenze durchaus empfehlenswert ist. Von Sighetu Marmatiei (oft einfach als Siget bezeichnet) sind zudem die **Maramuresch** mit ihren wunderbaren Holzkirchen und die altertümliche **Wassertalbahn,** die in den letzten Jahren zu einem wahren Pilgerziel von Eisenbahnenthusiasten geworden ist, einfach erreichbar. Der Grenzübergang befindet sich im Zentrum nahe des Bahnhofs Solotvyno 1, er ist zu Fuß, mit dem Fahrrad und per Pkw passierbar.

Ust Chorna

Усть Чорна

- **50 km nördlich von Tiachiv im Teresva-Tal, Siedlung österreichischer Holzarbeiter aus dem 19. Jh., deutschsprachige Minderheit**
- **Einwohner: 1500**

Unzählige kleine Holzhäuser mit Walmdächern prägen das überaus schmucke Ortsbild von Ust Chorna. Gegen Ende des 18. Jh. wurden hier auf Befehl der österreichischen Kaiserin *Maria Theresia* **Holzarbeiter aus dem Salzkammergut** angesiedelt, um das unzugängliche Gebiet zu erschließen. So entstanden zunächst der Ort Deutsch Mokra (heute Nimetska Mokra, bis zur Dekommunisierung Komsomosk) und ab dem frühen 19. Jh. der Ort **Königsfeld,** das heutige Ust Chorna. Bis zum 2. Weltkrieg war der Ort weitgehend deutschsprachig. Zur Sowjetzeit wurde die deutsche Sprache stark unterdrückt, viele Bewohner wurden nach Kasachstan oder Sibirien deportiert, kamen aber später zurück. Doch ab den späten 1980er Jahren begann eine Auswanderungswelle unter den verbliebenen Bewohnern nach Deutschland und Österreich, sodass heute nur noch etwa 15 deutschsprachige Familien hier leben. Viele davon gehen bis heute der Forstwirtschaft nach. Vereinzelt ist der etwas altertümlich klingende österreichische Dialekt also noch zu hören, und in der Dorfkirche aus dem 19. Jh. finden gelegentlich noch deutsche Messen statt.

Ust Chorna ist ein **guter Ausgangspunkt für Wanderungen** in die Gorgany, ein Höhenzug westlich des Teresva-Tales. Die einstige Attraktion für Eisenbahnliebhaber aus aller Welt, die Waldbahn von Teresva bis Komsomolsk, ist seit 1998 aber leider Geschichte. Weite Teile der Bahnstrecke wurden von einem verheerenden Hochwasser mitgerissen. Die verbliebenen Reste wurden abgebaut und verkauft, sodass heute fast nichts mehr an den über 100 Jahre lang bestehenden Bahnbetrieb erinnert.

Unterkunft

- **Usadba Kristian,** Vul. Pidhirna 6: DZ ab 360 UAH, auch über die internationalen Buchungsportale zu buchen.

Essen und Trinken

- Im Ort gibt es einige bescheidene **Cafés,** aber nichts wirklich Gemütliches.

Verkehrsmittel

- Wenige **Busverbindungen** täglich ab Tiachiv sowie eine ab Uzhhorod.

Khust

Хуст

- **120 km östlich von Uzhhorod an der Tysa, einst bedeutende Handelsstadt mit wichtiger Burg**
- **Einwohner: 28.000**

Khust liegt bereits in den **Vulkankarpaten,** dem südlichsten Kamm des Gebirges, bevor die Ebene erreicht wird. Kegelartige Kuppen prägen hier die Landschaft. Die Stadt am Zusammenfluss von Rika und Tysa verfügt über einen kompakten Stadtkern. Sie geht auf den Bau einer **Burganlage** aus dem 11. Jh. zurück, deren Ruinen bis heute die Innenstadt auf einem etwa 1 km vom Zentrum entfernten Vulkankegel überragen. Der Bau der Burg wurde vom ungarischen König *Geza II.* veranlasst, der die Gegend um die Burg sächsischen Siedlern zur Verfügung stellte. Ab dem 14. Jh. kam es zu diversen Besitzerwechseln innerhalb Ungarns, ab dem 18. Jh. wurden Khust und die Region nach einigen Kämpfen Teil des Habsburger Reiches. In der Zwischenkriegszeit war Khust Hauptstadt der tschechoslowakischen Maramuresch, wovon noch mehrere modernistische Gebäude der 1930er Jahre im Stadtzentrum zeugen. Mit dem Anschluss an die Sowjetunion wurde Khust zur Provinzstadt, und die Innenstadt verfiel.

Sehenswertes

Wie nur wenige Städte in der Region hat sich Khust in den letzten Jahren sehr zu seinem Vorteil verändert. Der Stadtkern wurde saniert, Plätze und Straßen neu angelegt, der Burgberg freigeschnitten. Sehenswertester Sakralbau ist die **ungarische reformierte Kirche** im gotischen Stil mit einem wehrhaften Turm mit schindelgedeckter Turmspitze und einem galerieartigen hölzernen Umgang. Schräg gegenüber liegt die katholische Kirche im Barockstil mit einem recht ungarisch wirkenden barocken Turm in der Hauptfassade. Nahe dem Hauptplatz steht die dritte große Kirche des Ortes, der Neubau einer orthodoxen Kirche im russischen Stil mit fünf goldenen Kuppeln, die so gar nicht zu der traditionellen Architektur Transkarpatiens passt. Nahe der orthodoxen Kirche zieht sich die schattige Vul. Nezalezhnosti nach Osten. Hier steht die **große Synagoge** vom Ende des 19. Jh. Davor findet täglich der Markt statt. Erwähnenswert sind einige Bauten aus den 1930er Jahren im tschechischen Bauhausstil.

1 km östlich der Altstadt, auf halbem Weg zum Bahnhof, überragt die **Burgruine** die Stadt. Sie liegt auf dem Gipfel eines isoliert stehenden, gut 100 Meter hohen Vulkankegels. Die vorhandenen Mauerreste sind romantisch überwuchert und geben schöne Fotomotive ab. Der Ausblick vom Burgberg auf Stadt und Umgebung ist großartig und sollte keinesfalls versäumt werden.

Praktische Tipps

Unterkunft

■ **Hotel Prince,** Vul. Karpatskoi Sichy 20: Relativ neues Hotel in historisierendem Stil am Hauptplatz der Stadt. DZ ab 690 UAH.

ukr19-024 pk

■ **Hotel Khust,** Vul. Poperechna 2: Im Stadtzentrum in einem Gebäude aus den 1930er Jahren, bislang nicht renoviert – postsowjetischer Standard garantiert. DZ ab 250 UAH.

■ **Hotel V&P,** Vul. Petenk 5, am Rand des Stadtkerns: Modernes Hotel mit DZ ab 550 UAH, ein Wellnessbereich steht zur Verfügung.

Nahe dem Bahnhof befinden sich nahezu nebeneinander weitere Hotels:

■ **Hotel Karpati,** Vul. Ivana Franka 93: DZ ab 550 UAH, neues Gebäude, leicht kitschig.

■ **Hotel Fokus,** Vul. Ivana Franka 69, http://focus.khust.com: Nettes Gebäude, DZ ab 500 UAH.

■ **Panaromic Hostel,** unmittelbar am zentralen Platz: Sauber, gemütlich und toller Blick auf die orthodoxe Kirche. Ein Platz im Mehrbettzimmer kostet 170 UAH.

Mit Ausnahme des Hotels Khust sind alle genannten Unterkünfte über die üblichen Buchungsportale buchbar.

Essen und Trinken, Einkaufen

■ Überall im Stadtkern gibt es **nette Cafés und Kneipen** – für das leibliche Wohl ist also bestens gesorgt.

■ Rund um den Maidan Nezalozhnosti findet täglich der **Markt** statt.

Verkehrsmittel

■ Khust ist gut per **Bus** ab Uzhhorod und Mukacheve zu erreichen. Auch im Personennahverkehr der **Bahn** ist die Stadt angebunden. Im Fernverkehr gibt es ein tägliches Nachtzugpaar ab Lemberg und zurück. Der Nahverkehr in Richtung Chop und zur slowakisch-ungarischen Grenze ist eher dürftig. Bahnhof und Busbahnhof liegen direkt nebeneinander etwa 2 km östlich der Innenstadt und 1 km östlich des Burgbergs.

In der Umgebung

Narzissental

Долина Нарцисів

5 km östlich von Khust liegt das Narzissental. Im **April/Mai blühen** hier Unmengen dieser Blume, das ganze Tal ist dann von weißen Blüten übersät. Das ist ungewöhnlich, da Narzissen sonst erst in wesentlich größeren Höhen wachsen – das Tal liegt gerade mal 200 Meter hoch. Das Narzissental steht als botanisches Reservat unter Schutz.

Thermalbad

Ein kleines Thermalfreibad mit starkem Salzgehalt liegt etwa 8 km südlich von Khust im Dorf **Veliatyn** (Vul. Sanatorna 2, Tel. 03142-761 47). Die Anlage wurde in den letzten Jahren neu gestaltet. Die Ausschilderung auf der Hauptstraße ist nicht gut. Auch ist das Bad nicht zu verwechseln mit einem nahe der Durchgangsstraße liegenden, hervorragend ausgeschilderten Spa Hotel. Im Dorf gibt es ein riesiges Angebot an Privatzimmern zu günstigen Preisen.

Ein weiterer Kurort ist **Shaian** unmittelbar an der rumänischen Grenze. Hier gibt es allerdings nur kaltes Mineralwasser, das in Flaschen abgefüllt überall in der Region erhältlich ist. Übernachtungsmöglichkeiten bestehen reichlich und können über die internationalen Buchungsportale reserviert werden.

◁ Wetterumschwung in den Karpaten (Blick von der Hoverla)

Höhlen im Uholka-Tal

Etwa 30 km östlich von Khust beginnt eines der wenigen **Karstgebiete** der ukrainischen Karpaten mit riesigen Kalksteinkliffs und weiteren Karsterscheinungen wie etwa Karstquellen und steinernen Naturbrücken. Vor allem aber befinden sich hier einige der größten Höhlen des Landes, die in einem Atemzug mit denen der Krim oder Podoliens genannt werden können. Sie liegen im Uholka-Tal nahe dem Dorf **Mala Uholka.** Allein im Bergmassiv der Uholka sind es rund 30 Karsthöhlen, die größte von ihnen ist die **Druzhba-Höhle** mit einer Länge von rund 900 Meter. Da sie einen großen Höhenunterschied aufweist und touristisch nicht erschlossen ist, sollte man sie nur mit fachkundiger Anleitung besuchen. Im Inneren befinden sich schöne Sinterbildungen. Eine weitere Höhle ist die **Milchsteinhöhle** (Pechera Molochnyi Kamin). Für einen Besuch der Höhlen ist die Genehmigung des Karpatenbiosphärenreservats nötig. Nicht weit vom Karstgebiet entfernt finden sich in den Dörfern Oleksandrivka und Kolodne schöne Holzkirchen im rumänischen Stil der Maramuresch.

Nizhne Selyshche

Ніжне Зелище

Im nahe gelegenen Nizhne Selyshche hat sich – zunächst dank des Engagements des seit Langem hier ansässigen Österreichers *Jürgen Kräftner* – eine bemerkenswerte **soziale Infrastruktur** entwickelt. *Kräftner* gründete hier die kleine **Kommune „Longo Mai“,** die auch in anderen Teilen der Welt vertreten ist, und in der er auch lebt. Die Kommune ist linksalternativ orientiert und hat zum Ziel, das landwirtschaftliche Potenzial der Region zu nutzen und den Niedergang der ländlichen Gebiete zu stoppen. Kernstück des Projekts war der Aufbau einer **Käserei,** die mittlerweile auch kommerziell erfolgreich ist und hochwertigen Hart- und Frischkäse produziert. Führungen durch die Käserei sind möglich (mit Verkostung, ca. 50 UAH pro Person, Infos unter www.seliskasirovarnia.com.ua). **Weitere Projekte** sind ein internationales Begegnungshaus, eine biologische Kläranlage und die Verbesserung der Trinkwasserversorgung. Im heruntergekommenen Kulturhaus des Dorfes wurde eine Kneipe eingerichtet, die gut besucht ist.

Das wohl bekannteste Exportprodukt von Nizhne Selyshche ist die **„Hudaky Village Band“,** ebenfalls von *Kräftner* gegründet. Der Gruppe ist es gelungen, die multinationale Volksmusik der Transkarpatenregion auch international bekannt zu machen; sie ist regelmäßig im In- und Ausland unterwegs. Legendär geworden ist das Video „Babylon 13 – Cinema of a civil protest“, in dem ein spontanes Konzert der Band im Dezember 2013, in der Frühphase des Maidan, in unmittelbarer Nähe des Präsidentenpalastes in Kiew zu sehen ist. Die ungeheuer lebendige und von Herzen kommende Musik im Angesicht regungsloser, bis an die Zähne bewaffneter Polizeikräfte schafft einen Kontrast, wie er stärker nicht sein könnte (www.hudaki.org).

In Nizhne Selyshche sind internationale **Freiwilligeneinsätze** möglich. Sehr detaillierte Infos über die einzelnen Projekte gibt es online unter www.nestu.org/longomai.htm.

Übernachtung in Nizhne Selyshche: Eine schöne Privatpension gibt es in der Vul. Molodizhna, wo der charismatische und politisch in Sachen Regionalentwicklung aktive Besitzer *Sasha Lipchey* gemütliche Zimmer mit Vollpension anbietet (ca. 400 UAH, Tel. 067-792 51 23).

Nationalpark Synevyr

Синевирський національний природний парк

50 km nördlich von Khust, 20 km östlich von Mizhhiria, Bergsee und Nationalpark auf knapp 1000 Meter Höhe

Von Khust führt das **Tal der Rika** nach Norden, in Richtung des Passes von Torun, von wo das Gebiet Ivano Frankivsk erreicht werden kann. Das Tal und seine Seitentäler sind reich an Mineralquellen. Hauptort ist **Mizhhiria,** das keine größeren Sehenswürdigkeiten bietet, wohl aber einige Unterkünfte.

Etwa 20 km östlich von Mizhhiria liegt der **Nationalpark Synevyr,** benannt nach dem gleichnamigen See. Der See ist der **größte See in den Karpaten.** Geologisch gesehen ist er noch relativ jung, da er erst im Laufe der letzten Eiszeit, also vor rund 10.000 Jahren, entstanden ist. Verantwortlich für seine Entstehung war ein gigantischer Erdrutsch, durch den der Abfluss aus dem Tal blockiert wurde, sodass sich hier fortan das Wasser sammelte. Der See auf einer Höhe von rund 989 Meter inmitten

☐ Karpatenlandschaft nach der Heuernte

ukr14-072 pk

dichter Fichtenwälder beeindruckt vor allem durch seine tiefblaue Farbe. Da sein Wasserstand jahreszeitenabhängig ist, wechselt seine Größe stark und bewegt sich in einem Bereich von vier bis sieben Hektar. Die maximale Tiefe beträgt 22 Meter. Im Umfeld des Synevyr ist eine touristische Infrastruktur entstanden, auch Souvenirverkäufer bieten ihre Waren an.

Das **Museum des Nationalparks** befindet sich in Synevyrska Poliana an der Vul. Ostryky und ist täglich geöffnet.

Unterkunft am Synevyr und in Synevyrska Poliana

- Das **Hotelrestaurant Kolyba** am Nordrand des Dorfes bietet in einem urigen Holzhaus Unterkunft ab 300 UAH an, Tel. 097-186 20 54.
- **Budynok Khudozhnyka,** Tel. 03146-208 62: Ebenfalls am Dorfrand gelegen, bietet dieses Holzhaus DZ für 300 UAH an.
- **Komplex Arnika,** http://arnicahotel.com.ua: Wiederum ein Holzhaus, DZ ab 400 UAH.
- Weitere Unterkünfte auf www.karpaty.info.

Verkehrsmittel

- Synevyr ist einigermaßen mit öffentlichen Verkehrsmitteln zu erreichen. Der etwa 20 km entfernte Ort Mizhhiria ist relativ gut per **Bus** angebunden. Am besten, man erkundigt sich dort bei einem touristischen Anbieter und bucht eine Bustour zum Synevyr-See. Auch vom Busbahnhof Chust aus gibt es einige reguläre Verbindungen täglich direkt zum Synevyr.

Vynohradiv

Виноградів

- **100 km östlich von Uzhhorod, ungarisch geprägte Kleinstadt am Rand der Vulkankarpaten**
- **Einwohner: 25.000**

Vynohradiv liegt am äußersten Rand der Vulkankarpaten am Fuß der Chorna Hora (nicht zu verwechseln mit dem gleichnamigen Bergkamm im zentralen Teil der Karpaten). Als **ungarische Stadt Nagyszölös** wurde Vinohradiv bereits im 10. Jh. gegründet. Ende des 19. Jh. verbrachte der weltberühmte Komponist *Bela Bartok* hier einige Jahre seiner Kindheit. Heute leben 70 % Ukrainer in der Stadt, aber die ungarische Minderheit ist mit rund 26 % der Bevölkerung stark vertreten.

Sehenswertes

Zentrale Achse ist die **Vul. Myru,** an der sich die wichtigsten Sehenswürdigkeiten befinden. Zusammen mit der nördlich verlaufenden Parallelstraße **Vul. Shevchenka** bildet sie das eigentliche Zentrum. In beiden Straßen sind viele alte Fassaden zu sehen, darunter die barocke Reformatenkirche aus dem 18. Jh. mit einem schönen Zwiebelturm. 500 Meter östlich münden beide Straßen in die **Pl. Myru,** eine große Grünanlage mit alten Bäumen. Hier steht die **Himmelfahrtskirche** mit einem auffälligen spitzen Turm, erbaut im gotischen Stil. Nachdem die Kirche zeitweise im Besitz der Reformaten und später der Franziskaner war, wurde sie im 18. Jh. den Katholiken übergeben. Seit 1989 dient sie wieder als Kirche. Schräg gegenüber steht die **Franziskanerkirche,** eine weiße Kirche mit schwarzem, schön geschwungenem Turmhelm, deren heutiger Bau aus dem 18. Jh. stammt. 1 km östlich liegt das kleine **Rokokoschlösschen** der *Perenyis* leicht zurückversetzt südlich der Vul. Kopanska in einem Park. Die Familie herrschte über 400 Jahre in der Stadt. Die zurückhaltende Fassade mit offenen Bogengalerien in Erd- und Obergeschoss ist frisch renoviert.

Noch weiter nach Osten liegt auf einem kleinen Hügel unterhalb der Chorna Hora die **Burgruine Ugocsa,** auch Kanko-Schloss genannt. Nur wenige Mauerreste sind erhalten, aber die Burg bietet einen schönen Blick über die Ebene. Südlich der Burgruine findet sich in der Vul. Dobroliubova die **Weinkellerei Vynohradiv** (die wohl pleite ist).

Schmalspurbahn

Von Vynohradiv **nach Irshava** verläuft eine rund 20 km lange Schmalspurbahnstrecke von 75 cm Spurweite. Sie durchquert in weitem Bogen die Ebene, bis sie bei Khmilnik die ersten Hügel erreicht. Die Fahrt ist langsam, doch die altertümlichen Wagen und Dieselloks machen die Reise zu einem **Highlight für Eisenbahnfreunde.** Vor allem an Markttagen (Sa) ist eine Fahrt mit der Bahn ein Erlebnis (zurzeit verkehrt sie aber nur Mo, Do und So). Weitere Schmalspurbahnen, auf denen ebenfalls noch Regelverkehr stattfindet, gibt es in der Oblast Rivne (Antonivka – Zarichne) und den Oblasten Vinnytsia und Kirovohrad (Rudnytsia – Haivoron – Holovanivsk).

Praktische Tipps

Unterkunft

- **Imperial Plus Hotel,** Vul. Myru 37a: Neu errichtetes Gebäude im Zentrum, DZ ab 700 UAH.
- Etwas außerhalb (Uruchyshche Vinnychky) liegt das **Sanatoriums-Hotel Orline Hnizdo** mit DZ ab 660 UAH sowie Wellnessbereich und Freibad.

Essen und Trinken

An der Hauptstraße Vul. Ardovetska und am Pl. Myru liegen einige Cafés und Restaurants.

Verkehrsmittel

- Am besten reist man mit dem **Bus** aus Uzhhorod oder Mukacheve an. Die Verbindungen sind häufig.
- Per **Bahn** gibt es Nahverkehrsverbindungen und die Schmalspurbahn. Der Bahnhof liegt etwa 1 km südlich der Altstadt.

Berehove

Берегове

- **70 km südwestlich von Uzhhorod nahe der ungarischen Grenze, ungarisch geprägte Kleinstadt mit gut erhaltener historischer Bausubstanz**
- **Einwohner: 24.000**

Berehove liegt im äußersten Süden von Transkarpatien, nur wenige Kilometer von der ungarischen Grenze. Bis heute sind rund 50 % der Bevölkerung **Ungarn,** während Ukrainer nur etwa 40 % der Einwohner stellen. Am **Koshut-Platz,** der zu einer sehr ansprechenden

Fußgängerzone umgestaltet wurde, konzentrieren sich einige interessante Gebäude. Überragt wird die Straße vom barocken Turm der reformierten Kirche. Auffällig ist auch das ehemalige Gerichtsgebäude aus der k.u.k. Zeit im Monumentalstil der vorletzten Jahrhundertwende. Schräg gegenüber befindet sich verborgen hinter einer grauen Betonfassade aus den 1970er Jahren das städtische Kulturzentrum. Unter der hässlichen Betonverkleidung finden sich noch alte Ziegelmauern, denn das Gebäude selbst ist viel älter. Einstmals beherbergte es die große Hauptsynagoge der Stadt, ein eindrucksvolles Gebäude im maurischen Stil.

In der nahe gelegenen Vul. Betlena steht der kleine **Betlenhof** aus dem frühen 17. Jh., Residenz des gleichnamigen Fürsten. Das Gebäude hat eine schlichte Barockfassade, ein hohes Dach und ist von Wirtschaftsgebäuden umgeben.

Nahe dem Heldenplatz wird die Altstadt von einem nahezu stehenden Wasserlauf in zwei Hälften geteilt. Unmittelbar auf der anderen Seite befindet sich das **ehemalige Offizierskasino,** ein schöner Jugendstilbau, in dem sich heute ein Restaurant, ein Pub und ein kleines Hotel befinden. Gegenüber liegt die **gotische katholische Kirche,** die auf das 14. Jh. zurückgeht, ihr heutiges Aussehen aber einem Umbau aus dem 19. Jh. verdankt.

Thermalbäder

Aufgrund der einstigen vulkanischen Tätigkeit in der Region ist das Transkarpatengebiet die einzige ukrainische Region mit einem nennenswerten Vorkommen von Thermalwasser. Allein in Berehove gibt es **zwei Bäder: Das ältere** ist ein Bau aus den 1960er Jahren im sowjetischen Stil und schwer renovierungsbedürftig. Es gibt kein Innenbecken, aber ein großes, etwas schmuddelig wirkendes Außenbecken mit salzhaltigen Wasser, das etwa 30 Grad warm ist. Ab 100 UAH pro Stunde, Vul. Koriatovychi 1, Tel. 095-492 20 21, http://beregovo.at.ua.

Ein **neueres Thermalbad** findet sich in der Vul. Shevchenka 112, Tel. 03141-434 07, http://zhayvoronok.net, Eintritt 160 UAH. Der attraktive Neubau hat eine geschmackvolle Innengestaltung. Zu dem Komplex gehört auch ein **Hotel** mit modernen Zimmern ab 650 UAH.

Im nahe gelegenen **Koson** gibt es ein weiteres Thermalfreibad mit großem, gepflegtem Außengelände (350 UAH für 3 Stunden). In den letzten Jahren wurde ein neues Gebäude in historisierendem Stil mit Reetdach errichtet, sodass das Bad mittlerweile ganzjährig geöffnet ist (https://kosino.ua). Dem Komplex angeschlossen ist ein recht teures **Hotel.** Zwei Erwachsene inkl. Kinder zahlen mit Vollpension und Eintritt ins Thermalbad ab ca. 100 Euro.

Praktische Tipps

Unterkunft, Essen und Trinken

Die Auswahl an Übernachtungsmöglichkeiten in Berehove ist großartig, viele davon sind über die bekannten Buchungsportale reservierbar. Hier nur einige Beispiele:

- **Hotel Zolota Pava,** Vul. Rakotsi 1: Im Jugendstilbau des einstigen Offizierskasinos, tolles Ambiente. DZ ab 500 UAH. Im Haus befinden sich sowohl ein stilvolles Restaurant als auch ein Pub.

- **Hotel Passazh,** Vul. Secheni 9, Tel. 03141-424 36: Nettes kleines Hotel nahe der Fußgängerzone. DZ ab 650 UAH. Mit Restaurant.
- **Weinverkostung:** Auf dem Gelände des **Weingutes Chizay** nahe dem Ortausgang Richtung Mukacheve befindet sich ein ansprechendes Weinlokal, das Weinproben und Weinkellerführungen anbietet (www.chizay.com).

Verkehrsmittel

- Berehove ist am besten per **Bus** erreichbar, sowohl von Uzhhorod als auch von Mukacheve aus gibt es regelmäßig gute Verbindungen. Alle Busse halten im Zentrum vor der katholischen Kirche. Einen gedruckten Fahrplan gibt es nicht.

Mukacheve

Мукачеве

- **40 km südöstlich von Uzhhorod, am Fuß der Karpaten, historische Stadt mit grandioser Burganlage**
- **Einwohner: 84.000**

Mukacheve ist die zweitgrößte Stadt der Transkarpaten. Es wird von der Latorytsia in zwei Hälften geteilt und beherbergt – neben einem sehr ansprechenden Zentrum – eine der größten Sehenswürdigkeiten der Region, die mächtige **Burg Palanok.** Bis heute gibt es eine große ungarische Minderheit, auch viele Russen wurden nach dem 2. Weltkrieg hier angesiedelt. In der näheren Umgebung liegen auch einige einst **deutsche Dörfer.** Die wichtigsten sind Palanok, Pavshyno (Pausching) und Shenborn

⊻ Burg Palanok

ukr14-073 pk

ukr19-025 pk

(Schönborn). Bis etwa 1990 waren diese drei Dörfer fast ausschließlich deutschsprachig. Mit dem Ende der Sowjetunion wanderten aber die meisten Bewohner nach Deutschland aus.

Sehenswertes

Das **Zentrum** liegt auf der Südseite des Flusses. Es wird gebildet von der Vul. Kyryla i Mefodii (ehem. Pl. Myru) und der Pl. Dukhnovycha (ehem. Pushkina), die rechtwinkling aufeinander treffen. Beide Straßen säumen schöne alte Fassaden, sind autofrei und erfreuen sich eines neuen Kopfsteinpflasters. An der Nordecke der Kreuzung liegt das Rathaus aus dem frühen 20. Jh. In einem Hof auf der Westseite des Pl. Myru befindet sich das **Weiße Haus** (Bilyi Dim), ein einfacher Barockpalast mit dezenter Fassade. Der Pl. Myru läuft auf die katholische Pfarrkirche von 1904 zu, ein wuchtiger Bau mit spitzem Turm. Eine mittelalterliche Kirche musste diesem Neubau weichen. Lediglich ein kleiner Teil der alten Kirche, die heute frei stehende **St. Martinskapelle** aus dem 14. Jh. mit schönen Malereien im Inneren, blieb erhalten. Etwas weiter östlich, in der Vul. Dukhovnia, steht die calvinistische Kirche von 1795.

Burg Palanok

Замок Паланок

■ Geöffnet: täglich außer Mo, http://palanok.org.ua

Um die **größte Sehenswürdigkeit der Region** zu erreichen, ist ein Fußweg von gut 20 Minuten nötig. Vom Stadtzentrum folgt man am Ende der Fußgängerzone Vul. Dukhnovycha der Vul. Ilony

Zrini etwa 2,5 km immer geradeaus, bis man den Burgberg erreicht, einen völlig isoliert in der Ebene stehenden Vulkankegel, auf dem sich die Burg Palanok erhebt, die als **die schönste und besterhaltene Burganlage der Westukraine** gilt. Die Burg entstand im 9. Jh., sie war so wehrhaft, dass die Mongolen erst gar nicht versuchten, sie zu erstürmen. Fürst *Koriatovych,* der die Burg im 14. Jh. umbauen ließ, befestigte die Anlage zusätzlich mit einem Palisadenzaun aus Eichenpfählen. Die Soporoger Kosaken nannten diese Art der Umzäunung „Palanka" – der heutige Name der Burg rührt also daher. In den folgenden Jahrhunderten wurde die Burg mehrfach erweitert und erhielt die heutigen Bastionen. Ein 80 Meter tiefer Brunnen wurde im 18. Jh. in den Fels getrieben und machte die Burg auch im Hinblick auf die Wasserversorgung autark.

Weniger ruhmreich ist indes die **jüngere Geschichte** der Burg, denn zu österreichischer Zeit befand sich hier ein Gefängnis, und bis in die 1950er Jahre hatten NKWD und KGB ihren Sitz in der Festung. Erst mit der ukrainischen Unabhängigkeit wurde die Burg saniert. Die Sanierung ist mittlerweile abgeschlossen und das Bauwerk ein echtes Schmuckstück. Die wehrhafte Anlage erstreckt sich über mehrere Ebenen. Auf dem Weg nach oben passiert man Bastionen und mehrere Zugbrücken, bis endlich der obere Burghof mit seinen schönen Arkadengängen erreicht wird.

☒ Das Rathaus in der Fußgängerzone von Mukacheve

Innen befindet sich heute ein sehenswertes Museum.

Nikolai-Kloster

Die Anlage geht auf das 14. Jh. zurück. Das heutige Kloster ist ein harmonischer Bau im **Barockstil** des späten 18. Jh. mit einem schönen geschwungenen Turm, wie er auch für weite Teile von Österreich und Ungarn typisch ist. Trotz seines sehr mitteleuropäischen Aussehens gehört das Kloster zur Orthodoxen Kirche. Als einziger historischer Bau der Stadt steht es auf der nördlichen Flussseite am Hang eines Hügels, etwa 3 km nordöstlich des Zentrums.

Praktische Tipps

Unterkunft

- **Hotel Star,** Vul. Myru 10–12: Das beste Hotel der Stadt steht gleich gegenüber dem Rathaus. DZ ab 1500 UAH.
- **Hotel Inturyst,** Vul. Dukhovna 93, http://intourist.uz.ua: Renovierter Großkomplex aus sowjetischer Zeit. DZ ab 700 UAH.
- **Hotel Ferdinand,** Vul. Universitetska 58a: In der Nähe des Flusses gelegenes, neu errichtetes 4-Sterne-Hotel mit DZ ab ca. 1000 UAH.
- **Centre Hostel,** Vul. Kyryla i Mefodii 10–12: Ein Bett im Schlafsaal ist ab 5 Euro zu haben.

Essen und Trinken

- An der Vul. Myru gibt es reichlich nette **Cafés und Restaurants.**
- Ungarische Küche bietet das **Café Bohrach** in der Vul. Kyryla i Mefodii 10a.

Verkehrsmittel

Bahn

Mukacheve ist **gut ans Bahnnetz angebunden.** Sowohl die internationalen Züge Budapest – Kiew als auch innerukrainische Schnellzüge berühren die Stadt. Zudem gibt es täglich drei Zugpaare von Expresselektrichky ab Lemberg. Der Bahnhof liegt am nordwestlichen Stadtrand nördlich des Flusses.

Bus

Gute Verbindungen in alle Ecken Transkarpatiens. Zum Busbahnhof etwa 1 km südlich des Zentrums folgt man der Vul. Myru und biegt nach etwa 800 Metern nach rechts in die Vul. Yesenina ab, an deren Ende sich der Busbahnhof befindet. Im Gegensatz zum herausgeputzten Zentrum herrscht hier noch eine deutlich ursprünglichere Atmosphäre.

Uzhhorod

Ужгород

- **Unmittelbar an der slowakischen Grenze am Fuß der Karpaten, historische Stadt mit viel Atmosphäre**
- **Einwohner: 116.000**

Uzhhorod hat eine kleine, aber **schön restaurierte Altstadt,** die sich in eine Schleife des Flusses Uzh schmiegt und einen sanft ansteigenden Hang hochzieht, wo sie von einer großen zweitürmigen Kathedrale bekrönt wird.

Geschichte

Auf dem heutigen Schlossberg wurde im 12. Jh. von ungarischen Feudalherren eine Burganlage errichtet. Von den Mongolen im 13. Jh. zerstört, wechselte die Stadt immer wieder die Herrscher. Über 300 Jahre war Uzhhorod – lange Zeit ein Dorf von gerade mal 600 Einwohnern – im Besitz italienischer Adeliger. Ende des 17. Jh. kam sie dann zum Habsburger Reich. Den ganz großen Aufschwung brachte aber die Zwischenkriegszeit, als Uzhhorod zur **Hauptstadt der tschechoslowakischen Karpatoukraine** wurde. Ganze Stadtviertel im typischen Stil der 1920er Jahre entstanden neu. Viel davon ist heute noch entlang des rechten Flussufers zu sehen. In dieser Zeit wurde auch die über 2 km lange Lindenallee angelegt, die malerisch am Fluss entlangführt. **Ab 1945** verlief direkt am Westrand der Stadt die Grenze zwischen CSSR und UdSSR. Mit dem Beitritt der Slowakei zur EU und zum Schengenraum verwandelte sich diese Grenze erneut für einige Jahre in eine nahezu unpassierbare Barriere. Inzwischen ist die Visumpflicht aufgehoben, ein echter Segen für die Bewohner dieser Grenzregion. Die in der Stadt ansässigen Slowaken wurden nach 1945 größtenteils ausgesiedelt, während in den grenznahen Bereichen der Ostslowakei noch etliche ukrainische Dörfer existieren.

Sehenswertes

Die Altstadt

Herz der Stadt ist der immer lebendige **Theaterplatz** am Uzh. Eine Fußgängerbrücke verbindet hier die Altstadt mit den neueren Vierteln auf der anderen Flussseite. Am Ostrand des Platzes steht die **ehemalige Synagoge,** ein wunderschöner, in warmen Rottönen gehaltener Bau im maurischen Stil; heute beherbergt er die Philharmonie. Obwohl zu Sowjetzeiten eine Zwischendecke eingezogen wurde, ist der Hauptraum der einstigen Synagoge mit seiner reichen Ausstattung im maurischen Stil vollständig erhalten geblieben. Oberhalb liegt die **Georgskirche** mit einem massiven Turm mit schöner Haube. Die am Theaterplatz beginnende Altstadt ist fast durchgängig **Fußgängerzone.** Die Altstadtgassen führen nach oben zur hübschen gelben **Kreuzerhöhungskathedrale,** dem Wahrzeichen der Stadt. Mit ihren zwei schlanken Türmen und der klassizistischen Fassade prägt die Kathedrale das gesamte Stadtbild. Ursprünglich römisch-katholisch, wurde die Kirche gegen Ende des 18. Jh. den Unierten übergeben. Die riesige Ikonostase und Deckenmalereien im Inneren sind sehenswert. Das benachbarte ehemalige Jesuitenkolleg aus dem 17. Jh. dient heute als Bischofssitz.

Das Schloss

Folgt man von der Kathedrale aus der Vul. Kapitulna, einer kopfsteingepflasterten Gasse, nach Osten, erreicht man nach etwa 500 Meter das alte **Komitatsschloss,** einen eher unauffälligen Bau mit vier Bastionen, der von einem Graben umgeben ist. Interessant ist vor allem die geografische Lage, denn direkt dahinter fällt das Gelände nahezu senkrecht ins Tal ab. Die heutige Anlage geht auf das 13. Jh. zurück, seine endgültige Gestalt verdankt das Gebäude Umbauten im 17. Jh. Innen befindet sich heute das **Historische Museum** der Stadt. Von einer gotischen Kirche aus dem 15. Jh. künden noch einige Fundamente.

Ein sehenswertes **Freilichtmuseum** liegt wenige Schritte östlich des Schlosses. Hierher wurden im Laufe der Jahrzehnte Beispiele der regionalen Holzarchitektur gebracht und so vor dem Verfall gerettet, darunter auch einige wertvolle Kirchenbauten. Sonstige Exponate sind Bauernhäuser aus Tiefland und Gebirge, die die Bautraditionen der unterschiedlichen Ethnien in der Region repräsentieren.

Außerhalb der Altstadt

Das künstlerisch bemerkenswerteste Gebäude in der Region, die **Rundkirche (Rotunde) von Horiany,** liegt in einem östlichen Vorort von Uzhhorod. Die Kirche ist der einzige original erhaltene Rundbau aus der Zeit der Romanik in der Region. Sie stammt aus dem 11. bis 13. Jh. und birgt wunderschöne Fresken in ihrem Inneren. An die kleine Rotunde wurde später eine gotische Kirche angebaut.

Der **Bahnhof** liegt etwa 2 km südlich des Stadtzentrums. Mit dem heutigen Gebäude hat sich der einstige Bahnchef und zeitweilige Verkehrsminister der Ukraine, **Heorhyi Kirpa,** ein bauliches Denkmal im „ukrainischen Märchenstil" gesetzt. Gebaut aus roten und gelben Ziegeln, mit Uhrturm und einer gewaltigen marmorverkleideten Halle mit großem Kronleuchter, kann man sich getrost nach dem tieferen Sinn einer solchen Investition fragen, zumal alle Hauptstrecken an Uzhhorod vorbeiführen. Während im Bahnhof alles glänzt, ist das Bahnhofsumfeld relativ ungepflegt und wenig einladend.

Uzhhorod Ужгород

Praktische Tipps

Unterkunft

2 Hotel Zakarpattia, Pl. Kirila i Mefodia 5, gegenüber der orthodoxen Kathedrale, www.inturzak.com: Nicht schön, aber billig und mit bemerkenswerter Aussicht. Das Hochhaus auf halber Strecke zwischen Bahnhof und Altstadt ist das ideale Quartier für Budgettouristen. Die Zimmer sind teilrenoviert und erträglich. DZ ab 440 UAH.

15 Vulyk Hostel, Vul. Fedyntsia 39a: Typisches Hotel mit Aufenthaltsbereich und Küche, zentrumsnah gelegen.

16 Freedomhostel, Vul. Sobranetska 7: Ein Bett im Schlafsaal kostet ca. 130 UAH.

Uzhhorod Zentrum

0 100 m ©Reise Know-How Ukraine26 1/19

7 Pension Hospoda, Vul. Voloshyna 40: Zentral gelegene Unterkunft mit renovierten Zimmern, DZ ab 350 UAH.

3 City Hostel Panorama, Vul. Lva Tolstoho 5, unweit des Zentrums: Der Neubau ist nicht schön, aber alles ist sauber und gepflegt. Ab 130 UAH im Schlafsaal.

1 Hotel Argo, Vul. Kapushanska 50/1, www.argo-hotel.com.ua: Neues Hotel etwas außerhalb der Altstadt. DZ ab 650 UAH.

14 Hotel Atlant, zentral am Rand der Altstadt, Pl. Koriatovycha 27, http://atlant-hotel.com.ua: DZ ab 300 UAH. Mit Wellnessbereich inkl. Sauna.

4 Hotel Ungvarskyi, Vul. Elektrozavodska 2, etwa 2 km nordöstlich der Altstadt, www.ungvarskiy-hotel.com.ua: Das edle Business- und Wellnesshotel zählt sicher zum Besten, was die Stadt zu bieten hat. DZ ab 700 UAH, riesiger Wellnessbereich.

5 Hotel Old Continent, Pl. Petefi 4, am Eingang zur Altstadt, www.hotel-oldcontinent.com: Wie der Name vermuten lässt, richtet sich dieses Hotel eher an die betuchte Kundschaft aus Übersee. Westlicher Standard. Luxuriöse DZ ab 3300 UAH.

Bahnhofszimmer: Beim Neubau des Bahnhofs wurde an diese wundervolle Einrichtung gedacht. Ähnliche Zimmer finden sich auch im Gebäude des Busbahnhofs unmittelbar daneben.

Essen und Trinken

Das Angebot an netten Cafés und Kneipen in der Stadt ist riesig.

9 Bar Kaktus, Vul. Korzo 7: Eine Art Western-Kneipe in der Fußgängerzone.

12 Restaurant Astika, Vul. Korzo 20: Gemütliches Restaurant und Pizzeria.

6 Restaurant Delphin, Vul. Kyivska Naberezhna 2: Gastrokomplex gegenüber der Altstadt am Flussufer. Das Restaurant befindet sich auf der Dachterrasse eines neueren Gebäudes und bietet einen schönen Blick auf die Altstadt.

10 **Restaurant Vertep,** Vul. Korzo 13: Rustikales Restaurant in urigem Kellergewölbe.

11 **Pizza Club Korzo 10:** Schummrige Kneipe in einem Hinterhof der gleichnamigen Straße. Gutes Essen, schöne Atmosphäre. Man sollte ein wenig Zeit mitbringen.

13 **Café Antresol,** Pl. Koriatovycha 1a: Café und Konditorei mit freundlicher Einrichtung.

8 **Art Café Voto,** Vul. Voloshyna 24: Nettes Café direkt im Zentrum.

17 **Restaurant Kolyba,** Vul. Daibozka 14: Rustikales Restaurant, erbaut in Form einer Köhlerhütte, hervorragende Küche.

Einkaufen

- Aus kulinarischen und auch aus architektonischen Gründen ist ein Besuch der **alten Markthalle** aus der Zwischenkriegszeit zu empfehlen; sie liegt an der Pl. Koriatovycha.
- Die wichtigsten **Geschäfte** finden sich in der Vul. Korzo.
- Das einstige Hotel Korona unmittelbar am Theaterplatz wurde jüngst in historisierendem Stil umgebaut; es soll dort ein modernes **Einkaufszentrum** einziehen.

Sowjetische Denkmalskunst in Uzhhorod, rechts im Hintergrund ein Kirchenneubau des Moskauer Patriarchats

Verkehrsmittel

Bahn

Alle wichtigen Bahnstrecken führen an Uzhhorod vorbei, einige innerukrainische Fernzüge fahren die Stadt aber an. Im Nahverkehr gibt es eine Umsteigeverbindung von Lemberg aus, mit Umstieg in Sianky. Diese Strecke ist landschaftlich wunderbar, nimmt aber auch unglaublich viel Zeit in Anspruch.

Der eigentliche Bahnknotenpunkt ist das Städtchen **Chop** unmittelbar im Dreiländereck. Von hier bestehen einige Nahverkehrsverbindungen sowohl ins slowakische Cierna na Tisou als auch ins ungarische Zahony, außerdem fahren einige wenige Fernverkehrszüge, z.T. auch als Kurswagen Richtung Budapest/Wien und Kosice. Die ukrainische Grenzkontrolle findet beim Eintreffen der Züge in einer Nebenhalle des Bahnhofs statt und geht in der Regel schnell vonstatten.

In der **Bahnhofshalle** von Chop gab es eines der künstlerisch bemerkenswertesten Wandgemälde des Sozialistischen Realismus zu bewundern, gehalten in warmen Brauntönen und teilweise als Relief gestaltet. Im Zuge der Dekommunisierungsgesetze nach 2016 wurde es hinter einer gelben Plane versteckt. Man darf hoffen, dass es erhalten bleibt.

Wer in Chop einige Stunden verbringen muss, kann sich in der wirklich gemütlichen **Pizzeria Rikko** etwa 300 Meter östlich des Bahnhofs am Ende der Vul. Kvitova aufhalten.

Bus

Der Busbahnhof von Uzhhorod liegt nahe dem Bahnhof. Einige Verbindungen von hier aus in die Slowakei. Gute Verbindungen innerhalb Transkarpatiens. Einen weiteren kleinen Busbahnhof gibt es unterhalb nördlich der Altstadt in der Vul. Fedyntsia 61. Von hier fahren Busse in Richtung Uzhtal, die meisten allerdings nur bis Velyki Berezni.

ukr14-075 pk

Grenze zur Slowakei

Der Grenzübergang zur Slowakei liegt unmittelbar am westlichen Stadtrand, ist jedoch zu Fuß oder per Rad nicht passierbar. Fährt man mit dem Bus über die Grenze in die Slowakei und möchte in Kosice einen Zug gen Westen erreichen, sollte man einen Zeitpuffer einplanen, da die **Grenzabfertigung** unterschiedlich schnell erfolgen kann: Von Wartezeiten kürzer als 30 Minuten bis hin zu vier Stunden soll es schon alles gegeben haben.

Aus der Slowakei einreisende Radfahrer nutzen den neu geschaffenen Übergang **Velke Slemence/ Mali Selmentsi,** der nur für Radfahrer und Fußgänger geöffnet ist. Das Bemerkenswerte an diesem Übergang ist, dass hier 70 Jahre nach der Grenzziehung innerhalb eines geteilten Dorfes die Grenze wieder passierbar ist.

Das Uzh-Tal

Ужанська Долина

Zwischen dem Pass von Uzhok und Uzhhorod, einer der wichtigsten Karpatenübergänge mit herrlicher Bahnstrecke

Das Uzh-Tal führt von Uzhhorod etwa 90 km nach Nordosten bis zum **Pass von Uzhok (Ужоцький Переваль),** der die Grenze zur Lemberger Oblast bildet. Im Gegensatz zum zentralen Bereich der Karpaten ist das Uzh-Tal touristisch weit weniger erschlossen und damit deutlich einsamer und wilder. Die Dörfer sind recht ursprünglich und werden meist von einer großen Steinkirche mit Zwiebelturm dominiert. Vereinzelt sind noch die sehr bescheidenen transkarpatischen Holzhäuser zu sehen, die oft nur aus einem einzigen Raum bestehen. Viele der heutigen Dorfhäuser stammen aber auch aus tschechoslowakischer oder der frühen Nachkriegszeit. Folgt man dem Tal flussaufwärts sind folgende Sehenswürdigkeiten erwähnenswert:

Nur wenige Kilometer nördlich von Uzhhorod überragt die **Burgruine Nevytske,** von der noch der Bergfried und weite Teile der Umfassungsmauern stehen, das Tal. Die Ruine ist frei zugänglich und bietet einen schönen Ausblick auf das Tal, auf Uzhhorod und die transkarpatische Ebene.

Nahe Velykyi Bereznyi ist das **Kloster Malyi Bereznyi** mit seiner zweitürmigen Kirche sehenswert.

ukr19-026 pk

Hübsche Holzkirchen gibt es in Kostryno, Uzhok und im nahe gelegenen Vyshka, wo sich auch ein **kleines Skigebiet** befindet. Die Holzkirchen sind alle recht ähnlich und wurden von der lemkischen Bevölkerungsgruppe errichtet. Auffällig sind vor allem ihre pagodenartigen, spitz zulaufenden Mittelkuppeln.

Uzhok ist ein guter Ausgangspunkt für Wanderungen in den **Uzhanskyi-Nationalpark** (**Ужанський національний природний парк**) über den malerischen Kamm der östlichen Beskiden, die Fortsetzung der polnischen Bieszczady, bis hin zum Berg Pikui.

Auf der **Uzhok-Passhöhe** verläuft die Grenze zum Lemberger Gebiet, und auch das Dreiländereck Polen – Slowakei – Ukraine befindet sich hier.

Sianky

Сянки

Sianky liegt direkt auf der Passhöhe, die hier, **am Oberlauf des San,** eine hügelige Hochfläche bildet. Der Ort geht auf das 16. Jh. zurück und hatte einst fünf orthodoxe Kirchen. Zwei davon wurden in die tiefer gelegenen Dörfer verkauft, dort wieder aufgebaut und stehen heute in Kostryno und Sil. Eine blieb in der Nähe des Bahnhofs stehen, eine weitere am östlichen Dorfrand. Um die vorletzte Jahrhundertwende entwickelte sich Sianky zu einem **Bergkurort** mit guter Infrastruktur für Wander- und Skitourismus. Es gab unzählige Pensionen, Hotels, Tennisplätze, eine Sprungschanze und ein Laientheater. Insgesamt hatte der Ort, der nur rund 900 Einwohner zählte, damals eine Kapazität von 2000 Betten! Mit der Grenzziehung nach 1945 unmittelbar am Fluss San wurde Sianky in zwei Hälften geteilt. Der polnische Teil der Ansiedlung wurde geräumt und **dem Erdboden gleichgemacht.** Übrig blieben weniger als hundert Häuser auf sowjetischer Seite und eben der Bahnhof. Eine touristische Infrastruktur ist heute nicht mehr vorhanden.

Praktische Tipps

Grundsätzlich ist die touristische Infrastruktur im Uzh-Tal sehr ausbaufähig.

Unterkunft

- **Hotel Berizka,** Perechyn, Vul. Uzhanska 2a, Tel. 099-017 37 05: DZ ab 500 UAH.
- **Club Visson Hotel,** http://clubvisson.com: Kleines, neu errichtetes Hotel in Kostryno mit DZ ab 700 UAH.
- **Stavne 158,** Kostryno, www.stavnoe.com: Ausgezeichnetes Ferienhaus (historisches Holzhaus). Preis pro Nacht 1300 UAH, Kapazität: fünf Personen.
- **Mein Tipp: Hotel Lian,** Uzhok, Volosianka 440a: Neues Holzhaus mit DZ ab 500 UAH. Buchbar über die üblichen Buchungsportale.
- **Pensionat Urochyszche,** http://zakarpattya.info: Neues Holzhaus im etwa 5 km von Kostryno entfernten Vyshka, ca. 500 UAH mit Vollpension pro Person.

Hutsulische Bauernhäuser nahe Sianky

Verkehrsmittel

Bahn

Durch das Tal führt die Bahnstrecke Chop – Uzhhorod – Sianky – Sambir – Lemberg, die von einem nächtlichen Fernzugpaar befahren wird. Zudem gibt es mehrere Verbindungen mit Nahverkehrstriebwagen von Uzhhorod auf die Passhöhe. Von hier geht es weiter in die galizische Hauptstadt. Da sich ab Uzhok die Bahnstrecke über mehrere Viadukte und durch Tunnels steil nach oben schraubt und dabei einzigartige Ausblicke ermöglicht, ist eine Bahnfahrt auf dieser Strecke äußerst empfehlenswert. Auf der Passhöhe muss umgestiegen werden, im Bahnhof von Sianky erfolgt eine Passkontrolle. Die Strecke beiderseits von Sianky führt über fast 20 km **direkt an der polnischen Grenze** entlang, so nah, dass der polnische Adler auf den rotweißen Grenzsteinen zu erkennen ist.

Nur wenige Verbindungen haben einen direkten **Anschluss in Sianky:** ab Lemberg 9.23 Uhr, an Sianky 13.50 Uhr; ab Sianky 14.05 Uhr, an Uzhhorod 17.05 Uhr; ab Uzhhorod 8.30 Uhr, an Sianky 11.38 Uhr; ab Sianky 11.52 Uhr, an Lemberg 16.13 Uhr (Stand: 2018).

Hinweis: Das Fotografieren von Grenzanlagen ist in der Ukraine streng verboten!

Bus

Per Bus gibt es regelmäßige Verbindungen ab dem Busbahnhof 2 in Uzhhorod in Richtung Perechyn und Velyki Berezni.

Grenze nach Polen

Einen Übergang nach Polen gibt es in der Bergregion nicht, aber es wird seit Langem darüber diskutiert, den kleinen Passübergang zwischen Luh auf ukrainischer und Wolosate auf polnischer Seite zu öffnen. Das Projekt ist bisher in erster Linie aufgrund der Bedenken von Umweltschützern nicht umgesetzt worden, da eine starke Zunahme des Verkehrs in diesem ökologisch wertvollen Gebiet die Folge wäre. Beiderseits der Grenze befinden sich Nationalparks mit einer einzigartigen Tier- und Pflanzenwelt, die gerade von der Abgeschiedenheit der Region profitieren. Eine Lösung könnte sein, den Grenzübergang nur für Fahrradfahrer und Fußgänger freizugeben. Doch selbst dann wäre die Entstehung von Märkten für Zigaretten und Wodka inmitten der Bergeinsamkeit nicht auszuschließen. Mit der Idylle wäre es dann wohl schnell vorbei.

Die Felsenburgen rund um das Stryi-Tal

- **Geografische Lage: 25 km südlich von Stryi**
- **Besonderheiten: Felsenburgen in malerischen Sandsteinfelsen**

Kurz bevor der Stryi das Gebirge auf dem Weg in die vorkarpatische Niederung verlässt, liegen zwei einzigartige Kultur- und Naturdenkmäler: die Felsenburg Tustan und der Dovbushfelsen.

Felsenburg Tustan

Тустань

Etwa 5 km nördlich des Ortes Pidhorodtsi ist **nahe dem Ort Urych** die Felsenburg Tustan zu bestaunen. Es handelt sich um zwei isoliert in einem Talkessel stehende, 60 Meter hohe, fantastisch geformte Sandsteinfelsen, die man eher in der Sächsischen Schweiz vermuten würde. Eine Burg ist hier seit dem 9. Jh. in Form einer hölzernen Befestigungsanlage dokumentiert. Zudem wurden Treppen und Felskammern in den weichen Sandstein geschlagen. Die Burg kann für wenig Geld täglich besichtigt werden. Unterhalb gibt es einige improvisierte Souvenir- und Getränkestände, da die Felsen ein beliebtes Ziel von Bustouren für Kurgäste aus Truskavets sind. Rund um die Hauptfelsen gibt es weitere Sandsteinfelsen, und nur wenige Meter von der Burg Tustan endet der Trubel, und man ist wieder allein. Schöne Felsen finden sich auch rund um Yamelnytsia.

Verkehrsmittel

- Leider ist Urych sehr schlecht mit öffentlichen Verkehrsmitteln zu erreichen. Um die Mittagszeit fährt ein **Bus** ab Stryi nach Pidhorodtsi (über Skole). Von dort sind es noch etwa 5 km zu Fuß. Besser ist es, ab Truskavets einen Busausflug zu buchen. Alternativ kann man auch auf besagtem Weg mit öffentlichem Verkehrsmittel hinfahren und dort einen der Ausflugsbusse bitten, einen zurück nach Truskavets mitzunehmen.

Dovbush-Felsen

Скеля Довбуша

Auf der anderen Seite des Tales, jenseits der Hauptstraße Lviv – Uzhhord und der Bahnlinie, gibt es mit dem Dovbush-Felsen ein weiteres Highlight, das man keinesfalls versäumen sollte. **Zwischen den Dörfern Tukhaniv und Bubnyshche** ragt ein felsiger Bergrücken aus dem Wald, der herrliche Wandermöglichkeiten bietet. Viele Felsen liegen versteckt im Wald, andere überragen die Baumwipfel mit einzigartigen Formen. Einige Felsen weisen künstliche Höhlen und Felskammern auf, sodass davon auszugehen ist, dass es sich einst um Höhlenwohnungen gehandelt hat.

Wandervorschlag

Vom Ort Verkhne Synovydne kann man auf einer kleinen Straße nach etwa 5 km den Ort Trukhaniv erreichen. Oberhalb des lang gezogenen Ortes liegt der erwähnte felsige Kamm. Man hält sich entlang des Kammes und passiert so die interessantesten Felsgruppen. Am nördlichen Ende des Kammes liegt der Ort Bubnyshche, der in den Ort Tysiv übergeht. Die Wanderstrecke beträgt etwa 20 km.

Verkehrsmittel

- Verkhne Synovydne und Tysiv sind mit **Bussen** ab Lviv und Stryi sehr gut erreichbar. Desgleichen Bolokhiv; von dort fahren einige wenige Busse pro Tag weiter nach Tysiv.

Wandern in den Karpaten

Historischer Rückblick

Im 19. Jh. wurde Wandern in den Gebirgsregionen Mitteleuropas populär. Inspiriert durch die wandernden Handwerksgesellen, die der Nachwelt viele Volkslieder hinterließen („Das Wandern ist des Müllers Lust"), entstanden gegen Ende des 19. Jh. Jugendbewegungen wie die **Wandervögel** oder die **Pfadfinder.** *Heinrich Heines* „Harzreise" machte das Wandern auch in bürgerlich-liberalen Kreisen populär, gegen Ende des 19. Jh. wurden die ersten Jugendherbergen errichtet. **Wandervereine** sorgten dafür, dass **Wege** markiert und die ersten **Hütten** gebaut wurden. Neben der sportlichen Betätigung stand immer auch ein geselliges Erlebnis im Vordergrund, oft wurden auch politische Ziele mit dem

ukr19-027 pk

Wandern verknüpft – viele Wandervereine verstanden sich als Teil der Arbeiterbewegung. So begann die touristische Erschließung auch in den Karpaten, die zu dieser Zeit fast vollständig zu Österreich-Ungarn gehörten. Verantwortlich hierfür war der polnische Tatraverein. Die erste Hütte entstand 1878 im Bereich der Chorna Hora. Nach dem 1. Weltkrieg existierte in den Waldkarpaten ein dichtes Netz markierter Wanderwege. Allein im polnischen Teil, also den heutigen Gebieten Lemberg und Ivano Frankivsk, gab es vor dem 2. Weltkrieg 47 Hütten.

Auf dem Weg Richtung Hoverla (rechts im Hintergrund ragt der Gipfel auf)

Nach dem 2. Weltkrieg änderte sich die Situation schlagartig. Während in Polen, der Tschechoslowakei und selbst in Rumänien die Wandertradition auch während der kommunistischen Zeit weiter existierte, ging man auf dem Gebiet der **Sowjetunion** völlig andere Wege. Eine mit Mitteleuropa vergleichbare Wanderbewegung hatte es im Zarenreich zu keiner Zeit gegeben, wohl auch deswegen, weil eine bürgerliche Mittelschicht und ihre Rückbesinnung auf die Natur hier nie wirklich entstanden waren. Somit gab es auch keine überlieferten Traditionen, auf die man aufbauen konnte. Tourismus wurde staatlich organisiert und bekam deutlich totalitäre und kollektivistische Züge. In Eigenregie wandernde Menschen waren dem Regime suspekt und eine Infrastruktur für Wanderer fortan nicht mehr erwünscht. Die Hütten verfielen oder wurden abgerissen, die alten Wanderwege blieben sich selbst überlassen. Als Ersatz entstanden in den Tälern große Tourismuskomplexe, Turbazas, Erholungsheime und Sanatorien. Sie alle waren nur mit einer **„Putivka“** zugänglich, Urlaubsgutscheinen, die von den Betrieben, der Gewerkschaft oder aufgrund ärztlicher Verschreibung vergeben wurden. Wer keine solche Putivka bekam, für den war der begehrte Bergaufenthalt nicht realisierbar.

Wer in die Bergeinsamkeit vordringen wollte, hatte im Prinzip nur zwei Möglichkeiten: Entweder eine geführte Bergwanderung zu buchen oder aber auf eigene Faust und eigenes Risiko mit schlechten Karten und Zelt loszuziehen. Daran änderte sich in den ersten 15 Jahren nach der ukrainischen Unabhängigkeit nur wenig. Mit dem Fall der Visapflicht **ab dem Jahr 2005** und einer **wachsenden Zahl westlicher Individualtouristen** wurde vielen regionalen Unternehmern klar, dass die immer zahlreicheren Besucher aus den Ländern der EU andere Bedürfnisse (und ein anderes Anspruchsniveau) haben als Vasyl Normalbürger. So entstanden in den letzten Jahren zahlreiche neue, meist private Hotels in den Tälern. Viele davon wurden in Holzblockbauweise errichtet, die zwar mit dem Stil der hutsulischen Holzhäuser wenig zu tun hat, aber verglichen mit den Skiorten in den österreichischen oder französischen Alpen dennoch eine Augenweide sind. Zugleich entstanden Initiativen zum Ausbau des grünen Tourismus und zur Schaffung von Privatunterkünften auf dem Land. Auch mit der Markierung von Wanderwegen wurde begonnen, aber die Praxis zeigt, dass das, was 50 Jahre lang sträflich vernachlässigt wurde, nicht über Nacht neu entstehen kann.

Besonders erwähnenswert ist in diesem Zusammenhang des **Projekt Stezhki** (www.stezhky.org.ua), das damit begonnen hat, die alten Wanderwegenetze der Vorkriegszeit wieder herzustellen. Ein ähnliches Projekt ist der **Transkarpatenwanderweg,** der nach Fertigstellung einmal eine Länge von 380 km haben soll. In der Region Rakhiv existieren schon rund 80 km dieses Weges. Das Projekt wird vom ukrainisch-schweizerischen Forza-Projekt finanziert. Dennoch: Auch 2018 gab es **noch nicht eine Berghütte** auf den Kämmen des Gebirges. Lediglich in der Gegend von Kosiv steht seit 2015 die **Khata Maisternia** (http://khatamaysternya.com) und oberhalb von Verkhovyna auf 1000 m Höhe die **Khatka u Kuby** zur Verfügung, Letztere betrieben von einigen vor Ort lebenden Polen (www.chatkaukuby.eu). Beide präsentieren sich als alte, romantische hutsulische Holzhäuser. Wer mehrtägige Höhenwanderungen unternehmen will, muss sein Zelt und Proviant für mehrere Tage mitschleppen. Eine Höhenwanderung in den Karpaten ist definitiv nur etwas für Hartgesottene. Ein äußerst kompetenter Wanderleiter, **Serhii Stepchuk,** lebt im Dorf Yarok und bietet solche Touren zu fairen Preisen an. Der gelernte Grafiker und Kartograf ist Autor mehrerer Reiseführer und kennt die transkarpatische Heimat wie seine Westentasche. Er ist aktiv in der Entwicklung des grünen Dorftourismus und engagiert sich für die Markierung von Wanderwegen. Seit einiger Zeit betreibt er den **Touristenverein Turkul,** www.turkul. com, Tel. 098-976 02 11.

Grundlegende Sicherheitsvorkehrungen

Im Vergleich zum Alpenraum oder auch zur Hohen Tatra herrscht in den ukrainischen Karpaten **kaum schweres Gelände** vor. Senkrechte Felsabbrüche sind eher die Ausnahme, Absturz- und Verletzungsgefahr somit geringer. Dennoch sollten die Karpaten nicht unterschätzt werden. Aufgrund schlechter Wegmarkierungen ist die **Orientierung** deutlich schwieriger als in den Alpen. Insbesondere bei Nebel oder schlechtem Wetter ist auf den grasigen, oft weglosen Hängen der Almwiesen eine Orientierung kaum möglich. Die Wetterentwicklung sollte also genau im Auge behalten werden. Dabei ist zu berücksichtigen, dass **Wetterstürze** im Gebirge häufig sind und auch die Temperatur binnen weniger Stunden stark abfallen kann. Es sollte immer eine warme Jacke im Gepäck und die Brotzeit im Rucksack so bemessen sein, dass eine Tour auch mal einen Tag länger dauern kann als geplant. Dass im Falle heranziehender Gewitter die Höhenlagen zu verlassen sind, versteht sich von selbst. Während die Höhenwege in den Alpen recht stark frequentiert sind – sodass es im Grunde nur eine Frage der Zeit ist, bis jemand vorbeikommt, den man um Hilfe bitten kann –, kann das in den ukrainischen Karpaten schon mal einen Tag dauern. Immerhin hat sich in den letzten Jahren der **Handyempfang** stark verbessert, sodass es mittlerweile besser möglich ist, telefonisch Hilfe anzufordern. Dennoch sollte man immer eine **Notfallapotheke** (eine Mullbinde, Desinfektionsmittel, eine Salbe gegen Prellungen und ggf. Schmerzmittel) im Gepäck haben. Man sollte beachten, dass der **Rucksack** – es muss ja alles mitgenommen werden – schnell ein recht hohes Gewicht hat: Wenn neben Essen auch ein Zelt, ein Kocher, ein Schlafsack, Wechselkleidung und Notfallmedizin mitgenommen werden müssen, kommen schnell 15–20 Kilo zusammen. Bei der Planung der Tagesetappen sollte man diesen Umstand berücksichtigen. Immerhin: Quellen mit klarem **Wasser** sind im Gebirge häufig und die Trinkwasserversorgung somit kein großes Problem. Die meisten Quellen sind auf den Karten eingezeichnet.

Wer in die **Grenzzone zu Rumänien** südlich des Pip Ivan vordringen möchte, benötigt eine Genehmigung der Grenzbehörden. Diese zu bekommen ist nicht unwahrscheinlich, da Wandertouristen im Grunde gerne gesehen werden und die Genehmigung daher eher zu einer Formalie geworden ist.

Seit einigen Jahren sind sowohl bei uns als auch vor Ort brauchbare **Wanderkarten** erhältlich. Die neuen Karten orientieren sich im Übrigen an den alten polnischen Karten der Vorkriegszeit.

Angriffe von **Raubtieren** sind höchst unwahrscheinlich, da es sich bei Bären um recht menschenscheue Gesellen handelt und Wölfe und Luchse den Menschen generell nicht angreifen. Wegen der Bären sollte man aber bei der Suche nach einem Nachtquartier von Wildfütterungsstellen Abstand halten.

Wanderrouten

Im Folgenden werden einige Wanderungen in verschiedenen Teilen des Gebirges beschrieben. Während die Besteigung der Hoverla als Tagestour möglich ist, erfordern alle anderen Wanderungen die Mitnahme von Zelt und Schlafsack. Die hier beschriebenen Routen sind nur eine kleine Auswahl dessen, was möglich ist, denn das Gebirge ist natürlich wesentlich größer. Die vorgeschlagenen Wanderungen sind also als „Appetitanreger" zu verstehen, der Lust auf einen längeren Aufenthalt in den Karpaten machen soll.

Aufstieg auf die Hoverla

Говерла

Die Hoverla als höchster Berg der Ukraine ist sicher das **beliebteste Wanderziel der Karpaten.** Ihre Besteigung ist relativ gut an einem Tag zu bewerkstelligen.

Aufstieg von Lazeshchyna

Лазещина

Die beliebteste Variante beginnt in Lazeschyna, das sowohl per Bus als auch per Bahn erreichbar ist. Vom Bahnhof hält man sich in südwestlicher Richtung zunächst parallel zu den Gleisen. Diese werden unterquert, und man folgt der unasphaltierten Dorfstraße bis zum Waldrand. Die nächsten 8 km folgt man einer nahezu ebenen Fahrstraße, die einen Bach entlangführt. Kurz nach dem Ortausgang beginnt der **Nationalpark.** An einer Schranke ist Eintritt zu zahlen: Je nach Aufenthaltsdauer beträgt dieser 20–30 UAH.

An der Lichtung, auf der das **Forsthaus Kosmeshchyk** steht, zweigt ein Weg nach rechts in Richtung des Berges Petros ab. Hier bietet es sich an, das Rucksackdepot zu machen und mit leichtem Tagesrucksack den Gipfel zu besteigen. Der weitere Weg geht nicht entlang der Fahrstraße Richtung Petros, sondern ist ein steil ansteigender, recht gut markierter Pfad, der zunächst durch einen Fichtenwald führt, um nach etwa 500 Höhenmeter einige Almen zu erreichen. Den Almen aufwärts folgend, erreicht man einen Rücken, der einen geradewegs auf den Gipfel führt. Der Aufstieg von der Abzweigung bis zum Gipfel dauert etwa drei Stunden. Ab Lazeschyna beträgt die reine Gehzeit etwa fünf Stunden. Der Rückweg erfolgt auf dem gleichen Weg wie der Aufstieg.

■ **Verkehrsverbindungen:** Lazeschyna ist am besten per Bus und Bahn zu erreichen.
■ **Unterkunft:** Einige Unterkünfte gibt es in Yasinia (siehe dort). Auch Lazeshchyna bietet einige Privatquartiere (siehe www.karpaty.info). Am sinnvollsten ist es, beim **Forsthaus Kosmeshchyk** zu übernachten. Neben Campinghütten und einer Zeltwiese findet sich hier auch eine sehr spartanische Übernachtungsmöglichkeit mit Stockbetten.

Aufstieg von Vorokhta

Ворохта

Für diejenigen, die ihr Basisquartier im außerordentlich pittoresken Vorokhta aufgeschlagen haben, bietet sich eine **kombinierte Fahrrad- und Wandertour** an. In Vorokhta gibt es mehrere Fahrradverleihe, sodass es ein leichtes Unterfangen ist, die ersten 25 km bis zum **Berghotel Zarosliak (Заросляк)** zurückzulegen (Achtung: Verlangen Sie beim Ausleihen des Fahrrads ausdrücklich ein Fahrradschloss – üblicherweise ist dieses nicht mit dabei!). Man folgt einfach am östlichen Ortausgang der Straße in Richtung Verkhovyna, die entlang des Prut verläuft. Nach etwa 8 km zweigt eine Forststraße nach rechts ab, die weiterhin dem Prut folgt. Etwa 5 km danach werden einige Gebäude passiert, bei denen sich auch der Eingang zum Nationalpark befindet, wo man sich registrieren und eine geringe Eintrittsgebühr bezahlen muss. Hier endet der Asphalt, und die weiteren 10 km zu dem erwähnten Berghotel, einem riesigen Komplex, der weder schön noch übermäßig günstig ist, führen anfangs gemächlich, später steil bergauf. Beim Hotel kann man sein Fahrrad anschließen und den weiteren Weg zu Fuß in Angriff nehmen. Unterhalb des Hotels gibt es zahlreiche Souvenir- und Essensstände, da dort eigentlich immer etwas los ist. Patriotisch gesinnte Menschen können blau-gelbe Fahnen erstehen. Für Fahnen anderer Art sorgt der angebotene *Glintveyn* (Glühwein) mit sehr viel Schuss, den man besser erst nach dem sicheren Abstieg von Hoverla zu sich nehmen sollte.

Nach Passieren des Hotelkomplexes (1250 m) folgt man dem Prut, auf dessen rechter Seite ein recht gut **blau-weiß markierter Weg** in etwa zwei Stunden auf den Gipfel führt. Zunächst geht es durch dichte Nadelwälder sanft aufwärts, dann erreicht man nach etwa einer halben Stunde die alten Grenzpfosten, die eine gute Orientierung darstellen. Hier wird es steiler, es geht durch Latschenkiefern weiter nach oben. Dem Verlauf der Grenzpfosten nach links folgend, erreicht man den Fuß des Gipfels,

ukr14-078 pk

zu dem es von hier noch etwa eine Stunde ist. Etwas schneller geht es, wenn man nach etwa 15 Minuten dem gelb markierten Weg auf die andere Seite des Prut folgt; dieser Weg ist etwas steiler und führt ebenfalls steil nach oben.

Wer Zeit hat, kann den Abstieg über den **Bergsee Ozera Nezamovytne** in Angriff nehmen, wofür gut zwei Stunden zusätzlich einzuplanen sind, da man dem Chornohorakamm einige Kilometer nach Süden zu folgen hat. Vom Bergsee verläuft ein bequemer Wanderweg zum Hotel Zarosliak.

Die Hoverla gilt seit einigen Jahren als eine Art **nationales Symbol der Ukraine,** weshalb auf dem Gipfel alles voll mit blau-gelben Fahnen hängt, die nach dem unvermeidlichen Selfie dort oben meist zurückgelassen werden.

Hinweis: Wer die gesamte Strecke laufen möchte, sollte ab Vorokhta für den recht unspektakulären Weg durch den Wald mindestens sechs Stunden einkalkulieren. Busverbindungen Richtung Zarosliak sind selten. Gerade für Kleingruppen kann es auch empfehlenswert sein, ein Taxi zu nehmen; etwa 10 Euro pro Strecke sind zu zahlen.

Unterkunft: Das große **Berghaus Zarosliak** ist alles andere als idyllisch, ein Platz im 5-Bett-Zimmer kostet ab 250 UAH. Die Lage am Fuß der Hoverla macht einiges wett.
http://1karpaty.com/showproperty/15-ivano-frankovskaya-obl/136-voroxta/164-voroxta/1-baza-otdyxa/455-voroxta-sportivnaya-baza-zaroslyak-ivano-frankovskaya-obl.html

Tour über die Chorna Hora

Чорна Гора

1. Tag

Die Tour **beginnt in Ust Hoverla,** das aus Rakhiv per Bus erreichbar ist. Der Weg folgt dem Tal der Bila Tysa, bis der Seitenbach Velykyi Bazatul von Osten her einmündet. Dessen Tal folgt man, erreicht die Reste eines alten Staudammes und im weiteren Verlauf einige Almhütten. Bis hierhin sind es etwa 12 km. Da auf den Forststraßen immer wieder auch Waldarbeiter mit schweren Lkw unterwegs sind, kann man auch versuchen zu trampen. Nach den Almhütten beginnt

☐ Vorokhta – ein guter Ausgangspunkt für Wanderungen

der eigentliche Aufstieg auf die Chorna Hora. Da es auf dem Kamm nur wenig Wasserquellen gibt, sollte spätestens hier der Wasservorrat aufgefüllt werden.

Dem Pfad durch den Fichtenwald folgend, erreicht man nach etwa einer Stunde den Gradrücken. Rechter Hand befindet sich der Gipfel der Chorna Hora (2028 m), auch **Pip Ivan** genannt. Auf ihm sind die Reste eines alten Observatoriums aus den 1930er Jahren zu sehen. Dort, wo der Weg aus dem Tal auf den Kammweg trifft, findet sich eine weitere Verzweigung Richtung Osten, die zum **Berg Smotrych** (1896 m) führt. Auf dem Weg dorthin befindet sich ein kleiner See, an dessen Ufer man zelten kann. Der Smotrych war im 1. Weltkrieg schwer umkämpft, noch immer trifft man Reste alter Gräben und Unterstände an. Südlich des Pip Ivan beginnt die **Grenzzone zu Rumänien,** die nur mit Genehmigung der Grenzer betreten werden darf. Für unsere Tour ist dies nicht von Belang, da die Grenzzone nicht berührt wird. Die 1. Etappe beträgt rund 16 km.

2. Tag

Den ganzen Tag gehen wir **oberhalb der Baumgrenze** und passieren die **Berge Dzembronia** (1878 m), **Mantschul** (1998 m) und **Brebeneskul** (2035 m). Bei schönem Wetter ist der Weg völlig unproblematisch. Bei Schlechtwetter ist der Kamm aber vollständig in den Wolken, sodass die Sicht gleich Null ist. In diesem Fall stellen die alten nummerierten Grenzpfosten eine wichtige Orientierungshilfe dar, auf die man immer wieder stößt. Wenig nördlich befindet sich der Brebeneskul-See. Im Laufe der Wanderung werden die **Berge Rebra** (2001 m) und **Turkul** (1932 m) erreicht. Auf halber Strecke zwischen Rebra und Turkul ist in östlicher Richtung der **Berg Shpytsi** zu erkennen. Dieser liegt etwa 3 km abseits des Weges und fasziniert durch seine schroffen Felszacken unterhalb des Gipfels. Unterhalb des Turkul liegt der See Nezamovytne. Im weiteren Verlauf folgt der **Berg Dantsysh** mit einigen nahe gelegenen Seen. Hier kann man sein Nachtlager aufschlagen. Diese Tagesetappe beträgt etwa 17 km.

3. Tag

Der letzte Tag der Wanderung führt über den Bergkamm weiter, passiert den **Berg Breskul** (1911 m) und erreicht die **Hoverla;** von dort Abstieg nach Lazeshchyna wie in Tour 1 beschrieben. Die Tagesetappe beträgt etwa 17 km.

Durch die östlichen Beskiden

Die Zweitagestour im äußersten Westen der Region **beginnt am Bahnhof von Uzhok.** Sie führt durch die unmittelbare östliche Fortsetzung der polnischen Bieszczady, die sich landschaftlich und auch von der Höhe her kaum von den östlichen Beskiden unterscheiden. Lediglich die touristische Erschließung ist schlechter – das hiesige Bergland ist folglich weitaus wilder und nahezu menschenleer.

1. Tag

Nach dem Ausstieg aus dem Zug folgt man zunächst der Bahnstrecke ein Stück zurück, bis diese mittels eines Viaduktes das Tal überquert. Hier geht man entlang der Dorfstraße in südlicher Richtung bis zu einer Abzweigung in Richtung Husnyi. Folgt man der Dorfstraße weiter in Richtung Passhöhe, erreicht man nach einigen Metern eine grandiose **lemkische Holzkirche** aus dem 18. Jh. Von besagter Abzweigung folgt man der Straße etwa 300 Meter. Auf der linken Seite der Straße überquert man einen kleinen Bach und folgt dem Wanderweg nach oben durch den Wald. Nach etwa zwei Stunden erreicht man einen bewaldeten Höhenzug nahe dem **Berg Stozhok.** Nach einer Wegkreuzung folgt man in südlicher Richtung dem Bergrücken, der in der Zwischenkriegszeit die Grenze zwischen der Tschechoslowakei und Polen war. Von hier hat man einen schönen Blick auf den weiteren Verlauf des Weges, der auf der ganzen Länge auf dem Gradrücken entlangläuft.

Man passiert die **Berge Starostyna** (1228 m), **Hresty** (1109 m) und **Shurivka** (1228 m). Wenig später erreicht man einen Sattel mit einer Quelle. Diese Stelle eignet sich gut als Übernachtungsplatz. Im weiteren Verlauf finden sich auf der steil abfallenden Südseite immer wieder schöne Sandsteinfelsen, und im Tal sind die Dörfer Transkarpatiens zu erkennen. Weitaus weniger spektakulär ist die Nordseite des Kammes, der hier in sanften Wellen in Richtung des Lemberger Gebietes abfällt. Die Tagesetappe beträgt etwa 12 km.

2. Tag

Man folgt dem welligen Höhenrücken, passiert die **Berge Bekhar** und **Liskova** (1248 m) und erreicht den **Pass Ruskyi Put.** Dieser Pass entstand im 1. Weltkrieg und wurde von der russischen Armee zur Sicherung des Nachschubs angelegt. Von hier kann man ins Tal absteigen und erreicht nach etwa zwei Stunden das **Dorf Bukovets.** Lohnender ist es jedoch, auch den Kamm weiterzulaufen. Über die **Berge Velykyi Verkh** (1309 m) und **Kandah** (1303 m) erreicht man den höchsten Punkt der Tour, den Berg **Pikui** (1430 m) mit einem schönen Felsgipfel in Form einer markanten Spitze. Nach dem Pikui fällt der Weg steil ab und führt durch den Wald nach etwa 90 Minuten ins **Dorf Bilasovytsia.** Von hier ist es nicht weit zur Hauptstraße Lviv – Uzhhorod (reger Busverkehr). Die Tagesetappe beträgt etwa 18 km.

Wintersport in den Karpaten

Die Karpaten sind auch als Winterdestination bedeutsam. Orte wie Yaremche, Vorokhta oder Yasinia blicken auf eine hundertjährige Wintersporttradition zurück. Hier sind noch zahlreiche alte Villen mit hölzernen Balkonen zu bewundern, und auch die Gebäude der alten traditionsreichen Hotels stehen noch. Zur Sowjetzeit entstanden in der Nähe dieser Dörfer weitere Skigebiete, bei Vorokhta wurden auch Sprungschanzen errichtet. Als Skiresorts haben alle diese Orte aber weitgehend ausgedient. Heute sind vor allem drei Ortschaften von besonderer Bedeutung für den ukrainischen Wintersport: Slavske, Drahobrat und Bukovel. Vor allem aufgrund der im Vergleich zu den Alpen **günstigen Preise** dürfte ein Wintersportaufenthalt in den Karpaten nicht uninteressant sein. Billiger als in der Slowakei, Tschechien und Polen ist es aber nicht, eher im Gegenteil. Auch aufregende Après-Ski-Angebote wird man vergeblich suchen. Immerhin verbessert sich das Gastronomieangebot zusehends. In den drei Ortschaften existiert mittlerweile ein beachtliches Übernachtungsangebot, und auch Skiverleih gibt es allerorten.

Preislich sollte man mit ca. 20 Euro für den Tagesskipass rechnen. Das Ausleihen einer kompletten Skiausrüstung (Ski, Schuhe und Stöcke) schlägt mit ca. 5 Euro zu Buche, wobei die Preise in Bukovel im Allgemeinen deutlich höher liegen als in den beiden anderen Orten.

An den Bergstationen der Lifte gibt es **Glühwein und Schaschlik** an Ständen, die genauso improvisiert sind wie die Hütten, in denen sie bei bollerndem Holzofen konsumiert werden können.

Slavske

Славське

Slavske liegt etwa 120 km südlich von Lemberg auf ca. 750 Meter Höhe und ist mit dem Zug erreichbar. Selbst von Kiew fahren mehrere Direktzüge dorthin. So ist Slavske der von allen ukrainischen Skiorten am besten erreichbarste. Hauptattraktion ist der **Berg Trostian,** der eine Höhe von etwa 1250 Meter erreicht. Am Hang sind zahlreiche Skipisten mit einem Höhenunterschied von etwa 500 Meter. Die Skistation liegt 2 km vom Bahnhof entfernt. Weitere Lifte gibt es im 6 km entfernten **Skigebiet Vysokyi Verkh.** Die Höhe und die Länge der Abfahrten sind mit denen am Trostian vergleichbar.

ukr14-077 bj

Information (auch Zimmerbuchung)

- **www.karpaty.info/ua/uk/lv/sk/slavsko**
- **http://slavski.info**
- **http://slavsko.lviv.ua**

Unterkunft

- Es stehen **Hotels, Pensionen und Privatquartiere** bereit.

Verkehrsverbindungen

- Ausgezeichnete Verbindungen mit **Bus und Bahn** ab Lemberg. Es fahren auch Direktzüge von Kiew aus.

Drahobrat

Драгобрат

Das **höchstgelegene ukrainische Skiresort** ist vergleichsweise schlecht erreichbar und liegt etwa 15 km von Yasinia entfernt. Öffentlichen Verkehr gibt es nicht, denn speziell im Winter ist das Gebiet nur mit geländegängigen Fahrzeugen erreichbar, die im Zentrum von Yasinia bereitstehen. Am besten tut man sich mit anderen Passagieren zusammen und lässt sich als Gruppe nach Drahobrat fahren. Aufgrund der schlechten Erreichbarkeit sind Tagesausflüge dorthin nicht allzu gut machbar. Die Talstationen von Drahobrat liegen auf etwa 1300 Meter Höhe, die Gipfelstationen bei 1700 Meter auf dem **Berg Stih.** Es gibt fünf Lifte, die Pisten haben eine Länge von bis zu 3000 Meter. Aufgrund der großen Höhe gilt Drahobrat als schneesicher bis Anfang Mai. Ein weiterer Pluspunkt ist das unglaubliche Panorama der Umgebung, da hier die gesamte Kette der Chorno Hora vor einem liegt.

☒ Winterlandschaft in den Karpaten

- **Information:** http://dragobrat-go.com
- **Unterkunft:** www.karpaty.info

Bukovel

Буковель

Das Skiresort **nahe dem Yablunytsia-Pass** liegt 30 km südlich von Yaremche. Es wurde vor wenigen Jahren buchstäblich aus dem Boden gestampft und umfasst heute 14 Lifte und rund 50 km Pisten über einen Höhenunterschied von etwa 350 Meter. Die maximale Höhe beträgt 1372 Meter. Die in moderner Holzbauweise errichteten Hotels und Gaststätten machen einen freundlichen und ansprechenden Eindruck. **Westlicher Standard** ist garantiert und wird teils sogar übertroffen. Qualität hat freilich ihren Preis, und so müssen für ukrainische Verhältnisse vergleichsweise hohe Kosten für das Wintervergnügen einkalkuliert werden. Für Preisbewusste ist eher zu empfehlen, sich in der Umgebung einzuquartieren und eine kurze Anreise in Kauf zu nehmen. Die Orte Yablunytsia, Tatariv oder auch Vorokhta sind nur etwa zehn bis 15 km entfernt und bieten eine Fülle günstiger Unterkünfte.

- **Information:** www.bukovel.com
- **Unterkunft:** Das Angebot in Bukovel ist riesig, die Hotels können über die üblichen internationalen Buchungsportale gebucht werden. Die Preise für ein DZ beginnen bei etwa 1000 UAH und können weit höher liegen. Am besten man übernachtet in der näheren Umgebung, z. B. in Yablunytsia oder Tatariv. Empfehlung der Autoren: **Villa Maria,** sympathisches Hotel etwa 1 km westlich auf einem Hügel oberhalb von Yablunytsia, www.yaremcha.com.ua/mariya.html. Gemütliche Zimmer, gute Küche, DZ je nach Saison 400–1000 UAH.

ukr14-095 pk

6 Das östliche Podolien

Das östliche Podolien umfasst die Oblaste Khmelnytskyi und Vinnytsia und ist uraltes Kulturland. Hier, an der ehemaligen Ostgrenze der polnischen Rzeczpospolita, bestand über Jahrhunderte eine mächtige Burgenkette, die die Adelsrepublik vor den Angriffen der Tataren aus der Schwarzmeersteppe schützen sollte. Die Landschaft prägen liebliche Hügelketten und schroffe, tief eingeschnittene felsige Flusstäler.

[<] Blick auf den Dnister bei Yampil

Das östliche Podolien

SCHLÖSSER, FELSEN UND JÜDISCHES ERBE

Neben den unzähligen prächtigen Landsitzen polnischer Großgrundbesitzer blieben in Podolien vor allem auch die europaweit eindrucksvollsten Spuren des osteuropäischen Judentums erhalten. Mehrere alte Schtetl sind der Zerstörung entgangen, und die Gräber des Ba'al Shem Tov und des Rabbi Nachman ziehen jährlich Zehntausende von jüdischen Pilgern aus der ganzen Welt an. Podolien ist auch Übergangsgebiet zwischen dem mitteleuropäisch präg-

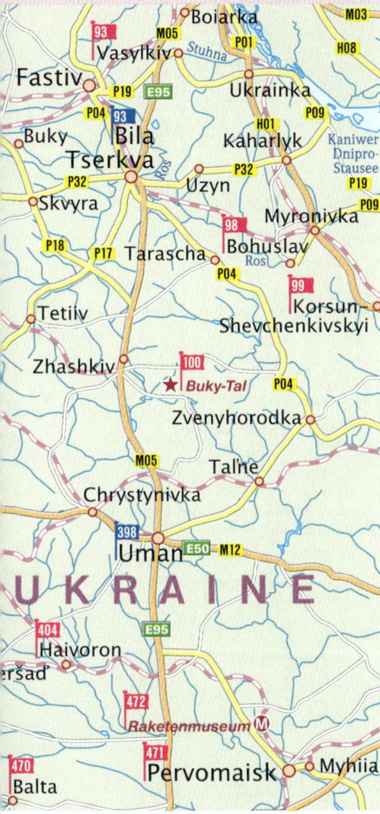

ten Galizien und der Weite der Zentralukraine. Städtische Zentren sind das wehrhafte Kamianets-Podilskyi und das überraschend schöne Vinnytsia. Die Sowjetzeit verewigte sich architektonisch vor allem im Plattenbaukonglomerat von Khmelnytskyi.

Kamianets-Podilskyi

Кам'янець-Подільський

- **100 km südlich von Khmelnytskyi, 20 km nördlich des Dnister, mittelalterliche Festungsstadt in felsiger Umgebung**
- **Einwohner: 100.000**

Kamianets-Podilskyi ist das **städtebauliche Highlight der Region.** Seine wehrhafte Stadtanlage mit Burg und Altstadt am Rand senkrecht abfallender Felswände steht in einer Reihe mit Städten wie dem französischen Carcassonne, dem spanischen Toledo oder dem deutschen Rothenburg ob der Tauber. Die schier uneinnehmbare Festungsstadt innerhalb eines Mäanders des **Smotrych,** der hier eine rund 40 Meter tiefe, felsige Schlucht bildet, beeindruckt mit ihrer Altstadt

NICHT VERPASSEN!

- **Kamianets-Podilskyi:** das ukrainische Carcassonne | 361
- **Medzhybish:** auf den Spuren des Chassidismus | 377
- **Jüdisches Schtetl in Sharhorod:** letzte Zeugnisse einer verschwundenen Welt | 384, 386
- **Busha:** grüner Tourismus, Sandsteinfelsen und ein unterirdisches Heiligtum | 393
- **Der Sophienpark von Uman:** alles für die Frauen | 399
- **Im reizvollen Vinnytsia:** Besuch bei Doktor Pirogov | 408, 412

Diese Tipps sind gelb hinterlegt.

Kamianets-Podilskyi Кам'янець-Подільський

und ihrer vieltürmigen Burg jeden Reisenden und bietet nahezu unendliche Möglichkeiten für Hobbyfotografen, die vielfältigen Eindrücke digital gespeichert mit nach Hause zu nehmen.

Nachdem Kamianets jahrelang ein Schattendasein als schmuddelige Provinzstadt führte, wurde ihr touristisches Potenzial inzwischen erkannt, mit Hilfe US-amerikanischer Berater ein Touris-

muskonzept entworfen und mit der **Altstadtsanierung** begonnen – ein langwieriges Unterfangen. Die touristische Infrastruktur hat sich stark verbessert, zahlreiche Hotels in allen Preisklassen laden zu längeren und kürzeren Aufenthalten ein. Auch als Ausgangspunkt für Ausflüge in die malerische Mittelgebirgslandschaft der „Podilski Tovtry“ bietet sich die Stadt an.

Geschichte

Das heutige Kamianets, dessen Name das Wort „Stein“ bzw. „Fels“ enthält, entstand im 11. Jh. Damals wurde zum Schutze des Zugangs zur Ansiedlung – dieser war nur über einen schmalen Felsgrat an der Westseite der Smotrych-Schlucht möglich – eine hölzerne Burg errichtet. Bereits im 14. Jh. erhielt Kamianets das Magdeburger Recht. Ab dem 15. Jh. war es als königliche Stadt **vom Zoll befreit,** woraufhin der städtische Handel aufblühte. Davon zeugen noch heute der Polnische, Armenische und Ruthenische Markt – die zahlreich in der Stadt vertretenen Volksgruppen verfügten über eigene Marktplätze. Auch jüdische Siedler kamen ab dem 17. Jh. in großer Zahl. Zugleich nahm die **militärische Bedeutung** immer mehr zu. Kamianets wurde Teil der podolischen Burgenkette, die den Ostrand der Rzeczpospolita gegen die **Osmanen** sicherte. Dennoch wurde die Stadt 1672 von den Türken erobert. Diese hielten Kamianets gute 20 Jahre und hinterließen unübersehbare Spuren. 1699 gingen Stadt und Region nach dem Frieden von Karlowitz wieder an die Rzeczpospolita. Die Stadtbevölkerung war jedoch derart dezimiert, dass ein städtisches Leben kaum noch möglich war. Nach den polnischen Teilungen fiel Kamianets ans **Zarenreich.** Die Stadt wurde stark erweitert. Ein völlig neues Stadtviertel entstand auf der östlichen Seite des Smotrych nach dem Vorbild russischer Kolonialstädte, wie man sie sonst eher in der südukrainischen Steppe findet.

Nach dem 2. Weltkrieg wurde Kamianets zur Industriestadt ausgebaut, und die Bevölkerung wuchs von etwa 40.000 Einwohnern vor dem Krieg auf rund 100.000 an. Vor allem im Norden entstanden riesige Plattenbauviertel. Einen Rückschlag in der Entwicklung brachte die Verlegung der Oblastverwaltung in das 100 km nördlich gelegene, bis dahin unbedeutende Proskuriv, das heutige Khmelnytskyi.

Nach der Unabhängigkeit galt Kamianets lange als Metropole der Korruption und Organisierten Kriminalität, was eine gesunde Entwicklung massiv erschwerte. Erst als jüngere, engagierte Politiker in der Stadtverwaltung Fuß fassten, begann ein Aufschwung, der sich u. a. durch verstärkte Investitionen im Tourismusbereich auszeichnete. 2010 wurde der äußerst populäre Bürgermeister der Stadt kurz vor den Kommunalwahlen unter dem Vorwand der Korruptionsbekämpfung in einer spektakulären Aktion durch bewaffnete Einheiten des Geheimdienstes verhaftet, nachdem ihm zuvor „nahegelegt" worden war, doch besser nicht mehr als Bürgermeisterkandidat anzutreten. Selbst der Austritt aus der Partei *Yuliya Tymoshenkos* rettete ihm weder Amt noch Freiheit. Ein Parteigänger von *Yanukovych* – mit besten Verbindungen zur lokalen Mafia – wurde eingesetzt. Das ist nur eines von vielen Beispielen, wie bis 2013 in der Ukraine Politik gemacht wurde und warum es im Herbst 2013 zu einer entsprechend revolutionären Stimmung im Land kommen konnte.

Sehenswertes

Um Kamianets näher kennenzulernen, sollte man mindestes anderthalb Tage bleiben. Eine Wanderung entlang des Flusscanyons und das Erklettern der umliegenden Hügel gehören zu jedem Aufenthalt unbedingt dazu.

Die Burg

Die Burganlage verdankt ihr heutiges Aussehen einem Umbau im 16. Jh. Damals entstanden die mächtigen, **von mehreren Türmen überragten Wehrmauern** auf einem spitz zulaufenden Felsen auf der Westseite des Smotrych. Das Burginnere besteht aus einem länglichen Hof, der von Wehrmauern eingefasst ist. Überall befinden sich hölzerne Wehrgänge, die zu großen Teilen bestiegen werden können. Auch eine eindrucksvolle Brunnenanlage ist zu sehen. Der Nordwestturm kann bestiegen werden. Hinter der Alten Burg liegen die kasemattierten Wallanlagen einer vorgelagerten **Festung aus türkischer Zeit,** die der Sicherung der verwundbaren Westflanke der Burg dienen sollte. Gerne wird diese Anlage als „Neues Schloss" bezeichnet, obgleich es sich um eine reine Festungsanlage ohne jeden Residenzcharakter handelt. Von den Wällen des Neuen Schlosses hat man einen tollen Blick auf die Burg und die Altstadt, im Inneren führen zwei gewölbte Poternen unter den Wällen hindurch in einen

▷ Die Neustädter Brücke, erbaut 1863

Graben mit zwei Bastionen. Dieser Graben verengt sich und führt in östlicher Richtung wieder aus der Festungsanlage heraus.

Die Burg ist Teil des **Historischen Museums zur Regionalgeschichte.** Zu sehen sind Darstellungen von Schlachten, die Nachbildung einer Bauernstube und eine Ausstellung über den 2. Weltkrieg. Täglich geöffnet.

Türkische Brücke

Der enge Felsgrat zwischen Burg und Altstadt war bis zum Bau der Neustädter Brücke 1863 die einzige Verbindung zur Altstadt. Der Felsen wurde zunächst mit einer Holzbrücke überbaut, die Osmanen bauten dann eine **Steinbrücke,** die im 19. Jh. auf das heutige Niveau aufgestockt wurde. Von der Brücke ist die schöne hölzerne Kreuzerhöhungskirche, unterhalb der Burg am Grund des Tales gelegen, gut sichtbar und über eine steile Treppe von der türkischen Brücke aus zu erreichen.

Armenische Bastion und Dahlke-Fort

Westlich der Brücke sind die mächtigen Wälle der armenischen Bastion erkennbar. Das alte Stadttor ist noch zu sehen, die heutige Straße führt aber daran vorbei. Die Mauern rechts der Straße nennen sich Dahlke-Fort. Von hier hat man den wohl **schönsten Blick auf die Burg.** Das Fort wird heute gastronomisch genutzt. Wenige Meter oberhalb der Basti-

ukr14-079 pk

on führt eine steile Fahrstraße in den Canyon zur **Ruska Brama,** einem hervorragend erhaltenen Stadttor mit Haupttor und Zwinger.

Das armenische Viertel

Folgt man dem Straßenverlauf von der armenischen Bastion, gelangt man zur **Trinitarierkirche,** einer turmlosen Barockkirche mit Giebelfassade. Östlich der Kirche beginnt das armenische Viertel, dessen Herz der 3 **Marktplatz** ist. Hier ist noch das einstige **armenische Kaufhaus** zu sehen, ein Bau aus dem 17. Jh. mit schönem Renaissanceportal. Die Südostecke des Platzes überragt der **Glockenturm der einstigen armenischen Kathedrale,** ein mächtiger Wehrturm aus dem 15. Jh. mit Spitzdach, an dessen unterem Ende vier kleinere Türmchen zu finden sind. Die benachbarte Kathedrale wurde in den 1930er Jahren unter *Stalin* zerstört. Heute erinnert allein die Bogengalerie des einstigen Eingangsbereiches an das Bauwerk. Über einen Wiederaufbau wird diskutiert. Die kopfsteingepflasterten Gassen des armenischen Viertels führen südwärts in das Flusstal hinunter. Hübsche kleine Häuser mit alten Fassaden stehen vor allem in der **Vul. Dovha.** Nahe der armenischen Kathedrale ist die kleine **Nikolaikirche** am Ende einer Gasse zu sehen, sie liegt in einem Innenhof, der durch einen Durchgang im Glockenturm betreten werden kann.

Polnischer Markt

Nördlich des armenischen Viertels liegt das einstige polnische Viertel. Vom armenischen Markt bietet es sich an, dieses über die Vul. Piatnytska anzusteuern. Hier ist vor allem der einstige **ruthenische Magistrat,** ein schönes Giebelhaus

ukr14-081 pk

mit metallenem Wasserspeier, sehr sehenswert. Die Gasse führt zum polnischen Markt, der vor einigen Jahren seinen angestammten Namen wieder erhielt (zur Sowjetzeit trug er den fantasielosen Namen „Zentraler Platz"). Während die Südostecke des Platzes an eine verwaiste Großbaustelle erinnert, ist die Westseite fertig restauriert. Hier steht das **polnische Rathaus,** das mit seinem schlanken Turm in der ganzen Altstadt sichtbar ist. Der Turm erhielt vor wenigen Jahren seinen angestammten barocken Turmhelm zurück. Das Rathaus selbst ist ein einstöckiger Bau mit einem repräsentativen Säulenvorbau und einer Freitreppe zum 1. Stock. Es wird gastronomisch und als Museum genutzt. Vor dem Rathaus liegt der barocke armenische Brunnen, ein geschlossenes achteckiges Gebäude.

Wie in vielen polnischen Städten gab es einst einen großen **Baublock** in der Platzmitte. Dessen Wiederaufbau nördlich des Rathauses ist so gut wie abgeschlossen, auch wenn man sich hin und wieder etwas mehr Geschmack und Stilempfinden (Plastikfenster und Ziegelattrappen aus Metall!) wünschen würde.

In dem recht grauen Gebäude des Polskyi Rynok 4 ist ein interessantes Projekt untergebracht: Hier logiert die **Kaffeestube „Drei Lilien"**, in der mit deutscher Unterstützung einmal pro Woche von engagierten Bürgern der Stadt ein warmes Essen für Bedürftige kostenlos ausgegeben wird (siehe www.wiesbaden-kamenez-podolski.de).

◁ Burgansicht von der Altstadt aus

Dominikanerkirche

Zwischen dem polnischen und dem armenischen Markt steht die Dominikanerkirche, ein Bau aus der Mitte des 18. Jh. Die Kirche geht auf einen spätgotischen Vorgängerbau zurück, von dem jedoch fast nichts mehr erhalten ist. Die heutige Kirche ist ein **Barockbau** mit hohem Turm, dessen geschwungener, von einer durchbrochenen Laterne bekrönter Turmhelm nach einem Brand 1993 mittlerweile rekonstruiert wurde. Auch wenn die Innensanierung bei Weitem noch nicht abgeschlossen ist, ist die Kirche sehenswert, da schöne Stuckaturen und Teile der alten Ausstattung erhalten blieben. Im Umfeld der Kirche sind seit einigen Jahren historisierende Neubauten errichtet worden.

Kathedrale St. Peter und Paul

Die Kathedrale St. Peter und Paul ist **einer der interessantesten Sakralbauten der Stadt.** Sie liegt in einem ruhigen Innenhof nahe der Nordwestecke des polnischen Marktes. In den Innenhof gelangt man durch ein herrliches barockes, mit mehreren Heiligenfiguren geschmücktes Tor. Die Kirche, eine dreischiffige Basilika mit polygonem Chor, hat keinen Turm und lässt innen wie außen spätgotische Formen erkennen. Nördlich der Kirche steht ein massiver Glockenturm mit Zeltdach. An die Nordfassade angebaut ist das **einstige Minarett** aus der Zeit der osmanischen Besatzung. Heute dient es als Sockel für eine große goldene Marienstatue. Im Inneren des Minaretts führt eine enge Wendeltreppe nach oben. Offiziell ist die

Besteigung nicht gestattet, aber wenn man am Eingang der Kirche freundlich fragt, ist so manches möglich. Von der einstigen Nutzung der Kirche als Moschee zeugt auch die Mimbar, eine für Moscheen typische steinerne Kanzel, die im linken Seitenschiff zu sehen ist. Die Ausstattung überlebte glücklicherweise die Sowjetzeit, da die Kirche damals als Haus der Orgelmusik fungierte. So blieben die Kanzel sowie der **prachtvolle Hochaltar im Barockstil** erhalten. Ansonsten wirkt das Kircheninnere schlicht und erhaben. Nach der Unabhängigkeit wurde die Kirche der polnischen Gemeinde – immerhin noch ca. 4000 Personen – zurückgegeben.

Die nördliche Altstadt

Die nördliche Altstadt besteht aus kopfsteingepflasterten Gassen und kleinen Häusern. Nett ist ein Gang durch die **Vul. Tatarska,** die an der Kathedrale beginnt. Sie führt am Standort der einstigen Mutter-Gottes-von-Kazan-Kirche vorbei, die die Stalinzeit nicht überlebte. An den prachtvollen neobarocken Bau erinnern ausgegrabene Fundamente und ein provisorisches Holzkreuz. Die kleine Kirche St. Peter und Paul aus dem 16. Jh. – nicht zu verwechseln mit der gleichnamigen Kathedrale – steht auf der rechten Straßenseite. Die Gasse endet am **Stefan-Batory-Turm,** dem einzigen erhaltenen Stadttor der oberen Stadt. Der mächtige, gedrungene Turm bildet eine Durchfahrt, von der der Canyon und das polnische Tor erreicht werden können. Der nur teilweise erhaltene Platz vor dem Turm war der einstige ruthenische Marktplatz, er trägt bis heute den Namen „Ruskyi Rynok" („ruskyi" = ruthenisch, „rosyiskyi" = russisch).

Vom Stefan-Batory-Turm kann man die **Vul. Zarvanska** nach Süden zurücklaufen und erreicht dann nach wenigen hundert Metern die **Troitska Ploscha.** Dieser Platz wird seit einigen Jahren wieder geprägt von der wuchtigen, zur Stalinzeit zerstörten **Troitska-Kirche,** deren Wiederaufbau 2008 abgeschlossen wurde. Ein Vergleich mit alten Fotos zeigt, dass es sich um eine sehr freie Rekonstruktion handelt. Dennoch ist der Natursteinbau mit kleiner Kuppel ein sehenswertes, das Stadtbild prägendes Gebäude. Vom Troitska-Platz ist es nicht weit bis zur **Neuen Brücke,** von der sich ein unglaublicher Blick auf die Schlucht und die Türme der alten Stadtbefestigung bietet. Nahe der Brücke wurden in jüngster Zeit einige **Kletterrouten** eingerichtet, die alle recht gut abgesichert sind.

Im weiteren Verlauf führt die Vul. Zarvanska an einigen **alten Fassaden** vorbei wieder zum polnischen Markt. Dieser Teil der Straße ist autofrei. Viele der historischen Fassaden sind bereits saniert, und so wird es nicht mehr lange dauern, bis aus diesem Straßenabschnitt eine durchaus vorzeigbare Fußgängerzone geworden ist.

Das jüdische Viertel

Ab dem 16. Jh. kamen jüdische Siedler nach Podolien und somit auch nach Kamianets. Das einstige jüdische Viertel befand sich östlich des polnischen Marktes entlang der Vul. Dovha. Heute ist es nahezu unbebaut – wie seine einstigen Bewohner überlebten auch die Gebäude die Zeit der deutschen Besatzung nicht. Lediglich das Gebäude der **Synagoge** ist vorhanden und identifizierbar. Zu Sowjetzeiten wurde sie zu einer Gaststätte umgebaut. Sie liegt hart am Rand des Canyons nahe einem der alten Stadtmauertürme.

Die Neustadt

Die Neustadt wurde als zaristische Idealstadt auf der östlichen Seite des Canyons ab dem frühen 19. Jh. angelegt. Sie entstand auf schachbrettartigem Grundriss mit einem großen Park im Zentrum. Ab 1893 wurde das Viertel von der **Aleksander-Newskiy-Kathedrale** im russisch-byzantinischen Stil dominiert. Sie wurde zur Stalinzeit zerstört, ist aber wieder aufgebaut worden. Heute ist die Neustadt überwiegend von Sowjetbauten geprägt, aber zumindest in der **Vul. Shevchenko,** die direkt parallel des Flusses verläuft, befinden sich schöne, meist einstöckige Häuser mit historischen Fassaden. Auch das historische Stadttheater im nördlichen Teil der Straße ist – umgebaut als **Kulturpalast** – noch vorhanden. Im südlichen Teil der Straße befindet sich ein **Erholungspark** mit einigen bescheidenen Attraktionen. Mutige können sich auf das klapprige Riesenrad wagen, das einen schönen Blick auf die Stadt eröffnet. Der nördlich der Brücke gelegene **Stadtpark** wurde jüngst saniert und bietet schöne Blicke auf die Altstadt und den Canyon.

Auf der Ostseite des Stadtparks befindet sich das Hauptgebäude der **Universität,** ein schöner Bau aus der zweiten Hälfte des 19. Jh., auch die Stadtverwaltung und die wichtigsten Läden sind hier zu finden. Die Hauptstraße des Viertels ist die Vul. Kniaziv Koriatovychiv, die parallel verlaufende **Vul. Soborna** ist die **Hauptfußgängerzone** von Kamianets-Podilskyi.

Praktische Tipps

Informationen

- **www.kam-pod.info**
- Eine **Touristeninformation** befindet sich im selben Gebäude wie das Reikartz-Hotel, Vul. Starobulvarna 2, http://gokamenets.com/en/en-info-center.

Unterkunft

6 **Hotel Taras Bulba,** in der Altstadt, wenige Meter vom alten Rathaus entfernt: Ordentliches, sauberes Mittelklassehotel mit angenehmem Restaurant in altem Kellergewölbe. DZ ab 600 UAH.

14 **Hotel 7 Dniv,** Vul. Soborna 4, http://7dniv.ua: Das Hotel ist in der Neustadt in einem wenig attraktiven Hochhaus der 1970er Jahre. Unlängst von einem Investor aus Kiew gekauft und renoviert. DZ ab 700 UAH.

16 **Hotel Filvarky Tsentr,** Vul. Lessa Ukrainka 99, http://www.filvarki.km.ua: Gebäude im Stil der Stalinzeit, einfach, aber nicht unsympathisch. DZ ab 450 UAH.

17 **Gala Hotel,** Vul. Lessa Ukrainka 84: Liegt nahe dem Filvarky Tsentr und zählt zu den netteren Hotels der Stadt. DZ ab 450 UAH.

1 **Hotel Ksenia,** Shvanetske Shose 3, https://xenia.com.ua: Hotel in direkter Burgnähe in einem historisierenden Neubau. DZ ab 550 UAH.

Mein Tipp: 9 **Bilia Richki** (am Fluss), Vul. Onufriivska 5: Das kleine, neu errichtete Hotel mit dem wohl besten Preis-Leistungs-Verhältnis vor Ort liegt in unmittelbarer Nähe der bescheidenen Reste des polnischen Tores sehr ruhig im Canyon. DZ ab 350 UAH. Von Nachteil sind die extrem schlechten Straßen, die von oben in den Canyon führen.

7 Reikartz, Vul. Starobulvarna 2, www.reikartz.com/hotels/kamianets-podolsky: Das einstige Hotel Amadeus-Club gehört nun der deutsch-ukrainischen Hotelkette Reikartz und zählt zu den besten Hotels der Stadt. Das Haus hat ein Restaurant, einen großen Wellnessbereich, und in seinen Kellergewölben befindet sich eine Kneipe und Cocktailbar, die für jedermann zugänglich ist. DZ ab 1200 UAH.

11 Kleopatra, Vul. Tatarska 19, http://kleopatra-kp.com: Relativ kitschiges, neu errichtetes Hotel nahe der St.-Peter-und-Paul-Kathedrale – die direkte Konkurrenz zum Reikartz. DZ ab 900 UAH.

18 Podillia, Vul. Lessa Ukrainka 122, www.pansionat-podillya.narod.ru: Die alte Turbaza aus der Sowjetzeit liegt am äußersten Ende der Vul. Lesi Ukrainki und bietet einfache Zimmer in kleinen Steinbungalows. DZ ab 240 UAH.

Blick von der Stadtmauer auf die Polnische Vorstadt

ukr14-080 pk

Essen und Trinken

In der Altstadt

8 **Restaurant Ratusha,** im Gebäude des alten Rathauses: Urige Gewölbe, nette Atmosphäre.
13 **Kaviarnia na Zarvanskoi,** Vul. Zarvanska 11: Sehr gemütliches Kaffeehaus.
6 **Restaurant Taras Bulba:** im Kellergewölbe des gleichnamigen Hotels (s. o.).
4 **New York Street Pizza,** Vul. Dominikanska 2b, gegenüber dem Hotel Reikartz: Filiale der US-amerikanisch inspirierten Pizzakette. Im selben Gebäude befindet sich das **4** **Pub Komanda,** ein Kellerlokal mit Natursteinwänden, das bis in den späten Abend hinein geöffnet hat.
12 **Hostynyi Dvir,** Vul. Troitska 2: Altertümliches Restaurant mit Innenhof.
2 **Pid Bramoiu:** Café nahe der armenischen Bastion – herrlicher Blick auf die Burg, schöne Terrasse.
5 **Kaviarnia vid Politsmaistera,** Vul. Starobulvarna 8: Nettes, originell gestaltetes Café mit allerlei historischen Exponaten, fast museal anmutend. Große Auswahl an Kaffeespezialitäten.

■ In der **Fußgängerzone Vul. Soborno** in der Neustadt gibt es ebenfalls einige kleinere Cafés, aber nichts wirklich Herausragendes. Dafür sind weniger Touristen unterwegs als in der Altstadt.

Einkaufen

Die meisten **Geschäfte** befinden sich in der Neustadt. Der **15** **Markt** liegt nahe dem Busbahnhof am Prosp. Hrushevskoho. Die **Fußgängerzone** läuft genau rechtwinklig darauf zu; hier sind einige **Kaufhäuser** zu finden. **Souvenirs und Reiseführer** bekommt man überall in der Altstadt.

Sonstiges

■ **Feste:** Der 15. Mai ist „Tag der Stadt". Zudem gibt es jedes Jahr mehrere historische Festivals. Die Termine stehen auf www.kam-pod.info.
10 Eine traditionelle **Sauna** *(Banja)* gibt es in der Vul. Tatarska 15 (geöffnet am Wochenende).

Verkehrsmittel

Bahn

Per Bahn ist Kamianets zweimal täglich direkt von Kiew aus erreichbar. Einige wenige Nahverkehrsverbindungen bestehen in Richtung Khmelnytskyi. Die Nahverkehrszüge nach Süden enden in Larha, direkt an der moldawischen Grenze. Dort wäre theoretisch ein Umstieg in Richtung Chernivtsi möglich, er ist aber aufgrund schlechter Anschlüsse nicht wirklich sinnvoll. Die auf diesem Weg mehrfach erforderliche Grenzquerung macht eine solche Fahrt zu einem Abenteuer nur für hartgesottene Bahnfans.

Der **Bahnhof** liegt am nordöstlichen Stadtrand und ist etwa 3 km von der Altstadt und 1,5 km vom Busbahnhof entfernt.

Bus

Per Bus ist die Anbindung hervorragend. Busse Richtung Khmelnytskyi wie auch Richtung Chernivtsi fahren dauernd. Der **Busbahnhof** liegt am östlichen Rand der Neustadt, unmittelbar angrenzend an den Markt. Die Kleinbusse des städtischen Nahverkehrs halten alle am Eingang des Marktes am Prospekt Hrushevskoho.

In der Umgebung

Die Umgebung von Kamianets prägen tiefe Schluchten, Höhlen und eine interessante Flora. Sie wurde wegen ihrer besonderen natürlichen, historischen und archäologischen Werte im **Naturpark Podilskyi Tovtry (Подільські Товтри,** www.tovtry.com) unter Schutz gestellt. Zum Park, 1996 gegründet und über 261.000 Hektar groß, gehören u. a. Medobory und die Flussschluchten von Dnister, Zbruch und Smotrych. Nähere Infos erteilt die Direktion in Kamianets-Podilskyi, Polskyi Rynok 6. Leider hat die Parkverwaltung bislang keinen markierten Wanderweg anlegen lassen.

Dnister-Stausee

Sehr zu empfehlen ist ein Ausflug an den Dnister etwa 20 km südlich der Stadt. Etwa dreimal täglich fahren Elektrichky ab Kamianets. Achtung: Die Endstation Larha liegt direkt an der moldawischen Grenze, und am Bahnhof finden die Kontrollen für die wenigen grenzüberschreitenden Züge statt. Daher keinesfalls den Pass vergessen! Von der Eisenbahnbrücke bietet sich ein herrlicher Blick auf den Fluss und die felsigen Ufer. Die Station **Lenkivtsi** unmittelbar hinter der Brücke ist ein guter Ausgangspunkt für Wanderungen oder Radtouren zu einigen markanten Felsen oberhalb des Flusses nahe dem Dorf Nahoriany.

Nicht weit vom Dorf **Vrublivtsi** auf der nördlichen Seite des Dnister mündet der Fluss Ternava in den Stausee. Durch den Rückstau wird eine geradezu fjordartige Schlucht mit senkrechten Felswänden gebildet, die zu den schönsten Teilen der Tovtry zählt. Im nahe gelegenen **Kitaihorod** steht eine alte polnische Kirche aus der Barockzeit, oberhalb des Dnister nahe **Subich** sind die Reste eines ehemaligen Felsenklosters zu bewundern. Die wohl spektakulärste Stelle der Podilskyi Tovtry befindet sich ein wenig flussaufwärts von **Stara Ushytsia:** Ein etwa 60 Meter hoher Kalkfelsen fällt nahezu senkrecht zum Fluss ab, der hier durch die Aufstauung einen riesigen See bildet. Hier sind auch die Reste des einstigen **Felsenklosters Bakota** zu finden, während kleine Buchten und Kiesstrände herrliche **Bademöglichkeiten** bieten.

Nihyn

Im Dorf Nihyn 20 km nördlich von Kamianets trifft das Riff der Tovtry auf die felsige Schlucht des Smotrych. Das **Panorama** vom höchsten Punkt des Hügels auf den Flusslauf mit seinen Felsen und Höhlen ist großartig.

Praktische Tipps

In den letzten Jahren sind einige durchaus nette und empfehlenswerte Unterkünfte in der Region entstanden. Zu bedenken ist, dass nicht alle genannten Orte mit öffentlichen Verkehrsmitteln erreichbar sind. Als Ziele für Radtouren eignen sie sich aber hervorragend.

Unterkunft in Sokil, Сокіл

■ **Pension Veselka,** Tel. 03849-783 22, http://ruraltourism.com.ua/?a=viewfarm&id=232: Wenig oberhalb des Dnister in einem neu errichteten Holzhaus untergebracht. DZ ab 280 UAH.

■ **Ferienhaus Liaguna,** Tel. 067-335 75 77, http://ruraltourism.com.ua/?a=viewfarm&id=725: Ebenfalls neues Holzhaus nahe des Flusses. Sehr ansprechend, im Haus befindet sich auch eine Sauna. Ab 120 UAH pro Person.

Unterkunft in Velyka Slobidka Велика Слодідка

■ Im Dorf gibt es die kleine **Ferienanlage Dnistrovska Riviera** mit Sandstrand, Café und kleinem Hotel, alles in einfacher Bauweise errichtet, aber akzeptabel. Die Firma Kazkad „parkt" ihre Ausflugsdampfer hier. DZ ab 150 UAH. Vul. Tsentralna 45, am Ende einer unasphaltierten Straße, http://rivierahotel.com.ua, Tel. 067-350 363 37.

Unterkunft in Vrublivtsi, Врублівці

■ Unterhalb von Vrublivtsi, im Tal der Ternavka, nahe der Mündung in den Dnister, gibt es eine **Filiale des Hotels Ksenia** in Kamianets, http://xenia.com.ua. Malerisch auf halber Höhe gelegen, finden sich hier große, gut ausgestattete Zimmer ab 350 UAH. Der Weg dorthin führt über eine unasphaltierte Schotterpiste. Es gibt allerdings Berichte über gravierende Servicemängel.

Unterkunft nahe des Dorfes Kolodiivka Колодіївка

■ **Turbasa Teremki,** am Dnister-Stausee, http://teremky.com.ua: Neuer Komplex mit mehreren Holzhäusern direkt am See nicht weit vom Felsenkloster Bakota. DZ ab 500 UAH. Außerdem Strand und Campingmöglichkeit.

Verkehrsmittel

Busverbindungen gibt es nach Nihyn, per **Bahn** kommt man nach Lenkivtsi und Velyka Slobidka, Stara Ushytsia wird per **Marshrutka** bedient. Alle Busse fahren entweder vom Busbahnhof oder von der Vul. Hrushevskoho nahe des zentralen Marktes in Kamianets ab. Dasselbe gilt für alle innerstädtischen Marshrutky.

Touren in die Umgebung

Ausflugstouren bietet die Firma **Kamianets-Tour** an, http://kamenets-tour.com. Für Aktivtouren ist die Firma **Terraincognita** aus Kiew ein interessanter Anbieter, www.terraincognita.info. Auch der **Tourclub** aus Ternopil bietet Ausflüge in die Tovtry an, www.tourclub.com.ua.

Dampferfahrten auf dem Dnister

■ Ab der Dnistrovska Riviera in Velyka Slobidka, Anbieter ist die Firma **Kazkad.** Kein regelmäßiger Fahrplan, daher unbedingt nachfragen: Tel. 03849-389 89, 067-262 76 55.

Touren in die Atlantida-Höhle

■ **http://atlantida-speleo.com.ua**

Khmelnytskyi

Хмельницький

■ 350 km südwestlich von Kiew, sowjetisch geprägte Industriestadt, riesiger Markt
■ Einwohner: 290.000

Khmelnytskyi liegt **am Oberlauf des Pivdennyi Buh** auf halber Strecke zwischen Lemberg und Kiew. Nach dem 1. Weltkrieg erlangte die Stadt traurige Berühmtheit durch mehrere brutale Pogrome. Zu Sowjetzeiten wurde das damals noch Proskuriv geheißene unbedeutende Provinzstädtchen zum sozialistischen Industriezentrum ausgebaut. 1954 erhielt die Stadt anlässlich des 300sten Jahrestages des Pereiaslaver Vertrages den heutigen Namen – zu Ehren des Kosakenführers *Bohdan Khmelnytskyi.* Auch die Oblastverwaltung wurde von Kamianets nach Khmelnytskyi verlegt. Heute ist die Stadt vor allem bekannt als Handelszentrum, denn **einer der größten Import- und Exportmärkte des Landes** befindet sich hier.

ukr14-082 pk

Sehenswertes

Nach diversen Bränden, Kriegszerstörungen und sowjetischem Städtebau gibt es in Khmelnytsyi keine zusammenhänge historische Bebauung mehr. Die wenigen Bauten aus dem 19. Jh. finden sich in der **Fußgängerzone Vul. Proskurivska.** Etwa 300 Meter südlich liegt der autofreie **Maidan Nezalezhnosti,** der von einem gewaltigen Verwaltungsgebäude im Stalinbarock geprägt wird. Die südliche Begrenzung des Platzes bildet das Gebäude der Stadtverwaltung, ein sehenswerter Bau aus dem späten 19. Jh. Der einzige verbliebene historische Sakralbau, die **Muttergottes-Geburts-Kathedrale** aus dem Jahr 1837, ein schöner runder Zentralbau mit dekorativem Säulenvorbau, liegt versteckt hinter Wohnblöcken der 1950er Jahre in einem Innenhof in der Vul. Soborna nahe der Kreuzung mit der Vul. Vaisera. Einen künstlichen See mit Sandstränden findet man am Nordrand des Zentrums, dort, wo die Vul. Kamianetska den Pivdennyi Buh überquert.

[<] Postmoderne in Khmelnytskyi

Praktische Tipps

Unterkunft

Dank des riesigen Marktes gibt es ein großes Angebot an relativ günstigen Hotels.

■ **Hotel Ekspres,** Bahnhofshotel: Es liegt in einem Plattenbau, der östlich an den Bahnhof anschließt. Unrenoviert, Etagendusche, DZ ab 220 UAH.
■ **Hotel Tsentralnyi,** Vul. Gagarina 5, Tel. 0382-65 77 59: Sympathisches Hotel in einem 1950er-Jahre-Bau, einigermaßen renoviert, in der Nähe des Maidan Nezalezhnosti in ruhiger Lage. DZ ab 350 UAH.
■ **Hotel Eneida,** Vul. Teatralna 5, www.eneida.km.ua: Renoviertes Hotel im Zentrum in einem vielstöckigen Gebäude. DZ ab 300 UAH.
■ **Hotel Lybid Plaza,** Vul. Kamianetska 21, www.lybid-plaza.ua: Hotel im gleichnamigen modernistischen Einkaufszentrum in der Stadtmitte. Luxuriöse Zimmer mit guter Aussicht. Das Ganze hat aber seinen Preis: DZ ab 900 UAH.

Essen und Trinken

■ **Siti-Pab (City-Pub),** Vul. Proskurivska 13: Rustikale Bierkneipe im Keller eines älteren Gebäudes.
■ **Konditorska Lavka,** Vul. Proskurivska 15: Sehr nettes Café mit gediegener Einrichtung und gutem Frühstück. Eine Bäckerei gehört mit dazu.
■ **Pizzeria Cornetto,** Vul. Soborna 71: Gute Pizzeria in der Nähe des Maidan Nezalezhnosti.
■ **Lvivska Maisternia Shokolady,** die hiesige Filiale der Lemberger Chocolaterie befindet sich in der Vul. Proskurivska 33.
■ **Kafe Tsukerniya,** Vul. Hrushevskoho 68, http://cukiernia.com.ua.
■ **Pub Proskurivska Pyvovarniya,** Vul. Proskurivska 44: Hausbrauerei nahe dem Shevchenkopark am Beginn der Fußgängerzone.
■ **Papa Pub,** eine weitere Bierkneipe im Zentrum in der Vul. Ivana Franka 10.

Einkaufen

■ Der riesige **Import-Export-Markt** liegt westlich des Zentrums nahe dem Vorortbahnhof Kamianets-kyi Pereizd. Über mehrere hundert Meter reiht sich hier ein Stand an den anderen. Es gibt im Grunde nichts, was es nicht gibt. Praktisch alle internationalen Speditionen, die im Osteuropa-Geschäft mitmischen wollen, haben hier eine Niederlassung. Der Markt hat inzwischen solch gigantische Ausmaße angenommen, dass die Verbindungskurve der Bahnstrecke von Khmelnytskyi nach Kamianets überbaut werden musste, sodass alle Züge in diese Richtung umgeleitet werden nach Hrechany, wo sie Kopf machen müssen.
■ Der **zentrale Markt** nimmt einen ganzen Block zwischen Vul. Kamianetska, Vul. Soborna und dem Fluss ein. Riesige Auswahl an frischen Produkten.
■ Das **Einkaufszentrum Lybid-Plaza** liegt an der Ecke Vul. Kamianetska/Vul. Proskurivska und ist ein Protzbau aus Stahl und Glas.

Kultur

■ Das sehr nette **Mono-Theater** mit gemütlichem Theatercafé liegt in der Vul. Proskurivskoho Pidpillia nahe der Fußgängerzone.

Verkehrsmittel

Bahn

Der Bahnhof befindet sich etwa 2 km östlich des Zentrums und ist mit öffentlichen Verkehrsmitteln gut angebunden. **Verbindungen in alle Teile des Landes.** Leider nur wenige tägliche Verbindungen in Richtung Kamianets.

Bus

Der zentrale Busbahnhof liegt am Nordostrand der Stadt direkt an der **Hauptstraße Ternopil – Kiew** (Vinnytske Shose 23). Gute Verbindungen mit dem städtischen Busverkehr vom Bahnhof aus. Von hier fahren praktische alle Busse Richtung Lemberg, Kiew und Zhytomyr ab.

Einen kleineren Busbahnhof gibt es nahe dem Bahnhof (Vul. Shevchenka 66), der aber nur für Verbindungen in einige der umliegenden Dörfer von Bedeutung ist.

Stadtverkehr

Im Stadtverkehr fahren **Marshrukty und Trolleybusse** vom Bahnhof über den relativ großen Vorplatz bis zur Vul. Shevchenka: Die meisten Busse, die hier nach rechts abbiegen, fahren Richtung Busbahnhof, in Fahrtrichtung links geht's ins Zentrum.

Weiterreise Richtung Kamianets

Wer sich den langwierigen Weg zum zentralen Busbahnhof sparen möchte, kann am Bahnhof einfach abkürzen: Man folge dem Hausbahnsteig in westlicher Richtung, bis er in Höhe des Postgebäudes endet. Hier kann man den gesamten **Gleiskörper** mittels eines Plattenweges **überqueren.** Auf der anderen Seite führt ein unasphaltierter Weg zwischen zwei mannshohen Mauern hindurch, der nach etwa 150 Meter die **Vul. Marshala Krasovskoho** erreicht. Dieser Straße ein wenig nach Süden folgend, erreicht man nach weiteren 150 Meter eine Bushaltestelle. Alle **Busse,** die vom zentralen Busbahnhof kommen und Richtung Kamianets unterwegs sind, fahren hier entlang. Falls ein Bus Richtung Yarmolytsi oder Vinkivtsi des Weges kommt, kann man auch diesen anhalten und später umsteigen. Achtung: Busfahrer reagieren nur auf ein deutliches Handzeichen!

In der Umgebung

In der Gegend von Yarmolytsi befinden sich einige malerische Dörfer mit außergewöhnlichen Kirchen, die sich auf dem Weg Richtung Kamianets besuchen lassen. Achtung: Unterkunft gibt es in den genannten Orten keine. Auch hinsichtlich Gastronomie ist Fehlanzeige.

Sutkivtsi
Сутківці

Sutkivtsi, etwa 15 km nordwestlich von Adamivka gelegen, ist **eines der schönsten Dörfer der Region.** Beiderseits der Ushytsia an einem ansteigenden Hang gelegen, hat sich hier eine einzigartige Wehrkirche aus dem 16. Jh. erhalten. Der Bau erinnert mit seinen kleinen Schießscharten mehr an eine Burg als an eine Kirche. Auf dem benachbarten Hügel ca. 300 Meter südwestlich der Kirche blieben bescheidene Reste einer Burganlage erhalten. Der Ausblick auf das teilweise felsige Tal der Ushytsia ist aber durchaus lohnend.

Verkehrsmittel

■ Das 4 km entfernte Yarmolytsi ist permanent von Khmelnytskyi per **Bus** erreichbar. Sutkivtsi liegt etwa 3 km östlich der Hauptstraße und ist mit öffentlichem Verkehr nur schwer erreichbar. Am besten, man geht das Stück zu Fuß.

Adamivka und Sinkiv
Адамівка und Сінків

Etwa 10 km südlich von Yarmolytsi zweigt eine Seitenstraße nach Osten ab in Richtung Vinkivtsi. Nach etwa 10 km durchquert man das tief eingeschnittene **Tal der Ushytsia.** Im westlich des Bachlaufes gelegenen **Adamivka** ist eine spannende Kirche aus dem 16. Jh. zu sehen. Sie ist eine seltene Kombination von steinerner Wehrkirche und barockem hölzernen Aufbau. Innen beherbergt sie schöne Malereien und eine herrliche Ikonostase. Auf der östlichen Seite des Baches liegt am ansteigenden Talrand das Dorf **Sinkiv.** Neben einer wuchtigen römisch-katholischen Kirche mit spitzem Kirchturm, die nach teilweiser Zerstörung während der Stalinzeit wieder im alten Glanz erstrahlt, gibt es noch Reste einer Burgruine. Diese liegen direkt oberhalb der Kirche und sind frei zugänglich. Ein großer Teil der alten Kellergewölbe und Kasematten ist noch vorhanden. Sehenswert ist auch eine schöne restaurierte Holzkirche im podolischen Stil mit drei schlanken Kuppeln.

Verkehrsmittel

- Sowohl vom zentralen Busbahnhof als auch vom Busbahnhof Nr. 2 in Khmelnytskyi verkehren regelmäßig **Busse** nach Sinkiv (über Yarmolytsi und Adamivka).

Medzhybish

Меджибіж

- **35 km östlich von Kmelnytskyi am Pivdennyi Buh, Zentrum des Chassidismus, sehenswerte Burg**
- **Einwohner: 1500**

Medzhybish, das heute vor allem durch seine mächtige Burganlage am Ufer des Pivdennyi Buh beeindruckt, war jahrhundertelang *das* **Zentrum des Chassidismus** im östlichen Podolien. Ab dem 16. Jh. siedelten sich hier Juden an. Als während des großen Kosakenaufstands *Khmelnytskyis* Armee 1650 die Stadt be-

Der alte jüdische Friedhof in Medzhybish

ukr14-083 pk

setzte, richtete sie ein schlimmes Massaker unter der jüdischen Bevölkerung an. Das jüdische Leben erholte sich nur langsam von der Katastrophe. Seine weltweite Berühmtheit als jüdisches Zentrum verdankt Medzhybish der Person von **Israel Ben Elieser,** einem Rabbi, der um 1698 in Okopy (Gebiet Ternopil) geboren wurde. Gegen 1740 siedelte er nach Medzhybish über, wo er 1760 starb. Bekannter ist er unter dem **Namen Ba'al Shem Tov,** eine Ehrenbezeichnung, die übersetzt etwa „Besitzer des guten Namens" bedeutet. Der Rabbi gilt als Begründer des Chassidismus, einer mystischen Strömung im Judentum. Heute ist Medzhybish ein wahres Pilgerzentrum für Chassiden aus aller Welt. War der Ort vor dem 2. Weltkrieg ein lebendiges Handelszentrum mit 12.000 Einwohnern, so ist er heute ein stilles Dorf. Einige weitgehend leere Straßenzüge mit Kopfsteinpflaster lassen erahnen, dass es einst eine dichte Bebauung gegeben haben muss – traurige Spuren einer vergangenen Zeit, die die Vernichtung einer bedeutenden europäischen Kultur nur umso deutlicher machen.

Sehenswertes

Die Burg

Die Geschichte der Festung reicht in die Zeit der Kiewer Rus zurück, sie wurde im 11. Jh. an der Mündung des Buzhok in den Pivdennyi Buh errichtet. Ab dem 14. Jh. wurde die Burg zu einer **mächtigen Festung** ausgebaut. Die heutige Anlage samt Burgkirche stammt aus dem 16. Jh. Die Burg – mit imposanten Wehrtürmen und mehrstöckigen Kasematten – ist außergewöhnlich gut erhalten. Seit einigen Jahren wird das Ensemble restauriert. Der Turm nahe dem Eingangstor kann bestiegen werden, von oben hat man einen schönen Blick auf den Ort und die landschaftlich reizvolle Umgebung. In der Burg selbst gibt es ein kleines **Museum.** Die Burg ist täglich außer Mo geöffnet (www.mezhibozh.com).

Wenige Meter westlich der Burg wartet die Ruine der Dominikanerkirche aus dem Jahr 1600 auf ihre Restaurierung.

Synagogen

Im Zentrum, nahe der Burg, wurde vor einigen Jahren die alte Synagoge **Ba'al Shem Tov** rekonstruiert, die von den Nazis im 2. Weltkrieg niedergebrannt worden war. Eine weitere Synagoge, ebenfalls frisch restauriert, befindet sich in unmittelbarer Nähe. Eine neu errichtete Mikwa (jüdisches Ritualbad) findet sich im Nachbardorf Trebukhivtsi.

Das Grab des Ba'al Shem Tov

Die jüdischen Pilgerstätten, allen voran das Grab des Rabbi, liegen am Nordrand des Ortes. Um dorthin zu gelangen, biegt man, von der Burg kommend, nach dem Geschäft „Veselka" rechts in die Vul. Baal Shem Tov ein. An deren Ende steht eine neu erbaute Synagoge aus wenig reizvollen weißen Ziegeln. Der **jüdische Friedhof** liegt links. Das **Grab des Rabbi** ist ein ebenfalls neu errichteter weißer Ziegelbau, innen ist die Grabplatte zu sehen. Gegenüber der Synagoge wurde für die Pilger ein neues Hotel errichtet. Insgesamt wirkt das Umfeld von Synagoge und Grabmal, auch wegen der überall sichtbaren hebräischen Inschriften, ein wenig wie aus einer anderen Welt. Ein Eindruck, der durch die Anwesenheit der zahlreichen chassidischen Juden mit ihren schwarzen Hüten, Mänteln, langen Bärten und Schläfenlocken noch verstärkt wird. 500 Meter westlich des neuen jüdischen Friedhofs liegt der **alte Friedhof** mit zahlreichen Grabsteinen. Viele der hebräischen Inschriften sind gut leserlich. Heute ist das Gelände verwaist, und Hühner und Ziegen laufen über den ehemaligen Gottesacker.

Praktische Tipps

Unterkunft, Essen und Trinken

■ **Hotel Medzhybishkyi Zamok,** direkt an der Durchgangsstraße, Tel. 03857-986 19, https://medzybizh.com/otel: Großer, neu errichteter Komplex aus Hotel und Restaurant. DZ ab 500 UAH sowie Ferienbungalows ab 1000 UAH.
■ Es gibt eine bescheidene Auswahl an **Café-Bars.**

Baden

■ Am unterhalb des Ortes liegenden **Stausee des Pivdennyi Buh** gibt es schöne Bademöglichkeiten.

Verkehrsmittel

■ Medzhybisch liegt nur 1 km nördlich der Trasse von Khmelnytskyi nach Vinnytsia, die ständig von **Überlandbussen** befahren wird. Von der Abzweigung nahe des erwähnten Hotels Medzhybishkyi Zamok läuft man etwa 20 Minuten.

Letychiv

Летичів

■ **55 km östlich von Khmelnytskyi am Pivdennyi Buh, Klosterort in malerischer Lage**
■ **Einwohner: 10.000**

Letychiv wurde 1362 am rechten, südlichen Ufer des Pivdennyi Buh an der Mündung des Flusses Volk errichtet. Da der Buh hier zu einem mächtigen See aufgestaut ist, wirkt Letychiv wie fast vollständig von Wasser umgeben. Im Ort sticht die strahlend weiße Fassade der barocken römisch-katholischen Kirche aus dem 17. Jh. ins Auge. Durch das viele Wasser ist Letychiv eine Art regionale **„Angler-Hauptstadt".** Überall im Ort wird frischer, geräucherter oder getrockneter Fisch angeboten. Gepflegte Uferpromenaden gibt es aber keine, und auch die mitten durch den Ort führende Hauptstraße und sowjetische Zweckbauten sind alles andere als reizvoll. Sehenswert ist die erwähnte Kirche mit schöner Giebelfassade und angrenzendem Klosterkomplex; seit der Unabhängigkeit herrscht hier wieder römisch-katholischer Klosterbetrieb. Die renovierte Anlage wirkt freundlich und gepflegt. Im Inneren fällt eine reiche Bemalung im klassizistischen Stil des frühen 19. Jh. auf. Unweit der Kirche ist noch der Turm einer alten Befestigungsanlage aus dem Jahr 1598 zu entdecken. Außer dem Turm blieben von der Burg nur noch einige hundert Meter der einstigen Umfassungsmauer erhalten.

Unterkunft

■ Mitten im Ort und leider direkt an der Durchgangsstraße (Vul. Savytskoho 75) und somit recht laut steht das neu errichtete **Hotel Leon,** zu dem auch ein Café-Restaurant gehört. DZ ab 250 UAH.

Essen und Trinken, Einkaufen

- Es gibt einige **Café-Bars.** Am östlichen Ortsausgang liegt das **Restaurant Aragvi,** in dem kaukasische Küche geboten wird. Das **Café Smak** befindet sich im Zentrum in der Vul. Savytskoho 98.
- Der zentrale **Fischmarkt** befindet sich in der Vul. Bohdana Khmelnytskoho.

Verkehrsmittel

- Die Stadt liegt an der Hauptstraße Khmelnytskyi – Vinnytsia und ist ständig mit dem **Bus** erreichbar. Der Busbahnhof befindet sich etwa 500 Meter westlich der Klosterkirche.

Brailiv

Браїлів

- **30 km südwestlich von Vinnytsia am Fluss Riv, Adelssitz der Familie von Mekk, Aufenthalte von Tschaikowsky und Debussy**
- **Einwohner: 4500**

Brailivs Hauptattraktion ist das Schloss des schwerreichen baltendeutschen Eisenbahnbauers **Karl von Mekk** (1821–76), der hier gegen Ende des 18. Jh. das heutige Palastgebäude und den umgebenden Landschaftspark errichten ließ. Der Park ist durchaus idyllisch. Die Ehefrau des Besitzers, **Nadezhda von Mekk** (1831–94), wurde bekannt als große Musikliebhaberin, Kunstmäzenin und Brieffreundin **Peter Tschaikowskys.** Nicht zuletzt durch ihre finanzielle Unterstützung konnte der Komponist seinem musikalischen Schaffen nachgehen. Er widmete „seinem besten Freund“ (sic!) seine 4. Sinfonie. Seltsamerweise verzichteten die beiden trotz ihrer 14 Jahre währenden intensiven Korrespondenz stets auf ein persönliches Treffen. *Tschaikowsky* besuchte dennoch dreimal in *Nadezhdas* Abwesenheit das Gut und war von der umgebenden Landschaft begeistert. Auch ein weiterer weltberühmter Musiker und jüngerer Zeitgenosse *Tschaikowskys,* der französische Komponist und Meister des Impressionismus **Claude Debussy** (1862–1918), war Brailiv verbunden: Im Sommer 1881 verbrachte er während seiner Studienzeit einige Wochen als Hauspianist im Palast der Familie *von Mekk.* Die Säle des Schlosses beherbergen heute ein Tschaikowsky-Museum, das sich der Beziehung zwischen *Nadezhda* und *Tschaikowsky* widmet (geöffnet Mi bis So).

Das **Ortsbild** selbst gibt mit Brachflächen und ungepflegten Straßen wenig her. Der Blick vom Schlosspark auf den Ort und seine beiden Kirchen zählt jedoch zu den schönsten der Region. Das orthodoxe Trinitarierkloster ist aus einer barocken römisch-katholischen Kirche hervorgegangen, die einst von den *Potockis,* die den Ort seit dem 17. Jh. besaßen, gestiftet wurde. Die Umwandlung in ein orthodoxes Kloster erfolgte 1831. Eine weitere, das Ortsbild nicht minder prägende Kirche mit markantem Zwiebelturm befindet sich wenige Meter westlich des Klosters.

Verkehrsmittel

- Der große **Bahnhof** von Zhmerynka liegt etwa 10 km westlich des Ortes. Der Haltepunkt Brailiv liegt etwa 3 km außerhalb, ist aber ohne Bedeutung. Per **Bus** ist Brailiv den ganzen Tag über vom Busbahnhof Vinnytsia 2 (Khmelnytske Shose) zu erreichen.

Bar

Бар

- **40 km westlich von Zhmerynka, historische Kleinstadt**
- **Einwohner: 17.000**

Bar liegt am Ufer des aufgestauten Riv und präsentiert sich mit einer **malerischen Silhouette** aus zwei Kirchen, einem Kloster und den Grundmauern einer alten Burg. Die Geschichte des Orts reicht bis ins Jahr 1452. Seinen heutigen Namen erhielt Bar nach der Heirat des polnischen Königs *Sigismund* mit der italienischen Prinzessin *Bona Sforza d'Arragona* – ihr zu Ehren wurde das Örtchen nach ihrem Geburtsort Bari in Bar umbenannt. Bar wurde Ende des 18. Jh. von russischen Truppen zerstört, da sich die polnischen Adeligen der Region seit 1768 im sog. Bund von Bar verstärkt gegen die zunehmende Einflussnahme Russlands auf die Region wehrten. Wenige Jahre später folgten die polnischen Teilungen, und das östliche Podolien fiel endgültig an Russland.

Die Fundamente der **Burg** sind integriert in den städtischen **Park.** Von den Wällen hat man einen guten Blick auf den See und die beiden **Kirchen** des Ortes. Die neogotische katholische Kirche stammt aus dem frühen 19. Jh., sie hat zwei strahlend weiße Spitztürme und verspielte Reliefs an der Außenfassade. Die orthodoxe Kirche direkt daneben ist ein einfacher Bau mit einer bescheidenen Kuppel und einem Glockenturm mit grünen Dächern. Sie stammt aus der Mitte des 18. Jh. Am Seeufer, umgeben von kleinen Hütten, nur wenige Schritte von den beiden Kirchen entfernt, befindet sich ein schlossähnliches Kloster. In seiner heutigen Form stammt es vom Beginn des 18. Jh. Neben dem palastartigen Hauptgebäude ist ein Glockenturm aus rotem Backstein mit Zwiebelkuppel erhalten geblieben. Das heutige Zentrum liegt wenige Meter östlich der genannten historischen Bauten und ist weitgehend verkehrsberuhigt, aber leider nicht vollständig von der Sowjetarchitektur verschont geblieben.

Unterkunft, Essen und Trinken

- **Hotel Barcelona,** Pl. Soborna 10, Tel. 04341-258 54: Im Stadtzentrum in einem Neubau im historisierenden Stil. Zum Hotel gehört ein Restaurant. DZ ab 250 UAH.
- Das **Café Stary Zamok** liegt an der Pl. Pamiati.

Verkehrsmittel

- Per **Bus** ist Bar gut von Vinnytsia aus erreichbar. Der Busbahnhof liegt mitten in der Stadt.

Sharhorod

Шаргород

- **35 km südlich von Zhmerynka an der Murafa, das wohl besterhaltene jüdische Schtetl Osteuropas**
- **Einwohner: 7000**

In der jüngeren ukrainischen Geschichte nimmt die Region zwischen Sharhorod und dem Dnister bis in die Gegend von Odessa hinein eine Sonderstellung ein. Schon bald nach dem Einmarsch der Deutschen Wehrmacht wurde das Gebiet zwischen Pivdennyi Buh und Dnister dem damals verbündeten faschistischen Antonescu-Rumänien überlassen, das hier die militärische Besatzungszone

Bahnhofspaläste im Nirgendwo – Zhmerynka und Koziatyn (Жмеринка, Козятин)

Die Attraktion von **Zhmerynka,** 40 km südwestlich von Vinnytsia, ist der **gigantische Jugendstilbahnhof.** Assoziationen an die Bahnhöfe von Paris, London oder Budapest sind unvermeidbar, inmitten des ukrainischen Nirgendwo auf einen solchen Bau zu stoßen, ist völlig überraschend. Um zu verstehen, weshalb ein solches Gebäude in diese Gegend kommt, muss man wissen, dass die Bahnerschließung im zaristischen Russland nach völlig anderen Prinzipien verlief als in Mittel- und Westeuropa.

Nach einer relativ kurzen privatwirtschaftlichen Phase wurde der Eisenbahnbau staatlich betrieben. Dabei standen **militärstrategische Gesichtspunkte** im Vordergrund: Die Westgrenze des Zarenreiches und die Schwarzmeerküste sollte auf dem schnellstmöglichen Weg erreicht werden. Während in Westeuropa die Bahnlinien der wirtschaftlichen Erschließung der Städte und Regionen dienten, teilweise über Privatinvestoren und Aktiengesellschaften finanziert wurden und die Bahnhöfe selbstverständlich in den Stadtzentren liegen, wurden die Bahnlinien in Russland in erster Linie nach Bedürfnissen des Militärs geplant. Schnurgerade verlaufen hier die Strecken, oft beiderseits von hohen Baumhecken begrenzt, an den Städten vorbei. Selbst innerhalb der Städte befinden

sich die Bahnhöfe oft kilometerweit außerhalb der Zentren. Da man sich architektonisch aber dennoch nicht lumpen lassen wollte, entstanden in der völligen Einöde wahre Paläste. Der **Bahnhof von Zhmerynka** wurde von 1899 bis 1904 von den Architekten *Rykov* und *Zhuravskyi* errichtet. In dem riesigen, in warmen Ockertönen gestrichenen Gebäude mit seinen Kuppeln und Türmchen gibt es prachtvolle Säle, Stuck mit fantastischen Jugendstilornamenten an Wänden und Decken und mehrere Restaurants. Nachdem sich das Gebäude lange in einem traurigen Zustand befand, wurde es mittlerweile aufwendig restauriert und erstrahlt nun innen und außen wieder im alten Glanz.

Nicht minder prächtig ist der **Bahnhof von Koziatyn,** 50 km nordöstlich von Vinnytsia, an der Gabelung der Hauptstrecken in Richtung Kiew, Zdolbuniv und Lemberg. Der Bahnhof ist noch einige Jahre älter als der von Zhmerynka und stammt aus dem Jahr 1888. Das Gebäude, das erst kürzlich restauriert wurde, wirkt wuchtig und weniger verspielt als sein jüngerer „Kollege" in Zhmerynka. An den Außenwänden des eindrucksvollen Baus haben sich schöne gemauerte Reliefs, wie sie für den Stil des späten 19. Jh. im zaristischen Russland üblich waren, erhalten. Auch im Inneren gibt es prachtvolle Räume, darunter ein kreisrunder Saal mit prächtiger Ausmalung.

Unterkunft in Zhmerynka

■ **Bahnhofszimmer:** Diese waren 2018 nicht nutzbar, da das Bahnhofsgebäude wegen Sanierung geschlossen war. Es ist aber davon auszugehen, dass wieder welche eingerichtet werden.

■ **Hotel Yak Donalds,** Vul. Beliayeva 5, Tel. 04332-225 19: Am westlichen Ortsrand, DZ ab 300 UAH.

Unterkunft in Koziatyn

■ Im Bahnhofsgebäude gibt es **Bahnhofszimmer** zu günstigen Preisen.

Verkehrsmittel

■ Als Bahnknotenpunkt ist die Erreichbarkeit von **Zhmerynka** kein Problem. Fast alle Fernzüge halten hier, zudem gibt es Nahverkehrszüge in alle Richtungen. Als Ausgangspunkt für Ausflüge ins südliche Podolien ist Zhmerynka ebenfalls von Bedeutung. Die Busverbindungen von hier nach Sharhorod sind gut. Der Busbahnhof liegt direkt auf der Nordseite des Bahnhofs.

■ Als Eisenbahnknotenpunkt ist auch **Koziatyn** problemlos mit Nah- und Fernverkehr zu erreichen. Gute Verbindungen in alle Richtungen.

ukr14-084 pk

◁ Ein Hauch von Belle Époque herrscht am Bahnhof von Zhmerynka

Transnistrien verwaltete (nicht zu verwechseln mit der heutigen moldawischen Teilrepublik gleichen Namens). Auch das Antonescu-Regime sah Juden als Untermenschen an. Es wurden **Ghettos und Arbeitslager** eingerichtet und die jüdische Bevölkerung aus dem rumänischen Stammland und aus Bessarabien nach Transnistrien deportiert. Todesfabriken und industriellen Massenmord gab es aber im damaligen Rumänien nicht. Da auch bauliche Zeugnisse der jüdischen Existenz nicht radikal vernichtet wurden, haben sich in dieser Region in einzigartiger Weise Spuren der einstigen jüdischen Besiedlung erhalten, die man andernorts nur noch vergeblich sucht.

Sehenswertes

Schtetl

Sharhorods Altstadt, von sowjetischen Bausünden fast vollständig verschont, zieht sich malerisch den Hang des Murafa-Tals hoch, bekrönt von zwei Kirchen und einem Klosterkomplex. Die Altstadt ist eines der wenigen jüdischen Schtetl auf ukrainischem Gebiet, dessen **Bausubstanz nahezu vollständig erhalten** blieb: Kleine Häuser mit hölzernen Veranden und Balkonen säumen die verwinkelten Gassen. Das Viertel diente in der 1980er Jahren als Kulisse für einen sowjetischen Film über *Sholem Alejchem*. Östlich der Hauptstraße Vul. Heroiv Maidanu (ehem. Vul. Lenina) liegt die älteste Synagoge der Region aus dem Jahr 1589, ein weißer Bau mit Giebelfassade. Sie war lange Zeit Teil einer Getränkefabrik und ist in entsprechend schlechtem Zustand. Die Fabrik existiert zwar mittlerweile nicht mehr und das Gelände um die Synagoge ist frei zugänglich, doch das Gebäude selbst ist verschlossen.

Einige der historischen Schtetlgebäude sind restauriert, viele stehen jedoch leer, da die meisten der verbliebenen jüdischen Bewohner im Laufe der 1990er Jahre emigriert sind. Inzwischen ist die **Existenz** dieses einzigartigen Stadtviertels **ernsthaft bedroht** – der ukrainischen Bevölkerungsmehrheit scheint es an Verständnis und historischem Bewusstsein zu fehlen, um es zu erhalten. Jedes Jahr verschwinden einige der Gebäude oder werden unsachgemäß „restauriert". Die bescheidenen Überreste des **jüdischen Friedhofs** liegen einige Meter östlich der Vul. Heroiv Maidanu am Abhang; vom Busbahnhof kommend, geht man in Höhe des Postgebäudes nach links.

Sakralbauten

Am oberen Rand der Altstadt stehen sich zwei Sakralbauten gegenüber: Auf der östlichen Seite der Straße eine **barocke Kirche** mit Giebelfassade, die seit 1991 wieder der römisch-katholischen Kirche untersteht. Im Hof ist eine Brunnenanlage aus dem 18. Jh. zu bestaunen. Ihr gegenüber liegt ein **orthodoxes Kloster** aus der Mitte des 18. Jh., umgeben von einer Wehrmauer mit zentralem Torturm. Die Hauptkirche selbst stammt aus der Mitte des 19. Jh. Etwas weiter südlich, innerhalb das alten Schtetls, wurde vor einigen Jahren eine weitere, zu Sowjetzeiten geschlossene orthodoxe Kirche renoviert.

ukr14-085 pk

Praktische Tipps

Unterkunft, Essen und Trinken, Einkaufen

- **Hotel Podillia,** nahe dem Busbahnhof in der Vul. Heroiv Maidanu 250: DZ ab 250 UAH.
- Es gibt einige einfachste **Café-Bars.**
- Ein **Markt** wird am Busbahnhof abgehalten.

Verkehrsmittel

- Sharhorod ist per **Bus** aus Zhmerynka sowie Vinnytsia und Mohyliv-Podilskyi erreichbar. Der Busbahnhof liegt etwa 1 km nördlich des historischen Zentrums.

Die Renaissance-Synagoge von Sharhorod

In der Umgebung

Murafa
Мурафа

Etwa 15 km östlich von Sharhorod, im Dorf Murafa, steht eine **herrliche Barockkirche,** die man mit Blick auf ihre Form eher in Bayern oder Österreich verorten würde. Die Kirche ist innen wie außen saniert. Auch der Ort selbst ist malerisch, da er sich über mehrere Kilometer entlang eines künstlichen Sees erstreckt.

Chernivtsi
Чернівці

Den Ort Chernivtsi gibt es in der Ukraine tatsächlich zweimal. Das kleine, etwa 30 km südöstlich von Sharhorod gelegene Chernivtsi hat natürlich wenig mit

Das jüdische Schtetl

„[Der Ort] bestand aus ein paar tausend niedrigen stroh- und schindelgedeckten Häusern, einem kilometerweiten Marktplatz, der wie ein trockener See war, umkränzt von Gebäuden. Die Fuhrwerke, die in ihm herumstanden, erinnerten an steckengebliebene Wracks; übrigens verloren sie sich, winzig und sinnlos, in der kreisrunden Weite …"

So beschreibt **Joseph Roth** in seinem Roman „Hiob" das Schtetl des fiktiven Ortes Kluczysk, der irgendwo zwischen Dubno und der ehemaligen österreichischen Grenze in der heutigen Westukraine gelegen haben muss. Einfach muss das Leben dort gewesen sein: „Die Ernten wurden ärmer und ärmer. Die Karotten verringerten sich, die Eier wurden hohl, die Kartoffeln erfroren, die Suppen wässerig, die Karpfen schmal und die Hechte kurz, die Enten mager, die Gänse hart und die Hühner ein Nichts."

In solchen Verhältnissen lebten sie also, die Helden des Romans „Hiob": Fromme Juden, wie *Mendel Singer,* der Rabbi, der von der einfachen Bevölkerung als Wunderheiler verehrt wurde, aber auch zwielichtige Gestalten wie der mürrische Fuhrmann *Sameschkin* oder der obskure *Kapturak,* der die auswanderungswilligen Juden mit falschen Pässen versorgte und über die Grenze nach Österreich schmuggelte. Schikaniert von den russischen Behörden, blieb ihnen letztlich kaum eine andere Wahl.

Die Schtetl waren **Teil der historischen Zentren der Kleinstädte** in Galizien, Wolhynien und Podolien, jedoch keine geschlossenen Siedlungsgebiete und typisch für diese Regionen. Da in Osteuropa in dieser Zeit kein nennenswertes Bildungsbürgertum existierte und auch die Industrialisierung noch kaum begonnen hatte, gab es **praktisch nur zwei Bevölkerungsschichten:** Adelige und weitgehend verarmte Bauern und Handwerker. Arm waren auch die Juden, die in manchen Städten mehr als die Hälfte der Bevölkerung stellten. Da ihnen sowohl der Zugang zu den Zünften als auch die Landwirtschaft untersagt war, blieb allein aus der Not heraus für viele nur der Handel.

Im Gegensatz zu Westeuropa waren die Juden in Osteuropa **kaum integriert:** Man sah sich nicht als Religionsgemeinschaft, sondern als Volk ohne Staat im Exil. Dieses Selbstbild prägte nachhaltig das Bewusstsein und spiegelt sich auch in **jiddischen Liedern** wie dem folgenden wider:

Ojfn pripetschik

Ojfn pripetschik brent a fajerl
un in schtub iss hejss,
un der Rebe lernt klejne kinderlech
dem alef-bejss.

Sogt-sche, kinderlech, gedenkt-sche tajere,
wos ir lernt do.
Sogt-sche noch amol un take noch amol:
komez-alef-o.

Lernt, kinder hot nit mojre,
jeder onhejb is schwer,
gliklech is, der woss hot gelernt tojre.
Zi darf der mentsch noch mer?

Ir wet, kinder, elter wern,
wet ir alejn farschtejn,
wifil in di ojssiess lign trern un wifil gewejn.

As ir wet kinder, dem goluss schlepn,
oissgemutschet sajn,
Solt ir fun di ojssiess trejst schepn,
kukt in sej arajn!

In dem Ofen

In dem Ofen brennt ein Feuer
und in der Stube ist es heiß,
und der Rabbi lehrt die kleinen Kinderlein
das Alphabet.
Sagt also, Kinder, haltet es teuer,
was ihr hier lernt.
Sagt also noch einmal und dann noch
einmal: das Alphabet!

Lernt, Kinder, habt keine Angst,
jeder Anfang ist schwer,
Glücklich ist, wer die Tora gelernt hat.
Was braucht der Mensch noch mehr?

Ihr werdet älter werden, Kinder,
dann werdet ihr von allein verstehen,
wie viele Tränen und wie viel Weinen
in den Buchstaben liegen!

Wenn ihr, Kinder, einmal das Los
der Verbannung schleppen werdet,
geplagt sein werdet,
dann sollt ihr aus diesen Buchstaben
Trost schöpfen, schaut in sie hinein!

Man sprach eine eigene Sprache, das vom Mittelhochdeutschen abgeleitete und mit hebräischen und slawischen Wörtern vermischte **Jiddisch,** und lebte zusammen in der jüdischen Gemeinschaft. Diese bot einerseits den Kontakt zu den Glaubensbrüdern, andererseits aber auch etwas mehr Sicherheit vor den vor allem im zaristischen Russland häufigen Pogromen.

Prägend für das jüdische Leben in Osteuropa war der **Chassidismus,** eine Bewegung weitgehend verarmter Juden, die die Armut durch einen besonders ausgeprägten Glauben zu bewältigen versuchten, und die sich als Gegenpol zur jüdischen Aufklärung, die eine Anpassung an die umgebenden Gesellschaften und wirtschaftlichen Erfolg befürwortete, verstand. Anders ausgedrückt: Das religiöse Leben wurde über das weltliche gestellt, um so die harte Gegenwart besser ertragen zu können. Der Chassid lebte nicht abgesondert, sondern in der jüdischen Gemeinschaft und lehnte den Materialismus ab, wohl auch aufgrund der Tatsache, dass es ohnehin kaum Besitztümer gab. Die Emigration wurde hingegen verachtet. Der chassidisch-jüdische Glauben äußerte sich stark mystisch und gruppierte sich um einzelne Rabbiner, die als Wunderheiler und teils gar als Messias verehrt wurden. Chassidische Synagogen, Rabbinerpaläste und Friedhöfe zeichnen sich durch eine **starke Bildsprache** mit naturnahen Motiven aus, man findet aufwendige Ornamente und Darstellungen von Tieren und Pflanzen. Eine der wichtigsten Personen für die chassidische Bewegung war **Israel ben Elieser,** genannt *Ba'al Schem Tov,* der im 18. Jh. in Podolien lebte und in Medzhybizh begraben liegt. Ein anderer Protagonist war Rabbi *Nachman* aus Bratslav, dessen Grab in Uman heute Pilgerziel Zehntausender seiner Anhänger ist

Heutzutage erinnert nur noch wenig an die einstige jüdische Besiedlung dieser Gegend. Den **Holocaust** überlebte nur ein Bruchteil, und auch zu Sowjetzeiten war der Umgang mit den verbliebenen Juden alles andere als vorbildlich. Die Reste der Schtetl wurden meist dem Erdboden gleichgemacht, die Synagogen verfielen oder wurden zweckentfremdet. Dies ist umso bedauerlicher, da das Land mit der jüdischen Bevölkerung große Teile seiner Kultur, seiner Geschichte und damit auch seiner **Identität verloren** hat. Auch vom heutigen ukrainischen Staat wird die Bedeutung der jüdischen Geschichte völlig vernachlässigt, die Geschichtsschreibung ist geprägt von einer nationalistischen Überbetonung der ukrainischen Kultur bei gleichzeitiger Verleugnung der einstigen Multikulturalität.

Eine großartige **Website** über die einstigen Schtetl vor allem in der Oblast Vinnytsia ist http://myshtetl.org. Die Seite ist mehrsprachig und ausgesprochen detailliert.

der 200 km südwestlich gelegenen großartigen Kulturmetropole gemein. Wie in Sharhorod sind auch hier noch Teile des einstigen Schtetls zu sehen. Das **Schtetl** lag zwischen Fluss und Kirche am sanft ansteigenden Talrand. Viele der kleinen, weiß gekalkten, mit dekorativen Holzveranden und vorgezogenen Dächern verzierten Wohnhäuser blieben in den kopfsteingepflasterten Gassen erhalten. Einige sind noch bewohnt, viele stehen jedoch leer oder zum Verkauf – mit der Massenabwanderung der ukrainischen Juden nach Israel, in die Vereinigten Staaten oder nach Deutschland leerte sich der Ort. Die Zeit, als hier jüdische Märkte abgehalten wurden und alles voller Leben war, ist ein für alle Mal vorbei. Während im benachbarten Sharhorod der Erhaltungszustand des einstigen Schtetls ernst, aber nicht hoffnungslos ist, dürfte in Chernivtsi – falls die leer stehenden Häuser (es dürften an die fünfzig sein!) nicht bald saniert werden – in absehbarer Zeit keine sichtbare Erinnerung an die jüdische Gemeinschaft mehr existieren, die die Region über mehr als 400 Jahre prägte.

Verkehrsmittel

- Chernivtsi liegt nahe der Straße von Vinnytsia nach Mohyliv Podilskyi. Regelmäßiger **Busverkehr.** Einige fahren auch in den Ort.

Pechera

Печера

- **70 km südlich von Vinnytsia am Pivdennyi Buh, ehemaliger Landsitz der Potockis in wunderschöner felsiger Flusslandschaft**
- **Einwohner: 1100**

Jeder Reisende, der bei Pechera, von Nemyriv kommend, den Pivdennyi Buh überquert, wird begeistert sein. Von einem steilen, etwa 30 Meter hohen **Granitfelsen** grüßt eine frisch renovierte blau-weiße Holzkirche aus dem Jahr 1764 mit drei Kuppeln. Das Flussbett ist voll von kleinen und großen Felsblöcken, die **Stromschnellen und kleine Wasserfälle** bilden. Auf dem Felsen, auf dem sich heute die Kirche befindet, wurde Ende des 17. Jh. ein Residenzschloss erbaut, das später verlassen wurde. Aus den Steinen entstand später das Fundament der heutigen Holzkirche. Nette Spazierwege führen am Fluss entlang in westlicher Richtung zu einem ehemaligen Gutsbesitz der *Potockis,* dessen verwilderter Park mit alten Bäumen, Treppen, einer Kapelle und den Wirtschaftsgebäuden noch erhalten ist. An der Stelle des ehemaligen Schlossgebäudes befindet sich heute ein Sanatorium aus sowjetischer Zeit. Kaum zu glauben, aber auf dem Areal war eines der schlimmsten Konzentrationslager Transnistriens eingerichtet. Über 4000 Menschen fanden hier den Tod. Heute erinnert nichts mehr an dieses Verbrechen.

Das **Ortszentrum** Pecheras ist unattraktiv und wird von einem renovierungsbedürftigen Einkaufszentrum dominiert. Nicht weit davon entfernt findet man noch einige Häuser des jüdischen

Pechera, deren Holzveranden an Sharhorod erinnern. Die erwähnte Holzkirche liegt etwa 200 Meter nördlich des Einkaufszentrums.

Unterkunft

■ Folgt man direkt an der Brücke dem Fluss nach Westen, also flussaufwärts, passiert man ein **Erholungs- und Übernachtungsgelände** mit kleinen einfachen Steinhütten, aber auch Zimmern mit Hotelkomfort, sowie einer einfachen Bar. Einfache Unterkunft mit Außentoilette ab 60 UAH, DZ mit Hotelkomfort 250 UAH, ein kleines Holzblockhaus mit einer Kapazität von vier Personen steht auch zur Verfügung. Speziell im Sommer ist es aber meist ausgebucht. Tel. 04335-499 02. Das Gelände wirkt allerdings recht ungepflegt.

■ Ein Stück weiter flussaufwärts in Richtung des ehemaligen Palastgeländes wurde vor wenigen Jahren die **Turbaza Vodohrai** eröffnet, deutlich gepflegter und etwas professioneller als die oben genannte Übernachtungsmöglichkeit. Hier gibt es Zimmer in kleinen Holzhütten ohne weiteren Komfort und auch komplette Ferienbungalows. Preise ab 250 UAH. Infos unter http://www.bazi-otdiha.com.ua/company.php?id_company=10059.

Verkehrsmittel

■ Pechera ist aus Vinnytsia und Nemyriv gut per **Bus** erreichbar. In Gegenrichtung passieren die Busse aus Mohyliv die Ortschaft. Einen Busbahnhof gibt es nicht, man muss Einheimische nach der nächsten Busverbindung/-haltestelle fragen.

Blick auf Pechera

ukr14-086 pk

Mohyliv-Podilskyi

Могилів-Подільський

- **Unmittelbar an der moldawischen Grenze im Tal des Dnister, einstige Handelsstadt und Grenzstadt zu Moldawien**
- **Einwohner: 32.000**

Von keinem ukrainischen Ort ist es einfacher, dem Nachbarland Moldawien einen Kurzbesuch abzustatten. Da es in Mohyliv auch ganz brauchbare Unterkünfte gibt, bietet sich das Städtchen als Basis für Ausflüge in die überaus reizvolle Mittelgebirgslandschaft des südlichen Podolien an. Die Stadt liegt malerisch im tief eingeschnittenen **Tal des Dnister.** 1595 von den *Potockis* gegründet, wurde es aufgrund der Grenzlage zum Osmanischen Reich ein wichtiges Handelszentrum. Obwohl Mohyliv diese Rolle mit der Besetzung von Podolien und Bessarabien durch Russland im 19. Jh. verlor, ist die einstige Bedeutung teils bis heute spürbar. Im 2. Weltkrieg wurde in Mohyliv ein **jüdisches Ghetto** eingerichtet, das fast das gesamte Stadtgebiet umfasste. 5000 Menschen wurden hier im Laufe der Jahre erschossen. Heute erinnert daran ein kleines Museum, eingerichtet von der jüdischen Gemeinde der Stadt.

Sehenswertes

Das historische Zentrum

In Mohyliv blieben einige historische Straßenzüge außerhalb des ehemaligen Ghettos erhalten. Hauptsehenswürdigkeit ist die **Nikolaikirche** von 1754 mit drei wuchtigen Kuppeln am ehemaligen Hauptplatz der Stadt, der Ploshcha Soborna. Rund um den Platz stehen noch einige ältere Gebäude, aber der Platz ist nicht sehr attraktiv, was sicher auch mit den nahe gelegenen Grenzabfertigungsanlagen zu tun hat. Die parallel zum Fluss verlaufende **Vul. Volodymyrska** ist die schönste Straße der Stadt. Sie ist relativ verkehrsarm und weist viele historische Gebäude aus dem 18. und 19. Jh. auf, darunter ein reich verziertes Jugendstilgebäude vom Beginn des 20. Jh., das heute das Regionalgeschichtliche Museum beherbergt.

Rund um den Markt

Westlich der Pl. Soborna ist kaum alte Bausubstanz zu finden, und einige der berüchtigten sowjetischen Neunstöcker zeigen, dass es möglich ist, ein schönes Ortsbild in herrlicher Lage mit einfachen Mitteln nachhaltig zu zerstören. Die heutige Hauptstraße der Stadt ist die parallel zum Fluss verlaufende **Vul. Staviska.** Hier liegt der zentrale Markt. Ein Denkmal für die Ghettoopfer wurde vor einigen Jahren an einer Straßenerweiterung der Vul. Staviska errichtet.

Außerhalb des Zentrums

Etwa 2 km westlich des Zentrums, wenig südlich der Bahngleise, ist die idyllische **Paraskeva-Kirche** aus dem Jahr 1775 einen kurzen Abstecher wert. Die Holzkirche mit ihren drei grünen Kuppeln ist einer der schönsten Barockbauten der Region. Im Inneren ist die reich bemalte und mit Holzschnitzereien versehene Ikonostase sehr sehenswert.

Museum für die Opfer des Naziregimes

■ Vul. Volodymyrska 7, geöffnet: Mo, Mi, Fr und So

Das private Museum wird von der jüdischen Gemeinde der Stadt unterhalten. Auf einem großen Stadtplan an der Wand sind die Grenzen des Ghettos eingezeichnet; unzählige Porträtfotos der Opfer dokumentieren das Ausmaß des hier verübten Massenmordes.

Praktische Tipps

Unterkunft

■ **Hotel Smaragd,** Vul. Kyivska 35/1, Tel. 04337-680 94: Das bessere der beiden Hotels im Zentrum. Es liegt in einem sanierten Altbau. DZ ab 550 UAH. Das gemütliche Café Maestro (s. u.) liegt direkt daneben.

■ **Hotel Turyst,** Pereulok Kotovskoho 3, Tel. 04337-676 05: Nahe der Nikolaikirche in einem Sowjetbau, DZ ab 300 UAH, einigermaßen saniert.

Essen und Trinken

■ **Vostok Davyda,** Vul. Kyivska 6: Kaukasische und tatarische Küche, ansprechendes Ambiente, Billardtische.

Holzkirche in Mohyliv-Podilskyi

ukr14-087 pk

ukr14-088 pk

■ **Pizzeria Virzha,** nett gestaltetes Restaurant, z. T. mit Natursteinwänden. Gute Pizzen, Biergarten, junges Publikum. Sehr laute und nicht unbedingt qualitativ hochwertige Musik.

■ **Restaurant Shater,** in unmittelbarer Nähe zum Bahnhof: Ukrainische und moldawische Küche in schönem Ambiente.

■ **Café Maestro,** Vul. Kyivska 35/1: Gutes und einladendes Café neben dem Hotel Smaragd.

Einkaufen

■ Der **Markt** nimmt einen Block zwischen Vul. Stavyska und Vul. Rynkova ein. Reichhaltiges Angebot an frischer Hausmacherkost.

■ Die wichtigsten **Geschäfte** und auch die Post befinden sich ebenfalls in der Vul. Staviska. Zwischen dieser und dem Fluss breitet sich ein **Straßenmarkt** mit Flohmarktcharakter aus.

⌃ Das Felsenkloster von Liadova

Verkehrsmittel

Bahn

Der Bahnhof liegt etwa 2 km westlich des Zentrums. Von hier gibt es Verbindungen nach Kiew in den sehr frühen Morgenstunden und abends. Es fahren auch einige Busse täglich nach Chisinau über Ocnita. Leider hat keine dieser Verbindungen einen direkten Anschluss Richtung Chernivtsi.

Bus

Der Busbahnhof liegt 1 km nördlich des Zentrums in Höhe des Marktes in der Vul. Rynkova. Von hier bestehen gute Verbindungen Richtung Vinnytsia und einige Richtung Kamianets und Yampil.

Abstecher nach Moldawien

Wie die Ukraine, so ist auch Moldawien mittlerweile für EU-Bürger **visafrei** und somit völlig problemlos bereisbar. Die Grenzbrücke befindet sich mitten in Mohyliv und ist auch für Fußgänger geöffnet. Auf der anderen Seite des Flusses liegt die Stadt **Otaci.** Ist schon die Ukraine ein nicht gerade von Reichtum gesegnetes Land, so ist Moldawien das ärmste Land Europas. Um sich davon zu überzeugen, genügt ein Blick auf Otacis Hauptstraße: ein leer stehendes Kaufhaus, Bauruinen, miserable Straßen und ein hoher Anteil von Romabevölkerung. Im Vergleich erscheint einem die Ukraine fast schon mitteleuropäisch. 60 km von Otaci flussabwärts liegt **Soroca,** wo es eine Burg am Ufer des Nistru – wie der Dnister auf Rumänisch heißt – und eine skurril anmutende Romasiedlung mit prachtvollen Palästen in Pagodenbauweise zu sehen gibt. Näher an Otaci, ca. 15 km entfernt, liegt das **Kloster Rudi** (sprich Rud), errichtet im altmoldawischen Stil in einem malerischen, felsigen Seitental des Nistru-Flusses.

Verkehrsmittel auf moldawischer Seite

- Der nächste Bahnhof befindet sich im 30 km entfernten Ocnita; die Verbindung von dort nach Czernowitz wurde 2013 eingestellt. Von Otaci bestehen regelmäßige **Busverbindungen** in alle Teile des Landes.

In der Umgebung

Das Felsenkloster von Liadova

Лядова

Nahe dem Dorf Liadova liegt oberhalb einer Flussschleife des Dnister ein Felsenkloster. Die Anlage geht auf das 9. Jh. zurück und wurde im Laufe der Jahrhunderte in die weichen Kalkfelsen gebaut. **Drei Höhlenkirchen** blieben bis heute erhalten. Zu Sowjetzeiten leer stehend, ist das Kloster seit Ende der 1990er Jahre wieder in Betrieb und wurde seitdem auch um oberirdische Bauten erweitert. Einige davon fügen sich harmonisch in die felsige Landschaft ein. Atemberaubend ist der Ausblick vom neu errichteten Glockenturm auf die Flussschleife und ein weiteres, westlich gelegenes Felsmassiv, während die gegenüberliegende moldawische Seite an dieser Stelle völlig flach ist.

Liadova ist mit öffentlichem Verkehr nicht gut erreichbar, aber vom 5 km entfernten Yaryshiv gibt es einen schönen **Wanderweg** zum Kloster. Dieses liegt auf dem Weg nach Murovani-Kurylivtsi und ist per Bus gut zu erreichen. Da das Kloster im ukrainisch-moldawischen Grenzgebiet liegt, gibt es am Ausgang des Dorfes Liadova einen Posten des ukrainischen Grenzschutzes. Probleme mit den Grenzern sind aber für Besucher des Klosters nicht zu erwarten.

Busha

Буша

- **35 km östlich von Mohyliv im Tal der Murafa, Burg und Felsenkirche in einem Buntsandsteingebiet**
- **Einwohner: 800**

Fährt man von Mohyliv Richtung Osten, steigt die Straße nach rund 5 km steil an – die **Dnister-Hochfläche** ist erreicht. Nach weiteren 25 km erscheint linker Hand ein Hinweis auf den Ort Busha in Form einer Steinskulptur. Der Ort liegt **am Zusammenfluss von Murafa und Bushanka** auf einem Sandsteinfelsen und wurde zum staatlichen Schutzgebiet (Zapovidnik) „Busha“ erklärt.

Sehenswertes

Die Burg

In der Ortsmitte, oberhalb des Zusammenflusses der beiden Bäche, liegt **auf einem kleinen Felsplateau** eine Burganlage, die seit einigen Jahren rekonstruiert wird. Neben dem Außenwall ist ein dreistöckiger Wehrturm in Inneren des Geländes zu sehen, frisch renoviert und mit neuem Dach versehen. Auch einige Kellergewölbe sind begehbar. Nahe des Turms wird eine zur Stalinzeit zerstörte Kirche aus dem 18. Jh. wieder aufgebaut. Turm und Kuppel sind fertiggestellt und glänzen goldfarben. Rund um die Burganlage ist ein **Skulpturenpark** entstanden. Der weiche Sandstein der Region bietet für Steinmetze ein gutes Betätigungsfeld.

Felsenkirche

Die überraschendste Sehenswürdigkeit von Busha ist eine Felsenkirche etwa 300 Meter nordwestlich der Burg in einer Spalte oberhalb der Bushanka. Die Felskirche geht zurück auf das 6. bis 8. Jh. Innen sind **einzigartige Reliefs** zu sehen, so etwa eine Reiterdarstellung und diverse Ornamente und Schriftzeichen. Bis vor wenigen Jahren stand das Baudenkmal völlig offen und schutzlos da. Inzwischen wurde ein Schutzbau aus Naturstein mit Glasdach errichtet. Die Türe steht häufig offen, somit ist dieses großartige archäologische Denkmal meist ohne Probleme zu besichtigen. Falls sie geschlossen sein sollte, kann man bei der Verwaltung des Zapovidnik Busha den Schlüssel bekommen. Der Weg von der Burg zur Felsenkirche ist ausgeschildert.

ukr14-089 pk

Haidamaken-Tal

Folgt man dem Bushanka-Tal flussaufwärts, erreicht man das Haidamaken-Tal **(Haidamatskyi Yar),** ein bewaldetes Flusstal mit spektakulären Sandsteinfelsen. Einen wirklichen Wanderweg von der Felsenkirche hierher gibt es nicht. Lediglich auf der nördlichen Flussseite gibt es einige Trampelpfade. Auf der südlichen Seite ist ebenfalls kein Durchkommen möglich. Daher sollte man sich an die auf der südlichen Flussseite auf halber Höhe verlaufende Dorfstraße halten. Am Ortsende führt eine Fahrstraße abwärts ins Tal, wo nach etwa 0,5 km eine steile Treppe zum Bach führt. Ansonsten präsentiert sich Busha ländlich-idyllisch mit vielen kleinen bunten Steinhäusern, die bereits den moldawischen Einfluss erkennen lassen.

Museen

Im Ort wurden in jüngster Zeit mehrere Museen eingerichtet. Es gibt ein **Archäologisches** Museum mit Funden aus der Zeit der „Trypilska Kultura" nahe der Burg, ferner ein **Ethnografisches Museum,** das das ländliche Leben in der Region dokumentiert. Ein **Kunstmuseum** befindet sich ebenfalls im Ort und zeigt Werke regionaler Maler.

◁ Uralte Felsenkirche in Busha

Praktische Tipps

Informationen

■ Das **Büro des Schutzgebietes** (Zapovidnik) ist täglich geöffnet. Es liegt direkt nördlich der Burg. Hier sollte man einen symbolischen Museumseintritt zahlen. Dafür stehen einem die zahlreichen Museen des Ortes sowie die Felsenkirche offen. Auch wegen Unterkunft kann man hier nachfragen. Tel. 04336-261 90.

MEIN TIPP: **Oleksandr Pirnyak,** ein agiler ehemaliger Dorflehrer, ist seit einigen Jahren Direktor des auf seine Initiative hin gegründeten *Zapovidnik Busha.* Er sprüht geradezu vor Ideen und ist dabei, Busha zu einem landesweit bekannten Touristenzentrum zu machen. Alljährlich findet ein Treffen von Steinmetzen und Bildhauern statt, durch deren Aktivitäten der Skulpturenpark rund um die Burg Jahr für Jahr um einige Exponate reicher wird. *Pirnyak* kauft alte, leer stehende Häuser des Dorfes auf und lässt sie restaurieren, um dort Ferienwohnungen oder kleine Museen einzurichten. Die Felsenkirche erhielt ein Dach und ist seitdem nicht mehr Wind und Wetter ausgesetzt. Auch für das benachbarte Yaruha hat er Ideen, um zumindest Teile des dortigen jüdischen Schtetls für die Nachwelt zu erhalten. Leute wie *Oleksandr* (und seine Ehefrau) sind es, die das Land voranbringen. Die Entwicklungen der letzten Jahre zeigen, dass es davon gar nicht so wenige gibt.

Unterkunft

■ Mehrere **Privatvermieter** bieten Zimmer oder auch ganze Häuser zur Übernachtung für Gäste an; dabei ist mit ca. 50 UAH pro Bett zu rechnen, für ein Haus mit 6–8 Plätzen werden 300–400 UAH fällig. Informationen und Reservierungen bei der Zapovidnik-Verwaltung, Tel. 04336-261 96 oder 098-395 89 63.

■ **Weitere Privatunterkünfte** sind unter http://ruraltourism.com.ua/?a=oblast&id=05 zu finden.
■ Einen kleinen **Hotelkomplex** namens **Haydamatska Dolyna** gibt es nahe des Eingangs zum gleichnamigen Tal etwas unterhalb der Straße, zu erkennen an dem auffälligen roten Dach. Einfache Zimmer in einzeln stehenden Gebäuden für 250 UAH, Vollverpflegung möglich, Tel. 063-643 53 02 oder 097-371 40 30.

Essen und Trinken, Einkaufen

■ Im Ortszentrum war zur Zeit der Recherche ein neues Restaurant im Bau. Ein kleines **Café** (Oberih) mit angeschlossener Galerie liegt gegenüber dem Skulpturenpark in der Ortsmitte. Übernachtet man in einer der Privatunterkünfte, kann man Verpflegung bestellen.

Verkehrsmittel

■ Die Hauptstraße Mohyliv – Yampil führt in etwa 3 km Entfernung an Busha vorbei. Hier gibt es einigen **Busverkehr** von Mohyliv aus. In den Ort selbst fahren kaum Busse, sodass man das letzte Stück gehen oder trampen muss.

In der Umgebung

Aussichtspunkt bei Yampil

Einen spektakulären Aussichtspunkt gibt es rund 5 km westlich von Yampil, **nahe dem Dorf Oksanivka,** wo die Dnister-Hochfläche senkrecht etwa 150 Meter zum Fluss hin abbricht, während die gegenüberliegende moldawische Seite an dieser Stelle flach ist. Yampil selbst bietet keine Sehenswürdigkeiten.

Tulchyn

Тульчин

■ **90 km südlich von Vinnytsia, Residenzstadt der Potockis mit jüdischen Spuren**
■ **Einwohner: 16.000**

Tulchyn liegt zwischen flachwelligen, für das östliche Podolien typischen Hügeln. Zu sehen gibt es eine **gut erhaltene Innenstadt** mit einigen bemerkenswerten Baudenkmälern. Der Ort, um 1600 vom polnischen König *Sigismund* gegründet, wurde in der ersten Hälfte des 18. Jh. Eigentum der Familie *Potocki,* die hier zwei Paläste errichten ließ. Hauptattraktion ist der **grandiose Neue Potocki-Palast,** vom französischen Architekten *Lacroix* 1787 erbaut. Er liegt etwa 300 Meter nördlich der Vul. Lenina, von der er bereits sichtbar ist. Die Palastanlage gruppiert sich mit drei Flügeln um einen großen, parkartig gestalteten Ehrenhof. Das Hauptgebäude ist in weißen und rosafarbenen Tönen gestrichen und hat eine äußerst imposante Säulenfassade. Erst bei näherem Hinsehen fällt der abblätternde Putz auf. Einst war der Hauptflügel mit eleganten Galeriebauten mit den beiden Seitenflügeln verbunden. Nur der östliche davon ist erhalten, während der westliche vor einigen Jahren wegen Baufälligkeit abgerissen wurde. Bleibt zu hoffen, dass er eines Tages wieder rekonstruiert wird. Die Vul. Suvorova, in der noch viel historische Bebauung erhalten geblieben ist, verbindet das Stadtzentrum mit dem Palast.

Der **obere Palast** liegt am westlichen Rand des Zentrums in der Vul. Lenina. Mit seinem mintgrünen Anstrich und der klassizistischen Säulenfassade könnte man ihn auch für einen Bau aus der Sowjetzeit halten, er stammt aber aus dem späten 18. Jh. Zu dieser Zeit hatte hier der legendäre russische General *Aleksandr Suvorov* (1730–1800), der das südukrainische Steppenland gegen Ende des 18. Jh. von den Osmanen eroberte, zeitweise seinen Sitz.

An der Vul. Lenina steht auch – frisch renoviert und von einer markanten Kuppel bekrönt – die einstige **katholische Dominikanerkirche** von 1780, die mit dem Palast eine schöne Blickachse bildet. In dieser Kirche heiratete *Stanisław Potocki* seine Frau *Sofia*, für die er später den Park von Uman errichten ließ. In der Lenina sind neben einigen Bauten der Sowjetzeit noch sehenswerte Gebäude aus dem späten 19. Jh. und kleinere historische Wohngebäude erhalten. Etwa 200 Meter östlich der Dominikanerkirche zweigt die Vul. Gagarina nach Süden ab. Hier befindet sich in einem klassizistischen Bau aus dem frühen 19. Jh. das **Regionalmuseum** der Stadt. Die Gagarina läuft auf die **Entschlafenskirche** aus dem späten 18. Jh. zu, die mit dem frei stehenden Glockenturm ein schönes Ensemble bildet. Schräg gegenüber der Kirche ist in der Vul. Pushkina noch ein schönes Beispiel jüdischer Schtetlarchitektur mit reizvoller Holzveranda erhalten geblieben – leider in keinem sonderlich guten Zustand, aber bewohnt.

Unterkunft

- **Hotel Dobriana,** Vul. Gagarina 4: Zentral gelegenes Hotel, 2012 eröffnet. DZ ab 250 UAH.

Essen und Trinken, Einkaufen

- Im **Hotel Dobriana** gibt es ein brauchbares Restaurant. Ansonsten reihen sich einige einfache **Bars und Cafés** entlang der Vul. Lenina.
- Zwischen der Vul. Pushkina und der Vul. Lenina befindet sich der zentrale **Markt.**

Verkehrsmittel

- Der nächste Bahnhof an der Strecke Zhmerynka – Odessa ist Vapniarka. Hier halten viele **Fernzüge.** Sowohl von Vinnytsia als auch von Odessa gibt es **Nahverkehrszüge** dorthin. Ab Vapniarka besteht regelmäßiger **Busverkehr** nach Tulchyn. Auch von Vinnytsia aus ist Tulchyn zu erreichen. Der Busbahnhof von Tulchyn liegt am östlichen Rand des Zentrums in der Vul. Lenina.

Haisyn

Гайсин

- **50 km westlich von Uman, einstige jüdisch geprägte Handelsstadt**
- **Einwohner: 25.000**

In Haisyn vermitteln die parallel verlaufenden Straßen Vul. Pershotravneva und Vul. Zhovtneva noch einen Eindruck von der Atmosphäre einer alten, jüdisch geprägten Handelsstadt. Die **historische Bebauung** mit einzelnen Holzhäusern und Steinhäusern mit schönen Stuckreliefs, wie sie für jüdische Kaufmannshäuser aus dem 19. Jh. typisch sind, ist noch ungewöhnlich gut erhalten. In einem jener historischen Steinhäuser befindet sich heute das Rathaus.

Unterkunft

- In der Nähe des Rathauses, im historischen Teil des Ortes, gibt es das sehr einfache und sehr billige **Hotel Haisyn,** Vul. Pershoho Travnia 5, Tel. 04334-211 75, DZ ab 250 UAH.
- Ein bisschen besser ist das **Hotel Liuksor** etwas weiter östlich in der Vul. Gagarina 19, Tel. 04334-203 22, DZ ab 400 UAH.

Verkehrsmittel

■ Der Busbahnhof von Haisyn liegt am östlichen Ortsrand Richtung Uman. Aufgrund der Lage an einer der wichtigsten Hauptstraßen gibt es permanent **Busverbindungen** in alle Teile des Landes.

In der Umgebung

Dashiv

Дашів

Das **ungemein malerische** Dashiv ist besonders für diejenigen von Interesse, die von Vinnytsia nach Uman weiterfahren. Der historische Ortsteil liegt beiderseits des aufgestauten Flusses Sob. Auf der östlichen Flussseite blieb ein Landsitz der Grafen *Potocki* erhalten; sehr schön ist die Säulenfassade im Stil des späten 18. Jh. Architektonisches Highlight ist die hölzerne Michaelskirche von 1764 mit fünf blauen Kuppeln.

Verkehrsmittel

■ Dashiv ist mit **Bussen** vom Busbahnhof Nr. 3 in Vinnytsia etwa stündlich erreichbar. Strecke: Vinnytsia – Haisyn, über Illyntsi.

Die „Schweiz von Ladyzhyn"

Eine **überaus reizvolle Felsengruppe** in wunderschöner hügeliger Waldlandschaft findet sich am Ostufer des Pivdennyi Buh in direkter Nähe des Flusses, etwa 5 km südlich von Ladyzhyn. Einfach ein toller Picknickplatz, der allerdings nicht mit öffentlichen Verkehrsmitteln erreichbar ist. Man orientiere sich an einer am Ende einer nicht asphaltierten Straße befindlichen Datschensiedlung unmittelbar nördlich der Felsen.

Uman

Умань

■ **210 km südlich von Kiew, berühmteste Parkanlage der Ukraine, wichtigste chassidische Pilgerstätte außerhalb Israels**
■ **Einwohner: 86.000**

Bei der Ankunft auf dem Busbahnhof wird man kaum glauben, dass sich in dieser eher unscheinbaren Kleinstadt zwei der größten und außergewöhnlichsten Touristenattraktionen des Landes befinden. Da ist einmal der hinreißende **Sofiyivka-Park,** ein Magnet für ukrainische Besucher aus allen Landesteilen. Und da ist die Grabstätte des weltberühmten **Rabbi Nachman.** Besonders

zum jüdischen Neujahr Rosh Ha Shana strömen Zehntausende chassidische Pilger aus der ganzen Welt ans Grab des Rabbi und verwandeln Uman in die weltweit größte jüdische Pilgerstätte außerhalb Israels – tagelang wird am und um das Grab ausgelassen-ekstatisch gefeiert. Das Städtchen Uman selbst wirkt neben diesen herausragenden Sehenswürdigkeiten etwas blass – wer aufmerksam durch die Straßen geht, wird aber viele charakteristische Bauten aus dem 19. und frühen 20. Jh. entdecken.

Sehenswertes

Sofiyivka-Park

Vul. Sadova, geöffnet täglich 9–18 Uhr, Eintritt 25 UAH, www.sofiyivka.org.ua

Laut einer landesweiten Internet-Umfrage von 2007 gilt er als eines der „Sieben Wunder der Ukraine“: der Sofiyivka-Park, das **„ukrainische Versailles“.** Die einzigartige Parkanlage im nordöstlichen Teil der Stadt erfreut sich einer unerhörten Beliebtheit unter ukrainischen Besuchern: Wasserfälle, Teichanlagen und gewaltige Felsen als zentrale gestalterische Elemente schaffen eine verwunschene, romantische Atmosphäre. Die Konzeption der Anlage ist schwer in-

ukr14-090 pk

Im Sofiyivka-Park von Uman

spiriert von griechisch-römischer Geschichte und Mythologie. Es finden sich u. a. Nachbildungen des Tarpejischen Felsens, ein unterirdischer Fluss (Styx), ein kretisches Labyrinth, eine Vielzahl antiker Skulpturen und Pavillonsgebäude. Im Park sind Erfrischungen und Souvenirs erhältlich, auch kleine Bootsfahrten sind möglich.

Geschichte des Parks

Der Park war ein **Geschenk des** schwerreichen polnischen **Grafen Stanisław Potocki** (1753–1805) an seine neue Ehefrau und große Liebe *Sofia* (1760–1822). Die Namensgeberin des Parks erhielt die extravagante Gabe zu ihrem Geburtstag 1802. Unfassbare 15 Millionen Złoty investierte *Potocki* in die Errichtung der Anlage, Bauern aus der Umgebung führten die Arbeiten aus. Sofia galt zu ihrer Zeit als „schönste Frau Europas". Griechischer Herkunft, mit zwölf Jahren von ihren Eltern in die Sklaverei verkauft, lebte sie als Mätresse in Istanbul, bis sie von einem polnischen Diplomaten freigekauft wurde. Dieser heiratete sie und führte sie in die feine europäische Gesellschaft ein. Später hatte sie eine Liebesbeziehung mit Graf *Potyomkin*, für den sie auch Spionagetätigkeiten ausgeübt haben soll. Noch später, 1798, heiratete sie in Tulchyn Graf *Potocki*. Die Beziehung zerbrach aufgrund einer Affäre *Sofias* mit einem Sohn *Potockis* aus erster Ehe. Ein Schlag, von dem sich der Graf nie erholte – er starb gebrochenen Herzens, ohne seiner *Sofia* je vergeben zu haben.

Grab des Rabbi Nachman

■ Vul. Belinskoho 1 (Ecke Vul. Pushkina); für Informationen über den Rabbi und die Breslover Schule siehe www.breslov.org und www.breslev.co.il

Das Grab des Rabbi liegt in einer seltsamen **Konstruktion bestehend aus Synagoge und überdachtem Vorraum,** die bis zu tausend Gläubigen Raum bietet. Die Anlage befindet sich **auf einem Hügel** an einer trostlosen Straße mitten in einer verwahrlosten Plattenbausiedlung. Einst befand sich hier der jüdische Friedhof, der 1943 von den Nazis völlig zerstört wurde – so war *Nachmans* Grab nach dem Krieg zunächst nicht mehr auffindbar. Erst 1946 gelang es einem Rabbi die Grabstätte zu identifizieren. Er erwarb das Grundstück, auf dem sich *Nachmans* Grab befand, als Bauland für ein Privathaus, denn jeder religiöse Kult war zu Sowjetzeiten streng verboten. Sein Haus ließ der Rabbi so errichten, dass eine Außenwand direkt an *Nachmans* Grabstätte grenzte, die selbst aber außerhalb des Hauses im Garten lag. Zur Kenntlichmachung des Grabs wurde die betreffende Hauswand strahlend gelb gestrichen. In der Folge kamen immer wieder Pilger illegal nach Uman, um an der entsprechenden Stelle zu beten.

1990/91 wurde das an der Hauswand gelegene Grab zunächst mit einem niedrigen, dann mit einem größeren Grabstein kenntlich gemacht. 1996 kauften Breslover Chassiden schließlich das an die Grabstätte grenzende Haus, das inzwischen von Ukrainern bewohnt wurde. **1997** wurde die Grabstätte **vollständig erneuert.** Das Grab befindet sich nun direkt integriert in die Wand einer anstelle des einstigen Wohnhauses neu errichteten Synagoge. Die eine Hälfte des Grabes ragt in die Synagoge hinein, die andere nach außen und befindet sich unter der überdachten Struktur, durch die man zur Synagoge gelangt. Der außerhalb der Synagoge gelegene Teil des Grabes ist von einer Seite aus auch Frauen zugänglich.

Das Stadtzentrum

Umans Zentrum besteht im Wesentlichen aus **zwei Straßenzügen:** der belebten Vul. Yevropeiska (ehem. Vul. Lenina), die vom Busbahnhof in die Innenstadt führt, und der sich anschließenden Vul. Nebesnoi Sotni (ehem. Vul. Radianska), der Hauptstraße Umans. Entlang der Nebesnoi Sotni und in den angrenzenden Straßen finden sich einige interessante historische Gebäude, darunter welche des Kiewer Architekten *Horodetskyi*. Von ihm stammen das großartige ehemalige **Hotel London** (Nebesnoi Sotni 10), im Jugendstil errichtet und heute leer stehend und auf Renovierung wartend, die staatliche Volkshochschule (Nebesnoi Sotni 33) und das Jungengymnasium (Nezalezhnosti 21). Etwa 0,5 km die Nebesnoi Sotni abwärts steht der wichtigste Sakralbau der Stadt, die **St.-Nikolaus-Kathedrale** aus dem Jahr 1812 (Nebesnoi Sotni 39). Unmittelbar im Anschluss erstreckt sich der lebendige 6 **Markt,** der sich um den Komplex des zeitgleich errichteten **alten Handelshofes** konzentriert.

Sehenswert ist das Gebäude des **Kunstmuseums** (Vul. Kolomenska 2, 9–17 Uhr, Fr 9–16 Uhr, Mi geschlossen), untergebracht in der ehemaligen Kirche der Gottesmutter. Errichtet 1826, ist das ehemalige Kirchengebäude ein typisches Beispiel für den Stil des „provinziellen Klassizismus". Das ansonsten belanglose Museum beherbergt als größte Kostbarkeit ein Gemälde von *Pieter Brueghel d. J.* Die Deutschen hatten es während

Rabbi Nachman (1772–1810)

Rabbi Nachman war eine der bedeutendsten Persönlichkeiten des Chassidismus und Begründer der sog. Breslover Schule. Der Rabbi, ein Urenkel des *Ba'al Schem Tow,* lehrte eine **besondere Form des Chassidismus,** in welcher dem Tzaddik, im Chassidismus ein Vermittler zwischen Gott und Mensch, eine herausragende Bedeutung zukam. Kritiker des Rabbi argumentieren deshalb, er habe sich selbst als Messias gesehen. Neben seiner ebenso komplexen wie kontroversen Theologie ist *Nachman* auch bekannt für die von ihm überlieferten, literarisch höchst außergewöhnlichen Geschichten: tief symbolische Märchen, die von *Martin Buber* nacherzählt wurden und auch Einfluss auf *Franz Kafka* gehabt haben sollen.

Nachman verstarb bereits im Alter von 38 Jahren an Tuberkulose. Kurz zuvor war er von Bratslav (Breslov) nach Uman übergesiedelt. Es war sein ausdrücklicher Wunsch, auf dem alten jüdischen Friedhof in Uman begraben zu werden, in direkter Nachbarschaft der „Märtyrer", der etwa 20.000 Juden, die hier 1768 einem durch Haidamaken verübten Massaker zum Opfer gefallen waren. Auf seinem Totenbett versprach der Rabbi, er würde für die Seele eines jeden Pilgers bei Gott Fürsprache halten, der seine Grabstätte an Rosh Ha Shana besuche, dort für die Wohlfahrt spende und die zehn Psalme des Tikkun Ha K'lali (auf Deutsch etwa: Die große Besserung) bete. Mit diesem Versprechen begründete er die Tradition der **Pilgerfahrten zu seinem Grab.** Zu Sowjetzeiten strengstens verboten, haben diese Pilgerreisen nun außergewöhnliche Dimensionen angenommen. Um Rosh Ha Shana kommen bis zu 25.000 Pilger nach Uman, um für einige Tage am Grab des Rabbi zu beten und eine riesige Neujahrsparty zu feiern – die Breslover Chassiden sind für ihre ausgelassene Tanz- und Feierfreude bekannt! Von der unermesslichen Bedeutung des Rabbi für die Breslover Chassiden zeugen auch deren Pläne, in Uman die größte Synagoge der Welt zu errichten: Diese soll bis zu 30.000 Gläubigen Platz bieten!

des 2. Weltkriegs gestohlen, 2001 wurde es an die Ukraine zurückgegeben.

Praktische Tipps

Informationen

■ **Infoportal der Stadt:** www.uman.info/en

Unterkunft

7 **Hotel Fortetsia,** Vul. Fortechna 52, Tel. 04744-500 41, 04744-532 67, http://fortecya.biz: Sehr angenehmes Hotel in einer umgebauten und erweiterten ehemaligen Mühle, direkt im Zentrum, am Fluss. Das günstigste DZ gibt es ab 360 UAH. Das Hotel verfügt über ein gutes Restaurant.

2 **Hotel Uman,** Vul. Nebesnoi Sotni 7, Tel. 04744-526 32, http://hotel-uman.com.ua: Das Hotel direkt auf der Radianska ist ein alter Sowjetbau, aber die Zimmer sind in Ordnung und preiswert: DZ ohne Bad bereits ab 300 UAH. Das Gebäude wurde während der Recherche einer umfassenden Renovierung unterzogen.

1 **Hotel Druzhba,** Vul. Sadova 53, Tel. 04744-335 27: Das auf einem kleinen Hügel direkt gegenüber vom Eingang des Sofiyivka-Parks gelegene und von außen recht mondän wirkende Hotel ist eine recht ordentliche Budgetoption: EZ ab 250 UAH, DZ ab 350 UAH.

8 **Touristenkomplex Kolyba,** Vul. Vyzvolyteliv 18b: Großzügige Anlage mit viel Holz am Stadtrand, außerdem Wellnessbereich. DZ ab 400 UAH, buchbar über die gängigen internationalen Buchungsportale.

Essen und Trinken

■ Uman ist nicht gesegnet mit Restaurants. Möglichkeiten zur Einkehr bieten die **Restaurants der Hotels 1 Druzhba und 7 Fortetsia** (8–23 Uhr). Ersteres ist aber häufiger Austragungsort wilder Hochzeitsbanketts – dann ist die Küche oft geplündert. Letzteres bietet gute ukrainische Küche in einem Ambiente, das mittelalterlich anmuten soll.

■ Auf der Nebesnoi Sotni bietet das 3 **Kadubok** (Nr. 7) gute Standardgerichte der ukrainischen Küche. Im 5 **Bi 2** (Nr. 31) gibt es Bier und belegte Brote für den schnellen Hunger, und man kann schön draußen sitzen. Natürlich gibt es auch in Uman eine 4 **Pizza Chelentano** (Nr. 15).

Verkehrsmittel

Uman liegt direkt an der Nord-Süd-Trasse Kiew – Odessa. Auch die Strecke Vynnitsia – Kirovohrad führt direkt durch Uman.

Bus

Uman ist einfach per Bus von allen größeren und kleineren Orten der Umgebung zu erreichen. Der **Busbahnhof** liegt zentral in der Kyivska 1 ca. 1,5 km nördlich des „eigentlichen Zentrums" um die Radianska. Es gibt z. B. sehr gute Verbindungen nach Kiew und Cherkasy sowie einige Verbindungen täglich nach Vynnytsia und Kirovohrad.

Bahn

Der **Bahnhof** liegt am südwestlichen Rand des Zentrums, am Maidan Gagarina am Ende einer Stichstrecke. Die Bedeutung des Bahnverkehrs für Uman ist gering.

Die Schmalspurbahn von Haivoron

Гайворон

- **250 km südlich von Kiew, 50 km südlich von Uman, technisches Denkmal für Eisenbahnfreunde, die Strecke untersteht der Eisenbahnverwaltung Odessa**
- **Einwohner: 15.000 (Haivoron Stadt)**

Neben der Schmalspurbahn in der Polissia und der Borzhava-Talbahn in den Transkarpaten gibt es in der Ukraine noch eine dritte Schmalspurbahn mit einer Spurweite von 750 mm, die noch im regelmäßigen Personenverkehr bedient wird. (Zum Vergleich: Die meisten Straßenbahnen haben eine Spurweite von einem Meter). Es handelt sich um das Netz der ehemaligen südlichen Zufuhrbahn, die zur Zeit ihrer Erbauung ab 1870 das größte zusammenhängende Schmalspurbahnnetz in Osteuropa umfasste – über 400 km lang, reichte es von der Region um Zhytomyr bis in die Gegend von Odessa. Auch die heutige moldawische Teilrepublik Transnistrien war bis vor wenigen Jahren in das Netz miteinbezogen. Neben der Personenbeförderung diente es in erster Linie dem Transport landwirtschaftlicher Güter. Im Laufe der Jahrzehnte wurden große Teile des Netzes auf russische Breitspur umgenagelt. Größere Streckenstilllegungen brachten die 1990er Jahre. Heute sind **noch etwa 130 Streckenkilometer** erhalten, die von Haivoron gen Westen über Bershad nach Rudnytsia und in östlicher Richtung nach Holovanivsk führen. Beide Strecken verlaufen durch leicht hügeliges, aber weithin unspektakuläres Gebiet. Schöne alte Bahnhofsgebäude stehen in Beschad und Rudnytsia. Der Betrieb erfolgt mit altertümlichen Dieselloks der Baureihe Tu 2, die ab 1959 gebaut wurden. Während die Strecke nach Rudnytsia, wo die Hauptstrecke Zhmerynka – Odessa berührt wird, im täglichen Verkehr bedient wird, wird der östliche Abschnitt nur noch dreimal pro Woche befahren. Eine endgültige Stilllegung zumindest des östlichen Abschnittes ist zu befürchten. Eine touristische Vermarktung, wie sie bei der Schmalspurbahn in der Polissia (Gebiet Rivne) begonnen hat, ist bislang nicht erfolgt.

Unterkunft

- In Haivoron gibt es das recht komfortable **Hotel Konkord,** Vul. Kuibisheva 165, DZ 300 UAH.

Verkehrsmittel

Haivoron ist recht gut von Uman aus zu erreichen. Hier fahren im Prinzip ständig **Busse.** Denkbar ist auch ein Zustieg in Berschad, auch dies ist von Uman aus gut zu erreichen. Auch mit **Fernzügen** gibt es einige Verbindungen nach Haivoron.

Die **Schmalspurbahn** von Haivoron verkehrt zu folgenden Zeiten im Regelverkehr: Di, Fr, So ab Haivoron 11.35 Uhr, Ankunft Rudnytsia 15.23 Uhr; in der Gegenrichtung fährt die Bahn ab Rudnytsia um 15.57 Uhr, Ankunft Haivoran 18.55Uhr; eine tägliche Verbindung gibt es ab Haivoron um 17.25 Uhr, Ankunft in Rudnytsia 21.20 Uhr; eine tägliche Verbindung startet in Rudnytsia um 4.10 Uhr, Ankunft in Haivoron 7.43 Uhr. Die Zeiten haben sich seit Jahren nicht geändert, trotzdem sollte man sie vor der Fahrt nochmals überprüfen: http://odz.gov.ua/suburban. Der Verkehr auf der Strecke von Haivoron Richtung Holovanivsk wurde vor einigen Jahren eingestellt.

Bratslav

Брацлав

■ 20 km südlich von Nemyriv am Pivdennyi Buh, wichtige chassidische Stadt in Podolien, mit jüdischem Friedhof
■ Einwohner: 5600

Dass Bratslav bis zum 16. Jh. die Hauptstadt der gleichnamigen Region war – und damit wesentlich bedeutender als die heutige Regionalhauptstadt Vinnytsia –, ist kaum noch vorstellbar. Kleine Häuschen, eine römisch-katholische Kirche und zwei kleinere orthodoxe Kirchen prägen den Ort. Vor allem für die Geschichte des Chassidismus ist Bratslav von größter Bedeutung: Hier wirkte Rabbi *Nachman* vor seiner Übersiedlung nach Uman. Bis heute gibt es eine kleine jüdische Gemeinde und **einen der reizvollsten jüdischen Friedhöfe der Region** mit zahlreichen alten Grabsteinen. Die alte Synagoge liegt im Ortszentrum und war zu Sowjetzeiten Teil einer Brauerei. In erbärmlichem Zustand wurde das Gebäude kürzlich der jüdischen Gemeinde zurückgegeben. Der Friedhof liegt am östlichen Ortsrand, malerisch direkt oberhalb des Pivdennyi Buh, sein Gelände fällt sanft Richtung Fluss ab. Unterhalb des Friedhofs steht eine alte Wassermühle aus Naturstein. Das Tal mit seinen Kopfweiden und Granitfelsen bietet sich für Spaziergänge an. Um zum Friedhof zu gelangen, folgt man, von Tulchyn kommend, an der zentralen Kreuzung nicht der abknickenden Vorfahrtsstraße, sondern biegt rechts in die verkehrsarme Vul. Karla Marksa ein. Nach einigen hundert Metern, immer dem Straßenverlauf folgend, wird ein kleiner Bachlauf überquert. Direkt nach der Brücke führt eine nicht asphaltierte Straße durch einen Hohlweg steil nach oben. Diese Straße endet am oberen Rand des Friedhofs.

Ein **jüdisches Pilgerzentrum** mit Café und Synagoge ist in den letzten Jahren unterhalb des jüdischen Friedhofs nahe dem Flussufer entstanden. Ein weiteres Café ist das Pivdennyi Buh im Zentrum.

Verkehrsmittel

■ Der nächste Bahnhof ist in Vapniarka. Der Ort liegt an der Hauptstraße Vinnytsia – Vapniarka – Yampil und ist gut per Bus erreichbar.

Nemyriv

Немирів

■ 50 km südlich von Vinnytsia am Fluss Ustia, Residenzstädtchen, Sitz der Produktionsstätte von Nemiroff-Vodka
■ Einwohner: 12.000

Nemyriv dürfte allen Freunden hochprozentiger Getränke ein Begriff sein, kommt doch die in ganz Osteuropa verbreitete und geschätzte **Wodkamarke „Nemiroff“** von hier. Das Städtchen liegt auf einem Höhenrücken oberhalb der Ustia, die hier einen See bildet. Um 1500 gegründet, gab es hier schon viel früher eine skythische Siedlung, deren Erdwälle wenige Kilometer östlich der Stadt nahe der Hauptstraße Richtung Uman noch deutlich in der Landschaft zu sehen sind.

Wichtigstes Gebäude in Nemyriv ist – neben der Wodkafabrik – der **Palast von Prinzessin Shcherbatova,** einer Nachfahrin der Potocki-Familie, der ab 1885 errichtet wurde. Der gut erhaltene Palast liegt in einem großen Park und ist Teil eines Sanatoriumskomplexes. Da das Sanatorium öffentlich zugänglich ist, kann man einen Blick ins Innere werfen, wo noch einiges der alten Ausstattung zu sehen ist. Ansonsten wird das heutige Ortsbild geprägt von einer wuchtigen, neu erbauten orthodoxen Kirche und einer katholischen Kirche mit zwei Türmen. Dort, wo die Hauptstraße Richtung Uman den Staudamm des Sees überquert, gibt es ein **interessantes Bauwerk zaristischer Industriearchitektur** zu sehen: das **alte Elektrizitätswerk,** das in Form einer Villa im englischen Stil gegen Ende des 19. Jh. errichtet wurde. Derzeit steht es leer.

Der **Stammsitz der Wodkafabrik,** die übrigens bis auf das Jahr 1872 zurückgeht, liegt am Ufer der Ustia, unweit des alten Elektrizitätswerks. Eine Erweiterung der Produktionsstätte wurde in den letzten Jahren am südöstlichen Stadtrand errichtet.

Vom südlichen Ufer des Stausees hat man einen sehr schönen Blick auf den Ort, auch einige **Badestellen** sind hier zu finden.

Allen Wodka-Freunden ein Begriff: Nemyriv

ukr14-091 pk

Unterkunft

■ Im **Sanatorium** kann man sich auch als Normaltourist einmieten und auch Kuranwendungen bestellen. DZ mit Vollpension ca. 450 UAH, http://sanatoriy-avangard.com/ua_ru.

■ **Hotel Toya** (Troja!), Vul. Gorkoho 1, im Zentrum der Stadt, Tel. 04331-239 90: Man macht ein wenig auf Griechisch, und das nicht unsympathisch. DZ ab 350 UAH, EZ zum halben Preis.

Essen und Trinken, Einkaufen

■ Einige kleinere **Restaurants und Café-Bars** im Zentrum sorgen dafür, dass man nicht hungern braucht.

■ Die **Wodkafabrik** liegt am östlichen Ortsrand und hat einen Firmenladen; www.nemiroff.com.ua.

Verkehrsmittel

■ Direkt an der Hauptstraße Vinnytsia – Uman gelegen, ist die Stadt den ganzen Tag über per **Bus** erreichbar. Alle Busse halten im Zentrum.

Vinnytsia

Вінниця

■ **250 km südwestlich von Kiew am Pivdenniy Buh, Oblast-Hauptstadt, Großstadt mit Bauten aus dem 17. bis 20. Jh.**

■ **Einwohner: 360.000**

Die Hauptstadt des östlichen Podolien liegt im Tal des Pivdennyi Buh. Kriegszerstörungen und einigen sowjetischen Bausünden wie zum Trotz, hat Vinnytsias Stadtzentrum ein durch und durch **angenehmes Flair** und erfreut den Besucher mit grünen Parks, hübschen historischen Straßenzügen und mehreren Klöstern und Kirchen. Freunde des Absonderlichen können hier zudem in einem Mausoleum dem einbalsamierten Leichnam des berühmten **Doktor Pirogov** Tribut zollen – neben *Lenin* und *Mao* angeblich der einzige derart konservierte und zur Schau gestellte Tote weltweit.

Auch als Startpunkt für **Ausflüge** in das hügelige Umland mit seinen zahlreichen Schlössern, Palästen und historischen Kleinstädten ist Vinnytsia ideal.

Geschichte

Am südlichen Rand Polen-Litauens gelegen, wurde Vinnytsia 1363 als **Festung oberhalb des Buh** gegründet. Der Name der Stadt deutet darauf hin, dass hier Wein angebaut wurde. 1598 kam der Sitz der Provinzregierung von Bratslav hierher. Die Stadt gedieh, und im 17./18. Jh. wurden mehrere Kirchen und Klöster errichtet, die bis heute das Stadtbild prägen. Mit der Zugehörigkeit zum Zarenreich wurde Vinnytsia Hauptstadt der Provinz Podolien. Im 19. Jh. erfolgte der Ausbau der Stadt, zahlreiche Prachtbauten entstanden. 1937/38, auf dem Höhepunkt der stalinistischen Säuberungsaktionen, wurden hier Massenerschießungen sog. Volksfeinde verübt. Dabei kamen knapp 10.000 Menschen ums Leben. Im 2. Weltkrieg befand sich in der Nähe der Stadt eines der Hauptquartiere der Wehrmacht, das **Führerhauptquartier „Werwolf“**, in dem sich *Hitler* dreimal längere Zeit aufhielt. Der Komplex aus drei Bunkern und etwa 20 Holzbaracken (inkl. Kino, Sauna und Schwimmbecken) wurde von Zwangsarbeitern errichtet und 1944 von den abziehenden Deutschen gesprengt. Außer einigen im Wald verstreuten Betonbrocken nahe des Dorfes Stryzhavka ist nichts mehr zu sehen. Während der deutschen Besatzung verübte die **SS-Einsatzgruppe D** unglaubliche Massenmorde. Man geht von 28.000 zivilen Opfern aus, darunter die gesamte jüdische Bevölkerung der Stadt – eine in Vinnytsia gemachte Fotografie von 1941, die ein Mitglied der Einsatzgruppe D beim Erschießen eines am offenen Massengrab knieenden Juden zeigt, ist eines der bekanntesten Holocaust-Bilder überhaupt.

Nach dem Krieg wurde Vinnytsia zu einem wichtigen regionalen Industriezentrum ausgebaut.

Sehenswertes

Das Stadtzentrum

Die historische Innenstadt liegt innerhalb einer Schleife auf der westlichen Flussseite. Die Hauptstraße ist die **Vul. Soborna,** an der viele der Hauptsehenswürdigkeiten liegen. Sie beginnt an der zentralen Brücke und zieht sich durch das gesamte Zentrum. 1610 wurde hier das **Jesuitenkloster** errichtet, inzwischen saniert und wieder ein Schmuckstück. Daneben steht das städtische Regionalmuseum. Wenige Meter entfernt befindet sich das einstige **Dominikanerkloster,** das mit seiner imposanten gelben, goldbekuppelten Barockirche – die (ohne goldene Kuppeln) auch gut und gerne irgendwo in Österreich stehen könnte – das Stadtbild dominiert. Das Kloster war einst befestigt und von einer hohen Mauer mit Wehrtürmen umgeben. Die Klosterkirche wurde 1758 erbaut. Südlich der Kirche sind noch Mauerreste der einstigen Befestigungsanlage zu sehen. Schräg gegenüber steht eine **katholische Kirche** aus dem 18. Jh. mit einfacher Fassade und ohne Turm. **Zaristische Prachtbauten** aus dem 19. und frühen 20. Jh. säumen den weiteren Verlauf und bilden ein großstädtisch wirkendes Ensemble. Besonders erwähnenswert ist das **Hotel Savoy,** ein eleganter vierstöckiger Jugendstilbau. Hier befand sich während der Wirren nach dem 1. Weltkrieg für wenige Wochen der Sitz der Ukrainischen Republik. Auch einige bessere Beispiele früher Stalinarchitektur sind in der Straße zu sehen.

Den zentralen Platz bildet der **Maidan Nezalezhnosti.** Heute findet sich hier eine Grünanlage mit Springbrunnen. Offensichtlich nicht restauriert wurde das Gebäude der Stadtverwaltung, ein sowjetischer Betonklotz aus den 1970er Jahren. Am Ende der Soborna beginnt der gepflegte zentrale Park der Stadt.

Rund um den Wasserturm

In Höhe des Maidan Nezalezhnosti zweigt die Vul. Mykoli Ovodova (ehem. Vul. Kozytskoho) nach Norden ab, die vor Jahren als **Fußgängerzone** neu gestaltet wurde. Sie führt auf die Vul. Yevropeyska Ploshcha, die gute Stube der Stadt. In ihrer Mitte steht der **historische Wasserturm,** ein Wahrzeichen Vinnytsias. Der Turm wurde Ende des 19. Jh. aus rötlichem Backstein errichtet und mit einer Kuppel bekrönt. Der sehr grüne Platz ist von **historischen Bauten** gerahmt, in denen viele Cafés und Kneipen zu finden sind. Der Wasserturm selbst beherbergt das Afghanistan-Museum (s. u.). Im Erdgeschoss ist auch die Touristeninformation.

Vinnytsia Вінниця

0 200 m

Übernachtung
- 2 Hotel Profspilkovyi
- 3 Hotel Zhovtnevyi
- 5 Hotel Kardinal
- 9 Hotel Vinnytsia
- 10 Hotel Podillia
- 11 Hotel Savoy
- 14 Vin Hostel
- 15 Hotel France
- 18 Hostel Tsentr
- 20 Hotel Pivdennyi Buh

Essen und Trinken
- 4 Restaurant Tiflis
- 6 Hranatovyi Sad
- 7 Café Artynov
- 8 Café Tet a Tet
- 12 Biblioteka, Vyno

13 Pizza Chelentano
16 Café Arnem
17 Pizza Chelentano
19 Pub Maklaud

Einkaufen/Sonstiges
1 Fahrradverleih Velokhaus
13 Einkaufszentrum

Am Platz beginnt die parallel zur Vul. Soborna verlaufende Vul. Hrushevskoho, ebenfalls zum Teil Fußgängerzone. Hier und in der einen Block nördlich gelegenen Vul. Mahystratska sind einige **sehr bemerkenswerte Villen** aus dem frühen 20. Jh. zu bewundern, darunter eine tolle **Jugendstilvilla** mit der Hausnummer 66.

Nikolaikirche

Die einen halben Kilometer weiter südlich gelegene, hellblaue dreikuppelige Nikolaikirche aus dem Jahr 1746 ist **eines der wichtigsten Bauwerke podolischer Holzarchitektur.** Um dorthin zu gelangen, folgt man der Vul. Mykoli Ovodova (ehem. Vul. Kozytskoho) nach Süden, die hier steil bergab zum Fluss führt. Der gut erhaltene Bau liegt unweit der Brücke in der Vul. Mayakovskoho 6. Besonders reizvoll ist eine hölzerne Galerie an der Außenfassade. Auch der etwas abseits stehende Glockenturm fügt sich harmonisch in das Ensemble ein.

Die Roshen-Promenade

Auf der östlichen Seite des Pivdennyi Buh wurde vor einigen Jahren eine neue **Uferpromenade** angelegt. Deren Name „Roshen-Promenade“ deutet auf ihren Sponsor hin: Es ist kein Geringerer als der derzeitige Präsident der Ukraine, **Petro Poroshenko,** der – eigentlich aus Bessarabien stammend – viele Jahre in Vinnytsia ansässig war und hier, unübersehbar am Flussufer, seine Süßwarenfabrik „Roshen“ (von *Po-Roshen-ko*) betreibt.

Schon seit Jahrzehnten politisch aktiv, unterstützte er zur Zeit der Orangenen Revolution den späteren Präsidenten *Viktor Jushchenko* und galt über Jahre hinweg mit seinem **Fernsehsender „Der 5. Kanal"** als kritisch-liberale Stimme des Landes, was ihn jedoch nicht daran hinderte, unter *Janukovych* für einige Monate als Wirtschaftsminister zu dienen. Anders als die sonstigen Oligarchen im Land gilt er als einigermaßen „sauber" und integer und wird somit eher als moderner Unternehmer und Selfmademann gesehen. Aus diesem Grund wurde *Poroshenko* – erstmals in der Geschichte der unabhängigen Ukraine – bereits **in der ersten Runde der Präsidentschaftswahlen im Mai 2014 mit absoluter Mehrheit gewählt,** wodurch die quälende Übergangsphase mit dem sichtlich überforderten Übergangspräsidenten *Turchynov* beendet wurde. Außenpolitisch machte er eine ganz gute Figur: Er spricht fließend englisch – keine Selbstverständlichkeit für ukrainische Politiker – und konnte auf dem internationalen Parkett bereits viel Unterstützung im Hinblick auf den Konflikt mit Russland erreichen.

Vier Jahre später ist **Ernüchterung** eingetreten: Die Wirtschaftsreformen kommen nur schleppend voran, die Justizreform wird ausgebremst, die Korruptionsbekämpfung findet nur aufgrund des massiven Drucks der Zivilgesellschaft und internationaler Geldgeber statt, und wenig nachvollziehbare Personalentscheidungen, etwa bei der Besetzung des Postens des Generalstaatsanwalts, lassen den Eindruck entstehen, für den Präsidenten seien seine persönlichen Geschäftsinteressen letztlich wichtiger als die europäische Zukunft des Landes. Dass nun mit *Volodymyr Hroisman,* dem ehemaligen Bürgermeister der Stadt Vinnytsia, ein enger Gefolgsmann Premierminister ist, hat zumindest ein gewisses „Geschmäckle".

Doch egal, wie man die politische Betätigung von *Poroshenko* bewertet, „seine" **Uferpromenade ist eine nette Flaniermeile.** Im Sommer wird zudem allabendlich ein kitschig-bombastisches Spektakel in Form einer **Sound & Lightshow** mit bunten Wasserfontänen und lauter Musik geboten, was inzwischen zu den Attraktionen der Stadt zählt.

Pirogov-Park

Der Park liegt in den südlichen Außenbezirken nahe dem Fluss. Er wurde Ende des 19. Jh. von dem aus St. Petersburg stammenden Militärarzt und medizinischen Forscher **Nikolai Pirogov** (1810–81) angelegt, der hier seinen Alterswohnsitz hatte. *Pirogov* war wegweisend in der Forschung zur Anästhesie und somit der schmerzfreien Operation. Häufig testete er seine Betäubungsmittel an sich selbst. Seine Techniken der Anästhesie mittels Äther (und der Fußamputation) dienten schnell auch militärischen Zwecken und wurden von ihm selbst umfangreich während des Krimkrieges – in dem er als Militärarzt tätig war – bei der Behandlung der Kriegsverletzten eingesetzt. Zur Sowjetzeit hatte er Heldenstatus. *Pirogov* entwickelte auch Techniken für das Einbalsamieren von Leichnamen. Seine **eigene Einbalsamierung** – zwar nicht mehr von ihm selbst, aber nach seiner Technik durchgeführt – verlief überaus erfolgreich. So ist sein recht frisch wirkender Leichnam in einer Mausoleumskirche aus rotem Backstein im Park zu sehen (er gilt als besser konserviert als die Leichen von *Lenin* und *Mao*, obgleich er schon etwas länger ruht als Letztgenannte). **Pirogovs herrliche Villa** beherbergt auch ein sehr interessantes Museum, das u. a. viele seiner anatomischen Zeichnungen zeigt (Vul. Pirogova 155, täglich geöffnet außer Mo, www.pirogov.com.ua).

Museen

Regionalgeschichtliches Museum

■ Vul. Soborna 19, täglich geöffnet außer Mo

Im Regionalgeschichtlichen Museum beim ehemaligen Dominikanerkloster reicht die Palette sehenswerter Exponate von Skythengold bis zu sowjetischen Propagandapostern.

Afghanistan-Museum

■ Geöffnet täglich außer Mo

Das Museum liegt **in den Mauern des Wasserturms** und war zur Sowjetzeit ein Museum des 2. Weltkrieges. Aus dieser Zeit stammen die Wandgemälde im Treppenhaus im Stil des sozialistischen Realismus. Die Ausstellung selbst ist eher unspektakulär, erinnert aber an die Tatsache, dass ein großer Teil der Kämpfer von *Breschnews* Afghanistanabenteuer aus der Ukraine stammte.

☑ Pl. Kozytskoho, Vinnytsias „gute Stube"

ukr14-092 pk

Praktische Tipps

Informationen

■ Die **Touristeninformation** ist im Gebäude des Wasserturms untergebracht, ihre Website www.tour.vn.ua ist hoch professionell und informativ.

Unterkunft

20 **Hotel Pivdennyi Buh,** Pl. Heroiv Chornobylia 1, Tel. 0432-67 11 44: Low-Budget-Kasten aus der Sowjetzeit direkt am Fluss. Das besondere Erlebnis abfallender Wandfließen, abblätternder Farbe und offenliegender Elektroinstallationen ist im (günstigen) Preis inbegriffen. Im Obergeschoss befindet sich eine Disco mit landestypischer Popsa-Musik. DZ ab 300 UAH.

2 **Hotel Profspilkovyi,** Khmelnytske Shose 2a, auf halbem Weg zum Busbahnhof, http://hotel-proff.narod.ru: DZ ab 200 UAH. Deutlich angenehmer als das Hotel Pivdennyi Buh, aber recht weit vom Zentrum entfernt.

10 **Hotel Podillia,** Vul. Pushkina 4, www.vintur.com.ua: Renoviertes Hotel im Zentrum, aber dennoch ruhig. DZ ab 350 UAH.

9 **Hotel Vinnytsia** und 11 **Hotel Savoy,** www.hotel-savoy.vn.ua: Diese beiden Hotels liegen einander leicht versetzt gegenüber an der Vul. Soborna 69 und der Kozytskoho 36. Beide gehören organisatorisch zusammen. Ersteres ist ein renovierter Stalinbau, Letzteres ein wunderschöner renovierter Jugendstilbau. DZ ab 480 UAH.

3 **Hotel Zhovtnevyi,** am westlichen Rand des Zentrums an der Vul. Pirogova 2, Tel. 0432-35 93 36: DZ ab 450 UAH.

15 **Hotel France,** Vul. Soborna 34: Edles Hotel in einem gediegenen Altbau mit DZ ab 1000 UAH. Buchbar über die gängigen Buchungsportale.

5 **Hotel Kardinal,** Vul. Mahistratska 76 (ehem. Vul. Pershotravneva): Ruhig gelegenes Minihotel im Villenviertel nördlich des Zentrums, DZ ab 400 UAH, buchbar über die bekannten Buchungsportale.

ukr14-093 pk

■ **Bahnhofszimmer:** Der Bahnhof wurde unlängst renoviert, daher sind auch die Bahnhofszimmer in gutem Zustand. Leider ist die Entfernung zum Stadtzentrum recht groß.

■ Außerdem gibt es einige Hostels in der Stadt, z. B.: 18 **Hostel Tsentr,** Vul. Soborna 11, Bett im Schlafsaal ab 150 UAH; 14 **Vin Hostel,** Vul. Soborna 46a, in unmittelbarer Nähe des Wasserturms, Bett im Schlafsaal ab 150 UAH, gemütliche Aufenthaltsräume und schöne Hostelatmosphäre.

Essen und Trinken

■ Viele Restaurants finden sich entlang der Vul. Hrushevskoho, z. B. das hervorragende 6 **Hranatovyi Sad** (= Granatapfelgarten) unmittelbar am Wasserturm in der Vul. Hrushevskoho 30. Der Name ist Programm, denn neben ukrainischer Küche werden auch orientalische Gerichte angeboten, z. B. hervorragendes Humus. Schön ist vor allem der Außenbereich, das Innere wirkt etwas kitschig

19 **Pub Maklaud,** nahe dem Fluss in der Vul. Kniaziv Koriatovychiv (ehem. Vul. Sverdlova) 3a: Dieses rustikal eingerichtete Pub ist eine der besseren Adressen in der Stadt.

■ Filialen der **Pizzakette Chelentano** gibt es zwei im Zentrum: 17 Vul. Soborna 43 und 13 Vul. Mykoli Ovodova (ehem. Vul. Kozytskoho) 51.

■ In einer Seitengasse der Vul. Mykoli Ovodova (ehem. Kozytskoho) befinden sich die zwei netten **Cafés** 12 **Biblioteka** und 12 **Vyno.**

8 **Café Tet a Tet,** Vul. Soborna 58: Sehr nettes Café und Konditorei im Zentrum.

16 **Café Arnem,** in einem ebenerdigen pavillonartigen Gebäude am Platz der Unabhängigkeit: Einfach, aber nett.

4 **Restaurant Tiflis,** Vul. Teatralna 20, http://tiflis.vn.ua: Gute georgische Küche.

7 **Café Artynov,** Vul. Arkhitektor Artynova 12a: Treffpunkt der kreativen Hipsterszene der Stadt, eine Mischung aus Café und Coworking Space.

Sonstiges

13 **Einkaufen:** Ein großes, modernes **Einkaufszentrum** liegt direkt an der Vul. Kozytskoho.

1 **Fahrradverleih: Velokhaus,** Vul. Pirogova 135, http://vinbike.com.ua, liegt weit außerhalb.

■ **Flussrundfahrt:** Ab der zentralen Brücke fahren im Sommer Ausflugsboote, die rund 35 Min. den teilweise felsigen Flussabschnitt hinuntertuckern.

Verkehrsmittel

Bahn

Vinnytsia liegt an den Hauptstrecken Kiew – Odessa, Kiew – Lemberg und Kiew – Chisinau und ist per Bahn gut erreichbar. Der Bahnhof liegt etwa 2 km östlich des Stadtzentrums und ist mit dem städtischen Nahverkehr gut zu erreichen.

Bus

Auch die Busanbindung von Vinnytsia ist gut. Es gibt **drei Busbahnhöfe:** Der westliche Busbahnhof liegt an der Khmelytske Shose 107 am Nordwestrand der Stadt. Von hier fahren die Busse in Richtung Lemberg, Kiew und die Transitbusse ab. Der Zentrale Busbahnhof liegt im Zentrum nahe dem Hotel Pivdennyi Buh auf der östlichen Flussseite. Von hier sind die meisten Ziele im Gebiet Vinnytsia südlich der Stadt erreichbar, darunter Pechera, Tulchyn oder Mohyliv. Der kleinste Busbahnhof, der Busbahnhof Nr. 3, liegt am Ostrand der Stadt in der Vul. Vatutina 18. Von hier geht es in den Osten, z. B. nach Dashiv.

⟨ Im historischen Vinnytsia

Berdychiv

Бердичів

- **45 km südlich von Zhytomyr, die wohl wichtigste Stadt des Ostjudentums**
- **Einwohner: 78.000**

Berdychiv wurde einst als „wolhynisches Jerusalem" bezeichnet – 90 % der Bevölkerung waren im 19. Jh. jüdischen Glaubens. Damals standen den jeweils vier orthodoxen und katholischen Kirchen 74 jüdische Gebetshäuser gegenüber. **Bedeutende historische Persönlichkeiten** sind mit Berdychiv verbunden: Hier heiratete 1850 der französische Schriftsteller *Honoré de Balzac* die polnische Gräfin *Ewelina Hanska* aus Verkhivnia. Die Hochzeit fand wenige Monate vor *Honoré de Balzacs* frühem Tod im Alter von nur 51 Jahren statt, am Ende eines an Liebschaften und Affären nicht gerade armen Lebens. Auch der polnischstämmige, später nach Großbritannien ausgewanderte Schriftsteller *Joseph Conrad* (1857–1924), der mit seinem „Herz der Finsternis" ein Meisterwerk der Weltliteratur schuf, wurde in Berdychiv geboren. Weitere berühmte Persönlichkeiten waren hier mehrfach über mehrere Monate zu Gast, so etwa *Frederic Chopin* und der jüdische Schriftsteller *Sholem Alejchem*. Trotz zahlreicher Neubauten hat die Stadt ein gewisses Flair bewahrt. Für die Besichtigung sollte man sich mindestens einen halben Tag Zeit nehmen.

Geschichte

Im 18. Jh. wurde die verkehrsgünstig gelegene Stadt zu einem bedeutenden Handelszentrum. Bis zu zehn Mal pro Jahr fanden hier wichtige **Messen und Märkte** statt, die bis zu sechs Wochen dauerten und in einem Atemzug mit der Leipziger Messe genannt wurden. Die jüdische Bevölkerung, die einen Großteil der Kaufleute stellte, hatte an diesem Handel regen Anteil. Als Wirkungsstätte des Rabbi *Levi Yitzak Ben Meir* war die Stadt auch für den **Chassidismus** von Bedeutung. Im Zuge des Eisenbahnbaus

ukr14-094 pk

▷ Der jüdische Friedhof von Berdychiv

gegen Ende des 19. Jh. wurde Berdychiv zu einem **Industriezentrum** ausgebaut. Große architektonische Verluste brachte die Stalinzeit: Anfang der 1930er Jahre wurde die mächtige Uspenskyi-Kathedrale aus dem Jahr 1837 abgerissen. 1941 richteten die Nazibesatzer in der Altstadt von Berdychiv, nahe dem Karmeliterkloster, ein **jüdisches Ghetto** ein. 38.000 Menschen wurden binnen weniger Wochen erschossen. Nach einigen Kriegszerstörungen, vor allem rund um das Karmeliterkloster, wurde die Stadt teils historisch, teils mit vierstöckigen Chruschovkas wieder aufgebaut.

Sehenswertes

Karmeliterkloster

Das prächtige, oberhalb des Hnylopiat gelegene Karmeliterkloster ist das **bedeutendste historische Bauwerk der Stadt.** Es ist umgeben von den jüngst restaurierten Wallanlagen einer Befestigungsanlage aus dem 17./18. Jh. In einem schönen Innenhof gelegen, wird das weiße Kirchengebäude überragt von zwei barocken Türmen mit markanten Turmhelmen und einer nicht minder eindrucksvollen Kuppel. Die Hauptfas-

Berdychiv Бердичів

sade ziert eine monumentale Freitreppe. Das Innere der Kirche wurde jahrelang aufwendig restauriert und ist seit Kurzem wieder zugänglich, nachdem lange Zeit lediglich die wenig spektakuläre Unterkirche im Kellergewölbe besichtigt werden konnte. Von der anderen Flussseite bietet sich ein herrlicher Blick auf das sich im Wasser spiegelnde Gebäude.

Das **Historische Museum** im Innenhof des Klosters ist täglich geöffnet. Aufgrund zahlreicher historischer Exponate – auch über das jüdische Berdychiv – lohnt ein Besuch.

Das historische Zentrum

Der schnellste Weg vom Karmeliterkloster in die Innenstadt geht über die **Ploshcha Soborna,** heute eine gesichtslose breite Straße, die vom Kloster nach Osten führt. Der Kathedralenplatz bzw. sein Name erinnert an die Uspenskyi-Kathedrale, die bis in die 1930er das Stadtbild maßgeblich prägte. Der ungefähre Standort dürfte dort gewesen sein, wo die Vul. Zhytomyrska auf den Kathedralenplatz einmündet. Vom einstigen Gassengewirr östlich des Karmeliterklosters ist heute ebenfalls nichts mehr zu sehen. Lediglich am östlichen Ende des Kathedralenplatzes ist ein historisches Gebäudeensemble erhalten. Auch eines der Wahrzeichen des alten Berdychiv, der alte Wasserturm, der sich an der Kreuzung von Soborna-Platz und Vul. Vinnytska befunden haben muss, ist verschwunden. Nur etwa 100 Meter östlich von besagter Kreuzung, an der Ecke von Vul. Vinnytska und Vul. Shevchenka, steht die alte **Choralsynagoge** aus dem späten 19. Jh., wie üblich in der

Sowjetzeit zweckentfremdet. Die heutige Synagoge liegt wenige Meter entfernt in einem unscheinbaren Gebäude von 1891. Eine neu errichtete Synagoge befindet sich in der Vul. Chornovolia.

Die **Hauptstraße** der Stadt ist die **Vul. Yevropeyska** (ehem. Vul. Karla Liebknechta). Sie ist geprägt von einem architektonischen Mix aus alten jüdischen Handelshäusern, historischen Verwaltungsbauten und Bauten der Sowjetzeit. Zu sehen ist hier das einstige **städtische Theater** aus dem Jahr 1906. Auch zwei Sakralbauten entlang der Straße sind erwähnenswert: Nahe der Kreuzung von Vul. Yevropeyska und Vul. Shevchenka blieb die orthodoxe **Nikolaikirche** von 1910 erhalten. Die katholische **St. Barbarakirche** liegt etwa 500 Meter weiter östlich, ein einfacher, turmloser Barockbau aus der Mitte des 18. Jh. Auch die Innenausstattung der Kirche ist unspektakulär. Lediglich als Hochzeitskirche von *Honoré de Balzac* ist/war sie von Bedeutung.

Jüdischer Friedhof

Der riesige jüdische Friedhof liegt am Nordrand der Stadt an der Vul. Zhytomyrska und ist von der Innenstadt aus in etwa 30 Minuten zu Fuß erreichbar. Hier befindet sich nicht nur das **Grab des Rabbi Levi Yitzak Ben Meir,** der Friedhof ist auch einer der interessantesten jüdischen Friedhöfe der Region mit seinen eigentümlich stiefelförmigen chassidischen Grabmälern. Der Friedhof ist offen zugänglich. Sein Zustand ist leider, gelinde gesagt, völlig verwahrlost – viele Grabsteine sind überwachsen oder umgestürzt. Er liegt in einer unwirtlichen Gegend aus Industrieanlagen und Plattenbauten.

Entlang des Hnylopiat

Folgt man der Vul. Bystrytska, in der noch das Gebäude eine historischen Synagoge (Nr. 20, rechter Hand) gut zu erkennen ist, auf der südlichen Flussseite nach Osten und hält sich bei der ersten Möglichkeit links, erreicht man über Kopfsteinpflastergassen einen **Fußgängersteg** über den aufgestauten Hnylopiat, der nicht nur einen schönen Blick auf die Stadt und die Karmeliterkirche bietet, sondern auch eine gute Verbindung in die Innenstadt herstellt. Vom Fluss folgt man einfach den Gassen aufwärts zur Vul. Vinnytska.

Praktische Tipps

Informationen

■ Die Website **www.foto.berdychiv.in.ua** enthält zahlreiche historische Fotos der Stadt. Eine gute Website ist auch **www.berdichev.org** zur jüdischen Stadtgeschichte.

Unterkunft

7 **Pan Hotel,** Pl. Pryvokzalna 1: Gegenüber dem Bahnhof im obersten Stock eines neuen Einkaufszentrums gelegen. Einfach, aber sauber und gepflegt. DZ ab 350 UA.

4 **Hotel Dejá Vu,** Vul. Vinnytska 3b, http://hotel-dejavu.com: Neues Gebäude im historisierenden Stil im Stadtzentrum gegenüber der einstigen Synagoge. DZ ab 600 UAH.

Essen und Trinken, Einkaufen

5 **Café Tsentr,** Vul. Yevropeyska 11: Kellerrestaurant mit zahlreichen historischen Fotos der Stadt. Sehr billig.

3 **Café Olimp,** Vul. Yevropeyska 5: In einem Neubau aus roten Ziegeln mit kleinem Innenhof.

1 **Café Fylyzhanka,** Pl. Soborna 22: Ganz nette Konditorei in der Nähe des Karmeliterklosters.

6 **Café Panorama,** direkt am Hnylopiat: Café-Restaurant mit Biergarten.

2 Der **Markt** liegt zwischen der Vul. Zhytomryska und der Vul. Chornovolia und umfasst einen ganzen Block.

Verkehrsmittel

■ Berdychiv liegt an der **Bahnstrecke Koziatyn – Zdolbuniv** mit guten Verbindungen. Der Bahnhof befindet sich am östlichen Rand des Zentrums am Ende der Vul. Yevropeyska. Der Busbahnhof liegt unmittelbar gegenüber. Per **Bus** ist Berdychiv den ganzen Tag über von Zhytomyr zu erreichen.

In der Umgebung

Die Umgebung von Berdychiv besteht aus flachwelligem, intensiv landwirtschaftlich genutztem Hügelland. Vor allem der **Zuckerrübenanbau** spielt bis heute eine wichtige Rolle. Die hiesigen Dörfer unterscheiden sich maßgeblich von den meisten anderen der Region, da die Häuser der Gegend aus rotem Backstein mit Walmdächern gebaut sind, sodass man sich stellenweise an die Mark Brandenburg erinnert fühlt. An historischen Baudenkmälern blieben einige interessante Gutshäuser und Landsitze aus der Mitte des 19. Jh. erhalten, die vom durch Zuckerproduktion erwirtschafteten Reichtum der einstigen Besitzer künden. Erwähnenswert sind das **Gutshaus von Andrushivka,** in dem sich heute eine Schule befindet, sowie das **Gutshaus von Chervone.**

In Verkhivnia, etwa 50 km östlich von Berdychiv, liegt der **Palast von Ewelina Hanska,** in der diese für einige Zeit zusammen mit *Honoré de Balzac* lebte. Der klassizistische Palast wurde gegen Ende des 18. Jh. errichtet und ist von einem großen Park umgeben. Er kann besichtigt werden und birgt prächtige Säle und ein Museum, das die Romanze zwischen dem berühmten Autor und der Gräfin zum Thema hat (täglich außer Sa/So geöffnet, http://balzac-museum.com).

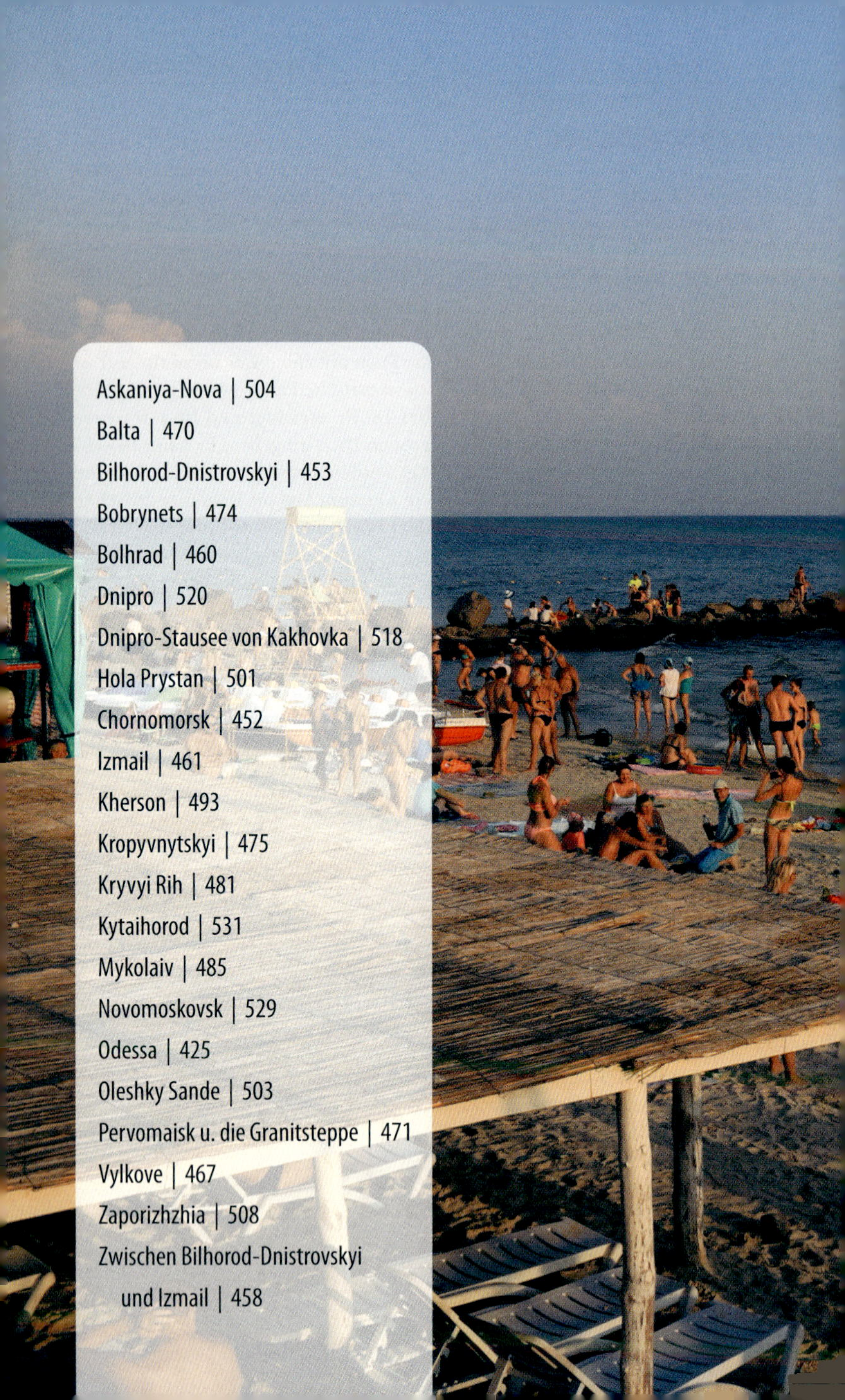

uk19-064 pk

Badespaß am Schwarzen Meer

7 Die Südukraine

Odessa ist natürlich das touristische Highlight im Süden, aber auch andere Städte sind zu entdecken: Kherson, Mykolaiv, Dnipro. In der sowjetischen Musterstadt Zaporizhzhia, auf der Dnipro-Insel Khortytsia, lag die legendäre Kosakenfestung Sich. Die Vogelparadiese des Dnipro- und Donaudeltas und das riesige Steppengebiet Askaniya-Novas sind Naturwunder, die in Europa ihresgleichen suchen. Nicht zuletzt hinterließen auch zahlreiche deutsche Siedler ihre Spuren in der Region.

SCHWARZMEERHÄFEN, STEPPE UND PRÄHISTORISCHE ZEUGNISSE

Die Südukraine ist das einstige „wilde Feld". Hier, im endlosen Steppenland, das sich von der Schwarzmeerküste bis etwa 200 km südlich von Kiew erstreckte, tummelten sich einst verschiedende Nomadenvölker – die ewigen Widersacher des alten Kiewer Reiches. Später wurde die Steppe zum Geburtsort der freien Kosaken, jener glatzköpfigen und schnurrbärtigen Kerle, die für die ukrainische Identität so eminent wichtig sind. Im 18. Jh. entriss das zaristische Russland das kaum besiedelte Niemandsland dem Zugriff der Osmanen und begann mit der planmäßigen Besiedlung und Erschließung. Aus der Steppe wurde Ackerland, an der Küste entstanden blühende Hafenstädte – allen voran die „Perle des Schwarzen Meeres", Odessa.

ukr19-068 pk

NICHT VERPASSEN!

Diese Tipps sind gelb hinterlegt.

Odessa

Одеса, russ: Одесса

- **445 km südlich von Kiew am Schwarzen Meer, wichtigste ukrainische Neugründung Katharinas der Großen, „Perle des Schwarzen Meeres"**
- **Einwohner: 1,01 Mio**

Keine andere ukrainische Stadt besitzt einen ähnlich **magischen Klang** wie Odessa. Die berühmte Treppe, *Isaak Babels* Gangsterfiguren aus der Moldovanka und die vielen Chansons – es sollen mehr Liebeslieder für Odessa geschrieben worden sein als für Moskau – sind auch im Bewusstsein vieler Westeuropäer fest verankert. Ende des 18. Jh. aus dem Nichts gestampft, entwickelte sich die Stadt zwischen Steppe und Meer in atemberaubendem Tempo zur „Stadt der unbegrenzten Möglichkeiten", zum Magneten für Migranten und Glücksritter aus aller Herren Länder. Im Zarenreich war Odessa die große Ausnahme: Hier wehte ein Geist der Freiheit, bestimmten Weltoffenheit und Lebenslust das Miteinander. Die „typisch odessitische" Atmosphäre überdauerte selbst die Sowjetzeit. Wohl auch deshalb sind nirgends sonst im Land die Menschen so sehr eins mit ihrer Stadt wie hier. Zu **Lokalpatriotismus** gibt es reichlich Anlass: Da sind diese besondere Leichtigkeit und eine prächtige, mediterran geprägte Stadtkulisse, die in den letzten Jahren nach und nach, oft liebevoll, restauriert wird. Da sind die mächtigen Akazien und Plata-

Odessa bei Nacht (Vorontsov-Palast)

Südukraine

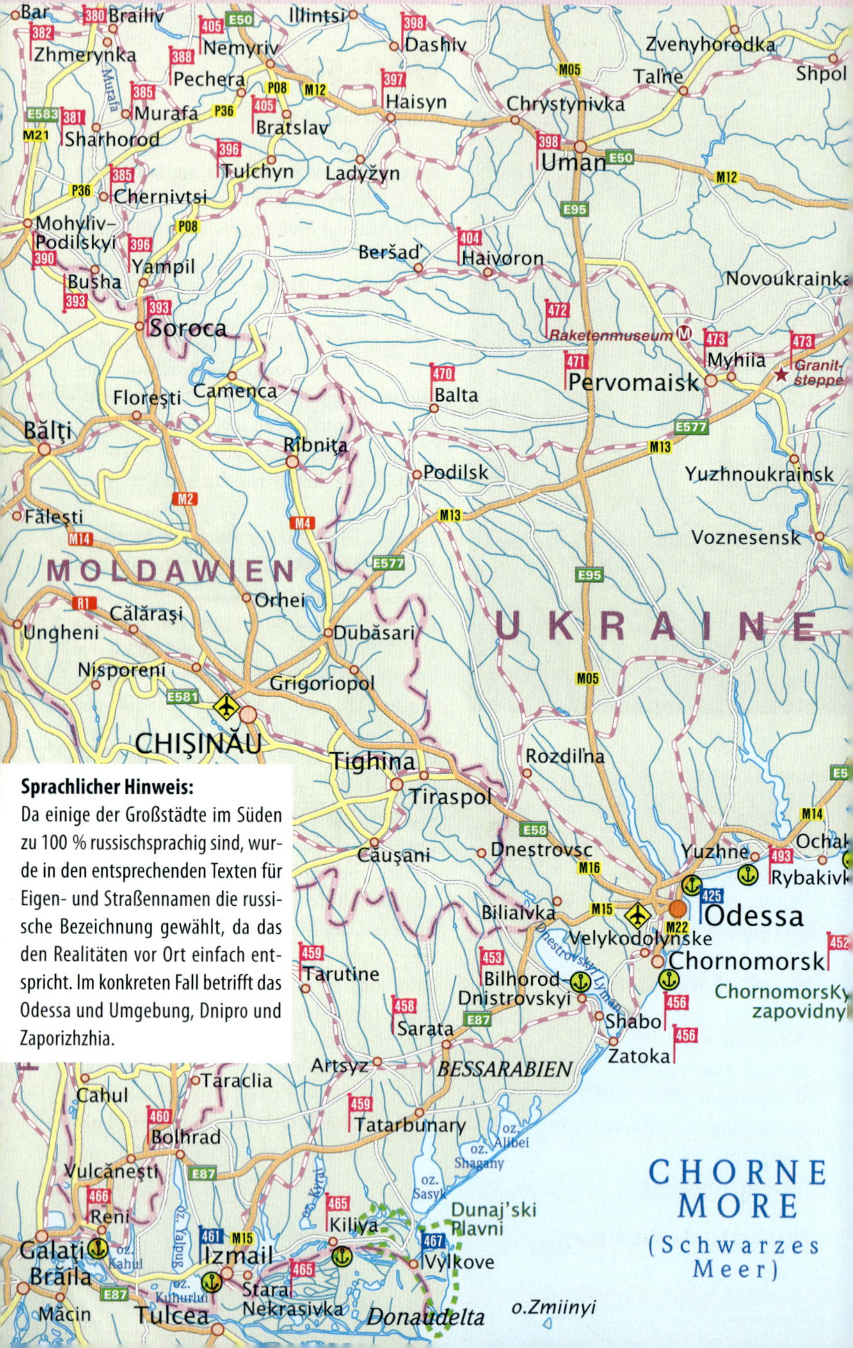

Sprachlicher Hinweis:
Da einige der Großstädte im Süden zu 100 % russischsprachig sind, wurde in den entsprechenden Texten für Eigen- und Straßennamen die russische Bezeichnung gewählt, da das den Realitäten vor Ort einfach entspricht. Im konkreten Fall betrifft das Odessa und Umgebung, Dnipro und Zaporizhzhia.

0
50 km
© Reise Know-How
UkraineK7 1/19
Kamianka
Subotiv
Chyhyryn
Kremenchuk
Horishni Plavni
Kytaihorod
Oleksandrivka
Novomyrhorod
Oleksandriia
Dnipro
Verkhn'odniprovsk
Novomoskovsk
Mala Vyska
Kropynytskyi
Kamianske
Dnipro
Zhovti Vody
Vilnohirsk
Dolynska
Bobrynets
Kryvyi Rih
Zaporizhzhia
Khortytsia
Novyi Buh
Inhulets'
Apostolove
Pokrov
Marhanets'
Shyroke
Zelenodol'sk
Nikopol
Dnipro-Stausee von Kakhovka
Zapovinyk Yelanetskyi Step
Enerhodar
Vasylivka
Nova Odesa
Bashtanka
Mykolaiv
Snihurivka
Vesele
Melitopol
Beryslav
Nova Kakhovka
Yakymivka
Olvia
Buzkyi lyman
Kherson
Antonivka
Syvash-See
Adziogol-Leuchtturm
Dnipro
Hola Prystan
Nationalpark Askaniya-Nova
Rybalche
Volozhyn Llsfilial Chornomorskoho zapovidnyka
Novotroitske
Yahorlytska zatoka
Kalanchak
Henichesk
Utliutskyi lyman
Obloi
Tendrivska zatoka
Skadovsk
Armiansk
Azovo-Syvaskyi nacionalnyj park
Zaliznyi Port
Tendrivska kosa
Dzharylhats'ka zatoka
o.Dzharylhach
Krasnoperekopsk
Syvash-See
Lebediachi ostrovy-filial Kymskoho zapovidnyka
Karkinitska zatoka
Rozdol'ne
Dzhankoi
oz.Bakal'ske
Krim (seit 2014 russisch besetzt und nicht bereisbar)
K R I M
Chornomorske
Krasnohvardiiske
Syvash-See
Myrnyi
Sovietskyi
Yevpatoriia
oz.Oiburske
Zaozerne
oz.Sasyk
Saky
Hvardiiske

nen, in deren Schatten es sich so gut flanieren lässt. Und da sind natürlich die Strände und das Meer – und jede Menge günstiger Vergnügungen.

Wie alle ukrainischen Städte erlitt auch Odessa **im 20. Jh. schreckliche Verluste.** Die Hafenstadt, lange Sammelbecken der Nationalitäten, ist nach dem Massenmord und dem bis heute anhaltenden Exodus ihrer jüdischen Bevölkerung des bedeutendsten Elements ihrer einst einmaligen kulturellen Vielfalt beraubt. Auch von der einst einflussreichen deutschen Gemeinde finden sich nur noch Spuren. Zwar zeichnet sich eine zarte Renaissance im Leben beider Gemeinden ab – doch so, wie es mal war, wird es nie wieder sein. Nicht zuletzt hat Odessa, die Stadt des ungezügelten Hedonismus, auch eine sehr **düstere Seite.** Spielhöllen sind allgegenwärtig, Prostitution und Sextourismus florieren. Odessa ist die Stadt mit der höchsten HIV-Infektionsrate in Europa (siehe Exkurs „HIV in der Ukraine") – ein gewaltiges, bislang fast völlig verdrängtes gesellschaftspolitisches Problem.

Geschichte

Odessa ist eine **junge Stadt,** erbaut vor gut 200 Jahren im Niemandsland der Schwarzmeersteppe auf Geheiß *Katharinas der Großen.* Der Stadtgründung vorausgegangen waren fünf Jahre Krieg mit dem Osmanischen Reich (1787–92) um die Vorherrschaft im Schwarzmeerraum. Die Russen triumphierten. Die Osmanen verloren erst die Krim, dann die Gegend zwischen der Dnister- und Bugmündung ans Zarenreich. Die neu gewonnenen Gebiete wurden als **„Neurussland"** (Novorossiya) ins Russische Reich eingegliedert. Um die Herrschaft über das kaum bewohnte Gebiet zu festigen, mussten die Küste und das angrenzende Steppenland strategisch besiedelt und erschlossen werden. Größte Bedeutung hatten der Aufbau neuer Hafenstädte und einer schlagkräftigen Schwarzmeerflotte.

Odessa wurde **1794** als jüngste von drei neuen Hafenstädten **gegründet** – nach Kherson (1778) und Mykolaiv (1789) – und überstrahlte schnell die beiden anderen Neugründungen. In Windeseile entwickelte sich Odessas Hafen zum wichtigsten Getreideexporthafen des Zarenreiches; Odessa bekam den Spitznamen **„Stadt des Weizens".** Die Stadtbevölkerung wuchs rasant: 1820 waren es 40.000 Einwohner, 1856 über 100.000 und Odessa bereits viertgrößte Stadt im Reich. Das rasante Wachstum kam nicht von ungefähr. *Katharina* und ihr Nachfolger *Alexander I.* taten alles, um **Neusiedler** in die Stadt zu locken. In Odessa gab es keine Leibeigenschaft (im übrigen Reich wurde sie erst 1861 aufgehoben), Juden unterlagen keiner Aufenthaltsbeschränkung. Steuervergünstigungen lockten ausländische Geschäftsleute. Das **zollfreie Handels- und Hafenrecht,** das Odessa 1817 erhielt, befeuerte den Boom weiter. Die neuen Einwohner zeichneten sich durch Pioniergeist und freie Umgangsformen aus. Neben Russen waren es vor allem Juden, Griechen, Bulgaren und Armenier, aber auch Franzosen, Italiener und Deutsche zog es in die Stadt. Ukrainer blieben stets eine kleine Minderheit. Die **ethnische Mi-**

☒ Eine architektonische Perle – das Opernhaus

schung war freilich auch Grundlage vieler Spannungen – auch in Odessa gab es einen starken Antisemitismus, der sich, vor allem gegen Ende des 19. Jh., in gewalttätigen Pogromen äußerte.

Trotz seines bürgerlichen Flairs war Odessa immer auch eine **Arbeiterstadt.** 1875 wurde hier der Südrussische Arbeiterbund gegründet, die erste sozialistische Arbeiterorganisation im Zarenreich. Während der **Revolution 1905** fanden auch in Odessa Streiks und Protestkundgebungen statt, die von der zaristischen Armee blutig niedergeschlagen wurden. Im Juni 1905 kulminierten die Ereignisse, als das Kriegsschiff „Potyomkin von Taurien" in Odessas Hafen einlief. Die meuternde Besatzung hatte die Kontrolle über das Schiff übernommen und einige Offiziere getötet. Streikende Arbeiter strömten in den Hafen, um sich mit den Meuternden zu solidarisieren. Es kam zu Ausschreitungen, Warenhäuser wurden geplündert und in Brand gesteckt. Das Militär riegelte den Hafen ab und eröffnete das Feuer, vermutlich wurden mehr als 1000 Menschen getötet. Die „Potyomkin" verließ daraufhin Odessa und begann eine Irrfahrt, die mit der Aufgabe der Meuternden in der rumänischen Hafenstadt Constanta endete. Die politische Unruhe entlud sich im Oktober 1905 erneut – in einem großen **Pogrom,** der seinen Ursprung in Zusammenstößen zwischen sozialistischen Juden und monarchistisch gesinnten Russen hatte. Unter dem Einfluss rechtsradikaler Organisationen wie den „Schwarzen Hundert" eskalierten die Straßenscharmützel zu einem mehrtägigen Pogrom, dem mindestens 400 Juden zum Opfer fielen.

Im 2. Weltkrieg war Odessa Hauptstadt des rumänischen Besatzungsgebietes Transnistrien. *Hitler* hatte seinem Verbündeten *Antonescu* das Gebiet zwi-

ukr19-029 pk

Die Tragödie von Odessa

Wie kaum eine Zeit vorher war der April 2014 in der Ukraine von Spannungen und Aggression geprägt. Nach der siegreichen Revolution auf dem Kiewer Maidan hatte Präsident *Yanukovych* das Land verlassen und *Putin* in einer Nacht-und-Nebelaktion die Krim annektiert; auch in Teilen des Donbas tauchte russisches Militär auf. Das Land stand unter kollektivem Schock, zumal russische Stimmen die **Schaffung von „Neurussland"** *(Novorossiya),* eines Gebietes vom Donbas bis Transnistrien, propagierten. Für Odessa als rein russischsprachige Stadt war in diesen Plänen eine Schlüsselrolle vorgesehen.

Alle wichtigen Posten in Verwaltung, Polizei etc. befanden sich im Frühjahr 2014 in den Händen der Yanukovych-Leute. Korruption und Mafiaaktivitäten blühten. Weite Teile der Bevölkerung hatten den Maidan abgelehnt. So dachte man im Kreml, auch in Odessa einfaches Spiel zu haben, hatte jedoch nicht mit dem Widerstand der örtlichen Zivilgesellschaft, überwiegend das Bildungsbürgertum, Kleinunternehmer und Repräsentanten der Hochkultur, gerechnet. So kam es immer wieder sowohl zu prorussischen wie auch proukrainischen **Demonstrationen.** Auf dem unwirtlichen Platz vor dem riesigen Gewerkschaftsgebäude aus sowjetischer Zeit, nahe des Bahnhofes, entstand ein prorussisches Zeltlager. Dieses sollte zu den Maifeierlichkeiten geräumt werden, was die Polizei allerdings ablehnte, eine klare Befehlsverweigerung.

Am **2. Mai** kam es schließlich zu den lange erwarteten **gewaltsamen Zusammenstößen.** In Odessa fand an diesem Tag ein Fußball-Erstligaspiel zwischen Metalist Kharkiv und Chornomorets Odessa statt. Die Ultras beider Vereine, erklärtermaßen proukrainisch, zogen nach dem Spiel mit lautstarken Schmähungen des russischen Präsidenten („Putin Huilo – lalalalalala" = „Putin Pimmel", sinngemäß etwa „Putin Arschloch") durch die Stadt. Unter dem Schutz der Polizei eröffneten prorussische Demonstranten unerwartet das Feuer und schossen scharf auf die Ultras. Sechs Tote waren zu beklagen. Daraufhin zog sich die völlig überforderte Polizei zurück und überließ die Straße dem Mob. Die **Straßenschlachten** verlagerten sich auf den Platz vor dem Gewerkschaftsgebäude, wo die wenigen noch vorhandenen leeren Zelte der Putin-Anhänger von proukrainischen Kräften abgefackelt wurden, während sich die prorussischen Kräfte in das Gewerkschaftsgebäude zurückzogen und Molotovcocktails nach draußen schleuderten, was die proukrainischen Kräfte entsprechend erwiderten.

Wie nun die eigentliche Katastrophe passieren konnte, ist bis heute nicht mit letzter Gewissheit geklärt, sicher ist aber, dass in den frühen Abendstunden **im Treppenhaus des Gewerkschaftsgebäudes** ein **Feuer** ausbrach, das sich aufgrund der offenen Fenster in Sekundenschnelle in die oberen Stockwerke ausbreitete. Vermutlich durch die Hitzeentwicklung, wohl aber auch wegen giftiger Gase aufgrund brennender Gegenstände im Haus starben 48 Menschen. In und um das Haus spielten sich dramatische Szenen ab, einige Menschen versuchten sich durch einen Sprung aus den Fenstern ins Freie zu retten. Obwohl die städtische Feuerwehrwache nur wenige hundert Meter entfernt liegt, dauerte es fast eine Stunde, bis die Einsatzkräfte anrückten.

Alsbald schossen wildeste **Spekulationen** ins Kraut. Während die russische Seite bis heute nicht müde wird, das Ganze als gezielten Mordangriff ukrainischer „Faschisten" darzustellen, gab es auf ukrainischer Seite die Verschwörungstheorie, wonach die Toten innerhalb des Hauses vorsätzlich mit Giftgas ermordet wurden, um so Opfer zu erzeugen, die einen russischen Einmarsch rechtfertigen sollten. Beide Erklärungen sind absurd.

Fest steht, dass auch Jahre nach dieser Tragödie noch keine brauchbaren staatlichen Untersuchungsergebnisse vorliegen, durchaus ein Beispiel für Staatsversagen. Licht ins Dunkel brachte die Gruppe „Zweiter Mai" um den angesehenen örtlichen Journalisten *Sergey Dibrov,* der es schaffte, auch prorussische Kräfte mit an den Tisch zu holen. Alle verfügbaren Handyvideos wurden ausgewertet, Brand- und Forensikexperten herangezogen und das Ergebnis in dem höchst sehenswerten **Dokumentarfilm „Ohne Mythen"** präsentiert (auch in deutscher Synchronisation verfügbar, unter Eingabe von „Odessa 2. Mai ohne Mythen" auf Youtube), der im Gegensatz zu dem höchst tendenziösen deutschsprachigen Film „Lauffeuer" ein Musterbeispiel an Objektivität ist. Sämtliche Verschwörungstheorien konnten so widerlegt werden. Vielmehr ist von einem tragischen Unglück auszugehen, zu dem es in seinem ganzen Ausmaß nur infolge des Komplettversagens der örtlichen Behörden und der Feuerwehr kommen konnte.

schen Dnister und südlichem Bug als Kompensation für rumänische Gebietsverluste an das ebenfalls mit Nazi-Deutschland verbündete Ungarn „geschenkt". Den Angriff auf Odessa führten hauptsächlich rumänische Einheiten, wenn auch mit deutscher Unterstützung. Odessa wurde im Oktober 1941 eingenommen und blieb bis zur Befreiung durch die Rote Armee im April 1944 unter rumänischer Verwaltung, besetzt von rumänischen und deutschen Einheiten. Odessa wurde auch Schauplatz des größten Massakers an der jüdischen Bevölkerung in dieser Region. Als „Vergeltung" für eine von den Sowjets im rumänischen Hauptquartier gezündete Bombe wurden vom 22. bis 24. Oktober 1941 mindestens 25.000 jüdische Einwohner Odessas ermordet. Auch wenn es keine genauen Angaben gibt, überlebten wahrscheinlich über 100.000 odessitische Juden den 2. Weltkrieg nicht.

Nach dem 2. Weltkrieg wuchs die Stadt gewaltig, die Million-Einwohnermarke wurde in den 1970er Jahren erreicht. Hafen und Industrie wurden ausgebaut, und auch als Ferienort spielte Odessa eine wichtige Rolle.

Nachdem die Zeit nach der ukrainischen Unabhängigkeit für Odessa unspektakulär verlief, kam es in den turbulenten Tagen des Frühjahrs 2014 zu einer Tragödie nie gekannten Ausmaßes: Am Abend des **2. Mai 2014** waren nach **gewaltsamen Zusammenstößen** zwischen prorussischen und proukrainischen Demonstranten 48 Tote zu beklagen. Ein Szenario wie in Donetsk und Luhansk wurde allgemein befürchtet, was aber nicht zuletzt aufgrund des Engagements der örtlichen Zivilgesellschaft und Kulturschaffenden ausblieb (s. Exkurs).

Odessa Одесса

Übernachtung

1 TsaTsa Hostel
3 Hotel Tsentralnyi
12 Esther House
13 Hotel Londonskaya
14 Mozart Hotel
15 Hotel Frapolli
20 Velik Hostel
25 Hotel Zirka
28 Black Sea Hotel Odessa
32 Hotel Tokio Star

Essen und Trinken

4 Shyko
6 Pivnoy Sad
7 Kompot
10 Puzata Khata
11 Chornosliv
17 Zara Pizzara
21 Gorodskoi Rynok Yedy
26 Khevron
27 Alpina Varenychna
29 Rozmarin

Nachtleben

9 Pub Corvin
16 Shkaf
18 Druzya y Pivo
23 Club Vykhod (Exit)
24 Captain Morgan Club

Einkaufen/Sonstiges

2 Novyi Bazar
5 Einkaufspassage
8 Schallplatten- und CD-Laden
31 Privoz-Markt
33 7-kilometer

Wenig verändert hat sich an der endemischen **Korruption** vor allem rund um den Hafen und den Zoll, durch die dem Staat pro Jahr Millionenbeträge an Steuern durch die Lappen gehen. Eine ungute Schlüsselrolle spielt dabei Bürgermeister *Trukhanov*, dem beste Verbindungen zur örtlichen Mafia nachgesagt werden, und der wenig Interesse verspürt, an den herrschenden Zuständen etwas zu ändern. Insgesamt aber hat sich die Lage ein wenig beruhigt, und Odessa ist nach dem Wegfall der Krim zum Touristenzentrum an der ukrainischen Schwarzmeerküste geworden.

Orientierung

Odessa entstand am Reißbrett. Das streng **geometrische Layout** der Stadt mit geraden Straßen und Bebauungsquadraten ist bis heute erhalten. Die Orientierung im Stadtzentrum fällt so sehr leicht. Da sich nahezu alle Sehenswürdigkeiten innerhalb eines recht kleinen Radius' befinden, der etwa vom Bahnhof bis zum Seehafen reicht, mit der Deribasovskaya-Straße und dem Primorskyi-Boulevard als Gravitationszentren, kann der Besucher die Stadt **bequem zu Fuß erkunden.** Auf öffentliche Verkehrsmittel ist man allenfalls angewiesen, wenn man längere Ausflüge etwa an den Strand von Arkadia, in die Katakomben oder in das ehemals jüdische Viertel der Moldovanka unternehmen möchte.

☒ Die prächtige Einkaufspassage

Sehenswertes

Deribasovskaya-Straße

Odessas berühmteste Straße ist eine quirlige, energiegeladene Einkaufs-, Restaurant- und Kneipenmeile und Tag wie Nacht Dreh- und Angelpunkt aller Vergnüglichkeiten. Ihren Höhepunkt erlebt die Deribasovskaya alljährlich am 1. April, dem Tag der Narren und frechen Streiche, der in Odessa gefeiert wird wie weltweit in keiner anderen Stadt. Hier beginnt dann Odessas berühmte **Humorina-Prozession,** Auftakt zum mehrtägigen „Festival des Humors". Die Tradition der Prozession reicht in die Sowjetzeit zurück und hat einen durchaus ernsten Hintergrund: Erstmals zogen die kostümierten Narren am 1. April 1973 die Deribasovskaya entlang. Sie protestierten gegen die Absetzung einer beliebten TV-Show im sowjetischen Fernsehen. In dieser Live-Sendung traten studentische Teams in einen satirisch-humoristischen Wettstreit miteinander – wenig fürchteten die Sowjetzensoren mehr als den beißenden, politisch unkorrekten Spott der Studententeams, der ungefiltert in alle Wohnzimmer des Sowjetreiches ausgestrahlt wurde.

Benannt ist die Straße übrigens nach **José de Ribas** (1749–1800) – der spanisch-irischstämmige Admiral kämpfte im Dienste der zaristischen Armee und war einer der größten Helden der russisch-osmanischen Kriege. Unvergänglichen Ruhm erlangte er 1790 als Mastermind bei der Erstürmung der Stadt Izmail. Nach Kriegsende wurde *de Ribas* Verwalter in Neurussland und in dieser Funktion einer der wichtigsten Stadtväter Odessas: 1793 entwarf er den Plan für den Hafen und überwachte auch dessen Bau. 1796 zum Admiral befördert, verstarb er 1800 – möglicherweise vergiftet wegen seiner Verwicklung in ein Komplott zur Beseitigung von Zar *Paul I.*

Am westlichen Ende der Deribasovskaya lädt der **Stadtgarten** zum Verweilen ein. Die hübsche Anlage aus dem Jahr 1803 – sie war die erste Parkanlage der Stadt – hat sich dank liebevoller Renovierung wieder zu einem beliebten Treffpunkt der Odessiten (und Touristen) entwickelt. Hier kann man auf den Bänken am Springbrunnen entspannen, die flanierenden Menschen beobachten oder die etwas versteckt gelegenen, wirklich guten Restaurants erkunden.

5 Einkaufspassage, Deribasovskaya 33
Direkt gegenüber dem Stadtgarten liegt Odessas prächtige Einkaufspassage, eines der bekanntesten Gebäude der Stadt. Das **extravagante, glasüberdachte Bauwerk** wurde 1888/89 errichtet und beherbergt kleine Boutiquen und Cafés sowie in den Stockwerken darüber bis vor wenigen Jahren das glamouröseste Hotel ganz Odessas. Die Fassaden sind derart opulent mit Skulpturen ausgeschmückt, dass es einem fast den Atem verschlägt. Errichtet wurde die Passage vom Wiener Architektenteam Fellner und Helmer, das auch für Odessas Opernhaus verantwortlich zeichnet.

Primorskyi-Boulevard

Der Gegenpol zur hektisch-geschäftigen Deribasovskaya ist der von **mächtigen Akazien und Platanen** beschattete Primorskyi Bulvar. Er erstreckt sich, 30 Meter über dem zu seinen Füßen liegenden Schwarzen Meer, vom Vorontsov-Palast

ukr14-097 bj

bis zur alten Börse. Ziemlich in seiner Mitte führen Odessas berühmte Treppen hinab zum Meer. Der Boulevard ist der **ideale Ort zum Flanieren.** Besonders schön ist ein Besuch am frühen Morgen, wenn noch keine Menschenmengen unterwegs sind und die Sonne über dem Hafen aufgeht.

Die Potyomkinsche Treppe

Kein anderes Bauwerk der Stadt ist so präsent im kollektiven Bewusstsein wie die 142 Meter, 192 Stufen und zehn Absätze zählende Treppenflucht, die **vom Primorskyi Bulvar hinab zum Hafen** führt. Ursprünglich waren es 200 Stufen, die fast bis zum Meer reichten, doch acht Stufen wurden beim Bau des Passagierhafens Ende der 1960er Jahre zerstört. Die Treppe wurde 1837–41 errichtet. Ihr Architekt, der Italiener *Franz Boffo* (1797–1867), bediente sich bei der Konstruktion eines perspektivischen Tricks: Da die unteren Treppenstufen nahezu doppelt so breit sind wie die oberen, sehen von oben gesehen alle Stufen gleich breit aus. Dies lässt die Treppe kürzer wirken als sie eigentlich ist. Umgekehrt sieht die Treppe von unten aus betrachtet durch die nach oben hin erfolgende Verjüngung wesentlich länger aus.

Die weltweite Bekanntheit der Treppe ist untrennbar mit einem der größten Werke der Filmgeschichte verbunden, *Sergei Eisensteins* **„Panzerkreuzer Potemkin“** von 1925. Der Stummfilm thematisiert die Meuterei auf dem Kriegsschiff „Potyomkin“ im Juni 1905. *Eisenstein* machte die Treppe zum Schauplatz für eine der berühmtesten Szenen der Filmgeschichte: Im Film metzelt die zaristische Armee die friedlich auf der

☑ Die Treppe

ukr14-098 bj

Treppe versammelten Bürger Odessas nieder. Besonders die Sequenz mit dem schutzlos die Treppe herabrollenden Kinderwagen brennt sich ins Gedächtnis der Betrachter. *Eisensteins* Technik der schnellen Schnitte und Perspektivenwechsel, in der Treppenszene zur Meisterschaft gebracht, hat das Kino revolutioniert. Die Meuterei auf der „Potyomkin" fand tatsächlich statt (s. o.). Es ist aber umstritten, ob das Massaker *auf der Treppe* passierte – wohl aber metzelten zaristische Einheiten Aufständische in der Umgebung des Hafens nieder.

Ihren heutigen Namen erhielt die Treppe 1955, anlässlich des 50. Jahrestages der Meuterei auf der „Potyomkin". Zuvor nannte man sie schlicht Boulevardtreppe oder Große Treppe. Ein **Tipp für Fotografen:** Die eindrucksvollsten Ansichten lassen sich von der anderen Straßenseite der Ul. Primorskaya am Fuße der Treppe fotografieren. Leider wurde 2001 im Passagierhafen das riesige Hotel Odessa errichtet, sodass die Sicht vom oberen Ende der Treppe aufs Meer arg verstellt ist. Und noch ein Hinweis für Faule: Direkt neben der Treppe fährt seit 2005, nach über 100 Jahren Pause, wieder eine **Standseilbahn** (Funikular, 8–23 Uhr), welche die Strecke in gut einer Minute bewältigt.

Die Statue des Richelieu

Die Treppe wird überblickt von der Statue des **Duc de Richelieu** (1766–1822), gewandet in eine römische Toga, mit Lorbeerkranz im Haar. Vermutlich ist sie die meistfotografierte Statue der Ukraine. *Richelieu,* dem berühmten französischen Adelsgeschlecht entstammend, war direkt nach der Französischen Revolution aus Frankreich geflohen und als Freiwilliger in die Dienste der zaristischen Armee eingetreten. Er focht im Russisch-Osmanischen Krieg und erhielt von *Katharina der Großen* höchste militärische Auszeichnungen. Als guter Freund von *Katharinas* Nachfolger, *Alexander I.,* wurde er 1803 zum **ersten Gouverneur von Odessa** ernannt, ab 1805 zudem zum Statthalter von Neurussland. 1814 kehrte er nach Frankreich zurück, wo er noch eine gewisse Rolle während der post-napoleonischen Restauration spielte – er war zweimal für kurze Zeit Premierminister –, bevor er 1822 an einem Schlaganfall verstarb. Das Beispiel *Richelieu* zeigt, wie verflochten die Herrschaftssysteme im absolutistischen Europa des späten 18. Jh. waren. Die Statue wurde 1828 auf Initiative der Bürger Odessas errichtet. Sie ist Ausdruck der Dankbarkeit gegenüber dem Gouverneur, der viel für die Entwicklung und Erbauung ihrer Stadt leistete.

Der Vorontsov-Palast

Am Ende des Primorskyi Bulvar liegt der Palast des Grafen *Vorontsov,* der von 1823 an **Generalgouverneur Neurusslands und Bessarabiens** war. Trotz der verächtlichen Meinung, die *Puschkin* von seinem Vorgesetzten hatte (siehe Exkurs „Puschkin in Odessa"), gilt *Vorontsov* als äußerst kompetenter Gouverneur und als einer der wichtigsten Väter des modernen Odessa. Als relativ liberaler und aufgeklärter Geist orientierte er sich bei der städtebaulichen Entwicklung Odessas stark an westeuropäischen, besonders britischen und französischen Vorbildern. Unter seiner Ägide entstanden ein Theater, ein Gymnasium, eine öffentliche Bibliothek – deren Bestand sich hauptsächlich aus seinem Privatbesitz rekrutierte – sowie eine Reihe wissenschaftlicher Gesellschaften. Errichtet wurde der Palast 1827–30 von *Franz Boffo,* derzeit ist er wegen Restaurierung nicht für die Öffentlichkeit zugänglich. Auf dem Palastgelände findet sich, direkt am Abhang zum Meer, auch eines der beliebtesten Fotomotive Odessas: das **Belvedere,** ein halbkreisförmiger Säulengang, der an antike griechische Kolonnaden erinnert und von dem man einen tollen Meerblick hat. Die Palastanla-

Puschkin in Odessa

Puschkin weilte ein gutes Jahr in Odessa, **von Juli 1823 bis August 1824.** Hier begann er mit seiner Arbeit am „Eugen Onegin". *Puschkin* genoss seinen Aufenthalt in der Stadt, in der man – wie er schrieb – „ganz Europa atmen könne". Während seines Aufenthaltes arbeitete er in der Kanzlei des Grafen *Mikhail Vorontsov* (1782–1856), eines der einflussreichsten Männer des Zarenreiches. Das Verhältnis der beiden war nicht zum Besten. *Puschkin* hasste den Staatsdienst. Er sah in *Vorontsov* einen schrecklichen Spießer und verfasste Spottverse über seinen Vorgesetzten. Seine amtlichen Aufgaben scheint er nur sporadisch ausgeübt zu haben: „Ein Memorandum zu schreiben, ist mir völlig fremd (...) Ich bin ein Dichter (...) Nur weil ich 700 Rubel jährlich erhalte, bedeutet dies nicht, dass ich verpflichtet bin, zu dienen." Lieber ging *Puschkin* am Strand spazieren, amüsierte sich in Cafés und der Oper oder lernte Italienisch. *Vorontsov* versuchte seinen extravaganten Angestellten zu disziplinieren und an seine bürokratischen Pflichten zu erinnern. Einmal schickte er *Puschkin* in die von einer Heuschreckenplage verwüstete Region Kherson mit dem Auftrag, ein Memorandum über das Ausmaß der Schäden zu erstellen. Bis heute wird kolportiert, dass der Tätigkeitsbericht, den *Puschkin* nach der Rückkehr aus Kherson bei *Vorontsov* ablieferte, aus wenigen gereimten Zeilen bestand: „Die Heuschrecken flogen, sie flogen und setzten sich nieder. Sie saßen und saßen, sie fraßen und flogen dann wieder." Überdies kam es zu einem Techtelmechtel zwischen *Puschkin* und *Vorontsovs* Frau, der Gräfin *Vorontsova.* Die Liebelei zwischen der Gräfin und dem Dichter war Stadtgespräch – legendenumrankt bis zum heutigen Tag. *Vorontsov* schien der pikanten Liaison dagegen recht tolerant gegenübergestanden zu haben. Angeblich war er selbst in außereheliche Abenteuer verstrickt. Angesichts der dienstlichen Verfehlungen seines Untergebenen platzte ihm aber schließlich der Kragen: Der Konflikt zwischen den beiden – und *Puschkins* Aufenthalt in Odessa – endete damit, dass *Vorontsov Puschkin* in Petersburg als „Radikalen" denunzierte. Wegen Atheismus-Vorwürfen und dienstlicher Unzuverlässigkeit wurde *Puschkin* vom Staatsdienst suspendiert und in die Verbannung auf sein väterliches Gut in Mykhailovskoe bei Pskov geschickt.

Die Odessiten lieben *Puschkin* und betrachten ihn im Grunde als Bürger ihrer Stadt. An seinem Geburtstag versammeln sich traditionell Dichter und Künstler jeglicher Couleur an seinem Denkmal, um Gedichte – *Puschkins* und eigene – vorzutragen und dem großen Poeten Ehre zu erweisen. Den Stiftern des Denkmals (1889) saß bei der Wahl des Standortes gewiss auch der odessitische Schalk im Nacken: Es liegt in einer Sichtachse mit dem Vorontsov-Palast am entgegengesetzten Ende des Primorskyi Bulvar.

ge gefiel *Vorontsov* übrigens so gut, dass er an *Boffo* auch den Auftrag für den Bau einer großen Treppe vergab …

Die alte Börse und das Puschkin-Denkmal

Am anderen Ende des Primorskyi Bulvar, in einer Sichtachse mit dem Vorontsov-Palast, steht das neoklassizistische Gebäude der Alten Börse, das heute als **Rathaus** genutzt wird. Die Börse, ebenfalls von *Boffo* errichtet, stand bereits 1834 – Beleg dafür, wie sehr das frühe Odessa eine Stadt des unternehmerischen Bürgertums war, die den Geist des frühen Kapitalismus atmete. Unmittelbar davor steht ein Denkmal für einen der berühmtesten Besucher der Stadt: *Alexander Puschkin.*

Denkmal für die Stadtgründer, Yekaterininskaya-Platz

Das mächtige Denkmal zeigt eine überlebensgroße **Katharina II.** und, zu ihren Füßen im Kreise aufgereiht, die **Herren de Ribas, de Volan, Zubov und Potyomkin.** Mit Ausnahme *Zubovs* – der in erster Linie als verwöhnter junger Liebhaber *Katharinas* bekannt ist – spielten alle eine zentrale Rolle in Odessas Gründungsgeschichte. Das ursprüngliche Denkmal wurde 1920 von den Sowjets demontiert. *Katharinas* Kopf wurde zerstört, die Statuen der vier Herren landeten im Museum für Stadtgeschichte. 1965 wurde an gleicher Stelle, zum 50. Jahrestag der Meuterei, ein Denkmal für die Matrosen des Panzerkreuzers „Potyomkin" errichtet. Es wurde 2007 umgesetzt, das Gründerdenkmal neu errichtet. Die im Museum erhaltenen Statuen der vier Herren wurden dabei ins rekonstruierte Denkmal integriert. Die offizielle Einweihung des Denkmals war von scharfen Protesten ukrainischer Nationalisten begleitet, die extra nach Odessa gereist kamen. Die Zarin ist für sie eine Hassfigur ersten Ranges, da sie mit der Zerstörung der Sich das freie Kosakentum endgültig zerschlug und mithin als „Henkerin des ukrainischen Volkes" gesehen wird.

Opernhaus

■ Chaikovskogo 1, http://opera.odessa.ua, Karten sind erhältlich von 11–15 und 15.30–19.30 Uhr, alle Veranstaltungen beginnen um 18.30 Uhr, Tickets kosten 25–100 UAH

Es sagt einiges über die urbanen Visionen der Stadtväter, dass Odessa bereits zehn Jahre nach der Stadtgründung seine erste Oper hatte, einen gewaltigen klassizistischen Bau. Als das Gebäude 1873 wegen eines Defekts in der Beleuchtungsanlage niederbrannte, wurde umgehend für den Bau einer neuen Oper gesammelt. Mit dem Neubau wurden zwei renommierte **Wiener Architekten, Ferdinand Fellner** (1847–1916) **und Hermann Helmer** (1849–1919) beauftragt, deren Architekturbüro Ende des 19. Jh. zu den absoluten Spezialisten für Theaterbau zählte. Quasi am Fließband verrichtete das Architekten-Duo seine Aufträge: Insgesamt stammen von den beiden nicht weniger als 48 Theatergebäude in ganz Mittel-Ost-Europa, u. a. das Wiener Volkstheater, das Deutsche Schauspielhaus in Hamburg oder die Komische Oper in Berlin.

In Odessa schufen sie ihr **Meisterwerk.** Kein zweites ihrer Bauwerke ist von einer solchen Pracht und Eleganz. Die mit zahlreichen Skulpturen geschmückte Fassade ist unverkennbar vom Barock inspiriert. Der größte Schatz des Gebäudes ist sein reich vergoldetes Auditorium, im französischen Rokokostil gehalten. Weniger glamourös, aber wegweisend und topmodern für die damalige Zeit waren die Sicherheitsstandards und die technische Ausstattung. Da die Gasbeleuchtung in Theatern und Opern vielerorts zu verheerenden Brandkatastrophen geführt hatte, wurde die neue Oper **komplett elektrifiziert,** als erstes Gebäude der Stadt. Ein ausgefeiltes System von Notausgängen sollte im Brandfall die schnelle und geordnete Flucht ermöglichen. Damit das illustre Publikum im Sommer nicht zu sehr ins Schwitzen geriet, befand sich unter dem Auditorium eine Kühlanlage, in der tonnenweise Eis deponiert wurde. Die Kaltluft wurde durch Luftschächte noch oben geleitet. Dass das großartige Bauwerk erhalten blieb und heute in neuem (alten) Glanz erstrahlt, ist einer einmaligen Rettungsaktion zu verdanken: Als es infolge seiner Hanglage abzurutschen drohte, wurde das Fundament des Gebäudes von 1996 bis 2007 mit Stahlbetonpfeilern gesichert und restauriert.

Philharmonie

■ Ul. Bunina 15, www.odessaphilharmonic.org, Tickets kosten zwischen 50 und 200 UAH

Interessanterweise ist das imposante Gebäude zunächst als Sitz der Neuen Börse errichtet worden. Mit den Bauarbeiten wurde 1894 anlässlich des 100. Geburtstages der Stadt begonnen. Als Vorbild diente der venezianische Dogenpalast, daher die Vermengung neogotischer und orientalischer Elemente. Seit 1924 wird das Gebäude als Philharmonie genutzt. Das Orchester hat einen ausgezeichneten Ruf und bereist die ganze Welt. Entscheidenden Anteil an der bemerkenswerten Qualität des Ensembles hat sein international hoch geschätzter US-amerikanischer **Dirigent Hobart Earle,** ein Schüler *Leonard Bernsteins,* der die Leitung des Orchesters 1991 übernahm.

Gogolya-Straße

Die Straße gilt als die schönste Odessas. Die Hausfassaden sind ein mondäner Mix historistischer Architektur – mal klassizistisch, mal neogotisch oder neobarock. Das **Haus mit den Atlanten** (Nr. 7) ist eines der meistfotografierten Gebäude Odessas: Zwei Atlanten tragen einen mit Sternen gesprenkelten Globus, auf dem wiederum das Gewicht des ganzen Gebäudes zu lasten scheint. 1900/01 errichtet, gehörte es einst der deutschstämmigen Adelsfamilie *Falz-Fein* (siehe Askaniya-Nova). In den Häusern Nr. 11 und Nr. 15 wohnte *Nikolai Gogol* während seiner Besuche in Odessa.

Schwiegermutterbrücke (Tyoshchyn Most)

Die „Schwiegermutterbrücke" hinter dem Vorontsov-Palast ist eine der längsten Brücken Odessas. Sie wurde 1969 errichtet, angeblich auf Geheiß eines hohen kommunistischen Funktionärs, der durch die Brücke eine schnellere Verbindung von seinem Büro zum Haus seiner Schwiegermutter herstellen wollte, wo er stets zu Mittag speiste. Wie auch immer: Von der Brücke hat man **einen der besten Ausblicke auf den Hafen.**

Sakralbauten

Verklärungskathedrale (Preobrazhensky Sobor)

■ Sobornaya Ploshcha, www.sobor.odessa.ua

Dass es sich bei **Odessas größter Kathedrale** um eine 2003 fertiggestellte **Rekonstruktion** handelt, merkt man am ehesten im Inneren, das recht karg und leer wirkt. Das Original, geweiht 1809 und in den folgenden Jahrzehnten um Glockenturm und Refektorium erweitert, war einst der größte und wichtigste Sakralbau Neurusslands und architektonisches Vorbild für viele Kirchen der Region. Bis zu 9000 Gläubige fanden hier Platz. Natürlich entging ein derart bedeutender Bau nicht der Zerstörungswut der Bolschewisten. Die wertvollen Kunstschätze sind seitdem verschollen. Vor der **Sprengung 1936** wurden auch die Gräber der hier bestatteten Eheleute *Vorontsov* geplündert und ihre Skelette auf einem Friedhof abgelegt; Bürger Odessas bestatteten sie dort. 2005 wurden die sterblichen Überreste der beiden feierlich wieder in die Verklärungskathedrale überführt.

Lutherische Kirche St. Paul

■ Ul. Novoselskogo 68

Ende des 19. Jh. zählte die **deutsch-lutherische Gemeinde** Odessas 7000 Mitglieder, knapp 2 % der Stadtbevölkerung. Bis in die Stalinzeit spielte die Gemeinde eine wichtige Rolle im Leben der Stadt. Der imposante neoklassizistische Bau der lutherischen Kirche (errichtet 1896/97) ist dafür eindrucksvoller Beleg. Der Kirchturm war der höchste Punkt der Stadt und diente lange Zeit als Orientierungspunkt für Schiffe, die Odessas Hafen ansteuerten. Der berühmteste Schüler der deutsch-lutherischen Realschule St. Paul war übrigens ein gewisser *Leo Trotzki,* der 1888, als Neunjähriger, an der Schule aufgenommen wurde. In seiner Autobiografie „Mein Leben" (1929) erinnert er sich auf sehr vergnügliche Weise an seine Lehrer und die Schulzeit. Das Aus für die deutsche Gemeinde kam mit dem Ausbruch des 2. Weltkriegs. Viele Gemeindemitglieder wurden der Kollaboration mit den Deutschen beschuldigt und ermordet. Unter den Opfern befand sich auch *Teofil Richter,* Kantor, Organist und Chorleiter der Gemeinde und Vater des weltbekannten Pianisten *Svyatoslav Richter.* Er wurde 1941 erschossen. Danach gab es offiziell weder ein deutsches noch ein evangelisches Leben in der Stadt. Nach einem Brand 1976 war die Kirche eine Ruine. 2005–10 wurde sie u. a. mit Geldern der bayerischen Landeskirche vollständig restauriert. Sie fungiert wieder als Kirche und ist **Teil des Deutschen Zentrums St. Paul.** Aufgrund des selbstherrlich und höchst eigenwillig agierenden Bischofs der Deutschen Evangelisch-Lutherischen Kirche der Ukraine (DELKU) stellte die bayerische Landeskirche zwischenzeitlich die Zusammenarbeit mit ihrer ukrainischen Tochterkirche ein. Korruption und mafiöse Zustände herrschten selbst in der deutschen Auslandskirche. Erst im Oktober 2018 gelang es, den Bischof zu entlassen und einen neuen zu ernennen.

Weitere interessante Kirchen

In Odessa gibt es zahlreiche weitere sehenswerte Kirchen, hier seien nur zwei besonders herausragende Bauwerke genannt. Einer der schönsten und auffälligsten orthodoxen Sakralbauten Odessas liegt gleich gegenüber dem Bahnhof: die gelbe **St.-Panteleimon-Kathedrale** mit ihren fünf Kuppeln, deren erhabene Fassade sich in die Straßenfront einfügt. Sie wurde anlässlich des 100sten Geburtstages der Stadt Odessa errichtet. Eine weitere bedeutende Kirche ist die minzgrüne klassizistische **Troitskyi-Kirche** in der Yekatarinskaya 55. Sie ist die älteste Kirche der Stadt, mit dem Bau wurde 1795 begonnen; einst war sie die Kirche der griechischen Gemeinde.

Odessas Juden

Ein alter Witz über Odessa besagt, dass die Stadt eigentlich drei Meere habe: ein Meer an Juden, ein Meer an Dieben und das Schwarze Meer. In der Ukraine gilt Odessa bis heute als „jüdische Stadt", und – Vorurteil hin oder her – mit den odessitischen Juden verbindet man quasi automatisch jene ganz bestimmten Eigenschaften, die als die Eigenschaften der Odessiten schlechthin gelten: **Schlagfertigkeit, Humor, Geschäftssinn** und eine gewisse Respektlosigkeit gegenüber der Obrigkeit verbunden mit einem Hang zu halblegalen Unternehmungen.

Für das russische Judentum war Odessa einst die wichtigste Stadt: Nirgends sonst im Reich genossen Juden vergleichbare Rechte. Absolut herausragende Bedeutung hatten jüdische Kaufleute im **Weizenhandel** – Anfang des 20. Jh. kontrollierten jüdische Unternehmen nahezu den gesamten Weizenexport. Verglichen mit anderen osteuropäischen Gemeinden zeichneten sich Odessas Juden durch ihre besonders „westliche" bzw. **weltliche Prägung** aus. Eine große Bedeutung spielten sozialistische Organisationen. Odessa gilt auch als eine **Geburtsstadt der zionistischen Idee,** die untrennbar mit *Leo Pinsker* (1821–91) und *Vladimir Jabotinsky* (1880–1940) verknüpft ist. Namen wie *Hayim Bialik* (1873–1943), *Mendele Sforim* (1835–1917) und natürlich *Isaak Babel* stehen stellvertretend für das einmalige jüdische literarische Erbe der Stadt.

Bevor der 2. Weltkrieg die UdSSR erreichte, lebten etwa 180.000 Juden in Odessa, in den 1950ern waren es noch 80.000. Heute, nach dem großen Exodus der 1970er und 1990er Jahre, sind es nur noch etwa 30.000 Juden – gerade mal 3 % der Stadtbevölkerung. Die bei Weitem größte jüdische Gemeinde der Ukraine ist heute in Kiew zu finden, gefolgt von Dnipropetrovsk. Wer sich für die jüdische Geschichte Odessas interessiert, dem sei ein Besuch im **Jüdischen Museum** empfohlen (Neshynskaya/Nishynska 66, Mo bis Do sowie So 10–16 Uhr). 2002 eröffnet, zeigt es Fotos, alte Zeitungen, Haushaltsgegenstände usw. Das Museum wird von der gemeinnützigen jüdischen Organisation Midgal (http://english. migdal.ru) betrieben.

Jüdisches Odessa

Haupt-Synagoge

■ Evreyskaya 25, täglich 9–17 Uhr, Sa geschlossen

Mit den Arbeiten an Odessas Hauptsynagoge wurde Mitte des 19. Jh. begonnen. Sie ist heute – neben der chassidischen Synagoge in der Osipova 21 – die einzige der einst 78 Synagogen Odessas, in der auch wieder Gottesdienste abgehalten werden. In den 1920er Jahren wurde das Gebäude von den Sowjets konfisziert und geschlossen. 1996 kam es zurück an die Jüdische Gemeinde. Nach umfassender Restaurierung ist die Synagoge heute wieder **Mittelpunkt des Gemeindelebens** und übernimmt neben religiösen auch pädagogische Aufgaben. So betreibt die Synagoge ein jüdisches Waisenhaus und beherbergt eine staatlich anerkannte Jüdische Universität. Ein koscheres Restaurant befindet sich im Kellergeschoss.

Brodsky-Synagoge

Das eindrucksvolle neogotische Gebäude befindet sich in der Shukovskogo 18. 1863 als erste Reformsynagoge des Zarenreichs errichtet, hatte sie eine herausragende Bedeutung für die progressive Gemeinde der Stadt. Es gab einen gemischten Chor, großartige Organisten, und die Synagoge war regelmäßiger **Treffpunkt der zionistischen Vordenker.** Gegenwärtig befindet sich das Gebäude in einem katastrophalen Zustand. Laut jüngsten Plänen soll die Synagoge restauriert werden und in wenigen Jahren wieder das jüdische Leben in der Stadt bereichern.

Moldovanka

Die Moldovanka war Odessas **proletarisch-jüdischer Hinterhof.** Das Leben seiner einstigen Bewohner – der kleinen Geschäftsleute, Arbeiter, Gangster, Tagediebe, Prostituierten – blieb erhalten in der Literatur von Odessas größtem Sohn, *Isaak Babel* (siehe Exkurs). Auch wenn die jüdische Prägung in der heutigen Moldovanka weitgehend verschwunden ist, hat das Viertel mit seiner ein- bis zweigeschossigen Bebauung und seinen verwinkelten Höfen eine ganz besondere Atmosphäre bewahrt. Eine Erkundung lohnt allemal. Das historische Viertel liegt östlich des Hauptbahnhofs und wird mehr oder weniger genau markiert von der Staroportofrankovskaya-Straße im Westen und der Balkivska-Straße im Osten. Zu den zentralen Straßen zählen u. a. die Prokhorovskaya und die Myasoidovskaya („Straße der Fleischesser"). Als Herz der Moldovanka gilt der weiter östliche gelegene Mikhailovskaya-Platz, von dem die heute nach Babel benannte Vul. Babelya weiter Richtung Osten abgeht. Am schlechten Ruf des Viertels hat sich bis heute nichts geändert: Nach wie vor gilt die Moldovanka als **sozialer Brennpunkt,** weshalb so etwas wie Denkmalschutz hier ein Fremdwort ist. Jahr für Jahr veschwinden ganze Häuserblöcke und werden durch banale vielstöckige Neubauten ersetzt. Von einer Gentrifizierung wie in vielen Städten Westeuropas ist in der Moldovanka noch nichts zu sehen.

Museen

Museum für westeuropäische und orientalische Kunst

Pushkinskaya 9, Do bis Di 10–17.30 Uhr, Mi geschlossen, 15 UAH, www.museum.odessa.ua

Fast so bekannt wie für die exquisite Sammlung – mit Werken von *Michelangelo* und *Rubens* – ist das Museum für **einen spektakulären Kunstdiebstahl.** 2008 wurde das Caravaggio-Gemälde „Die Festnahme Christi" (Versicherungswert: 81 Mio. Euro), das als wertvollstes Kunstwerk der Ukraine galt, aus dem Museum entwendet. Diebe schnitten nachts die Leinwand aus dem Rahmen. Zwei Jahre später tauchte das Bild wieder auf – in Berlin. Mitarbeiter des BKA und der GSG 9 überwältigten vier Mitglieder der Diebesbande, kurz bevor sie sich mit einem Kaufinteressenten (einem verdeckten Ermittler) treffen wollten. Im Zuge des Diebstahls stellte sich heraus, dass das Gemälde wohl kein Original ist, sondern „nur" eine zeitgenössische Kopie (Schätzwert: 100.000 Euro).

Isaak Babel (1894–1940)

Isaak Babel, der in der Moldovanka geborene geniale Meister der kurzen Prosa, hat den Menschen seines Viertels mit den **„Geschichten aus Odessa"** einen Platz in der Weltliteratur gegeben. In seinem unverwechselbaren Stil – knapp und kühl, dabei geradezu expressionistisch durchsetzt – porträtiert er das Leben der kleinen Leute aus der Moldovanka. Mit *Benja Krik,* dem jüdischen Boss einer Schmugglerbande, der im Zentrum des Erzählzyklus' steht, schuf *Babel* einen der großen Antihelden der russischen Literatur.

Babels eigenes, tragisches **Schicksal** gleicht dem **vieler Intellektueller,** die *Stalins* „Großem Terror" zum Opfer fielen. Als junger Mann stand er der bolschewistischen Revolution durchaus aufgeschlossen gegenüber. So arbeitete er u. a. als Übersetzer für die Tscheka, die sowjetische Geheimpolizei. Nach seinem literarischen Durchbruch – *Gorki* bezeichnete seine Prosa als „das Beste, was Russland anzubieten hat" – lebte er als allseits verehrtes Genie ein privilegiertes Leben und bewegte sich in den höchsten Geheimdienst- und Parteizirkeln. Doch er bewahrte stets einen unabhängigen, kritischen Blick. So geriet er letztlich in eine gefährliche Distanz zur Partei. Bereits mit seinem literarischen Welterfolg „Die Reiterarmee" – 1926 veröffentlicht und alles andere als eine ideologisch korrekte Lobpreisung der Roten Armee – schuf er sich zahllose Feinde. In dem Werk verarbeitete er seine Erlebnisse als Kriegsberichterstatter während des Russisch-Polnischen Krieges 1920, den er hautnah als Begleiter der Reiterarmee *Budjonnis* miterlebte. Nur dank der Fürsprache *Gorkis, Babels* großem Mentor, konnte *Babel* das Buch, wenn auch zensiert, veröffentlichen.

Auch in der Folge gelang es ihm nicht, seine Kunst auf „Parteilinie" zu bringen. Erschüttert von der brutalen Zwangskollektivierung der ukrainischen Landwirtschaft, die er während einer Ukrainereise 1930 selbst miterlebte, zog er sich zunehmend zurück ins **„innere Exil".** Im Mai 1939 als Spion denunziert, wurde *Babel* im Januar 1940 im Gefängnis Butyrka in Moskau erschossen.

Museum der Schönen Künste

■ Sofievskaya 5a, Mi bis Mo 11–18 Uhr, Di geschlossen, 50 UAH, http://ofam.od.ua

Das Museum, untergebracht in einem ehemaligen Palast des Grafen *Potocki,* beherbergt eine der größten Sammlungen **russischer und ukrainischer Kunst** in der Ukraine. Der Bogen spannt sich von Ikonen aus dem 15. Jh. bis zu moderner Kunst. Zu den vielen gezeigten Meistern zählen u. a. *Aiwasovski* (1817–1900) und *Nikolai Rerykh* (1874–1947).

Puschkin-Museum

■ Pushkinskaya 13, Mo bis Fr 10–17 Uhr (im Juli und August Di bis So), 25 UAH

In Odessa wohnte *Puschkin* vorübergehend im Hotel du Nord, in dessen ehemaligen Räumlichkeiten ein Museum eingerichtet wurde. Ein Besuch lohnt nicht so sehr wegen der ausgestellten Objekte – die gezeigten Schriftstücke sind Kopien, die Originale hängen in Moskau oder St. Petersburg –, sondern wegen der historischen Atmosphäre und der liebenswerten Museumsangestellten, die bereitwillig die Exponate erklären.

Literaturmuseum

■ Lansheronovskaya 2, Di bis So 10–17 Uhr, Mo geschlossen, 50–80 UAH, www.museum-literature.odessa.ua

Allein der Besuch des unglaublich **prachtvollen Gagarin-Palastes,** in dem sich das Museum befindet, ist das Eintrittsgeld wert. In 24 Sälen werden Artefakte (Erstausgaben, persönliche Gegenstände usw.) nahezu aller Schriftsteller gezeigt, die auf dem Boden der Ukraine gewirkt haben: *Puschkin, Gogol, Lessia Ukrainka, Babel* – sie alle sind vertreten. Leider keine englischen Texte.

Archäologisches Museum

■ Lansheronovskaya 4, Di bis So 10–17 Uhr, Mo geschlossen, 70 UAH, www.archaeology.odessa.ua

Das Museum zeigt Zeugnisse der griechischen Besiedlung der Schwarzmeerküste, Grabsteine, Reliefs, Statuen etc. Im Untergeschoss befindet sich auch eine Sammlung ägyptischer Antiken.

Katakomben

■ www.catacombs.od.ua

Die Katakomben sind eine der größten Sehenswürdigkeiten der Stadt. Das gewaltige, angeblich **2500 km umspannende unterirdische Labyrinth** wurde seit Beginn der Stadtgründung in den Kalkstein getrieben. Der Kalkstein wurde als Baumaterial verwendet und in bis zu 60 Meter tiefen Schächten abgebaut. Gangstern und Schmugglern dienten die Schächte und Tunnel als Unterschlupf und zum Versteck ihrer heißen Ware. Im 2. Weltkrieg waren die Katakomben wichtiges Versteck der Partisanen, die hier die gesamte Besatzungszeit über unterirdisch lebten. Der einzige **offizielle Einstieg** in die Katakomben liegt **im Dorf Nerubaiske,** etwa 12 km vom Stadtzentrum entfernt. Hier befindet sich das **Museum der heldenhaften Partisanen** (Di bis So 9–16 Uhr, Mo geschlossen, 6 UAH) mit einem Einstieg in die Katakomben. Der Einstieg ist ohne einen Führer verboten, für Individualreisende besteht die Möglichkeit, diesen ohne vorherige Anmeldung gleich vor Ort zu buchen. Es gibt (theoretisch …)

englischsprachige Führungen (200–250 UAH, ca. 45 Min.). Zu sehen ist ein unterirdischer Partisanenstützpunkt mit Schlafräumen, Küche, Bücherei, Kommandozentrale usw.

■ **Anfahrt:** Nach Nerubaiske gelangt man am unkompliziertesten und schnellsten per **Taxi.** Die Fahrt hin und zurück sollte etwa 150 UAH kosten. Der Fahrer wartet vor Ort. Alternativ besteht die Möglichkeit der Anfahrt mit der **Marshrutka Nr. 84** alle 10 Minuten (2 UAH) vom Privoz-Busbahnhof. Die Fahrt dauert eine gute halbe Stunde. Man sollte den Fahrer vorab informieren, wo man aussteigen möchte („Katakomby"). Wer nicht alleine anreisen möchte: Die bei den praktischen Tipps weiter unten genannten Reiseveranstalter und fast alle Hotels bieten auch **organisierte Exkursionen** zu den Katakomben an.

Die Strände

Obgleich Odessa eine große Tradition als Kurort für Strandurlauber hat, sind die nahe der Stadt gelegenen Strandabschnitte für Leute, die Erholung und Einsamkeit suchen, doch eher ungeeignet. Das Schwarze Meer in und um Odessa steht nicht im Ruf einer besonders guten Wasserqualität – und das ist noch vorsichtig formuliert. Das hält die Einheimischen freilich nicht davon ab, hier fröhlich und unbeschwert zu schwimmen. **Arkadiya** ist der bekannteste Strand und in erster Linie etwas für Leute, die Strandurlaub mit endloser Party verbinden. Eine Reihe von Clubs hat den Strand unter sich aufgeteilt, der frei zugängliche Strandabschnitt ist im Sommer völlig überfüllt. Wer sich für ukrainisches Beach-Clubbing interessiert, kann sich auf den Websites der großen Clubs über anstehende Partys und Konzerte informieren: www.itaka-club.com.ua oder www.ibiza.ua.

Der Strand von **Lanzheron** liegt in direkter Nähe des Zentrums, man erreicht ihn per Fußmarsch durch den Shevchenko-Park. Eine großartige Möglichkeit zur Einkehr unmittelbar am Strand ist die Bar Khutorok u Moria, rustikal im ukrainischen Stil eingerichtet. Die Strände Lanzheron und Arkadiya verbindet ein schön angelegter **Fahrradweg** in gutem Zustand; Leihfahrräder stehen zur Verfügung.

Praktische Tipps

Informationen

■ **Tourismus-Portal der Stadt: www.odessa-tourism.org/en.** Sehr gute Seite mit allen Informationen, die man braucht: Nahverkehr mit Bus, Tram und Trolleybus, Sehenswürdigkeiten, Unterkunft, Veranstaltungskalender, Exkursionen etc. Die Seite gibt es auch auf Deutsch, allerdings fehlen hier einige Informationen, sodass die englischsprachige Version vorzuziehen ist.
■ **Stadtführungen:** Es gibt viele private Anbieter von Stadtrundgängen in Odessa und Ausflügen zu den Attraktionen im näheren Umland. Genannt seien hier nur **Odessa Walks** (www.odessawalks.com) und **Visit2Odessa** (www.visit2odessa.com).

Unterkunft

Hotels

In Odessa gibt es eine Reihe exquisiter Luxushotels der hohen und höchsten Preisklasse, etwa das 14 **Mozart Hotel** (www.mozart-hotel.com) gegenüber der Oper oder das glamouröse 13 **Hotel Londonskaya** am Primorskyi Bulvar. Preiswerte

Hotels lassen leider jede Atmosphäre vermissen, und man muss Abstriche bei Komfort und Service machen, aber sie sind eben wirklich günstig. Praktisch alle Unterkünfte sind über die gängigen Hotelportale zu buchen.

15 Frapolli, Ul. Deribasovskaya 13, Tel. 048-235 68 01 und 048-235 68 09, http://frapolli-hotel.com: Das kleine, elegante Hotel direkt auf der Deribasovskaya ist eine Option für Reisende, die etwas mehr Geld zur Verfügung haben. Frühstücksbuffet, kostenfreies Parken, Computer mit Internetanschluss und eine ganze Reihe anderer Serviceleistungen. DZ ab 1700 UAH, EZ ab 1400 UAH. Eine Reservierung im Vorfeld ist angebracht, da das Hotel oft ausgebucht ist.

28 Black Sea Hotel Odessa, Ul. Rishelyevskaya 59, Tel. 048-230 09 04, www.bs-hotel.com.ua/hotel/odessa-rishelevskaya: Das Hochhaus aus den 1970ern ist keine Augenweide, doch innen schaut's wesentlich freundlicher aus. Die Lage ist zentral, die unlängst renovierten Zimmer sind großzügig und sauber. Das Personal an der Rezeption spricht englisch. Eine gute Wahl im mittleren Preissektor. Je nach Zimmergröße und Ausstattung variieren die Preise zwischen 700 und 1200 UAH/DZ.

3 Tsentralnyi, Vul. Preobrashenska 40, Tel. 048-726 84 06, www.centralhotel.od.ua: Eines der ältesten Hotels der Stadt und ein prachtvolles Gebäude. Viele Zimmer wurden mit der leider üblichen Geschmacklosigkeit renoviert, es gibt jedoch noch einige unrenovierte der „Economy"-Klasse mit Außentoilette und Gemeinschaftsdusche ab 220 UAH. Renovierte DZ ab 660 UAH, EZ ab 450 UAH.

32 Tokio Star, Vodoprovodnaya 1a, Tel. 048-700 21 91, http://otel-tokyo-star.ua: Direkt am Privoz, eine Option für die absolut Anspruchslosen. Die günstigsten Zimmer sind extrem kleine, fensterlose EZ, die eher an Gefängniszellen erinnern (330 UAH). Die etwas teureren sind extrem kleine Zimmer *mit* Fenster, das sich aber mitunter nicht öffnen lässt (500 UAH). DZ ab 600 UAH. Die Sauberkeit der Räume variiert, die Wände sind hellhörig. Oft lange Schlangen an der Rezeption, mit entsprechenden Wartezeiten und genervtem Service. Auf der Habenseite: WC und Dusche auf dem Zimmer.

25 Zirka, Uspenskaya 70, Tel. 048-700 03 43, http://hotelodessa-ukraine.com/hotel.html: Etwas besser als das Tokio Star, Lage und Service sind freundlicher, das Frühstück inklusive. Die günstigen Zimmer sind ähnlich winzig wie im Tokio Star (DZ ab 430 UAH). Die Website funktioniert nur eingeschränkt.

Hostels

Hostels in Odessa kommen und gehen; wer eines sucht, ist mit einer aktuellen Recherche auf www.hostelworld.com am besten beraten. 2018 gab es rund 50 Hostels in der Stadt, zumeist modern eingerichtet, mit Aufenthaltsraum und Küche sowie großartigen Kontaktmöglichkeiten mit anderen Backpackern. Von Nachteil sind riesige Schlafsäle mit 16 oder mehr Betten und entsprechenden Schnarchkonzerten … Der Preis pro Bett beträgt um die 10 Euro.

12 Esther House, Yekaterinskaya Pl. 8: Geräumiges Hostel, tolle Aufenthaltsräume, riesige Küche, unschlagbar gute Lage.

20 Velik Hostel, nahe dem Shevchenko-Park in der Ul. Kanatnaya 16: Das Haus ist von oben bis unten mit Fahrrädern dekoriert und verfügt über eine schöne Terrasse.

1 TsaTsa Hostel, ganz nah beim Noviy Bazar (s. u.) etwa 1 km vom Zentrum entfernt in der Ul. Pastera 36: Alles ist blitzsauber, die Aufenthaltsräume aber sind recht eng und dunkel. Dafür sitzt man abends wunderbar im Hof. Der Supermarkt direkt gegenüber ist rund um die Uhr geöffnet.

Essen und Trinken

Odessas multiethnische Vergangenheit mit ihren vielfältigen kulinarischen Einflüssen und die Lage am Meer spiegeln sich in der Küche der Stadt. Die gastronomische Szene ist außergewöhnlich lebendig und kreativ, ständig werden neue Restaurants, Kneipen und Cafés eröffnet, die auf Erkundung warten. Die Interieurs sind oft sehr stil- und geschmackvoll – wie auch das Essen. Die Preise liegen allerdings über dem ukrainischen Durchschnitt. In den nachfolgend genannten Restaurants kosten nicht-vegetarische Hauptgerichte (Fisch, Fleisch) etwa zwischen 100 und 200 UAH. Suppen, Vorspeisen (die mitunter schon eine Mahlzeit sind) und vegetarische Gerichte sind günstiger.

7 Kompot, Ul. Deribasovskaya 20, 8–23 Uhr, www.compot.ua: Einen Tag in Odessa kann man kaum besser beginnen als mit einem ausgiebigen Frühstück in diesem reizenden, sehr französisch angehauchten Café. Trotz melancholischer Chansons und einem Interieur, das den Gast nach Paris versetzt, finden sich auf der umfangreichen Karte auch ukrainische Klassiker wie Kascha mit Kakao. Frühstück gibt es von 8–11 Uhr und kostet ab 30 UAH. Auch sehr gute und günstige Suppen und Hauptgerichte. Ableger gibt's in der Panteleimonivska 70 und im Meereshafen.

29 Rozmarin, Malaya Arnautskaya 46a, 10–23 Uhr, www.rozmarin.od.ua: Hell, schlicht und ziemlich stylish ist das Interieur dieses koscheren Restaurants. Die interessante Karte mischt traditionell ostjüdische Gerichte (Tzimes, Holishkes) mit israelischen. Sehr lecker. Die Preise sind mehr als fair.

26 Khevron, Ul. Rishelyevskaya 30, 11–23 Uhr, Fr 11–14 Uhr, Sa geschlossen: Ein weiteres koscheres Restaurant direkt unter Odessas Hauptsynagoge. Nettes Ambiente, leckere und günstige Gerichte – nicht ganz so innovativ wie die des Rozmarin. Außenbereich vor der Synagoge.

17 Zara Pizzara, Rishelyevskaya 5, 9–24 Uhr, http://zarapizzara.com.ua: In Odessa darf ein italienisches Restaurant natürlich nicht fehlen. Zara ist hip und schwer angesagt, die Pizza aus dem Holzofen klasse.

ukr14-101 bj

27 Alpina Varenychna, Ul. Troitskaya 35, 10–23 Uhr, www.alpina.od.ua: Unprätentiöses Restaurant unweit der Hauptsynagoge, das Freunden ukrainischer Teigwaren 15 verschiedene Sorten Varenyky zur Auswahl bietet. Statt der üblichen Themendeko „ukrainisches Dorf" gibt's hier Jugendstillampen mit Sonnenblumenmuster. Hervorzuheben ist das hervorragende Odessaer Craftbeer der Kachka-Brauerei, das hier ausgeschenkt wird.

4 Shyko, Grecheskaya 50, 9–24 Uhr: Entspannt und gemütlich, allseits geschätzt für guten Kaffee und das exzellente Frühstück bereits ab 16 UAH.

6 Pivnoy Sad, Gavannaya 6, 11–24 Uhr, Fr/Sa 11–1 Uhr, So 12–24 Uhr, www.facebook.com/pivnoysad: Ein auf seine Art elegantes Brauhaus im Stadtgarten. Das nach deutschem Reinheitsgebot gebraute Bier rechtfertigt einen Besuch. Die Snacks zum Bier sind ukrainisch (Salo, Sukharyky, marinierter Kalmar oder geräucherte Schweineohren), lecker und noch erschwinglich, die Hauptgerichte doch sehr teuer.

21 Gorodskoi Rynok Yedy (Городской Ринок Еды – städtischer Lebensmittelmarkt), https://cityfood.market: Anders als der Name vermuten lässt, herrscht hier kein Marktgedränge, sondern wir haben es mit einem weitläufigen Saal eines historischen Bankgebäudes zu tun, dem neuen Mekka der Streetfood-Bewegung, die auch in Odessa ihre Anhänger hat. Neben Biokost gibt es vegetarische Stände, regelmäßig finden Kultur- und Musikveranstaltungen statt.

10 Puzata Khata, Deribasovskaya 21, 9–22 Uhr, Die Filiale der bekannten SB-Kette befindet sich im 6. Stock einer Shopping Mall. Nicht nur des preisgünstigen ukrainischen Essens wegen, sondern auch ob der Aussicht auf das Schwarze Meer, die man beim Dinieren genießt, lohnt der Aufstieg.

11 Chornosliv, Ul. Jekaterinskaya, nahe der Deribasovskaya: Vergleichbar mit Puzata Khata, riesige Auswahl schmackhafter SB-Gerichte.

☒ Odessas Bahnhof

Kneipen und Clubs

18 Druzya y Pivo, Deribasovskaya 9, 11–24 Uhr: Die entspannte Kellerkneipe ist eine Institution, beliebt bei Expats und Einheimischen gleichermaßen. Auch das Essen ist sehr empfehlenswert. Jeden Mittwoch ab 20 Uhr trifft sich hier der deutsche Stammtisch.

MEIN TIPP: **23 Club Vykhod (Exit),** Bunina 24, 17–3 Uhr, www.vyh.od.ua/muzej-kluba-vyhod oder http://vk.com/club1789739: In dem Kellerclub mit Art-meets-Punk-Optik trifft sich Odessas alternative und Kunstszene. In den verschiedenen Kellerräumen gibt's eine Kneipe/Disco (House, Hip Hop, Dub, elektronische Musik). Regelmäßig finden Kunstausstellungen, Theaterperformances, Filmscreenings oder Lesungen statt. Es gibt auch Live-Konzerte, meist Rock oder Jazz. Nicht leicht zu finden ist der Eingang: Es ist die alte Holztür mit der Aufschrift „Exit" direkt neben dem Café Grand Prix.

24 Captain Morgan Club, Shukovskogo 30, 9–6 Uhr, http://morskoy.com/en/morgan: Wer ins wilde Clubleben Odessas reinschnuppern will, ist hier richtig. Halbnackte Go-go-girls animieren zum Tanz, das Publikum ist cool, gestylt und wirkt mitunter sehr VIP-mäßig. Jeden Fr und Sa legen DJs auf, Stil ist „russisch-elektronisch." Covercharge zwischen 50 und 70 UAH, nicht jeder kommt am Bouncer vorbei.

16 Shkaf (Schrank), Ul. Grecheskaya, www.facebook.com/ArtClubShkaf: Wie im Vykhod alternatives Ambiente und regelmäßig Live-Musik.

9 Pub Corvin, Ul. Lanzheronovskaya 17: Stilvoll eingerichtetes Pubrestaurant, nicht ganz billig.

Kultur, Events

- **Dramatheater:** www.rusteatr.odessa.ua
- **Oper:** http://opera.odessa.ua
- **Philharmonie:** www.odessaphilharmonic.org
- **Zirkus,** Ul. Koblevskaya 25, www.circus.od.ua: Nahe dem Novyi Bazar hat sich das historische Zir-

kusgebäude vom Ende des 19. Jh. erhalten, ein riesiger Kuppelbau, dessen Besuch sich allein schon aus architektonischen Gründen lohnt.

Odessa Filmfestival

Seit 2010 findet jedes Jahr **im Juli** dieses Filmfestival mit Teilnehmern und Gästen aus ganz Europa statt (https://oiff.com.ua/en). Neben nationalen Auszeichnungen gibt es einen internationalen Filmwettbewerb, und auch Dokumentarfilme stehen hoch im Kurs.

Odessa Classics

Dieses **Kulturfestival** – umsonst und draußen – wird seit 2015 von dem charismatischen, politisch aktiven Odessaer Pianisten *Aleksey Botvinov* alljährlich **im Juni** organisiert (http://en.odessaclassics.com). Neben dem Galakonzert unter freiem Himmel finden im Opernhaus und in anderen Konzertsälen Veranstaltungen statt. Ziel ist es, aus Odessa einen kulturellen Hotspot mit europaweiter Bedeutung zu machen.

Koktebel Jazz Festival

Nur noch der Name des Festivals erinnert daran, wo es ursprünglich stattfand: im beschaulichen Koktebel auf der Krim. Nach der Annexion der Krim durch Russland und den entsprechenden EU-Sanktionen musste das Festival auf das ukrainische Festland umziehen, zunächst nach Zatoka und nun in Chornomorsk bei Odessa. Die Musik auf dem Festival kennt **keine Grenzen:** Von traditionellem Jazz und Blues bis zu elektronischen Neuerungen im Nu Jazz und Worldmusic (z. B. Tango) ist alles zu hören, auch Rockevents finden statt. Das Festival findet jedes Jahr **im August** am Strand von Chornomorsk statt (http://koktebel.info/new).

Einkaufen

31 **Privoz,** Privoznaya 14: Der historische Markt geht bis in die erste Hälfte des 19. Jh. zurück und ist der größte Lebensmittelmarkt der Ukraine – was natürlich nicht heißt, dass das Angebot nur auf Lebensmittel beschränkt ist! Die Atmosphäre und das Flair des Marktes zu erleben, ist eigentlich Pflicht bei einem Odessa-Aufenthalt. Man nehme sich vor Langfingern in Acht!

2 **Novyi Bazar,** der vorbildlich restaurierte Basar besteht bereits seit 1850 und gruppiert sich um mehrere historische Markthallen zwischen der Ul. Konnaya und der Ul. Torgovaya etwa 1 km westlich des Zentrums. Im Gegensatz zu vielen anderen Märkten in der Ukraine geht es hier etwas „gesitteter" und weniger wuselig zu. Allein die alten Markthallen lohnen einen Blick, die Auswahl an frischen Lebensmitteln ist gigantisch.

33 **7-kilometer,** http://7km.net: Riesiger Freiluftmarkt am südwestlichen Stadtrand – einer der größten Märkte Europas, wenn nicht der größte. Händler verkaufen die Ware aus alten Schiffscontainern, die hier zu einer wahren Stadt mit engen Gassen und Winkeln aufgereiht worden sind. Angeblich kommen täglich bis zu 200.000 Besucher. Es gibt hier nichts, was es nicht gibt. Vom Privoz fahren reichlich Minibusse direkt zum Markt, als Fahrtrichtung ist „7KM" angegeben.

8 Einen **Schallplatten- und CD-Laden** gibt es in der Ul. Lanzheronovskaya 19 in der Nähe des Stadtgartens.

Sonstiges

- **Post/Internet:** Die **Hauptpost** ist in der Sadovaya 10, die Straße ist praktisch die Verlängerung der Deribasovskaya. Zudem gibt es in der Innenstadt mehrere Filialen der **Nova Poshta,** durchaus eine Alternative zur staatlichen Post, z. B. in der Ul. Zhukovskaya 10 oder in unmittelbarer Nähe des Hauptbahnhofs.
- Wer sich für soziales Unternehmertum interessiert oder vielleicht sogar selbst ein Projekt in der Ukraine starten will, dem sei **Impact Hub,** ein modernes Konferenzzentrum für die einheimische

Startup-Szene, wärmstens empfohlen. Es befindet sich in unmittelbarer Nähe des Shevchenko-Parks (https://impacthub.odessa.ua).

■ **Mietwagen:** Alle großen Mietwagenunternehmen sind in Odessa ansässig, z. B. **Budget** (www.budget.ua, zwei Filialen, eine am Flughafen), **Sixt** (www.sixt.com, auch am Flughafen) oder **Hertz** (http://hertz.ua).

Verkehrsmittel

Bahn

Der **Bahnhof** liegt angenehm gleich südlich des Zentrums. Zur Deribasovskaya sind es gerade mal 800 Meter, immer geradeaus die Pushkinskaya entlang. Odessa ist natürlich mit allen großen ukrainischen, belarussischen und russischen Städten bes-

HIV in der Ukraine

Die HIV-Infektionsrate in der Ukraine ist die höchste aller europäischen Staaten. Nach Schätzungen von UNAIDS sind mehr als 1 % der erwachsenen ukrainischen Bevölkerung mit dem Virus infiziert, was ca. 350.000 Menschen entspricht. In den am stärksten betroffenen Regionen (Odessa) liegt die Infektionsrate bei unvorstellbaren 15 %! Die rasante Ausbreitung des Virus konnte bislang nicht eingedämmt werden, im Gegenteil, die **Neuinfektionsrate** ist unverändert eine der höchsten weltweit.

Die Hauptursache für die Epidemie war – und ist – der **intravenöse Drogenkonsum,** der in der chaotischen Umbruchszeit der 1990er Jahre um sich griff, als billige Opiate massenhaft in Umlauf kamen und leicht erhältlich waren. Über geteilte Spritzen konnte sich das Virus schnell verbreiten. Bis heute sind in der Ukraine vor allem sozial stigmatisierten Randgruppen – Gefängnisinsassen, Straßen- und Waisenkinder, Prostituierte – von HIV betroffen, all jene also, bei denen eine Nähe zum Drogenmilieu unterstellt werden kann. Mittlerweile finden durch **sexuelle Übertragung** aber nahezu ebenso viele Neuinfektionen statt wie durch intravenösen Drogenkonsum. Hierbei spielt die Prostitution als wichtigste „Einfallspforte" des Virus in die Mehrheitsgesellschaft eine zentrale Rolle.

Die Auseinandersetzung mit der Krankheit ist in der Ukraine bislang geprägt von **Tabuisierung,** extremer **Diskriminierung** der Betroffenen und Verleugnung der Realitäten. Sogar das nationale Aids-Zentrum der Lavra-Klinik, gelegen nahe des Höhlenklosters, war – vermutlich auf Druck der Orthodoxen Kiche (Moskauer Patriachat) – vorübergehend von der Schließung bedroht. Umfassende öffentliche Aufklärung findet nicht statt. Auch der desolate Zustand des ukrainischen Gesundheitssystems ist problematisch. Vermutlich nur ein Drittel der Infizierten ist in medizinischer Behandlung, die zudem oft fehlerhaft durchgeführt wird. Die meisten Betroffenen leiden auch unter komplexen Koinfektionen mit Tuberkulose oder Hepatitis B und C.

Gleichwohl haben sich einer Reihe von **NGOs und Selbsthilfegruppen** gebildet, die sich dem Kampf gegen HIV verschrieben haben. Es gibt mittlerweile auch deutsche Partner, die z. B. in Form von Klinikpartnerschaften versuchen, ukrainische Organisationen zu unterstützen (siehe www.aids-ukraine.com). Bleibt zu hoffen, dass ihr Einsatz auf allen Ebenen der ukrainischen Gesellschaft endlich die Unterstützung findet, derer er dringend bedarf.

tens verbunden, und Züge fahren z. B. regelmäßig nach Kiew, Kharkiv und Lemberg, aber auch nach Minsk und ins polnische Przemysl.

Bus

Der **Busbahnhof Odessa Privoz** liegt gleich westlich des Bahnhofs am Privoz-Markt (Novoshshepnoy Ryad 5, Tel. 048-777 74 81) und ist sinnvoll v. a. für regionale Ziele, aber Busse und Minibusse fahren von hier praktisch überall hin. Häufige Verbindungen gibt es z. B. nach Mykolaiv, Kherson oder Bilhorod-Dnistrovskyi. Der **zentrale Busbahnhof** ist in der Kolontayevskaya 58 (Tel. 048-721 63 59) etwa 2 km nordwestlich des Bahnhofs (und des Privoz). Hier operieren mehrere größere Busunternehmen, die für längere Strecken komfortable klimatisierte Busse betreiben. Am wichtigsten für internationale und nationale Verbindungen ist **Odessaautotrans,** bei Verbindungen speziell nach Kiew sind **Autolux** (www.autolux.ua, 4x täglich) und **Gunsel** (www.gunsel.ua, 3x täglich) führend. Die beiden letztgenannten fahren in Kiew den Busbahnhof an und haben ihren letzten Halt am Flughafen Borispil. Tickets können direkt in der Bahnhofshalle gekauft werden. Es bestehen natürlich auch Verbindungen in alle wichtigen ukrainischen Regionen und Städte und auch nach Moldawien (Chisinau). Die beste Website für Busverbindungen ist www.bus.com.ua. Vom Bahnhof zum zentralen Busbahnhof gelangt man mit der Tram Nr. 5.

Flugzeug

Odessas übersichtlicher Flughafen (www.airport.od.ua) liegt etwa 10 km südwestlich außerhalb des Zentrums. Er hat **gute internationale Anbindung,** von Deutschland aus gibt es aber keine Direktflüge. UIA fliegt z. B. über Kiew, ansonsten wird über Wien (Austrian Airlines), Warschau (LOT) oder Prag (Czech Airlines) geflogen. Von Odessa kann man z. B. Istanbul und Tiflis direkt anfliegen. Bei Inlandsflügen ist Kiew die häufigste Destination und wird 5x täglich angeflogen. Internationale An- und Abflüge sowie nationale Abflüge erfolgen alle von der Haupthalle. Bei nationalen Ankünften wird man per Shuttle direkt vom Flugzeug zur Haupthalle gefahren. Rechts von der Haupthalle, auf der anderen Seite des Parkplatzes, fahren zwei Busse und reichlich Minibusse in zügigen Abständen in die Stadt (1,50–2 UAH), sodass keinerlei Notwendigkeit besteht, sich von einem der Taxifahrer für das Hundertfache kutschieren zu lassen. Aus der Stadt nimmt man am besten Bus Nr. 129, der regelmäßig vom Bahnhof zum Flughafen fährt.

Fähre

- Regelmäßig laufen Kreuzfahrtschiffe Odessas glamourösen **Hafen Morsky Voksal** an, der sich direkt vor der Treppe ausbreitet.
- **Von Chornomorsk** bietet Ukrferry Fähren nach Georgien (Poti, Batumi) und Bulgarien (Varna) an.

Chornomorsk

Черноморск (bis 2016: Illichivsk)

- **20 km südlich von Odessa, an der Küste, wichtigster kommerzieller Schwarzmeerhafen der Ukraine**
- **Einwohner: 59.000**

In Chornomorsk, das direkt an den südlichen Stadtrand Odessas anschließt, wurden in den letzten Jahren **größere Hafenanlagen** errichtet. Ziel ist es, mehr und mehr des Waren- und Industriegüterumschlags aus der Metropole hierher zu verlagern. Noch vor 30 Jahren befanden sich im Stadtgebiet von Chornomorsk lediglich einige kleine Fischerdörfer, heute sind die Buchten und Limane von Hafen- und Industrieanlagen gesäumt. Die Stadt, der man ihren neuen Wohlstand durchaus ansieht, besteht fast ausschließlich aus neu errichteten, in die Höhe strebenden Gebäuden und ist im

Grunde nur für Geschäfts- sowie Durchreisende zu den Fähren in die Türkei, Georgien und Bulgarien, die hier ablegen, interessant.

Unterkunft

Obwohl es sicher nettere Orte zum Übernachten gibt und Odessa nur eine halbe Stunde entfernt ist, seien hier zwei Hotels genannt.

- **Hotel Moryak,** Pr. Mira 15, im Stadtzentrum, Tel. 04868-600 08: DZ 700 UAH.
- **Hotel Nika,** Bulvar Gaidara 3a, www.hotel-nika.com: DZ ab 700 UAH.

Verkehrsmittel

- **An-/Abreise:** Marshrutky der Linien 60, 70 oder 80 fahren von Odessa/Privoz etwa alle 20 Min. oder mit Linie 25 von einer kleinen Marshrutka-Haltestelle neben dem westlich an den Bahnhof angrenzenden Park in Odessa. Zum Fährhafen den Minibus bereits vor Chornomorsk an der Haltestelle Burlachka Balka neben einem neu errichteten Bürohochhaus verlassen.
- **Mit der Fähre über das Schwarze Meer:** Der Anbieter **Ukrferry** fährt unregelmäßig 2x bis 3x wöchentlich die georgischen Häfen Poti oder Batumi sowie etwa 1x pro Woche Istanbul Haydarpasa an. Die genauen Fahrpläne werden etwa einen Monat im Voraus bekanntgegeben und auch oft geändert. Das Fährbüro befindet sich in Odessa: Sabanskyj Pereulok 4a, www.ukrferry.com. Eine Buchung der Tickets ist online (auch auf Englisch) möglich und funktioniert überraschend gut. Nach Abschluss des Buchungsvorganges kann man sich die Buchungsbestätigung über den Icon „мой заказ" („Meine Bestellung", rechts oben auf der Buchungswebsite) ausdrucken und wird auch später per Mail über Fahrplanänderungen informiert. Ein Tag Vorlauf, also mindestens eine Übernachtung in Odessa, ist aber unbedingt einzuplanen.

Das Einchecken findet eine gefühlte Ewigkeit vor der tatsächlichen **Abfahrt** statt, für die man sich bei oben genanntem Bürohochhaus (Burlachka Balka) einzufinden hat. Von hier erfolgt ein Bustransfer in das unwirtliche Hafengelände, wo die Pass- und Zollkontrolle stattfindet, was ebenfalls mit langen Wartezeiten verbunden ist, da der Lkw-Frachtverkehr absoluten Vorrang genießt.

Für eine **Überfahrt** nach Batumi muss bei Unterbringung in einer höchst geräumigen Zweier-Außenkabine inkl. drei täglichen Mahlzeiten – ukrainische Kantinenkost – mit etwa 150 Euro gerechnet werden. Die Reise an die georgische Schwarzmeerküste dauert etwa 48 Stunden. Auf dem Schiff kommt eine höchst eigenwillige Mischung aus internationalen Backpackern und örtlichen Truckfahrern zusammen, Kulturgegensätze, wie sie stärker nicht sein könnten. An Bord ist die Zahlung mit Euro problemlos möglich. Das Animationsprogramm ist übersichtlich und beschränkt sich auf einen Fernseher in der Captains Bar. Eine WLAN-Verbindung ist auf hoher See nicht vorhanden. Bei den beiden Fährschiffen „Greifswald" und „Kaunas" handelt es sich übrigens um Ostseefähren, in den 1980er Jahren in der DDR gebaut und später an die Ukraine verkauft.

Bilhorod-Dnistrovskyi

Білгород-Дністровський, russ: Белгород-Днестровский

- **81 km südwestlich von Odessa in der Dnistermündung, gewaltige Festungsanlage, „älteste Stadt der Ukraine"**
- **Einwohner: 50.300**

Die Hafenstadt im Mündungsgebiet des Dnister blickt – dank ihrer strategisch bedeutenden Lage – auf eine **lange und bewegte Geschichte** zurück. Bereits in der Antike befand sich hier eine griechische Kolonie namens Tyras, danach kamen und gingen die verschiedensten Herrscher – Genueser, Moldawier, Osmanen, Russen, Rumänen und Sowjets. Unlängst feierte Bilhorod-Dnistrovskyi seinen 2500sten Geburtstag und gilt damit als die älteste Stadt der Ukraine (und als eine der ältesten der Welt).

Sehenswertes

Akkerman-Festung

Bekannt ist die Stadt durch die gewaltige Akkerman-Festung (Vul. Ushakova/ Pushkina 19, täglich 9–18 Uhr, 10 UAH), die größte und am besten erhaltene mittelalterliche Festungsanlage der Ukraine.

Das südliche Bessarabien

Das südliche Bessarabien, also der „hinter" Odessa gelegene Teil der Ukraine, fristet bei vielen Reisenden ein Schattendasein. Dabei ist Bessarabien keinesfalls nur als Zwischenstopp auf dem Weg von und nach Rumänien zu betrachten, sondern auch für sich allein genommen eine Reise wert: Die **Region südwestlich von Odessa** „überzeugt" mit den Überbleibseln verschiedener, jahrtausendealter Kulturen, mit einsamen Stränden und atemberaubenden Naturschönheiten. Das Donaudelta und das „ukrainische Venedig" Vylkove etwa sind unvergleichliche Reiseziele. Da Ukrainisch in dieser Region eine „Fremdsprache" ist, deren Gebrauch bei den meisten Einheimischen Befremden auslöst, wird in diesem Buch für Straßen- und Eigennamen in Bessarabien meist der russische Name verwendet.

Spektakulär thront sie über der Dnister-Lagune. Ihren Namen verdankt sie den Osmanen, die 1484 die Festung erstürmten und in der Folge weiter ausbauten. „Akkerman" bedeutet auf Türkisch **„weiße Festung"**. Über Jahrhunderte spielte die Burg eine wichtige Rolle im osmanischen Verteidigungssystem. Erst 1812 fiel Akkerman schließlich – wie das gesamte Bessarabien – im Frieden von Bukarest ans Russische Reich. Die gesamte Festungsanlage kann besichtigt werden, und dafür kann man schon ein wenig Zeit veranschlagen: Sie umfasst immerhin 26 (erhaltene) Türme, eine Zitadelle und eine mehr als 2 km lange, bis zu sieben Meter starke Befestigungsmauer, die man in großen Teilen begehen kann.

Seit 2004 findet in der Festung das dreitägige **Musikfestival Fortecya** statt (Ende August). Es spielen die bekanntesten ukrainischen Bands der verschiedensten Stilrichtungen. Der Erlös kommt dem Erhalt der Festung zugute. Infos auf der Website der Veranstalter: www.fortecya.org.ua.

Die Festung wurde ursprünglich auf den Ruinen der antiken Stadt **Tyras** errichtet. Tyras, im 6. Jh. v. Chr. als eine Kolonie der ionischen Stadt Milet gegründet, bestand etwa 200 Jahre. Unmittelbar vor dem Eingang finden archäologische Ausgrabungen statt.

Vom Bahnhof zur Festung sind es zu Fuß etwa 15 Min. in nördliche Richtung, der schnellste Weg geht über die Vokzalna und Izmailska, von der man die Festung schon sieht.

Wer ein wenig Zeit hat, der sollte zudem noch einen Abstecher zur **Armenischen Kirche** (Kutusova 1, erste Parallelstraße südlich der Festung, die Kirche

ukr19-030 pk

liegt am östlichen Ende) unternehmen. Der gedrungene, ausgesprochen niedrige Bau mit den vier mächtigen vorgelagerten Säulen ist ungewöhnlich und eindrucksvoll. Die Kirche stammt aus dem 14. Jh. Auch der **Jüdische Friedhof** (Laso 35) ist sehenswert. Er liegt in derselben Straße wie der Bahnhof, ca. 1 km in westlicher Richtung.

Die Innenstadt

Die heutige Innenstadt besteht überwiegend aus **ruhigen, baumbestandenen Straßen,** die von kleinen Häusern aus dem frühen 19. Jh. geprägt werden. Sie ist das Ergebnis einer Neuplanung aus dem späten 18. Jh. und erstreckt sich zwischen Burg und Bahnhof. Auffällig ist der strahlenförmige, auf die Burg zulaufende Grundriss, eine typische Planungsform für Städte dieser Zeit. Auch der Grundriss von Karlsruhe folgt diesem Prinzip.

⌃ Thront über dem Dnister: die Akkerman-Festung

Praktische Tipps

Unterkunft

Die meisten Touristen bereisen Bilhorod im Rahmen eines Tagesausfluges von Odessa aus. Die Sehenswürdigkeiten der Stadt lassen sich auch bequem in einigen Stunden erkunden. Demzufolge sind Hotels rar gesät. Wer sich auf der Weiterreise nach Bessarabien befindet, dem seien folgende Unterkünfte empfohlen:

■ **Hotel Fiesta,** Vul. Shevchenka 48, Tel. 04849-397 77: Passables kleines, fast direkt bei der Akkerman-Festung gelegenes (Entfernung ca. 500 Meter)

Hotel (insgesamt 10 Zimmer) mit Schullandheimcharme. Dreibettzimmer mit Dusche und WC auf dem Gang für 650 UAH, DZ mit Dusche/WC 800 UAH. Kleines Ladenrestaurant nebenan.

- **Bahnhofszimmer:** Diese befinden sich in einem eigenen Gebäude auf dem Bahnhofsplatz, rechts des Bahnhofgebäudes (Blickrichtung Stadt).

Essen und Trinken, Einkaufen

- Bemerkenswert ist das Angebot nicht, Odessa fühlt sich Lichtjahre entfernt an. Eine Option ist das **Café Pravda,** modern und geschmackvoll eingerichtet und mit gutem Kuchenangebot (Vul. Mykolaivska 27, nahe dem Markt). Ansonsten bleibt das Restaurant des Hotels Fiesta.
- Der riesige **Markt** nimmt einen kompletten Block zwischen den Straßen Izmailska und Mykolaivska ein.

Verkehrsmittel

- Die sinnvollste und schnellste Verbindung ist der **Minibus Nr. 560 aus Odessa.** Die Busse fahren alle 10 Min. vom Privoz-Busbahnhof und halten am Bahnhof in Bilhorod, Dauer 1½ Std.
- Bilhorods Bahnhof liegt in der Laso 19. Von hier fahren regelmäßig **Züge nach Odessa** (fünf Elektrychky täglich).

In der Umgebung

Shabo
Шабо

Am südlichen Ufer des Dnestrovskyi Lyman befindet sich bei Shabo **eines der wichtigsten Weinbaugebiete der Ukraine.** Ein georgisch-ukrainisches Joint Venture hat mit französischer Unterstützung in den letzten Jahren die wichtigste Kellerei auf den neuesten Stand gebracht, und es werden sehr gute Tropfen produziert. Empfehlenswert ist etwa der überall im Land erhältliche trockene, fruchtig-schwere Merlot-Rotwein. Die Produktion kann besichtigt werden, eine Verkostung der angebotenen Weine ist inklusive (tgl. 10, 13, 16 Uhr).

Mein Tipp: **European Wine Cultural Centre,** Ul. Dzherzhinskaya 10, www.shabo.ua, Tel. 048-700 02 10. Direkt gegenüber liegt das recht empfehlenswerte Restaurant Shabskyi dvorik, eingerichtet im rustikalen Stil in einem Reetdachhäuschen und mit netten Sitzgelegenheiten im Hof.

Verkehrsmittel

- Shabo ist mit den **Minibussen** der Linie 560 ab Odessa und Bilhorod erreichbar. Diese verkehren über die Umgehungsstraße und halten am Ortseingang kurz an. Von dort sind es ca. 15 Min. Fußweg zum Weingut. Die „städtische Linie" Nr. 6 pendelt zwischen Zatoka und Bilhorod und passiert dabei das Zentrum von Shabo.
- **Bahn:** 3x täglich ab Odessa, im Sommer öfter.

Zatoka
Затока

Sonnenanbeter, die in der Hauptsaison Kontakt zu größeren Menschengruppen, 24 Stunden „Kulturprogramm" in Form der Beschallung mit russischer Popmusik und ein überwältigendes Angebot an Discos und Bars suchen, kommen hier voll und ganz auf ihre Kosten. Am Wochenende tummeln sich Tausende Odessiten am zugegebenermaßen recht schönen, teilweise mehrere hundert Meter breiten **Sandstrand.** Ein sehenswertes technisches Denkmal ist die riesige

Die Bessarabiendeutschen

(von *Martin Kopetschke*)

Es mag überraschen, in dieser Region Europas auf deutsche Kultur zu treffen. Doch für **mehr als 150 Jahre** wurde die Region zwischen Dnister und Tatarbunary entscheidend durch deutsche Siedler geprägt. Ende des 18. Jh. war das Land nach den russisch-türkischen Kriegen verwüstet und nahezu unbesiedelt. Nach dem Sieg über *Napoleon* rief Zarin *Katharina II.* Siedler aus verschiedenen Regionen der deutschen Fürstentümer mit dem Versprechen eigenen Landes in die (aus Sicht Russlands) abgelegene Region. So entwickelte sich recht schnell ein blühendes Kulturleben mit eigenen Schulen, Kirchen und Kulturhäusern. Die **Ortsnamen** der Siedlungen wurden oft nach Orten der vergangenen siegreichen Kriege gewählt, so gab es Dörfer namens „Paris" oder „Berezino". Andere, wie „Gnadental" oder „Friedensfeld", zeugen von den Gefühlen der Neuankömmlinge.

Die Lage der deutschen Siedler änderte sich auch nicht, als Bessarabien 1918 an Rumänien fiel. Es waren erst die Deutschen selbst, die nach dem Einmarsch der Roten Armee 1940 mit ihrer „Heim-ins-Reich"-Politik die deutsche Kultur in Bessarabien beendeten. Im Gegensatz zu den Schwarzmeerdeutschen, die weiter nordöstlich siedelten und bei denen die **Umsiedlungen** nicht vor Kriegsausbruch mit der UdSSR stattfanden, entschieden sich fast alle Bessarabiendeutschen Ende 1940, Anfang 1941 zum Auszug. Die meisten der Umsiedler fanden sich in geraubten Höfen vertriebener Bauern im Osten Polens wieder und mussten diese 1944 wiederum verlassen. Heute leben diese Menschen über die gesamte Welt zerstreut, pflegen aber immer noch ein reges Vereinsleben mit vielfältigen Kontakten in die „alte Heimat", wo auch mit Unterstützung ehemaliger Bewohner einige Projekte entwickelt wurden.

Sicherlich der prominenteste Nachkomme der Bessarabiendeutschen ist der ehemalige Bundespräsident **Horst Köhler,** der 1942 im polnischen Skierbieszów als Sohn einer aus dem heute moldawischen Riscani ausgesiedelten Familie geboren wurde.

Das **Erbe der Deutschen** ist heute noch an vielen Stellen und Bauwerken sichtbar. Ehemals deutsche Dörfer sind an ihren im exakten 90-Grad-Winkel zur Straße stehenden, mit langen Satteldächern gebauten Häusern erkennbar, ebenso wie an den für die Region untypischen Kirchenbauten und den – ebenfalls regional untypischen – überraschend massiven und großzügigen Profanbauten wie Schulen oder Warenhäusern. Die meisten Spuren deutscher Besiedlung sind in der Region um Artsyz, Tarutine und Sarata sichtbar.

Absolut empfehlenswert ist ein Besuch im **„Bessarabischen Haus" in Tarutine,** wo der gleichnamige Kulturverein ein Zentrum aufgebaut hat, das sich um die Pflege der Einrichtungen vor Ort und der Kultur kümmert. Die Gründerin und Leiterin, *Svetlana Kruk,* organisiert gern Touren in die Herkunftsorte der Vorfahren oder zu den interessantesten Spuren deutscher Kultur in der Region.

Hubbrücke direkt am Ausfluss des Dnister, der hier, nach 800 km Weg durch die westliche Ukraine, ins Schwarze Meer mündet. Ansonsten bietet der Ort keine Sehenswürdigkeiten. Wer hier übernachten will, der findet im Sommer problemlos eine der in Massen angebotenen billigen Unterkünfte. Außerhalb der Saison ist der Ort weitgehend ausgestorben.

Zwischen Bilhorod-Dnistrovskyi und Izmail

Im Niemandsland der Steppe, 100–150 km südwestlich von Odessa, einstiges Siedlungsgebiet der Bessarabiendeutschen

Die Region zwischen Bilhorod-Dnistrovskyi und Izmail war über mehr als 200 Jahre Siedlungsgebiet der Bessarabiendeutschen. Einige deutsche Spuren sind noch zu entdecken. In dem kleinen Ort **Sarata** steht der ehemalig evangelisch-lutherische, heute von einer Pfingstgemeinde betriebene **„Steppendom“**, das bedeutendste Bauwerk der

ukr14-103 mk

Das Bessarabische Haus in Tarutine

Bessarabiendeutschen. Ein regionales Zentrum ist **Artsyz.** Hier befindet sich in der Ortsmitte die ehemalige evangelische Kirche. In einem Nachbardorf, **Teplytsia/Теплиця (Teplitz),** liegt einer der wichtigsten deutschen Friedhöfe. Außerdem gibt es hier am Bürgermeisteramt noch deutsche Inschriften zu sehen. Nach Sarata bestehen ständige Busverbindungen von Odessa und Tarutine, von dort aus täglich drei Verbindungen nach Comrat (Moldawien).

Tarutine

Тарутіне, russ: Тарутино

Tarutine, 1814 von deutschen Siedlern gegründet, ist ein **entspanntes Landstädtchen** an der Grenze zu Moldawien. Das Zentrum mit dem ehemaligen deutschen Jungengymnasium, erstreckt sich sehr malerisch entlang des Flusses. Der Ort ist ideal als „Basislager“ für Ausflüge in die nähere Umgebung und speziell in die ehemals deutsch besiedelten Dörfer. Sehr sehenswert ist der am Donnerstag stattfindende Markt in Tarutine, einer der größten und buntesten der Region.

Unterkunft

■ **Bessarabisches Haus,** Ul. Krasnaya 353, Tel. 048-473 25 91: Die erste Adresse für Interessierte an der deutschen Kultur in Bessarabien. Gäste in den voll ausgestatteten Zimmern werden in das Familienleben integriert, zudem gibt es echte bessarabische Küche in hoher Qualität. Ab 750 UAH pro Person mit Halbpension.

Verkehrsmittel

■ **Busse** nach Odessa via Artsyz – Sarata (4 Std.) 16x tgl. 4–17 Uhr, über Izmail etwa 6x täglich Richtung Moldawien (Comrat, Cimislia, Tiraspol).

Tatarbunary

Татарбунари, russ: Татарбунары

Tatarbunary ist ein kleines Städtchen auf dem Weg von Odessa in den Süden. Da von der alten türkischen Festung kaum mehr etwas zu sehen ist, wäre es für den Besucher nicht weiter interessant, befänden sich nicht 17 km südlich **einige der schönsten Schwarzmeerstrände** in der Ukraine. Die beiden einfachen Ferienhaussiedlungen **Rasseika** und **Katranka** bieten kaum Quartiere für den gehobenen Anspruch, dafür aber breite, weiße Sandstrände auf dem Festland vorgelagerten Nehrungen. Spektakulär sind vor allem die **mehrere hundert Meter langen Fußgängerbrücken,** die den Ort Katranka über den See hinweg mit dem Strand verbinden, der sich auf einer baumlosen Nehrung befindet. Zwischen den Orten erstrecken sich über viele Kilometer flache Salzlagunen mit einer einzigartigen Flora und Fauna. Außerhalb der Saison sind die Orte weitestgehend ausgestorben.

Im Hinterland liegen sehr ursprüngliche Dörfer mit den für die Region typischen Kirchen aus dem frühen 19. Jh., also der Zeit nach der russischen Kolonisation, so z. B. **Lyman.** Die meisten Kirchen blieben erhalten, da die Region Anfang der 1930er Jahre, als in der Sowjetunion unter *Stalin* Kirchen planmäßig zerstört wurden, zu Rumänien gehörte.

Unterkunft

■ **Hotel Tatarbunary,** Vul. Karla Marksa 38, Tel. 04844-315 66: Unterkunft für den Notfall, weitgehend unrenoviert, DZ ab 500 UAH.

■ Im nahe gelegenen Artsyz, in der Vul. Tarutinska 2b, gibt es ein **Hostel:** Bett ab 300 UAH im Schlafsaal.

■ **Hotel und Erholungsbasa Mryia,** Katranka: Unterschiedlichste Arten von Zimmern, teils in festen Gebäuden, teils in Bungalows, die fast schon das Prädikat historische Sehenswürdigkeit verdienen, teils aber auch nette, neu errichtete Holzhütten. Alle Preislagen, ab 300 UAH, Gäste nur für eine Nacht werden nur ungern angenommen.

Verkehrsmittel

■ Regelmäßige **Busverbindungen** von Odessa, dann Taxi oder per Bus 2x täglich nach Lyman, 4 km Fußweg. In der Saison direkte Busse von Katranka nach Odessa und Chisinau.

Bolhrad

Болград

■ **Nahe der moldawischen Grenze am Yalpug-See, bulgarische Kolonistenstadt mit gut erhaltener Altbausubstanz**
■ **Einwohner: 15.000**

Das **Zentrum der bulgarischen Kultur Bessarabiens** liegt auf einem Hügel nahe der Grenze zu Moldawien **am Ufer des Yalpug-Sees.** Dieser bildet mit den weiter südlich gelegenen Seen Kahul und Kuhurului die bessarabische Seenplatte und ist einer der größten natürlichen Seen der Ukraine. Zudem ist Bolhrad, schon ganz nah am Weinparadies Moldawien, eines der Zentren des Weinbaus in der Region.

Bolhrad wurde 1821 von bulgarischen Siedlern gegründet und gehörte zeitweise zum Fürstentum Moldau, das zu dieser Zeit noch osmanisch war. Dies ist historisch insofern bedeutsam, da das übrige Bessarabien damals bereits zum Zarenreich gehörte. Wie die gesamte Region kam Bolhrad nach dem 1. Weltkrieg unter rumänische Herrschaft und wurde erst mit dem Ausbruch des 2. Weltkriegs Teil der Sowjetunion. Viele der heutigen Bewohner sind bulgarischer Abstammung. Lingua franca in der Region ist jedoch Russisch.

Der Ort wurde mit Schachbrettgrundriss angelegt. Viele der alten einstöckigen Wohnhäuser aus dem 19. Jh. stehen noch entlang nett angelegter Alleen. Besonders sehenswert sind die Hauptkirchen des Ortes, die **Nikolaikirche** von 1871 und der **Preobrazhenskyi-Dom** von 1835, im Jahr 2012 abgebrannt, aber zwischenzeitlich wieder aufgebaut, innen allerdings noch verwaist. Auf dem Friedhof westlich der Stadt fällt das Mausoleum des Generals *Inzov* aus dem Jahr 1825 auf, der 1821 an der Spitze der bulgarischen Neusiedler die Stadt gründete.

Zum See gelangt man vom Zentrum aus über unasphaltierte Gassen in wenigen Minuten. An den naturbelassenen Ufern findet man schöne Badestellen.

Unterkunft

■ **Hotel Inzov,** Ul. Inzovskaya 1, Tel. 067-604 94 45, http://hotel-inzov.com.ua: Neues Hotel an der Durchgangsstraße Richtung moldawische Grenze. DZ 800 UAH.

■ **Hotel Kooperator,** Ul. Inzovskaya 116, Tel. 048 464 31 76: In direkter Nähe von Nikolaikirche und Busbahnhof. DZ 600 UAH.

Essen und Trinken, Einkaufen

■ Das gastronomische Angebot ist überschaubar. Wirklich brauchbar ist eigentlich nur das **Restaurant Randevyu** (Rendezvous) etwas zurückgesetzt an der Nordseite der Allee, welche die beiden Kirchen miteinander verbindet.

■ Der **Markt** wird im Zentrum nahe der Nikolaikirche abgehalten.

■ Das **Weinkombinat Bolhrad** liegt an der Kreuzung der Hauptstraße Richtung Moldova mit der Ul. Inzovskaya (Ul. Asena Khristeva 99, www.bvz.ua). Zum Weinkombinat gehört ein kleiner Firmenladen. Vor dem Kauf kann man ausgiebig probieren.
■ Ein weiteres Weingut ist das **Weingut Kolonist** (www.kolonist.com.ua) im 25 km südlich von Bolhrad gelegenen Krynychne. Es liegt idyllisch oberhalb des Sees und ist auch architektonisch von Reiz, sodass fast südfranzösisches Flair aufkommt. Weinverkauf, Führungen und Weinverkostungen.

Verkehrsmittel

■ Es fahren **Busse** von Odessa (Dauer 4 Std.) und Izmail (1 Std., 13x täglich) sowie nach Moldawien, so nach Cahul, Ceadir-Lunga und Chisinau (4 Std., Abfahrt 9.20, 10.10, 14.50 Uhr). Der Busbahnhof liegt im Zentrum der Stadt beim Markt.
■ **Bahn:** Bolhrad wird im Transit von einer Strecke der moldawischen Eisenbahnen durchquert, ein Einstieg ist jedoch nur für Bürger Moldawiens und der Ukraine möglich.

In der Umgebung

Auf dem Weg nach Izmail passiert man die atemberaubend schöne und unberührte Landschaft des **Yalpug-Sees mit seinen spektakulären Steilufern.** Eine touristische Infrastruktur existiert nicht, absolute Einsamkeit ist garantiert. Vorsicht beim Betreten des Steilufers, es ist nicht gesichert und Abbrüche des lockeren Lössgesteins können vorkommen.

Izmail

Ізмаїл, russ: Измаил

■ **An der Donau, ehemals türkische Festungsstadt mit gut erhaltener Bausubstanz und zahlreichen Kirchen**
■ **Einwohner: 85.000**

Das direkt an der Donau gelegene Izmail ist das **unbestrittene Zentrum der Region.** Mehrere ungewöhnliche Kirchen, historische Sehenswürdigkeiten und das abseits der Hauptstraßen noch recht dörfliche Stadtbild machen Izmail zu einem interessanten Reiseziel, das sich zudem gut mit Ausflügen an die bessarabische Seenplatte und in das Donaudelta rund um Vylkove verbinden lässt.

Geschichte

Schon in der Antike gründeten griechische Händler hier einen Stützpunkt, der sich durch die römische Zeit hielt. Die eigentliche Stadt wurde im 12. Jh. von Genuesen gegründet. 1484 kam das Gebiet unter osmanischen Einfluss. Im 16. Jh. errichteten die Osmanen hier eine ihrer bedeutendsten Festungen im Schwarzmeerraum. Sie gaben der Stadt auch ihren heutigen Namen, der sich vom arabischen „Erhöre, Allah!" ableitet. Die Region entwickelte sich im Kontext der zunehmenden russisch-osmanischen Rivalität zu einem sehr umkämpften Gebiet. 1770 wurde die Stadt erstmals durch russische Truppen gestürmt, woraufhin der Sultan sie zur „uneinnehmbaren Festung" ausbauen ließ. Im zweiten russisch-türkischen Krieg 1789–92 wurde die Festung am 22. Dezember

1790 durch die russische Armee unter **General Suvorov** eingenommen, was bis heute in der russischen Historiografie als einer der zentralen Momente der russischen Geschichte dargestellt wird. Die Hymne des zaristischen Russland („Lasst den Ruf des Sieges tönen!“) bezog sich auf diesen Sieg. Fast die gesamte türkische Einwohnerschaft, geschätzte 40.000 Menschen, wurden beim Sturm der Stadt massakriert. Heute ist Izmail eine Hafen- und Industriestadt und Sitz der Kreisverwaltung.

Sehenswertes

Festung Izmail

Direkt am Donauufer, westlich der City, erstreckt sich das Gelände der ehemaligen Festung, die vom 16. Jh. bis 1856 bestand. Erhalten sind das **Kiliyaer Tor,** einige Spuren der Befestigungen und die **Kleine Moschee,** leider ohne Minarett, heute das älteste Gebäude der Stadt – die letzten Reste islamischer Kultur in Izmail. Seit 1810 wurde die Moschee als Kirche genutzt, heute beherbergt sie das Diorama des Sturmes der Festung Izmail (Ul. Fortetsnaya 1a, geöffnet täglich).

Auf dem Festungsgelände liegen auch das Nikolauskloster mit der im russisch-byzantinischen Stil errichteten **Nikolauskirche** (Ul. Matroska) und die **Maria-Himmelfahrts-Kirche** (1841). Das Gelände ist zu Fuß in 20 Minuten aus der Innenstadt erreichbar, zudem fährt die Minibuslinie 23 direkt bis zur Kleinen Moschee. Das Festungsgelände wurde in den letzten Jahren zu einem wunderschön angelegten Park umgestaltet; hier findet sich auch ein kleines Café.

Izmail Измаил

Übernachtung
2 Hotel Izmail
5 VIP Hotel
6 Hotel Stariy Gorod
7 Hotel Bessarabiya

Essen und Trinken
1 Oasis
4 Pizza Chelentano
8 Neptun

Nachtleben
9 Fasol

Einkaufen
3 Markt

0 500 m
©Reise Know-How
Ukraine34 1/19
Bahnhof 200 m
просп. Ленина
Prosp. Suvorova
просп. Суворова
Ul. Nekrasova
Stadt-
verwaltung
Bolgradskoye Shosse
Stara Nekrasivka 8km
Nikolaus-Kirche,
Maria-Himmelfahrts-
Kirche
Kleine Moschee
Diorama des Sturmes
der Festung Izmail
UKRAINE
RUMÄNIEN
Flusshafen 300 m
Ausschnitt

Zentrum
0 200 m
Seminarskaya Ul.
Кишинёвская ул.
Семинарская
Seminarskaya Ul.
Татарбунарская ул.
Ul. Savitskogo
Ul. Poliny Osipenko
просп. Суворова
Prosp. Suvorova
ул. Полины Осипенко
Ul. Chkalova
Ul. Poliny Osipenko
Bolgradskaya Ul.
Byelgorod-Dnyestrovskaya Ul.
Pokrovskaya Ul.
Maria-
Schutz-
Kathedrale
Покровская ул.
Bus-
bahnhof
Ul. Pushkina
Pokrovskaya Ul.
Suvorov-
Denkmal
Khotinskaya ul.O
Kishynyovskaya Ul.
Byendyerskaya Ul.
Tatarbunarskaya
Geldautomat,
Western Union
Telegrafnaya
просп. Суворова
Maria-Geburts-
Kirche
Ul. Kutuzova
Prosp. Suvorova
Ul. Savitskogo
Dunaiskaya
Ul. Kutuzova
50
Altgläubigen-
Nikolaikirche
Flusshafen 300 m

Das Stadtzentrum

Hauptstraße Izmails ist der **Suvorova-Prospekt,** der von Nord nach Süd direkt auf den Hafen zuläuft. An dieser Allee liegen die klassizistische **Maria-Schutz-Kathedrale** von 1822 (Pr. Suvorova 31) und das Suvorov-Denkmal. Einen Häuserblock östlich befindet sich das Marktviertel, wo der lebhafte und farbenfrohe **3 Markt** (täglich ab 7 Uhr) einen der Mittelpunkte im Leben der Bewohner darstellt. Die alten Markthallen sind zum Teil noch vorhanden, ebenso die Arkadengänge der einstigen Handelsreihen. Auch die **Altgläubigen-Nikolaikirche** von 1833 (Ul. Sv. Nikolskaya) und die **Maria-Geburts-Kirche** in der Vul. Kutuzova 24 sind sehenswert.

Praktische Tipps

Informationen

- Es gibt eine recht gute Website mit allen wichtigen Infos über die Stadt und Fahrplänen, allerdings nicht auf Englisch: **www.izmailonline.com.**

Unterkunft

6 Hotel Stariy Gorod, Ul. Popkrovskaya 40, www.oldtown.com.ua: Zentral gelegenes Boutique-Hotel mit teilweise künstlerisch gestalteten Zimmern. EZ ab 600 UAH, DZ ab 700 UAH.

5 VIP Hotel, Ul. Khotinskaya 77, Tel. 097-733 72 52, www.vip-hotel.com.ua: Kleines Hotel in einem historischen Haus in einer Seitenstraße des Pr. Suvorova. Geräumige Zimmer, gutes Frühstück. Für

ukr14-104 mk

Gruppen ist ein Haus mit Whirlpool im Hof verfügbar. EZ ab 550 UAH, DZ ab 700 UAH.

7 **Hotel Bessarabiya,** Pr. Suvorova 2: Älteres Gebäude, komplett renoviert, luxuriöse DZ ab 1000 UAH, aber auch Hostelbetten um die 8 Euro.

2 **Hotel Izmail,** Pr. Suvorova 52, Tel. 048-412 41 87, http://izmail-city.org/izmail-hotels/416-izmail-hotel: Hotel aus der Sowjetzeit, Atmosphäre und Service sind noch sehr „sowjetisch", Pluspunkt ist der äußerst günstige Preis um die 400 UAH.

Essen und Trinken, Nachtleben

1 **Oasis,** Pr. Suvorova 61a: Restaurant und Biergarten auf dem Mittelstreifen des Prospekts, ukrainische und internationale Küche.

8 **Neptun,** Naberezhnaya Luki Kapikryana 4: Restaurant im Passagierhafen mit Blick auf die Donau. Der Biergarten **Piknik** befindet sich ebenda.

4 **Pizza Chelentano,** Pr. Mira 26b.

9 **Fasol,** Pr. Suvorova 2, www.fasol.at.ua: Großraumdisco direkt am Hafen, täglich ab 20 Uhr.

Verkehrsmittel

Bus

Der **Busbahnhof** liegt in der Ul. Pushkina in direkter Nähe des Marktes. Anreise von Odessa halbstündlich von 3–18 Uhr, nach Vylkove 2x täglich, Kiliya 8x täglich, Reni 14x täglich.

Schiff

Am südlichen Ende des Suvorov-Prospekts liegt der Passagierhafen. 2018 existierten **keinerlei Verbindungen,** in der Vergangenheit wurden in der Saison Kiliia, Vylkove und auch Silistra in Bulgarien angefahren.

◁ Kirche in Izmail

In der Umgebung

Stara Nekrasivka

Стара Некрасівка,
russ: Старая Некрасовка

In dem 10 km östlich von Izmail gelegenen, von den Nekrassov-Kosaken gegründeten Dorf befindet sich am südlichsten Punkt des Struve-Bogens ein Denkmal. Der **Struve-Bogen** ist eine vom norwegischen Hammerfest bis hierher verlaufende Linie aus Messpunkten, im 19. Jh. eine der wichtigsten Einrichtungen zur Erdvermessung. Heute stehen die Messpunkte des Bogens als UNESCO-Weltkulturerbe unter Schutz.

Östlich von Stara Nekrasivka liegt das Dorf **Kyslytsia** auf einer Anhöhe oberhalb eines Sees; hier haben sich noch zahlreiche Reetdachhäuser erhalten.

Kiliya

Кілія, russ: Килия

Im Mittelalter war Kiliya eine bedeutende Handelsstadt, die sich zu beiden Seiten der Donau erstreckte. Heute liegt der südliche Teil als Chilia Veche auf rumänischem Gebiet. Die dortige Kirche am Donauufer – für die heutige Siedlungsgröße viel zu groß erscheinend – zeugt von der einstigen Bedeutung. Der nördliche, ukrainische Teil ist heute eine durch **Militär und Fischerei** geprägte Siedlung. Das Ortsbild prägen dörflich wirkende Häuschen und hier und da ein paar Fassaden aus dem 19. Jh. Sehenswert sind die Kirche der Heiligen Gottesmutter von 1836 und die teils unterirdische Nikolaikirche, deren älteste Spuren auf das Jahr 1648 datieren. Eine Fähre oder Brücke über die Donau nach Rumänien existiert nirgends.

Reni

Die Straße von Izmail nach Reni verläuft entlang des Deiches, der die Donau von ihren Randseen Yalpug, Cahul und Kartal trennt. Die Landschaft ist hier absolut beeindruckend, sodass allein die Fahrt nach Reni ein Ereignis ist. Die kleine Hafenstadt selbst liegt direkt **am Dreiländereck Ukraine/Moldawien/Rumänien.**

Unterkunft

■ **Light House,** Ul. Proletarskaya 8, Tel. 04840-404 08: EZ 250 UAH, DZ 350 UAH.

Weiterreise nach Rumänien

Trotz seiner unmittelbaren Nähe zu Rumänien ist das Überschreiten der Grenze in das südwestliche Nachbarland in diesem Bereich extrem schwierig. Es existiert an der gesamten rumänisch-ukrainischen Südgrenze **kein direkter Grenzübergang.** Eine Fährverbindung Izmail – Tulcea bzw. Galati ist zwar seit Jahren geplant, aber bislang nicht in Betrieb. So kann man Rumänien von der Ukraine aus nur über Moldawien erreichen: Am Nordufer der Donau liegt zwischen ukrainischem und rumänischem Gebiet der moldawische Ort **Giurgiulesti.** Die Verbindung vom östlich von Izmail gelegenen Reni – malerisch zwischen Donau und bessarabischer Seenplatte „eingeklemmt" – nach Giurgulesti ist recht einfach, da wenige Male am Tag Busse fahren. Leider gestalten sich die Grenzübertritte recht schwierig: Während der ukrainisch-moldawische Grenzübergang noch zu Fuß genutzt werden kann und hier auch einige Busse der Linie Reni – Cahul verkehren, ist der 500 Meter weiter gelegene moldawisch-rumänische Übergang nur mit dem Auto passierbar. 2018 gab es hier auch keine Busverbindungen. Die Taxifahrer in Reni, die über ein rumänisches Visum verfügen, nutzen ihre Monopolsituation weidlich aus: Für eine Taxifahrt von Reni (Busbahnhof) nach Galati (Bahnhof) muss mit 40–50 Euro gerechnet werden. Die Grenze per Anhalter zu passieren ist zumindest einen Versuch wert.

Der „Canale Grande" von Vylkove

ukr14-106 mk

Vylkove

Вилкове, russ: Вилково

- **Nahe der Donaumündung ins Schwarze Meer, Altgläubigensiedlung mit unzähligen Kanälen im Donaudelta**
- **Einwohner: 8500**

Höhepunkt einer Reise in den ukrainischen Teil Bessarabiens ist zweifellos ein Besuch im **Donaudelta** mit seinem Hauptort Vylkove. Die ob ihrer zahllosen Kanäle auch als **„ukrainisches Venedig"** bezeichnete Altgläubigen-Siedlung ist aufgrund ihrer Abgeschiedenheit noch ein echter Tipp. Bis heute bewegen sich die Bewohner zum größten Teil mit ihren Booten durch den Ort, da weite Teile nur über Wasser erreichbar sind. Der Vergleich mit Venedig erscheint allerdings etwas vermessen, ein Verweis auf den Spreewald passt besser.

Um Vylkove liegt das **ukrainische Donaudelta-Biosphärenreservat,** eines der europaweit bedeutendsten Schutzgebiete für Flora und Fauna. Besonders die Vogelwelt ist absolut einmalig, über 250

verschiedene Arten lassen sich beobachten, darunter mit dem Rosa- und dem Krauskopfpelikan die Symbolvögel des Deltas. Die Landschaft des Deltas mit ihren endlosen Schilfgürteln, riesigen Seerosenfeldern, kleinen Kanälen, Sandbänken und Feuchtwiesen ist unglaublich beeindruckend. Das Betreten des Reservates ist nur in Form geführter Touren möglich, klassisch ist eine **Bootsfahrt zum „Kilometer 0"**, dem Punkt, an dem die Donau ins Schwarze Meer mündet und von dem aus alle Entfernungen entlang der Donau gemessen werden. Es sind aber auch ganz- oder mehrtägige Delta-Touren möglich.

Das **Zentrum von Vylkove** erstreckt sich recht kompakt entlang der Ul. Rozhdestvenskaya. Zum Hafen, der Mariä-Geburts-Kirche aus dem Jahr 1850 und den „venezianischen" Stadtvierteln um die Ul. Pushkina sind es jeweils zwar nur einige Minuten Fußweg, doch sollte man die Entfernungen im Ort nicht unterschätzen.

Informationen

- Infos über die Tier- und Pflanzenwelt des Donaudeltas und die Aufgaben des Biosphärenreservats erhält man im **Informationszentrum** des Reservats. Gelegentlich werden auch geführte Wanderungen angeboten. Vul. Nakhimova 4, Tel. 04843-323 40, www.dbr.org.ua, Mo bis Fr 8–17 Uhr, Eintritt 25 UAH.
- Bei der Filiale der Privat-Bank im Zentrum gibt es einen **Geldautomaten.**
- Jüngst wurde damit begonnen, das alte Kinogebäude an der Ul. Rozhdestvenskaya zu einem präsentablen regional- und naturkundlichen **Museum** umzubauen. Man darf gespannt sein. Siehe unter: https://bessarabiainform.com/2018/08/v-vilkovo-na-evropejskie-dengi-postroyat-sovremennyj-muzej-ukrainskoj-delty

Unterkunft

8 **Pelican Tour,** Belgorodskyj kanal 56a, Tel. 04843-325 88, www.pelican-danube-tour.com.ua: Der touristische Marktführer in Vylkove (8 Exkursionen ins Delta!) unterhält auch ein **kleines Feriendorf** mit Bungalows direkt an einem Donau-Seitenarm 2 km außerhalb des Zentrums. Ca. 800 UAH pro Hütte für bis zu drei Personen.

1 **Delta Hotel,** am westlichen Rand des Ortes, Ul. Tatarbunarskogo Povstanniya 165, DZ ab 900 UAH.

2 **Dunaiskaya Usadba,** Ul. Ukrainskyhk Prograničnikov 2d: Die Pension verfügt über einen großen Garten und freundliche, helle Zimmer mit viel Holz. Buchbar über die üblichen Buchungsportale.

5 **Hotel Vylkovo-Venecija,** Ul. Rozhdestvenskaya 19a, Tel. 04843-313 74, http://vilkovo-venecia.at.ua: Zentral gelegen, mit renovierten Zimmern und WLAN. EZ mit Etagendusche/WC 300 UAH, Apartments mit Dusche/WC 600 UAH.

Essen und Trinken

5 **Laguna,** im Hotel Vylkovo-Venecija: Recht gute Fischgerichte. Außerhalb der Saison das einzige Restaurant im Zentrum.

6 **Veneciya,** im Zentrum: Am Wochenende Disco.

7 **Yakor,** direkt am Kanal: Urige Kneipe mit Biergarten.

3 **Vylkove,** am Flusshafen: Recht gute Küche mit frischem Fisch.

Die Altgläubigen (Staroobryadcy)

(von *Martin Kopetschke*)

1666/67 wurde unter Patriarch *Nikon* innerhalb der Russisch-Orthodoxen Kirche eine **Reform der liturgischen Abläufe** durchgeführt, die in Russland und der Ukraine übliche Bräuche in den Kanon integrierte und damit auch die Macht des Zaren in der Kirche stärkte. Die Gegner dieser Änderungen, die diese als Häresie und Abfall vom „wahren Glauben" sahen, unterlagen starker Verfolgung (Zehntausende Priester und Gläubige wurden hingerichtet) und zogen sich infolgedessen in die äußersten Randbereiche des Zarenreiches oder in benachbarte Regionen zurück. So findet man heute altgläubige Gemeinschaften etwa im polnischen Masuren, dem rumänischen Donaudelta, in der Moldau, im russischen Fernen Osten und auch in der Ukraine. Dort sind die wichtigsten Zentren Bila Krynitsa südlich von Chernivtsi und Vylkove im Donaudelta. Heutzutage unterscheidet sich der Ritus der Altgläubigen nur marginal von dem der „Hauptkirche", dennoch ist ein Besuch eines altgläubigen Gottesdienstes ob seiner Archaismen und tiefen Spiritualität ein eindrückliches Erlebnis.

Einkaufen

■ Der vormittägliche 4 **Markt** direkt im Zentrum ist sehr sehenswert, man bekommt hier (fast) alles, ansonsten gibt es reichlich **Lebensmittelgeschäfte,** die bis ca. 21 Uhr geöffnet haben.

Verkehrsmittel

■ Es fahren 9x täglich **Minibusse und Busse** von und nach Odessa. Ferner geht es 4x täglich nach Kiliya und Izmail sowie 1x täglich direkt nach Kiew (über Nacht, 17.45 Uhr). Achtung: Häufig fährt der letzte Bus bereits in den Nachmittagsstunden!

■ Hinweis: Die **Straßenverhältnisse** insbesondere in Richtung Kiliya sind eine absolute Katastrophe. Ist man mit dem eigenen bzw. Leihauto unterwegs, muss man unbedingt ausreichend Zeit einplanen und einen Ersatzreifen dabeihaben.

ukr14-107 pk

Balta

Балта

■ **200 km nördlich von Odessa am Fluss Kodyma, ehemals jüdisch geprägte Kleinstadt**
■ **Einwohner: 20.000**

Balta liegt am Übergang der Schwarzmeersteppe zur Podolischen Platte nahe der Grenze zum Gebiet Vinnytsia. Wie alle Orte westlich des Pivdennyi Buh war auch Balta stark jüdisch geprägt. Als **Hauptstadt der Autonomen Moldawischen Sozialistischen Sowjetrepublik** auf dem Gebiet der Ukraine hatte der Ort während der Zwischenkriegszeit eine gewisse überregionale Bedeutung. Diese ASSR umfasste neben dem heutigen Transnistrien auch weite Teile der Südukraine und war nur zu einem geringen Teil von rumänisch sprechender Bevölkerung besiedelt. Die Existenz einer solchen Sowjetrepublik sollte den sowjetischen Machtanspruch auf das restliche Moldawien untermauern, das – seit Ende des 1. Weltkriegs für *Stalin* unerreichbar – zu Rumänien gehörte.

Die parallel zum Fluss verlaufende **Vul. Liubomyrska** ist Baltas Hauptstraße. An ihr sind noch einige jüdische Kaufmannshäuser aus dem 19. Jh. zu sehen. Von hier führen altertümliche Kopfsteinpflastergassen nach Norden den Hang hinauf zu einem – jüngst mit EU-Mitteln (!) neu gestalteten – Platz, an dem die schlichte römisch-katholische St.-Stanislav-Kirche aus dem 17. Jh., ein

‹ Art déco in der Provinz: Feuerwehrturm in Balta

Palast der polnischen Adelsfamilie *Lubomirski* aus dem späten 18. Jh. und das Gebäude der Feuerwehr stehen. Der Turm des Feuerwehrhauses ist eine interessante Stahlbetonkonstruktion aus den 1920er Jahren. Enge Metalltreppen führen nach oben, von der Spitze bietet sich ein guter Rundblick. Offiziell ist eine Besteigung nicht möglich, aber wenn man die Feuerwehrleute freundlich fragt …

Folgt man vom Lubomirski-Palast der Vul. Shevchenka wenige Meter nach Westen, gelangt man zur frisch renovierten, in leuchtenden Blautönen gehaltenen orthodoxen **Uspenskyi-Kathedrale,** zu Beginn des 20. Jh. im altrussischen Stil errichtet. An die **jüdische Vergangenheit** erinnert das einstige jüdische Krankenhaus am westlichen Ende der Vul. Liubomyrska. Der ehemalige jüdische Friedhof liegt auf einer Anhöhe auf der südlichen Seite der Kodyma.

Unterkunft

- **Hotel Bryhantyna,** Vul. Kotovska, nahe der Stadtverwaltung, Tel. 04866-212 42: Lange Zeit Baltas einziges Hotel, nicht besonders in Schuss und nur etwas für den Notfall. DZ ab 250 UAH.
- **Hotel Hostynyi Dvir,** Vul. Diachynshyna 16a, etwas versteckt ein wenig unterhalb der orthodoxen Kirche gelegen, www.hotel-balta.in.ua: Die bessere Option mit DZ ab 350 UAH.

Einkaufen

- Einen kleinen **Markt** gibt es unweit des Busbahnhofs und in der Umgebung auch einige bescheidene Einkehrmöglichkeiten.

Verkehrsmittel

- Nach Balta fahren **Busse** von Pervomaisk, Kodyma oder Kotovsk. Der Busbahnhof liegt im Zentrum nur wenig südlich der Vul. Kotovska an der Vul. Uvarova.

In der Umgebung

Die Dörfer auf dem Weg Richtung Pervomaisk sind eine kleine Sensation: Es gibt hier viele Reetdachhäuser zu sehen, vor allem zwischen den Orten Poznanka und Kryve Ozero.

Pervomaisk und die Granitsteppe

**Первомайськ,
Гранітно-Степове Побужжя**

- **100 km nordwestlich von Mykolaiv am Pivdennyi Buh, guter Ausgangspunkt für den Besuch der Granitsteppe, Raketenmuseum**
- **Einwohner: 67.000**

Das ruhige Pervomaisk geht auf das 17. Jh. zurück, als hier, an der polnischen Ostgrenze, die Stadt **Bogopol** gegründet wurde. 1919 erfolgte die Umbenennung in Pervomaisk (Stadt des 1. Mai). Zur Zeit des Kalten Krieges befand sich inmitten der Steppe nördlich der Stadt ein Atomraketenstützpunkt, heute ein Raketenmuseum (s. u.). Ein **außerordentlich sehenswerter Kulturpalast** aus den frühen 1920er Jahren steht im Stadtzentrum (Pl. Lenina 1). Er birgt prachtvolle Treppenhäuser und aufwendig dekorierte Veranstaltungssäle. Wüsste man nicht um das Erbauungsdatum, so könnte man ihn auf das frühe 19. Jh. datieren. Das Zentrum besteht komplett aus Sowjetbauten, wirkt aber nicht unangenehm.

In dieser beschaulichen Umgebung spielte sich im Jahr 2012 **einer der Vorkonflikte des Maidan** ab. Bei den Parlamentswahlen erreichte der oppositionelle Kandidat des „Blok Tymoshenko“ eine hauchdünne Mehrheit, die am Ende der Stimmenauszählung dreist in eine Mehrheit des Yanukovych-Kandidaten „verwandelt" wurde. Da die Auszählung in Echtzeit im Internet dokumentiert wurde, war die Manipulation auf den letzten Metern leicht nachweisbar, weshalb es zu Demonstrationen vor Ort kam. Die örtliche Wahlkommission wurde blockiert, bewaffnete Soldaten trugen die versiegelten Wahlurnen nach draußen und brachten sie fort. Das angerufene Gericht ordnete die Wiederholung der Wahl an. Diese fand inmitten der aufgeheizten Zeit des Maidans statt und wurde von einem anderen Kandidaten der Yanukovych-Partei gewonnen.

Unterkunft

■ **Hotel Yevrolider,** am Shevchenko-Platz schräg gegenüber des Kulturpalastes, Tel. 05161-425 51: Einigermaßen renoviert, DZ ab 500 UAH.

■ **Hotel Postoyannyi Dvir Bogopol,** Vul. Bogopolska 96, am westlichen Ortsrand, http://hotelbogopol.com.ua: Vor wenigen Jahren neu errichtet, DZ ab 390 UAH, über ukrainische Hotelbuchungsportale reservierbar, z. B. www.hotel24.ua.

Essen und Trinken

■ Im Zentrum von Pervomaisk gibt es einige kleinere **Restaurants und Cafés.**

Verkehrsmittel

Der **Bahnhof** liegt im Stadtzentrum nur wenige hundert Meter vom Leninplatz am Ende der Vul. Shevchenka. Den **Busbahnhof** findet man nordöstlich des Zentrums auf der östlichen Flussseite an der Vul. Radianska 8. Von der Ostseite des Flusses gibt es ständige Verbindungen per Marshrutka nach Myhiia.

Raketenmuseum

■ **Der P06 etwa 20 km nach Norden folgend, erreicht man in unmittelbarer Nähe der Oblastgrenze Mykolaiv/Kropyvnytskyi nördlich des Dorfes Lukashivka das Raketenmuseum. Es befindet sich etwa 1 km östlich der Straße, die Zufahrt ist ausgeschildert. Informationsbüro in Pervomaisk in der Vul. Odeska 121. https://rvsp.net.ua, Tel. 05161-732 30, geöffnet tägl. 10–17 UAH, Eintritt 40 UAH + 60 UAH für Exkursion zum unterirdischen Kontrollraum, telefonische Voranmeldung unbedingt zu empfehlen.**

Etwa 20 km nördlich von Pervomaisk befand sich während des Kalten Krieges eine **Abschussbasis für Atomraketen** – eine von insgesamt sechs auf dem Gebiet der Sowjetukraine. Der Stützpunkt unterlag natürlich strengster Geheimhaltung und war als Wetterstation getarnt. Zehn Atomraketen waren hier stationiert, die sich in unterirdischen Silos befanden. Für welche genauen Ziele sie bestimmt waren, wussten die Arbeiter auf der Basis nicht. Sie waren auf Westeuropa ausgerichtet, höchstwahrscheinlich auch auf Ziele in Westdeutschland. Mit dem **Budapester Memorandum** 1994 verzichtete die Ukraine auf den Besitz von Atomwaffen, die verbliebenen Raketen wurden verschrottet. Dafür schrieben die USA, Großbritannien und Russland (!) Garantien für die territoriale Integrität des Landes in dem Vertrag fest. Wie viel dieses Memorandum tatsächlich wert war, machen die Ereignisse seit 2014 deutlich.

[>] Der Pivdennyi Buh hat sich seinen Weg durch die Granitfelsen gegraben

Absolutes Highlight der Führungen, die nur von ehemaligen Mitarbeitern der Basis geleitet werden, ist der **Abstieg in den unterirdischen Kontrollraum,** der 50 Meter unter einer harmlosen Betonbaracke unter der Erde liegt und mittels einer Leiter und einer folgenden Fahrstuhlfahrt erreicht wird. Hier befindet sich das Kontrollpult, von dem der Abschuss der Raketen ausgelöst worden wäre. Es schoben immer zwei Offiziere Dienst in Sechs-Stunden-Schichten. Im Fall der Fälle hätten diese gemeinsam mittels gleichzeitig gedrehten Zündschlüsseln und gedrückten Startknöpfen den Abschuss der Raketen auslösen können. Zum Zeitpunkt der Recherche gab es Führungen leider nur in russischer Sprache – dafür mit Zeitzeugen und absoluten Experten. Nicht des Russischen Kundige sollten unbedingt einen Übersetzer mitnehmen, denn es ist extrem spannend. Seit Kurzem wird die Website sukzessive mit englischen Informationen versehen, sodass es vielleicht in naher Zukunft auch Führungen auf Englisch geben wird. Für Fans von Raketen(technik) gibt's auch oberirdisch viel zu sehen. Das Museum erreicht man am besten von Pervomaisk per Taxi.

Die Granitsteppe

Etwas östlich von Pervomaisk beginnt **nahe des Dorfes Myhiia** das **Durchbruchstal des Pivdennyi Buh** durch die Granitplatte der südukrainischen Steppe. Die spektakulären Felsabbrüche von bis zu 30 Meter Höhe, Stromschnellen

ukr19-056 pk

und wilde, weithin unberührte Landschaften sind äußerst eindrucksvoll und haben so gar nichts mit den üblicherweise mit der Ukraine assoziierten endlosen Sonnenblumenfeldern zu tun. Von Myhiia aus zieht sich das Gebiet rund 50 km flussabwärts. Vor allem die Flussschleife östlich des Dorfes, wo der Fluss entlang schroffer Granitfelsen eine unglaubliche Strömung entwickelt, ist ein beliebtes Ziel von **Kanu- und Raftingtouristen** aus dem gesamten Land.

Für Spontantouristen gibt es leider wenig Angebote. Da in dieser Region aber immer irgendwelche Wassersportler unterwegs sind, lohnt es sich durchaus, Leute anzusprechen, vielleicht wird man mitgenommen. Es eignet sich die Frage: Wissen Sie, wo man eine solche Bootsfahrt machen könnte? – *De ja mozhu pokatatysja na chovni?* Als Obolus sind einige Flaschen Bier oder Wodka, die im Anschluss an das nasse Abenteuer gemeinsam konsumiert werden, meist ausreichend.

Der **Busbahnhof** von Myhiia liegt im Zentrum des recht heruntergekommenen Straßendorfes, etwa 1,5 km westlich der Stromschnellen.

Unterkunft, Essen und Trinken

- **Baza Vidpochynku Dubrivka,** auf der Südseite des Pivdennyi Buh, in direkter Nähe des Granitgebietes, am Rand des Dorfes Hrushivka, Vul. Novohrushivska 4, http://dubrovka.mk.ua: Ab 200 UAH pro Person, auch Bungalows für vier Personen sind vorhanden (ab ca. 1500 UAH, Mindestbuchungsdauer: 2 Nächte). Raftingangebote ab 550 UAH können hier gebucht werden. Außerdem gibt es Angebote für Pferdeausritte und einen Fahrradverleih.
- Im Bereich zwischen Myhiia und dem Fluss ist **wildes Zelten** problemlos möglich, wegen der vielen Rafter wird man dabei aber nicht allein sein.
- Richtig toll ist das **Restaurant Kaktus** an der Hauptstraße von Myhiia (Vul. Pervomaiska 8, www.migeya.in.ua), in dem es u. a. frisch zubereitete Gerichte aus Straußenfleisch gibt. Auch Übernachtungsmöglichkeit ab 200 UAH pro Person in Hütten und in einem kleinen Hotel.

Rafting

- Mehrere **Veranstalter** haben sich auf Raftingangebote spezialisiert, so die Firma **4 Storony** aus Kiew (www.pohod.org.ua). Die Preise liegen bei etwa 1100 UAH für drei Tage und beinhalten neben dem Rafting den Transfer in Minibussen ab Kiew, Übernachtung in Zelten sowie die Verpflegung.
- Ein lokaler Veranstalter ist **Rafting Myhiia,** Vul. Pervomaiska 60, Tel. 098-086 66 31, täglich 8–20 Uhr, http://rafting-migeya.com.ua: Rafting ab 200 UAH für 1½ Std., dreitägiges Rafting mit Vollverpflegung und Zeltübernachtung für 2000 UAH.
- Auch das **Restaurant Kaktus** (s. o.) bietet Raftingtouren zu ähnlichen Preisen an.

Bobrynets

Бобринець

- **60 km südlich von Kropyvnytskyi, Kolonialstadt des späten 18. Jh.**
- **Einwohner: 11.000**

Unter den zahlreichen Neugründungen des späten 18. Jh. im Bereich der Schwarzmeer- und Granitsteppe nimmt das Städtchen Bobrynets eine gewisse Sonderstellung ein, da sich hier die alte **kleinstädtische Kolonialstadtstruktur in idealtypischer Weise erhalten** hat. Die Stadt wurde ab 1767 erbaut und weist den typischen Grundriss vieler Neugründungen auf: Rechtwinklige, im Schachbrettgrundriss verlaufende Gassen bilden das historische Zentrum, und in der Ortsmitte befindet sich ein großer öffentlicher Park. Mitte des 19. Jh. war Bobrynets ein wichtiges kulturelles Zentrum, mehrere Theater hatten sich etabliert. Neben der historischen Bebauung blieben die großartige blaue **Vosnesenskyi-Kathedrale** im byzantinischen Stil der vorletzten Jahrhundertwende, die ältere Nikolaikirche von 1850 sowie das Gebäude der einstigen Synagoge (Vul. Mykolaivska 65) erhalten.

Im 20 km entfernten **Bereslavka** wurde 1879 unter dem bürgerlichen Namen *Lev Davidovych Bronstein* eine der wichtigsten Figuren der frühen Sowjetunion geboren: der Revolutionär **Leo Trotzki.** Das **Regionalgeschichtliche Museum** in Bobrynets (Vul. Mykolaivska 78) widmet einen großen Teil seiner Ausstellung der Person *Trotzkis,* inkl. Fotos und Schriften des russischen Revolutionärs, der als Vater der Roten Armee letztlich für den Erfolg der Oktoberrevolution verantwortlich war und in den 1940er Jahren, nachdem er zu einem gefährlichen Konkurrenten von *Stalin* geworden war, im mexikanischen Exil von einem KGB-Agenten ermordet wurde.

Unterkunft, Essen und Trinken, Einkaufen

- Bislang verirren sich kaum Touristen nach Bobrynets. Das einzige Hotel der Stadt ist das **Hotel Vesna** in der Vul. Mykolaivska 76 in einem Gebäude aus dem 19. Jh., Tel. 05257-358 39: Ab 120 UAH pro Person, nicht renoviert, nur für den Notfall.
- Zum Essen gibt es einige primitive **Imbissrestaurants.**
- Der **Markt** liegt südlich der Vosnesenskyi-Kathedrale im Zentrum in Richtung der Vul. Mykolaivska.

Verkehrsmittel

- Bobrynets ist vom Busbahnhof 2 in Kropyvnytskyi gut per **Bus** zu erreichen; einzelne Busse fahren auch vom zentralen Busbahnhof. Der Busbahnhof in Bobrynets befindet sich am Nordrand des Stadtzentrums etwa 0,5 km von der Vosnesenskyi-Kathedrale entfernt.

Kropyvnytskyi

Кропивницький
(bis 2016: Kirovohrad)

- **300 km südöstlich von Kiew am Inhul, Oblast-Hauptstadt, zaristische Neugründung des 18. Jh., Festungsstadt**
- **Einwohner: 235.000**

Kropyvnytskyi liegt abseits aller gängigen Verkehrswege und **wird von westlichen Besuchern gerne übersehen.** Das Zentrum weist jedoch einige alte Straßenzüge und Plätze, eine großartige Synagoge, mehrere Kirchen und schöne Parks auf, sodass ein Aufenthalt in der Stadt keine Zeitverschwendung darstellt.

Wie die meisten Städte der südukrainischen Steppenregion ist die Stadt eine Neugründung des 18. Jh. Zur Sicherung der Südgrenze des Zarenreiches wurden auf der rechten Seite des Inhul eine mächtige Festung und die Stadt **Yelisavethrad** errichtet. Im 19. Jh. war die Stadt ein kulturelles Zentrum mit einer bedeutenden Musik- und Theaterszene. Zu Ehren des sowjetischen Politikers *Sergej Kirov* wurde sie 1939 in Kirovohrad umbenannt. Den 2. Weltkrieg überstand Kirovohrad mit geringen Zerstörungen, obwohl in der näheren Umgebung im Januar 1944 **eine der größten Schlachten des 2. Weltkriegs** stattfand, die gut 50.000 Opfer forderte. Ein riesiger Soldatenfriedhof erinnert an die Gefallenen.

Seit der ukrainischen Unabhängigkeit gab es Überlegungen, der Stadt ihren angestammten Namen zurückzugeben, zumal der Herr *Kirov* keinerlei Bezug zu Yelisavethrad hatte. Letztlich waren die Dekommunisierungsgesetze von **2016** notwendig, um eine **Umbenennung** durchzusetzen, wobei man von der Idee, die Stadt nach einer früheren russischen Zarin zu benennen, schnell Abstand nahm. Der neue Name ist ein Kompromiss und beruht auf einem in der Stadt geborenen Musiker. Böse Zungen behaupten auch, dass für die Auswahl des neues Namens ausschlaggebend war, die allgemein übliche Abkürzung für die Stadt (KR) nicht ändern zu müssen …

Sehenswertes

Als typische Gründung des 18. Jh. wurde die Stadt im **Schachbrettgrundriss** angelegt, der bis heute gut zu erkennen ist. Das Zentrum befindet sich auf der östlichen, linken Seite des Inhul, die Festung auf der rechten.

Pl. Heroiv Maidanu und Vul. Dvortsova

Das **Zentrum** bildet die quadratische, lebendige Ploscha Heroiv Maidanu (ehem. Kirova). Auf zwei Seiten des Platzes blieben geschlossene Fassadenfronten des 19. Jh. erhalten, darunter schöne im Jugendstil. Die Bebauung der beiden anderen Seiten stammt aus der Sowjetzeit, ist aber architektonisch recht gelungen. Vom Platz zweigt die **Vul. Dvortsova** nach Norden ab, eine nette **Fußgängerzone** mit Cafés und Restaurants. In einem mächtigen Gebäude aus dem späten 19. Jh. findet sich hier auch die Universität. Die Dvortsova führt auf den quadratischen **Kovalivskyi-Park** zu. Hier, am Ende der Straße, steht das renovierte **Theater** von 1867. Neben seiner originalgetreuen Fassade erhielt das Gebäude auch seinen historischen Innenraum zurück, der einem Umbau der 1980er Jahre zum Opfer gefallen war. Gegenüber stehen eindrucksvolle Militärbauten aus der Zarenzeit. Auf der Nordseite des Parks, etwas versteckt hinter Wohnblöcken der Sowjetzeit, erhebt sich die **Pokrovska-Kirche,** 1849 im russischen Stil als Fünfkuppelkirche errichtet. Auch in den ruhigen Seitenstraßen beiderseits der Vul. Dvortsova sind zahlreiche Altbauten zu finden, sodass man sich Zeit für eine nähere Erkundung dieser Straßen nehmen sollte.

Südlich der Pl. Kirova und jüdisches Viertel

In der Vul. Viktora Khmilenka (ehem. Vul. Dzerzhynskoho) 90d steht das **sehenswerteste Gebäude der Stadt, die große Synagoge.** Mitte des 19. Jh. im maurischen Stil, flankiert von zwei Kuppeltürmen, errichtet, wurde sie jüngst restauriert. Innen ist die originale ornamentale Ausmalung zu sehen, die Nutzung des Gebäudes zu sowjetischer Zeit als Theater ist auch erkennbar. Heute

[>] Das Regionalgeschichtliche Museum der Stadt ist in einem Jugendstilbau untergebracht

existiert wieder eine kleine jüdische Gemeinde, die auf der Empore ein liebevolles Museum des jüdischen Yelizavethrad eingerichtet hat. Besichtigung gegen eine Spende. Westlich der Synagoge liegt das alte Marktviertel, das teilweise erhalten ist und seine Zwecke bis heute erfüllt.

Das **Regionalgeschichtliche Museum** in einem prächtigen Jugendstilbau ist vor allem von außen überaus sehenswert (Vul. Dvortsova 40, täglich geöffnet).

Vom Inhul zur Festung

Folgt man der Vul. Vel. Perspektyna (ehem. Vul. Karla Marksa) vom Pl. Heroiv Maidanu nach Südwesten, erreicht man nach etwa 0,5 km den **Inhul.** Leider wurde die Bebauung des östlichen Flussufers ein Opfer der Stadtplanung der 1970er Jahre. Auf der westlichen Flussseite dagegen liegt die schöne **griechische Kirche** von 1806, die mit ihrer blauen Kuppel samt Glockenturm das Flussufer prägt. Kurz hinter dem gigantischen Hochhausblock des Hotel Turyst zweigt eine kleine Straße nach links ab, die nach wenigen Metern auf das Gelände der einstigen Festung führt. Die **Festung** war eine der größten der Region und wurde in Form eines sechseckigen Sterns ab Mitte des 18. Jh. als Erdfestung errichtet. Die Wälle, Bastionen und die davor liegenden Ravelins sind noch gut erhalten, jedoch teils stark zugewachsen. Das Festungsgelände ist heute ein **Park.** Ein großes Denkmal erinnert an den Großen Vaterländischen Krieg, ein kleines an den Holodomor der 1930er Jahre.

ukr14-108 pk

Praktische Tipps

Unterkunft

12 **Hotel Turyst,** Vul. Ushakova 1, Tel. 0522- 24 46 80: Hochhausblock unterhalb der Festung, nicht renoviert und nicht schön, aber ziemlich günstig! DZ ab 450 UAH.

1 **Hotel Dvortsovyi,** Vul. Olifirenka 16: Sympathisches kleines Hotel am Kovalivskyi-Park in ruhiger Lage. DZ ab 700 UAH.

11 **Hotel Gosudar,** Vul. Permska 8: DZ ab 700 UAH.

3 **Hotel Reikartz,** Vul. Chornovolia 1, www.reikartz.com/ru/hotels/kirovograd: Geboten werden gute Qualität und ausgezeichneter Service zu überdurchschnittlichen Preisen. DZ ab 1000 UAH.

Bahnhofszimmer, im Gebäude des zentralen Busbahnhofes im 2. Stock: Sauber und spottbillig. Aufgrund der guten Anbindung mit dem städtischen Nahverkehr durchaus eine Alternative zu den innerstädtischen Hotels.

Essen und Trinken, Nachtleben

Schöne Cafés und Restaurants finden sich vor allem rund um die zentrale Pl. Heroiv Maidanu und die Vul. Dvortsova.

5 **Prima Violina,** Vul. Dvortsova 17: „Die erste Geige" ist ein gediegenes und nicht ganz billiges Kaffeehaus im Wiener Stil. Regelmäßig Klaviermusik. Der ebenfalls recht elitäre **5** **Fusion Club** befindet sich im selben Gebäude: Moderne Disco mit Dresscode und Türsteher, Eintritt ab 100 UAH, Fr Clubmusik, gelegentlich Live-Shows.

7 **Shalenyi Patrik,** Vul. Chornovolia 30/36: Toller Irish Pub in einem Kellergewölbe.

6 **Churchill Pub,** Vul. Dvortsova 28: Urige Kellerkneipe mit tollem Ambiente.

4 **Sho Bar,** Vul. Mykoly Sadovskoho: Trendige Kneipe, interessante Inneneinrichtung mit viel Holz, gelegentlich DJs (elektronische Musik).

Kropynytskyi

■ In der Vul. Dvortsova finden sich einige gute Konditoreien, z. B. das 8 **Café Mokko** mit der Hausnummer 30/36.

■ In unmittelbarer Nähe der Philharmonie, in der Vul. Kavaleriiska, befindet sich das 2 **Café Filizhanka,** ein gemütliches Kuchencafé.

Kropyvnytskyi – Museum in der Synagoge

ukr14-109 pk

Einkaufen

9 Der **Zentralmarkt** befindet sich östlich der Vul. Vel. Perspektyvna zwischen dem Fluss und der Vul. Preobrazhenska.

10 In der Nähe des Flusses befindet sich die hiesige **Filiale der Supermarktkette Silpo.**

Kultur

■ Das frisch renovierte **Theater,** das auch architektonisch sehenswert ist, liegt am Ende der Vul. Dvortsova in der Vul. Kropyvnytskoho 2, Tel. 0522-24 15 03.

■ Die **Philharmonie** ist in der Nähe, in der Vul. Kavaleriiska 8, Tel. 0522-22 78 86. Im Gebäude gibt es auch ein Art-Café mit dem Namen „Art".

Verkehrsmittel

Bahn

Der Bahnhof Kropyvnytskyi hat nur geringe Bedeutung. Als Anreisebahnhof ist der 50 km weiter östlich gelegene **Knotenbahnhof Znamenka** zu empfehlen. Dieser liegt an der Strecke Kiew – Dnipropetrovsk und ist gut angebunden. Von Znamenka fahren regelmäßig Busse und Marshrutky nach Kropyvnytskyi.

Bus

■ Der **Zentrale Busbahnhof** am Nordostrand der Stadt an der Ausfallstraße Richtung Znamenka ist an den städtischen Nahverkehr gut angebunden. Hier halten alle überregionalen Busse, und es gibt Direktverbindungen nach Kiew und Kharkiv.

■ Der **Busbahnhof Nr. 2** hat eher regionale Bedeutung; die meisten Busse Richtung Bobrynets fahren hier ab. Dieser Busbahnhof liegt an der großen Kreuzung von Vul. Soborna, die später übergeht in die Vul. Telnova, und Vul. Vokzalna am westlichen Stadtrand.

Kryvyi Rih

Кривий Ріг, russ: Кривой Рог

- **150 km südwestlich von Dnipro, Zentrum des Eisenerzabbaus und der Stahlindustrie mit grünen, felsigen Flusstälern**
- **Einwohner: 659.000**

Kryvyi Rih ist eine **Stadt der Superlative:** Hier befinden sich das größte Unternehmen der Ukraine, Krivorizhstal, der größte Tagebau Europas mit einer Tiefe von gut 300 Meter, und die Stadt erstreckt sich dazu noch über 80 km (!) entlang der Täler des Inhulets und des Saksahan. Leider ist auch die **Luftverschmutzung** oft rekordverdächtig. Dennoch ist die Stadt kein rauchendes und stinkendes Industriegebiet, sondern erstaunlich grün und von malerischen felsigen Flusstälern durchzogen.

Geschichte

Laut Überlieferungen von einem Kosaken namens *Rih* („Horn", Kryvyi Rih bedeutet „Krummes Horn") gegründet, wurde die Stadt erstmals 1775 urkundlich erwähnt. Mit dem Beginn des Erzabbaus ab 1881 entwickelte sie sich zu einem **Zentrum der Metallindustrie.** Im russischen Bürgerkrieg 1919/20 war sie ein **Mittelpunkt der anarchistischen Bewegung um Nestor Machno** (1888–1934), die für ein freies anarchistisches Territorium kämpfte – und dies in den Bürgerkriegsjahren auf dem Gebiet der südlichen Ukraine vorübergehend auch etablieren konnte. Die Makhnovshchina wurde aber schließlich von den Bolschewisten zerschlagen.

Nachdem die Stadt im 2. Weltkrieg teilweise zerstört und ihre (vornehmlich jüdische) Bevölkerung ermordet worden war, wurde sie ab den 1950er Jahren zur **sozialistischen Musterstadt** ausgebaut. Große Industriekomplexe wurden angesiedelt und für die dort Arbeitenden eine sehr großzügige Stadt mit breiten Boulevards, großen Parks und Kultureinrichtungen angelegt. Das größte Projekt, das in der Nähe gemeinsam mit der CSSR, der DDR, Bulgarien und Rumänien geplante Bergbau- und Aufbereitungskombinat, wurde aber aufgrund des Umbruchs 1989/90 nie fertiggestellt.

Das heutige Kryvyi Rih ist eines der wenigen Zentren der eher westukrainisch orientierten Partei „Samopomich". Bei den **Kommunalwahlen 2015** erreichte der Oppositionskandidat von Samopomich eine hauchdünne Mehrheit, ein Ergebnis, das nach regionaler Sitte nicht anerkannt und durch Fälschungen zugunsten des amtierenden Bürgermeisters *Vilkul* verändert wurde. Auch hier kam es nach Protesten zu einer Wahlwiederholung, die von *Vilkul* gewonnen wurde, nachdem sich die proeuropäischen Kräfte zerstritten hatten.

Alles in allem erscheint Kryvyi Rih – gerade im Vergleich zur unglaublich dynamischen Entwicklung der Oblasthauptstadt Dnirpo – nach wie vor als eine sehr sowjetisch geprägte Stadt.

Sehenswertes

Im heutigen Kryvyi Rih gibt es zwei Zentren: Die **Altstadt,** überwiegend geprägt von Bauten aus dem späten 19. Jh. und der frühen Sowjetzeit, liegt nahe der Mündung des Saksahan in den Inhulets.

Kryvyi Rih Кривий Ріг

Die wichtigsten Straßen hier sind die Vul. Sv. Mykolaivska (ehem. Vul. Lenina) und der Prospekt Poshtovyi (ehem. Bulvar Karla Marksa). Bemerkenswerte Bauten der Stalinzeit sind das Kino- und das Theatergebäude, beide auf dem Prospekt Poshtovyi. Hier befindet sich auch als eines der wenigen älteren Gebäude die **Muttergottes-Geburtskirche** von 1885 (Vul. Ukrainska 83). In der östlich des Prospekt Poshtovyi gelegenen Vul. Kaunaska und in deren Seitenstraßen hat in den mit Steinhäusern aus dem späten 19. Jh. bestandenen Kopfsteinpflastergassen Bausubstanz des jüdischen Kryvih Rih überlebt, allerdings in schlechtem Zustand. Sehr sehenswert ist der **Stadtpark** am Zusammenfluss von Saksahan und Inhulets mit seiner im Stalinbarock gestalteten monumentalen **Schiffsanlegestelle.** Der südwestlich der Mündung des Saksahan gelegene Talabschnitt des Inhulets bietet die Gelegenheit zu Spaziergängen durch das felsige Flusstal. Rote Granitfelsen zeugen vom starken Eisenerzvorkommen.

Das zweite, eigentliche Zentrum der Stadt bildet heute die **Neustadt** etwa 4 km östlich der Altstadt mit dem zentralen **Prospekt Metalurhiv** und dem

Prospekt Myru. Hier befinden sich Stadtverwaltung, Geschäfte, Kulturpalast und das Zirkusgebäude. Teils im Stil der späten Stalinzeit, überwiegend aber mit Plattenbauten angelegt, präsentiert sich das Zentrum großzügig mit breiten Straßen und viel Grün und ist eines der gelungenen Beispiele für den sowjetischen Städtebau.

Südlich des Prospekt Metalurhiv, nicht weit von einem der beiden Bahnhöfe, liegt das riesige **Stahlwerk.** Um eben dieses Werk gab es gegen Ende der Kuchma-Zeit einen handfesten Korruptionsskandal – es wurde zum Schleuderpreis an ein Konsortium von *Rinat Akhmetov* und *Viktor Pinchuk* (dem Schwiegersohn des Präsidenten) abgegeben, obwohl internationale Investoren bereit waren, wesentlich höhere Beträge zu zahlen. Nach der Orangenen Revolution wurde diese Privatisierung auf Initiative *Yulia Tymoshenkos* rückgängig gemacht. Kurz darauf kaufte der indische Global Player Mittal-Steel das Werk. Dass sich *Tymoshenko* mit dieser Aktion bei den oben genannten Herren nicht beliebt machte, ist klar.

Nördlich und südlich der Alt- und Neustadt liegen die Tagebaue des Erzab-

ukr14-110 mk

baus. Speziell die nördlichen Bereiche sind bereits erschöpft, und an manchen Stellen kann man von der „Kante“ einen Blick in die beeindruckende Tiefe von bis zu 300 Meter werfen.

Tipp: Mit den zweimal täglich nach Inhulets verkehrenden Nahverkehrszügen kommt man in die direkte Nähe der riesigen Erzkrater.

Praktische Tipps

Unterkunft

9 **Reikartz Aurora,** Pr. Metalurhiv 40, Tel. 056-404 08 08, www.reikartz.com: „Erstes Haus“ der Stadt, Vier-Sterne-Standard, DZ ab 1000 UAH.

Kosakendenkmal im Zentrum von Kryvyi Rih

4 **Mini-Hotel Vest,** Vul. Mykolaivska 52, Tel. 056-442 80 40: Einzige Übernachtungsmöglichkeit in der Altstadt, zwei an einen Billardclub angeschlossene Zimmer, DZ 450 UAH.

10 **Hotel Druzhba,** Vul. Televizionna 12, Tel. 056-409 07 00, www.druzhba-lux.com.ua: Größeres Haus in der Nähe des Busbahnhofs, DZ ab 900 UAH.

8 **Hotel und Hostel Tsentralyi,** Vul. Musorgshoho 16: Anders, als der Name vermuten lässt, weit außerhalb im nördlichen Teil der Stadt gelegen. DZ ab 700 UAH, Hostelbett ab 120 UAH.

11 **Hostel,** Vul. Serafymovycha 74: In einem kleinen neuen Gebäude in unmittelbarer Nähe des Hauptbahnhofs. Ab 5 Euro.

7 **Ukrainochka Hotel,** Vul. Hetmanska 80, www.ukrainochkahotel.com: Volkstümlich eingerichtetes Haus am Nordrand der Neustadt. DZ ab 950 UAH. Mit 7 Restaurant.

Essen und Trinken

5 **Beerloga,** Pr. Myru 12: Rustikal eingerichtete Bierkneipe und Restaurant.

6 **Kapot i Baklazhan,** schönes Restaurant direkt am Prospekt Myru (Hausnummer 24).
3 **Wafbusters,** Pr. Poshtovyi 19: Wie der Name schon vermuten lässt – hier gibt es Waffeln in allen Variationen. Stylish und modern eingerichtet.
2 Freunden der georgischen Küche bietet sich das **Ketyly Pury** an, Pr. Poshtovyi 14.
2 **Marakesh,** Pr. Poshtovyi 25: Etwas zurückgesetzt von der Straße, orientalische Küche.
1 **Chashka,** Vul. Chkalova 6: Gemütliches Café.
■ Über die ganze Stadt verteilt finden sich viele Filialen der ukrainischen **Pizzeria-Kette Chelentano,** in denen man gut und günstig essen und ein Bier trinken gehen kann.

Verkehrsmittel

Bahn

Kryvyi Rih besitzt zwei Bahnhöfe, den **Hauptbahnhof Kryvyi Rih-Holovnyi** im Nordosten der Stadt (Vul. Zaliznychnikiv 1, erreichbar mit den Straßenbahnlinien 9 und 14, Fahrzeit 30 Min.), wo die Fernzüge halten, und den im Süden der Neustadt gelegenen **Bahnhof Kryvyi Rih,** der eher die Regionalzüge ins Umland bedient.

Bus

Vom **Busbahnhof** in der Dniprovske Shosse 1a fahren etwa alle halbe Stunde Busse nach Dnipro, 6x täglich nach Kropyvnytskyi und 5x nach Mykolaiv.

Flug

Vom **Flughafen** im Stadtteil Lozuvatka gehen unregelmäßig Flüge nach Kiew.

Stadtverkehr

Kryvyi Rih ist riesig. In die Wohngebiete im Nordosten verkehrt eine **Schnellstraßenbahn,** die in der Neustadt wie eine Metro unterirdisch verläuft. Haltestelle am Pr. Metalurhiv. Ansonsten fahren zwischen Alt- und Neustadt „klassische" **Straßenbahnen sowie Minibusse.**

Mykolaiv

Миколаїв, russ: Николаев

■ **100 km östlich von Odessa, 60 km nordöstlich von Kherson, Oblast-Hauptstadt, historisches und aktuelles Zentrum der Schiffsindustrie**
■ **Einwohner: 496.000**

Geschichte

Gegründet 1789 und damit einige Jahre jünger als Kherson und einige Jahre älter als Odessa, ist Mykolaiv die dritte der drei großen Schwarzmeerhafenstädte, die auf Geheiß *Katharinas der Großen* an der Küste Neurusslands errichtet wurden. Wie in Kherson war auch hier General *Potyomkin* bei der Stadtgründung federführend beteiligt. Mehr noch als in den beiden Nachbarstädten war das Schicksal Mykolaivs von Beginn an aufs Engste mit dem **Schiffsbau** verbunden – die Stadt bestand zunächst aus wenig mehr als einer Werft, in der Schiffe repariert wurden, die im Osmanisch-Russischen Krieg beschädigt worden waren. Aus diesen bescheidenen Anfängen entwickelte sich Mykolaiv schnell zu einem der wichtigsten Zentren des Schiffsbaus im Russischen Reich. In der Stadt befand sich für über 100 Jahre – von 1789 bis 1898 – das Hauptquartier der russischen Schwarzmeerflotte, bis dieses nach Sevastopol umzog. Ihren absoluten Aufschwung erlebte die Stadt nach dem 2. Weltkrieg, als sie *das* **Zentrum der sowjetischen Schiffsindustrie** wurde. Die Mehrheit der Schiffe für die sowjetische Flotte wurde hier gebaut, auch U-Boote und der Flugzeugträger „Kusnetsov". Bis in die späten 1980er Jahre war die Stadt absolut off limits für ausländische Touristen: Der Bau der Militärschiffe unterlag striktester Geheimhaltung.

Mit dem Zusammenbruch der Sowjetunion erlebte Mykolaiv einen **beispiellosen Niedergang** – die Werften lagen still, die Arbeitslosigkeit explodierte, und die Stadt hatte bald einen notorisch schlechten Ruf als Drogen- und Aidshauptstadt der Ukraine. Mittlerweile haben die drei Werften ihre Arbeit wieder aufgenommen, und Mykolaiv befindet sich auf einem langen und beschwerlichen Weg der Besserung. Dennoch ziehen bis heute viele Menschen fort.

Zu Yanukovych-Zeiten war die Stadt für einen ganz besonderen „Exportschlager“ bekannt – ihre **Frauen.** Eine regelrechte „Industrie“ hatte sich um die Vermittlung von Frauen an westliche Ausländer entwickelt. Zeitweise wirkten bis zu 150 Heiratsagenturen in der Stadt, viele Unterkünfte ähnelten unseriösen Stundenhotels.

Wer sich für die Geschichte des russischen und sowjetischen Schiffsbaus und der Schwarzmeerflotte interessiert und/oder allgemein einen Eindruck vom Leben in einer ukrainischen **Großstadt** gewinnen möchte, die **abseits des touristischen Mainstreams** ihren Weg in eine bessere Zukunft sucht, der wird in Mykolaiv durchaus spannende Entdeckungen machen. Gerade hier lassen sich die positiven Veränderungen des Landes seit 2014 hautnah erleben: Junge, engagierte Politiker haben vor Ort die Macht übernommen, die Stadtverwaltung wird bürgerfreundlich umgestaltet, das Zentrum saniert. So hat die Stadt viel von ihrem mafiösen Anstrich, der noch 2012 überall zu beobachten war, verloren.

Orientierung

Als koloniale „Planstadt“ ist Mykolaiv **schachbrettförmig angelegt.** Das eigentliche historische Zentrum der Stadt ist recht klein und kann bequem zu Fuß erkundet werden. Es wird im Wesentlichen abgegrenzt durch die Straßen Nabereshna – Tsentralnyi Prospekt (Nord-Süd) und Artyleriiska – Sadova (Ost-West). Hauptachse der Stadt ist dabei der Prospekt Lenina. Achtung: Viele **Straßen** haben neue Namen erhalten, z. B.

die Chernihivska (einst Karla Libknekhta). Oft werden aber noch die alten Namen verwendet. Auch russische und ukrainische Straßennamen werden nebeneinander benutzt, z. B. Velyka Morska und Bolshaya Morskaya.

Sehenswertes

Weite Teile des Stadtbildes prägen kleine Häuser aus dem 19. Jh., besonders schön anzusehen in der **Vul. Lyahina.**

Vul. Soborna

Mykolaivs **Flanier- und Shoppingmeile** ist eine angenehm von Platanen beschattete **Fußgängerzone** mit südlichem Flair, buntem Treiben, vielen Geschäften, Cafés und Restaurants. Sie erstreckt sich von der Nabereshna hinab bis zur

☑ Kleine Häuser prägen den alten Teil der Stadt

ukr19-031 pk

Mykolajiv Миколаїв

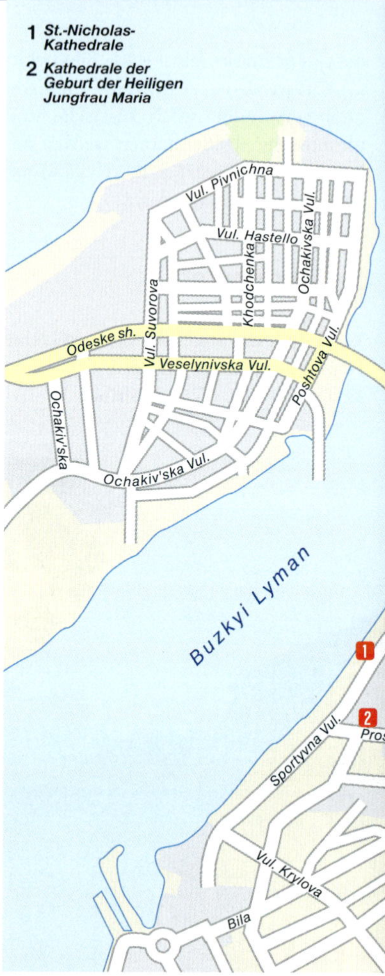

Lenina. Im kleinen Park an der Kreuzung Radianska/Lenina befindet sich das **Denkmal für die Schiffsbauer,** errichtet 1989 anlässlich des 200-jährigen Geburtstages der Stadt – eine gewaltige Erdkugel, umstanden von überlebensgroßen Admirälen und Werftarbeitern.

Werft Kommunara 61

Die älteste der drei Werften in Mykolaiv ist gewissermaßen der **Geburtsort der Stadt.** 1788 wurde hier, am Ufer des Inhul, mit der Reparatur und dem Bau von Kriegsschiffen für die zaristische Flotte begonnen. Zu Sowjetzeiten wurden hier zahlreiche Zerstörer, Torpedoboote und U-Boote konstruiert. Heute umfasst das Werftgelände 11,5 km², gebaut wird für das ukrainische und russische Militär sowie Eisbrecher, Trawler und Transportschiffe für den internationalen Markt. Eine beeindruckende Aussicht auf das Trockendock der Werft hat man von der Brücke, die vom Flotskyi Bulvar zur Kyivske-Chaussee führt. Infos: www.shipyard61.com.ua/start-eng.html.

Sakralbauten

Auch in Mykolaiv finden sich eine Reihe interessanter Sakralbauten, die Zeugnis von der einstigen konfessionellen Vielfalt der Stadt ablegen. Sehenswert sind die **Lutherische Kirche,** Admiralska 12, aus dem Jahr 1849 und die **Katholische Kirche,** Dekabrystiv 32 a, aus dem Jahr 1896. Die bedeutendsten erhaltenen orthodoxen Gotteshäuser sind die klassizistische **St.-Nicholas-Kathedrale,** Falivska 4, die 1817 geweiht wurde, und die **Kathedrale der Geburt der Heiligen Jungfrau Maria,** Lyahina 10, deren Bau sogar noch früher, nämlich im Jahr 1800, fertiggestellt wurde. Sie ist damit eines der ältesten erhaltenen Bauwerke der Stadt.

Gegenüber vom **imposanten Rathaus** auf dem Lenin-Platz, dort wo sich Admi-

ralska und Soborna schneiden, befindet sich die kleine **Kapelle für den Heiligen St. Nikolaus.** Sie wurde 2004 an der Stelle errichtet, an der einst die mächtige, 1794 fertiggestellte Admiralitätskathedrale stand, die Hauptkirche Mykolaivs. 1937 gab *Stalin* die Genehmigung, dieses großartige Bauwerk zu zerstören, nachdem sich lokale Parteimitglieder wiederholt über den Glockenlärm beschwert hatten. Das Rathaus ist ein typischer Bau im Stile des Stalinschen Neoklassizimus. Der kommunistische Stern prangt noch überm Giebel, direkt darunter, auf dem Giebel selbst, wurde aber längst der Tryzub angebracht.

ukr14-112 bj

Bis zum 2. Weltkrieg war Mykolaiv eine stark jüdisch geprägte Stadt – etwa 20 % der Stadtbevölkerung waren Juden, einst gab es 26 Synagogen. Die heutige **Hauptsynagoge,** Chernihivska 13 (einst Karla Libknekhta), ist zugleich die älteste Synagoge der Stadt. Sie wurde 1819 eingeweiht und galt einst als die Synagoge der Schuhmacher – viele Juden in Mykolaiv fertigten Schuhwerk für die Matrosen der russischen Flotte. 1991 wurde das Gebäude an die jüdische Gemeinde zurückgegeben. Heute leben etwa 15.000 Juden in der Stadt, und das Gemeindeleben blüht wieder auf.

Blick auf die einstige sowjetische Flottenschmiede – die Werft Kommunara 61

Museen

Flottenmuseum

Vul. Admiralska 4,
Di bis So 10–17 Uhr, Mo geschlossen,
25 UAH, Fotografieren 10 UAH

Das Flottenmuseum ist ein Muss für jeden, der sich für Schiffe und Schiffsbau interessiert. Es gibt viele **Modelle** zu bestaunen und **Informationen** über die Seeoperationen der russischen bzw. sowjetischen Flotte während des Krimkrieges und im 2. Weltkrieg – allerdings ohne englische Beschriftungen. Im Gebäude des Museums befand sich einst das Hauptquartier der russischen Schwarzmeerflotte. Entlang der Admiralska vor dem Museum finden sich die imposanten Büsten zahlreicher Admiräle, die hier Dienst taten.

Sternwarte

■ Observatorna 1, Tel. 0512-47 70 14, Mo bis Fr 8.30–13 und 13.30–17 Uhr, Sa/So geschlossen, www.nao.nikolaev.ua/index.php

Das 1827 fertiggestellte Observatorium ist **eine der ältesten Sternwarten in Osteuropa,** es diente vor allem der Erstellung nautischer Karten für die zaristische Flotte. Unter seinem ersten Direktor, *Karl Friedrich Knorre* (1801–83), einem Russlanddeutschen, entwickelte es sich zu einem der besten Observatorien seiner Zeit. Heute verfügt die Sternwarte über eine der umfassendsten astronomischen Literatursammlungen der Ukraine und ist eine unabhängige wissenschaftliche Forschungseinrichtung. Es gibt auch ein kleines Museum zu besichtigen.

Vereshchagyn-Kunstmuseum

■ Velyka Morska 47, 8–16.30 Uhr, Mo und Fr geschlossen, 10 UAH, http://vereschagin.com.ua

Das Museum trägt den Namen des bekannten Schlachtenmalers **Vasylyi Vereshchagyn** (1842–1904), der als Maler im Dienste der zaristischen Armee Augenzeuge des Russisch-Türkischen Krieges (1877/78) wurde. Die Kriegserlebnisse machten ihn zum überzeugten Pazifisten: Seine Schlachtengemälde bestechen durch radikalen Realismus und drastische Motive. Sie brachten ihm europaweite Anerkennung ein, aber auch viele Anfeindungen. Im Museum finden sich 148 seiner Werke, darunter typische, sehr eindrucksvolle wie „Adler/Der erschlagene Soldat“ oder „Kannibal“.

Praktische Tipps

Unterkunft

7 Reikartz Kontinent, Admirala Makarova 41, https://reikartz.com/en/hotels/nikolaev-kontinent: Haupteingang direkt auf der Soborna. Die Zimmer des historischen Gebäudes sind typisch postsowjetisch renoviert. DZ ab 800 UAH (inkl. Frühstück).

10 Inhul, Admiralska 34, Tel. 0512-53 55 57, www.hotelingul.com: Etwas südlich des Prospekt Tsentralnyi gelegen, die teureren Zimmer, Restaurant und Bar sind ziemlicher Glamour-Kitsch, aber die Standardzimmer schlicht und ordentlich. EZ ab 450 UAH, DZ ab 580 UAH.

11 Nikotel, Prospekt Tsentralnyi 120, Tel. 0512-76 52 71: Einfache, saubere Zimmer mit Dusche/WC, EZ ab 450 UAH, DZ ab 600 UAH. Super gelegen.

1 Reikartz River, Sportyna 9, Tel. 0512-58 11 11, https://reikartz.com/en/hotels/nikolaev-river. Mit dem Reikartz kann man meist nichts falsch machen. Liegt im westlichen Zentrum am Fluss (wie das Turist). EZ ab 800 UAH, DZ ab 1000 UAH.

2 Turist, Karpenka 46: Sowjethochhaus am westlichen Ende des Prospekt Tsentralnyi, am Fluss. Renovierte Zimmer mit Dusche/WC. EZ ab 380 UAH, DZ ab 450 UAH.

Essen und Trinken

8 Griffel, Moskovskaya 49: Dieses Café ist wohl konkurrenzlos in der Stadt – liebevolles und ebenso stil- wie fantasievolles Interieur, guter Kaffee, Salate und kleine Gerichte, angenehme, alternative Atmosphäre. Es werden auch Filme gezeigt sowie Konzerte und andere Kulturveranstaltungen durchgeführt.

9 **X Road,** unmittelbar gegenüber vom Griffel, Vul. Moskovskaya 42: Eher alternative Atmosphäre.
6 **Nuli,** Vul. Soborna 65: Restaurant-Kneipe in einem Kellergewölbe. Sehr ansprechend.
6 **Fans ua** (France), Vul. Soborna 5: Wie der Name schon sagt – wem es angesichts von zu viel Borshch und Varenyky an Croissants u. Ä. fehlt, wird hier fündig.
5 **Khurma,** Vul. Velyka Morska 74: Ein „Georgier" darf natürlich auch in Mykolaiv nicht fehlen, wer also scharf ist auf Khachapuri, Ostri, Khinkali und Kharcho, sollte hier einkehren – und wer die genannten Speisen noch nicht kennt, sollte dies ebenso tun. Angenehmes Interieur.
3 **Café Bulvar,** Nabereshna 5: Nettes kleines Café in einer ruhigen Seitenstraße in Sichtweite des Makarov-Denkmals. Angenehm zum Draußensitzen.

Verkehrsmittel

Bahn
Der wichtigste **Bahnhof,** Mykolaiv Pass., liegt in der Vul. Novozavodska ca. 5 km südwestlich vom Stadtzentrum. An Verbindungen ist vor allem der **Nachtzug nach Kiew** von Bedeutung. Aber auch Odessa, Kherson und andere größere Städte (u. a. Kharhkiv und Dnipro) werden angefahren.

Bus
Der Bus ist die schnellste Option, um nach Odessa oder Kherson zu gelangen. Der **Busbahnhof Nr. 1** befindet sich auf dem Oktyabrskyi (Zhovtnevyi) Prospekt 21 etwa 1,5 km südlich vom Ostende des Pr. Tsentralnyi. Von hier fahren auch (alle halbe bis 1½ Stunden) Marshrutky in die beiden genannten Städte. Die Fahrt nach Odessa dauert 2½ Std., die nach Kherson 1½ Std.

[>] Archäologische Ausgrabungsstätte Olvia

In der Umgebung

Olvia
Ольвія

40 km südlich von Mykolaiv, in unmittelbarer Nachbarschaft des Dorfes Parutine, liegt direkt an der Steilküste des Schwarzen Meeres die **Ausgrabungsstätte** Olvia. Das pontische Olbia wurde 633 v. Chr. von Händlern aus Milet gegründet und bestand bis etwa 50 v. Chr. als Startpunkt einer Karawanenstraße nach Zentralasien. Von den Römern noch einmal teilweise wieder aufgebaut, verfiel die Stadt dann im 4. Jh. n. Chr. Ausgrabungen begannen hier 1901 und werden bis heute fortgesetzt. Da die Stelle nie wieder besiedelt wurde, sind die vorhandenen Spuren recht gut erhalten. Mehrere frühgriechische Wohnhäuser, Tempel und ganze Stadtviertel sind anhand der Grundmauern zu erahnen, einige Grabmäler können betreten werden. Olvia ist zudem schön gelegen, vom südlichen Teil hat man eine weite Aussicht entlang der Steilküste.

Informationen
■ Die Ausgrabungsstätte und das Museum sind Mi bis So 10–17 Uhr geöffnet. Eintritt 25 UAH, Fotoerlaubnis 10 UAH, Tel. 051-549 24 53, Vul. Olviyska 47, Parutine.

Essen und Trinken
■ Direkt am Eingang zur Ausgrabungsstätte liegt das **Restaurant Olvia,** das in der Sommersaison täglich geöffnet ist.

Verkehrsmittel
■ 7x täglich **von Mykolaiv** (Busbahnhof Nr. 2, gegenüber vom zentralen Markt).

Rybakivka
Рибаківка

Endlos lange Sandstrände, Steilküsten, ein riesiges Angebot an Unterkünften und eine gute Gastronomie machen das kleine **Touristenresort** nahe dem gleichnamigen **Dorf am Schwarzen Meer** zu einem sommerlichen Urlaubsziel von wachsender Bedeutung. Im Winter freilich ist hier gar nichts los.

Vom einfachen Kinderferienlager aus sowjetischer Zeit bis hin zu Privatquartieren, Hotels und Pensionen ist alles geboten. Zum Essen bietet sich vor allem das gute Restaurant Melnytsia an. Vom Strand werden regelmäßige Schiffsausflüge zu einer gegenüberliegenden Landzunge angeboten.

Rybakivka liegt etwa 20 km südlich der Hauptstraße Odessa – Mykolaiv nahe dem Ort Kobleve und ist aus Mykolaiv leicht per Bus erreichbar.

Kherson
Херсон

- **60 km südöstlich von Mykolaiv, 100 km nordöstlich von der Krim, Oblast-Hauptstadt mit reizvollem Stadtzentrum**
- **Einwohner: 326.000**

Wie Odessa ist auch Kherson eine Gründung *Katharinas der Großen.* Und wie Odessa wurde auch Kherson Ende des 18. Jh. als Hafenstadt im Zuge der Kolo-

ukr14-113 mk

nisierung der Schwarzmeerküste aus dem Nichts gestampft. Damit hören die Gemeinsamkeiten zwischen beiden Städten aber auch schon auf. Denn anders als das schrille, mythenbeladene und weltbekannte Odessa ist Kherson eine **stille und beschauliche Stadt,** deren Name vielen kaum geläufig sein dürfte. Dabei ist sie durchaus eine Reise wert. Gelegen im Mündungsgebiet des Dnipro, der hier ins Schwarze Meer fließt, bietet Kherson dem Besucher neben einer hübschen Altstadt viel Sonnenschein und eine entspannte Atmosphäre. Besonders für Naturfreunde ist Kherson zudem ein idealer Ausgangspunkt für Exkursionen in die Steppe Askaniya-Novas oder in das einzigartige Vogelparadies des Schwarzmeer-Biosphärenreservats. In der gesamten Ukraine ist Kherson übrigens für seine großartigen **Melonen** bekannt – nirgends im Land werden sie so groß und schmecken so süß. Unbedingt probieren!

Orientierung

Khersons Hauptstraße ist die **Ushakova,** die die Stadt in Nord-Süd-Richtung vom Bahnhof bis zur Dnipro-Promenade durchschneidet. Das historische Kherson liegt beiderseits des zentralen und südlichen Teils der Ushakova. Entlang der Ushakova findet man auch alles, was man so braucht (Banken, Geldautomaten, Post, Apotheken, Shoppinggelegenheiten usw.). Im Zuge der Dekommunisierungsgesetze sind zahlreiche Straßennamen im Zentrum geändert worden. Natürlich sind die alten Namen noch gebräuchlich, sodass die Verwirrung mitunter perfekt ist.

Sehenswertes

Vul. Suvorova

Khersons malerischste Straße ist eine **Fußgängerzone.** Hier kann beim entspannten Flanieren unter Platanen das südliche Flair der Stadt genießen. Viele Cafés und kleine Restaurants laden zur Einkehr ein.

Alte Festungsanlage, Zeughaus und St.-Katharinen-Kathedrale, Vul. Perekopska 13

Die erste Baulichkeit, die in Kherson errichtet wurde, war eine mächtige, sternförmige Festungsanlage. Mit den Bauarbeiten wurde in den 1770er Jahren begonnen. Schutz boten ein Graben und Erdwälle, zudem verfügte die Feste über 220 Geschütze. Innerhalb ihrer Mauern befanden sich Lagerhäuser, Garnisons- und Verwaltungsgebäude. 1953 wurde auf dem alten Festungsgelände der **Leninpark** angelegt. Von der ursprünglichen Bebauung blieben nur einzelne Bauwerke erhalten, so die beiden Eingangstore, das **Ochakiv-Tor** und das **Moskauer Tor.** Einst waren sie mit Zugbrücken gesichert und die einzigen Zugänge in die Stadt. Auch das ehemalige **Zeughaus** (Perekopska 10), früher das größte Waffenarsenal in Neurussland, steht noch – ein mächtiges klassizistisches Gebäude. Heute wird es als Gefängnis genutzt. Vor allem aber blieb die **St.-Katharinen-Kathedrale** erhalten, der bedeutendste Sakralbau der Stadt. Die im klassizistischen Stil gehaltene Kirche wurde 1781–86 errichtet und war einer der ersten Sakralbauten Neurusslands. In der Krypta befindet sich das **Grab Grigoriy Potyomkins,** der hier 1791 seine letzte Ruhe fand. Der Feldmarschall und zeitlebens engste Vertraute *Katharinas der Großen* war der Stadtgründer und das Mastermind bei der Errichtung Khersons. *Potyomkin* liebte seine Schöpfung und nannte Kherson die „Stadt seiner Träume". Ausdrücklich verlangte er, hier begraben zu werden.

Sakralbauten

Neben der Katharinenkathedrale ist Kherson reich an weiteren Sakralbauten aus der Gründungszeit der Stadt. Zu den bedeutendsten zählen die kleine, himmelblaue **Sophienkirche,** Chervonoflotska 11, errichtet 1780 und damit die älteste erhaltene Kirche Khersons. Hier gibt es eine wunderschöne Ikonostase zu bestaunen. Die **Auferstehungskathedrale,** Vul. Soborna 5, im frühklassizistischen Stil in der Form eines Langkreuzes errichtet, besticht ebenfalls durch ihre eindrucksvolle Ikonostase. Zu Sowjetzeiten diente die Kirche – wie so viele andere Sakralbauten auch – als Sporthalle. Auch die klassizistische **Heiliggeistkathedrale,** Vul. Dekabrystiv 36, errichtet 1804–36, ist einen Besuch wert.

Khersons **Haupt-Synagoge Habad,** www.jewishkherson.com, Vul. Gorkoho 27, wurde 1991 an die jüdische Gemeinde zurückgegeben. Die 1895 eingeweihte Synagoge war in den 1930ern von den

☑ Prachtbauten in der Altstadt von Kherson

ukr19-032 pk

Kherson Херсон
0 200 m
©Reise Know-How
Ukraine39 1/19
Busbahnhof, Bahnhof
Karla Marksa
Vul. Hirskoho
Vul. Hoholya
Prosp. Ushakova
295-yi Khersonskoi Striletskoi Divizii
Nebesnoi Sotni
Pl. Svobody
пл. Свобод
Leninpark
Masolevskoho
Rishelevska
Vul. Mayakovskoho
Vul. Pestelya
Moskauer Tor
St.-Katharinen-Kathedrale
Ochakiv-Tor
Zeughaus
Viyskovyy prov.
Перекопська вул.
Vul. Byelinskoho
Potemkinska Vul.
просп. Ушакова
Yaroslava Mudroho
Vul. 21-ho Sichnya
Preobrazhenska Vul.
Perekopska Vul.
Stadtpark
Petra Kalnyshevskoho
Pylypa Orlyka
Uspenskyi Per.
Heiliggeist-kathedrale
Театральна Вул.
Vul. Luteranska
Teatralna Vul.
Staroobradnytska Vul.
Haupt-Synagoge Habad
вул. Суворова
Ushakova
Himnasichna
Vul. Komsomolska
Vorontskovska Vul.
Seniavyn-Haus
Vul. Suvorova
Вул. Соборна
Morska Vul.
Auferstehungs-kathedrale
Vul. Bohorodytska
Shovkunenko-Kunstmuseum
Vul. Soborna
prov. Lyubarskoi
Portova
Vul. Hretska
Regionalmuseum
Rishelevska
Bohorodytska
Spartakivskiy prov
Sophienkirche
Schifffahrts-denkmal
Dnipro-Promenade
Bohorodytska
Mykhailivska
Михаілівська
Güter-bahnhof
Lisna Vul.
Portovyi prov.
Pl. Odeska
Meereshafen
Flusshafen
Boote zu den Fischerinseln
Dnipro (Dnjepr)
Übernachtung
1 Bahnhofszimmer
2 Hotel Diligence
3 Hotel Muscat
8 Hotel Fregat
10 Hostel Kherson
Essen und Trinken
4 Pyvovar
5 Moya Kava
6 Café Harmoniya
7 Café Fox
9 Café Scorini
11 Kazbek
Einkaufen/Sonstiges
8 Reisebüro

Sowjets geschlossen und im 2. Weltkrieg von den Nazis stark beschädigt worden. Nach dem Krieg diente sie als Rehabilitationszentrum für Alkoholiker. Die jüdische Gemeinde Khersons hat heute etwa 12.000 Mitglieder. Die Synagoge untersteht dem Chabat Lyubavich.

Seniavyn-Haus, Komsomolska 36

Das Haus des Admirals *Seniavyn* (1763–1831) war eines der frühesten aus Stein errichteten Häuser der Stadt und ist mit seiner **kugelförmigen Kuppel** und seinem Portikus ein gutes Beispiel für den russischen Klassizismus des ausgehenden 18. Jh. Leider ist das Haus in einem schlechten Erhaltungsstand. *Seniavyn* spielte eine zentrale Rolle beim Aufbau der russischen Schwarzmeerflotte.

Dnipro-Promenade, Schifffahrtsdenkmal

In Kherson steht die **Wiege der russischen Schwarzmeerflotte:** Seit 1779 wurden hier die Schiffe der russischen Reichsflotte auf der Admiralitätswerft gebaut. 1783 lief das erste Schlachtschiff, die „Ruhm der Katharina", vom Stapel. Daran erinnert das Schifffahrtsdenkmal, das bekannteste Denkmal der Stadt. Zur Promenade und zum Denkmal gelangt man, wenn man die Ushakova bis zu ihrem Ende läuft. Die Ushakova trägt übrigens ihren Namen zu Ehren *Fyodor Ushakovs* (1745–1817) – der berühmteste russische Admiral des 18. Jh. wird dafür gefeiert, nie eine Schlacht verloren zu haben.

Museen

Regionalmuseum

■ **Vul. Soborna 9, Mi bis So 10–17 Uhr, 20 UAH, http://hokm.ks.ua**

Das Museum verfügt über eine riesige Sammlung, die sich auf **mehrere Gebäude** verteilt. Im Hauptgebäude auf der Lenina finden sich eine **historische** und eine wunderbare **naturkundliche Abteilung.** Letztere widmet sich ausführlich den Tieren und Pflanzen des Dniprodeltas – sehr sehenswert. Zusätzlich beherbergt das Haus auch feste Sonderausstellungen, die sich den Themenkreisen „Waffen", „Kosaken" und „Traditionen" widmen – diese Ausstellungen kosten 6, 5 und 10 UAH extra. Das **Naturkundemuseum** widmet sich u. a. den Ozeanen und zeigt ein riesiges Blauwalskelett (Vul. Gorkoho 5, Di bis So 10–17 Uhr, 10 UAH). Gerade für Kinder dürften diese beiden Museen gut geeignet und sehr beeindruckend sein. Die **literarische Abteilung** des Museums befindet sich in der Vul. Gorkoho 1 (Mo bis Fr 10–17 Uhr, 10 UAH).

Shovkunenko-Kunstmuseum

■ **Vul. Soborna 34, 10–18 Uhr, Fr und Di geschlossen**

Das Museum befindet sich in einem prächtigen Gebäude – hier tagte einst der Stadtrat – und verfügt über eine umfangreiche Sammlung ukrainischer Kunst. Mit 152 ausgestellten Arbeiten steht das **Werk Oleksyi Shovkunenkos**

(1884–1974) im Mittelpunkt. Der Namensgeber des Museums wurde in Kherson geboren und war zu Lebzeiten ein angesehener Vertreter des Sozialistischen Realismus.

Fischerinseln

Ein klassisches Anlaufziel für alle Dnipro-Kreuzfahrer sind die sog. Fischerinseln im Delta vor Kherson. Die ersten liegen direkt gegenüber dem Flusshafen. Hier führen Fischerfamilien ein hartes Leben in einfachen Verhältnissen – und äußerst malerischer Umgebung: kleine Holzhäuser, Fischerkähne und eine Ruhe, die nicht von dieser Welt zu sein scheint. Wer sich für eine **Exkursion** interessiert, kontaktiere das Reisebüro im Hotel Fregat, das Ausflüge organisiert (www.hotelfregat.com/tours.php). Üblicherweise gehört dazu auch die Gelegenheit, einen Blick in die Hütten der Inselbewohner zu werfen, dort zu speisen und Leckereien (Speck, Fisch, Beeren) und Souvenirs (Schnitzwerk, Reetkörbe u. Ä.) zu erwerben. Von dem heruntergekommenen alten Flusshafen in Kherson, einer gigantischen Anlage aus der Sowjetzeit, fahren täglich auch reguläre Boote zu den Inseln (Abfahrt gegen 7 Uhr, zurück gegen 16/17 Uhr).

Die Dnipro-Promenade in Kherson

ukr14-114 bj

Praktische Tipps

Informationen

■ **Website der Stadt:** www.city.kherson.ua

Unterkunft

In Kherson findet sich eine Vielzahl guter Unterkünfte; hier nur eine kleine Auswahl.

8 **Hotel Fregat,** Ushakova 2, Tel. 0552-49 11 17, www.hotelfregat.com: Viel spricht dafür, während seines Besuchs in Kherson sein Lager in dem riesigen, generalüberholten ehemaligen Intouristhotel aufzuschlagen. Das Fregat überzeugt mit fantastischer Lage einen Steinwurf von der Dnipro-Promenade und der Suvorova entfernt und sauberen Zimmern mit Aussicht – das Hotel ist das höchste Gebäude der Stadt! Zudem organisiert das im Hotel angesiedelte 8 **Reisebüro** Tagesausflüge zu allen wichtigen Sehenswürdigkeiten der Region, etwa nach Askaniya-Nova, Zmiyivka oder auf die Fischerinseln. DZ ab 650 UAH – mit modernisierter Dusche, aber alten Betten. Das Personal an der Rezeption und im Reisebüro spricht gut englisch.

2 **Hotel Diligence,** Hoholya 39/Ecke Hyrskoho 17, Tel. 0552-492 36, 0552-42 24 19, 067 706 14 13, www.hotel-diligence.com.ua: Wer es kleiner und familiärer mag, der ist mit dem Diligence gut beraten: Saubere, etwas dünnwändige Zimmer (DZ ab 1000 UAH), freundliches, englischsprachiges Personal und ein ausgesprochen gutes Restaurant. Weniger flussnah, aber trotzdem zentrale Lage unweit des Leninparks.

3 **Hotel Muscat,** Yaroslava Mudroho 10, Tel. 0552-42 47 31, www.muscat.kherson.ua: Saubere, thematisch eingerichtete Zimmer (DZ ab 650 UAH), freundliche Atmosphäre und ein gutes Restaurant mit aristokratischem Flair. Lage wie das Diligence.

10 **Hostel Kherson,** Hretska 51, untergebracht in einem älteren Gebäude, einfach eingerichtet, die Küchenausstattung ist noch ausbaufähig. Bett im Schlafsaal ab 4 Euro. Ein georgisches Restaurant liegt gleich um die Ecke.

1 **Bahnhofszimmer:** Es gibt 2- und 4-Bettzimmer zu günstigen Preisen. Allerdings ist der Bahnhof recht weit vom Zentrum entfernt.

Essen und Trinken

In der Suvorova finden sich zahlreiche Restaurants und Cafés. Auch im Lenin-Park gibt es eine Reihe von Restaurants, in denen man gut essen kann – meist Pizza oder Ähnliches.

6 **Café Harmoniya,** Suvorova 5c, 8–20 Uhr: Dieses winzige Café ist ein kleiner Juwel. Fantastischer Espresso, stilvoll serviert, im Hintergrund Lounge-Musik. Auch leckeres Eis gibt's hier.

5 **Moya Kava,** Suvorova 19, 9–23 Uhr: Wenn man seinen morgendlichen Espresso im Harmoniya genossen hat, bietet es sich an, die Suvorova ein wenig hinabzuflanieren und im Moya Kava zu frühstücken. Auch für spätere Mahlzeiten zu empfehlen. Pub Ambar, Kellerkneipe nahe der Suvorova, Ecke Pereulok Uspenskyi

7 **Café Fox,** an der Ecke Suvorova und Ushakova: Kellerkneipe mit alternativem Touch.

11 **Kazbek,** Hretska 47: Georgische Küche in unmittelbarer Nähe des Hostels Kherson.

9 **Café Scorini,** Vorontsovska 45: Tolles Café mit sehr gutem Personal, hervorragenden Kuchen- und Kaffeespezialitäten und einem wunderbaren Außenbereich.

4 **Pyvovar** (Brauerei), Suvorova 30: Nicht wirklich eine Kneipe, sondern eher ein Laden für Bierspezialitäten aus der ganzen Ukraine. Wer also nicht immer nur Lvivske, Obolon oder Chernihivske trinken will, sondern sich einen Eindruck von der wirklich vielfältigen Braukunst des Landes verschaffen will, kann sich hier eindecken. Einige Tische und Stühle stehen vor dem Laden, sodass man im Sommer draußen sitzen kann.

Verkehrsmittel

Bahn

Khersons **Bahnhof** liegt zentral am nördlichen Ende der Ushakova (Privokzalna 3a), er ist gut angebundenen mit Nachtzügen u. a. nach Kiew, Simferopol und Odessa (über Mykolaiv). Es fahren auch Züge nach Sevastopol, Dnipro und Kharkiv.

Bus

Der Busbahnhof liegt zwischen der Mykolaivske Sh. und der Budonnoho (offizielle Adresse: Vul. Budonnoho 1) etwas nordwestlich des Bahnhofs. Viele Busse und Minibusse steuern Odessa (über Mykolaiv) an. Auch massenhaft Verbindungen nach Nova Khakovka (ca. 1½ Std.), was für Askaniya-Nova-Reisende von Interesse ist. Die private **Busgesell-**

Schlangendorf und Gammalsvenskby – Katharinas Siedlungspolitik in der ukrainischen Steppe

Das im staubigen Niemandsland am Dnipro gelegene Dorf **Staroshvedske** hat eine außergewöhnliche Geschichte. Ende des 18. Jh., während der Kolonisierung Neurusslands, kamen **schwedische Siedler** in diesen unbesiedelten Winkel und gründeten ein kleines Dorf: Gammalsvenskby (Altschwedendorf/ Staroshvedske). Die Siedler stammten ursprünglich von der Ostseeinsel Dagö (heute Estonien), die nach 1721 ans Russische Reich fiel. Die Hintergründe für ihre Umsiedlung nach Neurussland sind nicht ganz klar, sie erfolgte jedenfalls auf Befehl *Katharinas der Großen*, die neue Siedler für das Land brauchte. Belegt ist, dass die Siedler den ganzen Weg in die südliche Ukraine zu Fuß zurücklegen mussten – von ursprünglich 1000 Menschen überlebte nur die Hälfte die strapaziöse Reise. Diese gründeten 1782 das Dorf. Bis heute lebt in Staroshvedske eine winzig kleine schwedischsprachige Minderheit (vielleicht fünf bis zehn Menschen), die noch einen altschwedischen Dialekt spricht, wie er vor 300 Jahren üblich war. In der Nähe wurden auch drei **Siedlungen deutschen Ursprungs** gegründet: Schlangendorf (Zmiyivka), Mühlhausendorf und Klosterdorf. Alle Dörfer wurden 1915 mit Schlangendorf zusammengelegt. 1929 emigrierten viele Altschweden aus der Sowjetukraine nach Schweden, ein Teil kehrte aber wieder zurück. Auch der 2. Weltkrieg hatte maßgeblichen Einfluss auf die Bevölkerungsstruktur Zmiyivkas: Die Bewohner waren von Deportationen und/ oder Evakuierungen von sowjetischer und deutscher Seite betroffen. Neben den wenigen Altschweden gibt es heute auch noch eine etwa 20-köpfige deutsche Gemeinde. Nach dem Krieg kamen viele Bojken nach Zmiyivka, die ihrerseits aus ihrer Heimat in den polnischen Beskiden zwangsausgesiedelt worden waren. U. a. kann man die Kirchen von Gammlasvenskby (heute orthodox), Schlangendorf (lutheranisch) und Klosterdorf (griechisch-katholisch, eine kleine alte und ein großer Neubau) besuchen.

■ **Verkehrsverbindungen:** Das Hotel Fregat bietet organisierte Exkursionen nach Zmiyivka an. Für Individualtouristen ist die Anreise von Kherson über Nova Khakovka mit Weiterfahrt per Taxi (ca. 20 km) die beste Option.

schaft Gunsel (www.gunsel.com.ua) verkauft Tickets im Bahnhofsgebäude und bietet schnelle Fahrten in qualitativ hochwertigen Bussen nach Kiew (über Mykolaiv, Uman) an.

Nach Hola Prystan gibt es reichlich Verbindungen von Khersons Busbahnhof Nr. 2, direkt im Zentrum zwischen Artema und Mayakovskoho gelegen.

Flusshafen

Khersons Flusshafen (Pl. Odeska 1, am Ende der Vul. Komunariv) ermöglicht eine Reihe von Bootsfahrten in die Ortschaften am Dnipro. Eine **Fähre nach Hola Prystan** (ca. 1 Std.) fuhr zum Zeitpunkt der Recherche Di, Mi und Sa/So einmal pro Tag um 7.30 Uhr (9 UAH). Die Verbindungen sollte man am besten vor Ort prüfen.

Hola Prystan

Гола Пристань

- **20 km südwestlich von Kherson am Südufer des Dnipro, Tor zum Dniprodelta**
- **Einwohner: 15.000**

Das Örtchen Hola Prystan ist das Tor zu einem der ökologisch wertvollsten und ornithologisch interessantesten Gebiete der Ukraine: dem **UNESCO-Schwarzmeer-Biosphärenreservat.** Die gesamte Fläche des Schutzgebiets umfasst knapp 90.000 Hektar, damit ist es eines der größten des Landes. Die völlig unbewohnte Kernzone darf nur an manchen Stellen im Rahmen geführter Touren betreten werden. In Hola Prystan hat die **Parkverwaltung** ihren Sitz (Lermontova 1, Tel. 055-392 67 57) und unterhält ein kleines Museum. Über die Parkverwaltung lassen sich Exkursionen ins Schutzgebiet organisieren.

Die herausragende Sehenswürdigkeit in bzw. um Hola Prystan ist die einmalige Natur in der Umgebung. Im Ort selbst gibt es kaum etwas zu sehen. Nahe dem Busbahnhof verläuft eine schön angelegte **Uferpromenade,** die in einen Strand übergeht. Des Weiteren liegt im Ort ein **Salzsee** (Solyane) mit Sanatorium.

Praktische Tipps

Unterkunft

- **Chaika,** Vul. Dniprova 78, Tel. 055-397 85 44, www.chayka.kherson.ua: Im Chaika gibt es die Möglichkeit der Unterbringung für bis zu acht Personen in einer schnuckeligen ukrainischen Khata mit allen Annehmlichkeiten (TV, Wifi, Dusche/WC). Preis ab 1200 UAH. Auf dem Gelände findet sich auch ein kleiner Hotelkomplex: DZ + Ausklappsofa für 600 UAH. Eintägige Bootsexkursionen ins Delta werden angeboten (250 UAH pro Person inkl. Verpflegung, allerdings noch nicht ins Biosphärenreservat, diese sind geplant). Englische oder deutschsprachige Führungen für Exkursionen können gebucht werden.
- Unterkunftsmöglichkeiten außerhalb von Hola Prystan gibt es an der Straße Richtung Heroiske in **Stara Zburiivka.** Dort befindet sich die **Ferienanlage Zburiivskyi Kut,** Vul. Naberezhnia 232, Tel. 05539-394 87, http://zburkut.com.ua, die hauptsächlich von Anglern frequentiert wird. Die Anlage ist sauber und gepflegt, allerdings herrscht optisch grauer Beton vor. DZ ab 350 UAH (mit Außentoilette und Dusche). Man kann auch komplette Bungalows mieten. Es gibt auch die Möglichkeit, wirklich gut zu essen. Wer ein Zelt hat, dem sei der extrem schlichte, aber paradiesisch gelegene **Zeltplatz** einen guten Kilometer weiter empfohlen.

ukr19-033 pk

Verkehrsmittel

Problemlose Anreise mit dem **Bus** von Khersons Busbahnhof Nr. 2. Auch die Anreise mit dem **Boot** ab Kherson ist möglich. Der Busbahnhof liegt zentral direkt gegenüber der Flusspromenade und der Allee der Helden.

In der Umgebung

Adziogol-Leuchtturm

Es besteht die Möglichkeit, **über Rybalche in Richtung Heroiske** weiterzufahren. Vor Rybalche liegt auf einer winzigen Insel in der Dnipro-Mündung der Adziogol-Leuchtturm. Dieser grandiose Leuchtturm ist wohl das **architektonisch spektakulärste Bauwerk der gesamten Khersoner Region.** Die schwerelose, unglaublich elegante Hyperboloid-Konstruktion aus dem Jahr 1911 ist eines der Meisterwerke des Ingenieurs *Vladimir Shukhov* (1853–1939). *Shukhov* war weltweit der erste Architekt, der ein Tragwerk aus Stahlgeflecht in Form eines Rotationshyperboloiden entwarf und realisierte. Heute ist die Form aus der modernen Architektur nicht mehr wegzudenken – just kam sie beim Bau des 600 Meter hohen Canton Tower zur Anwendung. Der Leuchtturm ist 68 Meter hoch. Auf dem Betonfundament steht auch das einstöckige Haus des Leuchtturmwärters. Vom Ufer ist die Sicht gut, mit Fernglas besser. Mit viel Glück lässt sich jemand in Rybalche finden, der einen per Boot an die Struktur heranfährt (der Preis ist Verhandlungssache, man sollte bedenken, dass die

Im Heilschlamm von Obloi

Leute im Dörflein nicht gerade reich sind). Eine Besteigung des Turms ist nicht erlaubt. Es gibt leider keine organisierten Exkursionen.

Obloi
Облой

Etwa 40 km südlich von Hola Prystan, nahe dem Dorf Obloi, wurde in den 1970er Jahren bei Erdölbohrungen eine stark salzhaltige Thermalquelle entdeckt, um die herum ein kleines **Thermalbad** entstanden ist: zwei holzeingefasste Becken, außerdem ein Bereich mit Heilschlamm, wo sich die Badegäste von oben bis unten schwarz einseifen (Eintritt: 50 UHA, auch sehr einfache Übernachtungsmöglichkeiten ab 120 UAH pro Bett). Obloi ist nicht mit öffentlichen Verkehrsmitteln erreichbar. Um dorthin zu gelangen, biegt man im Dorf Bekhtery nach Westen ab und folgt etwa 15 km einer kleinen, teilweise nicht asphaltierten Straße immer geradeaus; die Zufahrt zur Quelle ist ausgeschildert.

Zaliznyi Port

Eine ganz andere Option ist ein Abstecher nach Zaliznyi Port, einem **populären Ferienort** direkt am Schwarzen Meer – wo es dann aber definitiv aus ist mit der Ruhe und Partystimmung überwiegt. Die Strände sind ohne Zweifel schön und bieten großartige Bademöglichkeiten, hinzu kommt ein Aquapark mit allerlei Rutschen. Überall im Ort wimmelt es von Essständen mit einem überraschend hohen Anteil an tatarischer Küche. Die Erklärung: Nach der Annexion der Krim ließen sich zahlreiche Krimtataren im südlichen Teil der Oblast Kherson nieder. Das Angebot an Übernachtungsmöglichkeiten ist riesig und auch über die üblichen Hotelbuchungsportale abzufragen.

Oleshky Sande
Олешківські Піски

Nahe dem wenig aufsehenerregenden Ort Oleshky (bis 2016: Tsiuropynsk) liegt eines der eigentümlichsten Naturreservate der Region, die bislang touristisch noch nicht erschlossen ist. Auf einer Fläche von 1610 km² breitet sich eine **sandige Halbwüste** mit einem Durchmesser von 30 km aus. Zu Sowjetzeiten als Truppenübungsgelände hermetisch abgeriegelt, konnte sich die Natur hier in einzigartiger Weise erhalten. Allerdings ist der Boden nach wie vor voll mit Munition und Minen, sodass weite Teile des Gebietes nicht zugänglich sind. Heute ist das Gelände im Besitz der ukrainischen Armee, weshalb man sich **zum Besuch telefonisch anmelden** muss, einen Treffpunkt vereinbart und nur mit Führung einen kleinen Teil des Areals betreten kann. Wichtig: Das Gelände ist mit öffentlichen Verkehrsmitteln nicht zu erreichen.

Es findet sich die für trockene Sandgebiete typische **Vegetation** mit Steppengras, Ginster und vereinzelten Kiefern. Überall sind Spuren von Vögeln und Füchsen zu erkennen. Eine **Wanderung** durch den weichen Sand verlangt dem Besucher einiges an Kondition ab. Ausreichend **Trinkwasser** ist unbedingt mitzunehmen.

■ Alle wichtigen **Informationen** sind zu finden auf http://nppop.gov.ua; Tel. 05542-457 22. Eine etwa zweistündige Führung kostet unabhängig von der Gruppengröße um die 500 UAH. Einige der Führer sprechen sogar ein wenig deutsch.

Askaniya-Nova

Асканія-Нова

■ **100 km östlich von Kherson, einzigartiges Steppenreservat und Nationalpark**

Das UNESCO-Biosphärenreservat Askaniya-Nova beherbergt **eines der letzten unzerstörten Steppengebiete der Ukraine.** Das flache, baumlose Grasland ist ein Refugium für extrem seltene Tier- und Pflanzenarten und ein fantastisches Reiseziel für jeden Naturinteressierten. Nirgends sonst in Europa ist ein zusammenhängendes Steppengebiet ähnlicher Größe in seinem natürlichen Zustand erhalten geblieben. Das gut 33.000 Hektar große Schutzgebiet – wovon allerdings nur ein Drittel streng geschützte Kernzone ist – vermittelt einen guten Eindruck davon, wie es früher im „wilden Feld" ausgesehen haben muss und in was für einer Landschaft die freien Kosaken lebten. Bedenkt man, dass einst mehr als ein Drittel der heutigen Ukraine, grob gesagt das gesamte Gebiet südlich der Linie Kropyvnytskyi – Dnipropetrovsk – Luhansk, von Steppe bedeckt war (eine Fläche von ca. 231.000 km²), wird klar, dass selbst das riesig erscheinende Askaniya-Nova-Reservat nur ein kümmerlicher Rest dieses für die Geschichte des Landes so prägenden Landschaftstyps ist. Außerhalb Askaniyas ist

ukr14-115 bj

die ursprüngliche Steppe fast überall verschwunden: Als man im ausgehenden 18. Jh. die Kolonisierung des „wilden Feldes", des Donezbeckens und der Schwarzmeerküste vorantrieb, wurde das Grasland überall kultiviert und für die Landwirtschaft nutzbar gemacht.

Geschichte

Dass das Gebiet um Askaniya-Nova erhalten blieb, ist dem außergewöhnlichen Engagement eines deutschstämmigen Aussiedlers, **Friedrich von Falz-Fein** (1863–1920), zu verdanken. *Falz-Fein* wurde in Askaniya-Nova geboren. Sein Vater hatte das Gut aus deutschen Händen erworben: 1828 hatte ein anhaltinischer Adliger, *Ferdinand von Anhalt-Köthen* (1769–1830), das Gebiet vom russischen Staat gekauft, um eine Schafszucht aufzubauen. Das Unternehmen erwies sich als unrentabel, und die Anhaltiner verkauften 1856 das nach ihrem Adelsgeschlecht benannte Gut an die *Falz-Feins,* die hier fortan eine Pferde- und Schafszucht betrieben – wesentlich erfolgreicher als ihre Vorbesitzer. *Friedrich* übernahm die Führung des Guts 1890. Der studierte Naturwissenschaftler verfolgte eine kühne Vision. Neben der Viehzucht, die er weiterhin erfolgreich betrieb, entwickelte er das elterliche Land zu einer **Arche Noah für bedrohte Huftiere der Steppen.** Er erwarb verschiedenste Antilopenarten, Bisons, Zebras, sogar Exemplare des vom Aussterben bedrohten Przewalski-Pferdes und baute Schritt für Schritt einen zoologischen Garten der ganz besonderen Art auf. Im Zuge der Russischen Revolution wurden die *Falz-Feins* enteignet, *Friedrich* floh nach Deutschland, wo er 1920 verstarb. Er ist in Berlin begraben. Die Sowjets stellten das Gebiet 1921 unter Naturschutz und errichteten in der Folge naturwissenschaftliche Forschungseinrichtungen. Auch der Zoo und der Botanische Garten wurden erweitert.

Die mit Abstand schönste Besuchszeit für Askaniya-Nova ist der **Frühling** (April, Mai) – dann blühen die wilden Steppenblumen. Im Spätsommer gleicht die Steppe einer verbrannten Wüste. Die Saison dauert vom 15. April bis 10. November.

☒ Askaniya-Nova im August

Sehenswertes

Askaniya-Nova bietet drei Attraktionen: Man kann den Zoologischen und den Botanischen Garten besuchen sowie geführte Exkursionen in die Steppe unternehmen.

Zoologischer und Botanischer Garten

■ **Vul. Falts Feina 13, 8–17 Uhr, 60 UAH, Eintritt in den Botanischen Garten (Dendropark) frei, www.askania-nova-zapovidnik.gov.ua**

Der Zoologische Garten legt seinen Schwerpunkt auf die **seltenen Huftiere der Steppen,** u. a. sind Oryx-Antilopen und Davidshirsche zu sehen. Weltberühmt ist der Zoo für seinen Beitrag zum Erhalt des Przewalski-Pferdes und der Saiga-Antilope. In Askaniya-Nova nachgezüchtete Przewalski-Pferde wur-

Fauna und Flora der Steppe

Zu den höchst seltenen **Steppenvögeln,** die in Askaniya-Nova angetroffen werden können, zählen der Jungfernkranich sowie Groß- und Zwergtrappe. Eine absolute Rarität ist der **Steppenadler.** Dem Schutz des Lieblingsvogels *Friedrich von Falz-Feins* wird besondere Aufmerksamkeit gewidmet. Der Brutbestand dieses Symbolvogels war in den 1980er Jahren erloschen, gegenwärtig gibt es in Askaniya-Nova eine kleine Population von zwei bis drei Brutpaaren, die auf eine Wiederansiedlung zurückgeht und durch weitere Auswilderungen gestützt wird. Weitere bemerkenswerte Greifvögel sind Steppen- und Kornweihe und der Adlerbussard. Ornithologisch Interessierte dürften auch angesichts des Vorkommens von Schwarzflügel-Brachschwalbe, Blauracke, Bienenfresser, Rotfußfalke, Kalanderlerche, Nonnen- und Isabellensteinschmätzer und Schwarzstirnwürger (um nur einige spektakuläre Arten zu nennen) ins Schwärmen geraten.

In Askaniya-Nova finden sich über 85 endemische **Pflanzenarten,** was bedeutet, dass sie nur im Gebiet des Schutzgebietes vorkommen. Charakteristisch sind verschiedene Federgräser – etwa das Ukrainische Federgras *(Stipa Ucrainica), Stipa lessingiana* und *Stipa capillata* –, Schwingel *(Festuca sulcata)* und Steppen-Schillergras *(Koeleria cristata).* Auch diverse Wildtulpenarten und die Schachbrettblume sind typisch.

den z. B. 1992 in der Mongolei ausgewildert, heute haben sich dort wieder drei wilde Populationen mit etwa 300 Tieren etabliert. 2004 wurden auch 13 Pferde in der Tschernobyl-Zone ausgesetzt. Der Botanische Garten liegt gegenüber und ist, gerade im Sommer, ein angenehm schattiges und lauschiges Örtchen.

Exkursionen in die Steppe

In die streng geschützte Steppenzone gelangt man nur im Rahmen geführter Exkursionen, die **„Safari-Charakter"** haben und zu den frei umherstreifenden Huftierherden des „offenen Zoos" führen. Es ist seltsam und faszinierend zugleich, wie sich Tiere verschiedenster Kontinente hier ihren gemeinsamen Lebensraum Steppe teilen. Eine Exkursion im Minibus kostet 110 UAH pro Person, im Bus haben zehn Personen Platz; sie dauert zwei Stunden. Für biologisch/botanisch Interessierte werden auch Ausflüge zu Fuß angeboten (60 UAH), sie führen i. d. R. in einen für normale Besucher nicht zugänglichen Bereich hinter dem Zoologischen Garten.

Exkursionen lassen sich notfalls vor Ort arrangieren (am Kassenhäuschen des Zoos), eine **Vorabbuchung** ist aber auf jeden Fall die sichere Variante. Anmeldungen unter Tel. 099-656 23 44 oder 05538-612 86. Es ist in jedem Fall ratsam, früh da zu sein, denn wenn der Bus voll ist, hat man das Nachsehen.

Ein **Tipp für ornithologisch Interessierte:** Außerhalb einer geführten Exkursion bieten sich mit einem Spektiv (oder einem einfachen Fernglas) sehr gute Beobachtungsmöglichkeiten für Vogelfreunde entlang der R 47, die hier nördlich unkultiviertes Steppengebiet schneidet (auf den sporadischen Verkehr achten!). Auch der Botanische Garten ist ein guter Ort für Vogelbeobachtungen.

Praktische Tipps

Unterkunft, Essen und Trinken

Da An- und Abreise nach Askaniya-Nova sehr aufwendig sind, bietet sich eine Übernachtung vor Ort an – so kann man sich ohne Zeitdruck auf die ganz besondere Atmosphäre des Ortes einlassen.

- **Hotel Kanna,** Vul. Soborna 22, Tel. 05538-613 37: Komplett renoviert, angenehme, saubere Zimmer. DZ ab 600 UAH. In einem angeschlossenen Restaurant kann man frühstücken.
- **Café Uyut,** Vul. Falts Feina 6: Angenehmes kleines Café in unmittelbarer Nähe des Haupteingangs zum Reservat.

Verkehrsmittel

Ukrainer besuchen Askaniya im eigenen Auto oder im Rahmen einer Tour mit dem Reisebus. Das Hotel Fregat in Kherson bietet Exkursionen an. Die wahrscheinlich sinnvollste Art der Anreise für **Individualtouristen** ist die mit einem gemieteten Auto von Kherson aus. Ab Kherson gibt es einen zuverlässigen Direktbus um 11.35 Uhr, der um 14.35 Uhr vor Ort ist, auch einige Minibusse fahren direkt. Eine praktikable Alternative ist, per Bus bis Nova Khakovka zu fahren und von dort die Weiterfahrt per Taxi (ca. 400 UAH, ca. 60 km) zu bestreiten. Wegen der aufwendigen Anreise ist es sehr empfehlenswert, vor Ort zu übernachten.

In der Umgebung

Der Syvash-See

Betrachtet man Satellitenbilder der Region, wird man überrascht die komplett **orange-rosa gefärbte Wasserfläche** des westlichen Teils des Syvash-Sees wahrnehmen, welcher die **Grenze zwischen der ukrainischen Oblast Kherson und der russisch besetzten Krim** darstellt. Hier, wo das flache, trockene Steppenland der Südukraine übergeht in das Schwarze Meer, sind durch salzhaltige Quellen und die hohe Verdunstung in dieser Klimazone stark salzhaltige Seen entstanden, erst recht, als der Wasseraustausch mit dem offenen Meer in diesem Bereich zu Sowjetzeiten durch einen Dammbau unterbunden wurde.

Das **salzige Wasser** lässt für die Region typische Rotalgen gedeihen, die dafür verantwortlich sind, dass das Wasser des Syvash-Sees rosa schimmert. Nahe Hryhorivka wurde in den letzten Jahren ein kleines **Wellnesszentrum** improvisiert: einige Kioske, Holzhütten mit Liegestühlen, Massageangebote, selbst Ärzte sind vor Ort. Hier gibt es die Möglichkeit, in einem natürlichen Pool zu schwimmen. Das Tote Meer lässt grüßen, denn untergehen kann man nicht. Im Gegensatz zum Gewässer in der israelischen Wüste schmeckt das Wasser – sollte man es versehentlich doch einmal schlucken – deutlich angenehmer und überhaupt nicht bitter.

Auch hier steht salzhaltiger **Heilschlamm** zur Verfügung, den man nach der Anwendung in einfachen Kaltwasserduschen wieder loswerden kann.

Insgesamt eine tolle sommerliche Wellnessmöglichkeit, die die Autoren nur empfehlen können. Der Badespaß kostet 50 UAH.

Nahe dem See gibt es seit Kurzem einen **Windpark,** während von der besetzten Krim das **Titanwerk von Armiansk** herübergrüßt – ein Gegensatz, wie er stärker nicht sein könnte. In besagtem Werk ereignete sich im Sommer 2018 ein folgenschwerer **Unfall,** der in der Region u. a. zu Atembeschwerden und Hautausschlägen und zur Evakuierung weiter Teile der örtlichen Bevölkerung führte. Offiziell öffentlich gemacht wurde der Unfall übrigens nach alter russisch-sowjetischer Tradition erst, als er definitiv nicht mehr zu vertuschen war – und zugleich wurde die Verantwortung dafür der Ukraine zugeschoben. Eigentümer des Titanwerks ist der bis heute berüchtigte, in der Ukraine immer noch einflussreiche Oligarch *Dmytro Fyrtash,* der derzeit in Wien lebt und aufgrund diverser Verbrechen in die USA ausgeliefert werden soll.

■ **Hinweis:** Da der Syvash-See die Grenze zur russisch okkupierten Krim bildet, ist ukrainischer Grenzschutz vor Ort. Ein **Reisepass** ist mitzuführen.
■ Die **Anreise** nach Hryhorivka gestaltet sich schwierig. Bis Chaplynka gibt es Busverkehr ab Kherson, die restlichen 20 km legt man am besten per Taxi zurück, was auf den katastrophalen Straßen wenig Vergnügen bereitet.

Zaporizhzhia

Запоріжжя, russ: Запорожье

■ **600 km südöstlich von Kiew am Dnipro, Standort der Sich-Kosaken auf der Insel Khorytsia und Industriestadt**
■ **Einwohner: 770.000**

In der Großstadt an den Stromschnellen der Dniproschleife prallen Tradition und Moderne aufeinander. Auf der Insel Khortytsia befand sich die **wichtigste Siedlung der Dniprokosaken,** nach heutigem ukrainischen Geschichtsverständnis ist die Insel gleichsam die Wiege der Nation. Zaporizhzhia ist zudem eines der besten Beispiele für Architektur und Stadtplanung der zaristischen und sowjetischen Moderne des 19. und 20. Jh. in der Ukraine.

Geschichte

Der Name Zaporizhzhia leitet sich von „za porohy", **„hinter den Stromschnellen",** ab. Auch heute erscheint der Name trotz der Flutung der gefährlichsten Flussabschnitte äußerst treffend, existieren doch nach wie vor mächtige Felsen inmitten des Dnipro, die vor der „Bändigung" des Flusses die Schifffahrt hier zu einer lebensgefährlichen Angelegenheit machten. Nach Durchfahren der Schnellen legten die Handelsschiffe einst meist auf der **Insel Khortytsia** an, um neue Vorräte und Kraft zu tanken. So entwickelte sich hier ein reges Leben. Ab 1550 errichteten auf der Insel die **Sich-Kosaken** ihr Stammlager, und die Blütezeit des freien Kosakentums begann, die erst mit der Eroberung der Region durch

Zarin *Katharina* 1775 endete. In der Folge versuchte das Zarenreich, seine neuen südlichen Eroberungen durch die Errichtung einer Kette von Festungen, der Dnipro-Linie, abzusichern. Eine der bedeutendsten war die nach General *Golitsyn* benannte **Festung Aleksandrovsk.** Nach ihrer Schleifung entwickelte sich die verbleibende Siedlung zu einem der Zentren der Kolonisierung „Kleinrusslands" – im 19. Jh. war sie sogar eine der sich am schnellsten entwickelnden Städte des Zarenreiches. Seit dieser Zeit ist die Stadt industriell geprägt und wurde zur **Modellstadt der Moderne** ausgebaut. Die Revolution 1917 beschleunigte diesen Prozess. Zaporizhzhia sollte zur monumentalen, im konstruktivistischen Stil errichteten Musterstadt entwickelt werden. 1932 war der bis heute beeindruckende **Staudamm DniproHES** erbaut (HES steht für „Hydro Elektrostantsiia"). Auf den Bauausstellungen 1939 und 1940 in New York und Paris versetzten die Baupläne für „Neu-Zaporozhye" die Architekten weltweit in Staunen. Der 2. Weltkrieg unterbrach zwar Planung und Bauarbeiten, in den 1950er Jahren wurde das Projekt jedoch – in einem etwas kleineren Maßstab – fertiggestellt.

Zaporizhzhia beherbergt heute einige der wichtigsten großindustriellen Komplexe der Ukraine, z. B. Zaporizhstal oder die Autofabrik AvtoZAZ, in der zu Sowjetzeiten das Kult-Auto Zaporozhets gebaut wurde und die heute für Daewoo fertigt. Die **Industriestadt** ist recht wohlhabend, allerdings ist die Umweltbelastung hoch. Bei ungünstiger Windrichtung fiel noch vor wenigen Jahren das Atmen schwer, durch technische Modernisierungen ist die Luft in Zaporizhzhia aber nun meist erträglich.

Sehenswertes

Die interessanten Viertel der Stadt sind das **historische Aleksandrovsk** im Süden der Stadt, die **sowjetische Neustadt** sowie die **Insel Khortytsia.** Die beiden erstgenannten Viertel verbindet der angeblich längste Stadtboulevard Europas, der 17 km lange Prospekt Soborniy (ehem: Bulvar Lenina), der vom Bahnhof Zaporizhzhia im Süden bis zum DniproHES-Staudamm im äußersten Norden der Stadt verläuft.

☐ Auf der Insel Khortytsia

ukr14-117 mk

Zaporizhzhia Запоріжжя

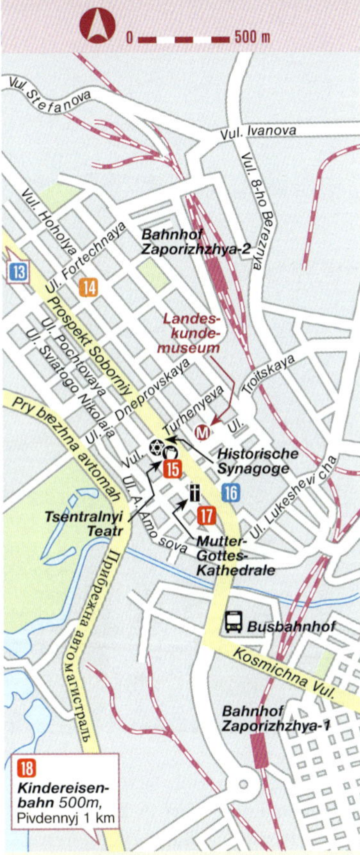

Übernachtung
- 5 Prague
- 7 Intourist
- 8 Ukraina, Dreamhouse
- 11 Venetsiya
- 12 Reikartz
- 15 Teatralnyi
- 17 Komfort Hostel
- 18 Pivdennyi/Yuzhnyi
- 19 Dion
- 20 Khortytsya

Essen und Trinken
- 4 Restaurant Fiesta
- 6 Zirka Shkodu
- 10 Restaurant Rybatskyi stan
- 13 Park Avenue, Fishcafé
- 16 Puzata Khata

Einkaufen/Sonstiges
- 7 Sixt

Das historische Aleksandrovsk

Viele Besucher werden die Stadt über den **Bahnhof Zaporizhzhia-1** am äußersten südlichen Ende des Prospekt Soborniy erreichen. Den nördlich anschließende Teil bildet die Altstadt aus dem 19. Jh. Direkt am Prospekt stehen die **Mutter-Gottes-Kathedrale** (Svyato-Pokrovskyj sobor) von 1886 und das Stadttheater. Zwei ehemalige Handelshäuser von 1901 bzw. 1912 (Hausnummer 48 und 52) verkörpern idealtypisch den Stil der frühen Moderne. In der Ul. Troitskaya, einer Querstraße, stehen mit den Nummern 25 und 27 weitere Handelshäuser sowie mit der Nr. 29 im Jugendstil die ehemalige Gebietsverwaltung, die heute das **Landeskundemuseum** (Kraeznavchyi muzey, Di bis Fr 9–18 Uhr, Sa 9–16 Uhr, 10 UAH) beherbergt. Unterhalb des Prospekt Soborniy verläuft die Ul. Poshtova, früher die Hauptstraße der Stadt und Teil der Magistrale von Moskau zur Krim, heute eine baumbestandene ruhige Allee. An der Nr. 71 befindet sich das ehemalige „Narodnyi dom", ehemals Zentrum des gesellschaftlichen Lebens. Eine historische **Synagoge** befindet sich in der Ul. Turgeneva 22, nicht weit entfernt vom Prospekt.

Neustadt

Jenseits des historischen Aleksandrovsk erstreckt sich nordwestlich die seit den 1930er Jahren errichtete **„sozialistische Stadt" (Sotsgorod/Sotsmisto),** die mit viel Grün, großzügigen Straßen und moderner Architektur dem „Neuen Menschen" eine Heimat bieten sollte. Hauptmagistrale ist weiterhin der Prospekt So-

borniy, der den Stadtteil in einer vollkommenen Gerade hin zum Kraftwerk DniproHES (Dnipro Hydro Elektro Stantsiya) durchzieht.

Die heutige Architektur stammt zum großen Teil aus den 1950er Jahren, da die Stadt im 2. Weltkrieg stark zerstört wurde. Am zentralen Platz **Ploshchad Festivalnaya** sind die Verwaltung der Oblast Zaporizhzhia sowie das Hotel Inturyst zu finden.

Im rechten Winkel verläuft der **Bulvar Shevchenka,** an dem sich Kneipen, Bars und Clubs aneinander reihen und der Zentrum des Nachtlebens ist. Am südlichen Ende führt er zum Dnipro-Strand. Parallel verläuft weiter nordwestlich der nachts kunstvoll beleuchtete **Prospekt Metalurgov,** an welchem noch einige der Musterbauten der 1930er Jahre stehen. Auf dem Hof des Krankenhauses Nr. 3 (Prospekt Metalurgov 9) befindet sich ein Wohnblock in Form eines „S“ für „Stalin“.

Ein interessanter römisch-katholischen **Kirchenneubau,** mit seiner Zweiturmfassade eindeutig angelehnt an süddeutsche Kirchen, erhebt sich wenig nördlich des zentralen Platzes in der Ul. Zavodskaya.

Am nördlichen Ende des Pr. Soborniy liegt der **DniproHES-Staudamm,** der bei seiner Eröffnung 1932 als Sensation

Der gewaltige Staudamm von Zaporizhzhia

ukr14-139 mk

galt und bis heute das größte Wasserkraftwerk der Ukraine ist. Der Damm ist frei begehbar, ein Spaziergang bietet überwältigende Eindrücke und einen sehr schönen Blick auf die Kosakeninsel Khortytsia.

Insel Khortytsia

Хортиця, russ: Хортица

Der Besuch der Insel ist ein **Highlight einer jeden Ukraine-Reise.** Die 12 km lange und bis zu 2,5 km breite Dniproinsel bietet neben ihren **über 100 kulturhistorischen Denkmälern** auch Einblicke in die **Natur des südlichen Dnipro** mit Steppenlandschaften, einsamen Sumpfgebieten, Felsklippen, Schluchten und Höhlen. Die ältesten Siedlungsspuren stammen aus der Frühzeit, so fand man Reste bronzezeitlicher Kultstätten wie etwa Steinkreise. Weitere Spuren aus vorchristlicher Zeit stammen von den Skythen (zwischen 8. und 3. Jh. v. Chr.).

Im 16. Jh. wurde auf der Insel Baida, auch „Klein-Khortytsia" genannt, die erste Kosakensiedlung gegründet. Über mehr als zwei Jahrhunderte war die Insel das wichtigste Zentrum des freien ukrainischen Kosakentums.

Von der Innenstadt erreicht man die Insel Khortytsia über die zweistöckige **Preobrazhenskyi-Brücke** aus dem Jahr 1952. Wer sich hinter der Brücke rechts hält, kommt nach etwa 2 km zum **Museum zur Geschichte des Zaporoger Kosakentums** (Di bis So 9–16.30 Uhr, 10 UAH), das recht umfassend die Geschichte der Kosaken behandelt. Vom Museum werden Touren über die gesamte Insel angeboten, auch auf die ansonsten nicht zugängliche Insel Baida. In unmittelbarer Nähe des Museums wurde in den letzten Jahren das **Freilichtmuseum Zaporoger Sich** errichtet, in dem recht anschaulich mittels rekonstruierter Bauten wie einer Holzkirche, Handwerkerhütten und Kasernenbauten das Leben der Kosaken nachgestellt wird (Di bis So 9.30–16 Uhr, 9 UAH, www.ostrov-hortica.org.ua). Der gesamte Komplex ist heute sehr bedeutend für das ukrainische Nationalbewusstsein, der Besuch ist für viele Schulklassen obligatorisch. Infos unter https://en.discover-zp.com.ua/locations/muzey-istorii-zaporozhskogo-kazachestva1.

Auf der der Stadt abgewandten Inselseite findet der Besucher beeindruckende felsige Ufer und einsame Buchten vor.

Leider ist der Zugang wegen der hier gelegenen Betriebsferienheime nicht immer einfach. Im südlichen Teil präsentiert sich die Insel deutlich weitläufiger und auch einsamer. Etwa 7 km südlich des Museumskomplexes, am höchsten Punkt der Insel, befindet sich die **skythische Grabstätte Zorova Mohyla bzw. Skifskyi Stan,** wo neben den Originalgräbern gesammelte Kultobjekte aus der Region ausgestellt werden.

Noch weiter südöstlich liegt das **Reittheater Zaporozki Kozaky.** Hier finden ziemlich rasante Vorstellungen statt, außerdem werden Ausritte über die Insel organisiert. Weiterhin befindet sich hier ein recht gutes Restaurant (Eintritt 3 UAH, Vorführungen ab 35 UAH, Vul. Tiulenina 23, www.zp-kazaki.com). Direkt neben dem Reittheater sind die Reste einer im Dnipro gefundenen Brigantine aus dem 18. Jh. ausgestellt (2 UAH).

Die rekonstruierte Sich

An der äußersten Südspitze der Insel liegt das **Biosphärenreservat Protovche,** wo ein Kosakendorf nachgebaut wurde. Bis hierher schaffen es außerhalb der Hauptsaison nur wenige Besucher, sodass man zumeist sehr einsame Natur und Ruhe vorfindet.

Verkehrsmittel

- Vom Prospekt Metalurgov verkehrt etwa stündlich die **Buslinie 50** für 5 UAH bis zum Museumskomplex. Für den Rest der Insel ist man, sofern man nicht die vom Museum angebotenen Touren nutzt, auf eigene Transportmittel angewiesen.

ukr14-118 mk

- Geradezu ideal ist die Erkundung der Insel per Fahrrad, einen **Fahrradverleih** gibt es **im Klub Ostriv** direkt am Museumskomplex (Vul. Tahanska 16, 70 UAH pro Tag, http://ostrovclub.at.ua, Mo bis Fr 9–18 Uhr, am Wochenende 9–20 Uhr) sowie nach Vereinbarung unter Tel. 067-274 38 84, 096-785 11 60.

Sehenswertes außerhalb

Zu den ersten Neuankömmlingen nach 1775 gehörten deutsche Mennoniten. Diese siedelten sich im heutigen Stadtteil **Verkhnia Khortytsia** an. Bis heute erinnern an sie einige im Jugendstil errichtete Bauten wie das ehemalige Gymnasium in der Ul. Rozental (ehem. Vul. Kominternu).

Im Süden der Stadt erstreckt sich entlang des Dnipro der **Erholungspark Dubovyi Hai.** Durch diesen fährt die Kindereisenbahn, welche nicht nur eine Attraktion für die Besucher ist, sondern – von der Ukrainischen Staatsbahn betrieben –, Jugendliche für den Beruf des Eisenbahners interessieren und vorbereiten soll. Deshalb wird die Bahn unter Anleitung von Erwachsenen von Kindern und Jugendlichen betrieben (Vul. Lunacharskoho 1, nur So 9–15.30 Uhr).

Praktische Tipps

Informationen

- **Touristeninformation,** Prospekt Soborniy 193, nahe dem Staudamm.
- Gute Website zu touristischen Zielen in Stadt und Oblast: **https://en.discover-zp.com.ua.**

ukr14-119 mk

Unterkunft

Zaporizhzhia besitzt ob seines Charakters als Wirtschafts- und Industrie-, aber auch als Tourismuszentrum, eine große Menge an Unterkünften, allerdings sind die Preise meist etwas höher, als aus anderen Regionen des Landes gewohnt.

7 **Intourist,** Prospekt Soborniy 135, Tel. 061-223 05 00, www.intourist.com.ua: Ehem. Sowjethotel, auf den neuesten Standard gebracht. Vier Restaurants: ukrainisch, französisch, italienisch, japanisch. Club Crowbar im EG. Jedweder Service ist vorhanden. DZ mit Frühstück ab 1300 UAH, billigere Economy-Zimmer ab 900 UAH.

15 **Teatralnyi,** Ul. Troitskaya 23, Tel. 061-228 80 00: Im Herzen von Alt-Aleksandrovsk, eines der traditionsreichsten Hotels der Stadt. DZ ab 1300 UAH.

5 **Prague,** Bulvar Shevchenka 28, in der Neustadt: Nettes kleines, sauberes Mittelklassehotel mit DZ ab 700 UAH.

19 **Dion,** Ul. Minskaya 9, Tel. 061-252 64 00: In einem Park gelegenes Mittelklassehotel mit DZ ab 500 UAH.

Sowjetisches Postkartenidyll: rauchende Schlote in Zaporizhzhia

12 **Reikartz,** Pr. Mayakovskogo 19, Tel. 800-304 50 00, www.reikartz.com.ua: Am Ufer des Dnipro etwas abseits des Zentrums. DZ ab 1300 UAH.

8 **Ukraina,** Prospekt Soborniy 162a, Tel. 061-289 04 04, www.ukraine.zp.ua: Zentral gelegenes, inzwischen etwas in die Jahre gekommenes Mittelklassehotel. DZ ab 650 UAH.

11 **Venetsiya,** Ul. Nizhnedniprovskaya 1–6, Tel. 061-289 45 12, www.venecia.com.ua: Nur durch eine Straße vom Dniprostrand getrennt, mit Blick auf die Khortytsya. Sehr geräumige Zimmer, netter Service, Wellness-Center. Sehr gutes Preis-Leistungs-verhältnis. DZ mit Frühstück 900 UAH.

18 **Pivdennyi/Yuzhnyi,** Ul. Novokuznetskaya 4: Sehr einfaches Hotel nicht weit vom Bahnhof. DZ ab 350 UAH.

20 **Khortytsia,** Hotelkomplex im zentralen Bereich der Insel: Seit sowjetischen Zeiten weitgehend unverändert. DZ ab 400 UAH.

8 Die Hostelkette **Dreamhouse** steht für Qualität, so auch die Filiale in Zaporizhzhia: Prospekt Soborniy 158, mit Cafeteria, Küche, Fahrradverleih und allem, was der Backpacker braucht. Ab 5 Euro.

17 **Komfort Hostel,** Ul. Poshtova 27/29, im alten Aleksandrovsk: Ab 5 Euro.

Essen und Trinken, Nachtleben

10 **Restaurant Rybatskyi stan,** Fischrestaurant am Dniprostrand: Gute Qualität, Preise etwas höher. Abends Live-Musik. Weitere Strandcafés gibt es ein wenig den Dnipro flussaufwärts, am Nordende des Strandes.

In der Neustadt

1 **Cloud Lounge Bar,** Prospekt Soborniy 234: Cocktails und Wasserpfeifen.

2 **Freespace Old Rabbit,** Prospekt Soborniy 185: Man zahlt für die Aufenthaltsdauer, ein Konzept, das in der Ukraine gar nicht so selten ist.

3 **Virnyi,** Pr. Metalurgov 17: Eine weitere Cocktailbar im Zentrum.

9 **Melrouz** (Melrose), Prospekt Soborniy 147: Bierkneipe – rustikal, hell, gemütlich.

4 **Restaurant Fiesta,** Bulvar Shevchenka 4: Gemütliches Lokal mit schönem Außenbereich.

6 **Zirka Skhodu,** Prospekt Soborniy 153: Interessant eingerichtetes, gemütliches Restaurant mit internationaler Küche.

In Aleksandrovsk

13 **Fishcafé,** Prospekt Soborniy 107: Der Name deutet es an – hier wird alles serviert, was vorher mal im Wasser geschwommen ist. Ansprechend und modern.

13 **Park Avenue,** Prospekt Soborniy 87a: Modernes Café-Restaurant mit großem Außenbereich.

16 **Puzata Khata,** Prospekt Soborniy 42: Filiale der bewährten Kette.

14 **Amber Café,** Ul. Aleksandrovskaya 88: Rustikale Bierkneipe, geöffnet bis spät abends.

Sonstiges

■ **Philharmonie:** Prospekt Soborniy 183, Tel. 061-236 44 67.

■ **Zentraltheater „V.G. Magara“:** Prospekt Soborniy 41, www.magara.zp.ua , Tel. 061-764 40 72.

■ **Kunstmuseum:** Ul. Pravoberezhnaya 76b, Tel. 061-233 40 63, Di bis Sa 10–17 Uhr, Eintritt 15 UAH.

7 **Mietwagen: Sixt,** Prospekt Soborniy 135, im Hotel Intourist, www.sixt.ua.

■ Einen ausgedehnten **Sandstrand** mit schönem Blick auf die Insel Khortytsia gibt es ein wenig flussabwärts der Eisenbahnbrücke auf die Insel.

Verkehrsmittel

Bahn

Der **Bahnhof Zaporizhzhia-1** am südlichen Ende des Prospekt Soborniy liegt an der einstigen Hauptstrecke von Moskau auf die Krim, wohin keine Züge mehr fahren. Reichlich Verbindungen bestehen nach Kharkiv und Kiew und auch einige nach Odessa. Nahverkehrszüge nach Vasylivka (Bahnhof Tavrichesk), Melitopol und Enerhodar. Nach Dnipropetrovsk nimmt man am besten den Bus.

Bus

Vom **Busbahnhof** etwa 300 m nördlich des Bahnhofs bestehen regelmäßige Verbindungen in alle Städte, nach Dnipropetrovsk etwa alle 20 Min.

Flug

Vom **Flughafen** Verbindungen nach Kiew, Moskau, Istanbul etc.

Öffentlicher Nahverkehr

Zaporizhzhia besitzt ein weit verzweigtes **Straßenbahnnetz.** Für den Besucher ist die Linie 3 interessant, die vom Bahnhof Zaporizhzhia-1 durch das historische Aleksandrovsk in die Neustadt führt. Tickets kosten 1,50 UAH. Wesentlich schneller ist man mit den **Minibussen** unterwegs, die auf dem Prospekt Soborniy im Sekundenabstand verkehren. Fahrpreis zumeist 5–7 UAH, je nach Entfernung.

Beiderseits des Dnipro-Stausees von Kakhovka

■ 70–100 km südlich von Zaporizhzhia, Nebeneinander von kosakischer und russischer Kolonialgeschichte sowie sowjetischem Erbe

Eine interessante Rundfahrt beiderseits des Dnipro-Stausees ermöglicht neben einem Blick auf die gigantischen Wassermassen den Besuch dreier recht unterschiedlicher Städte, die die Geschichte der Südukraine anschaulich symbolisieren. Hier finden sich Zeugnisse kosakischer Kultur, russischer Kolonialarchitektur und sowjetischer Industriegigantomanie.

Vasylivka

Василівка

In der 70 km südlich von Zaporizhzhia an der Bahnstrecke und Hauptstraße in Richtung Krim gelegenen Kleinstadt liegt der **Hof des Grafen Popov,** welcher – wenn auch nur in Resten erhalten – ein gutes Beispiel für die Denkweise der Kolonisatoren des „wilden Feldes" abgibt. Der Graf errichtete hier einen Palast, der **ein kleiner Kreml** sein sollte! Tatsächlich fällt die Ähnlichkeit zum Moskauer Original speziell beim erhaltenen Westwall stark ins Auge. Neben diesem sind noch das Tor, ein Teil des Herrenhauses, ein Jagdhäuschen und ein Eckturm erhalten. In diesem befindet sich das Museum des Komplexes: **Museum Popov-Hof,** Vul. Gagarina 16, Tel. 061-757 23 41, Mo bis Fr 8–17 Uhr, Sa/So 9–18 Uhr.

Essen und Trinken

■ **Chumatskyi stan,** am südlichen Ende der Stadt: Restaurant in einem Holzhaus mit ukrainischer Küche, die auch Ausflüge ins Japanische unternimmt.

Verkehrsmittel

■ Es verkehren etwa 7x täglich **Nahverkehrszüge** vom Bahnhof Zaporizhzhia-1. Achtung: Der Bahnhof von Vasylivka heißt Tavrichesk, befindet sich aber trotzdem in direkter Nähe des Hofes.

■ Der Busbahnhof befindet sich an der Durchgangsstraße von Zaporizhzhia auf die Krim, **Busse** verkehren etwa alle 30 Min. nach Zaporizhzhia (45 Min.) und etwa stündlich in Richtung Melitopol (1½ Std.) sowie Enerhodar (1 Std.).

Enerhodar

Енергодар

Am Südufer des Dnipro-Stausees liegt das **Atomkraftwerk Zaporizhzhia,** dessen Kühltürme weithin sichtbar sind. Die zugehörige Stadt, Enerhodar („Geschenk der Energie"), wurde mit dem AKW zusammen in den 1980er Jahren errichtet und ist neben Kuznetsovsk (bei Rivne) und dem heute verwaisten Prypyiat bei Tschernobyl die dritte „Atomstadt" der Ukraine. Die Planstadt besteht gänzlich aus Plattenbauten und wird fast ausschließlich von Angestellten des Kraftwerkes bewohnt. Das Zentrum beherrscht der äußerst wuchtige Kulturpalast Suchasnyk.

Unterkunft

■ **Hotel Sosnovyi Bor,** Vul. Pridniprovska 19: Neu errichtetes Holzblockhaus, westlicher Standard. DZ ab 900 UAH.

■ **Nikoforovna Resort,** Vul. Promyslovna, in unmittelbarer Nähe zur Fähre in Kamianka Dniprovska: Recht einfache DZ ab 320 UAH.

Verkehrsmittel

■ **Bus** nach Zaporizhzhia via Vasylivka (etwa stündlich, 2 Std. Fahrzeit), **Zug** 2x täglich.

■ Vom benachbarten Kamianka Dniprovska fährt zweimal täglich eine **Fähre** nach Nikopol (90 Min. Fahrzeit, keinerlei Wetterschutz an Bord, Autos 200 UAH, Fußgänger 50 UAH).

Nikopol

Нікополь

Die 70 km südwestlich von Zaporizhzhia gelegene 133.000-Einwohner-Stadt war ein weiteres Zentrum der Dnipro-Kosaken. Auf der Halbinsel, auf der sich heute die Stadt befindet, lag seit Ende des 17. Jh. die **bedeutende Kosakensiedlung Nikitin Perevoz.** Damals befand sich hier einer der wenigen Übersetzpunkte am Fluss.

1955/56 wurde der Staudamm im 150 km weiter flussabwärts gelegenen Kakhovka errichtet, wodurch große Teile der Stadt und auch die Dniprobrücke im heute größten Stausee der Ukraine, dem 240 km langen und bis zu 25 km breiten **Kakhovka-Meer,** versanken. Das Stadtzentrum wurde in einen höher gelegenen Teil der Stadt verlegt.

Der erhaltene Teil der **Unterstadt** am Ufer des Flusses ist recht dörflich, liegt aber recht malerisch auf einer Halbinsel. An der Ploshcha Bohdana Khmelnytskoho wird mit einem Denkmal und einem Wandbild an die Nikitin-Kosaken erinnert. Die **Oberstadt** ist eine typische sowjetische Industriestadt mit dem zentralen Bulvar Trubnikov, an dem sich alle Einkaufsmöglichkeiten befinden. Dazwischen erstreckt sich der weitläufige Park Peremohy, von dem man einen schönen Blick über den endlosen Stausee hat. Nördlich der Stadt befindet sich das **Stahlwerk Nikopol,** in dem die in der Region vorhandenen Erze – es handelt sich um die größten Vorkommen Europas – verhüttet werden.

Unterkunft

■ **Afina,** Prospekt Trubnikov 1a, www.hotel-afina.com: Neues Hotel im Stadtzentrum, geräumige Zimmer, DZ 650 UAH.

■ **Hotel Niagara Spa,** Vul. Radyshcheva 12a: Wie der Name schon vermuten lässt, verfügt das Hotel über einen großzügigen Wellnessbereich. DZ ab 500 UAH.

■ **Hotel Yakor,** direkt am Ufer gelegenes neues Hotel mit guten Bewertungen: DZ ab 360 UAH.

Verkehrsmittel

- Bahnhof und Busbahnhof liegen im Norden der Stadt, regelmäßige **Busverbindungen** nach Zaporizhzhia, Dnipropetrovsk und Kryvyi Rih, mit dem **Zug** nach Zaporizhzhia und Kryvyi Rih.

Dnipro

Дніпро, russ: Днепр (bis 2016: Dnipropetrovsk)

- **500 km südöstlich von Kiew am Dnipro, Oblast-Hauptstadt, Neugründung aus der Zeit Katharinas der Großen**
- **Einwohner: 1,02 Mio.**

Dnipro, die **drittgrößte Stadt des Landes,** ist eine der fünf Millionenstädte der Ukraine und macht einen quirligen und lebendigen Eindruck. Die Innenstadt ist eine bunte architektonische Mischung von Bauten aus der Zeit der vorletzten Jahrhundertwende, der Stalinarchitektur und postmodernen Bauten seit der Unabhängigkeit. Durch die in den letzten Jahren neu entstandenen Hochhäuser, die Uferpromenade am Dnipro, die riesigen Brücken und nicht zuletzt die zahlreichen Shopping Malls fühlt man sich ein wenig an US-amerikanische Großstädte erinnert. Man sieht, dass hier richtig Geld vorhanden ist, denn auch auffällig viele Luxuslimousinen kreuzen auf den Straßen. Großartige Sehenswürdigkeiten gibt es nicht, aber der eine oder andere Straßenzug im Stil des späten 19. Jh., eine Handvoll Kirchen, schöne Parks, angenehme Cafés und Restaurants und die idyllische Klosterinsel lohnen durchaus einen Zwischenstopp.

Dniproer Oligarchenträume

Geschichte

Die Geschichte der heutigen Millionenstadt beginnt Ende des 18. Jh., als im Zuge der Erschließung der Schwarzmeersteppengebiete zahlreiche Städte im Stil des Frühklassizismus entstanden. Verantwortlich für die **Kolonisierung** war **Großfürst Potyomkin,** ein enger Vertrauter *Katharinas der Großen.* Häufig befanden sich die Neugründungen an Flussläufen und wurden mit einem schachbrettartigen Grundriss erbaut. So auch Dnipro, das zu Ehren von *Katharina* zunächst **Yekatarinoslav** hieß. *Potyomkin* hatte große Pläne mit der Stadt, die seinen Vorstellungen zufolge die neue Hauptstadt der Ukraine und ein Zentrum von Kultur und Wissenschaft werden sollte. Er holte die besten Architekten der damaligen Zeit an den Dnipro; die bis heute zu sehende Anlage des Prospekt Yavornitskoho (ehem. Karl-Marx-Prospekt) geht auf seine Pläne zurück. *Potyomkins* früher Tod im Jahr 1791 verhinderte die weitere Umsetzung dieser Pläne. Im 19. Jh. wurde die Stadt zur Industriestadt, 1926 erhielt sie den Namen **Dnipropetrovsk** zu Ehren des sowjetischen Staatsmannes *Hryhoryi Petrovsk.* Im Zuge der Dekommunisierung erfolgte 2016 die **Umbenennung in Dnipro,** nachdem die russische Form Dnepr ohnehin schon seit Jahren als inoffizieller Stadtname weithin gebräuchlich war. Das Stadtkürzel DP kann weiter verwendet werden.

Zur Sowjetzeit war Dnipropetrovsk zusammen mit dem nördlich gelegenen Dniprodzerzhinsk (heute: Kamianske) *die* **Rüstungschmiede** der UdSSR. Der spätere ukrainische Präsident *Kuchma* hatte hier lange Zeit die Position des Direktors eines Raketenbaukombinats inne. Auch sonst gilt die Stadt als politische Kaderschmiede – hier begannen auch die Karrieren *Leonid Breschnews* und *Yulia Tymoshenkos.*

Heute wird Dnipro weithin kontrolliert von dem proukrainischen **Oligarchen Igor Kolomoiskiy,** langjähriger Eigentümer der Privat-Bank und im Besitz unzähliger Unternehmensbeteiligungen u. a. im Rüstungsbereich. *Kolomoiskiy* hatte das Land unter *Yanukovych* zeitweise verlassen – er verfügt auch über die israelische und die zypriotische Staatsbürgerschaft –, wurde dann aber unmittelbar nach der Revolution von der ukrainischen Übergangsregierung zum Gouverneur der Oblast Dnipropetrovsk ernannt. *Kolomoiskiy* sorgte dafür, dass separatistische Bestrebungen hier nie eine Chance hatten, und finanzierte zu Beginn des Krieges im Donbas mehrere Freiwilligenbataillone, ohne deren Gegenwehr *Putins* Projekt „Novorossiya" ganz anders hätte laufen können. Aus diesem Grund genießt *Kolomoiskiy* trotz seiner wenig durchschaubaren Geschäfte ein vergleichsweise hohes Ansehen im Land. Seinen Job als Gouverneur wurde er dennoch relativ schnell wieder los: Seine versuchte feindliche Übernahme des Erdölkonzerns Ukrnafta mit Hilfe bewaffneter Einheiten war Präsident *Poroshenko* dann doch etwas zu dreist.

ukr14-122 pk

Sehenswertes

Prospekt Yavornitskogo (bis 2016: Karl-Marx-Prospekt)

Die **Hauptstraße** der Stadt zieht sich über eine Länge von rund 4 km schnurgerade durch die City. Sie geht auf die Pläne des Großfürsten *Potyomkin* zurück und hat auf der ganzen Länge einen grünen Mittelstreifen mit Fußgängerpromenade. Der Prospekt beginnt nahe dem Bahnhof und zieht sich südwärts bis zu der etwas höher gelegenen historischen Kernstadt. Das älteste Gebäude der Stadt, eine **ehemalige Textilmanafaktur** mit einer dezenten klassizistischen Fassade, liegt in Bahnhofsnähe an der Straße. Etwas stadteinwärts befindet sich der 2 **Zentralmarkt;** die auffällige Halle hat eine gewölbte Decke aus Spannbeton. Wenige Meter weiter beginnt der **Park Globy** mit Gartenwirtschaften, künstlichem Teich, Musikpavillon und Kindereisenbahn. Das eigentliche Stadtzentrum beginnt südlich des Parks.

In der Richtung Fluss abzweigenden Ul. Voskresenskaya (ehem. Ul. Lenina) sind zwei interessante kulturelle Bauten

Übernachtung
1 Yellow Hostel
3 Hotel Sverdlovsk
4 Hotel Evropeysskiy
5 Hotel Astoria
6 Hostel Ryba Andrey
7 Grand Hotel Ukraina
9 Hotel Reikartz
13 Hotel Dnepropetrovsk
19 Hotel Akademia

Essen und Trinken
10 Shredinger
16 Tri Bobra
17 Reporter
18 Papa Karla
20 Café Artist

Nachtleben
8 Big Ben
11 Labyrint
13 Chetver
14 Makhno Pub
15 Time Pub

Einkaufen/Sonstiges
2 Zentralmarkt
12 Einkaufszentrum Most City
21 Fahrradverleih Adrenalinsport
22 Sixt Autovermietung

zu sehen: die **Philharmonie** von 1912 – das Gebäude lässt bereits Ansätze der frühen Moderne erkennen – und das **Shevchenko-Theater** von 1913, das über einen Anbau aus der Sowjetzeit mit interessanter, reliefartig gestalteter Fassade verfügt. Ein bemerkenswertes Jugendstilgebäude ist das **Grand Hotel Ukraina** mit einem Eckturm mit spitzem Helm an der Ecke der Ul. Korolenka; heute beherbergt es eines der teuersten Bussineshotels des Landes (s. u.).

Im weiteren Verlauf wird der **zentrale Platz Geroev** erreicht, den sowjetische Verwaltungsbauten prägen, die es aber nicht schaffen, die hübsche **Dreifaltigkeitskirche** mit ihren fünf Kuppeln und Glockenturm aus dem späten 19. Jh. vollständig zu verdecken. In diesem Bereich beginnt auch die westlich wirkende **Fußgängerzone** Ul. Yevropeyskaya mit Kaufhäusern und Shopping Malls, die von hier aus in Richtung Fluss führt.

Die historische Kernstadt

Südöstlich des zentralen Platzes steigt der Prospekt Yavornitskogo an, um den Hügel zu erklimmen, auf dem *Katharina die Große* im Jahr 1787 den Grundstein für die **Preobrazhenskyi-Kathedrale** legte. Dieser Teil der Stadt ist deutlich ruhiger und grüner als das hektische Stadtzentrum. Die heute zu sehende Kathedrale aus den Jahren 1830 bis 1835 ist ein bedeutendes Werk des Klassizismus. Mit einem hohen spitzen Turm, einem Säulenportikus und einer runden Kuppel sind die wesentlichen Stilmerkmale des frühen 19. Jh. deutlich erkennbar. Auch innen ist die einstige Ausstattung gut erhalten geblieben, da die Kirche zu Sowjetzeiten ein Atheismus-Museum beherbergte. Die Kirche liegt auf dem parkartigen Soborna-Platz. Von ihm führen stille Straßen in nordöstlicher Richtung zum **Shevchenko-Park,** der langsam zum Fluss hin abfällt. Im Park liegt der ehemalige **Potyomkin-Palast** von 1798. Nach Umbauten zu Sowjetzeiten ist er indes kaum noch von den sonst üblichen Bauten im Stil des Stalinklassizismus zu unterscheiden. Heute wird der Palast kulturell genutzt.

Das ehemalige jüdische Viertel

Vor dem 2. Weltkrieg lebten 80.000 Juden in der Stadt, es gab 42 Synagogen. Während der deutschen Besatzung kam es zu Massenerschießungen, in wenigen Tagen wurden 11.000 Menschen ermordet. Heute hat Dnipro wieder einen beachtlichen jüdischen Bevölkerungsanteil von etwa 40.000 Menschen und damit die **zweitgrößte jüdische Gemeinde des Landes** nach Kiew. In der Ul. Sholoma Alekhema befindet sich die klassizistische **Choralsynagoge Goldene Rose.** Sie stammt aus der Mitte des 19. Jh. und

ukr14-121 pk

dient den orthodoxen Juden des Chabat Lyubavich als Gotteshaus. Nachdem die Synagoge nach Jahren der Zweckentfremdung 1995 der jüdischen Gemeinde zurückgegeben wurde, wurde sie vollständig saniert und erhielt eine neue Innengestaltung mit gewaltigen marmornen Bögen. Um die Synagoge herum wurde das **neue jüdische Gemeindezentrum Menorah** erbaut, das als siebenteiliges Gebäude treppenartig die historische Synagoge umgibt. Der entstandene Komplex ist das größte jüdische Gemeindezentrum im Lande und beherbergt Läden für koschere Produkte, eine Bibliothek, diverse Veranstaltungssäle, ein Hotel, Cafés und Restaurants (http://menorah-center.com). Das Zentrum ist öffentlich zugänglich und überrascht mit riesigen Korridoren, blitzblanken Marmorböden und Architekturzitaten zerstörter Synagogen der Region. Geldgeber für das gigantische Projekt war übrigens oben genannter *Igor Kolomoiskiy*. Es werden Führungen durch das Gebäude angeboten, bei denen auch die Dachterrassen mit einem herrlichen Blick auf die Stadt und den Dnipro gezeigt werden. Hier oben residiert der Rabbi der jüdischen Gemeinde, der vor einigen Jahren aus Brooklyn/New York hierher kam. Im Menorah-Zentrum befindet sich auch ein durchaus sehenswertes **Museum** zur Geschichte der ukrainischen Juden.

[<] Das neue jüdische Gemeindezentrum in Dnipro ist das größte des Landes

In unmittelbarer Nähe wird seit einigen Jahren die zu Sowjetzeiten zweckentfremdete **Uspenskiy-Kathedrale** restauriert. Die Kirche war eine der ältesten der Stadt und hatte fünf Kuppel und einen Glockenturm. Das Gebäude selbst wurde mittlerweile entkernt, und der große Kirchenraum ist wieder sichtbar, nicht aber die Kuppeln und der Turm.

Die **zweite Synagoge,** zu Sowjetzeiten die einzige „funktionierende" der Stadt, liegt heute innerhalb des gigantischen Einkaufszentrums 12 Most City, das vor wenigen Jahren ohne Rücksicht auf das jüdische Erbe buchstäblich in die Stadt „reingeklotzt" wurde. Zwischen der Choralsynagoge und dem Fluss sind Teile des einstigen jüdischen Viertels mit kleinen **baufälligen Häusern** und Innenhöfen mehr zu erahnen als tatsächlich zu sehen. Relativ viel Altbausubstanz blieb entlang der Straßen V. Lipinskogo und Kharkovskaya erhalten. In diesem Bereich befinden sich zahlreiche nette Cafés, Kneipen und Clubs.

Entlang des Dnipro

Am Flussufer erstrecken sich über mehrere Kilometer schöne Parkanlagen, und unzählige Restaurantschiffe und Bars laden zum Essen und Trinken ein.

Klosterinsel

Auf der idyllischen Klosterinsel soll bereits im 10. Jh. ein Kloster existiert haben. Die heutige kleine Kirche an der Nordspitze der Insel ist ein Neubau von 1999 im altrussischen Stil. Neben der Kirche gibt es auf der Insel einen **Vergnügungspark** mit Riesenrad und Imbissständen. Auf der stadtabgewandten

ukr14-123 pk

Seite lockt ein **herrlicher Sandstrand.** Er ist frei zugänglich und kostenlos. Bedenken wegen der Wasserqualität sollte man angesichts der zahlreichen Industriebetriebe in nächster Nähe entweder verdrängen oder aber das Badevergnügen den Einheimischen überlassen. Die Klosterinsel liegt unterhalb des Shevchenko-Parks, von dem sie über eine hohe Fußgängerbrücke erreichbar ist.

Museen

Historisches Museum

http://museum.dp.ua, geöffnet täglich außer Mo, je nach Ausstellung 25–50 UAH Eintritt

Das Museum liegt in der Oberstadt, Pr. Karla Marksa 16, in einem sanierten Gebäude von 1903 und zeigt Exponate zur Regionalgeschichte. Das große Diorama daneben zeigt eine Schlachtendarstellung aus dem 2. Weltkrieg.

Kunstmuseum

http://artmuseum.dp.ua, täglich geöffnet, Eintritt 80 UAH, Ermäßigung für Gruppen

Das Museum in der Ul. Shevchenka 21 zeigt Werke des 16. bis 21. Jh. von russischen und ukrainischen Künstlern.

Jüdisches Museum

Ein Museum zur Geschichte der ukrainischen Juden ist im **jüdischen Gemeindezentrum Menorah** (s. o.) untergebracht. Der Eintritt ist frei.

Dnipro-Promenade

Praktische Tipps

Unterkunft

Die Hotels in Dnipro sind nicht die billigsten und unrenovierte Hotels aus der Sowjetzeit kaum noch vorhanden. Eine interessante Hotel-Website, bei der sowohl nach Stadtbezirk als auch nach Preisen gesucht werden kann, ist http://gotel.dp.ua. Die Stadt ist hervorragend auf den üblichen Buchungsportalen vertreten. Hier einige Tipps:

3 **Hotel Sverdlovsk,** Ul. Vladimira Antonovicha (ehem. Sverdlova) 6, www.hotel-sverdlovsk.com.ua: Neunstöckiger Plattenbau am Stadion in Gehdistanz zum Stadtzentrum. Nicht renovierte DZ kosten ab 400 UAH, renovierte, fast schon luxuriöse DZ ab 550 UAH.

5 **Hotel Astoria,** Pr. Yavornitskogo 66: Schönes historisches Hotel, das vorbildlich renoviert wurde. DZ ab 1200 UAH.

6 **Hostel Ryba Andrey,** Ul. Vladimira Velikogo 13, zentral nahe der Ul. Voskresenskaya gelegen, http://myhostel.dp.ua: Bett im Mehrbettzimmer ab 120 UAH.

1 **Yellow Hostel,** Ul. Robochaya 20: Ab 120 UAH im Schlafsaal.

13 **Hotel Dnepropetrovsk,** Ul. Sicheslavskaya Naberezhnaya 33, www.dnipro-hotel.dp.ua: Der renovierte Plattenbau liegt an der Uferpromenade. DZ ab 550 UAH.

4 **Hotel Evropeysskiy,** Ul. Voskresenskaya 22: Traditionsreiches Hotel in einem großzügigen Altbau mit interessanter Fassade im Art-déco-Stil.

7 **Grand Hotel Ukraina,** Pr. Yavornitskogo/Ecke Ul. Korolenko, www.grand-hotel-ukraine.dp.ua: Der sehenswerte Jugendstilbau im Zentrum gilt als eines der besten Hotels des Landes und ist für mitteleuropäische Verhältnisse mit DZ ab 2100 UAH immer noch erschwinglich.

19 **Hotel Akademia,** Pr. Yavornitskogo 20: Ruhig in der Nachbarschaft der Preobrazhenskyi-Kathedrale gelegen. DZ ab 1100 UAH.

9 **Hotel Reikartz,** Ul. Troitskaya 12, www.reikartz.com/ru/hotels/dnepropetrovsk: Filiale der bekannten Hotelkette. DZ ab 2000 UAH.

■ **Bahnhofszimmer:** Im Bahnhof gibt es renovierte Bahnhofszimmer. Sie sind zwar nicht die allerbilligsten, aber immer noch deutlich unter den Preisen der meisten Hotels. Auch im **Busbahnhof** gibt es Zimmer (Ul. Kurchatova 10).

Essen und Trinken, Nachtleben

Die Gastroszene ist in ständiger Bewegung: Kaum ein Etablissement, das länger als fünf Jahre überlebt, dauernd entstehen neue und machen das Nachtleben der Millionenstadt **spannend und abwechslungsreich.** Das wichtigste Kneipenviertel befindet sich zwischen dem Pr. Yavornitskogo und dem Menorah-Zentrum. Aber auch am Prospekt selbst reiht sich ein Café ans andere.

17 **Reporter,** Ul. Barikadnaya 2: Recht gediegenes Café-Restaurant der etwas höheren Preisklasse.

18 **Papa Karla,** Pr. Yavornitskogo 27, bereits in der Oberstadt: Sehr gemütliches Café-Restaurant.

20 **Café Artist,** Pl. Soborna 2a, www.cafe-artist.dp.ua: Eines der wenigen Cafés in der ansonsten recht ruhigen Oberstadt, in einem älteren Gebäude. Gemütlich und modern. Auch Frühstück möglich.

10 **Shredinger** (Schrödinger), eines der vielen neuen Cafés im Zentrum: Freundlich, gemütlich.

16 **Tri Bobra** (Drei Bieber), Pr. Yavornitskogo 42: Nettes, leicht nerdiges Café am Hauptboulevard.

15 **Time Pub,** Ul. Kharkovskaya 2: Bierpub und Cocktailbar, gelegentlich Live-Musik.

14 **Makhno Pub,** Ul. Magdeburgskogo Prava 4a: Alternativ angehauchte Themenkneipe rund um den aus der Südukraine stammenden *Nestor Makhno,* regelmäßig Live-Musik.

13 **Chetver,** an der Ecke der Straßen Sholom Alekhema/Barikadnaya: Geräumiges Pub und Cocktailbar mit DJs und Lounge Music nicht nur am Donnerstag (so die Übersetzung von Chetver).

Mein Tipp: 8 **Big Ben,** Pl. Troitskaya 3: Toller Pub in einem Kellergewölbe nahe der Dreifaltigkeitskirche.

11 **Labyrint,** Ul. Kharkovskaya 3: Die etwas exklusivere Partyadresse, die ihrem Namen alle Ehre macht. In dem ungeheuer verwinkelten Kellerclub gibt es diverse Tanzflächen, einen Bereich für Live-Musik und eine Chillout-Zone. Je nach Veranstaltung recht happige Eintrittspreise (mind. 150 UAH).

Der einzige Grund für einen Ausflug nach Novomoskovsk: die großartige Dreifaltigkeitskirche

Sonstiges

- Das architektonisch interessante **Zirkusgebäude** an der Uferpromenade ist nicht zu übersehen. Das Programm ist vielfältig und hält für jeden etwas bereit (www.circus.dp.ua).
- **Philharmonie:** Ul. Lenina 6.
- **Oper und Theater:** Das Opernhaus ist ein Gebäude aus der frühen Sowjetzeit, Pr. Yavornitskogo 72a, www.opera-ballet.com.ua.
- Im **Potyomkin-Palast** (s. o.) gibt es ein studentisches Kulturzentrum mit Theater (www.palacdnu.narod.ru).

22 **Mietwagen: Sixt,** Zaporozhskoie Shosse 26, www.sixt.ua.

ukr14-124 pk

21 **Fahrradverleih:** Der Sportladen **Adrenalinsport** bietet Fahrräder zu 70 UAH pro Tag an (Pr. Yavornitskogo 1, am oberen, südlichen Ende der Straße, www.adrenalinsport.dp.ua).

Verkehrsmittel

Bahn

Dnipro ist ein echter **Bahnknotenpunkt.** Hervorragende Verbindungen bestehen in alle Teile des Landes. Auch tagsüber Züge nach Kiew und Kharkiv. Der **Bahnhof** liegt im Zentrum am Nordwestende des Pr. Yavornitskogo.

Bus

Der **Busbahnhof** liegt wenige Meter vom Bahnhof entfernt in der Ul. Kurchatova 10. Hervorragende Busverbindungen in die nähere und weitere Umgebung der Stadt sowie in alle Teile des Landes.

Städtischer Nahverkehr

Dieser wird überwiegend über **Straßenbahnen und Marshrutky** organisiert. Reger Verkehr herrscht entlang des Pr. Yavornitskogo. Die zentrale Straßenbahnhaltestelle ist am Bahnhofsplatz. Seit 1995 gibt es auch eine **Metrolinie,** die vom Bahnhof stadtauswärts führt. Eine Verlängerung Richtung Stadtzentrum wird gebaut, die Eröffnung weiterer Stationen soll im Laufe des Jahres 2019 stattfinden.

Novomoskovsk

Новомосковськ

- **25 km östlich von Dnipro an der Samara, größte und kunsthistorisch bedeutsamste Holzkirche der Ostukraine**
- **Einwohner: 70.000**

Konzeptlos dahingepfuschte Plattenbauten, marode Industrieanlagen, vereinzelte Holzhäuser und ein mit allen Facetten sowjetischer Hässlicharchitektur angereichertes Stadtzentrum – eigentlich hat man in Novomoskovsk nichts zu suchen. Für Fans hölzerner Sakralarchitektur hingegen ist der Besuch der Stadt ein *Muss,* denn am östlichen Rand des heutigen Zentrums liegt die **großartige Dreifaltigkeitskirche, das wohl bedeutendste Bauwerk ukrainischer Holzarchitektur des 18. Jh.** Die Kirche wurde ab 1775 im Auftrag von Kosakenführern errichtet. Pyramidenähnlich ansteigend wird der quadratische, weiß gestrichene

Kirchenbau von neun grünen Kuppeln mit eleganten Zwiebeltürmchen überragt und vermittelt außergewöhnliche Erhabenheit. Ein ebenfalls hölzerner Glockenturm bildet den Eingang zu dem eindrucksvollen Ensemble. Dieser ist deutlich jüngeren Datums und entstammt dem 19. Jh. Das Innere der Kirche ist erstaunlich schlicht, lediglich die Ikonostase und einfache Deckengemälde in den Kuppeln sorgen für etwas Farbe. Unbedingt zu empfehlen ist ein Spaziergang auf die andere Flussseite der Samara: Der Ausblick dort ist einmalig.

Sehenswert ist auch das **Samarakloster** auf der östlichen Seite des Flusses. Es liegt mitten im Wald, ist aber ausgeschildert. Angelegt ab dem 16. Jh., erfüllte es die Funktion eines Wehrklosters und beherbergte zudem ein Spital für kosakische Krieger. Die heutigen Bauten stammen aus dem späten 18. Jh. Zur Sowjetzeit wurde das Kloster lange Jahre als Behindertenheim genutzt.

Unterkunft

Angesichts der geringen Attraktivität der Stadt lohnt eine Übernachtung nicht unbedingt. Besser ist es, die Stadt im Rahmen eines Ausflugs von Dnipro aus zu besuchen.

- Ein **Motel** steht gegenüber dem Busbahnhof, schräg gegenüber der Kathedrale, zur Verfügung. DZ kosten ab 600 UAH und sind für die gebotene Leistung (zu) teuer. Vul. Peremohy (russ.: Ul. Pobiedy) 8a.
- Auf der gegenüberliegenden Seite der Samara liegt die sehr schöne **Turbaza Premier** in einem großen Gelände inmitten von Auwäldern. Direkt nach Überqueren der Brücke folgt man einer kleinen Straße ca. 1 km nach rechts; die Turbaza ist ausgeschildert. DZ ab 600 UAH, Tel. 09658-306 50.
- **Hotel Ermitage,** Vul. Suchkova 41d: Etwas kitschig-postsowjetisch gestalteter Neubau im Zentrum nahe des Bahnhofs und damit recht weit von der Kathedrale entfernt. DZ ab 800 UAH.

Einkaufen

- Der **Markt** liegt gleich bei der Kirche.

Verkehrsmittel

■ **Bahn:** Novomoskovsk liegt an einer Bahnstrecke, die nur selten befahren wird. Zudem ist der Bahnhof sehr weit von der Kirche entfernt, westlich des Zentrums.

■ **Bus:** Novomoskovsk liegt an der Hauptverbindungsstraße Dnipro – Donetsk. Die Anreise mit Bus ist überhaupt kein Problem. Die Busse ab dem Busbahnhof Dnipro fahren alle paar Minuten. Der Busbahnhof befindet sich in unmittelbarer Nähe der Holzkirche.

Kytaihorod

Китайгород

■ **50 km nördlich von Dnipro, malerisches Dorf mit gut erhaltenen Barockkirchen**

■ **Einwohner: 2500**

Das Dorf Kytaihorod zählt zu den idyllischsten Orten der Region Dnipro. In naturbelassener Landschaft hat sich, am Fuß eines kleinen Höhenzuges, ein Ortsbild erhalten, das noch eine Vorstellung davon vermittelt, wie schön die Zentralukraine vor dem Wahnsinn der Stalinzeit und den Verbrechen der deutschen Wehrmacht gewesen sein muss. **Wie in alten Zeiten** stehen hier von Bauernhäusern umrahmt drei kleine barocke Kirchen: einfache, runde, defensiv wirkende Bauwerke aus der Mitte des 18. Jh.

ukr14-140 pk

Unterkunft

■ Die **Turbaza Lisova Poliana** liegt etwa 1 km nördlich des Zentrums. In Höhe einer Tankstelle zweigt eine Straße nach rechts ab; die Turbaza ist ausgeschildert. Recht kleines Gelände am Waldrand mit mehreren Einzelgebäuden und einem Café. Freundliche, wenn auch renovierungsbedürftige und reichlich sowjetisch wirkende Anlage. DZ ab 450 UAH. Vul. Komsomolska 118a, Tel. 05690-220 99, www.bazi-otdiha.com.ua/company.php?id_company=5894.

Verkehrsmittel

■ Kytaihorod liegt an der Hauptstraße Dnipro – Poltava. Sowohl **Überlandbusse** in Fahrtrichtung Poltava als auch Lokalbusse in Fahrtrichtung Tsarychanka durchqueren das Dorf. Verbindungen ab dem Busbahnhof Dnipro alle paar Minuten. Der Busbahnhof liegt etwa 500 Meter südlich des historischen Kerns. Hier gibt es einige Läden, kleinere Cafés und einen Markt.

◁ Abendstimmung in Kytaihorod

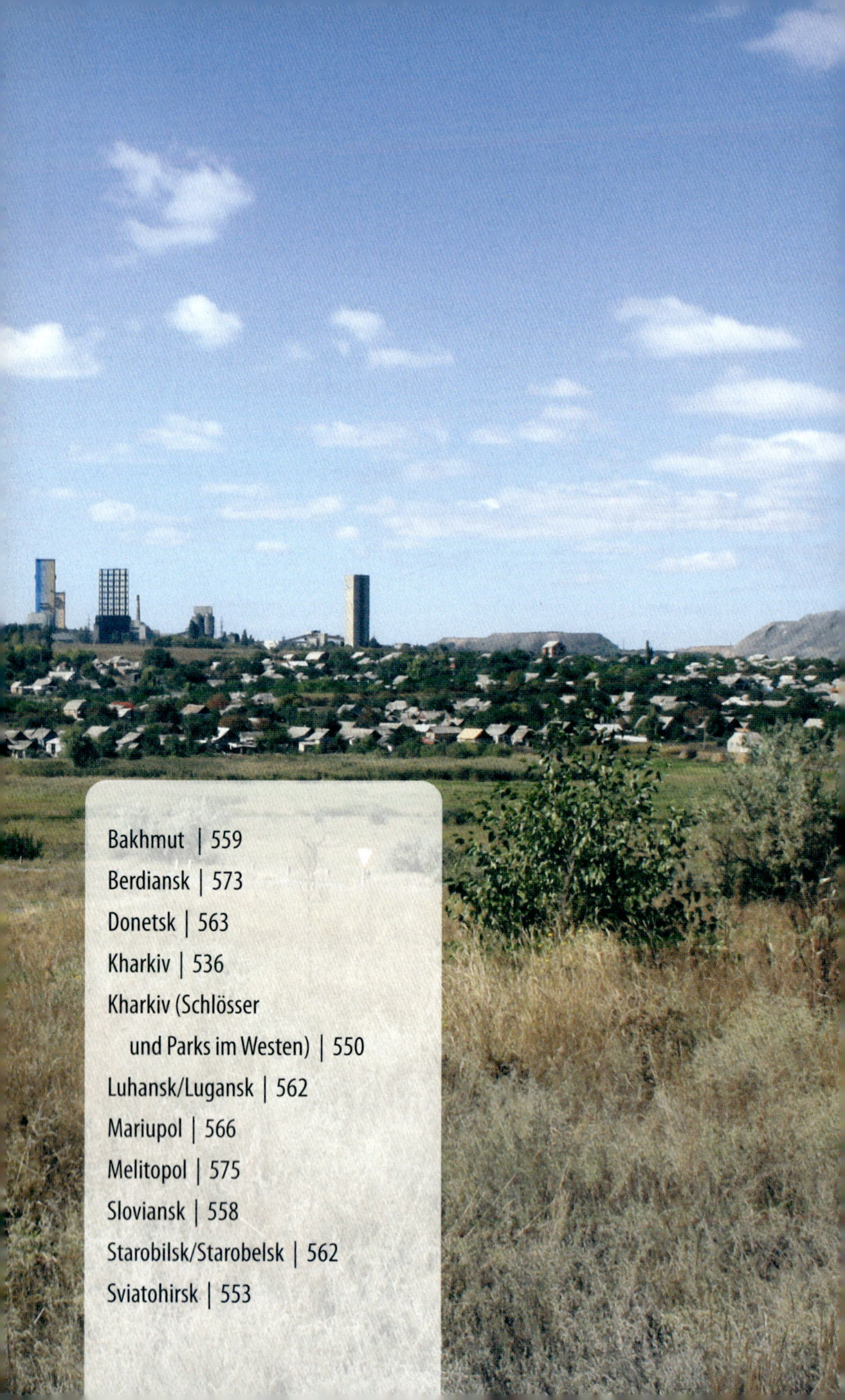

8 Die Ostukraine

Der militärische Konflikt in der Region hat entscheidende Auswirkung auf die Region als Reiseziel. Die Gebiete der beiden selbst ernannten Volksrepubliken Donetsk und Lugansk sind absolute No-Go-Areas, für die auch eine Reisewarnung des Auswärtigen Amtes besteht. Ein Besuch von Kharkiv ist problemlos möglich und auch absolut empfehlenswert, ebenso der von Mariupol, wobei man hier angesichts der Nähe zur Front die aktuelle Entwicklung im Auge behalten sollte.

[<] Abraumhalde in der Donbas-Steppe

Ostukraine

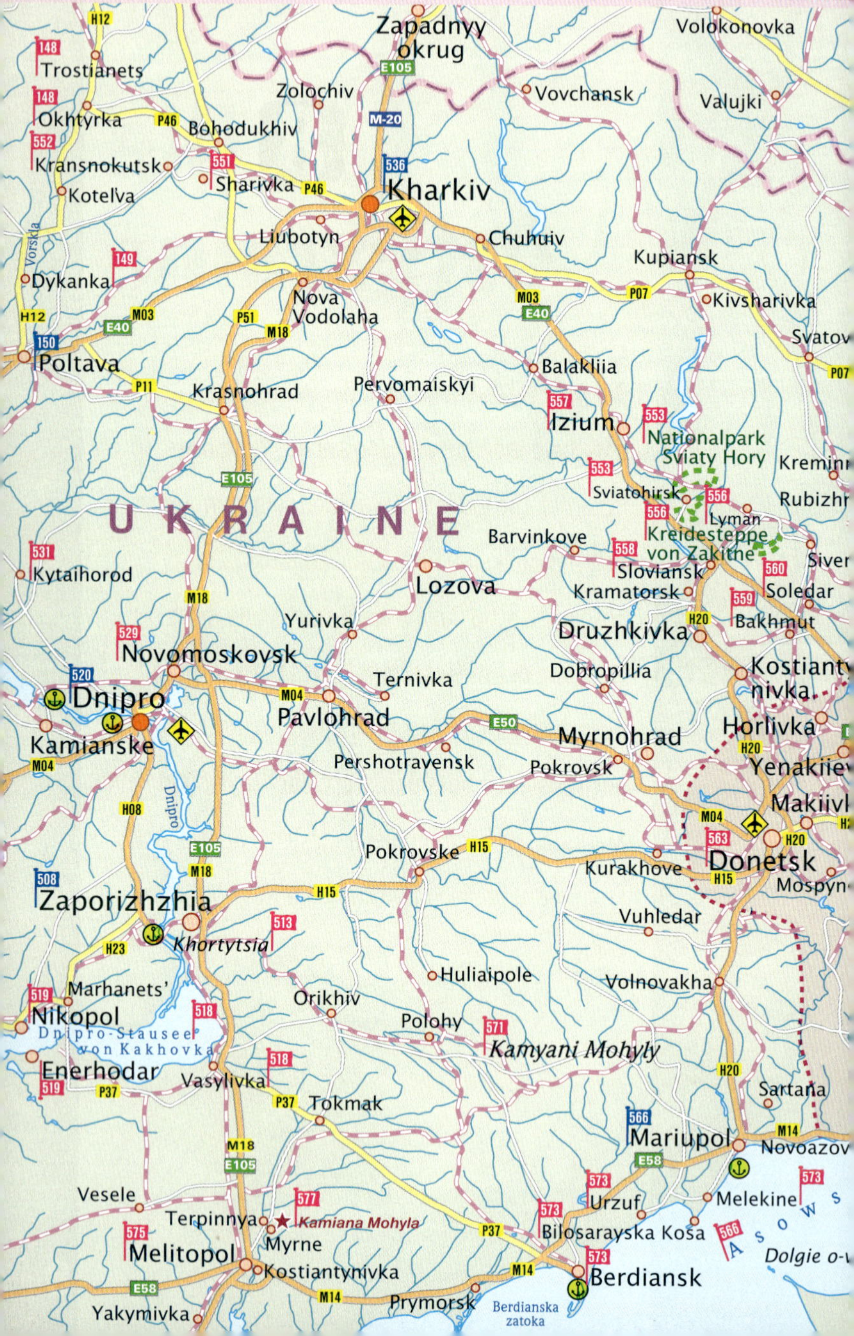
0
50 km
Zapadnyy okrug
Volokonovka
Trostianets
Okhtyrka
Zolochiv
Vovchansk
Valujki
Bohodukhiv
Kransnokutsk
Sharivka
Kharkiv
Kotel'va
Vorskla
Liubotyn
Chuhuiv
Kupiansk
Dykanka
Nova Vodolaha
Kivsharivka
Svatov
Poltava
Balakliia
Krasnohrad
Pervomaiskyi
Izium
Nationalpark Sviaty Hory
Kreminn
Sviatohirsk
Rubizhn
Lyman
UKRAINE
Barvinkove
Kreidesteppe von Zakitne
Siver
Kytaihorod
Sloviansk
Lozova
Kramatorsk
Soledar
Bakhmut
Yurivka
Druzhkivka
Novomoskovsk
Dobropillia
Kostiantynivka
Ternivka
Dnipro
Pavlohrad
Horlivka
Kamianske
Myrnohrad
Pershotravensk
Pokrovsk
Yenakiiev
Dnipro
Makiivk
Pokrovske
Kurakhove
Donetsk
Mospyn
Zaporizhzhia
Khortytsia
Vuhledar
Huliaipole
Volnovakha
Marhanets'
Orikhiv
Nikopol
Polohy
Dnipro-Stausee von Kakhovka
Kamyani Mohyly
Enerhodar
Vasylivka
Sartana
Tokmak
Mariupol
Novoazov
Vesele
Urzuf
Melekine
Terpinnya
Kamiana Mohyla
Bilosarayska Kosa
Myrne
Asows
Melitopol
Dolgie o-
Kostiantynivka
Berdiansk
Yakymivka
Prymorsk
Berdianska zatoka
H12
148
148
552
551
536
E105
M-20
P46
P46
149
M03
E40
H12
150
P51
M18
M03
E40
P07
P07
P11
557
553
553
E105
556
556
531
558
560
559
M18
H20
529
520
M04
E50
H20
M04
M04
H08
M04
563
H20
E105
M18
H15
H15
H15
508
513
H23
519
518
571
518
519
P37
P37
H20
566
M14
M18
E105
E58
573
577
573
573
575
P37
566
573
E58
M14
M14

Sprachlicher Hinweis:
Da ein großer Teil der Städte in dieser Region vollständig russischspachig ist, wurden im Text bei Eigen- und Straßennamen die russischen Bezeichnungen gewählt, da dies einfach der Realität vor Ort entspricht.

IM LAND DER RAUCHENDEN SCHLOTE

Der größte Teil der Region besteht aus nahezu waldloser Steppe. Die daraus emporwachsenden Schachtanlagen lassen die Landschaft geradezu surreal erscheinen. Konzepte zum Aufbau eines Industrietourismus waren in Arbeit, sind aber mit dem Ausbruch des Krieges im Donbas zum Erliegen gekommen. Die selbst ernannten Volksrepubliken Donetsk und Lugansk ganz im Osten der Region sind für Touristen tabu, selbst Hilfsorganisationen und erst recht Journalisten bekommen Zugang

NICHT VERPASSEN!

- **Die alternative Hauptstadt:** Kharkiv und seine Undergroundszene | 536, 549
- **Das Salzbergwerk von Soledar:** Konzerte 300 m unter der Erde | 560
- **Asowsches Meer:** Sandstrände ohne Ende | 566
- **Höhlen und Grotten in der Steppe:** Kamiana Mohyla | 577

Diese Tipps sind gelb hinterlegt.

nur nach einer bürokratischen und willkürlichen Akkreditierungsprozedur.

An historischen Kulturdenkmälern und sonstigen Attraktionen ist die Ostukraine weniger reich als andere Teile des Landes. Eine Ausnahme machen die Region Kharkiv und der Nationalpark Sviaty Hory. Die Stadt Kharkiv selbst ist eine der interessantesten des Landes.

Die bislang triste postsowjetische Industriemetropole und Hafenstadt Mariupol ist durch die Übersiedlung weiter Teile der alternativen Szene von Donetsk seit dem Jahr 2014 regelrecht aufgeblüht und erfindet sich gerade neu.

Wichtige Reisehinweise

Für die nicht von der ukrainischen Regierung kontrollierten Gebiete der Verwaltungsbezirke Donetsk und Luhansk spricht das Auswärtige Amt eine Reisewarnung aus (vgl. www.auswaertiges-amt.de). Vor einem Besuch der beiden selbst ernannten Volksrepubliken wie auch der roten Zone, also dem ukrainisch kontrollierten Gebiet in Frontnähe, wird explizit gewarnt, d. h. im Notfall besteht kein konsularischer Schutz und nicht einmal eine Krankenversicherung. Für die anderen, ukrainisch kontrollierten Orte und Landkreise der Verwaltungsbezirke Donetsk und Luhansk gilt ein Reisehinweis, in dem von einem Besuch zwar abgeraten, aber nicht explizit gewarnt wird. Diese Einschätzung beruht auf der **relativen Nähe der Gebiete zur Front** und der Tatsache, dass die Regionen theoretisch in Reichweite russischer Raketen sind, was sich im Januar 2015 beim Beschuss der östlichen Stadtteile von Mariupol auch tatsächlich zeigte. Seit damals gab es aber keinen derartigen Vorfall mehr, sodass dem Autor ein Besuch der beschriebenen Orte in der Region machbar und vertretbar erscheint. In jedem Fall sollte aber die aktuelle politische und militärische Situation genau im Auge behalten werden. Wer will, kann sich auf der Website des Auswärtigen Amtes registrieren und seinen Besuch in der Region entsprechend anmelden („Krisenvorsorgeliste“). Überall in den beiden Verwaltungsbezirken ist mit **erhöhten Sicherheitsvorkehrungen** zu rechnen, immer wieder müssen Checkpoints passiert werden, und den Reisepass muss man grundsätzlich mit sich führen.

Kharkiv

Харків, russ: Харьков

- **550 km östlich von Kiew, 50 km südlich der russischen Grenze, Oblast-Hauptstadt, zweitgrößte Stadt der Ukraine, zeitweise Hauptstadt**
- **Einwohner: 1,44 Mio.**

In der **quirligen Millionenstadt** gibt es eine schön sanierte Innenstadt mit großflächig vorhandener Altbausubstanz zu bewundern, es finden sich grüne Parks, monumentale Kirchen und bedeutende Zeugnisse des Jugendstils sowie des sowjetischen Konstruktivismus, und nicht zuletzt lockt eine äußerst **spannende Kultur- und Clubszene,** die oft als die wichtigste der Ukraine bezeichnet wird. Der Schriftsteller *Serhii Zhadan* oder der Fotograf *Boris Mikhailov,* der bereits zu Sowjetzeiten mit schockierenden Fotos von Obdachlosen und Alkoholkranken für Furore sorgte und die offiziell heile Sowjetwelt provokativ in Frage stellte, stehen stellvertretend für das große kreative Potenzial der Stadt. In der aktuellen Musikszene sind *5'nizza*, die Crossoverband *TNMK – Tanok na Maidani Kongo* und die Skaband *Sobaky v Kosmosi* zu nennen. Zudem ist Kharkiv Lebens- und Wirkungsstätte des „ukrainischen Banksy", des landesweit bekannten Streetartkünstlers *Gamlet Zinkovskiy,* dessen humorvolle und provokative Kunstwerke an unzähligen Mauern der Stadt zu finden sind.

Lange Zeit hatte die Stadt freilich ein großes Imageproblem. Sie galt als graue, sowjetisch geprägte Industriestadt, in der korrupte Eliten tun und lassen können, was sie wollen. Als vollständig **russischsprachige Stadt** hat Kharkiv aber mittelfristig die einzigartige Chance, sich als demokratisches, rechtsstaatliches Gegenmodell zur russischen Welt Putinscher Prägung zu präsentieren und damit auch den immer wieder verbreiteten Mythos zu widerlegen, wonach die ostslawische „Seele" mit der westlich-liberalen Demokratie nicht vereinbar sei. Noch ist es leider nicht so weit, denn die korrupten Eliten sowohl der alten (Bürgermeister *Kernes*) wie auch der neuen Zeit (Innenminister *Avakov*) sitzen in Kharkiv nach wie vor fest im Sattel.

Insbesondere bei der **Aufnahme Hunderttausender Binnenflüchtlinge** aus dem Donbas leistete die heimische Zivilgesellschaft Einzigartiges. Nicht zuletzt stammt eine der wichtigsten Menschenrechtsgruppen des Landes, die **„Charkiv Group for Human Rights"**, faktisch die ukrainische Abteilung von „Memorial", um den Sowjetdissidenten *Jevgenij Sakharov* aus der Stadt. Sie do-

☑ Kuppeln und Türme über der Altstadt

ukr19-035 pk

ukr19-071 pk

kumentiert nicht nur die Menschenrechtsverletzungen in den Volksrepubliken und der besetzten Krim, sondern kritisiert auch die aktuelle ukrainische Regierung für nicht oder nur halbherzig erfolgte Reformen und für Korruptionsskandale und gilt im In- und Ausland als eine der kompetentesten Stellen für Menschenrechtsfragen in der Ukraine (http://khpg.org/en).

Geschichte

Kharkivs Geschichte reicht erst 350 Jahre zurück, als gegen 1656 auf einem Hügel oberhalb der Mündung von Lopan und Kharkiv eine **Kosakenfestung** errichtet wurde. Bis dahin war die Region nach der Verwüstung durch die Mongolen mehrere Jahrhunderte lang nahezu unbesiedelt. Ab dem 18. Jh., bereits unter russischer Herrschaft, wurde Kharkiv zur Hauptstadt des Gouvernements Sloboda-Ukraine und wichtiges Handelszentrum. Einen Boom erlebte die Stadt mit der Industrialisierung, bis heute ist viel historische Industriearchitektur vorhanden. In dieser Zeit entstanden auch zahlreiche Repräsentativbauten im Stil der Jahrhundertwende und des Jugendstils. Auch **deutsche Siedler** lebten in großer Zahl in der Stadt: Die heutige Vul. Pushkinskaya trug ursprünglich den Namen „Deutsche Straße". Auch der Name der Bahnstation „Nova Bavariia" im Westen der Stadt deutet auf die Anwesenheit deutscher Siedler hin.

Mit Übernahme der Macht durch die Bolschewisten wurde Kharkiv zur **ersten Hauptstadt der Sowjetukraine,** eine Rolle, die es von 1919 bis 1935 innehatte.

Streetart des Künstlers Gamlet: „Ich brauche eine solche Brille, um die ganze Wahrheit zu erkennen"

Erst dann wurde Kiew zur Hauptstadt der URSR. In dieser Zeit, die vor allem in die Phase der neuen ökonomischen Politik unter *Lenin* und die frühe Stalinära fiel, blühte hier das kulturelle Leben, bis es mit der Konsolidierung der Macht *Stalins* von dessen Schreckensherrschaft erdrückt wurde. In den 1920er Jahren entstanden in Kharkiv wichtige Architekturzeugnisse des sowjetischen **Konstruktivismus,** den man in einem Atemzug mit dem deutschen Bauhausstil nennen muss, und die weltweit zu den bedeutendsten Werken der frühen Moderne zählen. Ab den 1930er Jahren setzte sich die Stalinarchitektur durch. Da Kharkiv – anders als Kiew – nicht allzu sehr im Krieg zerstört wurde, blieben viele dieser Bauten erhalten.

Nach dem Krieg entstanden riesige Plattenbausiedlungen, insbesondere die Großsiedlung Saltivka nordöstlich des historischen Zentrums, in der bis zu eine halbe Million Menschen leben. Heute ist Kharkiv nicht nur Industriemetropole, sondern auch Stadt der Kultur und Wissenschaft. Mehrere Universitäten und Hochschulen haben hier ihren Sitz.

2012 war Kharkiv eine der Gastgeberstädte der Fußball-EM. Während zahlreiche Hotels die Übernachtungspreise in schwindelerregende Höhen trieben (und letzten Endes mit leeren Zimmern dastanden!), entstanden in der Stadt bemerkenswerte **zivilgesellschaftliche Initiativen** wie „Friendly Ukraine" oder „Rooms for free", die letztlich dafür sorgten, dass die Ukraine bei vielen Fußballfans als guter Gastgeber in Erinnerung geblieben ist.

Mit sehr viel Glück entkam Kharkiv in den Postmaidan-Wirren dem Schicksal der südlichen Nachbarregion, denn auch hier waren Konzepte zum Aufbau einer Volksrepublik in vollem Gange. Verwaltungsgebäude wurden besetzt, Krawalltouristen aus Russland mit Bussen über die nahe gelegene Grenze gekarrt, bei Ausschreitungen im März 2014 gab es Tote. Im Gegensatz zu Donetsk jedoch gab es hier **nie eine separatistische Grundstimmung,** wohl auch, weil die lokalen Eliten um Bürgermeister *Gennadiy Kernes* – obgleich alles andere als unumstritten – sich loyal zu Kiew verhielten.

Sehenswertes

Das historische Zentrum

Ins Herz der Stadt – zur **Pl. Konstitutsii (Verfassungsplatz)** – gelangt man am besten mit der Metro (Maidan Konstitutsii bzw. Istorichnyi Musei). Hier stand im 17. Jh. auf einer kleinen Anhöhe oberhalb des Lopan eine Festung. Heute befinden sich hier die ältesten Gebäude der Stadt. Prägendes Bauwerk ist das **Wohnhaus mit der Turmspitze** im Stalinschen Zuckerbäckerstil von 1954. Hervorzuheben ist auch das Eckhaus Pl. Konstitutsii 13 im Stil der 1920er Jahre. Das **Pokrovskyi-Kloster** liegt am Westrand des Platzes in einem Innenhof. Sein tollstes Bauwerk ist die hell-türkise Pokrovskyi-Kathedrale im ukrainischen Barockstil mit drei Kuppeln und glänzend goldenen Dächern, die in ihrer Form an ukrainische Holzarchitektur erinnert. Eine gelbe Kirche von 1896 steht neben ihr. Etwas weiter südlich liegt die riesige, strahlend weiße neoklassizistische **Maria-Himmelfahrtskathedrale** mit ihren fünf Kuppeln. Heute dient sie

Kharkiv Харків/Харьков

0 200 m ©Reise Know-How Ukraine43 1/19

Kharkiv Metro Харьков Метро

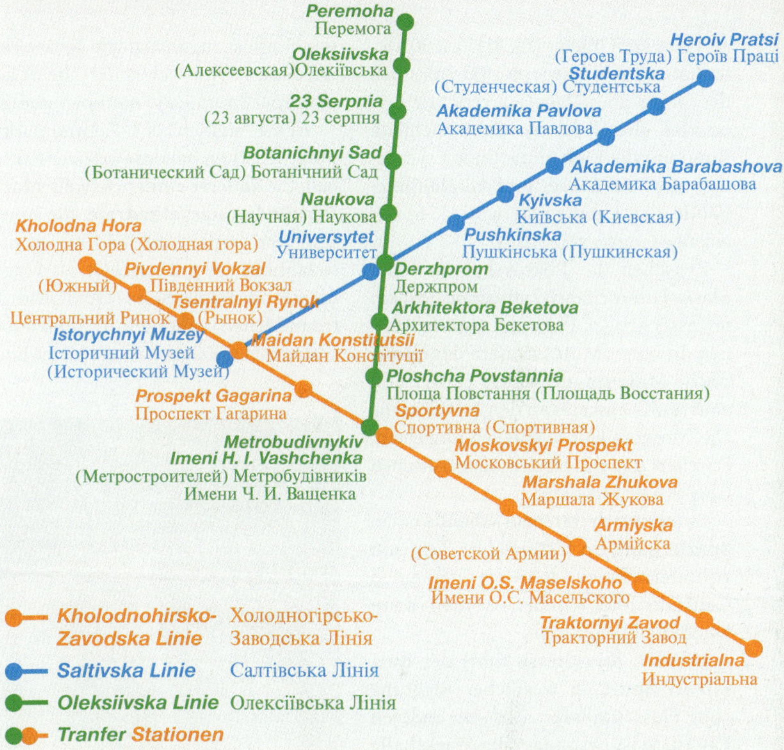

Übernachtung
2 Premier Palace Hotel
3 Hotel Kharkiv
7 Hostel Sana
12 Hotel Chichikov
20 Hotel Reikartz
23 Hotel Ekspres
26 Hostel Pletnevskyi
29 Art Villa Gratsiia

Essen und Trinken
5 Georgia
6 Shato
9 Favourite Place
10 Pushka/Mindal
11 Feliche
18 Puzata Khata
28 Stargorod

Nachtleben
1 Pintagon
8 Manhattan Bar
13 Moskvich
14 Pub Stena
16 Patrick Pub
17 Hakuna Matata – Rock Club
19 People Bar
21 Zhivot Club
25 Art-Club Yellow Zeppelin

Einkaufen/Sonstiges
4 Fahrradverleih
15 Zentralmarkt
22 Sixt Autovermietung
27 Veloplaneta
30 Veloplaneta

als Haus der Orgelmusik. Ihr fast 90 Meter hoher Turm wurde ab 1821 anlässlich des Sieges über *Napoleon* errichtet und ist von überall in der Stadt sichtbar. Rund um die Kathedrale finden sich einige alte Straßenzüge und das **Hauptgebäude der Universität** von 1776, das einstige Gouverneurshaus.

Zwischen der Pokrovskyi- und der Maria-Himmelfahrtskathedrale liegt ein terrassenartiger Platz mit Springbrunnen. In seiner Mitte erinnern das **Historische Museum** und einige Panzer und anderes Kriegsgerät an den 2. Weltkrieg. Das Museum wurde kürzlich umgebaut, erweitert und mit einer modernistischen Glasfassade versehen.

Es lohnt sich durchaus, **abends** einen **Spaziergang** im historischen Zentrum zu unternehmen, denn die markanten Gebäude und Kirchen werden dann wunderbar angestrahlt.

Vom Pl. Konstitutsii führt der **Bursatskiv Spusk** in westlicher Richtung zum Fluss hinunter. Auf der anderen Flussseite ist besonders die **Markthalle** des 15 Zentralmarktes sehenswert, ein Jugendstilbau vom Beginn des 20. Jh. Den Flusslauf des Lopan zieren **Uferpromenaden.** Sie wurden ab 2011 saniert, Geldgeber war der Kharkiver Oligarch und Mäzen *Aleksander Yaroslavskyi.* Als (damaliger) Besitzer des Kharkiver Fußballteams Metalist holte er die EM nach Kharkiv. *Yaroslavskyi* stach die Konkurrenz aus Odessa und Dnipropetrovsk aus, indem er mal eben so ein neues Stadion und den derzeitigen Flughafen errichten ließ. Aufgrund seiner Aktivitäten und Investitionen für die Stadt war er bei der Bevölkerung beliebt und wurde auch gerne als „König von Kharkiv" bezeichnet. Unter Präsident *Yanukovych* sank sein Einfluss zugunsten von Netzwerken um dessen Sohn *Aleksander* – heute hört man von *Yaroslavskyi* nur noch wenig.

Wenig südlich des Zentralmarktes prägt Kharkivs sehenswertester Sakralbau, die **äußerst eindrucksvolle Maria-Verkündigungskathedrale,** die Innenstadt. Sie wurde 1898 bis 1901 im neobyzantinischen Stil errichtet, als Vorbild diente die Hagia Sofia. Der Turm des freundlichen, dunkelrot-cremefarben gestreiften Gebäudes ist 80 Meter hoch.

Nahe der Kathedrale finden sich einige interessante Beispiele der Industriearchitektur des späten 19. Jh. Etwas südlich führt die Straße **Poltavskyi Shliakh** als Ausfallstraße Richtung Poltava nach Westen. Sie erfreut mit renovierten klassizistischen Fassaden. Besonders schön ist eine achteckige Platzerweiterung der genannten Straße mit Grünanlage und einem Theater. Auch die stillen, teilweise etwas morbiden Seitenstraßen dieses Viertels lohnen eine Erkundung.

Zwischen Ul. Sumskaya und Pushkinskaya

Kharkivs wichtigste Straßen sind die Sumskaya und die Pushkinskaya. Vor allem die Sumskaya besteht fast lückenlos aus historischen Fassaden. Hier befindet sich auch das **Shevchenko-Theater,** ein

Speisen in der Kulisse des Stalinbarock: das Kharkiver Bahnhofsrestaurant

ukr14-173 pk

Neorenaissance-Bau aus der Mitte des 19. Jh. Der begrünte Theaterplatz verbindet die beiden Hauptstraßen miteinander. Anfang März 2014 drangen angebliche „lokale" Separatisten in das Theatergebäude ein und verlangten den Bürgermeister der Stadt zu sprechen, der dort aus verständlichen Gründen nicht anzutreffen war. Als den Eindringlingen klar wurde, dass sie das Shevchenko-Theater mit dem Rathaus verwechselt hatten, zogen sie wieder ab.

Auf der westlichen Parallelstraße der Sumskaya, der Ul. Rymarskaya, sind einige ältere Gebäude aus der Zeit vor dem großen Stadtumbau im 19. Jh. zu sehen. Etwa 0,5 km nördlich des Theaters endet die verdichtete Bebauung, und die Sumskaya geht über in einen breiten Boulevard. Hier steht seit den frühen 1980er Jahren die **Oper,** ein unglaubliches Betonmonster, während etwas zurückgesetzt am Ende der Rymarskaya das historische Philharmoniegebäude in neuem Glanz erstrahlt. Die Grünanlage gegenüber ziert der **Spiegelstrom-Springbrunnen,** ein Wahrzeichen Kharkivs. Der weiße Brunnen hat die Form einer Laube und wurde 1947 zur Feier des Sieges im Großen Vaterländischen Krieg errichtet. Dahinter steht seit einigen Jahren eine neu erbaute orthodoxe Kirche mit goldenen Kuppeln in historisierendem Stil.

Im weiteren Verlauf passiert die Sumskaya den **Shevchenko-Park** und führt Richtung Pl. Svobody. Am Parkeingang steht ein großartiges **Shevchenko-Denkmal** von 1935, das als das gelungenste Denkmal für den Dichter weltweit gilt. Den Sockel unterhalb des Dichters umgeben 16 kleinere Bronzefiguren, die Persönlichkeiten der ukrainischen Geschichte und aus *Shevchenkos* Werk darstellen. Am Fuß des Denkmals fanden im Herbst und Winter 2013/14 die Kundgebungen des kleinen Kharkiver Euromaidan statt.

Die **Ul. Pushkinskaya** verläuft ein wenig östlich der Ul. Sumskaya. Sehenswert ist das **Gebäude des einstigen Firmensitzes der „Donugol",** der Donetsker Kohleförderung aus den 1920er Jahren, mit kuriosen Kohlearbeiterfiguren an der Außenfassade (Ul. Pushkinskaya 5). Einer der interessantesten Sakralbauten der Stadt liegt gleich gegenüber in der Ul. Pushkinskaya 12: Es ist die **größte erhaltene Synagoge der Ukraine** mit einer eigenartigen eiförmigen Stahlbetonkuppel aus dem Jahr 1912. Nach der sowjetischen Machtübernahme wurde die Synagoge geschlossen. Erst mit der Unabhängigkeit erhielt die jüdische Gemeinde das Gebäude zurück. Eine Besichtigung ist tagsüber möglich, die Innenausmalung ist sehr sehenswert.

Im weiteren Verlauf weitet sich die Straße zu einem dreieckigen Platz, der **Pl. Kotsiubinskogo.** Vor allem das Eckhaus, Ul. Pushkinskaya 19, ist prunkvoll. Herrliche Stuckornamente im reinsten Jugendstil schmücken die Fassade, verblasste Inschriften lassen u. a. das deutsche Wort „Bierhalle" erkennen. Sie stammen aus der Zeit, als die Ul. Pushkinskaya den Namen Ul. Nemietskaya, also „Deutsche Straße", trug und viele deutsche Kaufleute in der Stadt lebten.

[>] Meisterwerk des Konstruktivismus: das Derzhprom-Gebäude

Das Gebäude in der Ul. John Myronosytsa Nr. 10 war der Wohnsitz des Architekten **Aleksey Beketov** (1862–1941), der ab dem späten 19. Jh. für die Neugestaltung der Stadt federführend mitverantwortlich war. Im Inneren sind aufwendige Malereien an Wänden und Decke zu sehen.

Östlich der Ul. Pushkinskaya lohnen die Straßen um die **Ul. Darvina** einen Abstecher. Auch in den Abendstunden – es gibt hier einige interessante Artcafés und Undergroundclubs!

Eines der bedeutendsten Jugendstilgebäude des Landes ist gerade mal einen Steinwurf entfernt zu finden, nämlich die **Akademie der Künste** aus dem Jahr 1913 (Ul. Mystetskaya 8).

Rund um den Freiheitsplatz

Die Ul. Sumskaya führt aus der historischen Innenstadt nach Norden zum **größten Platz Europas,** dem Freiheitsplatz (Pl. Svobody). Er wird weltweit nur vom Tiananmen in Peking übertroffen. Der Platz ist 750 Meter lang und nimmt eine Fläche von fast zwölf Hektar ein. Die einstige große Leninstatue wurde im Oktober 2014 im Zuge der Dekommunisierung abgetragen, Blickfang ist das **Gebäude der staatlichen Industrie (Derzhprom, russ: Gosprom).** Der erste Stahlbetonhochbau der Sowjetunion ist 63 Meter hoch und zählt zu den bedeutendsten Bauten der frühen Moderne. Er wurde 1925 bis 1928 errichtet und

ukr14-127 pk

ukr14-172 pk

Die renovierte Synagoge

besteht aus fünf Einzelgebäuden unterschiedlicher Höhe, die mittels Übergängen miteinander verbunden sind. Die Fassade hat 4500 Fenster! Wenig passend ist leider die seit den 1950er Jahren auf einem der Türme stehende Antennenanlage. Heute beherbergt der Komplex diverse Büros. Neben dem Derzhpromgebäude steht das **Gebäude der Universität,** das in den 1930er Jahren errichtet wurde und optisch ein wenig an sein älteres Nachbargebäude angepasst ist.

Am östlichen Rand des Platzes befindet sich seit Anfang 2014 ein Zelt von Freiwilligen des Donbaskrieges mit einer kleinen, durchaus propagandistischen **Ausstellung** mit Bildern von der Front sowie putinkritischen Karikaturen und Slogans. Schnell kommt man mit den Freiwilligen, alles erklärte ukrainische Patrioten, ins Gespräch – und ins Grübeln, denn angesichts der dort anzutreffenden jungen Leute mit Hipsterbärten und Dreadlocks will die in Deutschland noch so gängige politische Einordnung ins Rechts/Links-Schema nicht so recht gelingen.

Parks im Zentrum

Südlich des Freiheitsplatzes befindet sich der große **Shevchenko-Park** mit vielen kleinen Cafés und dem Zoo der Stadt, der allerdings derzeit wegen Umbaumaßnahmen geschlossen ist. Nähere Infos unter www.zoo.kharkov.ua.

Der **Gorkiy-Park** liegt nur wenig nördlich davon. Hier gibt es eine Kindereisenbahn und eine Pferderennbahn. Eine Gondelbahn mit einer Länge von gut 1300 Meter verbindet den Park mit dem Botanischen Garten. Dazwischen liegt das Tal **Zarzhyn Yar,** wo es eine schöne Anlage mit Quellen und Bademöglichkeiten gibt. Die Gondelbahn ist ganzjährig in Betrieb.

Rund um den Bahnhof

Der **mächtige Bahnhof** (http://station.kharkov.ua) dominiert mit seinen zwei Türmen das westliche Stadtzentrum. In den 1950er Jahren im Stalinklassizismus neu errichtet, beeindruckt vor allem das Innere. Während in Kiew bereits die Darstellungen von Arbeitern mit Roten Fahnen und Mähdreschern im Ernteeinsatz durch unverfänglichere Motive von

Kiewer Kirchen ersetzt wurden, sind hier die **originalen Deckenfresken** der Erbauungszeit noch vorhanden. Man muss die politische Aussage dieser Darstellungen nicht teilen, aber sie dokumentieren auf einzigartige Weise die Geschichte, die diesen Teil der Ukraine für mehr als 70 Jahre geprägt hat. Auch die **Wartehalle** direkt nördlich der Haupthalle ist eine kleine Attraktion, denn sie wurde im Stil antiker Tempel mit Säulenreihen, einer hölzernen Kassettendecke und einer Apsis mit Wandfresken mit einer ebenfalls sehr deutlichen politischen Aussage gestaltet. Vom August 2014 an wurden im Bahnhof die aus dem Donbas ankommenden, hoch traumatisierten **Binnenflüchtlinge** von den ehrenamtlichen Helfern der *Stantsija Kharkov* empfangen: Es gab eine Tasse Tee, Butterbrote, psychologische Betreuung, Hilfe bei der Wohnungssuche, eine Kleiderkammer fürs Allernötigste, Unterstützung bei der Jobsuche. Als Organisation besteht die Stantsija Kharkov bis heute, widmet sich aber mittlerweile überwiegend der psychosozialen Betreuung der Binnenflüchtlinge und wird u. a. von der deutschen GIZ unterstützt.

Auf dem **Bahnhofsvorplatz** sind das Gebäude der Bahnhofsdirektion von 1912 und das der Post von 1928 der Blickfang. Der Kulturpalast der Eisenbahner aus dem Jahr 1932, ebenfalls ein bemerkenswertes Gebäude im Stil des Konstruktivismus, steht in der nahe gelegenen Ul. Kotlova.

Der ehemalige staatliche Zirkus

Nahe dem Bahnhofshotel Ekspres trifft man wieder auf den Poltavskyi Shliakh; in östlicher Richtung erreicht dieser nach etwa 1,5 km den Lopan. In der Straße Maidan Nationalnoi Gvardii, einer grauen Seitenstraße, die vom Poltavskyi Shliakh nach Süden abzweigt, befindet sich ein rundes, schwer renovierungsbedürftiges **Kuppelgebäude.** Umso größer ist die Überraschung beim Betreten der großen Kuppelhalle mit mehreren stuckverzierten Rängen: Das Gebäude, um 1905 als Zirkustheater errichtet, beherbergt eine Zirkus- und Akrobatikschule für Kinder. Eine Besichtigung ist offiziell nicht möglich, aber der Direktor des Hauses ist Gästen gegenüber aufgeschlossen und freundlich.

Museen

Museum der Schönen Künste

■ **Ul. John Myronosytsa 9 + 11, www.artmuseum.kharkov.ua**

Eine Sehenswürdigkeit ersten Ranges ist die Sammlung dieses Kunstmuseums, das zu den traditionsreichsten Kunstmuseen des Landes zählt und auf eine 200-jährige Geschichte zurückblickt. Vor allem die **Sammlung ukrainischer und russischer Maler** mit Werken von *Repin, Aiwasovski, Vasnetsov, Vrubel* etc. ist bedeutend.

Holocaustmuseum

■ **Ul. Yaroslava Mudrogo 28, http://holocaustmuseum.kharkov.ua**

Eines der wenigen Holocaustmuseen der Ukraine (eröffnet 1996).

Historisches Museum

■ **Pl. Konstitutsii, http://museum.kh.ua, geöffnet Di bis So**

Das Museum mitten in der Stadt wurde nach einer umfassenden Sanierung und Erweiterung vor einiger Zeit wieder eröffnet und bietet **Ausstellungen zur Stadt und Regionalgeschichte.**

Praktische Tipps

Informationen

■ Die **Touristeninformation** liegt am Pl. Svobody 5 im Derzhpromgebäude, www.tic.kh.ua.

■ Über aktuelle Veranstaltungen informiert das monatlich erscheinende **Stadtmagazin „Что, где, когда в Харькове"** (Was, wo, wann in Kharkiv), das an allen touristisch relevanten Orten ausliegt (www.kharkov.ua/what.htm).

Unterkunft

23 **Hotel Ekspres,** Tel. 057-724 24 14: Die billigste Unterkunft ist dieses Bahnhofshotel, ein graues Hochhaus, das sich südlich ans Bahnhofsgebäude anschließt. Da das Gebäude auf Stelzen steht, erfolgt der Zugang vom Bahnhof aus durch ein enges Treppenhaus, bis die Hotelhalle erreicht wird. Originaler Sowjetstil der frühen 1980er Jahre und durchaus sehenswert! Die Zimmer haben meist kein eigenes Bad, zwei bis drei Zimmer teilen sich eins.

29 **Art Villa Gratsiia,** http://art-villa.com.ua: Nette Miniapartments an der Ecke Ul. Sumskaya/Ul. Gonchara. Ab 400 UAH, bei längeren Aufenthalten billiger.

3 **Hotel Kharkiv,** direkt am Pl. Svobody 7, www.hotel.kharkov.com: Hotel im Stalinstil, renoviert. DZ ab 950 UAH.

12 **Hotel Chichikov,** Ul. Gogolia 6/8, www.chichikov-hotel.com.ua: Edles Hotel in einer ruhigen Seitenstraße im Zentrum. DZ ca. 1600 UAH.

20 **Hotel Reikartz,** Ul. Uchubaria 4, https://reikartz.com/en: Stilvoller Altbau, DZ ab 1100 UAH.

ukr14-128 pk

2 **Premier Palace Hotel,** unmittelbar am Pl. Svobody: Das wohl beste, aber auch teuerste Hotel der Stadt ist ein neu errichteter Glaskasten mit schöner Rooftop Bar. DZ ab 100 Euro, buchbar über die gängigen Buchungsportale.

Zudem gibt es eine wachsende Zahl von Hostels in der Stadt, es dürften um die 15 sein und sie sind beispielsweise über www.hostelworld.com buchbar. Zwei Beispiele sind:

7 **Hostel Sana,** Ul. Pushkinskaya 43: Zentral gelegenes Hostel, Bett ab 200 UAH.
26 **Hostel Pletnevskyi,** Ul. Pletnevskyi 13: Zentrales Hostel nahe dem Pavlovskyi Maidan (ehem. Rosa-Luxemburg-Platz), Bett ab 120 UAH.

Essen und Trinken, Bars und Clubs

Die Kharkiver **Kneipen- und Restaurantszene zählt zu den interessantesten des Landes:** Vom gediegenen Restaurant über hippe Cocktailbars bis hin zu alternativen Rock- und coolen Technoclubs ist wirklich alles geboten.

11 **Feliche,** Ul. Pushkinskaya 21: Sehr ansprechende Pizzeria.
10 **Pushka/Mindal,** Ul. Pushkinskaya 31: Größerer Komplex mit gemütlichem Restaurant, Biergarten und Shisha-Bar, alles nicht ganz billig.
18 **Puzata Khata,** im Eckhaus Pl. Konstitutsii/Ul. Sumskaya: Die ukrainische Imbisskette hat auch in Kharkiv eine Filiale.
6 **Shato** (Chateau), Kellerlokal direkt am Pl. Svobody mit Hausbrauerei und vorzüglicher Küche. Ruhig etwas Zeit mitbringen.
28 **Stargorod,** Ul. Lermantovskaya 7, www.stargorod.net: Hausbrauerei mit langen Holztischen und Bühnenanimation. Sehr laut! Hervorragendes Bier, gutes Essen.
MEIN TIPP: 5 **Georgia,** Prosp. Nezalezhnosti 10: Wie der Name schon vermuten lässt, gibt es hier vorzügliche georgische Küche, und zwar in unmittelbarer Nähe des Hotels Kharkov in einem frei stehenden Pavillongebäude, das sich in interessanter moderner Holzarchitektur zeigt.
9 **Favourite Place,** Pushkinskaya 44: Restaurant mit exzellenter Küche und großem Außenbereich.
16 **Patrick Pub,** Ul. Universitetskaya 2, http://patrikpub.com.ua: Irish Pub, der recht nah an das Original auf der grünen Insel herankommt. Eine weitere Filiale gibt es direkt am Pl. Svobody.
13 **Moskvich,** Ul. Sumskaya 19, www.moskvichbar. com: Lounge-Bar im Keller, DJs und Live-Musik.
21 **Zhyvot Club,** Ul. Melnikova 6: Underground pur mit elektronischer Musik.
1 **Pintagon,** Ul. Danilevskogo 26, http://pintagon.com.ua: Club mit Livekonzerten in Uninähe.
25 **Art-Club Yellow Zeppelin,** Ul. Pletnevskyi 2: Regelmäßig Konzerte.
14 **Pub Stena,** Ul. Rymarskaya 13: Recht alternative Location, gemütliche Pubatmosphäre, Live-Musik.
19 **People Bar,** Ul. Sumskaya 6: Hippe Cocktailbar im Keller.
8 **Manhattan Bar,** Ul. Darvina 9: Angesagte Kneipe mit DJs und Karaoke.
17 **Hakuna Matata – Rock Club,** Ul. Pushkinskaya 5, direkt gegenüber der Synagoge. Der Name ist Programm.

Kultur

■ **Shevchenko-Theater,** Ul. Sumskaya, www.theatre-shevchenko.com.ua: Das Theater befindet sich in einem historischen Gebäude aus der Mitte des 19. Jh.
■ **Puppentheater,** Pl. Konstitutsii 24, www.puppet.kharkov.ua: Schönes Jugendstilgebäude unmittelbar am Platz. Regelmäßig Vorstellungen für Kinder und Erwachsene.

Fast schon mondän: der Bahnhofsplatz

Sonstiges

■ **Fahrradverleih: Veloplaneta** (http://veloplaneta.com.ua) hat zwei Läden in Kharkiv (Rad für 150 UAH pro Tag): 27 Prosp. Nebesnoi Sotni und 30 Ul. 23. Augusta 55. Einen weiteren 4 Fahrradverleih gibt es nahe beim Hotel Kharkiv.

■ Für Fußballbegeisterte bietet sich ein Besuch des **Metalist-Stadions** an, das im Zuge der EM völlig neu errichtet wurde. Metalist spielt seit Jahren in der 1. Liga. Ul. Plekhanovskaya 65 (Metro: Sportivnaya), http://metalist.ua.

■ **Mietwagen:** Die Firma 22 **Sixt** unterhält eine Filiale nahe des Metalist-Stadions, Ul. Plekhanovskaya 57a, www.sixt.ua.

■ Die DAAD-Austauschorganisation **„Multikulti"** ist behilflich bei der Vermittlung von Praktika und Freiwilligendiensten in Kharkiv und Umgebung. Auch Kurzzeitstipendien für Sprachassistenten werden vermittelt. Infos: www.multikulti.org.ua.

■ Das **Deutsche Zentrum** (http://dzentrum.com.ua) steht in gewisser Konkurrenz zu „Multikulti". Hier werden regelmäßige Sprachkurse unterschiedlichsten Niveaus angeboten. Das Zentrum ist behilflich bei Austauschprogrammen aller Art und bestens vernetzt mit der Kharkiver NGO-Szene.

Verkehrsmittel

Bahn

Als zweitgrößte Stadt des Landes erreicht man Kharkiv am besten per Bahn. Mehrere **Tages- und Nachtverbindungen** aus allen Teilen des Landes stehen zur Verfügung. Der Bahnhof liegt im Zentrum der Stadt (Metro: Pivdennyi Vokzal).

Bus

Der **Busbahnhof 1** ist ein relativ kleines Gebäude im Stalinstil am Prospekt Gagarina 22 (Metro: Prospekt Gagarina). Für Besucher ebenfalls relevant ist der **Busbahnhof 2** nahe dem Zentralmarkt (Metro: Tsentralnyi Rynok oder Istorychnyi Muzei). Die wichtigsten Fahrplandaten finden sich unter http://avtobus.at.ua.

Städtischer Nahverkehr

Der städtische Nahverkehr wird über die Metro, Straßenbahnen und Busse abgewickelt. Die **Metro** besteht aus drei Linien, die sich im Zentrum kreuzen und so ein großes Dreieck bilden (siehe Streckenplan auf S. 541). Das Straßenbahnnetz ist sehr gut ausgebaut. Die wichtigste Straßenbahnhaltestelle befindet sich nahe dem Südflügel des Bahnhofs vor dem Hotel Ekspres.

Schlösser und Parks im Westen von Kharkiv

■ **25–80 km westlich von Kharkiv, Kette malerischer Landsitze in unterschiedlichem Erhaltungszustand**

Die Millionenstadt Kharkiv ist auf allen Seiten von **freundlichen Hügellandschaften** umgeben. Westlich der Stadt liegen inmitten der Hügel viele schöne Schlösser und Landsitze, die man auf der Durchreise Richtung Poltava oder in einem Tagesausflug von Kharkiv aus erkunden kann. Einige Ausflugsbüros in Kharkiv führen Bustouren zu den genannten Schlössern durch. Zu empfehlen ist die Firma **Monte Travel,** www.

Der Palast von Sharivka

montetravel.com.ua, die eng mit dem „Deutschen Zentrum“ in Kharkiv zusammenarbeitet.

Sharivka
Шарівка

Der **Palast** von Sharivka liegt im Tal des Merchyk. Die Anlage wurde ab dem frühen 19. Jh. in einem hügeligen Waldgebiet **im Stil englischer Herrenhäuser** errichtet. Der mehrflügelige Bau wird überragt von zinnenbekrönten Türmchen im neugotischen Stil. Das Schlösschen steht am oberen Rand eines Hügels; eine gewaltige, wenn auch renovierungsbedürftige, romantisch-morbid wirkende Freitreppenanlage führt ins Tal hinab. Gegen Ende des 19. Jh. wurde der Bau von *Leopold König*, einem deutschen Zuckerfabrikanten erworben und nochmals umgebaut. Eine Fasanerie und riesige, bis heute gut erhaltene Ökonomiegebäude kamen hinzu. Ein ausgeklügeltes Entwässerungssystem sorgte damals für Aufsehen. In dem bewaldeten **Landschaftspark** mit jahrhundertealtem Baumbestand ist etwa 100 Meter westlich des Hauptgebäudes ein Gedenkstein in deutscher Sprache zu finden.

Zur Sowjetzeit beherbergte das Gebäude ein Sanatorium. Die Innenausstattung blieb glücklicherweise fast unzerstört. Heute steht das Gebäude leer, einige freundliche Parkwächter kümmern sich um das Notwendigste. Die prachtvollen Innenräume des Palastes mit farbenfrohen, holzgetäfelten Festsälen sind derzeit nicht zu besichtigen. Eine Nachfrage bei den Parkwächtern ist jedoch nicht ganz aussichtslos. Eine Sanierung des Ensembles soll demnächst in Angriff genommen werden.

ukr14-129 pk

Verkehrsmittel

Alle **Busse** von Kharkiv nach Krasnokutsk fahren 3 km nördlich von Sharivka vorbei. Dann muss man laufen. Das Palastensemble befindet sich nördlich des Dorfes. Man folge den Hinweisschildern zum Sanatorium.

Natalivka

Наталівка

Wenige Kilometer westlich von Sharivka, nördlich des Dörfes Murafa, liegt der Landsitz Natalivka. Palast und Ökonomiegebäude sind einigermaßen erhalten. Ein schönes Eingangstor und ein burgähnlich gestalteter Wasserturm aus rotem Backstein gehören ebenfalls zum Ensemble. Highlight ist jedoch die innerhalb des Parks gelegene **Spasska-Kirche** von 1911, die, von einer seltsam geformten Kuppel überragt, altrussische und Jugendstilelemente vereint. Die Kirche wurde aus Naturstein errichtet, einzigartige Reliefs an der Außenfassade machen sie zu einer der wertvollsten Jugendstilbauten in der Ukraine.

Verkehrsmittel

Die **Busse** auf dem Weg nach Krasnokutsk passieren das Dorf Murafa, von dem es etwa 2 km zum Landsitz Natalivka sind. Das dazugehörige Dorf heißt Volodymyrivka.

Kransnokutsk

Краснокутск

Auf dem Gelände des ehemaligen Klosters St. Peter und Paul, das bereits im 18. Jh. geschlossen wurde, liegt in schöner, sandiger Hügellandschaft ein **für**

ukr14-130 pk

das frühe 19. Jh. typischer Landschaftspark. Er geht zurück auf die Familie *Karazin,* die in den türkischen Kriegen zu militärischen Ehren kam und dafür das Land an der „schönen Ecke" *(krasnyi kut)* geschenkt bekam. Im Park wurden seltene Bäume gepflanzt, und er beeinflusste die weitere Gartenarchitektur in der Region nachhaltig. Der Park liegt in einem Einschnitt am nördlichen Talrand des Flusses Merlo am östlichen Rand von Krasnokutsk. Neben den unterirdischen Anlagen des Klosters sind künstliche Weiher mit einer Insel zu sehen. Nett sind einige Pavillons und eine schmiedeeiserne Brücke auf die Insel. Der Park ist frei zugänglich und kann kostenlos besichtigt werden.

Das Zentrum von Krasnokutsk selbst ist nicht weiter sehenswert, aber die schöne hügelige Umgebung macht die Stadt zu einer lohnenden Basis für Wanderungen und Radtouren.

Unterkunft

- **Hotel Krasnokutsk,** Vul. Myru 135, Tel. 05756-911 62: Im Stadtzentrum, billig.

Verkehrsmittel

- Die **Busverbindungen** ab dem Busbahnhof Nr. 2 in Kharkiv gibt es unter http://avtobus.at.ua.

☒ Im Krasnokutsker Landschaftspark

Sviatohirsk

Святогірськь, russ: Святогорск

- **140 km nördlich von Donetsk am Siverskyi Donets, Ausflugsort mit malerischem Kloster in herrlicher Umgebung**
- **Einwohner: 4500**

Wo die aus dem Donbas allmählich nach Norden hin ansteigende Asowsche Steppe auf den Flusslauf der Siverskyi Donets trifft, hat sich im Lauf der Jahrmillionen eine **markante Geländestufe** gebildet. Diese erreicht eine Höhe von bis zu 120 Meter und besteht aus Löss und Kreidefelsen. Der schönste Teil der Region bildet den **Nationalpark Sviaty Hory** (Die heiligen Berge), benannt nach dem herrlichen Sviatohirskyi-Kloster am Rand des gleichnamigen Ortes Sviatohirsk. Da der Ort über eine recht gute touristische Infrastruktur verfügt, eignet er sich gut als Ausgangspunkt für Besichtigungen der angrenzenden Region.

Sehenswertes

Maria-Himmelfahrts-Kloster

Святогірська лавра

Das Kloster ist sicher die größte Sehenswürdigkeit der Region. Teils am Fuß der Hügel, teils auf einem rund 100 Meter aufragenden Kreidefelsen gelegen, ist es das **wichtigste Beispiel der Sakralarchitektur in der Ostukraine,** das sich zudem ungewöhnlich harmonisch in die bergige Landschaft einfügt. Vor einigen Jahren wurde das Kloster zur Lavra erhoben und zählt damit zu den bedeutendsten Klöstern der Ukraine.

Die Anlage geht zurück auf das 17. Jh. und wurde im 19. Jh. erweitert. Erhalten sind das Torgebäude mit einem Torturm mit blauer, sternengeschmückter Zwiebelkuppel und die Hauptkirche mit ihren fünf Kuppeln aus dem späten 19. Jh. Der eindrucksvollste Part ist jedoch die kleine, malerische, auf der Spitze des Felsens errichtete **barocke Nikolaikirche** mit ihren drei Kuppeln. Von ihr bietet sich ein herrlicher Blick auf das Kloster, den Ort und das bewaldete Tal des Siverskyi Donets. Ein **riesiges, weit verzweigtes System aus unterirdischen Höhlen,** ab dem 17. Jh. in das weiche Gestein getrieben, verbindet Kloster und Kirche. Diese Höhlen, in denen immer ein starker Luftzug herrscht, steigen steil an und führen durch **mehrere Felsenkirchen** nach oben. Die Höhlen sind nur mit Führung zu besichtigen und nicht elektrisch beleuchtet. Am Eingang erhält jeder Besucher für wenig Geld eine Kerze, die für die notwendige Beleuchtung sorgt, was aber aufgrund des erwähnten Luftzugs nicht ganz einfach zu bewerkstelligen ist.

Oberhalb des Klosters schließt sich eine freundliche Hügellandschaft an, in der unlängst ein **Einsiedlerkloster** im Stil nordrussischer Holzkirchen errichtet wurde. Es sieht zwar nett aus, hat aber mit der regionalen Architektur der Südostukraine wenig zu tun. Eine Besichtigung ist nicht möglich.

[>] Das Kloster von Sviatohirsk

Wenige Meter östlich des Klosters beherrscht die Szenerie ein **gewaltiges Denkmal aus der Sowjetzeit,** eine Darstellung des Revolutionärs und Sowjetfunktionärs *Artiom,* der eigentlich *Fiodor Sergeev* hieß. Der Gegensatz zwischen dem Kloster und der klotzigen sowjetischen Denkmalskunst könnte größer nicht sein. Dennoch lohnt sich der Aufstieg zu dem Monster aus schwarzem Basalt, da der Blick von dort oben auf das Kloster einmalig ist.

Der **Ort Sviatohirsk** besteht überwiegend aus kleinen Häusern und hat eine gemütliche Atmosphäre.

Bis vor wenigen Jahren war der Ort eines der Hauptausflugsziele für die Bevölkerung der nahen Großstädte im Donbas – Sviatohirsk war Teil des natürlichen Hinterlandes von Donetsk. Durch den Krieg ist der **Tourismus** jedoch faktisch **zum Erliegen gekommen.** Viele der alten Pensionate stehen leer oder dienen als Unterkunft für Binnenflüchtlinge. Ein Besuch des Ortes ist jedoch ohne Probleme möglich und die Region völlig friedlich.

Praktische Tipps

Unterkunft

In Sviatohirsk eine Übernachtungsmöglichkeit zu finden, ist überhaupt kein Problem. Fast jedes Haus bietet Privatzimmer von unterschiedlicher Qualität an. Achten Sie auf Pappschilder mit der Aufschrift „здаю Комнаты". Die Privatzimmer sind oftmals sehr günstig, die Preise beginnen bei 100 UAH. Fragen Sie unbedingt nach, wo sich die Toilette befindet, und machen Sie die Entscheidung von Ihrem Bauchgefühl abhängig.

■ **Sanatoriumskomplex Sviatye Gory,** Ul. Ostrovskogo 9, www.sansvyatigoru.pp.ua: DZ ab 350 UAH, nicht renoviert, sowjetisch.

■ **Green House,** Ul. Kooperativnaya 10, www.greenhausesv.ucoz.ru: Privatpension nahe dem Kloster. DZ ab 400 UAH, außerdem Fahrradverleih.

■ **Gostynyi Dvor,** Ul. Shevchenka 10: Kleines Hotel mit DZ ab 350 UAH.

■ **Hotel Sviatogorye,** Per. Lesnoi 10, Tel. 066-411 35 67: Geräumiges modernes Hotel im Nordosten des Ortes direkt am Waldrand. DZ ab 320 UAH.

■ **Hotelkomplex Sherwood,** Ul. Sosnovaya 5: Großzügige Anlage inmitten einer großen Grünfläche, allerdings recht weit vom Kloster entfernt. Exzellenter Standard, Restaurant, Sauna, Swimmingpool auf dem Gelände. DZ ab 1800 UAH, buchbar über die bekannten Buchungsportale.

■ **Pension Lesnoy,** Per. Lesnoi 11: DZ ab 500 UAH, buchbar über eines der üblichen Buchungsportale.

Essen und Trinken

■ Es gibt einige kleinere **Cafés und Restaurants** im Ort.

■ Sympathisch ist das einfache **Gartenrestaurant Medvezhyi Ugol** an der Verbindungsstraße zwischen Zentrum und Kloster auf der rechten Straßenseite.

■ Das **Restaurant Monarkh,** www.monarh.net.ua, liegt im Kurpark unmittelbar am Fluss gegenüber dem Kloster und ist nicht ganz billig.

Verkehrsmittel

Bahn

Der Bahnhof liegt etwa 5 km östlich des Ortes im Wald. Einige **Fernzüge** halten hier, ansonsten bescheidener Nahverkehr.

ukr14-131 pk

Bus

Aus dem nördlichen Donbas – von Donetsk ist der Ort mittlerweile faktisch unerreichbar – fahren alle paar Minuten Marshrutky nach Sviatohirsk. Der Busbahnhof liegt am Westrand des Ortes etwa 1,5 km vom Kloster entfernt. Wer aus Richtung Kharkiv kommt, sollte sich an der Abzweigung an der Hauptstraße Kharkiv – Donetsk absetzen lassen und auf die nächste Marshrutka aus südlicher Richtung warten.

⊻ Kreidesteppe bei Zakitne

In der Umgebung

Lyman und die Kreidesteppe von Zakitne

Лиман, Крейдова флора Закітне (bis 2016: Krasnyi Lyman)

- **120 km nördlich von Donetsk, unscheinbarer Ort nahe der grandiosen Kreidesteppe**
- **Einwohner: 23.000**

Lyman liegt in der Ebene nordöstlich der Heiligen Berge und ist ein guter Ausgangspunkt für die Erkundung der 10 km südöstlich gelegenen spektakulären Landschaften der Kreidesteppe. Im nördlichen Teil der Stadt, nahe des kreisrunden Lyman-Sees, befindet sich der historische Ortskern mit dörflichen

Häusern und einer Holzkirche aus der Mitte des 19. Jh., die – inzwischen frisch renoviert – zu den ältesten der Region zählt. Das belanglose Zentrum der Stadt liegt etwa 2 km südlich des Sees.

Die **Kreidesteppe bzw. -flora von Zakitne,** ein Teil des Donetsker Steppenreservats, ist sowohl für Fans spektakulärer Ausblicke und Landschaften als auch für Botaniker ein absolutes Muss. In der Nähe der Hauptstraße von Lyman nach Severodonetsk gelegen, ist das Gebiet nahe dem Dorf Zakitne gut zu erreichen. Vor allem im Frühjahr steht hier alles in farbenfroher Blüte, ganzjährig ist das für trockene Steppenlandschaften typische Federgras zu sehen. Das Gebiet steht unter Naturschutz, das Verlassen der offiziellen Wege ist verboten.

ukr14-132 pk

Entlang der erwähnten Abbruchkante am Südufer des Siverskyi Donets bietet das Gebiet großartige Ausblicke auf das Flusstal. Die Hänge fallen steil zum Fluss hin ab, und immer wieder sind die weißen Kreidefelsen zu sehen.

Verkehrsmittel

- **Bahn:** Lyman ist mit Nahverkehrszügen erreichbar. Einige wenige Fernzüge halten ebenfalls. Der Bahnhof liegt westlich des Zentrums.
- **Bus:** Gute Verbindungen bestehen aus Sloviansk und Bakhmut.

Izium

Ізюм

Noch im Gebiet Kharkiv gelegen, formt der Siverskyi Donets hier eine **markante Geländestufe.** Südlich der Stadt bietet der Berg Kremenets, unmittelbar an der Durchgangsstraße gelegen, einen schönen Ausblick auf die Stadt, das Flusstal und die hügelige Landschaft der Slobozhanschyna. Der Ort selbst ist eine kosakische Gründung des 17. Jh. An Sehenswürdigkeiten gibt es zwar kein geschlossenes historisches Ortsbild zu nennen, aber doch einige Kirchen aus dem 17. und 18. Jh. sowie stille Straßenzüge nahe des Flusses.

Unterkunft

- Auf dem Hügel, mit schönem Blick ins Tal, bietet das **Minihotel Sim Vytriv** (Sieben Winde) brauchbare DZ ab 350 UAH. http://7-vetrov.com.ua

Verkehrsmittel

- Izium ist per **Bus aus Kharkiv** problemlos zu erreichen. Die Ortschaft liegt direkt an der Hauptstraße Richtung Donbas.

Sloviansk

Слов'янськ, russ: Славянск

- **120 km nördlich von Donetsk, vom Salzabbau geprägte Industriestadt**
- **Einwohner: 117.000**

Die Industriestadt Sloviansk war jahrhundertelang durch den Salzabbau geprägt. Das Zentrum kann man sich schenken, einen kleinen Abstecher wert ist aber ein **Salzsee** am östlichen Stadtrand. Der See geht ebenfalls auf den Salzabbau zurück und dient heute für Kuranwendungen. Der Salzgehalt des Wassers ist derart hoch, dass ein Untergehen schlichtweg unmöglich ist – sozusagen die ukrainische Variante des Toten Meeres. Einheimische schmieren sich mit dem vermeintlich heilkräftigen Schlamm von oben bis unten ein – die herumlaufenden „schwarzen Wesen" sorgen mitunter für Erheiterung. Die Anlagen am Strand des Sees sind denkbar primitiv: Eine kleine improvisierte Bar, ebenso improvisierte Duschen, viel mehr sollte man nicht erwarten. Insofern wirken die Ausschilderungen „Slovianskyi Kurort", die überall in der Stadt zu finden sind, etwas hochtrabend.

Im Frühjahr und Sommer 2014 war Sloviansk europaweit in den Schlagzeilen. Hier, am Kreuzungspunkt dreier wichtiger Fernstraßen, in ungefähr gleicher Entfernung zu den Städten Kharkiv, Donetsk und Dnipro, sollte das **Projekt „Novorossiya" (Neurussland)** seinen Anfang nehmen, also die am 24. Mai 2014 proklamierte Union zwischen den Volksrepubliken Donetsk und Lugansk, beide im Zuge des Krieges in der Ukraine entstanden und international nicht anerkannt. Der symbolisch aufgeladene Name von Sloviansk („Die Slawische") dürfte dabei durchaus eine Rolle gespielt haben.

Im April 2014 wurden die Verwaltungsgebäude und Sicherheitseinrichtungen der Stadt handstreichartig von russischen Geheimdienstoffizieren und Spezialeinheiten um den berüchtigten Nationalisten *Igor Girkin* übernommen. Es folgte eine **zweimonatige Schreckensherrschaft,** an der Spitze ein selbst ernannter „Volksbürgermeister", während auf den umliegenden Hügeln die ukrainische Armee stand und die Stadt sukzessive einkesselte. Wie durch ein Wunder wurde das Zentrum der Stadt nicht zerstört, im Gegensatz zu einem – glücklicherweise rechtzeitig evakuierten – psychiatrischen Krankenhaus am Südostrand der Stadt und diversen Wohnhäuser in dessen Nähe. Auch von der Brücke über den Siverskyi Donets war nach der Rückeroberung durch die ukrainische Armee nicht mehr viel übrig. Wie so oft kam und kommt die Hilfe für die ausgebombten Bürger der Stadt auch hier nicht etwa vom Staat, sondern aus dem Umfeld evangelisch-freikirchlicher NGOs aus der Region. Besonders erwähnenswert ist in diesem Zusammenhang die Hilfsorganisation „Novyi Impuls", die eine unglaublich großartige Arbeit leistet.

Unterkunft

- Im Zentrum gibt es das **Hotel Slaviansk** (ehem. Kolos), Ul. Shovkovychna, Tel. 0626-22 81 95, www.slavyanskhotel.com, DZ ab 350 UAH. Generell ist aber zu empfehlen, eher in Sviatohirsk zu übernachten und dem Salzsee im Rahmen eines Ausflugs einen Besuch abzustatten. Dasselbe gilt auch für Lyman und Umgebung.

Verkehrsmittel

- **Bahn:** Die Hauptstrecke Kharkiv – Kostiantynivka führt durch Sloviansk. Gute Verbindungen im Nah- und Fernverkehr. Bahnhof und Busbahnhof befinden sich unmittelbar nebeneinander an der Ul. Karla Marksa.
- **Bus:** Ebenfalls gute Erreichbarkeit von Kharkiv.

Bakhmut

Бахмут (bis 2016: Artemivsk)

- **70 km nördlich von Donetsk, geschichtsträchtige Stadt mit großer Bergbautradition**
- **Einwohner: 78.000**
- **Hinweis: Bakhmut und Soledar befinden sich im ukrainisch kontrollierten Gebiet der ATO-Zone (Anti-Terrorist Operation Zone).** Um dorthin zu gelangen, müssen **Checkpoints** passiert werden, und auch innerorts herrscht eine **erhöhte Präsenz von Sicherheitskräften.** Das russisch besetzte Gebiet liegt nur etwa 25 km von Bakhmut entfernt. Vor jedem Besuch sollten die aktuellen Entwicklungen der Region beachtet werden!

Bakhmut hieß bis 2016 Artemivsk. Im Rahmen der Dekommunisierungesetze erhielt die Stadt ihren angestammten Namen zurück. In der Bevölkerung jedoch ist der alte Name – vor allem in der russischen Form Artiomovsk – weiter verbreitet. Die Stadt liegt in der hügeligen Kreidesteppe. Der **Fluss Bakhmutka** durchfließt die Stadt, die sich an seinen Ufern erstreckt, und ist ihr Namensgeber. Der im 16. Jh. gegründete Ort ist einer der geschichtsträchtigsten des Gebietes Donetsk. Die Stadt wurde zum Zentrum des Gipsabbaus, weiter im Norden wurden reichhaltige Salzvorkommen entdeckt. Zu Ehren des Revolutionärs *Artiom (Fiodor Sergeev)* gab man der Stadt in der Sowjetzeit den Namen Artemivsk. Das heutige Stadtbild ist weitgehend sowjetisch geprägt, das verkehrsarme Zentrum wirkt aber nicht unsympathisch. Das älteste Gebäude befindet sich auf der östlichen Seite des Flusses: die hölzerne **Nikolaikirche** von 1797. Sie liegt in einem dörflichen Viertel mit kleinen Häusern. Nahe der Holzkirche steht ein Glockenturm.

Sehenswertes

Sektkellerei

Am Ostrand der Stadt liegt die Sektkellerei. Man mag sich darüber wundern, denn dem aufmerksamen Beobachter wird nicht entgehen, dass in der Umgebung von Bakhmut zwar reichlich Mais und Sonnenblumen angebaut werden, von Weinstöcken jedoch keine Spur zu finden ist. Des Rätsels Lösung: Der Sekt lagert hier nur, die Trauben jedoch wurden auf der Krim angebaut und bis zu deren Annexion per Bahn und Lkw hierher transportiert. Künftig wird man wohl auf Trauben aus den Gebieten um Odessa und Mykolaiv zurückgreifen, um weiterhin Sekt der Marke „Sovietskoe Shampanskoe“ herstellen zu können. Die Produktion erfolgt in **weitläufigen Gipsstollen,** in denen ideale Bedingungen für die Reifung herrschen sollen.

- Die Kellerei kann für wenig Geld besichtigt werden. Eine umfangreiche Sektprobe ist in der Besichtigung mit inbegriffen. Geöffnet Mo bis Fr, Ul. Lumumby 87, http://krimart.com. Die Sektkellerei unterhält einen eigenen Firmenladen etwas oberhalb der Gipsstollen.

ukr14-133 pk

Soledar

Соледар

Die Hauptattraktion von Artemivsk liegt etwa 10 km östlich der Stadt in Soledar. Dieser Ort wurde erst zu Sowjetzeiten gegründet, sein Name bedeutet so viel wie „Die Gabe des Salzes." Der gesamte Ort wird vom **Salzabbau** geprägt. Unzählige Fördertürme ragen in die Höhe und bilden zwischen Maisfeldern und den kleinen Häusern des Ortes – Plattenbauten sind kaum vorhanden – spannende Fotomotive. Hier hat das Unternehmen Artiomsol seinen Sitz, das qualitativ hochwertiges Salz an alle Staaten der Region liefert. Dieses ist zwar nicht so strahlend weiß wie etwa Salz aus deutscher Produktion, auf die Qualität als solche hat das aber keinen Einfluss. Heute kommen 80 % des in der Ukraine produzierten Salzes aus Soledar.

Ein kleiner Teil der **Salzstollen** kann mit Führung besichtigt werden. Diese **Besichtigung** ist zwar nicht ganz billig, aber absolut zu empfehlen. Man fährt mit einem abenteuerlichen Förderkorb 270 Meter in die Tiefe. Aus der Ferne hört man das Dröhnen der Maschinen, denn der Bergbaubetrieb findet parallel statt. Durch riesige Stollen aus Salzgestein erreicht man das **Salzmuseum, einige Salzskulpturen, die Salzkapelle und den gigantischen, 30 Meter hohen Konzertsaal,** in dem zahlreiche Stars der Sowjetzeit (z. B. *Alla Pugacheva*) bereits Konzerte gegeben haben. Nach einer Filmvorführung geht es auf demselben Weg zurück, und nach etwa 90 Minuten erblickt man wieder das Tageslicht.

⌃ Salzförderturm in Soledar

Achtung: Es gibt zahlreiche Eingänge. Die meisten sind nicht öffentlich, sondern führen direkt aufs Werksgelände. Der richtige Eingang befindet sich in der Nähe des letzten Förderturms (das Werk auf der linken Seite). Nahe dem Eingang liegt ein kleines **Besucherzentrum,** wo man sich anmelden muss und durchaus geschmackvolle Souvenirs (z. B. Salzlampen) erstehen kann.

■ Infolge des kriegerischen Konfliktes in der Region kam jeglicher Tourismus zum Erliegen, folglich gab es auch keine Touren ins Salzbergwerk mehr. Erst langsam geht es wieder los. In jedem Fall sollte man vorher telefonisch anfragen, ob es **Touren** gibt. Infos unter www.artyomsalt.com. Preislich ist mit ca. 500 UAH für eine Führung zu rechnen. Auch ab Kharkiv werden wieder organisierte Touren angeboten.

Auch ein **Speleosanatorium** zur Behandlung von Atemwegs- und Asthmaerkrankungen befand sich auf dem Gelände. Zurzeit ist es geschlossen, denn der Gesundheitstourismus ist in diesem Teil der Ukraine völlig zusammengebrochen.

Praktische Tipps

Unterkunft

■ **Hotel Ukraina,** Ul. Mira 54, Tel. 0627-44 72 51: Am Hauptplatz der Stadt, DZ ab 350 UAH.

Essen und Trinken, Einkaufen

■ Auch in Bakhmut zeigt sich der Unterschied zur Westukraine recht deutlich. Einige **primitive Bars,** viel mehr sollte man nicht erwarten. Das mit Abstand beste Lokal ist die hiesige Filiale der Pizzakette **New York Street Pizza** wenige Meter nördlich des Pl. Svodody in der Ul. Nesavisimosti.

■ Der **Markt** liegt an der Südostecke des Pl. Svobody. An diesem Platz gibt es auch ein großes **Einkaufszentrum.**

Verkehrsmittel

Bus

Vom Busbahnhof schräg gegenüber vom Bahnhof am Ende der Ul. Gorbatova ist die Anbindung besser als per Bahn. Bilokuzmynivka ist mit einigen wenigen Bussen pro Tag ab Kramatorsk zu erreichen.

In der Umgebung

Etwa 20 km westlich von Bakhmut, auf halber Strecke Richtung Kramatorsk, befinden sich **nahe dem Dorf Bilkokuzmynivka die schönsten Kreidefelsen der Region,** manche mit einer Höhe von bis zu 50 Meter. Die Felsen liegen oberhalb eines nahezu baumlosen Tals, die ganze Szenerie würde eine gute Kulisse für Wildwestfilme abgeben. Die Aussicht von den Felsen, die über steile Pfade erklommen werden können, ist lohnend: Es bietet sich ein weiter Blick auf die schier endlosen Steppengebiete des nördlichen, nur wenig industrialisierten Donbas.

Luhansk/Lugansk

Луганськ

▪ 100 km nordöstlich von Donetsk, sowjetisch geprägte Industriestadt, derzeit unter russischer Besatzung stehend und nicht bereisbar
▪ Einwohner: knapp 500.000

Luhansk ist seit dem April 2014 russisch besetzt und Haupstadt der sog. Volksrepublik Lugansk. Warlords haben die Region untereinander aufgeteilt, es herrscht die totale Anarchie, oder besser: das Recht des Stärkeren. Im Vergleich zu den hiesigen Verhältnissen erscheint selbst die Donetsker Volksrepublik als eine Insel der Ordnung und Staatlichkeit. **Luhansk und Umgebung sind derzeit eine absolute No-Go-Area,** es besteht auch eine Reisewarnung des Auswärtigen Amtes. Die ukrainisch kontrollierten Gebiete des Verwaltungsbezirks (Oblast) Luhansk werden derzeit von der provisorischen Oblasthauptstadt Severodonetsk aus regiert.

Erwähnt sei, dass sich in Luhansk **eine der größten Lokomotivfabriken der Ukraine** befand. Die bekannte „Taigatrommel" wurde hier bei Luganskteplovoz produziert. Schon 1795 wurde auf Befehl *Katharinas II.* an einer Biegung des Flusses Luhan eine Metallfabrik gegründet. Die Arbeitersiedlung entwickelte sich dank der Investitionen des deutschen Industriellen *Gustav Hartmann* zu einer Industriestadt. 1935 wurde die Stadt nach dem Marschall und späteren (1953–60) nominellen Staatsoberhaupt der Sowjetunion, *Kliment Voroshilov,* benannt. Seit 1990 führt sie wieder ihren ursprünglichen Namen.

Starobilsk/ Starobelsk

Старобілськ, russ: Старобелск

▪ 95 km nördlich von Lugansk am Aidar, kosakische Siedlung aus dem 18. Jh. mit gut erhaltenem Ortsbild
▪ Einwohner: 19.000
▪ Hinweis: Starobilsk liegt im ukrainisch kontrollierten Teil der Oblast Luhansk, ist also bereisbar. Aufgrund der Nähe zu Russland sollte aber die politische und militärische Situation genau im Auge behalten werden. Wie in den übrigen Teilen des Donbas müssen **Checkpoints** passiert werden; dann sind Pass und Führerschein bereitzuhalten und kurze Fragen nach dem Ziel und Zweck der Reise zu beantworten. Auch wenn das Ganze martialisch aussieht: Die Soldaten sind freundlich und ausländischen Gästen gegenüber aufgeschlossen.

Die Ende des 17. Jh. gegründete **Kosakensiedlung,** im Russischen Bürgerkrieg Residenz des Anarchistenführers *Nestor Machno,* liegt 90 km nördlich von Luhansk. Sehr schön ist die Umgebung: Wie im gesamten Norden des Luhansker Gebietes hat die hügelige, von Kreidevorkommen geprägte Steppenlandschaft so gar nichts gemein mit der Tristesse der südlich gelegenen Industrieregionen. Die Stadt wirkt dörflich mit kleinen Häusern aus dem 19. Jh. Ein Schmuckstück ist das **Kloster der Mutter-Gottes-Ikone** mit zwei Klosterkirchen, der Dreifaltigkeitskirche von 1870 und der Kirche der Mutter-Gottes-Ikone von 1899 (Ul. Kirova 43). Weiterhin findet man in der Stadt die St.-Nikolaus-Kathedrale von 1862 (Ul. Urytskogo 11) und die Johannes-der-Täufer-Geburtskirche von 1850 (Tovarna pl.).

Unterkunft

■ **Hotel Ajdar,** Ul. Slobozhanskaya 40, Tel. 0646-12 11 56, DZ ab 300 UAH.

Verkehrsmittel

■ Vom Busbahnhof (Pl. Bazarna) fahren regelmäßig **Busse** Richtung Severodonetsk. Der Zugverkehr ist infolge der Kriegshandlungen in nächster Nähe bedeutungslos geworden.

In der Umgebung

Östlich von Starobilsk erstreckt sich nahe des Ortes Bilovodsk das **Zentrum der Pferdezucht in der Ukraine.** Weithin bekannt sind die Gestüte von Novooleksandrivka, Novolimarivka, Striltsivka und Danylivka. Insbesondere das **Derkul-Gestüt** in Danylivka lohnt ob seiner historischen Bauten – dem Pferdestall mit Reithalle von 1767 und einer im japanischen Stil gestalteten Manege von 1987 – einen Besuch. Außerdem unterhält das Gestüt ein Museum (10 UAH), Ausritte sind ebenfalls möglich (www.derkul.io.ua). Danylivka liegt 10 km südlich von Bilovodsk (Anfahrt mit Bus).

Donetsk

Донецьк

■ **750 km südöstlich von Kiew, derzeit unter russischer Besatzung und nicht bereisbar**
■ **Einwohner: 955.000**

Donetsk ist wie Luhansk russisch besetzt und eine absolute No-Go-Area und daher unter keinen Umständen zu besuchen. Die russische Okkupation der Donbashauptstadt ab März 2014 begann schleichend mit der Übernahme einzelner Verwaltungsgebäude, während der Alltag in der Stadt weiterging. Erst mit der russischen Einnahme von Sloviansk (siehe dort) im nördlichen Donbas wurde es wirklich ernst; ein sog. Referendum fand statt und die **Donetsker Volksrepublik** (DNR) wurde ausgerufen. Der Flughafen Donetsk, überhaupt erst zur EM 2012 errichtet, wurde vom russischen Militär bzw. von Terroristen in dessen Auftrag nach monatelangen Gefechten eingenommen – übrigens ein Verstoß gegen das 1. Minsker Abkommen vom September 2014 –, nachdem sich die ukrainischen Verteidiger regelrecht in den Airport eingegraben hatten. Als sog. Cyborgs (ukr.: Киборги) genießen sie bis heute fast schon Heldenstatus. Vom Flughafen selbst ist nichts mehr übrig. Der Verwaltungssitz der Oblast Donetsk wurde mittlerweile in die ukrainisch kontrollierte Stadt Kramatorsk verlegt.

Welch traurige Entwicklung, denn im Gegensatz zu dem von Schwerindustrie, Verfall, Umweltverschmutzung und Oligarchenherrschaft geprägten Klischeebild der Metropole in der äußersten Ostukraine präsentierte sich die Stadt zuletzt als eine überraschend lebendige, vielfältige und erstaunlich grüne Großstadt, die spätestens seit der Ausrichtung der Fußball-EM 2012 auch ein gewisses internationales Flair besaß.

Bis 2014 war die Region das wirtschaftliche (Metallverarbeitung) und politische Schlüsselgebiet der Ukraine. Der damalige Staatspräsident *Viktor Yanukovych* stammt aus der Stadt wie auch der bedeutendste Oligarch des Landes, *Rinat Akhmetov.* Der international bei Weitem erfolgreichste Fußballverein der Ukraine, Shakhtar Donetsk, spielte in der Donbas-Arena, dem modernsten Stadion des Landes (heute nach kurzem Lemberger Exil zumeist in Kharkiv).

Donetsk ist eine sehr junge Stadt. 1869 gründete der walisische Industrielle *John Hughes* in den aufstrebenden, neu erschlossenen Gebieten des vormaligen „wilden Feldes" eine Metallfabrik. Die umliegende Arbeitersiedlung wurde nach dem Gründer **„Yuzovka"** (Transkription von „Hughes" ins Russische) benannt. Mit seiner Eisenbahnanbindung und der Nähe zu den für die Metallproduktion notwendigen Rohstoffen zog Yuzovka massenweise Arbeiter an. 30 Jahre nach der Gründung hatte die Siedlung bereits 50.000 Einwohner. Die-

Ein Bild aus glücklicheren Zeiten: In der Donbas-Arena spielte Shakhtar Donetsk

ukr14-134 mk

ses Wachstum ging auch nach der Revolution 1917 weiter, nun freilich unter staatlicher Kontrolle. 1924 wurde die Stadt in **Stalino** umbenannt.

Im 2. Weltkrieg fast vollständig zerstört, wurde Stalino nach 1945 im „Stalinklassizismus" großzügig neu errichtet. 1961 erfolgte die Umbenennung in **Donetsk** nach dem Fluss Siverskyj Donets, welcher dem umliegenden Kohlerevier bereits seinen Namen gab. In den 1980er Jahren galt Donetsk wegen der vielen Parks, der guten Infrastruktur und der Arbeitsmöglichkeiten als eine der Städte mit dem höchsten Lebensstandard der gesamten Sowjetunion.

Die Küste des Asowschen Meeres

Das „zweite Meer" der Ukraine ist das durch den Don gespeiste und durch die Straße von Kerch mit dem Schwarzen Meer verbundene Asowsche Meer, benannt nach der am (russischen) Ostufer gelegenen Stadt und Festung Asow. Das **kleine Binnenmeer** ist bis zu 14 Meter tief, sehr schwach salzig und eher warm. Typisch für die Asow-Küste sind Nehrungen (russ.: *Kosy*) und schmale Sandbänke, die ins offene Meer ragen und dahinter lagunenartige Salzseen bilden.

Die **Küste** auf ukrainischer Seite hat oft breite, wundervolle Sandstrände, was die Küstenorte attraktiv für Familien macht. Leider haben die touristischen Anlagen hier oft noch nicht den Standard, den man von anderswo her kennt. Meist dominieren Werksferienanlagen ostukrainischer Großbetriebe das Bild.

⊡ Molwanien lässt grüßen: am Strand von Mariupol

Abseits dieser Komplexe ist die Küste jedoch sehr schön und die Preise sehr viel niedriger als an der Schwarzmeerküste. Schöne Dörfer mit alten stuckverzierten, oftmals leuchtend blau gestrichenen Häuschen sorgen für eine zusätzliche Attraktivität der Region.

Mariupol

Маріуполь

- **150 km südlich von Donetsk, an der Küste, Industrie- und Hafenstadt**
- **Einwohner: 479.000 Einwohner**
- Für Mariupol gilt ein **Reisehinweis des Auswärtigen Amtes,** wonach vor Reisen dorthin zwar nicht explizit gewarnt, jedoch abgeraten wird. Grund hierfür sind die Nähe zur Front – die rote Zone beginnt unmittelbar hinter den östlichen Stadtteilen – und die politisch-militärischen Spannungen rund um das Asowsche Meer (s. u.). Zudem müssen bei der Einfahrt in die Stadt **Checkpoints** passiert werden; hierfür sind Pass und Führerschein bereitzuhalten und ggf. Fragen nach dem Zweck der Reise zu beantworten. Vorteilhaft ist es, eine vorher gebuchte Unterkunft vorweisen zu können. Letztlich aber sind die Mitarbeiter der Checkpoints freundlich und ausländischen Reisenden gegenüber aufgeschlossen. Nach Einschätzung des Autors ist eine Reise nach Mariupol derzeit ohne Gefahr möglich, die aktuelle Situation sollte aber unbedingt im Auge behalten werden.

Mariupol ist vornehmlich durch die Stahlproduktion geprägt. 1789 gegründet, siedelten sich hier zunächst im Russisch-Türkischen Krieg geflohene Krimgriechen an. Durch den Eisenbahnanschluss Mitte des 19. Jh. entwickelte sich die Stadt sehr schnell und wurde spätestens in der Sowjetunion zu einer **Metropole der Schwerindustrie.**

In den **turbulenten Monaten des Frühjahres 2014** geriet Mariupol kurzzeitig unter die Herrschaft russischer Truppen, wurde aber zeitgleich mit Sloviansk und Kramatorsk, auch im Zusammenspiel mit dem Oligarchen *Akhmetov,* dem die beiden Stahlwerke in der Stadt gehören, befreit. Seitdem zeigt sich die Stadt demonstrativ proukrainisch, überall hängen blau-gelbe Fahnen, die City wurde herausgeputzt. Ob es sich dabei allerdings um eine „echte" patriotische Gesinnung infolge der Besatzungserfahrung handelt oder schlicht um Angst vor den Russen, darüber streiten die Angehörigen der örtlichen Zivilgesellschaft. **Gefahr und Konflikte** drohen weiterhin nicht nur aus dem Osten, sondern auch rund um das **Asowsche Meer,** dessen Zufahrt seit dem Bau der Krimbrücke bei Kerch vollständig von Russland kontrolliert wird. Ein im Jahr 2003 zwischen der Ukraine und Russland geschlossener Vertrag definiert das Asowsche Meer als Binnenmeer, das von den damals befreundeten Staaten Russland und Ukraine gemeinsam genutzt werden darf. Das hat zur Folge, dass hier internationales Seerecht nicht gilt, was heute von russischer Seite ausgenutzt wird, um den Frachtschiffen, die die **Häfen** von Mariupol und Berdiansk anlaufen, das Leben schwer zu machen: Aus fadenscheinigen Gründen können sie nun gestoppt, kontrolliert und festgesetzt werden, was für die genannten Häfen inzwi-

ukr19-036 pk

schen massive Einnahmeausfälle bedeutet. Zu einer gefährlichen Eskalation kam es Ende November 2018, als russische Militärschiffe vor der Küste der Krim in internationalen Gewässern ein aus Mariupol kommendes Schiff, das von seinem vertraglich garantierten Recht, die Wasserstraße von Kerch zu durchqueren, Gebrauch gemacht hatte, angriffen und an der Weiterfahrt hinderten. 24 ukrainische Seeleute befinden sich seitdem in russischer Gefangenschaft. Politisch ist dieser Vorfall vor allem deshalb von Bedeutung, weil Russland sich erstmalig nicht mehr hinter ominösen Separatisten versteckt hat, sondern mit eigenem Militär direkt angriff. In der Folge verhängte die Ukraine ein auf 30 Tage befristetes Kriegsrecht für die an Russland, die Krim und Transnistrien grenzenden Regionen, wohl eher ein symbolischer Hilferuf an die internationale Gemeinschaft.

Politisch ist die Stadt nach wie vor fest in der Hand von *Akhmetov*, die Parteien in Kiew kriegen hier kein Bein auf den Boden. Bemerkenswert stark ist immerhin die Bürgerpartei „Syla Ludey“ (Kraft des Volkes).

In den letzten Jahren haben sich große Teile der Donetsker **Alternativszene,** die von dort fliehen mussten, in Mariupol niedergelassen und betreiben nun hier ihre Kulturzentren und Hipsterkneipen und sorgen so für frischen Elan.

Das ändert allerdings nichts an einem weiteren großen Problem der Stadt, nämlich der gravierenden **Verschmutzung von Wasser und Luft** durch die beiden Stahlwerke. Doch auch hier ist man nicht mehr bereit, alles mit sich machen zu lassen. Unter dem Motto „Ich will atmen“ gab es bereits mehrfach landesweit beachtete lautstarke Demos gegen die Luftverschmutzung – und somit indirekt auch gegen *Akhmetov.* Man darf wirklich gespannt sein, wie es in und mit der Stadt weitergeht.

Sehenswertes

Wegen seiner Küstenlage besitzt Mariupol kurioserweise auch den Titel eines Kurortes. Am **städtischen Strand** kann man beim Baden den Blick auf das direkt am Ufer gelegene Asowstal-Stahlwerk, den angrenzenden Industriehafen und die in unmittelbarer Strandnähe vorbeidonnernden Kohlezüge aus dem Donbas genießen. Molwanien lässt grüßen!

Das frisch renovierte, doch weiterhin sowjetisch geprägte **Stadtzentrum** gruppiert sich auf einem Hügel rund um die parkartige Pl. Teatralnaya mit dem Theater der Stadt und dem Prospekt Mira. Das **Theater** im Stil des Stalinklassizismus befindet sich an der Stelle einer Kirche, die in den 1930er Jahren gesprengt wurde. Um die Pl. Teatralnaya finden sich weitere Bauten im Stil der Stalinzeit. Wenige Schritte nördlich steht ein monumentaler, gar nicht mal hässlicher Kirchenneubau kurz vor der Vollendung. Ein historischer **Wasserturm** aus dem frühen 20. Jh., errichtet in roter Backsteinbauweise und ganz ähnlich auch in Vinnytsia oder Zhytomyr zu finden, wird derzeit restauriert und erhebt sich wenige Schritte westlich der Kirche.

Im unteren Bereich des Prospekt Mira wie auch in seinen Seitenstraßen finden sich noch **ältere Bauten und Straßenzüge aus dem 19. Jh.** Einigermaßen restauriert wurde die Ul. Georgievskaya, der Rest des gar nicht so kleinen histori-

schen Viertels mag für Freunde morbider Altbausubstanz ein gutes Fotomotiv abgeben, ist aber mit west- oder zentralukrainischen Altstädten nicht zu vergleichen. Sehr nett sind die steil Richtung Küste abfallenden kopfsteingepflasterten Querstraßen mit alten Villen und sonstiger schöner Bausubstanz. In der Ul. Georgievskaya ist die Ruine des zerstörten Polizeigebäudes (Nr. 69) zu sehen; hier starben im Frühsommer 2014 mehrere Menschen bei der Rückeroberung des Gebäudes von den Russen.

Der Prospekt Metallurgov verläuft fast senkrecht zum Prospekt Mira. Hier, an der Pl. Adminstrativnaya, steht noch ein seinerzeit zerschossenes, von sog. Separatisten besetztes Verwaltungsgebäude. Weiter geht es auf dem Prospekt Metallurgov bergab zum Ufer, wo er in den **Meeresboulevard** übergeht, der durch den Stadtpark am Meer verläuft und zu besagtem Stadtstrand führt.

Praktische Tipps

Informationen

- **www.internet-mariupol.com.ua**

Unterkunft

5 **Hotel Spartak,** Ul. Harlampiyivskaya 13, Tel. 062-933 10 88: Im Zentrum der Stadt, im „griechischen" Stil errichtet. Gutes Preis-Leistungs-Verhältnis, mehrere Restaurants (japanisch und europäisch), Pub und Sportsbar. DZ ab 830 UAH.

12 **Hotel Chayka,** Primorskyi Bulvar 7, Tel. 062-037 60 84: Hotel am Meeresboulevard mit massiven Qualitätsunterschieden bei den Zimmern, also zeigen lassen. DZ ab 600 UAH.

9 **Hotel Reikartz,** Ul. Georgievskaya 79, www.reikartz.com: DZ kosten um die 30 Euro inkl. Frühstücksbüfett.

Die griechische Minderheit um Mariupol

(von *Martin Kopetschke*)

Seit dem 6. Jh. existierten auf der Krim griechische Ansiedlungen, zeitweise beherrschte das von Pantikapaion (heute Kerch) aus regierte **Bosporanische Reich** das Asowsche Meer und die gesamte Küste des Kaukasus. Auch zu Zeiten des Krimkhanates und des Osmanischen Reiches gab es eine friedliche Koexistenz zwischen den Volksgruppen auf der Krim. Erst im Rahmen der russisch-türkischen Kriege Ende des 18. Jh. kam es zu **religiös motivierten Ausschreitungen.** Die Christen der Krim, zumeist Nachfahren griechischer Siedler, stellten sich auf die russische Seite. Nach einem zwischenzeitlichen Erfolg der Osmanen baten sie *Katharina die Große* um Asyl in nördlicher gelegenen Gebieten. 1778 erhielten sie das Recht, sich im Gebiet um den Fluss Kalmius anzusiedeln. Insgesamt zogen fast 20.000 Griechen um und gründeten die Stadt Mariupol sowie 23 Gemeinden. Sie benannten diese nach ihren Herkunftsorten auf der Krim, deshalb findet man hier Dörfer namens Yalta, Urzuf oder Staryi Krim. Ein Teil der Siedler kehrte nach der endgültigen Eroberung der Krim durch Russland dorthin zurück, aber noch bis zur Revolution 1917 war Griechisch die vorherrschende Sprache in Mariupol.

Die Zuwanderung von Industriearbeitern und insbesondere die **Auswanderung nach Griechenland** nach dem Zusammenbruch der Sowjetunion führten dazu, dass die Griechen auch hier zu einer Minderheit wurden. Inzwischen erinnern sich jedoch die Dörfer wieder ihrer Herkunft und nutzen diese, um Touristen zu gewinnen. Und manchmal kann man in den Orten südwestlich von Mariupol noch ältere Menschen das altertümliche pontische Griechisch sprechen hören.

Im Mariupoler Außenbezirk Sartana existiert das **Museum der Kultur der Griechen der Asowregion,** wo man sich mit Geschichte und Kultur dieser Volksgruppe beschäftigt (Ul. Generala Kurkchi 37a, Mi bis So 9–16 Uhr, Tel. 062-954 02 78, 10 UAH).

Mein Tipp: 7 **Hostel Joy,** Ul. Grecheskaya 34a: Das wirklich nette Hostel liegt im Erdgeschoss eines größeren Gebäudes und umfasst ein Café, eine kleine Küche und moderne, saubere Schlafsäle. Sehr freundliche Betreiber. Ab 4 Euro pro Bett.

Essen und Trinken

Obwohl es einige tolle Cafés und Restaurants gibt, ist das **Nachtleben eher dürftig,** viele Kneipen schließen bereits um 21 Uhr.

8 **Traktir na Grecheskoy,** Ul. Grecheskaya 32, http://traktir.0629.com.ua: Recht elegantes Restaurant im Stil des 19. Jh. Im Sommer mit Garten.
4 **Restoran Rybackyi,** Prospekt Mira 13, www.restoran-mariupol.com.ua: Auf Fischgerichte spezialisiertes Restaurant im Zentrum, recht gut und seinen Preis wert.
3 **Mr. Bean & Bowler Head,** Prospekt Mira 39: Gemütliches Café, das man so auch in Berlin antreffen könnte.
6 **Artcafé Izba,** an der Ecke Prospekt Mira und Ul. Grecheskaya. Kleines Büchercafé, eines der wenigen, das länger offen hat.
2 **Pub Sherwood,** direkt am Theaterplatz (auf dessen nördlicher Seite): Pub mit Biergarten, ebenfalls länger geöffnet.
11 **Staryi Mayak,** unmittelbar am Prospekt Metallurgov auf halbem Weg zum Meeresufer: Großes Gartencafé im Stadtpark.
13 **Café Sad,** direkt an der Promenade mit der Hausnummer 10 schräg gegenüber dem Hotel Chayka: Großes Café mit überdachter Veranda und vorzüglicher Küche.
Mein Tipp: 10 **Café Moloko,** Ul. Italiyskaya 116a: Das einzige explizit vegetarische Restaurant der Stadt, inhaltlich passend ist alles in Grüntönen gehalten. Vorzügliche und gar nicht teure Küche.

Sonstiges

■ **Einkaufen:** Viele Läden und der 1 Markt liegen im Bereich der Kreuzung Prospekt Mira und Prospekt Metallurgov.
■ **Landeskundemuseum:** Archäologische Funde aus dem Mariupoler Umland. Ul. Georgievskaya 22, Mi bis So 9–16 Uhr, Tel. 062-933 52 07, 5 UAH.
■ **Archip-Kuindzhi-Zentrum für moderne Kunst,** Prospekt Metallurgov 25, Di bis So 9–16.30 Uhr, Tel. 062-933 22 26.
■ **Platforma Tyu,** Ul. Mitropolitskaya 19, www.facebook.com/tumariupol: Alternativ ausgerichtetes, von Ex-Donetskern gegründetes Kulturzentrum mit regelmäßigen Kunstausstellungen, Veranstaltungen und Konzerten.
■ Seit 2017 findet am ersten Wochenende im August das dreitägige **Rockfestival MRPL City** direkt am Strand westlich des Hafens statt; ein Pendelverkehr ist eingerichtet. Preis für alle drei Tage: um die 20 Euro (https://mrpl.city/fest).

Verkehrsmittel

■ **Bahn:** Der **Bahnhof** befindet sich direkt am Meeresufer am Pl. Michmana Pavlova am Ende der Ul. Vokzalnaya. Es verkehren Nachtzüge nach Kiew (19 Std.), Lviv (27 Std.) und Kharkiv (11 Std.). Der Verkehr nach Donetsk ist derzeit unterbrochen.
■ **Bus:** Verbindungen vom **Busbahnhof** nördlich des Stadtzentrums in der Ul. Kuindzhy (ehem. Ul. Artyoma) 115: 6x täglich nach Zaporizhzhia, 7x täglich nach Berdiansk. Busse in die nähere Umgebung (Küstenorte, Kamyani Mohily) fahren vom äußeren Ende des Prospekt Mira/Ecke Ul. Kuprina.

In der Umgebung

Kamyani Mohyly
Кам'яні Могили

60 km nordwestlich von Mariupol erwartet den Besucher eine geradezu unwirkliche, wild-romantische Landschaft. Die **Steinernen Gräber** – bis zu 80 Meter hohe Felstürme – erheben sich aus der Weite der Steppe. Es sind zwei Milliarden Jahre alte Granitformationen, die

in früheren Zeiten als Kultstätte dienten und von Grabhügeln (Kurganen) umgeben sind. Hier findet man auch die sog. **Baby,** skythische, handbehauene Steinstelen, die meist Personen darstellen.

Auch die hiesige Flora und Fauna ist sehr interessant, sodass die Steingräber (nicht zu verwechseln mit dem Steinernen Grab bei Melitopol) ein idealer Ort sind, um in aller Abgeschiedenheit einen Eindruck von den Geräuschen, Gerüchen und Bildern der Steppe zu erhalten.

■ Direkt an den Felsen befindet sich ein kleines **Infozentrum** (geöffnet täglich 10–15 Uhr, im Sommer länger, Tel. 062-969 33, Eintritt zu den Felsen 50 UAH). **Zelten** ist erlaubt.

■ Das Reservat liegt in der Nähe des Dorfes Nazarivka. Mit dem **Auto** muss man einfach der Staubpiste hinter dem Ort weiter folgen. Mit **öffentlichen Verkehrsmitteln** kommt man etwa 4x bis 5x

Kamyani Mohyly – Felsen und Steppe

ukr19-038 pk

am Tag von Mariupol (ab 10 Uhr morgens) bis zum Abzweig nach Nazarivka, von dort sind es dann noch etwa 4 km zu Fuß.

■ **Achtung:** In der Steppe kommen vereinzelt **Kreuzottern** vor. Feste Schuhe und lange Hosen seien daher wärmstens empfohlen.

Die Küste südwestlich von Mariupol

Südwestlich des Hafens von Mariupol reihen sich mehrere Badeorte aneinander. Während **Melekine** noch von Werksferienanlagen geprägt ist, wird es

an der **Bilosarayska Kosa** mit ihren im Frühjahr rot blühenden Salzwiesen richtig schön. Weiter folgen die griechischen Siedlerdörfer **Yalta** und **Urzuf** sowie das idyllische **Yurivka.**

■ **Unterkunft:** Die meisten Unterkünfte in dieser Region bestehen aus einfachen **Pensionen und Privatquartieren,** die meist nur zwischen Mai und September geöffnet sind. Es finden sich auch unzählige **Erholungsbazen** aus sowjetischer Zeit mit sehr einfachen bunten Holzhütten und Außentoiletten. Hierfür ist mit 100–300 UAH pro Person zu rechnen. Mit westlichem Standard haben diese Einrichtungen jedoch wenig zu tun. Eine Ausnahme ist die **Villa Belyi Lev,** Ul. Asowskaya 107, Bilosarayska Kosa, Tel. 050-501 17 92, DZ ab 1200 UAH.

Berdiansk

Бердянськ

■ **85 km südwestlich von Mariupol, Seebad**
■ **Einwohner: 116.000**

Berdiansk ist ein recht attraktives Kur- und Seebad. Den **Heilschlämmen** der Salzseen der Berdiansker Nehrung wird Linderung bei Knochen- und Hautproblemen nachgesagt, und die **kilometerlangen Sandstrände** sowie die lange Sonnenscheindauer machen den Ort im Sommer sehr beliebt. Das Stadtzentrum ohne jegliche Altbausubstanz erstreckt sich schachbrettartig entlang der Fußgängerzone Prospekt Lenina hin zur Hafenpromenade an der Ploscha Primorskaya mit ihrer Hafenkrankulisse. Im Sommer warten hier viele Cafés, Biergärten und Souvenirstände auf Kunden. Südlich erstrecken sich das durch kleine Häuser und direkt am Meer gelegene Quartiere geprägte Viertel Piski und das sehr weitläufige Gelände des ehemaligen Berdiansker Sanatoriums.

Dahinter beginnt die 13 km lange **Berdianska Kosa** mit ihren Sandstränden, beidseitig vom Meer umspült. Von der Hafenpromenade legen im Sommer regelmäßig Schiffe auf die Nehrung ab. Dort gibt es auch mehrere Strandbars und Restaurants.

Praktische Tipps

Unterkunft

■ **Hotel Berdyansk,** Ul. Dyumina 55, Tel. 0615-33 84 01, www.berdyansk.com.ua: Hochhaus im Zentrum mit Blick über Stadt und Hafen, verschiedene Zimmerkategorien. DZ ab 600 UAH, Suiten kosten 1200 UAH.

■ **Oreanda,** Ul. Makarova 23, Tel. 0615-39 20 89, www.oreanda.ua: Ferienanlage auf der Nehrung mit allem Komfort, mehreren Pools und Kinderbetreuung. DZ außerhalb der Saison ab 700 UAH, in der Hauptsaison 1300 UAH.

■ **Hotel Azov,** Ul. Schmidta 18: Zentrales Hotel aus sowjetischer Zeit, renoviert, DZ ab 500 UAH.

■ **Hotel Bristol,** Ul. Naberezhna 15b: Direkt am Strand, modern und freundlich, DZ ab 800 UAH.

■ Jede Menge **Privatquartiere** gibt es in der Ul. Gostinnaya in unmittelbarer Nähe des Zentrums; einfach klingeln oder anrufen. Es ist mit 400 UAH für ein DZ zu rechnen. Die Zimmer sind meist einfach mit Dusche im Hof, eine Küche steht in der Regel zur Verfügung, ebenso gemütliche Sitzgelegenheiten und Grillmöglichkeiten. Es werden allerdings ungern Gäse nur für eine Nacht angenommen. Sehr freundlich sind die Gastgeber des Hauses in der Ul. Gostinnaya 9a, Tel. 066-376 80 92.

ukr19-037 pk

Essen und Trinken

■ Zentrum und Meeresboulevard bieten ein vielfältiges Angebot an Restaurants und Kneipen. Erwähnenswert ist der **Komplex Rio** (Ul. Shmidta 1, www.rio.berdyansk.net) mit mehreren recht guten, nach der jeweils angebotenen Küche gestylten Restaurants („Mimino": georgisch, „Skiba": traditionell ukrainisch, „Rybnyi Penthaus": Fischgerichte). Einen Nachtclub gibt es auch.

■ Zwei sehr angenehme Restaurants gibt es am Beginn des Prospekt Azovskyi von der Promenade kommend auf der rechten Seite: das **Artcafé Fayna Ukraina** (Hausnummer 37) und wenige Schritte weiter das **Restaurant Edem.**

■ Wer auch in der Ostukraine nicht auf französische Croissants verzichten möchte, kann die hiesige Filiale der **Frantsuska Bulochka** im Zentrum der Stadt aufsuchen, Pr. Pobedy 1.

Sonstiges

■ **Aquapark Berdiansk,** Ul. Makarova, neben dem Delphinarium, http://aquapark.in.ua, geöffnet täglich 10–19.30 Uhr, Tageskarte 600 UAH, Abendkarte 320 UAH.

■ Die meisten **Geschäfte** liegen am Prospekt Azovskyi (ehem. Prospekt Lenina), hier findet man auch die meisten **Geldautomaten und Wechselstuben.**

Verkehrsmittel

■ Der Bahnhof befindet sich östlich der Innenstadt am Prospekt Vostochnyi (ukr.: Skhidnyi). Die **Zugverbindungen** sind nicht besonders gut, über Nacht verkehrt ein sehr langsamer Personenzug nach Zaporizhzhia, in der Saison gelegentlich Urlauberzüge in verschiedene Gebiete der Ukraine.

■ Der Busbahnhof liegt am westlichen Rand der Innenstadt in der Ul. 12 Dekabrya. **Busse** fahren im dichten Takt nach Zaporizhzhia, 6x bis 7x täglich nach Melitopol und 5x bis 6x täglich nach Mariupol. Von der Innenstadt auf die Nehrung verkehren die Stadtbusse der Linien 15 und 17 in schnellem Takt.

In der Umgebung

Prymorsk/Obytichna Kosa

38 km westlich von Berdiansk liegt dieser Urlaubsort, das Tor zur bisher kaum touristisch erschlossenen Obytichna Kosa. Hier findet man noch **weitestgehend unberührte Sandbänke** vor, mehr als 100 Vogel- und 200 Tierarten sind heimisch. Die Nehrung ragt fast 30 km ins Meer und ist ein Naturschutzgebiet.

■ Es gibt am Beginn der Landzunge einige **einfache Unterkünfte.**

■ **Zelten am Strand** wird, solange man die Stelle sauber hinterlässt und kein Feuer macht, noch geduldet.

Novopetrivka

Näher an Berdiansk liegt dieser kleine Ort mit netten Häuschen, **herrlichen Sandstränden** und einer Anzahl von Privatquartieren.

Melitopol

Мелітополь

■ **50 km nördlich der Asowküste, neurussische Kolonialstadt, Verkehrsknotenpunkt**

■ **Einwohner: 157.000**

Die Stadt liegt im Tal der Molochna und an deren Hängen inmitten der hier **völlig flachen Steppe** mit ihren legendären Schwarzerdeböden. Sie ist vor allem als Verkehrsknotenpunkt und als Ausgangsort für das spektakuläre archäologische

◁ Strandidylle am Asowschen Meer

Reservat Kamiana Mohyla (s. u.) von Bedeutung. Im unteren Stadtteil rund um die Ul. Aleksandra Nevskogo, wo es auch die gleichnamige kleine Kirche zu bewundern gibt, finden sich einige schöne Straßenzüge mit Fassaden aus dem 19. Jh., die sukzessive hergerichtet werden. Der größere, höher gelegene Stadtteil breitet sich westlich davon aus und wird von Bauten aus der Sowjetzeit geprägt, darunter die recht monumentale Fassade der Agraruniversität an der Ul. Bogdana Khmelnytskogo, die als Hauptstraße den neuen Teil der Stadt von Nord nach Süd durchzieht. Hier befinden sich auch die wichtigsten Einkaufsmöglichkeiten und Cafés, und auch der zentrale Gorkiypark grenzt an. Sehenswert ist das Denkmal für den in der Sowjetunion hoch geschätzten Sänger und Dichter *Vladimir Vysotskyi* in der Ul. Geroyev Ukrainy (ehem. Ul. Kirova)

Praktische Tipps

Unterkunft

- Wer hier „hängenbleibt", dem sei das **Hotel Vorontsovskyi** empfohlen, Ul. Universitetskaya 11, Tel. 0619-42 44 64, DZ ab 800 UAH.

Verkehrsmittel

- Der Bahnhof liegt im Norden der Stadt (Ul. Hetmana Sahaidachnhoho, ehem. Ul. Frunze) an der Hauptstrecke Kharkiv – Novoleksivka, wo alle Zugverbindungen Richtung Krim derzeit enden. Regelmäßige **Zugverbindungen** bestehen in alle Regionen der Ukraine.

ukr14-175 mk

Sowohl zur Arabatska Strilka als auch zum Sivash, aber auch nach Askaniya-Nova ist es am günstigsten, den Fernzug in Novooleksiyivka zu verlassen, von wo Minibusse, Taxis und in der Saison auch Züge verkehren.

■ Es gibt zwei Busbahnhöfe. Der Bahnhof Nr. 1 für **Fernbusse** an der Ul. Generala Petrova 204 westlich der Innenstadt bedient regelmäßig die Orte in Richtung Zaporizhzhia und Berdiansk, seltener diejenigen in Richtung Krim und Kherson. Busse in die nähere Umgebung, etwa nach Prymorsk, zur Kamiana Mohyla (etwa alle 2 Std.) oder nach Kyrylivka fahren vom Maydan Revolutsii im Stadtzentrum ab.

In der Umgebung

Kamiana Mohyla
Кам'яна Могила

Etwa 15 km nördlich von Melitopol, am Rand der Dörfer Myrne und Terpinnya, liegt ein **geologisch und kulturell einmaliges Naturdenkmal,** das **Historisch-Archäologische Reservat Kamiana Mohyla** (Steinernes Grab, nicht zu verwechseln mit den Steinernen Gräbern weiter östlich bei Nazarivka). Es handelt sich um eine zwölf Meter hohe und 3000 m² große Sandsteinformation, die sich aus der Steppe erhebt. Das Gebilde entstand im Tertiär am Grunde des sich damals hier befindlichen Ozeans. Die Höhlen und Grotten des Felshügels wurden über die Jahrtausende immer wieder von Menschen als Kultstätte genutzt. Es wurden Petroglyphen (Ritzzeichnungen) gefunden, deren Alter von der Jungsteinzeit bis ins Mittelalter reicht. Seit den 1930er Jahren erforscht, sind bis heute noch nicht alle Einzelheiten über diese faszinierende Stätte geklärt.

Seit 2007 existiert ein **Museum** neben dem Steingrab, in dem die Petroglyphen besichtigt werden können. Der Fels selbst kann bestiegen werden, die Höhleneingänge sind jedoch aus Konservierungsgründen verschlossen.

■ **Besichtigung** möglich im Sommer 9–17 Uhr, im Winter 10–16 Uhr, Reservat 10 UAH, Museum 5 UAH, Fotoerlaubnis 10 UAH, www.stonegrave.org. Es verkehren 6x täglich Busse von Melitopol bis direkt zum Museum.

Arabatska Strilka
Арабатська стрілка

90 km südlich von Melitopol beginnt **die längste der Nehrungen des Asowschen Meeres,** die das „Festland" mit der Krim verbindet. Eingangstor ist die durch ihren Fischereihafen geprägte, nicht besonders einladende Stadt **Henichesk,** weiter folgen die Orte **Henicheskaya Hirka** und **Shchaslivtseve,** wo in den letzten Jahren eine starke Entwicklung des Tourismus – nicht unbedingt zum Vorteil der Orte – eingesetzt hat. In Shchaslivtseve gibt es auch eine frei zugängliche salzhaltige Thermalquelle mit Bademöglichkeit.

Hinter **Strilkove** erwarteten den Besucher früher 70 km Einsamkeit, Sandbänke und eine beeindruckende Vogelwelt auf der hier teilweise nur 100 Meter breiten Nehrung. Doch das Gebiet ist derzeit **nicht zugänglich,** da wenige Kilometer südlich von Strilkove die **Grenze zur russisch besetzten Krim** verläuft.

[<] Salzsteppe am Asowschen Meer

9 Die Krim

ukr.: **Крим**

krimtatarisch: **Qirim**

russ.: **Крым**

Die Krim war für die meisten Ukrainer die Urlaubsdestination Nr. 1. Kein Wunder angesichts der außergewöhnlich vielfältigen Halbinsel: Ob tatarische Siedlungen, rätselhafte Höhlenstädte, wilde Schluchten und Berge oder mondäne Seebäder – es gab reichlich Betätigung für jedes touristische Interesse. Das ist Vergangenheit: Im März 2014 wurde die Krim von Russland besetzt und annektiert.

[<] Es war einmal … an der Seepromenade in Sevastopol

Krim

VERBOTENE HALBINSEL

Seit dem 18. März 2014 ist die Krim de facto nicht mehr Teil der Ukraine, sondern von Russland annektiert (die genauen politischen Hintergründe werden im Kapitel „Land und Leute“ ausführlich beschrieben). Aus ukrainischer Sicht und gestützt auf die Beschlüsse der UN gilt die Krim aber weiterhin als ukrainisches Hoheitsgebiet und steht lediglich unter russischer Okkupation. Touristische Reisen sind sowohl wegen der Sanktionen der EU als auch aufgrund der Gesetzgebung der Ukraine nicht möglich. Nur eine Einreise über ukrainisches Territorium ist theoretisch möglich, doch wird diese Genehmigung von den ukrainischen Behörden nur in absoluten Ausnahmefällen erteilt.

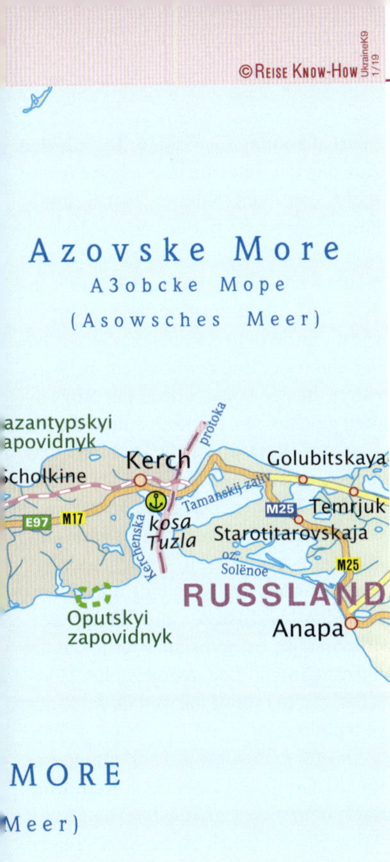

Die vor allem in prorussischen Quellen gerne erwähnte Einreisemöglichkeit **von Russland aus,** etwa über die neu errichtete Brücke von Kerch auf die Halbinsel, stellt eine **illegale Einreise** auf ukrainisches Territorium dar, was – auch durch internationale Rechtsprechung gedeckt – eine Straftat darstellt. Da auch keinerlei konsularischer Schutz für solche Reisen auf die Krim gewährt wird und zudem eine Reisewarnung des Auswärtigen Amtes besteht (siehe www.auswaertiges-amt.de), wird an dieser Stelle unmissverständlich von einer Reise auf die russisch besetzte Halbinsel abgeraten. Das ist zwar bedauerlich, denn sowohl kulturell als auch landschaftlich ist die Krim eine wahre Schatzkammer, doch angesichts der aktuellen politischen Situation konnte der Autor gar nicht anders, als auf touristische Ausführungen zur Krim zu verzichten. Lediglich auf Geschichte und Geografie sei kurz eingegangen.

Geschichte der Krim

Vor- und Frühgeschichte

Die Krim ist seit mehreren Jahrtausenden besiedelt. Ab dem 8. Jh. v. Chr. drang der Stamm der **Skythen,** ein iranisches Nomadenvolk, in den Bereich der heutigen Südukraine vor und ließ sich auch auf der Krim nieder. Obwohl ihre Lebensweise nomadisch geprägt war, errichteten die Skythen auch erste Städte und dehnten ihren Herrschaftsbereich im Laufe der Jahrhunderte bis in das Gebiet der Dnipro-Mündung aus. Bedeutendes Zeugnis skythischer Kultur auf der Krim sind die ausgegrabenen Ruinen der Stadt Neapolis nahe Simferopol.

Zwischen dem 8. und 5. Jh. v. Chr. entstanden mehrere **griechische Kolonien** an der ukrainischen Schwarzmeerküste. Auf der Krim waren das Chersones in Sevastopol, Feodosiya und Pantikapaion (heute Kerch). Diese Kolonien lebten unabhängig voneinander, hatten sich jedoch zu einer Art Föderation zusammengeschlossen. Sie betrieben in erster Linie Handel, Fischfang und

Weinbau. Später entstanden staatsähnliche Strukturen, die u. a. auf Sklavenhandel basierten. Die bedeutendste Stadt dieser Zeit war Khersones, das zeitweise auch als Hauptstadt der gleichnamigen Republik fungierte. Zwischen Skythen und Griechen kam es mehrfach zu kriegerischen Auseinandersetzungen. Mit Beginn der christlichen Zeitrechnung kam die Krim schließlich unter **römische Herrschaft,** aus dieser Zeit finden sich heute aber kaum archäologische Spuren.

Mittelalter und Neuzeit

Mit dem Ende des Römischen Reiches geriet die Schwarzmeerregion zunehmend unter den Einfluss von **Byzanz,** wodurch die **Christianisierung** in der Region vorangetrieben wurde. Ab dem 6. Jh. entstand auf der Krim das **Reich der Khasaren,** ursprünglich ein nomadisches Volk, das aus Zentralasien über den Nordkaukasus in das Schwarzmeergebiet vorgedrungen war. Deren prägende Religion wurde ab dem 8. Jh. das **Judentum.** Gleichzeitig wurden die Khasaren von der **Kiewer Rus** unterworfen, was den Beginn des ostslawischen Einflusses in der Region markierte. Der **Mongolensturm** im 13. Jh. brachte das Ende des Kiewer Reiches, und die gesamte Region fiel in den Machtbereich der **Goldenen Horde.** Es entstand ein neues Staatswesen mit Staryi Krym als Hauptstadt.

Im Hochmittelalter gründeten die **Genueser** mehrere Handelsstützpunkte an der Krimküste, so etwa die Burgen in Sudak und Balaklava. Die größte Siedlung der Genuesen aber wurde Kaffa, das heutige Feodosiya. Das 15. Jh. sah den Aufstieg der **Tataren,** die sich mehr und mehr von der Goldenen Horde unabhängig gemacht hatten. Ab 1430 entstand das Krimkhanat, die genuesischen Städte wurden besiegt. Da sich insbesondere Kaffa als äußerst widerspenstig erwies, wurde der osmanische Sultan bei der Unterwerfung der Stadt zur Hilfe gerufen. In der Folge wurde ein Abkommen geschlossen, das dem Sultan die Region um Kaffa überließ. Dadurch kam die Krim in die Abhängigkeit des **Osmanischen Reiches.** Das Khanat war zwar weiterhin im Inneren relativ autonom, alle außenpolitischen Entscheidungen aber wurden in Konstantinopel entschieden. Auch waren die Tataren verpflichtet, an osmanischen Kriegszügen teilzunehmen. Die osmanische Herrschaft reichte somit bis weit in die heutige Südukraine.

Das 16. Jh. brachte das endgültige Aus für die Goldene Horde. Das **Krimkhanat** mit der neu gegründeten Hauptstadt Bakhchissarai wurde zu einem wichtigen Staatswesen. Zugleich nahmen ab dem 16. Jh. die Spannungen mit Moskau zu, da sowohl die Osmanen als auch die Russen nach der Vorherrschaft über das Schwarzmeergebiet strebten. Im Verlauf des 16. und 17. Jh. kam es immer wieder zu Kriegen zwischen Russen, den Osmanen und Polen-Litauen. Zu dieser Zeit begann auch der Aufstieg der **Zaporoger Kosaken,** die mal mit Polen, mal mit den Tataren um ihre Unabhängigkeit kämpften. Der Kosakenaufstand von *Bohdan Khmelnytskyi* wurde 1648 von den Krimtataren noch unterstützt. Doch spätestens mit dem Vertrag von Pereiaslav, in dem sich die Kosaken der russischen Oberhoheit unterstellten, wurden

ukr14-141 pk

die Kosaken zur Gefahr für das Krimkhanat, das nun ein Vordringen der Russen zu befürchten hatte. Aus diesem Grund wechselte der Khan vollständig die Fronten und wurde zu einem wichtigen **Partner Polen-Litauens,** was auch von osmanischer Seite befürwortet wurde, da auch die Osmanen an guten Handelsbeziehungen mit ihrem nördlichen Nachbarn interessiert waren. Auch im Großen Nordischen Krieg kämpften die Tataren gegen **Russland.** Der triumphale russische Sieg in dieser Auseinandersetzung leitete auch das Ende des Krimkhanats ein. Noch konnte es sich einige Jahrzehnte die Unabhängigkeit sichern. Doch mit den russisch-türkischen Kriegen unter Zarin *Katharina der Großen* wurde die Krim annektiert und das Khanat aufgelöst.

In der Folge wurde die gesamte Krim russifiziert, **neue Städte** (z. B. Simferopol) entstanden, und **Siedler** aus dem Russischen Reich und der Ukraine kamen auf die Krim. Auch zahlreiche deutsche Siedler wurden angeworben; auf alten Landkarten der Krim sind Siedlungen mit Namen wie Hoffnungstal, Bruderfeld oder Rosental zu finden. Zugleich emigrierten viele muslimische Tataren ins Osmanische Reich. Im **Krimkrieg 1853–56** wurde die Halbinsel erneut Kriegsschauplatz. Das Zarenreich versuchte, den osmanischen Einfluss völlig zu marginalisieren und auch den Balkan und den Zugang zum Mittelmeer unter seine Kontrolle zu bringen. Die Osmanen bekamen nun aber Unterstützung von England und Frankreich, die das Machtgleichgewicht in Europa gefährdet sahen – nach dem Fall von Se-

Der Khanspalast in Bakhchissarai, einem historischen Zentrum der Tataren

vastopol und mit dem daraufhin geschlossenen Frieden von Paris 1856 waren Russlands Ambitionen vorerst unterbunden.

Die jüngere Geschichte der Krim

Im Zuge der Oktoberrevolution wurde auch die Krim von der Roten Armee besetzt und 1920 die Autonome Sowjetrepublik Krim ausgerufen. Im **2. Weltkrieg** waren vor allem Sevastopol und Kerch Schauplätze schrecklicher Kämpfe. Die Pläne der Nazis sahen vor, die slawische Bevölkerung von der Krim zu vertreiben. Unter dem Namen „Neugotland" sollte deutschen Siedlern aus Südtirol Platz gemacht werden. Wegen der hohen symbolischen Bedeutung wurde vor allem Sevastopol in schwersten Kämpfen und unter heftigstem Widerstand der Roten Armee dem Erdboden gleichgemacht. Gerade mal 15 % der Einwohner überlebten den Kampf um die Stadt. Nicht weniger grauenhaft waren die Kämpfe um Kerch. Hier wurden rund 15.000 Zivilisten, die sich in alte Bergbaustollen zurückgezogen hatten, u. a. durch den Einsatz von Gas von deutschen Einheiten getötet. Gemessen an der Gesamtbevölkerung war die Krim die Region mit einer der prozentual höchsten Opferzahlen im 2. Weltkrieg.

Auf der **Yalta-Konferenz** im Februar 1945 erörterten *Stalin, Churchill* und *Roosevelt* die Nachkriegsordnung Europas, wobei allerdings viele entscheidende Punkte im Vagen blieben bzw. von den einzelnen Seiten später unterschiedlich ausgelegt wurden. Es gelang den Westmächten jedenfalls nicht, *Stalin* von seiner Politik der Schaffung vollendeter Tatsachen im von der Roten Armee eroberten Ostmitteleuropa abzuhalten. Sowohl die deutschstämmigen Bewohner der Krim als auch die Tataren, die in den 1920er Jahren noch etwa 25 % der Bevölkerung auf der Krim stellten, wurden nach der Befreiung der Krim kollektiv des Verrats an der Sowjetunion und der Kollaboration mit den Nazibesatzern bezichtigt und unter grauenhaften Bedingungen in die asiatischen Teile des Riesenreiches deportiert. Etwa 200.000 Tataren und 60.000 Krimdeutsche waren von den Deportationen betroffen.

1954 wurde die Krim vom damaligen KPdSU-Chef *Chruschtschow* von der Russischen **an die Ukrainische Sozialistische Sowjetrepublik übertragen,** was aus geografischen und infrastrukturellen Gründen auch Sinn machte. In der Folgezeit blühte die im Krieg verwüstete und von ständiger Trockenheit geplagte Halbinsel auf. Durch den Bau des Dnipro-Krim-Kanals konnte die Wasserversorgung gewährleistet werden, und auch alle Verkehrswege sowie die Stromversorgung liefen fortan über ukrainisches Gebiet. Was damals kaum mehr als die Änderung einer administrativen Grenze war, sollte zu einem wichtigen „Argument" in der russischen Propaganda zur Rechtfertigung der Krimannexion im März 2014 werden.

> Die Yenikale-Festung in Kerch

Die Krim als Teil der Ukraine

Mit der Unabhängigkeit der Ukraine wurde die Krim Teil des neuen Staates. Viele der auf der Krim lebenden ethnischen Russen standen der neu entstandenen Republik mehrheitlich skeptisch bis feindselig gegenüber, und so fiel das **Unabhängigkeitsreferendum 1991** mit 54 % zugunsten der Ukraine auch denkbar knapp aus. Viele Bewohner besitzen zwei Pässe und lehnen jede Ukrainisierung der Halbinsel ab. Auch die **Rückkehr der Krimtataren** sorgte nicht immer für Freude unter der eingesessenen Krimbevölkerung. Tataren stellten 2014 wieder rund 15 % der Bewohner (durch Abwanderung auf das ukrainische Festland infolge der russischen Annexion dürften es mittlerweile deutlich weniger sein). Sie siedelten sich auf der gesamten Halbinsel an, vor allem aber in ihren historischen Zentren Bakhchissarai und Staryi Krym. Da die Tataren dem ukrainischen Staat weitaus loyaler gegenüberstanden als die Mehrheit der Krimrussen, waren politische Spannungen vorprogrammiert. Um sie zu lockern, wurde der Krim 1992 der **Status einer autonomen Republik** innerhalb der Ukraine verliehen.

Dennoch wurde 1994 ein russischer Nationalist, *Yuri Meshkov,* zum Präsidenten der Krim gewählt, der die vollständige Trennung der Krim von der Ukraine anstrebte. Dies wurde 1995 dem selbst als russlandfreundlich geltenden ukrainischen Präsidenten *Kuchma* zu viel, und so wurde das – ohnehin verfassungswidrige – Amt des Präsidenten der

ukr14-154 mk

Krim abgeschafft und *Meshkov* abgesetzt. Die Autonome Republik Krim wurde wieder hergestellt, und *Kuchma* gelang es, ein **Übereinkommen zwischen der Ukraine und Russland** zu schließen, das Russland zugestand, die Stadt Sevastopol weiterhin als Marinestützpunkt zu nutzen und dort auch einen Teil der Schwarzmeerflotte zu stationieren. Dieses Übereinkommen sollte zunächst bis 2017 gelten, wurde aber von Präsident *Yanukovych* um weitere 25 Jahre verlängert.

Bis zum Jahr 2014 hatten sich die ethnischen Spannungen weitgehend beruhigt. Glaubt man seriösen Erhebungen internationaler Umfrageinstitute aus dem Herbst 2013, sahen sich nur noch 44 % der Krimbevölkerung als ethnische Russen und nur 25 % strebten einen Anschluss an Russland an, während die Tataren zunehmende Akzeptanz erfuhren und auch wieder vermehrt öffentlich in Erscheinung traten.

Im **Tourismussektor** nahm der Standard von Hotels und Service zu, sodass nach und nach auch westliche Touristen angesprochen werden konnten, wobei – verglichen mit den Stränden der türkischen Riviera, letztlich der direkte Konkurrent zur Krim – das Preisniveau viel zu hoch war. Südeuropäische Leichtigkeit und Gastfreundlichkeit suchte man meist vergeblich, oftmals stand bei den touristischen Dienstleistern der Wunsch nach dem schnellen Geld im Vordergrund, gerade bei ausländischen Touristen, weshalb auch der Autor dieses Reiseführers die Krim nicht unbedingt zu seinen Lieblingsregionen in der Ukraine zählte.

Der Maidan **ab Ende 2013** wurde auf der Krim mit großer Skepsis gesehen und weithin abgelehnt. Die russische Propaganda war schnell allgegenwärtig, und so mag ab Anfang 2014 auch der Anteil derjenigen gestiegen sein, die einen Anschluss an Russland begrüßten. Nichtsdestotrotz handelte es sich bei der offen prorussisch auftretenden Partei „Russkoe Yedinstvo“ von *Aleksander Aktsionov* um eine Splitterpartei mit gerade mal 4 % Zustimmung. Eine wirkliche Separatismusstimmung oder gar Bewegung hat es nie gegeben, und die politisch weitgehend passiven Bewohner der Krim hätten sich wohl nie klar positioniert und entsprechend gehandelt.

ukr14-144 pk

◁ Yevpatoriya – Blick vom Minarett der Dzhuma-Dzhami-Moschee

Die Menschenrechtslage auf der Krim heute

Die Situation nach der Besetzung durch Russland ist schwer überschaubar, da infolge der EU-Sanktionen und der völkerrechtlichen Einordnung der Lage eine Reise auf die Krim kaum möglich ist. So muss man sich auf die wenigen neutralen Presseberichte und Einschätzungen von internationalen Menschenrechtsorganisationen verlassen und kommt zu dem Schluss, dass die Menschenrechtssituation auf der Krim **desaströs** ist: Es herrschen Willkür und das Recht des Stärkeren.

So wurde der Medschlis, das Selbstvertretungsorgan der **Krimtataren,** geschlossen und verboten, der tatarische Radiosender ATR sendet mittlerweile aus Kiew. Mehrere Krimtataren wurden ermordet und mit Folterspuren aufgefunden, andere befinden sich in Haft. Dem Tatarenführer *Mustafa Dzhemilev* wird die Einreise auf die Krim verweigert, Demonstrationen sind verboten.

Jede **öffentliche proukrainische Äußerung** kann als **Extremismus** ausgelegt werden und den Urheber für Jahre bis Jahrzehnte ins Gefängnis bringen. Beispielhaft sind die Schicksale der Linksanarchisten *Aleksander Kolchenko* und *Oleg Sentsov* (als Filmemacher international bekannt), beide Maidanaktivisten und klare Gegner der Annexion der Krim, die sich einem alle rechtsstaatlichen Prinzipien hohnsprechenden Gerichtsverfahren ausgesetzt sahen: Bei Verwendung von Geständnissen unter Folter, die später widerrufen worden waren, wurden sie wegen „terroristischer Aktivitäten" zu zwölf bzw. 20 Jahren Gefängnis verurteilt, zu verbüßen unter widrigsten Umständen im sibirischen Norden Russlands. Auch ein Hungerstreik und zahlreiche internationale Appelle konnten *Putin,* der *Sentsov* offenbar als persönlichen Gefangenen betrachtet, bislang nicht dazu bewegen, ihn freizulassen.

Ähnlich übel wurde dem Landwirt *Volodymyr Balukh* mitgespielt. Dieser hatte zur Zeit des Referendums sein Haus mit einer blau-gelben Fahne geschmückt und später das Straßenschild an seinem Haus mit dem Namen „Straße der himmlischen Hundertschaft" überklebt. Kurz darauf wurde er verhaftet und ebenfalls wegen Terrorismus zu drei Jahren Haft verurteilt. Munitionsfunde auf seinem Grundstück waren von den Sicherheitsbehörden mit an Sicherheit grenzender Wahrscheinlichkeit inszeniert worden.

Geografie der Krim

Die Krim liegt etwa auf einer Höhe mit Bordeaux oder Venedig. Sie ist der **südlichste Teil der Ukraine** und ragt weit ins Schwarze Meer hinein. Die Nord-Süd-Ausdehnung beträgt 207 km, die Ost-West-Ausdehnung sogar 324 km. Im Norden wird die Krim durch die nur 8 km breite Landenge von Perekop vom Festland getrennt. Rund um diese Landenge befindet sich der **Nationalpark des Sivash** mit Salzseen unterschiedlichen Salzgehaltes, sodass die Gewässer links und rechts der Straße teilweise unter-

Die Annexion der Krim im Faktencheck

Mit der Annexion der Krim setzte ein nie gekannter **Informationskrieg von Seiten der russischen Regierung und Medien** ein, der – hoch professionell organisiert – vor allem im westlichen Ausland die Stimmung zugunsten Russlands beeinflussen sollte und bisweilen mit abenteuerlichen Behauptungen und Unwahrheiten arbeitete und es immer noch tut. Der folgende Faktencheck von *Peter Koller* wurde bereits auf einer den Grünen nahestehenden Website veröffentlicht (https://grueneosteuropaplattform.wordpress.com) und wird nun in überarbeiteter und gekürzter Form für diesen Reiseführer übernommen, um dem Leser die Möglichkeit zu geben, sein politisches Hintergrundwissen zu erweitern.

In Kiew ist/war eine faschistische Junta an der Macht

Der **Begriff „Junta"** stammt aus dem Spanischen und wird vor allem im Zusammenhang mit Militärputschen und deren Anführern in Lateinamerika verwendet. In der Ukraine gab es weder einen Militärputsch noch ist oder war eine Militärregierung an der Macht.

Der **Kampfbegriff „Faschismus"** zieht sich wie ein roter Faden durch die sowjetische Geschichte: So wurde in Berlin 1953 eine „faschistische Konterrevolution" niedergeschlagen und die Berliner Mauer zum „Antifaschistischen Schutzwall" erklärt. Auch bei der Niederschlagung der Aufstände in Polen, Ungarn und des Prager Frühlings wurde eine faschistische Bedrohung bekämpft.

In Wahrheit zeigt das **Russland** von *Vladimir Putin* mittlerweile **selbst faschistoide Züge,** insbesondere im Hinblick auf die **„Eurasische Ideologie",** wie sie von dem sehr einflussreichen Hochschulprofessor *Aleksander Dugin* vertreten wird. Dass im Kampf gegen die ukrainischen „Faschisten" quasi eine Verbrüderung zwischen *Putin* und den europäischen Rechtsparteien, etwa Front National, Jobbik, FPÖ und auch AfD, stattgefunden hat, sollte zu denken geben.

Die faschistische Junta von Kiew hat die russische Sprache verboten

Diese Behauptung ist so nicht haltbar. Es gab zwar unmittelbar nach der Revolution einen Parlamentsbeschluss zur Abschaffung des unter äußerst dubiosen Umständen zustande gekommenen **Sprachgesetzes der Yanukovych-Regierung,** ein Gesetz, das die ukrainische Sprache im Osten des Landes seit 2012 massiv gefährdete (selbst der Bestand ukrainischsprachiger Schulen war bedroht). Der Parlamentsbeschluss gegen dieses diskriminierende Gesetz hatte also durchaus seinen Sinn, der Zeitpunkt war jedoch extrem ungeschickt gewählt.

Die lauteste Kritik an dem Beschluss kam erstaunlicherweise jedoch nicht etwa aus dem Osten des Landes, sondern von Lemberger Intellektuellen, mit der Forderung, **zuerst die Einheit des Landes wiederherzustellen und dann die Sprachenfrage neu zu definieren.** Der Parlamentsbeschluss wurde folglich von Übergangspräsident *Turchynov* nicht unterzeichnet, und so ist das alte Gesetz der Yanukovych-Zeit bis heute in Kraft, soll aber durch ein neues Bildungsgesetz zur Förderung der ukrainischen Sprache im Schulunterricht ersetzt werden. Die Behauptung, die russische Sprache sei verboten worden oder auch nur in irgendeiner Weise bedroht, ist also ohne jeden Wahrheitsgehalt. Nach wie vor schreibt ein Großteil der Presse und senden viele Fernsehsender in russischer Sprache. Selbst Kiew, das Herz der Maidanrevolution, ist zu zwei Dritteln russischsprachig.

Die Krim war schon immer russisch

Die Zeitspanne zwischen 1783, dem Jahr der Eroberung der Krim durch *Katharina der Großen,* und dem Jahr 1954 als „schon immer" zu bezeichnen, offenbart ein **historisches Kurzzeitgedächtnis.** Vor 1783 war die Krim tatarisch bzw. türkisch, und während der Zarenzeit gab es keinen russischen Nationalstaat, sondern allenfalls Gubernias, also Verwaltungsbezirke, deren Grenzen nicht identisch mit der heutigen ukrainisch-russischen Grenze waren. So war Sumy Teil der Gubernia Kursk, Belgorod zählte zu Kharkiv und Taganrog zu Jekaterinoslav (dem heutigen Dnipro). Die Krim war zu dieser Zeit kein autonomes Gebilde, sondern Teil der Gubernia Tavriya, die auch weite Teile der heutigen Südukraine umfasste. Folgt man der russischen Argumentation, müsste man z. B. auch Warschau, das zu einer ähnlichen Zeit wie die Krim an das Zarenreich angegliedert wurde, ebenfalls als „schon immer russisch" bezeichnen.

Zu sowjetischer Zeit wurde die Krim zwar zu einem Teil der Russischen Sozialistischen Sowjetrepublik, hatte aber einen Autonomiestatus. Die Angliederung an die **Ukrainische Sozialistische Sowjetrepublik** im Jahr 1954 erfolgte aus simplen geografischen Überlegungen. Die gesamte Infrastruktur, alle Verkehrs- und Siedlungsströme verbinden die Krim mit dem ukrainischen Festland. Das zeigt ein einfacher Blick auf die Landkarte. Die Darstellung der Ukrainer, *Chruschtschow* habe die Krim der Ukraine „einfach so" geschenkt, ist eine grobe Vereinfachung. *Chruschtschow* war Sowjetbürger durch und durch, stammte ursprünglich aus Westrussland und kam erst als Jugendlicher nach Donetsk. Ihm einen ukrainischen Nationalismus zu unterstellen, geht völlig an der Realität vorbei.

Die Bevölkerung der Krim besteht mehrheitlich aus Russen

Ethnische Russen stellen nach einer Volksbefragung im Jahr 2001 rund 58 % der Bevölkerung. Darunter befinden sich allerdings auch viele nach 1992 geborene Menschen, die von Geburt an ukrainische Staatsbürger waren. Zudem ist der **Unterschied zwischen Ukrainern und Russen in dieser Region marginal:** Faktisch alle Ukrainer auf der Krim sprechen russisch und gehören der orthodoxen Kirche des Moskauer Patriarchates an. Hier einen Unterschied zu konstruieren, ist letztlich absurd. Auf der Krim hat es auch nie größere Ukrainisierungsbemühungen seitens der Zentralregierung gegeben, und die russische Sprache hatte Verfassungsrang. Die letzten freien Umfragen vom Herbst 2013 ergaben eine Mehrheit von 60 % für den Verbleib bei der Ukraine. Mit Wahlergebnissen im einstelligen Bereich hatten separatistische Parteien in der Vergangenheit nur eine sehr geringe Wählerbasis. Auch die **Tataren,** zuletzt wieder rund 15 % der Bevölkerung, standen immer loyal zur Ukraine. Den Ureinwohnern sollte man zumindest ein Mitspracherecht über den Status der Halbinsel einräumen. Doch das Gegenteil ist der Fall: Mit der Annexion hat eine erneute Verfolgung und Entmündigung der Krimtataren eingesetzt.

Gemäß Selbstbestimmungsrecht der Völker ist die Angliederung der Krim an Russland völlig legitim

Das Selbstbestimmungsrecht eines Volkes steht immer in Wechselwirkung mit dem Prinzip der territorialen Integrität des Staates. Dieses Prinzip ist eine wichtige Garantie für Sicherheit, Stabilität und Frieden. Sollte also in einem Teilgebiet eines Staates der Wunsch nach Unabhängigkeit bestehen, muss ein Prozedere für ein nach internationalen Grundsätzen abgehaltenes **Referendum** entwickelt werden. Grundvoraussetzung dafür ist die Berücksichtigung elementarer demokratischer Standards und verfahrensrechtlicher Vorgaben – die am 16. März 2014 bei dem Referendum über den Status der Krim nicht einmal ansatzweise eingehalten wurden (s. u.).

Auf der Krim kam es im Februar/März 2014 vor dem Hintergrund des Euromaidan zu einem **Staatsstreich** einer bis dato völlig irrelevanten politischen Kraft; dabei spielten Bemühungen um eine friedliche Konfliktlösung, z. B. Autonomieregelungen, Rechte für sprachliche Minderheiten und eine verstärkte lokale Selbstverwaltung, überhaupt keine Rolle. Die Behauptung Russlands, seine bedrohten Landsleute hätten geschützt werden müssen, entbehrt jeder Grundlage, denn eine Unterdrückung oder Gefährdung gab es auf der Krim nicht. Die Angliederung der Krim an Russland ist also weder legal noch in irgendeiner Weise legitim.

Im Kosovo hat der Westen das Völkerrecht auch gebrochen

Die Situation im Kosovo war mit der Situation auf der Krim **nicht vergleichbar.** Zum einen ist die Bevölkerungsstruktur im Kosovo eine völlig andere als auf der Krim: Dort stellen ethnische Albaner mit 90 % eine überaus große Bevölkerungsmehrheit. Zudem ging dem Konflikt im Kosovo eine sukzessive Abschaffung jeglicher Autonomie voraus, und der serbische Diktator *Milosevic* hielt während der 1990er Jahre den gesamten Balkan mit permanenten Kriegen in Atem. Im Kosovo gab es eine fest in der Bevölkerung verankerte Rebellenbewegung, ein Bürgerkrieg stand kurz bevor. Nach dem hoch umstrittenen, da ohne UNO-Mandat erfolgten Kosovokrieg kam der Kosovo zunächst unter eine mehrjährige internationale Verwaltung, der die Unabhängigkeit folgte. Von einer Angliederung des Kosovo an das albanische Mutterland ist im Übrigen bislang nichts bekannt geworden.

Das Volk der Krim hat abgestimmt und sich für Russland entschieden

Das sogenannte Referendum hat diesen Namen nicht verdient, denn der Status Quo stand nicht zur Abstimmung und die Stimmabgabe fand unter Anwesenheit schwer bewaffneter

Karstquelle im Krimgebirge

Kämpfer statt. Unabhängige Wahlbeobachter wurden nicht zugelassen, es gab keine amtlichen Wählerverzeichnisse, ukrainische TV-Kanäle waren zum Zeitpunkt der Abstimmung bereits abgeschaltet, die Ukrainebefürworter durften nicht einmal Plakate kleben und wurden auch sonst eingeschüchtert, Mehrfachabstimmung war möglich. Man gab sich bei der Verkündung des Ergebnisses noch nicht mal die Mühe, die Ergebnisfälschung rechnerisch plausibel zu gestalten: In Sevastopol wurde von Journalisten aus den veröffentlichten Zahlen eine Zustimmungsrate von 123 % ermittelt. Das „amtliche" Ergebnis lautete: 96 % der Einwohner der Halbinsel waren für den Anschluss an Russland. Unabhängig davon war das Referendum **mit der ukrainischen Verfassung nicht vereinbar** und somit auch formaljuristisch irrelevant. Auch der relativ autonom agierende Menschenrechtsrat der Russischen Föderation veröffentlichte recht bald nach dem Referendum glaubhaftere Zahlen: Bei einer Wahlbeteiligung von ca. 30 % hätten ungefähr die Hälfte der Teilnehmer für Russland votiert.

ukr14-152 pk

schiedliche Farben haben, während an den Ufern der Seen Salzkristalle zu bewundern sind.

Rund 75 % der Krim nimmt **Steppenland** ein, das überwiegend landwirtschaftlich kultiviert ist und daher mit Ausnahme der äußersten Westspitze rund um das Kap Tarkhankut und der landschaftlich spektakulären Halbinsel Kerch im Osten der Krim in diesem Reiseführer nicht beschrieben wird. Zentrum des Steppenlandes ist die Stadt Dzhankoi.

Der Süden der Krim besteht aus **drei parallel verlaufenden Gebirgszügen.** Während der nördliche in sanften Wellen aus der Steppe fast unmerklich ansteigt und eine eher geringe Höhe von 342 Meter erreicht, handelt es sich beim mittleren um ein spektakuläres karstiges Tafelbergland, dessen flache Hügelkuppen mit senkrechten Felswänden abschließen. Diese erreichen eine Höhe von 723 Meter. Der südliche Kamm ist der interessanteste und bis zu 1545 Meter hoch. Er fällt von seiner steppenartigen Hochfläche, den Yailas, fast senkrecht zum Meer hin ab, wo sich die berühmten Badeorte der Südküste befinden. Im Schutz dieser Gebirge erstreckt sich hier ein **kleiner Bereich einer subtropischen Klimazone,** sodass an der Südküste der Krim Palmen und maritime Kiefernwälder wachsen. Die Winter sind hier mild, die mittlere Temperatur im Januar liegt bei 4° C. Diese Zone ist zudem relativ feucht. Die Feuchtigkeit verdunstet bei der Überwindung des Gebirges fast vollständig, sodass in der Steppenzone der Nordkrim ein deutlich trockeneres Klima vorherrscht.

Abschließend ein Wort zur **Auswirkung der Annexion in ökologischer Hinsicht:** Seit dem Frühjahr 2014 liegt der Dnipro-Krim-Kanal trocken, denn die ukrainischen Behörden haben den

ukr14-142 pk

Tafelberglandschaft im Belbek-Tal

Kanal, bis dahin die Hauptwasserquelle der Krim, blockiert. Was zunächst zynisch klingen mag, nimmt die Ukraine doch damit den Menschen das Wasser, für die sie eigentlich eintritt, ist völkerrechtlich gedeckt: Für die Versorgung eines okkupierten Landstriches und seiner Bevölkerung ist der Besatzer zuständig, nicht der rechtmäßige Besitzer. Die Wasserknappheit, nicht zuletzt auch aufgrund des extrem trockenen Sommers 2018, führt dazu, dass der trockene Norden der Halbinsel versteppt, versandet und versalzt, sodass Landwirtschaft in einigen Bereichen kaum noch möglich ist. Auch der Wasserspiegel des großen Stausees nahe Simferopol ist erheblich zurückgegangen.

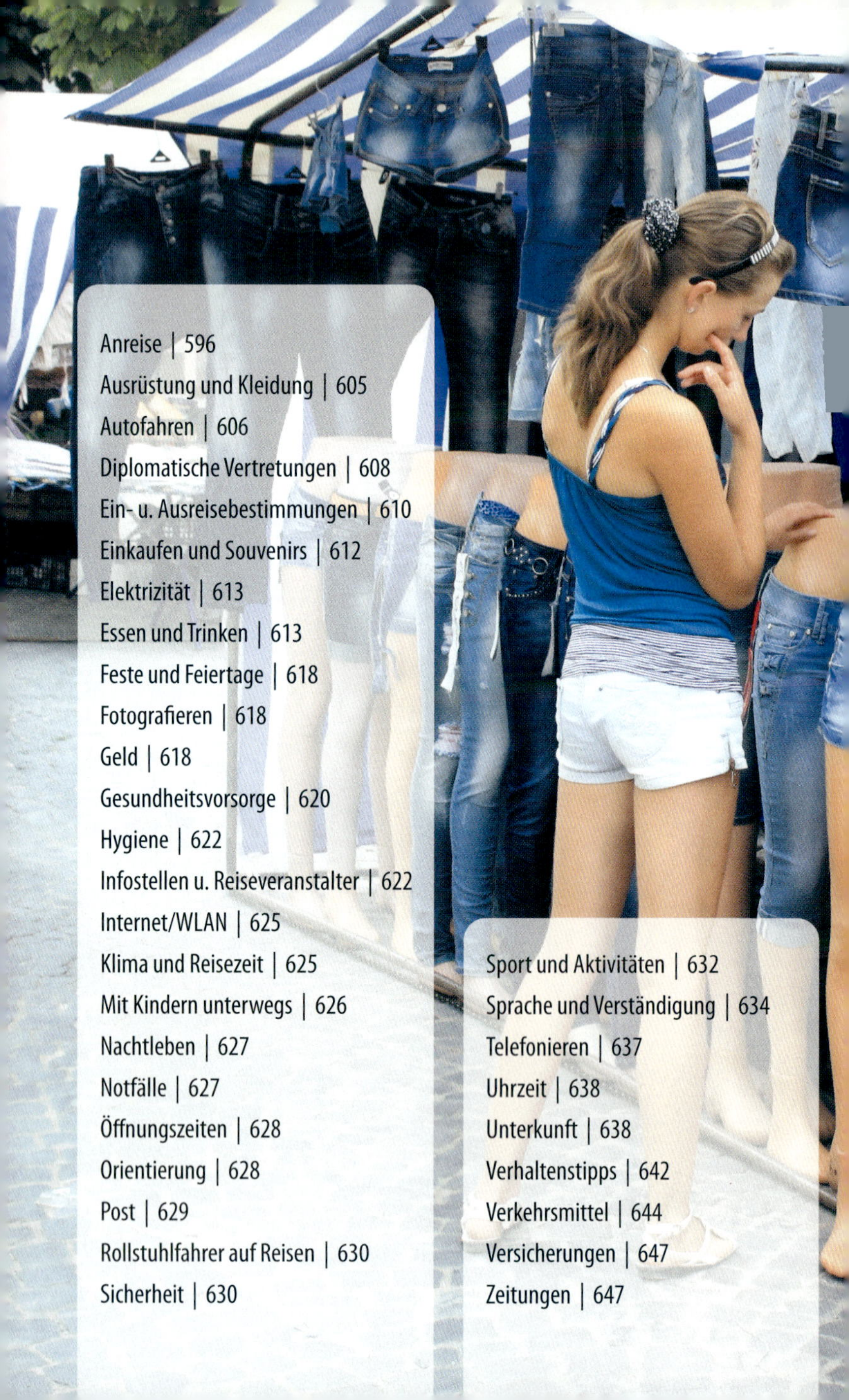

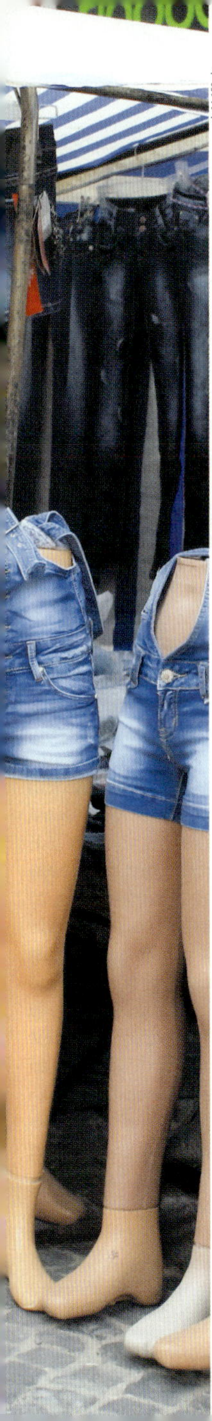

ukr14-159 pk

10 Reisetipps A–Z

◁ Die Qual der Wahl

Anreise

Die ukrainische **Westgrenze** ist gerade mal 700 km von der deutschen Ostgrenze entfernt. Die Anreise mit dem eigenen **Auto,** mit **Bahn oder Bus** ist trotzdem **zeitintensiv;** die Busfahrt Berlin – Kiew dauert z. B. etwa 24 Stunden, bei einer Zugfahrt sollte man für dieselbe Strecke mit der gleichen Dauer rechnen. Gerade bei sehr kurzen Aufenthalten von unter einer Woche bietet sich, ökologischer Bedenken zum Trotz, eigentlich nur die Anreise mit dem Flugzeug an.

Flugzeug

Die international am besten angebundenen **Flughäfen** sind **Kiew Borispil, Odessa** und **Lemberg.**

Direktflüge von Deutschland (Berlin-Tegel, Frankfurt/M.) nach Kiew bietet Ukraine International Airlines (www.flyuia.com). Mehrmals täglich ab Frankfurt fliegt auch Lufthansa nach Kiew sowie von München nach Lemberg. Aus Österreich fliegt Austrian Airlines (www.austrian.com) direkt von Wien nach Kiew, Lemberg oder Odessa. Sehr gute Flugverbindungen in die Ukraine gibt es auch **über Warschau** mit LOT Polish Airlines (www.lot.com) und **über Prag** mit Czech Airlines (www.czech-airlines.com). Gerade für Reisende, die von Berlin nach Kiew fliegen, bietet LOT ausgezeichnete Verbindungen.

Ein **Economy-Ticket** von Deutschland, Österreich oder der Schweiz hin und zurück nach Kiew bekommt man je nach Jahreszeit und Aufenthaltsdauer **ab 190 Euro** (inkl. aller Steuern, Gebühren und Entgelte). Am teuersten ist es in der Hauptsaison von März bis November, in den Weihnachtsferien können die Preise bis über 500 Euro steigen.

Kinder unter zwei Jahren fliegen ohne Sitzplatzanspruch für 10 % des Erwachsenenpreises, ansonsten werden für ältere Kinder die regulären Preise je nach Fluggesellschaft um 25–50 % ermäßigt. Ab dem 12. Lebensjahr gilt der Erwachsenentarif.

Indirekt sparen kann man als Mitglied eines Vielflieger-Programms wie www.star-alliance.com (Mitglieder u. a. Austrian Airlines, LOT Polish Airlines, Lufthansa, Swiss) und www.skyteam.com (u. a. Aeroflot, Czech Airlines, Air France/KLM); die Mitgliedschaft ist kostenlos.

Auch **Billigflieger** starten in die Ukraine, z. B. Wizzair (www.wizzair.com) nach Kiew Zulhany ab Berlin-Schönefeld, Dortmund, Nürnberg, Hahn im Hunsrück, Köln/Bonn, Hannover, Memmingen und Hamburg sowie Air Baltic (www.airbaltic.de) mit Zwischenstopp in Riga. Auch Ryanair (www.ryanair.com/de) hat den ukrainischen Markt für sich entdeckt und bedient seit Herbst 2018 die Strecken ab Memmingen und Weeze am Niederrhein nach Lemberg sowie von Berlin-Schönefeld nach Kiew Borispol. Für Flüge mit Billigfluglinien werden keine Tickets ausgestellt, sondern man bekommt nur eine Buchungsnummer per E-Mail. Zur Bezahlung wird in der Regel eine Kreditkarte verlangt, was mit einem Preisaufschlag verbunden ist. Je nach Fluggesellschaft kann man auch mit PayPal ohne zusätzliche Gebühren bezahlen. Verpflegung wird extra berechnet, bei vielen Flugge-

Mini „Flug-Know-how"

Check-in

Nicht vergessen: Ohne gültigen Reisepass für EU-Staatsbürger und Schweizer kommt man nicht an Bord eines Flugzeugs mit Ziel Ukraine. Auch Kinder benötigen einen eigenen Reisepass.

Bei innereuropäischen Flügen sollte man mindestens eine Stunde vor Abflug am Schalter der Airline eingecheckt haben. Je nach Fluggesellschaft kann man den Check-in ab 23 Stunden vor Abflug auch online erledigen und muss am Flughafen nur noch die ausgedruckte Bordkarte vorzeigen und sein Gepäck am entsprechenden Schalter abgeben. Manche Fluglinien bieten darüber hinaus die Übermittlung des Bordkarten-Barcodes aufs Handy oder Smartphone an – interessant für Passagiere, die nur mit Handgepäck reisen.

Das Gepäck

In der **Economy Class** darf man pro Person in der Regel ein Handgepäckstück bis zu 7 kg in die Kabine mitnehmen (nicht größer als 55 x 40 x 20 cm) und bei Bedarf zusätzlich ein Gepäckstück bis zu 23 kg einchecken (bei vielen Airlines mittlerweile nur gegen Bezahlung). In der **Business Class** sind es pro Person meist zwei Handgepäckstücke (insgesamt nicht mehr als 12 kg) und ein Gepäckstück bis zu 30 kg zum Einchecken. Aufgepasst: Bei sogenannten Billigfluggesellschaften wie z.B. Ryanair gelten andere Gewichtsklassen. Man sollte sich beim Kauf des Tickets über die Bestimmungen der jeweiligen Airline informieren.

Beim Packen des **Handgepäcks** ist darauf zu achten, dass Getränke oder vergleichbare Substanzen (Gel, Parfüm, Shampoo, Creme, Zahnpasta, Suppe, Käse, Lotion, Rasierschaum, Aerosole etc.) nur in geringen Mengen bis zu jeweils 100 ml mit ins Flugzeug dürfen. Diese Substanzen muss man separat in einem durchsichtigen Plastikbeutel (z.B. Gefrierbeutel) transportieren, den man beim Durchleuchten in eine der bereitstehenden Schalen auf das Fließband legen muss. Auch das Notebook oder Smartphone muss in eine solche Schale gelegt werden, ebenso Gürtel mit einer Schnalle aus Metall und andere Metallgegenstände, da sonst der Metalldetektor anschlägt und man vom Flughafenpersonal abgetastet werden muss.

Aus **Sicherheitsgründen** dürfen Nagelfeilen sowie Messer und Scheren aller Art, also auch Taschenmesser, nicht im Handgepäck untergebracht werden. Diese Gegenstände sollte man unbedingt daheim lassen oder im aufzugebenden Gepäck verstauen, sonst werden sie bei der Sicherheitskontrolle einfach weggeworfen. Darüber hinaus gilt, dass leicht entzündliche Gase in Sprühdosen (Schuhspray, Campinggas, Feuerzeugfüllung), Benzinfeuerzeuge und Feuerwerkskörper etc. nicht im Koffer oder dem Handgepäck transportiert werden dürfen.

Vom **Verschließen des Handgepäcks** mit einem Vorhängeschloss wird abgeraten, da das Gepäck bei Auffälligkeiten vom Flughafenpersonal durchsuchbar sein sollte.

sellschaften muss man auch für aufgegebenes Gepäck einen Aufpreis bezahlen.

Hinweis: Fliegen ist mit massiver Umweltverschmutzung verbunden. Im Vergleich zur Bahnfahrt ist der Schadstoffausstoß pro Person bei Flugreisen bis zu zehnmal so hoch. Eine Kompensation für die entstandene Schadstoffbelastung bietet die Firma **Atmosfair** an. Über freiwillige Spenden werden hierbei weltweit Umweltprojekte gefördert. Ein Emissionsrechner auf der Website www.atmosfair.de schlägt die Höhe der jeweiligen Spende vor.

Auto

Die Fahrt mit dem eigenen Auto ist die Anreisemöglichkeit, die **am wenigsten empfohlen** werden kann. Während sich die Straßenverhältnisse in Polen allmählich westeuropäischen Standards angleichen, sind sie in der Ukraine trotz einiger Baumaßnahmen seit dem politischen Neubeginn 2014 abseits der Hauptstraßen oft noch katastrophal. Es wird zwar in den **Straßenbau** investiert und erste Ergebnisse sind bereits sichtbar, aber es wird Jahre, wenn nicht Jahrzehnte dauern, bis das Straßennetz auch nur ansatzweise unseren gewohnten Standards genügt. Autobahnen, die diesen Namen verdienen, gibt es kaum. Unzählige **Ortsdurchfahrten** verhindern ein zügiges Vorwärtskommen. Schlecht beleuchtete **Dorfstraßen** verwandeln nächtliche Fahrten in ein nicht zu unterschätzendes Risiko. Radfahrer ohne Licht und auf der falschen Fahrbahnseite erfordern höchste Konzentration des Fahrers. Schlaglöcher mit kraterähnlichen Ausmaßen muten dem Auto einiges zu. Nicht zuletzt sind bei der Einreise ins Land stundenlange Wartezeiten nicht auszuschließen. Berüchtigt für sehr lange Wartezeiten sind besonders die Straßenübergänge Shehiny, Krakovets und Yahodyn. Die Anreise mit dem eigenen Auto ist daher eher etwas für Hartgesottene, obgleich sie natürlich vor Ort auch ungeahnte Möglichkeiten eröffnet, gerade in mit öffentlichem Verkehr schlecht erschlossenen Regionen. Wer vor Ort auto-mobil sein will, sich die stressige Anreise aber schenken möchte, dem bietet sich ein wachsendes Netz an Autovermietungen an.

Bus

Viele Busunternehmen bieten **Linienfahrten** von den verschiedensten Standorten in Deutschland in die verschiedensten Städte der Ukraine an. Diese Angebote werden vor allem von der in Deutschland lebenden ukrainischen Diaspora gerne genutzt. Bekannte Anbieter sind z. B. Touring (www.touring.de), Shevchenko (http://shevpastrans.com/de/home.html) oder Kraft Reisen (www.kraft-reisen.de). Hinzugekommen sind Angebote von Flixbus (www.flixbus.de), und auch die tschechische Firma Leo Express bietet Busfahrten in die Ukraine an (www.le.cz). Der Preis liegt i. d. R. deutlich unter den günstigsten Bahnangeboten. Der Nachteil ist, dass man **mitunter über 24 Stunden** eingeklemmt in engen Bussitzen zubringen muss, sodass man meist völlig gerädert am Zielort ankommt. Daran – und an den oft tagelang anhaltenden Gesäßschmerzen – ändern auch die regelmäßigen kurzen Zwischenstopps nichts.

Bahn

Es gibt **keine durchgehende Bahnverbindung** von Deutschland in die Ukraine, ein Umsteigen in Warschau, Krakau oder Breslau ist unvermeidlich. Dennoch muss gesagt werden, dass sich das grenzüberschreitende Bahnangebot vor allem Richtung Polen im Zuge der Westorientierung der Ukraine derzeit massiv verbessert. In den Nachmittags- und Abendstunden fahren mittlerweile drei Züge von Przemysl in Polen durch bis Kiew bzw. Odessa. Die Schwarzmeermetropole wird am Vormittag des nächsten Tages erreicht, in der Gegenrichtung Przemysl in den frühen Morgenstunden. Ferner gibt es zwei Zugpaare im Regionalverkehr von Chelm über Kovel und Rivne nach Zdolbuniv.

Ein **Nachtzug** fährt die Strecke **von Warschau nach Kiew,** allerdings mit wenig komfortablen, uralten Waggons aus DDR-Produktion. Auch nächtliche Kurswägen von Wroclaw nach Lliv sind im Einsatz.

Eine erhebliche Verbesserung für **Reisende aus Norddeutschland** bietet der seit Dezember 2018 verkehrende Kurswagen **Berlin – Przemysl,** der gegen 18 Uhr in Berlin losfährt und Przemysl gegen 9 Uhr morgens erreicht. An einzelnen Tagen gibt es einen direkten Anschluss weiter nach Lemberg, ansonsten muss man drei Stunden in der durchaus idyllischen Altstadt von Przemysl verbringen, bis man gegen 13.30 Uhr wei-

Verschlafene Atmosphäre am Busbahnhof

ukr14-171 pk

Reisen mit der ukrainischen Bahn

In der Ukraine bedeutet Bahnfahren häufig noch die **gemütliche Fortbewegung** mit Nachtzügen, die wie Züge und nicht wie Flugzeuge aussehen und mit einer Durchschnittsgeschwindigkeit von 50 bis 80 km/h fahren. Beim Einsteigen wird die Fahrkarte von den **Provodniks** (Waggonchefs) kontrolliert. Ohne Fahrkarte kein Einlass! Im Falle ausgebuchter Züge lohnt es sich dennoch nachzufragen. Oft ist noch etwas „ohne Quittung" möglich. Die Fahrkarte wird nach dem Einstieg einbehalten und auch beim Ausstieg nur nach ausdrücklicher Nachfrage wieder ausgehändigt. Für jeden Wagen sind zwei Provodniks zuständig, die nach dem Einsteigen die Fahrkarten einsammeln, Tee kochen und kleine Snacks verkaufen und einen rechtzeitig wecken. Die Freundlichkeit dieser Damen und Herren lässt leider mitunter zu wünschen übrig.

ukr14-160 pk

Alle Nachtzüge und die meisten Tageszüge sind **reservierungspflichtig.** Tickets sind an Vorverkaufsstellen innerhalb der Stadtzentren oder direkt am Bahnhof erhältlich. Bei Transitzügen ist der Kauf oft nur kurz vorher möglich.

Was den Komfort betrifft, wird im Wesentlichen zwischen **drei Klassen** unterschieden: **Platskartnyi** (am günstigsten), **Kupe** und **Liuks** (am teuersten). Der Platskartnyi-Vahon besteht aus einem offenen Großraumwagen mit abgeteilten Parzellen zu sechs Liegeplätzen. Dabei gibt es vier Liegeplätze (jeweils zwei oben und zwei unten) quer zum Gang sowie die weitaus weniger begehrten Bokovyi-Plätze parallel dazu. Tagsüber sitzt man auf den unteren Plätzen, wo es auch einen Fenstertisch gibt. Die Marschverpflegung (Speck, Hausmacherwurst, gekochte Eier, Gurken, Tomaten) wird ausgepackt und meist auch den Mitreisenden angeboten, mit denen man problemlos ins Gespräch kommt. Hat einer der Reisenden noch eine Gitarre dabei, kann es richtig nett werden. Der Konsum harter Alkoholika ist offiziell verboten, doch das bleibt Theorie. Eingeschweißte Laken und Bezüge sind im Fahrpreis enthalten und werden vom Provodnik ausgegeben. Auf den oberen Liegen findet man Kissen, Decke und eine eingerollte Matratze, was die Nachtruhe etwas bequemer macht.

Dennoch: Die **Negativaspekte** dieser Art des Zugfahrens liegen auf der Hand. Die Privatsphäre ist gleich null. Die Hygiene ... soll hier nicht näher kommentiert werden. Die Toiletten sind nichts für allzu empfindliche Nasen ... Die Mitnahme von Pantoffeln für nächtliche Toilettengänge ist in jedem Fall anzuraten! Die Fenster haben meist völlig verzogene, 40 Jahre alte

Holzrahmen, sodass sie oft selbst unter Anwendung roher Gewalt nicht zu öffnen sind. Man hört Schnarchen aus vielen Kehlen, ständig laufen Leute durch den Gang. Für Reisende mit etwas längeren Körpermaßen (alles über 1,90 Meter) ist die Reise kaum zu ertragen. Kurz und gut: Die Fahrt in der 3. Klasse ist mindestens gewöhnungsbedürftig. Dennoch ist sie die für die allermeisten Ukrainer gängige Art des Reisens und für den Touristen eine essenzielle Ukraine-Erfahrung, die man zumindest einmal gemacht haben sollte. Für manche gerät die Fahrt im Platskartnyi-Vahon sogar zur wahren Sucht.

Das **Kupe** ist am ehesten mit unseren Vierer-Liegewagenabteilen zu vergleichen. Vier Plätze, jeweils zwei oben, zwei unten, außerdem ein großer Tisch dazwischen. Ideal für kleine Gruppen und Familien. Im grenzüberschreitenden Verkehr gibt es zumeist Dreier-Abteile. Diese sind leider ziemlich eng! Die Kupeplätze sind etwa 50 % teurer als die Platskartnyi-Abteile.

Die Bahn wird modernisiert und ausgebaut. Es entstehen neue Schnellverbindungen („IC+") mit modernen, meist aus Südkorea, aber auch aus heimischer Produktion stammenden Waggons und Triebwagen. Sie erfreuen sich zunehmender Beliebtheit und gleichen mit Blick auf den Reisekomfort durchaus deutschen ICE- oder französischen TGV-Zügen, wobei die Höchstgeschwindigkeit mit maximal 150 km/h noch deutlich niedriger ausfällt. Bisher werden auf diese Art nur einige wenige Hauptstrecken bedient, aber der Ausbau des Angebots geht sukzessive voran.

terkommt. Oder man nimmt den Minibus an die Grenze (s. u.). Ein Kurswagen Berlin – Kiew über Lemberg ist zumindest angedacht und könnte ab Ende 2019 verwirklicht werden.

Für **Reisende aus Richtung Bayern oder Österreich** bietet sich eine Anreise über Wien und Budapest an. Seit Dezember 2017 fährt ein Zug **von Wien über Budapest und Lliv direkt nach Kiew.** Ansonsten verkehren mehrere Regionalzüge von Zahony aus über die Grenze nach Chop, wo die Grenzkontrolle im Bahnhofsgebäude erfolgt. Einige Züge aus Ungarn fahren auch weiter bis Mukachevo, denn bis dort sind europäische Normalspurgleise verlegt. Weitere Regionalzüge gibt es von Cierna nad Tisou (Slowakei) nach Chop. An der Grenze werden die Züge von mitteleuropäischer Normalspur auf ostereuropäische Breitspur umgespurt. Dabei werden die Züge etwa einen Meter angehoben und die Fahrgestelle ausgetauscht. Diese Prozedur nimmt etwa 1½–2 Stunden in Anspruch.

Völlig neu ist die **Bahnverbindung Kiew – Minsk – Vilnius – Riga;** der Zug fährt einmal pro Woche und ist über die Ukrainische Bahn UZ buchbar. Der große Nachteil für Reisende aus dem Westen: Weißrussland ist bei Einreise aus der Ukraine per Bahn nach wie vor visapflichtig.

Preise

An den meisten Bahnschaltern wird einem nur der Normalpreis angeboten, da es **keine Sparangebote** mehr in der Ukraine gibt. Somit hat sich der Preis für eine Fahrt von Berlin nach Kiew und zurück für zwei Personen innerhalb nur weniger Jahre vervierfacht! Eine Lösung kann sein, einen **„Sparpreis Europa"** bis an die polnische, ungarische oder slowakische Ostgrenze zu erstehen und von dort aus mit den Normalpreisen des internationalen Eisenbahntarifs (TCV) weiterzufahren. Der Sparpreis ist je nach Kontingentierung, Reisezeitraum, Buchungszeitpunkt und Auslastung ab 39,90 Euro zu haben. Die **Bahncard 25** gewährt einen zusätzlichen Rabatt, nicht jedoch die Bahncard 50. Für Reisende aus Österreich ist das Tarifangebot der ÖBB-Sparschiene in Richtung Ungarn, Slowakei oder Polen von Interesse. Für die Strecke Wien – Kiew werden von der ÖBB gute Preise angeboten, nicht jedoch von Verkaufsstellen der DB. Innerukrainisch gibt die Bahncard keinerlei Rabatte auf den TCV-Preis. Online ist die Buchung von Tickets in die Ukraine bisher nicht möglich, am Schalter sollte es theoretisch überall gehen, dies hängt häufig jedoch stark von der Kompetenz der Verkäufer ab.

Buchung

Mit Ausnahme einiger Nahverkehrszüge an der ungarischen und slowakischen Ostgrenze sind **alle grenzüberschreitenden Züge reservierungspflichtig.** Dasselbe gilt für alle innerukrainischen Fernzüge, von denen nur wenige über DB und ÖBB reservierbar sind. Nicht selten sind im DB-Auskunftssystem zudem Zugnummern falsch vermerkt, sodass ohne ein überdurchschnittliches Fachwissen des Verkäufers eine Reservierung der Züge im Reisezentrum oft

ukr19-039 pk

nicht möglich ist. Es kann auch vorkommen, dass Züge im DB-Auskunftssystem völlig fehlen, obwohl diese fahren und auch reservierbar sind.

Am besten beraten wird man in **privaten Bahnagenturen,** deren Mitarbeiter selbst passionierte Bahnfahrer sind und sich bestens mit der europäischen Eisenbahngeografie und allen legalen Tariftricks auskennen und somit erstaunlich günstige Preise hervorzaubern können. Empfehlenswert sind die Bahnagentur Schöneberg (www.bahnagentur-schoeneberg.de) und die Bahnfüchse (www.bahnfuechse.de) in Berlin sowie Gleisnost (www.gleisnost.de, Freiburg). Diese Agenturen nehmen auch Bestellungen per E-Mail entgegen und verschicken die Tickets direkt an den Kunden.

Kombination aus Bahn und Bus

Eine empfehlenswerte Variante ist es, **mit dem Zug an die polnische Ostgrenze,** nach Przemysl, zu fahren und von dort mit lokalen Linienbussen oder zu Fuß die Grenze zu überqueren. Am Grenzübergang Medyka gibt es einen Fußgängerübergang, der von Przemysl per Minibus angefahren wird. Diese Minibusse stehen auf der stadtabgewandten Seite der Bahngleise, direkt am Busbahnhof. An der Grenze angekommen, folgt man – immer den anderen hinterher – einem Plattenweg, der einen zunächst zur polnischen Passkontrolle führt. Dahinter erstreckt sich eine Art Niemandsland zwischen hohen Zäunen, an dessen Ende sich die ukrainische Passkontrolle befindet; dort wo die Zäune schief und verbogen werden, beginnt das ukrainische Staatsgebiet. Die Einreise erfolgt sehr zügig. Hat man die ukrainische Einreisekontrolle hinter sich, folgt man der Straße an Kiosken und Wechselstellen vorbei etwa 300 Meter nach Osten. In einer nach links abzweigenden Seitenstraße liegt der kleine **Busbahnhof von Shehiny,** dem Grenzort auf der ukrainischen Seite, von wo alle 30 Minuten Lemberg angefahren wird. Wer eher in den Nordwesten der Ukraine möchte, der kann vom Warschauer Busbahnhof Zachodnia nahe dem gleichnamigen Bahnhof (Al. Jerozolimskie 144) etwa alle zwei Stunden direkt über Kovel in den ukrainischen Nordwesten fahren.

Achtung: Mit **längeren Wartezeiten** sollte man bei der Ausreise „zu Fuß“ rechnen, da die polnischen Grenzer mitunter willkürlich gewissenhaft kontrollieren und sich lange Schlangen bilden können. Gesucht wird i. d. R. nach Zigaretten, die viele Bewohner der grenznahen Gebiete stangenweise über die Grenze schmuggeln. Für nicht schmuggelnde Touristen ist das mehr als ärgerlich, zumal diese Warteschlangen von den „eigenen Leuten“, also den Beamten des EU- und Schengenstaates Polen, zu verantworten sind. Als taktisch geschickt hat es sich erwiesen, einen großen Rucksack auf dem Rücken zu haben und etwas von einem Zug zu erzählen, der bald abfährt: „Przepraszam, spieszę się na pociąg, odjeżdża za pół godziny – Ich muss zum Zug, er fährt in einer halben Stunde.“ Kann man den Grenzern dazu ein Bahnticket unter die Nase halten, so

[<] Bahnreisen in den postsowjetischen Ländern haben ihren ganz eigenen Charme

sollte es kein Problem sein, sich an der Schlange vorbei zu mogeln. Dass Kommentare und Reaktionen der anderen Wartenden auf diese Aktion nicht unbedingt freundlich ausfallen müssen, versteht sich von selbst …

Schnellverbindungen der Bahn

Seit einiger Zeit hat die Ukrainische Bahn (UZ, Укр. Залізниця) begonnen, den **Tagesverkehr** auszubauen. Hierzu wurden in Südkorea Züge der Firma Hyundai bestellt, die zur Fußball-EM 2012 erstmals eingesetzt wurden. Die Reisezeiten haben sich damit erheblich verkürzt, die Preise sind jedoch gestiegen: Für die Strecke Lliv – Kiew muss z. B. mit etwa 300 UAH gerechnet werden. Die neuen Züge werden eingesetzt auf den Strecken Kiew – Kharkiv, Kiew – Kostiantynivka (nahe der Demarkationslinie zur sog. Donetsker Volksrepublik), Kiew – Lliv, Kiew – Dnipro, Kiew – Odessa sowie Kharkiv – Zaporizhzhia.

Günstige **Express-Triebwagen (Elektrichky)** fahren u. a. auf den Strecken Kiew – Korosten, Kiew – Rivne, Kiew – Nizhyn – Chernihiv, Lliv – Mukacheve, Lliv – Rivne, Vapniarka – Odessa, Kharkiv – Zaporizhzhia, Lliv – Chernivtsi und auf vielen weiteren.

Grenzübergänge

Die **Nachbarstaaten** der Ukraine sind Belarus (Weißrussland) im Norden, Polen, die Slowakei, Ungarn, Rumänien und Moldawien im Westen und Südwesten sowie Russland im Nordosten und Osten.

Hier eine Übersicht über die wichtigsten Grenzübergänge in die Ukraine und wie diese passiert werden können. Daneben gibt es eine Reihe kleinerer Übergänge, die meist nur dem kleinen Grenzverkehr dienen und hier nicht extra aufgeführt sind. Solche kleinen Übergänge werden aber im Reiseteil bei den jeweiligen Reisezielen dort erwähnt, wo Abstecher ins Nachbarland eine interessante Reisemöglichkeit darstellen.

Die Pkw-Übergänge sind für **Fußgänger** im Allgemeinen nicht zugelassen. Sie müssen mit einem Fahrzeug überquert werden. Oft gestatten einem die Grenzer allerdings, im Grenzbereich zu warten, und sind sogar bei der Suche nach einer Mitfahrgelegenheit behilflich. In einigen Fällen ist es den Autoren gelungen, zu Fuß (ohne Schmiergeldzahlung!) über die Grenze zu kommen, aber hierfür gibt es keine Garantie. **Fahrräder** werden häufig mit Fußgängern gleichgesetzt. Somit ist auch für Radfahrer das Überqueren der Grenze meist nicht möglich.

Von Polen in die Ukraine

- Dorohusk – Yahodyn (oft auch Jagodin genannt): Pkw, Bahn
- Hrubeszow – Ustyluh: Pkw
- Hrebenne – Rava – Ruska: Pkw
- Korczowa – Krakovets: Pkw
- Medyka – Shehyny: Pkw, Bahn, Fußgänger
- Kroscienko – Smolnytsia: Pkw

Weitere Übergänge nach Polen sind zwar seit Längerem in Planung, doch geschehen ist recht wenig, außer, dass die hierfür vorgesehenen Gelder verschwunden sind.

Von der Slowakei in die Ukraine

- Ubla – Mali Berezne: Pkw, Fahrradfahrer
- Vyzne Nemecke – Uzhhorod: Pkw

- Velke Zlemence – Mali Zelmentsi: Fahrrad, Fußgänger
- Cierna nad Tisou – Chop: Bahn

Von Ungarn in die Ukraine
- Zahony – Chop: Bahn, Pkw
- Beregsurány – Berehove: Pkw
- Tiszabecs – Vylok: Pkw

Von Rumänien in die Ukraine
- Halmeu – Diakove: Pkw
- Sighetu – Marmatiei: Pkw, Fußgänger, Fahrräder
- Siret – Porubne: Pkw

Da die Leser dieses Reiseführers wohl zumeist aus westlicher Richtung kommen, werden die Übergänge aus Russland, Belarus und Moldova hier nicht extra erwähnt. Wo es relevant ist, werden sie aber im Reiseteil aufgeführt.

Ausrüstung und Kleidung

Grundausrüstung

Die Ukraine hat ein gemäßigtes kontinentales Klima, daher benötigt der Reisende für die Ukraine keine anderen Ausrüstungsgegenstände als für andere europäische Länder auch. Also: Die üblichen jahreszeitlich angemessenen Kleidungsstücke einpacken (Achtung: Der ukrainische Winter kann sehr kalt werden). Wer vorhat, kulturelle Veranstaltungen (Oper, Theater u. Ä.) zu besuchen, sollte entsprechende Kleidung mitnehmen, dort im Outdoorlook zu erscheinen, ist respektlos. Auch der Besuch von Kirchen sollte nicht in Shorts und Flip-Flops erfolgen – meist wird einem der Zutritt dann ohnehin untersagt. Eine kleine Reiseapotheke ist empfehlenswert. Hygieneartikel sind zwar überall erhältlich, aber teurer als in Deutschland, sodass man das Wichtigste dabeihaben sollte. Als praktisch hat sich das Reisen mit dem Rucksack erwiesen.

Fotoausrüstung

Akkus und Batterien für **Digitalkameras** sind in größeren Städten problemlos zu bekommen, SD-Karten selbst in kleineren Orten. Dennoch ist es ratsam, alles Wichtige bzw. spezielle Ausrüstungsfeatures dabeizuhaben. Das betrifft v. a. diejenigen, die analog fotografieren, denn mit der weitgehenden Verbreitung der Digitalfotografie ist es noch schwieriger geworden, Filme zu bekommen.

Landkarten

Einige Landkarten der Ukraine sind in Deutschland erhältlich, meist allerdings nur mit recht großen Maßstäben. Die wohl beste Adresse für Landkarten ausgefallener Reiseziele ist **Landkarten Schropp** in Berlin. Dort gibt es z. B. Wanderkarten für die ukrainischen Karpaten und die Krim. Vor Ort sind weitere Landkarten erhältlich. Von guter Qualität sind die topografischen Karten der einzelnen Oblaste im Maßstab 1:200.000. Eine gute Übersichtskarte ist die Ukraine-Karte aus dem **world mapping project** des Reise Know-How Verlags. Sie hat einen Maßstab von 1:1 Mio., alle Ortsnamen sind auch in kyrillischer

Schrift geschrieben, sie ist GPS-tauglich und enthält ein klassifiziertes Straßennetz und einen ausführlichen Ortsindex. Als Straßenkarte ist der **Atlas Avtomobylnykh shliakhiv** des Kartografiaverlages im Maßstab 1:500.000 zu empfehlen. **Stadtpläne** findet man in jeder Buchhandlung, in größeren Städten liegen sie auch umsonst in allen besseren Hotels, mitunter auch in Bars und Kneipen aus.

Autofahren

Autofahren in der Ukraine ist ein **Thema für sich.** Einiges wurde hierzu schon im Anreise-Kapitel erwähnt. Generell wird von der Anreise mit dem eigenen Fahrzeug eher abgeraten. Wer vor Ort mit dem Auto reisen möchte, kann auf ein wachsendes Netz von Autovermietern zurückgreifen.

Die **Promillegrenze** liegt übrigens bei Null! **Höchstgeschwindigkeiten** sind folgende: innerorts 60 km/h, auf Landstraßen 90 km/h, auf autobahnähnlichen Straßen 110 km/h.

Mietwagen

Die internationalen Firmen **Avis** (www.avis.com.ua), **Sixt** (www.sixt.com/car-rental/ukraine), **Budget** (www.budget.ua/en) und **Hertz** (www.hertz.ua/car_rental_ukraine) unterhalten Filialen in der Ukraine. Empfehlenswert kann es sein, nicht über einen Anbieter direkt, sondern über ein **Buchungsportal** zu mieten, z. B. www.billiger-mietwagen.de oder www.sunnycars.com. Der Vorteil solcher Portale ist, dass der Mietvertrag eine **Vollkaskoversicherung** umfasst. Auch wenn die ukrainische Verleihfirma dies nicht mit im Angebot hat, sollten Sie gegebenenfalls anfallende Selbstbeteiligungsrechnungen aufheben, denn sie werden später rückerstattet. Der Abschluss einer weiteren Versicherung vor Ort ist also in diesem Fall nicht nötig.

Voraussetzungen für die Anmietung eines Fahrzeugs sind Volljährigkeit plus drei Jahre Fahrpraxis (also mindestens 21 Jahre), ein Internationaler Führerschein und eine Kreditkarte zur Bezahlung bzw. als Kaution. Überprüfen Sie Zustand und Fahrtüchtigkeit des Fahrzeugs genau!

Straßenverhältnisse

Abseits der Hauptstraßen gleichen die Straßen oft einer **Kraterlandschaft.** Die Asphaltdecke kann auch völlig fehlen, oder – noch schlimmer – es findet sich Kopfsteinpflaster. Die Folge: Neben den eigentlichen Straßen sind häufig alternative Fahrwege entstanden, die der Karosserie und den Reifen weniger zumuten. Wer auf solchen Straßen unterwegs ist, sollte wissen, wie man Reifen wechselt (zuerst die Schrauben am Reifen lösen, dann den Wagenheber betätigen!). Da man nie wissen kann, wie lange der **Ersatzreifen** tatsächlich hält, sollte man im Falle eines gewechselten Reifens umgehend in einem der vielen Autoersatzteilläden einen neuen Reifen besorgen und diesen beim nächsten Reifenservice (Shynomontazh – Шиномонтаж) aufziehen lassen; das kostet nicht viel.

ukr19-040 pk

Kontrollen

Immer wieder gibt es **feste Kontrollposten** entlang der Straßen, etwa an Ortsausgängen oder großen Kreuzungen. Nicht unwahrscheinlich ist es, dass Sie wegen **Absurditäten** angehalten werden (z. B. falsche Spurwahl innerorts). Lassen Sie sich hierbei von Ihrem gesunden Menschenverstand leiten, bleiben Sie freundlich und treten Sie dennoch selbstbewusst auf (siehe „Umgang mit Uniformierten"). Mit der angelaufenen Korruptionsbekämpfung seit dem Maidan sind derartige Vorfälle aber deutlich seltener geworden.

Tanken

Sprit ist vergleichsweise billig: Der Preis lag Ende 2018 bei etwa 28 UAH pro Liter Benzin mit 95 Oktan. Der Tankvorgang ist etwas **gewöhnungsbedürftig.** Mit der in Deutschland üblichen Vorgehensweise, eigenhändig einfach vollzutanken und dann erst zu bezahlen, können nur wenige Tankwarte etwas anfangen. Stattdessen geben Sie zunächst an der Kasse an, wie viele Liter Sie möchten, und bezahlen per Vorkasse. Erst nach dem Bezahlen wird das Benzin freigegeben. Beim Tanken werden Sie gefragt, welches Benzin Sie wollen. Zumeist wird es Benzin mit 95 Oktan sein. Landläufiger Dialog: „Welches?", „Das Fünfer!" – „Yakyi?", „Piatyi!".

⌃ Manche Überlandfahrten beanspruchen Mensch und Material

Unfall und Pannen

Ist man mit dem eigenen Auto angereist, ist **Unfall- oder Pannenhilfe** z. B. für ADACPlus- oder ÖAMTC-Mitglieder teilweise kostenlos.

Die deutschsprachige **Notruf-Zentrale** „112 UA“ des ukrainischen Automobilclubs ist rund um die Uhr erreichbar: Tel. 097-668 38 30, 0800-50 55 50 und 032-297 65 50.

Man kann sich auch direkt an seinen **Automobilclub** daheim wenden. Hier die drei größten für Deutschland, Österreich und die Schweiz:

- **ADAC,** Tel. 0049-89-22 22 22 bei Fahrzeugschaden (man wird mit einer evtl. deutschsprachigen Notrufstation vor Ort verbunden), Tel. 0049-89-76 76 76 für medizinische Notfälle; www.adac.de.
- **ÖAMTC,** Tel. 0043-1-251 20 00; www.oeamtc.at.
- **TCS,** Tel. 0041-58-87 22 20; www.tcs.ch.

Idealerweise hat man sich schon vor der Reise bei seinem Automobilclub informiert, was bei einem Unfall in der Ukraine beachtet werden sollte.

▷ Das ukrainische Staatssymbol: der Dreizack

Diplomatische Vertretungen

Vertretungen der Ukraine

Die Ukraine unterhält in Deutschland, Österreich und der Schweiz **Botschaften und Generalkonsulate.**

Deutschland

- **Botschaft der Ukraine**
Albrechtstraße 26, 10117 Berlin, Tel. 030-28 88 71 16, http://germany.mfa.gov.ua/de
- **Generalkonsulate** gibt es in München, Frankfurt/M., Hamburg und Düsseldorf.

Österreich

- **Botschaft der Ukraine**
Naaffgasse 23, 1180 Wien, Tel. 01-479 71 72 11, http://austria.mfa.gov.ua/de

Schweiz

- **Botschaft der Ukraine**
Feldeggweg 5, 3005 Bern, Tel. 031-352 23 16, http://switzerland.mfa.gov.ua/de

Vertretungen in der Ukraine

Wird der **Reisepass** in der Ukraine gestohlen, muss man das bei der örtlichen Polizei melden. Darüber hinaus sollte man sich an die nächste diplomatische Auslandsvertretung seines Heimatlandes wenden, damit man einen Ersatzausweis zur Rückkehr ausgestellt bekommt (ohne kommt man nicht an Bord eines Flugzeugs!). Hier die **Botschaften der deutschsprachigen Länder in Kiew:**

Deutsche Botschaft
Vul. Bohdana Khmelnytskoho 25,
Tel. 044-281 11 00, www.kiew.diplo.de,
Im Notfall: Tel. 050-355 82 85

Österreichische Botschaft
Vul. Ivana Franka 33, Tel. 044-277 27 90
und im Notfall per Handy 050-310 14 14,
www.bmeia.gv.at/botschaft/kiew

Schweizerische Botschaft
Vul. Koziatynska 12
(Eingang linke Seite des Gebäudes),
Tel. 044-280 14 48, www.eda.admin.ch/kiev

Auch in **dringenden Notfällen,** z.B. medizinischer oder rechtlicher Art, Vermisstensuche, Hilfe bei Todesfällen o.Ä., sind die Auslandsvertretungen bemüht, vermittelnd zu helfen. Auch an die Konsulate Deutschlands (in Kharkiv, Czernowitz, Dnipro, Lemberg und Odessa) und Österreichs (in Kharkiv, Czernowitz, Dnipro, Lemberg, Odessa und Zaporizhya) kann man sich wenden (kein Konsulat der Schweiz in der Ukraine).

Bei außergewöhnlichen Zwischenfällen (Naturkatastrophen, Massenunfälle, Terroranschläge) und für aktuelle Hinweise zur **allgemeinen Sicherheitslage** sind auch folgende Stellen hilfreich:

Deutsches Auswärtiges Amt
www.auswaertiges-amt.de, Tel. 030-18 17 20 00
(auch App „Sicher Reisen" für iOS und Android)

Außenministerium Österreich
www.bmeia.gv.at, für generelle Anfragen Tel. 01-901 15 37 75, für dringende Fälle Tel. 01-901 15 44 11 (auch „Auslandsservice-App" für iOS, Android und BlackBerry)

Eidgenössisches Departement für auswärtige Angelegenheiten (Schweiz)
www.eda.admin.ch, Tel. 0800-24 73 65 oder 05 84 65 33 33 (auch „itinerisApp" für iOS und Android)

ukr14-161 bj

Ein- und Ausreisebestimmungen

Die Einreise in die Ukraine ist u. a. für EU-Bürger, Amerikaner, Schweizer, Kanadier, Türken und Israelis **visafrei.** Dies gilt für einen Aufenthalt von maximal 180 Tagen pro Jahr, wobei 90 Tage pro Halbjahr nicht überschritten werden dürfen. Ein **Reisepass,** der mindestens noch einen Monat über das geplante Rückreisedatum hinaus gültig sein muss, ist zwingend erforderlich. Inhaber eines gültigen **Visums** für die Ukraine, die **länger als 90 Tage bleiben** möchten, müssen spätestens drei Arbeitstage vor Ablauf des Visums die Verlängerung bei der zuständigen ukrainischen Pass- und Meldestelle WHIRFO beantragen. Nicht für alle Visaarten ist diese Verlängerung möglich. Wer von Anfang an weiß, dass er/sie länger als 90 Tage bleiben will, auch für Auslandssemester, sollte ein entsprechendes Visum vorab beantragen. Besucher mit anderen als den genannten Staatsangehörigkeiten sollten sich vor der Reise beim ukrainischen Konsulat ihres Heimatlandes über die Visabestimmungen informieren.

Wichtiger Hinweis: Seit dem 1. Januar 2018 werden bei Ein- und Ausreise von Personen ab 18 Jahren **biometrische Daten** erfasst. Lehnt man z.B. das Einscannen der Fingerabdrücke ab, kann das zur Einreiseverweigerung führen! Darüber hinaus muss man bei Einreise in die Ukraine eine **finanzielle Absicherung** in Form von Bargeld, Kontoauszügen, aktueller Kreditkartenabrechnung und Kreditkarte, Verpflichtungserklärung des Gastgebers, Fahrkarten und/ oder Hotelreservierung(en) für den geplanten Aufenthalt in der Ukraine nachweisen können; derzeit sind das ca. 1100 Euro monatlich bzw. 35 Euro pro Tag.

Bei **Reisen mit Kindern** ist zu beachten, dass jedes Kind einen eigenen Reisepass benötigt. Kindereinträge im Reisepass eines Elternteils sind nicht mehr gültig. Reisen Minderjährige nicht in Begleitung beider Elternteile, kann man vor allem bei Flugrückkehr in die EU nach einer Einverständniserklärung des anderen Sorgeberechtigten gefragt werden (als Schutzmaßnahme gegen eine mögliche Kindesentführung). Weitere Informationen z.B. unter www.auswaertiges-amt.de, Stichwort „Einverständniserklärung für Minderjährige". Reist man mit Pflegekindern, sollte man sich vor der Abreise informieren, ob zusätzliche Dokumente zur Einreise notwendig sind.

Über kurzfristige Änderungen der Einreisebestimmungen und Zollvorschriften informieren die Websites der ukrainischen Botschaften (s. o.). Auf diesen Seiten erhält man auch die aktuellen **Ein- und Ausfuhrbestimmungen,** die vergleichsweise liberal sind. Verboten sind selbstverständlich die Ein- und Ausfuhr von Drogen und Waffen, ebenfalls die Ausfuhr von Antiquitäten und bestimmten Kunstgegenständen. Die Ausfuhr von Alkohol und Zigaretten ist begrenzt. Da sich Ein- und Ausfuhrbestimmungen jederzeit ändern können, raten die Autoren dazu, sich kurzfristig zu informieren.

Die **Prozedur an der Grenze** hat sich in den letzten Jahren dem internationalen Standard angenähert. Zollerklärungen und Einreiseformulare gehören der

Vergangenheit an. Die Kontrolle geht im Allgemeinen freundlich vonstatten, braucht aber gelegentlich ihre Zeit. Für Autofahrer kann die Einreise zu einer zeitraubenden Prozedur werden und mehrere Stunden in Anspruch nehmen. Bei der Ein- und Ausreise mit dem Bus oder Zug muss man damit rechnen, dass die Pässe vorübergehend eingesammelt werden. Das sollte einen nicht nervös machen: Sie werden wieder zurückgegeben, in der Bahn spätestens nach dem Umspuren.

Auch bei der **Rückreise** sind Freigrenzen, Verbote und Einschränkungen zu beachten, um böse Überraschungen am Zoll zu vermeiden. Die Waren sollten für den persönlichen Gebrauch bestimmt sein. Bei Einfuhr in ein EU-Land gelten folgende **Mengen- und Wertgrenzen:** für mindestens 17-Jährige: 200 Zigaretten oder 100 Zigarillos oder 50 Zigarren oder 250 g Tabak bzw. eine anteilige Zusammenstellung; 1 l Spirituosen über 22 Vol.-% oder 2 l bis max. 22 Vol.-% oder eine anteilige Zusammenstellung und 4 l nicht schäumende Weine und 16 l Bier; andere Waren bis zu einem Wert von 430 Euro (Reisende unter 15 Jahren nur 175 Euro nach Deutschland, 150 Euro nach Österreich). Für Einreisen von Nicht-EU-Ländern in die Schweiz gelten folgende Freimengen für mind. 17-Jährige: 250 Zigaretten/Zigarren oder andere Tabakprodukte; 1 l Spirituosen über 18 Vol.-% oder 5 l bis max. 18 Vol.-%; andere Mitbringsel bis zu einem Warenwert von 300 SFr. Falls die Reisemitbringsel diese Freigrenzen überschreiten, sind Einfuhrabgaben zu entrichten.

Einfuhrverbote und -beschränkungen bestehen z.B. für Tiere, Tierprodukte, Pflanzen (Vorsicht auch bezüglich Saatgut und Artenschutz!), Medikamente, Betäubungsmittel und Drogen, Feuerwerkskörper, Lebensmittel, Fälschungen, Kulturgüter, Waffen und Munition; in Deutschland und Österreich auch für Pornografie und verfassungswidrige Schriften sowie Rohdiamanten; in der Schweiz auch für Radarwarngeräte u.v.m. Für nähere Informationen s.u.:

- **Deutschland:**
www.zoll.de; App „Zoll und Reise"
- **Österreich:** www.bmf.gv.at; BMF-App
- **Schweiz:** www.ezv.admin.ch; QuickZoll-App

Die Apps sind gratis für Android und iOS.

Abschließend noch **ein Wort zum Thema Visum:** Für uns EU-Bürger ist das freie Reisen eine solche Selbstverständlichkeit, dass wir uns kaum vorstellen können, wie es wäre, wenn uns dieses Recht erschwert oder gar genommen würde. Jeder Ukrainer wiederum weiß sehr wohl, wie sich dieser gravierende Eingriff in die individuelle Freiheit anfühlt. Aufgrund der restriktiven Visavergabe der EU konnten die meisten Ukrainer lange Zeit nicht nach EU-Europa reisen. Seit dem Sommer 2017 ist das jedoch Vergangenheit: Nun sind touristische Reisen für ukrainische Bürger in die EU visafrei möglich, unter der Voraussetzung, dass ein biometrischer Pass vorhanden und keine Arbeitsaufnahme in der EU geplant ist bzw. der Anschein dessen entsteht. Gerade für die Nach-Maidan-Ukraine ist das ein extrem wichtiger und symbolisch bedeutender Schritt auf dem Weg nach Europa.

Einkaufen und Souvenirs

In den **Supermärkten** der großen Städte bekommt man alles, häufig sind sie wahre Gourmet-Tempel mit aufwendigen Fisch-, Käse- und Fleischtheken und einer Vielzahl an hochprozentigen Getränken, wie man sie hierzulande nur in spezialisierten Fachgeschäften findet. Die Preise sind allerdings mittlerweile recht hoch und haben sich vielfach westlichem Niveau angenähert. Ganz besonders gilt das für Hygieneprodukte, sein Deo oder Duschgel sollte man also besser mitbringen. Bekannte Supermarktketten sind z. B. Silpo (http://silpo.ua/ua), Velyka Kyshenya (www.kishenya.com.ua) oder ATB (www.atbmarket.com/en).

Wegen der hohen Lebensmittelpreise kaufen die meisten Ukrainer auf **Märkten** ein, insbesondere gilt das für kleinere Städte und die ländlichen Regionen. Ukrainische Märkte sind immer voll, farbenfroh und atmosphärisch reizvoll. Es gibt ein ausgezeichnetes Angebot an frischem Fleisch, Räucherspeck, frischem, geräuchertem und getrocknetem Fisch, Käse, Milchprodukten, Gemüse, Obst und Kräutern. Je nach Saison werden auch Pilze, Melonen oder Waldbeeren angeboten. Über Hygienefragen an den Fleischtheken sollte man besser nicht allzu genau nachdenken. Hervorragend ist mariniertes Gemüse, das auf vielen Märkten zu bekommen ist. Kurz: Die Märkte bieten eine große Auswahl – und tolle Fotomotive – und sind definitiv einen Besuch wert.

Souvenirs sind fast in jeder Stadt irgendwo erhältlich, da es zur sowjetischen Tradition gehört, von jedem Ur-

ukr14-163 bj

laubsort etwas mit nach Hause zu nehmen. Meist ist das Angebot aber enttäuschend, und man hat es mit den stets gleichen kitschigen Keramiktassen, Holzlöffeln, hölzernen Hetmanskeulen oder mehr oder minder geschmacklosen Ölbildern zu tun. Interessant als Mitbringsel können traditionell bestickte Hemden und Schals oder sehr schön bemalte Ostereier sein. Ansonsten eignen sich auch verschiedene Kulinaria gut als „prezenty" für Daheimgebliebene. Wodka ist natürlich ein Klassiker, besonders zu empfehlen sind die Marken Nemiroff und Khortytsia, die auch spezielle Geschenkverpackungen anbieten. Auch Süßigkeiten von Roshen sind ein ukrainischer Geschenkklassiker.

Für Musikfreunde empfehlenswert ist der Erwerb **einheimischer Musik;** es gibt z. B. ausgezeichnete Rockmusik aus Russland und der Ukraine und natürlich auch Volksmusik, aber hier ist viel verkitschter Mist auf dem Markt. Daher: Unbedingt vorher anhören! Inzwischen sind CDs (Vorsicht vor Raubkopien, denn deren Einfuhr in die EU ist selbst zu privatem Gebrauch verboten!) infolge mehr oder minder legaler Downloadmöglichkeiten im Internet vor Ort immer seltener zu bekommen.

Für **Liebhaber analoger Fotografie** besteht die Möglichkeit, ungeahnte Schnäppchen zu machen: Robuste, 30 Jahre alte Spiegelreflexkameras der Marke Zenit sind überall im Land auf Märkten für wenig Geld erhältlich.

Holzspielzeug als Bausätze bietet die Firma Ugears an. Liebevoll dekoriert und mit allerlei Zahnrädern und anderen Spielereien versehen, dürften sie nicht nur Kinderherzen höher schlagen lassen. Der Name Ugears steht dabei übrigens für ukrainische Zahnräder. Infos unter https://ugearsmodels.com/de.

Elektrizität

In der Ukraine herrscht die international übliche Stromspannung von 220 Volt. Ein Adapter ist nicht erforderlich.

Essen und Trinken

Die ukrainische Küche ist vielfältig, ungemein schmackhaft und spiegelt die verschiedenen kulturellen Einflüsse des Landes (russische, polnische, habsburgische, tatarische, jüdische) ebenso wie die klimatisch-geografischen Verschiedenheiten zwischen den Landesteilen wider. Das traditionelle ukrainische Essen hat zudem einen sehr bäuerlichen Hintergrund – mit saisonal, aus eigenem Anbau verwendeten frischen Zutaten und klassischen, über Jahrhunderte tradierten Rezepten.

[<] Die Ukraine ist kein ausgesprochenes Vegetarierparadies: Fleischhalle in Poltava

ukr14-164 pk

Stolz auf den Fang

Kalte und warme Vorspeisen (Zakuski)

Die ukrainische Variante der Tapas sind auf jeder privaten Feier, aber auch auf jeder Speisekarte zu finden. Was privat immer ein Hochgenuss ist, kann man sich im Restaurant aber meist schenken, zumeist gibt es einfach nur ein Stück Brot mit irgendwas drauf. Recht gut sind eingelegte Pilze oder Gemüse.

Suppen

Vor allem die hervorragenden Suppen können nur empfohlen werden. Die bekannteste ukrainische Suppe ist natürlich **Borshch,** eine dunkelrote Suppe auf der Basis von Roter Beete, Kohl, Zwiebeln, Kartoffeln und Karotten (siehe Rezept auf S. xxx). Anders als z. B. in Polen, wo man meist nur eine gefilterte rote Brühe bekommt, ist der ukrainische Borshch eine dicke Suppe mit allen Zutaten, zu dem immer auch saure Sahne gereicht wird. Sehr lecker ist auch der **Grüne Borshch,** dessen charakteristische Zutat der Sauerampfer ist.

Vor allem im Sommer ist eine **Okroshka,** eine kalte, herzhaft gewürzte Suppe aus Kwas (manchmal Kefir) und Gurkenstücken, äußerst erfrischend. Die typische Wintersuppe ist der **Kapustnyak,** eine dicke Sauerkrautsuppe. Eine überall angebotene Suppe ist auch **Ukha,** eine traditionelle Fischsuppe mit verschiedenen Süßwasserfischen, Karotten und Zwiebeln, die jeder Koch anders interpretiert. Zu den Suppen werden **Pampushky,** ein weiches, rundliches Hefegebäck mit Dill und Knoblauch, gereicht. Überhaupt scheint Dill für Ukrainer die wichtigste Zutat zu sein (ukr.: ukrop).

Hauptgerichte

Eine absolute ukrainische Spezialität und neben Borshch das Nationalgericht sind **Varenyky,** größere gekochte Teigtaschen, die mit Kartoffeln, Gemüse, Kraut, Pilzen oder Fleisch gefüllt sind. Es gibt auch mit Obst (meist Erdbeeren oder Kirschen) gefüllte süße Variationen. Ukrainische Varenyky sind mit den polnischen Pierogi identisch. Die ukrainischen **Pyrohy** hingegen sind gebratene oder im Backofen gebackene Teigtaschen, die etwas größer als Varenyky sind und wie diese mit den verschiedensten Füllungen zubereitet werden.

Auch die ursprünglich aus Sibirien stammenden **Pelmenyi** sind, wie überall in der ehemaligen UdSSR, sehr populär. Es handelt sich um sehr kleine gekochte Teigtaschen mit Hackfleischfüllung, die äußerlich am ehesten Ravioli gleichen, aber geschmacklich völlig anders sind. Da die Ukrainer wahre Meister in der Zubereitung von Teiggerichten sind, seien auch **Nalesnyki** oder **Mlyntsi** (russ.: Bliny) empfohlen: Eierpfannkuchen, traditionell meist mit süßlicher Quarkfüllung angeboten.

Holubtsy, ein mit Kohlblättern umwickeltes Reis-Hackfleisch-Gemisch, ist ebenfalls ein Klassiker der ukrainischen Küche. Ein traditionelles ukrainisches Fleischgericht ist auch **Pechenie** (russ: Zharkoe), ein mit Käse überbackener Eintopf aus Fleisch, Kartoffeln und Pilzen, der im Tonkrug serviert wird. Wer nicht auf panierte Fleischstücke verzichten möchte, sollte nach **Vidbyvnia** (russ: Odbivnaya) fragen, der ukrainischen Variante des Schnitzels. **Kotlety** haben mit deutschen Koteletts nichts gemein, sondern sind das, was der Berliner als Bulette bezeichnen würde. Eine Gaumenfreude ist auch **Miaso po frantskuski** (Fleisch auf französische Art), vergleichbar mit Cordon Bleu.

Deruny, Kartoffelpuffer mit Gulasch oder vegetarisch, wird man nirgends vergeblich suchen, ebensowenig **Plov,** ein aus Usbekistan stammendes Reisgericht. Zentralasiatische Einflüsse verrät auch der **Schaschlik,** bestehend aus marinierten, auf einem Spieß über der Glut gegarten Fleischstücken, der zu jeder, wirklich jeder ukrainischen Grillparty dazugehört.

Fisch wird häufig in Ei und Mehl gewendet als Filet gebacken – beste und eigentlich überall angebotene Speisefische für diese Variante sind Zander (Sudak), Barsch (Okun) und Wels (Som). Herausragend sind Fisch-Schaschliks, besonders die vom Wels.

Ukrainische Besonderheiten, die Ausländern in der Regel wenig Freude machen, sind **Salo,** Schweinefett, dem die Ukrainer mit quasi religiöser Inbrunst huldigen, und **gesalzener Trockenfisch,** der sogar wie hierzulande Kartoffel-Chips in jedem Supermarkt in Tütchen gekauft werden kann und die für viele Ukrainer unverzichtbare Begleitspeise zum Bier ist.

Ukrainische **Salate** enthalten immer viel Mayonnaise und sind ob ihres Gehalts oft eher eine Mahlzeit für sich als nur eine Beilage. Sehr leckere Klassiker sind **Shuba** (Rote-Beete-Heringssalat) und **Olivier,** ein Gemisch aus Kartoffeln, Erbsen, Gurken, Wurststückchen und – Mayo. Kaum bekannt sind grüne Salate.

Getränke

Das wohl am weitesten verbreitete und von nahezu jeder ukrainischen Familie zu Hause selbst hergestellte alkoholfreie Getränk ist **Kompott,** das im großen Einweckglas aus Obststücken, Wasser und Zucker kreiert wird. Ein alkoholfreier Klassiker ist **Kvas,** ein süßliches Getränk aus vergorenem Schwarzbrot, geschmacklich ein wenig an Malzbier erinnernd, nur viel besser. Dieser wird im Sommer am Straßenrand aus großen Blechtanks ausgeschenkt. In Flaschen abgefüllt, hält man sich am besten an die Marke „Taras". Gerne wird **Smetana** getrunken, eine ungemein wohlschmeckende saure Sahne oder natürlich **Kefir.**

Rezept für ukrainischen Borshch

Zutaten für einen 3-Liter-Topf

- 4 Kartoffeln
- ¼ Weißkohl
- 300 g Schweinefleisch
- 2 Rote Beete
- 4 Karotten
- 3 Zwiebeln
- 3–4 Knoblauchzehen
- Suppenwürze
- Salz, Essig, Öl, Pfeffer, Dill, Tomatenmark, saure Sahne

Zubereitung

Die Zwiebeln klein schneiden und im Topf mit Öl andünsten, das Fleisch hinzugeben, bis es nicht mehr rot ist. Den Topf mit Wasser auffüllen. Die klein gewürfelten Kartoffeln beifügen, den Weißkohl klein raspeln. Ausreichend Brühwürfel dazugeben und etwa 45 Minuten kochen lassen.

Zeitgleich die Rote Beete und die Karotten klein raspeln und gemeinsam in einer extra Pfanne mit Öl anbraten. Den klein geschnittenen Knoblauch hineinmischen und unter ständigem Rühren alles erhitzen. Etwas Tomatenmark und Essig dazu geben, sodass die so entstandene rote Masse einen kräftig-säuerlichen Geschmack bekommt. Mit Salz und Pfeffer nachwürzen.

Wenn die Kartoffeln und der Kohl weich sind, die Rote-Beete-Masse in den Topf füllen, kurz aufkochen lassen, den Dill dazugeben und alles mit einem Schlag saurer Sahne servieren.

Borshch wird meist in großen Mengen gekocht und kann beliebig oft aufgewärmt werden. Kenner behaupten, dass er umso besser schmeckt, je öfter er aufgewärmt wird!

Tee ist überall weit verbreitet, die englische Variante, also mit Milch, ist völlig unbekannt. **Kaffee** wird auf Espressobasis zubereitet und ist meist außergewöhnlich geschmacksintensiv und stark. Der in den Cafés von Lemberg, Kiew, eigentlich in allen Städten des Landes angebotene Espresso (oder Cappuccino) stellt das, was man in Deutschland normalerweise angeboten kommt, weit in den Schatten. Nur noch selten konfrontiert wird man an einigen Kiosken mit Instantkaffee, dessen einziger Vorzug es ist, warm zu sein (manchmal aber nicht einmal das).

Bier

Neben einigen Großbrauereien (Lvivske, Chernihivske, Obolon, Slavutych, Rohan) gibt es eine Anzahl kleinerer Brauereien, die bemerkenswerte **Qualitätsbiere** produzieren. Besonders zu erwähnen sind Persha Pryvatna Brovarnia (Lemberg), Mykulynetske (Mykulyntsi bei Ternopil), Radomyshl (bei Zhytomyr) und Bedychivske oder Kachka (Odessa). Doch auch die Biere der großen Brauereien sind nicht zu verachten. Gutes Weizenbier stellt etwa die Firma Chernihivske her, mittlerweile im Besitz der belgischen Inbev-Gruppe. Aus diesem Grund sind auch internationale Inbev-Biere (Paulaner, Stella Artois, Leffe, Staropramen, Becks u. v. m) flächendeckend erhältlich. Auch die Carlsberg-Gruppe ist auf dem ukrainischen Markt vertreten; sie hat vor einigen Jahren die Lemberger Traditionsbrauerei Lvivske aufgekauft. Sehr beliebt ist auch **„lebendes“ Bier** (Zhyve Pyvo), ein unfiltriertes frisches Bier von begrenzter Haltbarkeit, das man in jedem Supermarkt bekommt. Wie überall in Europa sind auch Haus-

und Gasthausbrauereien stark im Kommen und in vielen Städten anzutreffen. Kurzum: Bierfreunde können eine Reise in die Ukraine ohne Bedenken antreten.

Wein

In Deutschland eher wenig bekannt: Die Ukraine ist auch Weinland. Langsam erholt sich der ukrainische Weinanbau von der sicher gut gemeinten, aber völlig dilettantisch umgesetzten Antialkoholpolitik *Gorbatschows*, der unzählige alte Weinstöcke auf der Krim, in Transkarpatien und Bessarabien Ende der 1980er Jahre zum Opfer fielen – sie wurden rücksichtslos zerstört. Die eindeutige Vorliebe der Ukrainier gilt **süßen Weinen.** Wer diesen nicht mag, sollte beim Kauf immer darauf achten, **trockenen Wein** zu kaufen. Als sehr gut gelten die Marken Shabo (Odessa) und Koblevo (Mykolaiv). Mit der Annexion der Krim hat sich freilich das einheimische Weinangebot stark verringert. Von den süßen Weinen sind Dessertweine durchaus genießbar. Überall sind auch moldawische und georgische Weine zu bekommen. Auch hier gibt es richtig gute Tropfen, aber man kann sich leider nicht immer darauf verlassen.

Sekt

Auch nach der Annexion der Krim muss auf **Krimsekt** nicht verzichtet werden. Schon vorher wurde dieser nämlich zu großen Teilen im Donbas hergestellt. Doch auch hier schlägt die Liebe der Ukrainer zum Süßen durch: Trockenen Sekt gibt es nur vereinzelt. Der Sekt der Marke Sovietskoie wird oft als Krimsekt bezeichnet, tatsächlich wird der gekelterte Traubenmost aber nach der Ernte auf der Krim über Hunderte von Kilometern durchs Land gekarrt, um in stillgelegten Gipsstollen nahe Bakhmut (ehem. Artemivsk) zu reifen. Wo die Trauben für den Krimsekt künftig herkommen sollen, ist noch nicht ganz klar. Fest steht jedoch, dass der in Deutschland verkaufte Krimsekt definitiv nicht von der Krim kommt, da seine Ausfuhr in die EU aufgrund der verhängten Handelssanktionen nicht möglich ist.

Wodka

Wodka (ukr.: **Horilka**) ist das wohl bekannteste hochprozentige Getränk des Landes. Besonders zu empfehlen sind die Marken Nemiroff aus Nemyriv bei Vinnytsia und Khortytsia. Der Lieblingswodka der Autoren: Chili-Honig-Wodka der Marke Nemiroff mit in der Flasche schwimmender Chilischote (Peretsivka, russ: Peretsovka).

Kognak

Sehr beliebt ist auch Kognak, der häufig zu Tee oder Kaffee getrunken wird. Guten Kognak gibt es vor allem in den Transkarpaten und in der Gegend von Odessa (Shabo).

Restaurants

Gute Restaurants gibt es überall. Die **Kultur des Essengehens** ist (wie die des abendlichen Ausgehens) dabei dezidiert etwas für junge Menschen: Die in der Sowjetunion sozialisierte Generation, die zudem in den 1990er Jahren oft traumatische Armutserfahrungen machte, kann mit dieser Art der „Geldverschwendung“ häufig wenig anfangen. Inzwischen gibt es in den großen Städten überall international ausgerichtete

Lokale, v. a. einige italienische Restaurants sind ausgezeichnet, auch jiddische Küche wird wieder häufiger angeboten. Schwer im Kommen sind im ganzen Land ukrainische Restaurants mit viel Holz und volkstümlichen Motiven, mehr oder weniger kitschig, aber immer mit sehr guter Küche. Gut ist auch das Angebot an **Biergärten.**

Unbedingt aufsuchen sollte man einmal – vermutlich tut man es danach öfter … – eines der vielen, seit einigen Jahren wie Pilze aus dem Boden sprießenden **georgischen Restaurants.** Spannend gewürzte Gerichte wie Teigtaschen, diverse Pasten aus Walnusscreme, Aubergine und Granatapfel sowie die herzhafte Käsepizza namens *Khachapuri* zeigen Einflüsse der persischen Küche und können in höchstem Maße süchtig machen. Dazu gibt es kräftige georgische Weine und zum Abschluss einen bis viele *Chachas,* im Geschmack vergleichbar mit Grappa.

Feste und Feiertage

Der Blick auf die ukrainischen Feiertage erzählt viel über die Geschichte des Landes. Heute präsentiert sich der Feiertagskalender als Mixtur aus alten sowjetischen, religiösen und neuen ukrainischen Feier- und Gedenktagen.

- 01.01.: Neujahrstag
- 02.01.: Neujahrsfeiertage
- 07.01.: Weihnachten (orthodox)
- 19.01.: Heilige Drei Könige
- 08.03.: Internationaler Frauentag
- Unregelmäßig: Ostern (orthodox)
- 01.05.: Internationaler Tag der Arbeit
- 02.05.: Internationaler Tag der Arbeit (2. Tag)
- 08.05.: Tag der Befreiung vom Faschismus (Gedenktag, aber kein Feiertag)
- 09.05.: Tag des Sieges
- Unregelmäßig: Pfingstsonntag (orthodox)
- 28.06.: Tag der ukrainischen Verfassung
- 24.08.: Unabhängigkeitstag
- 14.10.: Tag der Verteidigung des Vaterlandes
- 25.12.: Weihnachten (katholisch)

Fotografieren

Fotografieren ist im ganzen Land ohne große Einschränkungen möglich. **Verboten ist das Ablichten von Militär- und Grenzanlagen.** Absolut tabu ist das Fotografieren der ukrainischen Checkpoints nahe des Kriegsgebietes im Donbas. Fotografieren in Kirchen ist meist nicht gern gesehen! In Museen ist es i. d. R. nur erlaubt, wenn man vorher eine Fotogenehmigung kauft – deren Preis übertrifft den Eintrittspreis oft um das Vier- bis Fünffache.

Geld

Die **Währung** der Ukraine ist die **Hryvnia, aufgeteilt in 100 Kopeken.** Die offizielle Abkürzung lautet **UAH,** oft findet man allerdings auch die Abkürzung HRN (Грн). Hryvnia werden in Münzen von 1, 2, 5, 10, 25 und 50 Kopeken und als 1-UAH-Münze ausgegeben sowie in

Scheinen zu 1, 2, 5, 10, 20, 50, 100, 200 und 500 UAH. Der **Wechselkurs** zum Euro betrug Anfang 2019 etwa 1:31, für 100 UAH bekam man also gut 3 Euro. Aktuelle Kurse findet man u. a. unter www.oanda.com oder www.lexas.biz/wechselkurse/ukraine.aspx.

Preisniveau

Infolge der Geldentwertung auf rund ein Drittel des bisherigen Wertes durch den Krieg im Donbas ist die **Preissteigerung** in Hryvnia natürlich immens, was für die örtliche Bevölkerung eine extreme Senkung des Lebensstandards bedeutet. Massiv gestiegen sind vor allem die Treibstoff- und Energiekosten (auch auf Druck von IWF und EU) und die Preise für Importwaren. Für Reisende aus der EU (und der Schweiz) steht dem ein Wechselkurs gegenüber, der sich seit 2013 zugunsten des Euro verdreifacht hat; damit ist für EU-Bürger eine Reise in die Ukraine sehr preiswert geworden.

Einige Preisbespiele

- **Unterkunft:** einfaches Hotel, renoviert: DZ 300–900 UAH (wobei die Preise im Osten zumeist höher liegen als im Westen sowie in Kiew und anderen großen Städten oft weit darüber hinaus); einfaches Hotel, nicht renoviert: DZ 100–300 UAH; Privatquartier, sehr einfach: 50–100 UAH pro Person.
- **Essen im Restaurant,** 3 Gänge: 200–250 UAH
- **Bier,** ukrainische Herstellung: 20–30 UAH
- **Espresso:** 25 UAH
- **Fahrt mit dem Zug im Kupe-Abteil,** 500 km: 300 UAH
- **Fahrt mit dem Bus,** 100 km: 45 UAH
- **Städtischer Nahverkehr,** eine Fahrt: 4–8 UAH
- **1 Liter Benzin,** 95 Oktan: 28 UAH
- **Fahrradverleih:** 100–150 UAH pro Tag

Geldkarten

Geldautomaten gibt es fast so viele wie in mitteleuropäischen Ländern. Es ist also nicht erforderlich, eine größere Menge Bargeld mitzunehmen, die dann vor Ort in der Bank oder Wechselstube getauscht werden muss. An den zahlreichen Geldautomaten (ukr./russ.: *bankomat*) kommt man mit der **Bankkarte mit Maestro-Logo** und der **Kreditkarte** nach Eingabe des jeweiligen PIN-Codes bequem an Bargeld. Aufgepasst: Bankkarten mit dem V-PAY-Logo funktionieren in der Ukraine nicht. Auch Maestro-Karten werden immer häufiger von Kreditinstituten für bestimmte Länder ge-

Die Gespenster der Vergangenheit verblassen allmählich: Lenin- und Stalinporträt in Novhorod-Siverskyi

ukr14-165 pk

sperrt. Man sollte sich rechtzeitig erkundigen und die Karte für den Zeitraum der Reise freischalten lassen. Außerdem sollte man auch die Einstellungen für die abzuhebende Höchstsumme nachsehen und ggfs. anpassen, damit man im Notfall an Geld kommt. Das gilt auch für die Kreditkarte, die für Fernreisen unverzichtbar geworden ist.

Ob und in welcher Höhe **Kosten für die Barabhebung** anfallen, variiert sehr nach kartenausstellender Bank und je nachdem, bei welcher Bank die Abhebung erfolgt. Man sollte sich daher vor der Reise bei seiner Hausbank informieren, mit welcher Bank sie vor Ort zusammenarbeitet und auch z.B. bei www.geld-abheben-im-ausland.de die Konditionen für die Kreditkarten vergleichen, mit denen man im Ausland gebührenfrei Bargeld abheben kann. Achtung: Hat man bei Barabhebungen am Geldautomaten die Wahl, sollte man den Betrag immer in der Landeswährung (Hryvnia, UAH) vom Konto abbuchen lassen und nicht in Euro. Bei einer Abbuchung in Euro wird die *Dynamic Currency Conversion* zugrunde gelegt, die erhebliche Kosten verursachen kann. Bei Abbuchung in der Landeswährung gilt hingegen der offizielle Devisenkurs der eigenen Bank, was am sichersten ist.

Bei Kreditkarten ist es immer vorteilhafter, bargeldlos im Geschäft zu bezahlen und für Barabhebungen eine Debitkarte zu verwenden. In der Ukraine sind Geldkarten als Zahlungsmittel, etwa im Supermarkt, allerdings noch nicht sonderlich verbreitet, sodass man hier immer ausreichend **Bargeld** in der Landeswährung dabeihaben sollte. Selbst beim Kauf von Bahntickets wird meist Bargeld verlangt. An Tankstellen ist die Zahlung mit Geldkarte im Allgemeinen aber problemlos möglich, ebenso in Hotels, so sie nicht alte Sowjetabsteigen sind.

Bargeld wechseln

In Grenznähe und in den Städten gibt es reichlich Wechselstuben. Alle **Banken und Wechselstuben** zeigen immer den jeweils aktuellen Wechselkurs an. Wie überall auf der Welt sei vor dem Geldumtausch bei Privatpersonen gewarnt. Da mittlerweile keine größeren Kursgewinne mehr möglich sind, ist dies ohnehin völlig sinnlos.

Gesundheitsvorsorge

Besondere Impfvorschriften gibt es für Reisen in die Ukraine nicht. Grundsätzlich sollte jeder Reisende über die auch in Deutschland empfohlenen **Standardimpfungen** verfügen (Tetanus, Diphterie, Keuchhusten). Aufgrund der oft unzureichenden Hygiene wird unbedingt empfohlen, seinen **Hepatitis-A-Impfschutz** zu überprüfen. Wegen der vielen Straßenhunde kann eine **Tollwutschutzimpfung** in Erwägung gezogen werden. Bekannte des Autors sind bereits von Straßenhunden gebissen worden, was absolut kein Vergnügen ist. Natürlich ist dies die große Ausnahme, ausgeschlossen ist es aber nicht. Auch ein **FSME-Impfschutz** gegen die durch Zeckenbisse übertragbare Encephalitis kann bei Wander- und Zelturlauben Sinn machen. In der Ukraine sind die südliche Krim und der Oblast Wolhynien bekannte Endemiegebiete, die Datenlage zur FSME-Verbreitung in der Ukraine ist aber insgesamt lückenhaft.

Eine kleine **Reiseapotheke** ist empfehlenswert. Mitnehmen sollte man Aspirin, Immodium oder Kohletabletten, Pflaster, Mullbinden, ein Desinfektionsmittel und eine Salbe zur Linderung von Schmerzen bei Prellungen. Im Übrigen ist das Netz an **Apotheken** im Land sehr dicht, alle Medikamente sind problemlos erhältlich. Verschreibungspflichtige Medikamente sollten selbstverständlich in ausreichender Menge mitgeführt werden. Auch Diabetiker sollten ihr Insulin in ausreichender Menge dabeihaben.

Magenbeschwerden und Durchfallerkrankungen können auftreten. **Leitungswasser** sollte, wenn überhaupt, nur abgekocht getrunken werden.

Falls ein Arztbesuch nötig wird: Es gibt in jeder Kreisstadt eine staatliche Poliklinik, in der man sich – gegen Vorkasse – behandeln lassen kann. Ukrainische **Ärzte** sind i. d. R. hervorragend ausgebildet, die Ausstattung von staatlichen Einrichtungen ist aber nach westlichen Maßstäben sehr bescheiden, was natürlich an der katastrophalen Unterfinanzierung des staatlichen Gesundheitswesens liegt. Die Quittungen sind aufzuheben und nach Rückkehr gegebenenfalls mit der Auslandskrankenversicherung abzurechnen. Zahnarztpraxen finden sich an jeder Straßenecke.

Eindringlich gewarnt sei vor **ungeschützten Sexualkontakten:** Die AIDS-Infektionsrate beträgt in einigen Regionen (insbesondere Mykolaiv und Odessa) 10 % und mehr. Stark betroffen von HIV ist auch der Osten des Landes. Besonders hoch ist die Infektionsrate bei Prostituierten. Sextourismus ist immer zu verdammen! In der Ukraine kann er zudem schnell auch für den Freier gefährliche Folgen haben.

Hilfreiche Websites zur Gesundheitsvorsorge

- **www.crm.de** (siehe Reise-Gesundheitsinformationen im Anhang)
- **www.auswaertiges-amt.de/DE/Laender informationen/00-SiHi/UkraineSicherheit**
- **www.reisemed-experten.de/laender-informationen/ukraine**

Grundsätzliches zum Thema Gesundheit

Reise-Gesundheitsinformationen zur Ukraine auch im Anhang.

Alle vorgenommenen Impfungen sollte man in den Impfpass eintragen lassen. Dieser ist bei Impfanstalten, Tropenärzten bzw. -instituten und auch im Reisebüro erhältlich.

Alle in diesem Buch genannten Informationen zur Gesundheitsvorsorge können eine persönliche Beratung durch einen Arzt oder in einem Tropeninstitut nicht ersetzen! Besondere Beachtung sollte Impfungen von Kindern, allergischen Reaktionen auf Impfungen und den Belangen von Schwangeren geschenkt werden.

Hygiene

Hygiene ist in der Ukraine immer noch ein **kritisches Kapitel.** Öffentliche Toiletten gibt es nur wenige. Häufig trifft man auf Stehklos, wie man sie auch in Frankreich und Italien findet. Wenn diese kostenpflichtig sind, mag es mit der Sauberkeit gerade noch gehen, die Plumpsklos an kleineren Bahnhöfen und Busbahnhöfen sind allein schon des Geruchs wegen besser zu meiden. Zugtoiletten werden mit der Dauer einer Fahrt immer unansehnlicher – man sollte sein Geschäft also möglichst zu Beginn der Fahrt erledigen und robustes Schuhwerk dabeihaben.

Auch **in unrenovierten Hotels** aus sowjetischer Zeit ist Hygiene ein leidiges Thema. Es gibt nicht immer eine Dusche und wenn, dann meist nur Gemeinschaftsduschen auf dem Gang mit oft nur kaltem Wasser. Matratzen, Kissen und Bezüge scheinen mitunter Jahrzehnte alt zu sein. Glücklicherweise verschwinden derartige Etablissements zunehmend und werden in diesem Reiseführer nur dann aufgeführt, wenn es keine Alternative gibt. Kritisch kann auch die hygienische Situation **in Privatquartieren** auf dem Land sein. Hier sind oft nur Außentoiletten (sprich Plumpsklos) zu finden. Fragen oder besser schauen Sie also unbedingt vorher nach, bevor Sie sich für eine Unterkunft entscheiden!

Auch der Punkt **Lebensmittelhygiene** sollte nicht unerwähnt bleiben. Besonders in den Fleischhallen der Märkte und bei Straßenimbissen sollte man Vorsicht walten lassen. Durchfallerkrankungen während einer Reise durch die Ukraine sind nicht auszuschließen. Seien Sie darauf vorbereitet, und nehmen Sie Kohletabletten oder Immodium mit. Wichtig ist auch der Hepatitis-A-Impfschutz, da Hepatitis-A-Viren fäkal-oral übertragen werden.

Infostellen und Reiseveranstalter

Die Ukraine unterhält bislang **kein Fremdenverkehrsamt im Ausland.** Somit ist man als Tourist bei der Reisevorbereitung weitgehend auf die eigene Internetrecherche (und das Studium dieses Reiseführers) angewiesen. Einige deutsche **Reiseveranstalter** haben sich auf die Ukraine spezialisiert und bieten Pauschalreisen oder Packages an. Reinen Informationsfragen stehen diese aus verständlichen Gründen eher reserviert gegenüber. Die führenden Veranstalter für die Ukraine in Deutschland sind Ex Oriente Lux Reisen (www.eol-reisen.de) mit stark kulturgeschichtlicher Ausrichtung und Dreizackreisen (www.dreizackreisen.de), deren Schwerpunkt organisierte Individualreisen und kleinere Packages sind. Beide sind in Berlin ansässig, genauso wie die Ukrainekenner der Bahnagentur Schöneberg (www.bahnagentur-schoeneberg.de). Weitere Anbieter sind Entdecke.net (www.entdecke.net) aus Köln und das österreichisch-ukrainische Joint Venture Reisewelt Ukraine (http://reisewelt-ukraine.com).

Es gibt auch viele **ukrainische Incoming-Agenturen.** Äußerst interessante Natur- und thematische Bildungsreisen bietet Olymp Travel aus Kiew an (www.olymp-travel.kiev.ua/en). Aktivreisende können sich an die Kiewer Terra Incognita wenden: Rad- und Kanutouren sowie Wanderungen im ganzen Land zu fairen Preisen (http://terraincognita.info). Interessant für Naturfreunde und Outdooraktivitäten sowie Höhlentouren und Bootsausflüge im Westen der Ukraine ist der Tourclub Ternopil (www.tourclub.com.ua/en).

Informationen im Internet

Für Individualtouristen gibt es inzwischen eine **große Zahl informativer Websites** über die Ukraine, sodass man sich problemlos auf seine Reise vorbereiten kann. Hier eine Auswahl – leider sind die wichtigsten Reiseseiten bislang **nur in russischer bzw. ukrainischer Sprache** abgefasst, was ebenso für die meisten Homepages von Hotels, Restaurants, Reiseveranstaltern etc. gilt! Trotzdem können sie auch ohne entsprechende Fremdsprachenkenntnisse nützlich sein, etwa durch Links, Bilder oder Telefonnummern.

Reisepraktische Websites

- **www.uz.gov.ua**
UZ, ukrainische Bahn (teilweise englisch).
- **www.bus.com.ua**
Busportal mit Fahrplänen, Eingabe auch in lateinischer Schrift möglich (russisch/ukrainisch).
- **www.doroga.ua**
Russischsprachige Reiseseite, regional geordnet mit vielen Hoteladressen. Zahlreiche aktuelle Hotelbewertungen. Die Preise der Hotels sind jedoch häufig seit Jahren nicht mehr aktualisiert worden, sodass mit mindestens um 50 % höheren Preisen gerechnet werden muss als angegeben. Im Zweifelsfall sollte man einen Blick in die Bewertungen werfen.
- **http://ua.vlasenko.net**
Reiseseite mit Schwerpunkt Westukraine, außerdem eingescannte Landkarten (russisch).
- **https://vladbespalov.livejournal.com**
Reiseblog von *Vladyslav Bespalov* (ukrainisch) mit vielen Bildern und guten Tipps für unterwegs.
- **www.castles.com.ua**
Hervorragende Reiseseite der Journalistin *Iryna Pustynnikova* aus Kamianets Podilskyi (ukrainisch, z. T. englisch).
- **www.karpaty.info**
Ausgezeichnetes Webportal über die ukrainischen Karpaten mit vielen Unterkünften (auch deutsch/englisch).
- **www.hostelworld.com**
Internationale Hostelseite, sehr aktuell und empfehlenswert (englisch).
- **www.booking.com**
Hotelbuchungsportal (deutsch).

Allgemeine Informationen – Neuigkeiten – Politik

- **www.ukraine-nachrichten.de**
Website mit aktuellen Beiträgen zum politischen Geschehen im Land (deutsch).
- **www.forumnetukraine.org**
Vernetzungsportal mit zahlreichen informativen Links (deutsch).
- **www.sus-n.org**
Netzwerk der ukrainischen Studenten in Deutschland (ukrainisch/deutsch).
- **www.laender-analysen.de/ukraine**
Ukraine-Analysen: 14-tägig erscheinende soziologische und/oder politikwissenschaftliche Untersuchungen zu unterschiedlichen Themen (deutsch).
- **www.pravda.com.ua**
Den Reformkräften nahestehende ukrainische Internetzeitung (ukrainisch/russisch).

- **www.kyivpost.com**
Englischsprachige Zeitung aus Kiew, vor Ort auch als Printausgabe erhältlich.
- **www.unian.net**
Nachrichtenagentur (ukrainisch).
- **http://euromaidanpress.com**
Medienprojekt in englischer und deutscher Sprache, auch Übersetzungen von Presseartikeln aus dem Ukrainischen. Inhaltliche Ausrichtung wie der Name schon erwarten lässt.
- **http://uacrisis.org/de**
Sehr professionell arbeitendes Medienzentrum mit Berichten und Analysen zur aktuellen Situation in der Ukraine in unterschiedlichsten Sprachen. Zielrichtung: Förderung der Reformpolitik und zivilgesellschaftlicher Initiativen.
- **https://informnapalm.org/de**
Aktuelle Infos über die militärischen Auseinandersetzungen im Osten des Landes.
- **http://liveuamap.com**
Interaktive Karte um die Vorgänge im Osten des Landes, aber auch in anderen Krisenregionen.
- **http://vostok-sos.org**
Projektseite über Hilfsinitiativen für die Bevölkerung der Kriegsgebiete und für Binnenflüchtlinge.
- **http://krymsos.com**
Aktuelle Seite über die Situation auf der besetzten Krim und die Lage der Krimtataren.
- **www.radiosvoboda.org**
Homepage von Radio Free Europe.
- **http://khpg.org/en**
Homepage der Kharkiver Menschenrechtsgruppe, neben Memorial eine der wohl besten und professionellsten der ehemaligen Sowjetunion.
- **www.chesno.org/en**
Zivilgesellschaftliche Organisation zum Kampf gegen die Korruption.
- **https://nabu.gov.ua/en**
Das nationale Antikorruptionsbüro präsentiert seine Arbeit.

Prorussische Websites

Einige deutschsprachige Internetseiten vertreten eine explizit prorussische Sichtweise; bei ihrer Lektüre fühlt man sich manchmal wie auf einem anderen Planeten. Dennoch kann es interessant sein, **zum Vergleich** und unter dem Aspekt des derzeit herrschenden Informationskrieges um die öffentliche Meinung, einige dieser Seiten anzusehen, beispielsweise:

- **www.heise.de/tp**
- **www.nachdenkseiten.de**
- **www.jungewelt.de**
- **https://ulrich-heyden.de**

ukr19-041 pk

Pressekonferenz bei Hromadske

Während diese Internetseiten alle tatsächlich aus Deutschland kommen, sind RT (**https://deutsch.rt.com**) und Sputnik (**https://de.sputniknews.com**) direkte Produkte des Kreml. Das gilt auch für scheinbar unabhängige Seiten wie etwa **https://redfish.media.com;** auch sie werden aus Moskau finanziert.

All diesen Seiten ist gemein, dass sie eine strikte Anti-NATO/Anti-USA-Haltung vertreten, die russische Aggression gegen die Ukraine relativieren oder als Reaktion auf eine vermeintliche Einkreisung Russlands durch die NATO sehen, die Ukraine lediglich als Objekt des geopolitischen Spiels der Großmächte ansehen, den eher marginalen ukrainischen Rechtsextremismus ins Maßlose übertreiben und den Maidan als ein von außen initiiertes und finanziertes US-Projekt betrachten. Man bilde sich selbst ein Urteil.

Internet/WLAN

Internetcafés sind häufig und überall in den Zentren der Städte leicht zu finden. Auch im Umkreis von Bahnhöfen und Busbahnhöfen gibt es öffentliche Internetzugänge. Zudem bieten zahlreiche **Postfilialen** diesen Service an. Preislich muss mit 30 UAH pro Stunde gerechnet werden. Auf der Suche nach einem Internetzugang achte man auf die Aufschriften „Internet-klub", „Kompiuternyi-klub" oder einfach auf das @-Zeichen. In den meisten Cafés und Hotels gibt es zudem **WLAN-** bzw. **WiFi-Netze,** sodass mit einem Smartphone oder dem mitgebrachten Laptop das Surfen im Netz ohne Einschränkungen möglich ist. Da man im Land also fast überall problemlos online gehen kann, werden in diesem Reiseführer Internetcafés in der Regel nicht extra im Text aufgeführt.

Klima und Reisezeit

Die verschiedenen Jahreszeiten haben in der Ukraine einen jeweils ganz besonderen Reiz. Die Wahl des passenden Reisemonats richtet sich selbstverständlich nach der im Land hauptsächlich geplanten Aktivität. Für **Städtereisen** sind besonders der Frühling (Mai, Juni) und die frühen Herbstmonate empfehlenswert. Im Mai haben viele Städte ihre Stadtfeiertage und verwandeln sich dann in eine fröhliche Freiluftbühne. Für **Wander- und Aktivurlaub** ist die beste Reisezeit von Mai bis September. **Winterreisen** haben auch einen ganz besonderen Zauber: Das gilt natürlich vor allem für die Karpaten (nicht nur für Skifahrer!).

Ein Wort der Warnung ist angebracht bei hochsommerlichen Besuchen in den touristischen Zentren der **Südukraine:** Wer nicht auf überhöhte Preise, ausgebuchte Züge und überfüllte Strände steht, sollte die Schwarzmeerküste in dieser Zeit meiden. Auch für Odessa ist die sommerliche Hochsaison nicht unbedingt die geeignetste Reisezeit. Autofahrer, die in der Hochsaison unterwegs sind, seien vorgewarnt: Es ist auch die Hochzeit für Verkehrskontrollen.

Am wenigsten geeignet für eine Reise erscheinen die Monate **März und April:**

Sie sind die Zeit der Schneeschmelze, und mitunter hat man dann das Gefühl, dass sich das Land in eine einzige Schlammpfütze verwandelt hat.

Mit Kindern unterwegs

Die **Ukrainer** sind allgemein **sehr kinderfreundlich.** Westliche Eltern mögen Bedenken hinsichtlich der Hygiene und möglicher Krankheiten haben, aber diese sind im Großen und Ganzen eher unbegründet (und der Impfschutz der Kinder oft besser als der eigene). Wer sich dennoch unsicher fühlt, der kann bei seinem Kinderarzt oder einem reisemedizinischen Facharzt eine landesbezogene Reiseberatung in Anspruch nehmen.

Reisen mit sehr kleinen Kindern (unter vier Jahren) sind dennoch nicht unbedingt empfehlenswert, v. a. dann nicht, wenn man verschiedene Städte/Orte bereisen und dabei eher in günstigen Budget-Unterkünften nächtigen will. Besonders die außerordentlich langen Reisewege können für Kleinkinder schnell zur Strapaze werden. Zugfahrten dauern zumeist (sehr) lange, von Autofahrten aufgrund der schlechten Straßen ganz zu schweigen.

Für ältere Kinder ab sechs oder sieben Jahren dürfte die Ukraine ein durchaus spannendes Reiseland sein. Von der deutlichen Verbesserung der touristischen Infrastruktur im Land profitieren natürlich auch Familien. Zahlreiche moderne Hotels sind entstanden, und zunehmend gibt es auch kindgerechte Freizeitangebote wie z. B. Aquaparks. Jede etwas größere Stadt hat ein Puppentheater. Auch kinderfreundliches Sightseeing

ukr19-042 pk

ist möglich: Es gibt z. B. auch für Kinder sehr spannende Freiluftmuseen, beeindruckende Burgen und Schlösser. Für entspannte Familienurlaube sehr zu empfehlen sind die Karpaten, wo man günstig auf Bauernhöfen oder in Holzblockhäusern übernachten kann. Bei einem Badeurlaub sollten sich Eltern, gerade bei Reisen mit kleineren Kindern, vorab über die Wasserqualität vor Ort informieren – auch wenn ukrainische Kinder überall ins Wasser springen. Ein wahres Paradies für Kinder dürfte der Steppen- und Safaripark Aksania-Nova sein – wo sonst in Europa kann man Zebras, Gnus und wilde Pferde in (nahezu) freier Wildbahn erleben?

Nachtleben

Das ukrainische Nachtleben hat sich in den letzten Jahren bemerkenswert entwickelt. Absolute **Zentren** des Nightlife sind natürlich **Kiew, Odessa und Kharkiv,** aber selbst in kleineren Städten sind fast überall nette Kneipen entstanden, in denen an den Wochenenden oft Live-Musik gespielt wird, meist Rock oder Blues. In größeren Städten gibt es fast überall auch Jazzclubs und alternative Szenekneipen. **Discos** sind ein besonderes Thema und sicher nicht für jeden Geschmack: Hier dominiert meist **Popsa,** schrille, einfallslos produzierte Popmusik, die das Ohrenkrebsrisiko massiv in die Höhe schnellen lässt. Auch Kleidung und Auftreten der Gäste scheinen schwer von russischen Videoclips inspiriert: harte Kerle, sexy Girls, teure Schlitten, klare Fronten. Oft trifft man auch auf spärlich bekleidete Go-go-girls, die dem Publikum einheizen. Mittlerweile gibt es aber auch alternative Clubs, in denen DJs etwa Electronic oder Drum & Bass auflegen.

◁ Folkensemble in einer Kiewer Kneipe

Notfälle

Die **wichtigsten Telefonnummern** im Notfall sind: **01** für die Feuerwehr, **02** für die Polizei und **03** für den Notarzt.

Notfallwörterbuch

- **Polizei:** міліція
- **Arzt:** лікар
- **Apotheke:** аптека
- **Poliklinik:** поліклініка
- **Krankenhaus:** лікарня
- **Zahnarzt:** стоматолог

Verlust der Geldkarte

Bei Verlust oder Diebstahl der Kredit- oder Debitkarte sollte man diese **umgehend sperren** lassen. Tipp: Die Notrufnummer mit IBAN bzw. Kreditkartennummer im Mobiltelefon speichern.

- **Deutscher Sperr-Notruf für alle Debit- und Kreditkarten:** Tel. 0049-116 116, aus dem Ausland Tel. 0049-30-4050 4050. Der Sperr-Notruf bietet auch eine kostenlose SperrApp für iOS und Android an.

- **Österreichischer Sperr-Notruf für Bankomat-Karten:** Tel. 0043-1-204 88 00.
- **Schweizerischer Kartensperrservice des TCS:** Tel. 0041-844 888 111.

Ansonsten gilt für österreichische und schweizer Kreditkarten, dass man sich vor der Reise die Rufnummer der kartenausstellenden Bank notieren sollte.

Geldnotfall

Wer dringend eine größere Summe Bargeld (bis zu umgerechnet 5000 Euro) in der Ukraine benötigt, kann das z.B. über www.westernunion.com regeln und sich das Geld bei der entsprechenden Vertretung von **Western Union** vor Ort auszahlen lassen. Je nach Höhe des Betrags wird eine Gebühr erhoben: Für eine Bargeldauszahlung von z.B. umgerechnet 1000 Euro in der Ukraine sind das 14,90 Euro, wenn man das Geld per Sofortüberweisung von seinem deutschen Konto oder der Kreditkarte anweisen lässt. So umgeht man bei Bedarf auch die tägliche/wöchentliche maximale Ausgabehöhe von Geldautomaten. Die Überweisungen kann man per App von Western Union vornehmen, über Online-Banking von seiner eigenen Bank oder durch eine dritte Person von z.B. Deutschland aus.

Öffnungszeiten

Die Öffnungszeiten der **Geschäfte** sind im Allgemeinen **länger als bei uns.** Bis 20 Uhr sind eigentlich die meisten Geschäfte geöffnet, vielfach auch länger. Nicht wenige Geschäfte haben sogar durchgehend geöffnet, auch an den Wochenenden.

Behörden haben ähnliche Öffnungszeiten wie in Deutschland. **Museen** sind meist von 10 bis 16 Uhr geöffnet; wer seinen Museumsbesuch auf diesen Zeitraum legt, sollte kaum je vor verschlossenen Türen stehen. Meist sind die genauen Öffnungszeiten der Sehenswürdigkeiten ohnehin in diesem Reiseführer angegeben.

Orientierung

Die **Straßenbeschilderung** im Land erfolgt natürlich in kyrillischer Schrift, sodass eine Grundkenntnis des Alphabets außerordentlich hilfreich ist. Nur an den wichtigen Hauptstraßen sowie in den Touristenzentren sind Beschilderungen mit lateinischen Buchstaben zu finden.

Aushängende **Stadtpläne** sind selten und eigentlich nur in einigen Touristenorten zu finden. Stadtpläne bekommt man aber an in allen Buchläden, in den meisten Kiosken und inzwischen auch in fast allen Hotels. Mitunter wird die Orientierung dadurch erschwert, dass Straßenschilder und Hausnummern fehlen oder aber die Nummerierung der Häuser nicht immer einem logischen

ukr14-167 pk

System folgt. Besonders in den Plattenbauvierteln, wo jedes Haus gleich aussieht, hat man sich schnell verirrt.

Problematisch ist, dass im städtischen Nahverkehr (Ausnahme ist die Metro) sehr oft **Fahrpläne** fehlen. Machen Sie es dann wie die Einheimischen: Stellen Sie sich an die Haltestelle und harren Sie der Dinge (oder Busse), die da kommen. Auf dem Bus steht i. d. R. die Richtung, in die er fährt. Im Falle von Orientierungsschwierigkeiten: Scheuen Sie sich nicht, jemanden anzusprechen. Die Leute sind im Allgemeinen freundlich und kommunikativ, auch wenn es an Fremdsprachenkenntnissen oftmals hapert. Vom (Bus-)Bahnhof ins Stadtzentrum oder umgekehrt kommt man immer …

⌃ Ukrainische Großfamilie

Post

In jeder Stadt gibt es ein **Hauptpostamt der Ukrposhta** (www.ukrposhta.com). Unter der Woche sind die Öffnungszeiten mitunter recht lang, immer bis 19, oft bis 21 Uhr. Die Hauptpost ist eigentlich immer sehr repräsentativ am oder in der Nähe des zentralen Platzes gelegen und kaum zu verfehlen. In den Postämtern gibt es meist auch eine kleine Philatelie und die Möglichkeit, Postkarten zu kaufen. Da das Verschicken von Postkarten in der Ukraine eher unüblich ist, ist das Angebot an Ansichtskarten nicht übermäßig üppig. In den Hauptpostämtern gibt es meist auch öffentliche Internetzugänge zu sehr günstigen Preisen, dieser Service steht meist 24 Stunden zur Verfügung, die Computerzahl ist aber mitunter gering. Viele Poststellen vermitteln auch internationale Telefongespräche (siehe „Telefonieren"). Die Beförderungsdauer von Briefen nach Deutschland beträgt i. d. R. mindestens eine Woche.

Eine Alternative zu den Filialen der staatlichen Post ist das Privatunternehmen **Nova Poshta** (нова Пощта), oftmals mit besserem Service und zumindest in den Städten mittlerweile überall präsent; man achte auf das rote Logo. Siehe unter https://novaposhta.ua/en.

Rollstuhlfahrer auf Reisen

Man muss es ganz klar sagen: Rollstuhlfahrer **haben es in der Ukraine schwer.** Abgesenkte Bordsteine gibt es noch längst nicht flächendeckend. Aufzüge auf Bahnhöfen sind eine ganz große Seltenheit. Viele Straßen lassen sich nur mittels Fußgängertunnel – und entsprechenden Treppen – überqueren. Behindertengerechte Toiletten gibt es nicht. Zugfahren ist praktisch unmöglich: Züge haben enge Türen mit steilen Trittstufen. Kurz gesagt: Rollstuhlfahrer sollten nur mit Begleitung reisen, die entsprechende Hilfestellungen leisten kann.

Sicherheit

Die Ukraine ist ein **sehr sicheres Reiseland,** Straßenkriminalität gibt es kaum, von Überfällen auf Touristen ist nichts bekannt. Auch Taschendiebstähle sind selten, aber natürlich nie ganz auszuschließen. Wer seinem gesunden Menschenverstand folgt, sollte eigentlich kaum irgendwelche Probleme bekommen. Fernhalten sollte man sich von Betrunkenen auf der Straße. Vor allem an und um Bahnhöfe treiben sich mitunter fragwürdige Gestalten herum – wenn jemand aufdringlich wird, sollte man die entsprechende Person wortlos ignorieren und einfach bestimmt weitergehen. Korrupte Milizionäre auf der Suche nach inoffiziellen Zusatzverdiensten kann es gelegentlich geben, aber auch das ist nicht die Regel.

Im Falle von **Einladungen durch Fremde** sollte man vorsichtig sein und sich von seiner Menschenkenntnis leiten lassen. Gleiches gilt bei der Suche nach Privatunterkünften. Schlechte Erfahrungen haben die Autoren zumindest bislang nicht gemacht. Gerade auf dem Land erhält man so auch Einblicke in die Lebensweise der Menschen und gibt den Leuten die Möglichkeit, ein klein wenig dazu zu verdienen.

Wildes Zelten ist außerhalb geschlossener Ortschaften problemlos und ohne größeres Risiko möglich. **Streunende Hunde** gibt es nach wie vor fast überall – von diesen sollte man sich fernhalten und sie auf keinen Fall streicheln oder füttern. Vorsichtige Menschen können eine Tollwutimpfung in Erwägung ziehen (siehe „Gesundheitsvorsorge").

Umgang mit Minderheiten

Die Ukraine gilt als **gastfreundliches Land,** die Menschen als aufgeschlossen und kommunikativ. Rechtsradikale Parteien haben – im Gegensatz zu Ungarn, Rumänien oder Russland – bisher wenig Einfluss, angesichts der prekären wirtschaftlichen Lage großer Bevölkerungsteile eine bemerkenswerte Tatsache. Auch das starke Abschneiden der rechtsextremen Svoboda-Partei bei den Parlamentswahlen 2012 war nur eine Momentaufnahme, denn bei den Wahlen im Jahr 2014 flog sie aus der Volksvertretung.

Offen zutage tretende **Ausländerfeindlichkeit** ist bislang selten. In prorussischen Medien finden sich wahre Horrorgeschichten über „faschistische" Umtriebe und von gewaltbereiten Neonazis. Diese Erzählungen kann man getrost ignorieren.

Antisemitismus ist im ganzen Land mindestens latent vorhanden, laut Aussage führender jüdischer Vertreter jedoch zurückgegangen, haben sich doch gerade Bürger jüdischen Glaubens besonders stark auf dem Maidan engagiert. Vereinzelte Angriffe auf Menschen jüdischen Glaubens, etwa im Umfeld der jährlichen chassidischen Pilgerreisen nach Uman, hat es gegeben. Anders als in Deutschland müssen Synagogen aber nicht bewacht werden. Als überaus positiv ist es zu werten, dass die jüdische Vergangenheit weiter Teile der Westukraine wieder kenntlich gemacht wird: Überall entstehen Mahnmale, Gedenktafeln, und auch für Babyn Yar in Kiew gibt es Pläne für eine neue Gedenkstätte. Vereinzelt werden neue jüdische Zentren ins Leben gerufen und alte oder verwahrloste Synagogen renoviert – was nichts daran ändert, dass viele Synagogen bis heute zweckentfremdet sind oder als Ruinen ohne Dach vor sich hinbröckeln. Dasselbe gilt für die vielen jüdischen Friedhöfe im Land. Empfehlenswert dazu ist der Blog Vanished World (https://vanishedworld.blog) von *Christian Herrmann.* Ein großartiges Projekt ist auch „Erinnerung lernen", das von diversen jüdischen Gemeinden und Institutionen in allen Teilen der Ukraine in Kooperation mit der Jüdischen Gemeinde Düsseldorf durchgeführt wird. Dabei geht es vor allem darum, Materialien zur pädagogischen Arbeit mit jungen Menschen zur Aufarbeitung des Holocaust zu entwickeln. Auch Wanderausstellungen zu diesem in der Ukraine noch ungenügend diskutierten Thema finden regelmäßig statt (Infos unter http://erinnerung-lernen.de).

Was die Rechte und gesellschaftliche Situation von **Schwulen und Lesben** betrifft, ist in den letzten Jahren viel Positives erreicht worden. Erstmals fanden im Zentrum von Kiew Schwulenparaden statt, wobei die Polizei das tat, für was sie zuständig ist: nämlich die Paraden vor den Attacken Rechtsradikaler zu schützen. Dennoch ist **Homophobie** nach wie vor weit verbreitet. Außerhalb der Städte ist wenig Toleranz zu erwarten, auch wenn Übergriffe auf homosexuelle Menschen und Paare extrem selten sind, zumal – anders als in Russland – die Diskriminierung sexueller Minderheiten nicht staatlich forciert wird. Dennoch ist es kein Fehler, sich in der Öffentlichkeit diskret zu verhalten.

Was sich in der Ukraine bisher überhaupt nicht in den Griff bekommen lässt, ist der massive **Antiziganismus.**

Mehrfach schon wurden und werden Romalager von rechtsradikalen Gruppierungen überfallen, in einigen Fällen gab es Tote. Mit einer angemessenen Verurteilung der Täter ist bislang nicht zu rechnen.

Sport und Aktivitäten

Aktivtourismus ist im Kommen. Es gibt wunderschöne Landschaften, die sich für eine aktive Erkundung bestens eignen. Auch für junge Einheimische sind die Reise mit Rucksack und Zelt oder Outdooraktivitäten wie Klettern und Rafting inzwischen vielfach selbstverständlich. Leider fehlt es oft noch an der nötigen touristischen Infrastruktur.

Radfahren

Weite Teile des Landes sind ideal für Radtouren. Viele Landstraßen sind nur wenig befahren. Fahrradverleihe sind zwar noch längst nicht überall zu finden, aber die Situation bessert sich allmählich. Insbesondere in den Karpaten etabliert sich der Fahrradtourismus. Ausgewiesene oder speziell angelegte Fahrradwege gibt es aber weder in Städten noch auf dem Land.

Wer sein eigenes Rad mitbringen möchte, dem sei die Mitnahme eines robusten Trekkingrads oder Mountainbikes empfohlen. Allerdings ist in grenzüberschreitenden Fernzügen die Fahrradmitnahme so gut wie unmöglich, es sei denn man verpackt das Rad in einer großen Tasche und nimmt es als Gepäckstück mit über die Grenze. In ukrainischen Nahverkehrszügen ist die Mitnahme eines Fahrrads problemlos mög-

ukr14-158 pk

lich, in Fernverkehrszügen wird sie im Allgemeinen akzeptiert, es gibt aber keine Garantie dafür. Die beste Möglichkeit, das eigene Rad **per Bahn** in die Ukraine mitzunehmen, besteht darin, zunächst bis Przemysl in Polen zu fahren, von dort aus über den nahe gelegenen Grenzüberganz Medyka zu radeln und dann von der ukrainischen Seite der Grenze mit dem Nahverkehrszug weiter bis Lliv zu fahren. Grenzüberschreitende Nahverkehrszüge, in denen die Fahrradmitnahme möglich ist, gibt es von Chelm nach Kovel/Zdolbuniv, von Cierna nad Tisou (Slowakei) nach Chop und von Zahony (Ungarn) ebenfalls nach Chop.

Bei jeder Fahrradreise sollten Flickzeug und das nötige Werkzeug unbedingt mit dabei sein.

Wandern

Schöne Landschaften, die sich gut zum Wandern eignen, finden sich im ganzen Land, ein ausgeschildertes Netz an Wanderwegen jedoch nicht. Bei Wandertouristen besonders beliebt sind die **Karpaten** (siehe „Wandern in den Karpaten“ im entsprechenden Kapitel). Mit Hilfe von topografischen Karten der jeweiligen Regionen kann man sich etwas orientieren, aber das Ganze gestaltet sich nicht immer einfach. Wandergaststätten, wie man sie in den deutschen Mittelgebirgen findet, sind kaum vorhanden, ebenso wenig Hütten auf den Höhenzügen der Gebirge. Zelten ist außer in Naturschutzgebieten überall erlaubt. Gleiches gilt für das Feuermachen, sodass eine mehrtägige Wanderung noch viel von Wildnis und Abenteuer hat.

< Rafting in Myhiia

Klettern

Die **Granitfelsen** der Regionen Rivne, Zhytomyr, Vinnytsia, Cherkasy und Mykolaiv sind teilweise erschlossen und gut abgesichert. **Kalksteinfelsen** gibt es in Kamianets Podilskyi und Umgebung sowie auf der Krim. **Sandsteinkletterei** ist am Nordrand der Karpaten möglich. Besonders schöne Klettergebiete sind Denyshi (Zhytomyr) und Buky (Cherkasy), das Smotrich-Tal (Khmelnytskyi), zahlreiche Gebiete in der südukrainischen Granitsteppe (Mykolaiv) und die Gegend um Yaremche (Ivano Frankivsk).

Kanufahren, Rafting

Das ganze Land ist von herrlichen, naturbelassenen Flüssen geprägt. Mehrtägige Kanuwanderungen sind theoretisch an vielen Stellen möglich. Leider gibt es bislang kaum Möglichkeiten, vor Ort Kanus auszuleihen. Einige Anbieter aus Kiew haben sich auf Kanutourismus spezialisiert (z. B. Terra incognita (http://terraincognita.info). **Schöne Flussläufe** sind der Sluch (Rivne), der Teteriv (Zhytomyr), der Smotrich (Khmelnytskyi), die Ros (Kiew + Cherkassy), der Pivdennyi Buh (Vinnytsia + Mykolaiv), der Dnister, der Zbruch (Ternopil + Khmelnytskyi), die Vorskla (Poltava), der Sejm (Sumy) und der Siverskyi Donets (Kharkiv + Donetsk). **Raftingangebote** gibt es in Myhiia am Pivdennyi Buh (nahe Pervomaisk) und am Cheremosh in den

Karpaten. Mehrtägige Kanutouren sind auch auf den Seen des Nationalparks Shatsk (Volyn) möglich.

Höhlen

Karsthöhlen gibt es vor allem im Gebiet der podolischen Platte (Ternopil und Khmelnytskyi) sowie in den Transkarpaten. Bis auf einige **wenige Schauhöhlen** sind diese verschlossen und nur mit Höhlenvereinen oder Anbietern von Aktivtourismus zu besichtigen. Näheres hierzu in den regionalen Kapiteln.

Naturbeobachtungen

Die Ukraine ist ein Land, das gerade **Vogelfreunden** fantastische Beobachtungsmöglichkeiten und eine unglaubliche Artenvielfalt bietet. Herausragende Reiseziele sind sicher das Donau- und das Dniprodelta, bestimmte Regionen der Krim und die Steppe Aksaniya-Novas. Kontakte, über die sich Exkursionen in die jeweiligen Schutzgebiete organisieren lassen, finden sich in den entsprechenden Kapiteln. **Botaniker** finden in den Steppengebieten und den Karpaten eine jeweils einzigartige und ganz besondere Flora vor.

Wintersport

Siehe hierzu **„Wintersport in den Karpaten“** im Kapitel zu den Karpaten.

Sprache und Verständigung

Bis 2014 war vielen Deutschen die Existenz einer eigenen ukrainischen Sprache nahezu unbekannt, zu sehr wurde das Land noch mit der Sowjetunion bzw. Russland in Verbindung gebracht. Historisch hat es das Ukrainische bei diesem großen Bruder auch nicht leicht gehabt, war es doch im Zarenreich als „kleinrussischer Dialekt“ verspottet und lange Zeit sogar unterdrückt gewesen. Auch in der Sowjetunion dominierte das Russische. Seit der Unabhängigkeit 1991 ist **Ukrainisch** die **alleinige Amtssprache** des ukrainischen Staates, 2012 indes wurde dem Russischen in 13 der 27 Verwaltungseinheiten des Landes wieder ein offizieller Status zugesprochen.

Die ukrainische Sprache zählt, wie die russische und weißrussische, zur **Familie der ostslawischen Sprachen.** Alle drei Sprachen verwenden die **kyrillische Schrift,** im Alphabet gibt es aber kleinere Unterschiede und alle drei Sprachen kennen „eigene“ Buchstaben, die es in den anderen Sprachen jeweils nicht gibt. Exklusiv ukrainisch sind das „Ґ“, das „І“, das „Є“ und das „Ї“.

Die grammatikalischen Ähnlichkeiten zwischen der russischen und der ukrainischen Sprache sind groß. Auch die meisten Verbstämme sind nahezu identisch. Größere Unterschiede gibt es aber bei Substantiven, Adjektiven und Eigennamen, wobei in der ukrainischen Sprache die große Zahl von Polonismen auffällt. Auch wenn etwa zwei Drittel der Wörter auf einen **gemeinsamen „ursla-**

wischen" Wortschatz zurückgehen: Das Ukrainische ist für russische Muttersprachler nicht ohne Weiteres immer verständlich. Große Unterschiede gibt es in der **Phonetik.** In der ukrainischen Sprache ist der Buchstabe „h" vorhanden. Seltsame Übertragungen von Eigennamen wie z. B. „Adolf Gitler" oder „Gannover" wird man im Ukrainischen nicht finden. Die Abwandlung des unbetonten o zum a gibt es in der ukrainischen Sprache ebenfalls nicht, ebenso wenig die Erweichung der Buchstaben i und e zu ji und je.

Gerade von russischer Seite wird oft bestritten, dass es sich bei der ukrainischen Sprache um eine **eigene Sprache und nicht nur um einen Dialekt des Russischen** handelt. Alle relevanten Sprachwissenschaftler betonen indes, dass Ukrainisch eine eigene Sprache sei, da alle linguistischen Kriterien, die eine Sprache von einem Dialekt unterscheiden, auf das Ukrainische zutreffen.

Ukrainisch ist flächendeckend bis weit in die Ostukraine verbreitet, wobei einschränkend zu sagen ist, dass es dort nur in ländlichen Regionen gesprochen wird. Die gerne verbreitete Ansicht, Ukrainisch sei lediglich eine westukrainische Regionalsprache, ist definitiv falsch, auch wenn sich dieses Gerücht in russophilen Kreisen hartnäckig hält. Und die Behauptung, die Verwendung der Landessprache sei ein Zeichen für Nationalismus, ja für eine faschistoide Gesinnung, ist in diesem Zusammenhang an Dummheit kaum zu überbieten.

Die linguistische Landschaft der Ukraine ist komplex, und die oft gezogenen Grenzen – ukrainischsprachiger Westen, russischsprachiger Süden und Osten – taugen zwar zur groben Orientierung, werden der **praktischen Zweisprachigkeit der meisten Menschen** aber nicht wirklich gerecht. In der letzten Volksbefragung zum Thema (2001) gaben 67,5 % der Ukrainer an, Ukrainisch sei ihre Muttersprache, ca. 30 % nannten Russisch als Muttersprache. Diese Angaben bedeuteten jedoch nicht, dass die befragte Person die angegebene Muttersprache auch überwiegend als Alltagssprache benutzte. In besagter Umfrage bezeichneten z. B. 75 % der Kiewer Ukrainisch als Muttersprache, aber 52 % sagten auch, dass sie im Alltag hauptsächlich Russisch benutzten. Zudem gibt es das **Phänomen des Surzhyk,** einer Mischsprache aus dem russischen und dem ukrainischen Idiom, die vor allem in der Zentralukraine anzutreffen ist: Die Sprecher kombinieren Wortschatz und grammatikalische Elemente beider Sprachen auf der Basis ihrer „eigentlichen" Muttersprache.

Seit 2001 dürften sich die Gewichte durch die gezielte staatliche Förderung des Ukrainischen weiter zugunsten der ukrainischen Sprache verschoben haben. Eine nicht zu unterschätzende Rolle bei der **Ukrainisierung** des Landes spielen die zahlreichen ukrainischsprachigen **Rockbands** im Land, die der Sprache ein modernes, jugendliches und somit positiv besetztes Image verpassen. Selbst die aus dem rein russischsprachigen Kharkiv stammende Crossoverband „TNMK" singt ausschließlich auf Ukrainisch. Gleichwohl gilt: Sprache ist in der Ukraine ein mitunter **sehr emotional besetztes Thema,** und viele russischsprachige Ukrainer neigen dazu, sich potenziell diskriminiert zu fühlen.

Schlimme Folgen hatte ein im Überschwang der geglückten Revolution gefasster **Parlamentsbeschluss** – der im Übrigen nie umgesetzt wurde – wenige Tage nach Ende des Maidan im Februar 2014, der das **Sprachgesetz** von 2012 (Russisch als Regionalsprache) wieder abschaffen sollte. Die **russische Propaganda** konstruierte daraus kurzer Hand ein Verbot der russischen Sprache. Apokalyptische Märchen wurden verbreitet, wonach gewaltbereite Rechtsradikale unterwegs seien, um russischsprachige Bürger zu ermorden. Diese Lügengeschichten halfen den Russen dabei, ihr Vorgehen auf der Krim und im Donbas seit dem Frühjahr 2014 zu rechtfertigen, nach dem Motto, es gehe darum, die russischsprachige Bevölkerung im Osten der Ukraine zu retten. Dass mit ähnlichen Argumenten *Hitlers* Einmarsch ins Sudetenland im Jahr 1938 begründet wurde, sei nur am Rande erwähnt.

Inzwischen hat sich die Diskussion beruhigt. Von einem Verbot der russischen Sprache kann keine Rede sein, lediglich die Bedeutung des Ukrainischen als Bildungssprache wird als Folge jüngster Gesetzesvorhaben zunehmen. Unter jüngeren russischsprachigen Ukrainern entsteht mittlerweile eine **neue staatspatriotische Haltung ganz unabhängig von der Sprache.** So wird *Putins* Kampfansage „Überall, wo russisch gesprochen wird, ist Russland“ ad absurdum geführt. Gerade die faktische Zweisprachigkeit des Landes zeigt – allen Mythen zum Trotz, wonach der orthodox geprägte Ostslawe „anders“ sei als der Westeuropäer –, dass Demokratie, Meinungsfreiheit und Rechtsstaatlichkeit auch in einem russischsprachigen Umfeld möglich sind und funktionieren können. Vor allem das rein russischsprachige Kharkiv ist in diesem Zusammenhang als herausragendes Beispiel für die Modernisierung der Gesellschaft zu erwähnen.

Was die **Verständigung** betrifft, so sind Grundkenntnisse der ukrainischen oder zumindest der russischen Sprache dringend zu empfehlen – vor allem das kyrillische Alphabet sollte man sich einigermaßen aneignen. In den absoluten Touristenzentren (z. B. in Odessa) wurde zwar viel für die touristische Erschließung getan, sodass man sich dort zur Not auch ohne Kyrillisch durchschlagen kann. Einfacher ist es aber definitiv mit einer Kenntnis wenigstens des Alphabets, sodass man Straßennamen etc. entziffern kann. Speisekarten sind fast ausschließlich auf Ukrainisch oder Russisch beschriftet, ebenso Fahrpläne und die meisten Wegweiser.

Die **Deutschkenntnisse** der meisten Menschen beschränken sich i. d. R. auf markante Sätze wie „Gitler kaputt“, „Ah, jaa, das is fantaastisch“ und „Ich gewesen Deutschland in neunzehnhundertsiebenundsiebzigste Jahr – Galle“ (wahlweise auch Wiunsdorf oder Magdeburg). Auch **Englischkenntnisse** sind außerhalb der großen Städte begrenzt.

Eine große Verständigungshilfe ist der **Sprachführer „Ukrainisch – Wort für Wort“** aus der Reihe „Kauderwelsch“, der im selben Verlag wie dieser Reiseführer erschienen ist. Selbstverständlich wird Russisch überall im Land verstanden, wenn auch in einigen westlichen Regionen eher widerwillig.

▷ Von öffentlichen Fernsprechern ins Ausland telefonieren ist eine teure Angelegenheit

Telefonieren

Die **Landesvorwahl** der Ukraine ist **00380.** Jede Stadt hat ihre eigene Vorwahlnummer, die immer mit einer „0“ beginnt (z. B. Kiew 044). Die „0“ der Stadtvorwahl fällt bei internationalen Anrufen weg. Ein Anruf aus Deutschland nach Kiew hat also die Vorwahl 0038044.

Bei Inlandsgesprächen in eine andere Stadt ist von **Telefonzellen** aus die Zahl 8 vorzuwählen, so lange bis das Freizeichen ertönt, danach wird die volle Stadtvorwahl gewählt.

Wer **ins Ausland telefonieren** möchte, kann dies im Prinzip von vielen öffentlichen Telefonapparaten tun, was aber nicht empfehlenswert ist, da Auslandsgespräche auf diese Art und Weise unglaublich teuer werden. Besser man lässt sich auf einer Postfiliale ein Auslandsgespräch vermitteln und telefoniert dann von einer Telefonkabine aus.

Telefonzellen funktionieren nur noch mit **Telefonkarten,** die man an unzähligen Kiosken bekommt. Nachdem die Verbindung hergestellt ist, hört man die Person am anderen Ende der Leitung und drückt einen kleinen Knopf am Gerät. Manchmal muss auch eine bestimmte Zahl gedrückt werden; dies ist am Gerät selbst erklärt. Erst danach wird das Gespräch freigeschaltet und die Telefongebühren werden fällig. Zu beachten ist, dass man sich üblicherweise nicht mit Namen meldet, sondern einfach mit „alo“.

ukr14-168 pk

Handy

Die Netzdeckung im Land ist mittlerweile recht gut, sodass man praktisch **überall mobil** telefonieren kann. Allerdings geht das wegen der internationalen Roaming-Gebühren ganz schön ins Geld. Das gilt umso mehr für die Nutzung von Smartphone-Datapacks. Rechnungen mit vierstelligen Summen nach 14 Tagen Urlaub und täglich 20 MB pro Tag sind da keine Ausnahme! Solche Kosten kann man am besten umgehen, wenn man sich auf SMS beschränkt (der Empfang ist i.d.R. kostenfrei), über eine kostenlose WLAN-Verbindung E-Mails schreibt, Skype bzw. Facetime zum Telefonieren oder z.B. WhatsApp zur Kommunikation nutzt. Insbesondere wenn man kostenlose WLAN-Netze auf seinem Tablet, Smartphone oder Laptop nutzt, sollte man sich bewusst sein, dass diese in der Regel nicht geschützt sind und man darüber z.B. keine sensitiven Anmeldedaten (Bank-Login u.Ä.) eingeben sollte, wenn man sich nicht durch einen zusätzlichen Dienst wie z.B. einen VPN-Anbieter *(Virtual Private Network)* wie www.safervpn.com absichert.

Empfehlenswert ist es, sich unmittelbar nach Ankunft im Land ein günstiges **Prepaid-Paket** inkl. SIM-Karte zuzulegen; damit können Gespräche im Land sehr billig geführt werden. Die bekanntesten Mobilfunkanbieter in der Ukraine sind Kyivstar (www.kyivstar.ua/en), MTS (www.mts.com.ua) und Life (www.ife.com.ua).

▷ Sowjetische Hotelarchitektur in Chernihiv

Uhrzeit

In der Ukraine gilt die mitteleuropäische Zeit **MEZ + 1 Stunde.** Die Umstellung zur Sommerzeit erfolgt wie bei uns. Eine immerwährende Sommerzeit wie in Russland gibt es in der Ukraine nicht. Offenbar hat es sich bis nach Kiew herumgesprochen, dass selbst eine solche Maßnahme nicht dazu geeignet ist, die Ukraine in ein Land des ewigen Sonnenscheins zu verwandeln …

Ein kurioser Sonderfall ist die Region **Transkarpatien.** Hier stellen viele Leute ihre Uhr nach mitteleuropäischer Zeit, um ihre Verbundenheit mit dem benachbarten Ungarn unter Beweis zu stellen. Fragen Sie dort also bei jeder Zeitangabe nach, ob es sich um „zakarpatskyi" oder „kyivskyi chas" handelt.

Unterkunft

Hotels

Die Hotellerie in der Ukraine hat sich in den letzten Jahren spürbar verbessert. Allerorten werden die **alten Hotels sowjetischer Bauart** – oft zimmerweise – renoviert. In einem solchen Hotel werden dann parallel renovierte und nicht renovierte Zimmer angeboten, Letztere natürlich (deutlich) billiger. Wer also nichts gegen eine kalte Etagendusche, abfallende Wandfliesen, durchgelegene Matratzen und miefige Teppiche aus der Zeit *Breschnews* hat, kann noch richtig billig Urlaub in der Ukraine machen.

ukr14-170 pk

Neben den alten Sowjetbauten erweitern viele **Hotelneubauten** das Angebot. Bei neu gebauten Hotels reicht der Standard von recht brauchbar bis absoluter Luxus. Frühstück gibt es mittlerweile in vielen Hotels, aber längst noch nicht überall. Aufschluss gibt, wenn vorhanden, immer die Homepage des Hotels, ansonsten die Nachfrage an der Rezeption. Außer vielleicht in Kiew und einigen ostukrainischen Städten liegen die Preise (noch) deutlich unterhalb des mitteleuropäischen Niveaus.

Turbaza/Baza Vidpochynku

Diese Erholungsheime, oft aus einer Ansammlung hölzerner Hütten oder einfacher Steinbungalows bestehend, sind in allen touristisch relevanten Gebieten zu finden. Sie bieten einen sehr einfachen, aber **zumeist akzeptablen Standard.** Viele stammen aus sowjetischer Zeit. Geselliges Beisammensein mit einheimischen Reisenden ist hier die Regel, leider oft begleitet von Alkoholexzessen …

Sanatorien

Diese **typisch sowjetische Einrichtung** hat bis heute überlebt. Häufig handelt es sich um hotelähnliche Plattenbauten von eher zweifelhaftem architektonischen Reiz und eher geringem Standard in mehr oder minder freier Natur mit großem Außengelände. Es gibt dort Läden, Cafés, eine Kantine, und ärztliche Anwendungen können gebucht werden. Für viele Ukrainer ist ein Aufenthalt im Sanatorium vom Arbeitgeber oder vom

Staat subventioniert. Für westliche Besucher fällt der volle Preis an, der sich nur wenig von Hotelpreisen unterscheidet. In diesem Reiseführer wurden nur wenige Sanatorien erwähnt.

Grüner Tourismus/Dorftourismus (Zelenyi Turyzm/Silskyi Turyzm)

Auf dem Land bieten **Privatleute** oft **einfache Unterkunft im eigenen Haus** an. Essen gibt es ganz selbstverständlich mit dazu. Überhaupt kein Problem ist es in touristischen Regionen, ein solches Quartier zu finden (z. B. Shatsker Seen, Karpaten, Sviatohirsk). Die Preise sind meist sehr günstig: Rechnen Sie je nach Standard mit 120–200 UAH. Erkundigen Sie sich vorher unbedingt nach den sanitären Einrichtungen. Oft gibt es nur Außentoiletten, was nicht jedermanns Sache ist. Hier drei Webseiten zum Thema: http://ruraltourism.com.ua, www.greentour.com.ua, www.karpaty.info.

Jugendherbergen/Hostels

In größeren Städten gibt es mittlerweile zahlreiche, oft sehr stylishe und von einer bunten internationalen Backpackerschar frequentierte Hostels. Geschlafen wird in Mehrbettzimmern, es gibt eine Küche zur Selbstverpflegung. Häufig sind aber auch einzelne Doppelzimmer erhältlich. Die Preise im Dorm liegen oft unter 10 Euro. Über einschlägige Hostelseiten wie www.hostelworld.com ist eine Buchung auch online möglich, ebenso

Nachtlager für Hartgesottene:
Betten in einer Erholungsbaza an den Shatsker Seen

ukr14-169 pk

über viele Hotelportale. Daneben gibt es den staatlichen Jugendherbergsverband: www.hihostels.com.ua.

Bahnhofszimmer

Viele Bahnhöfe und größere Busbahnhöfe bieten offizielle Übernachtungsmöglichkeiten. Bereits zu sowjetischer Zeit für Transitreisende eingerichtet, bestehen sie bis heute. Man folge den Hinweisschildern „Kimnata Vidpochynku" (кімната відпочинку). Der **Standard ist recht unterschiedlich,** da noch längst nicht alle dieser Unterkünfte renoviert sind. Oft gibt es nur Mehrbettzimmer mit Jugendherbergsstandard und Dusche und Toilette auf dem Flur. Die Übernachtungspreise sind meist sehr niedrig. Bei einigen größeren Bahnhöfen gibt es anstelle der Bahnhofszimmer ein eigenes Hotel, das meist den Namen Hotel Ekspres trägt.

Buchungsportale

Als Ergänzung zu den sorgfältig zusammengetragenen Unterkunftsempfehlungen in diesem Buch können Buchungsportale wie Booking.com, Agoda.com oder AirBnB.de dazu genutzt werden, **aktuelle Preise** und die Bewertungen anderer Reisender einzusehen sowie Unterkünfte direkt zu buchen.

Die Plattformen listen **Unterkünfte aller Art** auf und machen sie für Reisende leicht auffindbar. Sie übernehmen bürokratische Aufgaben wie die Abwicklung der Bezahlung oder stellen den Kontakt zwischen Unterkunft und Unterkunftssuchenden her.

Hilfreich bei der Entscheidungsfindung sind die **Bewertungen anderer Kunden** in diesen Portalen. Gäste bewerten eine Unterkunft nach oder während ihres Aufenthalts und sorgen im besten Fall für aussagekräftige Benotungen (1–10, 10 ist das Optimum). Je mehr Nutzer eine Bewertung abgegeben haben, desto verlässlicher ist das Ergebnis. Vorsicht ist geboten, wenn nur sehr wenige Nutzer ihre Meinung äußern. Aber auch sonst lohnt es sich, **kritisch zu lesen:** Achtet man auf die zu den Rezensionen verfassten Texte, so erhält man oft Aufschluss über die Echtheit der Bewertung. Auch lassen sich Veränderungen im Qualitätsstandard erkennen, wenn eine insgesamt positiv bewertete Unterkunft in jüngster Zeit zahlreiche schlechte Bewertungen erhalten hat.

Über die Plattform **AirBnB** können private und gewerbliche Vermieter ihr „Zuhause" oder einen Teil davon anbieten. Auch hier vermittelt das Portal zwischen Anbieter und Kunde. Es werden zusätzlich Touren und Aktivitäten mit Einheimischen vermittelt, bisher allerdings nur in touristischen Ballungsgebieten.

Tripadvisor ist ein reines Bewertungsportal, das die Nutzer bei Bedarf an Buchungsportale und/oder die Websites von Unterkünften bzw. Restaurants weiterleitet und sich besonders für Gastronomietipps eignet.

Ob man sich für die Buchung über ein Online-Buchungsportal entscheidet, hängt von der Präferenz der Nutzer ab. Zur generellen **Sondierung der Marktsituation** und zur **Einschätzung von Unterkünften** sind die Portale meist empfehlenswert. Die Nutzung ist für Endkunden zunächst kostenlos, für die

Betreiber der Unterkünfte fällt jedoch eine Provision an – die im Zweifel irgendwann eingepreist wird. Die Haltung der Betreiber ist unterschiedlich: Während manche über das Portal sogar günstigere Preise anbieten, freuen sich andere ausdrücklich, wenn man persönlich und direkt bucht.

Verhaltenstipps

Die Ukraine ist nach wie vor ein **armes Land.** Der monatliche Durchschnittsverdienst liegt bei ca. 300 Euro (kaufkraftbereinigt 600 Euro), also unter Hartz-IV-Niveau. Lediglich in größeren Städten ist der Verdienst höher. Daher sollte man sich mit Bemerkungen wie „Ist das aber billig" zurückhalten und das geschmacklose Protzen mit Reichtümern den ukrainischen Neureichen überlassen. Bei Touristen ermuntert solches Verhalten allenfalls dazu, Mondpreise zu verlangen.

Angst vor Kontakt mit Einheimischen ist fehl am Platz, im Gegenteil: Viele Ukrainer konnten bislang aufgrund der restriktiven Visapolitik der Schengen-Staaten nicht ins westliche Ausland reisen und sind daran interessiert, Leute aus westlichen Ländern kennenzulernen. Zur großen Freude der Ukrainer sind seit dem Sommer 2017 Reisen in die Staaten der EU visafrei möglich.

Eine landestypische Tradition im Fall einer **Privateinladung** sind kleine Gastgeschenke. Das kann eine kulinarische Spezialität aus Deutschland sein (z. B. eine Flasche Bier oder Wein), aber auch Nippes oder Kitsch mit deutschem Bezug ist gern gesehen. Unbedingt erwartet wird, dass der Gast vor Betreten einer Wohnung seine Schuhe auszieht.

Bemerkenswert ist, dass man als Deutscher, trotz unserer wenig ruhmreichen jüngeren Geschichte, kaum jemals Anfeindungen erlebt. Nicht wundern sollt man sich übrigens, wenn Frauen einem nicht die Hand geben – das ist schlicht und einfach nicht üblich.

Frauen allein unterwegs

Allein reisende ausländische Frauen sind in der Ukraine eher selten. Somit wird „frau" den einen oder anderen überraschten Blick ernten. Generell ist die Ukraine – wie schon erwähnt – ein sehr sicheres Reiseland. Da den **Ukrainern Machogehabe weitgehend fremd** ist, sollten Belästigungen sexueller Natur die absolute Ausnahme darstellen. Manche Frauen mögen die nächtliche Zugfahrt in einem Liuks-Abteil (mit nur zwei Betten) als unangenehm empfinden – wer das Kupe wählt, ist hier auf der sicheren Seite. Allenfalls die **mangelnde Hygiene** in Zügen und Budgethotels und die vielfach fehlenden (oder katastrophalen) öffentlichen Toiletten können zu einem Problem werden, das weiblichen Reisenden u. U. eher zusetzt als männlichen.

Service

Die Sowjetunion war eine Servicewüste. Die Folge: In der Ukraine sind auch heute noch muffige Gesichter und **Unfreundlichkeit** bei Kassiererinnen und anderen Servicekräften oft Standard.

Gerade ältere Damen, die z. B. an den Bahnschaltern Dienst tun, sind zudem manchmal überfordert, wenn sie plötzlich mit Ausländern zu tun haben, deren Sprache sie nicht verstehen und die wiederum ihre Sprache nicht verstehen – der Klassiker ist dann das Schalterfenster, das schlicht und einfach geschlossen wird. In Fällen extremer Verständigungsschwierigkeiten sollte man sich an jüngere Menschen in der Nähe wenden, die einem in aller Regel weiterhelfen können. Im öffentlichen Raum herrscht zuweilen auch immer noch eine gewisse **Ellenbogenmentalität:** Mit dem Auto schneiden, Vordrängeln in Warteschlangen oder an der Tankstelle usw. kommt häufig vor, und man sollte darauf vorbereitet sein. In diesem Fall sollte man freundlich, aber bestimmt auf seine Anwesenheit und Rechte hinweisen. Die Annäherung an westeuropäische Standards ist aber auch in diesem Punkt unübersehbar.

Besuch von Kirchen

Beim Besuch orthodoxer Kirchen sind **einige Grundregeln** zu **beachten:** Frauen sollten eine Kopfbedeckung tragen, Männer diese unbedingt abnehmen. Auch sollte man nicht in kurzer Hose oder Minirock eine Kirche betreten. Fotografieren im Kircheninneren wird nicht gerne gesehen. Um Konflikten aus dem Weg zu gehen, sollte man dies äußerst diskret und ohne Blitz machen. Generell gehen die Griechisch-Katholische und die Orthodoxe Kirche des Kiewer Patriarchats mit diesem Verhaltenskodex lockerer um als die Orthodoxe Kirche des Moskauer Patriarchats.

Trinkgeld

Die Trinkgeldregelung ist in etwa analog zu unserer, man gibt also **bis zu 10 % des Rechnungsbetrags.** Bedenken Sie, dass Servicekräfte in der Ukraine extrem schlecht bezahlt werden. Trinkgeld ist also – ähnlich wie auch in den USA – für die Bedienungen sehr wichtig. Die Rechnung und das Wechselgeld erhält man üblicherweise in einem zusammengeklappten Lederetui; man kann folglich diskret selbst entscheiden, wie viel Trinkgeld man zurücklässt.

Umgang mit Uniformierten

Es kursieren wahre Horrorstorys über skrupellose, betrügerische **Milizionäre,** die den ganzen Tag danach trachten, Touristen auszuplündern. Solche Erzählungen kann man getrost in die Welt der Märchen verbannen. Einzelfälle gibt es sicherlich, in denen versucht wird, dem sprachunkundigen Ausländer ein paar Geldscheine zu entlocken. Aber das ist sehr selten. **Wird man als Autofahrer angehalten** und zu einer Strafzahlung aufgefordert, sollte man dem nur nachkommen, wenn man sich bewusst ist bzw. der Beamte nachweisen kann, dass man eine Ordnungswidrigkeit begangen hat. Ist der Vorwurf Unsinn, bleibe man freundlich, aber bestimmt in der Ablehnung der Zahlung. Man bestehe auf einer offiziellen Quittung und frage nach Namen und Dienstnummer des Beamten. Fehlende Sprachkenntnisse sind dabei kein Hindernis. Im Gegenteil: Da die Milizionäre oft über geringe Englischkenntnisse verfügen und das Herbeirufen eines Dolmetschers in der Regel zu zeitaufwendig ist, hat sich die Sache damit evtl. von allein erledigt. Sollten die Milizionäre nicht locker lassen, bietet sich der Griff zum Handy an, in Verbindung mit dem Spruch „Ich rufe jetzt einen Freund an“ („Ya perezvoniu druh“). Wie gesagt, das kommt selten vor: Der Autor wählte die letztgenannte Option auf Dutzenden von Reisen in die Ukraine ein einziges Mal. Übrigens mit dem gewünschten Ergebnis – denn wer weiß, was für einflussreiche Leute dieser Ausländer so kennt …

Viel verbessert hat sich mit der Einführung der **neuen Verkehrspolizei** seit 2014, die sukzessive die alte Miliz ersetzen soll. Nach georgischem Vorbild steht hierbei der Servicegedanke im Vordergrund. Die Beamten werden im Gegensatz zur Vergangenheit auch vergleichsweise gut bezahlt, sodass der Anreiz, mit Bestechung zu arbeiten – ein Verhalten, das im Übrigen zur sofortigen Kündigung führen würde – geringer geworden ist. Die Einführung der neuen Polizei wurde in der Bevölkerung geradezu enthusiastisch begrüßt, und in der Tat sind Korruptionsfälle seitdem wohl nicht gänzlich verschwunden, aber doch erheblich weniger geworden.

Verkehrsmittel

Die Fortbewegung mit öffentlichen Verkehrsmitteln ist überhaupt kein Problem. Reisen im Land kann aber – aufgrund schlechter Straßen und Schieneninfrastruktur – oft sehr zeitintensiv sein.

Bahn

Vor allem für weitere Strecken bietet sich die Fahrt mit dem Zug an, vor allem die nächtliche Reise ist ein probates Mittel der Fortbewegung. Die ukrainischen Züge fahren **langsam** und benötigen häufig recht viel Zeit (der Nachtzug Kiew – Lemberg fährt z. B. 11 Stunden für eine Entfernung von 550 km). Die **Fahrt im Kupe** ist meist angenehm und erholsam (siehe dazu auch im Kapitel „Anreise“). Man sollte sich aber unbedingt rechtzeitig um eine Fahrkarte kümmern. Speziell in den Sommermonaten sind Zugtickets auf die Krim schon Wochen im Voraus ausgebucht. **Tickets** erhält man an den Bahnhöfen, an innerstädtischen Eisenbahnkassen und mittlerweile ohne Probleme online, allerdings muss dazu die Kreditkarte bei Mastercard 3D Secure oder Visa verified angemeldet werden; über ein TAN-Verfahren oder mittels einer Smartphone-App ist die Zahlung dann möglich (siehe https://booking.uz.gov.ua). Die **Fahrpläne** der ukrainischen Bahn sind deutlich dünner als in Deutschland. Gerade tagsüber gibt es oft stundenlange Lücken im Fahrplan, die Nachtverbindungen sind meist deutlich besser.

Aus alten Gewohnheiten heraus bucht der Ukrainer grundsätzlich nur **Direktverbindungen.** Umsteigen gilt vielen als unsicher und wird gern vermieden. Daher werden Ihnen auch am Bahnschalter vermutlich nur Direktverbindungen angeboten. Sind diese ausgebucht, dann heißt es eben: „Mist nemae" – „Kein Platz mehr". Fragen Sie daher ausdrücklich auch nach Umsteigeverbindungen: „A z Peresadkoiu?" – „Mit Umsteigen?". Denn selbst wenn Odessa – Kiew ausgebucht ist – nach Vinnytsia und von dort aus weiter geht es immer irgendwie.

Der **Nahverkehr** ist vom Fernverkehr organisatorisch getrennt und wird von den Regionaldirektionen der UZ durchgeführt. Tickets werden an anderen Kassen verkauft als Fernzugtickets. Man achte auf das Hinweisschild „Prymiski Kasi" (приміські каси). Gefahren wird mit altertümlichen Diesel- oder Elektrotriebwagen. Auch hier sind die Fahrpläne häufig sehr dürftig, und die Fahrt dauert halbe Ewigkeiten, da an jeder Station, die oftmals so poetische Namen wie „Platforma 115 Kilometer" tragen, gehalten wird. Für kurze Strecken mag das erträglich sein, längere Strecken aber sind eine Herausforderung …

Eine Alternative können die **Express-Elektrichky** sein. Diese sind am ehesten mit unseren Interregioexpresszügen zu vergleichen. Die Fahrpläne sind ebenfalls auf der Website der ukrainischen Bahn zu finden (man suche nach „rozklad prymiskykh poizdiv" – розклад приміських поїздів).

In jedem Bahnhof oder Busbahnhof gibt es die Möglichkeit der **Gepäckaufbewahrung,** welche absolut zuverlässig funktioniert und sehr günstig ist. Alternativ stehen gelegentlich auch **Schließfächer** zur Verfügung, deren Benutzung etwas „tricky" ist: Zunächst ersteht man einen Jeton an der Kasse, danach gibt man auf der Innenseite der Schließfachtür mit Hilfe von vier Drehknöpfen einen persönlichen Code aus Zahlen und Buchstaben ein, den man sich unbedingt merken muss. Nach Einwurf des Jetons ist die Tür verschließbar. Hat man sich den Code auf der Innenseite nicht gemerkt, hat man ein Problem, denn geöffnet wird die Tür, indem dieser Code auf der Außenseite der Tür mit den dort angebrachten Drehknöpfen wieder eingegeben wird.

Überlandbusse

Das Busnetz ist sehr gut ausgebaut, Busbahnhöfe gibt es in jeder Stadt, die **Verbindungen sind gut.** Größere Städte haben gleich mehrere Busbahnhöfe, die den Verkehr in die verschiedenen Himmelsrichtungen bedienen. So gehen die Verbindungen von den Oblast-Zentren sternförmig in alle Richtungen. Querverbindungen sind selten. Im Umkreis größerer Städte operieren als wichtiges Verkehrsmittel neben den großen Linienbussen zudem die sog. **Marshrutky.** Diese Minibusse fahren oft im Takt von 20 Minuten und decken den Nahbereich der Großstädte ab. Sie kursieren aber auch auf allen Langstrecken. Bei Fahrten von Stadt zu Stadt werden mittlerweile nur noch Tickets verkauft, solange Sitzplätze vorhanden sind. Die meisten Busse halten – wenn sie nicht voll sind – auch auf Handzeichen, also abseits ausgewiesener Haltestellen.

Flüge

Für Inlandsflüge in der Ukraine ist **Dniproavia** (www.dniproavia.com) der bekannteste Anbieter. Wirkliche (touristische) Bedeutung haben Inlandsflüge in der Ukraine jedoch nicht.

Innerstädtischer Nahverkehr

Der innerstädtische Nahverkehr ist in der Regel **sehr gut ausgebaut.** Er wird mit Bussen, elektrisch betriebenen Trolleybussen, mitunter mit Straßenbahnen und immer auch mit Marshrutky abgewickelt. In Kiew und Kharkiv gibt es auch eine Metro. Bei Bussen, Trambahnen und Marshrutky gibt es oft keine an den Haltestellen angeschlagenen Fahrpläne, aber die Taktfrequenz ist so hoch, dass diese ohnehin nicht nötig sind. Das Fahrtziel steht immer an der Frontscheibe des Gefährts, meist auch in den Seitenfenstern. Bezahlt wird – im Gegensatz zu uns – i. d. R. bar im Bus, entweder beim Fahrer oder bei einer „Einsammlerin". Sind die Busse bis zum Platzen voll, ist das Phänomen der „wandernden Geldscheine" zu beobachten: Die Scheine werden dabei von Passagier zu Passagier bis zum Fahrer durchgereicht. Das Ticket samt Wechselgeld wandert schließlich auf demselben Weg zurück. Für den innerstädtischen Nahverkehr sollte man mit 6–8 UAH rechnen. Jeder Umstieg kostet extra.

Taxi

Die Zahl der Taxis ist hoch, ihre Benutzung weit verbreitet. Innerstädtische Taxis haben zumeist Einheitspreise oder ein Taxameter. Für innerstädtische Fahrten ist mit 60–100 UAH zu rechnen, in den Großstädten können es bis zu 200 UAH sein. Gerade abends und nachts empfiehlt es sich, ein Taxi telefonisch zu bestellen, da es **auch unseriöse Anbieter** gibt. Beim Anruf werden dann Automarke und Autonummer mitgeteilt. Steigt man einfach so in ein Taxi ein, sollte man darauf achten, dass das Taxi ein **Taxameter** hat und dieses auch eingeschaltet ist. Es bietet sich immer an, den ungefähren Preis vorher zu erfragen; dies gilt insbesondere bei Fahrten außerhalb geschlossener Ortschaften. Um keine bösen Überraschungen zu erleben, sollte man den Preis vorher aushandeln. Für Strecken über 50–60 km ist mit ca. 500 UAH zu rechnen.

Fahrrad

Noch ist das Fahrrad als innerstädtisches Verkehrsmittel weitaus weniger verbreitet als bei uns. Aber auch hier tut sich was. Umtriebige **Fahrradinitiativen** wie zum Beispiel die Kiewer Fahrradvereinigung Kyiv Cyclists' Association (Асоціація велосепедистів, http://avk.org.ua/english) sind entstanden und versuchen mit öffentlichkeitswirksamen Aktionen wie Aktionstagen oder der Kampagne: „Mit dem Rad zur Arbeit" (велосіпедом до роботи) den Umstieg aufs Fahrrad zu promoten, tatkräftig unterstützt von internationalen Entwicklungsorganisationen wie etwa der deutschen GIZ. Allerdings ist es in den großen Städten immer noch so, dass der dichte Autoverkehr und fehlende Radwege den Spaß am Radfahren verleiden.

Allgemein gilt das Fahrrad als Fortbewegungsmittel für alte Leute und Kinder auf dem Land. Entsprechend schlecht ist die **Infrastruktur** auch für Radtouristen. Fahrradmitnahme im öffentlichen Nahverkehr ist schwierig, lediglich in den Elektrichky geht das ohne Probleme. In den Karpaten beginnt sich allmählich ein Mountainbike-orientierter Fahrradtourismus zu entwickeln.

Trampen

Das Trampen ist – aus der Not heraus – **weit verbreitet** und wird von allen Bevölkerungsschichten betrieben. Oft stehen ganze Völkerscharen an den Ausfallstraßen der Städte. Bei Mitnahme wird erwartet, dass man sich an den Benzinkosten beteiligt. Als kostenlose Reisemöglichkeit für Rucksacktouristen ist Trampen eher unüblich. Meist fährt der nächste Überlandbus ohnehin binnen weniger Minuten.

Versicherungen

Zunächst ein **Tipp:** Zu allen abgeschlossenen Versicherungen sollte man die Notfallnummern notieren und mit der Policennummer gut aufheben! Bei Eintreten eines Notfalls sollte die Versicherungsgesellschaft sofort verständigt werden! Dies gilt auch bei einem Schadensfall im Urlaub, der durch die reguläre Haftpflicht- und Unfallversicherung daheim abgedeckt wird, wenn man den Schaden direkt vom Urlaubsort meldet.

Grundsätzlich gilt, dass Versicherungspakete oft teuer sind und Versicherungen enthalten, die man nicht benötigt. Man sollte aber existenzielle Risiken absichern und dazu gehört an erster Stelle eine **Auslandskrankenversicherung,** denn die Kosten für eine ärztliche Behandlung in der Ukraine werden von den gesetzlichen Krankenversicherungen in Deutschland und Österreich nicht übernommen. Privatversicherte (u.a. Schweizer) sollten prüfen, ob ihre private Krankenversicherungsgesellschaft die vollständige Auslandsdeckung auch in der Ukraine garantiert.

Ob eine Reiserücktritts-, Reiseabbruch-, Reisegepäck-, Reisehaftpflicht- oder Reiseunfallversicherung sinvoll sind, ist **individuell abzuklären.** Gerade diese Versicherungen enthalten viele Ausschlussklauseln, sodass sie sich nicht immer lohnen. Durch manche Kreditkarten oder Automobilclub-Mitgliedschaft ist man für bestimmte Fälle schon versichert. Die Versicherung über die Kreditkarte gilt jedoch meist nur für den Karteninhaber.

Zeitungen

Eine englischsprachige ukrainische Zeitung ist **„Kyivpost“** (www.kyivpost.com), die in der Hauptstadt an allen Zeitungskiosken zu haben ist. Außerhalb Kiews ist sie allerdings kaum zu finden. Deutschsprachige Zeitungen sind nur schwer zu bekommen, man findet sie mitunter in besseren Buchhandlungen oder in den Hotels der Luxusklasse.

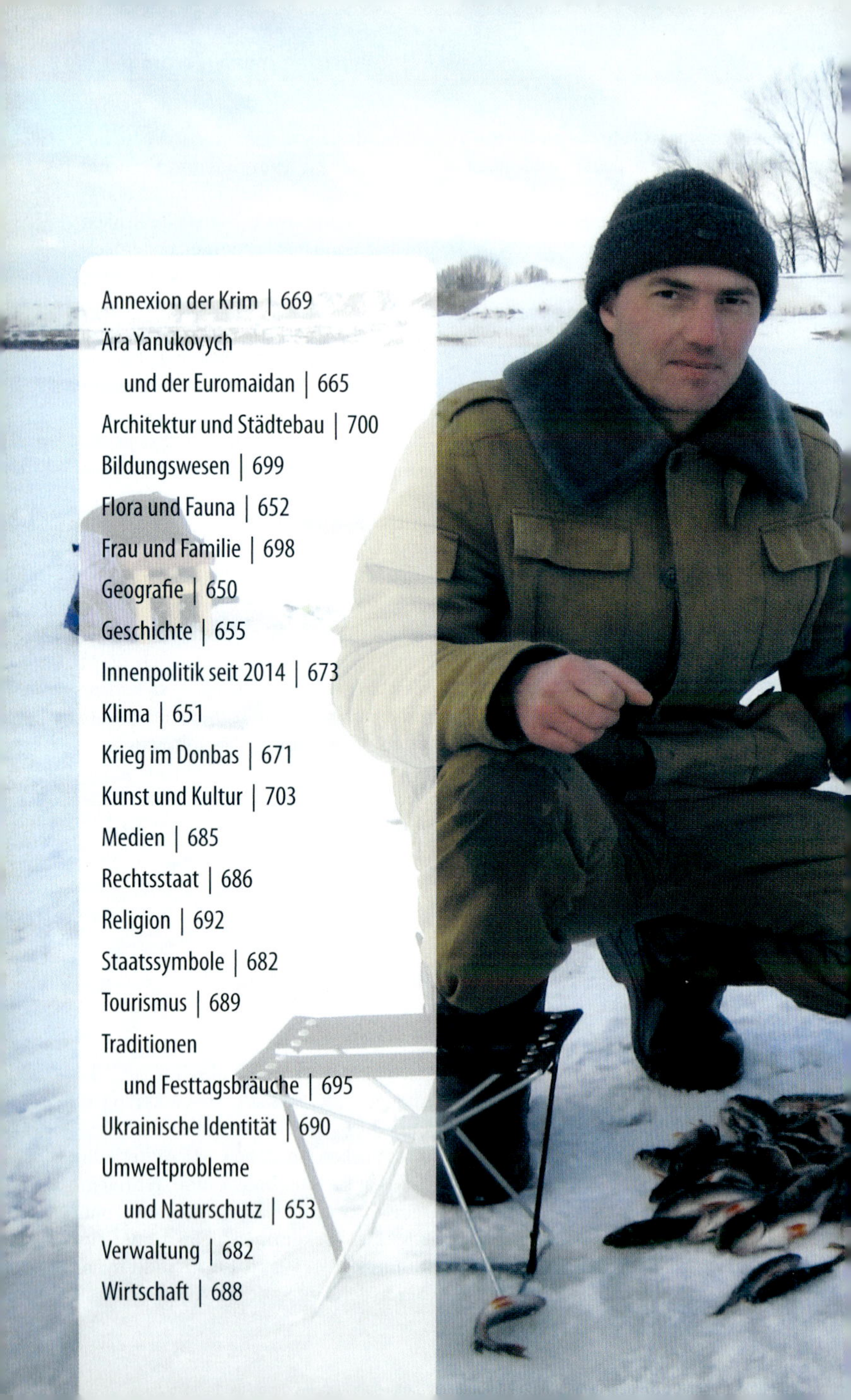

ukr14-188 bj

11 Land und Leute

[<] Volkssport Eisangeln

Geografie

Die Ukrainer sind sehr stolz darauf, dass ihr Land mit **603.700 km² Fläche** der größte vollständig in Europa liegende Staat unseres Kontinents ist. Zur besseren Veranschaulichung: In das ukrainische Staatsgebiet passt ziemlich genau Deutschland plus dreimal Österreich! Naturräumlich gliedert sich das Land von West nach Ost in **drei große Zonen:** die Mischwaldzone im Norden, die Waldsteppenzone in der Zentralukraine und schließlich die Steppenzone im Süden des Landes. Hinzu kommen der Gebirgszug der **Karpaten** im Südwesten mit der Hoverla (2061 m) als höchster Erhebung und das **Krimgebirge** im Süden der Halbinsel mit dem Roman Kosh (1545 m) als höchstem Gipfel. Im Süden grenzt die Ukraine an das Schwarze und das Asowsche Meer.

Der bedeutendste Fluss der Ukraine ist der **Dnipro,** der ziemlich mittig das Land in Nord-Süd-Richtung auf einer Länge von 1095 km durchfließt. Aus Belarus kommend, erreicht er unweit von Tschernobyl ukrainisches Territorium und mündet schließlich bei Kherson ins Schwarze Meer. Der neben dem Dnipro wohl bekannteste ukrainische Fluss ist der **Dnister,** der in den Karpaten unweit der polnischen Grenze entspringt, das Karpatenvorland durchfließt, auf moldawischer Seite seinen Lauf fortsetzt und kurz bevor er bei Bilhorod-Dnistrovskyi ins Schwarze Meer mündet auf ukrainisches Gebiet zurückkehrt. Von den zahllosen weiteren Flüssen – insgesamt 160 Flüsse mit über 100 km Länge durchfließen das Land! – sei hier nur der **Südliche Buh** erwähnt, der die Landschaft zwischen Dnister und Dnipro prägt. Im äußersten Südwestzipfel an der rumänischen Grenze hat die Ukraine zudem Anteil am Mündungsgebiet der Donau.

Obwohl die Ukraine als eher flaches Land gilt, ist eine recht unterschiedliche geologische und physische Gliederung feststellbar. Die **Polissia** (dt.: Waldland) im Norden ist eine eiszeitlich geprägte, von Wäldern und Sümpfen durchzogene Ebene mit einzelnen Urstromtälern. Hier befinden sich viele der natürlichen Seen des Landes. Die natürliche Nordgrenze der Ukraine bilden die **Pripjetsümpfe.** Auf weißrussischem Gebiet setzt sich diese Landschaft nahezu identisch fort. Die Höhe dieser Gebiete erreicht etwa 100–150 m. Südlich, etwa ab der Linie Zhytomyr – Rivne, wird die Landschaft hügeliger und waldärmer, und die **podolische und wolhynische Platte** beginnt, die in Richtung Dnister allmählich ansteigt. Vor allem im Süden der podolischen Platte sind markante felsige Schluchten zu finden. Auch das **Dnistertal** präsentiert sich als tief eingeschnittenes, mäandrierendes Tal. Ein Großteil des Untergrundes besteht aus Granitgestein, aber auch Kreide, Kalk und Sandstein sind zu finden. Die Höhe dieser Gebiete liegt bei 200–450 m. Südöstlich der podolischen Platte beginnt der kleine Abschnitt der ukrainischen **Karpaten** mit Höhen von gut 2000 m. Die Karpaten bestehen im Norden überwiegend aus Sandstein, der zentrale Bereich aus Granit und der Süden ist vulkanischen Ursprungs. Hier finden sich auch die wenigen Thermalquellen des Landes. Südlich angrenzend beginnt die **Donau-Tisza-Ebene,** die sich von hier durch ganz Ungarn bis nach Kroatien und Serbien erstreckt. Die Meereshöhe dieser Gebiete liegt bei etwa 100 m.

Östlich an die podolische Platte schließt sich das **Dniprohochland** an. Es besteht überwiegend aus Granituntergrund und erreicht eine Höhe von etwa 300 m. Am Dnipro (u.a. auch in der Stadt Kiew) bildet es eine markante Geländestufe von etwa 60 m. Östlich davon beginnt die Dnipro-Desna-Tiefebene mit sandigen Böden und einer Höhe von rund 100–150 m. Weiter östlich erstreckt sich das Hügelland der **Slobodaukraine,** ebenfalls mit Sandböden. Der Bereich der **Steppe** beginnt etwa 300 km südlich von Kiew und zieht sich bis zum Schwarzen und Asowschen Meer. Ab hier gibt es praktisch keinen Wald mehr. Die Steppe ist teilweise flach, wie etwa im Bereich Kherson, teilweise aber auch bemerkenswert hügelig. Der Untergrund der Steppe besteht aus Granit und Kalk. Hier, wie auch in der Zentralukraine, liegen die Schwarzerde-Böden, mit einer dicken Humusschicht, die aus der Ukraine die sprichwörtliche Kornkammer Europas machten. Das **Donbas** liegt ebenfalls im Bereich der Steppenzone, ist aber stellenweise sehr hügelig und hat mitunter fast mittelgebirgsähnlichen Charakter. Neben Granitfelsen sind hier auch riesige Kreidevorkommen und die weltberühmten Steinkohlevorkommen feststellbar. Auch Salz wird hier unter Tage abgebaut.

Das – neben den Karpaten – zweite ernst zu nehmende Gebirge ist auf der **Krim** und besteht überwiegend aus schroffen Kalkfelsen mit einzelnen Vulkanischen Abschnitten. Es hat eine Höhe von rund 1500 m.

Klima

Die Ukraine hat ein **gemäßigtes Kontinentalklima.** Vom gewohnten mitteleuropäischen Klima unterscheidet es sich vor allem dadurch, dass die Sommer wärmer und trockener, die Winter viel schneereicher und deutlich kälter sind. Im Sommer (Juli/August) liegen die Tagestemperaturen meist zwischen 25°C und 30°C, in der Zentralukraine und im Süden und Osten des Landes auch darüber. Die Regel sind längere trockene Phasen, die von kurzen, heftigen Gewittern mit starkem Niederschlag unterbrochen werden. Im Winter können die Temperaturen fast überall im Land eisig werden, längere Kältephasen mit Tiefsttemperaturen von -10°C bis - 30°C sind nichts Ungewöhnliches. Besonders im Osten und Nordosten, entlang der belarussischen und russischen Grenze, sind die Winter äußerst streng.

Zwei touristisch wichtige Regionen zeigen gewisse klimatische Besonderheiten. So sind die Sommer in den **Karpaten** kühler als im Landesdurchschnitt, was das Wandern sehr angenehm macht. Allerdings gilt die Gegend mit Jahresniederschlägen von 1600 mm auch als die niederschlagsreichste der Ukraine, sodass man mit dem einen oder anderen Regenguss rechnen sollte. Im Winter sind die Karpaten absolut schneesicher – als bester Monat zum Skifahren gilt der Januar. Als einzige Region der Ukraine wird die **Südküste der Krim** der mediterranen Klimazone zugerechnet. Die Niederschläge sind die geringsten im Land (300–400 mm), und auch im Winter wird es selten kälter als 0°C.

Flora und Fauna

Die Ukraine verfügt über eine vielfältige und äußerst bemerkenswerte – leider vielerorts bereits stark gefährdete – Tier- und Pflanzenwelt. Der für ein europäisches Land **ungewöhnliche Artenreichtum** wird bedingt durch die vielfältigen Lebensräume. Nahezu einzigartig in Europa sind vor allem die Flora und Fauna der süd- und ostukrainischen Steppengebiete und der Halbinsel Krim. Leider hat die fast vollständige Kultivierung der ursprünglichen Grassteppen viele der charakteristischen Steppenbewohner an den Rand des Aussterbens gebracht. So charismatische Tiere wie der Steppen- und der Tigeriltis oder die in der Ukraine vorkommenden, känguruartigen Springmäuse – der imposante Große Pferdespringer *(Allactaga major)* und die Dickschwanz-Springmaus *(Scirtopoda telum)* – sind inzwischen selten geworden. Auch der Bestand des putzigen Langohrigels *(Erinaceus auritus)*, eines weiteren Steppenbewohners, ist gefährdet. Die Flora der Steppe ist ebenfalls hochgradig bedroht. Im Schutzgebiet von Askaniya Nova konnte ein Teil der ursprünglichen Schwingel-Federgrassteppe vor der Zerstörung bewahrt werden, hier findet sich neben einer reichen Vogelwelt auch die typische Flora mit diversen Schwingel- und Federgrasarten und einer Vielzahl wilder Tulpen.

Seit jeher gilt die **Krim** als botanisch besonders: In der Flora der Halbinsel spiegelt sich die pflanzengeografische Brückenlage, welche die Flora des Mittelmeerraums mit derjenigen Kleinasiens, der Kaukasusregion und der osteuropäischen Steppen verbindet. Typische Pflanzen der Gebirgszüge sind etwa die Flaumeiche, verschiedene Wacholder und die Krimkiefer. Viele Arten von Pflanzen kommen weltweit nur auf der Krim vor, etwa das berühmte Edelweiß der Krim, die **Jaskolka Biebersteina** *(Cerastium biebersteinii)*, eine bekannte Zierpflanze bei Steingärtnern. Auch für ornithologisch Interessierte ist die Krim ein interessantes Reiseziel: Das Krimgebirge ist eine der wenigen Gegenden in Europa, wo man den Mönchsgeier beobachten kann. Auch einige Singvogelarten mit sehr östlichem Verbreitungsgebiet wie der Rosenstar und der Nonnensteinschmätzer sind auf der Krim anzutreffen, Ersterer vor allem auf der Landzunge von Kerch. Dort und im Sivash kann man mit viel Glück auch auf den Jungfernkranich treffen – außer in Russland die einzige Möglichkeit, diesen Vogel auf europäischem Boden zu sehen. In Kerch gibt es auch gute Bestände der Großtrappe und des Triels.

Absolute **Vogelparadiese** sind die Mündungsgebiete der Donau und des Dnipro: Rosa- und Krauskopfpelikane, Brachschwalben und unzählige Arten von Wasservögeln (Rallen-, Nacht-, Silber-, Seiden- und Purpurreiher, Sichler, Löffler, Rohr- und Zwergdommeln, die hier überwinternden Rothalsgänse usw.) machen eine ornithologische Exkursion in diese Gebiete zu einem einmaligen Erlebnis. Ein wunderschöner Vogel, der in der ganzen Südukraine überall auf Oberleitungskabeln entlang der Straße sitzend beobachtet werden kann, ist die Blauracke, sicher ein Highlight im Leben eines jeden Vogelbeobachters.

Eine ganz besondere Tier- und Pflanzenwelt weisen auch die **Karpaten** auf.

Noch etwa 400 Luchse durchstreifen die Wälder, auch der Braunbär ist mit etwa 200 Exemplaren im Karpaten-Biosphärenreservat präsent. Die Buchenurwälder der Karpaten zählen zum UNESCO-Weltnaturerbe.

Mehr Auskunft über die bedrohten Tiere und Pflanzen der Ukraine – ihre Bestände und Verbreitung im Land – gibt die **Rote Liste** der Ukraine, einsehbar unter www.nature.land.kiev.ua und unter http://redbook-ua.org.

Umweltprobleme und Naturschutz

Umweltprobleme

Die Ukraine ist natürlich nicht China. Dennoch sind die Umweltprobleme teils dramatisch. Die **Luftverschmutzung** in den Industrieregionen (Zaporizhzhia, Luhansk, Donetsk) ist, trotz des Zusammenbruchs bzw. der mittlerweile begonnenen Modernisierung der alten Fabrikanlagen, teils gravierend. Es bedarf wenig Fantasie, sich vorzustellen, welche verheerende Wirkung die wichtigsten **Industriezweige** – chemische Industrie, Schwermetall, Kohle – seit Sowjetzeiten auf die betroffenen Regionen hatten. Eine regelrechte ökologische Katastrophe zeichnet sich in den Gebieten der russisch besetzten Gebiete des Donbas ab. In vielen Kohleschächten wird seit 2014 kein Grundwasser mehr abgepumpt. Was ein Eindringen des vielfach stark kontaminierten Wassers aus den Schächten in das reguläre Grundwasser bedeutet, möchte man sich nicht vorstellen, zumal in einigen dieser Schächte zu Sowjetzeiten Atomwaffenversuche stattfanden.

Die **intensive Landwirtschaft** – etwa 70 % der ukrainischen Landesfläche werden landwirtschaftlich genutzt – führte landesweit zur **Kontamination der Böden** mit Düngemittelrückständen, zudem ist die Hälfte (!) der Landesfläche durch unsachgemäße Bodennutzung stark von Erosion betroffen. Riesige Probleme gibt es mit der **Abfallentsorgung** und der **Klärung industrieller und landwirtschaftlicher Abwässer,** die kaum Regelungen und/oder stringenten Kontrollen unterliegen. So nimmt es nicht Wunder, dass der Zustand der ukrainischen Gewässer dramatisch ist. Die Kontamination mit Nitraten, Pestiziden und teils auch Bakterien ist vielfach hoch. Auch die **Trinkwasseraufbereitung** ist ein heikles Thema. Immerhin gibt es mittlerweile internationale Hilfe für den Schutz des stark verschmutzten Dnipro – von seinem Wasser sind immerhin 60 % der Ukrainer abhängig. Auch die gesamte Schwarzmeerküste und das Asowsche Meer gelten als stark verschmutzt. Auf der russisch besetzten **Krim** droht mittlerweile eine **Dürre** nie gekannten Ausmaßes: Der Krimkanal – in den 1960er Jahren gebaut, um Wasser aus dem Dnipro auf die immer schon unter Trockenheit leidende Halbinsel zu leiten – liegt seit der Annexion trocken. Die Ukraine kann im trockenen Süden das Landes das kostbare Dniprowasser auch selbst gut gebrauchen. Was zunächst zynisch klingt, ist völkerrechtlich gedeckt: Für die Versorgung okkupierter Gebiete ist die Besatzungsmacht zuständig und nicht der rechtmäßige Besitzer.

Als wäre das alles nicht genug, muss man diesem düsteren Gesamtbild leider auch die Langzeitfolgen der Reaktorkatastrophe von **Tschernobyl** hinzufügen. Neben der eigentlichen Sperrzone gilt besonders die Region um Zhytomyr als betroffen; hier lassen sich bei Pilzen, Milch, Beeren etc., die auf Wochenmärkten angeboten werden, noch deutlich überhöhte Strahlenwerte feststellen.

Die viel zitierte **„Liebe der Ukrainer zur Natur"** ist auch eher **Klischee** als Wirklichkeit. Wie überall auf der Welt auch, schert sich der Durchschnittsukrainer nur bedingt um seine Umwelt. Im Sommer sind die von Grillern und Feierlustigen heimgesuchten Dniproufer oft weitflächig zugemüllt. Und auch wenn es mittlerweile eine umfassende Gesetzgebung zum Schutz der Natur gibt: Naturschutz oder ökologische Erwägungen spielen in der von Wirtschaftsbossen dominierten ukrainischen Politik keine oder bestenfalls eine nur marginale Rolle. Ein Lichtblick sind die seit wenigen Jahren stattfindenden Kampagnen zur Reinhaltung der Natur unter Androhung hoher Bußgelder. Erste Ergebnisse sind allenthalben sichtbar – das Land ist wirklich sauberer geworden.

Naturschutz

Trotz allem konnten sich in einigen Gegenden der Ukraine wahre Naturparadiese halten, die in Europa wahrlich ihresgleichen suchen. Einige der wichtigsten genießen inzwischen Schutzstatus. Insgesamt stehen etwa 4,8 % der Landesfläche unter Schutz, und über das Land verteilen sich heute **16 Naturreservate, zehn nationale Naturparke** und **vier Biosphärenreservate.** Die meisten dieser Schutzgebiete sind in den Karpaten und auf der Krim zu finden, hinzu kommen die unter Schutz gestellten wichtigen Deltagebiete des Dnipro und der

ukr14-177 pk

Donau und – über den Süden und Osten des Landes verteilt – einige sehr interessante Schutzgebiete, die die letzten verbliebenen Reste der Gras- und Kreidesteppenlandschaften für die Nachwelt bewahren sollen. Einige dieser Schutzgebiete werden auf der Seite www.ukraine.com/national-parks näher vorgestellt. Alle diese Schutzgebiete werden auch im Reiseteil dieses Buches beschrieben.

In der Ukraine gibt es ein starkes zivilgesellschaftliches Engagement und eine Vielzahl von **Organisationen und Initiativen,** die sich der ökologischen Probleme des Landes annehmen. Diese arbeiten in der Regel eng mit westlichen Partnerorganisationen zusammen. Stellvertretend für viele, viele andere seien hier nur Birdlife Ukraine (www.birdlife.org.ua), der von Studenten der Kiewer Mohyla-Akademie gegründete Ecoclub (http://ecoclubua.com), das Ökologische Zentrum (http://en.necu.org.ua) oder das großartige Internet-Informations-Projekt Pryroda Ukraini (http://pryroda.in.ua) genannt. Auch in der Verkehrspolitik tut sich einiges. Beispielhaft hierfür ist die Kiewer Fahrradfahrervereinigung (http://avk.org.ua).

Unbedingt erwähnt werden sollte die positive Rolle, die der **Grüne Tourismus** für das Land spielen kann. Grüner Tourismus unterstützt einerseits eine nachhaltige ländliche Entwicklung, andererseits trägt das internationale Interesse an den verbliebenen Schätzen der ukrainischen Natur auch zur Bewusstseinsbildung im Land und damit zum Schutz der verbliebenen Naturschätze bei.

◁ Trotz Tschernobyl ist der Atomausstieg kein Thema: das AKW bei Kuznetsovsk

Geschichte

Die *eine* ukrainische Geschichte gibt es nicht. Über Jahrhunderte hinweg gehörten die Teilgebiete der heutigen Ukraine verschiedenen Reichen und Staaten an – der polnischen Adelsrepublik, Litauen, dem Habsburger Reich, Rumänien, dem Khanat der Krimtataren, dem Osmanischen Reich und dem russischen Zarenreich, der Tschechoslowakei und der Sowjetunion. Aufgrund dieser **Komplexität** nachfolgend nur ein Überblick – im Reiseteil finden sich ausführliche historische Einführungen zu den jeweiligen Reisezielen.

Frühe Geschichte

Früheste Spuren der Besiedlung des heutigen ukrainischen Staatsgebietes sind die ausgegrabenen Funde der **Trypilska Kultura** ab ca. 5000 v. Chr., benannt nach dem Dorf Trypillia nahe Kiew. Feste Siedlungen sind dokumentiert, Funde bemalter Keramik werden in diversen Museen des Landes gezeigt. Später kamen Skythen, Sarmaten und Alanen. Ab dem 7. Jh. v. Chr. gründeten griechische Händler Stützpunkte an den Ufern des Asowschen und Schwarzen Meeres, aus denen sich das Bosporanische Reich entwickelte. Im 3. und 4. Jh. v. Chr. herrschten die Goten über das Land, später zogen Nomadenvölker wie Hunnen, Awaren und Magyaren (die Vorfahren der heutigen Ungarn) durch die Steppen. Im 8./9. Jh. besiedelten die Chasaren, ein Volk jüdischen Glaubens, die Steppen der Südukraine.

Die Kiewer Rus

Das Kiewer Reich mit seiner Hauptstadt Kiew war nicht nur das **erste ostslawische Reich,** sondern auch eines der mächtigsten und größten mittelalterlichen Reiche in Europa. Es bestand vom 8. Jh. bis zum Jahr 1240, als Kiew im Mongolensturm unterging. Das Kiewer Reich gilt als die **Wiege der ostslawischen Zivilisation,** die entscheidend durch religiöse und kulturelle Einflüsse aus Konstantinopel geprägt wurde. Wichtigstes Ereignis in der Geschichte der Rus war zweifellos die Konversion des Kiewer Großfürsten *Volodymyr* zum **Christentum** im Jahr 989. Die folgende Zwangstaufe der Kiewer Bevölkerung im Dnipro markiert die Geburtsstunde der russisch-orthodoxen Kirche. Über das historische Erbe des mächtigen Kiewer Reiches, dessen größte Blüte im 11. Jh. war, gibt es einigen Streit zwischen russischen und ukrainischen Historikern. Ukrainische Historiker reklamieren den Glanz der Rus gerne für sich allein und argumentieren, dass das spätere Moskauer Reich aus der Nachfolge des heute auf russischem Gebiet gelegenen Novgorod hervorgegangen sei und es somit keinerlei historische Kontinuität zwischen der Rus und dem späteren Moskauer Reich gebe. Für Unmut bei Ukrainern sorgt oft auch, dass Russland den Begriff „Rus“ sozusagen etymologisch kolonisiert hat – den Begriff „Russland“ gibt es erst seit dem 18. Jh. (jedenfalls in den nichtslawischen Sprachen, z.B. Russia, Russland, Rusie). Übersehen wird, dass die Rus im Grunde weder „ukrainisch“ noch „russisch“ war, sondern ein **vornationaler mittelalterlicher Herrschaftsverband** mit prägender Bedeutung für alle drei heute existierenden ostslawischen „Nationen“ Ukraine, Belarus (Weißrussland) und Russland. Mit den kriegerischen Auseinandersetzungen zwischen der Ukraine und Russland seit 2014 hat sich dieser historische Streit nochmals zugespitzt. Einmal mehr zeigt sich, dass der **Rückgriff auf jahrhundertealte Geschichtsmythen** nicht nur unsinnig, sondern auch hochgradig gefährlich für das Zusammenleben der Völker ist. So könnte etwa Deutschland unter Berufung auf den „großen deutschen Kaiser *Karl der Große*“ Ansprüche auf Lothringen und Burgund, Frankreich wiederum unter Berufung auf den „großen französischen Kaiser Charlemagne“ – in Wahrheit ein und dieselbe Person – Ansprüche auf die Pfalz, Baden und Franken geltend machen. In Westeuropa sind solche Geschichtsdeutungen mittlerweile – auch dank der EU – Vergangenheit. Dass im Verhältnis Ukraine – Russland genau das oben Beschriebene passiert, ist bislang nur wenigen Beobachtern im Westen bewusst.

Galizien-Wolhynien/Polen-Litauen

Nach der Zerstörung Kiews im Mongolensturm zerfiel das Kiewer Reich. Die **Mongolen** blieben ein zentraler Machtfaktor auf dem Gebiet der heutigen Ukraine bis etwa ins 15. Jh. Ihre Herrschaft bestand hauptsächlich darin, Tributzahlungen zu kassieren, eine religiöse oder kulturelle Kolonisierung fand nicht statt. Ab dem 15. Jh. etablierte sich in der Nachfolge der Mongolen in der Südukraine das mächtige **tatarische Krimkhanat,** das über drei Jahrhunderte eine wichtige Rolle spielen sollte.

Der wichtigste spätmittelalterliche Erbe und Nachfolger der Rus wurde zunächst **Galizien-Wolhynien,** ganz im Westen des Kiewer Reiches gelegen. Mitte des 14. Jh. verglühte jedoch auch sein Stern, und das Königreich wurde zwischen Polen und Litauen aufgeteilt. Das **Litauer Großfürstentum,** zu dem nun weite Teile der ehemaligen Rus gehörten, war der wichtigste Wahrer der orthodoxen Traditionslinien. Im polnischen Teil gab es hingegen ab dem 15. Jh. starke Polonisierungstendenzen unter den orthodoxen Adeligen. Orthodoxe Bruderschaften sorgten aber weiterhin dafür, dass das orthodoxe Christentum auch im westlichen Bereich der heutigen Ukraine eine wichtige Rolle behielt. Mit der Union des polnischen Königreichs und des litauischen Großfürstentums 1569 war ein neues Großreich auf der regionalen Landkarte entstanden. 1596 kam es zur **Kirchenunion von Brest** – die orthodoxe Kirche der **Rzeczpospolita** erkannte den Papst in Rom als ihr Oberhaupt an, behielt gleichzeitig aber den eigenen byzantinischen Ritus. Mit der Union wollten die orthodoxen Bischöfe der zunehmenden Spaltung zwischen der zum Katholizismus konvertierten adligen Elite und der orthodox verbliebenen Landbevölkerung entgegentreten. Bis heute gehört der allergrößte Teil der Westukrainer der unierten Kirche an.

Die Kosaken

Zu diesem Abschnitt bzw. Thema siehe auch den **Exkurs** „Bohdan Khmelnitskyi und der große Kosakenaufstand von 1648“.

Die **weiten Steppengebiete der Südukraine** waren lange Streifgebiet nomadischer Völker. Ab etwa dem 15. Jh. wurde dieses „wilde Feld“, in dem der Einfluss organisierter Herrschaftsstrukturen gleich Null war, auch zunehmend **Zufluchtsort orthodoxer Bauern,** die, unzufrieden mit ihrer Situation in der vom polnischen Großgrundbesitz geprägten Rzeczpospolita, die Flucht in die Steppe vorzogen. Die Bauern schlossen sich dort in Reiterverbänden zusammen und lebten als **Wehrbauern** von dem, was ihnen die Steppe und ihre Beutezüge boten. Es etablierte sich der Begriff Kosaken (etwa: „freie Krieger“) für diese neuen historischen Akteure auf ukrainischem Gebiet. Wichtigstes Zentrum des freien Kosakentums wurde die **Dnipro-Insel Khortytsia** bei Zaporizhzhia, wo ein befestigter Stützpunkt, die Sich, entstand. Die Kosaken entwickelten bestimmte Strukturen der Selbstregierung und stellten bald auch militärisch einen bedeutenden Machtfaktor dar. Ab dem 16. Jh. wurden sie verstärkt in den Dienst der Rzeczpospolita gestellt. Als sog. **Registerkosaken** halfen sie bei der Sicherung der östlichen und südlichen Grenzen der Adelsrepublik. Im 17. Jh. geriet das Grenzland der Steppe aber zunehmend unter den Einfluss polnischer Großgrundbesitzer. Auch der orthodoxe Glaube wurde immer stärker in die Defensive gedrängt, traditionelle Kosakenrechte aufgehoben. Diese sozialen und religiösen Gegensätze gipfelten im großen **Kosakenaufstand** von 1648 gegen die Rzeczpospolita, der von *Bohdan Khmelnitskyi* angeführt wurde. Vorübergehend konnten die Kosaken weite Teile der Zentralukraine unter ihre Kontrolle bringen. Auf die Dauer waren sie aber zu schwach, um einen unabhängigen Staat zu etablieren. Auf der Suche nach Verbündeten im Kampf gegen die Rezeczpospolita unterstellten sich die Kosaken im **Vertrag von Pereiaslav** 1654 schließlich dem Moskauer Zaren.

Geteiltes Land

In der Folge des Pereiaslaver Vertrages wurde das Zarenreich Kriegspartei. Der **Russisch-Polnische Krieg** dauerte ein gutes Jahrzehnt und endete im militärischen Patt. Der 1667 geschlossene Friede zwischen beiden Reichen führte zu einer Aufteilung der ukrainischen Gebiete: Kiew und das Land östlich des Dnipro fielen ans Russische Zarenreich, die Gebiete westlich des Dnipro an die polnische Adelsrepublik. Im Zarenreich wurde der Einfluss der Kosaken völlig marginalisiert und das Kosakentum endgültig zerschlagen, als *Katharina die Große* 1775 in einem Überraschungsschlag die Sich vernichten ließ. Die zaristischen Gebiete der heutigen Ukraine wurden stark russifiziert. Der **Emser Erlass,** 1863 im heute rheinland-pfälzischen Bad Ems unterzeichnet, verbot gar Publikationen in ukrainischer Sprache bei Strafe – das Verbot galt bis 1905. Nachdem Russland zum Ende des 18. Jh. die Steppengebiete und Schwarzmeerküste vom Osmanischen Reich erobert hatte, wurden auch diese Gebiete als **„Neurussland"** ins Zarenreich integriert und gemäß dem Masterplan General *Potyomkins* besiedelt und erschlossen.

Die polnische Adelsrepublik war mit ihrer Verfassung und demokratischen Elementen den sie umgebenden absolutistischen Reichen ein Dorn im Auge, weshalb sie letztendlich unter dem Russischen Reich, Preußen und Österreich aufgeteilt wurde. Im Zuge dieser **Teilungen Polens** fiel der westliche Teil der heutigen Ukraine schließlich ans **Habsburger Reich,** wo er bis zum 1. Weltkrieg verblieb. Die historischen und kulturellen Entwicklungen in dieser Region verliefen sehr unterschiedlich zu denjenigen Gebieten, die Teil des Zarenreichs waren. Das **Königreich Galizien-Lodomerien,** wie das Kronland innerhalb Österreich-Ungarns hieß, entwickelte sich zum Zentrum des Polentums innerhalb der Habsburger Monarchie. Lemberg wurde zur Hauptstadt ausgebaut, auch um das traditionelle Zentrum, Krakau, zu schwächen. Für die Polen war Galizien das einzige Gebiet, in dem sie dank der offenen Nationalitätenpolitik der Habsburger ihre Kultur entfalten konnten. Nach 1867 war die Lemberger Universität die bedeutendste polnische Hochschule, die später entscheidend werdenden polnischen Eliten stammten alle aus dieser Region. Da sich die polnische Nation sehr stark auf die Zugehörigkeit zur katholischen Kirche als Merkmal bezog, blieb der größte Teil der galizischen Landbevölkerung außen vor. „Polnisch" waren zumeist nur die Stadtbevölkerung sowie größere Grundbesitzer, wobei es auch Ausnahmen gab. Die orthodoxe Bevölkerung verstand sich zumeist als **„Ruthenen"** und begann, ein Bewusstsein über die eigene Kultur zu entwickeln, auch unter dem Einfluss von aus dem Russischen Reich, wo solche Bestrebungen hart bestraft wurden, ge-

⊡ Winter 2013/14: Demonstration gegen die Regierung auf dem Maidan in Kiew

ukr14-206 pk

flohenen Intellektuellen. Eine wichtige Rolle spielte hier der Schriftsteller *Ivan Franko* (siehe entsprechenden Exkurs).

Auch **im russischen Teil** des Landes entwickelte sich ukrainischsprachige Literatur, die allerdings in Russland als „in einem Bauerndialekt geschrieben" abgetan wurde. Wichtigste Vertreter sind hier *Taras Shevchenko* und *Lessia Ukrainka* (siehe entsprechende Exkurse). Unzufriedenheit mit der sozialen Situation äußerte sich oft in Form von (teilweise von der zaristischen Geheimpolizei geschürten) **Pogromen** gegen die hier sehr große jüdische Bevölkerungsgruppe.

Bis zum Ausbruch des 1. Weltkriegs hatten sich die polnischen und ukrainischen **Nationalbewegungen** so weit konsolidiert, dass sie unweigerlich zu Faktoren der weiteren Zukunft werden mussten. Im 1. Weltkrieg kämpften die Einwohner der Ukraine sowohl in der österreichischen als auch in der russischen Armee.

Revolution

Nach der Oktoberrevolution 1917 brach in Russland der Bürgerkrieg aus. In das Machtvakuum nach der Revolution stieß der ukrainische Zentralrat unter **Mikhail Hrushevskyi,** der die Verwaltung der ukrainischen Gebiete übernahm und am 25. Januar 1918 in Kiew die **Ukrainische Volksrepublik,** den ersten explizit ukrainischen Staat der Geschichte, ausrief. Dieser ging einen Separatfrieden mit den Mittelmächten ein, allerdings wurden auch Teile durch bolschewistische Aufstände erschüttert.

Ab Mitte 1918 erodierte die Macht Österreich-Ungarns in der Westukraine, hier bildete sich eine **Westukrainische Volksrepublik,** welche die Vereinigung mit dem zuvor genannten Staat beschloss, allerdings in Konflikt mit den ebenfalls erstarkenden polnischen Kräften geriet, welche am 22. November 1918 Lemberg eroberten. Da die Ukrainische Volksrepublik mit Polen (gegen die Bolschewiki) verbündet war, schossen nun wiederum Ukrainer auf Ukrainer. Die sehr verworrene Situation klärte sich erst nach dem **Polnisch-Sowjetischen Krieg** 1920 (in dem die polnische Armee kurzzeitig Kiew besetzte) im **Frieden von Riga,** als das Territorium der beiden kurzlebigen ukrainischen Staaten entlang des Zbruch zwischen dem wiedererstandenen Polen und Sowjetrussland aufgeteilt wurde.

Im östlichen Teil des Landes regierten nun die Sowjets, das einschneidendste Ereignis der Zwischenkriegszeit war hier die große, menschengemachte **Hungersnot** 1930–1932 (siehe Exkurs „Holodomor").

Im nunmehr polnischen **Galizien** regierte bis 1926 die nationalistische Endecja, danach übernahm der „Held der Eroberung Lembergs", **Józef Pilsudski,** in einem autoritären, aber den Minderheiten zumindest indifferent gegenüberstehenden System die Macht.

Zweiter Weltkrieg

Am 1. September 1939 griff das nationalsozialistische Deutsche Reich Polen an, woraufhin Galizien sich mit Flüchtlingen füllte. Nur zwei Wochen später besetzten sowjetische Truppen nach den Bestimmungen des Hitler-Stalin-Paktes Ostpolen und damit auch die ukrainischen Gebiete. In der Folge kam es zu massiven **Enteignungen sowie Deportationen,** speziell der polnisch und ukrainisch gesonnenen Bevölkerung, nach Kasachstan und Sibirien.

Am 22. Juni 1941 begann das „Unternehmen Barbarossa", der von Anbeginn als Vernichtungskrieg geplante deutsche **Angriff auf die Sowjetunion,** wovon auch das gesamte ukrainische Territorium betroffen war. Die deutschen Truppen wurden von der ukrainischen Bevölkerung oft freundlich begrüßt, da man an die Wiederherstellung eines ukrainischen Staates glaubte. Teilweise kam es auch bereits bei Einmarsch der Wehrmacht zu Pogromen gegen die jüdische Bevölkerung.

Auch **Kollaboration** mit den Besatzern war verbreitet (siehe Exkurs zu *Stepan Bandera*): In der SS-Division „Galizien" dienten 22.000 Mann, zumeist Mitglieder oder Sympathisanten der **Organisation ukrainischer Nationalisten (OUN).** Auch wurden ukrainischstämmige sowjetische Kriegsgefangene als Wachpersonal für die Mordstätten des Holocaust rekrutiert. Bekanntestes Beispiel ist der erst Jahrzehnte nach Ende des Zweiten Weltkriegs in einem spektakulären Prozess verurteilte SS-Mann *Ivan Demianiuk.*

Je weiter die deutschen Truppen nach Osten vorrückten und je länger der Krieg dauerte, umso mehr wurde sein Vernichtungscharakter deutlich: Ganze Landstriche wurden entvölkert, die Stadt Kharkiv sollte gar 1943 durch eine planmäßige Hungerkampagne „dezimiert" werden. Das **größte Verbrechen der Menschheitsgeschichte** verübten die Deutschen jedoch an den Juden, zu einem großen Teil in der Ukraine: Etwa **900.000 ukrainische Juden** wurden von den Einsatzgruppen am Rande der Städte erschossen, in den am Ostrand des polnischen „Generalgouvernements" gelegenen **Vernichtungslagern Bełżec und Sobibór** vergast oder in Hungerlagern dem Hungertod ausgeliefert. Die größten einzelnen **Massaker** waren die Ermordung der Juden von Kiew am 29. und 30. September 1941 in den Schluchten von Babyn Yar, als etwa 33.000 Menschen erschossen wurden, und das Massaker von Kamianets-Podilskyi am 27. und 28. August desselben Jahres, als 23.000 Menschen getötet wurden.

Die Vernichtungspolitik der Nazis richtete sich aber auch gegen die Ukrainer: Im „Generalplan Ost" war die **Ermordung oder Deportation** von 60 % der ukrainischen Bevölkerung vorgesehen. Bezeichnend ist das Zitat des „Reichskommissars" der Ukraine, *Erich Koch*, zur Behandlung der ukrainischen Bevölkerung: „Ich werde das Letzte aus diesem Land herausholen. [...] Wir sind ein Herrenvolk, das bedenken muss, dass der geringste deutsche Arbeiter rassisch und biologisch tausendmal wertvoller ist als die hiesige Bevölkerung."

Härteste Kämpfe im 2. Weltkrieg fanden auf dem Gebiet der Ukraine statt, insbesondere die Schlachten auf der Krim und in der Ostukraine forderten Millionen von Toten.

Die Sowjetukraine nach dem Zweiten Weltkrieg

Im Mai 1945 war der 2. Weltkrieg zumindest in der Westukraine nicht beendet. Noch bis 1953 war die OUN/UPA hier sowie im Südosten Polens – zeitweise mit Unterstützung der CIA – aktiv und führte einen **Guerillakrieg,** der sich nicht nur gegen die sowjetischen Behörden, sondern auch gegen die Zivilbevölkerung, insbesondere die überlebenden Juden, richtete und der schätzungsweise noch einmal 35.000 Opfer forderte.

Mit der Angliederung Transkarpatiens 1945, der Bukowina 1947 sowie der Krim 1954 erhielt das Land als **Ukrainische Sozialistische Sowjetrepublik (USSR)** seine heutige territoriale Gestalt. Die USSR hatte – wie auch die belarussische Sowjetrepulik – eine eigene Stimme in der UNO-Generalversammlung, die aber freilich stets im Block mit der der UdSSR abgegeben wurde.

Ethnisch und kulturell war der 2. Weltkrieg ein Einschnitt wie nie zuvor in der Geschichte des Landes: Die jüdische Bevölkerungsgruppe war zum größten Teil ermordet oder emigriert, die polnische Bevölkerung wurde in die nach Westen verschobene Volksrepublik Polen „repatriiert".

Ab Mitte der 1950er Jahre entwickelte sich die Ukraine vom abgelegenen Grenzland zu **einem der entwickeltsten Gebiete der UdSSR.** Großindustrielle Komplexe wurden angesiedelt, Bodenschätze erschlossen, insbesondere der für die damalige Zeit hochmoderne Rüstungssektor beschäftigte Hunderttausende, wenn nicht gar Millionen.

Der **Lebensstandard** in den ukrainischen Städten war im Unionsvergleich hoch, im Zusammenhang mit dem Arbeitskräftebedarf der Betriebe führte dies zu großen **Bevölkerungsverschiebungen** sowohl innerhalb der Ukraine als auch im Rahmen der gesamten Sowjetunion. Städte wie Kiew, Vinnytsia oder Kharkiv waren nun von Menschen aus der gesamten Union besiedelt, und die ukrainische Sprache geriet gegenüber der Russischen als „lingua franca" stark ins Hintertreffen. Ukrainische Politiker, etwa *Nikita Chruschtschow* oder *Leonid Breschnew,* gelangten auf Unionsebene bis in höchste Ämter.

Die **letzten Jahre der Sowjetunion** waren in der Ukraine von Vetternwirtschaft einer rückwärtsgewandten Clique um den Republiksparteichef *Volodymyr Shcherbytsky* geprägt, auch eine massive Russifizierungskampagne begann. 1989 wurden selbst im Westteil des Landes etwa 80 % der Schüler in russischer Sprache unterrichtet, höhere Bildung auf Ukrainisch war nur sehr schwierig möglich. Während in Moskau mit dem Generalsekretär der KPdSU *Michail Gorbatschow* unter den Schlagworten „glasnost" und „perestroika" Reformen eingeleitet wurden, regierte man in Kiew weiterhin mit harter Hand. Dies, in Zusammenhang mit der **Reaktorkatastrophe von Tschernobyl** am 26. April 1986 und den Vertuschungsversuchen in der Folge, führte zu einer großen Unzufriedenheit der Bevölkerung mit der Republiksparteiführung und dem sowjetischen Staat insgesamt.

Die Ereignisse des Sommers 1991 mit dem Putsch der „alten Kräfte" in Moskau delegitimierten die Sowjetunion als Staat völlig. „Ins kalte Wasser geworfen", erklärte der oberste Sowjet der USSR am **24. August 1991** die Ukraine zu einem **unabhängigen, demokratischen Staat.**

[>] Fast schon ein Osteuropaklischee: Pferdewagen in der Polissia

Seit der Unabhängigkeit

Am 1. Dezember 1991 fand nachträglich ein **Referendum** über die Unabhängigkeit statt, dessen Ergebnis mit 92,3 % Zustimmung bei mehr als 80 % Beteiligung die Beobachter überraschte, ebenso, dass jede einzelne Region des Landes eine Zustimmungsrate von mehr als 80 % aufwies (mit Ausnahme der Krim, wo es nur 54 % waren).

Die neue Ukraine wurde von Polen als erstem ausländischen Staat bereits einen Tag später anerkannt. Noch im Dezember 1991 einigten sich die nunmehr souveränen Staaten Russland, Belarus und Ukraine auf ein Ende des Bestehens der Sowjetunion zum Ende desselben Jahres. Die **1990er Jahre** waren eine Phase des Übergangs für das Land, in der auch die für solche Umbruchsphasen typischen Phänomene wie Hyperinflation und Deindustrialisierung an der Tagesordnung waren. Während schrittweise eigene Institutionen aufgebaut wurden, blieb das Verhältnis zu den „Bruderstaaten" Russland und Belarus eng, wenn auch nicht konfliktfrei, wie der Streit um die in Sevastopol beheimatete Schwarzmeerflotte bewies.

Auf den ersten Präsidenten des Landes, *Leonid Kravchuk*, folgte 1994 **Leonid Kuchma,** der in seinen beiden Amtszeiten eine „Schaukelpolitik" zwischen dem wiedererstarkenden Russland und der EU verfolgte. Im Inland blühten allerdings **Korruption und Vetternwirtschaft,** eine kleine Reihe von **Oligarchen** hatte unter Protektion von *Kuchma* das gesamte Land unter sich aufgeteilt. Die Großindustrie war teilweise weggebrochen, den Verlust der angestammten Märkte konnte die Volkswirtschaft nicht wie in Russland durch Rohstoffexporte zu hohen Preisen kompensieren, vielmehr musste das Land nun selbst für diese Rohstoffe teuer zahlen.

Der allgemeine Lebensstandard war gegenüber den Zeiten der Sowjetunion gesunken, und so machte sich eine allgemeine **Unzufriedenheit** breit. Gleichzeitig begannen verschiedene inländische und ausländische Akteure, den Gegenkandidaten zum eigentlich vorgesehenen Nachfolger *Kuchmas,* **Viktor Yanukovych,** nämlich **Viktor Yushchenko,** finanziell und mit Know-how zu unterstützen. Damit war die vorgesehene Nachfolgeregelung für die **Wahlen 2004,** bei denen *Kuchma* laut Verfassung nicht mehr antreten durfte, nicht mehr selbstverständlich. Die beiden wichtigsten Kandidaten führten einen äußerst aufwendigen, schmutzigen Wahlkampf – u. a. gab es einen Giftanschlag auf *Yushchenko* – und wurden jeweils auch aus dem Ausland unterstützt, *Yanukovych* durch russische Polittechnologen, die sich eine Rückkehr in den Einflussbereich Moskaus erhofften, *Yushchenko* durch verschiedene westliche NGOs (die bekannteste davon die von *George Soros* finanzierte *Renaissance Foundation*), die genau dies verhindern wollten.

Den **zweiten Wahlgang** am 21. November 2004, der von massiven Unregelmäßigkeiten wie mehrfacher Stimmabgabe und gefälschten Wahlprotokollen geprägt war, sollte *Yanukovych* knapp ge-

ukr14-176 pk

wonnen haben. Bereits am Wahlabend kam es zu Protesten, schlugen Apathie und Frustration der Kuchma-Zeit bei vielen Ukrainern in eine positive politische Energie um. Die folgenden Wochen schrieben als **„Orangene Revolution“** Geschichte. Eine gewaltige Zeltstadt entstand in der Kiewer Innenstadt, die Opposition hatte eine Infrastruktur für die Proteste aufgebaut. Bis zu 300.000 Menschen demonstrierten täglich in bitterer Kälte und verharrten auf dem Platz der Unabhängigkeit, um auf eine Annullierung des Wahlergebnisses zu dringen. Die bekanntesten Musikgruppen des Landes spielten inmitten der Protestierenden. Gleichzeitig drohte eine gewaltsame Auflösung der Massenproteste, die entsprechenden Truppen standen jedenfalls im Umkreis von Kiew in Bereitschaft. Verdient um das Land machte sich der damalige polnische Präsident *Kwaśniewski,* der, zusammen mit anderen westlichen Politikern, *Kuchma* und *Yanukovych* davon überzeugte, auf Gewalt zu verzichten. Nur durch den Druck der Straße erklärte das oberste Gericht des Landes den letzten Wahlgang letztendlich für ungültig. Die Wiederholung der Wahl konnte *Yushchenko* dann, auch dank der Unterstützung der inzwischen zur Volksheldin aufgestiegenen, charismatischen **Yulia Tymoshenko,** gewinnen.

War die Orangene Revolution eine wirkliche Revolution aus dem Volk, oder war sie lediglich ein Produkt US-amerikanischer Think Tanks und Stiftungen, wie von verschwörungstheoretischen und prorussischen Kreisen gerne behauptet wird? Sicher ist: Ein gesellschaftlicher **Veränderungsdruck** war da, die Unzufriedenheit mit dem System *Kuchma* war real. Ob es aber ohne die Hilfe westlicher NGOs gelungen wäre, die beschriebene gesellschaftliche Stimmung entsprechend zu kanalisieren, steht in den Sternen. In jedem Fall: Die Demonstranten auf dem Maidan waren echt und hatten sehr gute eigene Gründe, um zu demonstrieren, und brauchten dazu auch keinerlei Bezahlung.

Nach der Orangenen Revolution – eine Illusion scheitert

Nach der Revolution herrschte in weiten Teilen des Landes regelrechte Euphorie, die Hoffnung in die neuen Kräfte war groß. Doch schnell kehrte **Ernüchterung** ein. Das Wirtschaftswachstum brach ein – wohl auch aufgrund der Tatsache, dass Russland, der Haupthandelspartner der Ukraine, den Entwicklungen im Land feindselig gegenüberstand. Die neue Regierung begann mit einigen Reformen, etwa der Überprüfung einiger besonders dubioser Privatisierungen. Gegen das verheerende Grundübel der allgegenwärtigen Korruption gingen *Tymoshenko* und *Yushchenko* aber nicht, wie allgemein erhofft, entschlossen vor – zu sehr waren sie selbst verstrickt.

Stattdessen zerstritten sich die beiden Protagonisten in kürzester Zeit, **das orange Bündnis fiel auseinander.** Durch Mauscheleien mit seinem Erzrivalen *Yanukovych* verspielte *Yushchenko* schnell den letzten Rest seines grenzenlosen Vertrauensvorschusses, *Tymoshenko* dagegen setzte auf einen äußerst populistischen Politikstil, der ausländische

Partner verschreckte und ein zweifelhaftes Demokratieverständnis erkennen ließ. Außenpolitisch erhöhte Russland den Druck: Am Neujahrstag 2006 wurde der Ukraine der Gashahn zugedreht. Auf diese Weise konnte **Russland** eine **Erhöhung der Gaspreise** durchsetzen und der Ukraine die Abhängigkeit vom „großen Bruder" drastisch vor Augen führen. Nicht zuletzt ließ die außenpolitische Unterstützung seitens der EU zu wünschen übrig: Der dezidiert EU-freundliche Kurs des neuen Präsidenten stieß in Brüssel auf wenig Gegenliebe.

Mehrere vorgezogene **Parlamentswahlen** in den folgenden Jahren brachten hauchdünne Mehrheiten für die zerstrittenen orangenen Kräfte. Dringend notwendige Reformen – v. a. Stärkung der Rechtsstaatlichkeit und Bekämpfung der Korruption – unterblieben. Stattdessen betrieb *Yushchenko* innenpolitisch eine kontroverse Symbolpolitik.

Zu allem Überfluss war die Ukraine von der **internationalen Wirtschafts- und Finanzkrise 2008/09** besonders hart getroffen. Der Verfall des Stahlpreises und die angespannte Lage auf dem Kreditmarkt trafen die Ukraine massiv. In der Folge kam es zu einer Abwertung der Landeswährung, auch der „Gaskrieg" mit Russland eskalierte weiter.

Als *Yushchenko* zum Schluss seiner Amtsperiode den das Land polarisierenden früheren Nationalistenführer *Stepan Bandera* posthum zum Helden der Ukraine erklärte, schadete dies seinem Ansehen massiv. In der Ukraine sahen selbst ehemals glühende Aktivisten der Orangenen in der **Präsidentschaftswahl 2010** keine Richtungs- oder Schicksalswahl mehr, die Desillusionierung überwog. Die Wahlbeteiligung fiel deutlich geringer aus als 2005, wovon letztlich *Yanukovych* profitierte, der einen knappen Sieg einfuhr. *Yushchenko* erreichte gerade mal 5 % der Stimmen und schied bereits im ersten Wahlgang aus, während *Tymoschenko* im zweiten Wahlgang gut 45 % erreichte (gegenüber 48,5 % für *Yanukovych*).

Lesetipps

- *Andreas Kappeler:* **Kleine Geschichte der Ukraine,** 4. Auflage, München 2014.
- *Paul Robert Magocsi:* **A History of Ukraine,** 2. Ausgabe, Toronto/Buffolo/London 2010.
- *Tymothy Snyder:* **Bloodlands. Europa zwischen Hitler und Stalin,** 5. Auflage, München 2015.

Die Ära Yanukovych und der Euromaidan

Mit der Wahl von *Yanukovych* zum Präsidenten endete die Phase der Orangenen Revolution endgültig. Bereits kurz nach Amtsantritt schloss *Yanukovych* einen Vertrag mit Russland, wonach der Verbleib der **Schwarzmeerflotte in Sevastopol** um 25 Jahre verlängert wurde (bis 2042). Als Gegenleistung erhielt die Ukraine Zusagen über subventionierte Erdgaspreise. Der Vertrag, im Land heftig umstritten, wurde von einer zusammengekauften Mehrheit im Parlament gebilligt – zu einer spürbaren Senkung der Gaspreise führte er nicht.

In kürzester Zeit gelang es *Yanukovych*, eine aus Sowjetzeiten bekannte **Vertikale der Macht** aufzubauen. Die Befugnisse des Geheimdienstes (SBU) wurden massiv ausgebaut, kritische Journalisten mussten wieder Angst um ihre physische Unversehrtheit haben, oppositionelle Bürgermeister wurden aus fadenscheinigen Gründen verhaftet. Besonders fatal war die Rolle der Generalstaatsanwaltschaft, die als verlängerter Arm der Präsidialverwaltung agierte. Von einer unabhängigen Rechtsprechung konnte keine Rede mehr sein. Die Verurteilung von *Janukovychs* Widersacherin *Yulia Tymoshenko* zu sieben Jahren Haft – mit der Begründung des Amtsmissbrauchs – wurde auch in Deutschland einer breiteren Öffentlichkeit bekannt.

Auch das starke Abschneiden der **rechtsradikalen Partei „Svoboda"** bei den **Wahlen 2012** erfüllte weite Teile Europas mit Sorge. Rückblickend sind diese Ergebnisse jedoch weniger als Zeichen von echter rechtsradikaler Gesinnung denn als Protestwahl gegen *Yanukovych* zu sehen, da man auch den korrupten Abgeordneten anderer Parteien, die sich schon mehr als einmal hatten kaufen lassen, nicht mehr über den Weg traute – mit der Wahl von Svoboda sollte eine „echte" prinzipientreue Opposition gegen *Yanukovych* im Parlament vertreten sein.

Diese Wahlen machten auch die **geringe Popularität des Präsidenten** deutlich. Nur noch 30 % der Stimmen entfielen auf die Regierungspartei. Aufgrund eines kurzfristig geänderten Wahlgesetzes gelang es *Yanukovych* jedoch, sich mithilfe der Kommunisten und „unabhängiger" Abgeordneter eine stabile Mehrheit im Parlament zu verschaffen. Während Rentner oftmals monatelang auf ihre ohnehin schon klägliche Rente warten mussten, lebte die **Führungsclique** um den Präsidenten in geradezu obszönem Reichtum, wie die – mittlerweile als Museum der Korruption zu besichtigende – Präsidentenvilla von Mezhyhiria eindrücklich zeigt. Man geht davon aus, dass in den gerade mal vier Jahren, die sie Zeit hatten, *Yanukovych* und sein Umfeld 40 Mrd. US-Dollar an Staatsgeldern veruntreuten.

Mit dem Beginn des **Euromaidan ab November 2013** überschlugen sich die Ereignisse im Land. Die Weigerung der EU, der Ukraine eine – über ein Freihandelsabkommen hinaus – europäische Integrationsperspektive anzubieten, massiver ökonomischer Druck aus Russland und extrem harte Bedingungen des IWF für eine weitere Kreditvergabe an das faktisch bankrotte Land waren die zunächst einmal nachvollziehbaren Gründe für *Yanukovych*, das Handelsabkommen mit der EU nicht zu unterzeichnen. Zumal Russland mit Hilfskrediten bereitstand, die zudem nicht an „lästige" europäische Forderungen wie Rechtsstaatlichkeit und Korruptionsbekämpfung gekoppelt waren.

Die Reaktion der Bevölkerung auf diese **Abwendung von Europa** war jedoch für alle Beteiligten überraschend. Die zunächst eher studentisch geprägten proeuropäischen Demonstrationen erhielten aufgrund des zunehmend brutalen Vorgehens der Sicherheitskräfte gegenüber friedlichen Kundgebungsteilnehmern alsbald massiven Zuspruch aus allen Teilen der Bevölkerung, und ab Dezember 2013 ging die Zahl der Protestierenden auf den sonntäglichen Massenkundgebungen auf dem Kiewer Unabhängigkeitsplatz in die Hunderttausende – der „Euromaidan“ war geboren und mit ihm die Forderung nach einem Rücktritt der Regierung und Neuwahlen. Die Reaktion der Regierungspartei, unter Umgehung aller parlamentarischen Gepflogenheiten verfassungswidrige Notstandsgesetze durchs Parlament zu boxen und somit faktisch die Grund- und Menschenrechte abzuschaffen, führte zu einer **Eskalation** der bislang friedlichen Situation. Dieser **16. Januar 2014** stellte den Wendepunkt der Entwicklung dar und die bislang friedlichen Proteste schlugen um in Gewalt. Bilder von brennenden Barrikaden inmitten der Hauptstadt flimmerten weltweit über die Bildschirme. Es gab die ersten Toten: ein Professor aus Lemberg und ein nahe Dnipro lebender Exilarmenier. Zu dieser Zeit entstand – überwiegend rekrutiert aus der gewaltbereiten Szene der Fußballultras diverser Erstligavereine sowie einzelnen rechtsradikalen Splittergruppen – zur Unterstützung des Maidan der **„Rechte Sektor“**, der von der russischen Propaganda zu einem allmächtigen und zu allem fähigen Monster überhöht wurde. In der Folge organisierten sich die Protestler in Hundertschaften und eine geradezu **anarchistische Ordnung ohne wirkliche Herrschaftsstrukturen** entstand im Zentrum von Kiew. Immer war für Essen gesorgt, ungefragt wurden Aufgaben für die Allgemeinheit übernommen. Barrikaden wurden errichtet, wahrend das städtische Leben rund um diesen **Mikrokosmos** nahezu völlig normal weiterging: Die Geschäfte waren offen, die Kneipen und Cafés voll, die Metro fuhr. Auch eine der vielen Eigenheiten dieser „Revolution der Würde“. Ganz besonderen Respekt verdient der damalige evangelisch-lutherische Pastor der in unmittelbarer Nähe des Präsidentenpalastes gelegenen deutschen Kirche St. Katharina, **Ralf Haska,** der, selbst als einstiger Kriegsdienstverweigerer und Bausoldat der ehemaligen DDR-Bürgerrechtsbewegung nahestehend, hier mit dem Maidan ein Déjà-vu von 1989 erlebte. Trotz eindeutiger Sympathien für die Maidanbewegung versuchte er zu vermitteln, stellte seine Kirche beiden Seiten als Gesprächs- und Begegnungsraum zur Verfügung und stellte sich in einem kritischen Moment mit seinem schwarzen Talar zwischen die Ketten der Sicherheitskräfte und die aufgebrachten Demonstranten und konnte so eine erste Eskalation verhindern. Als es zwei Monate später dann doch Tote und Verletzte gab, diente die Kirche als Lazarett. Inzwischen ist *Ralf Haska* Dorfpfarrer in Oberfranken, doch die Ukraine lässt ihn bis heute nicht los.

Dass die **westliche Staatengemeinschaft** außer Platitüden nichts zur Unterstützung der Proteste zu bieten hatte, sorgte nicht nur bei der Demokratiebewegung für Frust. Viel zu spät schalteten sich westliche Politiker wie die Außenminister *Steinmeier, Sikorski* und *Fabius* ein, um *Yanukovych* einige Zugeständnisse abzuringen. Die immer wieder geforderten Sanktionen – etwa ein Visabann oder Kontensperrung – gegen die ukrainische Führungselite unterblieben.

Der große **Showdown** erfolgte ab dem Abend des 18./19. Februar 2014. Sicherheitskräfte begannen den Maidan zu stürmen, Zelte wurden in Brand gesteckt, das Gewerkschaftshaus am Maidan, bis dahin eines der Hauptquartiere der Revolution, fing ebenfalls Feuer. An die 50.000 Menschen hielten diesem Sturm stand. Wohl auch, um ein Blutbad wie in China 1989 zu vermeiden, wurde der Polizeieinsatz eingestellt. Gut 20 Tote waren zu beklagen.

Nach einem angespannten Tag der Ruhe folgte am 20. Februar das **blutige Ende** der Revolution. Zurückweichende Regierungstruppen hatten die Demonstranten nahe des Hotels Ukraina in einen Hinterhalt gelockt, wo von den umliegenden Dächern Scharfschützen auf die weitgehend unbewaffneten Demonstranten schossen. Über 60 Tote waren zu beklagen. Auch wenn russische Staatsmedien und diverse Verschwörungstheoretiker bis heute nicht müde werden, das Geschehen als Werk ukrainischer Rechtsradikaler gegen ihre eigenen Leute hinzustellen, gilt infolge aufwendiger Untersuchungen als erwiesen, dass das Regime Urheber dieses Massenmordes war. Das detaillierte Untersuchungsergebnis ist hier dokumentiert: http://maidan.situplatform.com.

Unklar ist hingegen bis heute die Rolle des Putin-Vertrauten *Vladislav Surkov,* der sich exakt zu jener Zeit in Kiew aufhielt und eng mit dem Geheimdienst SBU zusammenarbeitete. Da jedoch nahezu alle beteiligten Schützen auf die besetzte Krim oder nach Russland flohen, gibt es bis heute **keinerlei Verurteilungen** – auch behördlicher Schlamperei und Korruption geschuldet –, was zu erheblichem Missmut bei den Angehörigen führte. Doch auch auf Seiten der Sicherheitskräfte waren Opfer zu beklagen. Man geht von rund zwölf toten Berkutsoldaten aus – ein Teil des Maidan hatte sich nach der Nacht des Sturmes ebenfalls bewaffnet.

Vor dem Hintergrund von rund 80 Toten erschien der einen Tag später erfolgte **Deal** zwischen den westlichen Politikern, dem heutigen Kiewer Bürgermeister und früheren Boxweltmeister *Vitali Klitschko* sowie *Yanukovych,* bei dem auch der russische Menschenrechtsbeauftragte anwesend war, wie blanker Hohn: *Yanukovych* sollte weiter im Amt bleiben und erst im darauffolgenden Herbst Neuwahlen stattfinden. Dieser Pakt wurde von der Volksversammlung der Maidans im Angesicht der aufgebahrten Toten rundweg abgelehnt. Legendär ist die Wutrede des Maidanaktivisten und Nationalisten *Parasiuk,* der von den eigenen Leuten zurückgehalten werden musste, um nicht Amok zu laufen.

Diese Toten werden heute als **„Himmlische Hundertschaft“** verehrt, und der höchst eindringliche Trauerchoral „Plyve Kacha“, gesungen von der Vokalgruppe *Pikardiyska Tertsiia,* lässt einen bis heute erschaudern. Entlang der Vul. Institutska in Kiew wurden kleine Gedenknischen zu Ehren der Toten gemauert, und zahlreiche Stadtplätze im ganzen Land zieren die Porträts der Ermordeten. Zahlreiche neue Straßennamen im ganzen Land tragen zudem den Namen der Himmlischen Hundertschaft *(Nebesna Sotnia).*

Nur wenige Stunden nach Bekanntgabe des oben genannten Deals verließ *Yanukovych* nach einem Zwischenstopp auf der Krim mit einer russischen Militärmaschine das Land – die Revolution der Würde hatte gesiegt.

Die Annexion der Krim

Hatte man gehofft, dass das Land nun zur Ruhe kommen, die dringend nötigen Reformen angehen und endlich eine westliche Demokratie nach europäischem Vorbild aufbauen könnte, wurde man alsbald eines Besseren belehrt.

Eine Sitzung des Parlaments unmittelbar am Tag nach *Yanukovychs* Flucht endete noch vielversprechend. *Yulia Tymoshenko* kam frei, es wurde eine **Übergangsregierung** aus der bisherigen Oppostion und zahlreichen Maidanaktivisten gebildet, Übergangspräsident wurde der (wenig charismatische) *Oleksander Turchynov.* Für Mai 2014 wurden vorgezogene Präsidentschaftswahlen ausgerufen und einige im Jahr 2012 unter Umgehung aller demokratischer Standards beschlossene Gesetze rückgängig gemacht. Darunter auch ein **Sprachgesetz,** das der russischen Sprache einen Sonderstatus in den östlichen Regionen des Landes einräumte. Als führenden Intellektuellen die fatale Außenwirkung dieses Gesetzesbeschlusses klar wurde, war es zu spät, die russische Propagandamaschine bereits angesprungen: Aus einer harmlosen Wiedervorlage eines umstrittenen Gesetzes war ein Verbot der russischen Sprache geworden, der „Rechte Sektor" angeblich unterwegs auf die Krim, um dort gezielt Russischsprachige zu ermorden.

Unbemerkt von der Weltöffentlichkeit erfolgte die **Übernahme der Flughäfen und Militäreinrichtungen** auf der Krim durch russische Spezialeinheiten, welche zwar legal auf der Krim anwesend waren, aber unter Verstoß gegen die bilateralen Vereinbarungen ihre Militärstützpunkte verlassen hatten. Im Anschluss an eine Demonstration von proukrainischen Krimtataren wurde auch das Parlament von russischen Kräften gestürmt. Der ortsansässige Nationalist und Vorsitzende einer Kleinstpartei, *Sergey Aksionov,* wurde in einer geheimen Sitzung unter Ausschluss der Öffentlichkeit von den anwesenden Abgeordneten unter den Gewehrläufen der Spezialeinheiten zum neuen Regierungschef der Krim „gewählt". Umgehend verkündete er die Unabhängigkeit der Krim rief für den 16. März 2014 ein Referendum über den Anschluss an Russland aus.

ukr19-046 pk

Revolutionäre Stimmung beim Euromaidan

Zu dieser Zeit hatten die ukrainischen Ordnungskräfte bereits jegliche Kontrolle über die Halbinsel verloren, und die weitgehend passive Bevölkerung konnte nur noch ungläubig auf die Ereignisse blicken, die vor ihren Augen abliefen. Wieder blieb der Westen passiv, US-Präsident *Obama* agierte hilflos, und so konnte das **Anschlussreferendum** stattfinden, bei dem die Option „Verbleib der Krim in der Ukraine“ überhaupt nicht zur Wahl stand. Unter der Aufsicht russischer Spezialeinheiten, ohne Zugriff auf die amtlichen Melderegister und mit der Möglichkeit, doppelt zu wählen, stand das Ergebnis schon vorher fest und war ähnlich glaubwürdig wie die Zahlen bei Volkskammerwahlen in der DDR: 96 % Zustimmung bei einer Wahlbeteiligung von 80 %. In einer mit völkisch-nationalistischem Pathos aufgeladenen Rede an die Nation erklärte *Vladimir Putin* zwei Tage später die Krim zu einem Teil der Russischen Föderation.

Es stellt sich die Frage, wie die Krimbewohner im Falle freier und fairer Wahlen, bei einer objektiven Berichterstattung, entschieden hätten. Schwer zu beantworten. Fakt ist, dass ein erheblicher Teil der Krimbevölkerung sich immer schon als ethnische Russen verstand und die Krim erst in den 1950er Jahren durch einen Erlass der sowjetischen Zentralregierung in Moskau der **Ukrainischen Sozialistischen Sowjetrepublik** zugeschlagen wurde, was nachvollziehbare infrastrukturelle Gründe hatte: Alle Verkehrswege führten von der Halbinsel Richtung ukrainisches Festland, und auch die Wasser- und Stromversorgung ließ sich von der Ukraine aus wesentlich leichter bewerkstelligen als von der russischen Sowjetrepublik aus.

Auf der Basis der offiziellen Zahlen aus dem Jahr 2001 – damals fand die einzige Volkszählung der unabhängigen Ukraine statt – wird von 58 % Russen auf der Krim ausgegangen, wobei Umfragen aus dem Jahr 2013 zeigten, dass sich nur noch 44 % auch als solche betrachteten. Diese Zahlen erscheinen durchaus glaubwürdig, ist doch das **nationale Zugehörigkeitsgefühl** gerade in ethnischen Übergangsgebieten häufig rein subjektiver Natur und nicht an objektiven Merkmalen wie Sprache und Kultur festzumachen. Da Russisch auf der Krim die verfassungsmäßig garantierte Regionalsprache war, gab es also keinen Grund, sich als Russischsprachiger diskriminiert zu fühlen. So waren bei besagten Umfragen des renommierten Gallup-Instituts aus dem Jahr 2013 nur noch 25–30 % für einen Anschluss an Russland.

Andererseits darf die **besondere Bevölkerungsstruktur** der Krim nicht unberücksichtigt bleiben: Die Besiedlung der Region im 19. Jh. erfolgte überwiegend durch besonders zarentreue Bauern aus Mittelrussland, deren Nachfahren bis heute auf der Halbinsel leben, verstärkt durch eine hohe Zahl verdienter Sowjetfunktionäre, die traditionell hier ihren Lebensabend verbringen.

Wichtig auch die Tatsache, dass außer den Krimtataren ein übergroßer Teil der Krimbevölkerung vorwiegend **russisches Fernsehen** konsumierte, den Maidan rundweg ablehnte und die Propaganda von dem bevorstehenden Einmarsch des „Rechten Sektors“ und dem Verbot der russischen Sprache glaubte. Auch die weitaus höheren Löhne in Russland – freilich bei ebenso höheren Preisen – dürften ein Argument für den

Anschluss an Russland gewesen sein. So oder so: Es wäre ein knappes Ergebnis geworden.

Hier kommt nun das **Völkerrecht** zum Tragen, welches besagt, das die Änderung von **Grenzen** nur bei Zustimmung beider betroffener Staaten bzw. unter Vermittlung der UNO stattfinden darf. Eine Ausnahme ist gegeben, wenn Gefahr im Verzug ist oder ein blutiger Bürgerkrieg herrscht. Dies war etwa im Kosovo der Fall, was von prorussischen Vertretern gerne als Blaupause für das Vorgehen auf der Krim angeführt wird, für die Krim jedoch nicht gilt, wo nicht einmal Anzeichen von Unterdrückung sichtbar waren. Da es auch keine Versuche für friedliche Verhandlungen unter Vermittlung von UNO und OSZE gab, wird von der großen Mehrheit der Völkerrechtler das Vorgehen Russlands als völkerrechtswidrige Annexion gewertet und auch durch eine Abstimmung der UNO bestätigt: Nur elf Staaten, darunter Nordkorea, Venezuela und Syrien, erkannten die Annexion der Krim an.

Der Krieg im Donbas

Noch während die Ukraine unter Schock stand und die Annexion der Krim verdauen musste, entstand weiter östlich ein neuer Konfliktherd. Oligarchen aus dem Umfeld des gestürzten Präsidenten *Yanukovych* hatten im Frühjahr 2014 aus Sorge um Macht und Einfluss im Donbas künstlich eine massive Anti-Kiew-Stimmung herbeigeführt, die den russischen Imperialbestrebungen wie ein Geschenk zufiel. Das **Projekt „Neurussland“ (Novorossiya),** eines Staates, der sich von der ukrainischen Ostgrenze inklusive Kharkiv entlang der Schwarzmeerküste bis nach Odessa erstrecken soll, wurde verkündet. Obgleich es nie eine Mehrheit für eine Abtrennung des Donbas von der Ukraine gegeben hatte – selbst in der aufgepeitschen Atmosphäre des Frühjahrs 2014 waren es nie mehr als 25–30 % – misstrauten gleichzeitig drei Viertel der einheimischen Bevölkerung der neuen Kiewer Regierung. Wie schon auf der Krim dürften die allgegenwärtige Propaganda des russischen Staatsfernsehens und die Aussicht auf hohe Löhne die prorussische Haltung vieler Donbasbewohner beflügelt haben, verbunden mit der Hoffnung, dass alles ähnlich problemlos ablaufen würde wie auf der Krim.

Es begann vergleichsweise **harmlos:** Einzelne Verwaltungsgebäude wurden besetzt und dazu mediale Begleitbilder kreiert, die denen des Maidan ähneln sollten; angeblich musste die Region vor der Kiewer Junta geschützt werden, während im Inneren der Gebäude der reguläre Verwaltungsbetrieb normal weiter lief. Alles war so unspektakulär, dass es von kaum jemandem wirklich wahrgenommen wurde.

Die Sache änderte sich erst, als völlig unerwartet russische Geheimdienstler wie *Igor Girkin* und *Aleksander Borodai* in Erscheinung traten und handstreichartig die Stadt Sloviansk unter ihre Kontrolle brachten. Ein **Schein-Referendum** sowohl in **Luhansk** als auch in **Donetsk** (ohne offizielle Wählerregistrierung, ohne Wählerverzeichnisse, dafür mit einem Ergebnis von über 90 % für die Ab-

Das Konzept des Hybriden Krieges

Russland wendete auf der Krim und im Donbas erstmals die Taktik des „Hybriden Krieges" an, wie sie ab 2013 als Teil der neuen Militärdoktrin – leider viel zu wenig beachtet – vorgestellt wurde. Hintergrund ist dabei die **Erkenntnis, dass Kriege** heutzutage nicht mehr nur militärisch zu führen sind, sondern **durch eine Vielzahl unterschiedlicher Mittel vorbereitet werden müssen.** Vor dem eigentlichen militärischen Eingreifen laufen Desinformationskampagnen über soziale Netzwerke und Massenmedien, man versucht, korrupte Eliten des Feindstaates anzuwerben, um den Staat von innen heraus zu destabilisieren, extremistische Parteien werden gezielt gefördert, die digitale Infrastruktur eines Staates angegriffen. Wahlen werden durch Fake-News-Kampagnen beeinflusst, mittels Geheimdienstaktivitäten wird die Spaltung der Gesellschaft betrieben.

Mit der fortschreitenden Digitalisierung der globalisierten Welt sind in diesem Feld wohl noch bis dato völlig unvorstellbare Dinge zu erwarten.

Literaturtipp: *Timothy Snyder,* Der Weg in die Unfreiheit. München 2018

spaltung vom Rest des Landes) lieferte die offizielle Begründung für das weitere Vorgehen der Separatisten.

Lokale Figuren mit zweifelhaftem Ruf wie *Pavel Gubarev, Aleksander Sakharchenko* und *Igor Plotnitskiy* wurden als neue Regierende in Stellung gebracht. Jeder, der bereit war, das Projekt Novorossija mit Waffengewalt zu unterstützen, war willkommen, was **Hasardeure und Abenteurer,** bis hin zu Burjaten aus der Baikalregion, in den Donbas führte. Sie gaben sich Fantasienamen wie *Batman, Motorola* oder *Brigade Prisrak* (Gespenst) und terrorisierten als Warlords alles irgendwie „Proukrainische". Nachgewiesen sind Geheimgefängnisse mit Folterkellern, und selbst Zwangsarbeit von Häftlingen wurde glaubwürdig von diversen Menschenrechtsorganisationen dokumentiert.

Die ukrainische Regierung rief die **„Anti Terrorist Operation"** ins Leben, um mithilfe der Armee, vor allem aber mit eilig zusammengestellten Freiwilligenbataillonen die Situation wieder unter Kontrolle zu bekommen. Dabei waren auch vereinzelt rechtsradikale Kräfte (z. B. das Bataillon Azov), was von prorussischen Kräften über die Maßen betont wird. Inzwischen ist es gelungen, alle Freiwilligenbataillone in die dem Innenministerium unterstehende Nationalgarde zu integrieren. Die Befürchtung, dass marodierende Banden fern jeder staatlichen Kontrolle das Land terrorisieren, ist nicht eingetroffen.

Die „Antiterroristische Operation" war **zunächst recht erfolgreich:** Die besetzten Städte Sloviansk, Kramatorsk und Mariupol kamen wieder unter ukrainische Herrschaft und ein Durchbruch stand kurz bevor, als die russische

Armee einschritt und in dem für die ukrainische Seite extrem verlustreichen Kessel von Ilovaisk – ein klares Kriegsverbrechen – Ende August 2014 den Rückzug der ukrainischen Armee erzwang. Kurz davor hatten russische Hilfskonvois, angeblich zur Unterstützung der Zivilbevölkerung, trotz massiver Proteste der Ukraine die Grenze passiert. Man war sich in Kiew sicher, dass diese Konvois alles Mögliche enthielten, nur keine zivilen Hilfsgüter.

Im Juli 2014 erfolgte der Abschuss des malayischen Passagierflugzeuges **MH 17** mit fast 300 Toten. Allen russischen Vernebelungsversuchen zum Trotz gilt es mittlerweile als gesichert, dass dieses Verbrechen von der russischen Armee selbst durchgeführt wurde. Erst danach reagierte der Westen und verhängte zaghaft **Sanktionen** gegen die Russische Föderation, die aber nach Meinung vieler Experten bei Weitem nicht ausreichen, um den Rückzug der russischen Einheiten aus dem Donbas und der Krim zu erzwingen. Auch die beiden **Abkommen von Minsk** (siehe Exkurs) haben bislang keinen Frieden für die Region bewirken können.

Etwa ein Drittel der Oblast (Verwaltungsregion) **Donetsk** und ungefähr die Hälfte der Oblast **Luhansk** sind nach wie vor von den sogenannten **„Pro-Russischen Separatisten"** besetzt, die auch die russisch-ukrainische Grenze kontrollieren. Deshalb versiegt auch der Zustrom von Waffen, Munition und Panzern nicht, und bis heute sterben fast täglich Menschen an der Frontlinie, die zu einer nur unter höchsten Schwierigkeiten zu passierenden Barriere wurde und die Menschen in der Stadt Donetsk von ihrem natürlichen Hinterland trennt. Seit 2014 haben rund 2,2 Mio. Menschen die Gebiete der beiden „Volksrepubliken" verlassen (davon ca. 1,7 Mio. in Richtung Ukraine), mit dem Ergebnis, dass das einstige industrielle Herz der Ukraine kaum noch schlägt und die Region wirtschaflich komplett von Russland abhängig ist.

Innenpolitik seit 2014

Das politische System der Ukraine wird als **semipräsidentielle Demokratie** bezeichnet, mit einem starken Präsidenten, der in direkter Wahl gewählt wird. Das **Parlament** besteht aus 450 Abgeordneten, die seit 2012 wieder zur Hälfte über Parteilisten, zur Hälfte über Direktmandate gewählt werden. Für die Erlangung eines Direktmandates reicht die einfache Mehrheit. Diese Praxis wird schwer kritisiert, stellen diese sogenannten Direktkandidaten doch das perfekte Einfallstor zur Durchsetzung von Partikularinteressen der Oligarchen dar. Folgende **Parteien** existieren derzeit:

Der *Blok Poroshenko „Solidarnist"* ist quasi der politische Arm des Präsidenten im Parlament. Die Partei von *Yulia Tymoshenko* heißt *Blok Tymoshenko „Batkivchyna"*. Der *Oppositsionnyi Blok* umfasst die Reste der „Partei der Regionen" des alten Präsidenten *Yanukovych,* wobei sich davon bereits wieder die neue Partei *Za Zhyttia* („Für das Leben") des wenig seriösen Geschäftsmannes *Vadym Rabinovych* abgespalten hat.

Das Minsker Abkommen

Seit Sommer 2014 wird auf deutsche und französische Initiative hin versucht, in Form von direkten Gesprächen zwischen der russischen und der ukrainischen Seite die Lage zu befrieden. Dies führte zum Treffen von Minsk und dem dort verabschiedeten **Minsker Protokoll vom 5. September 2014.** Es enthält zwölf Punkte, hier die wichtigsten davon: sofortiger Waffenstillstand, Abzug der schweren Waffen von der Kontaktlinie, OSZE-Beobachtermission an der Grenze und im Separatistengebiet, Dezentralisierung der Ukraine und besonderer Status der Region Donbas, Wahlen im Separatistengebiet nach ukrainischem Recht, eigene Milizen vor Ort, Amnestie für alle Separatisten, Freilassung aller Gefangenen auf beiden Seiten, Rückgewinnung der Kontrolle über die Grenze durch die ukrainische Seite.

Unterzeichnet wurde das Protokoll von eher nachrangigen Vertretern beider Staaten sowie den Separatistenführern. Da das Abkommen jedoch keinen Zeitplan enthält, sondern die Punkte lediglich nacheinander aufgeführt werden, ist der **Interpretationsspielraum immens.** Entsprechend wird das Minsker Protokoll von den Kontrahenten völlig gegensätzlich ausgelegt: Sollen also zuerst Wahlen stattfinden und dann die Kontrolle über die Grenze zurückgegeben werden? Wie sollen freie und faire Wahlen möglich sein, wenn ukrainische Behörden keinerlei Zugang zur Region haben?

Hauptknackpunkt aber ist die geforderte **Autonomie der Gebiete,** von der niemand weiß, wie sie aussehen soll. Die ukrainische Seite ist der Meinung, dass eine **Dezentralisierung** zur Stärkung der lokalen Selbstverwaltung, wie sie ab 2015 auch in anderen Teilen der Ukraine durchgeführt wurde, völlig ausreicht. Dann käme es zu einer **Föderalisierung** des Landes mit Vetorecht des Donbas über nahezu alle wesentlichen politischen Entscheidungen Kiews, es bestünde die Gefahr, dass jede weitere Entwicklung Richtung Westen auf diese Weise blockiert werden könnte. Blaupause hierfür ist etwa die Föderalisierung von Bosnien in zwei autonome Teilrepubliken infolge des Dayton-Abkommens 1995, die sich ohne Unterlass gegenseitig blockieren, was faktisch zu einem „Failed State" geführt hat. Die Ukraine ebenfalls in einen solchen zu verwandeln, so wird auf ukrainischer Seite vermutet, ist genau das Kalkül von *Putin,* weshalb eine Föderalisierung seitens der Ukraine bislang vehement abgelehnt wird, der russischen Seite aber wiederum die Möglichkeit gibt, der Ukraine die Nichteinhaltung des Minsker Abkommens vorzuwerfen.

Leider gibt es, vor allem von Seiten der sog. Separatisten, wenig Bereitschaft, sich an die **Waffenruhe** zu halten. So konnten die Eroberung des Donetsker Flughafens, trotz massiver Gegenwehr der ukrainischen Seite, im Herbst 2014 und der Beschuss der östlichen Stadtteile von Mariupol im Januar 2015 mit über 30 Toten nicht verhindert werden.

Daher kam es im Februar 2015 zu **neuen Verhandlungen,** bei denen auch *Angela Merkel, François Hollande, Putin* und *Poroshenko* anwesend waren. Ziel war es letztendlich, irgendein Abkommen zu erzielen, das *Putins* Unterschrift trug, um ihn so binden zu können. In der Tat wird der Abbau der Sanktionen gegen Russland seither an die Erfüllung der Minsker Vereinbarungen gekoppelt, die auf sich warten lässt.

Eine direkte Einflussnahme Russlands wurde aber nicht festgehalten, vielmehr wurde nebulös formuliert, dass Russland seinen „Einfluss auf die Separatisten geltend machen" solle. Die Tinte auf dem Papier war noch nicht trocken, da begann die russische Eroberung des Bahnknotenpunktes **Debaltsevo** Anfang März 2015, ein eindeutiger Verstoß gegen die Minsker Vereinbarungen; die Hilflosigkeit der westlichen Seite wurde ein weiteres Mal offenbar.

Doch auch die **ukrainische Seite** ging nicht immer taktisch klug vor. Mal wurden alle Handelsverbindungen gekappt, dann wieder Gesetze zur Reintegration des Donbas unterzeichnet. Vor allem aber leidet die Zivilbevölkerung. Insbesondere die Gebiete nahe der Frontlinie sind praktisch von Gott und der Welt verlassen. Schulen sind geschlossen, Geschäfte haben aufgegeben und die Bewohner, die diese Gebiete verlassen möchten, werden noch nicht mal als Binnenflüchtlinge registriert – formell befindet sich das Gebiet ja unter ukrainischer Kontrolle. Eine Überquerung der Grenze zu den Volksrepubiken ist zu einem zeitraubenden Unterfangen geworden, denn es existieren nur wenige Kontrollpunkte, an welchen Wartezeiten von mehreren Stunden bis Tagen herrschen.

Was also hat das Minsker Abkommen gebracht? Sicherlich wurde der weitere Vormarsch der Russen Richtung Kharkiv und Odessa gestoppt, und für die Zukunft zeichnet sich ein **„frozen conflict"** ab, bei dem zumindest nicht mehr geschossen wird. Der entscheidende Fehler jedoch war es, Russland nicht als Aggressor zu benennen, sondern als unbeteiligten Vermittler in einem innerukrainischen Bürgerkrieg davonkommen zu lassen. Dies erlaubt es Russland beispielsweise, in den OSZE-Missionen vor Ort Truppenkontingente zu stellen, während die ukrainische Seite – im eigenen Land – davon ausgeschlossen ist. Eine **UNO-Mission** mit Blauhelmsoldaten wird zwar immer wieder gefordert, als Vetomacht im Weltsicherheitsrat wusste Russland einen effektiven Einsatz innerhalb der besetzten Gebiete und entlang der Grenze bisher aber zu verhindern.

Ebenfalls im Parlament vertreten und reformorientiert ist die Samopomich-Partei des Bürgermeisters von Lemberg, *Andriy Sadovyi*. Schwer einzuordnen ist die Radikale Partei von *Oleh Liashko*, die mit rechtspopulistischen Slogans von sich reden macht und die Beobachter der politischen Szene eher als politisches Projekt von *Rinat Akhmetov*, einem führenden Oligarchen aus dem Südosten des Landes, verorten.

Nicht im Parlament vertreten sind derzeit die Kommunisten, faktisch ein verlängerter Arm russischer Nationalbolschewisten, und *Svoboda*, eine rechtsradikale Partei mit Basis in der Westukraine. Ebenfalls wenig Chancen auf einen Einzug ins Parlament hat der „Rechte Sektor".

Kleinere, ebenfalls nicht im Parlament vertretene **Parteien** sind die *Demokratychnyi Allians*, die mit dem ebenfalls liberalen Politiker *Anatolyj Hrytsenko* ein Bündnis eingegangen ist, und die Bürgerplattform *Syla Liudey*, die „Kraft des Volkes". Diese Partei wird von linksliberalen Kräften in Westeuropa gefeiert, ist sie doch eine der wenigen Gruppierungen mit einem klaren, inhaltlich kohärenten Parteiprogramm, verfügt allerdings nur über wenige finanzielle Mittel, sodass ein Erfolg bei den kommenden Parlamentswahlen mehr als unsicher erscheint. Kommunal sind sie immerhin in einigen Städten sehr erfolgreich und stellen selbst in Mariupol zahlreiche engagierte Abgeordnete.

In der Praxis weisen die Parteien mit Ausnahme von *Syla Liudey* starke **Demokratiedefizite** auf, hieran konnte auch der Maidan nicht allzu viel ändern. Die meisten Parteien sind nichts weiter als Wahlvereine von mehr oder minder

ukr19-045 pk

einflussreichen Oligarchen, die auf diese Art und Weise versuchen, ihre persönlichen Interessen im Land durchzusetzen. Dabei werden aussichtsreiche Listenplätze verkauft, und die Hauptmotivation für viele, sich ins Parlament wählen zu lassen, ist keine andere als die Erlangung der Immunität vor Strafverfolgungen. Die Parlamentarier, zum großen Teil Dollarmillionäre, werden von der weniger privilegierten Bevölkerung auch gerne als „die Unberührbaren" bezeichnet.

Auch die oft zitierte **Spaltung der Ukraine** – in einen proeuropäischen Teil im Westen, Zentrum und Norden und einen prorussischen Teil im Süden und Osten – wurde bis 2013 von den Politiker-Oligarchen gerne für ihre Zwecke instrumentalisiert. Positive, politisch einende Projekte – die die unterschiedlichen historischen Erfahrungen und Sorgen der Menschen in den einzelnen Landesteilen ernst nehmen und nicht populistisch ausschlachten – waren nicht im Interesse dieser „Volksvertreter", die ihre „regionalen Machtbasen" mit Händen und Füßen zu verteidigen wussten.

Aber, und das sollte nicht unerwähnt bleiben, es gibt bis heute eine **aktive Zivilgesellschaft** in der Ukraine, die die Exzesse der Mächtigen sehr genau beobachtet. Dass das Land reif für eine neue demokratische Massenbewegung nach dem Vorbild der Orangenen Revolution ist, zeigen die Ereignisse seit November 2013 (siehe oben). Ein Hoffnungsträger, gerade bei jüngeren Wählern, ist die Partei von **Vitali Klitschko.** Sie gilt bislang als wenig korrupt, und der Boxchampi-

⌃ Zerstörtes Krankenhaus bei Sloviansk (aufgenommen im Sept. 2014)

on und Weltstar, der seine Karriere außerhalb des Landes machte, gilt ebenfalls als „sauber" und wurde zu einer der Galionsfiguren des „Euromaidan".

Bei den vorgezogenen **Präsidentschaftswahlen** vom Mai 2014 wurde **Petro Poroshenko** bereits in der ersten Runde mit absoluter Mehrheit gewählt. Dass auch er zur Clique der Oligarchen gehört, war zwar allgemein bekannt, jedoch hatte man die Hoffnung, dass seine proeuropäische Rhetorik eine tatsächliche Reformpolitik zur Folge haben würde. Außenpolitisch macht *Poroshenko* durchaus eine gute Figur – er spricht fließend englisch –, innenpolitisch werden Reformen verschleppt, auch infolge einer – vorsichtig ausgedrückt – merkwürdigen Personalpolitik etwa bei der Besetzung von Schlüsselpositionen.

Eine der Hauptforderungen des Maidan nach einer parteiunabhängigen **Regierung von Experten und proeuropäischen Reformern** wurde nicht umgesetzt, die wenigen echten Reformer schmissen alsbald das Handtuch, nachdem sie massivem Druck aus der Präsidialverwaltung ausgesetzt waren, der es ihnen unmöglich machte, ihre Arbeit sinnvoll auszuüben.

Erst Ende Oktober 2014 fanden die lang ersehnten vorgezogenen Neuwahlen für die **Werchowna Rada (Parlament)** statt. Viele Parteien schmückten sich dabei mit prominenten Maidanaktivisten auf den vorderen Listenplätzen, die eigentlichen Drahtzieher waren jedoch andere Personen. So kam es zu recht überraschenden Ergebnissen. Faktisch besteht seitdem eine Zweidrittelmehrheit aus angeblich prowestlichen Reformern; Svoboda, Rechter Sektor und auch die Kommunisten scheiterten an der 4 %-Hürde. Die Nachfolgepartei von *Yanukovychs* Partei der Regionen konnte zwar einige ihrer Machtbasen im Südosten des Landes erhalten, hat aber bei Weitem nicht mehr den Einfluss wie zu früheren Zeiten.

Ministerpräsident wurde **Arseniy Yatsenuik** aus der Westukraine, der schon zu Yanukovych-Zeiten ein Parteienbündnis mit *Yulia Tymoshenko* hatte. Nicht zuletzt aufgrund seines recht ungeschickten Auftretens auf internationalem Parkett wurde er nach zwei Jahren ersetzt durch **Volodymyr Hroisman,** einem Vertrauten von *Poroshenko* und früher Bürgermeister von Vinnytsia, der sich dort unzweifelhaft einige Verdienste erworben hatte.

Der Posten des **Generalstaatsanwaltes** wurde neu besetzt – mit einem Parteigänger von *Poroshenko* und ehemaligen Innenmister zu Zeiten von *Yushchenko, Yuriyi Lutsenko.* Mit lästigen Formalien wie etwa dem Fehlen einer juristischen Ausbildung *Lutsenkos* hielt man sich bei der Besetzung dieses Postens nicht länger auf.

Angesichts der bereits erwähnten Verzögerungen und dem gezielten Ausbremsen von Reformen ist die Enttäuschung der Bürger massiv. Doch in der **Zivilgesellschaft** hat sich seit 2014 etwas geändert: Unzählige Initiativen sind entstanden, die den Mächtigen im Lande auf die Finger gucken, sich in bemerkenswerter Weise professionalisiert haben und nicht mehr bereit sind, sich eine weitere Revolution stehlen zu lassen. Dass diese NGOs dabei – auch gegen die eigene Regierung – mit westlichen Institutionen zusammenarbeiten (z. B. EU-Kommission oder IWF) und so Druck von innen und außen auf die Regieren-

Faschismus und Nationalismus in der Ukraine

Betrachtet man die Bilder der Maidandemonstrationen 2013/14, fallen eine große Zahl von schwarz-roten Fahnen und auch das Logo der rechtsextremen Svoboda-Partei auf. War der **Euromaidan** also eine im Kern **faschistoide Bewegung,** hat gar ein faschistischer Putsch stattgefunden, wie russische Medien gerne unterstellen? Um diese Frage zu beantworten, bedarf es zunächst einer Definition dessen, was unter Faschismus zu verstehen ist.

Faschismus

Der Faschismus entstand in den 20er Jahren des 20. Jh. in Europa und brachte Herrscher wie *Mussolini, Franco* und *Hitler* an die Macht. Folgende Ideen und Faktoren prägen die faschistische Ideologie:

1. Das **Führerprinzip:** Im Kern der Bewegung steht ein „Auserwählter", dem sich alle und alles unterzuordnen hat, der bestimmt, wo es langgeht. Ein regelrechter Personenkult findet statt. Alternativen hierzu gibt es nicht.

2. Die Idee der **Volksgemeinschaft:** Ein Teil der Gesellschaft erklärt sich selbst zum „Volk" und somit als höherwertig und leitet daraus das Recht ab, andere Teile der Gesellschaft zu unterdrücken. Dabei ist die Zugehörigkeit zur Volksgemeinschaft determiniert und nicht individuell beeinflussbar. Jede Form von Individualismus wird abgelehnt. Alles hat sich den Idealen der Volksgemeinschaft unterzuordnen. Diskussionen darüber finden nicht statt.

3. **Wagenburgmentalität:** Eine geradezu zwanghafte Neigung, sich eingekreist und umgeben von Feinden zu sehen, woraus die Notwendigkeit hergeleitet wird, sich um so mehr abzugrenzen.

4. Es herrscht eine **Einheitspartei** mit hierarchisch-militärischer Struktur. Alle Entscheidungsprozesse laufen von oben nach unten (Vertikale der Macht), innerparteiliche Diskussionen finden nicht statt.

5. **Aggressive Kulturpolitik:** Kultur wird staatlich definiert, das Gegenstück hierzu ist entartete Kunst, die vernichtet werden darf. Es wird sich berufen auf eine mythenumrankte, idealisierte Vergangenheit, in deren Kontinuität sich das faschistische Regime stellt. In diesem Zusammenhang werden Massenmedien und Presseerzeugnisse zensiert. Abweichende Meinungen werden nicht geduldet.

6. Die **Ideologie der Stärke/Sozialdarwinismus:** Die Ideen von *Charles Darwin,* wonach Lebewesen sich einer verändernden Situation ihres Lebensraumes anzupassen haben oder zugrunde gehen, werden auf den Menschen angewandt und in der Folge zwischem lebenswertem und nicht lebenswertem Leben unterschieden. Als nicht lebenswert gelten etwa Kranke, Behinderte, Angehörige von ethnischen, sozialen oder religiösen Minderheiten. Diese dürfen unterdrückt oder sogar ermordet werden.

Keines dieser Merkmale trifft auf die Ukraine zu, wohl aber – in abgeschwächter Form – auf die derzeitige Russische Föderation. Dass gerade von dort der vermeintliche Faschismus in der Ukraine am intensivsten bekämpft wird, ruft Erstaunen hervor – und auch wieder nicht, wirft man einen kurzen Blick in die **sowjetische Geschichte:** Der Sieg über Hitler-Deutschland 1945 wurde pauschal als Sieg über „den" Faschismus dargestellt, womit man es mit einem Universalfeind zu tun hatte, dessen Bekämpfung eine moralische Verpflichtung für alle Zeiten war. Die obige Faschismusdefinition fand dabei keine Anwendung, hatte doch auch das Stalinregime selbst klar faschistoide Ansätze, wenn auch sozialistisch verbrämt. Vielmehr wurde der Faschismusverdacht zum generellen Vorwand für den Kampf gegen politische Gegner. So wurde am 17. Juni 1953 in Berlin eine „faschistische Konterrevolution" niedergeschlagen und am 13. August 1961 kam es zum Bau des „Antifaschistischen Schutzwalls". Die Verunglimpfung des Euromaidan durch die russische Propaganda ist genau in dieser Traditionslinie zu sehen.

Nationalismus

Der Nationalismus betont die **Überlegenheit der eigenen Nation,** was die Legitimation verschafft, andere Nationen als minderwertig zu betrachten. Dies ist vor allem das Merkmal eines imperialen Nationalismus, der diese angebliche Überlegenheit nutzt, um andere Völker zu erobern oder zu unterdrücken.

Mittel hierzu ist ein **aggressiver Kulturpatriotismus,** der aus spezifischen Merkmalen wie Sprache, Kultur und Religion Superioritätsansprüche ableitet. Ein solcher Kulturpatriotismus ist in der Ukraine in Teilen der Westukraine sehr wohl anzutreffen.

Für den weitaus größeren Teil des Landes ist aber eher ein **liberaler Befreiungspatriotismus** von Bedeutung, in dem es letztlich nur darum geht, seine Unabhängigkeit zu bewahren, sein Selbstbestimmungsrecht zu betonen und sich so Frei- und Gestaltungsräume zu erhalten. Diese Form des Patriotismus ist in nahezu allen Staaten zu konstatieren, die sich als frühere Teile von Imperien oder als ehemalige Kolonien in einem Unabhängigkeits- und Freiheitskampf befinden. In diesem Zusammenhang ist – etwa in Lateinamerika – das Phänomen eines dezidiert linken Nationalismus zu beobachten. Dieser ist im Allgemeinen liberaler und individualistischer als andere Partriotismusformen und zieht **Ideale der politischen Nation** nach sich. Diese Form des Patriotismus ist die in der Ukraine vorherrschende und damit in keinster Weise faschistisch, sondern als Reaktion auf die jahrhundertlange Fremdherrschaft durch Russland oder Polen zu sehen.

Die politische Repräsentation des Rechtsextremismus in der Ukraine

Faschistische bzw. rechtsextremistische Gruppierungen gibt es in der Ukraine dennoch, sie spielen aber **politisch** eine **relativ marginale Rolle:**

Rechter Sektor

Der Rechte Sektor **entstand im Laufe des Maidan aus rechtsradikalen Splittergruppen und den Ultras der großen Fußballvereine** im Land, und zwar zur Unterstützung der Maidanbewegung zu der Zeit, als die Lage zu eskalieren begann. Deswegen hatte der RS eine gewisse Unterstützung im Land, hatten dessen Aktivitäten doch entscheidenden Anteil am Durchhaltevermögen des Maidan, zu einer Zeit, als Studenten und Familienväter aus Angst um Leib und Leben sich weitgehend zurückgezogen hatten. Als Anführer gilt der aus Dnipro stammende **Dmitri Yarosh,** der auch als direkt gewählter Abgeordneter in der Rada sitzt. Der RS umfasste zu keiner Zeit mehr als einige hundert Mitglieder, wurde aber von der russischen Propaganda in einer Weise aufgewertet, dass man denken konnte, einer ganzen Armee gegenüberzustehen. Der RS vertritt ein **ultrakonservatives, homophobes Weltbild,** während ein aggressiver Ethnonationalismus oder Antisemitismus keine

Rolle spielen. In allen Wahlen scheiterte die Gruppierung mit Ausnahme weniger Einzelpersonen kläglich und stellt somit keine relevante politische Kraft dar. Mittlerweile tut sich der RS eigentlich nur noch bei gewalttätigen Ausschreitungen bei LGBT-Veranstaltungen hervor. Seine Anhängerschaft im Land ist mittlerweile minimal. Auch an der Blockade der Krim Ende 2015 war der RS federführend beteiligt.

Svoboda (Freiheit)

Svoboda ist eine **klar rechtsradikale Partei mit Basis in der Westukraine.** Sie vertritt einen offen ethnozentristischen Nationalismus rund um Sprache und Religion und stellte damit einen bewussten Gegenpol zu *Yanukovych* prorussischer Politik dar. Mit diesem Programm hatte Svoboda auch einige Wahlerfolge im Westen des Landes, stellte Bürgermeister und Landräte. Bei den Parlamentswahlen 2012 erreichte die Partei mit ca. 10,4 % ein für die damalige Zeit schockierendes Ergebnis, wobei die Zustimmungsrate vor allem in Galizien bei bis zu 38 % lag (im Gegensatz zur Krim, wo es 1,04 % waren). Damit wurde Svoboda zur erklärten Wunschopposition von *Yanukovych,* und hätte es den Maidan nicht gegeben, wäre ein Showdown zwischen dem Vorsitzenden der Partei, **Oleh Tianybok,** einem redegewandten Westukrainer mit seltsam starrem Blick, und *Yanukovych* nicht auszuschließen gewesen. *Yanukovych* hätte sich also als demokratische Alternative zu einer faschistischen Gefahr präsentieren können. *Tianybok* versuchte entsprechend den Euromaidan für sich zu nutzen und daraus politisches Kapital zu schlagen. Dennoch scheiterte Svoboda bei den Parlamentswahlen 2014 an der 5 %-Hürde. Lediglich eine geringe Zahl direkt gewählter Abgeordneter sitzt in der Rada. Ein Wiedereinzug 2019 wird nicht ausgeschlossen, ist aber keinesfalls sicher.

Azov

Im Zuge der russischen Aggressionen im Donbas stand die Ukraine vor einer nahezu ausweglosen Situation, denn die Armee war faktisch nicht einsatzfähig und durchsetzt mit prorussischen Kräften. In dieser Lage kamen die **Freiwilligenbataillone** ins Spiel, bewaffnete, schlecht ausgerüstete, aber hochmotivierte Kämpfer, die nicht bereit waren, sich die Ergebnisse der Revolution nehmen zu lassen. Es wird von insgesamt rund 80 unterschiedlichen paramilitärischen Einheiten mit einer Gesamtstärke von rund 40.000 Mann ausgegangen.

Am bekanntesten ist das **Bataillon Azov,** bestehend aus den lokalen Rechtsextremisten der Oblaste Kharkiv und dem Donbas. Fotos von Hakenkreuztattoos und SS-Runen auf den Helmen der Kämpfer machten die Runde, und zweifellos handelt es sich bei dem Kommandanten des Bataillons Azov um einen berüchtigten Kharkiver Rechtsextremisten namens **Andrey Biletskiy** aus der dortigen Türsteherszene. Auch das Logo des Bataillons, die Wolfsangel, weist deutliche Ähnlichkeit mit SS-Runen auf.

Bei aller Kritik an der Ideologie leistete Azov einiges bei der **Verteidigung von Mariupol,** weshalb sie vor Ort trotz (!) ihrer offen rechtsextremistischen Gesinnung über eine gewisse Popularität verfügen. Dabei war das Bataillon Azov mit rund 800 Kämpfern eines der kleineren.

Wie alle anderen Freiwilligenbataillone wurde auch Azov mittlerweile in die dem Innenministerium unterstehende **Nationalgarde** eingegliedert. Gerade Azov verfügt über ausgezeichnete Beziehungen zu dem sehr umstrittenen Innenminister *Arsen Avakov,* ebenfalls aus Kharkiv stammend. Sicherlich ein Unsicherheitsfaktor, der nicht unerwähnt bleiben sollte. Ein brutaler Überfall auf das alternative Kulturzentrum „Platforma Tiu" in Mariupol während eines Rockkonzertes im August 2018 geht mit an Sicherheit grenzender Wahrscheinlichkeit auf das Azov-Umfeld zurück. Auch die regelmäßige Beteiligung an Fackelzügen anlässlich des Geburtstages von *Stepan Bandera* am 2. Januar zeigt sehr gut, wie die Partei einzuordnen ist.

Derzeit läuft der Versuch, sich unter dem Namen „Nationales Korps" als politische Partei zu etablieren. Die Chancen für einen Wahlerfolg gelten allerdings als minimal.

Nicht unerwähnt bleiben sollte auch die neu gegründete Bürgerwehr **Nationalna Druzhyna,** die mit Tarnuniformen und SA-ähnlich marschierend bereits in mehreren Städte gesichtet wurde. Auch hier dürfte *Avakov* eine Schlüsselrolle spielen.

Fazit

Kommen wir zum Schluss wieder zurück auf die Präsenz der **Rechten auf dem Maidan.** Warum wurden sie geduldet, obwohl im Grunde klar war, dass ihre Anwesenheit ein schlechtes Licht auf die mehrheitlich liberal geprägte Bewegung werfen würde und ein gefundenes Fressen für die russische Propaganda darstellen würde? Zum einen: *Putins* Pläne und die Intensität seines Informationskrieges war von allen Beteiligten unterschätzt worden. Zweitens wollte man sich nicht spalten lassen, um letztlich den gemeinsamen Feind, *Viktor Yanukovych,* mit aller Kraft bekämpfen zu können. Die Entscheidung über die politische Zukunft des Landes sollten dann demokratische Wahlen herbeiführen. Und bei der Wahl 2014 spielten rechte Parteien ja auch keine Rolle mehr. Dennoch muss sich die Ukraine immer wieder gegen den Ruf eines von Faschisten dominierten Staates zur Wehr setzen.

den aufgebaut wird, ist neu in der Postmaidan-Ukraine. So konnten zumindest einige **Reformschritte** gegangen werden: Der Gasmarkt – bislang eine der größten Korruptionsquellen des Landes – wurde liberalisiert, freilich mit dem Nebenaspekt massiv steigender Gaspreise für den Endverbraucher; rund 30 % aller Banken, faktisch Einrichtungen der institutionalisierten Geldwäsche, wurden geschlossen; eine Polizeireform nach georgischem Vorbild wurde angegangen, wenn auch bislang nicht abgeschlossen. Diese soll das Vertrauen in die bis dato hoch korrupte Miliz wieder herstellen, was auch teilweise gelungen ist. Eine Antikorruptionsstaatsanwaltschaft wurde gegründet, welche hochprofessionell arbeitet und auch vor höchsten Repräsentanten des Staates nicht halt macht. Über ein neues digitales Ausschreibungssystem für Staatsaufträge namens Pro-Zorro könnte auch in diesem Bereich die Korruption entscheidend erschwert werden.

Der sicherlich größte Erfolg ist die angelaufene **Dezentralisierung,** bei der sich Kleinstgemeinden zu einer Großgemeinde zusammenschließen und eine eigene Finanzhoheit erhalten und somit Unabhängigkeit von zentraler Steuerung. So können Steuergelder ohne lange bürokratische Wege (und verlustfrei) vor Ort investiert werden: Neue Bürgersteige, ein besserer Nahverkehr, sanierte Schulen etc. entstehen, was im Idealfall auch zu einer Verbesserung der derzeit faktisch nicht vorhandenen Steuermoral der Bürger führen soll.

Das sicherlich größte Manko sind die bislang **ausgebliebene Justizreform** und die Beibehaltung des alten Wahlrechts. Massive Kritik erfährt auch der durch und durch korrupte, überdies rechtsradikalen Kräften seiner Heimatstadt Kharkiv nahestehende Innenminister *Avakov,* ebenfalls eine der Reformbremsen im Land.

Dies alles hat dazu beigetragen, dass die Popularität von *Poroshenko* mittlerweile ins Bodenlose gerutscht ist und es für ihn kaum noch eine realistische Möglichkeit gibt, die **Wahlen im Frühjahr 2019** zu gewinnen. Dafür ist die extrem umstrittene *Yulia Tymoshenko* wieder dabei und führt derzeit alle Umfragen an. Ein gemeinsamer, integrer Kandidat der proeuropäischen Liberalen ist derzeit nicht in Sicht. Daran ändert auch die überraschende Kandidatur des russischsprachigen Schauspielers, Politsatirikers und Publikumslieblings *Vladimir Zelenskiys,* der in Umfragen ebenfalls weit oben steht, nichts. Obwohl er in seiner Wahlkampagne bewusst als volksnaher „Antipolitiker" auftritt, wird auch ihm eine ungute Nähe zu einflussreichen Oligarchen nachgesagt.

Verwaltung

Die Ukraine ist in **26 Verwaltungsgebiete (Oblaste)** unterteilt. Als zusätzliche Verwaltungseinheiten kommen die **Stadt Kiew** und die **Stadt Sevastopol** hinzu. Die **Halbinsel Krim** verfügte vor der Annexion durch Russland über eine verfassungsmäßig garantierte Autonomie und unterhielt ein eigenes gewähltes Parlament. Alle anderen Oblaste fungieren als Verwaltungseinheiten, deren Gouverneure von der Zentralregierung ernannt werden. Als administrative Untereinheiten gibt es Landkreise *(Raion)* und Gemeinden, wobei unterschieden wird zwischen Stadt *(Misto),* Siedlung städtischen Typs (*Selysche miskoho typu,* abgekürzt SMT) und Dorf *(Selo).* Die Landkreise sind deutlich kleiner als in Deutschland. Jede Gemeinde hat ein Parlament *(Rada),* das demokratisch gewählt wird. Mit den oben beschriebenen Dezentralisierungsbemühungen wurde die kommunale Selbstverwaltung zum Teil neu geordnet, was sich bereits jetzt positiv vor Ort bemerkbar macht.

Staatssymbole

Das ukrainische **Staatswappen** ist ein gelber Dreizack (Тризуб) auf blauem Grund, das als hoheitliches Symbol auf jedem amtlichen Briefkopf und an allen öffentlichen Gebäuden zu sehen ist. Es geht zurück auf Embleme *Volodymyr des Großen* aus der Zeit der Kiewer Rus. Zu Beginn des 20. Jh. wurde das Symbol neu belebt und von *Mykhailo Hrushevskyi* (1866–1942), dem ersten Präsident der Ukrainischen Volksrepulblik, als Staatswappen vorgeschlagen.

Die **Staatsflagge** besteht aus zwei horizontalen Streifen in Gelb und Blau. Die volkstümliche Deutung dieser Farben ist das Bild gelber Getreidefelder unter blauem Himmel – jeder, der im Sommer in der Zentralukraine unterwegs ist, wird erstaunt sein, wie die Landschaft oft haargenau jenem symbolischen Ab-

⊡ Dekommunisierung – dieses Mosaik im Bahnhof von Chop wurde 2017 entfernt

bild entspricht. Die Fahne erreichte ab dem späten 18. Jh. größere Verbreitung und wurde, wie auch der Dreizack, Anfang des 20. Jh. zum nationalen Symbol. Die Fahne der Sowjetukraine war rotblau. Erst ab 1990 wurde die Verwendung der blau-gelben Fahne wieder zugelassen.

Die **Hymne** (Ще не вмегла України, „Noch ist die Ukraine nicht verloren“) geht auf ein patriotisches Gedicht von *Pavlo Chubynskyi* (1839–1884) aus dem Jahr 1852 zurück und zeigt interessante Analogien zur ersten Zeile der polnischen Hymne. Doch während letztere kämpferischer Natur ist, ist die Staatshymne der Ukraine eine traurig-trotzige Liebeserklärung. Die Melodie wurde 1865 erstmals aufgeschrieben und lehnt sich stark an die ukrainische Volksmusik an. Ihre erste Textzeile hat bis heute nichts an Symbolik verloren und wurde mit Inbrunst in den Wochen des Maidan von Hunderttausenden von Menschen – unterstützt von der Sängerin *Ruslana* – tagtäglich gemeinsam gesungen.

Ein Symbol nationaler Identität ist die Grußformel **„Slava Ukraini“** (Ruhm der Ukraine), in etwa vergleichbar mit „Vive la France“. Während des Maidan wurde diese Grußformel, die aus der Zeit der ukrainischen Nationalbewegung des späten 19. Jh. stammt, zum allgemein anerkannten patriotischen Slogan. Beantwortet wird er übrigens mit **„Horoiam Slava“** (Ruhm den Helden), einer Formel, die – auch wenn es ungern zugegeben wird – definitiv aus der Zeit des Zweiten Weltkrieges stammt und eindeutig faschistischer Natur ist. Glücklicherweise nicht durchsetzen konnte sich die deutlich radikalere Version „Slava Natsii, Smert Voroham“ (Ruhm der Nation, Tod den Feinden).

ukr19-044 pk

Umstritten – die neue ukrainische Geschichtspolitik

Geschichte bzw. deren Deutung ist nicht selten ein Instrument, um Politik zu rechtfertigen und zu legitimieren. Gerade in Umbruchsituationen oder im Falle staatlicher Neugründungen erfährt die Geschichte immer wieder **Neubewertungen.** Dieses Phänomen existiert weltweit und selbstverständlich auch in der Ukraine. Wurde etwa zu Sowjetzeiten Wert gelegt auf die Gemeinsamkeiten mit Russland bzw. auf Persönlichkeiten, die das spätere sozialistische System als lineare Entwicklung mit klaren Kontinuitäten begründen sollten, so kam es schon bald nach der ukrainischen Unabhängigkeit zu einer neuen, geradezu gegenteiligen Interpretation dieser Persönlichkeiten: Nunmehr stand bei den Kosaken der allgemeine Freiheitsgedanke und nicht ihr Aufstand gegen die polnische Adelsherrschaft im Vordergrund, bei *Taras Shevchenko* ihr romantischer ukrainischer Patriotismus und nicht ihre Aufmüpfigkeit gegenüber dem Zaren und bei *Ivan Franko* sein westukrainischer Patriotismus und sein Einsatz für die nationale Bewegung und nicht seine sozialistischen Überzeugungen.

In einer Zeit, in der Russland immer offener neoimperialistisch agiert und ohne Skrupel historische Tatsachen umdeutet, um aktuelle Herrschaftsansprüche – etwa mit Blick auf die Krim – geltend zu machen, hat die ukrainische Regierung reagiert und das **Institut für nationales Gedenken** (Інститут національної Пам'яті) ins Leben gerufen und seine Leitung dem jungen und umstrittenen Lemberger Historiker **Volodymyr Viatrovych** anvertraut. Eines seiner ersten Projekte waren die **Dekommunisierungsgesetze,** die im Wesentlichen folgende Aspekte umfassen:

1. Verbot jeglicher sowjetischer Propaganda und entsprechender Symbole mit dem Ziel, positive Assoziationen an die Sowjetunion zu unterbinden. Kommunistische Symbole, z.B. Hammer und Sichel, verschwanden daraufhin aus den Straßenbildern, sämtliche Lenin-Statuen, von denen es im Osten des Landes 2014 noch über 1000 gab, wurden abgebaut, Straßen und Orte, die nach sowjetischen Helden benannt waren, umbenannt. So wurde aus Dnipropetrovsk Dnipro, aus Artemivsk Bakhmut, aus Kirovohrad Kropyvnytskyi, nahezu alle Sverdlov-, Lenin-, Komsomol-, Dzerzhynskyi- und Oktoberrevolutionsstraßen sind verschwunden und durch Namen wie „Straße der Helden des Maidan" oder „Straße der Himmlischen Hundertschaft" ersetzt worden. Ebenfalls betroffen sind zahlreiche Mosaiken und Wandgemälde im Stil des Sozialistischen Realismus. Hier stellt sich natürlich die Frage: Sind diese Werke als Propaganda zu ächten oder als zeithistorische Kunstdokumente zu bewerten und zu bewahren?

2. Das **Gesetz über die Öffnung der KGB-Archive,** ein wichtiges Symbol für die Öffnung des Landes, vergleichbar etwa mit dem Stasiunterlagengesetz für die ehemalige DDR, bisher aber nur sehr halbherzig umgesetzt.

3. Das **Gesetz über die (weiterhin) zu erfolgende Ehrung der Weltkriegsveteranen, bei gleichzeitiger Neubewertung des Zweiten Weltkriegs.** Es gilt nicht mehr die sowjetische Bezeichnung „Großer Vaterländischer Krieg" für die Jahre 1941–1945, sondern – wie international üblich – die Jahre von 1939 bis 1945 werden als Zweiter Weltkrieg (друга світова війна) bezeichnet. Im Gegensatz zum großen Nachbarn steht am 8. Mai, dem Tag der Befreiung vom Faschismus, das stille Gedenken unter dem Motto „Nie wieder" im Vordergrund. Und der Tag des Sieges am 9. Mai gilt den Kriegsveteranen, denn zahlreiche Rotarmisten kamen nun einmal aus der Ukraine. Diese sollen nicht vergessen werden, weshalb auch die vielen „Straßen des Sieges" bisher von den Straßenumbenennungen weitgehend verschont blieben.

Zudem soll eine Kontinuität zwischen dem Kampf gegen die deutschen Faschisten im Zweiten Weltkrieg und den derzeitigen Aktivitäten der „Antiterroristischen Operation" im Donbaskrieg hergestellt werden.

4. Das **Gesetz über die Ehrung der Kämpfer für die staatliche Unabhängigkeit.** Dieses Gesetz ist mit Abstand das umstrittenste der Dekommunisierungsgesetze, nimmt es doch eine dezidiert westukrainische Sicht auf die Geschichte ein, verbunden mit der Glorifizierung der UPA und des Partisanenkampfes gegen die sowjetischen Besatzer in der Westukraine. Nicht nur, dass die „richtige" Geschichtsschreibung so von oben vorgeschrieben und nicht Wissenschaft und gesellschaftlichem Diskurs überlassen wird, die Sichtweise ist auch gefährlich für die gerade einigermaßen überwundene Spaltung des Landes. Denn während in der Westukraine *Stepan Bandera* und seine Leute Volkshelden sind, gelten sie im Osten als Terroristen. Zu allem Überfluss hat diese Geschichtsdeutung Spannungen mit dem westlichen Nachbarn Polen und dessen nationalkonservativer Regierung hervorgerufen, für die die UPA vor allem für Massaker an der polnischen Zivilbevölkerung in Wolhynien steht.

So zeigt sich, dass auch heutzutage Geschichte und ihre Interpretation ein sehr heißes Eisen sind. Die ukrainische Regierung wäre gut beraten, wenn sie zumindest in letztgenanntem Punkt ein Machtwort sprechen und *Viatrovych* zurückpfeifen würde.

Medien

Die Presse in der Ukraine galt nach der Orangenen Revolution als die mit Abstand freieste der GUS-Staaten. Doch mit der Präsidentschaft *Yanukovychs* verschlechterte sich die Lage dramatisch. Hatte die Ukraine nach Einschätzung von „Reporter ohne Grenzen" in der Rangliste der Pressefreiheit 2008 noch den 87. Platz inne, fiel das Land 2011 auf den 116. Platz zurück. **Einschüchterungen** von kritischen Journalisten und v. a. eine Art journalistischer **Selbstzensur** stellen massive Probleme dar. Da viele Zeitungen im Besitz von Oligarchen sind, die wiederum über kritische Berichterstattung in „ihrem" Blatt nicht erfreut sind, und sowohl Journalisten als auch Redakteure ihren Arbeitsplatz nicht gefährden möchten, wird über manche „heiße" Themen nicht oder nur oberflächlich geschrieben. Ein weiterer Punkt ist, dass positive Berichterstattung von Politikern auch schlicht und einfach gekauft wird – gegen Bezahlung erscheinen scheinbar objektiv wirkende Beiträge, die den betreffenden Politiker in einem günstigen Licht erscheinen lassen. Immerhin: Inzwischen ist die Ukraine im Ranking wieder auf Platz 101 gestiegen und liegt damit noch vor dem EU-Mitglied Bulgarien.

Zeitungen

Wie überall auf der Welt sinkt auch in der Ukraine der Einfluss der Printmedien. **Auflagenstärkste Zeitungen** sind „Fakty i Kommentary" (russischsprachig, im Besitz von *Viktor Pinchuk*) und „Segodnia“ (russischsprachig, im Besitz von *Akhmetov*). Kleinere, unabhängige Zeitungen sind z.B. „Zerkalo Tyzhnia“ (russisch/ukrainisch), „Den“ (Kiew, russisch/ukrainisch/englisch) und „Komersant“. Weitere seriöse Zeitungen sind die „Hazeta po ukrainskyi“ aus Kiew (www.gazeta.ua) und „Vysokyi Zamok“ aus Lemberg. Eine viel gelesene Wochenzeitung mit hervorragendem Onlineportal ist die englischsprachige Zeitung „Kyiv Post“ (www.kyivpost.com). Eine wichtige Rolle in beiden Revolutionen spielte die ukrainischsprachige Internetzeitung „Ukrainska Pravda“.

Ein großer Teil der Presse ist **russischsprachig.** Selbst in Lemberg, wo gerade mal 5 % der Bevölkerung russisch sprechen, erscheinen etwa 30 % der Presseerzeugnisse auf Russisch. Noch dominanter ist die russische Sprache auf dem Buch- und Zeitschriftenmarkt.

Fernsehen

Es gibt in der Ukraine **einen landesweiten staatlichen Fernsehsender sowie mehrere private.** Hinzu kommen die staatlichen und privaten regionalen Sender. Auch hier haben meist Oligarchen ihre Hände im Spiel, die der Redaktion häufig recht detaillierte Vorschriften machen, was zu senden ist und was nicht. Vor allem in den östlichen und südlichen Landesteilen sind auch russische Kabelsender weit verbreitet und populär. Die wichtigsten Kanäle sind „Inter“ (in den Händen von *Dmytro Firtash*) und „1+1“ *(Kolomoiskyi).* Streng auf prorussischem Kurs sendet der Kanal „112“ *(Medvechuk),* und auch *Poroshenkos* „5. Kanal“ existiert weiter. Ein neuer, internetbasierter Fernsehkanal ist das Bürgerfernsehen „Hromadske“, das journalistisch hochwertige Arbeit und ein hochprofessionelles Programm liefert, ein absolutes Novum in der ukrainischen Medienlandschaft (https://hromadske.ua).

Internet

Zugang zum Internet ist überall im Land möglich und **nicht reglementiert.** Somit ist es für interessierte Personen kein Problem, sich über politische und wirtschaftliche Zusammenhänge unabhängig zu informieren.

Rechtsstaat

Konnte man die Ukraine zu *Yushchenkos* Zeiten als einen fragilen Rechtsstaat bezeichnen, so war **ab 2013 von Rechtsstaatlichkeit nichts mehr zu sehen.** Gerichtsurteile, Baugenehmigungen, Gesetze u. v. m. wurden schlicht und einfach gekauft. Die auch in Deutschland einer breiteren Öffentlichkeit bekannt gewordene Verurteilung *Yulia Tymoshenkos* und anderer ehemaliger Regierungsmitglieder war nur der bekannteste Fall. Hier drei weitere Beispiele, wie es kurz vor dem Maidan um Recht und Gerechtigkeit stand:

Beispiel 1: Im Herbst 2011 wurde eine Gruppe nigerianischer Studenten von betrunkenen Jugendlichen im ostukrainischen Luhansk angepöbelt und bedroht. Einer der **Schwarzafrikaner** verteidigte sich mit einer zerbrochenen Glasflasche und fügte einem der Angreifer Schnittwunden zu. Am Folgetag wurde er verhaftet und wegen versuchten Mordes in U-Haft gesperrt. Zivilgesellschaftliche Organisationen aus der Ukraine machten den Fall publik, auch von Exilukrainern aus Deutschland gab es Unterstützung. Der Mann kam auf Kaution frei, doch mit der russischen Besetzung von Luhansk seit 2014 haben sich sämtliche Spuren verloren, da die lokalen Menschenrechtsorganisationen allesamt in die freie Ukraine flüchten mussten.

Beispiel 2: Ein Besitzer eines kleinen einstöckigen Gebäudes in Kiew führte über Jahre einen aussichtslosen juristischen Kampf gegen eine internationale Investorengruppe, die an der Stelle seines Hauses ein Businesscenter errichten wollte. Der für den **Räumungsbeschluss** verantwortliche Richter wurde einige Tage nach dem Urteil von zwei Profikillern in seinem eigenen Haus vor den Augen des Hausmeisters erschossen. Der Verdacht fiel auf die Familie der Räumungsopfer. Obwohl Gegenüberstellungen zweifelsfrei ergaben, dass die beschuldigten Familienmitglieder unschuldig waren, wurden diese zu 18 Jahren Haft verurteilt. Unmittelbar nach dem Maidan wurde das Urteil aufgehoben.

Beispiel 3: Der alte Handelshof *(Hostynnyi Dvir)* aus dem frühen 19. Jh. ist eines der prägenden Gebäude und wichtigsten historischen Baudenkmäler im Kiewer Stadtviertel Podil. Das hinderte das Parlament jedoch nicht daran, den **Denkmalschutz** für das Gebäude völlig aufzuheben und dessen Umbau in ein Businesscenter zuzulassen. Daraufhin besetzte im Mai 2012 eine Künstlergruppe das Haus und dessen prächtigen Innenhof und veranstaltete regelmäßig Kunstaktionen, Theatervorführungen und Konzerte unter dem Namen „Hostynna Respublika" („Gastfreundliche Republik"). Alle juristischen Einsprüche gegen den Parlamentsbeschluss wurden ignoriert. Mitte 2013 wurde die Baugenehmigung erteilt und mit dem Umbau des Gebäudes begonnen. Ein mysteriöser Brand im Februar 2013 und ständige Übergriffe durch Schlägertrupps machten klar, dass man hier wenig Spaß versteht. Im Frühjahr 2014 wurde das Gebäude an die Stadt zurückgegeben. Seitdem steht hier, mitten auf der Kontraktova Plashcha, eine eingezäunte Ruine, von der niemand weiß, was mit ihr geschehen soll.

Diese drei Fälle zeigen exemplarisch, wie sich die Wut der Bevölkerung auf das System *Janukovych* entwickeln und zunehmen konnte. Alle diese Vorkommnisse sind daher als Vor-Konflikte des Maidan zu sehen.

Obwohl seit 2014 zweifelsfrei Verbesserungen feststellbar sind, liegt **immer noch vieles im Argen.** Weiterhin sind Gerichtsurteile käuflich, eine Überprüfung belasteter Richter erfolgt nur halbherzig, die Neubesetzung des Obersten Gerichtshofes umfasste etliche sehr umstrittene Personen, und das lange geforderte **Antikorruptionsgericht** zur Ermittlung gegen höchste Repräsentanten des Staates und ihrer Mitarbeiter wird nur langsam und eigentlich nur auf Druck internationaler Geldgeber wie auch der ukrainischen Zivilgesellschaft in die Wege geleitet. Zu groß ist offenbar der Unwillen im Umfeld von *Poroshenko,* die etablierten Businessmodelle an die neue Realität anpassen zu müssen.

Zu größter Sorge Anlass geben vermehrt vorkommende **Übergriffe bis hin zu Mordanschlägen auf Antikorruptionsaktivisten** seit dem Jahr 2017, vor allem im Süden des Landes (Kherson, Berdiansk, Odessa). Offensichtlich fühlen sich einige einflussreiche Personen von diesen Aktivisten massiv bedroht. Hier offenbart sich das **Dilemma der Ukraine** nach 2014. Um den Zerfall des Landes angesichts der russischen Aggression zu verhindern, mussten Bündnisse mit den alten Eliten, vor allem im Osten und Süden des Landes, eingegangen werden. Faktisch haben diese vor Ort Narrenfreiheit, eine effektive Bekämpfung ihrer mafiösen Netzwerke ist kaum möglich, denn diese Personen könnten rasch wieder ihre prorussischen „Überzeugungen" entdecken, verbunden mit der Gefahr neuer „Separatismusbewegungen". Eine extrem teuer erkaufte Loyalität.

Wirtschaft

Die **wirtschaftlichen Grundvoraussetzungen** für die Ukraine sind **nicht schlecht.** Ein gutes Bildungssystem und ausreichend viele Universitäten und Hochschulen sorgen für gut ausgebildete Fachkräfte. Die gute Industriestruktur könnte die Ukraine zu einem der Weltmarktführer im Bereich des Maschinenbaus machen. Große Vorkommen an Bodenschätzen, insbesondere Steinkohle und Eisenerz, wären dazu geeignet, aus der Ukraine eine Exportnation für Primärrohstoffe zu machen. Und doch sieht die ökonomische Lage der Ukraine nicht rosig aus.

Die **volkswirtschaftliche Realität** ist bis heute geprägt durch den Totalzusammenbruch des sowjetischen Wirtschaftssystems und der damit verbundenen Folgen. Seit der Chaoszeit des Zusammenbruchs und der wirtschaftlichen Transformation dominieren **Oligarchen** das wirtschaftliche (und politische) Geschehen im Land. Erst gegen Ende der 1990er Jahre – unter der kurzen Regentschaft von Ministerpräsident *Yushchenko* – begann ein **zaghaftes Wirtschaftswachstum.** Löhne und Gehälter stiegen, aber auch die Preise. Einen Aufschwung gab es im Bereich der Lebensmittelproduktion und in der Bauwirtschaft zu verzeichnen. Die Stahlproduktion erreichte ebenfalls neue Höhen. Doch eine effektive weiterverarbeitende Industrie fehlt weiterhin, und auch die Landwirtschaft nutzt ihr Potenzial nicht mal ansatzweise. Vielfach herrscht auf dem Land eine archaische Selbstversorgerlandwirtschaft vor, die im übrigen Europa so kaum noch existiert.

Vor allem die **fehlende Rechtssicherheit** sorgt dafür, dass sich bisher keine nennenswerte mittelständische Wirtschaft entwickeln konnte. Das Wort „Biznesmen" gilt bis heute als Schimpfwort, einen positiv besetzten Begriff wie den des „ehrbaren Kaufmanns" gibt es nicht. Die **Abwanderung** junger, gebildeter Hochschulabsolventen ins westliche Ausland und der damit verbundene Brain Drain ist beträchtlich. Seit der Annexion der Krim und dem Beginn des Krieges im Donbas erlebt die Ukraine eine nie gekannte **Wirtschaftskrise;** die Währung verlor zwei Drittel ihres Wertes. So ist es nicht verwunderlich, dass die wirtschaftlichen Daten des Landes verheerend sind (Stand 2017/18):

- **Bruttoinlandsprodukt: 119 Mrd. US$;** Anteil der Schattenwirtschaft am BIP: 31 % (geschätzt); Anteil der Industrieproduktion am BIP: 18 %
- Durchschnittseinkommen im Monat: 300 US$, kaufkraftbereinigt 600 US$
- Bevölkerungsanteil unter der Armutsgrenze: 24 %
- Inflationsrate: 11 %
- Steuereinnahmen (in % des BIP): 19 %
- Exporte: 43 Mrd. US$, Importe: 49 Mrd. US$, Handelsbilanzdefizit: 6 %
- Auslandsschulden: 118 Mrd. US$
- Arbeitslosigkeit (offiziell): 9,2 %, verdeckte Arbeitslosigkeit bis zu 25 %

Tourismus

Die **wichtigsten Tourismusregionen** der Ukraine sind die Karpaten und einige Küstenabschnitte des Schwarzen und Asowschen Meeres. Bekannteste Ziele für Städtereisen sind Lemberg, Kiew und Odessa. Der Rest des Landes ist oft touristisch eher unerschlossen. Die Erforschung des Landes ist also vielerorts noch **spannende Pionierarbeit,** die sich aber zunehmender Beliebtheit erfreut.

Vor dem oben skizzierten ökonomischen Hintergrund kommt dem Tourismus als Wirtschaftsfaktor eine (zunehmend) wichtige Rolle zu. Nachdem das alte sowjetische System in der Ukraine relativ lange überlebte, sind seit etwa 2005 – gleichzeitig mit der Abschaffung der Visumpflicht – ein Aufschwung im Tourismus und eine Verbesserung der touristischen Infrastruktur zu beobachten. Diese Entwicklung wurde durch die Fußball-EM 2012 noch einmal befeuert. Neue Hotels werden errichtet, Altstädte sukzessive saniert, Architekturdenkmäler restauriert, Strukturen für Tourismus im ländlichen Raum sind im Entstehen. Dies geschieht bislang weitgehend unkoordiniert und ohne übergreifende regionale Konzepte. Vieles wird Privatinvestoren überlassen. Eine Regionalplanung findet kaum statt. Zudem ist natürlich auch das Tourismusgeschäft nicht von den Übeln der ukrainischen Wirtschaftsstruktur verschont. Oft werden vielversprechende lokale Privatinitiativen erschwert oder gar verhindert.

Spätestens mit Beginn des Krieges im Donbas kam es zu einem **Totalzusammenbruch** des Tourismus in der Ukraine. Der Krieg dominierte die Schlagzei-

ukr14-180 bj

[>] Hotelkasten aus sowjetischer Zeit

len, auch wenn er nur einen kleinen Teil des Landes betraf; 1,7 Mio. Binnenflüchtlinge mussten integriert und (auch in Unterkünften) untergebracht werden. Seit 2017 geht es wieder langsam aufwärts. Neue Hotels entstehen, und dank der Backpackerkultur, die im Land Einzug gehalten hat, gibt es auch immer mehr Hostels in guter Qualität.

Die ukrainische Identität

Was haben ein Sevastopoler und ein Kiewer, ein Kharkiver und ein Lemberger miteinander gemein? Böse Zungen behaupten, dass sie wenig bis gar nichts eint – außer dem zufälligen Umstand, dass sie auf dem heutigen ukrainischen Staatsgebiet leben und alle einen ukrainischen Pass besitzen. **Ein „Ukrainer", wer ist das überhaupt?** Diese Frage entzweit nicht nur örtliche und europäische Wissenschaftler und Politiker, sondern das ganze Land.

Grundsätzlich beruht dieser Konflikt auf einem **Missverständnis:** Während sich in der Westukraine am Ende des 19. Jh. in Abgrenzung zum modernen „Polentum" ein klassisches, sozial, religiös und kulturell definiertes Nationalbewusstsein entwickelte, fehlt dies in den zentralen, östlichen und südlichen Regionen des Landes, dem Steppenland, dem Donbas und der Krim. Erst gegen Ende des 18. Jh., als das zaristische Russland in diese Regionen vordrang, wurden diese Gebiete erschlossen und kolonisiert. Dort entstanden typisch russische Städte, etwa Odessa, Dnipro oder Mykolaiv. Die Krim wurde gar erst 1953 Teil der damaligen ukrainischen Sowjetrepublik.

In **Galizien** gilt demnach das Sprechen der ukrainischen Sprache, die Zugehörigkeit zu einer „ukrainischen" Kirche und die Liebe zur Literatur von *Shevchenko, Franko* und *Lesia Ukrainka* zu den Eigenschaften eines „echten Ukrainers", während weiter östlich einfach der Wohnort jemanden zum „Ukrainer" macht.

Prägend für die heutigen regionalen Identitäten waren auch die unterschiedlichen **historischen Erfahrungen** während des 2. Weltkrieges. Im Westen gab es eine antisowjetische nationale Bewegung, die für eine unabhängige Ukraine kämpfte, im Osten und Süden gab es diese nicht. Und deren Protagonisten, die in Lemberg oder Ivano-Frankivsk als Helden gefeiert werden, gelten in Odessa oder Donetsk als Kriegsverbrecher und Hochverräter. Die **Sowjetunion** trug mit ihrem universalistischen (manche sagen auch: großrussischen) Identitätsmodell sowie den mit der Industrialisierung verbundenen Migrationsströmen dazu bei, dass bis heute **keine eindeutige gesamtukrainische Identität** entstand.

Und doch kann, wie der ukrainische Historiker *Mykola Riabchuk* schrieb, niemand genau sagen, wo genau die eine Identität (die „westliche") aufhört und die andere („die östliche") beginnt. Auf „typische Sowjetmentalität" trifft man in Lemberg ebenso wie im Donbas, wie es auch in beiden Regionen flexible und aufgeschlossene Menschen gibt. Auch im Westen hören Jugendliche Russenpop, ebenso wie es im Osten alternative „westliche" Jugendkultur gibt. Selbstverständlich aber ist für alle, dass sie sich als „Ukrainer" fühlen – auf die eine wie die andere Weise.

Jahrelang war das – im Grunde künstlich aufgebauschte – **Sprachproblem** einer der prägenden Faktoren im Land. Ukrainisch Sprechende wurden in den Großstädten des Ostens oftmals als „Bauern vom Dorf" belächelt, während Russischsprachler aus dem Osten in Lemberger Cafés nicht bedient wurden. Mit der Aggression von außen ist diese Teilung jedoch in den Hintergrund getreten. Zyniker behaupten, *Putins* neoimperialistische Politik sei das Beste gewesen, was dem ukrainischen Selbstverständnis überhaupt passieren konnte.

Eindeutig auf dem Vormarsch ist das Ukrainische in den zentralukrainischen Städten, während nicht zuletzt durch die vielen Binnenflüchtlinge und auch die Tataren von der Krim in Lemberg und Umgebung etwas mehr Russisch zu hören ist. Nach wie vor wird aber im Westen fast ausschließlich ukrainisch gesprochen, die Städte im Osten sind zu nahezu 100 % russischsprachig. Die gegenseitige Ablehnung ist jedoch einem pragmatischeren Umgang gewichen. Oftmals ist eine völlig **problemlose zweisprachige Kommunikation** zu beobachten, so wie bei uns ein Bayer und ein Rheinländer in ihrem jeweiligen Dialekt mühelos miteinander kommunizieren können. Denn letztlich versteht jeder die Sprache des anderen, wird auch im Osten mittlerweile Ukrainisch an den Schulen gelehrt, und im Westen sind noch ausreichende Russischkenntnisse aus Sowjetzeiten vorhanden. Doch leider sind immer wieder **Rückschritte** zu beobachten, die zeigen, dass die Vernunft noch längst nicht überall gesiegt hat: In einigen westukrainischen Oblasten wurde damit begonnen, jegliche russische Sprache und Kultur per Gesetz zurückzudrängen, etwa indem man selbst jedwedem Putinismus unverdächtige russischsprachige Kulturveranstaltungen und Printerzeugnisse reglementiert. Was für Lemberg vielleicht noch zu verschmerzen ist – hier ist die russische Kultur marginal –, stellt für Zhytomyr, wo ein ähnliches Gesetz beschlossen wurde, eine (gefährliche) Absurdität dar, denn die Stadt ist zu 40 % russischsprachig. Eine moderne Minderheitenpolitik jedenfalls sieht anders aus.

Dennoch ist die oben beschriebene positive Grundtendenz unübersehbar und die wohl positivste Entwicklung in der Ukraine seit 2014: Nach schweizerischem oder kanadischem Vorbild tritt allmählich das **Bewusstsein einer „politischen Nation"** in den Vordergrund. d. h. jeder, der in der Ukraine lebt und sich selbst subjektiv als Ukrainer sieht, wird als solcher akzeptiert, unabhängig von Sprache, Ethnie und Religion. Insofern gilt 2019 das, was der in allen Teilen das Landes geschätzte Sänger der Rockband „Okean Elzy", *Sviatoslav Vakarchuk*, aus Lemberg stammend, schon Anfang 2014, kurz vor dem Krieg im Donbas, mantraartig wiederholt hatte: „Wir sind heterogen, wir sind verschieden, aber wir sind nicht gespalten."

Religion

Der **anti-religiöse Furor,** mit dem *Stalin* in den 1930er Jahren die Sowjetunion überzog, forderte auch in der Ukraine zahllose Opfer. Reihenweise wurden sakrale Bauten zerstört, darunter so herausragende Meisterwerke wie das Michaelskloster in Kiew.

Erst mit dem **Ende des Kommunismus** konnte sich das religiöse Leben in der Ukraine wieder öffentlich artikulieren. Viele unter *Stalin* zerstörte Kirchen sind wieder aufgebaut, die zweckentfremdeten Klosteranlagen wieder ihrer eigentlichen Bestimmung zugeführt worden. Die religiöse Landschaft, die seit 1988 im Land entstand, ist dabei ungewöhnlich komplex. Die ukrainischen **Christen** verteilen sich auf drei orthodoxe Kirchen, zwei katholische und eine Reihe evangelischer Gemeinden, die auf deutsche Auswanderer zurückgehen. Auf der Krim spielt der **Islam** als Zeichen der tatarischen Identität wieder eine sichtbare Rolle, ist aber im Zuge der russischen Okkupation seit 2014 wieder stark in die Defensive geraten. Nach dem Einschnitt des Holocaust und der schon zu Sowjetzeiten begonnenen, nach 1991 massive Dimensionen annehmenden Abwanderung der **Juden** zeichnet sich im ganzen Land eine Renaissance des jüdischen Gemeindelebens ab.

Großen Zulauf haben in den letzten Jahren moderne **Freikirchen** und evangelikale Gemeinschaften zumeist US-amerikanischer Herkunft. Auch das „westliche Phänomen" moderner Sinnsuche mittels fernöstlich inspirierter **Esoterik** ist in der Ukraine verbreitet.

Auch wenn gerade die orthodoxen Kirchen sehr präsent scheinen, sollte man nicht vergessen, dass sich mit knapp zwei Dritteln die überwiegende Mehrheit der Ukrainer als **nicht religiös** und keiner Kirche zugehörig fühlt.

Orthodoxie

Die bei Weitem wichtigste Rolle in der Ukraine spielt das orthodoxe Christentum. Die Orthodoxie im Land geht zurück in die Zeit der Kiewer Rus. Der Kiewer Großfürst *Volodymyr* übernahm im Jahr 988 das byzantinische Christentum und erhob es zur **Staatsreligion** – dies war zugleich die Geburtsstunde der Orthodoxen Kirchen. Nach dem Niedergang der Rus siedelte der Metropolitensitz im 14. Jh. nach Moskau über. Dort etablierte sich in der Folge ein eigenes, von Konstantinopel unabhängiges Moskauer Patriarchat.

Ukrainisch-Orthodoxe Kirche Moskauer Patriarchat (UOK-MP)

Eben diesem Moskauer Patriarchat untersteht die nach Anzahl der Gemeinden größte orthodoxe Kirche des Landes, die UOK-MP. Sie erkennt die **Autorität Moskaus** an (auch politisch) und besitzt innerhalb der Russisch-Orthodoxen Kirche, mit der sie eine Kirchengemeinschaft bildet, einen halbautonomen Status. Etwa **17 % der Ukrainer** gehören ihr an, die meisten Anhänger finden sich im Süden und Osten des Landes. Gottesdienste finden auf Kirchenslawisch statt. Sitz des Moskauer Patriarchats in der Ukraine ist die Kiewer Lavra.

Mit Beginn des Krieges im Donbas wurde die Kritik am Moskauer Patriarchat deutlicher. Bisweilen weigerten sich deren Priester, ukrainische Gefallene des Donbaskrieges zu beerdigen und fielen auch sonst durch eine **massive Anti-Kiew-Rhetorik** auf, was die Politik dazu veranlasste, die kanonische Anerkennung einer Ukrainisch-Orthodoxen Kirche zu forcieren (s. u.).

Ukrainisch-Orthodoxe Kirche Kiewer Patriarchat (UOK-KP)

Mit der ukrainischen Unabhängigkeit gründete sich eine orthodoxe **ukrainische Nationalkirche,** welche die Vorherrschaft Moskaus auch in Kirchenfragen nicht mehr akzeptieren wollte und eine vollständige Selbstständigkeit einforderte. Die UOK-KP genoss von Anfang an die Unterstützung der ukrainischen Regierung. Der Maidan wurde vom Kiewer Patriarchat offen begrüßt. Der an der Abspaltung beteiligte Kiewer Patriarch *Filaret Dennysenko* wurde freilich vom Moskauer Patriarchat exkommuniziert und verdammt. Die UOK-KP hat innerhalb der Weltorthodoxie einen „nicht-kanonischen" Status, d. h. sie gilt als nicht legitim und bildet keine Kirchengemeinschaft mit den kanonischen Kirchen der Orthodoxie. Mutterkirche ist die Volodymyr-Kathedrale in Kiew. Etwa **39 % der orthodoxen Christen** in der Ukraine gehören der UOK-KP an, sie hat damit von allen Konfessionen im Land die größte Anhängerschaft.

Ukrainische Autokephale Orthodoxe Kirche

Der erste Versuch, eine ukrainische Nationalkirche zu gründen, geht in die 1920er Jahre zurück, als sich die Autokephalen von der Russisch-Orthodoxen Kirche abspalteten, u. a. weil sie Gottesdienste in ihrer eigenen (= ukrainischen) Sprache durchführen wollten. 1930 verbot *Stalin* die Autokephale Kirche, die in der Folge hauptsächlich im Exil überlebte. Heute stellt sie den mit Abstand kleinsten Anteil der orthodoxen Gläubigen: Nur etwa **1 % der Ukrainer** fühlt sich dieser Kirche zugehörig. Die Autokephalen konzentrieren sich auf die westliche Ukraine und sind besonders anti-russisch eingestellt.

Im Oktober 2018 wurde vom ökumenischen Patriarchen *Bartholomäus* von

ukr14-181 pk

Gesegnete Mahlzeit

Konstantinopel (Istanbul) – innerhalb der orthodoxen Welt gewissermaßen der Erste unter Gleichen – das für die ukrainische Seite so wichtige „Tomos" in Aussicht gestellt, d. h. es soll unter der Oberhoheit von Konstantinopel eine eigene **kanonisch anerkannte Ukrainisch-Orthodoxe Kirche** geben und in die Unabhängigkeit entlassen werden, was im Januar 2019 auch geschah. Als Metropolit (nicht Patriarch, denn die neue Ukrainisch-Orthodoxe Kirche untersteht weiterhin Konstantinopel) wurde ein Gefolgsmann von *Filaret* gewählt, der erst 39 Jahre alte Metropolit *Epiphanias.* Hauptkirche soll die Andreaskirche in Kiew werden. Im Ergebnis sollen sich die drei bisherigen orthodoxen Kirchen (Kiewer Patriarchat, Autokephale und die derzeitige Kirche des Moskauer Patriarchats) im Land zusammenschließen, was zu einem erheblichen Einflussverlust für den Kreml führen würde, weshalb die Gründungszeremonie der neuen Kirche vom Moskauer Patriarchat auch weitgehend boykottiert wurde. Lautstarke Rhetorik aus Moskau, „ihre" Orthodoxie in Kiew schützen zu müssen, lassen hier wenig Gutes befürchten. Die von ukrainischen Nationalisten geforderte Enteignung der russisch-orthodoxen Lavras von Kiew und Pochaiv zugunsten der neuen ukrainisch-orthodoxen Kirche wird es jedenfalls so schnell nicht geben. Die Gründung der neuen ukrainischen Kirche ist somit ein wichtiger Schritt im Prozess der Nationenbildung, wird allerdings von Religionswissenschaftlern (wie etwa dem angesehenen *Thomas Bremer* von der Uni Münster) nicht nur positiv gesehen. Denn zum einen wurde auch hier in die „historische Trickkiste" gegriffen, indem das Dokument von 1686, das Kiew auch kirchlich unter Moskauer Oberhoheit stellt, inhaltlich umgedeutet wurde, zum anderen droht damit ein Schisma, also eine Spaltung der Weltorthodoxie.

Griechisch-Katholische Kirche (Unierte Kirche)

Die Griechisch-Katholische Kirche, auch unierte Kirche genannt, spielt vor allem in der Westukraine eine herausragende Rolle. Die Unierten erkennen den Papst als kirchliches Oberhaupt an, der Gottesdienst folgt jedoch dem byzantinischen Ritus. Die Unierte Kirche entstand 1594 mit der Kirchenunion von Brest. Der polnische König suchte die konfessionelle Vereinheitlichung in der Rzeczpospolita, und ein Teil der orthodoxen Bischöfe kam ihm mit dieser Union entgegen. Etwa **5,3 % der Ukrainer** sind uniert, vor allem in Galizien, ihre Einstellung ist mehrheitlich proukrainisch. Ein uniertes Kirchenhaus unterscheidet sich von orthodoxen Kirchen durch das Fehlen der Ikonostase.

Es nimmt nicht weiter Wunder, dass zwischen den einzelnen Gruppierungen **Spannungen** existieren. Insbesondere zwischen den beiden großen orthodoxen Gruppierungen, dem Moskauer und dem Kiewer Patriarchat, spielten Auseinandersetzungen über territoriale und Eigentumsfragen eine Rolle – ganz zu schweigen von der unterschiedlichen politischen Ausrichtung. Das Moskauer Patriarchat ist entschieden „prorussisch", das Kiewer Patriarchat (wie auch die Autokephalen und Unierten) gibt sich dezidiert „proukrainisch".

Einige Besonderheiten der orthodoxen Religion

Die orthodoxe Religion hat einen sehr meditativen und mystischen Charakter. Eine besondere Rolle spielt die **Ikonenverehrung.** Ikonen sind geweihte, in der Regel auf Holz gemalte Darstellungen, meist von Maria, Christus, den Aposteln oder Heiligen. Die Ikone stellt eine tiefe spirituelle Verbindung zwischen dem Dargestellten und dem Betrachter dar, ist gewissermaßen ein Mittler zwischen der irdischen und der himmlischen Sphäre. Die Ikone ist also keinesfalls nur ein „Bild", sondern durch sie wird auf geheimnisvolle Weise das auf ihr Dargestellte gegenwärtig. Die Gläubigen erweisen der Ikone ihre Verehrung, indem sie sich vor ihr bekreuzigen, sich verneigen oder sie küssen.

Im Inneren jeder orthodoxen Kirche – nicht aber in unierten Kirchen – fällt sogleich die große **Ikonostase** auf, die den Kirchenraum in einen Bereich für das gemeine Volk und für den Priester teilt. Diese Holzwand ist kunstvoll mit zahlreichen Ikonen geschmückt. Was sich in dem hinter der Ikonostase verborgenen Altarraum abspielt, ist für den Normalmenschen nicht sichtbar.

Für den orthodoxen **Gottesdienst** ist der Gesang sehr wichtig. Er wird als Gebet verstanden. Der Gebrauch von Instrumenten ist nicht gestattet. Neben den oft wunderschönen Choralgesängen sind Weihrauch und jede Menge brennende Kerzen atmosphärische Zutaten eines orthodoxen Gottesdienstes. Die Kirchen sind generell unbestuhlt und die Messen finden im Stehen statt. Alle orthodoxen Kirchenhäuser verfügen mindestens über eine Kuppel, oftmals sind es auch drei, fünf oder mehr. Ganz oben in der Zentralkuppel finden sich häufig Darstellungen des Heiligen Geistes, der so aus den höheren Sphären auf die Gläubigen niederkommt.

Traditionen und Festtagsbräuche

Ukrainische Bräuche sind eine **sympathische Mixtur aus bäuerlicher Tradition und Aberglauben.** Natürlich spielen auch orthodoxe und sowjetische Elemente eine gewichtige Rolle. Das Kalenderjahr durchgehend finden sich folgende typische Ereignisse:

Novyi Rik

Das **Neujahrsfest** (Новий Рік) ist ein Überbleibsel aus der Sowjetzeit und sollte das christlich-orthodoxe Weihnachtsfest ersetzen. Neujahr ist der Tag, an dem gefeiert wird, an diesem Tag bringt „Did Moroz", Väterchen Frost (das Pendant zu Santa Claus, seit den 1930er Jahren auch in der Sowjetunion toleriert), in Begleitung seiner Helferin *Snihurochka* die Geschenke, und um Mitternacht begibt sich alles auf die Straße, wo angestoßen und bei klirrender Kälte gefeiert wird. Alles ist zu dieser Zeit hell erleuchtet – die Neujahrsnacht ist unglaublich atmosphärisch.

Seit den Jahren des politischen Umbruchs gibt es rund um das Neujahrsfest überall im Land stimmungsvolle **Weihnachtsmärkte,** auf denen nach westeuropäischem Vorbild Bratwürste und Glühwein verkauft werden – so spannt man den Bogen zum orthodoxen Weihnachtsfest.

Das orthodoxe Weihnachten

Das Weihnachtsfest (Різдво) wird in der orthodoxen Kirche erst am **6. Januar** gefeiert, denn die Orthodoxie orientiert sich nach dem julianischen Kalender, der in Westeuropa ab dem 16. Jh. durch den gregorianischen Kalender abgelöst wurde. Dadurch ergibt sich eine Differenz von 13 Tagen. Das Weihnachtsfest beginnt recht besinnlich, mit zwölf vegetarischen Fastenspeisen und ohne Alkohol im Kreis der Großfamilie. Das traditionelle **Weihnachtsessen** ist **Kutia,** eine Süßspeise aus Buchweizen, Honig, Mohn, Rosinen und Walnüssen. Dazu gibt es Borshch, Salate, Varenyky und Tee. Am 1. Weihnachtsfeiertag (dem 7. Januar) findet die großen **Weihnachtsmesse** statt, die bis zu vier Stunden dauern kann, dann beginnt das „große Fressen", wofür auf dem Land extra ein Schwein geschlachtet wird. Frauen werden am Vormittag des 1. Weihnachtsfeiertages nicht empfangen – es bringt Unglück. Der 2. Weihnachtsfeiertag steht im Zeichen der Verwandtenbesuche und der Sternsinger, die z. T. verkleidet und mit Stern und Glocke von Haus zu Haus ziehen.

Malanka

Das **altukrainische Neujahrsfest** findet am **13. Januar** statt und ist vor allem in der Westukraine und dort insbesondere in den Karpaten populär. Es ist eine karnevaleske Party. Die Gäste kommen verkleidet, es finden eine Kostümprämierung sowie spielerische Wettbewerbe statt, in einigen Orten auch Umzüge der kostümierten Teilnehmer.

Ostern

Auch das orthodoxe Osterfest (Пасха) ist nicht zeitgleich mit dem westlichen. Das zentrale Ereignis ist die **Osternachtsmesse,** für die – wie schon an Weihnachten – gutes Stehvermögen (im wahrsten Sinn des Wortes) erforderlich ist: 3–4 Stunden dauert sie. In weihrauchgeschwängerter Luft und erleuchtet von Kerzen entsteht bei liturgischen mehrstimmigen Gesängen eine äußerst spirituelle Atmosphäre. Der Pope begrüßt die Gläubigen mit dem Satz: *Khrystos voskres* (Christus ist auferstanden, Христос воскрес)! Dieser Satz ist auch die allgemeine Grußformel während der Ostertage. Dazu gibt es den traditionellen **Osterkuchen Paskha.** Auf heidnische Traditionen geht der Brauch des Ostereierbemalens zurück. Im Gegensatz zum deutschen Ostereierfärben sind die ukrainischen **Pysanki** regelrechte Kunstwerke (siehe „Volkskunst"). Das ebenfalls heidnische Fruchtbarkeitssymbol der Osterhasen ist in der Ukraine unbekannt.

Die Maifeiertage

Der **1. Mai,** der **Tag der Arbeit,** wird weltweit ähnlich begangen. In der Ukraine versuchen die wenigen verbliebenen Kommunisten ihr politisches Süppchen zu kochen. Es finden Demonstrationen mit roten Fahnen statt, bei denen das Durchschnittsalter der Teilnehmer bei geschätzten 120 Jahren liegt.

Wenige Tage später, am **8. Mai,** wird des **Endes des Zweiten Weltkriegs** gedacht. Mit der politischen Wende 2014 erfolgte eine Neubewertung der historischen Ereignisse. Nun ist auch in der Ukraine der international übliche **Tag der Befreiung vom Faschismus** ein Feiertag, zusätzlich zum 9. Mai. Dieser Tag gilt dem stillen Gedenken und steht unter dem Motto „Nie wieder" (Ніколи знову). Nach britischem Vorbild ist das Symbol der Erinnerung eine stilisierte Mohnblume (in Deutschland sang *Hannes Wader:* „Weit in der Champagne im Mittsommergrün, dort wo zwischen Grabkreuzen Mohnblumen blühn …").

Der **Tag des Sieges** (День Перемоги) am **9. Mai** wird weiterhin gefeiert, auch aus Respekt vor den Weltkriegsveteranen. In sowjetischer Tradition werden Militärparaden abgehalten, um an den epochalen Sieg über Nazideutschland zu erinnern. Dieser Tag ist jedoch kontrovers, denn in der Westukraine wird damit auch die Besatzung des Landes durch die Rote Armee assoziiert! Das bisherige Symbol des Tages des Sieges, das Georgsband, ist seit 2017 verboten – zu sehr wurde es von prorussischen Kräften im vermeintlichen Kampf gegen den ukrainischen Faschismus seit 2014 missbraucht.

Das eigentlich entscheidende Ereignis für ukrainische Durchschnittsbürger sind die **zahlreichen freien Tage Anfang Mai,** da zu den regulären Feiertagen noch mehrere offizielle Brückentage dazu kommen. Diese Zeit ist folglich die erste große Reisezeit im Jahr.

Tag der Stadt

Die Stadtfeste (День Міста) finden häufig im Monat Mai, manchmal aber auch in den Sommermonaten statt. Im Grunde wie unsere Straßenfeste, nur größer: **Bühnen und Imbissstände** sind aufgebaut, und ein mitunter recht gutes **Kulturprogramm** bietet Abwechslung.

Ivana Kupala

Dieses inzwischen populäre Fest (Івана Купала) geht auf heidnische Traditionen zurück und wird jedes Jahr am Tag der Sommersonnenwende, nach dem julianischen Kalender am **7. Juli,** vor allem auf dem Land gefeiert. Hier springen junge Paare über ein Feuer, Frauen lassen geflochtene Kränze zu Wasser; aus der Richtung ihres Abdriftens lässt sich angeblich die Zukunft lesen.

Tag der Unabhängigkeit

Der **Nationalfeiertag** des Landes (День Незалежності Україні) findet am **24. August** jeden Jahres statt. An diesem Tag, im Jahr 1991, kurz nach dem gescheiterten Putsch gegen *Gorbatschow,* erklärte sich die bisherige Sowjetrepublik unabhängig. Überall im Land finden Konzerte statt, die Innenstädte verwandeln sich in riesige Festplätze, während politische Parteien an diesen Tagen Kundgebungen abhalten. Besonders politisch ist der Tag der Unabhängigkeit in Kiew. Der Hauptplatz vieler Städte in der Ukraine trägt übrigens den Namen Maidan Nezalezhnosti, Platz der Unabhängigkeit.

ukr14-182 bj

Sonstiges

Der **28. Juni** ist Tag der Verfassung, der **12. Oktober** Tag der Verteidiger des Vaterlandes, und seit 2017 wird am **25. Dezember** das römisch-katholische Weihnachtsfest gefeiert, auch als demonstratives Zeichen für die Westorientierung des Landes.

Frau und Familie

Auch wenn ukrainische Frauen zum Internationalen Frauentag am 8. März nach wie vor Blümchen bekommen: Die ukrainische Gesellschaft weist – trotz des kommunistischen Erbes – relativ **patriarchalische Züge** auf. Zwar steht die Ukraine beim Thema Geschlechtergerechtigkeit gar nicht so schlecht da – immerhin landete sie auf Platz 64 von 134 Ländern beim Gender Gap Index 2012 (zum Vergleich: Deutschland liegt auf Rang 13, eine ganze Reihe von EU-Ländern findet sich hinter der Ukraine, u. a. Tschechien und Italien). Doch während die ukrainischen Frauen bei Bildung und Lebenserwartung überdurchschnittlich punkten, sieht es in anderen Bereichen leider nicht so toll aus.

Küche und Kindererziehung fallen wie selbstverständlich in den Zuständigkeitsbereich der Frau. Geheiratet wird früh: Das durchschnittliche Heiratsalter lag 2010 bei 24½ Jahren. Eine Ukrainerin heiratet also im Schnitt sechs Jahre früher als eine Deutsche. Gerade in ländlichen Regionen ist der soziale

Frauenrollen …

Druck hoch. Heiraten mit 19 oder 20 Jahren und eine sehr frühe Mutterschaft sind die Norm. Die wiedererstarkten Kirchen des Landes, gleich ob orthodox oder griechisch-katholisch, zementieren das traditionelle Rollenverständnis. Die populäre Leitkultur propagiert das Bild des „starken Mannes“ und der immer hübschen, aber passiven und dem Mann ergebenen Frau.

Die Zuschreibung traditioneller Rollenbilder ist zugleich der ideologische Grund, auf dem die **Diskriminierung auf dem Arbeitsmarkt** erfolgt. Obwohl Schulbildung und berufliche Qualifikation bei Frauen im Schnitt deutlich besser sind als bei der männlichen Bevölkerung, beträgt das durchschnittliche Jahreseinkommen einer ukrainischen Frau nur etwa 60 % von dem eines Mannes. Selbst bei Ausübung derselben Tätigkeit verdienen Frauen etwa 30 % weniger als Männer. Von den höheren Sphären in Politik und Wirtschaft sind Frauen praktisch ausgeschlossen. Politik ist, mal abgesehen von der großen Ausnahme *Yulia Tymoshenko,* eine reine Männerdomäne. Seit der Unabhängigkeit lag der Frauenanteil im Parlament nie höher als 10 %, gegenwärtig gar nur bei 8%.

Es gibt eine ganze Reihe von **Organisationen,** die sich für eine Änderung der Zustände im Land einsetzen, etwa der Ukrainian Women Fund (www.uwf.kiev.ua) oder La Strada Ukraine (www.la-strada.org.ua), die den Menschenhandel bekämpft. Internationale Bekanntheit erreichte die auch in Deutschland operierende Gruppe Femen (http://femen.org/en) mit ihren schrillen, barbusigen und keinesfalls unumstrittenen Protestaktionen.

Bildungswesen

Es ist wohl leider zutreffend, wenn man sagt, dass die klügsten Köpfe in der Ukraine dazu tendieren, das Land schnellstmöglich zu verlassen. Das Bildungswesen ist dramatisch **unterfinanziert,** Forschung auf Weltklasseniveau unter diesen Voraussetzungen unmöglich. Dennoch ist gerade im naturwissenschaftlichen und technischen Bereich das Know-how außergewöhnlich hoch, und viele Studierende oder Absolventen dieser Bereiche setzen ihre akademische Karriere erfolgreich im Ausland fort.

Neben der chronischen Unterfinanzierung krankt das ukrainische Bildungssystem auch an anderen Übeln. An den Universitäten spielt – wie in allen anderen gesellschaftlichen Bereichen auch – die **Korruption** eine gewichtige Rolle. Grund- und Hochschulen sind noch immer reichlich „kommunistisch“ strukturiert: Es wird viel Wert auf **Frontalunterricht** und Auswendiglernen gelegt, innovative „skandinavische“ Konzepte gibt es nicht. Eine komplette Reform des ukrainischen Bildungswesens nach westlichen Standards scheint überfällig.

Nichtsdestotrotz wird der Bildung im gesellschaftlichen Leben ein **hoher Stellenwert** beigemessen. Es gibt im Land keinen Analphabetismus, das Rezitieren von Gedichten ist Volkssport. Nicht zuletzt ist die Einschulung der wohl wichtigste Tag im Leben eines jungen Ukrainers, die Feierlichkeit dieser Zeremonie sucht wahrscheinlich europaweit ihresgleichen.

Architektur und Städtebau

Der Städtebau in der Ukraine unterscheidet sich stark zwischen den einzelnen Regionen. Im **Westen** gleichen die Stadtanlagen sehr denen des östlichen Mitteleuropa: Inmitten eines verdichteten Altstadtkerns findet sich ein quadratischer Marktplatz mit Rathaus und einigen nahe gelegenen Kirchen. Eine Mauer mit Türmen und Toren umgibt das Stadtzentrum. Derartige Strukturen sind in ganz Galizien, in Teilen von Wolhynien und im Karpatengebiet zu finden. Östlich des Zbruchs ändert sich das allmählich, die Siedlungen breiten sich mehr in die Fläche aus, sind weniger verdichtet, die Häuser niedriger, umfassen aber immer noch einen festen Siedlungskern. Gerade in diesem Gebiet befinden sich viele der einstigen jüdischen Schtettl.

Erst **östlich des Dnipro** beginnt der Städtebau, wie man ihn auch typischerweise in Russland findet: Weite Teile der Städte bestehen hier aus dörflich geprägten Straßenzügen mit Holzhäusern, die sich um Wehrkirchen oder Wehrklöster mit dicken Mauern und Türmen gruppieren. Lediglich im Zentrum der Städte gibt es einige Plätze und Straßenzüge mit Steinhäusern aus dem 19. Jh.

Im **Süden** des Landes entstanden ab dem späten 18. Jh. typische **Kolonialstädte im Stil des Klassizismus,** mit schachbrettartigem Grundriss. Mittelalterliche Siedlungsformen sind dort nicht vorhanden. Erst an der Küste der Halbinsel Krim sind wieder verdichtete Altstädte zu finden, wie man sie auch im Bereich des östlichen Mittelmeers findet. Der jahrhundertelange türkische Einfluss ist noch sichtbar.

In der **Sakralarchitektur** sind ebenfalls Unterschiede zwischen Ost und West erkennbar. Die katholischen Kirchen in den westlichen Regionen des Landes, etwa bis Zhytomyr, unterscheiden sich kaum von denen in Polen. Zahlreiche Sakralbauten im Stil der **Gotik, Renaissance** und vor allem des **Ba-**

ukr14-184 mk

[<] Steinerne Erinnerung an die Bessarabiendeutschen

rock sind erhalten geblieben. Orthodoxe Kirchen sind hier meist einfache Steinbauten oder kleine, aber prächtige Holzkirchen. Einige wenige romanische Kirchen gibt es noch, aber sehr selten. Typisch für die Region ist vor allem die dreiteilige Struktur der Kirchenbauten. Auch Zentralbauten sind vielfach vorhanden. Im Zentrum und Norden des Landes sind erheblich mehr mittelalterliche Sakralbauten zu sehen. Sie sind orthodox-byzantinisch und stammen aus der Zeit der Kiewer Rus, deren wichtigste Architekturdenkmäler sich in Kiew und Chernihiv finden. Visuell prägend ist hier der **ukrainische Barockstil des 17. Jh.,** in dem auch viele mittelalterliche Kirchen umgebaut wurden. Dieser Stil kombiniert auf interessante Weise byzantinische Elemente mit mitteleuropäischen Bauformen, an der Entwicklung dieses Stils waren deutsche und italienische Baumeister beteiligt. Ukrainische Barockkirchen fallen durch Stuckreliefs an fast immer weißer Außenfassade und geschwungene, doppelte Zwiebelkuppeln in grüner Farbe auf. Allgemein sind Form und Ornamentik schlichter als beim westeuropäischen Barock. Als Meisterwerk dieses Baustils gilt die Andreaskirche in Kiew. Die typisch mittelrussische Architektur, bei der fünf runde Kuppeln auf zylindrischen Türmchen ein relativ flaches Zeltdach überragen, sind allenfalls in einigen Städten des ukrainischen Nordostens anzutreffen.

Burgen befinden sich überwiegend in der Westukraine, in Form einer Burgenkette, die einst den Osten Polens vor den Invasionen aus der Steppe schützen sollte. Auch auf der Krim und an der Schwarzmeerküste sind einzelne sehr eindrucksvolle Burganlagen zu finden.

Auf **Paläste** aus der Barockzeit sowie **herrschaftliche Landsitze im klassizistischen Stil** trifft man überall; sie wurden entweder von polnischen Großgrundbesitzern oder von verdienten Angehörigen der Zarenarmee errichtet. Nicht wenige wurden auch von den im 19. Jh. reich gewordenen Zuckerfabrikanten erbaut.

Freunde des **Jugendstils** werden natürlich in den habsburgisch geprägten Städten des Westens, aber auch im Zentrum des Landes zahlreiche oft außergewöhnlich hinreißende Jugendstilbauten entdecken. Mitunter überrascht es, selbst in eher unbedeutenden zentralukrainischen Provinzstädten auf wahre architektonische Perlen zu treffen. Ein wahres Mekka der Jugendstilarchitektur ist die Millionenstadt Kharkiv.

Nicht zuletzt hat der **sowjetische Städtebau** unübersehbare Spuren im Land hinterlassen. Das wohl größte städtebauliche Verbrechen war der Massenabriss Tausender kunsthistorisch bedeutsamer Kirchen zur Zeit *Stalins,* Mitte der 1930er Jahre. Einige davon wurden in den letzten 20 Jahren wieder aufgebaut. Die meisten aber sind ein für alle Mal verloren.

Im Übrigen waren die ersten Jahre der sowjetischen Periode durchaus vielversprechend: Ab 1918 entwickelte sich der **sowjetische Konstruktivismus,** der sowohl als Kunst- wie auch als Architekturform in Erscheinung trat. Von nun an konzentrierte man sich auf kubische und geometrische Formen in der Architektur und auf abstrakte Motive in der Malerei, nicht zuletzt, um einen künstlerischen Gegenpol zu dem recht überladenen Stil der Jahrhundertwende zu schaffen. Vor allem in Kharkiv entstanden Meisterwerke der Architektur der frühen Moderne, die in einem Atemzug mit den Werken des deutschen Bauhauses zu nennen sind, während etwa in Frankreich oder den USA noch bis in die 1930er Jahre der aus dem Jugendstil abgeleitete Art-déco-Stil vorherrschte.

Unter anderem aus propagandistischen Gründen wurde der Konstruktivismus bereits Ende der 1920er Jahre vom **Sozialistischen Realismus** abgelöst. In den Zentren entstanden Verwaltungsgebäude, Kulturpaläste und Kinos, die allesamt ziemlich austauschbar wirken und außen mit Wandmosaiken und innen mit Buntglasfenstern mit klarer politischer Aussage bestückt sind: Menschenmassen mit roten Fahnen oder Bauern beim Ernteeinsatz. Die aufwendige Gestaltung der Gebäude der Stalinzeit mit klassizistisch anmutenden Säulen wurde Mitte der 1950er Jahre aufgegeben und durch einfachere rote Klinkerbauten ersetzt. Diese Bauten sind zwar immer noch recht solide, haben als „Khruschovkas" aber einen denkbar schlechten Ruf im Land.

Der sowjetische Wohnungsbau der Nachkriegszeit folgte im Wesentlichen den Prinzipien der **„Städtebaulichen Moderne"**, wie sie unter Federführung des Schweizer Architekten *Le Corbusier* Anfang der 1930er Jahre entwickelt worden waren. Dabei wurde quasi über Nacht mit 2500 Jahren europäischer Städtebautradition gebrochen und unter den durchaus humanistischen Erwägungen Licht – Luft – Sonne preiswerte Wohnungen mit Innentoilette und Zentralheizung sowie innerstädtische Grünflächen geschaffen. Zentraler Punkt war die Trennung der Funktionsbereiche Wohnen, Arbeiten, Freizeit und Kultur sowie Verkehr. Auch die berüchtigten Plattenbaugebiete der 1970er Jahre (z. B. Kharkiv-Saltivka, Kiew-Troieshchyna oder auch Halle-Neustadt) verdanken wir diesen städtebaulichen Idealen.

Heute sind die **Plattenbaugebiete** in der Ukraine, auch aufgrund jahrzehntelanger Vernachlässigung, alles andere als eine Augenweide. Zusammengesetzt aus vormontierten Waschbetonplatten oder aufgemauert aus unverputzten weißen Ziegeln, wirken diese „Mikroraiony" marode und wenig einladend. Im Inneren der Wohnblöcke finden sich unverputzte Betontreppenhäuser, und die Benutzung der Aufzüge stellt eine Mutprobe für Unerschrockene dar. Die Wohnungen selbst sind meist gemütlich eingerichtet und von einer großen Schrankwand dominiert, während die Balkone als Abstellfläche genutzt werden. Die **ästhetische Diskrepanz zwischen Innen und Außen** ist erstaunlich und dadurch erklärbar, dass nach der Unabhängigkeit häufig lediglich die Wohnungen selbst privatisiert wurden, das Gebäude insgesamt aber weiterhin in den Händen finanziell prekär ausgestatteter Wohnungsbaugenossenschaften verblieb.

Die **Bauperiode nach der Unabhängigkeit** prägen bunte, oftmals kitschige Wohnhäuser – mehr Farbe bedeutete nicht unbedingt mehr Geschmack. Hochhäuser mit geschwungenen Balkonen und merkwürdigen Dachaufsätzen schossen wie Pilze aus dem Boden, in den Innenstädten entstanden historisie-

Sowjetisches Stadtbild in der Oblast Sumy

rende Neubauten mit kitschigen Stuckfassaden, oftmals viel zu hoch und das Stadtbild sprengend. Wirklich gelungene moderne Architektur aus der Nachwendezeit ist selten. Herausragend sind das neue Teatr na Podoli am Kiewer Andreassteig und das Menorah Center rund um die Synagoge von Dnipro. Ebenfalls in Dnipro finden sich recht gelungene Mall-Bauten.

Kunst und Kultur

Volkskunst

Zwei Erzeugnisse ukrainischer Volkskunst werden dem Ukrainereisenden in jedem Souvenirladen begegnen: **Pysanky,** bemalte Ostereier, und **Ruzhniki**, mit geometrischen Mustern bestickte weiße Stofftücher, die im Haus zu Dekorationszwecken benutzt werden. Leider erreichen die für den Touristen gefertigten Produkte kaum je die bewundernswerte Kunstfertigkeit und Meisterschaft jener Objekte, die in vielen ukrainischen Regionalmuseen zu sehen sind. Pysanky werden zumeist aus ausgeblasenen Hühnereiern gefertigt. Auf die Schale werden dann mit Hilfe von Bienenwachs – der zur Abdeckung bestimmter Stellen benutzt wird – außerordentlich filigrane und komplexe Muster aufgetragen. Wie in Deutschland, sind Pysanky in der Ukraine der traditionelle Osterschmuck. Jede ukrainische Region verfügt über eigene typische Muster und Farben. Im Ostereiermuseum von Kolomyia lassen sich Tausende dieser Meisterwerke bestaunen. Der Sinn für Farbe und geometrische Ornamentik kommt auch in den

ukr14-183 pk

Ruzhniki zum Ausdruck, deren Gestaltung ebenfalls regional variiert. Traditionell werden bestimmte Ruzhniki zur Dekoration des Hauses an bestimmen Festtagen verwendet, vielfach werden sie auch zum Schmuck von Altären benutzt. Auch in der nationalen **Tracht** sind solche Handstickereiarbeiten zu finden. Diese Kleidungsstücke werden als *Vyshvanka* bezeichnet und sind neuerdings zu einem weiteren Symbol des Landes geworden.

Literatur

In der Zarenzeit galt die ukrainische Sprache als primitiver bäuerlicher Dialekt. Allein der literarische Gebrauch des Ukrainischen war also bereits eine politische Aussage – beanspruchte die ukrainische Sprache damit doch ihren gleichberechtigten Platz neben dem Russischen. Es war eine Ungeheuerlichkeit, als **Ivan Kotlyarevskyi** (1769–1831), der Vater der modernen ukrainischen Literatur, 1789 seine freche Parodie von *Vergils* „Aeneis" in ukrainischer Sprache vorlegte. Auch das literarische Werk des ukrainischen Nationaldichters **Taras Shevchenko** (1814–1861) rief im Zarenreich gemischte Gefühle hervor. *Shevchenko* schuf mit seinem Gedichtband „Kobzar" eine ukrainische Literatursprache, die höchsten Ansprüchen genügte (was auch seine ärgsten Kritiker anerkennen mussten). Allerdings machte er sich mit seiner klaren Stellungnahme gegen den Zaren und die russische Dominanz reichlich Feinde – Festungshaft und Verbannung waren die Folge. Bis heute ist *Shevchenko* der Nationalheld der Ukraine, jedes Kind kann seine Gedichte aufsagen, überall im Land stehen seine Statuen.

Mit dem Emser Erlass 1876 wurde die Verbreitung literarischen Schrifttums auf Ukrainisch im Zarenreich dann gar unter Strafe gestellt. In diese Zeit verschärfter linguistischer Repression fallen Leben und Werk zweier weiterer Klassiker der ukrainischen Literatur: Der Literaturwissenschaftler und Dichter **Ivan Franko** (1856–1916) und die Dichterin und Dramatikerin **Larysa Kosach** (1871–1913), besser bekannt unter ihrem Pseudonym *Lessia Ukrainka,* ebneten dem Ukrainischen den Weg ins 20. Jh.

Während es bedauerlicherweise außerordentlich schwierig ist, die Werke der ukrainischen Klassiker auf Deutsch zu bekommen (das gilt selbst für *Shevchenko,* der fast nur antiquarisch erhältlich ist!), ist die ukrainische **Gegenwartsliteratur** bei den bekannten deutschen Verlagen gut vertreten. Unbedingt lesenswert sind die Romane („Moskoviada", „Die zwölf Ringe") und grandiosen Essaysammlungen („Das Letzte Territorium", „Engel und Dämonen der Peripherie") von **Yuryi Andrukhovych** (*1960). Wie kein zweiter seziert er die politische und kulturelle Wirklichkeit des Landes mit brillanter Sprache und viel bitterem Humor. Lange Zeit galt er als das Aushängeschild einer modernen, liberalen und weltoffenen Ukraine. Einige gravierende politische Fehleinschätzungen nach 2009 haben seine Popularität sinken lassen. So war er es, der dazu aufrief, in der Schicksalswahl 2009 nicht für *Tymoshenko* zu stimmen, sondern den Wahlzettel ungültig zu machen. Auch seine Statements, die Spaltung der Ukraine hinzunehmen, das Land als

Ganzes aufzugeben und nur den westlichen Teil bereit für Europa zu machen, riefen einige Irritationen hervor.

Oksana Zabushko (*1960) ist der zweite große Name der zeitgenössischen ukrainischen Literatur. Ihre Romane sind unerbittliche Bestandsaufnahmen der Geschichte und Traumata ihres Landes – und der Beziehungen zwischen den Geschlechtern („Feldstudien über ukrainischen Sex", „Das Museum der vergessenen Geheimnisse"). Auch als politische Essayistin machte sie von sich reden: In dem u. a. in der FAZ erschienenen Text „Dieses Drehbuch schrieb ein Irrer" sah sie *Putins* Intervention in der Ukraine und den kommenden Krieg bereits Anfang 2014 voraus (www.faz.net/aktuell/feuilleton/ukraine-dieses-drehbuch-schrieb-ein-irrer-12775449.html).

Unterhaltsame, schräge Rockliteratur im ukrainischen Stil schreibt der Kharkiver Kultautor **Serhiy Zhadan** (*1974), etwa in seinem „Anarchy in the UKR" oder in der „Hymne der demokratischen Jugend" sowie in seinem letzten Werk „Internat". Mittlerweile hat *Zhadan,* der aus der Oblast Luhansk stammt, als Vorzeige-Ostukrainer die einstige Rolle von *Andrukhovych* eingenommen und tourt als Literat und als Musiker mit seiner Ska-Band „Sobaky v Kosmosi" (Hunde im Weltall) durch die Städte der EU.

In Deutschland sehr bekannt ist der Kiewer Romancier **Andrey Kurkov** (*1961), der allerdings auf Russisch schreibt. Sein bekanntestes Werk ist die mit „Picknick auf dem Eis" begonnene bitterböse Romanfolge über den Journalisten *Viktor,* der Todesanzeigen für noch lebende ukrainische VIPs schreibt (die kurz darauf versterben), und seinen treuen Gefährten, Pinguin *Mischa.*

Unvollendet wäre ein kurzer Überblick über die ukrainische Literatur ohne die Nennung von **Nikolai Gogol** (1809–1852) und **Mikhail Bulgakov** (1891–1940), beide feste Größen der Weltliteratur. Die beiden Meister schrieben auf Russisch, ihre ukrainische Herkunft spiegelt sich aber in vielerlei Hinsicht in ihrem literarischen Werk. Besonders gilt das für *Gogols* „Abende auf dem Weiler bei Dykanka" und „Taras Bulba" und *Bulgakovs* „Die Weiße Garde" – vielleicht *der* Kiew-Roman schlechthin.

Stellvertretend für das unvergleichlich reiche jüdische literarische Erbe der Ukraine stehen die Namen **Sholem Alejchem** (1859–1916), der Jiddisch als Literatursprache etablierte, **Isaak Babel** (1894–1940), der auf Russisch schreibende große Chronist des Russisch-Polnischen Krieges und der Stadt Odessa („Die Reiterarmee", „Geschichten aus der Moldovanka") und natürlich die des deutsch schreibenden Galiziers **Joseph Roth** (1894–1939) und des ebenfalls deutsch schreibenden Bukoviners **Paul Celan** (1920–1970). Nicht vergessen werden darf der wunderbare polnischsprachige Autor der „Zimtläden", **Bruno Schulz** (1892–1942), ebenfalls Galizier. Die Leben der vier letztgenannten Autoren standen schon ganz im Schatten der grauenhaften Tragödie, die über das ukrainische Territorium im 20. Jh. hereinbrach: *Babel* wurde vom NKWD ermordet, *Schulz* von einem SS-Mann. *Roth* starb in schrecklicher Verzweiflung im Pariser Exil, *Celan,* dessen „Todesfuge" als eines der wichtigsten lyrischen Werke deutscher Sprache gilt, beging Selbstmord in Paris – die traumatischen Erlebnisse der Kriegszeit hatten ihn zeitlebens nicht losgelassen.

ukr14-185 pk

Bildende Kunst

Der größte Literat des Landes ist zugleich auch einer seiner bedeutendsten Künstler: **Taras Shevchenko** schuf auch ein umfassendes künstlerisches Opus, Ölgemälde, Radierungen, Tuschezeichnungen. Er gilt als Begründer des ukrainischen kritischen Realismus, zugleich fließen volkstümliche Motive in sein Werk ein. Der aus der Nähe von Kharkiv stammende **Ilya Repin** (1844–1930) gilt als der bedeutendste Vertreter des russischen Realismus. Obgleich er die größte Zeit seines Lebens außerhalb der Ukraine verbrachte, spielen ukrainische Themen in seinem Werk eine zentrale Rolle, so in einem seiner bekanntesten Gemälde „Die Saporoger Kosaken schreiben dem türkischen Sultan einen Brief" (1880). Weltbekannt ist der armenischstämmige Meister der Marinenmalerei, **Ivan Aivazovskyi** (1817–1900), der aus Feodossiya auf der Krim stammt. Weltberühmt ist auch ein gebürtiger Kiewer polnischer Herkunft: **Kasimir Malevich** (1879–1935). Sein „Schwarzes Quadrat" (1915) ist ein absoluter Meilenstein moderner Malerei. Der großartige Grafiker **Heorhyi Narbut** (1886–1920) illustrierte u. a. die ersten ukrainischen Geldnoten und Briefmarken, sein ornamentaler Stil ist von Jugendstil und ukrainischer Volkskunst inspiriert. *Narbuts* Sohn, **Danylo Narbut** (1916–1998), ist bekannt für seine detailfreudigen und farbenfrohen Werke, die sich mit der ukrainischen Geschichte befassen. Eine durchaus ungewöhnliche Figur ist **Mariya Pryimachenko** (1908–1997). Die Bäuerin, die ihr ganzes Leben in einem kleinen Dorf unweit von Tschernobyl ver-

Folkband bei einer Probe in Vorokhta

ukr19-043 pk

brachte, gilt als die herausragende Vertreterin naiver ukrainischer Volkskunst.

Diese kleine Auswahl soll Appetit auf mehr machen: Die **Kunstmuseen** der Oblasthauptstädte sind immer einen Besuch wert, und es gibt viel hierzulande eher Unbekanntes zu entdecken; neben ukrainischen Künstlern sind eigentlich immer auch einige Werke bekannter russischer Maler zu sehen. Konkrete Informationen zu den ausgestellten Werken und Malern finden sich in den Beschreibungen der jeweiligen Museen im Reiseteil. Viele Kunstmuseen zeigen zudem auch umfangreiche Sammlungen von Ikonen. Die Tradition der **Ikonenmalerei** geht zurück ins 10. Jh. In der Kiewer Lavra entstand die erste Ikonenwerkstatt auf ostslawischem Boden. Nach der Mongoleninvasion entwickelten sich im 14.–16. Jh. die westukrainischen Gebiete Galizien und Wolhynien zu Zentren dieser religiösen Kunstform.

Musik

Jede größere Stadt verfügt über ein Philharmoniegebäude und eine Oper, die Häuser haben oft internationales Renommee, sodass ein Besuch unbedingt lohnt. Über das Programm informieren Aushänge nahe dem Eingang. Beliebt sind Balletvorführungen sowie Symphonien und Opern russischer und westeuropäischer Komponisten. *Den* großen ukrainischen Nationalkomponisten gibt es freilich nicht. Am ehesten ließe sich der Pianist **Mykola Lysenko** (1842–1912) nennen, der u. a. die populäre Oper „Natalka Poltavka“ schrieb. Außerhalb der Ukraine ist er nahezu unbekannt. Allerdings sind Leben und Werk einer Reihe weltbekannter Musiker mit

Rockfestival in Mariupol (Sommer 2018)

der Ukraine verbunden. Allen voran **Pjotr Tschaikowsky,** der viel Zeit im Sommerhaus seiner Schwester nahe Cherkasy verbrachte und dort einige Werke komponierte. **Sergej Prokofjew** wurde im Jahr 1891 im heutigen Gebiet Donetsk geboren, dort verbrachte er auch seine Kindheit. Aus Kremenets stammt der große Geiger und Dirigent **Isaak Stern** (1920–2001), aus Zhytomyr der Klaviervirtuose **Sviatoslav Richter** (1915–1997).

Volksmusik – die Kobzaren

Die Kobza und die größere Bandura sind die typischsten Instrumente der ukrainischen Volksmusik. Kobzaren, wie die **Kobza-Spieler** genannt werden, sieht man auf vielen Bildern ukrainischer Maler und seit einigen Jahren auch wieder auf den Straßen ukrainischer Städte. Sie begleiten sich mit ihrem Saiteninstrument zumeist beim Singen von Dumki, den altukrainischen Weisen. Die **Bandura** gehört zur Familie der Zupfinstrumente. Sie besteht aus einem ovalen Resonanzkörper und zwei Saitengruppen: Melodie- und Basssaiten. Es wird unterschieden zwischen der diatonischen Folk-Bandura und der chromatischen Konzert-Bandura. Letztere hat bis zu 62 Saiten, während die Folk-Bandura nur 12 bis 16 Saiten hat. Wenig bekannt ist, dass auch die Drehleier in der ukrainischen Volksmusik weit verbreitet ist.

Die Kobzaren, eine Zunft oder Bruderschaft von **oft blinden Wandersängern,** die – ähnlich wie die westeuropäischen Troubadoure und Minnesänger – von Ort zu Ort zogen, gehen auf das 16. Jh. zurück und sind eine mit der Ukraine untrennbar verbundene Tradition. Als singende Geschichtenerzähler verbreiteten die Kobzaren die Sagen und Legenden im ganzen Land. Auch biblische Texte, z. B. Psalmen, gehörten zu ihrem Repertoire. Da sie für das Singen und die Verbreitung dieser Texte eine Art Exklusivrecht besaßen, waren Kobzaren im Land hoch angesehen und wurden als heilige Männer verehrt. In Würdigung dieser Tradition erhielt der wohl berühmteste Gedichtband *Taras Shevchenkos* den Titel „Kobzar“.

Die Kobzarenbruderschaften existierten bis zur Stalinzeit, als mehrere hundert Sänger und Leierspieler – eingeladen zu einem fingierten Bardentreffen – ermordet wurden. Damit endete eine jahrhundertealte Tradition. Die zu Sowjetzeiten gepflegte konzertante und allzu häufig verkitschte **Bandura-Musik,** wie man sie auf alten Melodiya-Schallplatten dieser Zeit zu hören bekommt, hat wenig mit der traditionellen Musik der Ukraine gemein.

Erst nach der Unabhängigkeit entstand eine neue kleine **Kobzaren-Zunft in Kiew.** Diese betreibt nach Jahren der Unterdrückung eine aufwendige musikalische Basisarbeit, man forscht in Archiven und Bibliotheken nach authentischem Material und erweckt dieses zu neuem Leben. Auch in den turbulenten Tagen der Orangenen Revolution im Herbst 2004 waren die Volksmusikanten Tag und Nacht auf den Beinen, spielten und sangen gegen den Wahlbetrug und stellten so die von alters her existierende politische Bedeutung der Musik unter Beweis: „Und als ich mit meiner Bandura in der eisigen Kälte vor dem Parlamentsgebäude stand und Hunderte von Leuten meine Lieder mitsangen, kamen mir die Tränen, und ich wusste, dass wir gewinnen würden." So erinnert sich der Sänger *Taras Kompanichenko* an diese Tage. In seine Aufnahmen, ebenso wie in die des Sängers, Kobza- und Leierspielers *Eduard Drach,* sollte man unbedingt reinhören.

Weitere interessante Repräsentanten ukrainischer Volksmusik sind die Lemberger Gruppe „Burdon" und die „Hudaki Village Band" aus Zakarpattia mit authentischem Folk der Karpatenregion sowie „Enver Ismailov", ein Vertreter für die traditionelle Musik der Krimtataren.

Ukrainische Rock- und Popmusik

Beim Besuch eines ukrainischen Restaurants oder Cafés wird man oft mit der meist viel zu lauten und einfach – um nicht zu sagen einfallslos – produzierten lokalen Pop- und Dance-Musik, hier meist als **„Popsa"** bezeichnet, konfrontiert. Finden sich Musikboxen auf MP3-Basis, hat der popsageschädigte Besucher immerhin die Möglichkeit, zur musikalischen Selbsthilfe zu greifen.

Infolge des allgegenwärtigen Popsa – und eines weiteren populären Genres, des besonders bei Kurzrasierten mit schwarzer Lederjacke aus ihren Autoradios dröhnenden russischen „Gangster-Chansons" – bleibt die Tatsache, dass sich in der Ukraine eine **äußerst kreative und vielseitige Rock- und Popszene** entwickelt hat. Bis 2014 waren die Musikmärkte der Ukraine, Moldawiens, Weißrusslands und Russlands nahezu identisch, dieselben Gruppen und Interpreten wurden länderübergreifend gehört, was so heute nicht mehr ganz der Fall ist.

Hier rocken Jung und Alt: Open-air-Konzert in Mezyn

ukr14-187 pk

Im Gegensatz zu westlichen, meist auf pentatonischen oder Blues-Skalen aufbauenden Harmonien überwiegen in der ukrainischen und russischen Musik eher die klassischen, von der Volksmusik herrührenden Molltonarten.

CDs sind in der Ukraine immer seltener erhältlich. Zu attraktiv sind auch hier die kostenlosen, mehr oder minder legalen Downloadmöglichkeiten.

Interessante Bands

Gewissermaßen die „Mütter" der spätsowjetischen Rockmusik sind die Gruppen **„Kino"**, **„Mashina Vremini"** und **„DDT"**. Während sich „Kino", die es seit dem Tod ihres Sängers *Viktor Tsoi* im Jahr 1990 nicht mehr gibt, durch eher düstere Klänge auszeichneten, die ein wenig an *Nick Cave* erinnern, produzieren „DDT" noch heute melodische Songs mit leichten Folkanklängen. Den Sängern *Yuriy Shevchuk* (DDT) und *Andrey Makarevich* (Mashina Vremini) – beide aus Russland – wird in der Ukraine hoch angerechnet, dass sie sowohl den Krieg im Donbas als auch die Krimannexion rundweg ablehnten und sich eindeutig auf die Seite der Ukraine schlugen. Nahezu alle später entstandenen Bands im gesamten postsowjetischen Raum sind zumindest teilweise von diesen drei Gruppen beeinflusst.

Die Lemberger Band **„Braty Hadyukiny"**, gleichfalls Ende der 1980er aktiv und erste ukrainische Punk-Folk-Band, brachten mit ihrer Platte „Chlopcy z Banderstadtu" (Jungs aus Banderstadt) die antisowjetische Identität der Stadt auf den Punkt.

Relativ neu sind **„Krykhytka Tsaches"** aus der Westukraine mit modernem, britpop-ähnlichem Rock mit markanten Frauenstimmen. Ebenfalls aus der Westukraine stammen die Bands **„Okean Elzy"** und **„Druha Rika"**, beide mit überwiegend akustischem, melodiösem Rock. **„5'nizza"** aus Kharkiv sind von akustischem Reggae und Ragga beeinflusst; ihr Sänger und Klarinettist *Sergej Babkin* macht mittlerweile auch als Solist Karriere.

Für düsteren Gothic-Sound ist die Gruppe **„Vii"** zuständig, und bei der Alternative-Pop-Band **„Skriabyn"** sind deutliche Parallelen zu „Depeche Mode" feststellbar, allerdings mit kritischen und sehr politischen Texten; ihr charismatischer Sänger *Andriy Kuzmenko* erlag 2014 den Folgen eines Autounfalls.

Vor allem in der Westukraine genießen **„Mertvyj Pyven"** aus Lemberg mit ihrem alternativen, bluesbeeinflussten Rock einen gewissen Kultstatus.

Härtere Klänge bieten die Crossover-Band **„Tartak"**, die russischsprachige Gruppe **„BumBoks"** und **„TNMK"**, die sich ein wenig mit den „Red Hot Chili Peppers" vergleichen lassen. Folkrock mit Skaeinflüssen und ukrainischem Gesang spielen die Bands **„Mandry"** und **„Haydamaky"**, letztere auch in Form des Sidekicks „Kozak System" mit wesentlich härteren Klängen. Deren Song „Brat za Brata" wurde zu einer der inoffiziellen Maidanhymnen.

Die ungekrönten Könige des ukrainischen Ska-Punk sind jedoch sicherlich **„VV"** aus Kiew mit einer wilden Mischung aus Folk, Punk und Ska. Ska-

Freunden ebenfalls zu empfehlen ist die Gruppe **„Mad Heads"**. Ebenfalls dem Genre des Ska-Punk gehört die Band des Schriftstellers *Serhiy Zhadan* an, **„Sobaky v Kosmosi"**.

Ethnopop macht die Combo **„Dakha Brakha"**, vier Multiinstrumentalisten, die in seltsamen Gewändern und Kopfbedeckungen mehrstimmigen Gesang zu Gehör bringen.

Für intelligenten Pop steht die Sängerin **Onuka:** Sie liefert ruhige, minimalistische, sphärische Sounds ab, Hirtenflöten sind zu hören und auch schon mal eine Bandura.

Eine interessante Kombination aus traditioneller polyphoner Vokalmusik und modernen Technosounds bietet **„GG"** *(Huliai Horod).*

Eine Band von außerhalb des Landes sei aus politischen Gründen erwähnt: die Weißrussen **„Lyapis Trubetskoi"**, die mit ihrem melodiösen Punkrocksong *Voiny Sveta* („Krieger der Lichts") eine echte Maidanhymne schrieben.

Der Ukrainer **Verka Serduchka** dürfte manch einem vom European Song Contest (ESC) 2008 bekannt sein – er belegte den zweiten Platz und löste mit seinem Song „Lasha Tumbai" beinahe eine mittelschwere Staatskrise mit Russland aus, da man diese weitgehend sinnfreie Textzeile mit viel Fantasie auch als „Russia good bye" deuten kann. Die Ethnopopsängerin **Ruslana** hatte es dort 2004 auf den ersten Platz geschafft, womit sie den Song Contest im folgenden Jahr nach Kiew holte.

Mit ihrem grandiosen Beitrag gelang der Krimtatarin **Jamala** im Jahr 2016 der zweite ESC-Sieg für die Ukraine. Mit ihrem jazzig angehauchten, teils englisch, teils krimtatarisch gesungenen Lied lieferte sie ein wahres Meisterwerk ab. Der symbolische Titel „1944" sollte an die Vertreibung der Krimtataren und an die Geschichte von *Jamalas* Großmutter unter Stalin erinnern. Die Songzeile „The strangers are coming, they come to your house" passte aber auch gut für das Jahr 2014, auch wenn das offiziell so nicht gesagt wurde. In jedem Fall erhielt die Ukraine aus weiten Teilen des postsowjetischen Raumes, aus Ostmitteleuropa, den Balkanstaaten sowie aus Israel jeweils zwölf Punkte. Die offiziellen Vertreter des drittplatzierten Teilnehmerlandes Russland schäumten vor Wut, witterten eine internationale Intrige und präsentierten sich als schlechte Verlierer.

2017 fand der **ESC** unter dem Motto „Celebrate diversity" zum zweiten Mal in seiner Geschichte in Kiew statt. Beobachter sprachen von einer beispiellosen Atmosphäre der Offenheit und Toleranz – immerhin gilt der ESC inoffiziell als eine der größten Zusammenkünfte der internationalen Schwulenszene –, was dem Ansehen der Ukraine zweifellos gut getan haben dürfte.

ukr14-190 pk

12 Anhang

< Piatyi Khatki ist Sitz einer großen Stofftierfabrik

Reise-Gesundheits-informationen

Stand: Januar 2019

Die nachstehenden Angaben dienen der Orientierung, was für eine geplante Reise in das Land an Gesundheitsvorsorgemaßnahmen zu berücksichtigen ist. Die Informationen wurden uns freundlicherweise vom Centrum für Reisemedizin zur Verfügung gestellt. Auf der Homepage **www.crm.de** werden sie stetig aktualisiert. Es lohnt sich, dort noch einmal nachzuschauen.

Einreise-Impfvorschriften

- **Für die Einreise besteht zurzeit keine Impfpflicht.**

Empfohlener Impfschutz

- **Generell: Standardimpfungen nach dem deutschen Impfkalender, speziell Tetanus, Diphtherie und Hepatitis A.**
- Bei Reisen durch das Landesinnere unter einfachen Bedingungen (Rucksack- oder Trekking- oder Individualreise) mit einfachen Quartieren/Hotels, bei Camping-Reisen und Langzeitaufenthalten, bei einer praktischen Tätigkeit im Gesundheits- oder Sozialwesen und/oder im Falle eines engen Kontaktes zur einheimischen Bevölkerung ist außerdem ein Impfschutz gegen **Typhus, Cholera, Hepatitis B, FSME** (April bis Oktober, nur bei beruflicher Tätigkeit oder Freizeitaktivitäten mit möglicher Zeckenexposition in endemischen Gebieten) und **Tollwut** (bei vorhersehbarem Umgang mit Tieren) zu erwägen.

Wichtiger Hinweis: Welche Impfungen letztendlich vorzunehmen sind, ist abhängig vom aktuellen Infektionsrisiko vor Ort, von der Art und Dauer der geplanten Reise, vom Gesundheitszustand sowie dem eventuell noch vorhandenen Impfschutz des Reisenden. Da im Einzelfall unterschiedlichste Aspekte zu berücksichtigen sind, empfiehlt es sich immer, rechtzeitig (etwa 4–6 Wochen) vor der Reise eine persönliche Reisegesundheits-Beratung bei einem reisemedizinisch erfahrenen Arzt oder Apotheker in Anspruch zu nehmen.

Malaria

- **Das Land ist malariafrei.**

Ratschläge zur Reiseapotheke

- Vergessen Sie nicht, eine kleinere oder größere Reiseapotheke mitzunehmen (wenigstens Medikamente gegen Durchfall, Fieber und Schmerzen sowie Verbandstoff, Pflaster und Wunddesinfektion), damit Sie für kleinere Notfälle gerüstet sind. Nicht vergessen: Medikamente, die der Reisende ständig einnehmen muss! Wenn Sie spezielle Fragen zur Reiseapotheke haben, wenden Sie sich am besten an eine Apotheke mit reisemedizinisch qualifizierten Mitarbeitern.

Aktuelle Meldungen siehe unter www.crm.de

HIV-Test

Für Arbeits- und Langzeitaufenthalte wird ein HIV-Test in englischer Sprache verlangt.

Die Angaben wurden nach bestem Wissen und sorgfältiger Recherche zusammengestellt. Eine Gewähr oder Haftung kann nicht übernommen werden.

Sprachhilfe Ukrainisch

Die folgenden Wörter und Redewendungen wurden dem Reisesprachführer **„Ukrainisch – Wort für Wort"** aus der Reihe Kauderwelsch des Reise Know-How Verlages entnommen. Hinweis: In dieser Sprachhilfe wird die deutsche Transskription verwendet, im Buch die international gebräuchliche.

Lautschrift

Abkürzungen

m	männlich
w	weiblich
2, 3 …	bezeichnet die „Nummer" des Falls
+2, +3	verlangt den 2., 3. Fall

Aussprache: Hier sind diejenigen Lautschriftzeichen aufgeführt, deren Aussprache abweichend vom Deutschen sein kann.

Ж	sch	stimmhaftes „sch" „g" in „Garage"
З	s	stimmhaftes „s" wie in „Rose"
И	y	wie „i" in „bin"
Р	r	rollendes Zungenspitzen-r
С	s	stimmloses „s" in „was"
Х	ch	vor a, o, e, u ein ach-Laut wie in „Bach" / vor i ein ich-Laut wie in „China" / vor a, o, e, u wie „j" in „Maja" / nach a, o, e, u und y kürzer, etwa wie „i" in „Mai"
Ц	z	wie „z" in „Zebra"
Ш	sch	stimmloses „sch" in „Schule"
Ч	tsch	stimmloses „tsch" in „deutsch"
Щ	schtsch	stimmloses „schtsch"
ь	*	Das **„Weichheitszeichen"** bewirkt, dass der vorangehende Mitlaut „weicher" ausgesprochen wird. In der Praxis hört sich das so an, als spräche man hinter dem betreffenden Mitlaut ein kurzes „j", so wie z. B. in „Matjes".

Ukrainisches Alphabet

А а	a	Ж ж	sch	М м	m	Ф ф	f
Б б	b	З з	s	Н н	n	Х х	ch
В в	w	И и	y	О о	o	Ц ц	z
Г г	h	І і	i	П п	p	Ч ч	tsch
Ґ ґ	g	Ї ї	ji	Р р	r	Ш ш	sch
Д д	d	Й й	j	С с	s	Щ щ	schtsch
Е е	e	К к	k	Т т	t	Ю ю	ju
Є є	je	Л л	l	У у	u	Я я	ja

Zahlen

0	nul*	нуль
1	odyn	один
2	dwa	два
3	try	три
4	tschotyry	чотири
5	pjat*	п'ять
6	schist*	шість
7	sim	сім
8	wisim	вісім
9	dewjat*	дев'ять
10	desjat*	десять
11	odynadzjat*	одинадцять
12	dwanadzjat*	дванадцять
13	trynadtzjat*	тринадцять
14	tschotyrnadzjat*	чотирнадцять
15	pjatnadtzjat*	п'ятнадцять
16	schistnadzjat*	шістнадцять
17	simnadtzjat*	сімнадцять
18	wisimnadzjat*	вісімнадцять
19	dewjatnadzjat*	дев'ятнадцять
20	dwadzjat*	двадцять
30	trydzjat*	тридцять
40	sorok	сорок
50	pjatdesjat	п'ятдесят
60	schistdesjat	шістдесят
70	simdesjat	сімдесят
80	wisimdesjat	вісімдесят
90	dewjanosto	дев'яносто
100	sto	сто
200	dwisti	двісті
1000	tysjatscha	тисяча

Die wichtigsten Zeitangaben

gestern / heute / morgen	wtschora / sjohodni / sawtra	ВЧОРА / СЬОГОДНІ / ЗАВТРА
übermorgen	pisljasawtra	ПІСЛЯЗАВТРА
morgens	wranzi	ВРАНЦІ
vormittags	do obidu	ДО ОБІДУ
mittags	w obid	В ОБІД
nachmittags	pislja obidu	ПІСЛЯ ОБІДУ
abends	wwetschori	ВВЕЧОРІ
nachts	unotschi	УНОЧІ
täglich	schtschodnja	ЩОДНЯ
früher / später	ranische / pisnische	РАНІШЕ / ПІЗНІШЕ
jetzt / bald	teper / skoro	ТЕПЕР / СКОРО

Wochentage

Montag	Ponedilok	ПОНЕДІЛОК
Dienstag	Wiwtorok	ВІВТОРОК
Mittwoch	Sereda	СЕРЕДА
Donnerstag	Tschetwer	ЧЕТВЕР
Freitag	P'jatnytsja	П'ЯТНИЦЯ
Samstag	Subota	СУБОТА
Sonntag	Nedilja	НЕДІЛЯ

Die häufigsten Fragewörter

wer? / was?	chto? / schtscho?	ХТО? / ЩО?
wo?	de?	ДЕ?
wohin? / woher?	kudy? / swidky?	КУДИ? / ЗВІДКИ?
wann? / seit wann?	koly? / swidkoly?	КОЛИ? / ЗВІДКОЛИ?
wie? / warum?	jak? / tschomu?	ЯК? / ЧОМУ?
wie viel?	skil*ky?	СКІЛЬКИ?
welcher?	jakyj?	ЯКИЙ?

Die wichtigsten Fragen

Gibt es … ?	Tschy je (+1) … ?	ЧИ Є… ?
Haben Sie … ?	Tschy majete (+4) … ?	ЧИ МАЄТЕ … ?
Ich suche …	Ja schukaju (+4) …	Я ШУКАЮ …
Ich brauche …	Meni treba (+4) …	МЕНІ ТРЕБА ..
Geben Sie mir bitte …	Dajte meni bud* laska (+4) …	ДАЙТЕ МЕНІ БУДЬ ЛАСКА …
Wo kann man … kaufen ?	De moschna kupyty (+4) … ?	ДЕ МОЖНА КУПИТИ … ?
Wie viel kostet … ?	Skil*ky koschtuje (+1) …	СКІЛЬКИ КОШТУЄ … ?
Wo ist / befindet sich … ?	De (+1) … ?	ДЕ … ?
Ich möchte nach / in …	Ja chotschu w / na (+4) …	Я ХОЧУ В / НА …
Wie komme ich zu / nach …	Jak meni dobratysja do (+2) …	ЯК МЕНІ ДОБРАТИСЯ ДО …
Wie weit ist es bis … ?	Jak daleko do (+2)…	ЯК ДАЛЕКО ДО …

Die wichtigsten Floskeln und Redewendungen

ja – nein	tak – ni	ТАК – НІ
Danke! – Bitte!	Djakuju! – Bud* laska!	ДЯКУЮ! – БУДЬ ЛАСКА!
Danke, gleichfalls!	Djakuju, wam tesch!	ДЯКУЮ, ВАМ ТЕЖ!
Guten Tag!	Dobryi den*!	ДОБРИЙ ДЕНЬ!
Herzlich willkommen!	Laskawo prosymo!	ЛАСКАВО ПРОСИМО!
Wie geht es Ihnen?	Jak sprawy / sdorowja?	ЯК СПРАВИ / ЗДОРОВЯ?
Danke, gut!	Djakuju, dobre!	ДЯКУЮ, ДОБРЕ!
Leider schlecht!	Naschal*, pohano!	НАЖАЛЬ, ПОГАНО!
Auf Wiedersehen!	Do pobatschennja!	ДО ПОБАЧЕННЯ!
Hallo!	Prywit!	ПРИВІТ!
Tschüß!	Buwaj / Buwajte (Ez/Mz)	БУВАЙ / БУВАЙТЕ!
In Ordnung!	W porjadku! Harasd!	В ПОРЯДКУ! ГАРАЗД!
Ich weiß nicht!	Ja ne snaju!	Я НЕ ЗНАЮ!
Guten Appetit!	Smatschnoho (wam)!	СМАЧНОГО (ВАМ)!
Zum Wohl! / Prost!	Na sdorowja! Bud* mo	НА ЗДОРОВЯ! / БУДЬМО!!
Entschuldigung!	Wybatschte!	ВИБАЧТЕ!

Nichts verstanden? – Weiterlernen!

Ich spreche noch schlecht Ukrainisch. – Ja schtsche pohano rosmowljaju po-ukrajins*ky. – Я ЩЕ ПОГАНО РОЗМОВЛЯЮ ПО-УКРАЇНСЬКИ.

Ich spreche überhaupt nicht Ukrainisch. – Ja sowsim ne rosmowljaju po-ukrajins*ky. – Я ЗОВСІМ НЕ РОЗМОВЛЯЮ ПО-УКРАЇНСЬКИ.

Verstehen Sie mich? – Wy mene rosumijete? – ВИ МЕНЕ РОЗУМІЕТЕ?

Ich habe nicht verstanden. Wie bitte? – Ja ne srosumiw/srosumila! Jak? – Я НЕ ЗРОЗУМІВ / ЗРОЗУМІЛА! ЯК?

Was heißt dieses Wort … – Schtscho snatschyt* tse slowo … – ЩО ЗНАЧИТЬ ЦЕ СЛОВО

… auf Ukrainisch? – … po-ukrajins*ky? – … ПО-УКРАЇНСЬКИ?

… auf Deutsch? – … po-nimez*ky? – … ПО-НІМЕЦЬКИ?

Sprechen Sie Deutsch/Englisch? – Wy howoryte po-nimez*ky/po-anhlijs*ky? – ВИ ГОВОРИТЕ ПО-НІМЕЦЬКИ? / ПО-АНГЛІЙСЬКИ?

Helfen Sie mir bitte! – Dopomoschit* meni bud* laska! – ДОПОМЖІТЬ МЕНІ БУДЬ ЛАСКА!

Notfallwörterbuch

- **Polizei:** міліція
- **Arzt:** лікар
- **Apotheke:** аптека
- **Poliklinik:** поліклініка
- **Krankenhaus:** лікарня
- **Zahnarzt:** стоматолог

Register

A

B

C

D

N

Der Autor

Peter Koller

Peter Koller, Jahrgang 1970, geboren in Mainz, studierte zunächst Sozialarbeit und „ganz nebenbei“ auch slawische Sprachen. Mehrjährige Tätigkeit in einem Jugendclub für Russlandaussiedler. Seit 2004 wohnhaft in Berlin und Absolvierung eines Aufbaustudiums im Fach Tourismus. Seit 2007 Inhaber einer Reiseagentur in Berlin (www.bahnagentur-schoeneberg.de). Als begeistertem Hobbymusiker gilt sein Augenmerk der Folkmusik aus aller Welt, so auch der aus der Ukraine. Die erste Begegnung mit der Ukraine erfolgte 1992 – als Reiseziel zweiter Wahl. Infolge der allgemeinen weltpolitischen Situation von der Begeisterung für den Osten erfasst, war eine Tour durch Russland mit Bahn, Fahrrad, Rucksack und Zelt, die unter anderem nach Moskau, an die Wolga und in den Kaukasus führen sollte, bereits durchgeplant. Jedoch: Visaagenturen, die für wenig Geld Blankoeinladungen ausstellen, gab es damals noch nicht. Also ging es „nur“ in die Ukraine, deren Einreisebestimmungen damals recht liberal waren. Durch ortsansässige Freunde mit Land, Kultur und Lebensweise vertraut gemacht, begann das Interesse für ein Land, das den Autor auch 25 Jahre später nicht mehr loslässt. Im Dezember 2013 wurde er Zeuge der frühen Phase der Kiewer Maidan-Revolution. Seit 2014 organisiert er Studienreisen in die Ukraine, zumeist im Kontext der politischen Entwicklungen und der Zivilgesellschaft.

koller